住房和城乡建设部"十四五"规划教材

高等学校城乡规划学科专业指导委员会规划推荐教材

城市社会学

黄怡 著

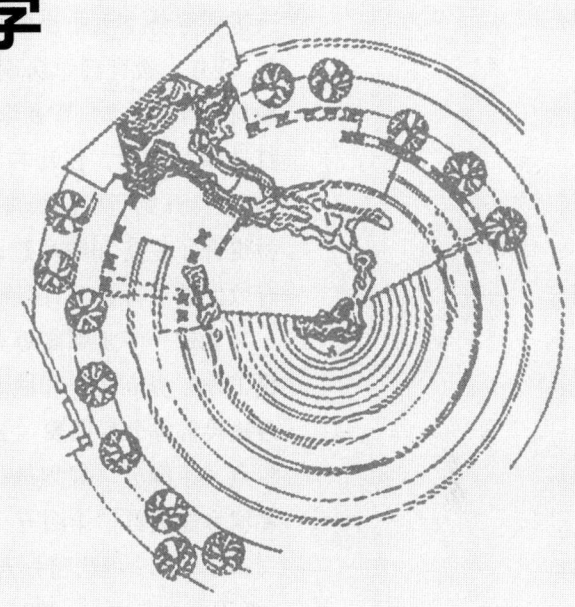

中国建筑工业出版社

出版说明

党和国家高度重视教材建设。2016 年，中办国办印发了《关于加强和改进新形势下大中小学教材建设的意见》，提出要健全国家教材制度。2019 年 12 月，教育部牵头制定了《普通高等学校教材管理办法》和《职业院校教材管理办法》，旨在全面加强党的领导，切实提高教材建设的科学化水平，打造精品教材。住房和城乡建设部历来重视土建类学科专业教材建设，从"九五"开始组织部级规划教材立项工作，经过近 30 年的不断建设，规划教材提升了住房和城乡建设行业教材质量和认可度，出版了一系列精品教材，有效促进了行业部门引导专业教育，推动了行业高质量发展。

为进一步加强高等教育、职业教育住房和城乡建设领域学科专业教材建设工作，提高住房和城乡建设行业人才培养质量，2020 年 12 月，住房和城乡建设部办公厅印发《关于申报高等教育职业教育住房和城乡建设领域学科专业"十四五"规划教材的通知》（建办人函〔2020〕656 号），开展了住房和城乡建设部"十四五"规划教材选题的申报工作。经过专家评审和部人事司审核，512 项选题列入住房和城乡建设领域学科专业"十四五"规划教材（简称规划教材）。2021 年 9 月，住房和城乡建设部印发了《高等教育职业教育住房和城乡建设领域学科专业"十四五"规划教材选题的通知》（建人函〔2021〕36 号）。为做好"十四五"规划教材的编写、审核、出版等工作，《通知》要求：（1）规划教材的编著者应依据《住房和城乡建设领域学科专业"十四五"规划教材申请书》（简称《申请书》）中的立项目标、申报依据、工作安排及进度，按时编写出高质量的教材；（2）规划教材编著者所在单位应履行《申请书》中的学校保证计划实施的主要条件，支持编著者按计划完成书稿编写工作；（3）高等学校土建类专业课程教材与教学资源专家委员会、全国住房和城乡建设职业教育教学指导委员会、住房和城乡建设部中等职业教育专业指导委员会应做好规划教材的指导、协调和审稿等工作，保证编写质量；（4）规划教材出版单位应积极配合，做好编辑、出版、发行等工作；（5）规划教材封面和书脊应标注"住房和城乡建设部'十四五'规划教材"字样和统一标识；（6）规划教材应在"十四五"期间完成出版，逾期不能完成的，不再作为《住房和城乡建设领域学科专业"十四五"规划教材》。

住房和城乡建设领域学科专业"十四五"规划教材的特点，一是重点以修订教育部、住房和城乡建设部"十二五""十三五"规划教材为主；二是严格按照专业标准规范要求编写，体现新发展理念；三是系列教材具有明显特点，满足不同层次和类型的学校专业教学要求；四是配备了数字资源，适应现代化教学的要求。规划教材的出版凝聚了作者、主审及编辑的心血，得到了有关院校、出版单位的大力支持，教材建设管理过程有严格保障。希望广大院校及各专业师生在选用、使用过程中，对规划教材的编写、出版质量进行反馈，以促进规划教材建设质量不断提高。

住房和城乡建设部"十四五"规划教材办公室

2021 年 11 月

前言

这是一个风云剧变、气象万千的时代，是百年未有之大变局，这是就社会政治意义而言。近半个世纪以来，世界范围内的各类社会反应催生了全球社会能量分布的巨大变化，社会反应亦如原子核反应一般，存在三种释放能量的形式：社会裂变——核心国家社会分裂，释放巨大负能量，并具有将其国内矛盾转化为国际矛盾的持续冲动；社会聚变——主要国家社会聚合，释放结合能，促成新的国际社会平衡；社会衰变——主要国家社会衰变，在此过程中释放能量，影响区域社会格局。全球社会的种种激荡，加剧了社会的共振，进一步破坏原有国际秩序和结构的稳定性。

这是一个社会时空被高度压缩的时代，世界正在以超出人类历史上任何时期的速度演变，个体和世界的关系也从来没有像现在这样透明和紧密，这是就技术连接而言。新的知识、技术、手段，在难以遏制的乃至"神秘而不可知"的力量推动下，以纷繁错乱甚至相互对决、相互抵消的多样态势，沟壑纵横般地割裂人类的整体认知版图。

社会巨变，空间巨变，时间巨变。而这一切的基础、表征和结果均是"尺度"（社会尺度、空间尺度、时间尺度）的巨变。作为一门社会学科，城市社会学的研究对象及其特征的变化，不能不深刻地影响其研究内容、研究方式的变化。本教材可以作为一个特定的社会时空结合点或节点的记录，亦即在世界网络中，介于 21 世纪的第一个 1/5 至 1/4 世纪处，对中国及世界城市社会的思考和记录。城市社会学来自西方，但"社会文化是整套的"[①]（梁启超，1923），因此须得有中国的城市社会学；也就是 20 世纪 30 年代社会学人们所追求的"社会学的中国化"和本土化。这是可以兑现使命的时代，是向世界贡献中国社会学的时代，且是时代的中国社会学。

本书侧重于在世界坐标系中对 1978 年以来中国城市社会生活的观察，不过在其中城乡是不可分割的。此外，尽管设定在一个相对压缩的时间框架内，但是教科书仍然涉及对于更长远的社会和城市社会学历史的回溯，对于一些重要事件在历史长河中时间和地理方位的锚定，以利于学术研究和对学科发展脉络的梳理，并且也符合基本的写作逻辑。书末展望未来，尝试探究城市社会学未来之特征趋势。

本书写作的教学和研究基础大致如下：

我在同济大学建筑与城市规划学院讲授城市社会学相关类课程多年。先是数年参与本科生"城市社会学"的讲课，后参与开设 Urban Sociology（城

---

① 梁启超 . 五十年中国进化概论，梁启超文集（四）[M]. 北京：燕山出版社，2009.

市社会学）的研究生课程，全英语授课，承担 1/3 的授课。之后又单独开设一门 Urban Society，Space and Planning（城市社会空间与规划）的研究生课程，起初两年过渡期曾以中文授课，后来全英文授课，主要面向学院招收的攻读双学位的国际学生，也有少数中国学生。这门课程于 2016 年入选上海市教委"上海高校外国留学生英语授课示范性课程"课程库。在这门课的课堂上，通常既讲授概念和理论，也布置和带领学生在上海调研，国际学生还可以和他们自己国家的城市进行比较。课程的目的是应用建成环境学科、城市社会学学科的概念和理论来分析阐释现实，并提出一些建筑和规划的实践策略；可以这样说，课堂上的传播和交流对于课程的所有参与者在开阔视野、促进认同方面都具有积极意义。

此外，翻译出版美国社会学家马克·戈特迪纳和规划学者雷·哈奇森的《新城市社会学》一书，这对我的城市社会学研究无疑是重要的。该书第 3 版中文版（2011 年）和第 4 版中文版（2018 年）的两轮翻译工作前后时间跨度近十年，而我接触此书的时间则更长。《新城市社会学》是美国许多著名大学城市社会学和城市研究课程的必备教科书和参考书，美国著名社会学家乔·费金（Joe Feagin）谓之"迄今为止可以获得的最佳城市社会学教科书"。最初促使我翻译这本书的缘由是本书的系统性，不是知识的堆砌，而是拥有完整的分析框架。见多了躯干健全、没有头脑的（英文谓之 all limbs and no head）（城市）社会学研究文献或什锦杂烩式的教科书，它们一股脑地将各派理论堆置在一起，内容驳杂，却没有梳理出其中的关联；相较之下，《新城市社会学》的严格的结构逻辑和内在的体系观点的价值就更加突出。

《新城市社会学》强调社会空间观点（SSP），而出于我自身所处国家和社会环境的感受，以及对于时间的体验，觉得社会空间观点本身的解释力仍有可改进完善的方面。2014 年 12 月在中央民族大学举办的"城市社会学前沿研究暨学科建设研讨会"上，我在会议论文和报告中明确提出了"社会时空观"，即必须关注城市社会学研究的空间、时间边界效应，这对于当下中国城市发展和城市更新问题、城乡社会空间现象和规律具有更加有效的解释力。事实上，自 1978 年以来的每一个普遍的社会问题、每一场重大的国内国际事件，都蕴含着复杂的时空交错的线索。这种思考集中反映在 2015 至 2024 年间我发表的四篇文章中，即"中国城市社会学研究的若干问题"（刊载于 2016 年第 2 期《城市规划学刊》）、"社区与社区规划的时间维度"（刊载于 2015 年第 4 期《上海城市规划》）、"社区与社区规划的空间维度"（刊载于 2022 年第 2 期《上海城市规划》）和"社区和社区规划的潜在社会维度议题揭示"（刊载于 2024 年第 5 期《城市规划学刊》）。这些为本书提供了基本的思考逻辑和核心的研究理念。

城市社会学作为社会学的一个分支，一直以来，长于对社会问题的概括抽象分析，但是对于空间、时间维度较多忽略，这是一种习惯性的忽略，更是一种结构性的忽略。对相关城市问题的每项研究来说，只有与其所存在的空间地理（区位）对应研究、与其所发生的时间历史对应研究，才能更准确地判定问题的实质、根源和解决办法。

一些社会学的实证研究，……，但是由于离开了对其空间、时间情境特征的关联性分析，问题的实质不能完全被揭示出来。这也造成了相当数量的城市社会学研究流于泛化、概念化分析问题，结果只能停留于对问题肤浅的甚至是不准确的描述，却既不能提供解决问题的实践引导，也无法上升形成扎实的理论积累。

在中国近几十年来超大规模、超高速度的城镇化情境下，城市社会学研究须得特别注重社会问题和社会政策分析的空间、时间边界效应，即建立起明确的社会时空观。……而鉴于中国城乡社会的急遽发展，在中国城市社会学的研究中非常有必要引入时间维度，并值得进行更多更细致的动态演化分析……[①]

本书在首末的历史发展脉络和未来展望两个板块之外，在主体部分包含了城市空间形态和结构、城市化和全球化、城市性和城市生活方式、城市问题和风险、城市治理五个板块，既是研究的内容，也是研究的结构。让内容更丰富，让案例更鲜活，让解析更精微。

本书的结构和内容逻辑，回答了下述一系列问题：

城市的物质形态、城市内部及城市之间的空间结构组织方式是怎样的？（城市空间形态和结构）

城市的变化是怎么发生的？（城市化和全球化）

城市社会生活的组织方式和状态是怎样的？（城市性和城市生活方式）

城市存在哪些社会的、环境的、技术的问题、风险和危机？（城市问题和风险）

城市及其广延领域该如何治理？（城市治理）

---

① 黄怡 . 中国城市社会学研究的若干问题 [J]. 城市规划学刊，2016（2）：45–49.

具体对应到本书的构成，第1章系统梳理城市社会学的发展脉络和基本观点；第2~5章着重城市研究，其中第2章、第3章解析城镇空间形态和结构的特征和演变规律，第4章、第5章讨论城市化、全球化以及正在收缩的城市世界；第6章、第7章侧重城市主义及其在世界社会的演进和城市社会生活分析，兼顾传统议题和新的议题。第8~10章聚焦城市问题分解，尤其突出对应社会—空间—时间的特定维度来剖析社会、环境、技术问题；第11章、第12章依托城市治理，锚链全球治理、国家治理、区域治理、大都市治理直到社区治理。第13章总结和预想城市社会学在学科、学术和话语体系上的发展趋向。

本书将主要的考察时段设定在1978年之后，这个特殊的时间点显然和中国的改革开放密切关联，这也表明了本书的研究重点是立足于中国的现实时空来考察城市社会学的发展。因此不管是在案例研究还是一般章节中，中国的城市经验都比其他发达和发展中世界的城市状况占据了更大的篇幅。

然而，就这本书的写作来说，我希望提供给读者两种眼光——"世界眼光"和"历史眼光"，期待读者在阅读和思考时能够感受到这两种眼光。世界眼光，就是要有空间和尺度的概念；历史眼光，就是要有时间和跨度的概念。这两种眼光其实是交织的。作为学术研究，总希望能站得更高些、看得更远些、做得更深些。视野开阔、眼光敏锐也是我所向往呈现的。写作这本《城市社会学》时，我则努力"在地球家园上思考城市社会学"，力求做到既有全景叙述，又有具体国家、地区和城市的专题详述。同时希望教科书中所体现出的"世界眼光"是基于自信而又谦逊的世界公民态度，"历史眼光"是基于理性而清明的学术分析。

目前国内建筑规划院校的城市规划专业大多开设了"城市社会学"本科和研究生专业基础课程，在社会学院系中也大多开有同名的"城市社会学"专业基础课程，但是在专业内部、专业之间以及院系之间，在教学内容上差别都很大。根据本书作者对多所学校建筑规划院系开设这门课程的情况了解，授课教师大多反映对课程教学内容心里没底，不知该讲授什么、讲授范围如何界定，以及应该怎么讲授。产生这些问题的主要原因有两个：一是城市社会学课程自身内容的广泛性、复杂性，二是一直以来缺乏合适的专业教科书。而第二个原因也与第一个原因紧密相关。

目前国内直接以"城市社会学"冠名或包含"城市社会学"主题词的教科书或文献大多由社会科学领域的学者编著。国外教科书或文献的中译本有引自美国、法国、苏联的，有些教科书编写时间较早，相较而言，美国的教科书内容较为全面，但是均以美国为中心视角。国内教科书编写基本上是对国外"社会学"理论的组合，侧重概念和流派理论介绍，少有学术脉络的梳理和对中国现实的观照；且由于社会学（一级学科）范畴的广博，绝大多数教科书的系统性不足，结构逻辑性较弱，内容选择在城市规划学科的针对性和专业适用性方面更是不够理想。

随着我国城镇化的深入推进、城市的可持续发展以及国家治理能力与治理体系现代化的推进，城市社会学研究和城市规划／空间规划的关系愈发密切，对城市规划／空间规划的影响也愈加重要，城市社会学的思维对于新时代规划人才的培养不可或缺。由此，城市社会学课程的建设也亟待加强，教材建设则是重中之重。

21世纪，在全球的城市社会空间的形态结构呈现异常丰富、异常复杂且正前所未有地经历剧烈嬗变的时期，当世界的城市化进程正处在发展中国家和地区不断推进的阶段，《城市社会学》所进行的工作无疑是具有挑战性的。

本书以社会—时间—空间的辩证关系和社会—时间—空间理论模型的应用为主线，采用全球视野和比较的观点，着重探讨城镇到大都市区域的形态嬗变、世界范围内的城市化和全球化、大都市生活形态和社会空间文化的多样性、大都市社会环境技术问题、从全球到国家及至城市的治理等议题，从社会、政治、经济、文化和环境等维度整合地解释全世界范围内最近的城市结构进程、最新的城市生活现实，并对城市规划的实践和相关政策进行批判地思考。

作为教材，《城市社会学》力求体现以下三方面目标：

（1）结构清晰、体系完整、逻辑严谨。全书以社会时空观统贯各章，以整合同济大学本科和研究生阶段已开设多年的相关课程为基础，提供给读者系统的城市社会学理论学习和思维训练，既有助于读者丰富专业知识，又有益于培养读者综合深入地分析理解和评价城市相关实践和政策以及解决城市现实问题的能力。书中还提供了体裁多样、内容丰富的延伸阅读，在每章末尾附有讨论问题，供学生和读者们结合实际、发散思考。

（2）学科专业特色强。弥补国内城市社会学教科书"社会性"论述多，而"城市性"分析薄弱的不足，紧扣城市社会学区别于其他各科社会学的特征，使之更适合城市规划／空间规划、建筑学、风景园林等专业学生的学习，注重和建成环境领域课程的融会贯通。同时也适合于社会学、人文地理学、政治学、经济学和城市管理、公共管理等人文社科类学科专业的本科生、研究生参考使用。

（3）课程思政特色鲜明。教材将全球视野和中国视角结合在一起，将中国当代城市社会发展和城市社会学研究置于世界城市化进程、国际城市社会学研究的整体语境中。在系统的社会时空框架下提供比较的理论观点、数据资料和典型案例，积极引导学生树立正确的国家观、民族观、历史观、文化观，实现知识传授、价值塑造、责任激发和能力培养的多元统一。

希望本书的写作是有深度和质感的，具有正向的现实指向。也希望本书以其鲜明的思想内容特色和突出的、批判的社会时空方法，值得从事城市规划、城市研究、社会学等相关专业的教学科研人员、行政管理人员、决策者们以及寻求有效的城市社会学概论的读者们阅读。更希望本书所力图完整建构的城市社会学研究的理论框架，能对当下我国城市社会、政治、经济、文化、环境、技术发展的分析有所启迪和指引意义。

最后，要感谢中国社会学会城市社会学专业委员会主任委员张宝义研究员担任本教材的审稿；还要感谢中国建筑工业出版社杨虹主任和尤凯曦、袁晨曦等编辑的大力支持和辛勤付出。希望《城市社会学》的出版，能够向读者展示城市社会学的最新理论和应用研究成果以及城市研究领域相关研究的整体思想进程，能够以此丰富和激励我国城市社会学、建筑和城市规划以及城市研究领域多学科的理论研究。尚希读者随时指教，使《城市社会学》的写作臻于完善。愿竭所能、效绵薄。

2025 年初春
于同济园

目　　录

【导读】本章概述城市社会学学科的发展脉络，辨析城市社会学学科和城市发展、其他学科以及社会学其他分支学科的关系；阐释城市社会学理论的发展、研究的范式和方法，解析城市社会学创立和研究的智识和历史基础；深入探讨城市社会学研究的本土化和全球化，着重剖析城市社会学研究的中国化问题。最后陈述本书城市社会学研究的基本观点——社会时空观。

第 1 章　城市社会学的发展脉络和基本观点

第 1 节　城市社会学学科的发展脉络

19 世纪 30 年代奥古斯特·孔德[①]开创了社会学，他于 1838 年出版的《实证哲学教程》第四卷中，正式提出"社会学"这一名称，并建立起社会学的框架和构想。社会学诞生于欧洲社会应对现代性困境的变动时期，然而直至 20 世纪初，社会学作为大学里一门独立的学科、一个独立的专业，才首先于美国诞生。城市社会学是社会学的分支学科之一，是以城市社会为研究对象的学科，自形成至今，也已有百余年历史。可以说，社会学和城市社会学作为学科和分支学科，两者几乎是一起诞生的。

1.1　学科性质和特点

除了拥有社会学的学科基础，城市社会学又属于众多的城市研究学科之一，而和城市相关的学科来自社会科学、自然科学和工程技术等 10 多个领域。在我国，由于近几十年来快速的城镇化，城乡规划学、建筑学等学科发展迅速，趋于成为"显学"；而城市社会学并未获得同等的或者说相匹配的发展进度和社会关注度。

从学科设立来看，依据国务院学位委员会、教育部颁布的《学位授予和人才培养学科目录（2011 年）》，建筑学、城乡规划学、风景园林学先后成为一级学科，城市地理学是地理学（一级学科）下面的二级学科，城市社会学则作为社会学（一级学科）、应用社会学（二级学科）下面的三级学科。

城市社会学在其自身发展过程中，经历了从古典城市社会学向当代城市社会学的转变，以及 20 世纪 80 年代开始新城市社会学的理论建构，这也反映了城市社会学的学科内涵和研究范围一直处于演变之中。至于城市社会学的研究方法和研究工具，在城市社会学学科的转变中曾起到巨大的推动作用，开辟了城市社会学研究更广泛的疆域。

全球范围内，2007 年人类社会整体进入城市世界，城市人口总数第一次超过乡村人口总数。中国的城镇化率到达这个转折点的时间要略迟数年，在 2011 年第一次超过 50.00%，此后以平均每年增加近 1.4 个百分点的速率提高，2024 年年末全国常住人口城镇化率为 67.00%。由此，中国社会结构发生了一个历史性的转折，在这场人类最大规模的城镇化进程中，我们需要应对的问题复杂、挑战严峻，城市社会学研究的重要性也日益凸显。

[①] 奥古斯特·孔德（Isidore Marie Auguste François Xavier Comte，1798—1857 年），法国著名的哲学家、社会学和实证主义的创始人。

1.2 城市社会学学科和城市发展关系的回溯

英国哲学家托马斯·霍布斯[①]早在 1651 年就写道："国家是和平与闲暇之母，而闲暇是哲学之母……最先有繁荣大城市的地方，首先有哲学的研究"。[②] 这个论断对社会学和城市社会学同样适用。城市社会学的研究，毫无疑问以城市为基石，尤以大都市为中心和重点，以和大都市的密切关系为特征。

西方城市社会学从古典城市社会学到当代城市社会学的演变，恰是和西方城市发展进程密切相关的。美国城市社会学学科的发展历史清楚地证明了这一点：在 20 世纪 50 年代以前，特别是在 20 世纪前十年至 20 世纪 30 年代期间，城市社会学研究的重镇在芝加哥；20 世纪 50 年代以后，逐渐转移到纽约；至 20 世纪 80 年代以后，部分转移到洛杉矶。

1.2.1 芝加哥——城市社会学的创立

讲到社会学和城市社会学，首先得提芝加哥。自 19 世纪下半叶开始，在美国内战之后，美国国内的资本主义获得了一日千里的发展。随着快速的工业化和移民的聚集，在美国的东部、北部和中西部分别出现了纽约、费城和芝加哥等大城市。自 1833 年起，芝加哥的发展尤为突出，它是一座工业城市、商业中心和交易中心，资本主义在那里获得了近乎野蛮的发展。和芝加哥突然崛起相伴而来的是紊乱无序的城市生活，城市人口十分混杂，芝加哥是当时世界上人口增长最快的城市之一，从 19 世纪初的空白起点增长到 1900 年已超过 100 万人。当时世界上人口超过 100 万人的城市中，芝加哥是唯一在一个世纪前还不存在的城市。1900 年时，芝加哥一半以上的人口由外国移民构成，因而具有鲜明的文化多样性。

19 世纪 60 年代至 20 世纪初期，芝加哥经历了快速的都市化、工业化，以及伴生的日益增多的移民、劳工和其他种种城市社会问题（例如贫困、人口拥挤和犯罪），使芝加哥成为最能够突出反映现代工业社会本质的城市，并且在城市中出现了拥有广泛群体基础的强大的社会改革运动。

所有这一切使得芝加哥成为孕育美国社会学和城市社会学的温床。自 1925 年始，大约十年时间，围绕芝加哥城市社会现象的大量著作出自芝加哥大学社会学系，并由芝加哥大学出版社出版，由此形成了影响深远的芝加哥社会学派。早期芝加哥社会学派的研究成果在第二次世界大战（下简称"二战"）前的年代里主宰了城市社会学研究领域，致力于城市现象问题的专门调查和城

[①] 托马斯·霍布斯（Thomas Hobbes，1588—1679 年），英国政治家、哲学家、社会学家，欧洲启蒙运动时期的杰出人物，代表作有《论政体》《利维坦》《论公民》《论社会》等。

[②] Thomas Hobbes. Levithan[M]. ed. by C.B. MacPherson，Harmondsworth：Penguin，1985.

市社区环境的社会学研究是芝加哥人类生态社会学派的主要贡献，也形成了早期美国社会学的首要成就。

1.2.2 纽约——城市社会学的发展

"二战"以后，芝加哥在美国的城市地位逐渐被纽约取代，这种取代几乎同步出现在城市发展、城市规划还有城市研究领域。

20世纪80年代和90年代，美国的城市社会学研究中以纽约为基地的两位社会学家尤具影响力。一位是哥伦比亚大学社会学系教授萨斯基娅·萨森（Saskia Sassen），她基于对纽约的观察，研究全球化的影响，例如经济重组、劳动力和资本的运动如何影响城市生活。她识别和描述全球城市这一现象，并于1991年发表了著作《全球城市：纽约、伦敦、东京》（*The Global Cities*：*New York*，*London*，*Tokyo*），此书在全球化世界研究领域内被广泛引用。另一位是纽约市立大学的社会学教授莎朗·祖金（Sharon Zukin），她专门研究现代都市生活，著述有关纽约城的文化和房地产、消费者社会和消费文化，通过去工业化、中产阶级化和移民族群多样性现象，追踪当前城市的重塑以及以文化的生产和消费为基础的符号经济的兴起。[①]

此外，在纽约的美国城市社会学研究者中还有一位人物，纽约州立大学的马克·戈特迪纳（Mark Gottdiener），他于1994年首次出版了《新城市社会学》教材，此后该书多次再版[②]。但是他的城市研究对象并不局限于纽约。

1.2.3 洛杉矶——城市社会学的嬗变

到了20世纪90年代，以美国加州大学洛杉矶分校学者爱德华·威廉·苏贾[③]、艾伦·斯科特（AllenJ.Scott）、迈克·戴维斯[④]、伯克利分校的城市地理学者迈克尔·迪尔（Michael Dear）为代表的洛杉矶都市主义学派（The Los Angeles School of Urbanism）崛起。该学派以洛杉矶为据点，将洛杉矶定义为后工业时代或后现代城市的原型。洛杉矶的发展模式和芝加哥、纽约大相径庭，郊区化导致城市蔓延（图1.1），居住、产业、零售空间相对于内城呈分散式的布置，与此同时在郊区又呈现为局部的集中，由此带来了洛杉矶学派关于城市景观、经济和文化过程的理论学说。

洛杉矶都市主义学派挑战了芝加哥学派的既定模式，线性进化论的城市范式被一个非线性的、混乱的过程所取代。迈克尔·迪尔（Michael Dear）

---

① Sharon Zukin. 城市文化 [M]. 张廷佺，杨东霞，谈瀛洲，译. 上海：上海教育出版社，2006.
② （美）马克·戈特迪纳，雷·哈奇森. 新城市社会学 [M]. 黄怡，译. 3版，4版. 上海：上海译文出版社，2011，2018.
③ 爱德华·威廉·苏贾（Edward W. Soja, 1940—2015年），美国后现代政治地理学家、城市理论家，著有《后现代地理学——重申批判社会理论中的空间》。
④ 迈克·戴维斯（Mike Davis, 1946—2022年），美国作家、政治活动家、城市理论家和历史学家。

图1.1 蔓延的洛杉矶郊区
来源：A. G. Kudler. Watch the strange growth of Los Angeles, from 1877 to 2000[EB/OL]. https://la.curbed.com/2014/4/3/10121264/los-angeles-sprawl-history-map-animation.

禁令空间		种族郊区
边缘城市		收容控制中心
主题公园		消费机会
门禁社区		命令与控制中心
巷战		精彩表演
企业堡垒		

图1.2 洛杉矶的后现代空间表现
来源：Michael Dear and S. Flusty，1998.

通过对芝加哥和洛杉矶进行城市比较分析指出[1]，关于城市结构的辩论一直被芝加哥学派的理念所主导，其中包括城市是一个连贯的区域系统，城市中心组织起其腹地。洛杉矶都市主义学派推翻了这一逻辑，他们坚持认为在当代城市中，腹地组织着中心的其余部分。概念的剧变产生了不同的理论和实证结果。迈克·迪尔和史蒂文·弗鲁斯蒂（Steven Flusty）采用"乐彩资本主义"（Keno capitalism）的术语来概括描述（后现代）城市条件产生的空间表现[2]；也就是，功能和特征各不相同的地区以一种看似随意的、杂乱无章的方式分布（图1.2）。城市按照其自身内在的逻辑生长，或者按照外来投资的流向生长，外来投资者们获取利润的方式不再遵循福特主义（即20世纪典型的大规模的生产和消费）的传统。

---

① Michael Dear. Los Angeles and the Chicago School：Invitation to a Debate[J]. City & Community 1，March 2002：5-32.
② Michael Dear，S.Flusty. Postmodern Urbanism[C]. Annals，Association of American Geographers，1998，88（1）：50-72.

1.2.4　城市社会学和城市的复杂关系

美国城市社会学学科的发展演变和芝加哥、纽约、洛杉矶等城市的发展呈示了高度的相关性，但是城市社会学和城市发展的这种关系并不是单纯的、排他的，而是和经济学等密切交融，城市变化和社会变化、经济变化是共生的。肖特（John Rennie Short）的论述虽然是对经济学的批评，却也从另一个侧面揭示了城市社会学同样面临着和城市的复杂共生关系：

因为大多数经济学家和经济史学家们只关心那些经济学的抽象概念，即使将目光投向现实世界，他们眼中也只有诸如厂商、特定产业或者国民经济之类的对象。城市的功绩自然就无法得到充分的肯定。……城市作为经济变化的大熔炉，远远没有得到与其贡献相对应的尊重。事实上，城市发展和经济发展本就是共生关系，经济兴衰与城市伸缩密切相联。城市的成长与经济的进步更是融为一体；城市成长所采用的形式影响了、并将一直影响着经济变化与发展的性质。无论是过去，还是现在，正是由城市的空间组织形式表达着经济的社会组织形式。只有在城市中，社会与空间之间的绝妙关系才体现得最为明显。……要考察的正是这种关系的发展历史……

来源：（英）约翰·伦尼·肖特.城市秩序：城市、文化与权力导论 [M].郑娟，梁捷，译.上海：上海人民出版社，2015：13-16.

1.3　城市社会学和其他学科的关系

一门学科的存在和发展，和其他学科之间或多或少都存在着相互依赖、相互促进的关系。城市社会学和一般社会学学科乃至经济学、政治学、心理学和人类学等社会科学便有着千丝万缕的关联。事实上，城市社会学理论的形成和演变，是在和人类学、人口学、统计学、地理学和政治经济学等相关城市学科理论不断交融的过程中完成的。

1.3.1　城市社会学发展的四个阶段

从 19 世纪 90 年代城市社会学诞生，迄今为止，城市社会学的发展大致经历了以下四个阶段[①]：

第一阶段，人类生态学的滥觞。脱胎于人类学、生态学，城市社会学更接近于人类生态社会学的研究。鉴于欧洲思想家，诸如马克斯·韦伯[②]、卡尔·马克思和格奥尔格·西梅尔将城市看作一个环境，芝加哥人类生态学派的社会学

---

① 黄怡.中国城市社会学研究的若干问题 [J].城市规划学刊，2016（2）：45-49.
② 马克斯·韦伯（Max Weber，1864—1920 年），德国著名社会学家、历史学家、政治学家、经济学家、哲学家。

家聚焦于人类群体适应该环境的过程研究，采用将城市生活概念化的一个以生物学为基础的方法，但是避开了对资本主义的研究。对他们来说，城市分析是人类生态学的一个分支，城市社会由发展的生物学法则而非经济法则主宰。囿于人类学的研究方法，这一时期的社会学研究主要在城市社区层面开展。

第二阶段，向城市生态学的转变。统计技术方法带动了研究方法的改变，促成人类生态学彻底向城市生态学转变。20世纪50年代随着计算机科学在人口统计学和地图制图学中的应用，人口普查和人口统计的区位模式已经发生改变，使得统计数据来源、样本数量获得了根本性突破。人类生态学家注意到了这个变化，他们的研究不再被限制在城市社区的实地研究，而能够收集整个城市层面的数据，并寻求建立在城市和郊区居民的教育水平、收入以及就业地位这些因子之间的联系。20世纪50年代和60年代，社会地区分析（social area analysis）和因子生态学分析（factorial ecological analysis）方法在美国以及世界范围内都产生了大量相关研究，极大地增加了人们对于城市居住结构的理解，并且这两个研究方法一直沿用至今。

第三阶段，当代城市社会学的纷呈。20世纪70年代，城市社会学、地理学、政治学及城市规划学科领域群体性地以马克思主义作为批判的理论基础，交融发展，形成了当代城市社会学。从20世纪70年代初起，城市社会学研究中基础的范式转变开始出现，新城市社会学理论向正统的城市发展理论发起挑战，并在很大程度上取代了人类生态学理论。新城市社会学的理论构成相当宽泛，常常被称作"新马克思主义学派"或复兴的"政治经济学派"。到了20世纪90年代，由于城市社会学、城市地理学等学科对城市空间的研究日渐转向后现代主义文化研究的方法，这时候新城市社会学的部分研究又被贴上后现代城市社会和空间研究的标签。

第四阶段，发展中世界的城市社会学的崛起。这是正在进行或者说即将到来的阶段，是全球化时期以中国为代表的发展中世界的城市社会学研究发展的重要机遇期。中国城市社会学研究必须依托国内城市的发展优势，吸纳相关学科的发展成果，和城乡规划学、法学、政治学、公共管理学等学科紧密结合，既促进完善城市社会学科自身的建设，形成更为有效的经验研究和理论建构，同时又服务于社会发展需求，积极寻求城市社会问题和城市管治的社会学对策，则其政策目标导向和实践指引亦会更规范化、具体化。

1.3.2　城市学科间的关联和渗透

由于城市这个共同的研究对象，在上述四个主要阶段中，城市社会学和城市规划、城市经济学、城市地理学等城市学科之间可能形成了更为致密的关联和渗透。例如，芝加哥社会学派早期的人类生态学、城市生态学和生态学的关系。20世纪30年代，罗德里克·麦肯奇（Roderick Mckenzie）在他的《大都市社区》（*The Metropolitan Community*，1933 年）中将人类生态学的原则不仅应用于中心城，并扩展到更广袤的大都市区域，从而突破和超越了同时代的大多数社会学家的城市社会学研究思想。

20 世纪 50 年代，经济地理学界开始关注区域科学这个新的研究领域，城市规划领域也开始了区域规划的实践。而区域规划的思想更早孕育在帕特里克·格迪斯[1]1915 年的著作《进化中的城市——城市规划与城市研究导论》[2]中，他将城市置于区域层面进行分析规划。区域的思维在马克·戈特迪纳和雷·哈奇森的《新城市社会学》中得到了彻底体现，新城市社会学的"城市"概念不再局限于中心城，而是包括城市、城镇、郊区以及远郊地区的一个混合体，被称作"多中心的大都市区域"（multicenter metropolitan region，MMR）。由此，城市社会学和城市规划、城市地理学在城市研究的概念空间范围上第一次趋于一致。

基于城市社会学的学科基础构成，城市社会学研究的队伍也由来自社会学和城市研究领域的学者共同构成。城市社会学既有的理论体系的建构，也是由多学科学者共同的建树和贡献而成。未来城市社会学科的发展，同样离不开和其他学科的相互借鉴、相互促进，其成果更有可能建立在一个跨学科、多领域的协同创造平台之上（参见第 13 章）。

1.4　城市社会学和社会学其他分支学科的关系

在社会学学科领域内，城市社会学和家庭社会学、教育社会学、环境社会学、统计社会学等密切相关。例如，在城市环境问题、环境正义方面，城市社会学和环境社会学存在着研究范围和内容上的交叠。环境社会学于 20 世纪 70 年代初期产生于美国，学科的主要研究问题和 20 世纪 60 年代蕾切尔·卡逊[3]的《寂静的春天》所关注的问题是一脉相承的。环境社会学的研究队伍来自人口学、乡村社会学、城市社会学、社会心理学、发展社会学和政治社会学等不同学术背景。我国的环境社会学研究队伍目前主要由环境学和社会学领域的研究者组成，由于在其团体内部对于侧重环境学科的实证方法还是社会学的范式方法意见不一，加上一直以来受大的社会气候影响，在环境社会学发展的向度和限度上都存在一定的制约。

在我国，自 21 世纪以来，对于社会分层的内涵理解，已经从就经济社

---

① 帕特里克·格迪斯（Patrick Geddes，1854—1932 年），苏格兰裔生物学家、社会学家、地理学家，城镇和区域规划概念的现代先驱之一。1920—1923 年，他在印度担任孟买大学社会学和公民学教授。

② （英）帕特里克·格迪斯. 进化中的城市：城市规划与城市研究导论 [M]. 李浩，译. 北京：中国建筑工业出版社，2012.

③ 蕾切尔·卡逊（Rachel Carson，1907—1964 年），美国海洋生物学家。

会地位（SES）而言的社会分层和居住隔离，扩展到空间和环境正义范畴，例如低收入阶层和工业生产突发安全风险（如爆炸、泄漏事故）、长期的健康风险（如空气污染、水污染）地区的空间关联性。在城市规划领域已有环境和社会互动关系的相关研究成果，例如对于慢发性技术灾害（slow-motion technological disaster）问题的规划控制与修复①、与环境效应相关的居住迁移等问题的研究，这些问题与城市总体规划中工业用地和市政设施规划布局（区位、规模、开发强度等）相关。而这种关注本身源自城市社会学的思考，由空间正义延伸到环境正义，同时这又带出环境社会学的话题。

至于统计社会学，其主要贡献在于社会学的统计方法，人口和家庭情况的传统的统计测量翔实全面。对城市社会学来说，在确认其统计分析方法可信的基础上，使用其部分分析结果，且是包含空间或地域信息的结果。

总之，从学科间关系看，城市社会学和其他诸多现代社会学科、城市学科有着深厚的学术渊源。作为一个跨学科领域，城市社会学从其他学科中受益很多。

第2节　城市社会学的理论、研究范式和研究方法

城市社会学学科历经百余年发展，自身已形成了较为丰富的理论构成、成熟的研究范式和多样的研究方法。

2.1　城市社会学理论的发展

正如美国政治学家萨缪尔·亨廷顿所言，我们"不得不将一些并非完全根据人类理性法则运作的现象通则化。衡量一种理论的标准是它包含和解释所有相关事实的程度。另一个衡量标准，也更为重要的标准，则是这一理论能够在多大程度上比其他任何理论更好地涵盖和解释这些事实"。②

城市社会学的理论由古典城市社会学理论、芝加哥学派的理论、新马克思主义学派的城市社会学理论及新城市社会学理论构成③。这些理论一方面反映了城市社会学理论研究的进程，另一方面也形成了某种迭代发展。对事实或者说现实的解释力，正是推动城市社会学理论发展的根本驱动力。

---

① 黄怡，陈亮，夏胜. 慢发性技术灾害工业用地的规划修复 [J]. 上海城市规划，2015（6）：79-85.
② Samuel P. Huntington. The Soldier and the State：The Theory and Politics of Civil-Military Relations [M]. Cambridge，MA：Harvard University Press，Belknap Press，1957：vii.
③ 黄怡. 新城市社会学：1970 年代以来西方城市社会学的范式转变 [J]. 同济大学学报（社会科学版），2011：53-57，104.

2.1.1 古典城市社会学理论

古典城市社会学理论反映了人类社会由农村社会向城市社会变迁发展的进化图景。城市社会学最初是相对于农村社会学或乡村社会学而言的，是在工业文明对农业文明的取代中产生的，关注的是城市和乡村在生活形态上的巨大差异。第一代社会学家对于城市化对欧洲社会的影响共同持有一份特殊的关注。这些问题对于理解当时正在改变欧洲城市的新工业社会的本质是根本性的。

古典城市社会学理论由古典社会学家的思想和他们对资本主义的分析构成。弗里德里希·恩格斯的理论反映了资本主义城市的社会空间隔离。费迪南德·滕尼斯[①]引入 Gemeinschaft 和 Gesellschaft 概念，用于讨论存在于农村小型传统社会和城市大型现代工业社会中的不同类型的社会联系。埃米尔·涂尔干[②]在 1893 年出版的《社会分工论》中提出了一对经典概念——"社会机械团结"（social mechanical solidarity）和"社会有机团结"（social organic solidarity），用"机械团结"社会和"有机团结"社会两个范畴来分别指称前现代社会和现代社会。他提出，人类社会的早期形态以"机械团结"为特征，社会中的个人之间通过相似性和日复一日的熟悉来相互控制。社会团结的基础是文化同质化，所有成员共享一系列共同的认识、信仰、符号、习俗和生活经历，群体总是优先于个人，以强烈的共同的集体意识为特征。有机团结是一种建立在社会成员异质性和复杂劳动分工基础上的社会秩序。韦伯确定了社会分层的三个关键维度，即财富和收入（经济地位）、权力（政治地位）和声望（社会地位）。这基本上奠定了此后的社会分层标准的基本框架。[③]

正是古典城市社会学理论，构成了本书后述大多数理论的智识基础和思想源泉。

2.1.2 "二战"前后两代芝加哥学派的理论

20 世纪 20 年代，美国芝加哥城市社会学派崛起。芝加哥学派围绕人类生态学的基本概念主张，形成了相对集中的人类生态学理论体系，亦即对人类群体适应城市环境的过程的研究，偏向于采用将城市生活概念化的一个生物学基础的方法，将社会视为由发展的生物学法则主宰。

芝加哥学派提出了城市结构的三个基本理论模型——同心圆、扇形和多核心理论模型，用于城市土地使用模式的解释，这对后来的城市地理学、城市规划等学科影响深远。和三个模型对应的是城市入侵和演替理论（伯吉斯）、居住过滤理论（霍伊特）等，这些理论都强调了城市空间结构变化的生态

---

① 费迪南德·滕尼斯（Ferdinand Tönnies，1855—1936 年），德国社会学家，德国社会学的奠基人。
② 埃米尔·涂尔干（Émile Durkheim，1858—1917 年），也译为埃米尔·迪尔凯姆或杜尔凯姆，法国犹太裔社会学家、人类学家，社会学的奠基人之一。
③ 黄怡. 城市社会分层与居住隔离 [M]. 上海：同济大学出版社，2006：31.

过程，重点关注城市迁居和城市宏观空间结构变迁的关系。

芝加哥学派的社会互动理论认为，社会互动有四种基本形态——竞争、冲突、顺应（accommodation）、同化（assimilation）。此外还有一种经常被后来的研究忽略的形态——孤立（isolation），它同西梅尔的虚无空间（empty space）有所关联，因为当两个人或两个群体之间的空间是虚无空间时，就会产生孤立。这是帕克等人非常强调的一种社会形态，但是并未受到后来研究者的重视。在各种互动形态之中，竞争处于根本性的地位，其他原则都依附于竞争。这一点是人类生态学的核心思想，也在芝加哥社会学派中代代相承。

芝加哥学派的研究者阵容强大，著述颇丰，他们在理论和方法上有许多独到之处。但是也因此，在理论的体系化方面有所欠缺。此外，在一些具体的理论解释上也有缺陷。人类生态学对区位在社会互动中发挥的作用在理论上阐述不足，而且对社会空间过程采用了单一维度的、技术决定论的解释。它结合了土地使用功能竞争之间的冲突和人口群体间生存竞争的思想，但是回避了对社会阶层或种族、人种和性别差异，以及经济和政治制度的提及。人类生态学因其局限性逐渐遭到许多批判。

"二战"后，生态学的探讨略有复兴，人类生态学的分支社会生态学和城市生态学有所发展，其中人类生态学的"社会文化学派"以沃尔特·法雷（Walter Firey）为代表。这一时期采用了埃什热维·谢维基（Eshrev Shevky）和文德尔·贝尔（Wendell Bell）的社会地区分析法，这是一个描述性的、带有图示的方法，但是并未提供一个分析模型，来解释社会学变量（种族、社会阶层以及家庭地位）的特定地区分布。因子生态学分析法则在 20 世纪 50 年代和 60 年代得到广泛应用，并产生了大量研究。但是人类生态学和它的分支，社会生态学和城市生态学，在研究多中心的大都市区域的复杂性时，面临着大量的障碍。[①]

2.1.3 新马克思主义学派的城市社会学理论

20 世纪 60 年代，以法国社会学家列斐伏尔[②]为主要人物，推动了社会学和其他学科领域研究的空间转向，这个整体的空间转向也被称为新马克思主义的空间转向，赋予了当代城市社会学理论新的生机和活力。新马克思主义学派的城市社会学理论集中于有关社会空间的理论。当时比较流行的是布迪厄[③]和列斐伏尔的论述。两人都受到马克思主义理论的深刻影响，而且强调社会空间

---

① （美）马克·戈特迪纳，雷·哈奇森.新城市社会学[M].黄怡，译.4 版.上海：上海译文出版社，2018：94.
② 亨利·列斐伏尔（Henri Lefebvre，1901—1991 年），法国社会学家，20 世纪最重要的社会理论家之一。
③ 皮埃尔·布迪厄（Pierre Bourdieu，1930—2002 年），法国社会学家、公共知识分子。

的结构性。比如在布迪厄的场域理论中，社会结构是根本性的，行为主体之间的互动都在结构中展开。

20 世纪 70 年代的城市社会、地理、政治及城市规划学科和专业领域的研究，都群体性地以马克思主义作为批判的理论基础，因此也常常被称作"新马克思主义学派"或复兴的"政治经济学派"。列斐伏尔、卡斯泰尔、哈维和皮克万斯等人自成理论，例如，列斐伏尔对城市政治经济学的复兴，戈登、施托普尔和沃克以及卡斯泰尔的阶级冲突理论，戴维·哈维的资本主义制度下的城市过程的分析框架[①]和资本积累理论，哈维·莫洛奇（Harvey Molotch）和约翰·洛根（John Logan）的城市政治中的增长机器理论[②]和机制理论等。

在一些更精微的理论研究上，新马克思主义学派和之前的芝加哥社会学派产生了区别，例如，关于空间理论中的一个假定——社会空间中是否存在盲点，以布迪厄代表的法国理论和西梅尔及芝加哥学派的社会空间理论产生了重要区别。西梅尔认同"虚无空间"的存在，并非每个社会空间的位置都有人占领。芝加哥社会学派的理论继承了这一点，因为只有当存在虚无空间时，才会有人群去竞争和抢占，空间的流动性才由此产生。而布迪厄的"场域"中就不存在虚无空间，人和位置之间是完全对应的，因为布迪厄的理论并不基于物理空间的考量，而是基于想象的空间。

2.1.4　新城市社会学理论

新城市社会学某种程度上从被称为政治经济学的较早的理论工作中发展起来。1980 年，祖金发表《新城市社会学的十年》一文，首先提出了"新城市社会学"的说法；沃尔顿（Walton）紧随其后，于 1981 年在《国际社会科学期刊》上撰写了以"新城市社会学"为题的文章。马克·戈特迪纳则集大成，1994 年推出了《新城市社会学》教科书，他将列斐伏尔、卡斯泰尔、哈维和皮克万斯等人的努力统归在新城市社会学名下。但是到了 20 世纪 90 年代，由于城市社会、地理等学科对城市空间的研究日渐转向后现代主义文化研究的方法，这时候新城市社会学的部分研究又被贴上后现代城市社会和空间研究的标签。也由此可见，新城市社会学的理论构成是相当宽泛的。

戈特迪纳批判了传统城市社会学过分重视技术作为变迁主体的推动力，提出了社会空间观点（socio-spatial perspective，SSP），并力图将更多因素纳入城市空间的分析框架，尤其是政治、经济和社会过程，使得城市社会学成为涉及城市社会、经济、文化、政治和环境的综合研究。新城市社会学范式实

① David Harvey. The Urban Process under Capitalism：A Framework for Analysis[J]. International Journal of Urban and Regional Research，Vol.2，Mar.，1978：101-131.

② Harvey L. Molotch. The City as a Growth Machine：Toward a Political Economy of Place [J]，American Journal of Sociology，Vol. 82，No. 2，Sep.，1976：309-332.

现了对人类生态学范式的超越，这一超越体现在社会空间观点（SSP）的政治经济学视角、全球化视角和文化视角上。

2.2 城市社会学研究的范式

"paradigms"一词来自希腊文，原意是指语言学的词源、词根，后来引申为范式、规范、模式、模型、范例等含义。范式就是某一专业领域内公认的模型或模式，其构成包括理论、研究方法、假设和对该领域作出合理贡献的标准等，它决定了研究数据的意义或解释。范式也是一种方法论，研究方法论的选择一般来说和研究者的哲学立场以及所分析的社会科学现象有关。

2.2.1 研究范式和范式变迁

美国科学哲学家托马斯·库恩[①]于1962年出版的《科学革命的结构》中提出并系统阐述了范式的概念和理论。库恩反对那种把科学知识的增长看成直线式的积累或者不断推翻的增长的观点，反对把科学和科学思想的历史发展过程看成逻辑或逻辑方法的过程。他依据科学史材料，提出了科学和科学思想发展的动态结构理论，这个理论的核心概念是"范式"。库恩认为，在这个动态结构理论中，科学的实际发展是一种受范式制约的常规科学以及突破旧范式的科学革命的交替过程。

范式变迁（paradigm shift）这一术语最早也出现于该书，用来描述在科学范畴里一种从基本理论的根本假设发生的改变，后来被应用于其他各种学科方面的巨大转变。库恩认为，长期以来科学家接受一个特别的范式，当这个范式不能很好地解释或根本不能解释某种情形时，科学进入一个汹涌的革命时期：旧的范式将被废除，让位于新的范式。这个理论也适用于城市社会学。在思想意识的进程中，所有创造性的思想体系的较重要的突破都经过了代际的冲突碰撞才得以实现。

2.2.2 （城市）社会学研究的一般范式

研究方法可以不同，但必须有一个清晰的研究范式。范式决定怎样进行研究。因为所有的研究都基于一些基本的哲学假设，即什么是"有效的"研究，什么样的研究方法适合于研究。研究范式是基于研究者的世界观、认识论、本体论、方法论和价值论的综合选择。

常见的研究范式有实证主义范式、建构主义范式、批判主义范式、解释主义范式、实用主义范式和现实主义范式等。多元范式则指的是科学研究范式

[①] 托马斯·塞缪尔·库恩（Thomas Samuel Kuhn，1922—1996年），20世纪最有影响力的科学哲学家之一。他于1962年出版的科学哲学著作《科学革命的结构》被广为引用。

不只有一种，而多元范式是人文社会科学的特征，即许多不同的理论范式的共存和竞争。构成社会科学研究基础的两个主要范式是实证主义和自然主义（解释主义）范式。

实证主义范式，是一种植根于物理学的范式。实证主义范式始于一个假设，在本体论层面上，实证主义者假设现实是客观给定的，并且可以用独立于研究者及其工具的属性来衡量，换句话说，知识是客观的，可以量化的。实证主义范式较多采用高度结构化的大样本进行测量，多采用定量方法，也可以使用定性方法。

解释主义范式，是一种以解释学和现象学为哲学基础的范式。解释范式关注的是研究者个体作为参与观察者，从个人自身的主观经验出发来理解世界。解释主义者的兴趣不是一种新理论的产生，而是对解释理论的判断、评价和提炼，因而解释主义的研究方法创新意义不是特别明显。解释主义范式可以采用小样本，进行深入的定性调查。观察和访谈是关键的数据收集方法。

2.2.3　城市社会学研究的主导范式及其范式变迁

在城市社会学研究的发展过程中，除了前述一般范式以外，还存在过和存在着两个主导范式。后一个范式是对前一个范式的突破和变迁。

传统的城市生态学曾成为一个全球性的解释范式，如 20 世纪上半叶芝加哥社会学派的城市生态学家们期望和力图证明的，很大程度上曾经被应用于跨越时空的人类定居空间，并且在某些地方、某些领域（包括世界上许多大学的城市社会学课堂里）至今仍被奉为圭臬，尽管城市生态学范式存在理论模型的局限性，尽管在模型应用中存在来自世界各地城市研究证据的局限性。但也确实从某种意义上说明，一种理论即使存在错误、存在反证，但只要在特定历史条件下最能解决问题、最能满足需要，就可以继续存在，直到更能解决问题、更能满足需要的新理论形态出现。

另一个研究范式是新城市社会学的研究范式。自 20 世纪 70 年代初开始，城市社会学中一个基础的范式转变开始出现，新城市社会学理论向芝加哥学派关于城市发展的正统思想发起挑战，并在很大程度上取代了人类生态学。在城市增长和变化的解释中，人类生态学范式过分突出了技术革新的因素。戈特迪纳曾在《新城市社会学》中提出芝加哥社会学派的理论解释力不足问题，并推出了新城市社会学的社会空间观（SSP）。

2.3　城市社会学研究的方法

理论基础、研究方法和实践拓展是考察社会学学科发展的三个重要维度。研究方法是建构理论的必要手段，可以视作一个学科成熟的标志。实践拓展则是将理论和实践相结合，在实践中融入理论，在实践中探索理论，真正发现问题的本质，解决实际问题。

　　城市社会学本身并不拥有独特的研究方法和研究手段，换言之，大多数的研究方法、研究手段是与社会学科所共同拥有的，也是科学研究所共有的基本研究方法。一方面，城市社会学研究的特点影响研究者对研究方法的选择，另一方面，研究方法的选择（研究方法的科学性和实用性）又反过来影响城市社会学的发展。

2.3.1　城市社会学研究特点对研究方法选择的影响

　　（城市）社会学研究本身具有一些特点，即研究对象、研究方法选择具有内在的关联性，也存在内在的制约性。研究方法选择和研究对象相关，有时还和其他学科的发展相关。研究方法的选择取决于若干因素：

　　（1）不同的研究条件、研究基础和研究范围。恰当的研究范围提供了具体研究方法和可得的研究成果的必要保障。由于社会科学研究通常难以达到公理性逻辑体系这种层次的严谨性和逻辑性，因此机制的概念成为一个比较容易把握的分析角度：从具体可察的因果关系着眼去分析问题、解释问题，而不是去建设一个庞大完整的逻辑体系，去寻找具有普遍意义的因果规律[①]。芝加哥社会学派最初采用了人类学的基于田野调查的经验进行研究，在有限的范围内（社区）探讨人口城市化的社会结果。

　　国家、地区及研究者自身的研究条件、研究基础，也会促成一些研究议题和方法的选择。美国作为移民国家的本底决定了它在全球化研究方面的独特优势。提出"全球城市"概念的萨斯基娅·萨森，在五种语言环境中长大，出生于荷兰，在阿根廷和意大利长大，在法国学习，在美国开始职业生涯。罗宾·科恩出生在南非，并在那里学习政治和历史，其时正是压迫性的种族隔离政权加强其控制的时期。他在尼日利亚内战期间（1967—1970年），最初研究非洲的劳工运动，随后对发展中地区的社会学和政治学、社会认同、国际移民、跨国主义和全球化产生兴趣。这两个典型个案都充分说明了全球化的研究视角和方法的采用受到了研究条件和研究基础决定的某种必然性的影响。

　　（2）不同研究者的个人选择偏好。研究者有其自身的独特性、主体性和概念理论建构及方法选择。以美国社会学中的社会分层研究领域为例。20世纪50年代，社会学中的代际流动分层研究刚刚起步。彼特·布劳以社会学理论见长；奥蒂斯·邓肯[②]则以社会统计学见长，他也是居住隔离指数的提出者。邓肯应邀参与布劳的研究，他将路径范式（path diagrams）、路径模型（path

---

① 周雪光. 组织社会学十讲 [M]. 北京：社会科学文献出版社，2003.

② 奥蒂斯·达德利·邓肯（Otis Dudley Duncan，1921—2004年），美国社会学家，他在职业生涯早期对芝加哥黑人人口的研究（1957年），证明了人类生态学作为社会学学科延伸的有效性。

models）和路径分析（path analysis）引入了社会学科，来研究代际流动的规律特点，尤其是对孩子教育的影响，由此发展出了著名的"地位获得"理论模式（status attainment model）。而"父亲职业→儿子教育→儿子职业"这一理论模式影响了一代社会学者的思维方式，也使得途径分析统计方法得到进一步的发展和普及。①②

（3）研究方法和研究内容相关。从研究内容和研究方法上看，主要包括理性主义（rationalist approach/rational choice theory）、结构主义（structuralist approach）和文化主义（culturalist analysis/theme）三个流派。理性主义强调从理性的假定出发来解释社会行为及其后果，文化主义在本体论和方法论上都有鲜明的诠释主义特色；结构主义关注比较行为主体之间的整体关联，并探讨因果模式和动态发展关系；文化主义则更关注通过个案探讨认同和秩序这些共同的价值判断。简言之，相对于强调通则的理性主义和重视聚合的结构主义，文化主义的特点是单元化和离散化。③

2.3.2 研究方法的选择对城市社会学发展的影响

至于城市社会学的研究方法和研究工具，在城市社会学学科的转变中曾起到巨大的推动作用。20 世纪 50 年代，计算机技术引入人口统计，建立了社会区域分析和因子生态学分析的研究方法，一直沿用至今。20 世纪 70 年代以后，社会空间辩证法的引入，弥补了城市生态学理论在城市发展形态上解释力越来越弱的不足，开辟了城市社会学研究更广泛的疆域。

城市社会学是一门注重实证研究的学科，以实证研究为核心、为主要研究手段。实证研究方法对学科发展轨迹和学术思想的演化轨迹有着显著影响。实证资料、学术规范等因素对学术研究的演变有着直接作用。海外社会学者周雪光（2001 年）在"方法·思想·社会科学研究"④ 一文中有精辟入里的分析。"实证资料是指那些系统的、大规模的、可以用于统计分析的定量资料。日常生活中的直观性资料虽可以作为诱发或阐述观点的极好故事资料，但是难以登上社会科学实证研究的大雅之堂。一些直观简单但意义重大的思想观点因为无法获取相应的验证资料而无法在学术杂志上发表交流"。"实证资料的翔实与匮乏"，也就是实证研究方法的使用与否，"成为制约当代社会科学研究的另一重要条件"。

另一方面，"学术研究的激烈竞争刺激了学术研究标准的严谨化"。社会科学学科现有的学术规则的要求和资料分布的现状对各种思想观点的生存延续

---

① 彼特·M. 布劳，奥蒂斯·杜德里·邓肯.《美国职业结构》[M]. 李国武，译. 北京：商务印书馆，2019.
② 周雪光. 方法·思想·社会科学研究 [J]. 读书，2001（7）：32–39.
③ 章远. 比较政治学中的文化主义 [J]. 国外理论动态，2016（2）：9–19.
④ 周雪光. 方法·思想·社会科学研究 [J]. 读书，2001（7）：32–39. 本小节 2.3.2 内带 "" 语句均引自本文。

有着不可忽略的选择机制。这种选择机制鼓励学者习惯性地放弃难以模式化的思想观点，而首先将研究者的注意力引导到那些可以模式化的问题和领域中，并且限制了难以模式化的问题进入学者的思维空间。"正如克鲁格曼（Paul Krugman）所说，人们对无法模式化的问题视而不见……无法模式化（或实证化）的问题……在那些引人注目、资料翔实的领域，理论或实证研究成果往往容易得到承认，学者因而趋之若鹜"。也就是说，过于成熟的研究方法的选择、过于严谨的学术研究制度规范都会制约（城市社会学）学科的发展，甚至导向"这样一个残酷的现实"："对分析方法和实证依据的强调束缚了思想的驰骋"，"甚至扼杀学术思想的发展"。"实证研究成果索然，理论观点只能束之高阁"。

"克鲁格曼早在1995年出版的《发展、地理学与经济理论》一书中提出了一个重要的观点，即经济学学术思想和研究的演变过程受到特定历史条件下研究方法和分析手段的深刻影响"。这个观点和现象在社会科学学术思想演变的特点及其制约因素方面有着极大的普遍性。事实上，"当代社会学学术思想的演变和学术研究兴趣的走向和研究手段的变化息息相关"。"学术思想的发展史可以说即是一部有关思想观点如何在分析工具和实证资料的窄缝中曲折生长的历史"。

"社会科学的学术研究需要在思想和验证之间，在理论想象和严谨研究方法之间寻找到一个平衡"，胡适所讲"大胆假设，小心求证"大抵如此。"思想盛而实证衰，学术研究则几近于逻辑游戏；实证盛而思想衰，学术研究充其量不过是堆砌数据"。事实上，欧美社会科学研究之间的差异正在于此，欧洲重思想轻验证，美国则重验证轻思想。芝加哥学派进行了丰富的社区调查，但是芝加哥学派的体系化理论发展却并未达到相应的成就。欧洲的社会学研究较多具有社会哲学的倾向，如列斐伏尔、布迪厄等人的研究无不如此，这使得他们个人具有重要的社会思想影响力，但是这种成就和个人天赋具有很大的关联，很难为众多研究者仿效。而美国的社会学研究注重调查、经验、实证，这是多数研究者通过努力可以达到的，芝加哥社会学派的群星闪烁也在于此，但是这些群星的照度仅限于本学科研究领域之内，而在更广阔的社会精神生活中的影响力却是相当有限的。

2.3.3　城市社会学的常用研究方法

社会学研究中的研究方法主要分为定性和定量两类。质性研究（qualitative research），也就是定性研究，是在自然情境下，研究者采用多种资料收集方法（访谈、观察、实物分析），对研究现象进行深入的整体性探究，从原始资料中形成结论和理论，对研究现象或问题获得解释性理解的一种活动。质性研究采用的方法包括实地勘察调查、参与观察、深度访谈、专题小组讨论等收集资料的方法，以及基于扎根理论、内容分析、空间分析等定性资料和状况的分析方法。质性研究可以加强理解"离散"性的社会和独特性的人文。这种方法从不寻求有一致观点，但却可以互相欣赏各自所采取的独特方式并互相借鉴。定量研究的方法和技术从数量上来描述一个社会总体结构，以此来研究可以预见社会变迁和人们对社会变迁反应的定量模型。定量研究讲究严格的社会统计程序和操作化过程。精确的定量测量和定性的评价分析在研究方式上是互补的，而不相矛盾。

按照科学研究的一般步骤，从阶段性质上讲，社会学的研究方法整体上可以分成三类：

第一类，社会调查方法或文献方法，涉及以何种方法收集材料。（城市）社会学研究重视社会调查方法，包括定量调查研究和定性调查研究，这两种方法对收集基础资料的要求是不一样的。常见的数据收集方法包括：参与者观察法、面对面访谈法、焦点小组访谈法、问卷调查法、成员调查法、自然主义方法、叙事研究、案例研究、实验方法、准实验方法、因果比较方法。

第二类，分析方法，涉及以何种方法处理材料。其主要用于解释观察结果、选取研究问题。定性研究方法是归纳的，定量研究方法是演绎的。定性研究最典型的应用是案例研究。常用的分析方法包括：①规范研究（归纳和推理，多元主义学派），分析研究的是"应该怎么样"，加入了价值判断。规范分析重在逻辑推理、论述道理。②实证研究，分析研究"究竟什么样"的问题，是对事实的客观反映，不加入价值判断。实证分析重在用统计数据、模型等分析。实证主义研究受案例影响较大，存在属于微观或个体研究因而全面性不够的缺陷。理论实证，对具体现象和问题的研究，精当地运用概念和理论加以阐释、解析。实证主义的原则要求研究者进行客观分析，不把自己的个人价值观带入研究（表 1.1）。③结构研究（解释性的，关注系统）。④行为研究等。

实证研究和规范研究方法比较　　　　　　　　　　　　表 1.1

差异	实证分析	规范分析
分析对象不同	实证分析以数据为主，对"规范"进行分析	规范分析以一定价值判断为基础，对"文本""规范"进行完善、解释等
侧重点不同	侧重研究如何运行，分析活动的过程、后果及向什么方向发展，而不考虑运行的结果是否可取	侧重运行"应该是什么"。规范分析涉及已有的事物现象，对事物运行状态做出是非曲直的主观价值判断，力求回答"事物的本质应该是什么"
原理不同	排除主观价值判断，只对现象、行为或活动及其发展趋势做客观分析，只考虑事物间相互联系的规律，并根据这些规律来分析和预测人们行为的效果	根据一定的价值判断为基础，提出某些分析处理问题的标准，树立理论的前提，作为制定政策的依据，并研究如何才能符合这些标准

来源：作者整理

案例研究是城市社会学研究的特色和魅力所在。社会学的生命不仅有逻辑，还有经验。案例是城市社会学研究宝贵的素材。案例研究是标本、化石或金矿，对其深度挖掘、精心冶炼，可能会提取出概念或理论。根据案例数量，案例研究可分为三类：单个案例研究，偏重问题导向，可采用过程追踪法、跟踪分析法，对案例进行事件过程的历史研究或跟踪研究；多案例研究，侧重经验导向，寻求变量间的关系；巨量个案研究，注重结构导向。

第三类，理论建构方法。其主要用于解释研究的结果，要求研究者具有鲜明的问题意识和明确的思考起点，能够突破一些固化的、先验的研究结论。通常而言，理论揭示的是因果关系，而经验往往依据相关关系。理论建构的常规步骤是：第一步，观察和收集数据资料；第二步，寻找模式和发展理论；第三步，形成一个假设命题或理论（hypothesis）；第四步，进行研究验证假设；第五步，形成理论或者修正。研究者必须明确说明研究前提假设、理论逻辑、资料依据，有逻辑可循，有证据可依，并论证所得结论与实证资料是否吻合。例如费孝通的"差序格局"（hierarchical social structure）概念，是在日常观察和田野研究基础上的概括抽象。

作为社会科学研究，社会学研究方法大多遵循实证主义传统和经验主义方法论。某种意义上如社会学家吴景超所言，应当"以描述始，以解释终""不加道德的评价"。韦伯的看法则是，"价值中立"这个准则只限于搜集材料、分析材料等研究过程，至于做什么选题、以何种形式发表（如演讲、论文、报告或其他）并不受准则约束[①]。

第 3 节 城市社会学研究的智识和历史基础

社会学研究的历史和智识图景从 19 世纪、20 世纪转交之际展开，在其中可以鉴别、勾勒出城市社会学诞生和发展的清晰线索，描摹出重要学术人物的思想轨迹、历史成就和贡献。通过人物的思想史，揭示他们思想之间的勾连，强化知识脉络的关联性，这有助于加深对城市社会学学科学术基础的理解。

3.1 欧洲（城市）社会学研究的智识和历史基础

19 世纪 90 年代，只有法国和德国有专业的社会学家。下面要介绍的几位人物都是社会学的奠基者，他们开创性的学术工作为（城市）社会学的发展打下了坚实的基础。

---

① 罗东.被遗忘在 20 世纪：吴景超和他的超前意识 [N]. 新京报书评周刊，2023–01–20.

3.1.1 费迪南德·滕尼斯

滕尼斯是德国第一位社会学家，德国社会学的奠基人，也是经济学家和哲学家。他和韦伯、西梅尔等人共同创立了德国社会学学会（DGS），并于1909—1934年担任该学会主席。滕尼斯对社区概念和理论的发展有着重要贡献，1881年他将"gemeinshcaft"引入社会学，1887年出版著作 Gemeinnshaft Und Gesellschaft。这本经典著作在英语学界常被译成 Community and Society（《社区和社会》）；中文还有其他多种译法，例如"共同体和社会"，还有意译的"自然社会和人为社会""礼俗社会和法理社会"等。滕尼斯提出的 Gemeinschaft 和 Gesellschaft 是一对概念，后来在德语世界的社会理论中产生了巨大影响。

然而，这项工作还得归功于霍布斯、亚当·斯密[①]、托克维尔[②]、马克思、尼采[③]（Nietzsche）和卡莱尔（Carlyle）等人。这些作者为滕尼斯提供了两个词汇来描述他所看到的关键的当代社会政治问题，即自16世纪前后以来，西欧从更多"社区"导向（"community"-oriented）的思想和实践向更加"个人主义"形式（"individualistic" forms）的转变。滕尼斯使用"社区"概念勾勒出了人类社会从中世纪向现代的整个文化发展就是从"社区"向"社会"进化发展的图景。"社区"由具有共同价值观的同质人口组成，建立在相互联系的基础上，是一种密切的、守望相助的、富有人情味的关系；"社会"由具有不同价值观的异质人口组成，人们之间的关系靠分工和契约连接，重理性而不讲人情。在工业化、城市化与现代化迅速发展的背景下，从社区到社会的转变导致了社会联系的日渐弱化和共享的具有内涵的社区归属感的丧失。滕尼斯关于传统社区向现代城市社会变迁中社会变化的观点有社会进化论的倾向，常被用来强调工业化以前时期村庄生活和工业化时期城市生活的差异，以及小城镇生活和大城市生活的差异。

3.1.2 埃米尔·涂尔干

涂尔干是法国首位社会学家。1887年他被任命为波尔多大学讲师，并在那里创建了法国第一个教育学和社会学系，随后成为该校教授，教授社会哲

[①] Adam Smith（1723—1790年），苏格兰哲学家和经济学家，他最著名的作品《国富论》（1776年）是有史以来最有影响力的著作之一。

[②] 亚历克西斯·查尔斯·亨利·克莱尔德·托克维尔（Alexis Charles Henri Clérel de Tocqueville，1805—1859年），简称托克维尔，法国历史学家、政治学家、政治哲学家，社会学（政治社会学）的奠基人。他最著名的作品是《美国的民主》（1835年第一卷，1840年第二卷）、《旧制度与大革命》（1856），在这两本著作中，他分析了个人生活水平和社会条件的提高及其与西方社会市场和国家的关系。《美国的民主》是托克维尔在美国旅行后出版的，今天被认为是社会学和政治学的早期著作。

[③] 尼采（Friedrich Wilhelm Nietzsche，1844—1900年），德国哲学家、文化批评家和语言学家，其作品对现代思想史产生了深远影响。

学直到 1902 年。之后他曾执教于巴黎大学、索邦大学。[①] 涂尔干的一些重要著述影响了一代学者，这些作品主要论及由工业化带来的变化。涂尔干社会学的一个核心概念是社会团结，他在 1893 年的《社会分工论》[②]（*The Division of Labour in Society*）一书中，以"机械团结"和"有机团结"为标签，讨论了在滕尼斯较早的随笔中提出的许多同样的议题。

在工业化以前的村庄，个体通过亲属关系的机械结合和社会的相互依赖保持在一起——机械的，注定的，并且只要个体留在当地村庄内，这种关系状态就不能被改变。在工业城市，个体不再被亲属关系的机械结合所束缚；取而代之地，他们能够在新类型的岗位上工作，并且和更广范围内的人有更大的互动机会。这些是有机的结合，它们自然地来自因劳动力分工产生的增长的社会分化。尽管这些说法似乎和我们的直觉感受相反，因为我们常常认为工厂里的工作是机械的。但是，涂尔干确信，新的工业经济是相对于封建社会有限机会的一个进步，新的工业秩序将取代较早的生活方式："伴随着工业经济的来临，村庄社会已经消失，永不复返。"

整体上，涂尔干遵循孔德的方式，以社会学的实证主义进行研究。早期由孔德带出的理论研究方式是模仿研究自然科学的方法，应用相同的方法来探讨社会现象。其强调以经验、实证和科学方法为社会学扎实的基础。这个方法学称为实证主义。

涂尔干在《社会学方法的准则》（1895 年）中，确立了社会学有别于哲学、心理学、生理学等其他学科的独立研究对象——社会事实。他讨论了观察社会事实的准则、划分社会类型的准则、解释社会事实的准则、区分正常现象和病态现象的准则等。他对于研究方法的经典表述是，"把社会事实作为物来研究"。1898 年涂尔干创立了《社会学年鉴》，正是在这个基础上形成了后来被誉为社会学历史上第一个学派的"法国社会学年鉴学派"。涂尔干为社会学专门化和科学化奠定了基础[③]。

3.1.3 马克斯·韦伯

韦伯是德国社会学最知名的代表人物，被公认为他那个时代首屈一指、独树一帜的社会思想家，一个里程碑式的人物。他在法律、政治、宗教、社会以及更多领域著述甚丰，在政治学、经济学、哲学领域都成就斐然，影响力卓著，被广泛认为是社会学和现代社会科学的奠基人。在一定程度上，韦伯是个历史主义者，韦伯的着眼点是把社会学视为史学。他关心经济、社会和历史的

---

① Henri M. Peyre. Émile Durkheim[EB/OL].https：//www.britannica.com/biography/Emile-Durkheim，Apr 11，2023.
② （法）埃米尔·涂尔干 . 社会分工论 [M]. 渠东，译 . 北京：生活·读书·新知三联书店，2013.
③ 周晓虹 . 社会学主义与社会学年鉴学派 [J]. 江苏社会科学，2003（4）：10-17.

关系，对他而言，所有人类的实相都可以在时间的向度里及史家的方法论中被理解。

在研究范式和研究方法上，韦伯采取的是反实证主义的路线。韦伯以一系列著作开始了反实证主义在社会科学界的革命，强调社会科学和自然科学在本质上的差异，他认为人类的社会行为过于复杂，不可能用传统自然科学的方式加以研究。

社会阶层是社会学中一个非常重要的概念和现象。韦伯认为，一个人在社会中相对于他人的地位和其拥有多少钱财有关。除了财富，还有和一个人的教育及职业相关的声望水平，以及一个人的政治团体从属关系，三者共同创造了社会等级制度。这构成了韦伯对社会学的贡献之一。[①]韦伯在其 1921 年出版的著作《经济与社会》（*Economy and Society*）一书中展示了他关于权力和社会分层的思想，这带来了社会经济地位和社会阶层的复杂表述。在《经济与社会》和论文《阶级、地位和政党》（*Class，Status，and Party*）中，韦伯进一步将滕尼斯等人的社会政治概念发展为理想类型。对韦伯来说，它们作为跟踪和研究社会、社会结构和社会秩序随时间变化的理想类型是有用的。

韦伯的早期著作通常和工业社会学有关，但他最知名的贡献是后来在宗教社会学和政治社会学上的研究，以及将经济社会学和宗教社会学相结合，将价值观、信仰文化领域和社会经济体系之间的相互作用进行了理论化。韦伯主张，受到禁欲的新教教派（尤其是加尔文教派）争取理性的经济获利，这种教义基础扶助的资本主义，很快便会发展得越来越大，直至成为西方资本主义的高级阶段；并且这种发展将和原先的宗教产生矛盾，资本主义最终会摆脱新教道德对它的限制，从而扩展为一种获取的经济体系。[②]这种社会的理性化是无可避免的趋势。

韦伯在 1905 年德语版的《新教伦理与资本主义精神》中开始了他的上述研究，而这本书的思想产生和在此前一年韦伯的美国之行密不可分。这趟美国之行是韦伯人生的转折点，在塑造他的思想方面发挥了关键作用。1904 年，韦伯受邀参加在密苏里州圣路易斯举办的世界博览会。韦伯考察了当时美国最大的两个城市纽约和芝加哥的城市环境。这里有城市生活的繁忙特征，交通的嘈杂和混乱，随时都有大量的人涌上街头，高楼大厦铺天盖地，全天工作的强度，街道上的泥土的数量和气味，大量的"无限污垢"和城市街道的恶劣条件，暴力犯罪的程度和频率，以及城市的巨大规模。纽约激发了韦伯"对新世界的热情"，而芝加哥被形容为"庞然大物"，因为它清楚地展示了上述所有特征。韦伯也感受到了资本主义利益团体在城市治理中的力量，以及这种力量

① 黄怡. 城市社会分层与居住隔离[M].上海：同济大学出版社，2006：31.
② Nicki Lisa Cole. "Max Weber's Key Contributions to Sociology." ThoughtCo, Aug. 28, 2020, thoughtco.com/max-weber-relevance-to-sociology-3026500.

是如何在不考虑公共利益的情况下自由放任发挥的。这些城市生活观察和经历深刻地影响了韦伯关于移民、资本主义、科学和文化、浪漫主义、种族、多样性、新教和现代性的思想，预示了古典和当代城市社会学的描述和结论。[1] 这些思想后来对美国的社会学、经济学学者产生了巨大影响。

3.1.4　格奥尔格·西梅尔

西梅尔（Georg Simmel，1858—1918年）是早期的德国社会学家和结构理论家，欧洲大陆最有创造力的社会哲学家之一，也是在早期美国城市社会学中最有影响力的欧洲思想家。西梅尔以文化的关系视角看待城市，并著述城市生活如何改变了个体意识：与传统社会相比，城市生活中的日常存在改变了人们思考和行动的方式。

虽则韦伯和恩格斯都强调城市的历史发展及其生活方式之间的关系，西梅尔却更加关注在城市中发现的活动模式和思考方式。早期芝加哥社会学派的工作紧密追随西梅尔，集中于城市内的活动模式而非论述美国城市化或城市形成的论题。但是西梅尔并不把城市生活的研究当作"城市社会学"，而是替代性地关注"现代性"，或者说从一个由以亲密或亲属关系为基础的社会关系（被称作"初级"关系）以及由以物物交换为基础的一个封建经济赋予特征的传统社会，向位于城市内并由以分门别类的独立角色为基础的非个人的、专门化的社会关系（被称作"次级"关系）以及由以利润和亏损的理性计算为基础的货币经济所支配的一个工业社会的转变。对西梅尔来说，现代性难于捉摸的方面，在大城市或大都市内部，并通过有意识地被引导的行为，被展示得最为清楚。更确切地说，西梅尔关注的是现代性的城市社会心理学。

因为西梅尔的许多最优秀和最有洞察力的作品都是以散文的形式，而不是以长篇大论、严格论证的论著形式出现（正如前文讨论的，学术研究制度规范对学术思想发展的制约），所以比起马克思、韦伯或涂尔干等人，他作为社会学奠基人的基础地位较有争议。然而，西梅尔提供了很多卓识洞见，特别是在理解当代社会中的个人经验方面。西梅尔的社会学研究方法的核心就是这样一个问题——"社会如何可能？"。人类缺乏对整个社会的了解，但他们通常了解支配他们和他人关系以及对他人行为的规则和惯例。2009年英语学界翻译出版了西梅尔的著作《社会学：对社会形态建构的探讨》[2]（*Sociology: Inquiries into the Construction of Social Forms*）（两卷本），是西梅尔社会理

---

① S. Segre. Reconsidering Max Weber's journey to the United States：Sociological connections between race relations and American capitalism. Journal of the History of the Behavioral Sciences，2022（58）：291–301.

② Georg Simmel. Sociology：Inquiries into the Construction of Social Forms（2 Volumes）. Trans. and eds. by Anthony J. Blasi，Anton K. Jacobs，Matthew Kanjiranthinkal. Leiden；Boston：Brill，2009.

论的更完整系统的论述，其中第九章重点关注了社会空间问题。西梅尔借鉴了主客观辩证法，为复兴的社会学领域发展了一种"形式"的方法。西美尔的理论在符号互动主义和现象学的社会方法中取得了许多成果。此外，在将正式的社会学和文化（形式和内容）分析结合方面，西梅尔也是贡献卓著，其代表作包括《金钱哲学》（*The Philosophy of Money*）。

西梅尔的思想影响深远，从他之后的研究者的作品中，总是可以寻到和西梅尔作品的关联脉络。除了第一代芝加哥学派的帕克之外，西梅尔到戈夫曼[①]这一脉的社会空间理论传承，并非结构性的，而是以社会互动为基础，有着他们各自独特的关注与品位。此外，从西梅尔到福柯（Foucault）和吉登斯[②]（Giddens）等，都深化和拓展了关于日常生活的微观主体的理论。

3.1.5　卡尔·马克思和弗里德里希·恩格斯

卡尔·马克思（Karl Marx，1818—1883 年）是德国哲学家、经济学家、政治理论家。他最著名的著作是 1848 年的小册子《共产党宣言》（*The Communist Manifesto*）和 1867—1894 年的三卷本的《资本论》（*Das Kapital*）。马克思的政治和哲学思想对后来的知识、经济和政治历史产生了巨大的影响。新马克思主义学派正是以其概念、思想和理论为基础发展起来的。

弗里德里希·恩格斯（1820—1895 年），德国社会学家。恩格斯出生于富有的商人家庭，青年时代被企业家父亲送到英国的曼彻斯特，以管理在这座新工业城市的家族商业利益。因此恩格斯于 19 世纪中期生活在英国，并撰写了《英国工人阶级的状况》，记录了他对工业资本主义下的城市日常生活的观察。城市社会学中的这部开创性著作将其中一章献给了"大城市"。按照恩格斯的观点，工业化和资本主义的罪恶被城市空间强化。这和涂尔干看待这些问题的观点迥然不同。

3.1.6　亨利·列斐伏尔

列斐伏尔是法国马克思主义哲学家和社会学家，他开创了对日常生活的批判，引入了城市权利和社会空间生产的概念，创造性地提出了关于空间和主体性的问题。他的研究工作时间跨度大约有六十年，贡献了包括从辩证唯物主义到建筑、城市主义和日常生活体验等多种主题的原创作品。

列斐伏尔第一个将马克思早期手稿翻译成法语，他在 1938 年出版的著作《辩证唯物主义》成为几代法国知识分子学习马克思主义的作品。"二战"后，列斐伏尔的思考转向"日常生活"这个新的研究对象，1967 年《现代世

[①] 欧文·戈夫曼（Erving Goffman，1922—1982 年），美国社会学家，符号互动论的代表人物。
[②] 安东尼·吉登斯（Anthony Giddens，1938— ），英国社会学家。

界的日常生活》出版后，他被城市主义的分析所吸引，完成了《空间与政治》（1972年）及其他几本论述城市的书。20世纪60年代，他和年轻的法国建筑师密切合作，为他们的工作提供理论框架。这些不同主题的积累最终促成了1974年《空间的生产》①的问世，这也是他的主要哲学著作，开创性地寻求精神空间（哲学家的空间）和现实空间（我们都生活在其中的物理和社会领域）之间的调和。列斐伏尔在此探索过程中，从对空间意义的形而上学和意识形态考虑，转向了对家庭和城市日常生活的体验。换言之，他寻求弥合围绕空间的理论和实践领域、心理和社会领域、哲学和现实之间的差距。

列斐伏尔在该书中讨论了社会空间（social space）、空间的建筑补构（spatial architectonics）概念，以及从绝对空间（absolute space）到抽象空间（abstract space）、矛盾的空间（contradictory space）、从空间的矛盾（contradictions of space）到差异的空间（differential space）等议题。

列斐伏尔认为，空间并非既定的自然的空间，而是生成的、建构的，是社会的产物，是一种社会产品，这个产物或产品凝结了三层含义：①任何空间都有其社会属性，是包含了意识形态、价值观、历史、文化等多重社会关系的集合体。每一个社会有其特定的生产方式，会生产出具有其自身社会属性的空间，并以一些线索表明。例如从祖上传下来的、稳定不变的一家杂货铺，折射出的可能是农业社会的社会空间。②空间是一个表征性空间，透过意象和象征而被生产出来。③空间通过知识和理论的诠释而被建构出来。

需要指出的是，列斐伏尔较好地讨论了物理空间和社会空间如何相互作用的问题。而现在的许多相关研究主要关注点在于纯粹的、虚拟的社会空间的运作，较少谈及物理空间或物理距离的问题，有些强调一点、不及其余的不足。

列斐伏尔的理论在20世纪90年代被重新发现，为分析理解当代城市化的进程、条件以及在社会现实尺度上的结果开辟了新的途径：从日常生活的实践，到城市尺度，再到全球人口、资本、信息和思想的流动。同时，这一理论也被开发应用于跨学科的工作，有可能将城市研究和设计实践联系起来，因为它对城市分析、城市主义批判和当代城市社会空间愿景之间的联系提出了纲领性的质疑。

3.1.7　皮埃尔·布迪厄

布迪厄是法国社会学家和公共知识分子，他开创了一些概念术语和应用方法框架，诸如文化、社会和象征资本，以及惯习（habitus）、场域（field）和象征暴力等概念。布迪厄的惯习概念（社会获得的倾向）在后现代主义人文

---

①（法）亨利·列斐伏尔. 空间的生产 [M]. 刘怀玉，等译. 上海：商务印书馆，2021.

社会科学中具有影响力。其作品强调实践和体现在社会动态中的作用，他将社会学视为对抗社会压迫和不公正的武器。他评论道，"社会学是一项战斗运动，因为它被用来抵抗符号系统的统治和扭曲类的思想的强加。"而他本人也是一位狂热的政治活动家，是现代形式全球化的坚定反对者。

布迪厄赞同韦伯的观点，即不能简单地从经济阶级和意识形态的角度来分析社会，这和传统马克思主义相反。布迪厄使用"场域"而不是"阶级"的概念来分析社会，场域是根据权力关系内在构建的社会地位体系，由社会主体地位的关系差异构成，一个场域的边界是由其影响的终点来界定的。更具体地说，场域是人们为了追求理想资源、争夺某些种类的资本而进行机动斗争的一个社会舞台。权力场域的独特之处在于，它横贯所有场域，其中的斗争控制着场域之间文化、象征或物质资本形式的"汇率"。不同的场域可以是独立自主的，或相互关联的（例如，司法和立法机构之间的权力分离），越复杂的社会有越多的场域。场域根据基本的法则构建，法则管理场域内的实践。代理人参与某一特定场域，不是通过明确的合同，而是通过他们对利益的实际确认。[①]

布迪尔厄在其著作《区分：判断力的社会批判》[②]（Distinction，1979 年）中认为，那些拥有高度的社会和文化资本（或地位）的人是品位的仲裁者，而一个人的独特品位来自于他所生活的环境和社会阶层，也就是他的场域。一个人对于如何在这个场域生活和找到正确方向几乎是天生的知识，这就是他所说的"惯习"。

上述几位大家在社会学领域的影响力卓著，当然，构成欧洲古典和当代社会学智识基础的还有来自其他社会科学领域的许多学者及他们的理论，篇幅所限，不再逐一展开。

3.2 美国芝加哥社会学派的智识和历史基础

芝加哥社会学派是理论发展、方法发展和本质上历史发展的一个不可能的融合。这一融合产生了这样一个智识视角，即有意回避了形式理论，而聚焦于社会互动的确凿的经验实证细节，并保留了在理解行动者（尤其是那些较低地位的行动者）有意义的世界时深厚的人文主义兴趣。在很大程度上，德国的形式主义（German formalism）和美国的实用主义（American pragmatism）的智力传统，加上和美国社会改革的氛围的结合，促成了芝加哥社会学派独特的城市社会学。

---

① Pierre Bourdieu[EB/OL]，https：//www.newworldencyclopedia.org/entry/Pierre_Bourdieu. November 23，2022.
② （法）皮埃尔·布尔迪厄 . 区分：判断力的社会批判 [M]. 刘晖，译 . 上海：商务印书馆，2015.

3.2.1　德国的形式主义

形式主义最早出现在康德的哲学体系中，通过格奥尔格·西梅尔的作品进入了芝加哥大学社会学系的课程。西梅尔将形式（forms）描述为社会模式，例如竞争、从属、劳动分工或是政党形成，行动者通过社会互动使之生动。通过这些形式的重复，连贯性和连续性在密切相关的社会世界的再生产中得以保留。形式无法独立于产生它们的行为，不能从它们被观察到的情形中被抽象。西梅尔的形式主义明确回避了将复杂的社会生活还原为一个宏大体系或一个庞大而单一的潜在动力的做法。

有了西梅尔的这份遗产，帕克和伯吉斯在给芝加哥大学的学生讲授社会结构时，相比涂尔干的硬化的社会事实的观念，西梅尔的形式主义则更加充盈流动，对于社会结构的见解也被更好地赋予了语法的特征，它们的生成规则因情况而异。

3.2.2　美国的实用主义

实用主义是在美国土壤上生长起来的一个哲学流派，于19世纪70年代萌芽，是一场由不同但相关的理论组成的运动，以一个思想或命题的意义或真实价值在于其可观察的实际后果的学说而著称。被公认的实用主义的创始人是查尔斯·皮尔士（Charles S. Peirce，1839—1914年），参加者有哲学家、心理学家赖特（C. Wright，1830—1875年）、律师霍尔姆斯（O. W. Holmes，1841—1935年）、历史学家费斯克（J. Fiske，1842—1901年）以及后来成为实用主义突出代表之一的哲学家、心理学家威廉·詹姆士（William James，1842—1910年）等人，他们在各自专攻的领域表述了实用主义的一些基本思想。到19世纪末20世纪初，通过詹姆士以及美国实用主义另一个最突出的代表人物约翰·杜威（John Dewey，1859—1952年）等人的活动，实用主义发展成为在美国影响最大的哲学流派。20世纪40年代以前，实用主义在美国哲学中一直占据主导地位，甚至被视为美国的半官方哲学。实用主义在其他西方国家也有流传，例如在英国出现过以哲学家席勒（F. C. S. Schiler，1864—1937年）为代表的实用主义运动。席勒为了强调哲学以人的利益为中心，于是将实用主义改称为人本主义。

实用主义是一种接近于评估情况或解决问题的实用、实事求是的方法。其特点在于，把实证主义功利化，强调"生活""行动"和"效果"，把"经验"和"实在"归结为"行动的效果"，把"知识"归结为"行动的工具"，把"真理"归结为"有用""效用"或"行动的成功"。实用主义的要义体现在皮尔士所表述的这一观点中，即认识的任务，是认识行动的效果，从而为行动提供信念，亦即"思维的唯一职能在于确立信念"。因此，实用主义的根本纲领是——把确定信念作为出发点，把采取行动当作主要手段，把获得实际效果当作最高目的。

　　美国实用主义的哲学理念体现在研究方法上，由此产生了美国社会科学的许多学科均有重验证轻思想的取向，这迥异于欧洲重思想轻验证的倾向。如前所述，例如韦伯；又如西梅尔，他在进行城市社会学研究时，假设了一个从巴伐利亚农村来到柏林的典型人物汉斯；而早期芝加哥社会学派的研究者们则直接进入城市和社区，实地调查许许多多个"汉斯"的日常生活，采取了经验实证的路径。

3.3　芝加哥社会学派的群像

　　1892 年，在美国伊利诺伊州新成立的芝加哥大学成立了世界上第一个社会学系。阿尔比恩·斯莫尔 [1] 成为系里第一位首席教授，他的影响在于将社会学确立为一个有效的学术研究领域。在随后的 30 年里，斯莫尔集合了一个富有影响力的学者群体，包括威廉·I. 托马斯（William I. Thomas，1863—1947年）、罗伯特·帕克（Robert E. Park，1864—1944 年）、厄内斯特·W·伯吉斯（Ernest W. Burgess，1886—1966 年）、路易斯·沃斯（Louis Wirth，1897—1952 年）等，他们奠定了美国社会学独一无二的基础。在对芝加哥城市社会学派的研究中，可以观察到一些具有突出影响力的个体和其周围的学者群体形成了一种类似研究网络的关系。这些社会学家有着统一而明确的学派界定——芝加哥社会学派。

　　威廉·I. 托马斯是学派早期代表人物，是社会现象心理学研究的先驱，也被视为文化心理学的先驱。1894 年，托马斯应邀在芝加哥大学教授一门社会学课程，同时在新成立的社会学系攻读社会学和人类学研究生，并于 1896年获得博士学位。在接下来的近 25 年里，他在芝加哥大学主要教授社会学，附带教授人类学。从 1895 年到 1917 年，他还参与主编了《美国社会学期刊》。托马斯以其在人类移民社会学方面的开创性工作和对芝加哥波兰移民的研究而闻名。他对于移民性格发展和文化变化的研究，为文化心理学提供了基础。他和波兰社会学家弗洛里安·兹纳涅茨基（Florian Znaniecki）合作制定了后来被称为托马斯定理（Thomas theorem）的社会学基本定律，即 "如果人们将情况定义为真实的，那么他们的后果就是真实的" [2]。托马斯和兹纳涅茨基的《身处欧美的波兰农民》[3] 一书是最早应用生命历程（life course）研究移民的

---

① 阿尔比恩·斯莫尔（Albion W. Small，1854—1926 年），美国芝加哥大学社会学系的创立者。

② "If men define situations as real, they are real in their consequences."，引自 W·I. Thomas and D.S. Thomas.The child in America: Behavior problems and programs[J].New York: Knopf，1928: 571–572.

③（美）威廉·I. 托马斯，（波兰）F. 兹纳涅茨基. 身处欧美的波兰农民 [M]. 张友云，译. 南京：译林出版社，2000.

成果，通过回溯和追踪法记录了移民的生活史。虽然托马斯由于个人生活原因导致他在学术界失去了认可和地位，但他的研究工作仍然为社会科学以及对文化和种族的理解作出了宝贵贡献。[①]

1914 年，罗伯特·帕克 49 岁，他以兼职身份加入芝加哥大学社会学系的教员行列，并迅速成为系里的中坚力量和学派的领衔人物之一。正是帕克，确立了人类生态学的基本概念主张。他对城市环境的社会学研究看法是清晰的：他极力主张他的学生"不要怕裤子坐脏"，要走出校园深入城市邻里，研究社区中不同的人口群体。帕克在从事关于美国移民人群发展的研究时，和伯吉斯一起指导本科生课程和研究生研究小组，这些课程要求学生进入社区、收集来自商业从业者的数据、访谈地区居民，并报告他们获得的信息。这些研究尤其突出了对劳动者的理解和对机构的影响，帕克写道，"城市生活对大多数传统机构的影响正在瓦解"，并将其归因于"人口流动性的增加，以及这种流动性在多大程度上是人口增长的作用"[②]。

厄内斯特·伯吉斯于 1913 年在芝加哥大学完成了社会学研究生课程并获得了博士学位，1916 年回校担任教职，1921 年被芝加哥大学聘为城市社会学教授。伯吉斯还担任过美国社会学协会第 24 任主席。伯吉斯最重要的著作之一是和帕克于 1921 年合著的《社会学科学导论》（*Introduction to the Science of Sociology*），这本教科书成为社会学的经典，并描绘了（城市）社会学的新方向。伯吉斯和帕克的合作研究主要集中在城市土地利用和城市社区的社会特征方面。伯吉斯最突出的成就之一是提出了城市土地利用的同心圆模式。他在一张同心圆图上将芝加哥分为由中心到边缘的各个不同区域，研究处于不同位置上的不同群体之间如何互动，不同族裔在城市空间之中如何流动，而非完全只关注城市的结构性特征。而这是当代城市社会学研究中时常被忽略的一个问题。

路易斯·沃斯[③]出生于德国，少年时被送去和美国内布拉斯加州奥马哈市（Omaha）的亲戚生活，在那里读完中学，然后上了芝加哥大学。[④] 他对社会学产生了兴趣，主要是受当时在该大学任教的伯吉斯、托马斯和斯莫尔的影响。1926 年，沃斯成为芝加哥大学社会学系的一名成员，后来又成为芝加哥社会学派发展的领军人物之一。他的研究兴趣包括城市生活、少数群体的行为、住房、社会组织、人类生态学、种族关系和知识社会学等方面。沃斯早期的学术研究反映了他对芝加哥犹太社区发展的认识理解，他的著作《少数民族聚居地》（*The Ghetto*）描绘了新近到达的俄罗斯移民定居的马克斯韦

---

① W.I.Thomas[EB/OL]，https：//www.newworldencyclopedia.org/entry/W._I._Thomas，May 10，2020.

② R. E. Park，E. W. Burgess. The city：Suggestions for investigation of Human Behavior in the Urban Environment[M]. University of Chicago Press，1st edition 1925，reprinted 1967：25.

③ 路易斯·沃斯（Louis Wirth，1897—1952 年），芝加哥学派的代表人物之一。

④ Louis Wirth[EB/OL]，https：//www.newworldencyclopedia.org/entry/Louis_Wirth，November 3，2022.

尔（Maxwell）街邻里，较早的德国移民也二次定居在那里。沃斯在1938年发表了一篇重要的随笔"作为一种生活方式的城市主义"（Urbanism as a Way of Life），聚焦于城市生活的三个因素——人口规模、密度和异质性。沃斯的探索是一个重要进步，因为他提供了一套因素，按照这些因素的影响作用，能够对它们进行统计学上的分析。给定各城市样本，每一座城市在规模、密度和异质性三个因素上得分越高，人们越可以期待它包容真正的城市文化。这是一个有着真正预言力量的理论。路易斯·沃斯的城市理论主要是针对前工业化城市的背景。他考察工业城市和官僚机构、城市出现和工业化的条件，他将城市的组织和生态解释联系起来，并考虑了每个要素的贡献。

罗德里克·麦肯齐①是帕克和伯吉斯的学生，他寻求将人类生态学的原理应用于区域的大都市的探讨。他将大都市区域的发展看作交通和通信技术改变的结果，这些变化产生了社会组织的新形式。这些发展阶段是铁路出现之前的时代（1850年前）、铁路时代（1850—1900年），和汽车交通时代（1900年至今）。麦肯齐认为技术变化在产生城市社会的空间模式中是关键变量，如他的《大都市社区》导言中陈述的：这个新型超级社区……在其制度性的劳动力分工的复杂性及其人口的流动性方面，它不同于由铁路交通建立起来的大都市主义。它的领土范围是依据汽车交通和其他区域的竞争限定的。②麦肯齐的思想在当时被认为是对该领域的一个重要贡献，在某些方面，他的区域观点可以看作戈特迪纳的社会空间观点（SSP）强调的多中心的大都市区域广泛概念的先驱。但是麦肯齐的思想对后来的社会学家没有产生多大影响，有时甚至被当代人类生态学家忽略。事实上，20世纪50年代，一个新的研究领域——区域科学，开始从经济地理学的角度调查大都市区域，但是这个手段对城市社会学家们来说吸引力较少。麦肯齐聚焦于大都市区域，和其他城市社会学家们将他们的研究和写作以及实地工作聚焦于中心城市的更普遍的趋势相冲突。

芝加哥社会学派的成员界定后来并不仅限于芝加哥大学和芝加哥，而是更强调一种师承关系。阿莫斯·霍利③是麦肯齐担任密歇根州立大学客座教授时的追随者之一。霍利是一位具有开创性的理论家，在20世纪50年代和60年代通过重新制定、扩展和整理人类生态学模型，帮助振兴了宏观社会学（macrosociology）。霍利对解释"二战"之后时期两个方面的变化感兴趣：郊区化的大规模增长、中心城市地区脱离制造业而朝向经营管理的重构。在对这些变化的解释中，他丢开了早期生态学家对空间自身的关注，将社会组织视作根本地由通信和交通的技术产生。随着这些互动手段的技术改变，社会组织的模式也改变了。霍利的著述成果丰厚，早期的著作《人类

---

① 罗德里克·麦肯齐（Roderick Mckenzie，1885—1940年），加拿大裔美国社会学家。
② Roderick Mckenzie. The Metropolitan Community[M]. New York：McGraw-Hill，1933：6-7.
③ 阿莫斯·霍利（Amos Hawley，1910—2009年），美国社会学家．

生态学：一种社区结构的理论》（*Human Ecology：A Theory of Community Structure*，1950 年）仍然是对社会组织生态学方法最全面的阐述，在许多方面，这是对社会学的人类生态学先前工作的重大背离。霍利将人类生态学家先前的研究和实地观察提炼成一个框架，将社会组织的特征解释为人口适应其环境的产物。霍利认为，尽管各个社会在漫长的浪潮中起起伏伏，但人类社会往往会通过技术和经济组织的累积进步和可转移性来进步。其结果是以系统复杂性、消耗的能源和产品、覆盖的地区和支持的人口为衡量标准的社会增长。1990 年，霍利因在社区和城市社会学方面的研究获得了美国社会学协会颁发的罗伯特和海伦·林德奖。[①]

20 世纪 40 年代和 50 年代，埃弗雷特·休斯[②]在芝加哥社会学派内以其在种族关系、制度社会学和污名社会学、工作和职业以及田野调查方法方面的工作而闻名。他激励了芝加哥一代学生（例如欧文·戈夫曼，他在休斯的指导下，在芝加哥接受了教育），透过他们的眼睛和他们的实地调查，解释了社会学研究工作的非凡价值[③]。他毕生关注人类互动的重要性，通过聚焦社会世界、物质世界和个体的意义，使得芝加哥学派的研究更加深入地穿透了工作的个人和社会戏剧事件，评价了社会结构对人的影响，探讨了劳动过程和工作场所的物质和社会结构产生、分层现象、劳动经济学等。但是，休斯和他的学生从有条件的发现中得出总的理论概括的方法，也遭致许多学者的批评，即在这些研究中的理论发展是高度主观和理论上不准确的。休斯对社会学的理论贡献被讨论为解释性的制度生态学，形成了一个理论参考框架，该框架结合了经典的阶级生态理论的元素。

芝加哥大学社会学系的学者们和他们分散至各处的学生研究者们构成了一个紧密团结、相互交织、相互激励的学术圈，他们的独特视角常被称为芝加哥社会学派。尽管他们的理论具有不确定性，但是当芝加哥学派的工作研究被集体看待时，他们的理论建构结合在一起，形成了一个令人信服的整合的理论结构框架。

3.4　芝加哥社会学派的智识贡献

理解芝加哥社会学派的研究工作和智识贡献，可以通过梳理他们的经典著作，剖析他们的研究特色，以及追踪他们经典理论模型的应用。

---

① The Department of Sociology at UNC Chapel Hill. Amos Henry Hawley[EB/OL]，https：//sociology.unc.edu/amos-henry-hawley/，2023-04-27.
② 埃弗雷特·C·休斯（Everett C. Hughes，1897—1983 年），美国社会学家。
③ P. Vienne. Everett C. Hughes. In：K. Lenz，R. Hettlage（eds）Goffman-Handbuch[J]. J.B. Metzler，Stuttgart，2022.

3.4.1　芝加哥社会学派的经典理论模型

芝加哥社会学派提出了关于城市空间结构和土地使用的三个模型，按照提出的时间先后，依次为：伯吉斯的城市增长和分化的同心圆模型（concentric zone model，1925 年）或伯吉斯模型（burgess model）；霍默·霍伊特[①]（Homer Hoyt）的城市土地使用的扇形模型（sector model of urban land use，1939 年）或霍伊特模型（Hoyt Model），作为对伯吉斯模型的批评修正而产生；昌西·哈里斯（Chauncy. D. Harris）和爱德华·乌尔曼（Edward L. Ullman）的多核心模型（multiple nuclei model，1945 年）。芝加哥社会学派的这三个经典模型获得了广泛而持久的应用，其影响至今犹在，国际城市研究中仍可见到对这些经典模型的应用分析。本书第 3 章对这三个模型有详尽论述。

3.4.2　芝加哥社会学派的经典著作

自 1925 年始，芝加哥社会学派进入"黄金十年"，有大量著作集中问世。忽略这一时期产出的硕士和博士学位论文不计，单是综述著作就有一长串清单（表 1.2），并且都由芝加哥大学出版社出版，这是一项不可思议的丰硕的研究产出。这份清单中的研究成果具有一个共同的特征，即捕捉到了当时发生的重要的社会现象，并在城市空间中定位它们的分布（图 1.3）。然后，就个体和整合（不整合）的更大的社会力量之间的关系，芝加哥的研究者们进一步分析这些社会现象。这些现象经常被解释为社会混乱的产物，尤其在整个城市生活中的初级社会关系的破裂，如沃斯的理论表明的。但是这也带来了不利的结果，芝加哥社会学派的研究者们几乎全部聚焦于城市社会的混乱和反常，例如相比对人种或阶层等社会学基本问题的关注，他们对于家庭融合关系的瓦解这一问题给予了更多的注意。由于芝加哥社会学派强化了消极的城市生活观，而最终遭到批判。

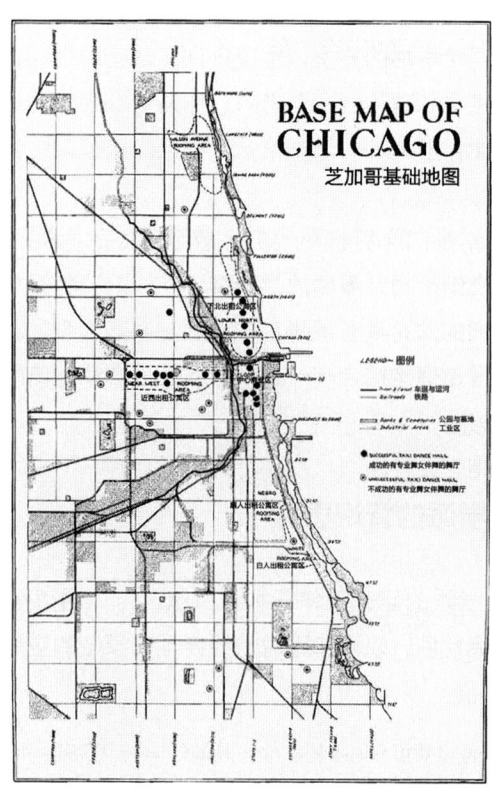

图 1.3　有舞厅分布的芝加哥基础地图

来源：保罗·克雷西.为男人开的舞厅 [M]. 芝加哥：芝加哥大学出版社，1932.

[①] 霍默·霍伊特（Homer Hoyt，1895—1984 年），美国经济学家。

芝加哥城市社会学派的部分学术成果　　　　表 1.2

著作	时间（年）	作者
《身处欧美的波兰农民》	1918—1920	威廉·托马斯（William I. Thomas）、弗洛里安·兹纳涅茨基（Florian Znaniecki）
《城市》①	1925	R.E. 帕克（R. E. Park）、E.W. 伯吉斯（E. W. Burgess）
《帮派》	1927	弗雷德里克·M. 思拉舍（Frederick M. Thrasher）
《少数民族聚居地》	1928	路易斯·沃斯（Louis Wirth）
《自杀》	1928	鲁思·S. 卡万（Ruth S. Cavan）
《黄金海岸和贫民窟》	1929	哈维·W. 佐尔博（Harvey W. Zorbough）
《打劫者》	1930	克利福德·S. 肖（Clifford S. Shaw）
《芝加哥的黑人家庭》	1932	E. 富兰克林·弗雷泽（E. Franklin Frazier）
《为男人开的舞厅》	1932	保罗·G. 克雷西（Paul G. Cressey）
《芝加哥的罪恶》	1933	沃尔特·C. 雷克利斯（Walter C. Reckless）
《旅馆生活》	1936	诺曼·海纳（Norman Hayner）
《黑人大都市》	1945	圣·克莱尔·德雷克（St. Clair Drake）、霍勒斯·R. 凯顿（Horace R. Cayton）

来源：据相关资料整理

3.4.3　芝加哥社会学派的研究特色

尽管这些研究成果存在着时代的局限性，但是我们仍然可以肯定和欣赏早期人类生态学这些努力的积极方面。

首先，芝加哥社会学派的研究者们从社会空间方面着眼思考，明确地将社会现象和空间模式联系起来。较早开展实证研究的帕克、伯吉斯把社区作为日常社会和居住生活的发生地，社区的空间范围受一系列生态、文化和政治力量支配，其属性和特征影响居民日常生活甚至行为心理。同时帕克也承认，社区是一个可变的空间单元，并嵌于相互连接的更大范围的社区之中。② 其次，他们采用了互动论的观点。将个体置于和其他人的相互作用影响中加以研究，并且密切观察从这种相互作用中自然突显出来的社会群落形式。再次，他们试图表明居民对社会空间区位的适应模式，并形成在解释城市现象时陈述个体属性作用的一个基本方式。最后，芝加哥社会学派开启了社会时间和空间维度的思考，建立了生命历程理论的基本分析范式。芝加哥社会学派对移民的研究侧重于研究剧烈的社会变迁对个人生活与发展的显著影响，将个体的生命历程看作是更大的社会力量和社会结构的产物。

---

① R. E. Park，E. W. Burgess. The city：Suggestions for investigation of Human Behavior in the Urban Environment[M]. Chicago：University of Chicago Press，1925.
② （美）R.E. 帕克，E. W. 伯吉斯，R.D. 麦肯齐 . 城市社会学——芝加哥学派城市研究文集 [M]. 宋俊岭，吴建华，王登斌，译 . 北京：华夏出版社，1987.

此外，芝加哥社会学派还有一项不凡的成就，那就是他们原原本本的案例研究。在关于人种论的研究中，思拉舍 1927 年的《帮派》一书极其生动。他用 8 年时间追踪芝加哥的青年帮派，最后能够鉴别出其中的 1313 位成员。今天的媒体报道趋向于将美国街头帮派和内城中的黑人或说西班牙语的十几岁少年联系起来，思拉舍的工作却表明，大约七十年前城市的帮派同样是一个问题，但是帮派成员几乎都是白人。

第 4 节　城市社会学研究的本土化和全球化

现代任何一门学科的发展都应当是基于本土、面向整个世界的，城市社会学在 20 世纪真正成为一门世界范围内的学科，和城市社会学研究的本土化、全球化是分不开的。对于所有开设城市社会学专业、开展城市社会学研究的各国各地区的大学、研究机构以及学者来说，城市社会学知识和理论的生产和建构应该是具有全球意义的地方知识和理论的积累和建树。

4.1 （城市）社会学研究的本土化

学术研究的本土化，指的是一门学科、一门学问在另外一个国度、地域环境中的调适，学术研究的全球化则是指一门学科、一门学问从单一国家或地区的移植扩大到普遍的跨国、跨地区、跨文化的理论或经验移植。

对（城市）社会学来说，则经历了两个主要过程：一是，以法国、德国为代表的欧洲（城市）社会学在美国的本土化；二是，欧洲社会学和以美国为代表的北美（城市）社会学在世界各地的转化应用。这种转化应用不仅限于学术领域，有时甚至直接服务于国家政治，例如早期的全球化或者殖民时期，社会学、人类学研究曾经作为宗主国对殖民地施行统治政策的重要依据。1940 年，英国成立了"殖民社会科学研究委员会"，这就意味着，包括了社会学、人类学、历史学等学科的社会科学已成为西方殖民体系密不可分的支持部分。

后一个过程，从世界整体层面来讲，是（城市）社会学研究的全球化，而从单一国家或地区来讲，则首先面临的是本土化的问题。只有学术研究发展到了一定阶段，才会出现一个共同的情形，即对更多的国家或地区来说，都面临着学术研究的本土化和全球化交织、交融的问题。

本节将讨论早期城市社会学研究的美国本土化问题，而（城市）社会学研究的"中国化"问题将在下一节专门讨论。

4.2　早期（城市）社会学研究的美国本土化

虽然最早的社会学家出现在欧洲，但是社会学作为一门学科、一类专业，从少数研究者的偏好和学问走向公共的学术，却是起始于美国的芝加哥。从社会学自身发展更广阔的历史视角来说，社会学也曾经历了美国化的历程。这在前文对于城市社会学研究和城市发展的关系分析中可以略窥端倪。

实际上，早在19世纪末20世纪初，美国社会学界就已经历了欧洲社会学的美国本土化问题。回溯欧洲大陆的社会学在美国的传播以及城市社会学在美国的诞生发展历程，可以梳理概括为"选择吸收、分离拓展、自成一体"三个阶段。

4.2.1　选择吸收（19世纪末—20世纪初）

这是美国（城市）社会学的萌芽初创期。尽管社会学的奠基人都在欧洲，如我们在欧洲（城市）社会学研究的智识和历史基础中所展示的，包括法国的埃米尔·涂尔干，德国的马克斯·韦伯和早期的费迪南德·滕尼斯，还有卡尔·马克思。尽管如此，社会学正式成为欧洲大学里的一门学科是在1919年，马克斯·韦伯在德国慕尼黑路德维希·马克西米利安大学（Ludwig-Maximilians-Universität München，LMU）成立了社会学系（次年也就是1920年韦伯就辞世了）。这比美国大学成立社会学系整整晚了27年。

可以说，欧洲社会学的美国化，离不开后来谓之"芝加哥社会学派"的芝加哥大学的一群学者的努力。芝加哥大学于1890年建成，1892年阿尔比恩·斯莫尔创立了美国的也是世界上第一个社会学系——芝加哥大学社会学系。1894年，他和同事乔治·E.文森特（George E. Vincent）一起编写了第一本社会学教科书，书名为《社会研究导论》（*An Introduction to the Study of Society*）。1895年他创办了美国的也是世界上第一本社会学期刊——《美国社会学期刊》（*American Journal of Sociology*，AJS）。斯莫尔以一人之力开辟了美国社会学的天地，他的身体力行可以视作美国实用主义哲学的充分体现。1905年，在巴尔的摩的约翰·霍普金斯大学成立了世界上第一个社会学学会——美国社会学学会 [American Sociological Society，1959年改为现今的美国社会学协会（American Sociological Association，ASA）]，但是在1935年前，该学会都由芝加哥大学社会学系主导。

在早期阶段，对美国的城市社会学者和美国城市社会学的发展具有重要影响力的欧洲思想家是格奥尔格·西梅尔。斯莫尔和罗伯特·帕克有一些共同之处，他们都曾作为研究生游学德国，并且都听了西梅尔的授课。他们都熟谙西梅尔的著作，因而将西梅尔的"互动"观点带回了芝加哥大学。帕克在芝加哥大学使用社会学课本《社会科学》，里面包括了西梅尔的著作中最早的一些英译作品，斯莫尔则翻译并在《美国社会学期刊》的早期几刊发表了西梅尔的几篇文章。

早期芝加哥学派的工作较少关注韦伯式的历史研究和比较研究，而更加集中于西梅尔式的城市环境中的社会行为和互动。西梅尔以文化的关系看待城市并著述阐明城市生活如何改变了个体意识：和传统社会相比，城市生活中的日常存在改变了人们思考和行动的方式。早期芝加哥学派的工作紧密追随西梅尔，聚焦于城市内的活动模式而非论述美国城市化或城市形成的论题。西梅尔给予时代的是一个现代性的社会心理学，帕克将它作为城市生活方式的社会学，或"城市社会学""城市生态学"。也因此，城市社会学在很大程度上和社会心理学分享了共同的学科渊源。而"罗伯特·帕克就属于追随他的美国人。但凡读过帕克著作的人，没有一个能够忽略西梅尔的深远影响。"[1] 紧随其后，路易斯·沃斯也受到了西梅尔工作的启发。总之，在第一代芝加哥社会学派活跃兴起之时，西梅尔是他们的主要理论来源。

4.2.2 分离拓展（20世纪20年代—"二战"时期）

这是美国（城市）社会学的快速发展期。芝加哥社会学派独领风骚，在此期间有集中的学术成果问世（表1.2）。这些成果在研究方法上已经明显区别于欧洲的社会学研究，"他们到都市的旅馆里去，到跳舞场中去，到贫民的陋巷中去，到富家的大厦中去搜集材料。他们到工厂中去寻，到裁判所的文件中去寻，到移民的通信中去寻，寻他们所要的材料，他们写信去问，他们亲自跑到人家中去问，他们发出问题单去问，问他们所要知道的事实。一年或数年的殷勤探讨，才作出他们的报告来，那真是贡献，那真是创作。"[2]

在思想体系上，彼时欧洲社会学关注问题的重心是工业化、城市化，芝加哥学派的研究重心则已从城市化转向城市主义。芝加哥学派的研究者们逐渐将城市里的空间模式看作强大的社会因素的结果，比如城市内的个体和群体间为了生存的竞争和斗争。由此，帕克和他的同事们将城市空间看作一个容器，一个包容行为的建成环境。沃斯的思想不同，他强调城市作为空间环境影响个体行为的方式。沃斯想要知道，城市自身究竟是什么，城市如何产生了独特的行为，这些行为可以被称作一种"城市的生活方式"。假定了他的研究重点，沃斯自然地回归到了西梅尔。然而，西梅尔（和韦伯以及马克思一道）将城市生活方式的许多方面归因于更大的系统力量的影响，尤其是资本主义和它的货币经济。而沃斯的目标致力于一个普遍的理论，它忽略在城市之外拥有起源的力量。他研究城市里的人的特征以及城市里的生活如何可能产生一个独特

---

① Lewis A. Coser. Masters of Sociological Thought: Ideas in Historical and Social Context[M]. New York: Harcourt Brace Jovanovich, Inc., 1971.

② 吴景超. 都市之研究 [J]，留美学生季报，第11卷第3号，1927年1月.

的"城市"文化。因此，"城市主义"，或一种城市生活方式，变成需要解释的从属变量。沃斯的理论由于它的预见性潜力，至少就当时来说是令人印象深刻的。在沃斯的系统表达中，他强调西梅尔见解的黑暗方面：城市主义作为一种文化将被社会混乱的方面特征化。沃斯见解的核心是，在从初级社会关系到次级社会关系的转变中，人口规模、密度和异质性这三个因素对社会生活的影响，能够更明确地被表达为一系列的命题。

正因为帕克和沃斯曾经受到西梅尔的影响之深，而他们和西梅尔在具体研究理念和研究领域上的分野也更具代表性和象征性，标志着美国（城市）社会学和欧洲社会学的分离以及自身的拓展。

4.2.3 自成一体（"二战"后—20世纪50年代）

"二战"后——20世纪50年代是美国（城市）社会学的成熟期。整体而言，芝加哥社会学派在城市社会学方面建树颇高，形成了鲜明的特色。首先，芝加哥学派对社会空间的研究，持有"人类生态学"的立场与视角。这意味着，人与人之间互动关系受到时间和空间的影响和制约。其次，这一视角非常强调人处在生态系统中，如何和环境互动。而且，"生态学"一词表明这一视角受到了生物学的影响，认为社会竞争和自然竞争不存在本质区别，只是一种更高级形态的竞争。再者，"位置"（空间分布）在人类生态学中具有相当关键的意义。但芝加哥学派并不认为位置是静态的，而是一种有很强流动性的状态。人与人之间的空间关系是竞争和选择的产物，新因素的进入会扰乱原有竞争关系，令空间关系发生变化。因此，流动性是芝加哥学派社会空间传统中的核心特点之一。事实上，芝加哥学派对不同类型的地域社会及其变迁进行研究，这一系列社区研究的成果为"社区"的含义提供了支撑。同时，他们也将欧洲和美国社会哲学的思辨学术转变成了一个新的社会调查的经验领域。

芝加哥的社会学者从先于他们的欧洲社会学研究中吸收了养分，并选择了激励他们的研究，在结合他们自身经验和天赋、能动性的基础上，完成了社会学的美国本土化，并随着研究技术（例如统计技术）的不断发展，开创了属于城市社会学的一个新时代。

4.3 城市社会学研究的全球化

20世纪，城市社会学已成为世界各地大学里包括社会学和城市研究等许多专业的一门常规的基础课程，也就是说，作为一门学科、一项学术研究类型，已经达到了全球层面的普及。与此同时，社会学的一个新的分支——全球社会学的兴起，和城市社会学形成了复杂的交错关系。

4.3.1 城市社会学研究的全球化和本土化

城市社会学研究的全球化包含着两层含义：第一层含义，是就某一国家的研究者和研究机构而言，除了以本国的城市社会学现象和问题为研究对象之外，还研究本国以外的其他国家和地区的社会学问题。第二层含义，是不同国家和地区的研究者和研究机构，就同一现象或议题进行跨地区的联合研究，并建构起某种形式的比较研究或合作研究网络。

学术研究的本土化和全球化是一对关联而不同的考察视角的结果。本土化具有单一方向性，是知识、经验的接受方消化吸纳外来输入的一个过程和结果；而全球化则具有多向性，并可以细分为两种情形：一是一个特定的输出方，向数量众多的接受方跨境传输或移植知识、经验、实践；这种输出往往隐含着中心—边缘的意味，例如从欧洲或美国或西方出发，向世界扩散。二是输出方和接收方的角色并不总是固定的，而是在某种知识和经验的传递过程中相互影响、相互学习。

从城市社会学学科的发源来看，城市社会学研究的全球化在初期主要还是美国和欧洲的城市社会学向海外的国家和地区传播。甚至可以说，城市社会学作为学科在欧洲的兴起，近似于走了一条"出海"又"舶来"的路径。社会学研究也有相似的过程。1920年，韦伯去世后，他的思想被美国社会学家塔尔科特·帕森斯（Talcott Parsons，1902—1979年）和经济学家弗兰克·奈特（Frank Knight，1885—1972年）等美国学者解读、翻译和传播，1930年，帕森斯首次将《新教伦理与资本主义精神》翻译成英语，此后该书成为社会学研究的支柱文献，对美国社会科学发展产生了巨大影响；而美国编纂的韦伯经典在第二次世界大战后被重新引入欧洲。[1]

以上符合学术研究全球化的第一种细分情形，由美国一方对欧洲不同国家传播。需要指出的是，这个情形下的学术研究全球化的时间意涵和当今通常而言的20世纪70年代后期兴起的经济全球化的时间并不完全重叠，而是开始得更早、更缓慢。经济视角的全球化较多遵循经济的效益观，往往出现勃兴的现象，文化视角的全球化则更多遵循文化的价值观，常常是"如水之浸润，渐以成之"[2]。

在学术研究全球化的第二种细分情形下，在经济全球化的时期，随着经济全球化打通的流动渠道，学术交流的联系得以快速加强。具体到城市社会学来说，自20世纪70年代末期开始，全球经济一体化促成了全球社会的一体化，这种变化必然反映在城市社会学研究中。在20世纪70年代以前，城市社会学对于发达世界和不发达世界的研究是分离的，以"第三世界"统称那些发展滞

① Lawrence A. Scaff. Max Weber in America[M]. Princeton：Princeton University Press，2011.
② [东汉] 郑玄. 论语郑氏注 [M]. 上海：上海辞书出版社，2010.

后的国家和地区。而 20 世纪 70 年代以后，对于发达世界和不发达世界的研究逐渐交结在一起，并且对处于不同发展阶段和发展程度的国家和地区的城市，采用了发达的（developed）和发展中的（developing）状态加以区分，但是对于各自研究重点的关注仍然存在差异性。

在研究议题上，发达世界和发展中世界的城市社会学研究侧重点并不一致。对于发达国家和地区的城市来说，由于世界经济体系中的全球经济重构的作用，特别是产业结构的全球性调整和新国际分工的影响，造成了城市社区的一系列重构性变迁，包括工厂关闭、血汗工厂兴起、国外移民涌入、大公司总部的集中和中心商务区的兴起、外围地区的扩张和城市中心的内部萎缩，以及由此引起的一系列问题。对于发展中的国家和地区的城市来说，则是过度城市化、非正规经济、区域内城市体系不均衡分布以及由此引起的一系列问题。

因此，城市社会学研究的全球化某种程度上表现为一种"共时性"的研究，是对世界不同空间地域社会变化的"共时性"的反映和回应。这种共时性绝非偶然，尤其是在 20 世纪 70 年代末期起，是日益强大的全球势力造成的，它缘于革新、技术和商品以及向全世界扩张的贸易、文化等。

4.3.2　城市社会学研究的全球化和全球社会学的研究

城市社会学研究的全球化，主要是开展城市社会学研究的主体在空间分布上变得广泛了，研究对象的空间分布也变得丰富了，但是所关注的研究对象并没有发生偏移，换言之，是在全球的不同地域范围内关注、考察"城市社会"这个对象，最终形成区域的城市社会学研究的延伸和合流。例如在马克·亚伯拉罕森（Mark Abrahamson）的教科书《城市社会学——全球导览》（*Urban Sociology：A Global Introduction*）[①] 中，对城市社会学进行了全球视角（涉及拉各斯、洛杉矶、巴黎、北京等城市）的解读，世界经济中的城市和城市区域、现代工业城市、后工业城市、后现代城市、收入不平等、移民和飞地、全球城市和全球文化、旅游业和体验经济等主题，与其说是城市社会学的热点主题，不如说是经典主题的时代呈现。

在当前社会学研究不断细分的趋势下，产生了一个新的全球社会学。英国牛津大学社会科学家罗宾·科恩（Robin Cohen，1944 年—）致力于全球化、移民和大流散等研究领域，美国耶鲁大学英格兰裔历史学教授保罗·肯尼迪（Paul Kennedy，1945 年—）重点研究和讲授当代战略和国际关系，两人

---

① （美）Mark Abrahamson. 城市社会学：全球导览 [M]. 宋伟轩，陈培阳，李俊亮，译. 北京：科学出版社，2017.

于 2000 年合著了《全球社会学》①（*Global Sociology*）一书，通过对全球社会的劳工界、民族国家、跨国公司等现象的全景式考察，勾勒出了当代全球社会的总体图式和景象。

这个细分出来的全球社会学研究，和城市社会学有一些交叠的共同议题，但由于其研究对象和着眼点是全球化的社会，因而要求体现出更完整的全球框架，进行宏大整体的反思，而国家、区域、城市只是部分的、隐约的背景。全球化、全球主义是他们观察到的新的现象和观察对象，虽然也讨论城市生活，涉及城市贫民、都市噩梦等，但都是基于全球化影响的结果，城市并不作为其考察的空间单位。

第 5 节　城市社会学研究的中国化

城市社会学作为社会学之分支，和社会学的整体历程密不可分。社会学于 19 世纪末进入中国，社会学中国化的探索自 20 世纪 20 年代开始，其后至 20 世纪 50 年代随着专业撤销而湮灭，直至 1979 年重建。社会学的中国化之路可谓曲折，在一个积弱不振、积贫难疗的时代，社会学有开化国民人心之意义；在一个威权至上的时代，社会学则有分化人心之功用嫌疑。而改革开放的时代，社会学则有推动社会思想活跃、解析社会问题之功效。

中国（城市）社会学者很早就提出了社会学中国化、也就是本土化的观点。一个学科能否发展很大程度上取决于其应用价值，城市社会学能否在中国本土兴盛，关键也在于应用研究，学科知识能够被应用是基本的、必须的。城市社会学应用研究的范围很广，以其在建成环境学科领域的应用来讲，包括了城市规划社会学、城市设计社会学、城市建设社会学、城市运行社会学等，即在城市规划、城市设计、城市建设、城市运行等环节过程中运用社会学的思维、理论和方法等，服务各项城市实践活动。即"以社会学来审视城市"，以城市实践"来延伸社会学"②。总的来说，要以人民为中心，不断地开创城市社会学研究的"新的领域和新的课题为现实服务"③。并且，城市社会学的发展同样将伴随着该学科的应用性而发展。

---

① （英）罗宾·科恩，（美）保罗·肯尼迪．全球社会学 [M]．文军，译．北京：社会科学文献出版社，2001．

② 吴晓．城市规划社会学 [M]．南京：东南大学出版社，2010．

③ 周大鸣．"中国式"人类学与人类学的本土化 [J]．广西民族学院学报（哲学社会科学版），1996（3）：36．

5.1 （城市）社会学研究中国化的历程

城市社会学研究的中国化，须得置于城市社会学研究的全球化过程中，置于世界各地城市社会学发展的多中心的历史进程中，方能全面地认知其发展历程、困难和价值。中国的城市社会学发展并不只是西方理论的被动的接受者或无声的证人，而是积极的参与者。并且我国的城市社会学的发展，首先包含在社会学的发展之中。

社会学学科在我国的产生与演变，和我国的社会经济发展进程紧密联系，大致可以划分为以下5个阶段：

第一阶段（1902—1920年），社会学概念的引入。19世纪下半叶，在西学东渐大潮推动下，欧美学界的思考以学术译介的方式传入日本和中国，并因文化传统、话语体系、时政背景以及学者个人因素的差异而发生流变。中国社会学最早由清末极具影响力的资产阶级启蒙思想家严复和清末民初著名学者章太炎分别从英国和日本引进。

孔德一系的西方社会学传入我国始于1897年严复翻译英国社会学家赫伯特·斯宾塞（Herbert Spencer）的《社会学研究》（*Study of Sociology*，1873年），1903年中文译本以《群学肄言》为书名出版。该书是一部研究社会学方法的著作，严复用文言文夹叙夹议，此书在某种意义上可看作是译者再创作的著作。书中强调"以天演为宗"，以生物学规律研究社会现象，从而论证中国的社会变法。该书的翻译出版对社会学在中国的传播起了重要的推动作用，而此译作体现出来的严复的中西文化比较观也对当时的社会产生了深刻的影响。

1902年，章太炎翻译的日本学者岸本能武太的《社会学》[①]一书出版。岸本能武太在斯宾塞社会有机体说基础上，以"非社会性"对译人类反抗社会秩序的"反社会性"特征，在缓解斯宾塞个人自由观念给日本社会带来紧张感的同时，借此对抗日本日益膨胀的国家主义思潮[②]。相对于上述这两个版本的中国社会学起源的历史阐释，还有另一种历史叙事。按照社会学者景天魁的学科史考证，社会学在中国本来就存在，"群学"是中国的古典社会学。[③]

第二阶段（1920—1949年），社会学研究的中国化探索。20世纪20年代，有过海外学习经历的学人陆续回国，在大学里开始创立社会学系。1922年，瞿秋白（1899—1935年）到上海大学创办社会学系，陶孟和（1888—1960年）在北京大学，许德珩（1890—1990年）在广州、上海，李达（1890—1966年）在暨南大学，吴景超在南京，他们办系或开设课程，并开展社会调

---

① （日）岸本能武太. 社会学 [M]. 章太炎，译. 上海：上海广智书局，1902.
② 彭春凌. 从岸本能武太到章太炎：自由与秩序之思的跨洋交流 [J]. 历史研究，2020（3）：110-131，221-222.
③ 景天魁. 中国社会学潮源论 [M]. 北京：中国社会科学出版社，2022.

第1章　城市社会学的发展脉络和基本观点　**41**

查[1]。1933年吴文藻担任燕京大学社会学系主任，邀请罗伯特·帕克来华讲学。借此机会，燕京大学社会学系的师生翻译引进了帕克的文章。受帕克和芝加哥学派的影响，吴文藻倡导社区研究。

1949年以前，我国的社会学者大多数是从欧美留学回来的，他们在西方学习了社会学知识，回来转而研究中国社会。吴文藻、孙本文都提出了社会学要中国化[2]，理论和方法要适合中国社会，为中国社会建设服务。吴景超在国内首创了都市社会学研究，他出版了《都市社会学》（1929年）和《社会的生物基础》（1930年）及其他几本书，并在1928年、1930年参与创建东南社会学会和中国社会学社，编辑《社会学刊》。

第三阶段（1949—1979年），社会学研究的断裂。到1949年全国已有20多所大学有社会学系。社会学作为一门极具实用价值的应用科学，从宏观到微观都涉及社会生活和意识形态、历史观、民族观、国家观、文化观，但恰恰又是这种特性功用在某种程度上一度阻滞了该学科在我国的发展。1952年院系调整，各高校受命陆续撤销了社会学专业和课程，至1953年，停止了所有的社会学专业学术活动。由此，社会学学术研究中断近30年，这中断的30年恰是中华人民共和国成立至改革开放之前的30年。而同期，台港地区的社会学家们则延续了1949年以前社会学中国化的学术传统。

第四阶段（1979—2000年），社会学研究的复苏。以1979年3月15日至18日在北京召开的"社会学座谈会"为始点，明确社会学恢复重建，社会学专业逐渐恢复，各大学社会学系于20世纪80年代恢复的时间不一。1980年4月，上海大学文学院（前身为上海复旦大学分校）恢复重建社会学系。这是1979年中国大陆恢复社会学学科后成立的第一个社会学系[3]。1981年，上海大学社会学系创办《社会》杂志。从20世纪80年代中期开始，城市社会学、人文地理学、经济学、城市史学等学科开始逐渐恢复并迅速发展。在中国（大陆）社会学的重建中，新一代社会学家在费孝通等老一辈社会学家的引导下，对社会学本身进行改造和创新，将社会学中国化或本土化的尝试推向了新的高度。台港地区的社会学家们也通过参与并帮助大陆重建社会学，将中国化的"接力棒"传递到大陆新一代社会学家手中。

第五阶段（2000年—），社会学研究的蓬勃。在全球化和社会转型双重交织的影响下，中国的社会学家正在积极参与建立一种多语境的全球社会学，并由此真正实现全球范围内的社会学话语分享，有助于外界从不同领域和角度理解中国。另一方面，如何处理我国（城市）社会学断裂的历史，同样构成了

---

① 杨心恒. 说说中国社会学的恢复与重建 [EB/OL]. http://www.yhcqw.com/36/9726_3.html.

② 吴文藻. 论社会学中国化 [M]. 南京：商务印书馆，2010.

③ 袁辑辉教授任第一任系主任，袁华音、沈关宝、庞树奇、吴圣苓、邓伟志、仇立平等教授先后担任过系主任职务。

社会学中国化或本土化的重要议题。如果说 1952 年之前的中国（城市）社会学尚未得到充分的发育，而改革开放初期，中国社会学重建时又过于强调取法西方当代学术，还没有来得及系统地整理中国早期社会学的成果。因此，梳理中国（城市）社会学学术史，让"1930—1940 年代的中国社会学以及 1970—1980 年代的中国台港地区社会学""能够接续"，将成为一个重要的"历史性议题"①。

5.2 （城市）社会学研究中国化的早期代表人物和研究学派

在社会学中国化的早期阶段，有几位产生了重要影响的人物，并形成了早期的研究学派。

5.2.1 （城市）社会学中国化的早期代表人物——孙本文、吴文藻、吴景超

中国社会学的奠基人包括孙本文、吴文藻和吴景超等人，吴景超也是我国城市社会学的奠基人，他们是系统介绍西方社会学到中国的主要学者，并且通过他们的实践，开启了（城市）社会学中国化的历程，因而在中国社会学领域占有重要的历史地位。

（1）孙本文（1892—1979 年）

孙本文是我国著名社会学家、社会心理学家，是最早把文化学派介绍到中国来的学者之一，并建立了他自己的"系统社会学体系"。他的主要研究领域为系统社会学理论体系、文化社会学、社会心理学。他综合国内外社会学的研究成果，建立了综合学派的社会学体系，即从社会整体的、结合的、有机的、演进的观点，综合观察社会中人与人之间的社会行为。

他在《社会学原理》（1935 年）中把社会学界定为研究社会行为的科学，他认为社会学研究的中心是人类的文化，而文化具体体现为人类的社会行为。② 他认为个人在社会中的行为或社会中个人的行为是社会心理学的研究对象，社会行为则是社会学研究的对象，也是社会学体系的出发点。社会行为大致包括：①人与人之间性质最单纯的社会行为，即基本的社会行为，如交互行为、集体行为；②人与人之间性质复杂的社会行为，即复合的社会行为，如团体行为、社区行为。

他从社会行为出发，探讨了有关社会行为的五类重要的问题，即：①社会行为的因素问题（或社会因素问题）；②社会行为表现的过程问题（或社会

① 周晓虹．社会学的中国化：发轫，延续与重启 [J]．江苏社会科学，2019（6）：73–82，258．
② 陈树德．《中国大百科全书：社会学》[M]．北京：中国大百科全书出版社，1991：346．

过程问题）；③社会行为表现的机构问题（或社会组织问题）；④社会行为表现的功能或控制问题（或社会控制问题）；⑤社会行为变迁的内容与方向问题（或社会变迁问题）。前四类为静的问题，最后一类为动的问题。从上述五类问题出发，可展开社会学的主要内容①。

孙本文的著述丰富，《现代中国社会问题》四册分别探讨了中国家庭问题、人口问题、农村问题和劳资问题，是中国第一部对社会问题进行综合研究的著作。作者利用翔实的社会调查资料，"以中国问题为本位，以社会学观点为中心"，对当时中国存在的社会问题进行了"比较详细与综合之叙述与分析"，该书是分析1949年以前中国社会问题最翔实的著作之一，对理解20世纪中国社会变迁也具有参考价值。他还出版了《社会学上之文化论》（1927年）、《社会问题》（1927年）、《社会学ABC》《人口论ABC》《文化与社会》以及《社会心理学》（1946年）《当代中国社会学》（1948年）等社会学专著，极大地充实和丰富了中国社会学宝库，对中国社会学的建设和发展起到了极大的促进作用。

（2）吴文藻（1901—1985年）

吴文藻是中国社会学、人类学和民族学本土化、中国化的最早提倡者和积极实践者。20世纪20—30年代，吴文藻就有感于西方社会学理论和中国现实的脱节，提出了中国社会学的本土化问题。他从1933年开始引进美国芝加哥学派的人类生态学方法，开展深入到群众生活中去观察和体验的田野调查。他首倡社区研究，带领学生走出书本和课堂，更多接触实际生活。"我所要提出的新观点，即是从社区着眼，来观察社会，了解社会。社会是描述集合生活的抽象概念，是一切复杂的社会关系全部体系之总称。而社区乃是一地人民实际生活的具体表词，它有物质的基础，是可以观察得到的。"这也使得当时师从吴文藻的费孝通深受影响，终生钟情于田野调查，并"带着明确的中国化的目的"。

吴文藻认为，社会学要中国化，最主要的是要研究中国国情，即通过调查中国各地区的村社和城市的状况，提出改进中国社会结构的参考意见。吴文藻把此概括为"社区研究"，就是针对中国的国情，"大家用同一区位或文化的观点和方法，来分头进行各种地域不同的社区研究"，"民族学家考察边疆的部落或社区，或殖民社区；农村社会学家则考察内地的农村社区，或移民社区；都市社会学家则考察沿海或沿江的都市社区。或专做模型调查，即静态的社区研究，以了解社会结构；或专做变异调查，即动态的社区研究，以了解社会历程；甚或对于静态与动态两种情况同时并进，以了解社会组织与变迁的整体。"②

---

① 孙本文. 社会学原理 [M]. 南京：商务印书馆，1935.

② 吴文藻. 吴文藻自传 [J]. 晋阳学刊，1982（6）：44-52.

在吴文藻这里，社区研究就是社会学研究，社区研究被赋予了推动社会学中国化的意义。他写了一系列的文章，分析社区的意义与社区研究的近今趋势、现代社区实地研究的意义和功能，他介绍西方社区研究的近今趋势，探究中国社区研究的西洋影响与国内近况，制订中国社区研究计划。

吴文藻的这一理解和当时芝加哥人类生态学派的社区研究工作是密不可分的。以罗伯特·帕克为代表的芝加哥社会学派的工作在很大程度上代表了当时美国乃至西方社会学的研究。因此可以说，中国的城市社会学研究的起始路径和国际主流研究的进路是大体一致的。

（3）吴景超（1901—1968 年）

吴景超是中国社会学研究的首创者之一。他先后获得明尼苏达大学社会学学士、芝加哥大学社会学硕士和博士学位，是中国早期接受过完整和严格专业学科训练的社会学者。1928 年回国后，吴景超成为中国城市社会学的首倡者，受芝加哥学派都市研究的影响，他对城市的理解尤其强调观察市民的日常生活和社会网络。他在《都市社会学》（1929 年）一书中，阐明了都市社会学的研究范围，介绍了西方都市社会学的研究方法，还进一步探讨了理想都市等问题。吴景超在书中明确界定了"都市区域"和"都市的区域"两个概念的不同，认为都市区域不但包括都市的本身，还包括都市以外的附庸，而都市的区域主要指都市本身的情形。如果将吴景超的论点和麦肯齐在《大都市社区》（1933 年）中对中心城和大都市区域的讨论相对照，不难发现，吴景超的都市区域理念更早提出，只不过未经英语世界传播。但是吴景超和麦肯齐的遭遇颇有相似之处，他们的思想超前于他们的时代，以至于很少人能意识到他们讨论的那些问题的重要性；既然不被同时代人理解，其传播也有限，甚至在学术研究史中也被疏漏遗忘，极少受到重视。

吴景超虽然从芝加哥学派学到了正宗的都市社会学研究方法，但他的都市社会学研究并不仅满足于对都市社区做具体细致的、分门别类的都市社区专题研究，他关注更大的问题，即如何通过都市的发展来救济农村，带动农村，实现城乡协调发展。而只要联想一下，托克维尔于 1831 年 5 月从纽约开始的美国半年调研对他本人的冲击和对《论美国的民主》的影响，以及韦伯 1904 年的美国之行对他的震撼和对《新教伦理与资本主义精神》的影响，我们就不难理解吴景超在美国的求学生涯使得他对社会、对国家怀有更大的志向抱负。

作为中国 20 世纪上半叶都市社会学研究最主要的代表人物，吴景超侧重于从经济的角度来研究社会，特别是都市社会。作为倡导工业化、城市化的早期人物，他的"发展都市以救济农村"的基本主张在当时没有任何响应。而在中国过去四十年的高速发展中，却日益显示出他罕见的思想前瞻性。实现工业化、都市化，以都市发展来带动农村、反哺农村，甚至实现工农混合的新社区的想法，在强调城乡统筹、一体化发展的当代获得了共鸣。

5.2.2　社会学中国化的早期研究学派

1949 年以前，就我国社会学研究重心之所在和偏重的研究趋向而言，当时学界有较为显著的三派：①私立燕京大学以吴文藻、费孝通等为代表，燕京的社区学派注重文化和功能。②国立清华大学以陈达、李景汉为代表，清华的实地调查派注重直接材料。③中央大学以孙本文为代表，中央的系统学派注重理论的体系。

而 1949 年以前中国社会学的发展中，真正形成一个学派的只有吴文藻及其弟子所致力的社区研究。这一学派，也即是学者们称谓的"社会学的中国学派——社区学派"或"燕京学派"。燕京学派最初受到芝加哥学派和文化人类学的影响，人类学和社会学相结合的方法背后的思想基础是"中国人研究中国（本社会、本文化）必须注意中国特色，即中国社会和文化的个性"。这一时期燕京大学社会学系的发展目标重在通过实地研究来理解当下的社会现实，吴文藻从芝加哥学派中的 community 提出了"社区"概念，作为有形的单元来认识中国的国情，进行社会调查[①]，"大家用同一区位或文化的观点和方法，来分头进行各种地域不同的社区研究"。在"社区"概念之前，对 community 的翻译还有"基本社会""地方社会"，此后随着对"社区"概念的丰富，也逐渐融合了前两种翻译中的含义。这里的"社区"概念降至社会之下，已具有地域意义，社区相对于社会具有从属关系。燕京学派对社会学在中国的引进发挥了重要作用，对社会学学科构建经历了从学术研究到社区工作、再到政策部门概念的过程[②]。

正是由于早期研究学派的模糊性，以及社会学者们任职的流动性，早期开展的社会学中国化的工作成果，很难清楚地划归某一派别。1928 年，杨开道等人组织燕京大学社会学系学生到京北清河镇调查，并于 1930 年在清河镇建立实验区。清河镇当时是农业、商业、手工业均有发展、有着"一街九井十三庙"的繁盛古镇，属于混合型的城镇社区。1928—1934 年期间李景汉的定县和北京农村调查，是中国首次以县为单位的系统的实地调查。这两个例子都是中国知识分子运用西方社会学的方法进行实地调查的典范之一。李景汉的调查反映在《北京人力车夫现状的调查》（1925 年）、《北京无产阶级的调查》（1926 年）、《北平郊外之乡村家庭》（1929 年）、《实地调查方法》（1933 年）、《定县社会概况调查》（1933 年）等一系列著作中。李景汉 1926 年起兼任燕京大学讲师，1930 年起兼任北京大学农学院教授，1935 年开始才任清华大学社会学系教授，他的工作显然无法简单地划归前两派中的某一派别。

早期社会学人、学派的社会学中国化实践的共同之处是，"把中国社会的事实充实到社会学的内容里去"，在 20 世纪 30 年代的初期表现为"两种不同

[①]　傅愫冬.燕京大学社会学系三十年 [J].咸宁学院学报.1990（3）：75–82.

[②]　丁元竹.中文"社区"的由来与发展及其启示——纪念费孝通先生诞辰 110 周年 [J].民族研究，2020（4）：20–29.

的倾向：一种是用中国已有书本资料，特别是历史资料，填入西方社会和人文科学的理论；另一种是用当时通行于英美社会学的所谓'社会调查'方法，编写描述中国社会的论著。"[1] 吴文藻对这两种研究方法都表示怀疑，认为都不能充分反映中国社会的实际，故而谋求"进一步发展"，也才有了燕京学派的成形，直到 1952 年学校院系调整中止。

5.3 （城市）社会学研究中国化的特点

自 20 世纪 30 年代，西方的社会学学科传入中国，学者们就开始探索社会学研究中国化的问题。历史表明，这是一个曲折的因时而异、与时偕行的过程。（城市）社会学研究在我国的产生、发展和演变，（城市）社会学研究中国化的一个较为鲜明的特征是明显的阶段特征，在不同的阶段受到学术、政治的影响较大，带有深刻的时代烙印。

5.3.1 西方学科理论中国化的追求

20 世纪 30 年代吴文藻、孙本文等人提出了"社会学中国化"的方向。这是第一代中国社会学人将（城市）社会学自身发展和国家的前途命运紧密结合在一起。处于当时积弱积贫的国家背景下，这是任何一个向先进国家学习而又怀有强烈的民族情结和学术追求的社会科学研究者的务实抱负。和前面讨论的城市社会学的美国化相比，芝加哥大学的学者们有选择地接受了欧洲大陆的部分思想和学说，并迅速地形成了他们自己的特点。虽然在文化根基上，美国完全无法和欧洲相比，但是在当时的城市和经济发展上，美国显然处于更强劲的上升势头，学者们并无额外的心理负担。

而社会学的中国化，显然属于跨文化的理论和经验移植，在这样的过程中，到底认同了什么？沿用了什么？反思和批判了什么？或者说，究竟应该认同什么？吸收什么？批判什么？

应该说，在概念、理论和方法三者的跨文化学习中，方法具有通用性，最容易被借鉴应用。有两个例子。一例是费孝通 1939 年在英国出版了 *Peasant Life in China*（《江村经济——中国农民的生活》），另一例是林耀华 1940 年以文学体裁撰写了 *The Golden Wing: A Family Chronicle*（《金翼——一个中国家族的史记》），这两本书以他们各人在伦敦大学和哈佛大学的博士学位论文为基础，用的是本国的案例素材，但都是在国外结的果。两项成果均采用了人类学的方法，虽然常被视作当时的社会学者对于社会学中国化的探索，

---

① 景天魁. 中国古典社会学的近代命运 [J]. 中国社会科学院大学学报，2022，42（6）：41–65，163–164.

但更恰当地说是"社会人类学"[①] 的中国化探索。

而时间更早一些，吴景超于芝加哥大学完成了社会学"硕士论文《太平洋地区的中国移民》（1926 年）和博士论文《唐人街：共生与同化的研究》（1928 年），都是运用芝加哥学派中人文区位学，尤其是竞争、共生、冲突、适应等概念，分析中国移民同美国主流社会的关系"[②]。

西方（城市）社会学理论产生于特定时期的西方（城市）社会，概念是来自于具体（城市）社会的提炼和抽象，因此除了人类社会中所具有的共性部分，其理论适应性和解释力必然首先服务和适用于其来源的社会和制度，并且随着这个社会的动态发展，概念的适用性和理论的解释力很可能还会不断下降。因此，将这一外来的（城市）社会学知识体系应用于说明中国（城市）社会的可靠性及解决中国问题的有效性时，本土社会学家关注的主要问题必定是理论和社会的具体适配方式、机制，而不是全部的理论细节。

社会学的中国化问题，其实是诸多西方理论进入中国社会时的共同之问，到底应该采用一个什么样的研究方式？并且能否和其他社会科学和人文学科有所区别？1938 年，中共六届六中全会正式提出了马克思主义中国化问题，报告中指出：

"离开中国特点来谈马克思主义，只是抽象的空洞的马克思主义。因此，马克思主义的中国化，使之在每一表现中带着必须有的中国的特性，即是说，按照中国的特点去应用它，成为全党亟待了解并亟待解决的问题。"

这一论述对于（城市）社会学研究的中国化同样适用。"在每一表现中带着必须有的中国特性""按照中国的特点去应用它"回答了"化"什么、怎么"化"的问题。事实上，中国社会学人所致力的中国化或本土化涉及的就是两大主题：其一，联系中国的城乡社会实际讲（城市）社会学；其二，以（城市）社会学的研究来服务于中国社会。

社会学中国化是一个渐进的历史过程，也是一个复杂的系统工程。需要学科体系的整体谋划和统筹、学术体系的整体改造和创新、话语体系的整体独立和明确。（城市）社会学的生存和发展必须和所在的社会相适应、与所处的文化相融合。

5.3.2 "中国化"的学科横向联系和历史纵向联系

一门学科没有本地化的实践，就不会持续健康发展。自 20 世纪以来，我

---

① 王铭铭 . 社会人类学与中国研究 [M]. 北京：生活・读书・新知 . 三联书店，1997.
② 系史・学人传略 . 吴景超 [EB/OL]. http://shehui.pku.edu.cn.

国的科学、技术和其他学科的发展都不同程度地面临着中国化的问题，例如"国产化率"依然是个广受关注的话题。相对来讲，自然科学、工程科学受意识形态的影响小些，判定引进与否的标准相对单一，远不如社会科学那般复杂和影响社会人心。因而不同学科的中国化历程无形之中形成了既相联系又相比较的关系，在某种程度上，不少学科"中国化"的过程有共通之处。然而，不同寻常的是，社会学曾经销声匿迹近三十年，而其他学科中国化的进程虽然遭受阻滞，却不曾中断或完全止步。

20世纪80年代，在改革开放的整体氛围下，西方科学技术和学术思想成果大量引进，而相当一部分成果在时间维度上属于"混合引进"，也就是说，既有当代思潮下的成果，也有历史成果，例如一些学科领域现代和后现代思想同时引进的线索清晰可辨。经过过去四十年的发展，其中相当部分学科在世界大学的专业排名中已跻身前列位置，这也表明，这些学科已经成功地完成了"中国化"，并进行了有效的改革和创新。

哲学社会科学类的学科受意识形态的影响较大，社会学学科的本土化，既需要对本土传统文化的深刻理解、共鸣和融入，同时也需要本土文化向外来学科的主动敞开和自我更新。严格意义上来说，中国的（城市）社会学更像是具有中国特色的学科群。所以，（城市）社会学的彻底中国化，需要突破原来的文化背景、精神状态和阐释体系，重新建构具有中国文化底蕴的中国（城市）社会学理论体系，建立中国城市社会学的主体性。需要从我国当前的政治和社会现实出发，立足中国国情，积极推动和外来理论的相遇相融。现实社会是（城市）社会学思考的出发点，本地语言和文化始终是（城市）社会学本土化的源泉。

（城市）社会学中国化的理论建构，对于当前和未来的中国和世界都具有重要的理论意义和实践价值。要将（城市）社会学置于世界（城市）社会学和文化发展的大势背景中，在城市社会实践中增强中国意识、中国精神和中国话语，将真正的精华转化为解决现代社会问题和危机的时代思想文化，更新传播方式和组织制度，和民族文化传统深度对话融合，并和现代文化思潮充分交流互动，建构起具有民族文化精髓和世界新文化特质的学科学术体系。本书在最后一章将深入探讨此议题。

5.4　中国城市社会学现状研究内容和研究问题

社会学在研究题材和研究法则上相当广泛。作为社会学的分支，城市社会学的学科内涵、研究对象和研究范围也一直处于拓展之中。本书最后一章对城市社会学研究的对象范围将有系统的分类概括。就现阶段的我国城市社会学研究内容而言，主要分成两大部分：

首先是对于西方（城市）社会学的引介概述，这部分研究工作占有相当比重，且一直贯穿其中；这些引介也有"路数和风格"①之分，由于适用专业不同（例如经济管理专业②），大家也就各取所需，这就使得相当数量的城市社会学文献，疏于体系的严密性和完整性，有的结构上是混乱的，至少是不明晰的，有些内容是驳杂的，所述议题不在同一个层级。这也不是绝对的问题，关键是从怎样的角度分析素材、提出问题，并提供可能的解决对策，以充分体现城市社会学的理论性和应用性特征。

其次是城市社会学研究中的中国问题，即中国特有的问题。目前，我国城市社会学理论和实践研究涉及的主要内容有城市化、农民工、移民、交通、住房、公共空间、环境保护（垃圾、水危机）、社区综合发展、妇女、教育等，讨论现实面临的主要社会和环境问题，但是并不追求系统地论述整体的以及更多的环境问题和潜在危机。进入 21 世纪，我国城市社会学逐渐进入"治理"和"政策研究"的公共领域，进而从城市社会学的角度对当前的政策进行评估和建议。

此外，中国城市社会学研究还有一个特殊组成部分，也就是海外华人社会学者研究的中国相关问题。作为华人学者，他们的研究议题往往是"与自身身份密切相关的中国研究"③，例如美国华人社会学者对于唐人街、华人移民的研究，独特的经历让他们在一些研究议题上有着和本土学者不一样的研究视角和研究视野。

第 6 节　城市社会学研究的基本观点

本节将引入本书采用的城市社会学研究的基本观点，建立全书的分析框架。凯恩斯④曾提出："经济学家和政治哲学家的思想，不论是对的时候还是错的时候，其影响都比一般想象的大"⑤。那么社会学家的思想呢？

剑桥经济学派重要代表人物约翰·邓恩（John Dunn）认为，如果"我们要理解复杂的知识结构中隐含的真假标准，就必须了解生平经历或社会经验的框架，正是它们使这些标准看起来不言自明。将一种论点从其所需满足的真理

① 郑也夫 . 城市社会学 [M]. 3 版 . 北京：中信出版社，2009.
② 刘珊，邱梦华，许敏，等 . 城市社会学 [M]. 北京：清华大学出版社，2013.
③ 项飙 . 全球猎身：世界信息产业和印度的技术劳工 [M]. 北京：北京大学出版社，2012：序二 .
④ 约翰·梅纳德·凯恩斯（John Maynard Keynes，1883—1946 年），英国经济学家，宏观经济学的创立者，现代经济学最有影响的经济学家之一。
⑤ 转引自（澳）布雷特·鲍登 . 文明的帝国：帝国观念的演化 [M]. 杜富祥，季澄，王程，译 . 北京：社会科学文献出版社，2020：7.

标准的语境中抽象出来，等于把其转化为另一种截然不同的论点"。[①] 本书讨论城市社会学则力图将其置于社会时空框架中，置于复杂知识系统中，置于以人民为中心的价值位序中。

6.1 社会时空观中的城市社会学

社会时空观是一种系统思维方式，是把认识对象作为系统，从系统和要素、要素和要素、系统和环境的相互联系、相互作用中综合地考察认识对象的一种思维方法。社会时空观中的城市社会学，是以社会时空观为指导的城市社会学理论研究和实践应用体系。

就社会维度来说，拥有敏锐的洞察力是社会学研究的基础能力；就空间维度而言，具有广阔的地域视野是社会学研究的重要能力；就时间维度而论，保有历史的纵深视距是社会学研究的必要能力。要全面认识和掌握一定事物的本质属性、内涵、外延及其发展规律，就必须关注其社会质性、空间属性和时间特性。同一类社会问题在不同地域空间中的呈现方式——现象，同一种社会现象在不同地域空间中的潜藏本质，同一种社会现象在不同时间轴向上的历史变化，亦即所具有的社会空间和历史的特殊性，都足以产生社会学的新的研究议题。社会—时间—空间辩证视角弥补了结构功能主义对时间、空间的忽视和偏向。

城市社会学的社会时空观可以归结为"三度"，即尺度、密度、跨度。这三度都同时包含空间和时间的内涵。尺度和大小、规模相关，既有空间尺度，又有人文尺度。在定义尺度时应该包括 3 个方面的含义：客体（被考察对象）、主体（考察者，通常指人）及时空。密度可以指向物质和人口的疏密密度。跨度具有空间和时间跨度两重含义，也就是空间的距离和时间的距离。

社会时空观要求把一般性的讨论落实到具体的时间和地点中去，以展示城市经验的无穷可能。全球观察、动态研究，有助于对城市社会现象和问题的认知突破狭隘的、静态的认知，也有利于从实际出发推动问题解决。社会时空观所树立和运用的系统思维方法，在空间维度上注重采用横向比较，在时间维度上突出纵向比较。

自 1978 年改革开放以来，中国用 40 余年时间走过了西方国家百余年的历史进程。全新的道路，令中国社会一方面发生了全方位的、脱胎换骨的巨变，另一方面也经历着急剧转型的阵痛。可以说，40 余年来举世瞩目的成就，是在社会矛盾不断变化、利益分化不断加剧的复杂局面中赢得的，改革

---

① 转引自（澳）布雷特·鲍登. 文明的帝国：帝国观念的演化 [M]. 杜富祥，季澄，王程，译. 北京：社会科学文献出版社，2020：12.

开放 40 多年的历史，是一部发现矛盾、认识矛盾、解决矛盾的历史，其中的曲折得失足以构成一部弥足珍贵的城市社会学教科书。本书在社会时空框架中选择了 1978 年改革开放这一特定的结合点，作为观察研究的出发点，但是在一个完整的框架体系中，这个出发点不可能是完全孤立的，在时间上的向前、向后，在空间上的疆域内外的拓展都是必然的、必不可少的。但又是有重点的，有着明确的研究任务，解析中国改革开放 40 余年来的城市社会学的功用、特征。

近代中国在社会转型中存在时空裂痕。尤其是随着时间的现代建构，在国家和区域范围内同时出现了空间的中心化和边缘化，东西差异、南北差异都是这种时空裂痕的表现。在同一区域内，现代化和前现代化的社会意识、形态同时存在，城乡差异是这种时空裂痕的集中表现。当前中国社会正在经历的城乡关系转型和重构，是一个动态且复杂的过程，需要城市社会学的解释和指引。

6.2　迈向人民的城市社会学

如果说社会时空观中的城市社会学表明了城市社会学是做什么的、城市社会学能做什么，那么迈向人民的城市社会学则回答了城市社会学有什么用。如我们最开始提及的，城市社会学划在应用社会学之列，可以说，应用性为城市社会学的发展提供了实践路径，拓展了城市社会学的发展面向。

所谓城市社会学的应用研究，就是要把城市社会学的学术知识运用到具体的社会时空中去，大的面向往城市、区域、国家乃至全球，小的面向往城市、城镇、基层社区，为它们制定政策，或者提供建议，从而促进它们的发展。因为以城市社会为研究对象，所以城市社会学研究者们对城市社会的特点、问题比较熟悉，遇到新的问题时，懂得如何着手分析、如何着眼处理、如何着力治理。尤其是针对城市社区存在的问题，可以提出针对性的建议、解决性的方案以及有效的解决办法。事实上城市社会学转向应用性研究相对比较容易。而如果结合城市规划的空间手段，则操作性的手段大大增强。

虽然城市社会学是从西方传入我国的学科，但是中国城市社会学必然是坚持学科建设为人民服务、为现实服务的宗旨，为中国社会的进步、为高质量发展做出独特的贡献。费孝通 1980 年时曾提出人类学学科的重要宗旨是，要做迈向人民的人类学研究，将人类学付诸实践。现在我们可以同样提出，要做迈向人民的（城市）社会学研究，这和当下"人民城市人民建，人民城市为人民"的"人民城市"理念恰恰具有高度的一致性。因此本书在社会时空观的分析框架下，还将为引入的城市社会学理论系统分析预先确立思想基础、理性基础和思维方式基础。

本书城市社会学理论系统的思想基础是——"以人民为中心的发展思想"（2015 年 11 月提出）。这个发展思想是治国方针理论，也是新时代中国特色社会主义的价值取向。其关键在于"人民"这一概念有着社会时空的具体内涵。不同于亚伯拉罕·林肯的"三民主义"，政府为"民有、民治、民享"（that government of the people, by the people, for the people shall not perish from the earth），其中的"民"是葛底斯堡战役和美国内战背景下的民众，是期待国家从分裂走向统一的民众。也不同于孙中山的"三民主义"（民族主义，民权主义和民生主义），其中的"民族主义"有着满清专制 200 多年的前因，所指的民族更倾向于汉族。"以人民为中心的发展思想"中的"人民"，既是科学社会主义包含的基本概念，也是经历过国家发展的新时期、进入新时代的具体的人民，是百年未有之大变局中的人民，此时此地的人民对自己有着清晰的身份认同。

本书城市社会学理论系统的理性基础是——植根于东西方文明和文化中的差异。现代（西方）城市社会学的根本价值基础是个人主义（individualism），因此借鉴、应用这个西方城市社会学理论系统时，重点不在考察其对错或好坏的价值判断，而更在于辨析它同我们所要植入的社会文化和制度的适应和匹配程度。在国家整体实力提升的阶段，"我国社会主要矛盾已经转化为人民日益增长的美好生活需要和不平衡不充分的发展之间的矛盾"。所谓"不平衡不充分"在城市社会学领域主要呈现为自然资源、社会资源和空间设施资源的分布和分配冲突问题，也就是社会公平问题、空间公平问题和社会空间失衡问题。在解决不平衡、不充分的发展问题的过程中，孕育着城市社会学发展的逻辑和方向。社会普遍的价值尺度除了物质的需要，更应有社会、文化、生态文明的需要。

本书城市社会学理论系统的思维方式基础是——社会时空思维、环境思维、规划思维等思维优化模式，必须将它们内置成为城市社会学研究的基本软件、常用软件。就我国而言，自改革开发以来的城市发展经历了一系列动力学机制的变化：由高速增长，到高质量发展；从出口导向的国外大循环，到国内国际双循环相互促进，再到目前国内大循环为主体；从长期的投资拉动型，到创新导向加上需求拉动型；从"速度城镇化"，到"深度城镇化"；从数十年的增量规划为主，到以城市更新、存量规划为主；从城市建设用地"增量扩张"，到"存量挖潜"……这一切动力机制转变的背后是社会时空的嬗变，是既有社会利益关系的分解与整合。而空间规划体系的确立，"青山绿水就是金山银山"理念的推广践行，是规划中环境导向的重要性日益凸显。

迈向人民的城市社会学，迫切需要我们进一步思考社会时空演化及其带来的问题，需要我们紧扣为人民做学问的要求，不断扩大城市社会学理论研究成果的产出、转化和现实应用的可能性。

本章小结

本章对城市社会学的学术学科渊源、发展脉络进行了系统全面而又提纲挈领的梳理，给予了一些新的发掘和阐释；并提出了本书进行城市社会学研究的基本观点。

第 1 节阐释了城市社会学学科的性质和特点，揭示了城市社会学学科发展、理论发展和城市发展共生共荣的密切而复杂关系，尤其考察了（美国）城市社会学学科的创立、发展、嬗变和芝加哥、纽约、洛杉矶的关系。在城市社会学发展的不同阶段，城市社会学学科和其他社会学科、城市学科间存在千丝万缕的关联、渗透和融合作用。

第 2 节对城市社会学的主要理论及其流派、研究范式和研究方法进行了扼要的回顾和总结，提供了从古典城市社会学理论到"二战"前后芝加哥学派的生态社会学理论、当代城市社会学理论及至新城市社会学理论的连贯梳理，揭示这些不同思想流派之间的差异和潜在关联。而城市社会学研究既遵循了社会学研究的一般范式，也经历了两个主导研究范式的转变，从传统的城市生态学转向新城市社会学的社会空间范式。城市社会学借鉴了社会学研究的一般方法，并且理论和学科的发展很大程度上受到研究方法的推动和制约。

第 3 节城市社会学研究的智识和历史基础是极富意味的部分，着重欧洲的（城市）社会学和美国芝加哥社会学派的智识和历史基础的条分缕析，为那些熠熠生辉的社会学人的群像和个体简要"画像"，呈示他们各自的贡献和相互之间潜在的思想脉络。

城市社会学研究的本土化和全球化是学科本身发展的重要问题，第 4 节从历史的和比较的角度开创性地分析了早期（城市）社会学研究的美国本土化，以便和（城市）社会学研究的中国化相对照。随后深入研讨（城市）社会学中国化的阶段历程、研究学派、代表人物，对我国城市社会学发展进行了深入系统的考证研究。

本章最后还对当前中国城市社会学的研究内容和研究问题进行简要概括，明确本书研究的两个基本观点，即社会时空观和以人民为中心的价值取向。本章对于跨越时空的事件、理念、思想或概念进行了富有意义的勾联，对于城市社会学发展的历史脉络及时代背景进行了独辟蹊径的解读。

重要概念

芝加哥人类生态学派

洛杉矶都市主义学派

新马克思主义学派

新城市社会学

社会互动

乐彩资本主义

社会空间观点

多中心的大都市区域

范式变迁

欧洲社会学的美国化

社会学的中国化

社会时空观

形式主义

实用主义

讨论问题

1. 简述城市社会学的理论构成，注意理论提出的社会时空背景。

2. 本书提出了城市社会学研究的基本观点，尝试用具体案例加以解释。

3. 了解书中提到的实用主义范式、现实主义范式、批判主义范式等其他研究范式及其方法在城市社会学及自己所在专业研究中的应用。

4. 结合所学专业，谈谈对"社会学中国化"当下内涵的理解。

【导读】本章是对于城市自身演化及其时空结构一般规律的研究，阐析了不同层级城镇空间形态的演化机理。基于社会构成和空间形态相互关系的视角，探讨了城市的定义、规模和类型界定，分析了城市和城镇形态以及区域层面的体系关系及形态的变迁态势。既侧重城市形态变化的现象描述，又深入阐释社会因素在城镇形态变迁中的作用，概括现象变化中潜在的空间社会过程规律。

第 2 章　剧变的城市空间形态

马克斯·韦伯在《非正当性的支配——城市的类型学》的开篇，首先在最宽泛的意义上对城市作了一个社会学的界定："城市是个巨大的居住密集的聚落"，这一界定涉及城市的形态特征，即尺度巨大，状态密集。接着分类表述了城市的性质：经济学意义上的城市——城市是一个"市场聚落"；政治和行政意义上的城市——城市是个要塞或镇戍；以及要塞和市场合一的城市。[①]韦伯对城市的定义已经过去一个多世纪，城市的形态尤其是尺度内涵发生了"巨大"变化，这些既是城市社会运行和作用的结果，也是城市社会作用的场域，并构成城市社会学研究的背景。本章侧重于讨论和揭示城市空间形态的变化，尤其是20世纪后1/4世纪以来我国城市剧变的空间形态。

第1节　城市的定义

自20世纪70年代以来，世界范围内不同地区的城市形态发生着不同趋向的变化，发达世界的城镇收缩和发展中世界的城镇扩张同时并存。而自1978年改革开放以来，我国的城镇形态处于剧烈的变化之中。伴随着工业化、城市化进程加速，城市数量和规模都有了明显增长，并到达了这样一个时期，即大城市过度膨胀，中等城市和小城市竞相向大城市迈进，而小城镇发展则相对迟缓。这相应带来了城市规模划分标准的调整。

1.1　国外的城市定义

城镇是一个和农村相对应的地理概念，同时也是一种社会的表现。从技术层面讲，"城市"被定义为一个拥有较高人口密度的地区，但是在基本术语的含义方面，国家和地区之间存在巨大的差异，每个国家使用不同的区分城市和农村地区的标准，因此，尽管国际社会作了努力，但仍不存在标准化的定义。

1.1.1　美国的"城市地区"定义

美国联邦统计局对"城市地区"的定义是，人口密度达每平方英里1000人（1平方英里约为2.59平方公里，即每平方公里386人）且其周边地区的整体人口密度至少为每平方英里500人的区域。而被指定为"农村地区"的人口密度分布，可以每平方英里低至1人，或高至999人。按照联邦统计局的

---

① （德）马克斯·韦伯. 韦伯作品集·非正当性的支配——城市的类型学 [M]. 康乐，简惠美，译. 桂林：广西师范大学出版社，2005：1.

定义，美国只有缅因州、密西西比州、佛蒙特州和西弗吉尼亚州绝大多数人口
生活在农村地区，其他各州的农村地区则很分散。[①]

1.1.2 加拿大的"城市地区"定义

加拿大对"城市地区"[②]的界定为人口密度在每平方公里 400 人以上且人
口总数在 1000 人以上的地区，包括城市和居民点，如果两个或更多城市地区
空间相距 2 公里内，则可以合并为一个城市地区。这涉及城市地区另一个定义
判定的方式，即一个人口中心点离开另一个人口中心点的距离，因此，尽管加
拿大的许多北方社区有相当的人口规模，按照这个定义方式，可能被视作"农
村"。如果一个地区人口密度不够，但其用地里包含工业、商业、机场、铁路
以及公园和高尔夫球场等功能，也属于城市地区。总之，在加拿大，城市或农
村的概念和人口的密度、规模、聚居点间的距离，或是至某项主要公共设施的
距离等因素有密切关系。

1.1.3 非洲国家的"城市地区"定义

在非洲国家，城市地区的定义也是变化的。例如，博茨瓦纳和赞比亚的
统计局将城市地区定义为：有 5000 名或以上居民的定居点，其中大多数人不
在农业部门；而在埃塞俄比亚和利比里亚，城市地区被归类为拥有 2000 名以
上居民的地区。尽管如此，大多数国家对城市地区的定义是按照定居点密度、
人口规模或某些要求从事农业的人口比例。城市地区的特点是人口密度高于农
村地区，这意味着许多人口集中在一个较小的空间，而不是分散在一片广阔的
领土上。[③]

1.1.4 日本的城市制度

日本的市制可分为：政令指定都市（简称"政令市"，人口约 50~70 万以
上可提出申请核可）、中核市（意为中等核心城市，人口达 30 万人可提出申
请核可）、特例市（人口达 20 万人可提出申请核可），以及一般的市（人口达
5 万人的町、村可提出申请核可）四个等级。日本城市（shi）旧的标准是最低
3 万居民，新的门槛是 5 万居民。北海道的歌志内市（Utashinai shi）是最极
端的例子，目前是全日本人口最少的城市，只剩下 2689 人[④]。从政治正确性的

---

① 黄怡，刘璟.北美农村社区规划法规体系探析——以美国和加拿大为例 [J]. 国际城市规划，
2011（3）：79–86.

② Appendix A：History of Changes to the Definition of "Urban Area" and "Rural Area" [EB/OL]. Statistics
Canada，Census Dictionary for Each Census Year，1931 to 1996.

③ The History of African Development[EB/OL]. www.aehnetwork.org/textbook/Growing Cities：
Urbanization in Africa，Felix Meier zu Selhausen.

④ 北海道歌志内市 . 歌志内市，https：//www.city.utashinei.hokkaido.jp，2023–10–31.

角度，这个前采矿社区在统计数据中仍然保留了"城市"的排名。

1.2 国内城市规模的划分及调整

城市规模一般按城市人口数量确定，兼顾土地面积因素。在市场机制配置资源的条件下，由于城乡之间、城市之间的势力落差，以及世界范围内城市发展水平的差异，导致大量人口在城乡、区域、城市、国家等不同范围之间的迁徙。这进一步改变了城市就业和生活人口的分布，也循环影响了城市的社会经济发展，并阶段性地决定了城市的规模。

中华人民共和国成立以来，为符合国情发展实际，我国对城市规模划分标准进行过多次调整，对城市等级进行认定（表2.1）。历次城市规模划分主要以人口数量为标准。

1955年国家建设委员会在《关于当前城市建设工作的情况和几个问题的报告》首次提出大中小城市的划分标准，即"50万人口以上为大城市，50万人以下、20万人以上为中等城市，20万人口以下的为小城市"。此后直到1980年国家建委修订的《城市规划定额指标暂行规定》对城市划定标准进行了调整，重点是将100万人口以上的城市命名为特大城市。但是1984年国务院颁布的《城市规划条例》又回归到了1955年的标准。1989年颁布的《城市规划法》在1984年标准的基础上，指出城市规模按照市区和近郊区非农业人口计算。2008年起该法废止，取而代之的《城乡规划法》并未对城市规模加以界定。

2014年3月发布的《国家新型城镇化规划（2014—2020年）》和同年7月国务院印发的《关于进一步推进户籍制度改革的意见》中，两者所采用标准均已接近现行标准。同年11月，《国务院关于调整城市规模划分标准的通知》[①] 中明确提出，新的城市规模划分标准以城区常住人口为统计口径，将城市划分为5类7档，即小城市（Ⅰ型小城市、Ⅱ型小城市），中等城市，大城市（Ⅰ型大城市、Ⅱ型大城市），特大城市，超大城市。

这个新的城市规模划分标准的调整包括以下四方面（表2.1）：①新增了"超大城市"这一城市类型。②各类型城市的人口规模上下限均大幅提高：小城市人口上限由单一20万提至20万和50万；中等城市的下限、上限分别由20万、50万提至50万、100万；大城市的下限、上限分别由50万、100万提至100万、500万；特大城市下限由100万提至500万。③小城市和大城市的规模划分标准分别细分为两档，细分小城市主要为满足城市规划建设的需要，细分大城市

---

① 新华社.国务院印发《关于调整城市规模划分标准的通知》[EB/OL]. 中央政府门户网站，
http://www.gov.cn/xinwen/2014–11/20/content_2781156.htm，2014–11–20.

我国城市规模划分标准调整对照（单位：万） 表 2.1

年份	20万以下 P<20	20万以上， 50万以下 20≤P<50	50万以上， 100万以下 50≤P<100	100万以上， 300万以下 100≤P<300	300万以上， 500万以下 300≤P<500	500万以上， 1000万以下 500≤P<1000	1000万以上 P≥1000
2014年	Ⅱ型小城市	Ⅰ型小城市	中等城市	Ⅱ型大城市	Ⅰ型大城市	特大城市	超大城市
1984年	—	—	大城市				
1980年	—	—	—	特大城市			
1955年	小城市	中等城市	大城市				

注：P 为常住人口数量，"以上"包括本数，"以下"不包括本数。
来源：根据相关政策文件整理

主要是实施人口分类管理的需要。④城市人口统计口径发生改变，以城区常住人口而不是户籍人口界定，更加符合劳动力就业实际和人口空间分布常态。

这个新的城市规模划分标准还对两个基本概念作了界定。一是"城区"，是指在市辖区和不设区的市，区、市政府驻地的实际建设连接到的居民委员会所辖区域和其他区域。二是"常住人口"，包括：居住在本乡、镇、街道，且户口在本乡镇街道或户口待定的人；居住在本乡、镇、街道，且离开户口登记地所在的乡镇街道半年以上的人；户口在本乡、镇、街道，且外出不满半年或在境外工作学习的人。"常住人口"界定带来的直接社会意义是，确保各个城市在规划基础设施和提供公共服务时最大限度地实现供需均衡，淡化户籍对公共服务获得的影响，将城市公共服务扩大到常住人口。

1.3 我国的城镇体系

城市的空间分布不仅是地理因素的结果，所有城市地区还是一个庞大而互锁的城市系统的组成部分，这个城市系统在一个相互交织和非必然联系的错综复杂的社会空间关系网络内运行，城市和地区既相对独立又相互作用。

依据《社会学辞典》的定义，城镇体系是指具有一定的时空地域结构的城镇网络。其中常有一个主要的、最大的城市居中心地位，其他各城镇则为规模不等、职能不同、层次各异的系列。各城镇在诸多方面互有联系、互为依存，而又互有制约。对城镇体系的研究能为该区域范围内合理分布社会生产力、合理安排人口和城镇布局、充分开发利用国土资源以及进行经济战略部署提供依据。①

城镇体系因其特殊的结构和系统，具有整体性、层次性和动态性等性质。一个发育良好的城镇体系是分级完整、规模均衡的城镇体系。表 2.2 展示的是

---

① 邓伟志.社会学辞典 [M].上海：上海辞书出版社，2009.

内蒙古鄂尔多斯市的市域城镇体系及职能等级结构的规划构成，具有一定的代表性，包括：市域中心城市（1 个）——市域副中心城市（2 个）——重点镇（14 个）———般镇（19 个）[①]。

鄂尔多斯市的市域城镇体系及职能结构规划一览表 表 2.2

职能等级（数量）	职能类型	城镇数	城镇名称
中心城市（1 个）	综合型	1 个	鄂尔多斯中心城区
副中心城市（2 个）	综合型	2 个	树林召、薛家湾
重点城镇（14 个）	综合型	5 个	嘎鲁图镇、锡尼镇、乌兰镇、敖勒召其镇、罕台镇
	工矿型	7 个	棋盘井镇、上海庙镇、乌兰木伦镇、沙圪堵镇、巴拉贡镇、无定河镇、乌审召镇
	旅游型	2 个	伊金霍洛镇、龙口镇
一般城镇（19 个）	工矿型	4 个	准格尔召镇、独贵塔拉镇、纳日松镇、图克镇
	旅游型	2 个	十二连城镇、恩格贝镇
	集贸型	10 个	泊尔江海子镇、昭君镇、王爱召镇、吉格斯太镇、昂素镇、城川镇、木凯淖尔镇、吉日嘎朗图镇、呼和木独镇、红庆河镇
	农牧型	3 个	阿尔巴斯苏木、伊和乌素苏木、苏米图苏木

来源：鄂尔多斯市城市总体规划（2010—2020）公示公告

新中国以来的 70 年中，我国的城市发展方针长期以来一直是严控城市数量和规模，调整地区生产力布局，形成合理的城镇体系，提高中小城市对人口的吸引力，从而使农村富余劳动力在大中小城市均衡分布、有序流动。相较于国外的城、镇，我国城、镇人口规模设定基数大，城镇体系层级完整，拥有从小城镇—小中城市—大城市—巨型城市（特大和超大城市）的全部层级。整体来说，如此庞大而均衡的城镇体系，在发展中世界乃至全球都是罕见的。

在一个城镇体系中，城市的地位并非一成不变。一个城市在城镇体系中地位的升降以及何时和如何升降，也主要是由城镇体系的发展周期决定的，而这个城镇体系的发展周期是由国家发展决定的。每到全国经济向上和向下运动交替的时期，一些城市就有了升迁的机会。需要注意的是，城镇体系的金字塔形的层级结构是固定的，即一些城市地位的上升必然伴随着另外一些城市地位的下降，所有城市同时发展以及个别城市和社会的单独发展阶段都是不存在的。关于城镇体系的这些特征很大程度上符合 I. 沃勒斯坦（Immanuel Wallerstein）的现代世界体系论（the modern world-system）的看法（参见第 13 章）。

[①] 鄂尔多斯市城市总体规划（2010—2020）公示公告 [EB/OL]. https://max.book118.com/html/2019/0212/8137016017002006.shtm，2019-02-12.

1.4 世界的超大城市

世界的巨型城市，亦即国际语境中的超大城市（megacity），指的是人口数量达到或超过1000万的城市。数据表明，截至2021年底，全球有31座超大城市，其中亚洲19座，欧洲4座，南美和北美各3座，非洲2座，中国的北京、上海、广州、深圳、天津、重庆、成都7座位列其中。在全球超大城市中，除了美国的纽约和洛杉矶、英国伦敦、法国巴黎以及日本的东京和大阪—神户等少数城市位于发达世界，大多数超大城市位于全球南方（表2.3）。预计到2030年更多的超大城市将出现在非洲、拉丁美洲和亚洲。

超大城市的全球分布（至2021年底）　　　　表2.3

各洲	城市数量	发达世界	发展中世界
亚洲	19	东京、大阪—神户	北京、上海、广州、深圳、天津、重庆、成都、首尔、德里、孟买、加尔各答、达卡、雅加达、卡拉奇、马尼拉、曼谷、德黑兰
欧洲	4	伦敦、巴黎、莫斯科	伊斯坦布尔
南美	3	—	圣保罗、布宜诺斯艾利斯、里约热内卢
北美	3	纽约、洛杉矶	墨西哥城
非洲	2	—	开罗、拉各斯
合计	31	—	—

来源：根据相关数据整理

空间范围和经济势力的结合成就了"大都市"，超越其边界发展的巨大城市的景象在"二战"后开始出现在许多国家，诸如东京、伦敦、巴黎、柏林、罗马、里约热内卢和加尔各答此类的城市全都达到了一个史无前例的大小和人口规模。

2014年，我国《国家新型城镇化规划（2014—2020年）》中公布的超大城市有6座，分别是北京、上海、广州、深圳、重庆、天津。根据2016年10月公布的《长江经济带发展规划纲要》，武汉也被增列为超大城市。但城市人口数量是动态变化的，根据第七次全国人口普查（以下简称"七普"）数据，按城区人口数排序，超大城市分别是上海、北京、深圳、重庆、广州、成都、天津7城，其中上海城区常住人口为1987万人，位居榜首。特大城市共14城，分别是武汉、东莞、西安、杭州、佛山、南京、沈阳、青岛、济南、长沙、哈尔滨、郑州、昆明、大连（表2.4）。其中，武汉城区常住人口为995万人，受2019年底开始的"新冠"疫情的影响，武汉的"七普"常住人口数量相比2020年之前的年份有所下降，但在2021年末城镇常住人口达1154.15万人[①]，重返超大城市之列。

[①] 武汉市统计局，国家统计局武汉调查队.武汉统计年鉴2022[M].北京：中国统计出版社，2022：3.

我国超大、特大城市人口基本情况（按"七普"）　　　表2.4

城市	人口数（万人）	其中：城区人口（万人）	性别比（女=100）	0~14岁人口占比（%）	15~59岁人口占比（%）	60岁及以上人口占比（%）
重庆市	3205	1634	102.21	15.91	62.22	21.87
上海市	2487	1987	107.33	9.80	66.82	23.38
北京市	2189	1775	104.65	11.84	68.53	19.63
成都市	2094	1334	101.03	13.28	68.74	17.98
广州市	1868	1488	111.98	13.87	74.72	11.41
深圳市	1749	1744	122.43	15.08	79.59	5.33
天津市	1387	1093	106.31	13.47	64.87	21.66
郑州市	1260	534	105.44	19.05	68.11	12.84
武汉市	1245	995	108.07	13.05	69.72	17.23
西安市	1218	928	104.53	15.54	68.41	16.05
杭州市	1194	874	108.67	13.02	70.12	16.87
东莞市	1047	956	130.06	13.12	81.41	5.47
青岛市	1007	601	103.90	15.41	64.31	20.28
长沙市	1005	555	102.49	16.64	68.03	15.33
哈尔滨市	1001	550	100.09	10.46	67.56	21.98
佛山市	950	854	119.12	15.10	74.37	10.52
南京市	931	791	104.27	12.75	68.27	18.98
济南市	920	588	100.50	16.44	63.60	19.96
沈阳市	907	707	99.38	11.40	65.36	23.24
昆明市	846	534	104.74	14.98	70.62	14.40
大连市	745	521	99.19	11.65	63.64	24.71

注：本表按各城市城区人口数排序。①第七次人口普查标准时点为2020年11月1日零时。城市规模按照《国务院关于调整城市规模划分标准的通知》（国发〔2014〕51号）进行划分，城区常住人口500万以上1000万以下的城市为特大城市，城区常住人口1000万以上的城市为超大城市。②城区人口是指城区常住人口。城区是指在市辖区和不设区的市，区、市政府驻地的实际建设连接到的居民委员会所辖区域和其他区域，不包括镇区和乡村。

来源：国家统计局.经济社会发展统计图表：第七次全国人口普查超大、特大城市人口基本情况

1.5　我国的国家中心城市

　　国家中心城市是处于我国城镇体系规划设置的最高层级的城市。这样级别的城市肩负重要发展职责，要在全国具备引领、辐射、集散的功能，涉及

政治、经济、文化、对外交流等多方面的作用和表现，还应当具有全国范围的中心性和一定区域的国际性两大基本特征。

具体来说，国家中心城市应具有综合服务功能、产业集群功能、物流枢纽功能、开放高地功能和人文凝聚功能这五大功能，还应具备下列五个发展特征：①国家组织经济活动和配置资源的中枢；②国家综合交通和信息网络枢纽；③国家科教、文化、创新中心；④具有国际影响力和竞争力的城市；⑤国家城市体系中综合实力最强的"塔尖城市"。此外，中心城市还担负着带领区域内其他城市发展的职责，从而促进区域经济社会的发展，缩小地区间发展水平的差距。

表 2.5 表示了我国国家中心城市的概况。2010 年 2 月，住房和城乡建设部发布的《全国城镇体系规划（2010—2020 年）》明确提出五大国家中心城市（北京、天津、上海、广州、重庆）的规划和定位；2016 年 5 月至 2018 年 2 月，国家发展和改革委员会及住房和城乡建设部先后发函支持成都、武汉、郑州、西安建设国家中心城市。在国家中心城市带动区域发展的时代，可以说国家中心城市强，则省域强。

我国国家中心城市概况　　　　　　　　　　　　　　　表 2.5

时间	城市	定位
2010 年首批国家中心城市（5 座）	北京	首都，国家政治、文化、国际交往、科技创新中心
	天津	港口优势，环渤海地区的经济中心，北京—天津国际性综合交通枢纽
	上海	国家经济、金融、贸易、航运、科技创新中心；全球金融中心；GDP 亚洲城市第二位，上海国际性综合交通枢纽
	广州	国际商贸中心，综合交通枢纽，对外贸易大港；海上丝绸之路历史上最重要的港口
	重庆	长江上游地区经济中心，重要的现代制造业基地，西南地区综合交通枢纽，地处长江经济带和丝绸之路的节点，成都—重庆国际性综合交通枢纽
2018 年第 2 批国家中心城市（4 座）	成都	国家重要的高新技术产业基地、商贸物流中心和综合交通枢纽，西部地区重要的中心城市，打造成都—重庆国际性综合交通枢纽
	武汉	九省通衢，长江经济带的腹地，中部地区的中心城市，重要的工业、科教基地和综合交通枢纽，建设武汉国际性综合交通枢纽
	郑州	中部地区重要的中心城市，国家重要的综合交通枢纽
	西安	西部地区重要的中心城市，"关中平原城市群"中心城市，科研、教育和工业基地

来源：根据相关资料整理

在表 2.5 所列 9 座国家级中心城市中，前面 7 座城市都是超大城市，郑州、西安是特大城市。

第 2 节　变化的城市和城镇形态

自然界的形态极其丰富，又有其规律。悬浮的水珠成圆球形，是液体分子间的吸引力、液体的表面张力以及大气压力造成的；下落的水珠呈水滴型，下圆上尖，是受到了重力和空气阻力的作用。而一般动物进化的趋势是从中心对称到左右对称，很多海生生物演化出了辐射对称，形态是由中央朝周围呈辐射状伸展，这是对固定的海洋生活的适应，例如海星五角星、章鱼吸盘，都和其特性、生存环境相关。那么，经常被我们视作有机体的城市，为何是它们看上去的样子？其形态特征和演变规律又是怎样的呢？苏格兰动物学家达西·汤普森认为，当我们知道物体的大小、实际的或相对的不同方向时，物体的形态就被定义了；而生长涉及同样的数量和方向概念，更和时间的概念或维度有关[1]。本节主要运用空间分析方法，探讨城市和城镇中的空间组织形态的变化。

2.1　城市形态学的研究

除了考古学视野下城镇形态的发现之外，围绕城市和城镇研究有专门的城市形态学（urban morphology）研究，为城市形态认知、城市历史保护、旧城更新等工作提供了重要的参考。城市形态学的起源和早期的相关理论学说都来自相邻学科，在地理学者施吕特（Otto Schlüter，1872—1959 年）和盖斯勒（Walter Geisler，1891—1945 年）的早期影响下，形成了以康泽恩（M.R.G.Conzen，1907—2000 年）的工作为基础的英国城市形态学、以穆拉托里（Saverio Muratori，1910—1973 年）的工作为基础的意大利城市形态学。以下将简要勾勒城市形态思想学派的起源、发展和特点。

2.1.1　城市形态学的起源

19 世纪末，城市形态学开始形成一个有组织的知识领域。城市地理学者将形态学思想引入对城市的研究，意图把城市看成有机整体，并运用系统的观点来进行分析和观察，由此诞生了一门运用形态学方法研究城市社会和物质环境的学科领域——城市形态学。其中一些最重要的来源存在于德语地理学者的工作中。德国地理学家奥托·施吕特堪称城市形态学之父。他设想城市是更广阔景观（landschaft）的一部分。在他的影响下，特别是 20 世纪的前 30 年里，城市景观（stadtlandschaft）开始占据人文地理学的中心位置。城市形态学的这个早期阶段对 20 世纪地理学领域的发展有着显著影响。城市形态学从开始就和其地理学起源相一致，与生俱来的是关于区分、描述和解释城市景观的学

---

[1]　D' A. W. Thompson. On Growth and Form[M]. Cambridge: Cambridge University Press，1961.

术。施吕特于 1899 年发表了两篇论文，一篇是关于定居点地理（settlement geography）特别是城市景观的纲领性陈述，另一篇是关于城镇的平面图研究。许多令人印象深刻的城镇平面，不但是美学的产物，更是特定历史时期宗教和政治的产物。

2.1.2　当代城市形态学的理论学派

作为历史地理学和城市地理学的交叉领域，城市形态学在欧洲已经有很长时间的研究传统，并孕育形成了当代城市形态学研究的多个流派，产生了西方当代城市形态构成和演变认知的重要理论，还在欧洲及世界其他地方的城市研究和实践中得到了成熟的运用。

（1）**德国经济地理学派**。城镇形态理论的主要学说来自地理学和经济学领域的两位德国学者（参见第 3 章第 1 节）。一位是德国地理学家沃尔特·克里斯塔勒（Walter Christaller，1893—1969 年），他在 1933 年出版了博士论文《德国南部中心地原理》，并未引起太大反响。直至"二战"中，美国的一位社会学家读了这本书，并把它介绍给英语世界，"二战"后也有了英译本，这才引起很大反响。克里斯塔勒在这本书里开宗明义，阐述了一个国家或一个地区的城镇的数量、规模及其分布的规律。另一位是德国经济学家奥古斯特·勒施[①]，他于 1940 年出版了《经济空间秩序》，该书于 1954 年有了英译本。这两本著作一同对英语世界产生了巨大影响。勒施认为，经济学家花了很大的精力来研究时间，但是他们很少考虑空间的秩序，他提出要深入认识和研究尚不是很完美的现有的空间秩序，从而寻找理想的空间秩序。[②]

（2）**英国康泽恩学派（the Conzenian School）**。这是城市形态学研究中的一个重要学派，城市景观的历史演变是城市形态学研究的目标。康泽恩学派的奠基者是德国人康泽恩，他将源于德国的形态基因研究引入英国，最有影响力的作品是对英国市镇阿尔恩威克（Alnwick）的微观尺度的详细形态学研究，在此基础上发展成为一门具有严谨概念和理论体系的历史人文地理分支学科——康泽恩学派。康泽恩最早在柏林大学学习地理学，随后在英国围绕城市规划开展学习和工作。这样的背景使得他能够从历史地理学的特定角度观察城市形态，1960 年出版的《城镇平面格局分析：诺森伯兰郡安尼克案例研究》是该学派的奠基之作，也是人文地理学领域的经典著作。

康泽恩学派所采用的历史地理学方法（historico-geographical approach），是通过对历史发展过程的审视来解读城市结构的现在状态。更具体来说，它是通过构建"时间—空间—人物"的三维框架，来解释城市形态的过去和现

[①] 奥古斯特·勒施（August Lösch，1906—1945 年），启发了区域经济学发展，并为区域科学奠定了重要基石。
[②] 郑也夫. 城市社会学 [M]. 3 版. 北京：中信出版社，2009.

在，并为将来的发展提供参考。在这三个维度上，康泽恩学派提出了5个核心概念[①]：①土地保有权循环（burgage cycle）；②边缘带（fringe belt），在城市扩张过程中留下来的像树木年轮一样圈层性地内嵌在城市结构当中的曾经的边缘留迹地带；③形态框架（morphological frame）；④形态区域（morphological region），具有统一的形态特征并显著区别于周边区域的城市形态的片区。这个概念被誉为康泽恩学派的理论顶峰，是最核心的概念；⑤形态时期（morphological periods）；有的也加上作用者[②]，指的是参与塑造城市形态的各色人等，包括管理当局、业主和专业人员等，他们直接或间接地对城市形态产生各自的作用。上述这些概念支撑起了一个完整的理论体系。

（3）**意大利穆拉托里学派（Muratorian school）**。西方当代城市形态学的另一位奠基人是意大利学者萨维里奥·穆拉托里。穆拉托里作为一名建筑师，扎根于罗马的城市建筑历史研究及实践，来阐释意大利的理性主义，以此恢复建筑实践中的连续感。穆拉托里学派的城市形态学和建筑类型学（building typology）主要基于建筑和城市设计的理论方法，城市形态学和建筑类型学两个方法不可分割，为几个世纪以来城市形态的创造和转变提供了一个重要的解释框架。20世纪90年代，人们对穆拉托里的形态类型学重新产生了兴趣，并在设计实践领域对过程类型学方法（the process typological approach）进行了较多的应用。

以上述三个学派为主体，城市形态学发展成了一个多学科、综合性的知识领域，并且拓展了跨文化的比较研究，构建了理论和实践之间的联系。

2.2　多样的城市形态分析

当代城市形态学各学派多偏重于城市形态本身的"空间性"阐释和规划设计应用，其中大量涉及城市社会、历史、地理的研究。而在过去几十年中发展起来的对于城市和城镇形态的分析更经常地是和城市设计、城市规划等紧密联系在一起，例如被广为引用的城市认知地图和城市意象分析、生态都市主义以及城市设计的肌理分析等，这些都为城市形态研究提供了从概念认知到具体测度、再到内蕴整合的可以系统化的完整分析的基础。而在（城市）社会学领域，还有早期来自芝加哥社会学派对于城市形态的"社会性"研究。

---

① J. W. R. Whitehand. British urban morphology: the Conzenian tradition[J]. Urban Morphology，2001，vol.5：103–109.

② 田银生：城市形态学与城市历史文化保护 [EB/OL]. https://m.thepaper.cn/baijiahao_15405806，2021–11–16.

2.2.1 芝加哥社会学派和西梅尔的城市形态分析

芝加哥社会学派提炼出的三个经典模式，是对城市形态和结构的综合概括，本书第3章将有较详细的解析。这里需要特别提及的是，西梅尔高度重视形态分析，但他关注的不是具体的城市物质空间形态，而是更倾向于借用数学、几何学的形式原理去研究城市生活和大都市社会形态。他曾提出"社会几何学"，他认为，社会学作为人类研究的一门独特学科，和几何学有直接的可比性。"形态"（form）一词在西梅尔的语境中有三种不同的意涵：①几何（geometric）意涵，包括形状、配置、结构、位置、图形等；②先验（transcendental）意涵，包括前提、表现、意识、可知性等；③生命（vitalistic）意涵，包括生长、能量、更新、活力、流动等。[①] 西梅尔在社会空间议题中主要指涉形态的几何意涵，正如几何学通过研究物理、化学内容的形式，决定了空间中事物的空间性（spatiality），社会学研究人类互动的各种形式，他称之为"社会化"（sociation）。西梅尔对社会学的主题有一个非常精确和独到的理念：人类互动重要的是形式，而不是内容。这个主题围绕着社会关系的空间化和时间化的考虑建构起来。

2.2.2 城市意象中的形态分析

美国城市规划师凯文·林奇（Kevin A. Lynch，1918—1984年）在1960年出版的极具影响力的《城市意象》（*The Image of the City*）一书中，以对城市环境的感性形式的开创性研究而闻名，书中归纳出的城市意象5要素，即路径（path）、边界（edge）、区域（district）、节点（node）、地标（landmark），至今仍广为应用。林奇将心理学知识引入城市研究领域，他的城市意象分析主要基于城市居民的日常体验，并且偏重步行尺度，本质上是对城市形态的感知。

随着大众航空旅行的机会日益增多，从高空航班上俯瞰空中和大地景观已成为越来越多普通旅行者的体验。这种拥有高度和移动视点的鸟瞰视角，有时也被称为"上帝视角"。毋庸置疑，单就视觉体验来说，城镇形态固然很重要。而良好的城镇空间形态对于身处其中的居民和活动者也会产生积极的空间感染力。从平原上飞驰的高铁里一瞥远处的城市或近处的城镇风貌，旅客就可以粗略感知城镇的形态尺度和社会经济发展程度。而穿行在城、镇中则将获得更直接的体验，通过对城、镇地区密度和高度的直观感受反映出来。比如在上海这样的超大城市，驱车横穿城市，行驶个把小时后，仍然身处城市环境，会让人禁不住产生庞大密集之感叹。此外伴随城市建成环境的形态差异，穿行者

---

① 王思凝. 纪要 | 社会空间：从齐美尔到戈夫曼 [EB/OL]. http://www.shehui.pku.edu.cn/second/index.aspx?nodeid=52&page=ContentPage&contentid=7860，2021-05-17.

也会感受到地段社会风貌的差异。

2.2.3　生态城市主义的形态分析

生态城市主义（ecological urbanism）是将城市看作一个城市生态系统，试图从社会、经济、文化、规划设计和技术等各个方面，来创造一个和谐、高效、绿色、城市时代的人类栖居环境[①]。美国生态学家、生态城市的实践者雷吉斯特（Richard Register）认为，生态城市即生态健康的城市（ecologically healthy city），是紧凑、充满活力、节能并和自然和谐共存的聚居地。生态城市主义在设计维度上包含了形式、物质、流动、尺度及时间，这5种维度分别涉及空间形式的感觉体验、城市肌理及地景结构的物质表层、生态流动及其环境效应。[②]生态城市主义的形态分析更多是基于对生态景观结构的考虑，也潜在考虑社会、科技和自然的关系，斑块（空间斑块，如用地斑块、林地斑块）—廊道—基质模型（patch-corridor-matrix model）是构成景观空间结构和描述景观空间异质性的一个基本模式。

2.2.4　城市肌理中的形态分析

城市肌理是一种同时带有尺度和密度的城市整体或局部形态，它是凝固和浓缩记录了人类社会生活的物质空间投影，是经历了长时期历史累叠而成的文化层积物。城市肌理的变化总是以原有的城市形态为基础，并在空间上依附其存在或对其存在进行改造，最终通过用地布局形态、建筑类型、建筑高度、建筑密度、屋顶的形式和材质、道路、绿化、开敞空间、立面风格等要素在二维或三维空间中具体反映。

在以建筑为尺度的空间形态中，建筑是用来限定空间的基本元素，并融合于其中。建筑的类型、组合方式确定了城市的基本印象和各异的肌理形态。由于不同的组成内容和密度，会形成不同的质地和颗粒度的肌理形态，或细腻、或粗糙、或清晰、或模糊、或规则、或无序。城市形态通常是拼贴式的，由城市中不同阶层的生活空间嵌合而成。城市形态随着历史进程而变化，社会平稳或停滞时期通常产生渐进的、细碎的变化，经济发展狂飙突进或政权动荡更迭时期则可能发生激进的、突兀的变化。

城市设计往往侧重于对城市形态的尺度分析，例如图2.1中以面积为1平方英里的城市地区为研究对象，比较不同城市地区形态的肌理特性。这些城市的肌理和社会情境、社会经济文化特征是高度匹配的，例如，威尼斯的高密度、小尺度、形态有机的城市空间，孕育的是商业发达、富有生机的市民

---

① （美）莫森·莫斯塔法维，加雷斯·多尔蒂.生态都市主义[M].俞孔坚，译.南京：江苏科学技术出版社，2014.

② 杨沛儒.生态城市主义：5种设计维度[J].世界建筑，2010（1）：22-27.

社会；伦敦的大体规整、富有秩序感的街道，对应着稳重平和略显保守的社会氛围；巴黎的空间轴线鲜明，网格正斜交叠，反映了集权和自由并行的社会精神；巴西利亚的尺度巨大、密度稀疏的新城，透露出单调乏味、缺少人气的城市状态。

威尼斯　　　　　　　　伦敦

巴黎　　　　　　　　巴西利亚

图 2.1　1 平方英里城市形态分析（威尼斯、伦敦、巴黎、巴西利亚）
来源：Gboeing.Urban Form Analysis with OpenStreetMap Data [EB/OL]. https://geoffboeing.com/2017/04/urban-form-analysis-openstreetmap/

　　如果将城市肌理分为有机型、几何型和复合型三类，很显然，威尼斯属于有机型，巴西利亚属于几何型，伦敦和巴黎属于复合型。有机型城市肌理是在一定自然环境和社会条件的影响下，顺应土地和地形条件以及人们日常生活需要，长期自发演变而成，是一种"自下而上"的形成过程。几何型城市肌理是在某种"自上而下"的控制机制下，被中心主导权力一次性决定下来，并在其后的发展中一直延续，其城市肌理表现为规则的用地划分和严谨的几何构图形态。这种类型的城市肌理形态体现了少数人的思想和意志，是在特定的宇宙观、等级观、功能观、制度法规等思想观念的支配下经过规划、设计"创造"而成的城市。复合型城市肌理是指有机型和几何型两种城市肌理的组合，是"自下而上"和"自上而下"两种主导城市发展的力量共同作用的结果，表现在形态上体现为各个历史时期的叠加、各种形态的并置和渐变。

　　由于共时性和历时性这两种时间特征贯穿着整个城市空间和社会的发展，使得城市多元而复杂的形态特性由城市肌理呈现出来。对一座大城市来说，可能表现为不同片区的多种肌理形态并置。有些城市的新旧肌理之间会出现断裂现象，而形态上的断裂具有社会学上的意义。"断裂"在社会学概念中指深层次结构性的经济、社会、文化关系的断裂，表现为一种空间分异的城市化现象。

2.2.5　定量化的城市形态分析方法

　　近几十年来，城市形态研究在定量化测度解析方面有了新的进展。中观视角的定量研究方法十分成熟，除了传统的回归模型、人口数据分析、时空行为分析方法之外，尤其近年来在计算机科学和人工智能技术支撑下更趋向学科交叉，引入了空间句法、分形（fractals）、元胞自动机（cellular automata）、基于代理的模型（agent-based models）、参数化等各种技术方法，城市空间数据资料也趋向于高精度、大数据化，如多时相遥感影像资料、时空大数据、出租车OD数据、POI和AOI数据等。这些形态分析方法的不断改进，对于城市空间现象的定量界定和测度解析大有帮助，也为揭示城市变化表象下隐含的规律特征和成因机制提供了更精准的工具。

2.2.6 社会时空观的城市形态分析

20世纪60年代后，城市形态研究从单纯的形态学逐步拓展到自然科学和社会科学相结合的研究，反映出城市形态学研究的内蕴化趋势。一些学者将对社会阶层分布和人口迁移规律的研究引入到城市形态，或是用社会学研究方法将城市空间、社会活动、人口分布和土地利用布局等内容归纳到城市形态模式。

对城市社会学的城市空间形态分析来说，前述不同时期来自城市地理学、城市形态学和建成环境学科的理论、概念和方法成果都可以借鉴和兼收并蓄。按照城市社会学自身特点和思维路径，依据社会时空观，对城市形态的分析可以在不同层面展开。

从城市社会时空视角来看，城市形态分析具有三种特性：一是涉及跨尺度的空间系统分析，因而具有复杂性；二是涉及时间的变迁，因而具有动态性；三是涉及社会异质性的比较，因而具有多元性。

城市形态分析首先涉及考察对象的空间范畴选择。可以直接考察某个城市独立的形态及变化，也可以从国土空间整体出发，在区域层面考察城镇群体的形态关系及其变化。两个层面的整体考察和对照，有助于揭示城市个体及城镇群的特征和趋势。例如我们可以发现，在过去的数十年中，我国苏南、浙江的平原地带已形成蔓延的城镇化地区，相对应的是农业特征的衰退，即农田的碎片化和小田块作业模式。

在建成环境学科中，城镇形态分析一般指向城镇的空间形态，包括二维的平面投影形态和三维的立体形态，以及随时间变化的空间形态，可以通过城市空间形态要素指标或形态功能相关的要素指标来加以表征和测度：①规模尺度、功能空间构成，通过城镇建成区面积大小、区位来反映和进行空间用途管制等；②密实度或紧凑度，和分散度、离散度相对，采用建筑密度、居住密度、街区密度、公共服务设施密度、工业仓储密度、绿地率、开放空间率、天空视角系数（sky view factor，SVF）等表示城市的疏密形态；③体量、高度，表示垂直空间形态，采用建筑高度、容积率表示开发强度；④连接度，通过路网密度、交叉口数量或交叉口密度、公交站点密度、街区长度等表示；⑤空间形式、结构图式，如向心式、集中式、组团式、带状、星形等；⑥形态变化趋势，概括时间向度上的形态扩张、收缩、复兴等类型；⑦美学价值，通过尺度、比例、色彩、韵律等进行风貌分析或城市形态管理。

我们可以进一步结合人群来进行社会时空模型的分析。将空间形态特征（地块开发强度、建筑密度、平均高度）作为自变量，将人群活动类型（商务办公、休闲游憩、日常消费）作为中介变量，将人群基本特征（年龄、性别、职业、收入）作为控制变量，而将人群活动特征（到访时间、频率、停留时长）作为因变量，时间则是作为一个无时不在的重要的自变量，从而形成针对具体空间形态的深入的社会时空系统分析。

在社会时空观模型中，时间也可以作为控制变量。在我国的城市建设发展中，对时间的充分有效利用，可以赢得空间，积极改变城市的空间形态。最典型的例子是深圳，从一个小渔村，抓住改革开放的时机，加速发展，变为新兴的超大城市。而如果将空间形态作为控制变量，充分利用空间，则可以换取时间。我国中西部地区，若有效利用丰富的资源优势，扩大开放，就可以赢得经济发展的新时间。在社会时空观模型中，时间和空间是相互作用、互相促进的，充分利用时空之间的互换性，对于改变城市发展建设进程有着重要意义。

图2.2城市设计的宏观—微观要素范围，是对上述相关要素的整体归类。城市社会学的形态分析将在上述城市空间形态分析的基础上，进一步进行社会学内蕴的分析，可以得出如下一些论断：

Ⅰ 城市社会体系的发展程度和其物质空间的规模尺度呈正相关，城市和城镇的规模尺度越大，社会构成就越复杂；反之亦然。

Ⅱ 在那些市民社会发达、社会生活丰富的城市和城镇，空间尺度更人性化，更适合步行，空间连接度更高。

Ⅲ 在商品经济（包括非正规经济）发达、自由市场活跃的城市和城镇，空间肌理（分形特征、拓扑结构）更加密实，城市形态趋于扩张。

Ⅳ 城市静态的空间形态特征是相对的，动态是绝对的。城市空间中物质和非物质要素的涨落变化，微观层次上的空间形态的运动、消长可以累积出宏观效应，对城市整体形态产生巨大影响。例如城市地块循环的典型表现是"开

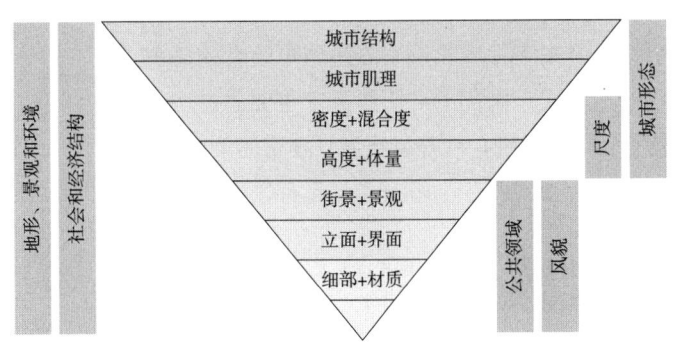

图2.2 城市设计的宏观—微观要素范围
来源：作者绘制

发一填充一饱和一清除"。

如果仔细推究，还可以形成更多的论断。总之，城市的社会形态是隐性的，空间形态则是显性反映。例如，经济的兴（扩张的形态）——衰（萎缩的形态），人口的聚（扩张的形态）——散（收缩的形态），政治的合（扩张的形态）——分（收缩的形态），文化/宗教的兴（扩张的形态）——衰（萎缩的形态），如此等。此外，城镇形态和交通技术也有关系，交通技术的强（扩张的形态）——衰（萎缩的形态）。

基于社会时空观的城市形态分析，可以推及区域宏观层面讨论城市群形态，到中观层面解析大都市、城市内部形态，再到微观层面剖析地区/社区/街区形态，在这些形态演变过程的分析中，所关注的对象从宏观趋向微观，从"物"转至"人"。

对于城市空间形态的认知，还可以从社会政治文化的角度进行阐释。例如城市形态中的美学追求，既为满足一种视觉的愉悦，继而心灵的喜悦，然而最终是一种政治文化的追求。美国文化批评家弗雷德里克·杰姆逊（Fredric Jameson）曾提出：

人们应从审美开始，关注纯粹美学的、形式的问题，然后在这些分析的终点和政治相遇。人们说在布莱希特^①的作品里，无论何处，要是你一开始碰到的是政治，那么在结尾你所面对的一定是审美；而如果你一开始看到的是审美，那么你后面遇到的一定是政治。我想这种分析的韵律更令人满意。不过这也使我的立场在某些人看来颇为含糊，因为他们急不可待地要求政治信号，而我却更愿意穿越种种形式的、美学的问题而最后达致某种政治的判断。^②

总之，基于社会时空观的认知，城市的空间形态不仅是自然地理和物质实体环境的结合，更是行为知觉和社会生活的场所，是一个包含了时间、空间以及城市社会活动的多维体系。社会时空观下的城市形态是"形式"的外在特性和"逻辑"的内在特性相结合的产物。城、镇可视作一个有机体，其形态的演变受到来自城、镇内部和外部的持续的力量而发生。物质空间形态的表征以社会政治经济状态为根基，并且都可以转译成社会学的话语表达。例如，城市局部空间的"断裂""阴影区"、空间风貌失序等现象反映的是城市社会的落差、社会结构的断裂和不平衡发展等问题。城市内部的"阴影区"主要通过房价、犯罪率、就业率等经济社会发展指标得以识别，就开发强度、建筑密度、建筑高度等空间形态方面的特征而言，这些"阴影区"也和周边地区存在显著差别。

---

① 贝托尔特·布莱希特（Bertolt Brecht，1898—1956年），德国戏剧和诗歌大师。
② （美）弗雷德里克·詹姆逊. 布莱希特与方法 [M]. 陈永国，译. 北京：中国社会科学出版社，1998.

当然，社会因素具有各自的特性，比如，经济具有很强的自发性，文化宗教具有较强的延续性，政治具有较强的人为性。当这些社会因素同时作用于城镇空间形态时，就产生了复杂的综合效应，从而形成了千差万别的城镇形态。也就是说，城镇形态是社会时空演化的统一体。社会时空观下的城市形态分析，旨在通过对城市空间形态变化的动态检视，分析其表象下隐含的规律特征、成因机制和变化趋势，在学术理论研究之外，还可以为城市管理、空间管控优化提供策略指导。对此，第 3 章关于城镇空间形态生成逻辑的内在特征（结构形态）和各类驱动力量有着更详尽的论述。

2.3 我国城、镇形态演变的总体态势

相较于西方发达世界已较早进入城市化稳定阶段的状况，我国自 1978 年实施改革开放政策以来，城、镇形态变化剧烈。然而我国城、镇形态的变迁这个议题讨论起来却颇为复杂而困难。

2.3.1 我国城镇形态变化的阶段划分

自改革开放以来，我国一直实行"严格控制大城市规模、大力发展中小城镇"的城镇化政策。基于对这一政策实施的考量，以一些重要的政策颁布、统计数据趋势性变化为关键时间节点的判定依据，将 1978 年以来我国的城、镇形态演变过程整体划分成以下四个阶段：①城镇启动扩张阶段（1978—1984 年），江苏、广东等沿海省市的小城镇率先发展起来。②城镇扩张分化阶段（1985—2000 年），人口流动加速，城市加快扩张，大多数城市推进诸如"北上、南下、东接、西融"的规划战略，着力打造标签式的"一主 × 副 × 级 × 节点"的城市新格局。③城镇形态规模极化阶段（2001—2014 年），人口流动加剧，特大城市为跻身超大城市行列，实行抢人大战；省会城市合并周边城区，提升人口首位度；北方城市出现收缩趋势。④城镇网络化阶段（2014 年至今）。超大城市、特大城市数量增加；北方城市收缩速度加快。上述四个阶段又可分成两个大的阶段，第一大阶段，整体扩张阶段；第二大阶段，扩张和收缩并存阶段。

2.3.2 我国城镇形态变化的特征

我国自改革开放以来一直推行"城镇化"战略而不是"城市化"战略，这一叫法本身就是对"严格控制大城市规模、大力发展中小城镇"政策的注脚。但是，一项政策的实施并不必然能完全按照制定者预设的轨迹或达到预期的目标，有时甚至出现实际效果和政策初衷相去甚远的状况。对于我国城市形态演变特点和城镇化政策的反思恰恰有这种必要。在过去的四十余年中，

我国城、镇形态变化的特征，或者说和城、镇形态变化密切相关的特征，主要体现在以下四个方面：

（1）**城市数量波动性增加**。根据中国统计年鉴，1998 年至 2003 年，我国城市数量由 668 个下降至 660 个；2016 年底，城市数量降至 656 个；此后城市数量回升，2020 年城市数量达 687 个[①]。截至 2021 年 7 月，我国共有 691 座城市，包括 394 个县级市、293 个地级市和 4 个直辖市。

我国各省城市和地级市数量变化趋势不一。至 2004 年，沿海且经济社会发达的广东、江苏、浙江三省城市数量下降，尤其是广东省，城市数量从 1999 年的 54 个锐减到 2003 年的 44 个，主要原因是兼并，撤市设区。西部、西南的新疆、宁夏、甘肃、广西、四川、云南等省（自治区）的城市数量都略有增加。

2014 年起，西藏的地级市数量快速增长，由 2013 年的 1 个地级市持续增加到 2017 年的 6 个地级市。2005 年以后，广东的地级市数量增加了 3 个，海南、贵州、新疆的地级市数量增加了 2 个，青海的地级市数量增加了 1 个。

城市数量的增减和城市形态具有潜在的逻辑关联。城市数量减少，往往意味着城市的合并，而合并后的城市形态在空间范围上扩张了。城市数量增加，意味着有城镇升级为城市，城市等级提高时，其建设用地总量相应增加，在城市形态上也表现为扩张的趋势。

（2）**大城市持续扩张和分化**。大城市人口和用地持续扩张，形成了超大城市和特大城市。西安是我国西北地区规模最大、自然环境和生活居住条件最好的城市，也是西北地区产业和人口聚集及用地扩张最快的城市。西安的土地面积增量位列西北首位。据统计，西安人口由 1985 年的 553.11 万人增至 2021 年的 999.45 万人[②]，增长了 446.34 万人，西安市建成区面积由 1985 年的 129 平方公里扩大至 2021 年的 680 平方公里[③]，增加了 551 平方公里，且城市人口规模超过西北地区甘肃、宁夏、青海及新疆四个省会城市的总和。而在苏联规划专家指导下编制的《1953 年至 1972 年西安市城市总体规划》中规划市区人口近期为 100 万，远期为 120 万，用地规模远期为 131 平方公里。

（3）**县级市等级和形态发生突变**。2022 年，"七普"结果的分县数据报告显示，昆山、义乌、慈溪、晋江这四个县级市被明确列为"大城市"，和它们排名接近的有西宁、银川这样的省会（首府）城市。这四个县级市的跃升，显示了这些地区在过去数十年中的迅猛发展。例如昆山处于上海都市圈，和大城市有着便捷、密切的经济社会联系，大量人口集聚，目前有几十万人在昆山

---

① 住房城乡建设部：我国常住人口城镇化率达 63.89%，城市数量达 687 个 [EB/OL]. 光明网，https://m.gmw.cn/baijia/2021-08/31/1302526144.html，2021-08-31.

② 西安市统计局、国家统计局西安调查队．《西安统计年鉴 2022》4-1 主要年份人口数、人口密度和人口发展状况。

③ 中国城市规划设计研究院．中国主要城市公园评估报告 [R]. 2022.

居住、在上海上班（参见第 13 章），这使得昆山的城市发展至少通过通勤联系（不仅是这个联系）进入了大都市区化的发展进程，并在空间形态上形成了某种呼应（参见本章 2.6）。

（4）城市衰退和城市形态收缩。根据"六普"和"七普"数据，2010—2020 年间发生收缩的城市，主要集中在东北和中部地区。且东北老工业基地的城市收缩问题日趋严重，收缩城市逐步从县和县级市蔓延至百万规模的地级市。整个辽宁省除了沈阳、大连，其他城市如鞍山、营口、盘锦等人口都是负增长（参见第 5 章）。伴随着人口数量下降，是城市用地构成的变化和城市形态的萎缩。

2.3.3　城镇形态变化的成因

在人类历史上，饥荒、战争、气候、瘟疫、外部入侵等重大的社会历史事件都可能对城镇形态产生影响。除此之外，对于城镇形态从生长、到趋于稳定、再到收缩等城镇化阶段性过程现象背后的作用机制，可以通过一些更为稳定的社会影响因素进行经济、社会和环境的解释。

影响城镇形态的首要因素是土地和耕地政策。我国于 1986 年制定了《中华人民共和国土地管理法》，并历经 1988 年、2004 年、2019 年的 3 次修正和 1998 年的 1 次修订，土地管理的立法思想发生了重要变化：从以保护建设用地供给管理为主转变为以保护耕地为主；建设用地的利用方式从粗放利用转为集约利用。具体而言，就是严格控制新增建设用地，积极利用存量土地，切实提高城市建设用地利用效率。这必然对城镇形态产生重大影响，整体上制约了城市向外的形态扩张，而促使城市内部形态更为均衡。

影响城镇形态的重要因素是人口和功能的集聚。空间经济学的核心主线就是集聚，城市化的基本好处也是获得产业和人口聚集带来的规模效益，大城市在提供就业、收入、生活、公共服务等方面具有明显的优势，从而进一步吸引了人口的迁移。分散的乡村则不具备聚集效应，村村搞基础设施发展乡镇工业的成本太高。有条件的乡镇企业进入城市郊区的开发区、园区，不仅基础设施更便宜、健全、齐备，而且信息、人才、市场条件等也更优越。这也助推了城市的扩大和成长。

而城市人口数量的增加，推动城市边界不断向外围扩张，城市形态随之扩展。我国尽管一直限制大城市的人口流入，但是 1990—2000 年全国城区常住人口在 500 万人以上的特大城市（含超大城市），从 2 个增加到 16 个。2009—2014 年，全国 35 个一、二线城市的人口共增加 3778 万人，其中前 15 个大城市增加了 3010 万人，约占增加总数的 80%[①]。也就是说，大城市的人口

---

① 樊纲，郭方达. 中国城市化和特大城市问题再思考 [M]. 北京：中国经济出版社，2017.

和形态扩张更为快速。

城市形态一方面表现为外围边界的活跃，另一方面还表现为内部的调整分化。城市的各个组成部分因形成的历史时期、所处的经济发展水平、所持的政治理念或文化观念等因素差异，在地区物质空间形态和社会结构上会出现分异乃至断裂现象。此外，用地产权的分离、以邻为壑的功能分区法则、尺度巨大的开发项目或大型基础设施的介入，都会不同程度地导致城市内部形态和风貌的片段化或拼贴化，以及影响地区功能和结构的连续性、完整性。城市空间形态的层叠、断裂有其特定性和必要性，某种程度上是社会结构的"伸缩缝"，释放了社会生活中阶层之间产生的矛盾应力，且从后现代视角来看，其中潜藏了城市景观和社会风貌的混合多样性、时代记忆和历史印记等积极价值。

2.4 新城新区现象和扩张的城市形态

新城新区是城市空间拓展和形态扩张最为显著的表现，属于绝对的增量建设用地、增量空间和增量形态模式。城市空间形态上的突出变化无不是更深层次的城市发展理念的折射、多种社会空间现象的集中呈现，并将根本地影响到城市社会经济的发展质量。而现代城市规划意义上的新城新区首先得从英国开始。

2.4.1 英国的新城形态

英国的新城建设肇始于 19 世纪末艾比尼泽·霍华德（Ebenezer Howard）的田园城市理念，和田园城市运动密不可分，时间跨度直至 20 世纪 70 年代，社会影响在欧美及其他地区极其深远。田园城市有着明确的形态模式，并且忠实遵循了一个世纪以后好的规划的原则：步行尺度的定居地，现代的高密度标准，土地使用是经济的；开放的空间，维持自然的居住环境。田园城市在达到3.2 万人的规模极限后，在不远处开始建造另一座城市，依照这个建设模式，将形成一个完整的田园城市簇群，每座田园城市提供一系列的就业和服务，各个城市通过快速运输系统连接其他所有城市（霍华德称之为"市际铁路"），由此创造在大城市里所有的经济机会和社会机遇。这个多中心的景象被霍华德称为"社会城市"（图 2.3）。社会城市占地 6.6 万英亩（26.7 平方公里），总人口为 25 万人，相当于当时英国主要地方城镇的人口规模。[①]

1946—1950 年期间开始的"计划 1"新城大致如出一辙，从最初的霍华德方案中发展起来，按照邻里单位原则规划。20 世纪 60 年代中期的"计划 2"新城在概念上往往不同，普遍开始削弱对邻里单元的坚持，在规划设

① 黄怡. 从田园城市到可持续的明日社会城市——读 Peter Hall 和 Colin Ward 的《社会城市》[J]. 城市规划学刊，2009（4）：113–116.

计中更加有意识地针对私人汽车。20 世纪 60 年代后期建立的"计划 3"新城可以说是超级新城,用来承担比"计划 1"版本大得多的人口数量:典型的人口范围为 17 万 ~25 万。"计划 3"新城设计的典型特征是:尺度巨大,强硬的小汽车导向。伦敦的三座"计划 3"新城都远离伦敦:密尔顿凯恩斯(Milton Keynes)离伦敦 60 英里(97 公里),北安普敦(Northampton)70 英里(113 公里),彼得伯勒(Peterborough)80 英里(129 公里),意图让霍华德的原则适应战后英国的新现实。

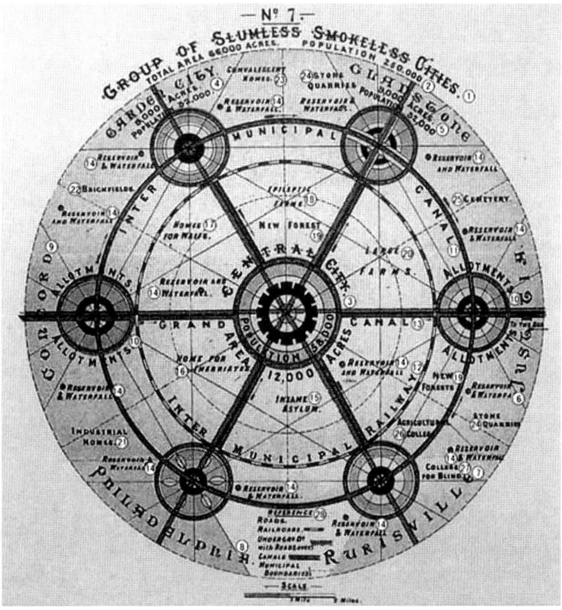

"计划 2"和"计划 3"新城的建设主要在 20 世纪 70 年代和 80 年代初期进行,但是 1977 年出现了一个重要的政策转折点,也有人认为它是战后英国规划历史的转折点,由于深层的、结构性原因导致的内城问题的存在,政府把资源从新城和扩张城镇的计划转到了城市更新重建上,《1978 年内城地区法》(Inner Urban Areas Act 1978)的颁布是这一转折的重要标志。实质上,到了 20 世纪 90 年代,新城在英国已正式成为历史。

图 2.3　霍华德的"社会城市"的结构
来源:霍华德,1898 年[1]

霍华德的社会城市理念,既是出于他所具有的强烈的社会理想,也是基于他对城市的认知,即城市的形态、结构是和特定的社会问题相关联的,社会城市正是要解决像伦敦这样的大城市的居住拥挤、环境恶劣的社会问题。相对于霍华德的田园城市而言,战后英国的新城比较大,越往后期的越大,并且基本上是独立的,没有形成社会城市簇群。唯一的例外是,伦敦北面 60 公里处莱奇沃斯(Letchworth)的第一座田园城市,和离伦敦更近的第二座田园城市韦林(Welwyn),以及后来的哈特菲尔德(Hatfield)和斯蒂夫尼奇(Stevenage)两座规划的新城,构成了霍华德的"社会城市"在今日的标志性范例。

2.4.2　20 世纪西方国家的新城新区形态

霍华德的田园城市理念也跨洋传播到了世界各地,首先是 20 世纪上半叶欧洲的德国以及新世界的美国。但是发达世界的新城新区情形不尽相同。欧洲的新城新区大多在老城外围建造,但总体上并未出现过度的扩张。20 世纪 50 年代,法国巴黎的德方斯新区开始建设,新区处于西北—东南走向的城市主中轴线上的西北端,在郊区一片僻静的无名高地上,新区的开发给这座古城的形态带来了强烈的现代气息,成为现代巴黎的象征和新巴黎的发展方向

---

[1]　E. Howard. To-morrow! A Peaceful path to Real Form[M]. London: Swan Sonnenschein, 1898: 131.

（图 2.4）。20 世纪 90 年代，两德统一后，柏林开始波茨坦广场的建设，波茨坦广场的现代高层形态展示了柏林的全球化形象（图 2.5），也充分显示了统一后的政权的政治抱负。

澳大利亚的堪培拉新城，是 1913 年联邦政府定都于此后从平地拔起的一座新城，现有人口约 40 万，是一个纯粹的政治中心（图 2.6）。1912 年，在来自澳洲各地、北美和欧洲的 130 多位建筑师和城市规划师参加的堪培拉规划设计国际比赛中，来自美国的建筑师格里芬（Walter B. Griffin）的方案胜出。格里芬尊重并利用原有的自然条件，规划了三条主轴线：第一条由南向北贯通群山，通过政府议会中心区；第二条为东西向，由黑山到格里芬湖；第三条是议会中心区通向中心的轴线。可以说，新城新区（尤其是首都城市的）往往从其形态上就毫不掩饰地展示了和社会政治的高度关联。

2.4.3　我国的新城新区形态

相对于国际上的新城新区，我国的新城新区建设更普遍，其规模、数量和速度堪称是发展中世界新城新区建设的典型代表。伴随着城乡一体化发展的步伐，自 20 世纪 90 年代起，我国各省市开始了一场规划建设新城新区的热潮。2017 年 2 月 4 日国务院印发的《全国国土规划纲要（2016—2030 年）》指出，2000—2015 年，全国城镇建成区面积增长了约 113%，远高于同期城镇人口 59% 的增幅。这些新城、新区在扩大城市规模、扩张城市形态的同时，在增强城市功能、改善城市住房条件、提升城镇化水平、缓解城市问题方面固然发挥了重要作用（表 2.6），但在相当程度上也是贪大求多的。

我国的新城新区在功能类型上主要包括产业新城新区、高铁新城、行政新城、居住新城等，在等级上分为国家级新区和省级新城新区。其他还有生态新城，例如天津中新生态园区，只是更注重和强调绿色低碳生态城市理念在城市新区规划建设中的应用。在这些新城新区的产生和扩张中，实际的人口数量并非最关键的因素，各级政府的强大意志才是实现新城形态变化的最强劲的驱动力量；新城新区规划则起到了空间引领的作用，这些规划包括城市总体规划、新区发展规划以及具体指导开发建设的详细规划等。其中，城市空间发展

图 2.4　法国首都巴黎德方斯新区（上）
来源：baike.baidu.com/pic/拉德芳斯

图 2.5　德国首都柏林波茨坦广场（中）
来源：Potsdamer Platz – belebtes Zentrum in Berlin | www.h-hotels.com

图 2.6　澳大利亚首都堪培拉新城（下）
来源：bunniktours.com.au

我国部分新城新区简况（截至 2023 年）　　　　　　　　　　　　　表 2.6

地区	新城新区名称	等级	城市功能性质	规划用地规模（平方公里）	规划人口规模
北京	通州新城	省级	功能完备的北京城市副中心。新城的主要职能是中心区功能疏解的重要承接地、世界城市新功能的重要承载区、宜业宜居的综合性新城市、世界一流水平的现代化国际新城，未来通州将成为北京发展新磁极、首都功能新载体	155	到 2035 年常住人口规模为 130 万人以内
北京	亦庄新城	省级	建设具有全球影响力的创新型产业集群和科技服务中心；首都东南部区域创新发展协同区；战略性新兴产业基地及制造业转型升级示范区；宜业宜居绿色城区	225	2035 年约 89.2 万人
天津	天津滨海新区	国家级	依托京津冀、服务环渤海、辐射"三北"、面向东北亚，努力建设成为我国北方对外开放的门户、高水平的现代制造业和研发转化基地、北方国际航运中心和国际物流中心，逐步成为经济繁荣、社会和谐、环境优美的宜居生态型新城区	510	290 万
河北	雄安新区	国家级	雄安新区作为北京非首都功能疏解集中承载地，要建设成为高水平社会主义现代化城市、京津冀世界级城市群的重要一极、现代化经济体系的新引擎、推动高质量发展的全国样板	530	2035 远期规划人口为 200 万至 250 万
上海	浦东新区	国家级	全国第一个国家级新区，功能集聚、要素齐全、设施先进的现代化新城	1210	2022 年末常住人口为 578.20 万人，已超出 2035 年常住人口调控目标 558 万人
上海	松江新城	省级	沪杭廊道上的节点城市，以科教和创新为动力，以服务经济、战略性新兴产业和文化创意产业为支撑的现代化宜居城市，具有上海历史文化底蕴和自然山水特色的休闲旅游度假胜地和区域高等教育基地	158.4	2035 年规划人口约 110 万人
上海	嘉定新城	省级	沪宁廊道上的节点城市，以汽车研发及制造为主导产业，具有独特人文魅力、科技创新力、辐射服务长三角的现代化生态园林城市	159.5	2035 年规划人口约 70 万人
上海	青浦新城	省级	沪湖廊道上的节点城市，以创新研发、商务贸易、旅游休闲功能为支撑，具有江南历史文化底蕴的生态型水乡都市和现代化湖滨城市	91.1	2035 年规划人口约 65 万人
上海	临港新城	省级	滨江沿海发展廊道上的节点城市，以新型贸易、跨境金融、总部经济、航运服务、先进制造为支撑，扩大开放优势、强化创新策源功能、集聚海内外人才、激发多元文化魅力，建设成为开放创新高地、离岸在岸业务枢纽和宜居宜业城市	343.3	2035 年规划人口约 65 万人
上海	奉贤新城	省级	滨江沿海发展廊道上的节点城市，杭州湾北岸辐射服务长三角的综合性服务型核心城市，具有独特生态禀赋、科技创新能力的智慧、宜居、低碳、健康城市	67.9	2035 年规划人口约 75 万人
江苏	苏州国家高新技术产业开发区	国家级	高新技术产业基地，金融商贸区	258	2021 年末总人口（户籍和流动人口）约 110 万人

地区	新城新区名称	等级	城市功能性质	规划用地规模（平方公里）	规划人口规模
江苏	南京滨江新城	市级	苏皖沿江城镇节点，滨江生态工业新城，江宁西部片区中心	68.73	2030 年人口约 30 万
浙江	杭州钱江新城	市级	浙江省金融总部中心及长三角南翼区域中心城市的中央商务区和区域金融中心。杭州政治、经济、文化中心	21	30 万
	宁波镇海新城	市级	宁波中心城区副中心，宁波中心城区北部商贸商务中心、具有江南人文自然特征的现代居住区以及"科教兴市"的重要基地	46	40 万
福建	福州滨海新城	市级	按照当好带动全省经济社会发展排头兵和"创新高地、开放门户、宜业家园、生态绿城"的发展定位，把滨海新城建设成为引领福州发展的新龙头和现代化国际城市的新标志	188，其中核心区面积 86	130 万
山东	青岛西海岸新区	国家级	海洋科技自主创新领航区、深远海开发战略保障基地、军民融合创新示范区、海洋经济国际合作先导区、陆海统筹发展试验区	陆域约 2096，海域约 5000	—
河南	郑东新区	市级	"五区一中心"，即现代复合型城区、综合改革核心实验区、对外开放示范区、环境优美宜居区、河南乃至全国内陆地区加快发展和改革创新的新试验区、区域经济社会发展服务中心	370	150 万
湖南	湘江新区	国家级	高端制造研发转化基地和创新创意产业聚集区，产城融合、城乡一体的新型城镇化示范区，全国"两型"社会建设引领区，长江经济带内陆开放高地	490	400 万
广东	横琴新区	国家级	横琴粤澳深度合作区，"粤港澳"合作新模式的示范区	106.46	—
	广州珠江新城	市级	广州 21 世纪中央商务区，将发展成为集国际金融、贸易、商业、文娱、外事、行政和居住为城市一级功能设施区，推动国际文化交流与合作的基地	6.5	18 万
重庆	两江新区	国家级	在国家战略层面成为统筹城乡综合配套改革试验的先行区，内陆重要的先进制造业和现代服务业基地，长江上游地区的金融中心和创新中心，内陆地区对外开放的重要门户，科学发展的示范窗口	550	2021 年 329 万
四川	四川天府新区	国家级	以现代制造业为主、高端服务业集聚、宜业宜商宜居的国际化现代新城区。定位内涵为：构建西部地区的核心增长极与科技创新高地、西部科学发展的先导区、西部内陆开放的重要门户、城乡一体化发展示范区、具有国际竞争力的现代产业高地、国家科技创新和产业化基地以及国际化现代新城区	1578	2030 年规划人口为 500 万
	成都东部新区	省级	成都"一心两翼"的功能新区、全市经济社会发展"第二主战场"、成渝城市群协调发展新兴增长极。规划定位为"国家向西向南开放的国际门户、成渝相向发展的新兴极核、引领新经济发展的产业新城、彰显天府文化的东部家园"，重点培育实体经济，形成新动能	729	2035 年，规划总人口 385 万
贵州	贵安新区	国家级	建设成为西部地区重要的经济增长极、内陆开放型经济示范区以及生态文明示范区。形成以航空航天为代表的特色装备制造业基地、重要的资源深加工基地、区域性商贸物流中心和科技创新中心	260	230 万

地区	新城新区 名称	等级	城市功能性质	规划用地规模 （平方公里）	规划人口规模
陕西	西安西咸 新区	国家级	引领内陆型经济开发开放战略高地建设的国家级新区；西安国际化大都市的主城功能新区和生态田园新城；彰显历史文明、推动国际文化交流的历史文化基地；统筹科技资源的新兴产业集聚区；城乡统筹发展的一体化建设示范区	360	2030 年人口 约 272 万
甘肃	兰州新区	国家级	加强先进制造业与现代服务业的融合发展，打造宜业宜居宜游的现代化产业新城，成为向西开放的战略平台、国家重要先进制造业产业基地、西部现代服务业基地以及产业承接转移和循环经济示范区	246	100 万

来源：作者根据相关资料整理

战略规划是对新城新区的区位、定位、功能分区等进行整体规划，以便地方政府努力把新城新区建设成为引领城市发展的新增长极。

2.4.4 产业新城新区

产业新城新区是以产业发展为主导目标。20 世纪 90 年代初开始建设的苏州国家高新技术产业开发区是我国首批国家级高新区，是苏州古城保护和发展相结合的结果，也是我国最成功的产业新区之一。21 世纪初开始规划建设的有西部地区的成都东部新区、中部地区的郑州郑东新区和东部地区的宁波前湾新区。浙江省级新区表现突出，有杭州钱塘新区（2021 年已经区划调整升级为钱塘区）、宁波前湾新区、绍兴滨海新区、湖州南太湖新区、金华金义新区和台州的台州湾新区等省级新区。

然而，我国各地新城新区的发展历程表明，新城新区普遍存在战略不清、定位不高、产业不强、建设不快等问题，导致它们中的很多难以形成城市的发展增长极。一个城市，通过规划扩张形态，拉开格局、摆开架势，虽然在一定程度上会增强各方（尤其是地方官员）的信心，然而产业新城新区若是没有主导产业、支柱产业支撑，单纯依靠地产开发、形态扩张，则新城发展愿望基本会落空。此外，一些新城产业单一（只有房地产），加上不配套的相关服务、设施和就业机会不足，造成了大部分的问题，一些新城长期处于"空城""睡城"状态，缺乏活力。新城建设一定要按照生态保护和产业发展的要求，综合协调、统筹考虑，提高土地利用效率。

2.4.5 行政新城

行政新城有不同层级，最高等级的行政新城是国家首都。巴西的首都巴西利亚、印度旁遮普邦的首府昌迪加尔都是典型的行政新城（图 2.7、图 2.8），

是强大的政治意愿的产物，并在著名建筑师的支持下①，形成了世界城市发展史中的特别案例，然而巨大的形态尺度及其带来的社会问题却饱受诟病。

行政中心的迁移常常被期待作为引导人口向新城转移的指挥棒。根据国家战略重点布局，通州新城作为北京城市副中心，雄安新区作为河北省管辖的国家级新区，两者构成了京津冀"一核两翼"的两翼，都将集中承接北京非首都功能疏解。雄安新区包括保定市下辖的雄县、容城县、安新县三县及周边部分区域，雄安新区的规划建设改变了区域的空间形态和相互关系，对京津冀地区城市发展产生了巨大影响。雄安新区以城市轨道交通为主的综合交通系统，实现了雄安新区、北京新机场、临空经济区、北京城市副中心以及京、津、廊、保之间快速通达，形成了京津冀核心区域1小时交通圈和区域内部通勤交通网。到2022年底，启动区主要基础设施已基本建成，城区雏形初步显现；起步区重大基础设施全面建设，三个层面片区开发建设同步推进，新区城市框架全面拉开。

省级新城的建设扩张往往会遭遇一些现实的制约。以福州市滨海新城为例，福州市空间发展战略规划形成"两城市、两片区、三新镇"的城市空间形态布局。其中，两城市为福州中心城区和福清市，福州中心城区包括福州市区和滨海新城，滨海新城是中心城区的副中心。城市发展从历史中轴线"东进南下"，形成至滨海新城的发展新轴线，并期望实现从"三山两塔一条江"的滨江城市向"七山两江一面海"的滨江、滨海城市的战略性跨越。但是在人口数量下降的大背景下，这种战略性跨越能否成功还是问题。

县城层级的行政新城建设扩张也在进行，拉大框架，扩大建设基础设施、公共设施等。以安徽省金寨县城关镇梅山镇为例，2019年末，全镇户籍人口12万人以上，其中农业人口6万多人，城镇人口5万多人。随着乡镇行政区划调整，新梅山镇政府驻梅山镇梅山城区，金寨县政府驻梅山镇江店城区。

图2.7 巴西首都巴西利亚鸟瞰（左）

来源：aerial-view-brasilia-brazil-capital-city-landscape-distrito-federal-president-2.jpglwww.wallup.net

图2.8 印度旁遮普邦首府昌迪加尔行政综合体（右）

来源：Capitol Complex, Chandigarh - Larry Speck

---

① 1956年巴西利亚的城市总体规划采用了巴西名建筑师卢西奥·科斯塔（L.Costa）的方案，行政中心的建筑设计由奥斯卡·尼迈耶（Oscar Niemeyer）完成；昌迪加尔1951年由法国现代建筑大师勒·柯布西埃负责总体规划并完成了行政中心的建筑设计。

江店新城是一个县级行政新城。根据金寨城市总体规划，老城区组团主要向东北发展，通过规划引领，开拓东部新城，以东部新城作为金寨未来发展的重要区域，并以打造金寨产业新高地、城市新中心为总目标。新城区建设全面铺开，路网、住房、基本公共服务设施已相对完备，县城建成区面积扩大到15平方公里[①]。2014年，为了引导人口从老城镇向江店新城区迁移，县政府及主要行政机关、县级公共服务设施大都迁至东部新城，使得原本便捷的老城区行政、文化、商贸等综合服务功能迅速下降。为了城市扩张，运用行政的手段搬迁教育、医疗卫生设施，也是政府意志驱动新城发展的典型做法，却造成了新区、老城发展的失衡。

2.4.6 高铁新城新区

高铁新城新区依赖高铁而存在，国外有高铁地区，例如法国里尔高铁地区，但是很难说是纯粹的新区，并且规模相对有限，因此高铁新城新区更多是在中国语境下的现象和产物。

近20年我国高铁发展迅速，已经形成四纵四横的全国高铁网络。高铁新城（或枢纽新城、枢纽新区）是高铁建设契机的产物，大都位于高铁沿线。由于很多城市的高铁站距离主城区较远，几公里至数十公里不等，高铁站周边以及车站和主城区之间的地区成为这些城市扩张的首选。据不完全统计，我国已经开始或将要规划、建设的高铁新城新区有70余座。其中，京沪线、京哈线上建设的密度最大，包括济南"枢纽新城"（高铁济南西客站地区）、宿州东部高铁新区、锡东新城、德州高铁新区、南京高铁新城、湖北大悟县临站商务区、长沙高铁新城、长春市西部新城、苏州城际站等。

大城市建设高铁新城新区，既能分流老城区的人口，又能集聚各类产能、商贸和物流等，成为城市新的增长极，从而带动区域能级的提升。2006年随着京沪高速铁路立项，苏州规划了高铁新站；2011年，京沪高铁开通，苏州高铁新城提出了"一年成势、三年成形、八年成城"的"138"开发战略，即首先基本完成启动区4.7平方公里内的路网及环境为重点的基础设施建设，然后用3年时间，拉开新城建设的框架态势，充分展示"新枢纽、新功能、新城市"形象。用8年及以上时间，将28.52平方公里的苏州高铁新城打造成为具有较强区域竞争力的现代化国际商务中心、长三角现代主体交通枢纽，成为京沪线现代服务业集聚和苏州城市经济活力新载体。

但对于中小城市尤其是中西部地区的中小城市而言，它们受制于资源禀赋、产业结构及发展水平，加上地方财力紧张，建设高铁新城有利有弊，甚至

[①] 梅山镇 [EB/OL]. http://www.ahjinzhai.gov.cn/zjjz/xzqh/8620261.html. 2021-01-20；黄怡，等. 安徽省金寨县梅山镇老城区控制性详细规划 [R]. 2014—2015.

弊大于利。虽然高铁新城的定位往往是城市商贸中心、城市副中心，但实际上多数形成了居住功能为主的房地产楼盘。高铁并没有给很多中小城市带来太多的增量客流，本地人也没有往高铁新城搬迁的居住需求，许多高铁新城新区结果沦为"空城"。城市形态扩张是徒劳无功，且浪费了土地资源和建设投资。

2.4.7　大学城

大学城（university town 或 college town）是指一种因高等教育而形成的居民点城镇。大学可能是城镇中最大的雇主，许多当地居民受雇于大学，许多企业主要为大学服务，而外来的学生人数一般都超过当地的居民人数。大学城形成于欧洲，较早出现在英美等一些高等教育发达的国家。一些大学城不仅是教育和文化中心，有时也会因为其巨大的社会和文化影响力而成为政治中心。

大学城的生成方式初始都有主动构建的意味，只是有些已经历了较长时期甚至几个世纪的自然发展演化（例如德国的海德堡、哥根廷和柏林洪堡，英国的牛津和剑桥，比利时的鲁汶、瑞典的乌普萨拉等），而有些主要是 20 世纪中期后形成，随着"二战"后的科技竞争加剧，政府干预的力度更大，往往由国家、地方政府、高等院校和企业等多方合作共同构建。例如日本的筑波大学城。

大学城的形态规模和大学数量有关。如果大学城仅有一所大型的综合性大学，这种大学城规模相对较小，类似于大学镇，例如牛津、剑桥、鲁汶，以及德国的图宾根等。如果有一所以上的综合性大学，或是集聚了若干数量的院校，则可能形成综合性的大学城，使得大学周边地区或大学校园本身成为具有规模的城镇。波士顿大都会区同时拥有哈佛大学和麻省理工以及其他 30 多所大学，是一座名副其实的大学城。一些大城市虽然拥有多所大学，但由于城市功能综合，也不会被称为大学城。

大学城的区位选择、环境背景、功能定位、布局安排以及规划设计等决定了其自身的空间形态；反过来讲，从大学城自身的形态及其和周边城市城镇的形态关系，也可以反推出大学城在区域社会经济发展中的角色影响和发展潜力。

在我国，作为新城类型的大学城，主要出现在 20 世纪 90 年代初期全国第二次院校调整之后，高等院校实行"聚合"，独立大学规模扩大，多校区大学进一步发展，大学及其校园在空间上进一步集中，形成以大学人口为主的社区，高等院校的城市化、区域化趋势日益明显，例如上海的松江大学城、奉贤大学城，苏州金鸡湖大学城等。我国的大学城基本属于规划建设型，不少大学城的高校属于市区大学的分校，从时间维度上看，建成时间短，从建成至今最多不过十年时间；在空间维度上，大多区位偏僻，和主城区缺少联系；在社会维度上看，明显缺乏城市功能，资源的利用率和共享度不足，社会化程度不高，且缺少城市历史积淀。例如，广西有多个大学城，本来学生数量就有限，加之四处分散，大学城的效能极其有限。

一些大学城则立足于其所在区域现有的高新技术开发条件，将高等教育和高新技术产业和企业相结合，从而促进高等教育的社会功能的发挥，有些还建立了科技成果"孵化"基地，发展高科技产业和地区经济发展。例如南京仙林大学城、深圳大学城、珠海大学园区等。

大学城作为新城的"新"具有相对性，经过逐步的发展，当城区的城市功能日趋齐全，则可能形成以一所或若干所大学为核心的具有特定整体功能和环境特征的城市社区。

2.4.8 综合新城新区

很多新城新区规划建设的目标不是功能单一的产业项目聚集地，例如上海的五座新城、昆明的呈贡新城等都属于综合新城。2003 年 5 月，根据"一湖四环""一湖四片"的现代新昆明的战略构想，呈贡县的龙城镇、洛羊镇、斗南镇、吴家营乡、大渔乡的 160 平方公里的区域被确定为现代新昆明的东城区，后称为呈贡新城，2006 年 9 月后改称呈贡新区。呈贡新区包括大学城片区（远期规划师生近 35 万人）、新的政府中心、新兴的轻工业区、高铁车站，以及连接具有历史意义的市中心的两条地铁线路，新区规划控制面积 160 平方公里，城市建设用地 107 平方公里，规划 150 万人口。截至 2020 年"七普"，呈贡区（包括呈贡新区）常住人口近 65 万。

2.4.9 新城新区类型和形态的社会时空分析

就特定的城市和城镇而言，其形态的最显著变化莫过于出现了新城新区。新城新区的形态形成就其过程、背景来说具有鲜明的特征，并且新城新区成功与否也可以依据形态获得社会学的解释。

（1）新城新区的形态形成特征

在我国，新城新区的形态形成具有以下三个鲜明的特征：

1）开发受现状制约少，由于集中建设，得以短时期内快速形成，很多时候通常不会超过几年，因为和地方政府官员的任期内政绩有关。我国计划在未来 20 年内把 2.5 亿农村人口搬迁到城市，这一巨大而前所未有的需求成为各地新城新区建设的利好刺激。

2）城镇形态按照规划方案实施的程度高，建成环境具有明显的同质性，不具有自然缓慢形成的那种复杂性、混合性和多样性。

具体形态表现在，新城的空间尺度过大，形态单一，布局雷同。主要原因是大多采用了住宅开发的单一的房地产投资模式，造成大量闲置的高层住宅和购物中心。大多数地产开发项目往往都坐落在超大街区，形成拥有大量高层建筑的超大型花园式封闭社区。一些房地产的住宅规模超过了5000套，这种大型的城市开发模式使得人们孤立于城市环境。在这些新城中，道路交叉口之间的距离都在400~1000米之间，街道通常有8条车道，缺少人性尺度，在这些区域步行和骑自行车是困难和危险的。在新建的超大社区，或者是家用小汽车使用量成倍增长，或者是车辆稀少，道路设施浪费。

3）形态的生成并不一定是实际发展需求的结果，而更可能是按照决策者主观需求和经验认知，依靠规划师视野见识和专业技能，以及取决于政策制度、市场资本、个体消费等众多因素介入的结果。

由于我国的税收、投资和开发政策，土地出让开发是各个城市的主要收入来源之一，因而地方政府对城市和开发商提供了不完善的财政刺激措施。干部任期制度使得城市的长期发展极可能成为地方官员次要的考虑事项。此外，有着高储蓄率的普通市民往往倾向于选择购买房产作为投资和家庭备用住房。在社会整体预期良好的情况下，新城新区的规划、投资、建设是各方合力、相互激励支持的过程，城市的形态扩张是实实在在的物质呈现，所谓"一年一个样，三年大变样"，要的是可视化的、可触及的城市实力。可以说，城市形态扩张是最有说服力的城市发展，是真金白银、真材实料打造出来的。关键是，城市形态要和城市的社会经济结构相一致，是真实而不是虚假的结构的反映。

（2）新城新区的社会时空分析框架

而新城新区的成功与否，不必定要进入后期的建设、运行、管理才能定论，从城市、城镇的形态本身着手，也可获得前瞻的分析预判，或后顾的解释验证。

城镇空间形态的表征和测度指标可以作为参数，包括规模尺度、紧凑度、离散度、连接度、形状模式等。这些指标可以转换成更具体的规划术语或变量进行分析。时间向度是另一个极其重要的变量，不仅在考虑投资回报时用到，而是在新城规划建设之初也必须纳入。时间是相对于生命的活动而言的，有了产业、居住等社会活动，时间才被赋予意义。

1）"空间先于时间"和"空间后于时间"

如果新城是在几乎空白的基地上（包括完成村庄拆迁的）建立起来的，即物质空间形成了，建成环境有了，但是人和活动在后面引入，这种可以称之为"空间先于时间"的新城新区。这些新城新区后续的建设发展很可能将经历长短不等的艰难时期。例如鄂尔多斯康巴什新区，从2009年启动办公功能，截至2021年底，康巴什区人口达12.04万人，住宅入住率达到91%。这里曾被国外媒体贴上"鬼城"的标签。类似的还有兰州新区、贵安新区、郑州绿博、昆明呈贡等，这些新区都距离主城远在25公里之外。如果换一种解读，这类新城新区的真正问题是，新城的形态生成过于快速，且尺度过大，以至于和原先的城市社会有机体缺少适配，也就是空间和社会分离了、割裂了。这里需要经济学的分析。新城从空间上建成，到最终会住满人，需耗时多久；对住房的长期需求和房价、住房购买力之间的匹配需要多长时间。这些都使得衡量新城新区建设是否明智决策变得复杂而艰难。

如果新城新区的建设是在一定的建成环境基础上，可以称之为"空间后于时间"的新城新区，也就是原先已有一定的生产生活或其他活动，然后用地被划入新城新区的范围，这些新城新区在空间形态上也许不那么纯粹，但是已有的功能空间会成为新城新区后续发展的活力之源。例如广州大学城一期在小谷围岛上，岛上尚保留有数个自然村，村里也有流动小摊或小贩的小型集市。各个村由于有大学在旁边，日渐繁华。如南亭村有广东工业大学和广州美术学院包围，贝岗村在中山大学和广东外语外贸大学的中间，穗石村靠近华南理工大学，形成极为繁华的商业，从各方面支持了高校师生特别是学生的生活。大学城和周边社区在空间形态上有关联，高校社区和周边社区有接触，则对双方都是有利的，有可能形成相互融合的文化整体。

2）空间形态和社会—时间维度的错位

一些城市盲目规划，造成新城扩张；一些新城的建设摊子铺得过大，规模尺度过大，土地占用、生态资源过度消费、环境保护、资金压力等一系列问题跟随而至，越来越多的农田被征用为建设用地，越来越多的地方政府成为承担巨额债务的债务人，经济和环境问题不断加剧。被称为"鬼城"的新城，无一例外是"大而无当"，这是由于经济过快增长、头脑发热而产生的危险的过剩物。一些为加快建设进度，甚至出现大量的违法建设。新城新区在空间形态上出现的普遍问题，也带来了潜在的社会和环境风险。

不是所有城市都需要新城新区。超大特大城市人口、产业总量大，需要适当疏解，建设新城新区是可行的；对于中小城市，总量有限的情况下，很可能造成新城和老城空间分离、职住分离，有的是新城产业区、老城生活区，有的是新城居住区、公共设施在老城区，还有的公共服务设施迁到新城区、主要人口在老城区，都是人为造成了城市生产生活的分离、人口集聚力相对减弱，以及新老城市功能不衔接。在区域尺度，新城建设同质化现象严重，容易引发城与城之间的相互竞争，造成"内耗"。"千城一面、百镇同业"等违背城市建设发展规律、脱离需求发展的盲目性，实际造成了社会整体资源的浪费。

此外，城市有其内在运作规律，目前大多数新城的规划注重了空间形态，但是并没有对社会—时间维度——人们在新城里怎样方便地生活——进行充分的考虑，导致大部分新城对于城市密度产生了误解——为了区别于拥挤的旧城，新区大都采取了低密度开发模式，产生了尺度巨大的蔓延的城市形态，导致基于人的步行尺度的城市生活空间被以小汽车为尺度的空间代替。而现实是，新城在初期能够吸引的人口不太可能是以小汽车为主要出行工具的人口，而往往是对中心城区房价较敏感的中等收入阶层家庭，或是动迁的家庭，以及产业工人等。新城新区在规划建设上存在的空间和社会—时间维度的错位，将直接导致新城新区的吸引力缺乏，进而长期无法集聚各类活动，通俗地讲，就是没有人气。总之，各类新城新区有其自身的功能定位和特征，在社会时空维度也有其需要特别关注的问题。

不仅如此，新城新区建设未能综合考量当地的环境承载能力，未能系统地考虑城市形态（建成环境要素）对建筑能耗、出行碳排放等方面的影响，改变建筑空间布局和开发强度可以影响建筑能耗，而改变路网设计和土地混合利用程度可以影响出行能耗。建成环境一旦形成后改变难度较大。

2.5　小城镇的形态变迁

小城镇类型众多，其空间形态变迁的特征也不一样。在快速城镇化时期，产业发展不断向市域城镇倾斜，形态变化最大的是大城市周边的小城镇。例如长三角地区的城镇建设用地增量巨大，苏南的周市镇、张浦镇、千灯镇等区域大部分用地已成片连绵，形成蔓延之势。这些城镇在规模大小（人口、用地）、地貌地物（水网）、平面形态（形状、方向、肌理）、空间形态（高度、密度）以及功能方面变化最剧烈。

2.5.1　大城市周边的小城镇

大城市周边的小城镇发展相对较好，因为可以享受大城市的溢出效应。考察我国的超大城市上海市域的小城镇形态变化，可以观察到一种独特的城镇化混合现象，即在小城镇范围内，市、区级公共设施和村镇级设施在用地和空间上存在着奇特的并置。这些小城镇在社会形态上有外来人口的明显集聚，在空间形态上有扩张，并和大城市的空间形态关系主要形成下述几种模式状态：

（1）独立且扩张。一些历史较长的小城镇，已被列入国家级或省级保护名单，且远离大城市的中心城区，因而得以保持了较为独立的地位。例如上海西南远郊的枫泾古镇，是中国历史文化名镇，也是上海地区现存规模较大保存完好的水乡古镇。由于古镇保护的制约，城镇新的发展只能通过扩张建设用地实现，工业用地增长迅速。有些还会通过行政区划调整以扩大城镇，以充分利用古镇的名声和吸引力，最大化地发挥古镇效应。例如，目前的枫泾镇是2005年3月撤销枫泾镇和兴塔镇后新设立的，换言之，原来的枫泾镇扩张兼并了兴塔镇。这类城镇的形态是独立且扩张的，浦东新区的新场（古）镇亦属此类。

（2）被包围。城镇虽然保留了镇的建制，但是辖区空间被大城市地区全包围，成为"城中镇"。例如上海浦东新区的高桥镇，不但高桥古镇已经被周边城市化地区全包围，高桥镇也被外高桥港区、保税区等城市产业用地包围。

（3）相融合。城镇虽然保留了镇的建制，但是由于大多位于大城市近郊区，甚至就在中心城区，辖区范围内大部分或全部空间已经高度城市化，和城市融合发展，有些尚留下少量的乡村用地，嵌落在镇域范围内。例如上海浦东新区的高行镇。而上海普陀区的长征镇属于区辖镇，是完全融合于大都市的镇。

（4）被完全吸收。确切地说是消失的小城镇，已经撤销镇建制，改设街道办事处。有些仍保留了名称，例如上海普陀区的真如镇街道；有的则名称也没有了，例如原杨浦区的区辖镇五角场镇已改为长海路街道。

上述对于大城市周边小城镇状态类型的划分，是在当前同一时间横截面上的划分，对特定的城镇来说，这几种类型状态更可能是其正在、或已经、或将要经历的不同发展阶段。

对那些历史较长的小城镇来说，在快速发展和深度城市化的同时，如何保持、保护它们的形态特色是个重要的问题。因为城镇形态本身就是历史内容的体现、历史价值的凝结，失去了古老的、传统的城镇形态，就有名无实了，而不管镇的建制是否保留。上海市域仍有为数不少这样的城镇，例如浦东的下沙古镇、横沔老镇，都曾是富有产业特色（下沙盐场）和江南水乡特色的集镇，古镇、老镇形态的保留是它们头等重要的发展之计，甚至可以说，局部空间形态的不发展，恰恰符合整体社会经济文化的发展目标。

对于大城市周边的一般城镇来说，即便是新中国成立后建立起来的，其形态风貌也都具有一定的历史价值，仍然值得在发展中予以充分的保留考虑。

2.5.2 特色小镇

广义的特色小镇指的是自然生长形成且迄今仍然保持着生命力的一些传统小镇。狭义的特色小镇则是得到指定且经历集中的形态塑造和形态扩张的一类城镇。上海的"一城九镇"可以算是改革开放后较早的特色城镇试点。2000年，上海推出了雄心勃勃的"十五"城市建设计划，在主城区的周边，每个区建设一个新镇示范区，它们具有不同的产业定位，分别是临港（深水）、安亭（汽车）、浦江、高桥（港口）、枫泾（商贸）、奉城、罗店、陈家镇、朱家角镇（旅游）九个新镇，合称"一城（松江新城）九镇"（后又改为"三城六镇"）。

按照上海市政府《关于上海市促进城镇发展的试点意见》（2001），"综合考虑城镇的功能定位、城郊特点、产业特色、地貌特征、历史文脉等因素，借鉴国外特色风貌城镇建设的经验，引进国内外不同城市和地区的建筑风格"的要求，"一城九镇"计划是高度关注城镇形态，甚至可以说是从城镇形态规划着眼着手的。例如：松江新城建成英国风格的新城；安亭镇建成德国式小城；浦江镇以意大利式建筑为特色，结合美国城镇风格；高桥镇建成荷兰式现代化城镇，融入法国和澳大利亚风情；朱家角镇既凸显本土水乡古镇风貌，又有现代城镇的格调；奉城镇建成西班牙风格小城；罗店、枫泾、周浦、陈家镇建成欧美特色的小城。当然风格既包括了建筑形态，也包括了城镇空间形态。

然而在"一城九镇"里，除了松江的泰晤士小镇靠近城区外，大部分新镇区位偏远，缺少产业和就业机会，日常生活几乎不能进行。疏导市中心区人口到郊区去居住的目标没有实现，当地农民又因为新镇房产价格高不肯购买而没有迁入。入住率不足让已开张的商店纷纷倒闭，也让少数居住者生活愈发不便。因此加速了年轻人的搬离，留居在新镇里的多是退休老人。也就是说，对新建的特色小镇来说，形态并不能单独决定其发展命运，而必须和区位、产业、交通等密切配合。当然，上海有其大都市潜在优势，经过近20年的发展，安亭新镇等已逐步形成了一定的人口集聚，然而新镇早期导入的一部分人口和本地职住关联并不显著，其后才是上海国际汽车城产业人口、同济大学嘉定校区导入的教职工和学生等。

一些城镇通过发展特色产业来确立城市的定位和形象。2016年由住房和城乡建设部、国家发展和改革委员会及财政部在全国力推"特色小镇"建设，2016年第一批有127个国家级特色小镇，2017年第二批有276个国家级特色小镇。特色小镇计划主要强调产业上坚持特色产业、旅游产业，形态上具备独特的风格、风貌、风尚和风情，机制上是以政府为主导、以企业为主体、社会共同参与的模式。但是对于原先产业特色不强甚至根本没有实际产业的小镇，单纯进行房地产开发、依赖崭新建设打造的形态而发展成功的概率微乎其微，因为如若缺少历史积累、缺少时间积淀的物质空间形态存量，新的规划建设的空间形态增量是可以复制的，其现时的价值效用极低。三部委联合推动培育的许多特色小镇，终因人为干预过多，徒有虚名，开发失败。

成功的特色小镇一定是有特色的空间形态，加上对消费者潜在需求的激发和充分满足来实现的。天津武清的佛罗伦萨小镇——京津名品奥特莱斯，2011年6月开业，是国内首座意大利风格的大型高端名品折扣中心和休闲文化中心，占地面积约18公顷，建筑面积7万平方米。随着京津城际铁路开通形成的半小时工作生活圈，高铁武清站对面的佛罗伦萨小镇越来越引人瞩目，由此带来客流变化，使武清站由日均旅客发送量从最初的366人猛增至现在的1万余人，增幅高达28倍。"生活在武清，工作在京津；家住在京津，休闲购物到武清"，已经成为许多人每天甚至节假日出行的新常态。独特的空间形态、功能和交通区位使其成为名副其实的特色新镇。

2.6 中小城市的形态变迁

中小城市扩张现象比较突出的是我国的县级城市。根据我国"七普"结果的分县数据报告，昆山、义乌、慈溪、晋江四个县级市，已实现从"县城"

到"Ⅱ型大城市"的跃迁。当然这四个城市有其自身特定的发展背景和影响条件，表 2.7 简要列出了各自的人口、产业简况，而人口和产业正是城市形态变迁的主要驱动因素。

四个县级大城市的人口及主要特征　　　　　　　　　表 2.7

城市	人口	主要特征因素
昆山[①]	常住人口 2092496 人（截至 2020 年 11 月 1 日零时）	上海经济圈中重要的新兴工商城市。昆山开发区创建于 1984 年，1991 年成为省级经济技术开发区，1992 年 8 月成为国家级经济技术开发区
义乌[②]	常住人口 186 万人（2021 年）	1988 年撤县建市。全国首个县级国家级国际贸易综合改革试验区
慈溪[③]	常住人口 185.86 万人，户籍人口 106.50 万人，其中市级 162.22 万人（2021 年末）	被称为"家电之都"，和青岛、顺德并称中国三大家电生产基地
晋江[④]	户籍人口 117.6 万，外来人口 103 万人，侨胞和港澳台同胞 300 多万	1992 年撤县设市；县域经济基本竞争力位居全国第四，城市投资潜力、营商环境位居全国县域第二

来源：作者根据相关资料整理

2.6.1　大城市辐射下的中小城市扩张

中小城市在周边强大的城市虹吸或城市辐射条件下形态可能发生巨大的变化，在新经济地理关于大城市附近的小城市是受"集聚阴影"效应（agglomeration shadow effect）还是"借用规模"效应（borrowed size effect）影响的争议中，昆山作为一个突出的例子验证了后者。昆山市是苏州市下属的县级市，也是江苏 3 个试点省直管县级市之一。昆山市地处长三角中间位置，区域格局上呈现为连绵的平原水网的空间地理特征，人口稠密、市镇密度大、城市化程度较高的空间社会特征。

改革开放以来，昆山的区位优势和政策优势明显。作为长三角城市间高速公路和高铁的重要换乘、中转站，昆山的一小时经济圈内有上海、杭州、苏州、无锡、绍兴、南通等城市，两小时经济圈内有南京、金华、宁波以及安徽部分城市。昆山市在经济迅猛发展、人口快速增长、城市空间形态超常规扩张方面形成了联动态势。

昆山的空间扩张主要表现为两种方式，即中心城区向外拓展，周边城镇不断蔓延。1986 年昆山市城镇建设用地和周边的太仓、吴江、常熟等地基本

---

① 昆山概览 [EB/OL]. http://www.ks.gov.cn/kss/ksgl/zjks.shtml，2022-12-01.

② 走进义乌 [EB/OL]. http://www.yw.gov.cn/col/col1229137467/index.html，2022-12-01.

③ 走进慈溪 [EB/OL]. http://www.cixi.gov.cn/col/col1229036004/index.html，2022-12-01.

④ 印象晋江 [EB/OL]. http://www.jinjiang.gov.cn/yxjj/#page2，2022-12-01.

相当，2008 年城镇建设用地已突破当时规划用地范围 211 平方公里，达到了 343 平方公里，远远超过周边三市；2014 年进一步达到了 482 平方公里。由于城镇建设用地快速拓展，城市空间形态变化特征显著：城市建成区迅速向外扩张，突破了原有的自然和人工界限，在东侧上海、西侧苏州两个磁极的强力吸引下，呈现出主要向东、向西发展的态势。与此同时，城市内部空间经过整合重组，用地功能得以细化、优化。

2.6.2 城镇的逆袭扩张

更突出的城镇形态扩张还带动了"镇改市"的等级提升。一些特大镇大多拥有优势产业，具有一定的人口、工业和商业聚集规模，已经具备了城市的体量和特征。温州市苍南县下辖原龙港镇，转市以前已有 40 多万常住人口，户籍人口也达到 30 多万人。除了人口集聚，2015 年这个镇的财政收入达到了 23 亿元。作为全国新型城镇化试点，龙港镇不断扩权，具有半城市的性质。2019 年 8 月，经国务院批准，撤销龙港镇，设立县级龙港市（温州市代管），县级行政区域内不设乡镇、街道。

中小城市的形态扩张是在特定时期，受其外部城市体系发展、自身发展条件、地方动力、自主创新（例如义乌）等多重因素影响，以及中小城市面对变化的条件不断自我适应调整的结果。

2.7 大城市的形态变迁

大城市的形态变迁本质上包含了不同等级规模的城市形态和演化特征，前文讨论的大城市周边的小城镇形态变迁本身也可视作大城市形态变迁的组成部分或过程。

2.7.1 分形城市的解释

城市研究中相关领域的发展也为大城市形态变迁提供了不同角度的解释。例如分形是探索城市系统的空间复杂性的有效工具，分形城市（fractal city）理论从数学上研究探讨城市形态和结构的发展，从宏观层面分析城市中土地使用的边界、大小和分布。分形模式的特点是自相似性，即在越来越小的尺度自我重复的图形，城市具有分形特性。分形维数是对空间利用率的度量，城市中可利用的空间越多，开发者就越不会在城市周边建造房屋。城市边界越是曲折多变，它的分形维数值就越高。

分形分析可以揭示城市运行的表层和深层结构，解释城市的增长、蔓延和衰退；分形分析也为现代社会生活提供了一个数学上的观察点，可以成为度量社会动力学的有用方法。图 2.9 是迈克·巴蒂和保罗·郎利（Michael

Batty，Paul Longley，1994 年）运用分形城市模型对伦敦城市增长的研究，通过观察伦敦市周边外形，度量了伦敦的分形维数。1820年伦敦的分形维数为 1.3，而现代伦敦的分形维数为 1.7（图 2.10）。高的分形维数对应于稳定的政治和现代的经济结构，土地分享更公平，因而社会更合理，土地、劳动力和资源的使用也更加有效。空间复杂性的分维刻画，对应于社会系统的复杂化。而城市日益增长的复杂性和不确定性，又反过来对应自组织城市网络和空间复杂性。城市通过自组织以达到最高效的组织结构。

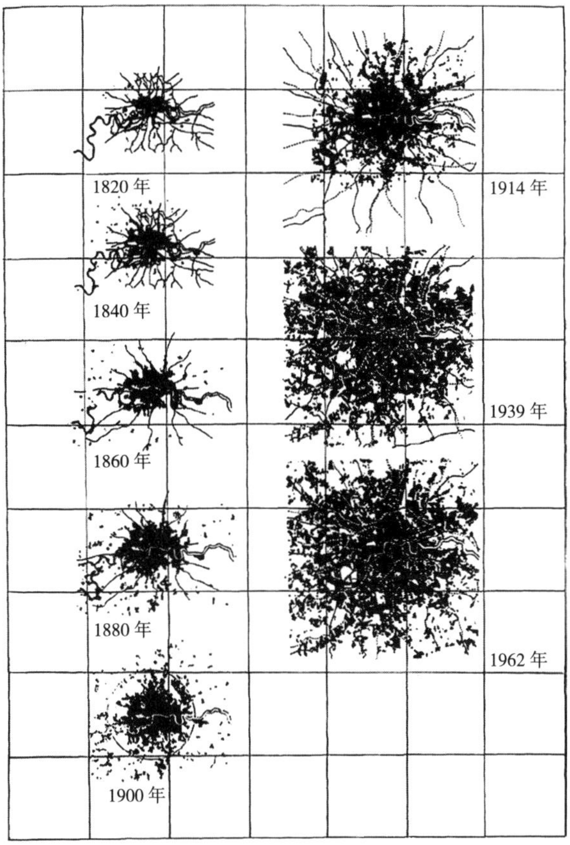

2.7.2 我国超大城市的形态增长模式

城、镇空间形态具有相似性、复杂性以及标识性等特征。我国的超大城市大都是在改革开放后的 40 多年中集中出现的，这些超大城市在形态上都具有庞大尺度带来的复杂性，以及相同时代、社会制度带来的风貌的相似性，结合起来就是一些共同的特征——高密度的城市空间形态，但是各个城市的生长演变，仍然反映出城市形态某种规律性的结构形态特征，并产生了具有标识性的不同模式。

（1）中心扩展模式。作为我国的政治中心城市，北京的形态变化典型地属于这种模式（图 2.11）。北京以环形道路为骨架，层层向外蔓延，充分呈现了大城市形态复杂演化的特征。二环是北京市中心区的主要道路，连接了许多著名的景点，如天安门广场、故宫博物院、王府井等；三环是连接市中心区和城市外围的重要道路，是最繁忙的道路之一；四环、五环和六环则大多位于

图 2.9　伦敦的生长
来源：M.Batty，P. Longley. Fractal Cities：A Geometry of Form and Function[M]. London：Academic Press，1994：239.

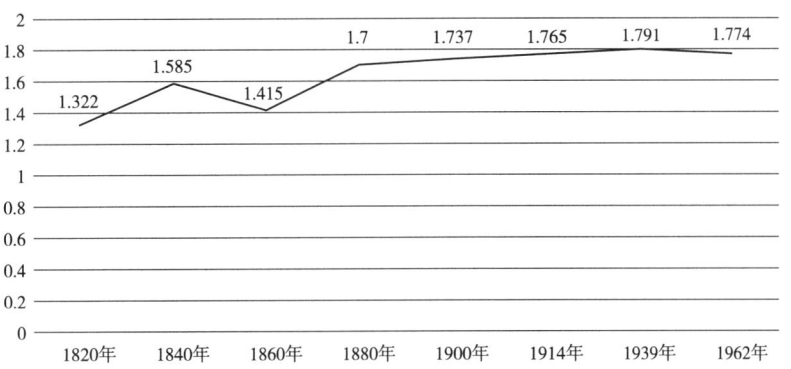

图 2.10　伦敦的城市分形维数
来源：基于 M.Batty，P. Longley（1994）：242 的数据绘制

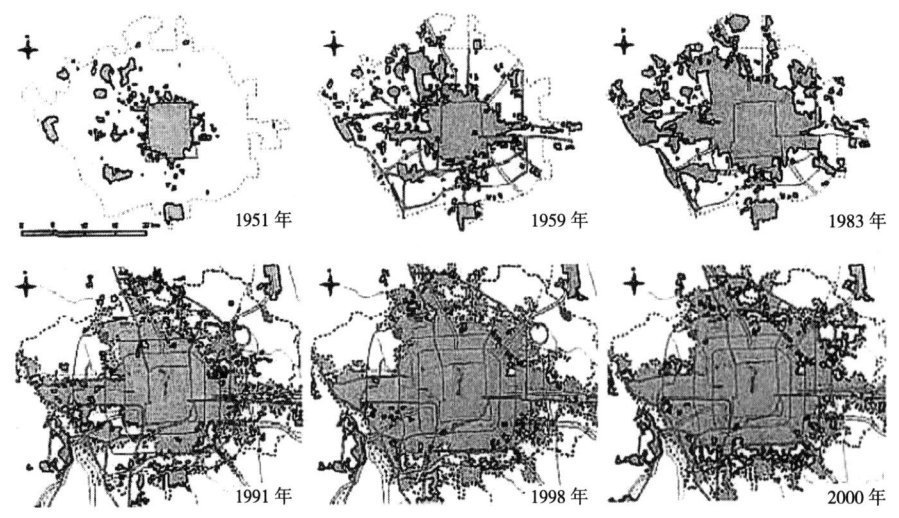

1951 年   1959 年   1983 年

1991 年   1998 年   2000 年

图 2.11　北京城市空间形态的演化
来源：中国城市规划设计研究院. 北京城市空间发展战略规划研究 [R]. 2003

城市的郊区，连接了许多居民区和工业区。四环建成时为绕城高速，后因城市发展扩张，改为城市快速路，经过奥林匹克公园核心区、中关村、丰台高科技园区、北京经开区、亚运村等重要区域。五环沿线经过朝阳、海淀区、丰台区、石景山区、大兴区等区。六环是目前北京的绕城高速公路，作用是联系北京郊区卫星城镇，以及疏导市际过境交通。北京的形态演化是由城市产业结构调整、功能布局优化、转变经济发展方式不断驱动的结果。

（2）带状延展式。深圳的形态变化属于这种模式。深圳是观察 1978 年以后中国发展的一个最佳视角。深圳是典型的速生城市。因为改革开放、政策赋能，也凭借区位优势，深圳从边陲渔村成长为现代化、国际化的创新型城市，"从最初只有 3 万多农民"增长"到 1200 万人口的大都市"[①]。深圳市经历了 40 年的快速发展，形成了"带状、多中心"的城市空间形态结构。"带状"指东西向主要发展带和南北向次要发展轴，"多中心"指已经形成的两个主中心（前海中心、福田与罗湖中心）和五个副中心（盐田、龙华、龙岗、光明新城和坪山新城）。这样的空间形态带来了相应的社会优势与劣势。优势是：区位差异小，服务设施配套均衡，绩效高；社会流动性高。劣势是：群聚密集，社会资源竞争激烈；城市纵向生长，或者说垂直生长。

2004 年后，深圳的土地扩张较缓慢，城市更新活动越来越多，尤其是工业用地的更新，除了影响城市产业活动之外，对城市空间特征也产生了影响。深圳的工业用地更新政策对更新项目的产业引导、开发强度、公共空间、配套设施的安排，都影响了空间的塑造。2010 年之后，深圳市全市工业用地增长几乎停滞，工业用地占建设用地的比重也从高峰时期的 36.90% 逐年下降到 34.76%。

---

① 刘丽娜，蔡国兆，冯武勇. 走向未来的学习——全球视野下的"深圳奇迹"[N]. 深圳特区报，2017-11-27（A1，A4）.

（3）跨江平衡式（图 2.12）。上海是 20 世纪上半叶远东最大的经济、贸易和金融中心，新中国成立以后的中心城市。1983 年的上海市城市总体规划方案提到中心城的建设和发展采用"多心开敞式"，使各个分区平衡发展。20 世纪 90 年代浦东的开发开放，让浦东在一片阡陌农田上建起了一座外向型、多功能、

图 2.12　20 世纪 90 年代初上海浦江两岸景象
来源：https://nimg.ws.126.net/?url=http%3A%2F%2Fdingyue.ws.126.net%2F2020%2F0419%2F17f10e18j00q90hyi00gkc000hs00bvm.jpg&thumbnail=650x2147483647&quality=80&type=jpg

现代化的新城区，浦东新区 1210 平方公里的土地上几乎随处可见翻天覆地的变化，从而极大地改变了上海的城市形态和空间结构。上海从一个沿江城市转化为跨江城市[1]，形成了跨黄浦江发展的平衡的空间形态格局。这种平衡是从空间形态到经济能级和核心竞争力的全面平衡，至 2020 年浦东开发开放 30 周年，其间浦东以全国 1/8000 的土地，创造了全国 1/80 的国内生产总值（GDP）、1/15 的外贸进出口总额[2]。浦东新区的开发使得上海的城市空间结构形成了更大的骨架，更好地支撑了上海的功能定位。上海市在《国民经济和社会发展第十四个五年规划和二〇三五年远景目标》已进一步提出，要加快形成"中心辐射、两翼齐飞、新城发力、南北转型"的市域空间新格局。

第 3 节　变化中的城市关系及形态

上一节主要基于城市、城镇的层面考察了城、镇形态的变化，这些城市形态的变化并不总是孤立的，而是受到国家和区域的行政和政策因素、经济及势力范围的影响，因而在变化的城市关系中、在区域层面考察城市的形态变迁，更利于完整判别城市形态变化的总体趋势和规律特征。

3.1　区域城市化的现象和定义

城市发展进程中产生了巨大的城市和区域的城市化。一些特定的概念描述和定义了大城市的现象和形态。

（1）大都市区（megalopolis）。20 世纪 50 年代，法国地理学家让·戈特曼（Jean Gottmann，1915—1994 年）研究了美国城市化的东北部海岸地区，并于 1961 年出版了《大都市区》（*Megalopolis：The Urbanized Northeastern Seaboard*

---

① 潘竟虎，戴维丽.1990—2010 年中国主要城市空间形态变化特征 [J]. 经济地理，2015，35（1）：44–52.
② 潘高峰. 写下另一个 30 年的辉煌开端 [N]. 新民晚报，2020–04–18（3）.

of the United States）一书，将该地区描述为从北部的波士顿一直延伸到南部的华盛顿特区的一个绵延 500 英里（1 英里约为 1.61 公里，约 805 公里）的巨大的大都市区，亦即波士顿—华盛顿大都市区（the megalopolitan area of bosWash）。

（2）都市圈（conurbation），这是一个更加特定的术语，表示有卫星城镇的大都市圈或集合城市，其中不同城市或城镇影响的建成区通过连续的建成区一起发展，例如德国埃森－多特蒙德和莱茵－鲁尔区的都市圈，甚至将不同的区域、州或国家之间连接起来，例如法国和比利时的里尔－科特里克（Lille-Kortrijk）都市圈，以及荷兰、比利时和德国的埃因霍温－鲁汶－亚琛（Eindhoven-Leuven-Aachen）都市圈。

（3）城市群（urban agglomerations），表述扩张的城市或城镇地区，由一个中心地区（通常是城市、城镇）的建成区和由连续的城市地区连接的郊区组成。由于对"集聚"（agglomeration）的定义存在差异，以及统计方法的差异和局限性，比较世界各地不同的集聚可能存在一些问题。例如，一个地区是否应被视为一个集聚区（agglomeration）的一部分，或其本身就是一个独特的实体。法国国家统计局（INSEE）则使用 unité urbane 来表述连续的城市化地区。

（4）我国对于上述相关概念的定义

我国的城市群可被定义为在地域上集中分布的若干超大城市、特大城市和大城市集聚而成的庞大的、多核心、多层次的城市集群，是大都市区的联合体。其中，庞大指涉城市群的人口和空间形态规模，多核心表述城市群的空间形态分布和组织结构，多层次反映城市群的形态和影响力的关系层级。

我国通常采用"都市圈""大都市圈"表述单一大都市及其影响范围，例如北京大都市圈、上海大都市圈，采用"城市群"来表述跨省区的若干城市共同构成的城市化区域，例如长三角城市群、京津冀城市群等。就城市形态及关系而言，都市圈和城市群都表现出尺度更宏观、空间连接度更高的特征。

我国"十四五"规划和 2035 年远景目标建议中提到了京津冀协同发展、长江经济带发展、粤港澳大湾区建设、长三角一体化发展、成渝地区双城经济圈建设等，要求发挥中心城市和城市群带动作用，建设现代化都市圈。从中大致可以看出大都市（中心城市）、城市群、都市圈的整体关系。

3.2 大都市区的蔓延和郊区化

如果说我国的大都市区的形成是区域城市化的进程，那么西方一些发达国家尤其是美国的大都市区的形成，则是由于郊区化、再城市化造成了大都市区在空间形态上的蔓延。自 1920 年以来，城市边缘的郊区增长出现在全球范围内。汽油作为能源，催生和促进了这种低密度、以住宅为主、汽车依赖性的城市蔓延。这种城市形式通常需要高费用的服务，导致城市的社区和空间破碎化。20 世纪 50 年代以后伴随着美国白人从内城向郊区的集中迁徙，蔓延的现象进一步加剧。欧洲虽然也有郊区化的现象，但是远未达到美国的程度。

典型的莫过于美国加州洛杉矶大都市区（greater los angeles area），或者大洛杉矶地区，指的是美国加利福尼亚州南部的一个横跨 5 个县的大型联合统计区。这 5 个县分别是洛杉矶县、橙县、圣贝纳迪诺县、河滨县和文图拉县。更确切地说，这是一个由大中小各个规模的城市形成的城市群，更强调经济统一体的概念，而不是行政上的概念。这是和我国超大城市区别的地方。此外，如旧金山大都市区等。

区别于洛杉矶这种依赖小汽车交通的大都市，日本东京大都市区（一都三县）是以轨道通勤联系为重要特征的大都市区，通勤圈内 3500 万人口日均轨道交通发送量 4074 万人次，其中一半以上来自东京都以外 50~70 公里半径的范围。大量人口集聚在那些与大都市核心区有着密切的经济社会联系，并且有一体化倾向的多向串状卫星城地区，形成了 1 小时、1.5 小时通勤圈，庞大的城市形态也获得了更大的规模效益和城市活力。

我们这里着重形态的考察，因而更关注地理上的连接性。虽然在大都市区、都市圈以及城市群的背后，经济、行政、人口、文化是更潜在而强大的因素。

3.3　区域的城市群形态

在跨省区层面，2015 年，我国从重点培育国家新型城镇化政策作用区的角度出发，确定打造 20 个城市群，包括 5 个国家级城市群、9 个区域性城市群和 6 个地区性城市群。其中的长三角城市群已经是世界级的城市群，而粤港澳大湾区城市群有潜力成为世界级的城市群。

3.3.1　国家级城市群

国家级城市群（national urban agglomeration）是城市发展到成熟阶段的最高空间组织形式，是指在特定地域范围内，一般以 1 个超大城市或 1 个以上特大城市为核心，由至少 3 个大城市为构成单元，依托发达的交通通信等基础设施网络所形成的空间组织紧凑、经济联系紧密、并最终实现高度同城化和高度一体化的城市群体。

目前我国有 10 个经国务院先后批复的国家级城市群（表 2.8），这些城市群构成了国家层面高度城市化地区的整体形态。通过建立更加有效的区域协调发展新机制，以京津冀城市群、长三角城市群、粤港澳大湾区、成渝城市群、长江中游城市群、中原城市群、关中平原城市群等城市群推动国家重大区域战略融合发展，建立以中心城市引领城市群发展、城市群带动区域发展新模式，推动区域板块之间融合互动发展。

<h2 align="center">我国国家级城市群名单（截至 2025 年 1 月）　　　表 2.8</h2>

城市群	简介		城市名单
长江中游城市群 （2015 年 3 月获批）	国土面积	约 31.7 万平方公里	武汉、黄石、鄂州、黄冈、孝感、咸宁、仙桃、潜江、天门、襄阳、宜昌、荆州、荆门、长沙、株洲、湘潭、岳阳、益阳、常德、衡阳、娄底、南昌、九江、景德镇、鹰潭、新余、宜春、萍乡、上饶及抚州、吉安部分地区
	战略定位	中国经济新增长极，中西部新型城镇化先行区，内陆开放合作示范区，"两型"社会建设引领区	
哈长城市群 （2016 年 2 月获批）	国土面积	约 26.4 万平方公里	—
	战略定位	东北老工业基地振兴发展重要增长极，北方开放重要门户，老工业基地体制机制创新先行区，绿色生态城市群	哈尔滨、大庆、齐齐哈尔、绥化、牡丹江、长春、吉林、四平、辽源、松原、延边朝鲜族自治州
成渝城市群 （2016 年 4 月获批）	国土面积	约 18.5 万平方公里	—
	战略定位	全国重要的现代产业基地，西部创新驱动先导区，内陆开放型经济战略高地，统筹城乡发展示范区，美丽中国的先行区	成都、重庆大部、自贡、泸州、德阳、遂宁、内江、乐山、南充、眉山、宜宾、广安、资阳及绵阳、达州、雅安部分地区
长江三角洲城市群 （2016 年 5 月获批）	国土面积	约 21.17 万平方公里	—
	战略定位	最具经济活力的资源配置中心，具有全球影响力的科技创新高地，全球重要的现代服务业和先进制造业中心，亚太地区重要国际门户，全国新一轮改革开放排头兵，美丽中国建设示范区	上海、南京、无锡、常州、苏州、南通、盐城、扬州、镇江、泰州、杭州、宁波、嘉兴、湖州、绍兴、金华、舟山、台州、合肥、芜湖、马鞍山、铜陵、安庆、滁州、池州、宣城
中原城市群 （2016 年 12 月获批）	国土面积	约 28.7 万平方公里	—
	战略定位	中国经济发展新增长极，全国重要的先进制造业和现代服务业基地，中西部地区创新创业先行区，内陆地区双向开放新高地，绿色生态发展示范区	郑州、洛阳、开封、南阳、安阳、商丘、新乡、平顶山、许昌、焦作、周口、信阳、驻马店、鹤壁、濮阳、漯河、三门峡、济源、长治、晋城、运城、邢台、邯郸、聊城、菏泽、宿州、淮北、蚌埠、阜阳、亳州
北部湾城市群 （2017 年 1 月获批）	国土面积	陆域面积约 11.66 万平方公里	—
	战略定位	面向东盟国际大通道的重要枢纽，"三南"开放发展新的战略支点，21 世纪海上丝绸之路与丝绸之路经济带有机衔接的重要门户，全国重要绿色产业基地，陆海统筹发展示范区	南宁、北海、钦州、防城港、玉林、崇左、湛江、茂名、阳江、海口、儋州、东方、澄迈、临高、昌江
关中平原城市群 （2018 年 1 月获批）	国土面积	约 10.71 万平方公里	—
	战略定位	向西开放的战略支点，引领西北地区发展的重要增长极，以军民融合为特色的国家创新高地，传承中华文化的世界级旅游目的地，内陆生态文明建设先行区，西部地区第二大城市群	西安、宝鸡、咸阳、铜川、渭南及商洛、运城、临汾、天水、平凉、庆阳部分地区
呼包鄂榆城市群 （2018 年 2 月获批）	国土面积	约 17.5 万平方公里	—
	战略定位	全国高端能源化工基地，向北向西开放战略支点，西北地区生态文明合作共建区，民族地区城乡融合发展先行区	呼和浩特、包头、鄂尔多斯、榆林

城市群	简介		城市名单
兰西城市群 （2018 年 3 月获批）	国土面积	约 9.75 万平方公里	—
	战略定位	维护国家生态安全的战略支撑，优化国土开发格局的重要平台，促进我国向西开放的重要支点，支撑西北地区发展的重要增长极，沟通西北西南、连接欧亚大陆的重要枢纽	兰州、西宁、海东及白银、定西、临夏回族自治州、海北藏族自治州、海南藏族自治州、黄南藏族自治州部分地区
粤港澳大湾区 （2019 年 2 月获批）	国土面积	5.59 万平方公里	—
	战略定位	之前称珠江三角洲城市群，是中国城市群中经济最有活力、城市化率最高的地区，粤港澳大湾区是中国乃至亚太地区最具活力的经济区之一	香港、澳门、广州、深圳、珠海、佛山、惠州、东莞、中山、江门、肇庆
京津冀城市群 （2025 年 1 月获批）	国土面积	21.8 万平方公里	—
	战略定位	整体定位是"世界一流城市群""中国式现代化建设的先行区、示范区"	北京、天津、保定、唐山、廊坊、石家庄、秦皇岛、张家口、承德、沧州、衡水、邢台、邯郸

注：依据前面表 2.4 我国超大、特大城市人口基本情况（按第七次全国人口普查），我国的特大城市分别是武汉、东莞、西安、杭州、佛山、南京、沈阳、青岛、济南、长沙、哈尔滨、石家庄、郑州、昆明、大连 15 座城市。

来源：作者根据相关资料整理

　　具体来说，以上海为中心引领长三角城市群发展，带动长江经济带发展。以香港、澳门、广州、深圳为中心引领粤港澳大湾区建设，带动珠江—西江经济带创新绿色发展。以重庆、成都、武汉、郑州、西安等为中心，引领成渝、长江中游、中原、关中平原等城市群发展，带动相关板块融合发展。

3.3.2　京津冀城市群

　　京津冀城市群区域面积占全国的 2.3%，人口数量占全国的 7.23%。2025 年 1 月国务院批复了《京津冀国土空间规划（2021—2035 年）》，提出"支撑京津冀建成世界一流城市群，更好发挥高质量发展动力源作用，成为中国式现代化建设的先行区、示范区"的目标定位。这也标志着京津冀协同发展的战略部署进入新的落实阶段。京津冀城市群将以首都为核心，以北京、天津为中心，引领带动环渤海地区协同发展。

　　京津冀城市群通过"六纵、六横、双圈"的网络化综合交通通道构建空间地理联系，包括北京—衡水—邢台东部—邯郸东部通道、承德（唐山）—天津—石家庄（保定）通道、保定—沧州通道等，这些纵、横通道均在雄安新区形成交汇。包括土地空间、交通基础设施在内的一些资源是全国绝无仅有的。

　　以社会时空观的分析来看，京津冀城市群发展面临的问题是空间相邻、时间相隔的"时空断裂"，虽然因空间邻近而划为同一区域，但是由于历史的原因，发展不同步，"社会时间"差距显著。从经济基本数据看，北京处于后工业化阶段，天津处于工业化后期，而河北仍处于工业化中期。这在很大程度上影响了产业协同的效率、效果。目前京津冀城市群已经形成了产业转移的空间布局，如报道的，2013—2016年，北京累计关停、退出1341家一般制造和污染企业，2017年计划疏解退出一般制造企业500家。这与其说是区域的溢出效应，不如说是为了优化提升首都核心功能的排泄效应。

当然，北京科技资源确实在不断外溢，为天津、河北的创新发展提供了可能的新机遇。河北形成了"一区11园"布局，以形成京津研发、河北转化的格局。例如河北张北县原先是以农业、旅游业为主的产业和空间形态。由于常年低温，光能、风能丰富，借助得天独厚的自然资源优势，张北县正打造数据产业高地。但是，如何整体协同，让区域内产业互补融合发展，形成较好的产业布局和分工合作；优质资源能否大量进入河北，河北又如何承接优质资源；如何有效带动北京周边贫困带发展起来，提升人均GDP，降低单位能耗，都是值得深入探究的问题。

3.3.3 长江经济带城市群

以流域串联起来的城镇群并不鲜见，这是由于早期的工商业城市大都依水而兴。我国的长江是货运量位居全球内河第一的黄金水道，在区域发展总体格局中具有重要战略地位。

2014年9月国务院印发《关于依托黄金水道推动长江经济带发展的指导意见》，部署将长江建成具有全球影响力的内河经济带。长江经济带横跨我国东、中、西三大区域，覆盖上游的云贵川渝、中游的赣湘鄂、下游长三角的江浙沪皖等11个省市。长江经济带的土地面积约205万平方公里，占全国的21%，人口和经济总量均超过全国的40%。推动长江经济带发展是关系国家发展全局的重大战略。此后长江中游城市群于2015年3月获批，成渝城市群于2016年4月获批，长江三角洲城市群于2016年5月获批，使得长江经济带的发展有了具体的城市支撑。

2016年9月印发的《长江经济带发展规划纲要》确立了长江经济带"一轴、两翼、三极、多点"发展的空间形态格局：一轴——以长江黄金水道为依托，发挥上海、武汉、重庆的核心作用；两翼——沪瑞（上海—瑞丽）和沪蓉（上海—成都）两条高速公路形成的南北两大运输通道；三极——长江三角洲、长江中游和成渝三个城市群，分布有四座超大城市上海、重庆、成都、武汉，三座特大城市杭州、南京、长沙。多点——长江经济带上发挥支撑作用的110个地级及以上城市，包括区域重要城市（无锡、宁波、合肥等）、地方重要城市（湖州、衡阳、蚌埠等）、地方一般城市（铜陵、眉山、孝感等）。

长江经济带的"带状"空间形态，形成了贯通的空间走廊、经济走廊，主要依托互联互通的综合交通运输干线，形成水道、道路、轨道交通、公共交通在区域整体和局部地域的有机连接，以干线上部分经济发达城市或区域作为核心，通过区域协调合作，带动周边城市的经济发展，形成城市群互动发展的格局。

3.4 区域首位城市及其形态扩张

首位城市（primate city）发展模型能够解释世界各国的城市化（本书在第 4 章还会涉及），而区域首位城市的地位影响到城市的形态扩张。

3.4.1 首位城市的概念和首位度的衡量

城市首位度（primacy）代表一个城市在其所属区域的实力和地位，强调一个城市对发展要素的聚集能力，包括经济实力、文化实力、区域影响力和城市群领导能力等。越强大的城市在聚集人员和资金方面的作用越明显。

国际上采用"两城市指数"来衡量首位度，通过一个特定国家内最大城市和第二位城市的人口规模之比（P1/P2）来衡量。需要指出的是，目前国内媒体中常提及的省会城市国内生产总值（GDP）首位度或人口首位度，指的是一个省的省会城市的 GDP 或常住人口数量占全省总量的百分比例，这并不是国际语境中的首位度内涵。

2018 年 11 月，我国 7 个副省级城市曾被点名"引领带动作用不够""龙头作用不够""省会作用不够""中心城市作用不够"等，这些都指向了"城市首位度"的问题。这些城市包括山东省的济南和青岛，福建省的厦门，辽宁省的沈阳和大连，黑龙江省的哈尔滨，江苏省的南京。目前，我国有 15 个副省级城市，包括 10 个省会城市和 5 个计划单列市。由于山东、江苏省内发展较均衡，其中青岛、南京的首位度都不高。

3.4.2 首位城市的影响

对于城市首位度，需要辩证地看待。从传统的规模经济和集聚经济的角度考察一座城市，首位度越高，说明首位城市的地位越重要；但是对区域来讲，这必然是不均衡的发展。在区域发展的初期阶段，高首位度有利于集中地区资源，寻求突破式的发展。而在发达地区或发达阶段，首位城市的首位度不一定很高，因为城市体系有着更均衡的发育，城市的位序规模分布也更加合理。

首位城市发展模式不但和基于区位理论的城市发展模型矛盾，而且对生态理论的合理性也提出了异议。发展中世界的首位城市常常就是极度不平衡城市化的结果。由于过度城市化或首位城市的存在，在发展中世界，城市中心之间的差异可能非常悬殊。首位城市主宰并扭曲了它们国家内的发展。

有一种说法，首位度这个指标，控制得好就是发动机，控制不好就是抽水机。我国的省会城市，有的是全省发展的发动机，还有很多是抽水机——把其他地市发展资源抽走，汇聚到省会城市。如果首位度太高的话，全省大部分资源集中在省会城市，很容易造成其他地市"失血严重"，丧失自我发展能力。对外来投资或人口来说，在城市环境和区位方面可选择的范围较少。

比较我国各省发展格局可以发现，在中西部地区省份，省会城市的首位度较高，省会城市在省内"一枝独秀"，规模远超出排名第二位的城市，这些省份表现为省会城市"中心化"发展的态势。比如2020年，青海省西宁市人口数是2467965人，第2位的海东市人口数是1358471人①，西宁的首位度是1.82。同一年，宁夏回族自治区银川市人口数是2861720人，第2位的吴忠市人口数是1383992人②，银川的首位度是2.07。

但在东部沿海地区经济发达省份，大都是"双中心"，省内至少有一个和省会长期处于竞争关系的经济强市。比如，江苏（苏州—南京），浙江（杭州—宁波），福建（福州—泉州），广东（广州—深圳），山东（青岛—济南），辽宁（沈阳—大连）。江苏是我国目前经济总量排名第二的省份，作为全国唯一一个所辖13个设区市均为百强市的省份③，南京虽然是省会、长三角副中心城市、经济强市，但是苏州才是江苏的首位城市。南京的处境尴尬，这是由其地理区位决定的。南京位于江苏省内偏西，对东部南部辐射不易，加之上海的强大引力，故而在省内的区域影响力和其省会地位难以匹配（图2.13）。济南面临同样的处境，直至2023年上半年，济南在省内的GDP排名和人口数量一直居于青岛之后。

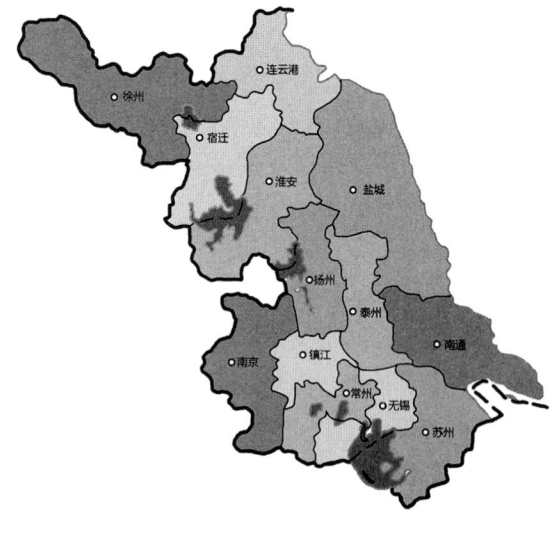

图2.13　江苏城市地图和南京的区位
来源：作者根据相关地图绘制

3.4.3　城市首位度提升和形态扩张

截至2021年末，我国各省/自治区城市的首位度见表2.9。由于首位度计算取决于城市人口规模的绝对数量，因此潜在的首位城市通过兼并邻近城市，有助于提高其人口规模，进而提升城市首位度。例如山东省将平度划归

---

① 人口数据来自：青海省统计局、国家统计局青海调查总队。《青海统计年鉴2022》3-5分地区户数、人口数、性别比和户规模（2020年）。

② 人口数据来自：宁夏回族自治区统计局、国家统计局宁夏调查总队。《宁夏统计年鉴2022》4-6各市县人口总数（2020年）。

③ 2023年中国百强城市排行榜，2023年7月18日发布。

我国（各省／自治区）城市的首位度（2021 年末）　　　表 2.9

省份	人口数量排名第一的城市	人口数 P1（万人）	人口数量排名第二的城市	人口数 P2（万人）	首位度（P1/P1）
四川	成都	2119.20	南充	556.20	3.81
陕西	西安	1287	渭南	463	2.78
海南	海口	290.80	三亚	105.61	2.75
吉林	长春	908.72	吉林	354.73	2.56
湖北	武汉	1364.89	黄冈	578.82	2.36
宁夏	银川	288.20	吴忠	139.20	2.07
黑龙江	哈尔滨	943.20	齐齐哈尔	516.50	1.83
青海	西宁	246.80	海东	135.85	1.82
湖南	长沙	1023.93	衡阳	662.10	1.55
广西	南宁	883.28	玉林	581.58	1.52
云南	昆明	850.20	曲靖	570.10	1.49
甘肃	兰州	438.43	天水	295.65	1.48
台湾	新北	400.80	台中	281.30	1.42
江西	赣州	898.00	南昌	643.75	1.39
江苏	苏州	1284.78	南　京	942.34	1.36
新疆	乌鲁木齐	408.24	喀什	71.13	5.74
河南	郑州	1274.00	南阳	963.00	1.32
辽宁	沈阳	765.30	大连	603.60	1.27
河北	石家庄	1060.97	邯郸	936.69	1.24
安徽	合肥	946.50	阜阳	817.10	1.16
内蒙古	赤峰	401.91	呼和浩特	349.56	1.15
山西	太原	539.10	运城	473.32	1.14
山东 [①]	临沂	1101.95	青岛	1025.67	1.07
西藏	拉萨	95.00	日喀则	79.80	1.19
广东	广州	1881.06	深圳	1768.16	1.06
福建	泉州	885.00	福州	842.00	1.05
贵州	毕节	684.48	遵义	659.23	1.04
浙江	杭州	834.54	温州	832.81	1.00

注：①表中乌鲁木齐和喀什、拉萨和日喀则的人口数量分别来自四市人民政府的乌鲁木齐市概况（2023 年 4 月 13 日）、喀什市概况（2023 年 8 月 14 日）、拉萨概况（2023 年 4 月 26 日）、日喀则概况·人口区划（2021 年 10 月 25 日）。日喀则的人口数量是"七普"即 2020 年的数据。
②各省（自治区）内城市人口统计数据口径一致。

来源：人口数据来自各省 / 自治区统计年鉴 2022

---

① 人口数据来自：山东省统计局、国家统计局山东调查总队 .《山东统计年鉴 2022》3–4 各市人口数和总户数（2021 年）. 临沂城市人口数 1101.95 万人，排第一；青岛 1025.67 万人，排第二；潍坊 940 万人，排第三；济南 933.61 万人，排第四。

青岛[①]、莱芜划归济南[②]的行政区划调整（参见第3章），来提高这两座城市的规模。显然，兼并邻近城市将带来潜在的首位城市的形态扩张和体量扩容。

3.5 城镇形态扩张和制度（城市规划）因素

早在1951年，梁思成、林徽因在为引进1933年《雅典宪章》的一本小册子所作的序中指出，

C.I.A.M的"城市计划大纲"的确是很有可取之处的，它可被誉为一个技术"良方"。可惜是在资本主义国家里"药不对症"。因为它不是"治病"的方子而是一个保育保健的方子。在资本主义国家中，城市体形之紊乱只是病象而不是病源。病源是资本主义制度的本身。不根除病源是谈不上健康成长的。[③]

城市"体形"即城市"形态"之意。上述见解清晰地表明，城市形态是表象，其成因是总体的社会制度以及更具体的制度。例如土地开发控制机制影响了城市形态，城市规划制度也影响了城市形态。

3.5.1 城镇形态扩张的规划影响

城镇空间形态不但和用地功能结构、土地开发强度、建筑集群布局密切相关，而且和城市性质、规模类型、人口政策、社会形态互为因果。其实，城镇形态是城市在区域、产业、能源、交通、生态、文化等方面发展和规划设计的综合呈现。在现代城市规划制度下，城市发展、城市形态变化受城市规划的引导和调控作用影响显著。城市规划既是技术"处方"，又是行政控制手段，综合性、政策性极强。并且，总体规划、控制性详细规划都具有法定作用。

城镇空间形态问题涉及城市尺度、规模及结构等，其中城市蔓延、城镇形态扩张，要么是规划约束失灵，要么在很大程度上是规划助推的结果，或两者兼而有之。在我国快速的城镇化过程中，城市规划又是如何助推了城市无节制的形态扩张？

原因之一是整体的社会乐观主义氛围。在全面发展态势下，城市规划通过乐观的城市人口预测、产业发展预测、资源环境承载力预测为地方城市赢得

---

① 1983年10月，经国务院批准，平度由潍坊地区划归青岛市。平度是个大县，120万人口，是向国家上交粮、棉、油的大户。此后实行市带县体制。青岛是个百多万人口的大城市，解决城市供水是个大问题，平度县划归青岛可以支援青岛的地下水供应；另一方面，青岛作为大城市，可以带动平度的发展，平度划归青岛，比在潍坊发展得更快。

② 2019年1月上旬，国务院正式批复同意山东省调整济南市莱芜市行政区划，撤销地级莱芜市，其所辖区域划归济南市管辖。莱芜是山东省面积最小、人口最少的地级市。调整后，济南由原来市辖8区2县变为市辖10区2县。

③ 清华大学营建学系编译组译注. 城市计划大纲[M]. 上海：龙门联合书局，1951，序：3.

充分的"增量"空间，因为在城市建设用地层面实行的是人地发展挂钩制度，建设用地供应以规划人口为依据，在产业用地层面采用"由人到地、比例分配"的用地规模预测方法，这种情况下规划对城市用地规模控制、对土地市场的管制实际是宽松的，加上地方政府在开发方向、开发强度控制、开发秩序规范方面的不足，都可能引发城市规模无序膨胀、生态环境恶化等问题。

原因之二是城市空间发展决策的技术方法局限性。面对复杂的城市社会发展环境，传统的城市规划模式在系统的、定量的分析上表现乏力，较难预测城市结构、人口、交通、环境的发展在中长期的变化趋势，难以为城市规划和建设、运行和管理以及环境保护等方面的政策制定提供科学支撑。

3.5.2　城镇形态扩张的地方动机

以规划人口、规划建设用地为先导，各地为什么热衷于城市扩张？城市建设用地增加，城市空间形态扩张，意味着城市规模扩大，带来城市规模升级，以获取更有利的发展政策和条件。

由于我国政策资源和城镇等级体系挂钩，城市等级越高，获得的政策空间越大。全国众多小城镇由于未计算在城市行列，导致各种发展受政策限制，税收政策还只是政策标准中的一项。不管是在经济发展还是城市建设方面，城市规模越大、行政等级越高，区域影响力就越大，在区域内拥有的优先发展权和支配权就较大，随之而来的则是大量资金、项目以及人才。这样就形成了一个滚雪球的效应。老子曰："天之道，损有余而补不足。人之道则不然，损不足以奉有余。"[1] 城市之道亦如此，大城市在资源、政策、技术等各方面都比小城市更为有利，这就是小城镇、小城市"做大"的原始动机，以简单扩张导向替代空间效益追求。本质上，城市的空间范围及其空间组织形式也表达着社会的组织形式和运行机制。

城镇形态变化只是物理表征，但是提供了社会感知，反映了行政逻辑，透过不同时期城、镇的空间形态变化，可以分析社会的变化和制度的变迁。

3.5.3　城镇形态盲目扩张的弊端

城镇形态盲目扩张的直接结果是城镇空置率高、土地及其他各项资源浪费严重、城市政府债务问题严重，此外还会产生复杂的社会结果。在快速的城镇化进程中，有一种"伪城镇化"现象，它是城镇形态盲目扩张的一种表现形式，在县城层级较为突出，有些县城的城区面积短时期内甚至增加了一半以上。这种伪城镇化和房地产过度开发相关，许多县城兴建了大量商品房，而相当一部分商品房项目严重滞销。在缺乏制造业、服务业等产业支撑、无法形成

---

① 《老子》第七十七章。

人口聚集效应的情形下，盲目扩张城市实际上属于部分地方政府和官员的一种"拔苗助长"式的推进城镇化行为，一方面这和评估机制不健全、地方领导决策缺乏民主程序、长官意志突出有关，另一方面很大程度上是由于扩建城市可以提升本地城市形象，可以为相关官员升迁提供政绩资本。这就导致部分地方官员罔顾地方实际情况，盲目扩张城市建设，由此制造出一座座"空城"，造成大量房屋空置、土地等资源被浪费，以及地方财政高负债等恶果。有些地方还因此滋生强行摊派卖房任务等损害公务人员权益的行为。

本章小结

本章考察了城市空间形态的演化机理。城市形态发诸于社会，形诸于空间，见诸于规划。城市形态变迁反映在人们的观察感知、空间的统计数据以及地图、航摄图、规划图等各类图纸上。

第 1 节首先提出城市的定义，包括北美、非洲及亚洲日本等国外的城市定义，以及国内城市规模划分及调整的变化。并对我国的城镇体系、世界的和我国的超大城市、我国的国家中心城市进行了扼要的梳理，主要展示了城市的等级和形态的多样性。

第 2 节着重城市和城镇形态的变化研究。从城市形态学研究的起源、理论和流派着手，分析了近几十年来主要的形态学方法，有克里斯塔勒和勒施的德国经济地理学方法、英国康泽恩学派推动的历史地理学方法、意大利穆拉托里学派推进的过程类型学方法。概述了多样的城市形态分析，涵盖了芝加哥社会学派和西梅尔的城市形态的"社会性"分析、凯文·林奇的《城市意象》中的形态分析、生态城市主义的形态分析、城市肌理中的形态分析、定量化的城市形态分析方法等，并运用社会时空观提出了城市形态分析的若干论断。

从城市数量、各级城市的形态变化等方面对我国城、镇形态演变的总体态势特征进行概括。新城新区是城市空间拓展和形态扩张最为显著的表现，对比英国的新城建设运动、20 世纪西方国家的新城新区形态发展，对我国不同等级（国家级、省级、市级）、多种功能类型（产业新城新区、高铁新城新区、行政新城、大学城等）的新城新区深入分类阐述。主要对我国小城镇（大城市周边的城镇及特色小镇）、中小城市和大城市形态变迁的特征、模式进行重点分析，通过对城市形态的分析来考察城市发展和土地使用的模式。

第 3 节侧重于考察区域中的城市关系及形态演变，辨析了区域城市化的定义和类型，简要讨论了世界大都市区的蔓延和郊区化现象，然后就我国区域的城市群形态、区域首位城市及其空间格局、形态扩张进行详细分析，最后探讨了城镇形态扩张和制度（城市规划）因素的关系。

重要概念

城市地区

超大城市

国家中心城市

城市形态学

德国经济地理学派

英国康泽恩学派

意大利穆拉托里学派

城市形态分析

城市意象

生态城市主义

社会时空观模型

新城新区

空间先于时间 / 空间后于时间

县级大城市

分形城市

区域城市化

国家级城市群

首位城市

伪城镇化

讨论问题

1. 城市空间形态生长和哪些要素相关？试从产业、空间、人才、资金等生产要素的优势聚集角度，举例并分别或整体加以阐释。

2. 我国已经建成的各类新城新区及特色小镇目前普遍存在活力不足的问题，试从城镇形态方面分析原因，并探讨如何进行必要的建设前和建设后的空间干预。

3. 尝试从城市形态学、社会学的方面来分析我国当前的城市更新行动将对城市形态产生怎样的影响？

【导读】本章在前一章城市形态变迁的基础上进一步阐释城市空间结构演变的机制。基于城市空间结构的理论和方法，条分缕析影响和驱动城、镇形态变迁的各类要素作用，包括交通技术、产业、战略和政策以及人口、宗教、防卫、城市规划等。本章揭示了城市（城市群）空间结构演变的特征及其和社会、经济、技术发展的内在关联。最后还简要述及规划对城市空间结构变化的意义和影响。

第 3 章　演变的城市空间结构

第1节　城市空间结构的理论和研究方法

城市形态和城市结构的关系就好比是植物的叶片和叶脉的关系。同一株植物，叶片有大小，形状可能稍有差异，但结构方式却是一致的。对大量城市形态和结构的观察比较可以获得一个整体的发现，即城市的空间结构缺少特色，那么城市的形态效果也大多平庸。凯文·林奇在《城市意象》里提到，一些城市确实比另一些城市更缺少特点。另一方面，如果一些城市平淡无奇，空间"叙事"手法陈旧，没有特别出彩的地方，在很大程度上也反映出这些地方社会氛围的保守，社会群体精神状态的沉闷，缺少创新创意。换句话说，空间没有鲜明特征也是一种特征，空间特征只是社会状态的一种有意味的呈现。

1.1　城市空间结构的经典理论

当我们目睹城市人口增长或减少时，了解城市如何运作变得越发重要。围绕城市增长、空间形态、聚落地理和土地利用模式的研究，人们提出了各种理论和模型，试图解释增长是如何发生的，以及城市地区如何安排不同群体和他们的活动。关于城市增长、城市空间结构的一些经典模型和理论大多形成于20世纪的前半叶，包括：

第一类是来自德国的地理学、经济学理论——中心地理论，代表人物有克里斯塔勒、勒施（参见第2章第2节）；

第二类是来自美国的人类生态学理论——同心圆模型、扇形模型和多核心模型，代表人物有伯吉斯、霍伊特以及哈里斯和乌尔曼；

第三类是来自不同学科背景研究者的城市相关分布理论——首位城市法则（law of the primate city，1939年），美国地理学教授马克·杰斐逊（Mark S. W. Jefferson）；城市人口规模分布法则（the law of population concentration，1913年），德国物理学家费利克斯·奥尔巴赫（felix auerbach）；人口法则（courbe des populations，1936年），德国发展经济学先驱H.W.辛格（H. W. Singer）；以及位序规模法则（Rank-Size Rule），美国语言学家乔治·齐普夫（George Zipf，1949年）；等。

上述很多经典理论模型均描述了城市及区域经济发展差异的结构特征。以下就前两类经典理论的产生背景、主要观点及其解释力略作陈述。

1.1.1　德国经典地理学、经济学理论

城市化带来的城市增长和城市开发使得城市活动越来越复杂，大量的经济社会活动在城市中的分布反映在土地使用模式上，可以通过一定的因素和特征来确定和解释城市中的工业和商业设施、中央商务区和住宅区等的区位。

（1）韦伯的工业区位理论（1909 年）

德国经济学家、社会学家阿尔弗雷德·韦伯（Alfred Weber）在前人研究的基础上，于 1909 年提出了工业区位模型（model of industrial location）。韦伯将影响工业区位的因素分为两类：区域性因素和集聚因素。工业是如何布局于各个区域的，受区域性因素影响；而在工业区域内，厂商为什么集中于此地而非彼处，则受集聚因素影响。工业在某个地方集中是集聚力和分散力相互作用直至均衡的结果。集聚力受技术发展、劳动力组织变化、市场化因素及经济环境因素影响，分散力则可归结为伴随工业集聚而带来的地租增长的影响。

韦伯用聚集经济来描述企业外部经济，并指出聚集能否产生效益，既取决于聚集的企业种类与结构，也取决于聚集的规模。韦伯在 1909 年出版的《工业区位论》[①] 中系统地建立了一系列概念、原理和规则，严谨地表述了一般的区位理论，这对以后的区位理论、经济地理研究和发展产生了深远的影响。

（2）克里斯塔勒的中心地理论（1933 年）

1933 年德国地理学家沃尔特·克里斯塔勒根据德国南部的定居模式，创立了中心地理论（central place theory）[②]，旨在解释居住系统中人类定居点的数量、大小和位置，并系统阐明了中心地的数量、规模和分布模式（图 3.1）。他断言，定居点（settlements）只是作为 "中心地"（central places）为周边地区提供服务。这一开创性的地理学理论是将 "城市" 视作 "城市体系"，而不是简单的层次结构或单个实体作为研究的基础。克里斯塔勒主要关注城市空间，除了分析同一地区城镇之间的关系外，还研究城镇作为地理经济单元的作用，揭示区域内诸多城市空间布局秩序之间的内在数理关系。克里斯塔勒使用六边形图案，并在这些六边形的周长内设置阈值限制。此外，六边形彼此互锁，并形成嵌套的层次结构。因此，每个中心地和周围六个中心的距离相等。

中心地城市的服务范围取决于以下三点：首先是中心功能的需求类型，如果需求是非弹性的（紧急的、不可替代的，如医院），则服务范围较大；如果需求是弹性的，则服务范围较小（如电影院）。其次，与较小的中心地相比，中心地越大，服务范围越大；生产成本越低，销售额越大。另外，更高的人口密度意味着更大的服务范围，因为更高的人口密度使生产更便宜。

中心地理论有助于确定重要概念，如城市和区域的相互依存关系、功能和中心的层次结构、市场范围和临界人口。该理论基本上静态地解释了一个区域空间结构的存在，但未能解释该结构是如何演变的，以及未来可能发生的变化。

---

① （德）阿尔弗雷德·韦伯. 工业区位论 [M]. 李刚剑，等，译. 北京：商务印书馆，2010.
② （德）沃尔特·克里斯塔勒. 德国南部中心地原理 [M]. 常正文，王兴中，等，译. 北京：商务印书馆，2010.

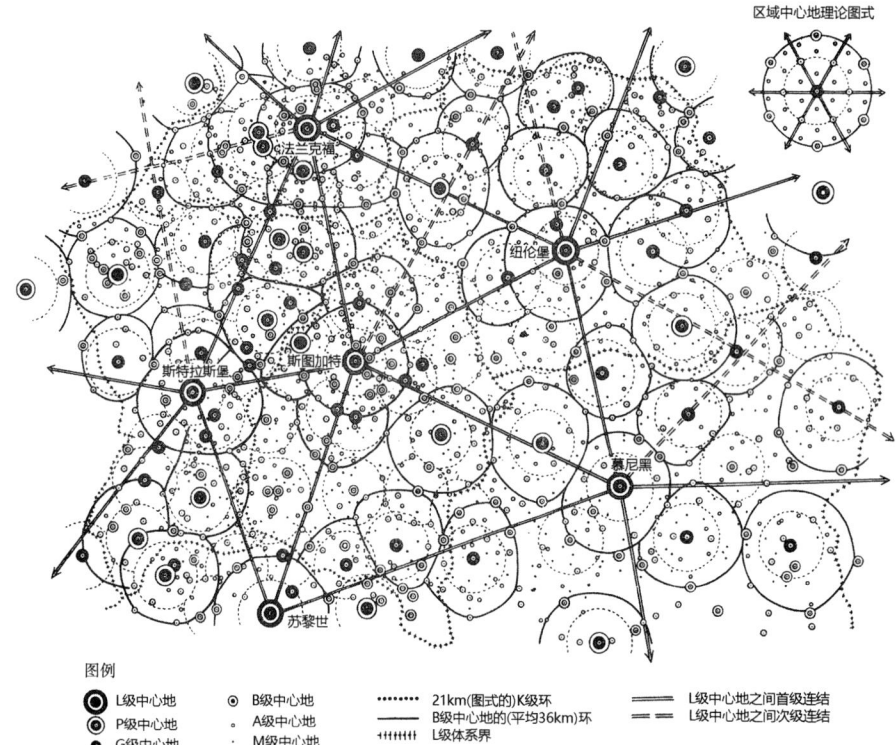

图 3.1 克里斯塔勒的中心地理论图式和德国南部的中心地分布
来源：沃尔特·克里斯塔勒. 德国南部中心地原理 [M]. 北京：商务印书馆，2010.

图例
◎ L级中心地　　◉ B级中心地　　　……… 21km（图式的）K级环　　═══ L级中心地之间首级连结
◉ P级中心地　　∘ A级中心地　　　──── B级中心地的（平均36km）环　　＝＝＝ L级中心地之间次级连结
● G级中心地　　· M级中心地　　　┼┼┼┼ L级体系界

（3）勒施的区位经济学理论（1940年）

从20世纪30年代开始，德国经济学家奥古斯特·勒施以克里斯塔勒的模型为基础并对其进行了修正，建立起了自己的模型（图3.2）。1940年他出版了《经济空间秩序》（英译本名为《区位经济学》），进一步发展了工业区位论，从而形成了他自己的市场区位理论。勒施的见解是，工业不一定位于成本最低的位置；相反，它将位于利润最大化出现的地区。因此，他忽略了运输成本、劳动力成本和集聚成本，更多地强调了总生产成本。[1] 勒施在模型中假设人口和原材料是均等地分布。他认为工业布局首先会受到竞争者的影响，其次会受到消费者和供应商的影响。如果考虑各种影响因素，就要寻求整个区位系统的平衡。

勒施和克里斯塔勒的区别在于：克里斯塔勒的模型导向了货物分配和利润积累完全依赖于运输和区位的模式。勒施的模型本身以一种围绕首都或中心城市的六边形叠加而成[2]。勒施从企业区位的角度以纯理论推导的方法完成了对不同等级市场区中心数目的研究，揭示了城市影响地域及相互作用的理论形态。

---

[1] Essay on the Profit Maximisation Theory of August Losch[EB/OL]. https：//www.yourarticlelibrary.com/essay/essay-on-the-profit-maximisation-theory-of-august-losch/74856.

[2] What is Losch model？[EB/OL]. https：//askinglot.com/what-is-losch-model，2020-02-18.

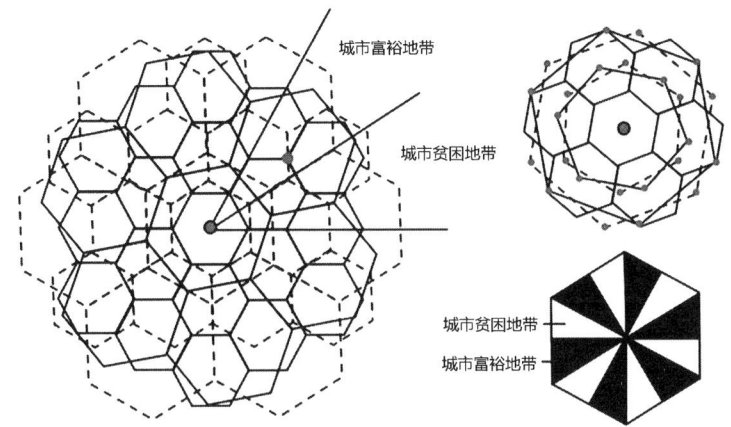

图 3.2 勒施的区位经济学理论图式
来源：What is Losch model? [EB/OL]. https://askinglot.com/what-is-losch-model，2020-02-18.

勒施和阿尔弗雷德·韦伯的工业区位模型的分野在于：勒施抛弃了韦伯的最小成本区位理论（the least cost location theory），他认为，"利润最大化"是企业活动的唯一目标，无论对国家还是个人来说。因此，行业的主要目标是找出利润最大化存在的地方。此外，韦伯的整个理论建立在完全竞争的经济状态下这一假设之上，勒施则在垄断竞争的环境中解释其理论。

1.1.2 美国经典人类生态学理论

人类生态学派理论中关于城市土地使用的三个模型分别是：厄内斯特·伯吉斯于 1925 年提出的同心圆模型或伯吉斯模型，霍默·霍伊特于 1939 年提出的城市土地使用的扇形模型或霍伊特模型，以及昌西·哈里斯和爱德华·乌尔曼于 1945 年提出的多核心模型。这三个模型也被视作城市空间结构的经典模型，在地理学、城市规划以及城市社会学中都有广泛而深远的应用。

（1）伯吉斯的城市增长模型——同心圆模式（1925 年）

伯吉斯提出，城镇以一种同心圆模式从中心向外生长。这意味着建筑物变得越来越靠近城市的边缘。可能形成将近 5 个圈层：

A- 中心商务区（CBD）：对最大数量的人来说可达性最强；包含商店、办公、银行等服务；由于土地非常昂贵，为多层建筑物（向上建造以节约成本）。

B- 过渡区域（twilight zone），有两个部分：1- 零售轻制造业（过渡性的）；2- 低阶层居住（老的内城地区）：19 世纪的排屋；没有花园；廉价、肮脏的贫民窟地区；铁丝格子状街道模式；贫民窟拆除后建成高层街区；吸引犯罪；这里可找到老的工业。

C- 议会地产（council estates）：大的地产开发，双拼住宅带有花园；这里还有不太贵的私人地产；不是顶级品质（中产居住）；战争期间的地区。

D- 通勤区（commuter zone）：高阶层居住地区；私人、高质量住房；廉价土地上的独立式和半独立式住房；人们可以住这里，因为他们准备支付通勤费。

E- 乡村地区（郊区/远郊）：乡村环绕城市地区；可能也包含村庄/小村庄，城镇/城市工人生活在其中。

该模型解释了城市是如何以同心区的形式发展和活动是如何安排的。伯吉斯以社会达尔文主义或生态学衍生的原则为基础，形成了一个关于城市增长和分化的理论，这些原则和罗伯特·帕克、罗德里克·麦肯齐的工作共通。按照伯吉斯的见解，城市由于人口压力持续地增长，顺次触发了中心集聚和商业分散的一个双重过程；也就是，空间竞争不但将新的活动吸引到城市中心，而且将其他活动驱逐到边缘地区。随着被驱离的活动选址于边缘，边缘自身被向离城市更远处推移，以此类推。随着在中心城区的空间竞争中败出的活动被重新安置在边缘地区，城市持续地向外增长。而随着活动按照竞争优势被部署，这个分理行动又依次导致了进一步的空间和功能分化。在伯吉斯的理论模型中，城市将最终呈现为一个高度集中的中心商务区形式，它将主宰该区域，并成为土地价格竞争程度最高的地点，而围绕它的地区将包含四个明确的同心圈层（图 3.3、图 3.4）。

伯吉斯模式在城市社会学中的重要性怎么强调也不过分。首先，他依据竞争"位置"或区位的生态理论，解释了住房、邻里和工业以及商业选址的模式。简言之，竞争在城市中产生确定的空间以及在空间中产生确定的社会组织。两方面的这些维度都被图示在同心圆模式中（图 3.4）。有支付能力的那些人靠近中心生活；无支付能力的那些人将自己安排在围绕城市中心的同心圆地带。

其次，伯吉斯模式解释了城市空间内两个性质不同但是过程相关的人口和活动的迁移——中心化和分散化。他的理论明确地将社会过程和空间模式联系起来，这个联系对其后所有关于城市的理论化研究来说极其重要。

最后，伯吉斯揭示了城市人口的社会组织特征的空间安排，从中心到边缘的减少的流出趋势确立了城市人口属性的特征。个体特征诸如精神疾病、帮派成员资格、犯罪行为以及种族背景等，沿着城市中心—边缘的梯度内聚集。芝加哥学派的研究者们使用人口普查数据，研究从中心商务区（CBD）到郊外

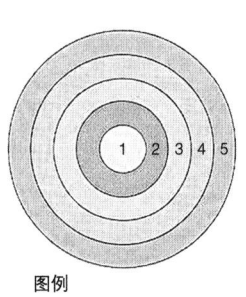

图例
1 中心商务区
2 过渡区域
3 议会地产
4 通勤区
5 乡村地区

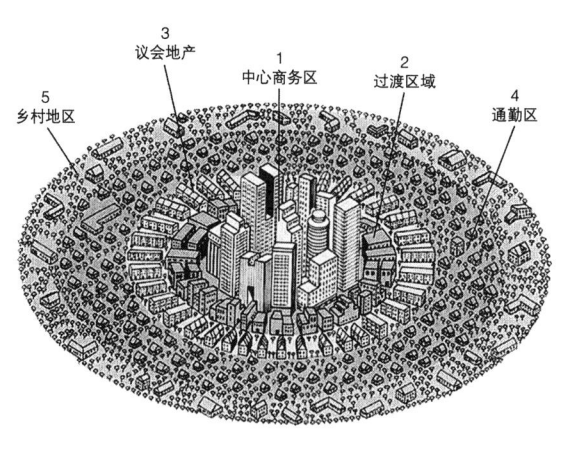

3
议会地产

5
乡村地区

1
中心商务区

2
过渡区域

4
通勤区

图 3.3 伯吉斯的同心圆模式空间结构形态示意

来源：https://www.re-thinkingthefuture.com/wp-content/uploads/2021/01/A2953-Urban-Planning-An-analysis-of-Concentric-Zone-Model-Image-1.jpg

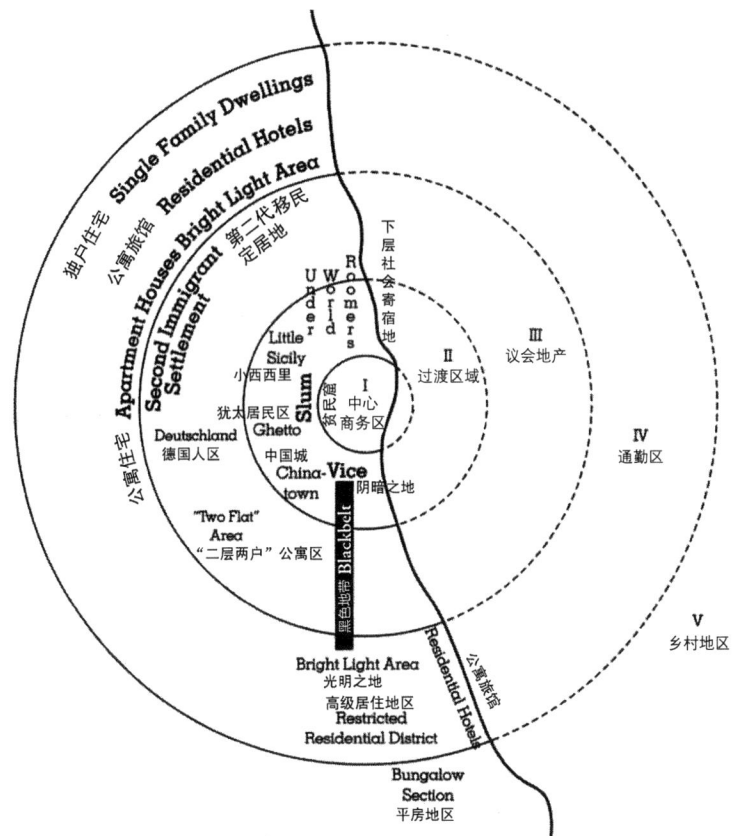

图 3.4　伯吉斯的同心圆模式

来源：马克·戈特迪纳，雷·哈奇森.新城市社会学 [M]. 黄怡，译.4 版.上海：上海译文出版社，2018：82.

的纵切城市形态，他们发现，社会反常的发生率逐渐下降了，而另一方面住房所有者资格和核心家庭的数量逐渐增加了。因此，内城地带被发现是犯罪、疾病、帮派斗争、破碎家庭以及社会混乱或问题等许多指示标的地点。

（2）霍伊特的土地使用模型——扇形模式（1939 年）

伯吉斯的同心圆模式和有关城市内部结构的实践研究结果相矛盾，美国经济学家霍默·霍伊特第一个提出了对伯吉斯模式的批判，霍伊特以在土地使用规划、区划和房地产经济学方面的开创性工作而闻名。1939 年霍伊特提出了城市土地使用的扇形或楔形模型，讨论城市地区内活动的空间安排（图 3.5）。霍伊特认为，城市不是以简单的环状形式发展，而是会出现"扇形""楔形"的形式，亦即城市不是被同心圆而是被不平衡构成的扇形或楔形分区所划分，不同的经济活动趋向于集聚在扇形或楔形分区中。霍伊特提出，所有活动，尤其是制造和零售，都具有从中心脱离出去并在向外扩张的扇形分区内集聚的趋势。因而，城市以不规则的团块而非以伯吉斯的规整的圈层增长。这意味着，如果工业按照 19 世纪城镇的某个部分生长，未来的工业将在那个部分接着发展。随着城镇生长，产业地区也将如此，以楔形形态长出去。

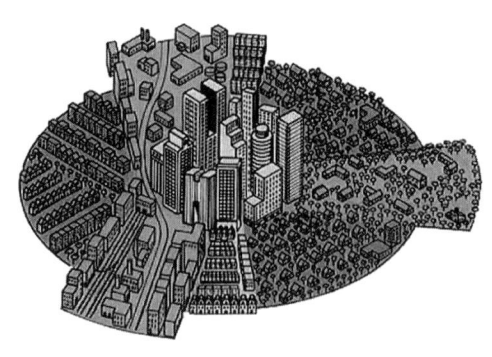

图例
1 中心商务区
2 交通和工业区
3 下层居住区
4 中层居住区
5 上层居住区

图3.5 霍伊特的扇形模式空间结构形态示意
来源：admin/Settlement Geography.Sector Model（Hoyt Model）|Urban Land Use Model[EB/OL]. https：//planningtank.com/wp-content/uploads/2017/05/Hoyt-Model.jpg?ezimgfmt=ng：webp/ngcb130，2020-09-18.

扇形模式有一些特征性的见解。一个扇形中的活动因其服务的功能而被视为整个扇形中的活动相同。这些扇形可以是住房、工业活动等。每个扇形内的土地使用性质将保持不变，因为物以类聚。高端扇形将保持高端，因为它将是最受欢迎的居住地区，因此只有富人才能负担得起并住在那里。工业附近则是低收入群体的存在。工业扇形仍将是工业，因为该地区将具有铁路线或河流的典型优势。扇形模型强调了交通走廊的重要性，将各种城市活动的增长视作扇形沿着公路、河流或铁路的扩张。

霍伊特模型认识到，运输通道（尤其明显）和资源渠道造成了伯吉斯模型的中断。运输联系深刻地影响着各种活动及其区位，运输成本低，靠近公路或铁路，降低了生产成本。这种模式很适用于芝加哥，解释了主要运输路线及其对活动的影响。[①]

扇形模式也存在局限性。扇形模型仍是城市单一中心的代表，没有考虑多个商务中心。城市的物理特征可能会限制或引导城市沿着特定楔体的生长。此外，模型未提及城镇外的发展。扇形增长只考虑铁路线路，没有考虑私人小汽车等。

霍伊特关于土地使用的扇形模型影响了城市规划领域几十年，并形成了一种具有影响力的分析社区邻里和住房市场的方法。但是他的理论遗产如今备受争议，因其在美国城市中的住房隔离政策和提供贷款、抵押、保险等方面的歧视做法（redlining）的制定及正当性论证中发挥了突出作用。

（3）哈里斯和乌尔曼的经济模型——多核心模式（1945年）

哈里斯和乌尔曼于1945年在一篇经典论文中引入了"多核心"的城市形态思想。他们认为，城市并非只形成一个单一的核心，而是形成几个独立的核心。每个核心都起到一个生长点的作用。在任何城市内部，独立的功能和它们特殊的需要要求在特定的和专门化的地区内集中。这样一来，城市中相似的活动常常选址在同一地区内，形成集聚，或者说"迷你"中心。城市常常围绕

① Admin/ Settlement Geography. Sector Model（Hoyt Model）|Urban Land Use Model[EB/OL]. https：//planningtank.com/settlement-geography/sector-model-hoyt-model，2020-09-18[2022-01-17].

这些多个核心不对称地增长。城市扩展所围绕的核心数量取决于环境和历史因素。这一理论的前提观点是，由于拥有汽车的人数增加，人们的流动量会增加，这种流动的增加使区域中心得以专业化。

多核心模式以芝加哥为基础描述了城市的布局，即使一个城市可能已经开始了一个CBD，在城市的郊区仍将有其他较小的CBD发展。如果其他CBD在城市郊区发展，它们将围绕有价值的住宅区，以使得到达城市郊区的通勤时间较短。

多核心模式中对阶层作了安排，具体为：①低阶层——低等级住宅区更靠近制造业岗位，而制造业岗位往往是非最低技能岗位。他们的工资也往往很低，这反过来又导致了低阶层居民。②中等阶层——中档住宅区倾向于靠近CBD。它也有更大的扩展空间来支持从事熟练劳动力工作的人口。③高阶层——高档住宅区往往位于中级住宅区的外围郊区。该地区也与外围商业区相连。这个地区的人们从事的工作通常是技术熟练的劳动岗位，而且收入很高（图3.6）。

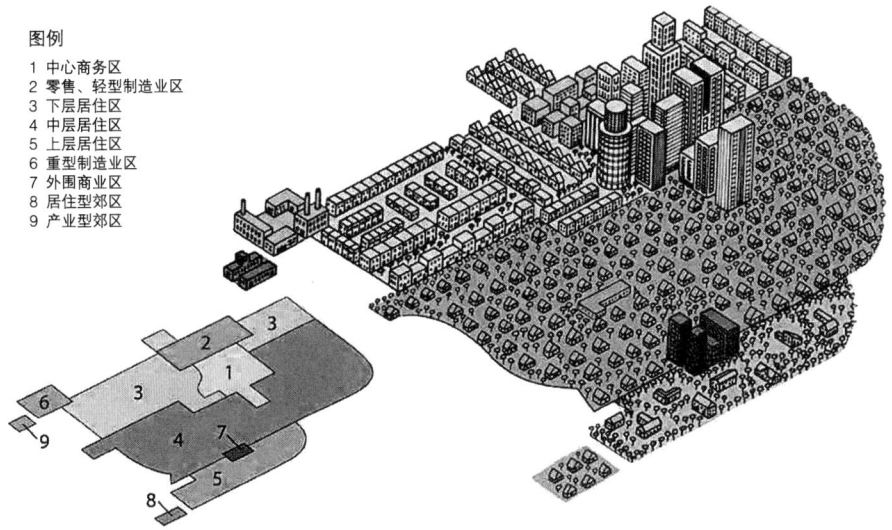

图例
1 中心商务区
2 零售、轻型制造业区
3 下层居住区
4 中层居住区
5 上层居住区
6 重型制造业区
7 外围商业区
8 居住型郊区
9 产业型郊区

图 3.6　哈里斯和乌尔曼的多中心模式空间结构形态示意

来源：https://www.aboutcivil.org/sites/default/files/2017-12/Multiple-Nuclei-Model.jpg

和其他一些模式不同，多核心模式考虑了北美城市权力下放（decentralization）的各种因素。距离衰减理论（distance decay theory）仍然可以适用于该模型，即可土地价值和人口密度随着到中心位置的距离增加而下降。

对多核心模式也有一些批判，包括：忽略了建筑高度；分区之间不存在突然的分割；不了解惯性力；不考虑自然地形和政府政策的影响；每个分区实际都表现出明显的内部异质性，而不是模型中的同质性。[1]

---

[1] Philip Chesney，Will Amsbaugh. Multiple Nuclei Model[EB/OL]．https://cpb-us-e1.wpmucdn.com/cobblearning.net/dist/0/1338/files/2015/12/Multiple-Nuclei-Model-qbkhw1.pdf，2022-01-17.

1.2　城市空间结构的当代理论

经典的城市空间结构理论和模型仍然在不同学科发挥作用，而随着城市的发展变化，也出现了新的当代的理论解释。

1.2.1　多核心的大都市区域模式

美国社会学家马克·戈特迪纳和规划学者雷·哈奇森在他们的《新城市社会学》一书中采用了"多核心的大都市区域"概念，是对芝加哥生态学派"多核心模式"的扩展，由城市扩展到了大都市区域。因为所有经典模式的一个共同假设是，城市仍然是主宰其他所有地区的中心之地。近年来，这一思考城市化地区的方式已经式微，集中于个体城市的单一中心的认知已经逐渐让位于区域观点，后者强调在更大的大都市区域内多个中心的相对独立性。虽则生态学家关注区位，并关注社会活动在空间中的定位，但是他们对所观察到的活动和空间模式的生态学为基础的解释近年来已经被扬弃，新城市社会学胜出[①]。

1.2.2　城市空间结构动力机制解释理论

自 20 世纪 60 年代以来，曼纽尔·卡斯泰尔（Manuel Castells）采用（新）马克思主义方法研究城市问题。他指出，在日益严峻的城市空间隔离和碎片化发展下，城市运动的频发意味着城市空间已然成为不同群体或阶层间权力冲突的战场，冲突的焦点由工厂等生产部门向以住房、公共空间为主的消费部门转移[②]。城市学者基于新马克思主义理论修正了新古典经济学有关城市空间动力机制的观点，指出资本的流动和积累是城市发展的动力根源，而非集聚经济、消费市场自主选择的结果，资本通过物质空间的扩张和重构释放累积过程中出现的需求压力。[③] 大卫·哈维提出了资本主义制度下城市过程的分析框架[④]。

西方资本主义生产方式下，私营部门这股市场势力在制造业、工业、开发建设等领域的经济活动中掌握更多的主动权，被认为是城市空间真正的塑造者。[⑤] 城市政府在资源支配方面的能力有限，同时受制于政治经济体制，政府在扩大城市税收、提高竞选影响力、推动公共政策等方面需要私营部门的支持，因此，政府和私营部门、社会精英之间会形成"增长联盟"，这是约翰·洛

---

① M.Gottdiener, J.Feagin. The Paradigm Shift in Urban Sociology[J]. Urban Affairs Quarterly, 1988（24）: 163–187.

② Manuel Castells. The Urban Question: A Marxist Approach[M].Translated by Alan Sheridan. Cambridge, Mass.: MIT Press, 1977.

③ David Harvey. The right to the city[J]. International Journal of Urban and Regional Research, 2003.

④ David Harvey. The Urban Process under Capitalism: A Framework for Analysis[J]. International Journal of Urban and Regional Research, 1978.

⑤ Joe R. Feagin, Robert E. Parker. Building American Cities: The Urban Real Estate Game[M]. Englewood Cliffs, NJ: Prentice Hall, 1990.

根（John Logan）和哈维·莫洛奇（Harvey Molotch）的城市增长机器（the city as a growth machine）理论[1]。政府也会制定利于资本增值的公共政策，房地产商便是城市政策的受益者之一。

1.2.3　城市收缩理论

城市收缩（urban shrinkage）理论目前还在形成当中，本书第5章对全球化时代的城市收缩有较深入的分析，这里仅就城市收缩理论的提出时间、主要观点略作述介。

城市收缩概念最早由德国学者提出，主要基于对德国城市的观察。尽管一些东德城市，如莱比锡，过去曾作为城市收缩和城市复兴的案例研究，除了一些描述性研究外，对东德或后社会主义城市（post-socialist cities）的时空模式，特别是城市人口增长和下降的驱动力的综合统计分析仍然缺失。一些学者对描述德国城市收缩中人口和经济发展的严格的并行性提出质疑。如鲁尔地区几个城市和东德城市的案例证明，尽管人口规模有所下降，但由于现代工业和商业服务的大量存在，城市经济增长是可以实现的。

城市收缩问题已经成为整个欧洲的新"常态"：大量城市地区已置身于人口流失的城市之列。根据最近的研究，几乎42%的欧洲大城市目前正在收缩。在东欧，收缩的城市占绝大多数——这里有3/4的城市在报告人口减少。收缩已被证明是一种非常多样且复杂的现象。一个城市地区如若出现持续不断的大量人口流失，则可被归类为一个不断收缩的城市。因此，虽然这里使用的收缩指标相当简单，但过程的性质及其对受影响城市地区而言的原因和后果是多方面的，需要进一步详细解释和理解。

在这样的背景下，城市收缩在空间和时间上表现出不均匀性。城市收缩的原因是多种多样的，欧盟内外呈现出"城市收缩的多元化世界"。提供了一个城市收缩的原始过程模型，将其原因、影响和动态结合起来，并将其置于基于当地的城市轨迹中。"一刀切"的收缩解释方法无法实现。为了取得进展并保持相关性，人们应该从以结果为导向转向以过程为导向的城市收缩研究。

比较城市收缩的后果是一个复杂的问题。城市发展的各个方面，如住房、地方经济、劳动力市场和基础设施，通常受到许多不同因素的影响，包括城市形态、产业结构、（超）国家和地区监管机构、地方文化和社会极化程度。因此，在探索一种特定类型的基础设施（如住房）时，往往无法将收缩本身的影响和其他因素隔离开来（图3.7）。此外，城市收缩的演变起着巨大的作用：收缩是长期发生的还是突然发生的？它影响了整个城市还是只影响了其中的某些部分？城市收缩的后果是极其复杂的，存在多种情形。

---

[1] John R. Logan，Harvey L. Molotch. "The City as a Growth Machine"，Urban Fortunes：The Political Economy of Place[M]. University of California Press，1987.

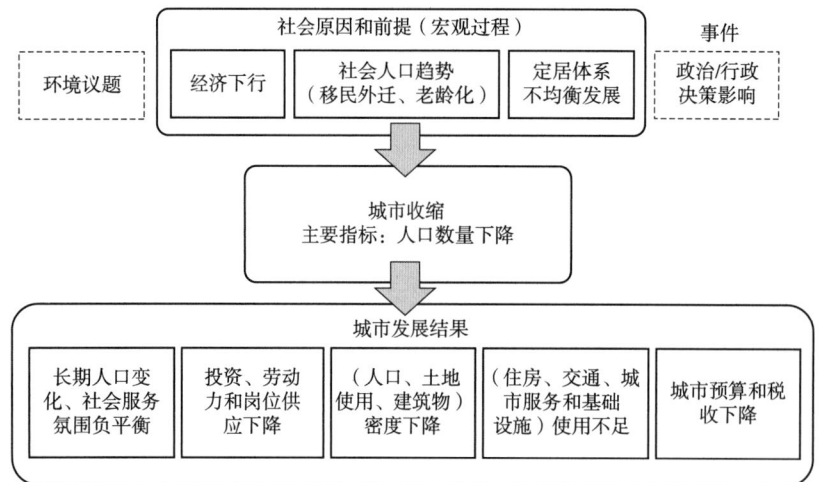

1.3 城市空间结构的研究方法

随着现代科学方法下的测绘记录和研究方法的不断改善，近年来随着城市空间研究数据源的扩充，涌现出一些基于地理大数据的城市多中心结构研究。新型数据源包括百度、高德等多个开放的地图的 POIT-SJ、AOI、建筑体量等。这类数据源的应用多兴起于 2010 年之后，因而也有部分基于新数据的短序列空间演化研究。整体而言，多源数据架构在区域、城市的多中心结构识别中的研究价值开始受到重视，产生了用地、交通、建筑密度等多种空间表征数据结合的城市中心结构研究。由于城市的空间数据、夜光遥感数据等大多为各类城市社会活动的综合性反映或表征，极大地提高了人们对于城市化地区空间发展特征和规律的（自然和社会）科学认知。

第2节 交通驱动的城市结构形态变迁

交通驱动的城市结构形态本质上是在讨论土地开发和交通技术的关系。城市结构形态的演变总是以交通为骨架展开，结构变化的幅度和交通方式、交通基础设施的效率成正相关。城镇内部交通包括主干道、轻轨、地铁等。城际交通方式包括陆上交通（例如高速公路、公路、铁路、高铁等）、水上交通（例如运河），以及海上和空中的交通，也就是海陆空立体化发展格局。当然，对特定的城市和城镇来说，可能只是采取上述交通方式中的部分形式。

世界范围内，城市城镇结构形态的发展都和交通建设密不可分。20 世纪上半叶，美国的铁路和高速公路建设都深刻地改变了美国城镇的经济版图以及城镇结构形态。对于 20 世纪 60 年代的日本、20 世纪 70 年代末之后的中国来说同样如此。我国近 40 余年在交通基础设施规模、运输服务质量等方面取得了前所未有的成绩，这对于我国城市结构形态变迁的作用是举足轻重的。

2.1　20 世纪的高速公路和扩张的城镇结构

随着 20 世纪的国家地区日益沿着公路发展，通常每隔一定距离就有一个主要的城镇或城市，这个距离因国家地区而异；不同国家有不同的规范。也许人口和城镇地点的分布可以显示一个国家地区的发展和成功程度。至于高速公路，起初它是和 20 世纪西方资本主义国家的汽车产业发展相辅相成的交通设施，后成为国家重要的基础性、先导性、战略性、服务性基础设施，是交通运输先进生产力的代表，美国人称之为"影响到每个人的生命线"，日本人称之为"关系国家兴亡的道路"，比利时人称之为"国家经济大动脉"。中国人认同"要致富，先修路""道路通，百业兴"，其中也包括高速公路。

2.1.1　欧美（高速）公路和城镇居住形态

芝加哥社会学派的麦肯齐认为，交通技术变化在产生城市社会的空间模式中是关键变量，他在《大都市社区》导言中还特别述及大都市和汽车交通的关系[1]：

以前的独立城镇和村庄，以及农村地区，已逐渐成为这个扩大的城市综合体的一部分。这个新型超级社区，围绕一个支配性的焦点被组织起来，并由许多分化的活动中心组成，在其制度性的劳动力分工的复杂性及其人口的流动性方面，它不同于由铁路交通建立起来的大都市主义。它的领土范围是依据汽车交通和其他区域的竞争限定的。

基于小汽车交通的郊区化是美国大都市主要的空间特征之一，对此有多方面的解释。消费主义文化和中产阶级生活方式的塑造，以及住房市场中消费者和商人的行动，创造出了对于郊区定居空间模式的规模巨大的需求。不仅有私人资本，还有国家住房政策计划和资本对住房消费的引导。大型建筑公司和金融机构游说其他产业资本投入建成环境，这些公司和机构是美国住房计划和高速公路的主要利益获得者[2]。

当然，郊区化的定居模式还得到了交通技术革新的帮助。除了麦肯齐之外，许多地理学者和城市社会学者也都将这个观点作为美国城市空间模式的一个解释。美国城市蔓延的形态既是内城白人家庭向郊区迁徙的社会结果，也是

① R. McKenzie. The Metropolitan Community[M]. New York：McGraw-Hill，1933：6-7.
② Barry Checkoway. Large builders，federal housing programmes，and postwar suburbanization[J]. International Journal of Urban and Regional Research，1980，4（1）：21-45.

小汽车产业和（高速）公路建设的技术产物。小汽车和公路交通帮助实现了城市的去中心化和中产阶级的价值观。其实，早在 20 世纪 20 年代末，新泽西州北部郊区、距纽约市 12 英里（约 19.3 公里）的雷德朋（Radburn）社区就被其支持者赋予"town for the motor age"（汽车时代的城镇）的噱头，这个社区既受英国田园城市理论的影响，又是基于克拉伦斯·佩里（Clarence Perry）当时新提出的邻里单位（neighborhood unit）原则规划的。1929 年，佩里在编制纽约及其周边地区的规划（the plan for new york and it's environs）时提出了邻里单位概念，他是较早意识到汽车交通将会给城市规划带来巨大变革的先驱之一。

交通技术在郊区化中最终发挥了深远的作用。尤其在 20 世纪 20 年代之后，人们向郊区的迁移，得到了小汽车大量生产和消费的极大帮助。在那个时期以前，区域大都市空间以星形形态被组织起来，伴随着最大的发展沿着铁路走廊的指状地带分布。私人小汽车使得开发商能够横向开发然后填充铁路主线轨道之间的空白地带。20 世纪 20 年代，2300 万辆小汽车在美国注册，并且这个数字在十年之后增加到 3300 万。"到 1940 年，美国小汽车注册率超过了每千人 200 辆，并且人们的小汽车平均拥有数量已经上升到不满 5（1920 年是 13）个人即有 1 辆车了"[①]。

美国国家公路网的建设既受到市场高额利润的内在驱动，也和美国国土广袤有关，相对于铁路线的固定束缚，高速公路和汽车的组合选择对流动性大的家庭和个体来说更为自由。因此，除了郊区化以外，移动居住也是美国的社会文化景观之一。1910 年，美国开始批量生产第一批拖挂式房车，房车产业也于这一年正式诞生。拥有供电和自来水的房车露营地成为一种季节性的城镇，人们在这里停车、居住和社交。目前，美国大约有 800 万个家庭选择流动居住，美国的（高速）公路为这种流动性提供了极大的便利。由此，高速公路形塑了和美国地理相适应的独特的流动的城市结构。分散的定居点，散落在（高速）公路旁，犹如微型的社会原子，却也建立起了人和自然的微型互动系统。

高速公路的发展还催生了公路电影（road movie）这一具有典型美国特色的文化产物。美国的公路电影或公路片不胜枚举，比较著名的影片有《得克萨斯州的巴黎》（1984）、《末路狂花》（1991）、《绿皮书》（2018）等，浓缩反映了 20 世纪美国的种族歧视、性别不平等、犯罪、家庭解体等突出的社会问题。

---

① Peter O. Muller. Contemporary Suburban America[M]. Englewood Cliffs，NJ：Prentice-Hall，1981：
39.

2.1.2 中国的高速公路和绵延的城镇带

高速公路引入我国的过程，本身就是改革开放初期思想解放的过程。高速公路初期名称为"汽车专用公路"，最早建成的济青、京石等一批实质上的"高速公路"，都是以"汽车专用公路"的名义立项，通车后才陆续改称为高速公路。

（1）高速公路网络形成

有发达国家半个世纪建成的高速公路网作为模板，我国自1984年第一条改扩建的高速公路沈大高速公路开工建设，揭开了中国高速公路从无到有的序幕，此后用30多年时间建成了世界最大的高速公路网，2017年底，全国高速公路里程已达13.6万公里，位居世界第一。交通是经济社会发展的先行基础，高速公路发展对国家经济社会发展和城镇化具有提速和助推作用，反过来，经济社会和城镇化的快速发展又为高速公路建设提供了强劲的需求和动力。1978年，全国公路通车总里程89万公里，公路密度9.27公里/百平方公里；2017年底，全国公路网密度达49.72公里/百平方公里。顺畅的交通打通了城市发展的动脉。

（2）高速公路建设带动城市和城市群发展

城市化中国和交通强国是同步兴起的。高速公路建设投资不仅直接拉动了经济增长和关联产业发展，也显著改善了城市和区域的生产力布局和产业结构，对改善投资环境、加速市场化进程、提高经济供给效率、加快城市群形成等发挥了显著作用。高速公路沿线逐步演变为产业带，重要节点通常成为产业园区和商品集散地。位于京沪高速公路中间的临沂市就是因路兴城的典例，从过去的贫困小城跃升为全国排名第三的商品批发市场群落和重要的物流中心。

伴随着公路拓展、高速公路网形成，中国的城市群开始崛起，经济圈逐步扩大。1997年，广深高速公路正式通车运营，跨越珠江口两岸，形成了广州、东莞、深圳经济走廊。畅通的高速公路不仅为地方经济发展带去了机遇，还为企业经营降低了成本，拓展了空间。广深高速一度成为反映当地经济发展机遇的标志，为地方引进外资、工业园招商提供了交通便利。1997年至2017年的20年间，广深高速的日车流量由1997年的7.11万车次增至2017年的55.06万车次，促进了广州、东莞、深圳及香港四地的经济贸易往来及社会繁荣发展，见证了珠三角世界级城市群的崛起。

辽东半岛南端，大连港港阔水深，万吨货轮畅通无阻，是东北地区最重要的综合性外贸口岸。从2003年开始，运输方式开始改变，由铁路运输为主转为公路运输为主。依托沈大高速公路，港口装货后车辆几分钟就能上高速，基本实现了1天时间对东北地区的物流全覆盖。也就是说，和沈大高速公路发展对应的是哈长城市群。

但是，需要注意的是，纳入高速公路网对边缘城市的经济发展具有显著的负面作用。因为高速公路导致地区间运输成本下降，从而导致边缘城市的工业经济不断向中心城市聚集，也便利了经济落后地区人民的自由迁徙。

2.2 铁路沿线的城镇结构扩张

19世纪30年代，蒸汽机车在英国刚刚被改良。1830—1920年间，最重要的技术革新是铁路钢轨和蒸汽机车的共同发展，它完成了商业、资源和人口的长距离运输。铁路不受地形地势、河流贸易的路径或天然贸易模式的束缚，几乎可以在任何地方建造，也可以在沿线选择合适的地方建造城镇。尽管铁路的运输时间长、车辆周转慢、货物分转倒运常常造成货物损害，难以满足客户对物流灵活性和可靠性的要求，但是铁路运输费用比公路运输要低30%左右。

2.2.1 铁路边上兴起的美国城镇和城镇化

19世纪20年代之前，美国城市人口相当稳定，大约保持在全部人口的10%。1812年战争（即1812—1815年的美国第二次独立战争）之后，城市开发沿着五大湖和俄亥俄河谷以网络化城市的形式继续。此后，城市化爆发，直到20世纪30年代才减缓。根据1920年的人口统计，美国所有人口的一半以上早已生活在城市中。也就是说，在1820年之后的一百年里，美国已经转变成了一个城市化的国家。美国现存的153座主要城市中，只有9%是在1910年后建造，75%的城市在1840年后已经建立（例如，后文提到的拉斯维加斯正式建市是1905年5月，而1888年联合太平洋铁路通达，使这里逐渐兴旺，先是建立起来一个小镇），而此时铁路作为一项基础设施已经成熟。铁路串联起了美国中西部的众多小市镇，并通过货物、人员的流动潜在改变了当地的社会生活状态。

例如美国作家辛克莱·刘易斯于1920年发表的经典作品《大街》着力描绘的格菲儿草原镇，距今一百年前，"格菲儿草原镇就在明尼苏达州盛产小麦的大草原上，那镇里总共能有三千多人呢"。生于斯、长于斯的男主人公肯尼科特医生，在圣保罗和明尼阿波利斯市读书求学九年，但是于他而言，"我觉得我要是在格菲儿草原镇的话说不定还能做些什么，但是在这么一个有着二三十万人口的大城市里，我就像是狗背上的一只小虱子罢了。"[①] 肯尼科特医生夫妇正是搭乘拥挤的火车回到格菲儿草原镇，开始了他们的小镇生活。

美国西部开发的历史颇能说明交通技术在城市扩张时期的巨大作用。只有在交通（公路、铁路）和通信基础设施（电报缆线）到位之后，土地作为一

---

① （美）辛克莱·刘易斯. 大街 [M]. 潘庆，译. 福州：福建人民出版社，1994.

项资本投资才得以实现。交通技术逐渐成为一个明确的手段，原本集中在东海岸大城市里的资本投资者竞相在边疆建造新的城市。铁路企业家们同时也是城市建造商，例如美国实业家利兰·斯坦福（Leland Stanford）[1]等人。以伊利诺伊中央铁路（Illinois central railroad）为例，该铁路是美国中部地区的一个铁路网（main line of Mid-America），它的发起者也是多产的城市建造者。1850年，铁路线的附近有10座城镇。经过10年扩张，有了47座城镇，及至1870年有了81座城镇。

美国历史学者格拉布（Glaab）和布朗（Brown）认为，由于铁路的建造在相当程度上依赖来自地方社区的补贴，铁路领导者们情愿和相互竞争的多座城镇讨价还价，以便获得以股票认订、证券发行和路权等形式的最佳可能交易……和中西部及更远的西部地区相关联的"后援主义"主要是19世纪晚期城市竞争的一个遗产。[2]当伊利诺伊中央铁路的实业家们和现有城镇的政客们在路权方面不能达成补贴协定时，他们仅在附近建造自己的城镇。例如伊利诺伊州的香槟城（Champaign），直接由铁路公司建设，毗邻已存在的城镇厄巴纳（Urbana）。美国城市化的边疆神话和财富美国梦是合作的政府官员和冒险的资本家共谋的结果，如同社会时空观点提出的，城市成长、变化和发展是经济、政治和文化因素结合的结果。内陆腹地发展不仅仅是新兴的交通运输技术应用的结果。早期的向西扩张，既高度地依赖交通技术的发展，也高度地依赖政府，通过有组织的政府活动和军事干涉，保护白人定居者免遭被夺走土地的美国土著居民的袭击。

2.2.2 日本东京的市域铁路

自1923年日本关东大地震和太平洋战争爆发以来，东京的主要道路网络已通过复兴规划形成。1945年"二战"结束以后，日本城镇化兴起，由于东京都的人口增加，20世纪50年代中期的高经济增长时期开始建设郊区。国营铁路和城市近郊私营铁路的网络形成先于城镇化，轨道交通骨架为初期国土成型创造了条件，提高了公共运输供给能力和效率，优化了人口、产业布局，逐渐形成了其特有的、以轨道为基础的大城市结构（图3.8）。可以说，多主体、多层次、高密度、高运量的轨道交通体系引领了东京都市区的发展（表3.1）。

日本东京都市区（Tokyo metropolitan area）约有3800万人口，通勤主要依靠轨道交通，东京轨道交通出行量占公共交通出行总量近80%。在东京的轨道交通系统中，地铁总里程只有约300公里，市域铁路则超过了2000公里，占到东京轨道交通里程八成以上，承担的客流则超过七成（表3.1）。目前，

---

① 利兰·斯坦福夫妇也是美国斯坦福大学的创立者。
② Charles N. Glaab，A.Theodore Brown. A History of Urban America[M]. New York：Macmillan，1967：112.

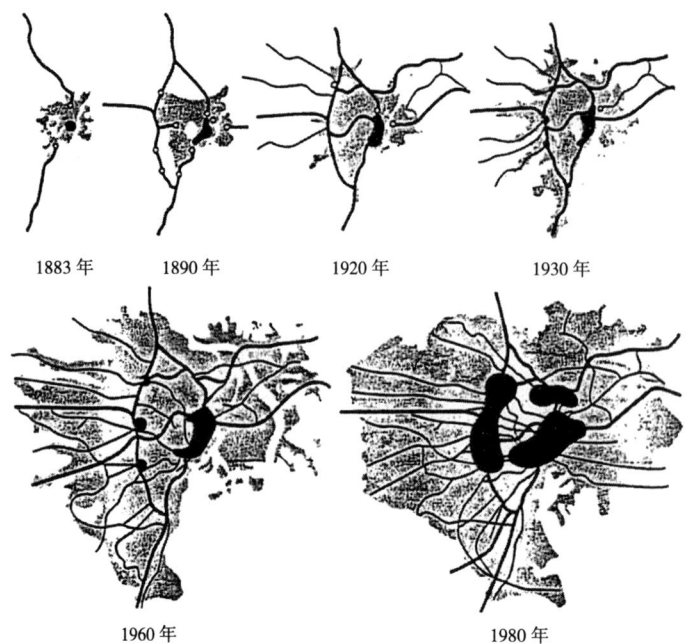

1883 年	1890 年	1920 年	1930 年

1960 年	1980 年

图 3.8 东京都市圈铁路网演变和城市扩张的关系

来源：日本统计研究所，大都市交通报告

东京轨交有 JR、东京地铁、都营地铁三大主要运营商，另有西武铁道、京王电铁等十余家私铁公司。从其服务范围来看，可大致分为联系市中心内部地铁、联系市内—市郊的市域快线及其他辅助线路、联系市内到其他城市的新干线三大类别。[①] 市域铁路主要服务于中心城市城区和周边城镇组团及组团内部的通勤客流。和地铁相比，市域铁路最大的特点是速度更快、站间距更大、运输模式更灵活，造价也更低。

东京铁路网和人口增长（1880—1995 年）　　　　　　　表 3.1

年份	轨道长度 （公里）	东京 23 区的人口 总数（万人）	每万人轨道 公里数	东京都市区人口 总数（万人）	每万人轨道 公里数
1880	26.9	100	0.26		
1890	235.8	140	1.68		
1900	562.5	180	3.13		
1910	720.2	200	3.60		
1920	887.7	217	5.71		
1930	1242.2	207	7.70		
1940	1432.6	677	2.64		
1950	1491.0	583	3.42		

---

① 变迁中的东京都市圈，变迁中的"新城"[EB/OL]. https://mp.weixin.qq.com/s/WvpVRuScT70-Dhk4o4Au-A, 2019-08-05.

年份	轨道长度（公里）	东京 23 区的人口总数（万人）	每万人轨道公里数	东京都市区人口总数（万人）	每万人轨道公里数
1960	1530.1	831	2.27		
1970	1699.3	884	1.92	2147	0.79
1980	1873.5	835	2.24	2584	0.72
1990	2025.5	816	2.48	2865	0.71
1995	2143.0	796	2.69	3198	0.67

注：轨道长度即政府铁路、日本国铁（JNR）、日本铁路公司（JR）、主要私营铁路、地铁、单轨铁路和新交通体系在十年末的总长度。

来源：《日本经济统计》《日本——百年事实和数据》以及日本统计研究所的《大都市交通报告》。Itsuki YOSHIDA. Relations between Urban Structure and Transport Planning in the Tokyo Metropolitan Area[M]. Journal of Geography（Chigaku Zasshi），2014 Volume 123 Issue 2：233-248.

2.3 高铁和城市、城市群的扩张

高铁是区域城市成长的一个重要的技术突变点，在密集的城市化区域，如果大量主要的集合城市相互处于 500 公里的距离内，则是高铁对空中旅行构成高度竞争的距离。高铁沿线上的单个城市的结构得以扩展，城市群得以强化。全球有 20 多个国家陆续建造了高速铁路，如法国、德国和西班牙等欧洲国家，以及日本、中国、韩国等亚洲国家，其中日本早在 1964 年就建成和开通了世界上第一条高速铁路东海道新干线。法国高铁系统（TGV）将巴黎和比利时布鲁塞尔、荷兰阿姆斯特丹和德国科隆等西欧发达国家大城市都连接起来。

我国的高铁起步较晚，到 2008 年才开通了首条高铁。随着经济实力的不断提升，我国高速铁路的发展突飞猛进。2014 年，高速铁路建设初成规模。截至 2022 年底，我国高速铁路营业里程为 4.2 万公里，位居世界第一。我国已经成为世界上高铁运营里程最长、高铁商业运营速度最快或较快、系统技术较为全面的国家。截至 2021 年，我国高铁已经运送了 14 亿客流量。我国在《中长期铁路网规划》中勾画了"八纵八横"的高速铁路网结构，即以沿海、京沪等"八纵"通道和陆桥、沿江等"八横"通道为主干（长途客运专线），以城际铁路（短途客运专线）为补充的高速铁路网，基本连接各省会城市和其他 50 万人口以上的大中城市，实现相邻大中城市间 1~4 小时交通圈、城市群内 0.5~2 小时交通圈（例如京津城际铁路）。高速铁路网的建设有力地推动了我国经济的快速发展，为交通运输出行提供了极大的便利。"复兴号"动车组在京沪高铁线上按时速 350 公里运行，京沪之间全程运行时间在 4.5 小时左右；广深港高铁香港段只有 26 公里长，却把香港连入了内地 4 万多公里的高铁网中。覆盖日益广泛的高铁网产生了巨大的经济社会效益和效应，催生了沿线的高铁新城和城镇。

但是也有研究表明，高铁开通之后，增加了社会流动性，提高了超大城市和省会城市对人才、资本的吸纳能力，而三四线城市的年轻人和产业也更愿意向中心城市流动，以获得更多的资源和市场支持。也就是说，高铁使得中心城市对周边的三四线城市形成了一种虹吸效应，高铁发展的背后是中国超大城市的崛起。很多中小城市曾经以为，通高铁之后会引来更多资源，可最后的结果很可能是大城市的吸附效应更趋明显，对中小城市的辐射效应反而难以体现。

2.4 地铁和城市的结构扩张及形态充实

每一种交通工具都有它的适用性、经济性和局限性，客流需求决定了交通形式是地面公交、公交专用道、快速公交系统（BRT）或者是轻轨、地铁。地铁投资大，适合大运量的交通走廊。地铁的存在缩短了大城市的时间和空间距离，给城市居民以及游客、访客带来了便捷的出行，并衍生出典型的城市用地扇形模式。随着城市地铁线网密度的提高，将可能进一步衍生出多中心的城市模式。

截至 2023 年 5 月，我国 31 个省（区、市）和新疆生产建设兵团共有 54 个城市开通运营城市轨道交通线路 292 条，运营里程 9652.6 公里。[①] 其中绝大多数是地铁线路，包括 4 大直辖市、5 个计划单列市、23 个省会城市（海口、拉萨、西宁、银川因人口规模较小，目前未修建地铁），以及苏州、无锡、东莞、佛山等经济大市。但是 2021 年的数据显示，在已开通地铁的城市中，只有北京、上海、广州、深圳、成都、重庆、杭州、西安、长沙 9 座城市，符合每日每公里 0.7 万人次的条件，其余城市均未达到日均客流强度标准，地铁的客流规模不足，使用效率不高。据交通部数据，地铁日均客流强度最高的四个城市中，深圳最高达到了 1.42 万人次 / 公里，广州为 1.3 万人次 / 公里，上海为 1.28 万人次 / 公里，北京为 1.16 万人次 / 公里。此外，上海、北京、广州的地铁里程按顺序位列前三，深圳地铁里程位居全国第六。

地铁的建设成本和建成之后的运营成本均很高。作为一种公益性的基础设施，绝大多数城市的地铁都需要庞大的财政补贴。即便是收益最好的深圳地铁，主要收入来源也不是票务，而是房地产、土地和物业收入等方面的投资收益，这些方面的收益占总营收的比例一度超过 70%。

随着都市圈时代的来临，中心城市的部分地铁项目，在跨城时可以"变

---

① 中国交通新闻网 . 5 月全国城市轨道交通客运量 24.9 亿人次 [EB/OL]. https://www.mot.gov.cn/jiaotongyaowen/202306/t20230607_3841646.html，2023-06-07.

身"城际铁路，为一般地级市创造了机会。2020 年 8 月，国家发展和改革委员会正式批复《粤港澳大湾区城际铁路建设规划》，广州地铁 18 号线和 28 号线以大湾区城际铁路的身份获批，被称为"跨城地铁"，18 号线纵贯了广州、中山、珠海、清远四个城市（2023 年 2 月获批），28 号线横贯了佛山、广州、东莞、惠州（支线连接）四个城市，分别有"湾区竖轴"和"湾区横轴"之称。这两条城际铁路的获批意味着，中山、珠海、清远、东莞、惠州等一般地级市，也拥有了跨中心城区的城际铁路或城市轨道交通。

至 2023 年末，上海的地铁从 1993 年开始单线运营到 20 条线（含磁浮线）交织成网，共设车站 508 座（含磁浮线 2 座），总运营里程达到 831 公里（含磁浮线 29 公里）[①]，中心城轨道交通站点 600 米半径覆盖率达到 40.9%，拥有了运营里程、列车数量、全自动驾驶规模三个"世界第一"。上海轨道交通占城市公共交通客运量的比重从 2013 年的 47% 提高到 2023 年的 76%。上海地铁线网的总体优化提升了城市基础设施和服务的现代化水平，在畅通交通大动脉、织密市域交通内网、方便市民和游客出行、进一步降低通勤成本等方面发挥了作用。上海地铁网络的日益完善和大都市深度发展在结构上相辅相成。

2.5 航空和城市的结构性扩张

机场是城市的开放口岸，机场群则是区域发展的依托，一个完整的区域机场群通常由国际枢纽、区域枢纽、大型机场和中小型机场构成，呈现为"大核多心、层级清晰、分工全面、覆盖广泛"的结构。例如长三角机场群，目前由长三角地区 16 个机场组成，年旅客吞吐量和货物吞吐量分别占全国近 1/5 和 1/3 强，极大地促进了长三角世界级城市群的社会经济协同和协调发展。

机场满足客货运输需求是一个方面，更重要的是形成新的经济增长点，带动经济社会全面发展。1999 年，上海浦东国际机场一期工程竣工通航，使得上海成为我国第一个拥有两座大型机场的城市。国内拥有两座国际机场的城市还有北京、成都、南京。重庆面积大，相当于一个省的体量，因此拥有重庆江北国际机场、万州五桥机场、重庆巫山机场、黔江武陵山机场、重庆仙女山机场等多个机场。

机场和城市空间结构具有密切关系，往往决定或制约了城市的局部发展。例如，山西太原武宿国际机场离市区太近，一定程度阻碍了太原南部的发展。又如在市区且超负荷运行的厦门高崎机场，未来将搬到翔安区大嶝郊区的厦门翔安国际机场，发展余地更大，而高崎国际机场地区将面临新的开发。位于城

---

① 《上海年鉴》编纂委员会. 上海年鉴 2023[M]. 二十一、城乡建设与管理（四）城市交通，上海：《上海年鉴》编辑部，2023.

阳区的青岛流亭国际机场于 2021 年 8 月向西北方向迁至青岛胶东国际机场，使得机场定位由原先的普通干线机场提升为区域性门户枢纽机场，而关停后腾出的 33 平方公里的流亭片区土地将被用于新的综合开发，成为地区新的功能节点。

2.6　运河和沿线城市兴衰

在工业化及其之前的时期，运河对于城市和城市群结构的影响巨大。运河不但成就了威尼斯、阿姆斯特丹等城市的空间结构特色（图 2.1），毫不夸张地说，由于内河航运的经济价值，一些重要的运河决定了一个地区、国家、区域的经济命脉，例如苏伊士运河是埃及经济的"生命线"和"摇钱树"。1869 年运河修筑通航之前，毗邻的唯一重要聚居区只有苏伊士城，沿岸的其他城镇基本在运河建成后才逐渐发展起来。在英国，位于曼彻斯特的布里吉瓦特运河（Bridgewater Canal）在 1761 年完工后的成功，为 18 世纪末的英格兰带来了一阵兴建运河的热潮。因为运河提供了容易控制的行船环境，运输货物不仅更加安全，也加快了运输速度。

2.6.1　伊利运河推动纽约的崛起

美国在 1812 年战争之后，通往西部的最短路线有两条公路——从巴尔的摩出发的"国家公路"和从费城出发的"匹兹堡大路"——但是这些联系对于处理内地大量的农产品来说是不够的；替代路径是，采用船运，经密西西比河，向南运到新奥尔良，这使得新奥尔良这座城市成为当时最重要的出口中心。运河可谓应运而生。

由于边疆向西部扩张，纽约市面临着衰退。1817 年，纽约的实业家们开始建设伊利运河（Erie Canal），伊利运河位于美国纽约州西北部、纽约市北部，全长 364 英里（约 584 公里），自东向西，将哈德逊河上游的奥尔巴尼（Albany）和纽约州西部伊利湖（Lake Erie）东岸的城市布法罗（Buffalo，又称水牛城）连接起来。这是一个大胆的手笔，是纽约到内陆腹地的最有效连接。随着运河的开通，布法罗成为中西部大湖区域的一座内陆港口。1825 年运河竣工，且大获成功，以至于在全美国激起了一场建造运河的大流行。伊利运河后来曾数度扩建，包括 1909 年的改建。从伊利运河开始，纽约城作为农产品的一个出口地点，和新奥尔良有效地展开了竞争。

伊利运河的建立，使五大湖的水运和纽约港连通，成为纽约州通航的运河系统的主要水道，由伊利湖到纽约的货运，只需要从前 1/10 的费用，使得当时比费城和波士顿小得多的纽约，迅速发展成为全国最大的港口和城市。伊利运河的开凿对美国东部经济及纽约的发展起了重大的促进作用。伊利运河不只是第一条提供了美国东海岸和西部内陆快速、大运量的货运通道，比当时最常用的以牲畜拉动的拖车还快许多，也将沿岸地区和内陆地区的运输成本降低了95%。快捷的运河交通使得纽约州西部更便于到达，因此也造成中西部的人口快速增长。

伊利运河带来的一个直接影响就是纽约市的人口开始爆炸式地增长。1820年纽约的人口为123700，费城的人口是112000；到了1860年，这两个数字就变成了1080330和565529。同样令人吃惊的是，纽约作为一个港口城市的迅猛发展：1800年，美国的外来商品只有大约9%通过纽约港进入美国，到了1860年，这个比例已经跃升到了62%。

伊利运河的开通一定程度上使得纽约成为经济和金融中心。一条运河改变了一座城市的命运，也创造了一个国家的历史。伊利运河将五大连湖串联起来，使得以纽约为代表的商业重镇和西部传统的农业地域之间的运输时间和成本大为缩减，再利用纽约天然良港的优势，打通了美国东西部，并借助和世界相连的水上通道，使得美国农产品畅销世界。纽约的地位的确立，也间接导致了华尔街作为世界金融中心地位的逐渐确立。

2.6.2　京杭大运河带动沿线城市

在我国，历史上的京杭大运河始建于春秋时期，从开凿到现在已有2500多年的历史。大运河沟通南北物产，连接商品流通，还促进了人才的流动，带动了沿线城市的发展，堪称是一条"黄金水道"，对中国南北地区之间特别是对沿线地区的工农业、经济、文化的发展交流起到了巨大作用。2002年大运河被纳入"南水北调"东线工程，2014年被列入世界文化遗产名录。

京杭大运河南起余杭（今杭州），北至涿郡（今北京），纵贯中国南北，途经浙江、江苏、山东、河北四省，历史上流经北京、通州、天津、杭州、镇江、清江、扬州、台儿庄、临清、苏州、湖州、宣城、淮安、徐州、聊城、济宁、德州、沧州等几十座城市，贯通海河、黄河、淮河、长江、钱塘江五大水系，主线全长近1800公里。大运河沿线城市中很多后来都成为经济发展的重镇或城区，并形成了商圈。许多城市因运河而生，例如长江和京杭大运河交汇处的聊城，河水面积占城区的很大部分，被称为"江北水城，北方水上威尼斯"，其水资源的丰富程度在北方城市里非常少见，这和京杭大运河的功劳密不可分。而苏州、常州、扬州诸地，随着运河的开通，都出现了水多、粮丰、物产丰富的景象。

当前，京杭大运河的通航里程主要分布在黄河南侧的山东济宁以南地区和江苏、浙江，与长江三角洲主要内河航道网相连接，构成中国"北煤南运"和地区物流与外向型经济的运输大通道，是中国综合运输体系的重要组成部分。济宁以北至京津河道自20世纪70年代始就已经完全断航。

现在的大运河，除了货客运输外，还可以增加输水、旅游观光两个用途。通过加宽加深河道，增大水的流量和流速，不但可以增大船舶运输能力，还能增强南水北调力度。2023年4月，全长约1794公里的京杭大运河已全线通水。

第3节　产业驱动的城镇结构形态变迁

为什么一个特定的行业集聚在一个特定的地方？这可能是历史偶然事件的影响、循环累积的自我实现机制和预期的作用。历史和偶然事件是产业区位的源头，而循环累积过程犹如滚雪球般的效果导致产业长时期地锁定在某个地方。城市的起源和成长同理。城市是生产要素的集聚地，正是各种优质生产要素在空间上的集聚，造就了城市的不断扩大和成长。

城市和产业共兴衰。历史表明，一些功能单一的城市因何产业而兴，也往往因何产业而衰，除非城市找到了其他接续替代的产业。产业的类型构成丰富，包括商贸产业、资源型工业产业、房地产业、文化旅游产业、创新产业等，由此也产生了由各类产业驱动的城镇结构和形态的形成和变迁。产业驱动表现为——产业发展时城市形态结构的扩张，产业衰退时城镇形态结构的收缩。

3.1　商业贸易驱动的城镇结构形态

商贸型城镇是最常见的城镇类型。大多数的城镇、城市最初就是商业贸易聚集的结果。即使最初主要由于政治、军事、宗教等因素形成的城、镇，商贸产业也是必然的伴生物，并有助于加强其原有的功能地位。随着人口和贸易的规模持续扩大，城镇和城市的功能日益分化，空间范围不断扩展，结构形态也日趋复杂。

3.1.1　商业贸易、区位和流通催生了城市等级结构体系

商业贸易的开展和城镇的地理区位密切相关，借助于人员交通和货物流通，得以强化、改善和创造某些特定区位的价值。

由前面可以了解，纽约是怎么通过伊利运河的修建，强化了其商贸地位，从而战胜了东北部的费城、巴尔的摩等竞争对手，并随着美国整体地位的提升，成为世界级的贸易中心城市；伦敦则是在旧的殖民体系中奠定了国际贸易的中心地位，经济发达、商业繁荣；汉堡因其港口成为德国北部重要的交通枢纽、历史上汉萨同盟（Hanseatic League）最重要的北海港口，并发展成为德国第二大城市和最大的外贸中心；阿姆斯特丹不但是荷兰的金融商贸之都，

也是欧洲乃至世界上最好的国际贸易都市之一；香港因自由贸易成为一座高度繁荣的自由港和国际大都市；迪拜则是中东地区旅客和货物的主要运输枢纽。这些案例表明，商业贸易不但促进了商贸城镇的形成、发展，并凭借区位和流通优势，促成了世界城市等级结构体系的形成，使得其中一些城市取得这个等级结构体系中的重要节点地位。

3.1.2　义乌的小商品市场和裂变的城镇结构形态

1978 年改革开放后，城镇和城市发展迅速，其中就有较多商贸流通型城市。因现代商业贸易驱动而整体改变城市空间结构形态、提升城市地位的案例中，义乌是相当典型而突出的一个。

义乌目前是全球最大的小商品集散中心。从改革开放之初一个资源匮乏的县城，跃升到 21 世纪国际化程度较高的现代商贸城市，义乌走了一条极不寻常的城市发展路径，其中最为关键的是，行政和商业贸易的作用发挥得非常彻底。义乌位于浙江中部、金华市东北部，1988 年撤县设市，属于省辖县级市，由金华市代管。2012 年，"义乌港"升格为"国际级"内陆港。2019 年，金华（义乌）被选定为全国首批商贸服务型国家物流枢纽，主要面向铁路口岸、公路港、航空港，为跨境电商、快递总部提供仓储配送、多式联运等服务。

义乌的发展大致经历了三个阶段，在其发展过程中，外来人口数量不断增加，城市建设用地规模和空间范围不断扩大，这些都是可以观察到的指标。

第一阶段（1978—1991 年），义乌市场经过了第一代至第三代的不断迭代发展，1982 年开始设立市场，属于村口集市型。市场内采用了"划行归市"的理念，把同类商品的摊位划归到一个交易区，商场内又分为数十个交易区。这样的经营理念增强了市场的集聚效应，商户之间竞争更充分，商品价格更透明。在十余年中，义乌城市建成区面积由 1985 年的 2.5 平方公里发展至 1991 年的 6.44 平方公里。

第二阶段（1992—2001 年），对应于义乌市场的第四代时期，中等商场型，依次是篁园市场、宾王市场，其中宾王市场 2011 年后废弃，原经营行业搬迁至篁园市场和国际商贸城。这一时期，外围的城西和城南生产制造业功能中心地发展壮大，形成一定规模的制造业集聚。随着城市建设和市场扩建搬迁，至 2002 年，义乌建成区面积达 38 平方公里。

第三阶段（2002 年至今），对应于第五代、第六代义乌市场模式——国际商贸城，定位为区域性的集商贸、仓储、物流、餐饮、娱乐、酒店、休闲、购物、配套住宅于一体的综合性商贸基地，巨无霸型。国际商贸城占地 420 亩（即 28 公顷），建筑面积 33 万平方米，拥有五个区，商品种类齐全，为零售商提供一站式购物体验。

2011 年，义乌建成区面积已达 90 多平方公里[①]，2022 年 12 月为 102 平方公里。根据义乌市第七次人口普查结果，全市常住人口 1859390 人，和 2010 年第六次全国人口普查的 1234015 人相比，十年共增加 625375 人，增长 50.68%，年均增长 4.18%。这是堪称义乌裂变的速度。

义乌中心城区的空间结构为"一核三区"，"一核"即综合功能的核心城区，"三区"即三个功能新区，是义乌城市战略功能的承载区。义乌以小商品产业先行，产业服务次之，房地产最次，并在经济上逆袭金华，形成了强县弱市的格局。义乌的发展固然是商业贸易发展的结果，但是行政资源是其经济改革的首要推力。城市空间的结构拓展是制度、基础设施、产业布局等多方面共同作用的结果。

3.2 资源型工业产业驱动的城市结构形态

城镇为什么在目前的位置发展通常有充分的理由，理由之一便是独特的自然资源禀赋。因资源而兴的城市发展起来后也有其隐忧，资源型城市"一业独大"的现状不可避免地产生挤出效应，导致接续替代产业发展滞后。一旦资源开发接近枯竭，而其他各行各业通过连锁效应也会间接受到资源产业衰退的影响，从而出现"矿（资源）竭城衰"的现象。

3.2.1 南部和中部非洲因资源而快速形成城镇

对于非洲一些较大的定居地区，自然资源（如水、能源、铜、黄金和钻石）的位置在决定 19 世纪末殖民时代开始时人们首先定居之地非常重要。由于在南部和中部非洲发现矿藏，从而形成了全新的工业城市经济。城市地区开始迅速在工业工厂周围发展，并容纳了采矿公司的管理人员和工人。19 世纪晚期，吸引移民劳工的第一批矿产发现地是，南非的约翰内斯堡、威特斯瓦特斯兰（黄金）和金伯利（钻石），北罗得西亚（现赞比亚）的基特韦和恩多拉，以及刚果南部（现刚果民主共和国）的卢本巴希（铜和钴）。这些地区迅速发展成为工业采矿、冶炼和精炼城镇，为工厂创造了大量就业机会，并为周边农民提供了农产品市场。南非成为世界上最大的黄金生产国，其中大部分来自约翰内斯堡的采矿镇，该镇当时已有 25 万人口，使其成为撒哈拉以南最大的城市中心。相较于非采矿区城镇的逐步发展，采矿高速创造了城市工业文明，快速形成了城镇格局。

---

① 李松，崔大树 . 基于动态中心地理论视角的义乌城市空间结构演变研究 [N]，经济视角（中旬）. 2011（12）：181–182.

3.2.2　德国、美国的资源依赖型工业城市的兴衰

某种意义上，德国在北莱茵—威斯特法伦州境内的鲁尔地区（Ruhrgebiet）就曾遭遇这种影响。鲁尔地区形成于19世纪中叶，是典型的传统工业地域，被称为"德国工业的心脏"。鲁尔煤管区规划协会所管辖的地区，通常被作为鲁尔地区的地域界限，面积4593平方公里，占国土面积的1.3%。地区内人口和城市密集，总人口达570万，占全国人口的9%，核心地区人口密度超过每平方公里2700人；区内5万人口以上的城市24个，其中埃森、多特蒙德和杜伊斯堡人口均超过50万。鲁尔区南部的鲁尔河与埃姆舍河之间的地区，工厂、住宅和稠密的交通网交织在一起，形成连片的城市带。幸运的是，鲁尔地区已成功转型。

当然历史上更早遭遇"矿竭城衰"的还有美国早期的淘金小镇，例如19世纪下半叶繁荣的蒙大拿州比弗黑德县的贵金属和珠宝小镇班纳克（Bannack, Beaverhead County, Montana）[①]、加利福尼亚州的采金镇伯帝镇（Bodie, Mono County, California）等，这些早期的城镇在一个世纪后已经废弃。时至20世纪80年代，美国制造业萧条，形成了大量"铁锈带"（rust belt），和当时正在兴起的"阳光地带"（sun belt）形成了对比。"铁锈"一词是指去工业化、经济衰退、人口流失和城市衰退对这些地区的影响，这是由于曾经强大的工业部门的萎缩，特别是炼钢、汽车制造和煤炭开采等部门。这些产业部门具有相关性，钢铁业的衰落，也同时重创了煤矿业。

事实上，从20世纪50年代开始，美国铁锈地带就经历了工业衰退。美国制造业占美国GDP的百分比在1953年达到顶峰，此后一直在下降，主要影响美国东北部和中西部的某些地区和城市，包括艾伦顿（Allentown）、布法罗、辛辛那提、克利夫兰、哥伦布（Columbus）、泽西城（Jersey City）、纽瓦克（Newark）、匹兹堡、罗切斯特（Rochester）、托莱多（Toledo）、特伦顿（Trenton）、扬斯敦（Youngstown）以及新泽西州、俄亥俄州、宾夕法尼亚州的其他地区和纽约州北部。从20世纪末开始，这些地区经历了制造业工作岗位的淘汰或外包，在某些情况下，这些地区的局面目前仍在继续。

然而，需要指出的是，美国的资源城市衰落绝大多数不是因为资源衰竭，真正的原因是，"二战"结束后，石油开始取代煤成为美国的主要能源；另外，煤矿开采大规模机械化，不再需要那么多人手。再者，在全美范围内，由于联邦政府新法规和环保人士的抗议，加上天然气企业抢占能源市场，使得煤炭行业受到了围攻。

因此，在底特律、布法罗、匹兹堡等曾经著名的钢铁工业基地，尽管钢

---

① 从19世纪60年代到20世纪30年代，班纳克是一个繁华的矿业小镇。到了20世纪50年代，黄金开采水平已经下降，大多数居民都搬走了。

铁工业的资源条件包括水、铁矿、煤炭等资源仍然丰富，却面临经济转型带来的危机，20世纪70年代，"钢铁之城"匹兹堡遭遇严重的经济危机和失业潮。美国西弗吉尼亚州麦克道尔县首府韦尔奇（Welch，West Virginia），曾因煤产量全美第一，号称"美国煤仓"，繁荣时期被称为"小纽约"；从20世纪60年代开始陷入贫困，至今仍无起色[①]；肯塔基州的路易莎（Louisa）小镇，长期以煤炭开采为主业，煤矿以及燃煤发电厂为当地民众提供了生计，但是他们的生活也随煤炭行业一起陷入了困境。城镇功能和结构日益萎缩，留下废弃的街区、贫困的家庭和人口，有些城镇还面临失业、吸毒等严重的社会问题。

3.2.3　我国资源工业型城市的结构和形态

根据《全国资源型城市可持续发展规划（2013—2020年）》，我国有262个资源型城市，根据城市的可持续发展能力和资源保障能力两个指标，又可分为成长型、成熟型、衰退型和再生型这四种类型。所谓成长型，是指城市的产业和空间结构形态都处于生长之中，而成熟型是指城市的产业和空间结构形态已进入相对稳定状态，衰退型是指城市的产业下行，空间结构和形态有萎缩态势，再生型则是指城市的产业转型成功，空间结构和形态有再生的可能。

以河南省平顶山市为例，这是一座典型的因煤矿而兴的城市。1952年，平顶山矿区被列为国家"一五"计划的重大建设项目，1953年勘探开发，1957年设立平顶山市。20世纪60年代城市矿业由部省共建，城市的经济、社会、空间发展受到国有煤炭企业生产的深远影响。[②]

平顶山市中心城区北部为伏牛山余脉，山体南侧即为集中分布的煤田，企业在煤炭出露条件较好、便于开采的地方凿井采煤，并以矿井为中心布置采煤场、堆煤场、仓储用房等生产性用地，在生产区外缘建设办公区，形成功能完善的生产片区。职工社区的规划建设以"缘矿建镇"的形式为主。企业通常在紧邻生产单位附近建设职工社区，围绕单位用房和职工住房建设招待所、矿区医院、幼儿园、中小学、职工食堂、篮球场、职工俱乐部等公共设施，以及零售商店、银行、饭店、菜市场等商业服务设施。

20世纪50—60年代，平顶山市中心城区的建设发展围绕北部重点矿区的开发建设而逐步展开，城市建成区主要沿东西向的道路分布，紧邻煤炭开采企业，城市用地规模约9平方公里。1978年，城市用地规模已发展到14平方公里，80年代后期，城市空间开始向南拓展，并在主要道路周边形成集中活跃

① Joan Vannorsdall. Welch，WVA："Coal Town，USA，"and Proud of It[EB/OL]. https：//blueridgecountry.com/departments/our-blue-ridge-towns/welch-wva/，October 25，2021.
② 李光雨，黄怡. 工矿社区的时空变迁及社区认同感探析——基于平顶山煤炭企业社区的口述史研究 [A]. 中国建筑口述史文库（第四辑）. 上海：同济大学出版社，2021：214-224.

的商业片区，提供零售贸易、科教文卫等城市服务，形成城市的商业、文化中心，并一直持续至今。1990年，平顶山市中心城区用地规模达到30.8平方公里，其中主城占地23平方公里，各矿区总占地7.8平方公里。进入21世纪后，城市经历一系列转型变革，逐步度过煤炭产业发展滞缓期，迎来新兴产业的发展。主城区向东、西方向均有扩展，向东设立高新技术产业开发区，向西建设新的行政、科教中心区；新、老城区之间被约5公里长的采煤塌陷区隔断。城市整体空间布局呈东西向狭长分布。由于新城区缺少足够的商业服务业、教育及医疗资源配置，入住率较低，整体城市空间的新、老"双核"模式仍在培育阶段（图3.9）。

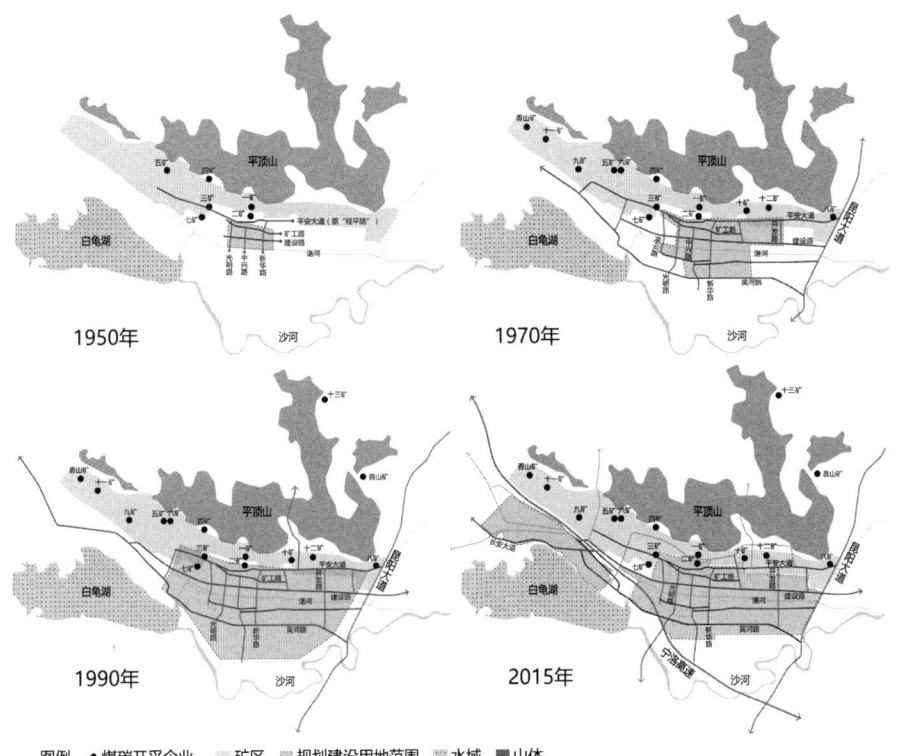

图例 •煤碳开采企业 ▨矿区 ▨规划建设用地范围 ▨水域 ▨山体

图3.9 平顶山市城市结构演变过程
来源：根据1950、1970、1990年及2015年平顶山市城市规划方案图纸资料绘制①

平顶山市目前被列为成熟型的资源型城市。而对于我国大量的资源工业型城市来说，或早或晚都将面临产业结构调整、企业转型升级和社会空间形态结构演变的历程。而了解产业驱动的城市空间结构演变规律，对于那些成长型的城市来说则尤为重要，可以提前合理规划，优化生产力布局，协调生产和生活空间的长远关系，构建稳定的社会生活。

① 李光雨，黄怡.煤炭资源型城市空间模式演变及规划——以河南省平顶山市为例[J].城市建筑，2023（9）：56-60.

3.3 房地产驱动的城镇结构形态

房地产在城市发展中一直发挥了重要作用，这在 19 世纪美国早期的西部开发以及 20 世纪中期美国的郊区化中表现得相当显著。20 世纪 70 年代以来，全球房地产投资成为一种新的现象，房地产跨境资本流动规模增加，全球投资者的区位选择、政府对外资的反映，加剧了房地产对现代城市空间结构的影响，以及对多中心城市区域的空间影响。在我国的城市空间扩展中，房地产同样扮演了重要角色。

3.3.1 美国西部开发中的房地产先行和城市猛增

美国媒体在报道中国过量的城市房地产开发项目时，常冠以"鬼城"之称，但是如果他们对美国西部扩张的历史有所了解或还没有忘记的话，就应该明白，美国的西部开发同样是一部房地产开发的历史，西部地区的发展恰恰是房地产驱动的结果。

按照美国历史学者理查德·C. 韦德（Richard C. Wade）的观点[1]，美国的城市化常常是在地方政府帮助下着手的土地投机，在许多情况下，城市建设发生在人口流入之前。某种意义上，一座城镇作为一个政治实体的建立，使得土地归于发展利益的控制。安德鲁·杰克逊（Andrew Jackson）总统执政时期的一项政治改革是，资本家土地开发商团体宣称他们的项目是联合城市相当容易，因此，在地方自治（home rule）制度帮助下，在 1812 年至 1920 年间的一个多世纪内，向西部的扩张成为一场城市的扩张，地方政府的数量也同时爆炸式地增长，这一时期美国绝大多数的人口成为城市居民。通过建立城镇，开发商也利用地方政府来提供到那里生活的人口以及城市或社区的组织。

开放美国边疆的房地产项目并非孤立前行。事实上，资本常常在工业投资和土地投资之间往复流动。铁路公司单单在房地产投资中就实现了规模利润。伊利诺伊州的城镇坎卡基（Kankakee），由铁路公司于 1855 年以 1 万美元的成本建造，一年之后，所有者早已在地皮销售中赚到了 5 万美元，实现了 500% 的利润，同时还持有更多待售的城市土地。旧金山在这个时期作为西海岸的第一大城市发展起来，1850 年花 1500 美元可以买到的城镇地皮，仅在 3 年之后，到了 1853 年，价值就达 8000 美元至 27000 美元。[2] 铁路大亨也是房地产业大亨，铁路修到哪里，小城镇建到哪里。收割机的发明者赛勒斯·麦考密克（Cyrus McCormick），19 世纪从他的工厂里赚取了数百万，但是他真正的财富来源于房地产投资的利润。

---

[1] R.C. Wade. The Urban Frontier：The Rise of Western Cities，1790—1830[M]. Chicago：University of Illinois Press，1959.

[2] C.N.Glaab，A.T.Brown. A History of Urban America[M]. New York：Macmillan，1967：113，121.

拉斯维加斯则是典型的房地产业的产物，来自东部的大毒枭在拉斯维加斯一处牧牛的荒地上投入巨资，硬是在沙漠中建起了一座赌城。从1945年初开始买地，到1946年底"火烈鸟"酒店开业，至20世纪50年代时，现代"赌城"已经具有雏形。城市沿着一条主要道路拉斯维加斯大道（Las Vegas Strip）展开，建造了各式高档酒店、夜总会、餐馆和赌场（图3.10）。拉斯维加斯也成为美国发展最迅速的城市，一座以博彩业为特色的世界知名的观光游览胜地。

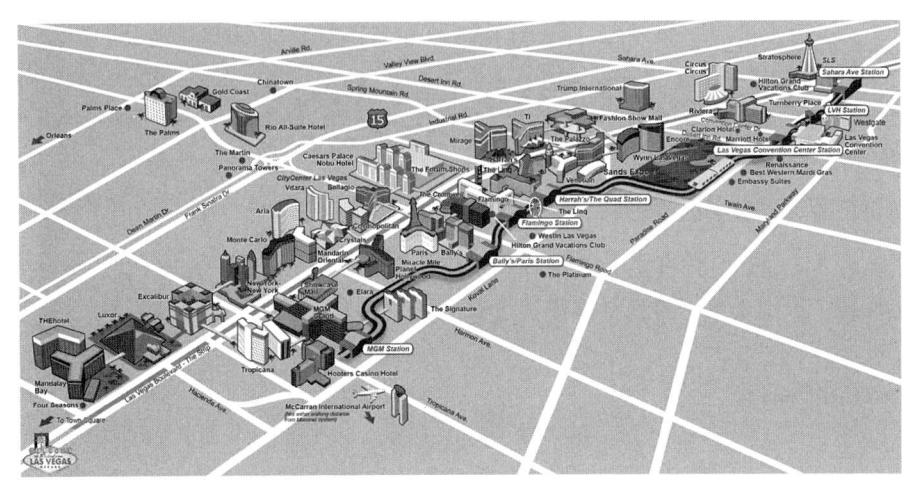

图3.10 拉斯维加斯赌城旅游导览图，2015年
来源：Las Vegas Monorail

3.3.2 美国郊区的蔓延和阳光地带的开发

无论是20世纪50年代美国白人中产阶级家庭向郊区的迁徙，以及随之而来的郊区化的蔓延，还是20世纪70年代美国城市人口从雪带（snow belt）向西部、西南部阳光地带（sun belt）的集中转移，都是以房地产开发为先导，并极大地改变了城市的空间形态（图1.1）。

向阳光地带的迁移也是政府长期拉动因素的结果，联邦政府在阳光地带各州的军事、科技、基础设施等领域的投资，直接带动了私人房地产资本的跟进。1936年竣工并交付使用的胡佛水坝（Hoover Dam）是美国综合开发科罗拉多河水资源的一项关键工程，位于内华达州和亚利桑那州交界处，具有防洪、灌溉、发电、航运、供水等综合效益。水坝保证了加利福尼亚州和亚利桑那州沙漠地带70万公顷的土地获得可靠的灌溉水源。1974年从坝后的米德湖引取13.2亿立方米的水量，提供给加州南部1万平方公里的125个城镇及工矿企业单位，其中包括供给洛杉矶市一千万人口的用水量。正是胡佛水坝充足的水电供应，孕育了新城拉斯维加斯，保证了南方多州的人口扩展。此外，1941年建成的内华达州内利斯空军基地（基地主要部分占地大约45平方公里）、1951年建成的美国能源部的内华达试验场（nevada test site，NTS）

（试验场面积为 3500 平方公里），1961 年建成的得克萨斯州的休斯敦太空中心（Space Center Houston）和美国太空总署约翰逊宇航中心（NASA Johnson Space Center）都是联邦经费资助项目，这些规模庞大的项目带动了周边城市和地区的人口、服务业和房地产业的发展。

此外，联邦政府的许多政策也都拉动了房地产业。1944 年通过的《士兵权利法》规定，政府为退役军人购买住房贷款提供担保，退役军人事务部（Department of Veterans Affairs, VA）是这项职责的主要承担者。"二战"后，美国的政府干预在大城市以外大片土地的开发中发挥了重要作用。政府长期鼓励住房消费、推动房地产的做法也导致了 2006 年美国的次级房贷（subprime mortgage loan）危机，并最终触发了席卷全球的金融危机。而曾经繁荣的"阳光地带"市区正越来越多地陷入集中贫困，部分地区的贫困率快速上升。

3.3.3 我国的房地产驱动的城镇结构形态

1978 年改革开放以后，我国开始城镇住宅商品化试点工作。1991 年，国务院进行 24 个省份的房改，全国房地产开始市场化，房地产行业进入起飞阶段。30 多年来，房地产改善了城市居住和办公条件，为各级政府带来了快速增加的土地出让金、各种税费和 GDP，各级政府也有了更多的资金投入城市的道路桥梁等市政基础设施建设，加速了城市化进程，改善了城市形象。

（1）土地财政和城市城镇结构扩张

我国的土地市场具有行政性垄断的特征，地方政府决定着土地供给，在分税制改革财政分权后，在土地出让金带来的财政激励下，地方政府倾向于制定以房地产为导向的城市发展策略，利用房地产来刺激经济，带动经济增长。地方政府的"土地财政"惯性依赖、市场的投资需求、社会的住房需求以及城市规划、行政区划调整等政策的实施，又进一步共同推动了房地产市场快速发展。

房地产驱动的增量开发、城镇扩张是城市经济发展、地方政府政绩的显性指示和模式。房地产周期、房地产市场结构等因素对城市整体空间结构产生类似于树木年轮的结构特征，房地产市场繁荣时期，就是城市空间生长的"向阳"时期，城市空间体量、空间结构都得以快速成长。

房地产企业作为生产主体，其开发行为对城市居住空间演变产生影响。以房地产企业为首的"市场势力"通过细分住房市场产品供给，打破了计划经济时期均质发展的居住空间格局，在开发利润的驱使下竞相争夺优势区位，其开发行为重组了居住空间。房地产市场快速发展是城镇居住空间演变及重构、社会空间分异的本质动因。

（2）房地产开发引起的局部空间结构变化

大量快速的房地产开发带来城镇结构的变化，这些结构变化可以抽象概括为这样一些模式：飞地模式，带状模式，线形模式，圈层模式，多中心模式，填充模式。这些模式之间存在潜在的关联，例如：

——飞地模式较多存在于城市房地产发展的早期阶段。

——填充模式存在于城市房地产发展的中后期阶段，填补前期快速发展中留下的空白。

——带状模式、线形模式是沿主要交通线（特别是大运量快速轨道交通）房地产开发的空间特征。有时城市用地条件也决定了房地产开发的带状或线形模式，乃至城市空间的带状结构，并通过道路交通模式得以强化。

——圈层模式则是城市空间随着房地产开发不断向外拓展的结果。

——多中心模式和城市规模大、功能中心分散布局相关，是不同时期房地产开发不断叠加的结果。其中单一中心的形成则和集中的房地产开发相关。

在不同层级的大城市，例如超大、特大城市中，这些结构生长模式可以同时存在。

随着市场化程度的加深，一些和政府联系较为紧密或经济规模较大的企业将作为强劲的"市场势力"影响着城市空间的变迁。大型企业对住房项目的开发决策，例如在城市外围的"造镇运动"，从传统住宅开发转向兼顾提供配套服务，直接影响着居住空间结构演化的方向和局部区域的类型化发展。居住作为城市的基本功能，占据城市各类用地面积首位，其发展直接影响着城市整体空间结构的变化。

（3）城市新区房地产开发对城市整体空间结构形态的影响

20世纪90年代以来，全国各地的新城新区建设在很大程度上是房地产开发驱动的结果，地方政府和房地产企业所形成的政企联盟在城市建设中起着主导作用，"共谋"改变城市空间面貌和城市空间结构。例如郑州的郑东新区、昆明的呈贡新城等。新城新区、特色小镇等大多成为隐性的房地产开发。特色小镇本应是以产业为支柱、以金融为依托、以镇域为载体的基本模式，例如以特种农产品生产加工、销售为主题的百合小镇、茶叶小镇，或者从事传统手工艺、旅游产品生产的木雕小镇、刺绣小镇等。但是如果离开特定的资源禀赋，特色小镇也就成为大资本介入的变相的房地产开发。

3.3.4 全球房地产投资和城镇结构形态

由于网络经济全球化，境外投资作为一种经济工具参与其中，全球房地产成为机构或个人寻求多元化投资组合的工具，对区域空间经济中心的外围结构以及城市内部结构带来了影响。一些国家也通过移民、教育等政策激励境外投资，例如新加坡政府将吸引高净值个人在本国的居住和投资，作为促进国家资本积累的途径。超级富豪阶层在新加坡投资住宅空间形成了某种固定性，此类投资冲击了当地住房投资空间。又如，韩国是越南外商直接投资最大的来源国，河内是其投资集聚区，推动了当地房地产市场发展，创造了新的城市核心，形成了新的通勤模式。

随着中国房地产业的发展及国际资本流动加快，外商直接投资大量进入我国房地产市场，尤其是北京、上海、广州等超大城市房地产资金来源结构中，外资对内资出现替补性增强的趋势。在全国层面的房地产市场，外商直接投资空间具有明显的集聚效应和路径依赖特征，分布结构为东高西低，并显示出从北京、上海、广州等超大城市向长江沿岸、东北区域核心城市等内陆方向转移的倾向。

3.4　特色 / 文化产业驱动的城镇结构形态

特色产业对于产业体系完整的大城市的结构形态不一定能产生实质性的改变，但是对于小城镇来说，却可能带来重大的结构形态变化。对特色小城镇来说，产业融合发展途径和城镇空间结构形态具有耦合效应。

3.4.1　文化产业驱动的城镇结构形态

特色产业并不固定特指某些产业类型，而是存在于城市比较的语境里，例如资源依赖型产业显然属于特色产业。以下则主要讨论 20 世纪 70 年代以后一些新兴的产业类型，包括文化创意产业、高新技术产业等。

3.4.2　文化产业驱动的城镇结构形态

在过去近一个世纪中，国家和城市以惊人的速度经历了从制造经济到信息经济，再从信息经济到文化经济的飞跃。文化活动本身成了收入和经济增长的来源，产生了新的文化产业或创造性产业。1995 年，创造性产业对英国经济的贡献占其国内生产总值的将近 4%，对于英国 GDP 的价值比英国的任何制造业都大得多。文化或创造性产业可能为经济提供新生的基础，优化升级产业结构，提供新的发展模式，也是创造一个新的城市形象的手段，使得城市对于流动的资本和职员来说也更具吸引力。

关于文化产业的定义较早来源于英国 [1]，第一个是英国文化部的"创造性产业任务推动力报告"（1998 年），报告中所列创造性产业包括广告、建筑、艺术和古玩市场、工艺品、设计、时装、电影、游戏软件、音乐、表演艺术、出版、软件、电视与广播等。这些具有强大内在联系的文化产业子群，也可称为"文化产业部门"。第二个则是按照文化产业部门中的就业分为原创生产、基础结构、再生产和交易四组，这个定义认可非艺术的技能和职业在支撑和维

---

[1] 黄怡 . 读 Peter Hall 的《创造性城市与经济发展》[J]. 国外城市规划，2001（4）：44–46.

持文化产业上扮演的重要角色。

　　不同类型的文化产业对于城市空间的影响也不一样。主题乐园、影视拍摄基地、体育基地等因其有一定的用地规模和物质环境要求，故而会对所依托的城镇的空间结构产生较为明显的影响。据统计，2019 年，我国长三角三省一市的影视立项数占全国总数 60% 以上，这在很大程度上离不开长三角地区影视拍摄基地的支撑。目前，大大小小共计 50 多个影视基地分布在长三角地区，影响较大的有上海影视乐园、上海胜强影视基地、江苏无锡国家数字电影产业园、浙江东阳横店影视基地、安徽滁州长城梦世界影视城等。影视基地由于用地规模较大，通常毗邻城市郊区的小镇建设，有些可能彻底改变了原先小镇的结构形态。①

　　浙江东阳横店影视城，是全世界最大的影视基地，各拍摄园区分布在方圆 20 平方公里的横店镇区内（图 3.11）。横店镇最初只有一条不足百米的街道，时至今日已发展成一个充满活力、初具规模的小城市。横店走的是一条民营企业建镇的路径。从 20 世纪 80 年代中期起，横店集团（前身为 1975 年创办的社办集体企业横店丝厂）就开始参与城镇基础设施建设，企业发展推动横店经历了两次深刻的转型：第一次转型是从农业向工业的转变，实现了横店农民的脱贫致富；第二次转型得益于横店集团影视文化旅游产业的发展，带动了横店从小康向富裕的转变。横店集团专门成立了影视城有限公司，对横店影视基地及相关旅游配套产业进行整合建设，不但改善了城镇的空间结构和形态面貌，而且成为带动横店发展的新引擎，也完善了城镇功能，使横店从一个工业小镇发展成为一个功能完善的城市。②

图 3.11　浙江东阳横店影视城

来源：https://pic3.zhimg.com/v2-b8d7c372f9a854bbcad939ef91758e46_r.jpg

① 王彦．打造五个"一"，构筑中国影视黄金产业三角带 [N]．文汇报，2020-08-02（1，5）．
② 范毅．新型城镇化的"横店模式"[EB/OL]．https://mp.weixin.qq.com/s?__biz=MzA4MTA1MjkzNg==&mid=200935261&idx=3&sn=09c5ece29b126cc3b3d54df6e869e40c&scene=27，2014-11-05．

3.5　创新产业驱动的城镇结构形态

如果说工业生产是在公司的内部和周围组织的，那么基于知识或创造性的生产则是在城市内部和周围组织的。城市已经成为全球知识资本主义的核心社会和经济组织单元，并代表国家参与全球科技经济合作和竞争。美国麦肯锡全球研究院对超过 178 个国家的研究发现，从 2000 年至 2019 年，全球产出增长中一半来自占全球陆地不到 1% 的地区。[①] 依托全球创新网络的枢纽型节点城市，已经成为一些大国转变发展模式、提升综合国力的战略支点，纽约、伦敦、东京、首尔等先后提出了建设全球或区域创新中心的目标规划。而向创新产业的转型也对区域、城市、城镇的形态结构演变产生了影响。

3.5.1　国际创新产业地区

高技术密集区，城市创新区等众多创新空间。西方国家从 20 世纪 60 年代左右兴起高科技园区，也称作研究园、科学园、技术园、科学城等，对于各国的科技创新都发挥了重要作用，例如渥太华西部的加拿大卡尔顿高科技区。这些创新产业地区和城市的关系可以大致分成以下三种类型：

（1）城市群依托型

有些以城镇群为依托，靠近一座或以上的大城市。例如硅谷（Silicon Valley），主要部分包括加利福尼亚州圣塔克拉拉县下属的帕罗奥多市、县府圣何塞市，总范围还包含旧金山湾区的其他一些城市。又如，1980 年，苏格兰政府将爱丁堡至格拉斯哥长达 100 公里的广大地区定为高科技工业园和电子工业区，还包括了史特灵、利维斯顿、邓迪等城市，这就是英国苏格兰高科技区（Silicon Glen）。创新产业区的建立，加强了原先城镇群之间的经济和空间联系，强化了区域的空间组织结构。

（2）城市依托型

有些和大城市相距不远，以原先的城镇为依托建成。例如瑞典斯德哥尔摩北郊的基斯塔（Kista）科学城，是斯德哥尔摩林克比—基斯塔区的一个区，处于斯德哥尔摩—阿兰达国际机场和斯德哥尔摩市中心之间、沿着主要的国道 E4 经济动脉的一个战略位置。基斯塔包括住宅区和商业区。它是皇家理工学院（KTH）的研究园区，主要创新产业为高科技电信和信息技术行业。基斯塔科学城不仅关注科技，还精心规划了集公园、娱乐、购物、居家、文化活动于一体的公共环境，企业在创造经济收益的同时不断翻新城市面貌，为人们带来更好的基础设施、生活环境、就业机会和发展前景。而法国的格勒诺布尔

---

① Valentina Romei，Alan Smith. Big cities drive half of global economic growth[EB/OL]. https：//www. ft.com/content/24dbcc0f-7974-48d7-9824-ab86b58a3a29，DECEMBER 8 2022.

（Grenoble）本身就是一个大的科学城、大学城，城市中设有数个科技研究工业园，科学园和城市高度融合。其他还有位于罗马东北部的意大利蒂布尔蒂纳（Tiburtina）国家高科技区、英国东南部剑桥郡的剑桥科技园等。

（3）新城新区型

有些则完全是新建的。例如建立于 1969 年的法国索菲亚·安蒂波里斯技术城。新建的高新技术园区可能存在城市功能不全的情况，生活、工作诸多不便，影响其自身的发展。例如始建于 1957 年的苏联新西伯利亚科学城，由于长期基础设施不健全，使不少科技人员相继离开。20 世纪 60 年代建成的日本筑波科学城（Scientific Town in Tsukuba）则克服了这个问题，政府投资对城区的水电、交通、通信等基础设施统一规划和建设，使得筑波成为一个综合的研究型都市，人口约 20 万。加拿大渥太华西部的卡尔顿高科技区。公共服务质量、高等级的服务业等需求也日益强烈，逐渐体现出"创新功能"与"城市功能"融合发展的新需求，原有郊区化的科技园区模式正在经历转型，向具有城市特质的"创新区"转变。

3.5.2 我国创新产业对区域和城市空间结构形态的影响

我国各地都有各类创新产业区，对于推动城市产业结构升级和经济发展发挥了巨大作用，同时对于城市和大都市区域空间结构也产生了很大的影响。

（1）杭州城区科创大走廊：带形创新产业空间对大都市区空间结构形态的影响

在我国创新经济发展最为活跃的浙江省，杭州城西科创大走廊是创新产业驱动城镇结构形态演变的一类典型代表。改革开放以后，杭州的工业、经济和城市建设进入了全新发展时期。在第五轮城市总体规划（2001—2020 年）中，杭州的城市定位转向全省政治、经济、文化、科教中心和长三角中心城市之一。[1] 2024 年获国务院批复的《杭州市国土空间总体规划》为杭州确立了全国数字经济创新中心和区域性科技创新高地、先进制造业基地、东部现代服务业中心等功能定位，而杭州城西科创大走廊恰是重要的功能和空间支撑，不但影响了杭州城市空间结构形态的改变，也影响了周边小城镇结构和形态的改变。

1978 年以后，杭州的地理空间不断得到扩容，经过多轮行政区划调整，杭州空间格局从原有中心城区的"团块"状向多核"组团"状转变，形成了以钱塘江为轴线的沿江、跨江组团式空间布局形态。在产业空间布局上，杭州也形成了"东动西静"的科技创新产业分布格局，东部是以高新制造业为基础的

---

① 杭州市规划和自然资源局. 杭州的五轮规划演进史 [EB/OL]. http://ghzy.hangzhou.gov.cn/art/2023/1/20/art_1228962609_58937186.html，2023–01–20.

高新开发区建设,西部是以科技研发为主的城西科创大走廊建设(图3.12)。

2012年5月,杭州城西科创产业集聚区启动,2015年底更名为杭州城西科创大走廊(以下简称大走廊),大走廊地区的总体目标是成为全球领先的信息经济科创中心。大走廊横跨西湖区、余杭区和临安区三区,东起浙江大学紫金港校区、西至浙江农林大学,总面积约224平方公里。依托"一带、三城、多镇"的走廊空间(图3.13),打造成一廊三链的大走廊创新创业生态圈。大走廊以快速路、市域铁路为交通主轴线,联系三区及市区,对外交通以高速、铁路及城西高铁综合交通枢纽为依托,形成"三纵三横一枢纽"的交通布局,实现半小时抵达主城区、一小时杭州都市圈、两小时长三角城市圈的便捷交通网络。

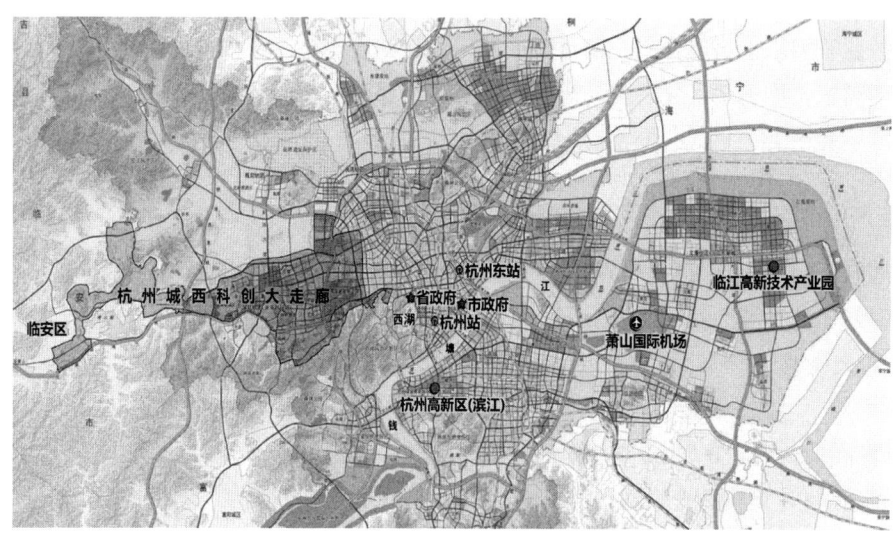

图3.12 杭州的科技创新产业空间布局

来源:卢陈彦,黄怡.地区产业创新空间的时空演化特征及形成机制研究:以杭州城西科创大走廊为例[J].现代城市研究,2025(2).

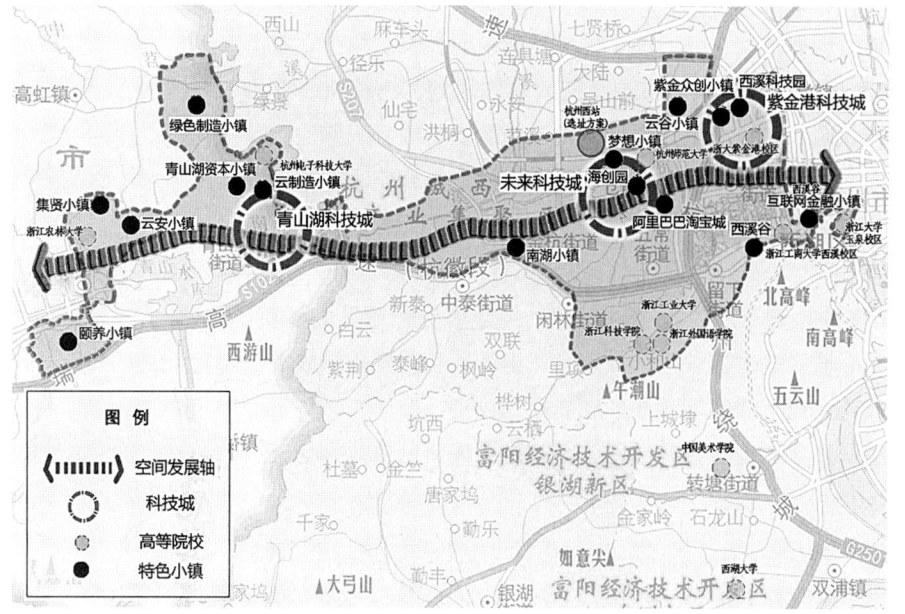

图3.13 杭州城西科创大走廊"一带、三城、多镇"的空间格局

来源:城西科创大走廊管委会.杭州城西科创大走廊规划_总体空间布局 图 [EB/OL]. https://cxkc.hangzhou.gov.cn/art/2021/7/29/art_1228936445_58895648.html

大走廊地区在空间建设上经历了从城镇边缘地区向杭州城市创新副中心的空间蜕变。2001年以前，大走廊地区属于县（临安县）、市（余杭市）、区（西湖区）分治的状态。余杭市中心位于大走廊范围内（俗称老余杭），其他区域则属于乡镇工业区的状态，以纺织、电器电子、建材等传统制造业为主。2008年以后，余杭创新基地（大走廊前身）和青山湖科技城在创新政策支持下得到大力建设，原有的乡镇工业园区向城市创新园区转化，构成了紫金港科技城（西湖区）、未来科技城（余杭区）、青山湖科技城（临安区）的"一廊三城"的物质空间格局（图3.14），实现了大走廊地区从"一区两县市"独立发展向"一廊三区三城"的空间格局转变。

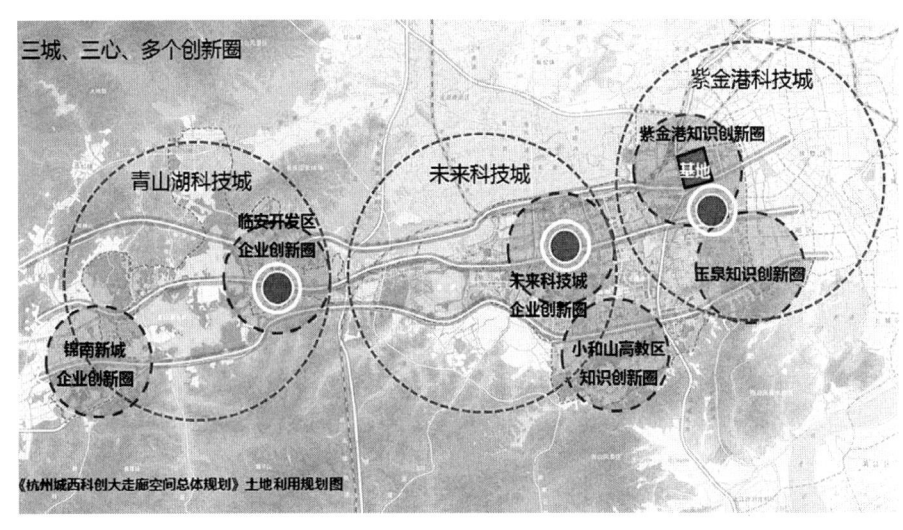

图3.14 杭州城西科创大走廊"一廊三城"的未来整体空间格局

来源：卢陈彦，黄怡.地区产业创新空间的时空演化特征及形成机制研究：以杭州城西科创大走廊为例 [J]. 现代城市研究，2025（2）.

（2）张江长三角科技城：固边型创新产业空间改变城镇和区域边缘空间结构形态

当创新产业空间的选址处于不同区域的交界处时，将可能对区域和城市的经济及空间结构形态产生整体效应。张江长三角科技城位于上海西南部枫泾镇和浙江东北部平湖市的交界处，地跨上海和浙江两地。总规划面积87平方公里，其中浙江平湖市境内45平方公里，上海枫泾镇境内42平方公里（图3.15）。张江长三角科技城成为长三角产业发展的新

图3.15 "固边""兴边"科技策略将区域洼地转变为区域科技"高地"

来源：https://bkimg.cdn.bcebos.com/pic/0b46f21fbe096b6325db0cf200338744eaf8ac56?x-bce-process=image/watermark,image_d2F0ZXIvYmFpa2U4MA==，g_7，xp_5，yp_5

载体，对浙沪的区域空间结构产生了影响，"固边""兴边"科技策略，对空间形态的改变是将天然消极的城市边缘转变为强化的创新产业极，充分利用地租优势，将区域"洼地"转变为区域科技"高地"。

（3）长三角 G60 科创走廊：改变城市群形态结构组织方式

G60 科创走廊沿线是我国经济最具活力、城镇化水平最高的区域之一。G60 科创走廊联系 9 座城市：上海（松江），浙江的嘉兴、杭州、金华、湖州，江苏苏州，安徽的宣城、芜湖、合肥。覆盖面积约 7.62 万平方公里，沿线城镇化水平高，经济活力足。从区域层面看，G60 科创走廊将扮演长三角更高质量一体化"引擎"的角色，成为区域内"中国制造"迈向"中国创造"的主阵地。G60 科创走廊旨在深化产业集群布局、加强基础设施互联互通，并从交通要道变身创新高地，共同打造"一廊一核多城"的城市群空间格局，通过产业集聚发展打破行政区划。

第 4 节　战略政策驱动的城市结构形态变迁

在讨论美国城市化第二阶段的特征时，戈特迪纳指出[1]，联想到单单交通技术就造成了城市化的爆炸可能是轻而易举的。然而这可能产生误导。技术成为成长的工具，但是自始至终都是实业家的财富要求和政府所有层面政治家们的热望的结果，地方、州和联邦各级政府都加入了这些冒险，用政治资源援助它们。亦即投资者、政治权力贩子和财富梦想的结合赋予了美国第二阶段城镇化的扩张。

并且，鲜明的城市空间特征必定是强大的社会力量的结果。例如，15 世纪北京的中轴线结构、19 世纪巴黎的放射状的空间结构，都是一种高度集权制度的产物。奥斯曼（Eugene Haussmann，1809—1891 年）主导的巴黎改造工程（1853—1870 年）是拿破仑三世时期一次大规模的城市改建行动，在这次改建行动中，巴黎兼并了周边大片的郊区，从原有的 12 个区扩大到如今的 20 个区。通过道路格局的重构、公共空间的建设、建筑风格的塑造和基础设施的系统性构建奠定了巴黎市的基本结构和空间形态。而北京和巴黎两个案例的特殊之处在于，作为首都，它们的城市空间结构的演变更直接地是中央政府和城市政府两个层面战略政策的统一。

---

①（美）马克·戈特迪纳，雷·哈奇森. 新城市社会学 [M]. 黄怡，译. 4 版. 上海：上海译文出版社，2018：141.

4.1 国家战略和政策驱动的区域城市结构形态

战略和政策分不同层级，包括国家层面的、区域层面的、地方层面的战略和政策。中央政府的或者国家层面的特殊政策往往惠泽城市，甚至可以改变一座城市的命运。国家战略和政策驱动的城市结构形态变化包括地区的行政管辖范围调整和区域城市群建构等。

4.1.1 城市行政区划调整对城市空间结构的影响

为解决第 2 章提及的"省会作用不够""引领带动作用不够""龙头作用不够"的问题，经国务院批复同意，部分省会城市和其周边城市的行政区划进行了调整。例如山东济南，2001 年将长清撤县设区，2016 年将县级市章丘撤市设区，2018 年将济阳撤县设区，2019 年将山东省面积最小、人口最少的地级市莱芜撤市设两区，其所辖区域划归济南市管辖，调整后，济南由原来市辖 8 区 2 县变为市辖 10 区 2 县（图 3.16）。全国范围

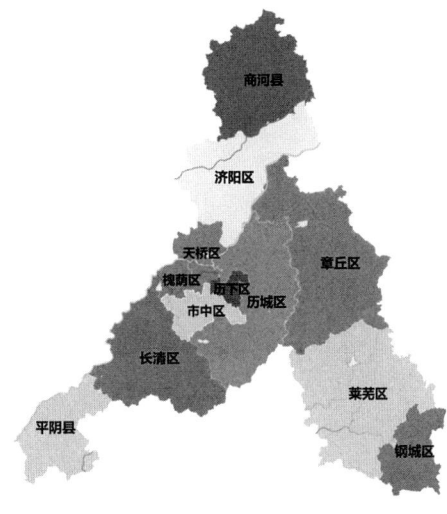

图 3.16 济南市 2000 年以来的行政区划调整示意

来源：作者根据相关地图绘制

内类似的行政区划调整还有，昆明 1998 年合并了地级市东川，合肥 2011 年合并了地级市巢湖 1 市 1 县（原巢湖市的大部分）。这些都是一种主动的行动计划，由此这些省会城市及其周边地区在空间结构的规模和方向、城市形态和城市组织方式上都发生了显著的扩张，城市空间布局得以整合优化。

城市行政区划调整，有利于推进基础设施共建共享，促进资源优化整合，形成发展合力，更好发挥省会城市的整体带动和辐射作用，实现区域竞争力整体提升。[①] 就济南来说，由于莱芜的划入，首先，省会城市的人口、用地和经济规模得到了增加，获得了其作为省会所需要的以及和其省会地位相匹配的扩张。其次，城市空间结构在形态上更加均衡、匀称，和周边区域的空间嵌入度、咬合度也更高。另一方面，被合并的城市则不复独立存在，其城市结构也被分解，作为局部纳入其他城市的结构，从而在更大的空间层面上得以重构。

省会城市的这些行政区划调整都是经国务院批复的，通常是为了提高主要城市的区域首位度，因而是地方发展战略和国家整体战略协调的结果。由此

---

① 潘俊强. 撤销莱芜并入济南原因 设立济南市钢城区 [N]. 人民日报，2019-01-10（7）.

可以看出，尽管形态结构自身具有独立的含义和价值，但至少不是大多数调整的出发点。不过，基于一种基本的认知常识，正确的积极的区划调整应该导向更符合美学规律或者自然规律的结构形态，反之，有着自然合理的结构形态的城镇应该更利于整体发展。

城市行政区划调整当然也有许多组织实施过程中的困难，例如合并需要耗费大量资源，需要缜密的规划和人事安排，也需要适合的时机。对于合并和被合并城市的居民来讲，尽管地缘相近，但是混合了利益和情感因素的各种考量，社会效应可能较为复杂。总体而言，这是一种空间结构先于社会结构的变化，也因此，这种行动计划的社会效应需要长期评估。

4.1.2 国家战略对区域空间结构的影响

城市空间发展进程不可避免地受资本逻辑影响，演化出地理不均衡发展的现象，在这种情形下，国家层面的重大决策，通过空间整合和空间重构的策略，挖掘潜力空间，则有利于缓解和克服这种问题，使得整体空间结构效能、潜能得以优化、最大化。例如国家战略政策驱动的区域一体化战略，会相应地影响城镇结构和形态，典型的如上海浦东新区开发、粤港澳大湾区成立、长三角一体化战略、京津冀协同发展战略。不同之处在于，浦东新区的建设仅涉及上海的空间结构与形态改变，而大湾区涉及粤、港、澳地区数座城市的空间结构与形态改变。需要指出的是，中央的政策节点会对地方产生重要影响，并不一定能令其和政策初衷完全保持一致。

（1）京津冀一体化战略和首都圈空间结构演变

京津冀一体化是 2014 年 3 月提出的方案，目的是加强环渤海及京津冀地区经济协作。2015 年 5 月京津冀一体化上升为国家战略。京津冀是中国的"首都圈"，包括北京市、天津市以及河北省的保定、唐山、廊坊、沧州、秦皇岛、石家庄、张家口、承德、邯郸、邢台、衡水 11 个地级市。其中北京、天津、保定、廊坊为中部核心功能区，京津保地区率先联动发展。北京城市副中心选址通州，成为疏解非首都功能的标志性工程，并作为京津冀"一核两翼"的其中一翼。北京城市副中心典型地是因国家战略而崛起的现代化新城，完全地改变了北京的城市空间结构。

值得一提的是，一些软性的制度做法通过加强空间活动的联系，从而有利于强化空间结构。例如 2017 年底开始实行的京津冀 144 小时过境免签政策，通过交通运输工具过境中转，对于促进京津冀三地多种交通资源科学匹配、合理运营以及三地的协同联动发展具有非常积极的意义。

（2）粤港澳大湾区战略和城市群空间结构变化

粤港澳大湾区在国家发展大局中具有重要战略地位，推进粤港澳大湾区建设是我国的重大国家战略。粤港澳大湾区，以香港、澳门、广州、深圳作为区域发展的核心引擎，包括香港特别行政区、澳门特别行政区和广东省广州、深圳、珠海、佛山、惠州、东莞、中山、江门、肇庆 9 城。截至 2020 年底，粤港澳大湾区常住人口达 8617.19 万人。粤港澳大湾区面积约 5.6 万平方公里，区域的地理空间结构是"三面环山，三江汇聚"，拥有漫长的海岸线、良好的港口群和广阔的海域面，经济腹地广阔，泛珠三角区域占有全国约 1/5 的国土面积、1/3 的人口和 1/3 的经济总量。

2017 年 7 月 1 日，国家发展和改革委员会和粤、港、澳三地政府共同签署《深化粤港澳合作 推进大湾区建设框架协议》，提出了打造国际一流湾区的具体行动计划。2019 年 2 月 18 日，中共中央、国务院在《粤港澳大湾区发展规划纲要》中提出，粤港澳大湾区不仅要建成充满活力的世界级城市群、国际科技创新中心、"一带一路"建设的重要支撑、内地与港澳深度合作示范区，还要打造成宜居宜业宜游的优质生活圈，成为高质量发展的典范。

2018 年 9 月广深港高铁香港段正式开通（贯通）、2018 年 10 月港珠澳大桥通车，"一桥一铁"实现了粤港澳大湾区东西两岸的"一小时生活圈"。基础设施的互联互通加强了粤港澳大湾区的空间联接和空间结构形成，虽然大湾区战略首先着眼的是市场一体化、技术和协同发展的产业体系、资金等经济方面的联系，但必然会带来大湾区内单个城市、泛珠三角区域在结构形态上的变化响应，这些变化响应体现在基础设施、重大平台建设、新兴产业空间（例如横琴粤澳深度合作区、前海深港现代服务业合作区）、宜居宜业宜游优质生活圈等方面。粤港澳大湾区的国家战略，目标不仅是区域内各城市的空间结构发展有自身特色和各自比较优势，更强调城市群空间结构综合效能的实现。

4.2 地方战略和政策驱动的城市结构形态

在城市发展过程中，城市空间结构的增长往往是各种主动干预、有目的进行空间组织的过程，虽然自组织也被视作城市结构演变的一种力量。地方战略和政策对于城市结构形态的影响，在我国强势政府背景下尤为显著。

4.2.1 地方战略政策对城市结构形态的干预

政府拥有的权力使其有能力通过制度政策、地方性法规、城市规划以及行政干预的方式直接地影响城市空间结构。政府对城市空间演变的作用主要通过对用地需求引导、住房和基础设施供给以及主动介入市场的方式进行干预。政府可通过控制土地的出让区位、用地性质、容积率、供给方式等干预住房供给过程，通过住房、金融等政策引导居民的住房需求，或直接参与保障住房建设。例如，2009 年上海启动了第一批 15 个大型社区建设，其中包括以保障性住房为主的近郊 6 大基地和普通商品房为主的 9 个大型社区；2010 年又规划选址了第二批 23 个大型社区。政府建设大型居住社区是希望重点依托新城和轨道交通建设，在城市外围扩大中低价位、中小规模户型住房的供应，来缓解住房市场供需的结构性矛盾，解决中低收入阶层和弱势群体的住房问题。[1] 国家和城市层面的住房政策、住房福利制度变化共同决定了城市居住空间结构的变化。

4.2.2　新城新区战略

本书在第 2 章对于许多城市的新城新区战略已有讨论。相对来讲，上海目前正在实施的五大新城战略对于城市空间结构的影响则具有理念上的突破。上海市政府提出"十四五"时期（2021—2025 年）将加快打造"中心辐射、两翼齐飞、新城发力、南北转型"的空间新格局，重中之重是加快建设嘉定、青浦、松江、奉贤、南汇五个新城，使之建成独立的综合性节点城市，从而构筑引领全市经济发展新的增长极。这意味着，上海大都市长期的中心—边缘结构将转变为多核心的城市群结构，主城区和五大新城组团式协同发展。按照独立综合性节点城市的定位，各新城和其他新城，和上海主城区，和长三角城市群，将在功能定位、人口布局、公共服务、基础设施、放权赋能等重点方面，具体呈现簇群城市的结构，并通过功能互补、联动强化上海大都市圈城市群的结构。

第 5 节　城镇结构形态演变的综合因素和人为动机

城镇的结构形态演变是诸多因素复杂作用的一个整体结果。空间规划则是在充分解析诸多因素的基础上，做出合理的发展引导。

5.1　城市结构形态演变的综合因素

除了前述几节中驱动城市结构形态演变的主要因素，还有一些特定的影响因素，例如宗教、安全防御、自然灾害等。

5.1.1　宗教因素驱动的城镇结构形态

宗教因素在历史文化城市的空间演化过程中往往起到了比较重要的作用，例如天主教的梵蒂冈城，伊斯兰教的圣地耶路撒冷、麦加、麦地纳。在一般的欧洲城镇中，教堂是城镇的中心。例如在意大利，教堂、广场决定了城、镇的空间秩序。秩序是合理内在关系（结构）的反映，秩序是隐藏的，体现在

---

[1] 黄怡，周俭．大型社区的人口、住房、活力与公平——上海大型社区规划理念与策略的社会学思考 [J]．时代建筑，2011（4）：24-29.

建筑物、构筑物、道路等的布局关系之中，反映在城市的空间结构中。但是由于城市的规模和构成日益庞大、社会生活趋于复杂多元化，宗教对现代城市空间结构的影响也日趋衰减，正如现代社会中宗教的影响整体减弱。

在我国历史上的不同朝代，城市曾受到宗教不同程度的影响。青海省的隆务镇是一个典型例子，该镇是黄南藏族自治州人民政府和同仁市政府所在地。宗教对该镇历史城区文化空间发展起着重要推动作用。隆务寺是安多藏区佛教中心之一（"隆务"是藏语"农业区"的意思），隆务寺作为最早的宗教文化空间，其丰富的宗教活动和多样的艺术形式对城镇文化空间生产起着决定性的作用。隆务寺吸引了大量信众和居民的聚居，随着人口增多，又兴建了清真寺和圆通寺，这些宗教寺庙丰富了城镇的文化内涵，古城以隆务寺为核心，以民主上街为轴线，均匀地分布着宗教文化空间，多样的宗教文化活动借此展开。隆务河流域的其他农牧区也属于隆务寺的势力范围，均归隆务寺寺主夏日仓管辖。古镇、历史文化街区和旧城区的范围呈现圈层式发展态势，分别对应同仁的宗教文化活动空间、传统商业文化活动空间和居住空间，这种空间格局反映出历史上宗教在城镇及其空间结构发展进程中的主宰作用。

5.1.2 安全防御驱动的城镇结构形态

韦伯在论及西方历史上的城市共同体特征时，"防御设施"被列为 5 个特征要素之首[1]；他认为，"由于宗教性的兄弟友谊的结合与军事的自给，（西方）城市才有出现与存在的可能。"[2] 在现代城市之前，传统城市大多有防御型的城市结构和形态考虑。关于宁夏回族自治区中卫市在近代的城镇形态，有一段文字，据推算大约是 1896 年 11 月时中卫状况的记述，"中卫还有一个特点，像每个重要的城市一样被高耸的城墙包围，但与其他地方不同的是：中卫城只有三个门，不存在北门，北门的方位建造着一座寺庙，震慑来自北方的恶灵，保护城镇的安宁……"近代中卫城池的确只有三座城门而未设北门，真正的原因是，防止流沙侵蚀和满足特定地域的军事防御需要。[3]

5.1.3 多因素共同决定的城市结构和形态

城市空间结构及其演变具有整体效应和关联效应。在城镇形态变迁和城镇结构演变中，往往并非单一因素起作用，众多驱动因素之间存在着复杂的互动、联动的正向影响作用或是相互抑制、抵消的负向影响作用。例如交通

---

① （德）马克斯·韦伯. 韦伯作品集·非正当性的支配——城市的类型学 [M]. 康乐，简惠美，译. 桂林：广西师范大学出版社，2005：22-23.
② （德）马克斯·韦伯. 韦伯作品集 II：经济与历史·支配的类型 [M]. 康乐，译. 桂林：广西师范大学出版社，2004：267.
③ 郑文. 清代中卫高庙 [N]. 银川日报，2021-06-04（7）.

线路、交通网络、交通站点等设施对房地产市场、居住和产业布局具有溢出效应、增值效应以及外部性的作用，进而对城市空间结构起作用。

城市形态变化——扩张收缩的大小变化以及方向上的变化，是表象，更是城市社会角力和社会生活变化的结果，是社会结构和空间结构交互的结果。引起并驱动这些变化的因素多种多样，包括文化宗教、政策、贸易、技术、产业等。有些事件或者技术的出现则起到了意义重大的转折点、分水岭的作用。城市结构和形态的变化，既受城市内生的、自组织的、不受控制的一类因素影响，也受外加的、人为的、控制的一类因素影响。后一类因素中包括来自其他城市（单一或多个）或区域城市群的竞争（互动）、辐射/扩散（外溢）、压制/剥削（虹吸）的影响。

城市结构发展有特定的发展规律，图 3.17 展示了城市空间结构的常见模式，包括单中心结构、具有卫星中心的多中心结构、网络结构、中心式结构、去中心结构、分布式结构、混合式结构。多中心结构趋势主要聚焦于其结构的网络化、极化和扁平化及多元并举，例如在超大特大城市中，向心力和离心力多重并存，集聚和扩散相互伴随，单（主）中心极化及多中心扁平化模式同时存在。普遍的趋向是，人类在工业时代形成了集中的生产方式，包括金融和政治制度都是中心化的，但是在互联网时代，去中心化才是趋势。

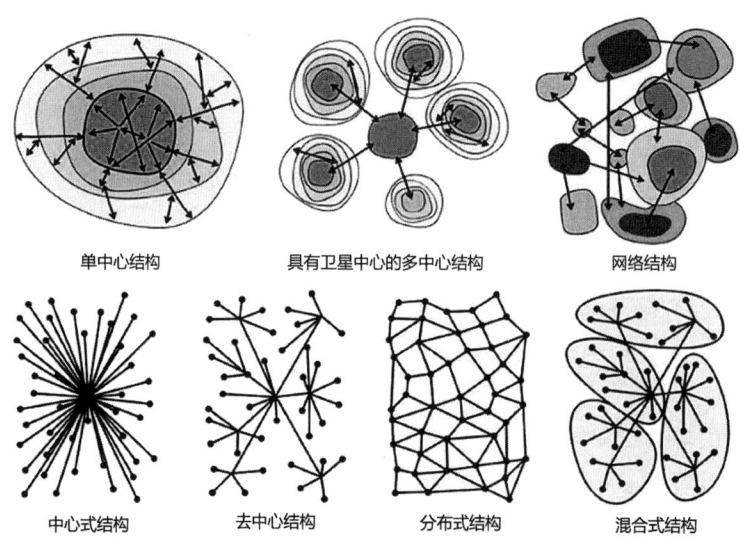

单中心结构　　具有卫星中心的多中心结构　　网络结构

中心式结构　　去中心结构　　分布式结构　　混合式结构

图 3.17　城市空间结构常见模式
来源：https://blarrow.tech/wp-content/uploads/2020/11/From-monocentric-to-network-cities-and-related-urban-structures-Lehman-2012-10-e1605081983136-768x615.jpg.

5.2　城市空间结构的社会影响

城市空间结构决定了城市地区的土地成本、对土地的竞争、住房价格、建成环境品质、交通拥堵程度、小汽车拥有率、犯罪率等。社会空间现象对应于特定的结构模式。

5.2.1 城市空间结构模式和社会生活品质、社会问题

考察城市空间结构特征的社会影响可以采用两个视角，一是基于个体的人的需求，另一个是基于社会群体的城市分层。

基于个体的人的需求，城市空间结构的差异可能导向人口空间分布和居民生活品质的差异。一个城市地区的空间结构方式影响着生活环境在建筑、社会和经济三方面的品质：①建筑——住房所有权、区位、服务的可达性等；②社会——教育、卫生、社交、休闲等；③经济——住房和交通成本、工作区位等。

基于社会群体的城市分层，城市空间结构可能导致系统的社会问题。例如 20 世纪 60 年代在美国的郊区化进程中，城市空间重构影响了以种族人口为主的弱势群体的居住和就业机会。也就是说，城市同心圆模式和（居住—就业）空间错位理论具有城市空间结构和社会效应的对应解释关系。而扇形模式和城市居住空间隔离也具有一定的对应关系[①]。此外，城市空间结构中的断裂很可能对应着社会阶层分布的空间隔离现象，或者是社会、经济、文化要素在地区空间分布上的不均衡和城市社会、经济、文化生活中的断裂（第 2 章 2.3.3）。城市中的贫困、社会极化、社会文化空间分异等现象也和城市空间（经济）结构因素密切相关。

罗伯特·帕克和厄内斯特·伯吉斯 1921 年合著的《社会学科学导论》（*Introduction to the Science of Sociology*）中，将社会过程分为竞争、冲突、适应、同化四个互动阶段。空间结构和社会过程互动，社会空间过程决定了城市空间结构的变化方向。例如在都市移民社会中，不同族群之间的接触是社会过程的起点。大城市的多中心的结构和移民调适过程相关。

5.2.2 城市空间结构扩张和政绩冲动

城镇化是我国发展的一个大战略，新型城镇化是国家发展的重要战略，这是毫无疑问的。问题是，各地政府决策者何以如此热衷于城市结构和形态的扩张？原因可能有三。

一是"政绩观"。地方政府有政绩考核要求，发展的外在显示便是城市城镇的做大、升级，"拉开架势谋发展"是常见的口号，小城市变成中等城市，中等城市变成大城市，特大变成超大，城市形象更"显而易见"，城市实力更直观。

二是财富诱惑。伴随城镇化、城镇建造扩张，城市开发的过程往往也是城市财富积累的过程。当然从历史上看，这个财富增值的过程取决于一些外部条件。但是地方政府的决策者们更愿意赌运气或相信自己的运气。此外，一个不争的事实是，大城市可"坐地"生财，结构扩张倒是更符合经济的空间集聚效应，符合集聚经济的经典理论。

---

① 黄怡.城市社会分层与居住空间隔离 [M].上海：同济大学出版社，2006：131–133，139–140.

三是制度资源。目前，我国的资源过度向大城市集聚，中小城市和小城镇发展受限。由于大量的公共服务提供（包括医疗、教育等）是建立在地方财政基础上的，而小城镇层级的财政状况并不理想，这就造成公共服务在城乡和地区之间有非常大的不均等，镇级的基础设施建设也缺少财路。此外，市、镇的机构设置和社会管理权限不同，市的公共服务体系设置、公共产品供给和基础设施配套标准都要比镇完善。

因此，城市空间结构的扩张具有了现实的诉求。一方面，体制、机制、政策制约了一些特大镇的发展，所谓"小马拉大车""大脚穿小鞋"的处境；另一方面，通过扩张市、镇规模可以倒逼升级，因此撤县设市是县城的结构扩张目标。而撤县（撤市）设区，是上一级城市的结构扩张目标（参见第 2 章 3.4）。例如望城原是长沙市的一个县，2011 年撤县设区，成为长沙市的一个区。

在（世界）城市等级体系中，城市的人口、劳动力、资本和土地规模越大，城市等级越高，也就是城市的势能越大，通过滚雪球效应，城市所能获得的发展政策和条件会越来越有利，资源优势会越来越明显。比如，我国城市建设地铁的审批条件包括城市常住人口和经济发展水平两项数据的门槛要求，而地铁一旦建成，又可以进一步扩张城市结构，吸引更多人口集聚，提升沿线更多土地的价值。

工业和服务业发展中讲求规模经济。规模经济是指，在城市的发展过程中，人们收入的提高和城市规模有很大关系。根据 2008 年诺贝尔经济学奖得主克鲁格曼的新经济地理学研究的总结，城市规模经济的来源主要有三：即分享（sharing）、匹配（matching）、学习（learning）。分享指，经济发展中的很多部门总是存在固定的投资，城市规模越大，初始的固定投资就越能被平摊。在城市里的交通基础设施和公共服务提供就有这样的性质。上海的地铁很发达，其重要原因就在于，现在上海的人口规模分摊了地铁的建设成本。当地铁达到城市市中心 500 米内必有地铁站的密度时，人的生活方式就会改变，服务业发展也更加便利。匹配既出现在生产部门，也出现在消费部门。从生产者的角度来讲，公司总部选择大城市，是因为它能找到最专业的人才，当人多到一定程度的时候，劳动力供给就会体现出多样性和专业化。这就是为什么浙江的企业发展到一定程度，总部就会搬到上海来，哪怕地价和劳动力成本都会提高。从消费者的角度来说，生活在大城市能够便利地享受多样化的服务，而在中小城市，生活就相对单调一些。第三个方面是学习。越是在服务业，特别是知识、技能密集型的行业，"干中学"的机制就越重要。市场规模大了，各种行当的需求就增加了，可以带来更多积累经验的机会。

5.2.3　城市空间结构扩张和规划作用

在我国改革开放后 40 余年的快速城镇化过程中，大多数城市的规划收益显著，令世人瞩目，城镇化地区的物质设施水平整体大幅提升。然而规划对城镇形态结构演变存在规划引领和规划误导两种可能。

一方面，城市政府的供给方因素通过城市规划起作用，城市规划通过政府干预及其自主性、房地产投资，来强调城市发展中的供给方因素。城市结构的扩张也往往通过城市规划得以合法化，特别是各地城市总体规划对城市扩张起到了极大的促进作用。

另一方面，在增量发展理念和乐观气氛下，在地方政府的强势干预下，城市规划用地和规划人口往往超出实际发展需求，造成了城市空间结构的"虚张声势"，进而造成严重的浪费。城市空间结构盲目扩张带来的负面影响是显而易见的，例如过量开发、土地资源浪费、环境负荷过大。城市扩张的冲动本质上仍是增长的思想在作祟，这也是规划出于设计产业自身利益而与地方城市政府共谋与互动的结果。

因此，科学的规划引导和技术支撑对于合理的城市结构显得尤为重要。中国未来发展仍存在都市圈、城市群发展带来的"结构性潜能"，需要通过规划合理释放这种结构性潜能。例如传统产业空间规划通常是静态的、定性的，面对产业环境、产业主体、产业空间需求的快速变化，城市规划需要在建设用地层面作出动态、定量的回应。

本章小结

罗伯特·K.默顿（Robert K. Merton）对机制的定义是"在社会结构中对特定部分产生特定结果的社会过程"，本章是在前一章城市空间形态的基础上进行的解释性研究，进一步阐释形态背后的城市空间结构形成和演变机制，力图解释在城市空间结构中对特定部分产生特定结果的空间社会过程，即阐释哪些因素、何种条件下促成或决定了空间结构的机制生成。

第1节扼要阐述了城市空间结构的经典理论和研究方法，包括德国经典地理学和经济学理论、美国经典人类生态学理论，以及城市空间结构的当代理论。第2节较为全面地讨论高速公路、铁路、高铁、地铁、航空、运河等各类交通技术或方式对城市（群）空间结构的影响。第3节主要讨论了商贸业、资源型工业产业、房地产业、特色/文化产业以及创新产业驱动的城镇结构形态。第4节着重从国家和地方两个层面剖析战略和政策对城市和区域城市群结构形态的驱动，（区域）城市结构形态往往和地区的行政区划调整和重大发展战略密切关联。第5节则简要论述宗教、安全防御等因素对历史上的城镇空间结构的影响，并对城市空间结构的常见模式进行小结，归纳分析城镇空间结构的社会影响。本章注重保持国际视野，在每一节都充分结合国内外案例和经验材料解释城市空间结构演变的机制。

城市空间结构的演变，既受宏观层面的政策制度、社会、文化的作用，也受中观层面的城市交通、产业、城市规划等技术、资源、空间治理方式的影响。本章以讨论城市空间结构为主，辅以社会分析；城市空间结构和社会结构互动，社会空间过程决定了城市空间结构。城市的空间结构形态也是时间的函数，随时间、随城市发展而变迁。

重要概念

工业区位理论
中心地理论
区位经济学理论
人类生态学理论
同心圆模式
扇形模式
多核心模式
多核心的大都市区域模式
城市增长机器
城市收缩理论
郊区化
城市空间结构模式

讨论问题

1. 以你熟悉的一座城市为例，分析其城市结构和形态的发展趋势、形成机制和影响要素。

2. 针对图 3.17 城市空间结构的常见模式，尝试举出对应的城镇案例，并简要分析这些城镇的结构特征。

3. 尝试分析城市国土空间总体规划、区域规划中城市空间结构、城镇体系空间结构的社会影响。

【导读】本章基于社会时空观对世界的城市化现象和进程进行社会空间动力学
的理论解释，主要从全球的、历史的视角分别探讨发达世界（欧美）和发展中
世界（拉丁美洲、亚洲和非洲）的城镇化；在基本框架下，从长期角度比较分
析不同地区和国家城市化和城市增长背后的独特因素、过程和结果，并着重探
讨我国城镇化发展的动力机制、模式、进程和影响。

第 4 章　世界的城市化

第1节　城市化的概念、关系和路径

在开始城镇化的讨论之前，应区分、澄清和城市化相关的一些关键概念以及城市化和工业化／后工业化、全球化、现代化等的关系。因为这些术语和关系在本章和本书中被反复使用和涉及。

1.1　城市化的相关概念辨析

对城市化、城镇化、城市增长这三个概念略作辨析。

1.1.1　城市化

城市化研究社会活动在城市空间中的定位方式，以及社会活动随城市社会状况发展和变化的相互依存过程。"城市化"一词可以在不同层面加以理解阐释：1）从人口层面，"城市化"是指一个国家越来越多的人口居住在城市地区的过程。城市化发生在城市人口比农村人口的增长速度更快时。城市化进程的主要来源是人们从农村地区迁移到城市地区生活和工作。2）从空间层面，"城市化"是指城镇或城市形成及其不断扩大建设的过程。城市化的过程不仅指在城市定居的人口增加，还指人们在城市环境中的流动性增强。3）从土地层面，"城市化"是指一个国家或城市的建设用地不断扩张增加，而农村和农业用地相应地不断收缩减少的过程。

城市化表达的是一个动态变化过程。因此，城市化的分析常常采取历史分析和比较分析的方法。在城市化的概念之下，还衍生细分出许多概念，比如过度城市化（hyper-urbanization）、郊区化等，这些概念所表述的现象及问题在本章后面部分将有述及。

1.1.2　城镇化

本书交替使用"城镇化"和"城市化"这两个概念，基于以下两点考虑：一是本书整体上采用中国视角和基点，故而要结合我国的国情、政策和语境。二是基于本书第 2 章各国对城市、城镇标准的界定不同，以及第 5 章中对全球一些主要国家的城市规模的横向比较，可以发现，国外很多"城市"的规模和我国的"城镇"规模大致相当，仅就规模而言，"城市化"和"城镇化"未尝不可替代使用。当然，即便是不同国家之间人口规模相当的城市和城镇，在城市化的品质内涵上差别还是相当悬殊的。因此，本书在具体讨论中国城市化的议题时基本采用"城镇化"的概念，涉及一般性的或国外相关议题时仍遵循"城市化"的说法。

1.1.3 城市增长

"城市增长"是指居住在城市地区的总人口每年的百分比变化。城市增长通常由三个因素引起：城市居民的人口自然增长；从农村地区向城市的人口迁徙；以及随着城市的发展，以前的农村地区被重新分类划定为城市。当城市各部门相对较小时，农村到城市的移民是城市增长的主要动因。而随着城市各部门的扩大，城市人口的自然增长（城市人口中的出生人数大于死亡人数）往往对城市增长起到更大的作用，这一点和城市化不同。

从最初的人类定居点发展到城市，城市增长的一般过程可以简化和概括描述为，由于人口自然增长，定居点成为村庄；村庄经由人口自然增长或城乡迁徙两条途径发展成城镇，不同的是，前者是村庄就地转变为城镇，后者是村庄人口流动到城镇；城镇转变成城市和村庄变成城镇的模式和路径大体一致（图 4.1）。

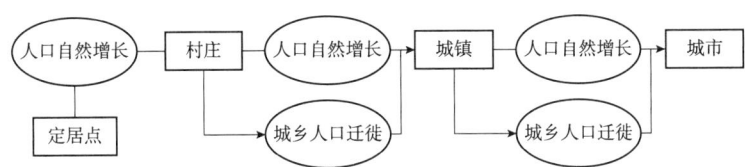

图 4.1 城市增长的过程
来源：作者自绘

从理论上讲，一个国家在没有城市化的情况下有可能经历城市增长。如果生活在城市地区的人数正在增加，但速度和农村人口增加速度相同或较农村慢，情况就是如此。然而，这种情况较为罕见，在过去几十年中，世界大多数地区都同时出现了城市增长和城市化。城市化和城市增长不同，农村人口向城市的迁移才是城市化的主要驱动力。

1.2 城市化和工业化 / 后工业化、全球化、现代化

城市化、工业化、后工业化、全球化、现代化这五个概念之间存在着颇为复杂的相关性。倘以城市化为出发点，可以还原以下四对过程的关系：城市化和工业化，城市化和后工业化，城市化和全球化，城市化和现代化。这些关系极少数情况下可能单独存在，更多时候是两种或多种并存，这取决于所考察地区的基础条件、历史背景和发展阶段。城市化描述的是人类聚居发展的一种过程、一个阶段，城市化的最终目标指向是富有秩序和品质的城市生活。

1.2.1 城市化和工业化

有据可查的是，马克斯·韦伯在 19 世纪 90 年代首次提出"城市化"的

概念，他认为是西方国家的工业化进程推动了城市化的发展①。某种程度上可以这样理解，"城市化"这一概念的提出，本身就是工业化发展的社会研究产物之一。因此，城市化和工业化往往交互作用，齐头并进。

乡村从前占据着大多数地域，村庄缓慢成长为市镇，继而突变成城市。工业化带来农村向城市的人口迁移。工业化的核心是工厂、产业、技术、工具，它们是驱动资本主义工业阶段的发动机。早期的工厂往往位于城市地区，以便从规模经济和规模庞大且不断增长的市场中获益，以销售其产品，并利用交通运输基础设施在全国范围内销售其产品，乃至将产品出口到其他国家。

工人和资本家不只是脱离具体实体的抽象概念，他们是活生生的人，需要栖身之地，以便抚养家庭、生活及休憩。因此，工业化也产生了工业城镇（factory town）或社区、公司城镇（company town）和生活区，城镇起初围绕工厂形成，工人的家庭和住房、机器以及能源都在靠近的距离内。例如河南平顶山市（第3章）的形成，又如德国柏林郊区的西门子城（Simens Stadt）的形成。

如果工厂和人们在城市中彼此靠近，他们可以通过各种方式受益。"规模经济"一词描述了工厂将其经济活动定位在彼此接近的位置时所获得的利益。由于相关工厂集中在城市地区，它们的生产成本可能会大幅下降，因为如果在同一地区有一个由许多工厂组成的网络，这将吸引其他企业建立并向后者提供生产材料和客户，而不是由一家公司单独提供。由于相关行业中更多的工厂相互靠近或"聚集"，使得工厂的生产成本更低，这可能是城市增长和就业的主要因素。的确，工业化促成了城市化。反过来，城市化带来了充足的劳动力供给、较高的资本回报率、全要素生产率的提高，从而进一步回报了工业化。

就一个国家、一座城市的发展来说，工业化、城市化是相互推动的两条主线。基于城市化和工业化的关系，可以通过有选择的工业化来带动引导城市化。例如，在城乡一体化视角下，在典型的县域范围内，观察企业的空间集聚和演化规律及产业链的延伸方向，掌握不同类型企业的选址偏好、产业空间关联特征，以及基于特色资源的产业链构成特征。在大多数国家，城市化是基于工业化的经济发展的自然结果。此外，当前乃至今后的城镇化趋势还涉及在工业化升级发展（例如工业化4.0）的新背景下来考虑城镇化。

对城镇化和工业化带来的问题进行梳理，可以发现，处于不同阶段的城镇化，带来的社会问题形态并不完全一样。这些社会问题归结起来出现在两端，一端是人口的流出地，即农村；另一端是人口的流入地，即城市。国内语境里常说的"三农"问题概括了和城镇化相关的农业、农村、农民问题。

---

① Max Weber. Measures of Multidimensional Urbanization[J]. Research on Economic Inequality，1899，8（4）：175-194.

实际上，这是一个产业（所从事行业）、空间（居住地域）和社会主体身份三位一体的问题，三者侧重点不一，但必须一体化地考虑以上三个问题，不能脱离其他两者而单独地说清某一个问题。"三农"问题是农业文明向工业文明过渡的必然产物。

1.2.2 城市化和后工业化

当工业规模扩大，有些工业类型影响到城市居住环境时，工厂开始被迫迁离城市。因为城镇化的目标指向是品质生活，首要问题是不以牺牲城市环境为代价，因此，城市中留下来的是无污染的都市工业类型，这时也就进入了工业化的后期，即后工业化时期。

"后工业化"很大程度上意味着"去工业化"。对于工业化程度较高的国家、地区或城市来说，当其工业部门开始在提供工作岗位上输给其他地点时，由于劳动采购，导致各公司在比该国家、地区或城市的工资水平大大降低而工人更为驯良的地点建立车间，这个过程被称为去工业化。去工业化已经导致了自20世纪60年代以来的几十年内发达的资本主义国家国内制造业领域的大幅衰退，也导致了自20世纪90年代以来我国大城市在制造业领域一度的大幅衰退。

"后工业化"的概念由美国社会学家丹尼尔·贝尔（Daniel Bell, 1919—2011年）于1973年提出。后工业化是指服务业的产值和就业超过工业和农业的一种发展趋势。和工业化对城市化的驱动效应不同，后工业化对城市化的拉动较小。这是由后工业化的产业特征决定的。贝尔分析了后工业社会的五大特征，这些特征在发达资本主义国家都得到了检验。他认为，后工业社会的第一个最简单的特点是大多数劳动力不再从事农业或制造业，而是从事服务业。经济方面的标志是由商品生产经济转变为服务经济；职位方面的标志是专业和技术阶段处于优先地位；在决策方面，则是创造新的"知识技术"。因此，后工业化更多是和城市更新而不是和城市化联系在一起的。

例如20世纪70年代，英国"城市正同时失去人口和工作岗位"，这"是一个去工业化和在主要城市的较老的工业地区及老的码头地区和去工业化相关联的各种货物处理就业岗位缩减的一个长期的过程"[①]。英国《1978年内城地区法》颁布，把资源从新城和扩张城镇的计划转到了城市更新重建上，例如格拉斯哥东部地区更新（Glasgow Eastern Area Renewal, GEAR）。这种不是扩大城市外延而是提升城市内涵的发展过程，也被称为"深度城镇化"或"再城镇化"。深度城镇化通常和后工业社会相关联。

城市化、更大的经济增长和生活水平的提高在历史上是齐头并进的，是

---

① （英）彼得·霍尔，科林·沃德.社会城市[M].黄怡，译.吴志强，校.北京：中国建筑工业出版社，2009.

我们现代世界的核心事实，因为城市地区在大多数国家的 GDP 中占很大比例。世界上还没有一个国家在没有大量人口迁入城市的情况下达到中等收入水平。在过去的两百年中，世界各地的人们已经从几乎完全生活在农村地区转向一半以上人口生活在城市。与此同时，全球经济结构也发生了转变，从大多数人在农业部门工作转变为主要在城市制造业和服务业部门工作。

1.2.3 城市化和全球化

全球化是进阶的国际化，两者的不同之处在于其作用范围和影响力。对于一座城市或一家公司、企业来说（城市某种程度上也可看作一个公司或企业），国际化是用公司或企业自身的资源，在国际上闯荡出一条路。公司或企业在母国之外的多个国家有组织，这就叫跨国公司、跨国企业。全球化则是以全球的资源实现公司在全球的目标。

举个企业的例子，IBM 堪称整合全球资源优势的典范——工厂设在中国，因为最好的制造业工人在中国；信息服务在印度，因为性能价格比最优；研发在美国，因为技术优势最突出。中国的品牌海尔、华为也都逐步走上了全球化的道路，为打造全球化的品牌，在研发、制造、营销等环节整合全球资源[①]。

我们通常在一个国家内部讨论城市化，而在全球至少是国际框架内讨论全球化。但这两个过程在某些发展条件或外部环境下也可能出现同步关联，即城市化的过程和全球化的过程是交叠的，而不是通常认知的先完成城市化，然后城市参与全球化的固定路径模式。

例如在中国东北的县城，全球化服务就带动了地方的城镇化。吉林省延边朝鲜族自治州龙井市，以韩国为主的海外劳务输出规模颇大，人们在境外赚钱，在县城消费，民众消费力极强，城市的夜生活也很丰富。这既是服务业业态集聚、争夺消费者的表征，也是全球化的影响在边陲小城的映射。

而对超大城市上海来说，自 2015 年起，城市化率就维持在 87%~88%，为了不断适应全球化的功能定位，目前城市仍处于缓慢扩张中，2021 年，城市常住人口为 2489.43 万（"七普"数据），城市化率提升到了 89.3%。上海的城市扩张和城市化率提升主要发生在浦东新区和远郊区。

由于特定的时代和环境背景，全球化和城市化在我国许多地方是同时进行的。例如，当我们谈论全球经济一体化时，很多人可能并未清醒地意识到，在南部工厂林立的城市，农民工在拉动国家出口经济的流水线上全力以赴，农村女性多多少少处在全球资本主义经济的第一线。20 世纪 80 年代以来至 21 世纪的前 20 年里，在我国南方的"世界工厂"，相当一部分人叠合了全球化和

---

① 谢湘，尹洁. 企业是时代的产物，必须与时俱进 [N]. 人民日报海外版，2018-08-15（12）.

城市化双重影响的特征。在全球经济中，来自农村的年轻女性构成了在电子和成衣行业中低端制造业劳动力的主体，也就是第二产业中的女性，她们是驯良的和低薪的劳动者。这在空间上反映为中国大都市郊区的连片工业园区，以及城郊外来人口的集中租住地和富士康式的职工集中生活区。

1.2.4　城市化和现代化、现代性

从历史上看，广泛的城市化是世界经济发展的近期现象。我们现在所说的"城市化"本身是一个相对现代的概念。世界城市的发展是当代世界发生的最重要的变革之一，它鲜明地揭示了世界现代面貌的变化。

城市（镇）化是现代化的必由之路，是解决农业、农村、农民问题的重要途径，是推动区域协调发展的有力支撑，是扩大内需和促进产业升级的重要抓手。虽然我国的城市化进程快速推进，2021 年末，全国常住人口城镇化率为 64.72%，2022 年末为 65.22%，但是社会的整体现代性远未达到相应水准。在城市化和现代化进程中，农村人口是显而易见的弱势群体。例如中华人民共和国成立后仍然存在"闯关东"的现象。在沂蒙山区的大山里，往往是一条小山沟里定居着几百户人家、千余口人。由于当时政府对人口流动的部分禁止，这些山村里的人要想讨生活，得偷偷跑到高密，乘火车去闯关东。20 世纪 80 年代初，人口流动政策逐渐松动，村里的青壮劳力大多跑去大连，在钢厂、果园里打工。20 世纪 80 年代中后期，人们开始只去逐渐发达起来的青岛打工。沂蒙山区农民这一路自发走过来的是艰难的城镇化之路，也可以说是他们追求现代化的道路。

现代化主要是在经济学和社会学层面上谈论的范畴，现代性则主要是一个哲学范畴。现代性是现代化的结晶，是现代化过程和结果所形成的属性，并不断演变。现代性是一种"产物"，而现代化是"目的"和"过程"。现代性是表述那些在技术、政治、经济和社会发展诸方面处于最先进水平的国家所共有的特征。现代化则是指社会获得上述特征的过程。

澳大利亚历史学家布雷特·鲍登（Brett Bowden）于 2009 年在其著作《文明的帝国：帝国观念的演化》（*The Empire of Civilization：The Evolution of an Imperial Idea*）中解析了其他学者的观念，即西方普遍认为资本主义国家的西方人所生活的世界即为现代性，而世界上其他地方——原苏东国家和所谓的"第三世界"——则处于某种程度上的落后状态或处于前现代化时期。由此可见，现代化或现代性是通过发展来实现的。[①] 鲍登还揭示了一个现实，"更有抱负的说法是，如果想要被当代国际社会接纳，并获得所有权利和特权的话，

---

① （澳）布雷特·鲍登. 文明的帝国：帝国观念的演化 [M]. 杜富祥，季澄，王程，译. 北京：社会科学文献出版社，2020：88.

现代性——或者更确切地说，西方现代性及其全部内在价值——是所有社会都应向往的一种状态"①。

对于非西方民族或非西方国家而言，为走上现代化之路，接纳定义了现代文明的新思想、技术和制度设计，但是有必要抛弃作为一个民族存在理由的古老文化吗？利科（Ricoeur）如此解释道：②

（非西方国家）必须深深扎根于过往历史的土壤中，锻造民族精神，在殖民者的人格面前展现这种精神和文化收复失地的要求。然而，为参与现代文明，必须在同一时间参与科学、技术和政治理性活动，而这往往需要不折不扣地放弃整个文化的过往。事实就是，每一种文化都无法承受和吸收现代文明的冲击。这里存在一个悖论：如何既能变得现代化，又能回归本源；如何既可复兴处于休眠状态的古老文明，又可加入普遍文明。

现代化是一个"多中心的历史进程"，非西方国家社会不只是现代性之被动的接受者或无声的证人，而是积极的参与者。现代性的关键是自我觉得现代，那么，这种实证研究不只在西方国家能够找到足够的证据，来呈现 19 世纪摧枯拉朽、日新月异的景象。这种巨变在 1890 年之后以更快的速度发生在世界各地，旧的制度纷纷被推翻。

"现代性标准"有两种可能的形式出现，一种的主要意义在于通过科学技术的实际应用，将"生活标准"和"生活质量"广泛植入健康、营养学及其他相关议题，这也是美国经济学家约瑟夫·斯蒂格利茨（Joseph E. Stiglitz）所称的"现代"。"现代性标准"的另一种形式通常以"当代世界性文化"的面目呈现，体现一种"共同的价值观、道德准则和经历"，诸如"地球村"和"全球城市"等一些流行的表达形式。③还有在现代性和时间之间建立关联的观点，例如法国著名哲学家弗朗索瓦·利奥塔④ 提出"现代性就是现代的时间性"，美国文化批评家弗雷德里克·杰姆逊（Fredric R. Jameson）则指出："后现代主义是关于空间的，现代主义是关于时间的"。

历史抵达新时期，伴随着全球化浪潮的涌动，现代性问题不仅无远弗届，无微弗存，越发显示了强烈而充分的存在感，而且同近半个世纪崛起的后现代思潮缠结在一起，传递出前所未有的复杂性、矛盾性和不确定性。这一切不可

---

① （澳）布雷特·鲍登.文明的帝国：帝国观念的演化 [M].杜富祥，季澄，王程，译.社会科学文献出版社，2020：21.
② Ricoeur. History and Truth，277.转引自鲍登：123.
③ （澳）布雷特·鲍登.文明的帝国：帝国观念的演化 [M].杜富祥，季澄，王程，译.社会科学文献出版社，2020：207.
④ 弗朗索瓦·利奥塔（Jean-Francois Lyotard，1924—1998 年），当代法国著名哲学家，后现代思潮理论家，解构主义哲学的杰出代表。

避免地影响到正在现代化道路上阔步前行的当代中国，体现着社会发展和进步的现代化，构成整个社会的美好向往和前行动力，然而派生于这一过程的现代性，却是一种多面向、多路径、极复杂的存在，其中不乏对抗、危机、断裂。①正如城市化进程的急速推进，往往是以牺牲乡土文化为代价的。因而在城市（镇）化和现代化的道路上，我们仍须保持对现代性的清醒审视和辩证解读。

1.3 城市化的整体发展阶段

城市化是有阶段性的。引入"区间"的概念对于比较讨论和比较研究非常重要，"区间"既是一个表达二维或三维空间的术语，也是一个表达时间的概念。采用时间区间将地理相邻或发展阶段相近的国家归拢起来讨论时，仍要注意各国城市化发展的关键时点、时段的差异，以及关键问题、主要关切的不同。在下文几节讨论时会谨慎地对待这个问题。也正因此，在各节或各洲的讨论中，对于城市化或城镇化研究会出现一些跳跃的、变化的重点。

1.3.1 城市化的阶段性和区域性

人类历史上的城镇和城市早就存在，留存下来的城市、城镇也为数不少，尽管这些城市、城镇的物质形态早已历经更替。在城市化的初期阶段，这些城市吸引着来自农村的人口。一开始，农村有大量劳动力，当农村收入水平较低的时候，大量农民就来到城镇寻找生计。这让我们很容易联想起格奥尔格·西梅尔曾经假定的一位来自巴伐利亚的德国农民汉斯的形象，"在某场个人悲剧中，他失去了农田和家庭。怀揣一笔数量菲薄的钱，现在他旅行到了柏林，想要开始一个新生活。他之所以去这座现代城市，恰恰因为它提供了一个相对于传统的农村耕种生活方式的选择。"②

城市化发展的中后期阶段，各类结构性的矛盾会更加凸显。比如住房，由于城市的资源有限，且需要通过竞争获得，而人口流动和住房流动之间常常是不匹配的，因此住房的相对紧缺自始至终存在。住房总量供求矛盾往往更加集中在一些大型城市或大都市地区。

全球的城市化是一个加速发展的过程。1800年，世界上大约5%的人口生活在1万人或以上的城市地区。当时，世界人口不到十亿③，而西欧和北美的工业革命正处于早期阶段。随着工业化在世界各地蔓延，城市化率也相应

---

① 古耜.新颖而深入的现代性[N].人民日报海外版，2018-08-08（7）.

② （美）马克·戈特迪纳，雷·哈奇森.新城市社会学[M].黄怡，译.4版.上海：上海译文出版社，2018：69.

③ Statista.Urbanization rate by global region 1800[EB/OL]. https：//www.statista.com/statistics/1304710/urbanization-global-1800/，Dec 1，2009.

上升。可以获得的数据表明（表 4.1），全球人口中城镇居民的比例在 1800 年时是 6%，1900 年增长到了 13%，也就是一百年增长了 7 个百分点，到 1950 年达到了 29%，亦即这 50 年增长了 16 个百分点，2007 年城市化率上升到了 50%，2022 年全球城市化率约为 57%[1]。

全球城市化率的部分数值和时间节点　　　　　　　　表 4.1

年份	1800 年	1900 年	1950 年	2007 年	2017 年	2022 年
城镇化率	6%	13%	29%	50%	55%	57%

来源：联合国；Statista

城市化发展还存在区域的差异性。图 4.2 显示了 1950 年、2015 年及 2050 年不同区域的城市人口比例的比较状况。以历史标准衡量，发展中国家在过去 60 年中经历的当代城市增长速度特别快。据联合国的统计数据，从 1880 年到 1940 年，发展中国家的城市人口以年均 2.5% 的速度增长。然而，从 1950 年到 2010 年，较不发达国家的城市人口以年均 3.5% 的速度增长。[2]

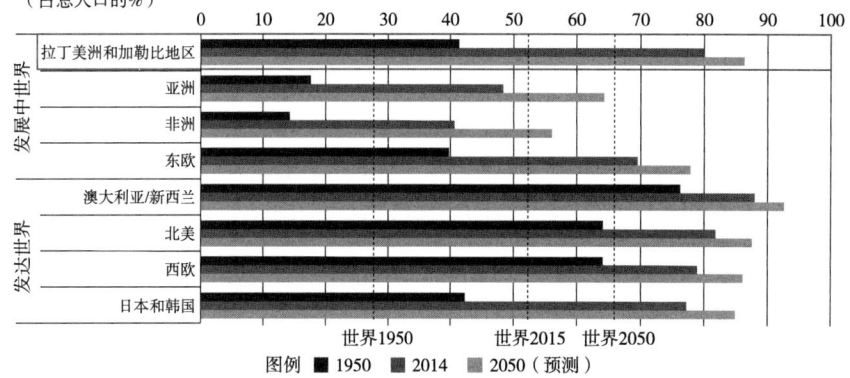

图 4.2　按区域的城市人口比例（1950 年、2015 年和 2050 年）

来源：BBVA Research and UN，July 2017

1.3.2　城市化的阶段划分

1979 年，美国城市地理学家诺瑟姆（Raymond. M. Northam，1929—2003 年）提出了 S 形曲线理论，也被称为诺瑟姆曲线（Northam Curve），他将多数国家的城镇化路径概括为起步、加速和稳定三个阶段，起步阶段需要较长时期城市人口占比能达到 30%；加速阶段城市人口占比能达到 60% 或以上[3]。相较

① Einar H. Dyvik. Share of urban population worldwide in 2022，by continent[EB/OL]. https：//www. statista.com/statisics/270860/urbanization-by-continent，Oct 5，2023.
② BBVA Research and UN. Share of population residing in urban areas for each year. BBVA[J]. Urbanization in Latin America，July 2017.
③ 吴志强，李德华 . 城市规划原理 [M]. 4 版 . 北京：中国建筑工业出版社，2010：13.

于侧重人口和经济发展的规律性的城市阶段划分，本书突出对世界的城市发展的社会时空考察分析，将整体现代意义上的世界城市化的过程大致划分为以下四个阶段：

第一阶段，新生的城市世界，从18世纪60年代英国的工业革命到19世纪中叶。世界城市人口数量在数千年中一直很小，几乎没有变化，在19世纪末开始经历快速和持续的扩张。恩格斯的《英国工人阶级状况》（1845年）集中反映了工业革命兴起时期英国的城市问题，城市环境品质下降，居住条件恶劣。这一阶段以英国的城市为代表，典型如曼彻斯特。基本事件是发生在18世纪和19世纪西欧的工业革命，当时工业的快速扩张需要越来越多的工人。这为城市创造了新的机会，吸引了寻求就业和更好生活的人们。与此同时，农业技术的重大变化提高了农业生产力，从而能够养活不断增长的城市人口。

第二阶段，成熟的城市世界，从19世纪中叶至20世纪中叶。欧美各国基本实现了城市化。这一阶段以美国的城市为代表，例如芝加哥。20世纪，城市人口增长的速度更快。1900年，全球13%的人口来到城市居住。到1950年，城市人口增长率翻了一番以上。

第三阶段，繁荣的城市世界，从"二战"以后至20世纪末，即1945—2000年，一般称之为城市化的普遍实现阶段。"二战"后，多数国家和地区整体上得以休养生息，恢复人口，修复和建设城镇。1950—1975年期间，世界城市人口增长数量最大、速度最快，此后明显放缓。这一阶段，西方出现了郊区化（suburbanization）、大都市化（metropolization）、超大都市化（megalopolization）等城市现象。

第四阶段，剧变的城市世界，自21世纪至今。2007年，人类历史上第一次有超过一半的世界人口生活在城市地区。2010年，城市人口比例最高的三个地区是北美洲、拉丁美洲和欧洲。截至2018年，全世界估计有548个城市的人口超过100万。到2030年，预期世界总人口的大约70%将生活在城市地区。几乎所有的增长将出现在发展中地区的城市和大都市区域。来自农村地区的移民以及农村定居地向城市地区的转变构成了大部分的增长。与此同时，到2030年，生活在城市贫民窟中的人口数量将增长到世界城市人口的一半以上——大约25亿人。在未来几十年里，发展中国家城市人口增长的大多数将属于上述类型。

上述阶段划分方式主要依据影响人类社会的一些重大技术和社会事件，由于社会阶段演化是一个连续渐进的过程，多数情况下很难严格地断定其确切年份，但是仍可大致保证其划分的可信度和合理性。当今不同国家处于不同的城市化和经济发展阶段，关于全球区域具体的城镇化水平和过程，将在随后几节细分至洲、国、城市层面加以讨论。

第 2 节　发达世界的城市化

　　19 世纪、20 世纪的欧洲和北美洲，几乎同时经历了经济增长、发展和城市化。近几十年来，在拉丁美洲和亚洲的许多国家可以看到类似的经济发展和城市化进程。形成这种关系的根本原因之一是，当一个国家的经济增长时，通常会创造更多的就业机会，这些就业机会集中在城市地区。当城市能够提供比农村地区更好的就业机会和更高的工资时，人们往往会离开以农村为基础的农业部门，在以城市为基础的工业和服务部门尝试"运气"。在一个经济体中，在农村农业部门工作的人向城市制造业和服务业部门工作的长期转移被称为结构性的变化，和产业经济部门这种结构性的变化相对应的是城乡空间的结构性的变化——城市化。

2.1　欧洲的城市化

　　欧洲的城市化较早，欧洲的人口集中主要是工业化的结果。历史上，欧洲各国的城市化模式都是由特定的政治、经济、文化因素决定的，但是相互之间差异很大。18 世纪早期，英国的城市人口约占总人口的 20%~25%，到 1801 年就已经增加到 33%，当时伦敦是世界上拥有 100 万人口的两座城市之一（另一座是北京）。1851 年，英国已有 580 多座城镇，城镇人口达到总人口的 54%。19 世纪晚期，英国 70% 的人口都已经居住在城市中，成为世界上第一个实现城镇化的国家。英国的城市发展更多地围绕工矿区展开，新兴工业城市一般都有比较便捷的运河、港口、铁路交通优势，有利于工业发展，创造出大量就业机会。反过来，劳动力聚集又促进了相关服务业的发展，使得城市规模迅速扩大。曼彻斯特、格拉斯哥、伯明翰等英国的大中型城市，都是按照这种模式建设起来的。

　　法国城市化进程的速度比英国慢得多。1800 年，法国的城市人口为 10%，到 1880 年才增加到 35%。直到 1931 年，法国才实现城市化。和英法相比，德国的城市化速度快。1910 年，德国城市化率已达 60%，基本实现城市化。这意味着，从 1871 年到 1910 年，德国用不到 40 年的时间就实现了城市化。德国的城市化是以德意志帝国建立前原有 38 个小邦国的政治、经济中心城镇为基础完成的，没有完全按照工业发展的需要另起炉灶。这使得德国的城镇化进程较均匀地在全国铺开，迄今为止，德国城市发展的特点仍是中小城市多，各类城市协调发展，布局较为合理。[①]

　　"二战"后，欧洲一些国家也经历了郊区化趋势，但是速度较慢，并且不同的人口混合，更多以工人阶级为主导，他们被安置在多户住宅或公寓建筑中。

---

① 田德文 . 欧洲城镇化历史经验的启示 [J]. 当代世界，2013（6）：14–19.

东欧各国由于"二战"结束后国际国内形势的转变，转向苏联模式的社会主义道路，进行社会主义的城市建设。到 2000 年为止，东欧人口总数的大约 68% 生活在城市地区——世界上最高的城市化水平之一。但是城市化的程度在不同国家之间存在本质上的差异，罗马尼亚的 54% 是最低的，俄罗斯联邦的 73% 是最高的。许多东欧国家展示了一种不平衡的首位城市发展模式，一个大的城市中心在全国处于绝对优势地位。只有俄罗斯发展出了一个平衡的城市等级体系。1970 年，俄罗斯只有 6 座城市拥有 100 万以上人口，2000 年超过 12 座城市拥有至少 100 万的人口。

这个区域的城市体系存在若干鲜明的特征。苏联首都莫斯科在其中处于支配地位，莫斯科不但是东欧最大的城市，而且比欧洲其他任何城市都更大。莫斯科大都市区域人口 2021 年在 1200 万以上，第二大都市区圣彼得堡拥有 600 多万人口。作为俄罗斯最大的两座城市，莫斯科和圣彼得堡在区域构成方面极其类似于美国和欧洲的城市。这两座城市的相对规模是俄罗斯作为一个中央集权国家长期历史的结果。它们除了占有俄罗斯 1/3 的零售销售和 1/3 的全国批发贸易之外，还占有俄罗斯所有银行机构的一半。

这两大都市地区之后跟随着一群拥有 150 万到 300 万人口的城市，它们大部分代表了东欧较古老国家的首都城市（波兰的华沙、匈牙利的布达佩斯）或者重新独立的苏联国家（白俄罗斯的明斯克，乌克兰的基辅）。

2.2 美国的城市化

美国是世界上城市化水平最高的国家之一，在将近一百年内完成了城市化进程。19 世纪 20 年代之前，美国城市人口相当稳定，大约占全部人口的 10%。在这一时期之后，城市化突然爆发，直到 20 世纪 30 年代才减缓下来。根据 1920 年的人口统计，美国所有人口的一半以上早已生活在城市中。也就是说，在 1820 年之后的一百年里，美国转变成了一个城市化的国家。

美国城市成长经历了四个独特阶段，如表 4.2 所示，并且目前已处于多中心扩张的大都市时期。自 1960 年开始发生，定居空间在多中心的大都市区域

美国的资本主义各阶段和城市化，1630 年—　　　　　　　表 4.2

资本主义阶段	资本主义类型	城市化阶段
贸易殖民时期	商业资本主义	殖民时期：1630 年至 1812 年
工业化时期	工业资本主义	工业时期：1812 年至 1920 年
垄断资本主义时期	垄断资本主义	大都市时期：1920 年至 1960 年
全球资本主义时期	全球资本主义	多中心的扩张时期：1960 年—

来源：依据《新城市社会学》（第四版）（第 129 页）补充

内分散布局并进行了空间重构。美国的城市和郊区定居空间，在以财产私有和资本积累为基础的自由市场经济内发展起来，因而美国的城市化阶段和资本主义阶段具有某种对应性。

但是戈特迪纳表明，"根据社会空间观点，这并不意味着清晰定义的大都市成长的阶段是和确切的经济发展阶段直接关联的；毋宁说，它只意味着，在经济发展中的每个阶段的重要特征与大都市空间的社会和政治变化中的重要因素之间是以某些方式关联的。"[1] 在大都市的成长阶段和政治经济阶段之间只是一种松散地关联，尽管如此，单独的城市建设阶段的讨论是一个有效的方法，以便组织对美国政治经济的发展和历时的定居空间形式之间关联性的分析。

城市建设涉及土地开发计划，并结合了资本、政府和交通技术。19世纪后半叶，人们对公共交通运输的需求通过一系列的创新得以满足。19世纪50年代，公共马车被马匹牵引的轨道车厢取代，提供了中产阶级郊区化的可能途径。19世纪70年代，交流电的发明被应用到电力生产中，电气化使得广泛的、无污染的电车系统和地铁列车成为可能。1902年，美国城市中轨道线路总长97%的里程上使用电力。大量工人可以借助高效、安全的公共交通通勤。

工业化曾在英国释放出巨大的影响力，在美国具有相似的结果。1812—1920年间，美国成为世界制造业的领头人。其中，1850—1900年间，美国纺织品的产量增长了7倍，钢铁产量增长了10倍，农产品加工增长了14倍，农业器具的产量增长了25倍。至20世纪20年代，美国国内经济形势大好，交通、矿产、建筑业扩展迅速，电器、汽车制造业迅猛崛起。

美国的城市化和全球化是同步进行的。从19世纪中期到20世纪初期，美国城市发挥着巨大磁石的作用，它们吸引了来自全世界的移民。1800—1925年间，超过4000万移民进入美国。单单在1846—1900年间就有1700万人到达[2]。20世纪20年代，美国已经成功地整合了来自100多个国家的数以百万计的移民成为产业劳动力主体。各大城市都已全部建成，一派繁荣景象。汽车、电器设备、家庭机械、加工食品和成衣开始进入家庭，给不少美国人的生活带来前所未有的舒适。工业化和城市化不仅安定了边疆，而且引导美国跻身世界强权地位。

但是美国的城市建设在20世纪相当程度地缓慢下来，跟随着一系列经济衰退，终至20世纪20年代末期的那场"大萧条"。由于政府改革帮助经济恢复，经济活动和城市增长在20世纪30年代又振作起来。在大都市时期，城市不但

---

① （美）马克·戈特迪纳，雷·哈奇森. 新城市社会学 [M]. 黄怡，译. 4版. 上海：上海译文出版社，2018：129.

② J. Vance. The Continuing City: Urban Morphology in Western Civilization[M]. Baltimore，MD：Johns Hopkins University Press，1990：359.

变得更大，而且蔓延出它们地方政府的行政边界。新的开发地区顺次变成了新城市；在许多情形中，通过区域范围的郊区化进程，城市化轻而易举地吞没了靠近大城市的较小城镇。"大都市日益增长的规模和地理版图的模式成为美国许多城市的特征"，研究揭示，对区域成长影响最大的两个进程分别是城市体系的更大分化（空间、功能和人口统计分化中的变化）和郊区化的进程[①]。

数以百万计的南方黑人在 20 世纪 50 年代 60 年代时期离开南方去往北方、西部和东部的中心城市，例如芝加哥的黑人人口在 1960 年的此前 20 年间增长了将近 50 万。截至 1960 年人口普查时，只有一半的黑人人口仍然居住在南方。[②]与此同时，20 世纪 60 年代初期，白人家庭从中心城市向郊区的迁移正在进行，造成许多中心城市越来越成为种族和少数民族社区以及白人工人阶层的中心活动地。

这个郊区化进程也是美国多中心的城市区域产生的原因。美国郊区化现象的巨大规模是十分独特的，是白人中产阶级在空前未有的规模上建设独户住宅的郊区化。美国的郊区化突击发生在 1920 年以后，在 20 世纪 30 年代加速了步伐，在"二战"之后有一个影响深远的加速发展，并一直是美国定居模式的重要特征。早期的郊区开发作为独立的私人开发的城镇建造，离开城市边界数英里。那时它除了意味着低密度的居住生活，还意味着人种、种族和阶层的排斥。1940 年以后，郊区化成为一种大量出现的现象；到 20 世纪 40 年代后期，郊区开发才大规模出现。当今区域的大都市发展模式在这个时期体现出来。联邦政府通过促进独户住宅的政策，在创造大众住房市场过程中变得至关重要。

美国早在 1920 年已经成为一个城市化的国家，而在 1960—1990 年间，则从一个由在寒霜地带的大规模的中心城市占主导地位的社会，走向了一个拥有大量人口生活在阳光地带和郊区的国家。从 20 世纪 60 年代开始，不同于郊区化的力量出现，去工业化和全球化改变了城市和郊区两者的进程，使得城市和郊区两者都产生了变化，促成了分散的现象。"去工业化"的过程导致了过去几十年来美国国内制造业领域的大幅衰退。国家企业或者被收购，或者和大型多国公司步入了合作关系。

大都市居民向郊区的转移在这个时期加速。1970 年，美国人口普查第一次表明，全国人口的 31.5% 生活在中心城市，31.4% 生活在农村地区，37.1% 生活在郊区，郊区人口超过了居住在城市和农村的人口。此后更多的农村地区被郊区增长吸收，根据统计数据，1990 年人口的 46% 生活在郊区，40% 在中

---

① （美）马克·戈特迪纳，雷·哈奇森.新城市社会学 [M].黄怡，译.4 版.上海：上海译文出版社，2018：150.
② （美）马克·戈特迪纳，雷·哈奇森.新城市社会学 [M].黄怡，译.4 版.上海：上海译文出版社，2018：158.

心城市，还有 14% 在农村地区。[①] 事实上，在"二战"后的 40 余年里，美国郊区区域仍然是增长最快速的地区，所有中心城市苦于没有人口增长或增长缓慢。[②]

20 世纪 50 年代，美国城市以工业城市类型为代表，城市人口由来自欧洲的许多种族群体组成，包括意大利人、爱尔兰人、犹太人、波兰人、匈牙利人、德国人和斯堪的纳维亚人。在 20 世纪的 50 年代和 60 年代，郊区被认为是在城市里工作的专业人员买房居住并抚养家庭的地方，因此早期也被称作"卧室社区"。然而自 20 世纪 60 年代以来，郊区日趋成熟，在文化、经济和政治等许多方面已变得多样化，非常像中等规模的城市地区。自 20 世纪 70 年代以来，郊区在经济方面的重要程度已经超过了它们邻近的中心城市。20 世纪 80 年代，费城周边的郊区容纳了整个区域（包括中心城市本身）就业的 63%，所有制造业工作岗位的 67%，所有批发和零售工作岗位各自的 68% 和 70%，并且所有区域就业中 50% 以上岗位在金融、保险和商业服务部门。[②] 至 20 世纪 80 年代，美国的日常生活模式已经改变。城市不再由中心城市的制造业主宰，而是更多转变为郊区专门从事服务和零售的经济。

整体而言，20 世纪 60 年代以后，美国的城市化以郊区化的形式出现，郊区化占主导地位，也就是在中心城市以外的郊区的"城市化"，就自然环境和社会环境两方面而言，郊区居民获得了比中心城市更良好的城市生活环境。

第 3 节　发展中世界的城市化

发展中世界包括拉丁美洲、亚洲和非洲地区，但是各洲之间及其内部存在较大差异，例如亚洲的日本、韩国较早达到了较高的城市化水平，日本通常也被划入"西方"发达国家之列。拉丁美洲长期以来被归入第二世界[③]，而亚洲、非洲的许多地区被归入第三世界，也有将中亚、中东和东亚归入第二世界的。以下对各洲作整体层面的城市化状态和城市社会影响的概略描述分析。

---

① U.S.Bureau of the Census. *Census of Population*. United States Department of the Commerce，Bureau of the Census. Washington，DC：U.S[J]. Government Printing Office，1990.

② 马克·戈特迪纳，雷·哈奇森：174-175.

③ "第二世界"是一个曾有多种解释的概念，近年来在英语文献中渐已退出。美国全球战略顾问帕拉格·卡纳在其 2008 年出版的《第二世界》一书中，将东欧、中亚、拉美、中东和东亚等枢纽地区都纳入了"第二世界"。（美）帕拉格·卡纳.第二世界 [M]. 赵广成，林民旺，译.北京：中信出版社，2009.

3.1 拉丁美洲的城市化

拉丁美洲[①]目前共有 33 个国家及若干未独立地区（仍处于美国、英国、法国、荷兰统治下的十多个殖民地）。拉丁美洲地区拥有优越的地理位置，其中瓜亚基尔湾是南美洲太平洋沿岸最大的海湾。墨西哥地理位置上属北美洲，但它原是西班牙的殖民地，从种族、文化、历史上属于拉丁美洲。巴西领土面积最大，约占南美洲总面积的一半。

3.1.1 拉丁美洲城市的人口构成和分布

拉丁美洲主要是印欧混血种人和黑白混血种人，次为黑人、印第安人和白种人。拉丁美洲地区各国的人口构成基本上取决于洲际间人口迁移状况，即移民的来源和数量，也取决于种族融合的程度。历史上以欧洲移民为主要人口来源的阿根廷、乌拉圭和哥斯达黎加等国，现今的居民构成以白人为主，大多是意大利、西班牙、英国和德国大举而来的移民。其中，阿根廷白人占总人口的 97%，乌拉圭白人占 90%；吸收黑人奴隶较多的海地、牙买加、巴巴多斯、多米尼克、圣卢西亚等加勒比岛国，其居民以黑人为主；历史上的印第安人文化中心，如秘鲁、玻利维亚居民仍以印第安人居多数；墨西哥和中美洲国家以各种混血种人为主，其比重高达 80%~90%。几乎在每一个拉丁美洲国家（阿根廷除外），都有印第安人的后裔和血统。和拉丁美洲其他国家相比，秘鲁人口中的印第安人比例更高。玻利维亚 50% 的人口是印第安人，25% 是印第安人和欧洲人的混血人种，剩下的人口来自多个国家。而由于来自非洲的奴隶贸易，巴西的人口在肤色方面更加多元化。

人口的分布是一个很长的历史形成过程，是各个地区社会经济条件、自然地理环境及人口的自然增长和迁移等诸多因素长期作用的结果。拉丁美洲的人口分布极不均衡，人口密度较小，人口稠密地区为西印度群岛、巴西东部和阿根廷沿海；热带国家人口分布在气候温和的高原；首都等重要城市人口集中。拉丁美洲地区在世界各大洲中是人口增长较快的地区之一，而墨西哥是拉丁美洲国家中人口增长速度最快的国家。

3.1.2 拉丁美洲城市的发展时期

拉丁美洲城市的发展历时约 2000 年，大致分为 3 个时期。

---

① 拉丁美洲是指美国以南的美洲地区，包括中美洲、西印度群岛和南美洲。拉丁美洲总面积约占世界陆地面积的 13.8%，相当于欧洲大陆的 3 倍，其中南美洲面积（包括附近岛屿）约占世界陆地总面积的 12%。历史上这一地区主要是拉丁语族（罗曼语族）的西班牙和葡萄牙等国的殖民地（巴西为葡萄牙语，海地为法语），故称拉丁美洲。此外，加勒比海上的西印度群岛和拉美具有相同的历史遭遇，被习惯性地纳入和拉美的同一地理划分，统称拉丁美洲和加勒比。

（1）发展时期。在玛雅文明（maya civilization）、印加文明（inca civilization）和阿兹特克文明（aztec civilization）的全盛时期，都留下了古代印第安人的宝贵遗址。这些遗址记载了古代印第安人城市发展的历史。玛雅人大约在公元 8 世纪建立了 100 多座城镇。托尔特克人建立了辉煌的图拉城；阿兹特克人在特斯科科湖中的岛上建立起宏伟壮观的特诺奇蒂特兰城。在印加文化的发祥地，印加人创建了人口千万、以秘鲁为中心辐射及现今厄瓜多尔、玻利维亚和阿根廷与智利北部的大帝国，库斯科就是印加帝国的首都。

（2）殖民时期。17 世纪和 18 世纪，西班牙和葡萄牙征服者到达美洲后，建立了新城镇和行政中心。为了殖民地经济发展的需要，以及为便于殖民统治和对外交往，相继兴建的城镇大致有四类：①在海地岛上建立的第一座城镇圣多明各，南美洲大陆沿海地区及加勒比岛上的哈瓦那、卡塔赫纳、利马、波哥大、布宜诺斯艾利斯、智利的圣地亚哥、巴西的萨尔瓦多和里约热内卢等城镇；②改建和扩建的城镇有：基多、库斯科、墨西哥城等原有的印第安人古城；③在矿产区兴建的内地矿业城镇，例如玻利维亚的波托西、墨西哥的塔斯科、帕楚卡、瓜纳华托、巴西的欧鲁普雷托、库亚巴等。④一些港口城市和旅游城市，例如墨西哥的韦拉克鲁斯和阿卡普尔科，巴拿马的巴尔博亚和科隆，巴西的阿雷格里港等。

（3）现代时期。19 世纪上半叶，拉丁美洲各国相继获得独立后，随着欧洲移民和欧美资金的大量流入，拉丁美洲地区成为全球初级原料生产地，城市建设步伐逐步加快，一些农牧产品产地，如巴西南部的咖啡产区、阿根廷的潘帕斯农牧区，经济获得快速发展，城市地位得到加强，特别是大城市集中了管理经济的全部机构，并成为摆脱农村传统控制的强大动力。拉丁美洲地区城市人口迅猛增长，1910—1960 年间全区总人口增长了 1.8 倍，而 50 座大城市人口增长了 5.6 倍。

3.1.3 "二战"后拉丁美洲国家的城市化趋势

"二战"后，拉丁美洲地区国家相继实行进口替代和出口替代工业化，城市工业飞快发展，农村人口大量流入城市，使得城市人口急剧膨胀，城市规模不断扩大。20 世纪下半叶，拉丁美洲的城市化水平显著提高，城市地区的人口比例从 1950 年的 40% 急剧增加到 1990 年的 70%、1995 年的 73.4%，2014 年城市化率达 80%，相当于欧洲水平，高于其他大多数地区（图 4.2、图 4.3）。拉丁美洲和加勒比地区的城市人口占世界城市人口总数的 13%。拉丁美洲和加勒比地区的城市化比其他新兴市场更早、速度更快，目前处于发达经济体的水平。然而在急剧增长之后，拉丁美洲的城市化出现了缓和的迹象。在未来几十年里的城市化规模将低于世界平均水平的扩张速度，预计到 2050 年城市化率达到 86%，这对该地区的增长将构成挑战。

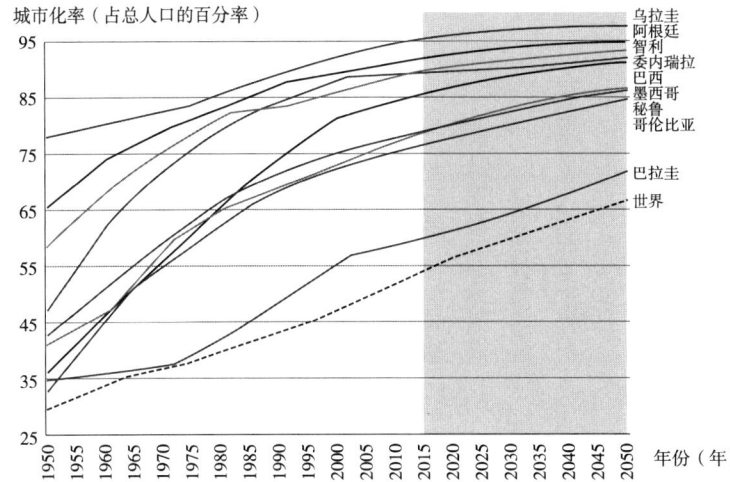

图 4.3 拉丁美洲各国
1950—2015 年 的 平 均
城市化率

来源：BBVA Research and
UN.

　　图 4.3 反映了 1950—2015 年期间拉丁美洲国家之间的城市化率差异。自
1950 年以来，拉丁美洲各国城市化率总体处于上升趋势，且整体高于世界平
均城市化率。2015 年，拉丁美洲各国城市化率水平从高到低依次是：乌拉圭、
阿根廷、智利、委内瑞拉、巴西，均在 85% 以上；墨西哥、秘鲁、哥伦比亚，
75% 以上；巴拉圭接近 60%。

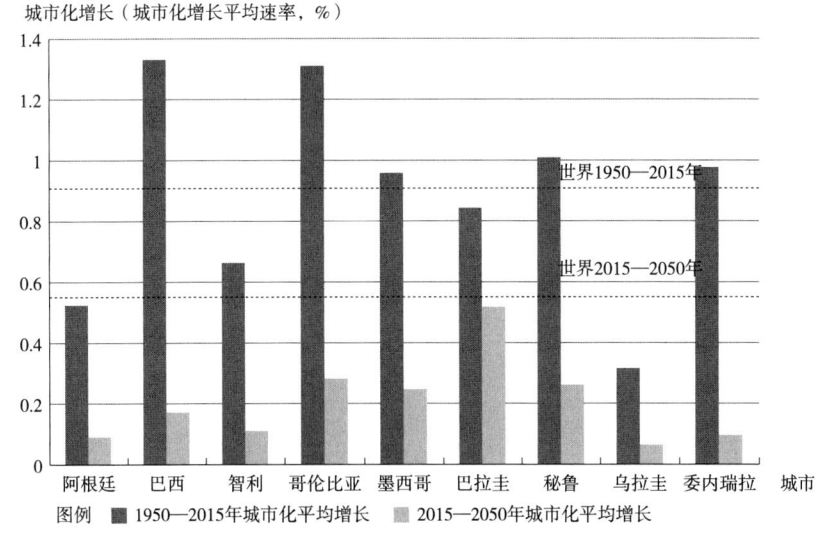

图 4.4 拉丁美洲各国
1950—2015 年 的 城 市
化增长

来源：BBVA Research and
UN

　　由图 4.4 可以看出，1950—2015 年期间，拉丁美洲城市化增速最快的是
巴西、哥伦比亚，年均增长率在 1.3% 以上，秘鲁 1%，委内瑞拉和墨西哥在
0.9% 以上，高于世界平均城市化增长水平。2015—2050 年期间，预期城市化
增长低于世界平均增幅，增长最快的将是巴拉圭、哥伦比亚、秘鲁、墨西哥等
国。拉丁美洲的城市化也被视作一种"过度城市化"，即城市化率的数值很高，
但是居住在城市地区的人口并没有真正达到城市生活品质。

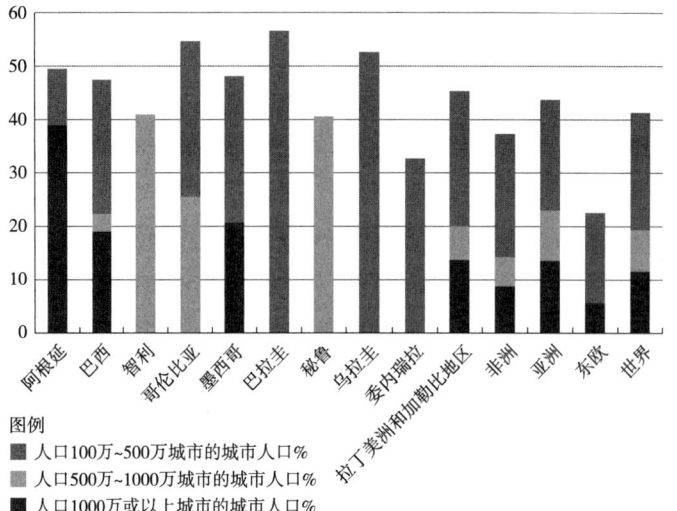

大城市的城市人口比例（占城市人口总数的%，2015）

图例
■ 人口100万~500万城市的城市人口%
■ 人口500万~1000万城市的城市人口%
■ 人口1000万或以上城市的城市人口%

图4.5 大城市的城市人口比例（占所有城市人口总数的百分比：2015年）
来源：BBVA Research and United Nations

　　由于地理政治和世界经济的变化，拉丁美洲国家中城市的平衡发展受到阻碍，结果许多国家拥有一个单一的、巨大的首位城市，这些首位城市过度城市化，或人口过度密集，对大多数投资和经济成长来说仍然是中心，而内地在相当程度上未充分城市化，没有任何大城市。首位城市是不平衡的城市化模式的特征，终归迥异于在世界发达国家发现的城市化模式。2015年，巴拉圭、哥伦比亚、乌拉圭有一半以上的人口生活在人口数超过100万的大城市中。阿根廷、墨西哥和巴西拥有1000万人口以上的超大城市，其中阿根廷接近40%的人口生活在超大城市中（图4.5）。

3.1.4　拉丁美洲国家城市化的特征和问题

　　拉丁美洲地区的过度城市化模式，使得城市化率虽然数值较高，但是仍大量存在发展中地区的共同特征和问题。

　　（1）城市化和收入不呈正相关

　　通常城市化和人均收入以及资本、劳动和全要素生产率（TFP）指标呈正相关，然而，尽管拉丁美洲国家的城市化率很高，但收入、资本、劳动力和生产率水平相对较低。未来城市化的温和扩张前景对该地区的增长构成挑战。

　　（2）社会结构二元特征显著

　　拉丁美洲国家普遍存在两极分化的社会结构，即社会由有产者和无产者两个阶层组成。中产阶级确实存在，在某些国家这一阶层也许正在蓬勃发展，但对于整个这一地区来说，中产阶级人数稀少。巨富和赤贫两者之间生活水平的巨大差异令人感到震惊。

　　典型如加勒比岛国海地。海地是拉丁美洲最早独立的国家，因国内政局动荡不断，生活基础设施遭到严重破坏，人民生活极度贫困艰辛，贫富反差惊人。太阳城（Cité-Soleil）是海地最年轻的城市之一，最初是为安置体力劳动者而建，住着30多万极端贫困的居民。整个地区被认为是西半球最糟糕的贫民窟之一（参见第8章），生活条件极其恶劣。整个太阳城地区就是个巨大的垃圾场，许多海地人住在瓦楞钢板搭建的棚屋、空的集装箱或临时帐篷里。这里的居民无法获得安全的饮用水、厕所或电力。[①] 政府职能基本未能履行；艾滋病、登革热、疟疾等传染病流行。尽管海地是西半球最贫穷的国家，却也是拉丁美洲百万富翁最多的国家，海地的居住格局是穷人住在海边、富人住在山上。

（3）儿童贫困、饥饿及留守等问题严重

拉丁美洲城市普遍面临着严重的儿童贫困、饥饿及留守等问题。哥伦比亚的商业中心波哥大等大城市中，成群的孩子无家可归。由于经济崩盘，生活物资短缺，委内瑞拉儿童面临着很多严峻问题，如食物、药品、疫苗短缺。虽然委内瑞拉政府会按月为一些贫困家庭提供免费食物，但由于物价飙升，这种"低保"无法保证按时发放。委内瑞拉的"留守儿童"群体面对着更为沉重且残酷的童年生活：他们的父母为求生计往往远赴异国，将年幼的孩子留给年迈的父母照料，骨肉分离已是常态，"留守"和"遗弃"之间的距离逐渐拉近。"留守儿童"的生存问题进一步凸显：很多幼儿营养不良，免疫力低下。学龄儿童由于监护权未移交问题无法入学。委内瑞拉也推出了"回归祖国计划"，希望以此吸引出国务工者早日回家。[②]

此外，哥伦比亚臭名昭著的毒品贸易在北方海岸非常盛行，还受到不时发生的革命暴力等问题的冲击。

（4）"中等收入陷阱"之争

世界银行《东亚经济发展报告（2006）》提出了"中等收入陷阱"（middle income trap）的概念，基本含义是指：鲜有中等收入的经济体成功地跻身为高收入国家，这些国家往往陷入了经济增长的停滞期，既无法在人力成本方面和低收入国家竞争，又无法在尖端技术研制方面和富裕国家竞争。"中等收入陷阱"发生的原因主要就是低端制造业转型失败，低端制造业可以带来中等收入，但是伴随而来的污染、低质低价，都是恶性循环。

被困于中等收入水平的国家通常表现为：①投资比例低；②制造业增长缓慢；产业不够多元，如仅依靠能源或者廉价劳动力产品出口，缺乏高科技附加值的产业；③劳动力市场状况差；④国民受教育程度较低；⑤人口老龄化、少子化严重，导致人力成本增加；⑥收入不均，内需不足。

---

① Sherry's Journal.In the slums of Cité Soleil – Rapatrier[EB/OL]. https://loveachild.com/2017/06/in-the-slums-cite-soleil-rapatrier/，JUNE 9，2017.
② 孙微，胡浩. 委内瑞拉留守儿童境况堪忧：父母远赴异国谋生，面临饥饿失学痛苦 [N]. 环球时报，2019-01-18（4）.

对"中等收入陷阱"概念也存在质疑和批判。在地球资源总量一定的情况下，在可持续的动态发展理念下，国家之间的差序是相对稳定的，不可能所有国家通过发展都进入发达之列，因为原先的发达国家也在发展，发达的标准是水涨船高的。因此并不存在一个所谓的"陷阱"，而只是差异始终存在，如同社会阶层一样，实现阶层之间上下流动的永远是少数个体，而不是阶层消融，以至于所有人都进入富裕阶层。

3.2 亚洲的城市化

亚洲国家的整体城市化进程晚于欧洲和北美洲，整体城市化率低于欧洲和北美洲。但是近几十年来，亚洲已成为全球经济极度活跃的地区，亚洲城市是经济增长的引擎，贡献了亚洲地区国内生产总值的80%以上。有一种说法是，全球城市增长的中心将从以北纬为主的发达国家转移到全球南方国家，特别是亚洲国家。

3.2.1 亚洲地区城市化的空间特点和趋势

根据2021年11月发布的《亚洲大都市报告》，亚洲城市的发展速度在全球首屈一指。自1950年以来，亚洲的城市化速度一直高于全球水平。该地区1950年的城市人口为2.46亿，1950—2020年间增长了859.19%。预计到2050年，亚洲的城市人口将增长到34.8亿。亚洲大都市的人口密度也高于全球其他城市，2020年亚洲312个大都市中，有89个城市的人口密度超过1万人/平方公里。[①]

在亚洲地区近几十年来的城市化过程中，可以观察到这样的特点和趋势：

（1）亚洲地区的城市人口比例增长很快，已从1950年的18%上升到2018年的62%。而全球生活在亚洲的城市人口比例从1950年的33%上升到1970年的38%，2018年则上升到53.7%，后一个数字意味着，全球的城市人口一半以上生活在亚洲。

（2）20世纪70年代以来，亚洲的城市化呈现迅速扩张的态势，表现为城市边界的扩张和大都市区域或走廊的增长，并出现了世界上重要的大都市集聚区，例如，日本东海道太平洋沿岸大都市带（Taiheiyō Belt Megalopolis），中国的珠江三角洲和长江三角洲大都市区。

（3）亚洲国家由于地理分布的差异，东南亚、东北亚、西亚、中亚各国城市化的起跑线不同，发力期也有差异（表4.3）。

---

① Bharat Dahiya，Ammar Malik，Mamta Dahiya.Asian Metropolitan report[R]. Metropolis–World Association of the major Metropolises，Barcelona，November 2021.

（4）亚洲国家的城市化在很大程度上是由国内移徙推动的，主要是乡村向城市的迁徙。迁徙的动因包括国家和社会政策牵引、经济市场、全球化制造业岗位的转移等。地区的地缘政治冲突影响了国家间移徙，在没有地缘政治冲突的国家之间也有移民走廊，例如中国—老挝—柬埔寨（China-Laos-Cambodia）、尼泊尔—印度（Nepal-India）和尼泊尔—马来西亚（Nepal-Malaysia）等。

亚洲部分国家的城市化率（2022 年）   表 4.3

国家	城市化率（%）	国家	城市化率（%）
日本	91.95	菲律宾	47.98
韩国	81.43	孟加拉国	39.71
中国	63.56	越南	38.77
朝鲜	62.92	印度	35.87
泰国	52.89	斯里兰卡	19.03

来源：世界银行 . 城市人口增长率（年增长率）[EB/OL]. https：//data.worldbank.org.cn/indicator/SP.URB.TOTL.IN.ZS?view=map，2023 年 10 月

3.2.2　日本的城市化

自 1868 年明治维新以来，日本的现代化带来了一个普遍持续的城市移民进程。日本在 2010 年人口达到峰值 1.285 亿人，此后开始持续下降。截至 2022 年 10 月，日本全国人口约 1.255 亿人[①]，有 3400 个市镇，700 多个城市。预计到 2050 年，日本人口将下降到约 1 亿，下降幅度为 22%，这是基于平均估计的一个数值。

日本经历了城市化的上升时期、快速城市化、大都市化、超大都市化、郊区化和回归城市中心这样几个阶段。

（1）畸形城市化时期

20 世纪初开始的逃离农村是由小农场农业工人过剩所导致的，最初产生了积极的推动效应。传统家庭经营的人员减少为农业生产提供了动力，以提高效率和劳动生产率，同时为工业提供了受欢迎的劳动力来源。日本的人口集中主要是工业化的结果，表现在两个方面，一方面是城市人口的集中、集聚区的过度发展，另一方面是农村及周边地区的人口稀少和发展不足，且这两方面密切相关。

---

① 日本国家概况 [EB/OL]. https：//www.fmprc.gov.cn/web/gjhdq_676201/gj_676203/yz_676205/1206_676836/1206x0_676838/，2023-04.

当离开农村的劳动力大量为女性时，有时可能出现一种色情产业，并且被当成地方甚至国家经济转型阵痛期的重要经济支撑。地方或国家往往采取默许、放任甚至变相支持的暧昧态度，这种突破了社会道德、伦理和法治底线的人口城市化也被称为畸形城市化。

日本电影《望乡》（Sandakan No.8，1974 年）正是反映出了日本畸形城市化的一段历史。自幕府（1192—1867 年）末期的 1870 年至昭和（1926—1989 年）前期的 1920 年，也就是明治时期（1868—1912 年）和大正时期（1912—1926 年），整整 50 年间，大批身处日本社会底层的贫困年轻女性被迫离开家乡被贩卖至国外（从西伯利亚到非洲），她们在海外从事色情服务的收入让日本的亲人摆脱贫困，由此形成世界史上罕见的特殊人口大流动。据粗略估算，这些日本女性整体应有数十万之巨，熊本县天草诸岛曾输出过 5 万～10 万。长崎县的岛原半岛和熊本县西南部的天草地区山地多，耕地面积狭小，经济状况极为落后。因为不堪贫困和重重租税，当地外出打工谋生的传统本来便根深蒂固，深刻影响到当地女性的人生选择。而明治政府所奉行的政策是，将贫困的年轻女性作为工具、以"人力资本"的形式去为日本赚取外汇，同时促进日本商业利益在亚洲进一步扩大。

（2）城市化上升时期

随着"二战"后工业化的增加，国内移民的动机和影响发生了变化。经济增长对城市化进程的影响越大，城市的吸引力越大，它就越明显地从农村地区的推动效应转变为城市的拉动效应。人口的集中和集聚区的过度发展与农村地区的人口稀少和发展不足密切相关。据统计，78.7% 的日本人口居住在城市，集聚的特征在人口密集区的城市化中表现得最为明显。所谓人口密集区，指的是最低人口密度为每平方公里 4000 人、最低人口总数为 5000 人的地区。

伴随着日本战后经济的巨大成功，城市化以惊人的速度增长。这一趋势在 1955—1973 年经济增长最大的阶段尤为强劲，自 20 世纪 70 年代中期以来明显减弱，但仍继续加剧区域人口分布的不平衡。

自 20 世纪 60 年代以来，日本的许多大都市地区，尤其是东京，都出现了"住宅空心化"现象。这是因为市中心向第三产业转变，服务业正将住宅从市中心转移出去，日本已经形成了强烈的郊区化趋势。这导致了郊区的人口大幅度增加，大城市的市中心人口减少，通勤时间过长。1964 年，日本第一条新干线东海道新线开通。得益于高效的铁路网络和雇主对通勤成本的全额补偿，日本大城市大幅扩张。在日本的大城市，坐一小时拥挤的火车上下班是典型的通勤模式。距离东京市中心 50 至 100 公里形成了"超级郊区"，在城市移民和经济繁荣的全盛时期，这些地区几乎成为大东京的一部分。

大都市工业城市的例子包括大阪县的东大阪（人口 51.5 万；小规模工业）

和兵库县的尼崎市（Amagasaki）（人口46.6万；重工业和小规模工业），这两个城市都位于大阪地区，是大阪的卫星城市，且都是蓝领城市，在日本快速的城市移民时期，开发了许多密集且不符合标准的住宅区。

1960年，43.7%的日本人口居住在人口稠密的地区，仅占国土总面积的1.03%。2000年，这一数字增加到65.2%，占国土总面积的3.30%，人口稠密地区的平均人口密度从1960年的10563人/平方公里下降到2000年的6648人/平方公里。这种极端的城市化形式集中在日本的太平洋沿岸：狭义上讲是东京、大阪和名古屋三大聚集区的大都市化，但在更广泛的意义上，也作为东京和大阪地区之间的一个大城市区域带的大都市化，进一步向西延伸到九州北部（北九州、富国），包括内海海岸带。东京都市区的人口增长尤为强劲，1960—2000年，东京都市区人口占日本人口的比例从16.7%上升至24.2%。截至2022年10月，东京地区（即东京、神奈川、斋玉县和千叶县）的人口占日本总人口的26%，高于1920年日本第一次全国人口普查时的14%。首都区的吸引力如此强大，自20世纪90年代以来，人们一直在谈论"集中在东京一点"（Tokyo ikkyoku shuchu）。东京四个中心区的面积接近曼哈顿，但这四个区的人口为52万，而曼哈顿的人口为149万。[1]

（3）1960—2000年日本不均衡的区域和城市发展

1960年（经济高速增长时期开始）和2000年之间居住人口超过20万的县和市的人口发展，反映了日本的区域和城市发展特征。在这40年中，日本总人口增长了34.6%，从9430万大幅增长至1.269亿。但47个县中有12个县出现了绝对损失：3个在大东北地区，9个在日本西南部。另外22个县的绝对值有所增加，但仍低于全国平均水平。这适用于日本中部大城市以外的大部分地区、九州部分地区和东北周边地区。

在人口超过20万的大城市中，总人口的比例从1960年的33.1%增加到2000年的47.8%。几乎所有107个这样规模的城市都能够大幅增加人口数量。有少数例外情况，长崎县和广岛县的一些地方经历了痛苦的去工业化过程。

日本的大城市中，大阪市2002年人口为262万。1965年达到"二战"后的人口数量顶峰316万，此后人口数量持续下降，1995年人口降至260万，并继续减少。但是在同一时期，大阪地区的人口甚至略有增加。另外，东京地区人口一直在不断增长，很少有人口下降的城市。除了在过去20年中损失了约30%人口的莫洛兰（Muroran）。

农村地区贫困现象严重。财富过于集中在城市地区；只有9个州的人均国内生产总值超过全国平均水平，这意味着38个州的平均水平低于人均国内

---

[1] Winfried Flüchter. Shrinking cities in Japan: Between Megalopolises and rural peripheries[EB/OL]. http://japanesestudies.org.uk/special/shrinking-regions/Chapter3.pdf.

生产总值。东京的数字比全国平均水平高出40%，是最弱地区冲绳的两倍。[1]

在日本，离市中心越近，住宅房地产的价格就越高。东京是人们特别是年轻人寻求就业和教育的主要场所。虽然许多人最终离开东京，往往前往邻近的千叶，但东京的移民模式很明显，在九州的福冈和北部的仙台等大城市地区也有类似的情况。

农村地区年轻人的向外迁移留下了老年人口密集的城镇和城市。随着目前中年人口的老龄化，日本农村地区几乎没有儿童的社区将越来越多。为此，日本政府制定了一系列鼓励生育的政策，旨在鼓励人们生育更多的孩子。日本并非亚洲唯一面临这一问题的国家。由于亚洲总生育率（total fertility rate，TFR）普遍下降，韩国和新加坡等其他国家已经考虑或开始向有子女的家庭提供补贴，韩国的总生育率目前约为1.17%，甚至低于日本的1.3%。

人口趋势不仅影响着农村城镇，消费模式的变化也影响着整个日本城镇的特征。整个20世纪90年代，越来越形成一种"汽车文化"。尤其是日本的农村地区，拥有汽车已成为生活的必需品。如今，在东京等城市以外的郊区，个人拥有汽车已司空见惯，但大多数人仍然依赖东京和大阪等大都市地区的地铁和火车网络。与此同时，20世纪90年代和21世纪初的日本经济不景气导致连锁折扣店激增，人们可以在那里购买服装、杂货、药品或其他产品。这些变化使人们开车购物变得更加容易。和市中心的街道不同，这些新商店的大型停车场，方便了那些拥有汽车的人通过汽车购物。然而，这种模式对许多不开车的老年人的生活产生了负面影响，他们通常需要乘坐出租车去商店，而不能像以前步行或骑自行车到附近的当地商店购买商品。

（4）大都市的新趋势：回归城市中心

自20世纪90年代末以来，郊区化的趋势开始逆转。东京尤其如此，1995—2000年的五年间，23个区的居民总数增加了16.3万人，即2%。这一积极结果在三个中心区尤为明显：中央区（13.5%）、港岛区（9.5%）和千代田区（3.6%）。尽管经济衰退，东京的写字楼自20世纪90年代以来一直在建造，以至于千代田、中央区、港区、涩谷和新宿的写字楼总面积达2500万平方英尺（2.32平方公里），是世界上独一无二的写字楼集中地。

这种再城市化（reurbanization）的趋势有许多原因：①由于长期衰退，房地产价格下跌，这一趋势在全国范围内普遍存在，但在大都市核心地区尤为强烈；②州和区采取措施增加城市中心的住房供应（受垂直、紧凑、多功能城市模式的推动）；③不同客户（单身人士、工作夫妇和富有的老年人）对靠近市中心的城市住房的需求；④2002年通过的一项法律，规定了为期十年的大

---

[1] Yasuyuki Fujii. Shrinkage in Japan[EB/OL]. http://japanesestudies.org.uk/special/shrinking-regions/Chapter3.pdf.

都市地区城市复兴的特别措施。

土地是一种基本商品，日本的土地价格从 20 世纪 80 年代末到 90 年代初暴涨；从那时起，土地价格从峰值下降了一半甚至更多。如今，日本大城市的人们可以负担得起在城市里找地方居住的费用。2000 年，54% 的公寓是在距离东京地区中心 20 公里的半径；大阪地区的这一数字为 62%。而 1991 年，这些数字分别为 30% 和 32%。

日本是一个大城市社会，多达 21% 的人口居住在人口超过 100 万的城市，48% 的人口生活在人口超过 20 万的城市。都市主义和活力是日本大城市的典型特征。经济衰退、人口下降和老龄化等新挑战还不足以让日本人质疑他们对城市化的偏好。

3.2.3 亚洲其他国家和地区的城市化

亚洲其他国家之间的城市化进程差异较大。根据世界银行 2021 年的统计，新加坡、马来西亚和文莱三国的城市化率较高，分别为 100%、78% 和 79%；其他东南亚国家超过 40% 的人口居住在农村地区，印尼的城市化率为 57%。柬埔寨、老挝、缅甸发展相对落后，柬埔寨 75% 的人口生活在农村地区。雅加达大都市区通常被称为 Jabodetabek，其中包括雅加达和周边的卫星城市，截至 2021 年，拥有 3300 万人口，是全球仅次于东京的第二大都市。以下简要讨论印度、越南、泰国的城市化及其城市社会影响。

（1）印度的城市化

印度的城市化进程整体较慢。2021 年，印度城市化程度最高的邦依次是：马哈拉施特拉邦（Maharashtra），城市化率为 50.45%，古吉拉特邦（Gujarat）是 44.45%，泰米尔纳德邦（Tamil Nadu）是 42.54%，卡纳塔克邦（Karnataka）是 41.12%，安得拉邦（Andhra Pradesh）是 39.13%。马哈拉施特拉邦一半以上为城市人口，古吉拉特邦和所有南部各州 40% 以上为城市人口。

（2）越南的城市化

越南 1986 年开始在炮火中实行改革开放（Doi Moi）的经济复苏之路。1996 年，越共八大提出要大力推进国家工业化、现代化。2001 年，越共九大确定建立社会主义定向的市场经济体制，并确定了三大经济战略重点，即以工业化和现代化为中心，发展多种经济成分、发挥国有经济主导地位，建立市场经济的配套管理体制。经过 30 多年的改革开放，越南将城市化和国家的工业化、现代化进程紧密联系，取得了许多重要成就。1986 年开始的经济改革使越南迅速城市化，1986 年的城市化率约为 19%，2006 年增至 27.89%，2019 年约为 39.3%。虽然城市化增长较快，但是和 2019 年世界 55% 的平均城市化率相比，越南的城市化率仍然很低；和该地区其他国家相比，仍低 0.6 至 1.0 个百分点。

越南的城市数量增长迅速，城市化率从 629 个城市的 19.6%（2009 年）增加到 868 个城市的 37.1%（2021 年）。随着越南的体制改革，比如 2023 年起废除户口的相关政策，根据国家城市体系发展的总体规划方向，城市化速度将进一步加快，预计 2025 年城市化率至少达到 45%，2030 年将超过 50%。全国城市地区在 2025 年将达到 950 个左右，2030 年将达到 1000 至 1200 个。

越南城市化的问题是各地区之间城市化水平不均衡。越南的大城市集中在沿海平原，城市最多的地区（中北部和山区）是城市最少的地区（东南部）数量的 3.34 倍。东南部的城市数量最少，但聚集了许多大型城市，人口最多。1990—2019 年间，河内的常住人口从 210 万增加到 800 万，2015 年增加了约 150 万居住在河内或部分被城市扩张吸收的邻近省份的临时移民。这些移民中的大多数是低收入者，伴随着人口的扩张，非正规住房的数量急剧增加。因此，城市空间结构逐渐出现了郊区扩张、城郊土地利用碎片化的现象，同时也带来了失地农民和社会冲突、食品安全和生态挑战、空间和土地管理失控等问题。

越南快速城市化产生的一些负面影响包括：城市化影响乡村景观，传统民居迅速消失；城市化对生活环境产生了不利影响，例如水污染、空气污染、城市洪水，以及房地产价格快速上涨等。此外，由于地理、经济因素影响，区域联系和城乡基础设施系统存在制约。

（3）泰国的城市化

泰国的社会福利在亚洲位于前列，但是经济发展缓慢，国民收入偏低。2010 年，泰国的城市化率是 45.7%[1]，2022 年是 52.89%。泰国是典型的首位城市发展模式。2017 年，泰国首都曼谷中心城区的人口是 510.4 万人，是第二大城市北榄府（Samut Prakan）的人口 38.9 万人[2] 的 13 倍多，而曼谷大都市区的人口则在 1456.6 万人。拥有首位城市的国家缺乏区位的灵活性：如果有人正在这个国家寻找投资机会，典型地只有一个地区拥有人口和基础设施来支撑发展。如果有人正在寻找就业机会，只有一个地区可以提供新的岗位。结果，具有首位城市的国家被锁定在一个人口迁移的循环中，首位城市从乡村吸引流动人口，牺牲了其他区位。曼谷以批发零售业和旅游业为主要产业，还有一些以旅游业为主要产业的小城市，例如 20 万人口的清迈（Chiang Mai）、不到 10 万人口的帕提亚（Patta）等。

3.3　非洲的城市化

非洲社会在其大部分历史时期主要是农村社会，但已知最早的非洲城镇两千年前出现在尼罗河流域周围。11 世纪，南部非洲的大津巴布韦王国建造

---

[1] Nikhil Budathoki.Biggest Cities in Thailand [EB/OL]. http：//worldatlas.com，April 25，2017.

[2] Largest cities in Thailand [EB/OL]. http：//population.mongabay.com，May 27，2019.

了一座复杂的石墙城市。城镇或作为贸易、政治权威、军事驻军、宗教和文化仪式的中心，或在动乱时期作为避难所和集体避难所。而城市的发展是当代非洲发生的最重要的变革之一，鲜明地揭示了非洲现代面貌的变化。城市化现象导致了非洲各国社会和经济生活的深刻调整，每个非洲国家都处于城市化和城市增长中，既面临重大机遇，也面临重大挑战。

3.3.1　全球和历史视角下的非洲城市化

地理位置和自然资源同等重要地决定了非洲古老城镇的存在。然而，这些城镇的起源主要是因为其控制和管理海洋、河流和土地贸易的地理政治位置，而不是矿产开采。11世纪，在东非海岸，肯尼亚的蒙巴萨和马林迪贸易中心向阿拉伯和亚洲出口香料、黄金和象牙，而桑给巴尔（现在的坦桑尼亚）成为东非最大的奴隶市场。更古老的是埃及尼罗河沿岸的开罗和亚历山大镇及其肥沃的平原。15世纪，伊斯兰教在整个非洲传播，西非尼日尔河谷的城市，如马里的廷巴克图（Timbuktu）和杰内，在多个世纪前就已成为跨撒哈拉贸易和伊斯兰学术的繁荣中心，并因此被联合国教科文组织列入了世界遗产保护名录。

在过去60年中，非洲是世界上城市化程度最低的大陆，但目前也是世界上城市化速度最快的地区之一。1950年，只有11%的非洲人生活在城市地区，而41%的拉丁美洲人和51%的欧洲人已生活在城镇（图4.6）。直至1960年，除了埃及的亚历山大和开罗以及南非的约翰内斯堡之外，非洲还没有超过100万居民的其他城市。20世纪下半叶，农村向城市的移民和人口增长使非洲城市化加速到前所未有的水平，到2010年，非洲大陆已有56座城市的人口超过100万。[1]

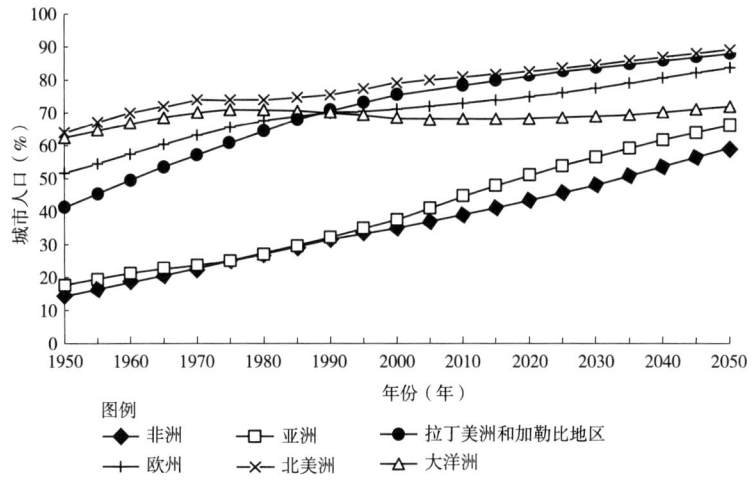

图4.6　1950—2050年各区域居住在城市地区的人口百分比

来源：United Nations Department of Economic and Social Affairs.*World Urbanization Prospects: the 2018 Revision*. New York，2019.

---

[1] Ewout Frankema，Ellen Hillbom，Ushehwedu Kufakurinani and Felix Meier zu Selhausen（Eds.）. The History of African Development[M]. African Economic History Network，2023：184.

2010 年，非洲总人口首次超过 10 亿，其中约 3.95 亿人居住在城市住区。据预测，非洲城市人口将在 40 年内增加三倍以上，2050 年达到 13.39 亿，相当于世界预计城市人口的 21%。并且全球人口预计增长的一半以上将集中在 8 个国家：刚果民主共和国、埃及、埃塞俄比亚、印度、尼日利亚、巴基斯坦、菲律宾和坦桑尼亚联合共和国。[①] 届时，60% 的非洲人将生活在城市。图 4.6 清楚地表明，非洲和亚洲的城市化将在未来几十年继续动态发展，并有望赶上世界其他地区。

目前，非洲大陆有 7 个超大城市：开罗、金沙萨、拉各斯、阿克拉、约翰内斯堡—比勒陀利亚、喀土穆和内罗毕。根据预测，15 年后，罗安达和达累斯萨拉姆将跻身超大城市之列。

尽管非洲的高城市化率使其和其他快速城市化的地方相似，但是塑造非洲城市化的基本过程和其他地方经历的过程大不相同。非洲大部分城市扩张的特点是未经规划和未受控制的增长，殖民主义的遗留问题、结构调整和新自由主义加剧了这种增长，并进一步导致城市规划的薄弱。

3.3.2 非洲城市发展的驱动和影响因素

快速城市化是非洲相对较近时期的现象。白人定居者殖民地，如肯尼亚、南罗得西亚（现津巴布韦）和南非，这些国家最初城市化的背后有两个驱动因素。首先，自然资源的地理位置决定了非洲一些较大的定居地区。殖民地行政当局为开采自然资源和经济作物（如可可、棉花、咖啡、烟草、糖和棕榈油）而修建的铁路也在确定港口城镇、出口地点方面发挥了重要作用。内罗毕原本是一个无人居住的沼泽，直到 1899 年才开始吸引人们定居，在英国修建连接印度洋沿岸蒙巴萨和乌干达的铁路线期间，内罗毕成为火车站和总部。其次，涉及殖民政府从非洲人手中征用肥沃土地，并将它们分给白人定居者们。殖民政府将非洲人从他们原先的土地上清除，使他们在经济上处于边缘地位，原住民被迫进入保护区或漂泊到城市寻找工作，从而促进了肯尼亚内罗毕和南罗得西亚索尔兹伯里（现在的哈拉雷）的快速发展。

据估计，相较于移民因素，自然增长是许多非洲国家城市人口增长的主要因素。城市化预测表明，非洲的城市化增长率将从 20 世纪 90 年代的高达 8% 下降到 2020—2050 年的 1.9%~2.2%，国家之间的差异显著。预计到 2050 年，非洲大陆的总人口将达到近 25 亿，其中约 55% 生活在城市地区（图 4.7、图 4.8）。大部分城市人口的增长发生在中纬度非洲的中小城市。

图 4.7、图 4.8 显示了非洲及其三个地区总人口的历史趋势和未来预测，

[①] United Nations.World population to reach 8 billion on 15 November 2022[EB/OL]. https://www.un.org/en/desa/world-population-reach-8-billion-15-november-2022.

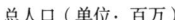

总人口（单位：百万）

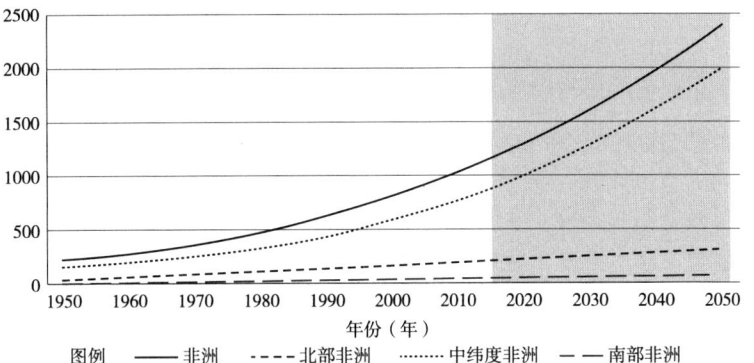

图 4.7　非洲的总人口
来源：Burak Güneralp, Shuaib Lwasa, Hillary Masundire, etc. Urbanization in Africa: challenges and opportunities for conservation[J]. Environ. Res. Lett. 13（2018）015002.

城市地区人口占总人口的百分比（%）

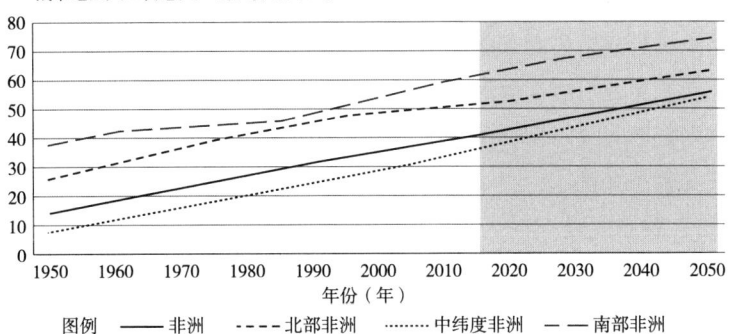

图 4.8　非洲居住在城市地区的人口占总人口百分比
来源：同图 4.7

以及生活在城市地区的人口占总人口百分比。基于联合国（UN）的区域分类，中纬度非洲指的是横跨西部、中部和东部非洲的地区。灰色区域表示预测区间。数据来自联合国《世界城市化前景》2014年修订版。

　　然而，中小城市的增长，其中一些以前未被指定为"城市"，是提高城市化水平的主要因素。较小定居点的空间扩展和增长的性质将极大地影响非洲的城市景观。预计尼日利亚沿海和维多利亚湖盆地内的城市扩张率较高。即使在南非等生育率相对较低的国家，预计主要城市中心的增长也将远远超出其目前的城市边界。

　　由于地方当局薄弱，土地使用管理能力差，这意味着，虽然存在贫民窟和非正规定居点等极端高密度的例子，但整个非洲城市的密度较低。特别是，不受监管的城郊建设，通常由城市中产阶级或外籍人士进行，导致低层蔓延或农村郊区化。非洲城市人口的增加将伴随着城市土地的扩大。2000—2030年期间，预计非洲城市土地将增加近600%。预计非洲大陆的城市扩张集中在五个地区：埃及的尼罗河、几内亚湾沿岸的西非海岸、肯尼亚和乌干达的维多利亚湖北岸，并延伸到卢旺达和布隆迪、尼日利亚北部的卡诺（Kano）地区，和埃塞俄比亚的大亚的斯亚贝巴。除尼罗河外，所有四个地区都位于联合国确定的高生育率非洲国家。

3.3.3 城市化和经济发展之间的总体关系

城市化和经济发展之间的总体关系仅限于大多数人口已经居住在城市的非洲国家。快速城市化和不充分的经济增长的不对等结合也导致非洲城市生活水平低下，大多数城市居民生活在贫民窟。

自"二战"以来，非洲的城市人口开始迅速增长，其主要原因是城市人口的自然增长。在非洲，平均每个妇女生育5个孩子的生育率居高不下，这导致了历史上空前规模的人口激增，这也推动了城市地区人口的快速增长，而城市地区的人口增长独立于农村向城市的迁移。换言之，和城市化不同，非洲城市人口的快速增长主要是由城市地区的人口快速增长驱动的。

由于一般公共卫生、城市环境卫生和医疗保健服务的改善，城市（婴儿）死亡率大幅下降。此外，过去60年来，通过生产力和基础设施的改善以及进口和国际援助，获得粮食和能源供应的机会增加，从而大大提高了非洲城乡地区人口的预期寿命。这为非洲国家实现前所未有的城市化创造了必要条件。在许多非洲国家，这些福利成就比城市的经济增长和发展更快。因此，本区域许多国家经历了城市化，但经济发展不平等。

非洲城市人口迅速增长的次要原因是农村人口向城市迁移。非洲的城市化是非洲农村人口来到城市地区寻求就业和不同于农村生活方式的结果。农村人口向城市的移徙是整个非洲城市化的主要驱动力。此外，由于难民和境内流离失所者聚集在城市周边的非正式定居点，随着时间的推移，这些原本是临时营地的非正式定居地区可能会演变为城市地区。种族冲突和内战也影响了非洲大陆一些地区的城市化，其中一些冲突和内战已经持续了几十年。这些冲突成为城市化的潜在驱动力。

2011年，撒哈拉以南非洲十个城市化程度最高的国家（城市化阈值为50%）的人均GDP水平是十个城市化程度最低（城市化率介于10%~20%）的国家的四倍，其中一个解释是，十个城市化程度最高的国家中有六个国家拥有巨大的石油储备（安哥拉、喀麦隆、刚果共和国、加蓬、加纳和尼日利亚），这有助于提高GDP水平，并为城市和相关产业的发展提供资源。此外，所有国家（博茨瓦纳除外）都可以通过海洋进出口贸易直接进入世界市场，因为运输成本较低，这通常有利于经济发展。而所有城市化程度最低的非洲国家（厄立特里亚除外）都是内陆国家。当外国公司决定是否在非洲开设工厂（通常在城市地区）时，入海通道非常重要，因为这大大降低了出口的运输成本。由于工厂通常相互靠近，以便从规模经济中获益，地理优势似乎增加了经济发展和城市化。总之，如果比较城市化程度最低和城市化程度最高的非洲国家，可以发现城市化水平和经济发展水平之间呈正相关。

然而，城市化和经济发展之间的总体关系似乎仅限于达到50%的城市化率门槛的非洲国家。近几十年来，在许多拉丁美洲和亚洲国家可以看到类似的经济发展和城市化进程。

3.3.4 非洲大陆城市化的直接和间接影响

非洲大陆持续的城市化也带来了社会、体制和生态的挑战[①]。

（1）不平衡的城市发展。在所有大陆中，非洲代表了过度城市化—不充分城市化（overurbanization-underurbanization）尴尬处境的最典型案例。一些国家（像尼日利亚）形成了中等发达程度的城市等级，包括若干城市：拉各斯、伊巴丹（Ibadan）、卡诺和奥绍博（Oshogbo）。然而，大多数非洲国家（例如肯尼亚）是典型的首位城市发展模式，有着很高的城市首位度，一个城市（通常是首都）的人口、经济活动和政治权力比下一个最大的城市大几倍。肯尼亚的首都内罗毕，2007 年拥有 300 万人口，容纳了这个国家城市人口的大约 40%。人口大于 10 万少于 100 万的中等规模的城市显著缺少，因而无法形成一个均衡的城市等级。在环境保护的背景下，由于治理和机构也集中在一个城市，因此对全国其他城市、城镇和村庄的治理的关注和可用资源往往少得不成比例。而博茨瓦纳和纳米比亚首都哈博罗内（Gaborone）和温得和克（Windhoek）则是较小的城市。

（2）城市服务不足和非正规居住。城市人口的迅速增长，特别是在撒哈拉以南的非洲，增加了原本就已经不足的基础设施的压力，并带来了新的治理挑战。非洲大陆的大多数城市缺乏基本的城市服务，城市地区治理不善和服务基础设施不足的原因可以追溯到殖民体制安排和持续的政治不稳定。城市地区的失业率很高，约 60% 的工作在非正规或灰色经济领域，既不征税，也不受政府监管。因此，非洲的国内生产总值往往低估了经济活动的数量。还有非正式的社会保护模式和不受监管的土地市场、基础设施和服务提供。一些非洲国家没有任何城市规划和发展部门，而许多城市中心地区的严格分区无意中导致了贫民窟的扩散和住宅区的蔓延式开发。随着服务需求和交付成本的上升，社会问题可能进一步恶化。特别是在东非和非洲之角，越来越多的难民和国内流离失所者生活在城市，非正规居住增加了城市政府的治理难度（参见第 8 章）。

（3）对非洲生态和生物多样性的负面影响。日益恶化的社会问题掩盖了对脆弱的生物多样性的关注。由于城市地区的人口和土地覆盖率都在增长，对非洲大陆生态系统和生物多样性的完整性构成威胁，城市化的负面环境影响涉及水供应、卫生、固废管理、土地、城市环境等方面。大城市周边地区的非正式定居点的生境面临的挑战可能会加剧。由临时营地转变成的城市地区，

---

① Burak Güneralp et al.Urbanization in Africa: challenges and opportunities for conservation[R]. 2017 Environ. Res. Lett. 13 015002.

对燃料、建筑材料、淡水和野生食品等自然资源的需求可能巨大，并导致当地环境严重退化。快速增长的非洲城市对粮食的需求增加，促使农民将森林改为农田以满足这一需求，可能导致城市周围生境的丧失和退化。此外，城市化和经济发展也推动了交通网络的扩张，而交通网络的扩张往往会导致栖息地的碎片化和森林砍伐。

第4节　中国的城镇化

在前述世界城市化的整体框架下，本节着重考察中国城镇化和其他国家或地区所共有或特有的社会现象和问题，包括我国城镇化发展的动力机制、影响我国城镇化发展的因素等。

4.1　我国城镇化的整体进程和特征

中国的城市化是人类历史上规模最大、速度最快的城市发展，我国自改革开放以来，用40年时间走过了西方大多数国家百余年的城市历史进程。以下从我国城镇化的整体进程、整体特征两方面加以分析。

4.1.1　城镇化的整体进程

中国城镇化的基本脉络主要呈现各个时期的国情现实且必须解决的相关问题及付出的艰辛努力。由于政治经济社会因素，新中国的城镇化发展具有明显的阶段性特征。周一星、陆大道将其分为6个阶段（图4.9）：1949—1957年，第一次正常城市化。1958—1960年，过度城市化。1961—1965年，

图 4.9　中国的城市化阶段
来源：陆大道，等.中国区域发展的理论与实践[M]. 上海：科学出版社，2003：195.

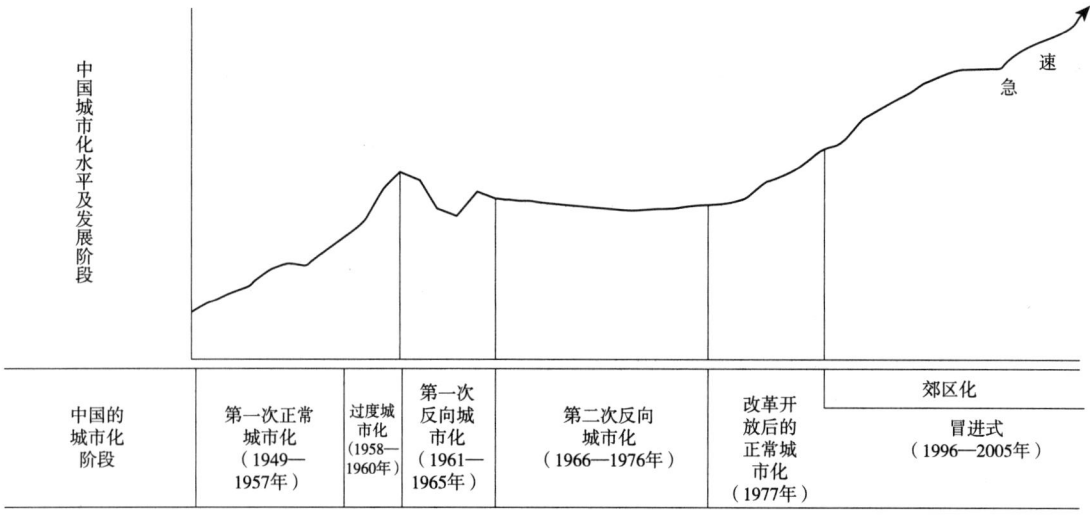

第一次反向城市化。1966—1976年，第二次反向城市化。1977年后，改革开放后的正常城市化。其中又细分出，1996—2005年，冒进式城市化。且自1996年起，郊区化出现。过度城市化和这一时期全国开展的"大跃进"社会生产运动相关，而两次反城市化和1956年到1978年的知识青年上山下乡运动相关，在城市知识青年的上山下乡运动中，约有1700多万人（约占当时1/10的城市人口）到农村。

事实上，自1978年以后，我国的城市开始蓬勃发展，城镇化发展迅速。自20世纪90年代城市化突飞猛进。自1996年至2005年十年间，平均城镇化率以每年1.4%的速率上升。

图4.10反映了中华人民共和国成立以后直至2021年的城市化发展进程，目前可以将其划分为5个阶段：1949—1960年初期发展阶段、1961—1965年去城市化阶段、1966—1978年滞后城市化阶段、1978—1995年迅速增长阶段、1996年至今的稳定加速城市化阶段。这个划分大致是基于城市化率的增长速度来划分的。

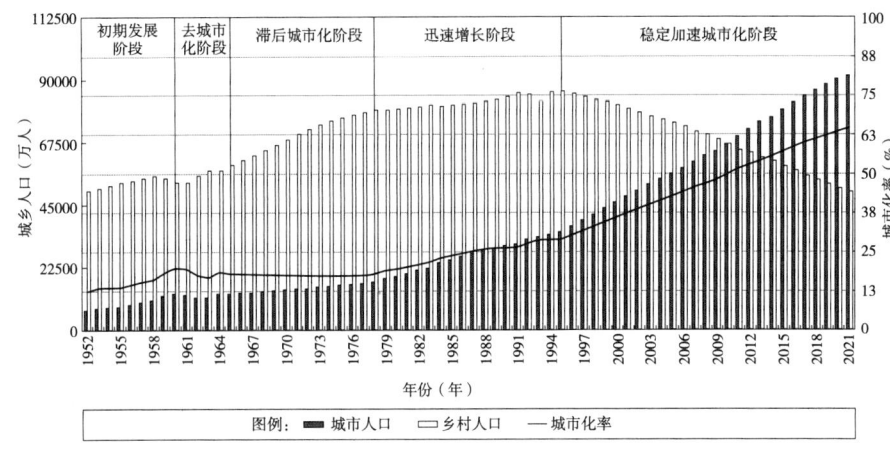

图 4.10 中国的城镇化进程

来源：数据来自《中国统计年鉴 2022》2-1 人口数及构成

4.1.2 城镇化的整体特征

我国改革开放后的城镇化进程整体表现出下列特征：

（1）城镇化过程伴随着经济增长过程。自改革开放以来，我国40多年来保持了持续的经济增长。自1978年至2018年，我国国内生产总值年均实际增长9.5%，远高于同期世界经济2.9%左右的年均增速。占世界生产总值的比重由改革开放之初的1.8%上升到15.2%，多年来对世界经济增长贡献率超过30%。我国货物进出口总额从206亿美元增长到超过4万亿美元，累计使用外商直接投资超过2万亿美元，对外投资总额达到1.9万亿美元。我国建立了全世界最完整的现代工业体系。我国基础设施建设成就显著，信息畅通，公路成网，铁路密布。我国是世界第二大经济体、制造业第一大国、货物贸易第一大国、商品消费第二大国、外资流入第二大国。全国居民人均可支配收入由171 元增加到2.6 万元，中等收入群体持续扩大。我国贫困人口累计减少7.4 亿人，贫困发生率下降94.4 个百分点。九年义务教育巩固率达93.8%。我国建成了包括养老、医疗、低保、住房在内的世界最大的社会保障体系。[①]

（2）城镇化进程迅速。我国的改革开放正契合了世界经济发展的一些机遇，使得城镇化发展速度远高于历史上其他国家的城市化速度。城镇化进程的快慢各有利弊，利处是我国的快速发展，弊处是社会问题集中出现，社会制度、社会心理都缺少足够的缓冲和调适时间，必须经历阵痛。《中国城市发展报告》2009 年卷预测，到2020 年将有50% 的人口居住在城市，2050 年则有75% 的人口居住在城市。而现实大大提前超越了这个数字，2011 年城镇化率超过了50%，时任国务院总理温家宝在2012 年政府工作报告中指出，"这是中国社会结构的一个历史性变化。"

（3）城镇化的空间形象成效显著。尤其是在改革开放以后，伴随着城市快速发展，全国各地进行了大规模的城市建设和基础设施优化。高铁、高速公路、城市轨道交通运营里程和港口深水泊位数量，这四项指标我国均居世界第一。综合交通基础设施网络不断完善，截至2022 年末，全国铁路营业里程15.5 万公里，其中高铁营业里程4.2 万公里；全国公路里程535.48 万公里，公路密度55.78 公里/ 百平方公里[②]。

（4）城市等级体系完整均衡。一个国家的城市等级体系是长期历史发展的结果，且城市体系和工业化体系的形成具有很大程度的同构性。中华人民共和国成立后的城市体系建设是和重建或者恢复一个较为完整的工业化体系同步关联的，是国家全面推动的结果，以国家五年计划为标志，在全国范围内布局产业和地区发展重点。

第一个五年计划期间，以重工业为核心是这一时期工业化的鲜明特色。中央政府把苏联援建的156 项工程（实际正式施工项目为150 项）[③]和其他限额以上项目中的相当大的部分布置在工业基础相对薄弱的内地。由于每个重点建设项目还需要配套安排一系列其他项目，因此，"一五"计划期间（1953—1957 年）对我国西部地区的大规模的投资，不但为我国工业化的发展奠定了初步的基础，还有力地促进了城市化进程，极大地改变了全国（尤其是

① 习近平. 在庆祝改革开放40 周年大会上的讲话[N]. 人民日报海外版，2018–12–18（3）.
② 交通运输部. 2022 年交通运输行业发展统计公报[EB/OL]. https://xxgk.mot.gov.cn/2020/jigou/zhghs/202306/t20230615_3847023.html.
③ 国家计委基本建设综合局经过对国家计委、中央档案馆、国家经委的大量档案进行长期调查研究，第一次将"156 项"的形成、变化和建设规模、建设进度等情况综合整理出来，1983 年6 月8 日写成《"一五"156 项建设情况（实际正式施工项目为150 项）》，确定为150 项。http://www.360doc.com/content/12/0121/07/1077426746_1077426746.shtml. 董志凯，吴江. 新中国工业的奠基石——156 项建设研究（1950—2000）[M]. 广州：广东经济出版社，2004：420–493.

中西部）的城市布局（表 4.4）。"一五"计划中列出了全国第一批重点投资建设的 8 大重点城市（新工业城市）：西安、太原、兰州、包头、洛阳、成都、武汉、大同。当时苏联援助设计建设的 156 项工业工程中，其中西安有 17 项（有 16 项安排在西安），太原有 10 项。

"一五"期间苏联援助项目所涉及城市　　　　　　表 4.4

省／自治区／直辖市	城市
黑龙江	鹤岗、鸡西、双鸭山、齐齐哈尔、佳木斯、哈尔滨
吉林	辽源、通化、吉林、长春
辽宁	阜新、抚顺、大连、鞍山、本溪、葫芦岛市、沈阳
山西	潞安、焦作、大同、太原、沁源、临汾
安徽	淮南
河北	邯郸、石家庄、承德
陕西	铜川、西安、宝鸡、咸阳兴平、商洛
河南	平顶山、郑州、洛阳、三门峡
甘肃	兰州、白银
四川	重庆、成都、绵阳
新疆	乌鲁木齐
湖北	武汉
云南	个旧、昆明、曲靖
内蒙古	包头
湖南	株洲、湘潭
北京	北京
江西	赣州、南昌

来源：根据相关资料整理

改革开放以后东部沿海城市体系得到了充分的发展，并且城市化进程中，一个最明显的现象就是都市圈、城市群在加快发展。其包括珠三角、长三角自发形成的和政府在中西部大力扶持的，目前在全国范围内已形成了全面覆盖的都市圈、城市群。

4.2 城镇化的推动和拉动因素

中国的城镇化是在特定历史时期由国际国内多重因素合力驱动的结果，可以从推动因素（push factors）——拉动因素（pull factors）或需求侧（demand side）——供应侧（supply side）两方面加以解释。基于个人信念或需求的个人行为被称为市场活动的需求侧或推动因素观点。以特定方式促进发展从而激励塑造个人欲望的因素代表了个人选择的供给侧或拉动因素观点。供应方资源、强大的社会力量可以创造机会，说服人们采取他们可能不会采取的行动。可以这样理解，推动因素通常是消极的、负面的、不利的，而拉动因素则是积极的、正面的、有吸引力的。例如乡村的收入低是推动因素，城市就业机会多、子女可以接受更好的教育则是拉动因素。就城镇化而言，首先表现为在不同阶段的不同产业的拉动特征。

4.2.1 城镇化的产业拉动阶段类型及模式特征

从城镇化的驱动力量来考察城镇化进程，我国的城镇化大致可划分为3个阶段，对应于3种驱动类型，并形成了各自的特征组成（表4.5）。人口流动的距离形成了城镇化的不同模式特征，即本地城镇化和异地城镇化。前者大多发生在社会经济基础较好的地区，农村人口离土不离乡，典型的如苏南乡镇工业主导的苏南城镇化模式。后者大多对中西部地区而言，农村个体或家庭举家迁往跨市（地级市及以上）、跨省的城镇居住和工作。

改革开放后我国城镇化的阶段类型及特征 表4.5

阶段	产业拉动类型	城镇化模式特征
第一阶段	以制造业为主拉动的城镇化	异地城镇化
第二阶段	以房地产业为主拉动的城镇化	异地城镇化和本地城镇化
第三阶段	多元产业拉动的城镇化	逆城市化和本地城镇化

来源：作者自绘

第一阶段，以制造业为主拉动的城镇化。珠三角、长三角等地的发展是制造业拉动的异地城镇化，国内劳动力跨省迁移，到达就业岗位充分的东南和南方沿海地区。这些地区的发展主要受国外资本特别是东南亚资本的投资驱动。这些城市地区在空间上的主要特征是大片的工业区，有厂房、宿舍，"工厂就是公交车站，就是纪念碑，就是地标"[1]，还有城中村。这一时期这些地方的城镇化，契合了世界产业布局重构、国际劳动力分工调整的潮流特征。财富流向了投资商，税收充实了地方财政，城市公共建设得到了改善。

第二阶段，以房地产业为主拉动的城镇化。按照城市等级由高到低的次序和开发商实力的强弱，房地产开发浪潮席卷全国各地，大型基础设施建设快速扩张。供应端的资本包括东南亚资本和国内的各级政府资本以及社会资本，需求端的资本主要是国内个人资本，城乡居民深度卷入，刚性需求和投资需求结合。此阶段的城镇化，混合了异地城镇化和本地城镇化，综合优势强、吸引

---

[1]（美）张彤禾. 打工女孩：从乡村到城市的变动中国 [M]. 张坤，吴怡瑶，译. 上海：上海译文出版社，2013.

力大的大城市扩张尤其迅速。从 1992 开始出现到 2014 年取消的地方蓝印户口政策，在上海、深圳、广州、天津等大城市都实行过。蓝印户口成为商品房的推销手段之一，意在促进减少空置积压商品房，刺激城市房地产市场，从而拉动地方经济发展。

第三阶段，多元产业拉动的城镇化。由于国际政治、经济局势的动荡以及疫情灾难的影响，房地产业疲软，加上大型基础设施建设已趋饱和，由国内资本主导的电商产业、文化旅游、生态旅游产业拉动了新的城镇发展。这一时期的城镇化，以逆城市化和本地城镇化为主，中小城市、县城的城市化水平得到了发展。例如近年来全国各地涌现的电商小镇。

大卫·哈维提出的资本的三次循环理论着重于资本自身的流向，将资本循环理论应用于我国的城镇化阶段、路径分析时，可以发现，资本的第一次循环、第二次循环的去向基本能解释大中城市产业主导的城镇化（异地城镇化模式），第三次循环在城市中尚可理解为部分情形相似，在解释就地城镇化时则不能完全覆盖拉动乡村城镇化的资本构成。哈维提出资本的三次循环时，对于信息技术的发展及其和商业结合的能动性尚无从预料也是情理之中。

4.2.2 国际机遇的外部拉动因素

20 世纪 70 年代，新一轮的经济全球化已经开始发端，伴随着国际经济转型、产业结构升级、劳动力岗位的国际转移，新的国际分工正在形成，亚洲"四小龙""四小虎"便较早得益于经济全球化。除了经济因素外，大的国际政治气候也为中国启动城镇化提供了宽松的背景，美苏冷战，中国是西方发达国家认为值得拉拢的对象，可以为西方国家提供有效利用的资源和市场。1978 年起，国内开始实行改革开放政策。历史证明，对中国来说这是一个紧密而良好结合的发展契机。中国开始承接全球第三次制造业大转移[①]，成为名副其实的"世界工厂"。中国农村深深卷入的应该说首先是这场全球化进程，开启了人类历史上最大规模的农村人口向城市的迁徙，其次才是城镇化进程。

4.2.3 国家和地方政府政策的内部拉动因素

在外因和内因的辩证关系中，内因是决定性的。外部拉动因素还只是必要条件，因为处于当时东南亚以及更宏观国际背景下的国家并不只有中国，而只有中国的改革开放率先取得了成功。1978 年 12 月十一届三中全会后，中

---

① 全球范围内较大规模的产业转移发生了三次：第一次是美国将钢铁纺织等传统产业向日本、联邦德国等地区转移；第二次是日本、联邦德国向亚洲"四小龙"和部分拉美国家转移轻工纺织等劳动密集型加工产业；第三次是欧美日等发达国家和亚洲"四小龙"等新兴工业化国家（地区）把劳动密集型产业和低技术型产业向发展中国家转移，特别是向中国转移。因此自 20 世纪 90 年代以来，中国逐渐成为第三次全球产业转移的最大承接地和受益者。2008 年金融危机后，全球第四次产业转移开始启动，中国制造业成了受冲击最大的行业。

国开始实行对内改革、对外开放的政策，改革开放带给国家的变化是翻天覆地的，带给国家的影响是极其深远的。改革开放是城镇化的政策因素。2014年3月，中共中央、国务院印发的《国家新型城镇化规划（2014—2020年）》是在一个时期中指导全国城镇化健康发展的宏观性、战略性、基础性规划。"十三五"时期主要目标任务包括：要深入推进以人为核心的新型城镇化，实现1亿左右农业转移人口和其他常住人口在城镇落户，完成约1亿人居住的棚户区和城中村改造，引导约1亿人在中西部地区就近城镇化。常住人口城镇化率达到60%（2019年已达到）。

2016年9月，国务院办公厅印发《推动1亿非户籍人口在城市落户方案》，促进有能力在城镇稳定就业和生活的农业转移人口举家进城落户。该方案提出"十三五"期间，户籍人口城镇化率年均提高1个百分点以上，年均转户1300万人以上。到2020年，全国户籍人口城镇化率提高到45%（截至2020年底我国户籍人口城镇化率达到45.4%）。

内部拉动因素除了上述在国家层面的引领性规划和方案，还有在地方政府层面的积极行动，即地方政府的主动城镇化。一是通过行政区划改变，带来农业人口向城镇人口转变的统计数量增加。例如自2001年起，山东已有12个地方先后撤市（县）设区，涉及济南、青岛、济宁、威海、滨州、德州、菏泽、东营等地。一些省会为了提高城市首位度，进行了行政扩张合并（参见第3章）。二是地方政府推进城镇化心切，推进方式出现偏差，城镇化的模式是把农民"赶出"土地，例如强制农民搬迁和集中上楼，其间诸如土地资本化、剥夺农民的土地的增值收益等问题引发了不少社会矛盾和冲突。而这些都不是真正解决以生产率提高为导向的城镇化，没有从源头解决由城镇化、工业化带来的一系列突出矛盾。

4.2.4　城乡社会内部的拉动和推动因素

城镇化是乡村农民家庭求生谋生的本能内在推动的结果。农村实行联产承包责任制后，农民有了种地积极性，农业生产效率提高，由此农村出现了大量富余劳动力，而农村收入水平仍然比较低，这为人口流动提供了基础，是城镇化的推动因素。概括起来，城镇化的推动因素，也就是农村剩余劳动力离开乡村的推动因素，包括贫困、缺少就业岗位、缺乏基本服务、自然灾害等。这些驱动农民们外出谋生。

人口流动、农民外出谋生（打工、开店、挣钱）的拉动因素包括：更好的环境条件，更多或更好的服务，更高的生活水平，更高的收入，经济稳定和财富损失风险降低，文化多样性，个人欲望的表达等。城市的公共基础设施、社会保障普遍比农村好，对农民工自然有吸引力，在城乡差距所导致的生存理性抉择下，乡村中青年劳动力不断向城市迁移，2019年末，全国进城农民工总量高达 2.1938 亿人。

而 20 世纪 70 年代末期至 80 年代中期，苏南地区的乡镇企业从起步，走向蓬勃发展。他们向上海、南京、无锡、苏州等城市的工厂和科研机构借脑借智，来自城市的"星期日工程师"业余时间技术下乡，帮助解决使用机器、开发产品、保证质量、降低成本等技术难题。这是一个推动和拉动因素交织的过程，极大地促进了苏南地区的工业化和本地城镇化。

4.3　城镇化的空间和社会影响

毫无疑问，城镇化是整体社会发展的强大助推力，整体提升了城乡生活水平，带动了乡村脱贫。城镇化带来了空间和功能的集聚，促进了各类基础设施和公共服务设施的建设，促成了包括养老、医疗、低保、住房在内的庞大的社会保障体系的建立。城镇化也使得我国在能源、交通运输、电信、科学、教育、文化、医疗和基础设施建设等方面都成就斐然。

然而，快速的城镇化也给我国的城市和乡村带来了巨大的冲击，城市和乡村两者之间以及各自空间内部出现了不同层面的矛盾和冲突。在城市，突出的是流动人口的住房、教育和公共服务提供不足的问题；在乡村，"空心化"现象较为普遍，不同的城镇化模式产生的社会和空间影响也是极其深刻而深远的。在区域层面，我国的城镇化存在整体时空不平衡的状况，其中有城市化进程中不同步带来的不可避免的方面。

4.3.1　城乡发展不平衡

由于新中国特定发展历史形成的城乡二元结构，造成城乡发展长期失衡、差别明显。随着城镇化的推进，我国城乡地区之间的经济差距差异总体在不断缩小。国家统计局公开数据显示，我国城乡收入差距由 2007 年 3.33 下降到 2012 年的 3.10，并已下降到了 2021 年的 1.83。虽然城镇和农村居民的收入水平差距在持续减小，但是仍然存在发展过程中的差异和不平衡。

城乡发展不平衡的表现还在于城乡公共资源不均衡配置，公共服务水平存在差异。城市公共服务在类型上更完备，在资源品质上更优质；乡村地区人均公共服务资源少、公共服务的整体效益差、享受公共服务的获得感低。这既是由于城乡空间集聚程度的客观差异造成的效率差异，也是乡村公共服务的投入少、供给标准不高或供非所需造成的。

城乡发展不平衡的表现还在于城乡生产要素不平等交换。直至目前，我国城乡尚未能实现统筹协调、共同发展，尚未形成生产要素在城乡之间双向流动、优化组合的格局，生产要素从城到乡的流动依据市场价格实现，而农村的自然环境和现有资源未得到合理利用，营商环境对乡村不利，乡村专业技术人才匮乏，城市人才入乡渠道不宽，入乡建设的积极性不高，且缺少长效支持机制。这些既是城镇化要解决的问题，也是阻碍就地城镇化的问题。

4.3.2 地域发展不平衡

由于我国地域广大，区域之间的基础条件差异造成了不同地区在城镇化时间和速度上的差异，并且这种差异又进一步加剧了区域发展的不平衡。即便是国内总体发展较快但处于不同地域的都市圈、城市群之间仍然存在区域发展不平衡的现象。而在区域内部，不同层级城市之间、城市和乡村之间同样差距巨大，对资源、投资必然形成争夺，甚至出现排他性的城镇化。

地域发展不平衡体现在城镇化率的差异上。表 4.6 反映了按"七普"统计数据，截至 2020 年 11 月 1 日，我国城镇化率排名前 18 位的城市。早在 2004 年，深圳经过快速城市化后，已成为全国第一个没有农村行政建制城市，也就是城市化率 100%（参见延伸阅读 4.1）。2020 年，我国常住人口城镇化率达到 63.9%，居住在乡村的人口降低到 36.1%。根据"七普"数据，梳理 31 个

我国城镇化率排名前十八位的城市　　　　　　　　　表 4.6
（按"七普"统计数据，截至 2020 年 11 月 1 日 0 时）

城市	总人口（万）	城镇化率（％）	城镇人口（万）	乡村人口（万）
深圳	1756.01	99.72	1751.09	4.92
厦门	516.40	89.41	461.73	54.67
上海	2487.09	89.30	2220.94	266.15
北京	2189.31	87.50	1916.64	272.67
南京	931.47	86.80	808.52	122.94
广州	1867.66	86.19	1609.67	257.99
天津	1386.60	84.70	1174.44	212.16
沈阳	907.00	84.52	766.60	140.40
武汉	1232.65	84.31	1039.27	193.38
杭州	1193.60	83.29	994.21	199.39
大连	745.08	82.35	613.57	131.51
西安	1295.29	79.20	1025.85	269.44
成都	2093.78	78.77	1649.30	444.48
宁波	940.43	78.00	733.56	206.87
青岛	1007.17	76.34	768.85	238.32
济南	920.24	73.46	676.00	244.24
哈尔滨	1000.99	70.61	706.77	294.21
重庆	3205.42	69.46	2226.40	979.01

来源：2020 年各城市第七次全国人口普查主要数据公报

省（自治区、直辖市）的城镇化率（图 4.11），7 个省市城镇化率都已经超过了 70%。其中，北京、上海、天津三大直辖市城市化率在 80% 以上，城区人口规模均已超过千万，作为城市经济体，这三市的农业和农村人口所占比重均很小。作为中国 GDP 总量最高的城市，上海 2023 年末常住人口城镇化率已经高达 89.46%，超过发达国家平均水平，进入了城镇化发展的后期阶段。广东、江苏和浙江这三个东南沿海大省城镇化率都超过了 70%，这三个大省经济发达，集聚的外来人口众多。辽宁的城镇化率达到了 72.14%，位居第 7，和浙江相差无几。这是因为，在计划经济时代，辽宁的工业化和城镇化进程都比较早。重庆、福建和内蒙古的城镇化率分列第 8 位到第 10 位。其中，西部地区重庆的城镇化率已经赶超东南沿海发达省份福建，重庆的工业基础较好，近年来城市发展迅速，中心城区规模不断扩大。

目前还有 10 个省份的城镇化率低于 60%，其中最低的 5 个省份全部来自西部地区，尤其是大西南地区的云贵和广西，西藏最低，只有 35.73%。尽管如此，十年来，中西部地区城镇化率提升幅度较大，这是由于中西部地区原有

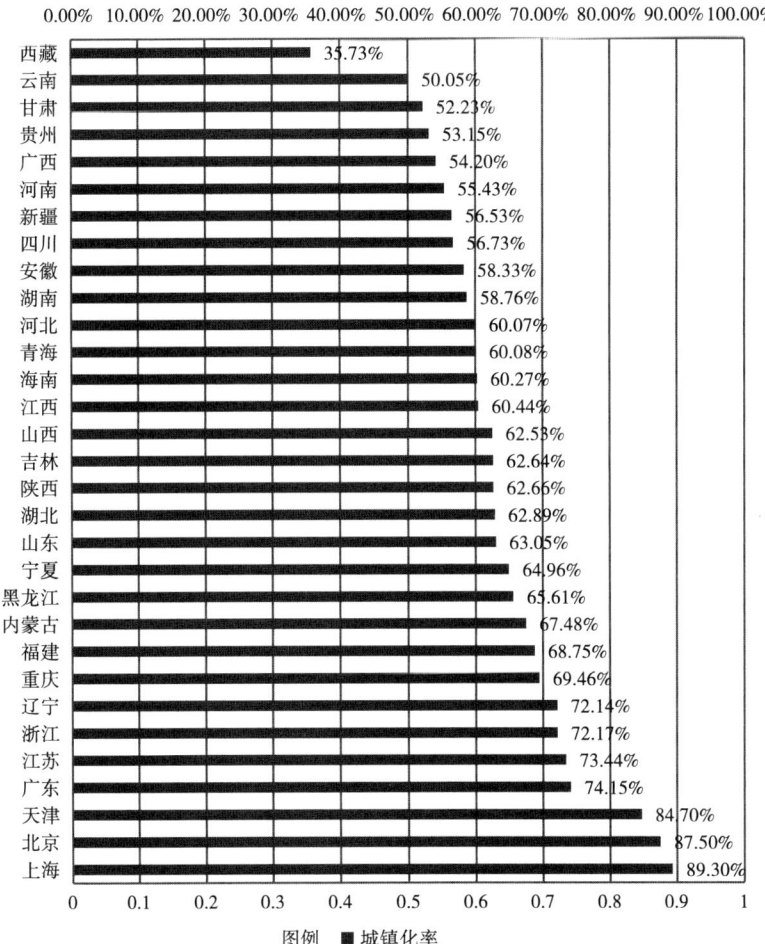

图 4.11　我国各省城镇化率差异（按"七普"统计数据，截至 2020 年 11 月 1 日 0 时）

来源：国家统计局（https://www.slats.gov.cn/sj/pcsj/）

的城镇化率起点较低，而这十年来大量承接产业转移落户，放开了落户门槛。贵州是近十年来我国经济发展最快的地区之一。

延伸阅读 4.1　深圳渔民村——深圳经济特区农村城市化发展的样板

深圳渔民村，是全国最早的万元户村。这里位于深圳罗湖区的南湖街道，与香港隔河相望。12栋高耸的住宅楼合围成一个现代化的小区，抬起头，却是"渔民村"三个红色招牌大字。

经过40年的发展，"自然村"的概念早就随着深圳的城市化浪潮不复存在，而依然沿袭村名的渔民村，却是深圳巨大变革下的浓缩样本。

从世代打渔的"水流柴"到20世纪内地最早的"万元户村"，再到如今花园式的现代化住宅区，在改革开放的坐标轴上，这个曾经的渔村有着特殊身份：从1984年到2012年的近30年里，多位党和国家领导人来到这里视察。

20世纪30—40年代开始，一些东莞的渔民顺东江而下，发现深圳水清鱼肥，便陆续在此安家。在广东话里，这样一家一船，漂泊在水上的人叫做"水流柴"。因为渔民人数众多，捕渔条件落后，加上渔霸的欺压，大部分渔民都吃不饱。

中华人民共和国成立后，在政府的鼓励和帮扶下，渔民们陆续上岸，盖草棚、辟鱼塘，开始了定居生活，并逐渐形成了一个渔村。尽管渔农并举，但渔民也只能解决基本的温饱问题。"都是用土堆建起来的房子，十几平一大家人"。

"想都不敢想"的生活是从20世纪70年代开始的。所谓"春江水暖鸭先知"，1978年，渔民村购置了一台进口拖拉机跑运输。同年，十一届三中全会在北京召开。1979年8月26日，经第五届全国人大常委会第15次会议决定批准，在深圳市设置经济特区。

渔民村村民在改革开放的春风中，发掘地域的优势，做出了改革的第一步尝试。

20世纪80年代的深圳，就是一个大工地，需要大量的砂石、水泥等建筑物资。渔民村的村民抓住机会，开展起了海运和陆运多方运输业务，同时在河里挖沙，再卖给工地。渔民村老村长邓志标回忆，攒下的第一桶金，村里全用来购置运输设备，组建起了自己的车队和船队。

也是在那个时候，凭借地缘优势，早与香港往来密切的渔民村在香港和内地之间做起了"倒卖"生意。

当时其他人都过不去香港的，只有渔民村的人可以凭证件自由出入，于是很多村民会把香港的东西运过来卖。有的村民则效仿着香港人，在渔民村附近开设了茶餐厅。灵活的思维方式和渔民勤恳吃苦的传统，让渔民村在短时间内就脱贫致富。1980 年，改革开放仅仅两年，渔民村大多数人家的收入就突破了 1 万元，成为内地首个名副其实的"万元户村"。

1981 年，渔民村依靠集体力量投资了 70 万元，统一规划、设计、建设了 33 栋米色小洋楼，有花园，还有喷水池。当时渔民村家家户户不仅有流行的"三大件"——电视机、电冰箱、电饭煲，而且音响、电风扇、录音机这些香港家庭里有的电器他们都有。

1985 年前后，借着改革开放的东风，渔民村引进企业，宝石厂、表带厂、家具厂等纷纷在这里落地。第二年 3 月，渔民村集体企业公司成立。村里每户集资了 2 万元，兴建起了工业大楼大厦，为外商提供厂房、劳务介绍、手续办理等整套服务，以投资形式吸引香港人前来合办小型加工厂。村民收取租金，一片红火。

1992 年，深圳着手进行农村城市化改造，同年 11 月 28 日，渔丰实业股份有限公司正式成立，成为全国第一批村办的股份制公司。村集体变为股份公司，渔民村人也由农民变为市民，个个当上了股东，除了获取分红外，房租也成为村民的一大固定收入。原村民每户人家每月仅靠房租一项就有 1 万余元净收入。当时全村 140 多人每人年收入过万元，"万元户村"变成了"万元户人"。

"握手楼""亲吻楼"遍地开花，这样的房屋不但通风采光差，还存在着严重的安全隐患。由于供水、供电、排水、排污等设施整体不合理，经常出现下水道堵塞、污水横流的问题。

经过长时间的工作，渔民村全体村民通过集资、向银行贷款等方式自筹资金 9000 多万元，推倒了"握手楼"，新建起 11 栋 12 层高的住宅楼和 1 栋 20 层的综合楼，创造了"村股份公司自己组织改造、村民自筹资金"的独特改造模式。

作为第一批城中村改造的范例，渔民村"总先一步"的改革理念是根本，回看深圳发展就会发现，渔民村改造重建的那几年，正是深圳建材行业成本最低的那段时间。随着深圳住房市场的迅猛发展，此后城中村的改造，光在成本上就花费得更多。

而对于渔民村的村民来说，如果 1992 年由村民变成市民，是迈出了与"城市人"身份差距缩小的第一步，那 21 世纪初的这次旧村改造，使得渔民村人与"城市人"基本融为一体，并实现向现代城市居民的转变。

与此同时，渔丰实业股份有限公司成立了物业管理子公司，将村内大量富余房屋统一管理、统一出租，按月支付村民租金，年底分红。而在靠近渔民村小区西侧的一块约 5000 平方米的空地上，一栋建筑面积约为 2.8 万平方米、99.95 米高的 LOFT 精装住宅公寓早在几年前也已经落成。这意味着，集体经济又多了一笔不菲的收入。股份公司成立之初村集体资产只有 800 万元，现在这个数字涨到 4.8 亿多元，是股份公司成立之初的 60 倍。

村民同时也是股份公司的股东。目前，每户居民年租金收入平均在 60 万元以上，是渔民村的主要经济来源。如今村里平均每户的家庭财产都超过了千万元，成了"千万元户村"。

来源：摘编自施诗晨. 致敬 40 年 | 深圳渔民村老村长邓志标：没有改革开放，你看到的地方，都是泥塘 [EB/OL]. 封面新闻，https://baijiahao. baidu. com/s?id=1617129390834292719&wfr=spider&for=pc，2018-11-15.

目前，我国农村人口超过 2000 万的省份有 11 个，分别是河南、山东、四川、广东、河北、湖南、安徽、云南、广西、江苏、湖北，这些大多是人口大省。也就是说，在地域内部同样存在发展不平衡。在全国 31 个省、自治区、直辖市中，陕西省城镇化率处于中游水平，但在陕西省内部，城镇化率、城镇化程度同样存在不平衡。例如秦巴山区和周边大都市圈的发展差距不断扩大，投资下滑、人口流失、产业结构存在缺陷。在资源环境约束下，秦巴山区农村市场发展缓慢，农户进入资本市场的渠道十分狭窄，三产融合遭遇大量现实问题。

又如，新疆的城镇化率 56.53%，位于倒数第七位。新疆有南疆、北疆之分，在教育、医疗、经济、交通等方面，南疆地区要落后于北疆地区。南疆为干旱区，自然条件较为恶劣，水资源十分缺乏，植被覆盖面积小，土地沙漠化、土壤盐渍化面积都在增加，沙尘、浮尘天气增多，南疆城镇化发展受植被、土壤、地形等资源环境要素的约束越来越显著。这不仅影响到南疆城镇化的可持续发展，还影响到深入推进西部大开发战略和"一带一路"倡仪的顺利实现。因而南疆地区的新型城镇化发展关系到国土安全和生态安全的保障之计。

4.3.3　乡村生活环境秩序的紊乱

粗放的城镇化发展模式，可能使得城市周边出现半城镇化（Peri-urbanization）地区，使得城市边缘的乡村传统物质空间遭到巨大破坏、乡村生态环境持续恶化。即使在城乡管理整体状况较好的上海，在 2017 年"五违四必"环境综合整治行动之前，郊区城镇周边乡村地区同样存在环境秩序混乱的问题。上海浦东新区的大团镇周埠村附近有连绵成片的违建，里面有小加工厂、废品回收站、聚居的外来人员……大团镇区域内共有违法建筑 33 处、面积约 9.8 万平方米，主要从事木制家具、泡沫道具、纸业生产，以及废旧物品的回收和粗加工，还有超市、小饭店、宿舍楼等，有外来务工人员 600 余人。整个区域内产权关系非常复杂，对区域发展和周边百姓生活影响非常明显。这里不仅环境脏乱污染严重，还存在火灾等安全隐患。这样的现象曾持续了 15 年。[①]

[①] 陈烁. 大团镇 3 个月拆违近 10 万平方米 15 年的违建拆除后复垦变良田 [N]. 浦东时报，2017-09-19（7）.

此外，城镇化对乡村环境的影响具有两面性，一方面整体改善了村镇的给水排水、卫生、固废管理，另一方面由于生活方式的影响和管理不到位，又给部分地区带来了白色污染、固体废弃物和水体污染恶化等问题，从而影响了当地的生态环境。

4.3.4 乡村精神的嬗变

自 1978 年以来的城镇化，打破了中华人民共和国成立后长期的城乡二元隔离，极大地促进了乡村人口由农村向城市、由边缘地区向中心地区的流动性，并促使乡村社会氛围从闭塞转向开化自由，农村女性的地位变化最能说明这一点。20 世纪 80 年代以后，大量女性才有了走出去的自由，离开农村进入城市，并实现了城乡身份转换，这些女性也被称为新城市女性，就是介于全国常住人口城镇化率和户籍人口城镇化率之间的女性。新城市女性作为一个群体，是新型城镇化中人口城镇化的主要构成部分。

另一方面，在城乡推拉力的协力作用下，原先城乡二元抗衡的社会格局逐步失衡，乡村社会结构和主体地位发生了剧烈变化，导致乡村社会整体衰弱，并进入某种不良循环。典型的是在城镇化进程中乡村伦理的变迁和邻里道德的变化。"村庄竖起来了，成了楼房，热闹的市民广场，看起来和城市的其他楼盘并无区别。但是，广场上的居民在穿着、谈吐、动作上有一些特别，说白了就是农民的特征，他们目前还是农民。"[①] 一些乡村陷入了一种沉郁、隐秘、变形的现实，乡村伦理塌陷后产生了道德疑难，也就是在新的生活形态下，乡村精神陷入了"不明来路，不知归途"的境地，行为既背弃了传统文明而又欠缺现代文明。在城镇化、现代化进程中，在社会转型中，乡村精神的传承、乡村文明的命运问题值得反思。

4.4 从空间城镇化到人口城镇化

城镇化的空间现象在我国绝大部分地区随处可见，近年来都市圈、城市群在加快发展的现象更是明显。我们常常将城镇化的建设成果归为空间城镇化。在城市发展的不同阶段，政策、资金、市场有时聚焦于建设用地的扩张，表现为速度城镇化的进程；有时则集中于建成地区的再开发和提升，表现为深度城镇化或再城镇化的过程。当下我国经济已由高速增长阶段转向高质量发展阶段，土地资源和环境承载力约束推动着我国城乡正逐步从"速度城镇化"向"深度城镇化"转型、城市建设用地从"增量扩张"向"存量挖潜"转变。伴随着向深度城镇化的转型，将是从空间城镇化向人口城镇化的转型，或者说从

---

① 朱辉. 七层宝塔，钟山，2017 年第 4 期.

以土地为核心的城镇化到以人为核心的城镇化的转型。

4.4.1 以土地为核心的空间城镇化

城镇化以建设用地为衡量。以土地为核心的空间城镇化，是一种过度依赖投资和土地的发展模式，有时会导致供需失衡，难以为继。土地出让通过财政关系影响地方经济增长，而地方政府的财政行为和经济指标又会影响土地出让的规模和价格。据统计，国有建设用地出让规模由 2001 年的 1787 平方公里升至 2010 年的 4326 平方公里[①]，增加 1.42 倍。

2016 年 2 月《国务院关于深入推进新型城镇化建设的若干意见》的印发，进一步明确了在发展过程中注重统筹城乡、以人为本、绿色可持续发展。当前的（新型）城镇化建设和社会转型中仍然存在一些突出的结构性问题，比如城乡融合发展的体制机制不完善，大中小城市和小城镇之间发展不够协调，特色小镇建设存在盲目发展倾向，城镇化质量不够高，农业转移人口市民化政策尚未充分落地，生态环境降级，等等。

相对而言，在土地城镇化模式中，乡村和流动的乡村人口的利益诉求、身心影响以及城市社会的平等包容并不在充分考虑范畴内。农民工虽然进了城，但是并未真正"市民化"，并不能享受同样的市民待遇，他们的教育、就医、就业、生计的可持续仍然存在很大问题，城乡差异、地域差异等都客观存在，这是很普遍的现象。

4.4.2 人口迁徙的阶段特征

中国的城镇化以农民工进城为标志，造就了人类历史上最大规模的人口迁徙。人口移徙的整体趋势可分成两大部分：第一部分（大约至 2008 年）的趋势是，从内陆到沿海地区，从欠发达地区到发达地区，从农村地区到城市，70% 流向大城市和中等规模的城市；第二部分（大约自 2008 年起）是人口回流，从一线超大城市流向二线省会城市，从东南沿海流向中西部省会城市的回流。例如安徽省从近千万农民工省外务工，到 24 万名高校毕业生流入、110 万名农民工回流，曾经的劳务输出大省如今成为人口净流入省份[②]。2022年，安徽省在人口自然增长为负的情况下，常住人口比 2021 年增加 14 万人，净增数量仅次于浙江，比 2020 年净增 24 万人。

用历史大事件来标记城镇化的进程是一种常见的外部研究视角，比如改革开放的开端、世界金融危机等，而采用流动人口、家庭和性别视角则可以提供一个更加可以具体感知的社会发展历程。我国人口自农村向城市的迁徙过程

---

① 中国国土资源部 . 2011 中国国土资源统计年鉴 [M]. 北京：中国国土资源统计年鉴编辑部，2012.
② 刘菁，马姝瑞，赵金正 . 实现人口净流入，安徽做对了什么？[J]. 半月谈，2023（9）.

呈现出不同的阶段性特征。按照农村人口尤其是女性加入迁徙的时间和程度大致可分为以下四个阶段：

第一阶段（1980—1990年），自20世纪70年代末，农村劳动力开始并逐渐大量向城市特别是大城市转移，女性人口的转移整体滞后于男性，并且大多集中于年轻女性的流动。在第一阶段的人口流动中，女性占中国农民工总体的30%左右。这也符合国家在走向现代化过程中都有可能经过的"男工女耕"的过程：男性先转移到更优势的产业上去了，留守在家的女性填补男性在农业生产中的空缺。为了改善家庭收入，农村壮年男性大多外出打工。家里的农业种植、修房子、修灌溉渠、家庭事务、子女教育和赡养老人等工作全部由妇女承担。农村开始出现"空心化"现象，以妇孺老人留守村庄为主。这一阶段的迁徙特征正如地方政府口号宣传的，"出门去打工，回家谋发展。劳力流出去，财富带回来"。

第二阶段（1990—2003年），在流动总量剧增的同时，流动人口的稳定性增强，家庭化迁移也渐渐成为趋势。大量女性人口流入城市，农村"空心化"进一步加剧，空巢老人、留守儿童组成的不完整家庭数量不断增加。这些女性及其家庭大多聚居在城郊接合部，因为这里的生活成本较低、交通和生活设施相对便利、就业机会较多，她们在各类加工及批发交易市场、废旧物资交易市场等务工，也有相当数量从事保姆、月嫂等家政服务。[①] 对农民工最贴近的感受来说，2003年是一个政策分水岭，这一年"收容遣送"退出历史舞台，农民工进城的流动障碍被进一步扫除。

第三阶段（2004—2008年），新生代农民工成为主体。据国家统计局2011年的报告显示，中国在2010年有近1.5亿外出务工，其中有8487万人出生于1980年以后，占全部外出务工总数的58.4%。新生代农民工受教育程度更高，平均消费更高，对工作期望值较高，融入城市的意愿比上辈强烈。新生代农民工整体表现出由"亦工亦农"向"全职非农"转变、由城乡"双向流动"向"扎根城市"转变、由"谋求生存"向"追求平等"转变。新生代农民工已经与上一代农民工有了极大的不同，从衣着打扮、言谈举止很难将他们与城市的"80后""90后"区别开来。但他们的就业流动性较大，在城市中"缺乏幸福感"。《打工女孩》[②] 虽然颇受争议，却多少反映了新一代打工妹的生存环境与她们的梦想，她们得到的最多，失去的也最多。他们中的大多数人都认为，迁徙是一条追求更好生活的路。他们比上一辈更年轻，受过更好的教育，外出的动机也更多是因为对城市机会的追求，而不是受农村贫困所迫。

第四阶段（2008年至今），外出务工人员的流向发生了较大分化。2008年

① 黄怡. 全球化、城镇化与新城市女性梦想 [J]. 山东女子学院学报，2014（6）：6-9.
② （美）张彤禾打工女孩 [M]. 张坤，吴怡瑶，译. 上海：上海译文出版社，2013.

的世界金融危机，波及南方城市且影响较大，造成部分产业向内陆的梯度转移，也使得部分外出打工人口向中西部回流。此外，经济发展进入新常态，整体就业机会下降；北京和上海等大城市加强了对城市人口的控制，通过各种整治手段驱散外来人口。再就是，随着城乡一体化的统筹推进、乡村振兴战略的实施，城乡居民收入差距的缩小正在降低农民向城镇转移的意愿，乡村的基础设施和生活都在不断改善，基本社会服务和社会保障在不断提高，社会福利更加健全，逐渐出现了农民进城意愿不强的情况。乡村人口有了更大的自主选择性和更多的自主选择权。城里比乡下好的思维定势被打破，愿意在城里可以继续干，愿意回乡创业，也有很多机会。例如电商经济下发展起来的各地"淘宝村"，如山东菏泽曹县的汉服加工，又如云南昆明的斗南花市，都具备了服务全国的辐射力。近年来随着政府对农村的扶持与政策倾斜，农业户籍又成了香饽饽。户籍的初始定义本身并没有改变，改变的只是历史、地理条件下的"身份利益"不同。诸多因素促使大量外出打工者返乡创业，结果很可能是促进了就地城镇化。

4.4.3 农村流动个体及其家庭的代价

在城市化和现代化进程中，农村人口是显而易见的弱势群体，他们的贡献和牺牲更大。我国城镇化的代价更多的是由流动的农村人口及其家庭承担，例如城市里漂泊的打工者、乡村留守的儿童、妇女、老人等，他们构成了乡村新的弱势群体，并由此引发了教育、安全等一连串家庭和社会问题。大量流动人口远离农村的家乡，和家庭长期分离，虽然提升了统计意义上的城镇常住人口比例，但是他们并没有达到真正的城镇生活品质，也就是说，这样的城镇化的统计数据意义高于其品质内涵意义。

（1）外来人口

"外来人口"是一种城市本位的指称，大多指的是来自乡村的迁徙者或从小镇去往大城市的漂泊者。资本机制遮蔽了这个"漂泊"的视角，吸纳了这些"漂泊者"，而把这些艰难的、也是丰富的经验转述成了同一个为了赚钱在异乡打拼的故事。外来人口的构成极其广泛，包括了快递、保洁、保安、家政以及餐饮、理发等日常服务行业的服务人员。以上海为例，根据人口普查数据，2000 年上海的户籍人口占 79%，非户籍人口占 21%；2010 年户籍人口比例降至 61%，非户籍人口升至 39%。2020 年户籍人口比例降至 57.9%，非户籍人口升至 42.1%。整体上，非户籍人口占全市常住人口的比例由二成上升至四成以上。在日渐增加的非户籍人口中，绝大多数是"外来人口"。

常住外来人口对大城市的影响主要在以下两方面：①对公共服务的要求和对基础设施的压力。庞大的流动人口，在为大城市经济发展和社会建设起着积极促进作用的同时，也对流入地有限的公共资源带来挑战，尤其是外来人口的家庭养老、医疗待遇、子女入学等一系列问题日趋突出。城市中有新移民的社区对卫生医疗、教育和住房服务有着相当高的需求。而对携带子女在城市中生活的流动家庭来说，如何能够给他们的子女提供充分的教育机会是他们最为忧心和关切的大事。②强化了社会差异和不平等。来自农村的流动人口由于缺少城市居民享有的最低生活保障，因而其中的失业者和老年群体构成了城市中最脆弱的群体，结果加剧了城市中的贫富差距和社会经济不平等。

（2）留守老人

据"七普"数据，2020年，我国常住人口城镇化率达到63.89%，户籍人口城镇化率为45.4%，居住在乡村的人口降低到36.11%。分年龄结构来看：15~39岁年轻人，常住在乡村的比例均小于30%；65岁以上老年人，接近一半（46%~49%）常住在乡村，显著高于36.1%的均值；65岁以上人口占总人口比例，城市10.8%，农村17.7%；60岁以上人口占总人口比例，城市15.5%，农村23.8%。这表明，农村老龄化水平整体高于城镇。其中，农村留守老人存在着缺乏生活照料和精神慰藉、失能无靠等突出的养老服务问题。

（3）留守儿童和流动儿童

农村留守儿童和儿童教育是另一个困扰乡村流动人口及其家庭的问题，也是不可忽视的普遍社会问题。据"七普"数据，0~14岁小孩，乡村小孩占城乡小孩总数的比例为60.2%，占乡村总人口的比例是19.27%，而常住在乡村的比例在36%~42%之间（留守儿童）[1]，高于常住乡村的总人口比例。这个庞大的群体长期缺少父母在情感上的呵护，以及在思想和心理上的教育和引导，极易受到伤害。2013年，中国儿童少年基金会《女童保护研究报告》显示，农村留守女童性侵受害者多。广东省化州市的此类案件被害人中，本地农村留守女童占94%[2]。对随家庭迁移的儿童来说，由于不安定的环境也容易遭受伤害，流动女童是主要受害人群，深圳宝安区女童受害人88%是外来流动人口[3]。流动男童则主要存在被拐卖的风险。"打拐题材"电影《亲爱的》角色原型之一，不想自己的小孩困在小镇之中，带着孩子来到大城市生活、求学，就是为了能让孩子有更好的成长环境、见更多的世面，不曾想到四岁的儿子却在城中村被另一个外来打工者拐卖，孩子的人生轨迹由此彻底发生了改变。

（4）留守妇女和流动妇女

失衡的家庭婚恋生活是最为突出的问题。大量农村人口背井离乡进城务工，虽然给农村的家庭带来了收入，但大多数打工家庭夫妇长期分居，双方都感到生活压力巨大。很多家庭被迫选择一人出去打工，一人留守在家；由于

---

① 梁萧.七普详细数据：我国常住人口城镇化率达到63.9%，居住在乡村的人口降低到36.1% [EB/OL]. https://www.bohaishibei.com/post/75527/，2022-7-6.

② 齐鲁晚报.留守女童占被性侵人群94% 妇联建议出台法规 [EB/OL]. http://news.sohu.com/20130915/n386610108.shtml. 2013-09-15.

③ 同上。

户籍、高房价等原因，很多外出农村人口没法拖家带口，不得不和配偶分居两地。社会过渡时期出现的这种婚姻家庭问题，是在我国城镇化进程中农村人口和社会整体付出的伤痛代价。[①]

4.4.4　以人为核心的城镇化

我国的"常住人口城镇化率"和"户籍人口城镇化率"之间存在差别，这个差别在于农民工。很多农民工在城市就业和居住，时间不短，但是没有享受到基本的城市公共服务，因此，他们的劳动力供给是不稳定的。1977年，英国地理学者克洛克（P. J. Cloke）从人口、生活、职业和居住等方面选取16个指标建立城市化评价指标体系[②]，这些相关指标的选择佐证了以人为核心的城镇化的重要性。

（1）推进以人为核心的城镇化

2014年7月，国务院在《关于进一步推进户籍制度改革的意见》提出，到2020年，要努力实现1亿左右农业转移人口和其他常住人口在城镇落户。2016年，国务院发布《推动1亿非户籍人口在城市落户方案》，鼓励仍然持有农村户口的人群到城市落户。一方面，推动1亿非户籍人口在城市落户的问题，已经从国家法律政策层面确定，带有法律约束性；另一方面，这种约束性并没有具体而特定的城市对象和任务定额，因而就沦为一种空洞的导向，缺少实质性的执行。

非户籍人口在城市落户，涉及城市的接纳能力问题，取决于一个城市的财政能力和资源承受能力。把农民工变成市民是需要支付成本的，他们的基本公共服务、社会保障是需要财政支出的。[③] 如何在中央政府和地方政府之间、接纳城市和流出城市或省份之间合理分担农民工落户的成本，需要更深入的制度设计，才能真正推动以人为核心的城镇化。

农民工要真正变成市民，还要考虑他们自身适应城市生活（方式）的能力，包括财产能力、资源能力、消费能力、职业技能、融入社会的能力，这些很大程度上也取决于他们的社会资本和社会网络。

引导推动农民工进城落户，还有许多体制机制需要完善，许多政策需要深度协调。农民工的利益诉求需要考虑，包括调整户口迁移政策、创新人口管理、切实保障农业转移人口及其他常住人口合法权益等政策措施，涉及国家和地方对转移人口的就业培训、社会养老保险、购房购车及其子女的就学和高考等一系列政策的制定。还要建立健全由政府、企业、个人共同参与的农业转移人口市民化的成本分担机制等。

---

① 黄怡. 全球化、城镇化与新城市女性梦想 [J]. 山东女子学院学报，2014（6）：6-9.
② Paul J. Cloke. An index of rurality for England and Wales[J]. Regional Studies，1977，11（1）：31-46.
③ 蔡昉. 让农民工变成市民，才能真正解决以人为核心的城镇化 [EB/OL]. https://www.sohu.com/a/129291621_260616，2017-03-18.

（2）户籍城乡统一的实质

户籍一直是区分城镇居民、农村居民的主要标志，代表了特定历史、地理条件下的居民身份利益。城乡二元户籍制度的产生有其历史必要性和客观性，对中国社会的迅速恢复和建设起到了关键作用。但是城乡户籍二元化也造成了制度的不平等，成为在教育、就业、养老、医疗甚至人身损害赔偿标准等利益分配中一些和户籍密切相关的社会不平等的制度性根源。例如城乡"两套标准"被植入许多法律法规、政策、规定中，比如道路交通事故损害赔偿案件中，对于残疾赔偿金的计算就有农村和城市的区分，认定的依据就是户籍。近年来，一些法院已经按照"经常居住地"和"主要收入来源"城镇居民的相关标准计算有关损害赔偿费用，而不是一味按照户籍加以认定。与此同时，近几年随着国家对农村的扶持和政策倾斜，农业户籍的含金量也在增加。

以人为核心的城镇化的关键，也是新型城镇化的核心，就是解决农民进城问题涉及的户籍社保体系建设。2014年《关于进一步推进户籍制度改革的意见》明确指出，要"建立城乡统一的户籍登记制度"，取消农业户籍与非农业户籍性质区分和由此衍生的蓝印户籍等户籍类型，统一登记为居民户籍。经过多个城市试点之后，截至2020年底，我国已完成了户籍制度改革目标任务，14亿人实现了户口性质城乡统一，1.1亿流动人口领到居住证，1.2亿农业转移人口落户城镇，户籍人口城镇化率达到45.4%。这标志着我国实行了半个多世纪的"农业"和"非农业"二元户籍管理模式正式退出历史舞台。

但是户籍改革的关键在于剥离附着于城市户口上的福利和分配特权，实现公共服务的均等化和全覆盖，真正实现农业转移人口的市民化，让进城农民享受到均等的公共服务，而绝非换一换户口本，把农业户口换成非农业户口。

（3）大城市的市民化

农业转移人口落户大城市，涉及城市的综合承载能力和经济社会发展需要。举例来说，2012年，我国有8600万在外省的人员，主要集中在当时的特大城市：上海、北京、深圳、东莞位于前四位，共有2715万人；前十位城市有4351万人（跨省外来人口200万以上）；外来人口100万以上的城市有19个，总流入规模5532万人。要接纳数量如此庞大的转移人口，对城市来说是一项巨大的挑战。2012年，我国农民工总数是2.6亿，而截至2016年底，已上升为2.77亿。

现在我国公共服务的享受有一部分是和户籍严格挂钩的，比如教育和医疗；有一部分和户籍有限挂钩，例如住房；但也有很多公共服务无法和户籍挂钩，例如公共交通（地铁、公交）、城市绿地、文化设施等；在大城市，公共服务的分享可以提高生活质量，但要真正市民化，还是存在限制。

大城市由于其城市等级高而享有医疗、教育、文化、就业资源集聚的优势，并转化为某些特殊的户籍福利和良好的社会保障，因而户籍限制严。大城市往往通过积分落户制度来控制人口转移，以具有合法稳定就业和合法稳定住所（含租赁）、参加城镇社会保险年限、连续居住年限等为主要指标来设置积分分值。总体来说，大城市对一般农业转移人口开放的政策程度不高，因为城市的财政收入和公共服务能力制约，还要保持本市的福利水平增长，因而政策制定者往往是比较保守的，对于农业转移人口落户会产生一定的排斥性。

（4）就近城镇化的市民化

虽然农民工进城安家诉求增强，但是在大城市难以充分实现。外出农民工整体呈现出年轻时外出务工、中年以后回乡照顾家庭、养老的生命周期规律。受住房和生活成本高的影响，大城市难以成为农民工安家立业的首选场所，越来越多的农民工趋向本地务工、就近打工，照顾家庭、安家定居的意愿逐渐增强。[①]

就近城镇化具备一些天然优势，在语言文化、生活习惯、气候等方面都基本和家乡一致，亲戚朋友也多，子女上学、照顾老人等也都比较方便，适应的成本比较低。20世纪80年代，费孝通曾考察调研了江苏的苏南、苏北以及苏中的小城镇建设，提出"从乡镇、到县属镇到县城"实现中国数量庞大的农村劳动力向工业领域的转移[②]，虽然被证明存在一定的历史局限性，但是在我国整体城镇化率已达到65%的情形下，仍有其参考价值，县城仍有可能成为就近城镇化模式的重点，不同的主要是工业化的路径和模式问题。

苏南城市化的主要模式是"土地向规模经营集中、农民住宅向镇区集中、企业向工业区集中"，这解决了当地农民的城市身份问题，但是大工业园区吸引的大量是外地人口，候鸟般的迁徙问题依然没有解决。苏南已经形成了庞大的产业基地，但其他地方能否推广这种大工业园区的模式还值得探索。对于中西部一些人口大市来说，下辖的县域人口多，可以充分利用当地丰富的劳动力优势，大力发展劳动密集型产业，创造新的就业岗位，有利于促进进城农民就近就业和发展，进而带动乡村振兴，并促进人口的就近城镇化。

（5）就地城镇化

就地城镇化一般是指在本镇、本村实现的城镇化。根据土地性质的不同，就地城镇化分两种情况：一种是农民土地被征为国有用地之后，农民所生活的地方，基础设施与公共服务变得跟城镇类似；另外一种是农民脚下土地的性质没有改变，还是集体土地，但是在这块集体土地上，基础设施、公共服务、产业就业都类似于城镇。

就近城镇化和就地城镇化的相同点都是不脱离原先生活的大环境，因此常常被放在一起讨论。

---

① 李晓江，尹强，张娟，等 .《中国城镇化道路、模式与政策》研究报告综述 [J]. 城市规划学刊，2014（2）：1-14.
② 费孝通 . 小城镇四记 [M]. 北京：新华出版社，1985.

本章小结

本章采用了问题视角加国别视角讨论主要几个洲的城市化。第 1 节首先辨析和城市化相关的一些关键概念，并分别考察城市化和工业化、后工业化、全球化、现代化等过程之间的复杂关系。第 2 节、第 3 节主要从全球的、历史的视角分别探讨发达世界（欧洲、美国）和发展中世界（拉丁美洲、亚洲和非洲）的城市化，从长期角度比较分析解释了不同地区和国家城市化及其背后的过程、推动城市化发展的主要因素，城市化过程带来的问题。第 4 节专门讨论我国城镇化的整体进程和特征、城镇化的推动和拉动因素、城镇化的空间和社会影响以及从空间城镇化到人口城镇化的内涵，其中涉及对从留守老人、留守儿童到留守妇女的城镇化代价的深入探讨，以及对就近城镇化、就地城镇化等城镇化模式和过程的探讨。

本章是对几大洲各自城市化独特性的比较研究，一方面，力求在相同的分析框架下考察各洲、各国的城市化轨迹、特征和趋势，例如城市化的发展动力、城市化过程带来的社会影响和社会问题。另一方面，由于在城市化发展的水平和程度上存在着一定的差距，考虑各自城市化独特的背景，采用变化的视角，力求全面地反映城市化过程以及现象的丰富性、复杂性。因为全球城市化进程的不同步、不同轨，试图用一种包罗的框架去涵盖差异性本身具有冒险性，容易掩盖和抹杀城市化发展中真正的差异和其中的重要线索。因此，在时间维度上，对于欧美、亚洲、拉丁美洲、非洲的考察重点略有变化。而我国的城镇化则是一个和全球化交织的复杂而特殊的时代进程。

重要概念

城市增长

现代性标准

世界城市化的阶段

过度城市化 / 不充分城市化

中等收入陷阱

畸形城市化

再城市化

推动因素 / 拉动因素

主动城镇化 / 被动城镇化

以土地为核心的城镇化 / 以人为核心的城镇化

市民化

人口迁徙

就近城镇化 / 就地城镇化

讨论问题

1.列出你和城市相关的五件事，是在农村地区无法完成的事。然后，解释为什么你想留在你所在的城市，或者描述你为什么要离开你所在的城市。

2.城市化和城市增长概念之间有什么差异？城市化过程和城市增长过程的主要驱动因素是什么？

3.从时空距离角度，分别列举在城市地区和农村地区生活的特征、优点和缺点。

4.非洲的城市没有充分的经济增长，城市化带来了哪些挑战？

5.举例说明导致农村人口向城市迁移的拉动因素和推动因素。

6.试以词条的形式辨析半城市化、逆城市化、郊区化、畸形城市（镇）化、伪城市（镇）化、就地城镇化、就近城镇化等概念。

【导读】本章从早期的全球化开始，着重对 20 世纪 70 年代以来的全球化的阶段、类型和城市社会影响进行了动态考察，结合不同的地域和历史时期来查看这些变化过程，并着力论述发达世界和发展中世界于不同时期在全球化浪潮中各自的表现和影响，主要以区域组织和国别分类，包括欧美、亚洲（尤其是日本、东盟、印度和中国）、拉丁美洲以及非洲的全球化状况及其城市社会结果。

第 5 章　20世纪70年代以来的全球化

一件微小的石质印章使得一个消失的文明重见天日，非洲海岸上被随意丢弃的陶瓷碎片可以展现早期商人横穿印度洋的惊人航程。所有的文物聚集在一起，共同讲述了一部涵盖各大洲、纵横百万年的全球故事。

来源：大英博物馆馆长（2016—2023 年）哈特维希·费舍尔（Hartwig Fischer）

第1节　全球化的阶段

自 1945 年"二战"结束以来，发生了前所未有的、快速而浓缩的历史变迁。"全球化"一词在 1959 年首先出现于英国时政杂志《经济学人》，自 20 世纪 70 年代开始逐渐成为"全球热词"。实际上，全球化的起源要早得多。

1.1　早期的全球化

"大英博物馆 100 件文物中的世界史"是大英博物馆的一次世界性的巡展项目。2000 件展品全部来自其馆藏，包括大约从 200 万年前人类起源直至今日人类自己制造出来的物品。这些物品可以帮助我们丰富对历史的了解，尤其是对社会各个阶层的了解。这个展览的序言部分仅有一件展品：一套属于古埃及女贵族奈盆梅海特的木棺。这个制作于公元前 600 年的木棺初看起来和人们常见的古埃及木棺并无二致，但是经过分析研究，人们发现，它的全部材料都来自埃及以外的地区：木料来自黎巴嫩，黄金来自努比亚，青金石来自阿富汗，沥青来自两河流域。这个木棺被选择作为整个展览的第一件展品，正试图向观众表明，在早期文明时代，世界范围内的交流合作已经成为普遍现象。

1.1.1　全球化的商业史

毫不夸张地说，人类的商业史就是一部全球化的历史。"非洲海岸上被随意丢弃的陶瓷碎片"指的是发现于非洲东海岸坦桑尼亚的陶瓷碎片，这些陶瓷碎片来自中国，是海上"丝绸之路"的典型器物（参见延伸阅读 5.1）。而陆上"丝绸之路"也在人类文明史上留下了浓墨重彩的一笔。公元 800 年左右，中东和亚洲的大部分地区被两个超级大国控制，分别是中国的唐朝和伊拉克的伊斯兰阿拔斯王朝。他们支配着连接东西方的丝绸之路上的巨额贸易；依靠商人和骆驼组成的商队，香料和丝绸等奢侈品得以在丝路上流通。[1]

---

[1] 杨春."大英博物馆 100 件文物中的世界史"一场"全球化"展览 [N]. 人民政协报，2017-03-24（8）.

根据中外文献记载，通过明朝万历年间（16世纪后期）的海上"丝绸之路"，中国还和拉丁美洲建立了文化联系。自16世纪后期至17世纪前半期，有一些中国的商人、工匠、水手、仆役等沿着当时开辟的中国—菲律宾—墨西哥之间的太平洋贸易航路，即海上"丝绸之路"，到达墨西哥、秘鲁等拉丁美洲国家侨居，在那里经商或做工。在这一时期移居拉丁美洲的"马尼拉华人"有五六千人。这些华人将中国的丝绸、瓷器、手工艺品等产品和中国的文化习俗带到了拉丁美洲国家。与此同时，被称为"中国之船"的"马尼拉大帆船"在返航时，也把墨西哥银圆（鹰洋）以及拉丁美洲特有的玉米、马铃薯、西红柿、花生、番薯、烟草等传入中国，对中国金融业的发展和中国人的食品结构多样化起到推动作用，促进了中拉之间的物质文化交流。

　　契约华工、华工、华侨和华人对促进中国和拉丁美洲文化联系起着重要作用。19世纪初—19世纪70年代，数十万契约华工和华工组成的劳动大军，同拉丁美洲各国人民一起，共同进行农业、矿业开发和交通建设，对各侨居国的经济发展、文明建设和社会进步作出了重要贡献，促进了拉丁美洲的繁荣。巴拿马运河的开凿，中美洲、加勒比地区的甘蔗、咖啡、棉花种植园的发展以及智利硝石和秘鲁鸟粪的开采，巴拿马、秘鲁和墨西哥等国铁路的修建，都凝聚着华工的血汗。此外，早期华侨和华工，以及后来的华侨和华人还把中华民族的优良传统、习俗和文化（如服饰、烹调、过春节等）带到拉丁美洲，把生产技能（如水稻的种植、茶叶的栽培、中医中药的使用等）传授给拉丁美洲人民。

　　从2000多年前的张骞"凿空之旅"，到600多年前的郑和七下西洋，古丝绸之路见证了"使者相望于道，商旅不绝于途""舶交海中，不知其数"的辉煌。这是古代的全球化、早期的全球化（archaic globalization），也被称为"原始全球化"，通过在地方和区域两个层面的思想和社会规范的地理传播而产生。关于"经济全球化并非新兴事物"的命题已有一些学者论述。

延伸阅读 5.1　千年瓷器载历史

　　1998年，在印度尼西亚的勿里洞岛附近的爪哇海域，一艘满载中国唐朝货物的阿拉伯帆船被发现，这就是"黑石号"。作为海上"丝绸之路"盛景的见证，"黑石号"运载数量庞大的晚唐瓷器。其中，打捞出的67000件货物中，有57000多件来自长沙窑。

　　在新落成的长沙铜官窑博物馆，记者见到了从"黑石号"打捞者手上征集回国的162件（套）唐代瓷器和千件长沙窑精品文物。绘制西亚文化元素纹饰的碗、镌刻阿拉伯文字的背水壶、西域地区流行的带流灯……在湖南省博物馆瓷器研究专家方昭远看来，长沙窑简直就是唐代的"外向型企业"。

长沙铜官窑博物馆文物管理部部长瞿伟告诉记者，1000 多年前，湖南长沙铜官窑的瓷器从湘江出发，到洞庭，沿着长江航道顺流而下至扬州，从扬州港行至广州港后，在广州进行统一整理打包，然后驶向阿拉伯地区。长沙窑的陶瓷远销到亚洲各地和东北非等 20 多个国家，最远的到了非洲的埃塞俄比亚。

走在位于长沙望城区的铜官窑历史文化街道上，耳边传来叮叮当当的陶瓷碰撞声。铜关，扼湘江之咽。1200 多年前，长沙窑的工匠们，就是在这里运用土、水、彩、釉、火五种"乐器"，首创釉下多彩瓷和铜红釉瓷，将阿拉伯文化等融合贯通，演绎出一场瓷器"交响乐"。

来源：叶子."湖湘人，文化长江曲高唱" [N].人民日报海外版，2018-08-14（11）.

1.1.2　全球化的殖民史

殖民地的历史也是全球化的历史。由于地理环境和社会环境的双重倒逼，也由于葡萄牙的亨利王子对远洋探险事业的推动，15 世纪的葡萄牙成功进行了海外扩张，源源不断地获取了非洲西南部（今天几内亚、冈比亚、塞内加尔、马里、科特迪瓦等国）盛产的香料、胡椒、黄金、象牙等。亨利王子于 1444 年组织了一次航行，从非洲带回了 235 名奴隶，从而开始了持续 400 多年的奴隶贸易。反过来说，正是有巨大利润的奴隶贸易的存在，才使得航海家前赴后继地出现在充满凶险的海洋上。

早在 17 世纪中叶，荷兰人开始对南非殖民，他们急需大量劳动力，想方设法从印度买来了很多奴隶，这些印度奴隶主要从事种植园和农场中的体力劳动，也有部分成为荷兰人的家奴。到 19 世纪初，开普敦的印度奴隶总数超过 1100 人，占开普敦奴隶总数的 36%。这些印度奴隶算是大航海时代之后第一批到达非洲的印度先民。

19 世纪初，随着英国的崛起，英国人接手了荷兰人最早开发的南非殖民地。19 世纪中叶，英国人为了更好地殖民统治南非和东非地区，开始大量在当地修建基础设施，包括从肯尼亚港口城市蒙巴萨途经首都内罗毕、最终到乌干达首都坎帕拉的铁路，一条全长 2000 多公里、预算耗资数百万英镑的重要铁路。已经全面殖民印度的东印度公司，从印度本地抽调了 3 万多印度人前往东部非洲，帮助英国人修建铁路。

殖民地性质的全球化带动了文化的传播，建筑类型式样的杂糅是直接的反映。18 世纪英国侵占印度和东南亚，将其变为殖民地，随后英国形制的建筑传入印度及东南亚一带，为了适应当地的炎热气候，建筑设置了外廊，有单面廊、双面廊和环廊等，外廊设置在眺望景观最好的方向。这种风格特色在当地得以延续至今。

从"地理大发现"① 至 18 世纪欧洲工业革命这一阶段，"由于开拓了世界市场，使一切国家的生产和消费都成为世界性的了""过去那种地方的和民族的自给自足和闭关自守状态，被各民族的各方面的互相往来和各方面的互相依赖所代替了"。因此马克思认为，在 16—18 世纪，人类历史进入了一个从互不相干的民族历史转变为世界历史的新阶段，而这个新阶段实际上就是经济全球化阶段。②

1.2 20 世纪 70 年代以来全球化的阶段

如果我们着眼于 20 世纪 70 年代以来迄今的这一轮全球化，可以将其大致分成以下三个阶段：扩张阶段（1971—2000 年）、停滞和相持阶段（2001—2011 年）阶段、相抗阶段（2012 年—）。全球化阶段的划分依据贸易、经济、政治等复杂的因素决定，并以一些重要的突发事件为转折点和标识点。当然，全球化阶段的划分也和观察者的立足点或者立场具有高度的相关性。事实上，在有关全球化起源、发展和走向的众声喧哗中，隐藏着大国集团、跨国公司代言人的身影，激烈的学术论争带有浓重的意识形态色彩。本书采用的阶段划分方法主要还是以我国的发展和利益考量为出发点，至于是否一定精确到从改革开放起始的 1978 年算起，似乎倒也非必如此。但是正如讨论 1945 年后的国际变化和美国的世界地位所建立起的关联一样，1978 年后的世界变化和中国崛起的地位同样具有某种不可分割性。在以下每阶段的讨论中，所涉及内容包括主要国家、事件标志以及整体影响等。

1.2.1 扩张阶段（1971—2000 年）

这是一个从经济全球化到整体全球化的阶段，时间跨度近 30 年。"全球化理性"曾作为里根—撒切尔时代新自由主义的护身符②，西方取得的巨大成就，或从更大意义上说，西方怀有的必胜信念，使其自身处于支配地位，能够对其发起挑战者更是寥寥无几（极端恐怖主义除外），西方也因此具有为了塑造和重新界定 21 世纪文明标准而设置议事日程的权利。一种由"权力即权利"（might equals right）演变而来的逻辑盛行，即既然西方占据绝对优势地位，那就由西方来制定标准③。事实上，自 1974 年美元石油霸权确立

---

① "地理大发现"又称作"探索时代""发现时代"（Age of Exploration）或大航海时代。15 世纪到 17 世纪，欧洲的船队出现在世界各处的海洋上，寻找新的贸易路线和贸易伙伴，以发展欧洲新生的资本主义。
② 刘新成. 努力推进马克思世界历史思想在新时代的学习与实践 [J]. 民主，2018（9）：8-10.
③ （澳）布雷特·鲍登. 文明的帝国：帝国观念的演化 [M]. 杜富祥，季澄，王程，译. 北京：社会科学文献出版社，2020：208-209.

以来 ①，任何想进行石油交易的国家都必须有足够的美元储备，美元在全球外汇储备的占比超过 50%，而其在全世界 GDP 的占比不足 1/4。美国可以利用美元印刷的多寡在世界各地制造经济繁荣或经济危机，收割世界各国尤其是发展中国家的财富。

中国自 1978 年改革开放以来，处于积极利用全球化的阶段。20 世纪 70 年代末开始的一系列改革，使得国家经济水平得到稳步提高，并向世界开放。虽然中国当时在全球贸易中所占的份额不到 1%，但随着经济迅速发展，份额逐渐增加。1995 年，中国正式申请加入世贸组织（WTO），并和 WTO 的 37 个成员方逐一开始拉锯式的双边谈判，其中最复杂、最艰难的莫过于中美之间前后多达 25 轮的双边谈判。中美签署关于中国加入 WTO 的双边市场准入协议，也为中国和其他主要贸易伙伴的谈判奠定基础。1991 年 12 月，苏联解体。这意味着美苏冷战的终结以及欧洲政治地图的重绘，世界政治发生了不可逆转的变化。

1.2.2　停滞和相持阶段（2001—2011 年）

这是从单极全球化走向多极全球化的转变期，也是逆全球化和全球化相持的阶段。转变发生在十年之间，这十年恰是中国经济发展的黄金时期。在此期间，美国遭受两次重创：2001 年 9 月 11 日纽约和华盛顿遭受恐怖袭击；2008 年美国发生次贷危机，并触发了全球金融市场的大震荡，致使全球经济遭到重创，这场全球金融危机也是千禧年后的第一个全球危机。随后，2010 年欧洲主权债务危机爆发。欧美在短短两三年内接连发生危机，极大地动摇了世界对于欧美治理理念合法性的认知，此前总是新兴经济体成为经济危机薄弱环节及策源地的局面正在发生改变。然而，对于西方的社会制度的类似信念动摇早在 1929 年大萧条时就曾存在过，汤因比（A.Toynbee）在 1931 年的《国际事务报告》里曾经论及 ②。正是美国遭受的两次重创，极大地转移和分散了美国对中国的注意力，为中国赢得了发展时机。此外，2000 年普京执政后，俄罗斯的强硬立场吸引了西方国家的注意力，也为中国提供了难得的发展契机。

由于全球化的逐利，附加值相对较低的实体经济大量外逃到成本更低的发展中国家，美国国内陷入了积重难返的产业空心化，继而出现了失业率增高、贫富差距加大、社会不安定等诸多社会问题。跨国统治集团的财富利润并未减少，但美国政府的实力越来越力不从心。奥巴马执政时期，虽然美国从 2008 年次贷危机中逐渐苏醒，但经济发展依然步履蹒跚，尤其是在美债危机

---

① 1974 年 8 月，美国与沙特秘密签署了《不可动摇协议》，沙特同意将美元作为出口石油唯一的定价货币，其他国家想买沙特的石油只能用美元。

②《报告》在开篇处写道："在一个十分突出的特征上……1931 年是和之前的其他年份截然不同的。在 1931 年里，全世界的男男女女都在认真思考并公开讨论着这样一个问题：西方的社会制度是否会就此崩塌、一蹶不振。"引自：（美）威廉·麦克尼尔. 阿诺德·汤因比传 [M]. 吕厚量，译. 上海：上海人民出版社，2020：211.

越来越严峻的情况下，底层民众的生活水平长期得不到提升，美国费城中心城区的市民觉得"我们不再富裕""这就是未来"①。

1.2.3 相抗阶段（2012年一 ）

2016年一系列"黑天鹅"事件发生。经济全球化遭遇逆流，在部分国家和地区，贸易保护主义、单边主义和孤立主义思潮抬头，全球产业链、供应链和价值链受到非经济因素严重冲击，国际经济政治格局变幻不定，局部冲突此起彼伏。逆全球化的标志包括：美国制造业的回归、移民限制政策、单边主义、贸易霸凌等。

联合国发布的《2019年世界经济形势与展望》报告指出，种种迹象表明，全球经济增长已经"达到顶峰"，报告"对全球经济增长在面临不断增加的金融、社会和环境挑战的背景下的可持续性提出了关切"。② 全球经济对多边主义支持减弱，贸易争端升级，债务水平升高，同时，全球气候变化、环境污染、发展不平衡等长期和结构性问题依然存在，这些都将进一步使全球经济增长和可持续发展前景蒙上阴影。2022年，俄乌战争的爆发更是将世界关系置于更大的不确定性之中。

（1）美国的逆全球化转向

2016年，特朗普当选美国总统，特朗普的当选本身就是美国社会分裂的结果，而他执政期间更进一步地加速、加剧了美国国内早已不可遏制的社会分裂。特朗普的目标是美国优先，他的重点是美国内部事务而不是世界事务。特朗普是"经济民族主义者"（economy nationalist），奉行"经济利益至上"的商业原则，注重美国第一（america first），反对全球化和自由贸易，包括发动如火如荼的贸易战，以关税疯狂制裁他国，为美国换取了丰厚的经济收益。特朗普执政期间，要求实体经济企业回归本土，创造了大量的就业岗位，美国失业率不断下降，经济发展逐渐向好，这一点在股市方面以及2023年的就业状况中有明显体现。

2019年底爆发的疫情虽然最后引发了全球经济衰退和金融市场震荡，演变成一场全球范围的危机，但是在某种程度上可以视作是阻碍中国继续参与全球化的一场刻意谋划，只是由于复杂系统的不可控性，未能全面奏效，反而给世界各国人民生命健康带来巨大威胁，工厂企业停工、交通运输阻断、民众居家隔离等遏制疫情的措施也给全球经济发展带来严重影响。国际旅行和交流几乎处于停滞状态，全球贸易整体下滑，全球经济遭受重创。此轮疫情兼具了1918年大流感、1929年大萧条和2008年国际金融危机的部分特征③，对世界

---

① （美）菲利普·兰登.创造大众的宜居社区[M].黄怡，译.上海：文汇出版社，2022：63.
② 参考消息.联合国预计2019年全球经济增长3%[N].参考消息，2019-01-23（4）.
③ 易会满.中国资本市场对外开放步伐进一步加快[N].联合时报，2020-07-14（6）.

政治、经济和金融格局产生了深刻影响，使得经济全球化的过程也出现了暂时性的困难。在2020年疫情爆发期间，中国在全球经济中的基石作用得到进一步的凸显，然而中国的经济发展不可避免地受到了极大的冲击和影响。

在全球社会事务领域，2020年11月4日，特朗普在任期间，美国正式退出应对全球气候变化的《巴黎协定》，成为该协定自2015年达成以来迄今为止近200个签署国中唯一"退群"的国家。特朗普执政后出台了一系列减税措施，税率甚至低于全球平均水平，这大大降低了实体企业在美国的成本，有力缓解了产业空心化的局面。制造业的回归在某种意义上属于逆全球化，因此在实施上存在一定阻力。而减税和"让利于民"的措施使得美国各级政府越来越拮据。

全球化还体现在国际移民人口的跨国流动特征上。作为典型的移民国家，美国的人口结构正在潜移默化地发生改变，非洲裔和拉丁裔人口的出生率持续上升，加上越来越多的新外来移民，作为美国人口主体的盎格鲁—撒克逊白人占总人口的比例越来越低，根据2020年美国人口普查数据，白人比例已从1980年的80%左右下降到2020年的59%。因此，特朗普提出了"白人优先""白人至上"的种族主义政策，在美墨边境修建隔离墙，将非法移民拒之门外，鼓动拉丁裔返回自己的祖国，为白人尤其是底层白人腾出更多的资源。

（2）中国的主动全球化

中国在过去的数十年里，发展迅速，成功地从世界贸易的边缘者变成了全球贸易巨头[①]。与此同时，2020年中国如期实现全面建成小康社会的目标，取得了脱贫攻坚历史性成果。中国的人均国民总收入1978年为190美元，属于低收入国家；2019年达到10276美元，首次突破1万美元大关，人均国内生产总值稳居上中等收入国家行列。在美国主导的全球化力不从心的停滞阶段，中国则在进入经济新常态阶段后，从过去积极利用全球化转向积极主动参与全球化。作为世界新兴力量，中国努力推动全球贸易重构，促进全球和平与合作。2014年提出的共建"一带一路"倡议是从中国角度诠释全球化，引领新的全球化，重塑全球经济秩序。其中，基础设施建设是全球经济发展的关键驱动力。

在西方社会出现逆全球化、民粹主义思潮的背景下，2018年中国强调坚持"开放共赢"理念，实施企业"走出去"战略，推动企业参与境外竞争和合作，开拓国际市场，上升"一带一路"倡议，实现新一轮扩大开放。

中国经济的快速崛起已经引发了一些国家的不满，同时也是触发中美贸易战、科技战直至全面摩擦的原因之一。国际上，和全球化并存的向来还有霸权主义，尤其是"二战"以后，这也是美国统治阶层一以贯之的逻辑。在21世纪的前半个世纪，中国还将面临美国及其他发达国家不断发起的贸易突破。

---

① 王辉耀，苗绿. 21世纪的中国与全球化 [M]. 北京：中信出版社，2022.

1.2.4　全球化的去向

上述对于全球化阶段的划分，恰恰表明了一点，历史上的全球化进程总是呈现出阶段性的特征，扩张、收缩、再扩张，而全球化的每一轮扩张都会处于一个新的起点，有一个新的全球发展力量在主导。18世纪的全球化由英国推动，20世纪的全球化由美国主导，有理由推断，21世纪的全球化或将由另一个国家来驱动。但是新旧力量的交替并非一个平滑交接的自然过程，特别是在两种不同意识形态、社会文化形态之间的交替，被迫让位的一方必然是心有不甘。事实上，随着世界百年未有之大变局加速演进，全球政治经济社会关系发生了颠覆性的变化。美国依然举足轻重；而当中国已经崛起成为世界第二大经济体后，中国威胁论在西方越来越有市场，在这样的国际环境中，全球化的这个相抗阶段对中美来说也将是艰难的，双方都需要做好长期坚持的准备。

从世界发展的宏观视角来看全球化的未来走向，全球化仍是大势所趋，逆全球化只是一种阶段性的收缩，或者说在历史轨迹的这个时点形成了一个转折点，绕道而行，曲折而行，但并不能改变长时段的大趋向。全球化收缩是一些政客的行为短期化和国家政治战略以及对外政策趋向的结果，收缩程度和影响受到重要跨国利益集团的操控，对单一国家来说，则取决于这个国家处于什么样的地理和社会环境，以及在全球网络中同其他各国之间的关联程度。然而，当前的全球产业分工体系是经过近几十年逐步建立和发展起来的，是各国顺应市场规律和发展趋势充分合作的产物，对促进全球经济社会发展和改进社会福利发挥了巨大作用。"推倒重来"或"另起炉灶"的秩序重构，也必然是高成本的，却未必是高利益的，对所有国家来说都是如此。总之，国际分工的内在逻辑和市场规律并没有发生根本变化，全球化遇到的问题只能在全球化发展中去解决。全球化面临着新形势，既遭遇新挑战，也存在新机遇，例如逆全球化态势在很大程度上将可能推动区域一体化进程。

1.3　全球化的影响

全球化的影响体现在经济、文化、空间等诸多领域里并重塑了全球秩序。帕拉格·卡纳（Parag Khanna）在2008年的《第二世界》中考察了全球化如何沿着政治、经济和文化界线，将各国分割为赢家和输家，并揭示了中国、欧洲等国和美国如何施展各自的大国筹码，把第二世界国家纳入自己的轨道。卡纳指出，21世纪全球化将是地缘政治的主战场。[1]

---

① （美）帕拉格·卡纳.第二世界——21世纪新兴大国如何重新定义全球竞争[M].赵广成，林民旺，译.北京：中信出版社，2009.

1.3.1 全球化的经济影响

全球化在助推全球经济发展中扮演着不可替代的重要角色。经济全球化是社会生产力发展的客观要求和科技进步的必然结果，为世界经济增长提供了强劲动力。几十年来，全球化和技术进步的双重力量提高了全世界人民的生活水平，填补了各国之间不平等的沟壑。单就中国来说，在过去的 30 年间有 7 亿多人口摆脱贫困，其中就有全球化的积极影响。

全球化连接了全球。波音 787 是波音公司的新一代宽体客机，包含 400 万个零部件，但波音公司只负责生产大约 10%，其余的生产由全球 40 多家合作伙伴完成。来自美、英、法、中、日、韩等多国的供应商参与了波音 787 的设计、制造和研发过程，不但缩短了时间，节约了成本，而各国供应商的参与也给所在国经济发展注入了活力，堪称全球合作典范。

上述是全球经济一体化的积极方面，而消极方面也影响巨大。2008 年国际金融危机、2009 年欧债危机的相继爆发，都引发了全球经济衰退和金融市场震荡。2019 年底爆发的疫情具有类似的特征和结果，给世界各国人民健康和经济带来巨大威胁，国际社会仍面临后疫情时代的通货膨胀以及全球经济不均衡复苏的挑战。

1.3.2 全球化的文化影响

全球化对 20 世纪知识和政治图景的转变影响深远，国际文化互动增加，国际旅游经济上升，这些都带动了文化传播。一方面，世界走向同质的、美国化了的全球化文化，另一方面，也形成了逆向文化传播。

（1）积极影响。日益频繁的国际旅游活动促进了文化交流，2018 年全球旅游出境人数创新高，中国的表现尤为突出。澳大利亚统计局的数据显示，中国已超越新西兰成为澳大利亚最大游客来源国。在截至 2018 年 2 月的过去一年内，中国大陆赴澳游客数达 139 万人次。同时，中国游客消费能力也居各国游客之首，2017 年中国游客在澳消费达到创纪录的 104 亿澳元（约合 80 亿美元）。入住、出行和购物是中国游客在澳消费的主要方式。中国游客对澳大利亚经济繁荣贡献极大，而中澳旅游的发展也对两国之间的文化交流起到了促进作用。[①]

2022 年 9 月，美国加州通过一项法案，将中国农历春节定为加州法定节假日，为所有加州人提供了一个参与过农历新年的机会。这项法律授权加州雇员获得 8 小时的假日积分，包括公务员、老师、公共交通司机等任何公共体系的服务人员，可享有 8 小时的假期、年假或补偿性休假来庆祝春节。这是承认华裔给加州带来的文化多样性。

---

① 王文迪. 中国客澳洲游出新花样 [N]. 人民日报海外版，2018-08-25（5）.

（2）**消极影响**。一是对地方文化的侵蚀破坏。旅游区的全球化和商品化，通过"上演"当地文化产生了旅游泡沫，使得地方文化失去原真性，流于庸俗虚假的市场迎合。二是文化殖民，其表现形式多样。通过好莱坞电影为载体输出的美国文化在全球传播。所谓西方的"普世价值"，其侧重点和棱角多数情况下是由美国利益的模子复制出来的。文化帝国主义（cultural imperialism）包裹着政治阴谋，全球南方出现了一种新的殖民主义，教皇方济各（Pope Francis）称之为"意识形态殖民主义"（ideological colonialism）[①]。西方不再奴役人民和窃取资源，而是将其意识形态强加给实力较弱的国家。例如西方国家对尼日利亚等地施加重压，将物质援助视为接受某些西方"价值观"。这些所谓的价值观往往以包容、平等和生殖健康的名义得到宣传，本质上是妄图强迫另一种文化采取这种立场，而这恰恰是和包容背道而驰的。西方在殖民主义的第一个时代造成了严重的破坏，这个新版本同样危险，因为它触及社会和文化的根源。[②]

（3）**海外文化机构**。海外文化机构既是全球化的手段，也是全球化的产物。作为提升各国文化影响战略的重要一部分，政府资助的教授各国语言和文化的公共机构正在全球越来越多的地方出现。例如，法国文化中心、德国歌德学院以及英国文化协会，西方国家的该类机构早在19世纪末20世纪初就已进入非洲。中国设立了孔子学院，和西方国家相比，中国进入该领域足足晚了100多年，但目前中国海外文化机构的数量仅次于法国，位居全球第二。据国际咨询机构统计，自2004年以来，非洲的孔子学院数量从0发展至48所。受益于孔子学院教授的中文课程，很多外国年轻人在和中国人交流乃至未来职业选择的过程中都占据明显优势。截至2018年，每学期在加纳海岸角大学孔子学院接受语言培训的学生多达2000人。真正使孔子学院有别于西方机构的是其独特的组织框架：当地学校提供办公和教学场地，中国提供师资和办学资金。近年来，中国的资金正让非洲大学的教学条件得到明显改善。[③]

1.3.3　全球化的空间影响

全球化的空间影响是多方面的，除了上一轮全球化中出现的殖民地城市，在这一轮全球化中产生了生产空间、指挥空间的分化。此外还形成了全球的人口迁徙，也就是流动人口的再分布。

全球化带来了资源和生产要素的跨地区国际配置、商品或服务供应的跨

---

① Vatican News.Pope Mass：Ideological colonization erases freedom，memory [EB/OL]. https：//www.vaticannews.va/en/pope-francis.

② Br. Justin Mary Bolger. O.P.A New Colonialism [EB/OL]. https：//www.dominicanajournal.org/a-new-colonialism/，August 4，2016.

③ 美国"石英"财经网站.孔子学院数量在非洲快速增长 [N]. 人民日报海外版，2018-8-20（10）.

地区国际流通，带来了生产、销售及服务部门的分离和在全球不同地区的分布模式。美国的电脑品牌 IBM 是整合全球资源优势的典范——工厂放在中国，因为最好的制造业工人在中国；信息服务在印度，因为性能价格比最优；研发在美国，因为技术优势最突出。中国较早的海尔、后来的华为也是这样，为打造全球化的品牌，在研发、制造、营销等环节整合全球资源。由此也在空间布局上发挥了全球地方的优势，并潜移默化地改变了全球地方的经济和文化特征。

随着全球产业链、价值链重组和转型的新趋势，目前全球制造业分工正面临重构和空间重布，虽然仍处于初级的阶段，但这种趋势在今后将日益显著。世界先进制造业大国都有明确的战略，例如德国的"工业 4.0 战略"、美国的"大数据开发战略"等。中国制造在谋求全球产业链的扩展和布局，即实现中国制造的全球化。一方面中国依然会是供应亚洲和欧洲市场的重要制造平台，另一方面中国正在转向和具有各种要素禀赋的发展中国家（例如非洲大陆和海湾国家等）合作，在帮助后者实现工业化的过程中，构建中国制造的全球产业链和价值链，实现本土化的中国制造向全球化的中国制造转型升级。非洲南部的小国莱索托，当地数十家服装厂为牛仔裤品牌李维斯、柯尔百货和沃尔玛超市提供商品，厂里的工人往往都是莱索托人，而厂主均为中国人。中国制造业向非洲国家的转移，让这些国家可以利用来自中国的投资实现工业化，从而真正改变经济结构，摆脱贫困。

全球的城市通过特定分化的功能参与全球化，并构成全球城市体系中不同层级的节点。频繁的交通流、信息流使得全球城市体系逐步转变成一个不断被扩张、叠加和强化的城市网络。其中最突出的网络节点，也是指挥空间的所在，就是全球城市。萨森于 1990 年代率先提出了全球城市（the global city）的概念，并将纽约、伦敦、东京认定为当时的全球城市。发达国家如法国的巴黎、德国的柏林，发展中国家如中国的上海、北京等城市，也都具备了全球城市的部分功能和社会特征。

全球化进程带来了不平衡的发展，很多欠发达国家、地区、城市、城镇被排除在全球化之外，成为被全球化忽略和遗忘的空间。

1.3.4 全球化的社会影响

自"二战"之后的世界经济获得前所未有的飞速发展，但是世界两极分化更严重，各国之间、区域之间的贫富差距拉得更大。全球化的利益分配分布是不均衡的。在有些国家和地区，贸易全球化并未真正惠及所有人，全球化的受益者更多是跨国公司（或外国经济实体）、当地政府和地方工商界精英，全球化实则是加剧了全球的不平等。有一些人认为贸易全球化只造福了少数人，并导致了失业等严重的社会后果。"经济全球化和数字化近来导致更多国家两极分化。赢家赢得更多了，输家输得更多了。这就为民粹主义论述开启了空间。"世贸组织前总干事帕斯卡尔·拉米说[①]。全球化带来的不平等存在于性别、种族和阶级之间，各种各样的弱势群体最终成为全球化的受害者。

对于发达国家，尤其对于美国来说，社会经济发生了高度极化，中产阶级大量萎缩。因为美国中部大多为传统行业，在全球化进程中，传统企业把大量的生产岗位搬到了发展中国家，使中部的工人陷入了一种无望的境地，中部的工人蓝领阶层成了全球化的受害者。

在新兴工业化国家，全球化的低端制造业在特定时期选择了年轻的女性劳工而不是男性。在改革开放初期的珠江三角洲地区，尤其是广州和深圳等地，年轻女性占流动人口或农民工总数的80%以上。她们主要聚集在低技能、低报酬、工时长、劳动强度大的服务行业和劳动密集型行业中。其时纺织、玩具制造以及以OEM为主的代工产业是广东的发展支柱，心细手快的打工妹远比笨手拙脚的打工仔吃香。东莞是中国最大的制造业城市之一，年轻而又没有什么技能的人奔向这里的流水线。据估计，东莞数百万打工族中70%是女性。对成本的精确计算，让企业主们舍弃了昂贵而生产效率高的机器设备，选择雇佣年轻、勤劳而工资低廉的中国女工从事手工劳动。

此外，全球交通、交流的频繁使得全球危机频发，例如传染病的大流行（第9章）。全球疫情也是全球化的产物，这一轮全球化中遭遇了多场全球局部疫情，但2019年底爆发的疫情是破坏力最严重的一次，引发了全球范围的经济社会危机。由于政治因素的干扰，疫情激化了种族矛盾，尤其是对亚裔的不公平对待。由于疫情特殊的传播性，加上各国抗疫政策的差异，全球的经济和社会局面处于持续的变化之中，一个国家很难独善其身，克服疫情恰恰又需要全球通力合作。

第2节　西方发达世界的全球化

2.1　关于西方的概念

西方并非一个地理概念。埃里克·沃尔夫[②]曾指出：

无论是在课堂上还是课外教育中，我们均认为存在一种被称作"西方"的独立实体。在这里，"西方"被视为一个与其他社会和文明形成鲜明对比的

---

① 王婧，夏凡. 达沃斯变中求解全球治理难题 [N]. 经济参考报，2017-01-20（5）.
② 埃里克·沃尔夫（Eric R. Wolf，1923—1999年），奥地利裔美国人类学家。

独立个体。我们中间许多人甚至开始认为西方世界拥有一个系谱，就像古希腊孕育了古罗马；古罗马孕育了基督教欧洲；基督教欧洲孕育了文艺复兴、启蒙运动以及随之出现的政治民主和工业革命，而工业夹杂着民主，反过来催生了象征生命、自由与追逐幸福权利的美国。

沃尔夫适时注意到，诸如此类对西方传统系谱的狭隘理解——漠视其他历史和思想传统——是带有误导性的甚至可能是危险的。[1] 而欧美是我们通常所说的西方的主体构成。

因为文艺复兴和大航海时代以来的西欧早已在国际舞台上异军突起，伴随着葡萄牙、西班牙、尼德兰、英国和法国等帝国的陆续崛起后，西方俨然成为国际政治舞台的中心。如果按时间顺序，可以这样勾勒出西方城市发展的经济轨道。欧洲，在布鲁日、威尼斯以及阿姆斯特丹的繁荣和衰退之后，是伦敦的兴起扩张。在这个进程中，世界经济体系的稳步拓展清晰可见。伦敦是英国经济、政治和社会权力的中心，是这个巨大的商业帝国的核心。美国虽然身在大洋彼岸，但得益于两次世界大战和冷战，得益于亚欧国家元气大伤，所以异军突起，于"二战"以后掌握了世界霸权。中国、印度、韩国、日本、新西兰、澳大利亚等属于印太地区的核心国家，但是由于日本在 20 世纪的快速发展，日本也被划入西方国家阵营。

2.2　美国的全球化

"二战"后，美国迎来了高速发展的黄金时代，登月、探测金星和火星、第一台激光仪、第一批工业机器人、第一台电子计算机……美国资本主义的发展似乎进入了一个无限可能、无限光明的新未来。这种现实也反映在科幻小说中，《2001 太空漫游》(*2001: A Space Odyssey*，1968 年)、《基地》(*Foundation*，1951 年)等作品无不以美国资本主义的急速扩张为大背景，设想了种种未来会出现的科技，并在这样的光明前景中探讨人类的未来，甚至超越了全球化，是"全宇宙化"。

20 世纪 80 年代初期，美国财政赤字剧增，对外贸易逆差大幅增长，美国希望通过美元贬值来增加产品的出口竞争力，以改善美国国际收支不平衡状况。

当历史进入 21 世纪 10 年代，美国又意欲从全球化中后退，重新回归"美国优先"。在被美国中心主义笼罩的今天，丘奇威尔（Sarah Churchwell）在《美国优先和美国梦》一书中从文化史的角度，对"美国梦"和"美国优先"

① （澳）布雷特·鲍登. 文明的帝国：帝国观念的演化 [M]. 杜富祥，季澄，王程，译. 北京：社会科学文献出版社，2020：280-281.

在美国的发展历程、在不同历史时期的内涵、表现和影响进行了详尽梳理，揭示出美国曾经历的一切以及美国未来会怎样的预示。[1]

2.2.1 人口和社会

20 世纪 70 年代，中产阶级在美国社会中占比高达 61%；到了 2015 年，这一比例下降至 50%，而处于两端的低收入人口和高收入人口分别扩张到 29% 和 21%。值得一提的是，2022 年 6 月 24 日，美国联邦最高法院推翻近半个世纪前在联邦层面确立堕胎权的判例"罗诉韦德案"，这一标志性的历史倒车事件一方面意味着美国人权的虚无化，另一方面可以看作是一种政治选择，为了避免国家人口减少而陷入衰退的境地。

美国的社会和政治也已发生了深刻变化。20 世纪 60 年代后期出现了广泛的社会动荡，这是由于美国在亚洲的 20 年征战，不仅对印度支那地区[2]造成了异乎寻常的破坏和惨无人道的杀戮，在美国国内也引起愤慨、失望和深深的痛苦。从 1993 年的世界贸易中心爆炸案、2001 年 "9·11" 纽约双子塔恐怖袭击事件，到 2008 年美国发生次贷危机并引发全球金融危机，直至 2021 年 2 月总统竞选中特朗普亲信分子攻占国会山事件，这些发生在美国本土的重大事件分别从社会、经济、政治上沉重动摇了美国的控制能力和国际形象，动摇了美国治理观念的合法性。

2.2.2 内部和外部政治

20 世纪 70 年代以来，美国国内一直存在激烈的政治对立。麦卡锡主义、反共情绪始终笼罩着美国社会，有进步思想的知识分子会被美国政府视为"异己分子"，也不被美国社会欢迎。美国的民主陷入危机，政客相互抨击。前任美国总统特朗普在谴责时任总统拜登和民主党政府时恰恰指出了美国的种种政治问题，美国"不再是一个伟大的国家""这个国家已沦为笑话""一个 40 多年来通货膨胀率最高的国家""这是一个向委内瑞拉和沙特阿拉伯乞求石油的国家""这是一个以前所未有的方式打压反对政党的国家。一个不再拥有新闻自由或公平媒体的国家。""在这个国家，言论自由不再被允许，犯罪却猖獗，经济还崩溃，疫情应对是一场灾难。"[3] 这些是美国的内部政治问题。

美国在 20 世纪所推动的经济全球化以及产业和技术转移确实产生了巨大的溢出效应，一方面给世界其他地区和国家带来了巨大的发展机遇；另一方

---

① （美）莎拉·丘奇威尔．美国优先和美国梦 1900—2017[M]．詹涓，译．北京：社会科学文献出版社，2021．

② 印度支那地区指的是越南、老挝、柬埔寨，原先的法国殖民地。

③ Trump: US 'No Longer a Great Nation', Now a 'Joke' [EB/OL]. https://www.newsmax.com/ newsmax-tv/save-america-rally-joe-biden-make-america-great-again/2022/06/25/id/1076095/, Sunday June 25，2022.

面美国又担心这些迅速崛起的受益者们在技术和政治影响力上超过他们继而取代他们。因而不免有"临路怀惆怅，中驾正踟蹰"的矛盾的心态和举止，这使得美国在世界范围内不断制造麻烦和危机，或煽风点火，或舆论渗透，或暗中资助，或直接出手；并最终在引领全球化的道路上止步。20世纪80年代，美国反日情绪在学界、媒体界、商界、政界全面蔓延，美国学者罗伯特·安吉拉用"痛击日本"（Bashing Japan）这个词来概括这一政治社会现象。近年来，美国对中国采取强硬态度，不断制造贸易摩擦，不断在中国周边大范围、高频度、低烈度地有限激化事态，裹胁相关国家和中国产生摩擦，希望给中国的和平发展制造种种麻烦，挤压中国的战略机遇期，缩小中国的战略自由度[①]。2022年又在欧洲挑动了俄乌战争。如特朗普所言，美国在世界舞台上已不再被尊重和倾听，可能是现在的美国所担心的最大的外部政治问题。

2.2.3 海外殖民和军事

1898年底，西美战争宣告结束，西班牙和美国于同年12月签署了《巴黎条约》（Treaty of Paris），西班牙将其前殖民地波多黎各、关岛和菲律宾割让给美国，古巴在获得短暂的独立后仍旧被美国占领。美国正式成为"殖民者"，成为一个殖民大国。20世纪，美国先后参与了"二战"、朝鲜战争、越南战争、阿富汗战争、海湾战争、伊拉克战争，以及"二战"后和苏联将近半个世纪的冷战。美国在遭遇越南战争的失败后，已经失去了自信。因为深陷越南战争（1961—1975年）的泥潭，美国不仅国内矛盾迅速激化，出现了前所未有的阶层撕裂，更因战争元气大伤，导致了布雷顿森林体系（美元—黄金体系）在1971年的瓦解，严重影响了美国的金融霸主地位。因为越南战争的掣肘，美国也不得不在美苏争霸中转攻为守，战略形势极其被动。紧随1973年石油价格上涨而至的西方经济衰退，让美国政府以签订改良军事技术方面的合同来刺激经济复苏。

20世纪90年代后，美国继续在东欧、北非等地策动"颜色革命"。此时的美国已经成为唯一的超级大国。它在武器方面的压倒性优势在20世纪90年代对南斯拉夫发动军事干涉时充分展示了出来。[②] 而美国在21世纪对阿富汗和中东地区发动的武装干涉则产生了华盛顿意料之外的糟糕后果，引发了宗教极端主义对美国及其伊斯兰和非伊斯兰盟国的反抗，并造成了国家恐怖主义的蔓延。

美国的两大国防战略是反恐和防范大国。小国只能以极端的恐怖手段为还击，美国反恐的主要目的还是为了发展作为经济支柱的军火产业。防范大国战略，之前是针对俄罗斯，目前主要是针对中国。在对待中国问题上，美国近

---

① 评论. 日本背不动为美国分摊的打压成本 [N]. 瞭望东方周刊, 2012（36）: 9.
② （英）罗伯特·瑟维斯. 冷战的终结 1985—1991[M]. 周方茹, 译. 北京: 社会科学文献出版社, 2021: 554.

三任总统态度一致，只不过遏华的战术手段有所不同：奥巴马誓言"不允许中国书写世界规则"，采取军事和外交施压手段，有了东海和南海危机；特朗普采取经济手段，发动贸易战来对华施压；拜登则利用台海问题来对抗中国。

查默斯·约翰逊（Chalmers Johnson）认为，考虑到美国分布于全球各大洲的军事人员和基地数量，是时候承认美式民主催生了一种"全球帝国"[1]。哈佛大学教授史蒂芬·罗森认为，与常规战争结束时将部队撤回本土有所不同，"当帝国战争结束时，为了维护当地的秩序与稳定，帝国驻防部队需要在此驻守长达数十年的时间。这就是我们此前在巴尔干以及目前在中亚和中东地区看到的实际情况"[2]。然而，这并不是说要像大英帝国等殖民帝国那样侵占他国的全部主权，而是通过任命友好政府，并保持一种足以确保治外法权或特惠关系的长期军事存在[3]。

2.2.4 经济

20世纪70年代后，美国在全球范围内面临越来越大的经济挑战。美国国防战略中的防范大国也包括防范大的经济体。冷战时期，通过技术管制，解除了苏联的威胁；针对20世纪80年代日本的经济腾飞，20世纪90年代初美国对世界霸权地位动摇产生担忧，担心日本会在技术和政治影响力上超过他们，从以前的殖民地变成殖民者，于是对日本进入全面打压阶段，日本的汽车、彩电等商品在美国遭到公开毁坏并通过电视直播。美国启动了超级301条款，并逼迫日本签署《广场协议》，解除了日本的威胁。此后，中国改革开放，崛起成为一个工业强国，中国经济规模2018年已达到了美国的60%左右，并且依然在较快发展，在科技领域开始转型升级。近年来美国出现反华情绪。中国已经被美国视为经济和科技领域迫在眉睫的威胁。美国不能容忍任何一家中国企业在最关键的、最重要的技术里面取得领先，这是美国的一个国家战略。随着信息技术革命不断向前推进，美国决不允许任何经济体接近美国经济的创新水平。当下对中国采取的手段和对待日本和苏联的手段是异曲同工或者说如出一辙。

此外，印度、巴西和印度尼西亚等国家都在捍卫自己的经济独立。最初由美国政府发起的金融业务"全球化"正在进一步削弱美国的主导地位[4]。

---

[1] Chalmers Johnson.Nemesis：The Last Days of the American Republic[N]. Metropolitan Books，2007.

[2] Stephen Peter Rosen. The Future of War and the American Military[J]. Harvard Magazine，2002（5）：31.

[3]（澳）布雷特·鲍登. 文明的帝国：帝国观念的演化[M]. 杜富祥，季澄，王程，译. 北京：社会科学文献出版社，2020：261.

[4]（澳）布雷特·鲍登. 文明的帝国：帝国观念的演化[M]. 杜富祥，季澄，王程，译. 北京：社会科学文献出版社，2020：555.

2.2.5 制造业

英国的工业革命对英国技术突破作出了重大贡献，美国同样经历了类似的技术突破。自 19 世纪起，诸如以下类型的发明帮助美国在和英国这样的工业巨人竞争中脱颖而出。例如，托马斯·A·爱迪生发明的电灯泡，伊莱沙·奥的斯（Elisha Otis）发明的电梯。1880 年，电梯的普及使用使得第一座摩天楼首先在美国芝加哥出现。1881 年，纽约市的高架线（elevated lines）一天可以运载 17.5 万名乘客。20 世纪 40 年代，机械的棉花采摘机已广泛使用。

20 世纪 20 年代，美国已拥有世界上强大的全产业链制造业。1920—1960 年间，随着大都市的兴起，城市空间、功能和人口都出现了重要的分化，以制造业为例，集中分布在亚拉巴马州的伯明翰，纽约州的布法罗，俄亥俄州的克利夫兰，密歇根州的底特律，印第安纳州的埃文斯维尔（Evansville），印第安纳州的加里（Gary），威斯康星州的密尔沃基，新泽西州的纽瓦克，宾夕法尼亚州的匹兹堡，俄亥俄州的托莱多（Toledo）。

从 20 世纪 60 年代开始，由于劳动采购，美国的大公司转向在国外建立车间，在那些国家用工的工资水平大大降低，而工人更为驯良。这就是美国的去工业化过程，这一过程已经导致了过去几十年来美国国内制造业领域的大幅衰退。此外，美国国家企业被收购，或者和大型多国公司合作。

及至 20 世纪 80 年代，城市已不再由制造业主宰，因而基于制造业就业机会的工人阶级家庭生活大量消失。例如，匹兹堡曾经是钢铁的代名词。1930 年，其劳动力的 32% 以上从事制造业。到 1980 年，只有 14% 的劳动力受雇于制造业，并且从事钢铁生产的只占 5.5%。与之成对比的是，服务业就业已上升到 38%，主导着城市经济[①]。匹兹堡也已从一座工业城市转型为一座节点型服务业城市。

然而美国制造业远谈不上衰落，卡特彼勒、通用、福特、波音、陶氏、强生、IBM、英特尔、特斯拉这些巨头，仍牢牢占据龙头地位；在高端制造方面，中国与之对应的企业还不能够匹敌。只不过，这些大型制造业企业的生产部门大部分分散在海外。

2008 年，美国的次贷危机让美国重新意识到了实体制造业的重要性，并意欲夺回世界先进制造业大国的位置。2009 年，奥巴马总统声明美国经济要推动制造业增长和实行出口拉动增长。在 2012 年的国情咨文中，福特汽车、通用汽车、卡特彼勒及其他很多美国制造商发布的创造就业声明特别强调了制造业向本土的回归。福特汽车将 1.2 万个工作岗位从中国、墨西哥等地迁回美国。到 2011 年底，"三大汽车"共为美国新创造了超过 2 万个岗位，而丰

---

① L.Jezierski. "Political Limits to Development in Two Declining Cities：Cleveland and Pittsburgh." In *Deindustrialization and the Restructuring of American Industry*，edited by M. Wallace and J[J]. Rothschild，Greenwich，CT: JAI Press. 1988：173–189.

田和大众也宣布了在美国新的制造计划。2016 年特朗普上台执政后，提出了重新恢复美国制造业、加强基础设施建设的计划。他不在乎全球化，他的目标是美国利益，口号是"把工作带回美国，在美国创造工作（机会）"。拜登政府则要求美国联邦基础设施项目使用的建材都需要在美国制造，表示将让供应链"始于美国"，政府将继续推动基础设施发展、重振美国制造业。

随着第四次工业革命悄然而至，在美国"先进伙伴计划"、德国"工业4.0"和"中国制造 2025"等工业化战略的提出和推进下，国家间、企业间竞争正变得越来越激烈，夺取制造业的高地成为竞争者们的一致目标[①]。

2.2.6　城市表现

按照人口数量，美国的主要城市状况如表 5.1 所示，共有 84 座城市，其中百万以上人口的城市有 9 座，50 万 ~100 万人口的城市有 26 座，20 万 ~50 万人口的城市有 49 座。美国的城市最早自 19 世纪开始形成，经过功能的扩展和分化，无论是从城市数量还是城市规模来看，都已构成了一个稳定的城市体系。

美国城市人口规模（大都市地区）（2021 年）　　　　　表 5.1

城市	人口总数	州
纽约	8410000	纽约州
洛杉矶	3884000	加利福尼亚州
芝加哥	2719000	伊利诺伊州
休斯敦	2200000	得克萨斯州
费城	1553000	宾夕法尼亚州
菲尼克斯（Phoenix）	1513000	亚利桑那州
圣安东尼（San Antonio）	1409000	得克萨斯州
圣迭戈（San Diego）	1356000	加利福尼亚州
达拉斯（Dallas）	1258000	得克萨斯州
圣何塞（San Jose）	999000	加利福尼亚州
檀香山	983000	夏威夷州
奥斯汀（Austin）	885000	得克萨斯州
印第安纳波利斯（Indianapolis）	843000	印第安纳州
杰克逊维尔（Jacksonville）	843000	佛罗里达州
旧金山	837000	加利福尼亚州
哥伦布市（Columbus）	823000	俄亥俄州

---

① 新华社 . 中国始终是外国企业投资的"热土"[N]. 浦东时报，2017-03-13（12）.

城市	人口总数	州
夏洛特（Charlotte）	793000	北卡罗来纳州
沃斯堡（Fort Worth）	793000	得克萨斯州
华盛顿	690000	哥伦比亚特区
底特律	689000	密歇根州
艾尔帕绍（El Paso）	674000	得克萨斯州
孟菲斯（Memphis）	653000	田纳西州
波士顿	646000	马萨诸塞州
纳什维尔（Nashville）	634000	田纳西州
巴尔的摩（Baltimore）	622000	马里兰州
西雅图	652000	华盛顿州
丹佛（Denver）	649000	科罗拉多州
俄克拉何马城（Oklahoma City）	611000	俄克拉何马州
路易斯维尔（Louisville）	610000	肯塔基州
波特兰	609000	俄勒冈州
拉斯维加斯	603000	内华达州
密尔沃基（Milwaukee）	599000	威斯康星州
阿尔伯克基（Albuquerque）	556000	新墨西哥州
图森（Tuscon）	526000	亚利桑那州
弗雷斯诺（Fresno）	510000	加利福尼亚州
萨克拉门托（Sacramento）	480000	加利福尼亚州
长滩（Long Beach）	469000	加利福尼亚州
堪萨斯城	467000	密苏里州
梅萨（Mesa）	458000	亚利桑那州
亚特兰大	448000	佐治亚州
弗吉尼亚海滩（Virginia Beach）	448000	弗吉尼亚州
科罗拉多泉（Colorado Springs）	440000	科罗拉多州
奥马哈（Omaha）	434000	内布拉斯加州
罗利（Raleigh）	432000	北卡罗来纳州
迈阿密	418000	佛罗里达州
奥克兰（Oakland）	406000	加利福尼亚州
明尼阿波利斯（Minneapolis）	400000	明尼苏达州
塔尔萨（Tulsa）	398000	俄克拉何马州
克利夫兰（Cleveland）	390000	俄亥俄州
威奇塔（Wichita）	387000	堪萨斯州
阿灵顿（Arlington）	380000	得克萨斯州

城市	人口总数	州
新奥尔良	379000	路易斯安那州
贝克斯菲尔德 (Bakersfield)	364000	加利福尼亚州
坦帕 (Tampa)	353000	佛罗里达州
奥罗拉 (Aurora)	346000	科罗拉多州
阿纳海姆 (Anaheim)	345000	加利福尼亚州
圣安娜 (Santa Ana)	334000	加利福尼亚州
圣路易斯 (St Louis)	318000	密苏里州
里弗赛德 (Riverside)	317000	加利福尼亚州
科珀斯克里斯蒂 (Corpus Christi)	316000	得克萨斯州
列克星顿 (Lexington)	308000	肯塔基州
匹兹堡	306000	宾夕法尼亚州
安克雷奇 (Anchorage)	301000	阿拉斯加州
斯托克顿 (Stockton)	298000	加利福尼亚州
辛辛那提	298000	俄亥俄州
圣保罗 (St Paul)	295000	明尼苏达州
托莱多 (Toledo)	282000	俄亥俄州
格林斯伯勒 (Greensboro)	280000	北卡罗来纳州
纽瓦克 (Newark)	278000	新泽西州
普莱诺 (Plano)	274000	得克萨斯州
尔湾 (Irvine)	273000	加利福尼亚州
亨德森 (Henderson)	271000	内华达州
林肯 (Lincoln)	269000	内布拉斯加州
布法罗 (Buffalo)	259000	纽约州
丘拉维斯塔 (Chula Vista)	257000	加利福尼亚州
泽西城 (Jersey City)	257000	新泽西州
沃恩堡 (Fort Wayne)	256000	印第安纳州
奥兰多 (Orlando)	255000	佛罗里达州
圣彼得堡 (St Petersburg)	250000	佛罗里达州
钱德勒 (Chandler)	249000	亚利桑那州
拉雷多 (Laredo)	248000	得克萨斯州
诺福克 (Norfolk)	246000	弗吉尼亚州
杜勒姆 (Durham)	245000	北卡罗来纳州
麦迪逊 (Madison)	243000	威斯康星州

来源：Tann vom Hove，Nick Swift，John White. 美国最大城市的市长们及其薪酬（Mayors of the largest US cities and their salaries）[EB/OL]. http://www.citymayors.com/mayors/us-mayors.html，Feburary，2022.

2.3 欧洲的全球化

欧洲的全球化将欧盟国家和部分东欧国家区分讨论，严格地讲，东欧国家不包括在西方发达世界。1993 年 11 月 1 日，欧洲共同体更名为欧洲联盟（European Union，EU）。欧盟是现由 27 个欧洲会员国组成的国际组织，管理其共同的经济、社会和安全政策。欧盟最初局限于西欧，21 世纪初扩展到中欧和东欧。这些国家在文化、气候、人口和经济方面具有多样性。英国虽然已于 2020 年脱离欧盟，但曾是欧盟的创始成员，自 20 世纪 70 年代以来的全球化过程绝大部分仍在欧盟的范围之内，故仍然归入欧盟国家的全球化之列讨论。

2.3.1 经济和货币政策

欧盟作为一个整体的加和经济总量不仅超过中国，也超过了美国。只是欧盟虽然规模很大，却不是一个国家，无可避免地出现内部松散、凝聚力不足的局面。1992 年底欧洲建成统一大市场，在原欧洲经济共同体内部，形成了商品、人员、劳务、资本在各成员国之间完全自由流通的一个大市场，其目的是通过建设和规范有序的欧洲大市场来抵御无序的全球市场的冲击。1999 年，欧盟开始实行单一货币政策；2002 年 7 月，欧元成为欧元区的合法货币，由欧洲中央银行系统（European System of Central Banks，ESCB）负责管理。目前，欧元是欧盟 27 个会员国中 20 个国家的货币。欧盟的成立为在单一货币（欧元）下建立统一的多国金融体系铺平了道路，共同货币给欧元区成员国带来了方便和好处，但一个强加的统一的中央货币政策体系，难以满足各国不同的金融需求和需要应对的挑战。大多数避免加入欧元区的欧盟国家为了保持经济独立，选择使用本国货币，作为在某些关键问题上保持财政独立的一种方式。这些问题包括制定货币政策，处理每个国家的具体问题，处理国家债务，调节通货膨胀，以及在某些情况下选择货币贬值。

由于能源供应危机和经济困境的持续打压，俄乌冲突导致的高通胀和能源供应的不确定性，恶化了欧元区的经济增长前景，增加了对美元作为避险货币的需求。尽管欧元贬值可能会给该地区的出口商带来一些缓解，但也会使进口商品更加昂贵，从而增加通胀压力。

2.3.2 政治、外交和军事

殖民地可以说是早期的全球化的产物，而英、法等国的繁荣部分就是建立在过去的殖民帝国中，而今已纷纷开始走下坡路。"二战"以来，欧盟在政治、外交和军事方面主要需要处理的是和美国、苏联以及现今俄罗斯的关系。自冷战结束后，欧盟一直都有脱离美国控制的强烈愿望。而欧美双方盟友关系的基础屡遭侵蚀，双方在中东地区的安全利益并不一致，矛盾时有激化；欧美围绕美国宣布退出气候变化《巴黎协定》、美国对欧盟钢铝产品加征关税等问题的分歧不断加大。但是出于各自需要和形势变化，欧美间仍存在相互妥协和重新分配利益的空间。一方面，欧洲依然将巩固跨大西洋联盟放在重要位置；另一方面，欧洲各国也因诉求不同而难以发出制衡美国的一致声音。况且美国在欧盟国家长期驻军。

欧盟对俄罗斯则是既依赖又惧怕。欧盟依赖俄罗斯的能源，而美国从商业的角度、美元霸权的角度考虑，断然不允许俄罗斯在欧洲的天然气能源市场的存在。欧洲多数国家惧怕俄罗斯历史上带给他们的危险和惊恐，因此2014年欧洲跟随美国，开始大举制裁俄罗斯。由于俄罗斯和美国的对抗日益加剧，欧洲则不断要为美国的防务买单，致使法国安全战略里长期存在的"戴高乐主义"呈抬头之势。

2.3.3 社会状况

从2001年的"9·11"事件开始，2008年的金融海啸，2011年的"阿拉伯之春"，起因于美国本土或美国作用的危机接踵而至，在全球扩散，欧洲国家饱受冲击，深陷动荡漩涡，恐怖袭击频发、难民如潮涌入、就业困难、城市治安恶化、社会群体分裂。在这种不安全感、无前途感、被边缘化的社会情绪笼罩下，民粹主义得以迅速滋生，形成气候。

民粹主义是经济、社会和政治危机的产物，以代表"平民"自居，是一种反建制、反精英、反权贵的社会思潮，挟持"民意"来反对一些目标（例如反穆斯林、反移民、反外劳），以维护"民族"利益为幌子，鼓吹本国利益第一，力推孤立主义、排外主义、贸易保护主义；矛头直指区域经济合作及经济全球化。民粹主义一直是美欧国家内部左右翼政治势力用以社会动员和抬拉选情的工具。近年来，美欧右翼民粹主义大行其道，其实质是带有种族主义、民族主义和本土主义色彩的。例如2016年英国公投"脱欧"，荷兰、法国、德国的民粹主义鼓噪本国退出欧元区，脱离欧盟。

构成民粹主义社会基础的通常是蓝领阶层。而今由于经济危机及战火蔓延，不仅发展中国家的穷人更穷，发展中国家的富人及美欧中产阶层的财富也大大缩水，这种政治经济窘境迫使白领阶层也对金融资本、精英集团失望，从而把选票投给民粹主义政党。

当前经济形势、社会环境极其不利。在法国，左派失去了凝聚力，存在极右翼势力执政的危险。法国各界也认识到，欧洲国家和美国不同，其直面的政治、经济、社会及技术领域的根本变革，没有简单易行的对策，鼓吹"封闭"的民粹主义并非国家复兴的"万能神药"[1]。此外，全球恐怖主义及其背后

---

[1] 陆忠伟.也谈民粹主义与荷法德选情 [N].人民政协报，2017-03-21（4）.

新的种族主义回归的重大社会问题也让法国人及整个欧洲乃至整个世界为之头疼且甚为担忧。

2.3.4 德国

第一次世界大战（后简称"一战"）失败后，德国先后经历了魏玛共和国、第三帝国、两德分裂，并于1990年最终重新统一。2005年默克尔接任施罗德出任德国总理之际，正好位于"施罗德改革"后期，当时的改革以削减福利、降低最低工资和产业升级为主，让德国经历了一个非常痛苦的阶段，但"施罗德改革"最终发挥了应有的效力。在2008年全球经济危机面前，德国表现稳定；在欧元区债务危机中，德国参与"救助"陷入重重危机的国家；自2015年9月德国开始大量接收难民，至2019年累计接纳大约170多万[①]。德国正是从欧洲的角度来考虑经济和社会问题，从而成为欧洲的"压舱石"。

德国拥有独特的完整而平衡的城市体系。表5.2中有61座城市，按照人口规模，有些属于城镇。百万以上人口的大城市有4座，依次是：首都柏林（368万人），汉堡（185万人），慕尼黑（149万人），科隆（107万人）。50万~100万人口的城市有10座，20万~50万人口的城市有26座，10万~20万人口的城市有21座。由于历史政治的原因，德国城市整体上呈现出南北分裂的局面，南方城市产业发达，提供了富有吸引力的工作岗位。北方城市尤其是原东德城市则长期一蹶不振。

德国城市人口规模（2021年）　　　　　　　　　表5.2

城市	人口总数	州
柏林	3677472	联邦首都，城市州
汉堡	1853935	城市州
慕尼黑	1487708	州首府，巴伐利亚州
科隆	1073096	北莱茵—威斯特法伦州
法兰克福	759224	黑森州
斯图加特	626275	巴登符腾堡州
杜赛尔多夫	619477	州首府，北莱茵—威斯特法伦州
莱比锡	601866	萨克森州
多特蒙德	586852	北莱茵—威斯特法伦州
埃森	579432	北莱茵—威斯特法伦州
不来梅	563290	城市州
德累斯顿	555351	州首府，萨克森州

---

① 孟虹.历史记忆、难民危机与德国政府的应对与挑战[J].世界政治研究，2020（2）：13–18.

城市	人口总数	州
汉诺威	535932	州首府，下萨克森州
纽伦堡	510632	巴伐利亚州
杜伊斯堡	495152	北莱茵—威斯特法伦州
波鸿	363441	北莱茵—威斯特法伦州
伍珀塔尔 (Wuppertal)	354572	北莱茵—威斯特法伦州
比勒费尔德 (Bielefeld)	334002	北莱茵—威斯特法伦州
波恩	331885	北莱茵—威斯特法伦州
明斯特	317713	北莱茵—威斯特法伦州
曼海姆	311831	巴登符腾堡州
卡斯鲁尔	306502	巴登符腾堡州
奥格斯堡	296478	巴伐利亚州
威斯巴登 (Wiesbaden)	278950	黑森州
盖尔森基兴 (Gelsenkirchen)	260126	北莱茵—威斯特法伦州
门兴格拉德巴赫 (Mönchengladbach)	261001	北莱茵—威斯特法伦州
布伦瑞克 (Braunschweig)	248823	下萨克森州
开姆尼茨 (Chemnitz)	243105	萨克森州
基尔	246243	石勒苏益格—荷尔斯泰因州
亚琛	249070	北莱茵—威斯特法伦州
哈雷 (Halle)	238061	萨克森—安哈特州
马格德堡 (Magdeburg)	236188	萨克森—安哈特州
弗莱堡	231848	巴登符腾堡州
克雷费尔德 (Krefeld)	227050	北莱茵—威斯特法伦州
吕贝克 (Lübeck)	216277	石勒苏益格—荷尔斯泰因州
奥伯豪森 (Oberhausen)	208752	北莱茵—威斯特法伦州
埃尔福特	213227	图林根州
美因茨 (Mainz)	217556	莱茵兰—普法尔茨州
罗斯托克 (Rostock)	208400	梅克伦堡—前波莫瑞州
卡塞尔 (Kassel)	200406	黑森州
哈根 (Hagen)	188713	北莱茵—威斯特法伦州
哈姆 (Hamm)	179238	北莱茵—威斯特法伦州
萨布吕肯 (Saarbrücken)	179634	萨尔州
路德维希港 (Ludwigshafen am Rhein)	172145	莱茵兰—普法尔茨州
米尔海姆 (Mülheim)	170739	北莱茵—威斯特法伦州
波茨坦	183154	勃兰登堡州
奥尔登堡 (Oldenburg)	170389	下萨克森州

城市	人口总数	州
勒沃库森 (Leverkusen)	163851	北莱茵—威斯特法伦州
奥斯纳布吕克 (Osnabrück)	165034	下萨克森州
索林根 (Solingen)	158957	北莱茵—威斯特法伦州
海德堡	159245	巴登符腾堡州
诺伊斯 (Neuss)	152731	北莱茵—威斯特法伦州
黑尔讷 (Herne)	156621	北莱茵—威斯特法伦州
达姆斯达特	159631	黑森州
因戈尔施塔特 (Ingolstadt)	132438	巴伐利亚州
维尔茨堡 (Würzburg)	126933	巴伐利亚州
沃尔夫斯堡 (Wolfsburg)	123949	下萨克森州
不来梅港 (Bremerhaven)	113173	不来梅州
耶拿	110000	图林根州
埃尔朗根 (Erlangen)	109000	巴伐利亚州
萨尔茨基特 (Salzgitter)	102000	下萨克森州

来源：德国：州和主要城市（Germany: States and Major Cities）[EB/OL]. https://citypopulation.de/en/germany/cities/.

南方的巴伐利亚州、巴登符腾堡州在"二战"后属于美占区，美国帮忙从东德争取过去不少大企业，如西门子、欧斯朗。巴伐利亚州在全球化、信息化的潮流中表现更好，苹果、微软、空客德国总部都设在巴伐利亚州首府慕尼黑。南部的中小家族企业、大车企、农业整体都比北部强大，其中汽车产业是德国经济的重要支柱。南部主要城市有慕尼黑、斯图加特、法兰克福，北部则有汉堡、柏林、鲁尔区，大城市数量北部比南部多。南部的优势主要在于气候和自然风光比较宜人，因此在同样收入的情况下，人们更倾向于在南部定居。

2.3.5 法国

法国长期以来是一个拥有主权、实现中央集权的国家。20 世纪 60 年代，法国的殖民地印度支那、北非等相继独立。法国在军事上奉行"戴高乐主义"，寻求建立一个由法国主导的统一的欧洲，这意味着欧洲会像其他大国一样，将军事力量从陆海空向网络空间及外太空等新领域延伸。

经济方面，法国从 20 世纪 80 年代开始已经在走下坡路，宏观经济不景气、财政补助缩减、失业率困扰了法国多年，在法国北部的省份，失业率一直居高不下。近年来虽然经济复苏较疲软，但国民收入仍在持续增加，社会分配也相对公平，贫富差距并未像美国等发达国家那样明显加大。法国全国统计和经济研究所 2018 年发布的数据显示，法国家庭可支配毛收入总额在 2012—

2017 年期间从 13049 亿欧元一路上涨到 13890 亿欧元，同期法国家庭的购买力也逐步上涨。法国独立研究机构"不平等观察室"于 2018 年 12 月发布的最新报告显示，2016 年法国的基尼系数仅为 0.288，低于 2007 年时的 0.292，说明法国的居民收入差距近年来实际上不仅没有扩大，反而略为缩小。

社会方面，阶层矛盾突出，政府遭遇信任危机。由于政坛和社会舆论传统格局的改变，法国社会阶层之间隔阂加剧，各阶层之间彼此隔绝，使得法国社会在需要改革转型时难以聚力前行。2018 年 11 月爆发的"黄背心"示威运动持续数月，并持续发酵，重创了国民经济发展，物流、批发零售等行业损失高达数十亿到上百亿欧元不等。

"黄背心"运动暴露出法国社会治理存在的诸多弊端和重要深层问题，已成为一场难以化解的社会危机。例如在保护人权的意识形态影响下，缺乏能够及时遏制暴力行为和违规集会行为的法律工具。又如高层不理解底层的心态，底层不信任高层的主张。介于精英和贫困阶层之间的"夹心层"——中产阶级和下层阶级（法国社会学界对介于中产和贫困阶层之间阶层的称谓）感受到的不公正感最强，即改革转型的代价承担最多，却受惠最少，尽管这一感觉的实际依据并不充分。除了阶层隔阂根深蒂固，法国的城乡发展不均衡迟迟未能缓解，导致大城市郊区和贫困乡村成为培养暴力分子、孕育社会不满甚至骚乱的温床。

表 5.3 显示了法国最大的大都市地区的状况。巴黎作为超大城市，其规模远超国内其他城市。50 万~100 万人口的城市有马赛和里昂；20 万~50 万人口城市有 8 座，10 万~20 万人口的城市有 14 座。一些大都市区域成为重要的经济增长点。位于法国西南部的波尔多，是欧洲军事、航天和航空的研究与制造中心之一，集中了如欧洲航空防务和航天公司、泰勒斯集团等很多公司的研发机构，以及赛峰（Safran）集团空中客车和达梭（Dassault）航天等航空巨子下属的飞机制造厂等。波尔多也是法国标致雪铁龙集团的生产地。

对大城市来说，还存在一种"新型城市危机"，法国国土整治部于 2018 年出台的《法国国土协调报告》指出，法国首都巴黎所在的法兰西岛大区就是这一危机的典型案例：最低端的就业岗位被摧毁，中产阶级被排挤出城市核心地段，城市发展郊区化，这些都使得这一大区经济发展虽长期活跃、失业率长期低于全国平均水平，但最近 15 年来人口流入却是负数，对人们缺乏吸引力。[1] "新型城市危机"（the new urban crisis）的概念由美国城市规划学者理查德·佛罗里达（Richard Florida）提出，他发现城市的向心力既是经济增长的主要引擎，又成为产生社会不平等的最大动力。

对大城市来说，郊区问题已是法国社会发展的痼疾。在巴黎、里尔等法

---

① 韩冰，应强."黄背心"运动暴露法国深层弊端[N].参考消息，2019-01-23（11）.

法国人口规模最大的大都市地区（2000年，2020年）　　　　表5.3

城市	人口总数（人）	
	2000年	2020年
巴黎	2152000	2230000
马赛（Marseille）	808000	855000
里昂（Lyon）	422000	501000
图卢兹（Toulouse）	366000	458000
尼斯（Nice）	346000	342000
南特（Nantes）	252000	293000
蒙彼利埃（Montpellier）	211000	272000
斯特拉斯堡	256000	266000
波尔多	213000	244000
里尔（Lille）	178000	231000
雷恩（Rennes）	204000	211000
勒阿弗尔（Le Havre）	—	172000
土伦（Toulon）	170000	164000
格勒诺布尔（Grenoble）	154000	160000
第戎（Dijon）	—	153000
尼姆（Nimes）	—	151000
昂热（Angers）	—	150000
克莱蒙费兰德（Clermont Ferrand）	—	144000
艾克斯（Aixen Provence）	—	142000
布雷斯特（Brest）	—	139000
亚眠（Amiens）	—	134000
安纳西（Annecy）	—	126000
贝桑松（Besancon）	—	117000
鲁昂（Rouen）	102000	108000
南锡（Nancy）	105000	104000

来源：City Mayors—City Rankings[EB/OL]. www.citymayors.com/sections/rankings_content.html；Mayors of largest French cities[EB/OL]. www.citymayors.com.

国重要城市的郊区，往往聚居着来自阿尔及利亚、摩洛哥等北非国家或塞内加尔、马里等撒哈拉沙漠以南非洲国家的移民。由于移民本身的受教育程度整体不高、宗教信仰和法国主流社会存在差异等多方面因素，这些移民所在的郊区逐渐成为失业率高、犯罪率高、执法人员难以介入的地带，这一问题积重难返，如今已成为法国长远发展难以逾越的障碍。"黄背心"示威运动中相当一部分并无理性诉求的暴力分子多是生活在郊区的阿拉伯裔或非洲裔的年轻人。而在巴黎等大城市的贫困社区，许多无家可归者"鸠占鹊巢"住在空置房屋。

法国政府从人道主义出发，并不驱逐他们，使得不少法国人将其怪罪于外国移民或是涌入法国的难民。在法国作家安妮·埃尔诺的《悠悠岁月》[①] 中，"失业者，郊区青年，非法移民，没有身份证件的人，窃贼和强奸犯，等"，已成为符号化的法国当代社会问题。

不发达地区中小城市的核心带动力则日益不足，这些中小城市本应发挥提供公共服务、提高偏远地区生活质量、提供社交平台等核心作用，却由于地域竞争、地区经济发展状况不佳、对年轻人口的吸引力下滑等原因，作用在减弱。

和大城市相关的乡村分化问题近年来日益凸显。《法国国土协调报告》显示，法国乡村地区的发展呈现分化态势，沿海地区以及一些大城市附近的乡村在旅游、酒店、民宿等行业带动下，呈现就业岗位上涨、收入维持高水平的良好情况。然而，在农业区和老工业区，则由于行业不景气、地理位置偏远等原因，发展状况受到较大影响，这些地区的人口占法国总人口的比例达到 9%。

2019 年底爆发的疫情加剧了社会的割裂，越来越多的法国人搬到乡村，"人们从未像现在这样向往乡村，远离'污染''乘地铁、工作、睡觉'的单调生活、'集中营'般的郊区及其'小流氓'"[②]。他们想追求不被危机左右的生活，同时也想改变资本主义的经济运作形式。法国全国范围内出现了一些自治社群，大多集中在欠发达地区的乡村，社群成员选择隐居乡村。TERA 是法国当下大大小小地方自治社群中的一个。这不禁让人回想起了流行于 19 世纪初期的"空想社会主义"。这些社群也许是得益于法国健全的社保体制、远程工作条件成熟、环保意识的兴起，他们究竟是当代的"空想社会主义"，还是未来社会的一种可能性，究竟能产生多大影响，都尚未可知[③]。

2.3.6 意大利

意大利有较为成熟的制造业，例如汽车产业；手工业更富于特色，例如时装、皮革等。意大利是第一个正式加入中国"一带一路"倡议的七国集团国家。意大利的城市体系分为国家、区域和省级首府。罗马是唯一的国家、区域和省级城市，米兰则是区域和省级首府。百万以上人口的城市有 2 座，分别是罗马（286 万）、米兰（135 万）；50 万~100 万人口的城市有 4 座（那不勒斯、都灵、巴勒莫和热那亚），20 万~50 万人口的城市有 9 座（表 5.4）。此外，意大利 3.6 万~20 万人口的城市有 45 座，最小城市的规模和霍华德田园城市的规模大致相符。

① （法）安妮·埃尔诺. 悠悠岁月 [M]. 吴岳添，译. 北京：人民文学出版社，2010：198.
② （法）安妮·埃尔诺. 悠悠岁月 [M]. 吴岳添，译. 北京：人民文学出版社，2010：109.
③ 吴丹. 如何逃离内卷，反抗资本？法国这群人连智能手机都能戒 [EB/OL]. https://baike.baidu.com/tashuo/browse/content?id=fe67b47a8785150206e992ce&lemmaId=54275161&fromLemmaModule=pcBottom，2021–03–12.

意大利人口规模最大的城市（2022 年）　　　表 5.4

城市	人口总数	城市性质
罗马	2864700	国家、区域和省级首府
米兰	1345900	区域和省级首府
那不勒斯	974100	区域和省级首府
都灵	890500	区域和省级首府
巴勒莫	674400	区域和省级首府
热那亚	583600	区域和省级首府
博洛尼亚	388400	区域和省级首府
佛罗伦萨	382300	区域和省级首府
巴里	324200	区域和省级首府
卡塔尼亚	314000	省级首府
威尼斯	263400	区域和省级首府
维罗纳	258800	省级首府
帕多瓦	210400	省级首府
的里亚斯特（Trieste）	204400	区域和省级首府
塔兰托（Taranto）	201100	省级首府

来源：意大利最大城市的市长们 Mayors of largest Italian cities[EB/OL]. http://www.citymayors.com/mayors/italian-mayors.html

2.3.7　西班牙

西班牙的支柱产业为农业和服务业。服务业约占西班牙公司的四成以上。然而近年来饱受营业时长、游客禁入、顾客容量、经营面积等防疫措施影响的服务业已经元气大伤。西班牙是受疫情打击最为沉重的欧洲国家之一，疫情带来了国民经济的重创，带来了普遍的失业和经济的不景气。

西班牙全国划分为 17 个自治区、50 个省、8000 多个市镇。如表 5.5，百万以上人口的城市有 2 座。首都马德里是欧洲著名的历史名城，是全国的政治、文化、经济和金融中心。巴塞罗那是加泰罗尼亚自治区首府，伊比利亚半岛的门户，也是世界上人口最稠密的城市之一。50 万 ~100 万人口的城市有 4 座：瓦伦西亚、塞维利亚、萨拉戈萨、马拉加。其中，瓦伦西亚是西班牙重要的工商业城市，是西班牙最大、欧洲第五大集装箱港口。20 万 ~50 万人口的城市有 22 座；10 万 ~20 万人口的城市有 12 座。

2.3.8　英国

英国早在殖民地时代就开始了全球化。"二战"以后，英国世界霸主的地位被美国取代。2016 年英国"脱欧"影响巨大且深远，英国和欧盟既有的经济关系被打破，关税影响到了英国市场，英国和欧盟之间新的边境检查给产品

西班牙人口规模最大的城市（2000 年，2020 年）　　　表5.5

城市	人口总数	
	2000 年	2020 年
马德里	2618088	3166000
巴塞罗那	1949772	1609000
瓦伦西亚	713804	790000
塞维利亚	477277	691000
萨拉戈萨 (Zaragoza)	327307	661000
马拉加 (Málaga)	261283	569000
穆尔西亚 (Murcia)	220970	441000
马略卡岛帕尔马 (Palma de Mallorca)	—	401000
毕尔堡 (Bilbao)	421539	345000
阿利坎特 (Alicante)	253810	331000
科尔多瓦	—	327000
巴利亚多利德 (Valladolid)	—	304000
维哥 (Vigo)	215647	293000
大加那利岛拉斯帕尔马斯 (Las Palmas de Gran Canaria)	280974	280000
希洪 (Gijón)	332532	274000
卢斯皮塔莱特德略夫雷加特 (L'Hospitalet de Lobregat)	—	256000
维多利亚—加斯泰斯 (Vitoria Gasteiz)	—	245000
拉科鲁尼亚 (La Coruña)	—	244000
格兰纳达	179101	235000
埃尔切 (Elche)	—	228000
奥维耶多 (Oviedo)	—	221000
巴达洛纳 (Badalona)	—	216000
卡塔赫纳 (Cartagena)	—	215000
塔拉萨 (Tarrassa)	—	215000
赫雷斯—德拉弗龙特拉 (Jerez de la Frontera)	201913	213000
萨瓦德尔 (Sabadell)	—	208000
莫斯托莱斯 (Mostoles)	—	206000
圣克鲁斯—德特内里费 (Santa Cruz de Tenerife)	—	204000
潘普洛纳 (Pamplona)	—	199000
阿尔卡拉 (Alcala de Henares)	—	196000
阿尔梅里亚 (Almeria)	—	195000
富恩拉夫拉达 (Fuenlabrada)	—	194000

城市	人口总数	
	2000 年	2020 年
莱加内斯（Leganes）	—	187000
圣塞瓦斯蒂安（Donostia/San Sebastian）	—	186000
赫塔费（Getafe）	—	181000
桑坦德（Santander）	—	173000
卡斯特利翁—德拉普拉纳（Castellon de la Plana）	—	171000
莱里达（Lleida）	—	138000
塔拉戈纳（Tarragona）	—	131000
马塔罗（Mataro）	—	125000

来源：Rafael Boix and Paolo Veneri，Metropolitan Areas in Spain and Italy（2009）. Mayors of the largest Spanish cities（http：//www.citymayors.com/mayors/spanish-mayors.html）.By Brian Baker and Daniel Gonzáles Herrera，City Mayors Research

物流体系带来了麻烦，而两地之间货物往来所征收的关税损害了企业的竞争力。英国市场上的食品高度依赖进口，特别是蔬菜和水果。2017 年，全英消耗水果的84%、蔬菜的48%为进口产品，相当大比例来自欧盟国家[1]。英国"脱欧"的影响从欧美一直蔓延到亚洲，涉及交通物流、医药健康、食品饮料、汽车制造、钢铁及铝等各行各业。除了英国自身的海底隧道运营、苏格兰威士忌酿造、沃克斯豪尔汽车等产业之外，"脱欧"之前，法国标致雪铁龙集团在英国开设有工厂，德国公司在英国投资大约 1200 亿欧元，并且持有 2000 多家公司的股份；美国企业雇用了 120 万名英国人，在英国投资额达 6000 亿美元；日产汽车在英国设有欧洲最大的工厂。"脱欧"对德国和英国的数万家企业以及数十万个工作岗位构成威胁。英国经济由此面临衰退。

英国的城市规划理论和实践在世界范围内影响深远。无论是 1898 年埃比尼泽·霍华德的社会城市理论和田园城市实践，还是 1944 年阿伯克隆比制定的大伦敦规划，英国的规划思想都达到了全球传播的效果。表 5.6、表 5.7 列出了英国最大的大都市区和城市。其中，大都市区有 10 个。伦敦是英国唯一的 500 万~1000 万人口的城市，远超 100 多万人口的第二大城市伯明翰；50 万~100 万人口的城市 6 座，包括利兹、格拉斯哥、谢菲尔德、曼彻斯特、布拉德福德和爱丁堡；20 万~50 万人口的城市 15 座，包括利物浦、布里斯托尔、柯克利斯等。

---

[1] 新华社.因"脱欧"连累吃不起蔬果 英国心血管病人或将大增 [N]. 环球时报，2019-01-30（20）.

英国人口规模最大的大都市区（2022 年）   表 5.6

区域（大都市）	人口总数
伦敦	8547000
西米德兰兹郡（West Midlands）	2808000
大曼彻斯特	2733000
西约克郡	2320000
南约克郡	1820000
利物浦城市区域	1517000
西英格兰	1104000
泰恩河以北（North of Tyne）	816000
剑桥郡和彼得伯勒（Cambridgeshire and Peterborough）	807000
蒂斯河谷（Tees Valley）	702000

来源：英国由选举产生的区域（大都市）市长 [Elected regional（metro）mayors in England]，
www.citymayors.com/mayors/british-mayors.html.

英国人口规模最大的城市（2000 年中，2021 年中）   表 5.7

城市	人口总数	
	2000 年中	2021 年中
伦敦	7236712	8796628
伯明翰	985119	1142494
利兹	713366	809036
格拉斯哥	577350（2002 年）	635130
谢菲尔德	514573	554401
曼彻斯特	421799	549853
布拉德福德（Bradford）	467124	546976
爱丁堡	448080（2002 年）	526470
利物浦	446050	484488
布里斯托尔	390446	471117
柯克利斯（Kirklees）	386892	433355
克罗伊登	334241	390506
法夫（Fife）	349300	374730
纽汉姆（Newham）	245463	350626
北拉纳克郡（North Lanarkshire）	321350（2002 年）	341400
威勒尔（Wirral）	316503	320600
陶尔哈姆莱茨（Tower Hamlets）	197133	312273
唐卡斯特（Doncaster）	286989	308705
韦克菲尔德（Wakefield）	314345	353802
路厄斯罕（Lewisham）	252106	299810

城市	人口总数	
	2000 年中	2021 年中
索尔福德（Salford）	218689	270764
哈克尼	203381	259956
北泰恩赛德	190708	209151
贝福德	146146	185761
米德尔斯伯勒（Middlesborough）	142251	143734
兰开斯特	133863	142162
曼斯菲尔德（Mansfield）	98910	110602
沃特福德（Watford）	80239	102451
科普兰（Copeland）	69406	67176

来源：英国、英格兰、威尔士、苏格兰和北爱尔兰的人口估计（Population estimates for the UK, England, Wales, Scotland and Northern Ireland: mid-2021），www.ons.gov.uk/peoplepopulationandcommunity/populationandmigration/populationestimates/datasets/populationestimatesforukenglandandwalesscotlandandnorthernireland.

2.3.9　东欧的全球化

东欧国家受到巨大的地缘政治影响，社会状况复杂，经历了不寻常的全球化历程。

（1）政治、外交和军事

1945 年日本和德国的失败让美国和苏联成为全球超级大国，两个超级大国分别建立了庞大的军事联盟，即北大西洋公约组织和华沙条约组织。苏联将马克思列宁主义的国家和社会模式向外输出到了东欧。直至 1990 年东欧发生剧变，在 1989—1992 年间，东欧各国如同多米诺骨牌一般，社会主义制度纷纷崩溃[1]。全球政治格局发生了不可逆转的变化，美苏之间的冷战结束[2]。

此后，美国和欧盟积极推动北约和欧盟东扩，吸纳了波兰、斯洛伐克等昔日的苏联卫星国以及爱沙尼亚、拉脱维亚、立陶宛等苏联加盟国，极大地挤压俄罗斯在东欧的战略回旋空间。西方国家还在乌克兰进行颜色革命，支持在高加索地区兴风作浪的车臣武装，鼓动日本在北方四岛问题上发难，向蒙古渗透，以对俄罗斯形成全方位的包围。

（2）社会状况

在东欧剧变之前，它们被贴上第二世界的标签，表明了在第一世界（美国和发达的西方国家）和第三世界（发展中世界的国家）之间冷战的特质。苏

---

[1] 郑智超. 东欧的苏联模式化与苏联模式化的东欧——东欧剧变根源的历史再考察 [J]. 社会科学动态，2019（1）：13.

[2]（英）罗伯特·瑟维斯. 冷战的终结 1985—1991[M]. 周方茹，译. 北京：社会科学文献出版社，2021：9.

联解体之后，东欧城市经历了不同时期的经济不稳定状态，反映在国内生产总值缩减、失业状况较高、生产力以及预期寿命下降。向市场经济的转型要求新的管理制度，要求重新定义公共和私人部门的角色，以适应非政府组织和私人部门更加名副其实地参与。此外，东欧城市还面临着更加广泛地重新整合到欧洲城市历史的重要的社会和政治议题。总之，东欧国家和苏联需要经历一场经济、政治和管理的转型（延伸阅读 5.2）。

延伸阅读 5.2　东欧城市的社会问题

政府部门就业的缩减而没有私人部门就业的相应增长已导致了在高通货膨胀的普遍背景中在实际工资、养老金和社会转移方面的下降。苏联的解体在老的贸易和金融制度方面产生了严重的中断，这导致了在 1990—1996 年国内生产总值（GDP）大约 45% 的剧烈下滑。

在随后的十年中，区域中可以目睹上升的收入不平等。贫困和失业也显著增长。例如，已经观察到，在俄罗斯快速私有化的失败，"不是一场偶然事件，而是一个可以预见的结果"，支撑成功改革的努力所必需的竞争政策和制度与法律基础设施缺乏的结果。区域的贫困住房条件反映在近期的贫民窟估量中，它揭示出，在转型经济中，大约 1/10 的城市人口生活在贫民窟环境状况中，缺少得到基本服务的足够门路，或者处于拥挤的住宅单元中。2002 年，相较于西欧 10% 的居民，大约 46% 的苏联和东欧国家的居民每天靠不足 4 美元生活。53% 的俄罗斯人口、在罗马尼亚 23%、在拉脱维亚 28%、在哈萨克斯坦 62%，以及在吉尔吉斯斯坦 88% 的人口不得不依赖甚至更少的费用维持生活。

面对着遭受可能与生活在最不发达的国家那些居民相似生活状况的千百万新贫困人口，今天对于更好生活的梦想似乎已经消失。在整个东欧和中亚，家庭贫困在过去的 12 年中已增加了 5 倍，它的社会副产品也到处可以看出：结婚率的下降和离婚率的上升，还有酒精中毒——尤其是在男性中——自杀和死亡率的陡急增长。

来源："随着东欧城市继续增长，贫困、犯罪和迁移是尖锐议题"，城市市长——城市协会（www.citymayors.com/society/easteurope_cities.html）

（3）城市表现

截至 2021 年，东欧的城市人口至少 100 万的城市数量差距较大，俄罗斯联邦 12 个，波兰 2 个，乌克兰 3 个（另有人口 90 万以上的城市 2 个），罗马尼亚、匈牙利、白俄罗斯、捷克、保加利亚、格鲁吉亚各有 1 个。表 5.8 表示了东欧的主要城市，这些城市是各国首都，也是它们各自国家最大的城市。千万人口以上的城市 1 座，是俄罗斯首都莫斯科。其他百万以上人口的首都

东欧的主要城市 表5.8

国家	城市	城市人口总数（人）
俄罗斯	莫斯科	13010112（2021 年 10 月）
乌克兰	基辅（Kyiv）	2952301（2022 年 01 月）
罗马尼亚	布加勒斯特	1716961（2021 年 12 月）
白俄罗斯	明斯克（Minsk）	1995471（2023 年 01 月）
波兰	华沙	1860281（2021 年 03 月）
匈牙利	布达佩斯	1682426（2022 年 10 月）
捷克共和国	布拉格	1301432（2021 年 3 月）
阿尔巴尼亚	地拉那（Tirana）	906000（2022 年 01 月）
摩尔多瓦	基希讷乌（Chisinau）	830000（2018 年 12 月）
拉脱维亚	里加（Riga）	620974（2021 年 01 月）
立陶宛	维尔纽斯（Vilnius）	546155（2021 年 01 月）
斯洛伐克	布拉迪斯拉发（Bratislava）	476922（2022 年 12 月）
爱沙尼亚	塔林（Tallinn）	437817（2021 年 12 月）

来源：http：//www.citypopulation.de

城市有 6 座，50 万 ~100 万人口的首都城市有 4 座。这些城市广泛参与了全球化进程。例如爱沙尼亚的首都塔林 IT 产业发达，有"波罗的海硅谷"之称；捷克和斯洛伐克拥有韩国现代汽车在欧洲的主要厂房。

（4）俄罗斯

苏联在 1936 年确立社会主义制度，计划经济极大地推动了经济的发展，彼时美国却还没有逃出大萧条的余波。数十年来，苏联的军工综合体一直将自身的发展重点强加于国家经济政策之上。自 20 世纪 40 年代末起，美国及其盟国开始禁止对苏联出售可用于军事领域的先进设备，并将这一禁运范围定义得十分宽泛，许多民用工业设备的基础部件也被包含在内，导致美苏之间在生产力方面的差距越来越大[①]。而由新信息技术开启的经济转型也将苏联甩在后面。美国对苏联实施的长期商业禁运的不利影响和技术差距的日益加大最终让苏联难以承受，克里姆林宫自 20 世纪 80 年代初就已经开始认识到自己的艰难处境。

与此同时，为扩大全球影响力，自 20 世纪 70 年代以来，苏联对非洲南部、古巴、越南、埃塞俄比亚、尼加拉瓜和利比亚进行政治和经济干预，为这些国家的游击运动提供贷款、武器和顾问方面的支持和援助。这无疑加剧了苏联的资金消耗，苏联的经济困难因其对外承诺而日益加重。苏联解体以来，俄罗斯的经济困境日益加深。俄罗斯长期以来都想融入欧洲、融入西方体系，希

---

① （英）罗伯特·瑟维斯.冷战的终结 1985—1991[M].周方茹，译.北京：社会科学文献出版社，2021：13.

望能建立俄欧共同体。美国百般阻挠，自 2014 年起持续加码制裁，想消除俄罗斯对欧洲的影响。2022 年以来，更是借助乌克兰的乱局，试图彻底割裂俄罗斯和欧洲的联系。

俄罗斯有着完整的城市体系。表5.9列出了29座城市。其中千万人口以上的超大城市 1 座——首都莫斯科。百万以上人口的特大城市有 11 座；50 万 ~ 100 万人口的城市有 7 座；20 万 ~50 万人口的城市有 14 座。下诺夫哥罗德是下诺夫哥罗德州的首府，"二战"时期军工产业发展迅速，成为苏联重要武器库之一。1932 年下诺夫哥罗德改名高尔基，1991 年苏联解体后恢复旧名。

俄罗斯人口规模最大的城市（2021 年）　　　　　表 5.9

城市	人口总数	所在区域
莫斯科	12000000	首都
圣彼得堡（St Petersburg）	5000000	波罗的海
新西伯利亚（Novosibirskaya Oblast）	1690000	西伯利亚
叶卡捷琳堡（Yekaterinburg）	1520000	俄罗斯西部
下诺夫哥罗德（Nizhny Novgorod）	1260000	伏尔加，俄罗斯西部
车里雅宾斯克（Chelyabinsk）	1240000	西伯利亚
喀山（Kazan）	1200000	鞑靼斯坦共和国
萨马拉（Samara）	1200000	伏尔加地区
鄂木斯克（Omck）	1130000	西伯利亚
伏尔加格勒（斯大林格勒）（Volgograd）	1100000	俄罗斯南部
顿河畔罗斯托夫（Rostov—on—Don）	1100000	俄罗斯西部
乌法（Ufa）	1100000	伏尔加地区
克拉斯诺达尔（Krasnodar）	774000	俄罗斯南部
托尔加特（Toljatt）	720000	伏尔加地区
秋明（Tyumen）	623000	西伯利亚
乌里扬诺夫斯克（Ulyanovsk）	615000	伏尔加地区
雅罗斯拉夫尔（Yaroslavl）	600000	俄罗斯中部
马哈奇卡拉（Makhachkala）	577000	达吉斯坦共和国
梁赞（Ryazan）	527000	俄罗斯中部
加里宁格勒（Kaliningrad）	439000	波罗的海沿岸
库尔斯克（Kursk）	427000	俄罗斯中部
特维尔（Tver）	408000	俄罗斯中部
索契（Sochi）	366000	俄罗斯南部
别尔哥罗德（Belgorod）	356000	俄罗斯中部
阿尔汉格尔斯克（Archangelsk）	352000	俄罗斯北部

城市	人口总数	所在区域
弗拉基米尔（Vladimir）	347000	俄罗斯中部
科斯特罗马（Kostroma）	272000	俄罗斯西部
彼得罗扎沃茨克（Petrozavodsk）	268000	俄罗斯西北部
弗拉基米尔（Vladimir）	248000	俄罗斯中部
沙赫特（Shakhty）	240000	俄罗斯南部
旧奥斯科尔（Stary Oskol）	222000	俄罗斯中部
大诺夫哥罗德（Veliky Novgorod）	221000	俄罗斯西北部
普斯科夫（Pskov）	206000	俄罗斯西北部

来源：德国和俄罗斯主要的友好城市（Major German cities with Russian partnership），http://www.citymayors.com/ukraine/german-russian-cities.html

（5）乌克兰

自 1991 年苏联解体后，乌克兰独立，但是全国人口数量从 5200 万锐减至 4200 万，其中劳务移民是人口减少的最主要原因。由于乌克兰人受教育程度高，综合素质较强，加上较强的语言能力，比如同时掌握两三门欧洲语言，使得乌克兰人移居国外后能很快适应新环境，善于融入当地主流社会。事实上乌克兰人才和劳动力移民颇受欧美国家欢迎，在加拿大，乌克兰人是第五大少数族裔，人口达 120 万，占加拿大全国人口的 3%。然而，乌克兰劳动力资源的大量流失给乌克兰本国造成了极其不利的影响，预计"到 2050 年乌克兰人口或将再减少 18%，受劳务移民因素的影响，乌克兰将成为世界上最落后的国家之一"[①]。

乌克兰工农业较为发达，重工业在工业中占据主要地位，农业产值占国内生产总值 20%。乌克兰是世界上第三大粮食出口国。2022 年俄乌冲突对乌克兰的经济社会发展来说更是雪上加霜。一些重要的城市在战争中遭到严重破坏。

2.4 日本的全球化

日本通常被视为西方发达国家，且全球化影响程度高。

2.4.1 国际政治和军事

日本的国际政治主要由和美国、中国及俄罗斯的关系所决定。"二战"之后的最初几年，作为占领者的美国一直避免日本实现再工业化。当朝鲜战

---

① 谭武军."少"了千万优才，乌克兰人忧心忡忡 [N]. 环球时报，2019-03-26（7）.

争爆发和美苏冷战激化后，美国才开始将日本作为前线，进行产业复兴的支援。但随着日本变得强大，有能力挑战美国的经济与科技霸权，加之冷战缓和，美国人认为"冷战结束了，获胜的却是日本"，并且日本的崛起是以美国的衰落为代价。因此，从1985年开始，美国转变对日政策，开始抑制日本工业发展。

1980年，美国NBC（National Broadcasting Company）电视台拍摄了一部名为《如果日本能，为什么我们不能》（*If Japan Can，Why Can't We?*）的纪录片，长达14个小时的片子系统介绍了日本的工业制造，超过4000万美国人收看了节目，录像带的销售也打破了当时美国的最高历史纪录。当时美国舆论调查显示，多数美国人认为日本取代苏联成为美国最大的威胁。因此，美国必须全面打压和制裁日本。

与此同时，日中关系在冷暖不定、摇摆不定中走过。1978年开始，为了支持中国的经济建设，日本每年向中国提供长期低息贷款和一定金额的无偿援助。第一笔贷款是在大平正芳任首相期间落实发放的。这是中国改革开放后接受的首笔双边政府间贷款，时间长、利率低、数额大、没有附加条件，对于当时百废待兴、资金短缺的中国来说，是一笔至关重要的外汇来源。贷款活动直到2008年才结束，持续长达近30年，一直伴随着我国改革开放的历程。[1]

随着日本陷入长达10年的大萧条时期，由于担心自己的区域主导地位被取代，日本对中国的敌对情绪愈演愈烈，并再度成为美国重返亚洲战略的前线。日本长期以来都在渲染周边威胁，例如"朝鲜威胁"，为自身强军修宪制造借口。由于历史和现实的原因，日本在军事安全方面的动向令亚洲邻国和国际社会高度警惕，特别是在朝鲜核导、东海和南海等区域安全问题上。在社会政治上，日本社会持有普遍的历史修正主义观念。日本保守政党奉行的保守主义执政理念，和日本国内日益盛行的民族主义社会思潮形成"政治共鸣"，政治右倾化思潮泛滥[2]。而随着日本政治右倾化趋势的发展，中日两国也一度摩擦不断[3]。

2.4.2 经济和贸易

"二战"之后的20年，日本经济发展迅速，国内生产总值年均增长率达到8%，从"发展中国家"一跃成为"发达国家"。1960年底，深受凯恩斯主义影响的首相池田勇人启动实施了为期10年的"国民收入倍增计划"，在大平正芳的协助下，原本计划在10年内实现的国民收入翻番，7年内就顺利达

---

① 周飞亚.大平正芳"中国人民会记住他的名字"[N].人民日报海外版，2018-08-14（12）.
② 高乔.韩国迎来首个"慰安妇"受害者纪念日 韩日历史宿怨再起[N].人民日报海外版，2018-08-18（6）.
③ 陆忠伟.安倍新任期内政外交政策刍议[N].人民政协报，2017-11-09（4）.

成了。到 1968 年，日本经济跃居世界第二，仅次于美国，日元也已经成为世界第三大储备货币。

美日贸易摩擦可以分为三个阶段：第一阶段（1968—1972 年），美国要求日本对美国的纺织品、钢铁等传统商品出口进行自主限制，日本被迫同意。第二阶段（1977—1979 年），要求日本自主限制以彩电为主的出口。第三阶段（1980 年—20 世纪 90 年代中期），贸易摩擦全面爆发。20 世纪 80 年代，日本不论经济、科技抑或是文化艺术都处于腾飞的时代，索尼、日立和尼康等科技企业重新定义了消费电子的起跑线，日本在高铁、汽车、半导体、先进机床等高新技术领域和竞争力达到世界先进水平，超过同样把这些作为支柱产业的美国。在这个时期，日本经济规模开始达到美国 GDP 的六成左右，而且增长势头很猛，昭和的经济奇迹冲击着赤字不断扩大的美国市场，有快速超越美国之势。日本商品的年出口增长率高达 18.4%，日本生产的汽车、家电充斥美国市场。以丰田为首的汽车企业在美国的扩张，曾一度使通用等美国三大汽车企业濒临破产。

1985 年 9 月，美国通过"开会"而非谈判的形式诱逼日本签订《广场协定》（Plaza Accord）。《广场协议》的签订得到日本大藏省（2000 年前的日本主管金融财政的部门）的强力推动。当时日本经济发展过热，日元升值可以帮助日本拓展海外市场，成立合资企业。《广场协定》签订，实现了美元对日元贬值 50%，日本取代美国成为世界上最大的债权国。货币的升值直接带来日本金融集团加速向北美渗透。1989 年，日本的地价市值总额相当于整个美国地价总额的 4 倍；1990 年，仅东京都的地价就相当于美国全国的总地价。历史的走向表明，《广场协定》的签订成为日本经济由盛转衰的转折点。协定签订后，日元大幅升值，一片虚假繁荣。由于资产价格和实体经济相互推涨，至20 世纪末，日本已深陷泡沫经济危机，泡沫加剧，影响社会稳定与经济安全，容易诱发具有空间传导效应的房地产泡沫危机。最终由于房地产泡沫的破灭，造成了自此以后日本经济的长期停滞。也有观点认为，美国的贸易战并未阻止日本产业崛起，关键是日本对贸易战作出了错误反应，在国内政策上犯错，过度刺激内需导致泡沫经济，从而让经济陷入停滞。

自 2012 年安倍晋三执政时期，推行超宽松财政金融政策，改变了始自 20世纪 70 年代中期的劳动力市场萎缩状况。经济政策主要聚焦于应对老龄少子化、扶植中小企业、促进企业加大设备投资等方面。安倍政权还着力推进企业高层管理国际化，以加强制造业国际竞争力，推动企业转型和产品换代，以重振制造业。日本的对外投资也在增长，尽管和俄罗斯存在敏感的北方四岛争议领土问题，截至 2019 年 9 月，已在俄罗斯远东地区投资 150 亿美元，且将继续增长[①]。

---

① 黄文炜，雁初柳直 . "和平条约"困扰日俄首脑会谈 [N]. 环球时报，2019-09-06（2）.

2.4.3　社会

日本社会一直有其矛盾性和复杂性。在社会精神上，"二战"后十年，正是日本旧思想和新文化冲突的时期，伴随着战后经济高速增长期，整个社会汹涌着特有的躁动和激昂的时代大潮。20 世纪 60 年代的横滨，东京奥运会即将召开，日本上下试图建立美好崭新的世界。至 20 世纪末日本泡沫经济时期，经济衰落萧条，大批企业倒闭，失业率骤增。据统计，这一时期日本近 1/3 人口失业，家庭背负巨额债务，经济从巅峰跌入谷底。个人本位主义、社会无罪感大行其道。1995 年日本相继发生了阪神大地震和沙林毒气事件等重大自然灾害和社会事件，从根本上改变了日本民众特别是年轻一代的价值观和世界观。日本社会秩序下隐藏的精神道德危机显现出来，产生了影响范围更广、更深刻的社会信任危机，并迅速波及各个领域。进入 21 世纪，在石油危机、经济下滑、失业率上升的时代背景下，日本民众大量囤积生活用品，"日本高度经济成长终止后日本人该怎么生存"的命题，令全社会纠结。

在社会人口上，日本老龄化、少子化问题日趋严重，结婚率和生育率持续走低，人口不断减少。据预测，到 2050 年，日本 40% 的人口将成为老年人（65 岁以上人群），与此相对，15~64 岁的劳动力人口比例降低，整个社会将面临严重的劳动力不足。而日本社会文化对儿童和青少年并不友好。

在社会文化上，日本的文化产品非常独特。"二战"后，日本漫画大规模流行，并进入主流文化。20 世纪 80 年代，日本动画《铁臂阿童木》不仅在亚洲家喻户晓，更走向了欧美。2013 年统计数据显示，日本每年漫画纸质刊物和动画片分别创造约 36 亿和 23 亿美元的销售收入。日本的"丧文化"、动漫产业和变态的色情文化①在世界范围内影响甚广。东京千代田区的"电子一条街"秋叶原是动漫迷的天堂，提供形形色色的动漫制品。涉及未成年人的情色动漫在日本庞大的动漫产业中虽然所占比例不大，却是日本流行文化的一部分，不仅对儿童有潜在危害，也有损日本的国家形象。在以发达国家为成员的经济合作与发展组织（OECD）中，日本是最后一个将"持有"（制售和传播）儿童色情影像制品列为非法的国家，直至 1999 年才立法取缔，晚了英国 21 年，晚了美国 25 年。2013 年美国国务院的一份报告将日本称为"生产和运输儿童色情制品的国际枢纽"。然而，儿童色情动漫产品还不在该法案取缔之列。日本流行文化中的"萝莉控"是一种特殊的文化现象，类似于西方的"洛丽塔情结"②，可能会让消费者产生"对女性的错误印象"③，物化未成年人，

---

① 新华网. 日本儿童色情动漫：罪或非罪？[EB/OL].https://www.xinhuanet.com/world/2015-02/03/c_127449688.htm，2015-02-03.

② 俄裔美国作家纳博科夫的畅销小说《洛丽塔》描写了中年男子与 12 岁女孩的不伦之恋，并使"洛丽塔情结"成为描述成熟男性迷恋稚嫩少女心理的专有名词。

③ 沈敏. 日本儿童色情动漫：罪或非罪？[EB/OL]. http://www.xinhuanet.com/world/2015-02/03/c_127449688.htm，2015-02-03.

也是儿童色情动漫能在日本合法生存的根源。并且日本确实面临严重的针对未成年人的性犯罪现象和虐童问题。但是由于动漫已经形成巨大的经济利益链，对未成年色情动漫的设限取决于各大党派以及日本政府和各种利益之间的博弈。此外日本的动漫相关商业十分发达，商品种类繁多且市场巨大，其中淫秽物品产品更是暴利，在日本制作这类产品成本耗费极大，而东南亚一些国家的原材料和人工的费用便宜得多，因此通过在日本以外私人订制再偷偷邮寄到日本去的地下加工制造犯罪延伸到了国外。

2.4.4　日本的移民政策

日本由于国土和资源紧张，长期奉行极其严格的移民政策，即允许向外移民，但限制引进移民。日本向外的移民较多分布在南美和北美国家。而在日本，几乎没有外国移民集中居住在市中心地区。在东京，登记的外国居民只占人口的 2.7%，几乎不存在种族社区。和纽约、伦敦和巴黎等其他国际城市相比，东京的外国劳动力非常少。这是由于，日本是一个单一民族国家。日本社会有着日本种族纯净的观念，长期以来，日本社会有持续地抹去、否认少数民族存在的特点①。另一方面日本劳动力短缺由来已久，一是日本自身的经济发展需要劳动力，二是在人才区域流动的竞争中需要国际人才。据日本总务省的人口动态调查结果显示，截至 2018 年 1 月底，在日本居住的外国人达到 249.7 万人，刷新了外国人在日本居住人数的历史纪录。其中，20 至 29 岁的外国人达 74.8 万人，占日本同年龄段人口的 5.8%。外国劳动力已成为支撑日本社会发展的重要力量。② 日本少子化的趋势也令一些大学被迫扩大留学生比例，以保证生源。2017 年日本大学及专科院校等教育机构的外国留学生人数近 19 万，其中约 8 万来自中国。③

根据日本国会 2018 年 12 月修订的《出入境管理及难民认定法》，日本从 2019 年 4 月起实施新的移民政策，放宽外籍劳动者进入日本的条件，希望借助新签证制度引入更多外籍劳动者，以缓解用工短缺状况。该法案支持在农业、社会护理业、建筑业、酒店业和造船业这 5 个劳动力最短缺的领域设立一项新的"指定技能"劳工签证类别，并计划在 2025 年之前引进 50 万外国劳动力。先前，日本接纳的外籍劳动者仅限医生、教授等高等专业人才。随着日本人口老龄化、少子化现象日益严重，劳动力减少，建筑、农业、医护等行业尤其面临"用工荒"难题。该计划的通过标志着日本政府开始正式承认，日本正日益依赖外籍劳动力克服国内劳动力短缺问题。日本实施的"劳动力开国"

① （美）韩清安（Eric C.Han）. 一个华人社区的兴起：横滨中华街（1894—1972）[M]. 尹敏志，译. 北京：社会科学文献出版社，2021：002.
② 孙少锋，王晴，高乔. 在日华人就业机会增多 [N]. 人民日报海外版，2018-08-07（10）.
③ 山口亮子，陈琳琳译. 赴日中国留学生两极分化 [N]. 环球时报，2019-01-18（6）.

政策是其谋求长足发展的必然选择。为此，日本政府为国外移民劳动力的发展提供了良好的政策环境。

在日本的移民群体中，华侨华人对日本国民经济发展起着越来越重要的作用。日本企业可以依托华侨华人员工拓展中国市场，包括促进日本旅游业的发展。赴日务工的华侨华人增多，则促进了中日两国的经贸往来和文化交流。[①]

2.4.5 城市表现

表5.10列出了日本最大的城市。首都东京是唯一的人口千万以上的城市。人口100万~500万的城市11座，横滨是日本第二大城市，居民数量370多万。2003年横滨的对外贸易额达780亿美元，占日本对外贸易总额的9.2%，每年国际航运从世界各地带来或从日本带走共7800万吨货物[②]。人口50万~100万的城市有9座。日本三大都市圈包括东京都市圈、大阪都市圈、名古屋都市圈，以三大都市圈为核心，日本太平洋沿岸的众多城市组成了日本太平洋沿岸城市群。静冈县以静冈市和滨松市为中心，构成了日本三大都市圈之外的静冈滨松都市圈。

日本人口规模最大的城市（2000年，2021年）　　　　表5.10

城市	人口总数		州／县／都市圈
	2000年	2021年	
东京	8130000	14043000	东京都市圈
横滨（Yokohama）	3426000	3777000	东京都市圈
大阪（Osaka）	2598000	2752000	大阪都市圈
名古屋（Nagoya）	2171000	2332000	名古屋都市圈
札幌（Sapporo）	1822000	1973000	札幌都市圈
福冈（Fukuoka）	1341000	1612000	北九州福冈都市圈
川崎（Kawasaki）	1249000	1538000	东京都市圈
神户（Kobe）	1493000	1525000	大阪都市圈
京都（Kyoto）	1467000	1464000	大阪都市圈
埼玉（Saitama）	—	1324000	东京都市圈
广岛（Hiroshima）	1126000	1201000	广岛都市圈
仙台（Sendai）	—	1097000	仙台都市圈
千叶（Chiba）	—	975000	东京都市圈
北九州（Kitakyushu）	1011000	939000	北九州福冈都市圈
坂井市（Sakai）	—	826000	—

---

① 山口亮子.赴日中国留学生两极分化[N].陈琳琳，译.环球时报，2019-01-18（6）.
② （美）韩清安（Eric C.Han）.一个华人社区的兴起：横滨中华街（1894—1972）[M].尹敏志，译.
北京：社会科学文献出版社，2021：002.

城市	人口总数		州／县／都市圈
	2000 年	2021 年	
滨松（Hamamatsu）	582000	791000	静冈滨松都市圈
新潟（Niigata）	—	789000	新潟都市圈
熊本（Kumamoto）	662123	739000	熊本都市圈
冈山（Okayama）	627000	725000	冈山都市圈
相模原（Sagamihara）	—	725000	东京都市圈
姬路（Himeji）	471000	540000	大阪都市圈
静冈（Shizuoka）	470000	693000	静冈滨松都市圈
那霸（Naha）	301000	—	那霸都市圈

来源：Adapted from Thomas Brinkerhoff，Japan：Major Cities（www.citypopulation.de/japan-cities. html）；Japanese mayors' annual salaries（http：//www.citymayors.com/mayors/japanese-mayors-salaries. html），人口数据以 1000 为单位作四舍五入，反映了最近可得的数据。

在横滨，外国侨民、外交官的住所位于山手外国人居留地（Bluff）内，这是城市南面的一处山地，郁郁葱葱，也是观光胜地。移民、贸易、文化交流曾推动着横滨的全球化，现在则几乎触及日本这个国家的每一个角落。由于航空业的发达，任何一个靠近机场的社区都可以发展成为一个国际化的"港口"城市。

第 3 节　发展中世界的全球化

本节发展中世界的全球化包括了亚洲、拉丁美洲的全球化以及非洲的殖民主义和全球化。

3.1　亚洲的全球化

"二战"以来，东亚经济取得了成功，其突出的成就包括日本和"亚洲四小龙"、中国和"亚洲四小虎"的发展。对于 20 世纪 70 年代以来亚太地区的全球化发展，存在是否是"从奇迹到幻影"的疑问，这个疑问主要还是基于日本的发展历程提出的。亚洲一些国家和日本的全球化整体上和有利的国际环境、宗教伦理、社会和文化传统、资源遗产等密不可分。

3.1.1　亚洲的政局和形势

在国际关系和地缘政治上，"二战"之后的亚洲并不安宁。由于尖锐的无法调和的意识形态的对抗，美苏两个超级大国在亚洲数十年延续着地缘政治和地缘战略的博弈。1950—1953年的朝鲜战争、1961—1975年的越南战争，美国从支持代理人反攻，以防止朝鲜半岛和中南半岛彻底赤化，并达到控制和间接侵略的目的，到后期全面介入两场战争，最终都遭遇了惨重失败。中国为了防止美国威胁，也卷入其中，对朝鲜和越南进行了大规模的支援。两场战争不仅改变了当时的国际关系和格局，时至今日对亚洲国家和美国的社会和政治经济文化都产生了极为深远的影响。

其间，1959年苏联撕毁协定，全面撤走援华专家，中苏全面交恶，十年的合作彻底中止。1969年珍宝岛战役爆发，苏联入侵珍宝岛的图谋遭到中国的强烈反击，苏联军方强硬派叫嚣要对中国实施外科手术式的核打击，瞬间将中苏对抗推向核战争的边缘。此时的美国已深刻认识到新中国在亚洲乃至国际事务中发挥的巨大作用，从维护自身霸权地位出发，尼克松政府选择和苏联对立，中美两国关系迅速升温。国际形势波谲云诡。但是进入21世纪，随着中国的崛起，美国又像对待俄罗斯一样，在中国周边地区全面制造或鼓动制造摩擦，竭力遏制中国发展。而美国在韩国、日本、菲律宾等国都设有军事基地。

在经济发展上，自20世纪60年代末—90年代期间，韩国、中国台湾地区、中国香港地区和新加坡这四个经济体发展迅速，以10%左右的增速腾飞了20年，被称为"亚洲四小龙"。20世纪80—90年代，东南亚的印度尼西亚、泰国、马来西亚、菲律宾四个国家的经济高速发展，被称为"亚洲四小虎"，其经济实力仅次于"亚洲四小龙"。深圳经济则以23%的高增速腾飞了38年，创造了世界罕见的"深圳速度"。整体上，美国的制造业转移，美国和日本的直接投资，依次带动了东南亚、中国、越南、马来西亚、印度等国的发展。

在20世纪70—80年代的南亚和东南亚，由于本地区需要扩大出口、增加收入，在工业用地的布局方面多个国家普遍创建了出口加工区。这些加工区一般位于区位较好的区域，离机场、港口都十分近。这些出口加工区一般为小范围区域，通常不超过1平方公里，并进行区域隔离，或和工业区布置在一起。区域内规划了较为充足的公共设施，但却是无人居住的产业区。区域内的企业则享有区域的政策优惠。

以下主要按国别和组织着重讨论东盟国家和印度的全球化，东盟国家作为一个整体对中国未来的全球化战略至关重要，尤其是中美关系在2023年已实质性脱钩的局面下，而印度作为人口大国对中国未来的全球化战略存有潜在的竞争心态和关系，因此单独分析。韩国虽然参与全球化的程度也较高，但篇幅所限，本章未作展开。

3.1.2 东盟的全球化

东盟[①]成立50年来的发展历程，也是东盟成员国之间和对话伙伴之间区域合作以及一体化建设推进的过程。2015年底，东盟宣布建成东盟共同体，成为区域一体化建设的里程碑。

在区域经济合作方面，1991年，东盟和中国正式开启了对话进程。目前中国已成为泰国、越南、印度尼西亚、柬埔寨的最大旅游客源国，新加坡的第二大旅游客源国。2011年起，东盟超越日本成为中国第三大贸易伙伴，在中国出口市场中的占比从2000年的7%提高到2017年的12.5%。[②]

随着全球化将阶段性地转入"区域化"，东盟将成为中国重要的合作区域。由于东盟国家处于"一带一路"的陆海交汇地带，因此它们也是中国推进"一带一路"建设的优先方向和重要伙伴，包括参与共建国际陆海贸易新通道，构建蓝色经济伙伴关系[③]，和东盟提出的印太展望开展合作。需要注意的是，在《区域全面经济伙伴关系协定》（RCEP）内部也存在着投资转移的流动。2020年疫情中，许多企业已从中国向越南转移。尤其是2022年上海历时数月的城市抗疫行动，加剧了海外投资从中国向东南亚国家和地区的转移。

在区域政治经济社会方面，东盟很大程度上存在一个华人社会，华人在东南亚具有很大的影响力，华侨在东盟国家的发展中作用显著。海外华人人口最多的国家是印度尼西亚，其次是泰国。泰国有6900万人口，其中华人1000万，华人血统则有2000多万。泰国首都曼谷居住有50万华人人口，曼谷的唐人街已有200年的历史，是东南亚最大的唐人街，电影《唐人街探案》中对此有所展示。区域内部，缅甸、泰国和越南构成了东盟内部的战略三角。此外，由于东盟多国被殖民的历史，社会也发生了很大的变化。大部分菲律宾人都可以说得一口流利的英文，也十分崇拜西方文化，83%的人都信奉天主教。越南被法国统治前后不过70年，越南的天主教则不断发展壮大。

东盟内部经济发展不均衡，各国差距较大。东盟的城市规模差别也较大（表5.11），首位城市现象相当显著。例如泰国的首都曼谷、菲律宾的首都马尼拉，都是首位度较高的城市。

胡志明市是越南的经济中心，也是最大的港口和交通枢纽。港口每年吞吐量在450万~550万吨之间，有铁路能联通各地。河内是越南首都，也是一

---

① 全称东南亚国家联盟（ASEAN）于1967年宣告成立，是东南亚地区的政治、经济、安全一体化的国际组织。目前有10个成员国（东南亚共11个国家），几乎涵盖东南亚所有的国家，分别是马来西亚、印度尼西亚、泰国、菲律宾、新加坡、文莱、越南、老挝、缅甸、柬埔寨。

② 国家统计局.中国对外贸易实现历史性跨越40年进口增长664倍[EB/OL].https://www.cacs.mofcom.gov.cn/article/gnwjmclt/gn/201809/155920.html.

③ 习近平.命运与共 共建家园——在中国–东盟建立对话关系30周年纪念峰会上的讲话[N].联合时报，2021-11-22（2）.

东盟国家的主要城市　　　　表 5.11

国家	城市	城市人口总数（万）	数据备注
马来西亚	吉隆坡	198.2	2020 年
	槟城	174.0	
	马六甲	99.9	
印度尼西亚	万隆	254.5	2022 年
泰国	曼谷	549.5	2022 年
菲律宾	马尼拉	184.7	2020 年
新加坡	新加坡城	591.8	2023 年
文莱	斯里巴加湾市	24.0	2023 年
越南	胡志明市	899.3	2019 年
	河内	805.4	
	岘港	113.4	
	海防	202.9	
老挝	万象	98.9	2022 年
缅甸	仰光	848.0	2021 年，估算
	内比都（Naypyidaw）	130.0	2021 年，估算
柬埔寨	金边	228.2	2019 年

　　来源：www.mycensus.gov.my/（马来西亚统计局），bandungkota.bps.go.id/indicator/（万隆中央统计局），www.nso.go.th/（泰国国家统计局），psa.gov.ph/（菲律宾统计局），www.singstat.gov.sg/（新加坡统计局），www.depd.gov.bn/（文莱达鲁萨兰国经济计划与发展部），www.gso.gov.vn/default_en.aspx（越南综合统计局），www.lsb.gov.la/en/home/（老挝统计信息局），www.csostat.gov.mm/（缅甸中央统计组织），www.nis.gov.kh/index.php/en/（柬埔寨国立统计研究所）．

座历史名城，是越南众多行业的集中场所，各处交通设施发达便利。海防是越南北部最大港口，在红河三角洲，也是河内的输出港，在法国占领期间是商港，后来就成了越南的工业中心，而且地势险要，是越南的一处重要门户。

（1）新加坡

作为全球重要的贸易枢纽和航运中心，新加坡的崛起和马六甲海峡有着密切关系，新加坡港是亚太地区最大的转口港，也是世界最大的集装箱港口之一。1869—1970 年前后，随着苏伊士运河的开通和当地橡胶种植业的蓬勃发展，新加坡逐渐成为全世界主要的橡胶出口及加工基地。由于新加坡的土地和人口规模有限，不可能独立生产所需要的一切，必须借助全球协作补足自身资源限制。对外贸易是新加坡的立国之本，新加坡的对外贸易总额常年是 GDP 的 3 倍以上，其产业结构是典型的外向型，无论是制造业还是金融业的主要客户都来自世界各地，这意味着新加坡的经济高度依赖于国际贸易和全球经济环境。也因此，作为受益于经济全球化的小国，新加坡坚守自由贸易港定位，致力于促进东西方贸易，推动全球贸易的自由化和便利化。中国是新加坡最大的进出口市场，也是新加坡的主要海外投资目的地。

（2）菲律宾

菲律宾曾被西班牙殖民统治 300 多年，直至 1898 年美国、西班牙签订《巴黎条约》后落入美国之手。1942 年，菲律宾被日本占领。"二战"结束后，美菲签署《美菲共同防御条约》，美国军方在菲律宾设有克拉克空军基地 ① 和几十公里外的苏比克湾海军基地。伴随着民族主义情绪在 20 世纪 80—90 年代兴起，"让美国人离开"的呼声在菲律宾日益高涨。1991 年，美菲利益博弈，使得美菲军事基地协定就此废除，从而正式结束了美国在菲长达 93 年的驻军历史。

由于西班牙和美国漫长的殖民统治对菲律宾进行的经济和军事剥夺，菲律宾的本国历史几乎是空白的。"二战"后，韩国、日本都在菲律宾大量投资。日本一直以经济援助或"深耕"市场的方式在菲律宾低调存在，日本在菲律宾的投资从大型基础设施项目到各产业工厂。菲律宾一度傲视群雄，有"亚洲四小虎"之称。然而，1997 年的亚洲金融风暴重创了菲律宾，自此之后，菲律宾开始迅速衰落。菲律宾对美国政治体制的照搬，政客们互相算计，以及蔓延政界的腐败，导致了国家加速后退，也加剧了社会的两极分化。

菲律宾首都马尼拉是国内最大的城市，此外克拉克新城日益引人关注，这和前总统杜特尔特政府大手笔的"新政治中心计划"有着密切联系。在杜特尔特经济团队 2017 年宣布的"大建特建"基础设施建设计划中，将在距离克拉克自由港 26 公里的地方，打造面积 9450 公顷的克拉克新城，有克拉克现状面积的 3 倍大，并将部分政府行政部门转移过去，以缓解马尼拉的压力。克拉克新城计划将容纳 120 万人。分别由日本和中国资助的马尼拉至克拉克、克拉克至苏比克自由港区铁路项目以及克拉克国际机场这一系列项目的陆续启动，让克拉克成为国际资本竞相角逐的投资热土。②

目前日本是当地最大的外国投资者，共有 50 多家日本公司入驻克拉克。靠近美军公墓的日本横滨橡胶公司大批量生产轮胎，是克拉克主要的外资企业。日本公司大多规模庞大，一家公司在高峰时期可雇上万名本地工人。美国在克拉克投资于精密仪器制造和半导体行业，并形成一定规模。中国的投资集中在金属加工和电子产品领域。目前制造业占克拉克总投资的 17%，旅游业占 30%，最大的投资领域还是电子、服务外包和房地产，占投资总额的 38%。伴随着亚洲地区的产业转移和结构调整，这个比重还在不断变化。鉴于菲律宾劳动力的英文良好，越来越多的国际公司将"呼叫中心"设在这里。

---

① 1902 年开始，克拉克成为美国骑兵聚集地。"二战"结束后，克拉克空军基地依旧由美国军方主导，并再次以惊人的速度扩充，有了"小五角大楼"的绰号。越南战争（1955—1975 年）期间，这里有大批美国士兵涌入。

② 赵龙. 这座昔日的美军基地，能给中资提供多少机会？[EB/OL]. https://world.huanqiu.com/article/9Cakrnkh8Ba.

（3）越南

越南历史上经历了长达 200 多年的南北对峙，1884 年沦为法国保护国。"二战"爆发后，先是日本从法国手中抢走越南，美国在"二战"期间长期对胡志明领导的反法游击武装进行大力支持。越南 1945 年独立，同年再次遭法国入侵。1954 年 7 月，越南北方获得解放，南方仍由法国（后成立由美国扶植的南越政权）统治。但是美国很快又发动了长达 20 年的侵略越南战争。1961 年起，越南开始进行抗美救国战争，1973 年 1 月，越美在巴黎签订关于在越南结束战争、恢复和平的协定，美军开始从南方撤走。1975 年，美军全面撤出越南，1975 年 5 月南方全部解放，1976 年全国统一。越南统一后，黎笋政权随即开始重建印度支那联邦，并在越南南方发动排华运动，在中越边境屡加挑衅。

1969 年民族主义者胡志明去世，中越关系开始急转直下。1974 年，西沙海战爆发，我军打败越南海军收复西沙群岛。1978 年 5 月至 7 月，我国先后撤销 21 个援越项目、54 个援建项目，直至停止所有援越项目，撤回全体援越工程技术人员和 299 名中国专家。1978 年 11 月，苏联和越南签订《苏越友好合作条约》，结成了事实上的军事同盟，随后越南在 1978 年 12 月大举入侵柬埔寨，开启了重建印度支那联邦的第一步。1979 年 2 月，我国被迫对越南的挑衅发动全面自卫还击，沉重打击了越南在中南半岛的野心。随后 10 年的边境对抗，越南北方工业被长期压制。越南开始向南方迅速扩张，受制于境内南北向山脉的限制，越南只能沿着海岸线一路向南。

越南自 1986 年改革开放以来，"南总理，北书记，中主席"的局面正在被潜移默化地改变，南方势力作为天然的亲美派，随着地位的不断上升将越南引向亲美的道路。与此同时，越南积极开展多边外交，同美国关系发展迅速，同欧盟合作扩大，同日本、俄罗斯等本地区大国关系良好，同东盟成员国的合作加强。

越南是传统农业国，农业人口约占总人口的 75%。越南的产业构成包括工业、农业、服务业和旅游业等。改革开放后，越南努力发展经济，经济保持了较快增长，经济总量不断扩大，三产结构趋向协调，对外开放水平不断提高，基本形成了以国有经济为主导、多种经济成分共同发展的格局。2016—2020 年经济年均增速达到 6.5%~7%，至 2020 年，人均 GDP 增至 3200~3500 美元。居民生活稳定，城市居民的生活水平有所提高。全国贫困户和贫困地区的数量继续减少。

越南近年来经济的快速发展和国际产业转移、外国资本及援助大有关系。1993 年起，国际社会恢复对越援助。此外随着中国制造成本的持续上升，依赖低成本经营的部分外商早就酝酿着产业转移。1998 年起，珠江三角洲就有不少企业向越南转移，尤其是制鞋、家具及成衣等轻工业。在美国等西方国家第三次产业转移方兴未艾的时刻，越南最终搭上了承接产业转移的末班车，外资的进入对越南引进先进生产技术和管理经验、推动经济增长、解决就业起到了重要作用。但是越南的经济发展，仍然受到越南国内市场体量小、市场环境和劳动力不足等客观条件的制约。

3.1.3 印度的全球化

作为重要的发展中国家和新兴经济体，历史上印度很早就被卷入早期全球化的进程。德国哲学家黑格尔曾将印度作为非欧洲世界的例子时指出："大体上来说，印度文化的传播只是一种悄无声息的扩张，也就是说，没有政治的行动""印度人民不曾成功地征服过别人，自身却常常为他人所征服"。黑格尔得出结论，尽管印度在艺术和其他领域取得了举世公认的成就，但"正是因为印度人没有编年史，他们才没有交易史，即经济增长不会扩展到真正的政治环境"。[①]

（1）印度对非洲的联系及战略

印度和非洲隔印度洋相望，很早就有紧密的联系。历史上，印度人曾借助西南季风通过海上航道和非洲东部、南部进行交往。英国东印度公司在非洲（如肯尼亚）和印度的殖民将印度和非洲联系在了一起。20世纪初，英国人在非洲的基建结束，国土面积不大的毛里求斯留下了15万印度劳工。而沿非洲大陆东海岸，从南部非洲到东部非洲，留下了大量的印度人，形成了许多印度人聚居的社区，这让印度人在非洲的势力范围得到了很大的扩张。

印度独立以后，从印度移民到非洲的人员变得更加多元化，从传统的劳工和农民到技术工人、专业技术人员和商人，越来越多的印度人穿越印度洋，来到非洲。近年来，随着世界的开放，欧洲和美国等西方国家成为印度人（特别是知识分子）移民的更多的选择。但是印度人口众多，国内就业环境恶劣，劳动力层次参差不齐，东非地缘上又和印度隔海相望，非洲仍然是很多印度人移民和海外就业的主要选择。

如今，在非洲的印度裔人口约有300万，占非洲侨民总数的12%。印度裔人口主要集中在南非、印度洋岛国（如毛里求斯）以及肯尼亚等非洲东海岸国家。[②] 毛里求斯的印度裔占全体人口比重高达70%。南非的印度裔虽然只占南非人口的3%，但156万的印度移民人口，在总人口数上排非洲首位。[③] 某种程度上，印度人在非洲的影响力就好比华人在东南亚的影响力。在毛里求斯

① （澳）布雷特·鲍登.文明的帝国：帝国观念的演化 [M].杜富祥，季澄，王程，译.北京：社会科学文献出版社，2020：97.
② 非洲沦为印度抗衡中国的新战场 [EB/OL].南亚研究通讯，https://www.essra.org.cn/view-1000-2782.aspx，2021-06-18.转载自公众号"南洋风云录"2021年6月17日文章.
③ 印度在非洲的影响力竟然比中国还大？[EB/OL].https://www.essra.org.cn/view-1000-1162.aspx，2020-09-14.

的"圣水湖"周围都是印度教中的神造型，乌干达的东部城市金贾有甘地的纪念碑。

有学者将 21 世纪印度对非政策的演进轨迹、升级动因与思路归纳为：①世纪之交印度对非洲的相对"忽视"（1991—2004 年）；②曼莫汉·辛格政府时期印度和非洲关系的提升（2004—2014 年）；③纳伦德拉·莫迪政府时期印度和非洲关系的深化（2014 年 5 月—2019 年 5 月）。[①] 和中国一样，印度也曾是非洲民族解放的支持力量。出于保障能源安全、发展国内经济和增强大国地位等因素的考虑，印度近年来不断深化印非合作关系，一定程度上提升了印度在非洲的影响力，增强了印度在国际机制中的发言权。印度的公共部门和私营部门（ONGC Videsh、Tata Group、Bharti、GodrejGroup、Mahindra & Mahindra、Escorts、Apollo 和 Essar 等）一直没有停下开拓非洲的步伐。1996—2021 年，印度是在非洲大陆投资最多的五个国家之一，近年来印度和非洲的双边贸易额持续增长[②]。通过免税关税优惠（DFTP）计划，印度向非洲国家开放了市场。该计划将免税准入范围扩大到印度总关税细目的 98.2%。到目前为止，非洲 33 个最不发达国家有权从该计划中受益。2021 开始的非洲大陆自由贸易区（AfCFTA）协定将有助于印度公司增强和强化在非洲的业务足迹。目前印度已经成为非洲第三大贸易伙伴。塔塔汽车生产的卡车被用于建筑、垃圾收集等用途。这些卡车上的司乘人员通过印度电信公司 Bharti Airtel 运营的移动网络互相通话。

为了加强在非洲的影响力，印度制定了经济层面和战略层面的实际规划。印度分三批为乌干达、赞比亚、马拉维等 21 个非洲国家建造会议中心，并以"圣雄甘地"命名这些会议中心，印度还通过在赞比亚、斯威士兰、赤道几内亚等非洲国家提供一系列需求驱动的项目来扩大影响力。为了谋求在非洲的发展项目，印度首先加强了对非洲国家在资金和技术上的援助。通过实施"经济技术合作计划""非洲发展新伙伴计划""聚焦非洲计划"等各类项目，为非洲提供资金、技术支持。目前，印度是非洲各国家药物进口的主要来源国之一，在非洲药品市场享有盛誉。印度在非洲的战略目标更多集中在印度洋沿岸的东非地区和能源丰富的非洲国家，一方面是希望维护其在印度洋沿岸的传统影响范围，另一方面则是基于自身的能源需求。

《外交官》刊文指出："非洲作为一个对中国和印度都越来越重要的大陆，将见证这种竞争的加剧。印度可以通过三种方式和中国竞争，一是为非洲提供更大的支持，二是追求自己的利益，三是利用长期存在的、融合良好的印度侨民，这些侨民可以使印度在非洲规划出一条有别于美国、欧盟和中国的拓展

---

① 徐国庆. 印度与非洲关系发展报告 [M]. 北京：中国社会科学出版社，2019.

② 印度跻身非洲五大投资者之列：Jaishankar[EB/OL]. https://www.prameyanews.com/india-among-top-five-investors-in-africa-jaishankar/，2022-07-20.

道路。"① 作为亚洲第三大经济体，印度正通过外交、援助、投资等途径向非洲开放。印度希望充分利用和非洲大陆的历史联系，赶上中国在非洲的经济影响。

（2）印度在亚洲地区的影响力提升

在东南亚、中亚等地区，印度表现同样日益活跃。自 2014 年以来，印度推行"向东行动"政策，全面增加了对东盟的外交资源和关注。自 20 世纪 80 年代以来，中印两国基于四大支柱构建了合作框架，但是仍存在一些比较敏感的议题，例如长期的边界危机。中印两国在南亚和东亚地区没有根本的利益冲突。无论是中国参与南亚事务，还是印度参与东亚地区合作，都没有将对方视为障碍。由于中印两国在地区一体化进程中的参与程度日趋加深，相互依存度日渐密切。②

（3）印度的政治、经济和社会

一个国家的海外影响力和其军事投射力也有关系。目前，印度在海外基本没有军事设施和补给设施，航母的战备执勤能力也较为有限。③ 莫迪政府上台后为印度确立了"全球领导大国"的目标，更加强调突出军事实力，捍卫国家利益。由于中美对抗，目前印度正处于战略机遇期，不断变化的国际形势，为印度加速崛起并重塑在国际体系中的国家实力和国际地位提供了难得契机。英国《金融时报》于 2023 年 2 月 14 日报道指出，苹果公司自 2017 年在印度启动了 iPhone 组装业务以来，不断押注，并且希望印度占其产量的比例从目前的大约 5%~7% 提高到 25%，这和印度政府推动本土制造业的目标相一致④。在全球产业分工中，印度成为全球的呼叫中心。虽然印度国内经济仍在起飞阶段，但是近年来，印度国内经济发展势头较猛，综合国力增速明显，2022 年 9 月，印度成为世界第五大经济体，超越了其昔日的宗主国英国。但其优势仍然集中在软件、微电子等智能产业，"印度制造"的质量仍有待提高。⑤ 目前印度的经济规模处于中国的 1/5。

在社会层面，印度长期存在社会分层制度，即种姓制度，社会等级分明，造成了社会不平等、隔阂和歧视，限制了社会的流动性，产生了贫富差距。根据《2022 年世界不平等报告》，印度是世界上贫富差距最大的国家之一。

（4）城市表现

印度的城市历史悠久，由于被殖民的历史，一些城市参与全球化的时间较早，还有一些城市是当今全球化中颇受欢迎的国际旅游目的地，因此在城市

① 徐国庆 . 印度与非洲关系发展报告 [M]. 北京：中国社会科学出版社，2019.

② 胡志勇，吴虚怀 . 推进两军高层交往 中印关系趋向成熟 [N]. 人民日报海外版，2018-08-27（10）.

③ 严瑜 . 携手中国 我们的生活会更美好 [N]. 人民日报海外版，2018-09-01（3）.

④ 杨雪蕾（编译）. 外媒：苹果公司试图扩大在印产量，但障碍重重 [EB/OL]. 参考消息，https：//baijiahao.baidu.com/s?id=1757817887536950864，2023-02-14.

⑤ 严瑜 . 有大国雄心，还要有大国胸怀 [N]. 人民日报海外版，2018-05-19（6）.

无障碍设施建设方面在亚洲甚至是比较领先的。在城市空间构成上，老城大多居民住房密集，一般按不同阶层和宗教信仰构成传统的居住区。

印度首都德里分为旧德里和新德里两部分，城区又可分历史悠久的旧城区以及英国殖民时期规划的新城区。孟买大区是印度人口第二密集的地区。孟买是重要的贸易中心和港口城市，其工厂数目占全印度的15%，纺织工厂占40%。孟买也是印度最富裕的城市，这里的百万富翁和千万富翁冠绝印度所有城市。班加罗尔在印度独立后发展成重工业中心，随着高科技公司的成功建立，又成为印度信息科技的中心，被誉为"印度的硅谷"。班加罗尔、金奈、艾哈迈达巴德都是新兴城市。加尔各答是印度最大的麻纺中心。在1772—1911年殖民地时期的140年间，加尔各答一直是英属印度的首都，印度近代教育、科学、文化和政治的中心；1947年印度独立后，由于各种不利因素的影响，加尔各答的经济长期停滞。自2000年起，加尔各答的经济开始复苏，重新迸发出增长的活力。

印度1000万人口以上的超大城市有2座，孟买和德里。500万~1000万人口的城市有1座，班加罗尔；100万~500万人口的城市有38座；60万~100万人口的城市有29座。表5.12列出了前10位城市。

印度的主要城市（2023年） 表5.12

城市	人口总数	城市性质
孟买	12691836	邦首府，印度第一大港口
德里	10927986	首都
班加罗尔	5104047	印度的硅谷
加尔各答	4631392	邦首府
金奈（Chennai/Madras）	4328063	邦首府
艾哈迈达巴德（Ahmedabad）	3719710	纺织工业中心
海得拉巴（Hyderabad）	3597816	邦首府
浦那（Pune）	2935744	西部城市
苏拉特（Surat）	2894504	西部港口城市
坎普尔（Kanpur）	2823249	北部重要工业中心

来源：worldometer. Main Cities by Population in India[EB/OL]. www.worldometers.info/world-population/india-population/，October 29，2023.

3.2 拉丁美洲的全球化

第4章讨论拉丁美洲的城市化时提到，拉丁美洲国家以说西班牙语为主，巴西为葡萄牙语，海地为法语，语言其实已经反映了该地区的殖民历史。拉丁美洲的全球化可以分成早期的全球化和 20 世纪的全球化。拉丁美洲几乎每个国家都曾被欧洲人殖民过，其中大部分是西班牙人和葡萄牙人的殖民地。欧洲人的殖民侵略从东边开始，野蛮而血腥，蹂躏和征服了当地古老的玛雅文明、阿兹特克文明和印加文明。这里不像在北美大陆，北美的定居者大多是为了寻求自由和民主而去，而拉丁美洲的入侵者却在这里建立了独裁统治和封建制度。

3.2.1 拉丁美洲的殖民主义遗留问题和受到的全球化影响

南美大陆和中美洲及墨西哥一道，数百年前在玛雅文明、阿兹特克文明和印加文明时期被城市化，这些文明建立了伟大的城市，正处于欧洲中世纪的那段时期。在 17 和 18 世纪，西班牙和葡萄牙征服者到达美洲后建立了新城镇和行政中心，作为殖民征服和统治的基地（参见第 4 章）。而 18 世纪末 19 世纪初，拉丁美洲独立运动逐渐兴起，1790—1804 年海地革命的胜利，揭开了拉丁美洲独立运动的序幕。拉丁美洲北部（委内瑞拉和哥伦比亚）、南部（阿根廷，智利和秘鲁）、墨西哥和中美洲的西班牙属殖民地以及葡萄牙属殖民地巴西，都先后爆发拉丁美洲独立战争，并最终取得胜利。

（1）拉丁美洲的中等收入陷阱

20 世纪 60—70 年代，阿根廷、墨西哥等拉美主要经济体就进入了中等收入经济体行列。然而在 20 世纪最后 20 年却一直处于经济持续低迷、贫富悬殊严重、社会贫困化的状态，一度被视为"中等收入陷阱"的代名词[①]。世界银行提出的中等收入陷阱概念，很大一部分是将巴西、阿根廷、墨西哥等拉美国家视作代表。中等收入陷阱是指一个国家由于凭借某种优势（自然资源、人口等），实现经济的快速发展，使人均收入达到了一定水准，但长期停留在该水准的情况。中等收入陷阱描述的也是这些国家近几十年来长期处于世界银行界定的中等收入的经济体行列而无法进入高收入经济体行列的一种经济发展现象。

（2）21 世纪的困境

但自 2003 年起，拉美迎来 21 世纪初第一轮经济增长周期，拉美经济经历了 2003—2012 年高速增长的"黄金十年"增长周期，这一时期经济繁荣，并拥有大量财政盈余。此后于 2012 年起持续走低，2014 年初，世界银行发布《全球经济展望报告》（*Global Economic Prospects*，January 2014 年）称，受世界经济不景气、国际贸易低迷、大宗商品价格震荡以及国内问题等多种因素影响，2013 年拉美地区经济增长仅为 2.4%，成为全球增速最缓慢的地区之一。2015 年拉美经济普遍呈现负增长，巴西、阿根廷、委内瑞拉等国陷入

---

① 吴洪英. 拉美经济如何迎来下一个"黄金 10 年"？ [N]. 人民日报，2014-04-15.

衰退，墨西哥、秘鲁、哥伦比亚等国经济增速明显放缓。拉美地区陷入了经济政治困局。由于经济低迷、危机加剧、生活艰辛，引发了民众对政府的不满，民众的思变、求变的心态更加突出。

墨西哥北部和美国接壤，和美国在地理和社会经济上的联系密切，被称作美国的脐带。巴西是拉美最大经济体，占拉美 GDP 近 40%；巴西和美国、加拿大保持密切的商业贸易，仅次于墨西哥和这两国的紧密程度。恶性通货膨胀是巴西金融业的"癌症"，过去几十年不断发生通货膨胀，每年达到 500% 或更高，21 世纪初情况有所改善。阿根廷作为拉美第三大经济体，饱受高通胀、高赤字等问题的困扰。

委内瑞拉是世界最大石油储备国和拉美最大石油生产国，也面临高通胀、高失业率、商品短缺和犯罪率居高不下的严重困扰。委内瑞拉自 2014 年的经济危机爆发以来始终不见好转，如今通货膨胀率已达惊人程度。近 3 年间，该国约有 300 万人远赴异国讨生活，大量年轻人抛家弃子，将年幼的孩子留给年迈的父母照料。[①]

海地和利比亚——这两个国家已分别实施了 200 年和 150 年的自治——长期以来一直是全球最不稳定和贫穷的黑人国家。海地属于拉美最不发达国家，经济以农业为主，依赖外援。国内政局动荡、疫情、自然灾害等对海地经济造成重大影响，物价飞涨，失业增加，民众生活困难。

拉美国家面临的困境是多方因素相互作用的结果。外因主要是国际经济环境的恶化，外部市场大宗商品需求不振，2013 年以来，大宗商品价格普遍下跌，拉美地区出口大幅减少，创造了 1980 年以来的最差出口。这直接导致巴西等高度依赖原材料和大宗商品出口国家的经济遭受沉重打击。

内因是不少国家的经济结构失衡，拉美国家长期施行的是出口资源换取制成品的经济模式，对外部市场依赖较大，这样的经济结构和增长方式在发展上有很大的不确定性，难以有效应对内外部干扰、抵御冲击，也就是经济缺乏韧性。一旦陷入财政危机时，也很难推进改革。换句话说，一个经济体如果不能充分利用全球化曾经带来的经济繁荣进行必要的社会经济改革，那么也会尝到全球化消退后带来的苦果。

（3）执政难题和西方的殖民主义沉渣

现阶段拉美左右翼轮替的政治现象和经济形势紧密相关。依照如今拉美地区经济上对外部的依赖程度，从目前形势看，无论左翼上台还是右翼当政，整体而言，拉美地区将难以在短期内走出困境。[②] 在"财产甚至是生命都无法得到安全保证的前提下"，英国经济学者保罗·约翰逊（Paul Johnson）坚称

① 孙微，胡浩．委内瑞拉留守儿童境况堪忧：父母远赴异国谋生，面临饥饿失学痛苦 [N]．环球时报，2019-01-18（4）．
② 刘莉莉．新闻分析："左右变奏"难解拉美困局 [N]．人民政协报，2016-05-31（4）．

上述两个国家（海地和利比亚）的"普通民众"均"强烈呼吁西方的干预"。[①]约翰逊认为，殖民主义拥有漫长且光荣的历史，希腊人"创立"了殖民主义，他们"通过建造殖民城邦向外传播文化"。罗马人紧随其后，并且这一做法一直延续到"欧洲有关国家以及俄罗斯和美国"。殖民主义者对自己开拓事业的自豪感是对殖民主义抱有的一种相当乐观的看法。[②]这样的观点言论一方面说明了部分西方白人学者对殖民主义仍然持有乐观幻想的态度，另一方面也反映出拉美政治社会问题的复杂性和国家治理及解决问题的难度。

3.2.2 拉丁美洲主要城市的表现

由于殖民势力的贸易支配，拉丁美洲的许多城市位于沿海口岸。表 5.13 显示了拉丁美洲的主要城市。在整个拉丁美洲，巴西的大城市数量最多，其中：人口 1000 万以上的超大城市有圣保罗，人口数 500 万~1000 万的特大城市有里约热内卢，人口数 100 万~500 万的城市有 18 座。墨西哥千万人口的超大城市有首都墨西哥城，人口数 100 万~500 万的城市 13 座。阿根廷千万人口的超大城市有首都布宜诺斯艾利斯，人口数 100 万~500 万的城市 3 座。哥伦比亚人口数 500 万~1000 万的城市 1 座，人口数 100 万~500 万的城市 5 座。委内瑞拉人口数 100 万~500 万的城市 5 座。玻利维亚、秘鲁、古巴各有 1 座 1000 万以上人口的超大城市，智利有一座人口数 500 万~1000 万的大城市，巴拉圭、乌拉圭各有 1 座人口数 100 万~500 万的城市。

拉丁美洲包括了世界上最大的城市之一——墨西哥城，对墨西哥国内移民来说是一个内陆的磁石。墨西哥城曾是古阿兹特克帝国的首都，18 世纪末墨西哥城的规模开始不断扩大。20 世纪 30 年代以后，城市建设现代化速度加快，大约 20% 的墨西哥人口居住在墨西哥城。墨西哥城极其拥挤，市区面积不断扩大，并向周围的墨西哥州扩展，形成了众多的卫星城镇。墨西哥城大都市区包括墨西哥城和附近行政上属墨西哥州的 17 个城镇。

拉丁美洲还有世界上增长最快速的若干大都市：巴西的里约热内卢和圣保罗、阿根廷的布宜诺斯艾利斯、委内瑞拉的加拉加斯，以及哥伦比亚的波哥大。波哥大是哥伦比亚全国的经济中心，也是拉丁美洲最大的工业中心。哥伦比亚由于 1948 年动乱后全国各地仍动乱不断，许多难民逃往波哥大，波哥大从不到 50 万人口暴涨到了 21 世纪初的 700 万人口。在委内瑞拉，1950 年连同郊区和米兰达州的 5 座城镇形成了加拉加斯大都市区，并发展成为全国最

① （澳）布雷特·鲍登. 文明的帝国：帝国观念的演化 [M]. 杜富祥，季澄，王程，译. 北京：社会科学文献出版社，2020：245.
② （澳）布雷特·鲍登. 文明的帝国：帝国观念的演化 [M]. 杜富祥，季澄，王程，译. 北京：社会科学文献出版社，2020：244.

拉丁美洲的主要城市／都市区　　　　　　　　表 5.13

国家	城市	城市／大都市区人口总数
墨西哥	墨西哥城 (Mexico City)	8843706 / 23146802 (2020 年)
阿根廷	布宜诺斯艾利斯 (Buenos Aires)	3120612 / 17569053 (2022 年)
巴西	圣保罗 (São Paulo)	12284940 (2021 年)
	里约热内卢 (Rio de Janeiro)	6775560 (2021 年)
	巴西利亚 (Brasilia)	2988440 (2021 年)
	贝洛奥里藏特 (Belo Horizonte)	2530700 (2021 年)
秘鲁	利马 (Lima)	11166200 (2022 年)
哥伦比亚	波哥大 (Bogotá)	7876000 (2023 年)
	麦德林 (Medellín)	2553600 (2023 年)
智利	圣地亚哥	6160040 (2017 年)
委内瑞拉	加拉加斯 (Caracas)	2087700 (2019 年)
海地	太子港 (Port-au-Prince) 都市区	2296386 (2009 年)
厄瓜多尔	基多 (Quito)	1763275 (2022 年)
古巴	哈瓦那 (Havana)	11089511 (2022 年)
巴拿马	巴拿马城	1439575 (2023 年)
玻利维亚	苏克雷 (Sucre)	11633400 (2020 年官方估算数据)
	圣克鲁斯 (Santa Cruz)	1442396 (2012 年普查数据)

来源：www.citypopulation.de

大的经济中心；瓜亚纳城（Ciudad Guayana）是委内瑞拉于 20 世纪 60 年代规划建设的新城，是一座石油驱动的工业城市。秘鲁的商业中心是利马，经济相对落后。

3.2.3　拉丁美洲主要城市的问题及特征

拉丁美洲主要城市大多具有这样一些和全球化相关的共同特征：

（1）具有典型的首位城市的特征

由殖民主义产生的不平衡的空间发展在大多数国家创造了首位城市。布宜诺斯艾利斯既是阿根廷的政治中心，也是经济、科技、文化和交通中心。全市工业总产值占阿根廷的 2/3，在国民经济中占有举足轻重的地位。墨西哥城是墨西哥高度发展的城市，集中了全国近 50% 的工业、商业和超过 50% 的服务业以及 2/3 的金融业，它的生产总值占全国的 48%。墨西哥城也是一座朝气蓬勃的现代化城市，2021 年 11 月，墨西哥城以全世界拥有最多免费 Wi-Fi 互联网接入点城市获得了新的吉尼斯纪录认证。委内瑞拉经济在拉美位列最繁荣的经济之一，来此做生意的北美人很多。对于大部分北美人来说，到委内瑞拉做生意就意味着到首都加拉加斯去，加拉加斯到处都是人群和高耸的建筑物。

（2）社会问题复杂严峻

拉丁美洲国家的毒品问题以及由此引发的社会安全问题严峻，尤其是在墨西哥和哥伦比亚。从 20 世纪 70 年代起，墨西哥的毒品问题初步形成，直至今天愈演愈烈，严重干扰了国家的政治社会生态。20 世纪 90 年代，波哥大时常遭到贩毒集团的恐怖袭击，犯罪分子在百货商场以及政府公共设施中投放炸弹，危及公共安全。

贫困、城市贫富分化严重是另一个严重的社会问题，贫困也是毒品问题的深层根源之一。20 世纪 70 年代末，墨西哥遭遇经济危机，种植毒品、贩毒成为农民短期内快速翻身的主要途径，由此扩大了贩毒业的社会基础。在秘鲁，利马市中心以南的米拉弗洛雷斯（Miraflores）区，是利马市最富裕的地区之一，是高档住宅区、购物区以及由酒店、餐馆、酒吧、夜总会和百货公司等组成的主要旅游目的地。紧邻在侧的却是利马的贫民窟，对比相当强烈。利马的贫民窟占整个城市的 1/3，排布紧密的简陋的木屋式建筑多集中在郊区的山坡上。①

（3）文化多元、多源、丰富而特色鲜明

拉丁美洲曾经拥有玛雅文明、阿兹特克文明和印加文明三大古文明基础，现代拉美文化是一种杂交文化，是欧洲殖民主义文化、美洲印第安土著文化和非洲黑人文化的混合体，既带有浓郁的民族文化色彩，又体现了绚丽多姿的现代文化，也因此促进了拉美各国的国际旅游业发展。

3.3 非洲的殖民主义和全球化

非洲不是如一些西方学者或探险者所描绘的那样只是"狮子出没的地方"，如帕特森（1867—1947 年）的《察沃的食人魔》②中的惊险故事，而是在远古时代就拥有高度文明的大陆，是世界古人类和古文明的发源地之一。进化论奠基人达尔文在内的人类学家得出了非洲是人类诞生地的结论。考古学的材料证明，非洲各族很早就创造并发展了光辉灿烂的古代文明。远古时代，当西方殖民主义者的故乡还处在冰川封固阶段的时候，在非洲大陆上就已出现了沸腾的生活。那时候，尼罗河流域还是不适于居住的沼泽，现在荒无人烟的撒哈拉沙漠却是一片河流纵横的森林和草原。大约距今 1 万年以前，北非气候发生了急剧变化，大草原逐渐干旱而变成沙漠。西非是大部分非洲农业的发源地。西非在公元前几千年就出现了精制的赤陶雕塑品，历史遗留在撒哈拉沙漠的一些雕像和洞穴壁画是西非人先放牧后田园生活的写照。公元前 3 世纪左

---

① 郭存海 . 拉美的"过度不平等"及其对中产阶级的影响 [J]. 拉丁美洲研究，2012（4）：36–44，80.
② （英）约翰·亨利·帕特森 . 察沃的食人魔 [M]. 娄美莲，译 . 上海：上海文艺出版社，2013.

右进入铁器时代后，先后出现过加纳、马里、桑海等强盛的古代帝国。濒临印度洋的非洲东海岸，自古以来就进行着繁盛的贸易，早在纪元前就进行铁和盐的交易。15世纪上半叶，非洲东海岸已发展到能派使者远渡重洋到中国访问。而非洲北部的埃及是世界文明发源地之一，尼罗河流域是孕育世界古代文明的摇篮之一。

3.3.1 被殖民和被迫全球化的历史

由于非洲的地理和资源优势[①]，自15世纪西方殖民主义者侵入非洲后，欧洲列强开始对非洲进行野蛮和残酷的殖民统治，从非洲掠夺奴隶从事奴隶贸易。16—19世纪，西方殖民者将2000多万非洲黑人贩运到美洲当奴隶。西方列强用武力抢占非洲的土地和资源，大约19世纪末—20世纪初达到巅峰，约有95%非洲领土遭到列强瓜分，资源长期遭到掠夺。

可以说，非洲从其被发现，就处于被动的全球化过程，这从非洲国家的地理版图上一清二楚地展现出来。19世纪80年代以前，非洲大陆地广人稀，主要是游牧民族，部落社区因为经常迁移，所以无需固定的范围边界。但是1884—1885年的柏林会议完成了欧美殖民列强对非洲大陆的势力范围瓜分，由于非洲高原地貌类型单调，地面缺乏自然边界标志（如河流、山脉等），且地形测量资料不足，最后边界采用了三种划分方法，大多按经、纬线划分，也有用直线或曲线的几何方法划分，还有极少数以河流、山脉等自然标志划分。这种武断的国界划分方法使得一些原有的部落社区一分为二，也为后续的边界纷争和领土冲突埋下了祸因。[②]

"一战"前，在大约3020万平方公里的非洲大地上，除埃塞俄比亚和利比里亚之外的所有国家均沦为西方殖民地。非洲在政治上一直处于不稳定的状态，殖民主义者和帝国主义者从未停止过对非洲人民的杀戮和对非洲财富的掠夺，非洲人民则同侵略者进行了长期艰苦的武装斗争。"一战"前，埃塞俄比亚、马达加斯加、加纳、阿尔及利亚、几内亚、马里、苏丹、肯尼亚、索马里以及南非和东非的其他许多国家都爆发过反抗侵略者的大规模武装斗争和武装起义。"一战"后，非洲又燃起了反对帝国主义和争取独立斗争的火焰。北非的埃及赢得了独立。

非洲的殖民主义经历是全面又残酷的，特别是在撒哈拉以南的非洲。对于许多殖民地和国家来说，这种暴行一直持续到20世纪下半叶。奴隶制、殖民主义的遗产以及正在进行的争取获得真正独立的斗争对非洲大陆及其人民造

---

① Africa 在腓尼基语中有"富饶肥沃的水果之乡"的含意。非洲在人口和面积上都是第二大洲，面积占全球总陆地面积的20.4%。利比亚、阿尔及利亚、突尼斯和尼日利亚等都是重要的石油出口国。

② 黄怡. 社区规划 [M]. 北京：中国建筑工业出版社，2021.

成持久的影响。[1]

"二战"结束后，非洲各国反对殖民统治、争取民族独立的斗争蓬勃发展并取得重大胜利。1947年起殖民地陆续独立，20世纪50年代末，非洲独立国家从"二战"前的3个增至9个。非洲独立年（1960年）象征着非洲殖民时代的结束。20世纪60—70年代，非洲的独立运动如日中天，绝大多数非洲殖民地先后获得了独立。1990年纳米比亚的独立和1994年南非白人种族主义统治的垮台，标志着几乎所有非洲国家都摆脱了殖民主义和种族主义的枷锁，也结束了被迫全球化的历史。

3.3.2　再殖民论和新殖民主义论

近年来，针对非洲，西方出现了所谓的"再殖民论"和"新殖民主义论"。由于非洲国家在20世纪90年代的相继崩溃，使得再度殖民论调沉滓泛起，或是采取托管制度，或受保护国制度。在一些有着对外殖民历史的国家，甚至出现了这样一种论调，即鉴于"战争、饥荒和破败景象"蔓延，"外部殖民是完全值得信赖的"[2]。但是来自外部列强的殖民总是打着人道主义旗号，而并未留下什么具有建设性的遗产，实际结果是弊远大于利。英籍德裔社会学家诺贝特·埃利亚斯（Norbert Elies，1897—1990年）在《文明的进程》（The Civilization Process）一书中提出了较为中肯的观点："西方社会结构的一大特点在于其殖民运动的口号是'文明'。"[3] 鲍登在《文明的帝国》一书里反复强调，在过去的500多年里，一些人以文明之名做出了许多令人发指之事。对这些罪行的辩解往往体现为"文明的"欧洲国家自我赋予的责任，即把文明福祉带给"愚昧"和"野蛮"的部落，即所谓的"白人的负担"或"文明的负担"。[4]

保罗·约翰逊则认为，非洲和其他地区存在的问题和"恐慌"既不属于殖民主义遗留下来的积弊及残余，也不是由"人口、自然灾害或缺乏信誉"造成的，而是因为"政府糟糕、无能和腐败，通常情况下，这三者是同时存在的，或者压根就不存在政府"。在约翰逊看来，自我治理能力的缺失为"殖民主义的复活铺平了道路，尽管是以一种新的形式出现"，并且"无论从实践层面还是道德层面上看，这种趋势都值得鼓励"。保罗·约翰逊是英国人，而来

---

① （澳）布雷特·鲍登.文明的帝国：帝国观念的演化[M].杜富祥，季澄，王程，译.北京：社会科学文献出版社，2020：186.
② （澳）布雷特·鲍登.文明的帝国：帝国观念的演化[M].杜富祥，季澄，王程，译.北京：社会科学文献出版社，2020：246-247.
③ Norbert Elias. The Civilization Process[M], trans. Edmund Jephcott, rev. ed., 1939, Oxford：Blackwell，2000：431.
④ （澳）布雷特·鲍登.文明的帝国：帝国观念的演化[M].杜富祥，季澄，王程，译.北京：社会科学文献出版社，2020：20.

自有过对外殖民历史国家的学者鼓吹"殖民主义的复活"或再殖民论，这一点似乎可以理解。

又有西方和少数非洲学者炮制和抨击"新殖民主义论"，"新殖民主义论"主要是针对亚洲国家在非洲的活动而贴上的标签。例如，西方国家认为中国的语言和文化中心正超出他们想象地在非洲快速成长，因而指责中国向当地文化机构输出其文化观和世界观，但是"孔子学院目前教授的课程中没有历史，更多涉及的是乐器、书法和舞蹈等"[①]。目前日本、中国和印度在非洲都有投资活动。日本在非洲的投资最早，中国次之，印度最晚。日本在海外的投资大多低调但很有存在感，除了经济鼎盛时期在美国投资时，舆论有些嚣张，直接刺痛了骄傲的美国人的神经。将"再殖民论"和"新殖民主义论"两种论调并置时，呈现出来的潜在逻辑似乎是，这是欧洲的殖民地盘，欧洲的再殖民是有先例的、有传统的，因而是值得鼓励的；而后来的投资者，只要来了，就是（新）殖民主义，是不道德的、不合法的。至于后来的投资者究竟是不是殖民主义，这一点本身并不重要，更无需去甄别。

3.3.3　非洲接受的中国影响

目前，中国作为非洲第一大投资国和第一大基础设施融资来源国，为非洲经济发展发挥了不可或缺的作用。对于中非合作，长久以来的霸权主义心态让某些白人至上主义者戴上了"有色眼镜"，对中国在非洲的贡献视而不见，只看到中国的获益，并渲染中国对其自身霸权地位的"威胁"，还出现了所谓的"增加债务论""新殖民主义""债权帝国主义""地缘扩张说""过剩产能输出论""中国版马歇尔计划"等论调。这些论调反映了一些人的偏见、短视甚至敌视，却也从某个角度折射出"一带一路"的全球影响力。[②] 肯尼亚非洲政策研究所所长彼得·卡格旺加说："贷款不可怕，关键看拿了贷款去干什么。中国给非洲的贷款对非洲来说非常重要，是用于发展的，将造福当代和下一代。"如卡格旺加所说："西方国家对中非关系的非议，源于其霸权心态。他们污蔑中国在非洲实行新殖民主义，但历史上贩卖非洲奴隶的是他们，殖民非洲的也是他们。在几千年的历史中，中国从来都没有掠夺过非洲。"相反，是中国站出来支持非洲解放运动，并为非洲大陆经济发展作出贡献。[③]

早在 20 世纪 70 年代，中国就在苏丹完成了第一个援建工程"苏丹友谊厅"。苏丹的大型建筑几乎都是中国支持建设的。2018 年 6 月，由中国交建

① 美国"石英"财经网站. 孔子学院数量在非洲快速增长 [N]. 人民日报海外版，2018–08–20（10）.
科米·里卡多. 美国"石英"财经网 2018 年 8 月 11 日文章，原题：中国的语言和文化中心正超出我们想象地在非洲快速成长.
② 王文. 画好共建"一带一路""工笔画"[N]. 人民日报海外版，2018–08–28（1）.
③ 张红. 别以醒龊之心看待中非合作 [N]. 人民日报海外版，2018–09–01（3）.

承建的乌干达坎帕拉—恩德培（Entebbe）机场高速公路项目正式通车，这是乌干达第一条高速公路。从首都坎帕拉（Kampala）去维多利亚湖畔的恩德培机场，约40公里，原先需要2个多小时，高速公路建成后只需30多分钟。[①]北京城建集团的非洲业务涉及10多个国家，涵盖水务、公路、机场、房建等领域。阿尔及利亚歌剧院、莫桑比克农业园、尼日尔医院、塞拉利昂博城水厂……一座座地标性建筑，一个个大型工程项目，成为中非合作的标志性成果。

中国已和非洲37国以及非洲联盟成功签署共建"一带一路"政府间谅解备忘录。中国公司为非洲国家提供了数百万就业机会，并对当地工人进行技术培训；中国的投资和商业行为提高了非洲工人的技能。自2015年中非"十大合作计划"实施以来，中非医药公共卫生合作迈上新台阶，中国医药企业陆续在非洲大陆或投资建立工厂，或设立销售点，为当地民众祛病除疾、增进健康提供新的选择。

华为早就在开拓非洲市场。2015年，在乌干达，华为的标志随处可见，从恩德培机场的大屏幕广告、到城市街头的广告牌乃至公路两边刷在房屋上的。

3.3.4　非洲的主要城市

在非洲国家中，尼日利亚和南非分列非洲的第一和第二大经济体。南非国民拥有较高的生活水平，经济较其他非洲国家相对稳定，并保持着显著的地区影响力。非洲的主要大都市区如表5.14所示，各国的人口和产业高度集中于这些主要城市。其中超大城市有3座，分别是开罗、拉各斯和金沙萨。500万~1000万人口的城市6座，100万~500万人口的城市11座。

开罗是非洲第一大城市，也是世界上最古老的城市之一。埃及全国约有1/3的工业集中于此，开罗的国际旅游是全球旅游业的重要组成部分。城中现代文明和古老传统并存，西部以现代建筑为主，大多建于20世纪初；东部则以古老的阿拉伯建筑为主，清真寺集中。

尼日利亚首都拉各斯是尼日利亚最大的港口、工业中心，伊巴丹为商业中心，城市几乎没有工业。中部非洲的第一大城市是刚果共和国首都金沙萨，是刚果最大的河港。南非拥有相对平衡的城市体系，10万人口以上的城市有50座；城市拥有相对完备的硬件基础设施，约翰内斯堡是最大城市；南非三都分立，其中：开普敦（Cape Town）是立法首都（议会所在地），全国第二大城市；茨瓦内（Tshwane）是行政首都（中央政府所在地），布隆方丹（Bloemfontein）是司法首都（最高法院所在地），人口均在80万左右。

---

① 严瑜. 携手中国 我们的生活会更美好 [N]. 人民日报海外版，2018-09-01（3）.

非洲的主要大都市区（2023 年）　　　　　　表 5.14

国家	大都市区	大都市区人口总数（万人）
埃及	开罗（Cairo）	2218.3
尼日利亚	拉各斯（Lagos）	1594.6
	卡诺（Kano）	434.8
	伊巴丹（Ibadan）	387.5
刚果共和国	金沙萨（Kinshasa）	1631.6
苏丹	喀土穆（Khartoum）	634.4
南非	约翰内斯堡（Johannesburg）	619.8
	开普敦（Cape town）	489.0
	艾库鲁勒尼（Ekurhuleni）	411.8
	德班（Durban/Ethekwini）	322.8
	比勒陀利亚（茨瓦内）（Pretoria）	281.8
	曼德拉湾 / 伊丽莎白港（Nelson Mandela Bay/ Port Elizabeth）	129.6
埃塞俄比亚	达累斯萨拉姆（Dar es Salaam）	777.6
阿尔及利亚	阿尔及尔（Algiers）	290.2
肯尼亚	内罗毕	532.5
坦桑尼亚	亚的斯亚贝巴（Addis-ababa）	546.1
摩洛哥	达尔贝达 / 卡萨布兰卡	389.3
安哥拉	罗安达（Luanda）	929.2
乌干达	坎帕拉	384.6
利比亚	的黎波里	118.3

注：非洲城市的人口数均为估算，由于非正式居住的存在，不同来源数据相差较大。本表采用 macrotrends 的数据，根据联合国人口数据推算。

来源：www.macrotrends.net/cities

　　因《北非谍影》而闻名世界的摩洛哥历史名城达尔贝达（Dar el Beida），即卡萨布兰卡，是全国最大的港口城市、经济中心和交通枢纽。该市拥有全国 70% 的现代工业。

　　肯尼亚首都内罗毕是联合国的非洲总部所在地，拥有较高的国际化水平。利比亚首都的黎波里（Tripoli）的工业产值占全国总产值的一半以上，老城区保持着古老的阿拉伯色彩，新城区则呈现出现代化都市景象。

　　非洲的城市大都是现代和传统、富裕和贫穷的混合体。在乌干达，从维多利亚湖畔的恩德培机场到首都坎帕拉两旁，多是低矮、形体简单却色彩鲜艳的小房子，那些建筑上的彩色广告和露天展放的服装、日用品、工艺品等各式店铺引人注目。而市中心却有着豪华的酒店和消费场所。

3.3.5　和全球化相关的主要社会问题和挑战

非洲国家和城市面临着和全球化相关的诸多社会问题和挑战，其中主要有如下四个方面：

（1）贫困、疾病、战争、社会动荡

贫困、肆虐的传染病、连绵的纷乱战争和社会动荡，这些在某种程度上已形成世界对于非洲的印象。非洲曾经遭受长达 500 年的殖民统治，经济命脉被掌控，帝国主义、殖民主义的侵略、剥削和掠夺，将非洲变成了世界上最贫困的大陆。据联合国宣布，世界上最不发达的 48 个国家中有 33 个是非洲国家；非洲 54 个国家中，最不发达国家占总数的 62%。

（2）不均衡的城市体系和首位城市模式

大多数非洲国家普遍存在不均衡的城市体系和首位城市模式（参见第 4 章）。在撒哈拉大沙漠南部，首位城市均被作为贸易中心建立，并且选址靠近海岸或通过水路有到海岸的方便出入口的地方。在极大程度上，非洲区域特有的贫困、过度城市化以及政治不稳定反映了多年殖民地统治的遗留问题和随后时期里美国和苏联冷战政策的后遗症。

（3）土地、资源和生态影响

如第 4 章讨论过的，非洲国家的城市化水平有所提高，但是森林砍伐不断增加，而更复杂的动态往往涉及远程参与者，有大量的来自非洲以外的外国直接投资（FDI）。如何确保此类投资促进非洲大陆的工业多样化和城市发展，而不加速非洲生态系统的破坏，是一个突出的挑战。随着非洲居民收入水平的提高，以及全球市场的融合，作为食品、装饰品或药品的动物部分的需求也在增加。这些来自非洲大陆外部和内部的影响相互作用，对生物多样性和生态系统可能产生不利影响。

第 4 节　1978 年以来中国的全球化

1978 年改革开放以来，中国通过积极主动的全面政策和实践，成为经济全球化的受益者和坚定的支持者。

4.1　全球化改变了中国

全球化在对外贸易和经济、对外合作等方面深刻改变了中国的国内经济社会和国际地位形象。联合国官方网站于 2021 年 4 月 27 日发表署名评论文章，题为"中国：贸易巨人的崛起"。

4.1.1　对外贸易和经济

中国外贸和经济的巨大飞跃通过下列一组数据颇能说明问题：

进出口总额激增。1978—2017 年，按人民币计价，我国进出口总额从 355 亿元提高到 27.8 万亿元，增长 782 倍，年均增速达 18.6%。

贸易伙伴更趋多元。1978—2017 年，中国的贸易伙伴由 40 多个发展到 231 个国家和地区，其中欧盟、美国、东盟、日本等为中国的主要贸易伙伴。

新兴市场及发展中国家的贸易持续较快增长。2017 年 5 月—2018 年 12 月中，仅在贸易和产能投资合作方面，中国和"一带一路"沿线国家货物贸易累计超过了 5 万亿美元。[①]

经济指数良好。自 1991—2003 年，中国创造了连续 12 年没有爆发通货膨胀、年均 GDP 增长高达 9% 的经济奇迹，消费者物价指数（CPI）长期低于 3%。

跨国公司地区总部数量增加。2021 年上海已经有跨国公司地区总部企业近 800 家，有望在 2025 年达到 1000 家，这些企业含金量非常高、业务体量非常大。[②]

这一阶段堪称当代中国历史上经济发展最快的"黄金时间"，也是自 1870 年代洋务运动之后，国民财富积聚最多的"大国崛起"年代。在这期间，中国的经济总量相继超过了法国、英国和德国（2007 年），跃居世界第三。2010 年中国经济规模超过日本，成为世界第二大经济体。

4.1.2　对外合作

在复杂的国际地缘政治环境中，在激烈的国际商业竞争中，中国秉持合作共赢的态度，充分借鉴不同社会制度国家发展的经验，积极共建全球化。

（1）从"外商对华直接投资"到"对外投资"

长期以来，中国以完善的基础设施硬件环境、多层次的人才供给、全产业链的体系和规模经济优势等持续吸引外资，连续 20 多年保持发展中国家吸收利用外资第一位。中国的"引资"经历了两个阶段：第一阶段，引资集中在传统制造业领域。香港一直是内地最大的外资来源地，其中不仅包括香港企业的资金，还包括台湾、澳门、海外华侨及一些内地民营企业的资金，他们都被看作是"港商"，汇入为促进内地发展的龙头队伍中去。第二阶段，向高技术服务业、高附加值制造行业（例如医药制造业）等"更高""更新"领域迈进。至 2019 年初，中国利用的外资 65% 集中在服务行业，35% 集中在高附加值制造行业，中国的外资正在经历快速的经济结构调整过程[③]。

① 李婕 . 全面开放新格局 世界发展添动力 [N]. 人民日报海外版，2018-12-19（9）.
② 潘良蕾整理 . 打造一流营商环境 提升城市软实力——市政协华侨华人经理人座谈会发言选辑 [N]. 联合时报，2021-11-19（4）.
③ 张建平 . 营商环境改善，外企心里有数 [N]. 环球时报，2019-03-26（15）.

在引进外资的同时，中国也开始对外投资。以"一带一路"为主要机遇，中国企业的业务走向全球化。过去 10 年来，中国企业收购欧洲 13 个大港口的股份。巴基斯坦瓜达尔港是"中巴经济走廊"的重要支点，也是"一带一路"框架下的旗舰项目。2013—2020 年，中国已累计在沿线国家设立 1.1 万家企业，实施 1 万多个工程项目，中国企业承包工程完成营业额累计约 6400 亿美元①。中国境内投资者共对全球 152 个国家和地区的 3999 家境外企业进行了非金融类直接投资，累计实现投资 652.7 亿美元。实施"一带一路"倡议后，沿线国家投资合作得到积极推进。

中国对外投资合作的行业结构，亦即中国资本在境外投资主要分布在下列领域：首先是基建投资，集中于基础设施开发领域。对外承包工程新签大项目多，行业分布主要集中在交通运输、电力工程和建筑行业，带动出口作用明显。2018 年合计占新签合同总额的 68.2%。② 连续多年成为马来西亚工程施工承包的最主要合作方。其次是制造业，中国已连续两年成为马来西亚制造业最大投资来源国。最后是房地产。以在韩国的房地产投资为例，2010 年韩国实施房地产投资移民法后，中国公民和企业在短时间内大量购买济州土地，持有的济州土地面积从 2009 年的 2 万平方米扩大到 2014 年 6 月底的 592.2 万平方米，增长超过 295 倍。同期，中国公民和企业拥有全部土地的公示地价从 4 亿韩元暴涨至 5807 亿韩元，暴涨约 1450 倍。

然而中国对外资本的行业结构需要持续优化，有效遏制非理性投资。2018 年 1—7 月，对外投资主要流向租赁和商务服务业、制造业、采矿业以及批发和零售业，占比分别为 32.5%、15.8%、11.0% 和 9.6%。房地产业、体育和娱乐业对外投资没有新增项目③。尤其是海外房地产投资，对于投资人和当地来说都有不确定性。早在 2011 年，韩国《首尔经济》曾评论说，中国资本不分好坏购买度假村和商家，让济州岛地价上涨，对当地消费和就业没有积极作用，对外资引进也毫无效果。中国资本集中于度假村为主的短期投资，一旦撤出，"济州岛将到处留下滥开发后遗症的忧虑"。④ 这反映出韩方对于资本进入和过度开发的担忧，而对于中国投资者来说，当地各方的心态和态度是对投资时必须充分考虑的重要因素。

（2）海外投资合作的形式和空间分布

海外投资的形式之一是建立合作园区，第一、第二阶段的海外对华投资以及第三阶段的中国向海外投资较多采取了这种形式，这是因为，园区这种空

① 共克时艰谋发展 合作共赢创未来——"中国企业走进'一带一路'研讨会"嘉宾发言选粹 [N].联合时报，2021-12-17（2）.

② 王珂 . 中国对外投资处于活跃区间 [N]. 人民日报海外版，2018-08-18（3）.

③ 商务部对外投资和经济合作司负责人读 2018 年 1-7 月我国对外投资合作情况 [EB/OL]. www.gov.cn，2018-08-17.

④ 韩国忧心中国人济州岛买地 [N]. 欧洲时报，2014-09-04（3）.

间载体可以有效发挥资本、产业、人才的集聚效应。园区的类型和分布具有下列一些特征：①科技合作园区，依托大城市设立，例如青岛中德科技园、天津中新生态科技园。②工业园区、制造业合作园区，分布在大都市圈边缘，充分利用区位优势，降低土地成本，例如江苏的昆山、浙江的嘉兴等县级市，都处在上海大都市圈的辐射范围内。德国工商总会 2005 年在昆山市成立了昆山德国工业园，经过 10 多年的发展，至 2017 年 3 月园区内已有欧美企业百余家，其中德资企业逾 60 家。嘉兴截至 2017 年 3 月已有 60 多个世界 500 强企业来投资，以美欧为主，产业主要涉及高端装备制造、生物医药等，相比之下，此前则是化纤纺织、汽车零部件等外资企业居多。[①] ③战略地位显要的地区。中国在海外建立的合作园区有些兼顾了综合考虑，例如已正式开园的东非吉布提自贸区。吉布提是个异常贫困的东非小国，面积仅 2.3 万平方公里，人口不足 100 万，但是扼守红海进入印度洋的战略要道——有"海上咽喉"之称的曼德海峡，中国在此设立了第一个海外军事基地。

4.2 中国参与经济全球化的阶段

中国参与全球化是一段工业化、城镇化交织的进程，是一场全社会、全方位的交汇嬗变。每一阶段都以一场转折性的事件（例如 1997 年、2008 年的金融风暴或 2019 年的疫情）结束，从而开启下一阶段。

第一阶段（1978—1997 年），跟跑阶段，引进外资，发展外贸。

改革开放后，中国的全球化首先在和日本的交流中开始。1979 年 12 月，日本首相大平正芳来访，商量如何加强两国多方面的合作。"自从 1978 年我们党的十一届三中全会以来，我们重点搞经济建设，一心一意搞四化，但是实际上达到什么程度，步子怎么走，心中还没有数。……我们提出在 20 世纪内翻两番，是在他（大平正芳）的启发下确定的。""翻两番、小康社会、中国式的现代化，这些都是我们的新概念，是在这次谈话中形成的。"[②] 如果将我国的"翻两番"目标和日本的"翻一番"目标相对照，就不难看出这种启发的真实性。就这方面来说，日本对于中国的发展和参与全球化是有帮助的。

1980 年 5 月 1 日，中国第一家中外合资企业——北京航空食品有限公司诞生了。这一阶段，工业生产基本以出口为主。但是为了满足商品出口需要，大部分国家都会重复投资相同的中低端产业，导致产业结构单一，而且生产的商品技术含量不高，这就很容易被取代。

---

① 新华社.中国始终是外国企业投资的"热土"[N].浦东时报，2017-03-13（12）.
② 周飞亚.大平正芳"中国人民会记住他的名字"[N].人民日报海外版，2018-08-14（12）.

1991 年底苏联解体后，更多国家加入了全球化的竞争，经济全球化的趋势越来越明显，东南亚、东欧等国家依靠庞大的廉价劳动力和丰富的资源，代工的中低端商品竞争力就比欧美强，结果导致西方经济纷纷出现增长缓慢甚或停滞的局面。

1997 年 7 月亚洲金融风暴首先席卷泰国，不久波及马来西亚、新加坡、日本、韩国、中国等地，冲击了亚洲各国外贸企业，造成亚洲许多大型企业的倒闭，工人失业，社会经济萧条，打破了亚洲经济急速发展的景象。亚洲一些经济大国的经济开始萧条，一些国家的政局也开始混乱。泰国、印度尼西亚和韩国是受此金融风暴波及最严重的国家，新加坡、马来西亚、菲律宾和中国香港地区也被波及，中国大陆地区和台湾地区则几乎不受影响。同年香港回归祖国。

第二阶段（1998—2008 年），并跑阶段，加入世贸组织，经济大幅提升。

这一阶段，中国经历了高速增长。2001 年 12 月，中国正式加入世界贸易组织，这是中国深度参与经济全球化的里程碑。2007 年美国爆发次贷危机，到 2008 年演化为一场全球性的金融危机，给各国带来了前所未有的困难和挑战，出口大幅下滑，经济增速放缓，就业压力加大。全球金融危机发生以后，主要经济体以 G20 多边协作为纽带，有力推动了危机化解和世界经济复苏。

第三阶段（2009—2019 年），领跑阶段，走出去，到国外投资。

2008 年之后，中国进入到另一个高速发展阶段，并在经历了高速增长后日益壮大，中国出口规模 2009 年跃居世界第一。"一带一路"建设则开启了中国对外开放的升级版，意味着中国从全球化的受益者转变为贡献者。2018 年 7 月，塞内加尔成为第一个同中国签署"一带一路"合作文件的西非国家。"一带一路"倡议和非盟《2063 年议程》高度契合，除了产能合作和基础设施建设之外，还包括中非的战略对接。例如中国积极开展国际减贫合作，帮助莫桑比克建起了高楼、铁路、公路。在这一阶段，2018 年起中国开始在上海举办中国国际进口博览会，主动向世界开放市场。

这一阶段的后半期，外部环境日趋严峻，反全球化、逆全球化波潮涌动。由于中国已经崛起成为世界第二大经济体，中国威胁论在西方越来越有市场，美国不断发起贸易摩擦。

第四阶段（2020 年至今），坚持阶段，固本拓新。

2019 年底疫情对中国经济社会形成了冲击，也给全球化带来严重冲击，疫情对世界经济的影响近乎 20 世纪 20 年代末大萧条的危机重演。2023 年 8 月，美国单方面将中国列为发达国家，意图强制取消中国发展中国家的优惠政策。中国将被迫处于一个可能较长期的坚持全球化、开拓区域化的新阶段，协同和引领国际社会，仍然维系全球化的航向。

4.3 全球化中的人口流动

人口的国际流动是全球化的表现和结果。全球化中人口的国际流动趋势一般是从发展中国家和地区流向发达国家和地区，在不同时期出现劳动力移民、投资移民、智力移民等不同移民形式，以及通过留学途径的移民和其他方式的移民。就中国来说，由于相对严格的出入境管制，1978 年以来的中国移民大多是通过留学途径出去，然后主要留在目的地国成为智力移民。如第 4 章讨论过的，1978 年以来中国参与的全球化是城镇化和全球化同步的独特过程，人口的国内流动既是城市化的过程，也部分地是全球化的结果。

4.3.1 国内的人口迁徙

国内人口的迁徙通常反映的是城市化的过程，表现为从农村地区向城市地区、从欠发达地区向发达地区的流动。在中国的城镇化过程中，要严格分离出由于全球化引起的人口迁徙是件困难的事情，但是改革开放初期广东省的人口增长远远超出其他省市的增长可以作为一个简易的指示器。因为中国参与全球化的初期，广东由于临近香港的地理便利，从而成为带动国家全球化的重要引擎地区。

4.3.2 海外留学和"海归潮"

改革开放 40 年来，中国出国留学人员规模和"海归"规模各自持续扩大。根据教育部的统计数据，至 2018 年 3 月，各类出国留学人员累计已达 519.49 万人，有 145.41 万人正在国外进行相关阶段的学习和研究[①]。出国留学生的规模居于世界之首。以 2017 年为例，我国出国留学人数达 60.84 万人，持续保持世界最大留学生生源国地位。出国留学人员目的地相对集中，多数前往欧美发达国家和地区求学，"一带一路"国家则成为新的增长点。当年赴"一带一路"沿线国家留学人数为 6.61 万人，比上年增长 15.7%，超过整体出国留学人员增速。其中国家公派 3679 人，涉及 37 个"一带一路"沿线国家。

我国的留学格局是以公派留学为引领，自费留学为主体。2017 年全年出国留学人员中，自费留学共 54.13 万人，占出国留学总人数的 88.97%。单位公派留学达到 3.59 万人；国家公派出国留学 3.12 万人，分赴 94 个国家。通过留学方式，培养了一大批具有国际视野和竞争能力的紧缺人才和战略后备人才。

从留学目的地的角度来看，从 2014—2017 年，中国已连续四年成为澳

---

① 教育部发留学大数据：中国成亚洲最大留学目的国 [EB/OL]. https：//baijiahao.baidu.com/s?id=15 96329739980328485&wfr=spider&for=pc，2018-03-30.

大利亚最大国际学生来源国。中国学生占国际学生比例最高，为 31％，有 17.3 万名中国学生在澳大利亚留学。来自印度和尼泊尔的留学生分别占 12％ 和 5％，成为澳大利亚第二和第三大留学生来源国。[①] 澳大利亚政府的统计数据显示，2018 年 2 月，共有来自 190 多个国家和地区的约 51 万名学生到澳大利亚留学。2017 年，澳大利亚教育出口达到 322 亿澳元（约合 1570 亿元人民币）。

近年来，留学回国人数不断攀升，出现了"海归潮"。从 1978—2017 年底，我国留学回国人数稳步提升，高层次人才回流趋势明显。其间各类出国留学人员中，有共计 313.20 万名留学生在完成学业后选择回国发展，占已完成学业留学生人数的 83.73%。1987 年，留学生回归率仅为 5%，2007 年为 30.6%，2017 年为 79%（48.09 万人），创历史新高。中国与全球化智库发布的《2017 中国海归就业创业调查报告》显示，2016 年有 43.25 万留学人员回国，截至 2016 年年底，中国留学回国人员总数达到 265.11 万人，约占总出国人数的一半。[②] 2017 年留学人员回国人数较上一年增长 11.19%，达到 48.09 万人，其中获得硕博研究生学历及博士后出站人员达到 22.74 万，同比增长 14.90%。党的十八大（2012 年 11 月）以来，已有 231.36 万人学成归国，占改革开放以来回国总人数的 73.87%。

"海归潮"的出现，和国家为鼓励留学人士回国推出的许多政策相关。在经济发展形势稳中向好的前提下，各地针对海归的引才政策频出，"海归"成为人才大战的争夺对象。上海、杭州、深圳等大城市建立了大量旨在帮助海归人员创业的产业园，北京等城市给高学历归国人员开出落户的条件，方便其享受各种社会福利。公开数据显示，截至 2017 年底，我国共有留学人员创业园 351 家，入园企业 2.3 万余家，8.6 万名留学回国人员在园区创业。对留学回国人士来说，创业待遇优厚、城市生活品质较高是主要考虑因素，北上广是首要目标城市。报告显示，从海归群体的工作和生活居住地来看，北京（13%）、上海（8%）、广东（7%）是省市间海归人才竞争中的赢家。[③]

此外更具体地，2008 年以后"海归潮"的形成，很大程度上是由于全球金融危机引发的欧美国家经济下行、就业机会下降；而 2018 年以后的"海归潮"，还由于国际政治社会气候。随着逆全球化趋势的抬头，西方国家特别是美国针对中国留学生的限制措施，以及针对敏感领域专业学者的限制，也对"海归潮"起到了助推作用。

---

① 新华社赵博. 澳国际学生突破 50 万 中国为最大来源国 [N]. 人民日报海外版，2018-04-30（9）.

② 新华社. 把握机遇 报国圆梦 [N]. 人民政协报，2017-09-15（4）.

③ 人民网. 国家为人才发展提供沃土 海归在社会各领域发挥作用 [N]. 人民日报海外版，2018-08-25（10）.

4.3.3　来华的留学生和留学人员

来华的留学生数量也在增长。2017 年共有 48.92 万名外国留学生在我国高等院校学习，其中自费生达 43.06 万人，占总数的 88%[1]。来自"一带一路"沿线国家的来华留学生在 2016 年已达 20.7 万人，占来华留学生总人数的近半数。2016 年设立"丝绸之路"中国政府奖学金，每年资助 1 万名沿线国家新生来华学习或研修。[2] 2017 年 1 月，国家人力资源和社会保障部与外交部、教育部联合发文，允许优秀外籍高校毕业生在华就业。目前中国和"一带一路"沿线国家在互派留学生、科技文化交流合作、医疗合作等方面合作频繁，仅在古丝绸之路的起点——陕西西安，就有来自全球 90 余个国家的外国留学生，总人数超过 7000 人。[3]

和全球化相关的频繁的国际国内人口流动，促成了在经济、技术、文化、法律制度方面的深度引进、借鉴、交融，促进了社会多元价值观的形成，增加了社会文化的包容度。虽然全球化带来的多元化对于社会来说并不一定完全是好事，但个体至少拥有了一定程度上的选择自由。

4.4　全球化中的重要区域和城市

中国参与全球化的地区范围广，参与的程度深。在全球城市网络中的重要节点城市或者可以称得上全球城市的有香港、北京、上海等。但是对中国来说，参与全球化的方式是深刻多样的。边缘地区通过流动人口进入城市，以人力资源的方式参与了全球化。也就是说，在这场深刻影响中国的全球化中，几乎所有的地区都不同程度地参与了这一进程，可以说是"有啥出啥"，一些区位有利的城市提供了空间、场所，有些经济尚可的地方提供了资金、资本，一些偏远或贫困的地方提供了人力，甚至有一些地方靠着强烈的意愿和积极的地方政策进入了全球化的网络。

4.4.1　我国的全球化区域

由于中国的完整的城镇化体系和稠密的城市布局，在每一座全球化城市的后面是一群联系紧密的城市，亦即一座全球城市是依靠一个城市群、一个区域有力支撑起来的。这使得那些代表性的全球城市的发展，拥有广袤的腹地和持久的后劲。事实上，在中国城镇体系里，区域、地区之间有着多重的关联，

---

[1] 张烁. 中国去年出国留学人数首破 60 万 [N]. 人民日报海外版，2018-03-31（2）.

[2] 杨宁，高乔，贺文翰. 中国贡献：既立足当前又着眼未来 [N]. 人民日报海外版，2018-08-13（6）.

[3] 沈虹冰，石志勇，张斌. 践大道之行 必成其久远——"一带一路"从"中国倡议"到"中国行动" [N]. 浦东时报，2017-06-26（12）.

例如长江经济带发展将长三角地区和中部城市联系在一起，使得这些城市之间的经济、社会发展充分渗透、水乳交融。表 5.15 显示了我国的全球化区域，实际上，我国主要的城市群都已在其中。

我国的全球化区域　　　　　　　　　　　表 5.15

区域	代表城市	重要城市
京津冀一体化地区	北京	天津、石家庄、唐山
长三角地区	上海	杭州、苏州、南京、合肥等；昆山；义乌
珠三角地区	深圳、广州	东莞、佛山、中山、珠海、江门
粤港澳大湾区	香港、澳门、广州、深圳	—
胶东半岛地区	青岛	济南、烟台、威海、日照
成渝地区	成都、重庆	—
长江经济带	上海、武汉、重庆、成都	南京、杭州、宜昌
一带一路	西安	兰州、西宁、重庆、成都、郑州、武汉、长沙、南昌、合肥

来源：作者根据相关资料整理

表 5.15 中的城市实施外国人 144 小时过境免签政策，来自 53 个国家的人员，可以从上述城市有关口岸免签入境。这些软件措施促进了全球城市的开放程度。

在逆全球化趋势下，"国内统一大市场"和区域一体化的建设，有助于建立起韧性的防御体系。

4.4.2　我国的全球城市

全球城市以其全球连通性以及在全球化经济中的融入度为主要衡量依据。世界城市排名知名机构"全球化与世界城市研究网络"（globalization and world cities study group and network，简称 GaWC），自 2000 年起不定期发布《世界城市名册》，通过检验城市间金融、专业、创新知识流情况，以其独特视角对城市进行 Alpha，Beta，Gamma，Sufficiency（+/-）划分（即：世界一、二、三、四线城市），以表明确定一座城市在世界城市网络中的位置、在全球化经济中的位置及融入度。根据标准，GaWC 将全球 361 个主要城市分为四个大的等级——Alpha（世界一线城市）、Beta（世界二线城市）、Gamma（世界三线城市）、Sufficiency（自给型城市，也可理解为世界四线城市），每个等级内部又会用加减号来标记该等级内的次级别。

2000 年，进入 GaWC 榜单前 100 名的中国城市只有 5 个，分别为香港、上海、北京、台北和广州。从 2018 年 11 月 GaWC 发布的《世界城市名册 2018》来看（表 5.16），在该榜单全球一线城市中，伦敦和纽约占据着最高档的 Alpha++ 级别。在 Alpha+ 级别，香港、北京、上海分列全球第 3、第 4 和第 6 位。值得一提的是，深圳从 Beta 级升至 Alpha- 级，首次进入世界一线城市行列。在世界二线城市（Beta 级）中，中国有 13 座城市上榜，分别是成都、杭州、天津、南京、武汉、重庆、苏州、大连、厦门、长沙、沈阳、青岛、济南。不少城市实现了跨级别的跃升，其中，成都从 Beta- 升至 Beta+，杭州从 Gamma+ 升至 Beta+，天津从 Beta- 升至 Beta，南京从 Gamma+ 升至 Beta，武汉从 Gamma- 升至 Beta，青岛从 Gamma+ 升至 Beta-。

GaWC 城市排名（2018 年，2020 年）　　　　　　　　表 5.16

等级		2018 年	2020 年
Alpha（世界一线城市）	Alpha++	伦敦、纽约	伦敦、纽约
	Alpha+	香港（3）、北京（4）、新加坡、上海（6）、悉尼、巴黎、迪拜、东京	香港（3）、新加坡、上海（5）、北京（6）、迪拜、巴黎、东京
	Alpha	米兰、芝加哥、莫斯科、多伦多、圣保罗、法兰克福、洛杉矶、马德里、墨西哥城、吉隆坡、首尔、雅加达、孟买、迈阿密、布鲁塞尔、台北（26）、广州（27）、布宜诺斯艾利斯、苏黎世、华沙、伊斯坦布尔、曼谷、墨尔本	悉尼、洛杉矶、多伦多、孟买、阿姆斯特丹、米兰、法兰克福、墨西哥城、圣保罗、芝加哥、吉隆坡、马德里、莫斯科、雅加达、布鲁塞尔
	Alpha-	阿姆斯特丹、斯德哥尔摩、旧金山、新德里、圣地亚哥、约翰内斯堡、都柏林、维也纳、蒙特利尔、里斯本、巴塞罗那、卢森堡市、圣菲波哥大、马尼拉、华盛顿、布拉格、慕尼黑、罗马、利雅得、布达佩斯、休斯顿、深圳（55）	华沙、首尔、约翰内斯堡、苏黎世、墨尔本、伊斯坦布尔、曼谷、斯德哥尔摩、维也纳、广州（34）、都柏林、台北（36）、布宜诺斯艾利斯、旧金山、卢森堡市、蒙特利尔、慕尼黑、德里、圣地亚哥、波士顿、马尼拉、深圳（46）、利雅得、里斯本、布拉格、班加罗尔
Beta（世界二线城市）	Beta+	胡志明市、波士顿、开罗、汉堡、杜塞尔多夫、特拉维夫-雅法、亚特兰大·、雅典、多哈、利马、班加罗尔、达拉斯、哥本哈根、河内、珀斯、成都（71）、布加勒斯特、奥克兰、温哥华、杭州（75）	华盛顿、达拉斯、圣菲波哥大、迈阿密、罗马、汉堡、休斯敦、柏林、成都（59）、杜塞尔多夫、特拉维夫、巴塞罗那、布达佩斯、多哈、利马、哥本哈根、亚特兰大、布加勒斯特、温哥华、布里斯班、开罗、贝鲁特、奥克兰
	Beta	天津（86）、南京（94）、武汉（95）、其他国家省略	胡志明市、雅典、丹佛、天津（77）、阿布扎比、珀斯、卡萨布兰卡、基辅、蒙得维的亚、奥斯陆、赫尔辛基、钦奈、河内、南京（87）、费城、开普敦、杭州（90）、内罗毕、西雅图、麦纳麦、卡拉奇、里约热内卢、重庆（96）、巴拿马城
	Beta-	重庆（105）、苏州（112）、大连（118）、厦门（121）、长沙（122）、沈阳（126）、青岛（127）、济南（132）、其他国家省略	武汉（98）、大阪、沈阳（100）、西安（101）、危地马拉城、大连（103）、圣彼得堡、拉各斯、基多、济南（107）、圣萨尔瓦多、堪培拉、乔治敦（开曼）、马斯喀特、底特律、爱丁堡、吉达、海德拉巴、拉合尔、奥斯汀

等级		2018 年	2020 年
Gamma （世界三线 城市）	Gamma+	西安（135）、郑州（153），其他国家省略	圣荷西、加尔各答、夏洛特、圣路易斯、浦那、安特卫普、鹿特丹、阿德莱德、波尔图、巴库、瓜达拉哈拉、卢布尔雅那、青岛（130）、阿尔及尔、苏州（132）、贝尔法斯特、格拉斯哥、麦德林、科隆、金边、伊斯兰堡、凤凰城、里加、第比利斯、合肥（142）、昆明（143）
	Gamma	昆明（164）、合肥（176）、太原（187），其他国家省略	德班、维尔纽斯、哥德堡、圣胡安、南特、安卡拉、圣多明各、弗洛茨瓦夫、渥太华、达卡、马尔默、布里斯托、地拉那、科伦坡、都灵、瓦伦西亚、瓜亚基尔、台中（161）
	Gamma−	福州（196），其他国家省略	路易港、阿克拉、亚松森、毕尔巴鄂、马普托、杜阿拉、拿骚、哈拉雷、波兹南、罗安达、克利夫兰、福州（173）、名古屋、堪萨斯城、卡托维兹、马拉加、克雷塔罗、哈尔滨（179）、密尔沃基、槟城、盐湖城
Sufficiency （自给型城 市／世界 四线城市）	High Sufficiency	高雄（216）、宁波（221），其他国家省略	略
	Sufficiency	乌鲁木齐（239）、哈尔滨（242）、石家庄（248）、长春（252）、南昌（253）、台中（258）、兰州（281）、贵阳（287）、海口（294）、无锡（296）、珠海（308）、南宁（314）、澳门（331）、呼和浩特（335）、西宁（341）、潍坊（355）、南通（367）等，其他国家省略	略

注：括号内为全球总名次。
来源：GaWC.《世界城市名册 2018》《世界城市名册 2020》

而在 2020 年 GaWC 发布的《世界城市名册 2020》中，我国城市名次整体上升，全球化的整体程度在提升。实际上，在 GaWC 城市排名中，自 2018 年起，我国的香港、上海、北京位序已在巴黎和东京之前。这和 1991 年萨森的全球城市排名（纽约、伦敦、东京）已发生了很大变化，毕竟经过了将近 30 年的不同的城市发展。

（1）香港——中国不可替代的全球化城市

在中国过去 40 年参与全球化的过程中，香港所起到的中西方之间的"超级中间人"作用不可估量、不可替代。改革开放早期，香港优势较大。香港和内地的合作经历了改革开放初期的"1.0 时代"和香港回归后的"2.0 时代"。随着大湾区规划的全面实施，香港和内地的合作将进入"3.0 时代"。①

改革开放初期，香港工业生产北移。内地和香港的经济关系进入快速发

---

① 俞晓．香港各界守望新一轮"黄金 40 年"[N]．人民日报海外版，2018-08-14（4）．

展期，其中最活跃的是转口贸易。大批港商率先前来内地投资建厂，形成以内地尤其是珠三角地区为加工基地、以海外为加工销售市场的格局，港商在其中扮演了生产者和贸易商的双重角色，既给内地带来当时紧缺的资金、技术、设备及现代管理模式和商业规则，也帮助内地制造在国际上打开市场。内地和香港的关系从前是"三来一补"以及一般的投资及转口贸易。作为大陆跟西方贸易的中转站，香港经济突飞猛进。

由于香港市场规则和国际接轨，香港回归后，很多内地企业通过香港这个窗口，在成熟的国际化市场经济环境中学习，为走向世界积累了经验。香港的市场经济理念、管理模式、商品房改革、城市治理、公务员管理、社会服务等经验都为特区以及内地其他地方的发展提供了有益借鉴。

反过来讲，正是香港助力大陆全球化的过程进一步极大地提升了香港自身的全球经济地位。香港 GDP 从 1978 年的 183 亿美元增长到 2018 年的 3629 亿美元，人均 GDP 相应地从 3923 美元增长到 4.87 万美元。[①] 香港的四大经济支柱是金融服务、贸易及物流、旅游、专业及工商业支援服务，还有房地产，都跟内地有着很深的联系，特别是最重要的金融服务和贸易及物流，严重依赖内地。香港在服务贸易方面有着很大的网络及资源，在当今全球进行生产要素调节的时候，香港和内地联动，在粤港澳大湾区中更好地发挥金融作用，可以获得新的发展动力。粤港澳大湾区为香港的发展提供了产业腹地和生活腹地。香港的发展不再局限于 1100 平方公里的土地，大湾区 6600 万人口也成为一个整体的市场[②]。

当然，香港作为一个全球城市，会像伦敦、纽约一样存在一些鲜明的社会特征，这些社会特征表现为如卡斯泰尔在 20 世纪 80 年代提出的二元城市（Dual City）现象[③]，20 世纪 80 年代美国职业结构朝向两极分化的趋势演变，这对薪水、收入和社会地位产生了深远的影响。当然当今社会两极分化加剧，远不止于同一城市内部的贫富之间、权贵和无权者之间，还存在于国和国、不同种族、人种和宗教群体之间不断上升的社会极化。

（2）上海——中国基础良好的全球化城市

在西方中心语境中，上海曾经是近代"远东"第一大城市，天然地具有全球化的基因。上海是我国民族工业的发祥地，在新中国工业发展中占有重要地位。20 世纪 90 年代浦东开发，浦东新区生产总值占上海市比重由 1990 年的 8.1% 上升至 2016 年的 31.8%。2014 年上海自贸试验区设立，上海自贸试验区以 1/10 的面积，创造了浦东新区 3/4 的生产总值；以上海市 1/50 的面积，

① 魏建国. 香港经济走到一个关键路口 [N]. 环球时报，2019-09-06（15）.

② 王平. 港澳地位仍将不可替代 [N]. 人民日报海外版，2018-01-30（4）.

③ 卡斯泰尔. 信息化城市 [M]. 崔保国，等，译. 南京：江苏人民出版社，2001：219-220.

创造了上海市 1/4 的生产总值 ①。

全球城市的发展模式是一种"流量经济"发展模式 ②。城市的经济发展不在于拥有多少存量，而在于吸引汇聚多少流量。这一点在香港的经济发展模式上表现得很充分。对上海来说，需要打造具备功能性、国家级、国际性融合的流量发展平台，为更好地参与全球化竞争提供支撑 ③。上海的优势在于历史上具有雄厚的制造业基础，当前上海制造业正强化科技创新策源功能和高端产业引领功能，推进"3+6"战略性新兴产业（包含集成电路、生物医药、人工智能等）和"南北转型、新城发力"布局的现代产业体系 ④。完整而合理的产业结构有助于就业岗位的提供，缓解社会和经济的不平等。而上海作为全球城市的贸易中心和航运中心功能定位，顺周期特征十分明显，在逆全球化时期，其发展也将受到国际经济形势变化的巨大影响。

此外，深圳是新兴的、在全球化浪潮中成长起来的重要节点城市。至2016 年，深圳市出口规模连续 24 年居全国内地城市首位。而澳门虽然存在产业结构单一、过度依赖博彩业、经济韧性不足等问题，但是作为逆全球化时期国家构建国内国际经济双循环的重要交汇点，有其自身优势，可为促进国际基础设施投资建设领域的对话交流和产业合作，为推进国际基础设施"硬联通"和规则标准"软联通"贡献力量。

4.5 "一带一路"倡议实施和引领（再）全球化的基础

英国历史学者彼得·弗兰科潘（Peter Frankopan）于 2015 年在《丝绸之路——一部全新的世界史》⑤ 中曾表明，"世界旋转之轴正在转移，移回到那个让它旋转千年的初始之地——丝绸之路"。这可以视作一个打破了西方中心主义藩篱的西方研究视角，是西方世界对于 2013 年中国开始提出的"一带一路"全球倡议（参见第 11 章第 2 节）的局部回响。

4.5.1 对（再）全球化的意义

"一带一路"是"丝绸之路经济带"和"21 世纪海上丝绸之路"的简称，这是一个超越区域、扩大开放格局的概念，是一个庞大的计划，体现了国家的政治雄心，其理念基础是——丝路沿线国家的经贸合作有利于推进世界互联互通。"一带一路"地域横跨亚非欧，沿线涉及 60 多个国家、44 亿人口和 21 万

---

① 坚持改革开放 续写"春天的故事" [N]. 浦东时报，2017–04–18（1）.

② 孙希有 . 流量经济新论 [M]. 中国社会科学出版社，2015.

③ 流量思维：聚集"上海 2040"发展新动能 [N]. 2016–12–16（3）.

④ 郭鑫 . 重在推动经济复苏 [N]. 联合时报，2020–07–10（4）.

⑤ （英）彼得·弗兰科潘 . 丝绸之路——一部全新的世界史 [M]. 邵旭东，孙芳，译 . 杭州：浙江大学出版社，2016.

亿美元的经济总量，是跨度最大、最具发展潜力的经济合作带，有可能创造出世界上最大的经济合作平台。截至 2023 年 8 月，10 年来，我国已和 152 个国家、32 个国际组织签署了 200 多份共建"一带一路"合作文件，涵盖我国 83% 的建交国[①]。以拉美地区为例，目前中国是拉美第二大贸易伙伴国和第三大投资来源国。根据联合国拉美经委会测算，中国经济每增长 1%，将带动拉美经济增长 0.5%[②]。

"一带一路"建设将寻求中国同有关国家和区域组织实现政策或规划战略对接，实现优势互补、深度融合、互相促进，提高经贸合作水平。这些政策或规划战略包括俄罗斯"欧亚经济联盟"、蒙古国"发展之路"[③]、哈萨克斯坦"光明之路"[④]、土耳其"中间走廊"、越南"两廊一圈"、英国"英格兰北方经济中心"、波兰"琥珀之路"、沙特阿拉伯"2030 愿景"、欧洲投资计划、东盟"互联互通总体规划"等。在逆全球化潮流下，"一带一路"建设行动将寻求改变世界贸易格局和世界经济版图，从联结沿线各国节点，到贯通亚欧大陆网络，到盘活市场、助力发展经济、文化交流和科教合作，从而在维护全球化大局中发挥中流砥柱的作用，并可能创造出"全新的全球经济秩序"，潜移默化地影响全球地缘政治力量。

"一带一路"给中国企业的业务全球化带来了机遇。"一带一路"的海外投资和国际产能合作产生第一轮驱动，并由此产生工程物流需求。大批中国企业前往"一带一路"沿线国家投资兴业，给当地带来了就业。全长 480 公里的肯尼亚蒙内（蒙巴萨至内罗毕）铁路项目，已为肯尼亚当地直接创造超过 4.6 万个工作岗位，累计培训当地员工超过 4.5 万人次。2011 年底进入埃塞俄比亚设厂的中国制鞋企业，至 2022 年已在当地安置就业近万人。福建的轻纺企业近年来积极布局东南亚市场，向越南、柬埔寨、孟加拉国、缅甸等东南亚国家迁移已成风潮，至 2017 年 6 月时已在柬埔寨的服装生产基地年产值超过 3500 万美元，还带动了当地 2000 多名工人就业[⑤]。

美国《福布斯》杂志分析认为，中国"一带一路"倡议的魅力在于打造了一个多样化和相互连接的网络：这是一个连接中欧的升级版运输线路和新贸易枢纽网络，是一个加强版的覆盖整个欧亚地区的经济体系。与传统的"线

① 严赋憬，陈炜伟. 我国已与 152 个国家、32 个国际组织签署共建"一带一路"合作文件 [EB/OL]. 新华网，2023-08-25.
② 李舫. 世界是平的，世界是通的 [N]. 中国日报海外版，2018-05-19（1）.
③ 蒙古国正努力发展外向型经济，但缺乏向东、西延伸的发展通道。中蒙俄经济走廊有利于中国向北开放发展。
④ 哈萨克斯坦 2014 年推出的新经济政策，致力于推进国内基础设施建设、保障经济持续发展和社会稳定。
⑤ 沈虹冰，石志勇，张斌. 践大道之行 必成其久远——"一带一路"从"中国倡议"到"中国行动" [EB/OL]. 新华社电，2017-06-25.

路"相比，这样的"网络"更高效、安全和健康，或将成为世界贸易的转折点。

世界银行发布的《"一带一路"经济学》报告指出，"一带一路"建设将使沿线国家和地区的实际收入增长1.2%~3.4%，全球实际收入增长0.7%~2.9%[①]。可以说，通过共建"一带一路"，为我国更高水平对外开放开创了新局面。在宁夏，中国—阿拉伯国家技术转移综合信息平台系统已向阿联酋、阿曼、科威特等近10个国家输出了一批先进适用技术和装备……"一带一路"正在重塑中国经济地理，进而重塑世界经济地理。它不仅将西安、宝鸡、天水、兰州、乌鲁木齐等古丝路名城连在一起，而且做好了对接中亚、西亚和欧洲的准备。

"一带一路"框架下的交通基础设施项目若全部得以实施，到2030年每年将有望为全球产生1.6万亿美元收益，占全球GDP的1.3%，其中90%由伙伴国分享，低收入和中低收入国家受益更多。2015—2030年间，760万人将因此摆脱极端贫困，3200万人将摆脱中度贫困。[②]

4.5.2 "一带一路"建设的基础支撑

如果说早期的全球化依靠的是海上通道和丝绸之路上的沙漠驼队，那么在20世纪70年代开始的这轮全球化凭借的是陆上、海上、空中、太空和网络空间的全通道。中国在铁路、高速铁路、公路、高速公路、油气管道、电站车站、航空等基础设施建设领域都已经达到世界级水平，在电子商务、数字服务、生命科学、制造行业等方面也拥有产业和技术优势。"一带一路"作为建立新国际贸易秩序的基础在于如下7个方面：

（1）海外基础设施项目建设

基础设施对贸易的拉动毋庸置疑。"一带一路"建设中，设施联通是"五通"的优先领域。目前，以中巴、中蒙俄、新亚欧大陆桥等经济走廊为引领，以陆海空通道和信息高速路为骨架，以铁路、港口、管网等重大工程为依托，一个复合型的基础设施网络正在形成。一批境内外铁路、公路、港口、机场和跨境桥梁等基础设施项目相继开工建设，中欧班列、国际道路、国际海运、国际航空、国际快递等国际运输服务网络逐步完善，中国已和45个沿线国家实现直航，共有37个沿线国家的90家航空公司运营至52个国内城市的定期航班，促进了沿线国家经贸合作和人员往来，也为中国内陆地区对外开放打开了新窗口。

---

① M.H.Dappe，M.Ruta，S.Lall，C.Zhang.Belt and Road Economics：Opportunities and Risks of Transport Corridors[M]. World Bank，2019.

② 社评：美国又想画一张大饼砸中国？[EB/OL]. https：//opinion.huanqiu.com/article/48bA4WcM8ic，2022-06-27.

中吉乌运输线路于 2018 年 2 月起实现常态化运行；能源合作深入推进，中俄原油管道复线正式投入使用；亚吉铁路（埃塞俄比亚和印度洋亚丁湾西岸国家吉布提）通车运营，两地行程由原来的 7 天缩短为 10 多个小时；中老、中泰等跨境铁路开工建设，中老铁路全线动工将结束老挝几无铁路的历史，中泰铁路建成后将成为泰国第一条高速铁路；雅万高铁将雅加达至万隆车程将缩短近 4/5。中巴经济走廊两大公路、中俄黑河公路桥等开工建设；非洲大陆东南部的莫桑比克马普托大桥及连接线工程（向南去往南非和莫桑比克南部边界口岸的干线公路，主线全长约 114 公里）建成后是非洲最大跨径悬索桥，将成为连通莫桑比克的经济动脉……这些交通基础设施建设项目连接了太平洋和大西洋、印度洋间的广袤大陆，并由交通带动信息网络、能源、物流设施通道联通，带动了沿线国家产业对接，带动当地经济发展，激活了亚欧大陆腹地各国的经济活力。

重要的港口新节点包括斯里兰卡汉班托塔港、科伦坡港口城、希腊比雷埃夫斯港（重要中转枢纽）、阿联酋哈利法港、巴基斯坦瓜达尔港（"中巴经济走廊"的重要支点，"一带一路"框架下的旗舰项目）等。

（2）中欧班列和海上航线

"一带一路"建设更加强化了陆上通道，陆上通道的串联性比起空中和海上都更有优势和效率。随着"一带一路"建设的推进，沿线各国和地区的交通基础设施全面改善，物流基础设施互联互通，大幅提高了全产业链的整体效率。中欧班列贯通了亚欧大陆国家间的经贸交通，能够把商品低成本、高效率、安全地运送到中亚和欧洲。截至 2018 年 6 月底，中欧班列累计开行已突破 9000 列，运送货物近 80 万标箱，国内开行城市 48 个，到达欧洲 14 个国家 42 个城市，运输网络覆盖亚欧大陆主要区域，运送货物品类日益丰富。这为国际企业的全球业务带来了发展机遇。2013 年，戴尔成都工厂正式投入运营，并迅速成为蓉欧铁路上的大客户。通过蓉欧铁路，戴尔产品从中国送达欧洲的时间，从走海运 2 个月缩短到 2 周之内。因为中欧班列，成都已经成为戴尔在全球最重要的工厂和物流基地之一。对全球第三大第三方物流提供商日本通运株式会社来说，以途经中国的欧洲至日本跨境铁路运输为例，比如货物从西班牙巴塞罗那出发，首先通过铁路运抵大连，其次海运至日本博多港，这个过程需 31 天左右。而巴塞罗那到博多港全程海运需 46 天，海铁联运可以缩短 15 天运程。又如，在连云港开创实施的欧亚大陆海陆联运合作新模式，使得哈萨克斯坦这个世界上最大的内陆国通过中国由此有了通向太平洋的出海口。

（3）金融基础设施

中国积极和"一带一路"沿线国家开展投融资合作，加强资金融通，推动建设多元化融资体系。中国和国际金融机构及各国金融监管机构一道，为沿线各国构筑了一个金融安全网，帮助各国共同抵御、防范金融风险。中国发起成立的丝路基金、亚投行（亚洲基础设施投资银行，2016年1月开张运营）、金砖国家新开发银行等金融机构，是"一带一路"资金融通的重要平台，为各国基础设施建设及其他生产性领域提供资金支持，同时拉动沿线国家的投资，让资金跟上"一带一路"设施联通和贸易畅通发展的脚步。亚洲国家未来20年将至少需要20万亿美元资金用于基础设施。目前，已在7个沿线国家和地区建立了人民币清算安排，人民币跨境支付系统覆盖41个沿线国家和地区。在国内，广西具有面向东盟、衔接"一带一路"的关键区位优势，正着力打造面向东盟的金融开放门户，建立多元化的现代金融体系，服务中国—东盟经济一体化。

（4）海外仓和海外合作园区

"一带一路"带来了贸易转型升级的新机遇，催生了跨境电商公众海外仓。所谓海外仓，是企业将货物批量出口到境外仓库，实现本地销售和配送的贸易形式。由于2015年欧亚经济联盟成立，这让中国商品进入其成员国吉尔吉斯斯坦的关税暴涨，导致该国最大的多伦多商品贸易市场的日成交额由以前的5000万美元左右降至一半，很多传统贸易陷入危机。海外仓作为中国商品的中转站，可以让这些商品免税进入俄罗斯、白俄罗斯、哈萨克斯坦、亚美尼亚等国家，直接面向1.8亿人口的欧亚经济联盟市场。借助互联网和海外仓，实现了从传统贸易方式到跨境电子商务的转变，让交易效率大大提升。吉尔吉斯斯坦网民在网上订购中国商品的收货时间由一般20天以上缩短为1周，最快1天，还可以在网上下单前在中国商品展贸中心亲身感受商品质量，这也成为在该国海外仓的独有优势[①]。

此外，还有海外合作园区。白俄罗斯首都明斯克建有中国最大的海外合作园区——中白"巨石"工业园。白俄罗斯首批国产民用轿车在这里诞生，一批航天、新能源、电子信息等高新技术企业的引入，为白俄罗斯产业升级转型、优化产业结构、实现创新发展注入活力。

（5）跨境电子商务综合试验区

和海外仓具有对应性，跨境电子商务综合试验区设立在我国境内，主要是为了解决跨境电商在发展中出现的深层次矛盾和体制性难题，以适应全球跨境电商发展的管理制度和规则。跨境电商进口的商品先以保税方式批量存放于海关特殊监管区域或保税物流中心，待消费者在跨境电商网站下单后即可发货，物流成本更低，收货更快捷，货源也可追溯。

目前我国境内已有35个综合试验区。综合试验区从东部向中西、东北部倾斜，由沿海贸易城市向内陆辐射。2015年3月，中国（杭州）跨境电子商

---

① 严瑜，康朴，贺文翰."一带一路"东风劲[N].人民日报海外版，2018-08-16（8）.

务综合试验区获批成立，最先试点。2016年第二批综合试验区，主要集中于东南沿海地区，比如天津、上海、广州、深圳等12座城市。2018年第三批试点新增22个综合试验区，包括北京、呼和浩特、沈阳、长春、哈尔滨、南京、南昌、武汉、长沙、南宁、海口、贵阳、昆明、西安、兰州、厦门、唐山、无锡、威海、珠海、东莞、义乌22个城市。贵阳、兰州等中西部城市具有传统制造业、能源产业等比较优势，同时也有西部大开发的区位优势。

由于地区发展程度、地理条件等因素，跨境电商对各地经济的促进作用因地而异。跨境电商只是平台和工具。要从根本上解决发展问题，还是需要企业加大科研投入，生产出具有高附加值的产品[①]。

（6）边民互市贸易区

边民互市贸易区设在边境地区。满洲里中俄互市贸易区是"中蒙俄经济走廊"建设的重点项目之一。互市贸易区试运行后，来做生意的外国边民可以在互市贸易区大批量交易，而不必通过"一日游"入境销售少量物品，边民在区内也可免税购买一定限额的中国商品。中国公民用"边民卡"或"游客卡"入区，每人每天可免税购买8000元以内商品。满洲里互市贸易人气渐旺、国际客运班线增加。

在广西中越边境县（市）东兴、凭祥、靖西，处于广西沿边金融综合改革一线的边民互市贸易区，每天熙熙攘攘，人头攒动。随着两国边贸的日益兴旺，互市贸易区"收银台"——边民贸易结算服务中心应运而生，通过边贸服务平台和海关对接互市进出口数据，有效推动了互市贸易结算的自由化、便利化、规范化。

（7）境外经贸合作区

境外经贸合作区，作为中国工业化经济快速发展的成功经验之一，本身就有示范意义。园区通过引入先进产能，助推产业升级；在园区中可实现"境内关外"的优惠政策，有力推进经贸合作便利化；此外它还有保障贸易安全的作用。中国企业在46个国家建设初具规模的境外经贸合作区113个，带动了当地的城镇化发展。柬埔寨厦门现代农业园区，是移植中国农业标准化经验在当地设立的植保网点，融技术、经营、管理于一体，为柬埔寨现代农业生产规范化、产业化发展提供了有力支撑。柬埔寨西哈努克港经济特区，被誉为"柬埔寨的深圳"，激活了区位交通优势，也为当地创造了大量就业机会。当地民众在中资企业里工作，一个月就能赚够过去放牛一年的收入。此外还有埃及的泰达苏伊士经贸合作区等。

---

① 李贞，高一帆. 试验区成绩斐然 新成员奋力起跑 跨境电商又迎利好 [N]. 人民日报海外版，2018-08-13（8）.

4.5.3 "一带一路"建设的挑战

虽然"一带一路"建设有上述坚实基础，但都是以外部大的全球化发展环境为前提。在当前中美强烈对抗气氛下，在逆全球化湍流下，全球投资贸易环境存在不确定性变化，"一带一路"建设仍存在巨大的挑战。

（1）营商环境

营商环境是企业在市场进行投资、生产经营和国内外营销的外部环境条件总和，通常可以分为硬环境和软环境。硬环境通常包含水电气等供给能力和公路、铁路、机场等硬件基础设施，对于保障企业的生产经营活动效率是最基本的要求。软环境通常包含政府程序、政策法规透明度及其执行力、金融服务、物流服务、通关便利化、税收管理等各个方面，对于企业提升运营效率和降低成本至关重要。[1]

创造和改善"一带一路"沿线的营商环境是中国"一带一路"倡议实施的重中之重。"一带一路"倡议重点是增加对"一带一路"沿线国家的出口，为中国输出国外的商品创造新的市场，增强中国在该地区供应链的影响力，促进"一带一路"产业结构调整，推动中国企业走向全球国际化，增强中国在"一带一路"沿线国家地区的经贸往来及基础设施建设。[2]

在境外，目前着重推进的硬环境建设本身既是工程建设施工技术出口，也为后续其他商品出口创造条件更有利的营商环境。诚然，中国在大型基建项目上经济和技术实力雄厚，其他国家的实力、技术和管理可能无法匹敌；然而在软件领域还有很大的缺口。能支撑基建项目的都是国内的大型国企，对沿线国家的影响力往往是宏观和政府层面的，而深入到民间基层、各行各业，在融入当地社会、参与社区建设、构架华人文化影响力上，尚有许多不足。

创造和改善"一带一路"的营商环境还涉及国内。当然，也不仅仅局限于服务"一带一路"的需要。首先，就外商直接投资（FDI）来说，中国的劳动力成本已没有过去有竞争力。其次，全球投资贸易环境发生变化，尤其是人为的政治干预，会导致一些外资撤离事件的发生。例如从2016年飞利浦照明关闭深圳工厂、全球最大硬盘制造商希捷从苏州撤离，到疫情以来外资企业向东南亚的转移。因此，要继续保持中国在吸引外资方面的竞争力，除了市场优势（这个市场和经济大势相关，并不具有无限增长潜力）和完善的产业配套能力之外，营商环境变得至关重要，包括弹性的政策、完善的法律法规等。

（2）跨国企业

"一带一路"倡议的实施离不开中国企业"走出去"积极参与"一带一路"建设，这也给企业带来了新的挑战，如何加速中国企业的国际化，如何全

① 张建平. 营商环境改善，外企心里有数 [N]. 环球时报，2019-03-26（15）.
② 共克时艰谋发展 合作共赢创未来——"中国企业走进'一带一路'研讨会"嘉宾发言选粹 [N]. 联合时报，2021-12-17（2）.

面提升企业的国际竞争力，如何打造世界级的跨国企业和供应链等。对于中国企业来说，还会碰到许许多多更具体的问题和挑战，技术上如基础物流设施（例如轨距）、换装能力的差距和不足，管理上如沿线国家口岸效率低、缺乏协同性的制约，生产方式上如能否实现产品的"即需即供"等。

另外，作为世界级的跨国企业，如何履行其经济和社会角色。要知道，在此前的全球化中，跨国公司、跨国企业才是真正的、原始的、强劲的动因，虽然有时是国际的、但非全的动因。在"一带一路"倡议所要继续推动的全球化中，中国企业如何将国家的目标和企业的需求充分结合起来是需要解决的问题。

（3）后援团

"一带一路"的实施还需要庞大的后援团。这是因为，一方面，"一带一路"沿线各国经济社会发展程度不等、文化背景不同、法律制度和法律传统各异，另一方面，随着基础设施建设、产业投资、能源合作、交通运输等多方面的互联互通，涉外事务的多样化、复杂化和跨多国性特点日益凸显，难度倍增。如果仅依靠中国"走出去"的企业、个体工商户和务工的人员是远远不够的，还需要包括人类学、社会学、管理学领域的多专业研究支撑，包括各领域专业人员的跟进培训等行动支持，帮助中国企业更全面地了解复杂的国际地缘政治环境，积累在不同社会制度国家发展的经验。

此外，也需要通过和沿线国家在文化、教育、科技、旅游、考古等领域的交流合作来"软化""柔化"政治视域下"一带一路"的刚性、结构性、贯穿性特征。总之，在国际层面存在的变量和风险条件下，"一带一路"从倡议到成果，开拓者们必定会不断地穿越沙漠、沼泽和荆棘，这是一场全方位地关系到中国在全球化中角色地位的系统谋划和综合攻坚行动。

第5节　全球化时代城市世界的收缩

本节是对自20世纪70年代以来城市收缩的理论解释和经验维度的考察，对城市收缩的原因、收缩过程的界定以及收缩动态的影响进行了深入探讨，揭示了城市收缩过程和现象的复杂性，并提出了城市收缩的应对及措施。

5.1　全球化时代的收缩城市

近几十年来，城市萎缩或城市收缩（urban shrinkage）已成为一种全球现象。这两种表达的不同之处在于，城市萎缩现象是被动发生的，无可奈何的，而城市收缩带有主动选择的意味。在某些情形下，城市的收缩可以成为一种"逆城市化"的可选择操作。欧洲（特别是德国）、美国、澳大利亚、日本和俄罗斯等国家和地区都不同程度地面临着城市收缩的挑战，我国部分地区也正面临着相似的挑战。然而这一现象及其区域表现形式极其多样。

5.1.1 "收缩城市"议题出现

城市收缩不是一个新现象。早在 20 世纪 70 年代，欧洲就已经开始出现和城市收缩相关的城市和经济发展议题（例如去工业化和住房空置）的科学讨论和政策辩论。然而欧洲关于城市收缩的更广泛的科学论辩在 21 世纪第 1 个 10 年的中期开始逐渐升温，德国建筑学教授菲利普·奥斯瓦特（Philipp Oswalt）推动了对"收缩城市"这一概念的关注[①]，他将其描述为一个多样性和不同规模的问题。在许多情形中，这种说法和去工业化进程及经济衰退密切相关。在"收缩的城市"这一总称下，有多种表达术语，包括英语语境中的收缩的城市（shrinking city）、城市收缩（urban shrinkage）、城市衰退（urban decline），德语语境中的收缩（schrumpfung）、收缩的城市（schrumpfende stadt），以及日语中的"都市の縮小"等。

5.1.2 城市收缩过程的界定

城市收缩过程如何界定这一问题存在争议。讨论城市收缩的状态和条件时，城市生命周期模型常被采用。芝加哥学派于 20 世纪 20 年代首次在城市街区范围内建立了这一模型，该方法突出了人口发展的演化特征，并描述了人口增长和收缩的交替动态。西方城市生活一般可以区分为这样四个循环阶段，即城市化——郊区化——去城市化（deurbanization）——再城市化。郊区化过程是城市生命周期模型的一个阶段，一些学者采用该模型来研究欧洲和日本的城市收缩过程。

近年来，韧性视角在城市收缩研究中日益受到重视。"韧性"概念最初在生态学学科中发展起来，可以定义为系统在受到突然变化冲击时维持其核心功能的能力[②]。韧性概念通常用于从长期角度研究正在收缩的城市，在这方面，城市被定义为具有应对外部冲击（如自然灾害或经济危机）能力的复杂适应系统。城市及其社区被认为具有适应、改造或抵御干扰的能力，并保持其经济、社会和环境功能。"韧性"一词提供了一个概念工具，解释了为什么一些城市克服了冲击并恢复而其他城市则没有。此外，韧性也可以是一种有效的方法，

---

① Schrumpfende Städte，Band 1. Internationale Untersuchung，Hg. Philipp Oswalt，Ostfildern 2004，deutsche Ausgabe Ostfildern 2004，englische Ausgabe Ostfildern 2005，chinesische Ausgabe Shanghai 2012（Tonji University Press）；Schrumpfende Städte，Band 2. Handlungskonzepte，Hg. Von Philipp Oswalt，Ostfildern 2005，englische Ausgabe Frühjahr 2006.

② J.Kotilainen，I.Eisto & E.Vatanen. Uncovering mechanism for resilience：Strategies to counter shrinkage in a peripheral city in Finland[J]. European Planning Studies. 2015，23（1）：58.

识别正在收缩的城市的实力和能力，以便制定适当的政策。

由于城市收缩问题被发现往往存在滞后性，大多数研究对城市收缩的时间轨迹仅能提供一个模糊的印象，不可能全面分析收缩过程的时间动态。此外，"城市"概括了广泛的城市类型，仅在欧洲语境中，拥有超过 20 万居民的城市被定义为"大城市"，还有一些拥有略多于 5000 个居民的被定义为"中小型城市"，这些城市都在"收缩城市"名头下进行研究。另有一些研究关注大都市地区或城市部分，如内城或城市边缘。

国际学术界对城市收缩缺乏共同的定义，而是提供了几种方法，试图通过定性和定量特征来定义"收缩"一词。例如，多特蒙特技术大学空间规划学院的托尔斯滕·维希曼教授（Thorsten Wiechmann）将收缩的城市定义为"人口稠密的城市区域，至少有 1 万名居民，在两年多的时间里大部分地区面临人口损失，正在经历经济转型，并出现了一些结构性危机的症状"[1]。欧洲的大多数学者都认为，人口减少是城市收缩现象的一个必要特征。例如，德国城市后工业转型、经济衰退和人口损失的相互作用过程复杂，有学者因此质疑，采用人口数量下降作为定义城市收缩的单一指标是否都合理[2]。日本的论述则将人口萎缩描述为由老龄化和低出生率等人口因素造成的长期人口减少[3]。使用"收缩的城市"或"城市收缩"这两个术语，使得城市收缩存在某些先验的定义。简言之，包括不同规模和发展轨迹的城市街区、城市或人口集聚区，它们正在经历或已经历人口的间歇性、长期的或持续的下降。

需要指出的是，当城市收缩是以某一确定的城市为考察对象时，只要这个城市的统计人口数量减少，就可以作为判定城市收缩的必要条件。这种减少可能有两种情况：一是城市自然人口的数量下降，发生在城市人口中的出生人数小于死亡人数（且没有外来移民迁入）时。在人类更早的历史上，城市地区往往有死亡率高于出生率的现象，导致城市自然人口减少，这种情况并不罕见。而在现代社会，则是由于超低生育率造成的。例如西欧、东亚地区都已出现了超低生育率的趋势。这一趋势带来的将是某一国家或社会的人口数量普遍的、总体的下降，人口的流动将加剧某些城市的收缩，而部分城市仍可能保持扩张的态势。二是城市机械人口的数量下降，即城市人口大量外迁（且大于自然人口的增长）时；而对人口迁入的另外的地区或地方来说，则面临着机械人口的数量增长。比如，中心城市收缩了，而其郊区或大都市区域可能扩张蔓延了。

---

① T. Wiechmann & M.Bontje. Responding to tough times：Policy and planning strategies in shrinking cities[J]. European Planning Studies，2015，23（1）：1–11.

② F.Bartholomae，C.W.Nam & A.Schoenberg. Urban shrinkage and resurgence in Germany[J]. Urban Studies，2017，54（12）：2701–2718.

③ K.Hattori，K.Kaido & M.Matsuyuki. The development of urban shrinking discourse and policy response in Japan[J]. Cities，2017（69）：124–132.

5.2 主要国家的收缩城市

城市收缩是许多国家的普遍现象，涉及全球不同规模和类型的城市，根据国家、区域和地方情况，城市收缩有多种形式，有不同的方面和表现。

"收缩"几乎总是和去工业化、人口老龄化联系在一起。这对于以单一部门为基础的工业区尤其如此，特别是矿区，当工厂关闭时，地区将面临经济衰退、人口下降和老龄化等新挑战。对1960—2000年城市发展的研究基本上证实了这一发现，只要重点放在大城市地区和郊区化进程的背景下整体看待。

5.2.1 20世纪70年代以来欧美的城市收缩

20世纪70年代，新一轮全球化开始兴起，全球化的后工业经济的出现导致了新的区域专业化（regional specializations），因为资本的高度流动性，促使投资转移到利润较高的部门。这一转变的一个重要后果是生产和分销场所的快速灵活重组。20世纪70年代以来出现的这种新的生产形式，得益于更加便宜、容易、快捷和安全的交通、信息和通信。随着距离和边界的消失，活动趋向于越来越自由。虽然这种业务再分配导致了一些地区的活动聚集，却也导致了另一些地区的经济衰退，而这加剧了之前经济和城市发展不平衡的趋势。

20世纪80—90年代，北美和欧洲的工业部门面临着深重危机，尤其是制造业部门转移到了发展中国家，全球范围内产业分工重构，欧美的制造业岗位大幅削减，相当数量的地方经历了痛苦的去工业化过程，工人失业率上升，社区逐渐衰败，这一期间城市也随之收缩。所有的前矿业城市都有类似的结构问题。欧美的许多城市只得跌入城市人口萎缩和经济下行的通道。根据官方数据，21世纪的第1个10年，美国13%的城市地区和欧盟54%的城市地区人口减少[①]。然而，欧洲国家和美国人口下降程度和空间分布的差异很大。

美国制造业城市的人口数量急剧下降，辉煌的"汽车之城"底特律曾是美国制造业的象征和骄傲，由于城市人口数量急剧下降，汽车工业衰退，而逐渐沦为美国"最悲惨的城市"，暴力犯罪频发，失业率高企，并深陷财务危机，于2013年7月宣告破产。又如，匹兹堡曾经是钢铁的代名词。1930年，其劳动力的32%以上从事制造业。到了1980年，只有14%的劳动力受雇于制造业，并且从事钢铁生产的只占5.5%。与之成对比的是，服务业就业人员占全部就业人员的比重已上升到38%，因此主导着经济。匹兹堡已从一座工业城市转型为一座节点服务城市。然而，在此过程中，在1940—1980年间，它失去了其24%的就业岗位和37%的人口。在1980—1990年间，它另外又减少了其

---

① Thorsten Wiechmann, Karina M Pallagst. Urban shrinkage in Germany and the USA: a comparison of transformation patterns and local strategies[J]. Int J Urban Reg Res, 2012, 36（2）: 261-80.

12.8% 的人口。城市已从一个由制造业为主导的经济转变为一个现在专门从事服务和零售的经济，但是相比在过去，伴随着一个更小的就业劳动力数量，以及在许多情况下，一个更小的人口数量[1]。匹兹堡还有扬斯敦（Youngstown）这样的许多美国重工业城市已被迫应对导致城市萎缩的人口和经济轨迹。在美国，城市收缩基本上和各自的长期工业转型有关。

德国重要的工业地带鲁尔河谷的矿山关闭，政府采取了多种尝试以缓解对矿工的影响。被破坏的景观得以复垦，不过好在鲁尔河谷本来也没有长期修建的采矿定居点。通常来说，集中于单一产业部类或经济活动的城市特别容易受到这一进程的打击。英格兰北部和苏格兰的钢铁、纺织和矿业城市，在适应后福特主义[2] 经济需求的过程中，就遭遇了此类困难，成为典型的负面例子。

法国和英国地方生产系统的转型，导致了区域空间的极化和城市地区之间日益失衡。在全球化带来的经济结构调整过程中，大部分以前的工业空间的发展已经落后。虽然法国的一些"卓越极"（pôles d'excellence）成为经济结构调整的赢家，另一些工业空间却被这一过程抛诸于后，从而加剧了城市地区之间的社会分化。这些地区不仅存在许多社会问题，而且经济和人口也都在下降。然而，不同城市对全球化的反映并不都一样，决定城市转型的因素，除了全球变化之外，地方背景和战略也很重要。

尽管城市衰退问题在某些地方表现得很尖锐，但在英法两国的国家层面都不受关注。这在很大程度上可能是由于乐观的人口统计状况，爱尔兰、法国和英国是欧洲目前"唯一"未受人口下降影响的国家。然而，这种对城市收缩问题关注的"准缺失"，也可以解释为两国面临的特定的城镇收缩模式造成的。

5.2.2　英国的收缩城市

由于历史地缘关系，英国的城市衰退和人口收缩表现出一种不均衡的局部特征，以及收缩的动态变化。

（1）移民和城市人口增长

英国人口在过去 30 年中持续增长，因此在国家层面几乎不讨论城市收缩问题。虽然城镇和地区的增长正在放缓，但中等城市的人口统计数字正在蓬勃上升，截至最近，伦敦的增长率已经超过了其他所有城市。

事实上，英国现在也是一个净移民国家（英国前首相就是印度裔的第二代移民）。自 20 世纪 90 年代以来，国际移民已经成为英国人口增长的主要驱动因素。2004 年欧盟的扩大和英国政府的开放移民政策加强了这一趋势，开

---

① （美）马克·戈特迪纳，雷·哈奇森. 新城市社会学 [M]. 黄怡，译. 上海：上海译文出版社，2018：171-172.
② 后福特主义（post-fordism），是指以满足个性需求为目的，以信息和通信技术为基础，生产过程和劳动关系都具有灵活性（弹性）的生产模式。

放移民政策鼓励来自新扩大的欧盟国家的工人入境。根据 2005 年 11 月公布的数据，29.3 万名工人登记为合法移民，其中 17.0 万波兰人、4.0 万立陶宛人、3.1 万斯洛伐克人、2.0 万拉脱维亚人和 1.7 万捷克人[①]。调查估计，实际数字可能是上述公开数据的 2 倍。一些机构专门招聘来自中欧的工人，主要是在英国缺乏工人的建筑业、农业和运输业等专业领域。由于这些工人获得了合法地位，他们中的许多人安排家人一起在英国定居。在过去两次人口普查中，伦敦以外的大都市地区和大城市的收缩速度也有所放缓，这也很可能是来自欧盟新成员国的移民造成的。

（2）工业城市的衰退

因为工业革命始于英国，特别是在靠近矿区的大城市，它们对工业基础的依赖时间比其他国家更长，这使得向服务业的转变更加困难。因此英国的城市比欧洲大陆更早地面临着去工业化的挑战，大多数城市已经到达了一个关键的转折点。近百年间爱尔兰铁路网发生了显著变化，很多支线已废弃，应该是去工业化、小城镇衰落和人口向主要大城市集中造成的。20 世纪 70 年代英国经济衰退，传统制造业和港口码头急剧衰落，失业现象加剧，穷人进一步贫困化，加之"二战"后由于移民问题而引发的种族歧视和种族冲突，20 世纪 80 年代初在利物浦、曼彻斯特等传统工业城市和伦敦、布里斯托等核心城市相继发生了种族骚乱事件。

（3）不平衡的衰退

长期以来，在英国繁荣的东南部和贫困的西北部之间一直存在一道分水岭。经济衰退，特别是工业部门的经济衰退，加剧了这种不平衡的经济命运，从人口的增长和萎缩来看，这种区域差异并没有缩小。受萎缩影响的是聚集在英国中部和北部的都市区和工业区。苏格兰受到产业衰退和人口下降的严重影响，特别是在大格拉斯哥和西部岛屿。英国的工业城市利物浦人口数量急剧下降，英国大量的实证研究涉及利物浦或曼彻斯特等前工业城市的转型。这是因为工人更可能从衰退的城市搬走，向外寻找工作或更好的生活条件。

（4）英国的人口分布城市类型

根据 Lupton 和 Power（2004 年）[②]和另一份政府报告（ODPM，2006 年），英国的城市人口分布在 4 种类型的定居点：

1）主要的大都市区，也可以称为城市群（conurbations）。它们包括主要的大城市及其腹地，人口在 100 万 ~250 万之间。其中包括伦敦在内的 8 个大都市地区的人口增长率最高。但在其他 7 个大都市地区中，有 6 个正在收缩。

① Office for National Statistics. Overview of the UK population：January 2021[EB/OL]. ons.gov.uk，14 January 2021.

② Ruth Lupton & Anne Power. The growth and decline of cities and regions[R]. CASE Brookings census briefs. 2004.

2）其他大城市，独立城市，如爱丁堡或诺丁汉。有14个，城市人口从15万~45万不等，它们通常是大型工业中心或港口。在这14个大城市中，有8个正在收缩。

3）中等城市。英国的17个中等城市，可能是小型工业中心或教育中心（如牛津或剑桥），也可能是服务于农村腹地的城市定居点。它们是人口增长的地方。

4）剩余的城镇或地区，由于其规模太小，尚未被提升至城市地位。它们包括新城镇、海滨度假区、小型工业城镇和农村地区城镇。这些地方的人口不断增长。

英国有两类正在收缩的城市。除了伦敦，其他的大城市和大都会地区都在收缩中，城市收缩影响到英国最大的城市群和城市。而中等城市和城镇则出现了显著增长。大多数以前在收缩的城市虽然仍在应对20世纪90年代经济快速衰退带来的社会挑战，但是已逐渐克服了去工业化进程，人口正在增加。

此外，由于英国大部分研究人员都集中在伦敦和英格兰南部，而这两个地区的人口正在蓬勃发展，英格兰南部和东南部几乎没有收缩的迹象，该地区由小规模的农村和混合的农村地区组成，伦敦则是个例外。近年来，伦敦和英国东南部的其他许多定居点获得了特别高的人口收益，英格兰人口的增长速度超过了20世纪70年代初以来的任何时候，为城市增长提供了人口驱动力。1991—2001年，英国人口增长了约150万人，占该国总人口的2.7%。

虽然城市衰退在苏格兰或英格兰北部等地受影响最严重，但这一问题还没有真正达到国家层面。这反映了一个事实，即由于移民增加，英国仍在以增长模式看待城市发展。

5.2.3　法国的收缩城市

法国也是出生率可持续的国家，保持着欧盟最高的生育率。1990—1999年期间，法国的人口增长在国家层级保持相对较高水平，年增幅为0.37%，尽管和1982—1990年期间的年增长率0.51%相比有所放缓。然而，1999年的人口普查还显示，在国家以下一级，大约1/3的法国城市地区在1990—1999年期间收缩，换言之，法国的361个城市地区中有112个城市人口减少[1]。

（1）法国的收缩城市类型

法国三种类型的城市地区正在收缩。第一种类型是大城市地区，其衰落显然是去工业化的结果。法国52个最大的城市地区中只有8个正在收缩，几乎都位于洛林、北加莱和上诺曼底等衰退的工业区域。这些收缩城市的经济发

---

[1] P.Julien. "Recensement 1999. Poursuite d'une urbanization très localisée", INSEE Première, 2000, n°692.

展传统上以采矿、港口工业或其他单一工业为基础，这些工业部门遭遇的危机导致了城市经济、社会和人口的下降。

然而，法国大多数正在收缩的城市属于第二种类型，即小城市地区，位于法国中部，从北部的阿登山脉（the Ardennes）穿过中央高原（the Massif Central）至南部的比利牛斯山脉（the Pyrenees）。中部四个"区域"香槟—阿登（Champagne-Ardennes）、米迪—皮雷内（Midi-Pyrénées）、利穆森（Limousin）和勃艮第。在1990—1999年期间，超过3/4的小城市地区人口减少①。

和其他许多国家一样，法国的城市增长最近集中在沿海区域，靠近边界（尤其是阿尔萨斯和阿尔卑斯山），并紧随重要的交通基础设施。不断增长的城市地区是位于主要道路基础设施（卢瓦尔河谷、罗讷河谷、莱茵河谷）沿线的山谷中的那些，以及和TGV相连的地区［雷恩、南特、普瓦捷（Poitiers）、波尔多］。相反，收缩的城市区域是那些和基础设施网络或城市网络隔离的区域。其中大部分位于法国的中部地带。

前两种类型收缩的城市地区很好地反映了全球化对城市收缩进程的影响作用。大城市的衰落显然是国际范围内生产再分配的结果，而小城市则被全球化抛在了后面，远离大城市和网络，无法参与全球化进程。

第三种类型的城市收缩发生在作为一个整体不断增长的城市区域内：城市中心的人口正在下降，而远郊的人口正在增加。这个过程并非特别发生在法国，通常和城市蔓延有关，在快速增长的地区尤其明显，如法国南部［例如马赛、阿维尼翁、土伦、佩皮尼昂（Perpignan）］。这种类型的收缩也会影响"近郊"（first suburbs）——即工业国家中在城市中心之后最先发展起来的地方。在法国，这些郊区以其强大的工业基础设施和大量工人阶级人口为特征，他们居住在被称为"大型集合住宅"（grands ensembles）的大型社会住宅区中。去工业化进程及其大部分居民"逃离"到远郊，导致这些郊区城镇在人口、经济和社会演变方面的急剧下降。

（2）法国对城市收缩的模式及态度

法国主要是最小的城市受到影响。总体而言，人口下降率在法国可能较英国低。然而，这并不能解释城市收缩在法国更为分散的事实。一种可能的解释是，法国的区域规划政策相对成功地扭转了大多数老工业区的衰退，尽管几乎没有采取任何措施来防止小城镇的收缩。

此外，法国非技术工人失业者的居住流动性相对较低，而英国工作市场的流动性是常态。这一特殊模式导致受严重经济衰退影响的法国工业区人口相

---

① P.Julien. "Recensement 1999. Poursuite d'une urbanization très localisée", INSEE Première, 2000, n°692.

对稳定。法国大多数失业人口即使是为了找到新工作也不会搬走；而英国工人更可能从衰退的城市搬走，另谋生路或寻找更好的生活条件。

英法两国的人口全国范围内各自都在增长，而当受到增长地区包围时，衰退的口袋之地就会被忽视。此外，全球化和"全球本土化"（glocalization）增加了城市之间的竞争，城市营销的重点是展示后现代的华丽形象，而不是强调城市衰落等困难。从心理学的角度来看，法国和英国在看待城市收缩时对其仍持否定态度。

无论是在英国还是法国，城市收缩都没有被确定为国家一级的公共政策问题。相反，增长模式在两国仍占主导地位。然而，这种缺乏考虑的原因可能是，法国和英国没有经历和德国等其他欧洲国家相同的人口下降。

法国以前的工业区和采矿区的经济衰退已经得到了很好地分析[1]。法国学者和决策者的注意力更多地集中在区域层面，而不是城市层面。法国对城市收缩缺乏兴趣的原因，和受影响的城市地区的特点有关，其中大多数地区都很小，在国家经济中所占比重很小。为数不多的专门针对小城镇的研究得出结论，它们在大都市化和全球化过程中通常是输家[2]，成为被遗忘的边缘。集中和竞争的总体趋势导致了小城镇人口和活动下降[3]。还与此相关的是，主要的学术研究中心都不在法国受萎缩影响的小城镇，因此很少有研究涉及法国城镇收缩的挑战。

然而，和出生率下降相关的人口下降正在成为大多数欧洲国家的问题，英国和法国的一些地区已经受到这一过程的影响，老龄化人口的比例越来越大。在不久的将来，这两国的国家一级以及城市和区域规划者的政策议程上可能会出现城市收缩问题。

5.2.4　德国的收缩城市

"人口收缩"是德国的一个热门话题。两德统一后，德国城市的快速收缩广泛影响了过去 30 年的城市收缩讨论。德国城市收缩是由出生率下降和德国统一的影响造成的。东德的城市经历了更严重的城市萎缩。

（1）从政治禁忌到重要议题

1990 年两德统一后，东德的经济崩溃使东德的整个地区失去了工业化，非工业化和人口外流加剧了城市萎缩，这被视为一个特别关键的挑战。20 世纪 90 年代，东德经历了快速萎缩的轨迹。但直到 2000 年，大量住房空置现象

---

① S.Wachter（ed.）. Redéveloppement des zones en déclin industriel，DATAR/La Documentation Française，1991.

② J.C.Lugan.Les petites villes face à la métropolisation[J]. Espaces et Sociétés，1994，№ 73：193–205.

③ D.Pumain.Quel rôle pour les villes petites et moyennes des régions périphériques?[J]Revue de Géographie Alpine，1999，№ 2：167–184.

变得明显后（超过 100 万套），才开始了关于城市收缩的公开讨论。21 世纪第一个 10 年的中后期，城市收缩的挑战也才极少出现在政治家和城市规划者的议程上。"收缩"在欧洲起初是一个政治禁忌，并被系统地视为特定地域的主导发展趋势。东德的情况也是如此，尽管城市"发展"明显表现出人口持续减少和住房空置率上升的趋势，但是由于传统上以增长目标为发展导向，"收缩"被认为在行政系统内不符合政策。但自 21 世纪初以来，情况发生了重大变化。"收缩"一词响彻全国，今天，德国无数的活动和事件都在应对这个问题。德国估计的人口收缩为 8250 万至 7500 万（平均估计值），相对日本还是较低的，收缩率仅为 9%。德国的总生育率为 1.34%，略高于日本的总生育率 1.28%（2004 年）[①]。

（2）德国东部的人口、需求和住宅市场危机

自 1990 年统一以来，东德几乎所有城市 [例如德累斯顿、施韦特（Schwedt）] 的人口都大幅减少，其中一些城市的人口下降比例超过 25%。这是由于三个过程：①人口下降，因为出生人数比死亡人数少得多；②郊区化；③从边缘、衰退地区向东、西德富裕地区的移民。由于大多数年轻人和受过良好教育的人离开，导致了人才外流和地区老龄化加速。

重大的人口变化严重影响城市的发展，尤其是在德国东部。萨克森州于 1990—2005 年间人口急剧减少 50 万，相当于失去了德国东部第二大城市莱比锡的全部人口。这些人口变化导致住房需求崩溃，因为 2000 年过剩的住房供应超过 40 万套，而空置率几乎占总住房存量的 18%。由于人口发展趋势将进一步削弱需求，住房市场的严重不平衡状况也将持续存在。私人所有者而不是政府首当其冲地承受着严重人口变化的消极影响。对于私人业主、公用事业、城市规划师和财务主管来说，"发展"一词已经失去了其积极的含义，而具有了"应对收缩的住房市场"的含义。

（3）德国东部收缩城市的再生应对

住房供应过剩的问题既不能通过重组单个公司来解决，因为契约市场的任何重组和资本重组都将不可避免地使竞争对手处于劣势，也不能通过放宽宣布破产的要求来解决，原因是空置率不会改变。需要政府紧急干预，以防止基础设施和商业环境恶化、投资减少、社会隔离加剧以及"逃离疫病"和城市衰败等负面情景成为现实。为了实现住房市场的长期稳定，政府向受影响的房东和公用事业提供财政援助，以拆除过剩的存量住房和陈旧的基础设施，并为偿还本息提供补贴。复合条件下的特殊免税将有助于住房市场形成经济可行的行为体，投资补助金将作为激励措施，以振兴代表城市特色和历史的社区。这些政府政策反映了维持社会凝聚力和预防弱势社区成为社会问题热点的责任，并

[①] Winfried Flüchter. III Shrinking Cities in Japan | Between Megalopolises and Rural Peripheries.

试图恢复房地产市场的稳定。这些公共方案由联邦和州政府共同资助。

城市复兴活动集中在萎缩最明显的住房空置领域。联邦东部的城市制定了独特的重建计划"Stadtumbau Ost"，全国范围内由公共政策解决。到 2009 年，为多达 35 万套公寓的拆除提供补贴，几乎所有东部城市都参与了该计划[①]。

由于城市面临着由城市萎缩和人口变化引起的复杂问题，因此有必要认识到这一复杂性，并以全面和多维度的方法加以解决。如今，东德的城市几乎完全集中于空置建筑物的拆除。尽管这是收缩城市再生的重要部分，但显然还不够。

随着吸引企业的传统方法正在失败，形成城市的特定比较优势也变得越来越困难。一些中小型城镇通过以非常专业的形象来宣传自己，如疗养之城或体育之城，从本质上讲，这些"新"概述和城市的城市发展战略保持一致，通常嵌入当地传统和文化中。收缩城市的复兴需要在经济、社会、文化、结构和住房市场等许多方面有新的视角，这些可以来自城市创意文化。

（4）德国西部的人口变化、隔离和应对

德国西部的人口变化和隔离过程在空间上有很大差异。北莱茵—威斯特伐利亚州的多数较大城镇，由于郊区化和其他形式的人口外流或人口老龄化而人口减少，出生人数比死亡人数少得多。特别是德国最大的老工业区鲁尔区的城市，几十年来一直在应对这个问题。但与此同时，这些城镇仍然是移民的目标，也是来自其他国家的移民的熔炉。有些城市人口正在增长，例如波恩，人口增长既来自正数的移民率，也来自出生率大于死亡率。

在北莱茵—威斯特伐利亚州的城市和地区，增长和衰退同时存在。城市层级的人口下降、老年人比例上升和有移民历史的居民比例上升这三个过程相互重叠、相互影响。特别是社会、种族和人口隔离的过程非常复杂。德国西部城市的应对策略是在公共资助的社会和城市发展计划的更广泛框架内制定的[②]，这点和德国东部不同。

（5）德国人口变化的新趋势

但是，近年来由于世界其他地区政局动荡和战乱局势影响造成的移民因素，极大地改变了德国的人口变化趋势。德国联邦统计局公布的数据显示，根据初步统计，德国 2022 年底人口总数至少达到创纪录的 8430 万，这一数据较 2021 年底增加 110 万。联邦统计局指出，这种强劲增长的原因是创纪录的净移民数量。除了乌克兰难民外，来自其他国家的移民也大幅增加。据估

① Anja Nellea，Katrin Großmannb，Dagmar Haasecd，et.al. Urban shrinkage in Germany：An entangled web of conditions，debates and policies[J]. Cities，Volume 69，September 2017：116-123.

② Peter Flath，Heike Liebmann and Dr. Tobias Robischon，et.al. Coping with City Shrinkage：Lessons from Germany[EB/OL]. https：//www.schader-stiftung.de/themen/stadtentwicklung-und-wohnen/fokus/konversion/artikel/coping-with-city-shrinkage-lessons-from-germany，2006-03-31.

计，2022 年移居德国的人数比移居国外的人数多 142 万 ~145 万，净移民数是 2021 年的 4 倍多，这一数据亦高于 1950 年以来的数据。

联邦统计局指出，在德国统一后的 30 年里，德国人口主要呈增长态势。例外年份是 1998 年和 2003—2010 年。不过，人口增长完全是由于移入人数多于移出人数。如果没有净移民，人口自 1972 年以来就会萎缩，因为自那时以来每年死亡人数超过出生人数。和 2021 年相比，2022 年德国出生人数下降了约 7%，预计在 73.5 万 ~74.5 万之间。与之相对，死亡人数上升了约 4%，达到 106 万。[①]

5.2.5　日本的收缩城市

"收缩城市"一词从北美和欧洲引入日本，主要用于城市规划领域，该领域侧重于从建筑环境等物质方面管理收缩城市。低出生率、老龄化和人口减少等人口变化问题最初在农村地区更为严重，因此，社会人口影响往往在农村规划领域进行讨论，而日本的农村规划和城市规划的讨论是脱节的。尽管有关于农村边缘地区的"收缩、变废的地区"（kaso chiiki），却没有关于收缩城市的公开讨论。而日本的城市也在不断缩小。

（1）人口萎缩的难题

"人口萎缩"是日本的一个热门话题。日本农村地区的人口一直在下降，非城市地区（包括城镇和村庄）的人口比例从 1970 年的 35% 下降到 2001 年的 28%。日本总务省发布的数据显示，截至 2022 年 9 月 15 日，全国 65 岁以上老人数量已达 3627 万人，占人口总数的 29%，创下历史新高。另据厚生劳动省 2022 年 9 月发布的数据显示，日本百岁以上老人首次突破 9 万人。每 10 万人口中就有 72.13 名百岁老人。[②]

日本社会长期面临着严重的人口问题，社会极端老龄化，且人口老龄化速度超过世界上任何其他国家。这是由于：一方面，人口寿命延长，日本女性的预期寿命为 85 岁，男性为 78 岁。2002 年，64 岁以上的人占总人口的比例为 18.5%，高于 0~14 岁的人的 14.2%。2004 年，日本 64 岁以上人口的比例已达到 19.3%；预计 2050 年的数字为 36%。另一方面，总生育率极低。日本的总生育率从 1967 年的 2.23% 下降到 2004 年的 1.28%，处于世界最低水平[③]。为了确保人口稳定，总生育率必须达到 2.1% 左右。

---

① 中新社柏林，马秀秀. 德国人口总数已达 8430 万 [EB/OL]. 中国新闻网，https://www.chinanews.com/gj/2023/01-20/9939372.shtml，2023-01-20.

② 央视新闻. 日本近 3 成人口为 65 岁以上老人 [EB/OL]. https://view.inews.qq.com/a/20220919V0AZDV00，2022-09-19.

③ Winfried Flüchter. Shrinking cities in Japan: Between Megalopolises and rural peripheries[EB/OL]. http://japanesestudies.org.uk/special/shrinking-regions/Chapter3.pdf.

然而，日本的人口损失难以通过移民来缓解。日本作为一个种族和社会同质国家的自我形象以及外国渗透的心理障碍非常高，因此其移民法也相应地受到限制直至 2018 年才得以修订放宽移民政策。

（2）北海道的小型城市社区的收缩

在研究城市收缩问题时，人们首先关注的是那些以其周边位置和较小人口规模为特征的城市（shi）社区。北海道是此类地区问题的典型。北海道是日本面积最大的州，也是该国第二大岛，规模和德国的巴伐利亚州相当，其周边地区直到 19 世纪末才开始发展；20 世纪 60 年代达到了经济发展的顶峰，此后经历了灾难性的衰退。北海道人口 570 万，按照日本的标准，人口极为稀少（每平方公里 68 人）。虽然北海道的人口在 1960—2000 年间以绝对值计算增长了 14%，但仍远低于全国 34.6% 的平均增长水平。而出生人数超过死亡人数，这至少意味着岛上的人口并没有因为持续向日本核心地区迁移而下降。

1960—2000 年期间北海道城市的增长是日本农村和周边地区其他许多县的典型增长。让人印象深刻的首先是大城市的人口增长，特别是北海道首府札幌（Sapporo）。札幌的人口从 60 万大幅增加到 180 万（203%），这个增长率已被某些郊区卫星城远远超过。一个极端的例子是北广岛（Kitahiroshima），一个拥有大量绿地、娱乐活动和良好交通连接的郊区，距离札幌火车站或新千岁国际机场不到 20 分钟。该社区现在有 5.8 万名居民，尽管直到 1968 年才从"村"（mura）变为"镇"（machi），并且自 1996 年人口超过 5 万后才成为统计上的"城市"（shi）。小樽（Otaru）是一个重要的传统工业港口城市，其发展受到空间瓶颈和非工业化的严重阻碍。除此例外，札幌地区的所有城市都在发展。郊区化不是唯一的原因；国家对都城地区（Doo region）（"北海道中部"）建设和改善现代基础设施的支持也有所帮助。在札幌城市群以外，只有较大的城市出现了人口增长：奥比广岛（Obihiro）（71.5%）、北见（Kitami）（67.4%）、浅川（67.0%）、草广岛（27.3%）、函馆（18.4%）。

如果只看 20 世纪 90 年代，很明显，这 5 个地区中心中，只有奥比广岛和北见市的人口略有增加，尽管其他 3 个城市的居民数量更多，但它们的人口却令人惊讶地出现了下降，其中包括浅川市，该市目前是北海道中部的主要区域中心。这一下降的原因是州首府的吸引力大，居民的向外迁移造成人口此消彼长了。除了上述城市外，几乎整个北海道地区都经历了人口的显著下降。这对于乡村和小城市来说是不言而喻的，但几乎其他所有城市也是如此。1900 年左右北海道开发时这些城市变得格外重要，20 世纪 60 年代达到了经济发展的顶峰，此后则经历了灾难性的衰退。

歌志内市（Utashinai shi）是最极端的例子，目前是全日本人口最少的城市，只有 6000 人，而 1960 年为 3.8 万人。从政治正确性的角度出发，这个前采矿社区在统计数据中仍然保留了"城市"的排名。

北海道的尤巴里是一个面积 763 平方公里（相当于柏林州面积的 87%）的大型社区，其发展最为引人注目。从 1960 年的 107972 名居民缩减到 2000 年的 14791 名，而且下降趋势还在继续（2003 年只有 13766 名居民）。这里的人口老龄化带来了另一个问题。64 岁以上的人口百分比为 33.6%，远远高于已经很高的全国平均水平 19.3%。失业率也很高，只有 0.1% 的人口继续从事采矿业，采矿业几乎已经停止，也几乎没有其他工作的前景。第二部门仅雇用24%（工业 12.8%，建筑业 11%），第一部门仍雇用 13.2%（农业 12.6%），第三部门雇用 62.8%（绝大多数为简单服务；6.4% 受雇于公共服务）。上述所有前矿业"城市"都有类似的产业结构问题。

（3）东京以外的城市都在收缩

日本地方政府的计划原先是在不断扩大社会经济因素的前提下制定的，现在则需要接受人口减少的事实，并制定应对策略。如果人们把"收缩"理解为经济、社会和文化的衰退以及人口的减少，那么大阪很可能是一个典型的收缩城市。大阪是东京的强大竞争对手，但在全球经济时代，第一大城市东京一直在扩张，而包括第二大城市在内的其他城市则在萎缩。这和英国伦敦的情况及伦敦和英国其他城市的关系有些相似。过去的 20 年里，大阪的许多公司将其重要的总部职能转移到了东京，尽管大阪仍然保持着独特的城市特色和文化，但作为一个充满活力的商业城市的角色正在逐渐消失。

总的来说，远离大城市的港口城市正在停滞不前。当空运占据商业中的主导地位时，港口的相对重要性逐渐减弱。此外，主要国际港口相对于国内港口的重要性有所增加。港口城市收缩的例子包括九州的长崎和北海道的函馆。这两个城市恰巧同神户、横滨和新潟一起，在 1858 年日本国家闭关自守政策结束后向世界开放。1920 年，长崎（2000 年人口 42.3 万，低于 1985 年的峰值 44.9 万）是日本第 8 大城市，函馆（2000 年人口 28.8 万，低于 1980 年的峰值 32 万）是第 10 大城市。福冈和札幌今天的人口均超过 100 万，1920 年时则比长崎和函馆小得多。长崎现在排在第 37 位，函馆则回到了第 71 位。随着排名的大幅下降，这些城市的相对重要性也正在下降。现今的长崎和函馆已不再是各自地区的主要城市。在九州，福冈（人口 134.1 万）现在是该地区的核心城市；在北海道，则是札幌（人口 182.2 万）。福冈和札幌的人口预计将进一步增长，这两个城市都以服务业为支柱产业，也是各自地区的交通枢纽。

制造业城市正在失去人口和经济基础。区域城市和大都市工业城市在这方面都受到了影响。区域合作的例子包括福冈县的北九州（人口 101.1 万，重工业）、长崎县的佐世保（人口 24.1 万，造船）、茨城县的日立（人口 19.3万，电子）和北海道的墨兰（人口 10.3 万，钢铁）。这些城市往往是"公司镇"，这意味着它们容易受到特定行业或公司表现的影响。在不久的将来，北九州可能会滑到 100 万人口以下，成为日本第一个"前百万人口城市"。

日本有 220 个城市（不是城镇或村庄）人口少于 5 万。事实上，这些小城市的总人口在 1994—1999 年间都在减少，尤巴里（人口 1.5 万）的人口下降率最大，为 2.4%，紧随其后是歌志内市（人口 6000）和三笠（Mikasa，人口 1.4 万）。这三个城市都是北海道以前的煤矿区。此外，小城市被较大的区域城市所吸纳。在未来人口急剧减少的时期，许多拥有 5 万~10 万居民的城市将经历严重的人口减少，并成为人口非常老化的社区。

（4）大城市郊区的收缩

日本大城市的收缩以相当零星的方式发生，但大城市郊区的收缩是不可避免的，交通联系不便的郊区总体上正在缩小。距离东京市中心 50~100 公里的"超级郊区"也在缩小，如今这些地区和东京已经脱节，很难重新定义自己的身份。至于社区类型，新市镇和大型公共屋社区的公共支出也在减少。例如，大阪千里新城占地 1160 公顷，是日本最早也是最大的卫星城市之一，位于大阪市中心以北 10 公里处，在开始建造 10 年后，1975 年人口达到近 13 万，但现在下降到 9.4 万。

森里的 65 岁及以上老年人口占总人口的 21%，远高于大阪府的 16%。东京的规划社区的情况没有太大不同。多摩新城（Tama New Town）位于东京市中心以西 30 公里处，占地 2980 公顷，新市镇有 18 万人居住，远远低于计划的 30 万居民。1995—2000 年期间，核心城市多摩失去了 1.5% 的人口。这些社区的共同特征是住宅区陈旧，同质性强，特别是早期建造的房屋类型相当单调。小型核心家庭的同质人口正在变老。目前问题还不严重，但未来将被遗弃的土地和房屋在大都市郊区可能会变得更加普遍。此外，和英国的卫星城不同，日本的大多数卫星城都是没有足够就业机会的"卧城"。

日本的人口减少和老龄化的时代往往以一种相当悲观的态度被讨论，如日本影片《岁月自珍》（PLANT5）所探讨的应对性制度话题，但最近人们开始意识到，在这样一个社会中可能有更好的生活方式，实现可持续的关键可能是自给自足。

5.2.6　大城市的再城市化趋势

就大城市的再城市化趋势而言，尽管空置已经是许多大城市中心边缘的一个问题，然而整体讨论城市的缩小和郊区的空置还为时过早。

（1）日本的再城市化和大都市边缘区住房需求下降

国际比较中讨论住房空置现象时需明白，日本私人住宅的建设不是几代人长期使用的；相反，在一代人（30~40 年）之后，建筑物被拆除和重建，结果是"空置"问题可以更灵活地适应需求。尽管全国人口迅速减少，社会老龄化，但日本城市收缩的问题迄今为止已被抑制。现实更清楚地表明，增长和发展的黄金时期已经过去了。一些未来的"城市重建"可以更合理地称为"城市拆除"。日本的富裕社会目前居住生活的环境非常狭窄，也可以因此提高生活质量。这样的城市拆迁当然会和日本强大的建筑游说团体的利益背道而驰。尽管如此，"收缩"问题也将是日本未来面临的巨大挑战。

日本的许多大都市地区都出现了住房需求低迷的趋势。服务业正在取代城市中心的住宅，将它们转移出去。这种从市中心向第三产业的转变在德国也很常见，尽管其速度不如日本那么快。

问题是，再城市化的趋势是否意味着空置现象将成为郊区的一个问题。毫无疑问，大都市边缘地区的住房需求正在下降。20世纪60年代和70年代的"新市镇"正在停滞不前，市镇人口明显下降。然而，到目前为止，"真空"问题只影响到交通连接不良的住宅，尤其是那些远离火车站的住宅。许多新市镇的人口正在减少，这本身并不是空置问题的理由，更不用说城市周边地区正在收缩的城市了。总的来说，这种下降可以用代际变化来解释：在30年前年轻家庭对住房的竞争之后，现在孩子已经长大成人而相继离开，父母留下来了，但有了更多的生活空间。

（2）纽约的城市更新和再城市化

20世纪90年代末，因经济复苏和再城市化导致的纽约城市人口回流引发了新一轮房地产投资热潮，美国联邦政府也再一次注入数十亿美元用于振兴老旧街区，重建城市中央商务区。这次浪潮看似重返了20世纪50年代的地产开发盛况，但城市更新的模式已经发生了质的变化。一方面，政府和社会资本的合作模式经过长期发展已经不只局限于单纯的政商合作，利益主体更加多样；另一方面，社会非营利组织和公众在城市更新中的作用也越发重要，开始呈现出多主体协同治理的势态。从整体上看，在过去的70余年中，纽约的城市更新呈现出从大拆大建的重建更新到渐进式的保护更新，从单一的政商合作到多主体协同，从单纯追求经济效益到重视社会评价的转变。

5.2.7 亚欧大陆收缩最快的城市

虽然发展中世界的许多城市中心正快速增长，但由于各种原因，另一些城市正在萎缩。大多数正在收缩的城市位于日本和俄罗斯，这两个国家的出生率都很低。表5.17列出了亚欧大陆收缩速度最快的一些城市，但并未列出德国、英国、美国收缩最快的城市。表5.17中的这些城市在第4章和本章的讨论中大多出现过。

下诺夫哥罗德在苏联时代以繁荣的工业城市而闻名，但在主要设施关闭后，居民大规模外流。多年来持续的失业和经济混乱阻碍了年轻家庭的生育，由于城市生育率低，预期寿命下降，死亡人数超过出生人数。

东京自1869年以来一直是日本的首都，尽管仍然是世界上人口最多的大

位序	城市	国家	城市人口 （2016 年）	城市人口 （2030 年）	增长率（%）
1	下诺夫哥罗德	俄罗斯	1200000	1060000	−0.9
2	东京	日本	38140000	37190000	−0.2
3	第比利斯	格鲁吉亚	1145000	1119000	−0.2
4	哈尔科夫	乌克兰	1438000	1393000	−0.2
5	北九州－福冈	日本	5494000	5355000	−0.2
6	仙台	日本	2071000	2012000	−0.2
7	首尔	韩国	9779000	9960000	−0.1
8	哈瓦那	古巴	2129000	2104000	−0.1
9	大阪	日本	20337000	19976000	−0.1
10	圣彼得堡	俄罗斯	5001000	4955000	−0.1

来源：Daniel Maina Wambugu. Shrinking Cities – Which Cities Are Getting Smaller?[EB/OL]. https：//www.worldatlas.com/articles/major-cities-that-are-shrinking.html，November 12 2018.

都市之一，但该市近年来经历了快速的人口下降，这归因于人口老龄化和出生率下降。北九州—福冈是由日本北九州和福冈都市区组成的地区，人口呈负增长，人口减少的主要原因是出生率非常低和社会老龄化，死亡人数多于出生人数。此外，大多数年轻人都在移民，以寻求更多利好的就业机会。

第比利斯是格鲁吉亚首都和最大的城市，是亚欧大陆之间一条重要的商业路线，但该市一直在收缩。艰难的贸易环境迫使一些公司搬迁，这些公司历来曾是第比利斯最大的雇主，不利的经济条件导致了移民出国，城市人口减少。

哈尔科夫是乌克兰第二大城市。20 世纪哈尔科夫不断经历政治对抗和经济不稳定，在 2022 年开始的俄乌战争中又饱经战火。因此许多个人和公司选择离开城市，向外寻找更有利的条件。

总体上，城市收缩的现象是由城市人口移民外迁或自然增长率下降造成的。当工业等经济部门关闭或铁矿石或黄金等地区开采的自然资源枯竭时，去城市化可能进一步发生。技术变化和环境退化也是人口减少的主要原因。

5.3　城市收缩的理论解释和经验维度

如何综合理解、讨论并从理论上解释城市收缩现象？目前城市收缩的经验文献提出的（宏观）理论及方法或概念化，解释深度各不相同。欧盟和日本城市收缩的实证文献中提供了各种原因、影响和应对措施，关于城市收缩的解释大多以定性内容分析和实证论证的方法，在案例研究分析过程中，从材料中归纳得出常见的原因、影响和反映的类别，并进行定量评估。

5.3.1 西方城镇形态收缩的解释

城市收缩常见的原因、影响和响应的分类寻求的是"最低公分母",这种分类能够考虑广泛的因素,并勾勒出普遍的区域收缩论证模式。然而,它也在一定程度上决定了可能结果的结构。因此,需要强调的是,一些研究显示了更为复杂的收缩图景,并提供了关于这一现象的关系分析或替代视角。

大多数研究强调人口减少是主要的动力,并反思和总结收缩现象相关的原因和影响。这些理论主要集中在收缩的原因上,对这一复杂现象仅给出了部分解释,像不均衡发展或郊区化这样的理论长期被采用。而既有的大多数应用理论都是用来解释城市扩张过程的。

（1）收缩城市的区位

收缩城市的位置大致可以区分为:西欧、地中海、后社会主义欧洲和日本。其中,西欧地区主要包括法国、西德和英国。地中海欧洲地区大多是南欧的城市,包括意大利、西班牙和葡萄牙。后社会主义欧洲地区,包括东德在内的前东欧集团国家（现在的欧盟成员国）,中东欧国家政治变革后发生的后社会主义转型造成了人口和经济影响的独特组合,导致大量城市迅速收缩[①]。

（2）全球化导致的城市收缩

全球化通常伴随着地区和城市之间的激烈竞争,在高收入国家,这些地区和城市的竞争力越来越基于知识、创新和网络:当地参与者之间具有密集互惠联系的地方变得更具竞争力。与此同时,无法连接到信息网络的城市地区正在经历衰落和萎缩,成为曼纽尔·卡斯泰尔所谓的空间流中的"黑洞"（black holes）[②],亦即被边缘化的遭受社会排斥的地区。在当代经济全球化和区域经济一体化的背景下,经济活动的空间区位对经济发展和国际经济关系有着至关重要的作用。整体而言,城市收缩是全球化及其对工业迁移和大都市化影响的结果,经济结构的新分布导致一些区域的活动聚集,而另一些区域则在下降。社会和经济问题往往导致人口外流,在更糟糕的情况下最终导致住房和街区的废弃,形成恶性循环。

全球化进程和不均衡发展是城市收缩的驱动因素,全球化中的极化过程导致城市之间经济不平等日益加剧。一些城市在具有比较优势和专业化的全球网络中取得成功,而另一些城市则失败并面临人口下降。尽管全球宏观趋势会改变世界各地的城市,但社会文化、人口、政治和经济条件因区域背景

---

① E.Cunningham-Sabot, I.Audirac, S.Fol, et.al. Theoretical approaches of shrinking cities. In K. Pallagst, T.Wiechmann, C.Martinez-Fernandez（Eds.）, Shrinking cities: International perspectives and policy implication[M]. London: Routledge, 2013: 14-30.

② Jay Ogilvy. Dark Side of the Boom[EB/OL]. http://www.wired.com, Nov 1, 1998.

而不同，并影响城市收缩的路径，进而影响国家话语[①]。城市收缩可能采取多种形式，不会以同样的方式影响可比较的地区，即使在同一个国家，收缩城市的类型也不同。

（3）郊区化导致的城市收缩

郊区化、外围化（peripheralization）或城市蔓延，是第二个最常讨论的城市收缩效应。在涉及郊区化进程的情形中，城市收缩描述了居民和功能从内城向城市区域的迁移。郊区化主题为欧洲和日本的城市收缩提供了一个有力的解释。郊区化进程与人口和商业从城市中心向城市边缘及其周边地区的迁移有关，其核心是通过行动者对城市中心和边缘进行社会空间生产。日本的论述侧重于郊区化的空间维度，并通过引用城市蔓延的概念强调了城市的不受控制的扩张。在这种情况下，郊区化是快速老龄化、住房空置和内城的城市衰退的起因[②]。郊区化及其和城市收缩的联系是日本背景下的主要议题之一。

（4）城市收缩的地区差异

文献表明，欧美的城市收缩和经济衰退密切相关，而日本的城市收缩则和人口因素密切相关。几十年来，人口流失和老龄化一直是日本地区和城市面临的挑战，人口萎缩一直是日本学术界的一个非常热门的主题，日本农村地区的低生育率和老龄化问题受到了突出关注。日本社会人口自然增长的变化已被视为"给定的先决条件"。人口变化对欧洲正在收缩的城市来说也是一个日益严峻的挑战，因为低生育率和老龄化可能导致并加剧城市收缩的问题。在这方面，日本提供了重要的经验，欧盟城市的收缩反映了这些城市人口变化的作用。欧盟和日本都是高度发达地区，正遭受不断扩大的空间差异和人口减少进程的影响。尽管欧盟成员国和日本拥有不同形式的政府（联邦制和单一制），但在经济和人口发展的许多方面存在着密切的联系。将欧盟的各种收缩和日本的人口收缩进行对比可以发现，在低出生率、人口老龄化和人口下降方面，日本呈现出最为严峻的形势，城市规模迅速缩小。

欧洲和城市收缩相关的城市和经济发展，如去工业化和住房空置，20世纪70年代已经开始出现在科学和政策辩论中。尽管过去的研究以因果关系为主，但最近对欧洲收缩城市的实证研究表明，治理对策的转变越来越明显。日本"收缩的城市"在学术争鸣中相对较新，因为传统上大多数关于收缩的研究都集中在农村地区。

英国大量的实证研究涉及利物浦或曼彻斯特等前工业城市的转型。英国的城市比欧洲大陆更早面临去工业化的挑战，英国大多数以前收缩的城市已经

---

① A.Haase，A.Nelle，A.Mallach. Representing urban shrinkage–the importance of discourse as a frame for understanding conditions and policy[J]. Cities，2017（69）：95–101.

② K.Shimizu，T.Sato. Optimal Timing of Migration from Depopulation Districts in Urban Suburban Areas[J]. Journal of the City Planning Institute of Japan，2011，46（3）：609–614.

克服了去工业化进程，人口正在增加；然而，它们仍在应对 20 世纪 90 年代经济快速衰退带来的社会挑战。城市和社区的韧性起到了作用，例如利物浦格兰比四街社区在合作生产视角下采用提升老旧社区韧性的更新策略。社区网络建设、社区凝聚力提升和社区文脉保护是增加社区韧性的重要路径，链接多方资源、鼓励公众参与和引入专业力量是增加社区韧性的有效方法。

如表 5.18 所示，城市收缩的原因可以按区域划分。去工业化似乎也是地中海（31%）和后社会主义欧洲（32%）城市收缩的主要问题。由于前德意志民主共和国（GDR）的后社会主义转型，东德城市尤其受到工业衰退的打击。在一些前社会主义国家，后工业转型加速了去工业化进程，而后工业转型反过来又导致了人口外流，加剧了人口变化。由于这些潜在的动态难以把握，收缩城市的案例研究往往侧重于人口减少的轨迹，而忽略了城市收缩维度的时间复杂性。

按区域划分的城市收缩原因
（按提及具体原因的案例比例降序排列）　　　　表 5.18

原因	后社会主义欧洲（%）	地中海欧洲（%）	西欧（%）	日本（%）	n	占总数（%）
去工业化	32	31	46	2	54	28
郊区化	15	14	15	32	38	19
老龄化	5	3	9	34	27	14
向外移民	14	21	22	0	26	13
低生育率	5	7	2	32	23	12
后社会主义转型	27	0	0	0	16	8
灾难／气候变化	0	17	0	0	5	3
其他	2	7	6	0	6	3
总数	100	100	100	100	195	100

注：93 个案例（没有北美案例），出自 70 篇文章；multiple references possible（n=195）
来源：S.Doringer，Y.Uchiyama，M.Penker，R.Kohsaka. A meta-analysis of shrinking cities in Europe and Japan. Towards an integrative research agenda[J]. European Planning Studies，2020，Vol.28，No.9：1693-1712.

中欧和东欧（包括东德）的城市收缩过程则主要是由后社会主义转型推动的，后者严重影响了城市的人口和经济发展。定性的属性分析进一步表明，向外移民对欧洲的人口萎缩、人口下降有直接影响。

污染或气候变化等环境压力被视为一些地中海城市收缩的驱动因素——例如，近几十年来，意大利工业城市塔兰托因制铁行业的污染而遭受严重的水和空气污染。这种恶化的影响之一是人口向外迁移。在葡萄牙一些沿海城市，干旱和热浪等严重气候条件会影响环境，并被认为是导致人口外流的因素[1]。

5.3.2 我国城镇形态收缩的解释

人口分布和迁移的时空演化，是我国实施新型城镇化规划和构建高质量国土空间格局的关键依据。城市收缩现象在我国也已局部出现，其区位分布表现出一定的特征，充分认识我国城市收缩空间格局、时空演变特征及影响因素，有利于明确城市发展状况和所处的阶段，分析其成因机制，有助于寻求相应的城市建设和治理对策。

（1）收缩城市的区位分布

改革开放后，我国东部沿海地区人口和经济持续高速增长，但是其他部分地区人口数量和经济增长速度则逐年下降，陷入发展滞后的困境。根据国家统计局公布的 2022 年国民经济数据，中国的总人口 1 年减少 85 万人，时隔多年来首次出现负增长。过去 10 年间 337 个地级及以上城市中，150 个城市的市域人口减少 3637 万，比 2000—2010 年人口减少的城市增加 61 个。国内研究者们对局部地区收缩城市个案的识别和研究发现：

在收缩城市的性质上，中华人民共和国成立初期的资源型城市大多出现了不同程度的收缩，因为自然环境被破坏、资源匮乏、经济结构单一固化，产业转型升级困难，造成城市资本和人口的大量流失。例如东北老工业基地的城市收缩问题日趋严重。

在收缩城市空间分布上，呈现从北到南、从西到东、从内陆到沿海依次递减的分布形式，并和经济增长但增速放缓、青壮年人口外流和人口老龄化相伴生[2]。根据我国"六普"和"七普"的数据，2010—2020 年间发生收缩的城市在收缩过程中呈现一定的规律，在区位分布上有显著的特征，城市收缩空间上整体表现为一线（胡焕庸线）、一带（东西走廊）和一区（东三省地区）的分布格局[3]。相比上个 10 年，我国正在收缩的城市，主要集中在东北和中部地区。具体来说，我国东北三省早在 21 世纪转交之后就已经开始出现城市收缩迹象，随着东北地区人口流失和经济衰退现象越来越受到关注，以东北地区为代表的"局部收缩"现象已初见端倪。到 2012 年，东北三省各级城市均开始

---

① A.P.Barreira，D.Agapito，T.Panagopoulos，M.H.Guimarães. Exploring residential satisfaction in shrinking cities：A decision-tree approach[J]. Urban Research and Practice，2017，10（2）：156–177.

② 李辉，曹雨婷，于君磊. 中国语境下的城市收缩：内涵、测度及分布特征 [J]. 天津行政学院学报，2020，22（5）：25–32.

③ 钟煜豪. 首都经贸学者：东北收缩城市逐步从县和县级市蔓延至百万规模的地级市 [EB/OL]. http://www.thepapaer.cn/newsDetail_forward_19249208，2022–07–31. 持此观点者是中国测绘科学研究院董春教授.

出现收缩城市数量的快速增长和收缩程度的加剧。三个省份中黑龙江出现收缩的城市占比最高，且平均收缩程度最高。

在城市收缩尺度上，出现不同尺度、规模和级别下的收缩，收缩城市逐步从县和县级市蔓延至百万规模的地级市①。不同行政级别的城市在收缩特征上具有差别，县级市的收缩数量和收缩程度明显高于地级市。吉林省东南部的县级市和龙收缩最严重，和龙市隶属于延边朝鲜族自治州，居民以朝鲜族为主。2000—2010 年，这个县城人口流失率达到了 20% 左右；2010—2020 年，和龙市的收缩速度加快，人口流出率达到了 38%。吉林省东北部的县级市舒兰市，2000—2010 年，该县城的人口流失率仅 2% 左右，但 2010—2020 年期间，该地人口流失率高达 37%，人口数量出现了断崖式下跌，收缩率仅次于和龙市。

我国城市收缩的特殊性在于，中国的城镇化进程并未完成，经济总体上仍具有相对高的增长潜力，普遍增长与局部收缩并存将是城市发展面临的常态化现象②。例如北京是中国人口经济集聚程度最高的城市之一，但近年来在经济转型、功能疏解等因素影响下，其局部也出现了收缩的现象③。此外，我国城市收缩的过程也比较复杂。以中西部地区的秦巴山区为例，秦巴山区城市的整体特征是收缩，但空间收缩的不均衡性决定了在收缩发展的框架下仍然存在区域增长极。

（2）收缩的原因

除了全国生育率不断下降之外，北方人口的迁徙也是重要原因。中国人口的迁徙，近代以前的大方向主要是由北至南，其中主要原因是战乱、天灾。中华人民共和国成立后，出现了政策驱动的有组织的人口迁徙。20 世纪 60 年代末，珍宝岛战役后，为了国家的工业发展和战略布局，上百万东北人口为了支援"三线建设"迁徙到了中西部大西南地区，尤其是贵州的很多城市。随着户籍制度的改革，人口由北向南的迁移再度出现。据报道，近年来三亚涌进了 100 万东北人，而广西的北海、防城港市的东北定居人口或"候鸟型"居民数量也在持续增加。

我国收缩城市的区位分布并不仅仅是一种收缩的结果，而更可能是收缩的起因。以下是一些可能的解释：

1）产业特征。城市收缩最主要是由产业引起的，一类是资源依赖型城市，随着资源枯竭、产业萎缩，就业岗位数量减少，城市人口迁徙。另一类是产业转型不成功的城市。从 20 世纪 70 年代末下岗潮开始，许多东北人陆续选

---

① 钟煜豪. 首都经贸学者：东北收缩城市逐步从县和县级市蔓延至百万规模的地级市 [EB/OL]. http://www.thepapaer.cn/newsDetail_forward_19249208，2022-07-31. 持此观点者是首都经济贸易大学国际经济管理学院牛毅教授。
② 杜志威，李郇. 珠三角快速城镇化地区发展的增长与收缩新现象 [J]. 地理学报，2017，72（10）：1800-1811.
③ 林靖杰，张京祥. 北京城市空间增长 - 收缩并存的特征与机制 [J]. 城市规划，2023（4）：90-100.

择到南方工作和定居。鹤岗是一个以煤炭立市的城市，曾经是黑龙江省的四大煤都之一，煤炭开采已有百年历史。丰富的煤炭资源成就了鹤岗，也使这座城市形成了围绕着煤炭而产生的单一经济模式。近年来鹤岗的许多煤矿因为无煤可挖而关闭，这不仅导致当地的经济增长失去了支撑，也导致了人口、社会结构的失衡。统计资料表明，最近几年，因为经济转型的滞后，鹤岗的常住人口正在逐年减少，这显然限制了包括住房在内的整个城市的消费。一个城市的常住人口减少之时，房价自然会出现下跌，低于 10 万元一套的住宅在鹤岗很常见，这些住宅大多远离市中心，基本上是近几年建造的保障房，折算下来，这些住宅的价格每平方米大概不到 300 元。对迁徙的人口来说，当家乡的经济发展受到阻碍之时，到外面的世界寻找机会是一种理性的选择。但对当地政府来说，随着常住人口的不断流失，城市的社会经济发展出现停滞甚至后退。

2）地理气候特征。相对我国其他地区，东北的冬季寒冷漫长，冬季户外活动受限。近 30 年（1991 年至 2020 年），我国平均每年发生寒潮 5.4 次。寒潮发生频次呈北多南少分布特征，东北地区是寒潮发生频率最高的地区之一，东北地区东部和北部平均每年寒潮发生频次一般有 10 至 15 次，部分地区有 15 次以上。监测表明，东北大部平均每次寒潮降温幅度可达 12℃至 14℃，最大降温幅度可达 25℃至 30℃，部分地区超过 30℃[①]。在户籍制约松动的情况下，气候移民造成了东北地区的人口数量持续下降，这是以前不曾出现的。

3）生活方式可选择性的增加。需要指出的是，1951 年以来，我国气候总体明显呈现变暖的趋势，尤其是 20 世纪 80 年代以来，气温偏高的情况更为显著。特别是 1998 年、2006 年、2007 年，是近 64 年来年平均气温最高的年份。相对而言，北方地区的东北、西北、华北等地气温变暖的趋势比南方地区更为明显，气温升高比较突出的是黑龙江、内蒙古、新疆等地[②]。由此可见，过去40 年间，我国东北地区的人们并未遭受更严重的寒冷气候，但是部分东北人有了比较城市宜居性的可能和选择定居地或候鸟式迁徙的生活方式的自由。

我国东北地区人口向南方城市的迁移趋势，和自 20 世纪 50 年代以来美国人口和活动的迁移具有高度的相似性——即从东北雪带（snow belt）向西南阳光地带（sunshine belt，美国南部 13 个州）的迁移，人们因此可以享受更宜人的气候，找到更多的工作岗位。1945—1975 年间，美国阳光地带的区域人口翻了一番。这样的人口迁移无论对中国还是美国来说都是极其重要的历史事件。

4）环境质量或环境污染。由于重工业生产排放、供暖期污染排放、秸

---

① 张娟. 来七问寒潮到底有多"寒"？大数据告诉你！[EB/OL]. 中国气象报社源：http://www.cma.gov.cn/2011xzt/20160518/202211/t20221125_5198235.html，2022-11-25.

② 张永宁. 30 秒看完中国 64 年气温变化历程 北方比南方变暖明显 [EB/OL]. https://www.sohu.com/a/282616294_120025266，2018-12-18.

秆焚烧等，东北地区秋冬春季节长年持续出现区域性大气重污染，总体程度为重度污染，部分城市达到严重污染级别。随着重工业、制造业衰退，工业污染是下降的。但是环境污染治理的历史欠账较多。"十五"期间，粗放型经济增长方式没有得到根本转变。自 2002 年末开始，高能耗、高物耗的火电、钢铁、建材、有色金属等行业出现过热发展的态势，年平均增长率都在 15%以上，但污染治理进程相对缓慢，到 2005 年底，辽河治理项目的完成率分别只有 43％。同时，许多老企业年久失修，设备陈旧、管理不善，污染防治设施存在问题[①]。环境污染也会推动人们迁往环境更好的地方。

5）周边的国际地缘局势。东北亚局势变化，朝美关系、朝鲜半岛局势等都构成了某些晦暗不可明说的地缘政治隐忧。人口数据表明，东北地区加速的人口转移和朝鲜核试验有着某种奇特的巧合。朝鲜核试验始于 2006 年 10 月 9日，截至 2017 年 9 月 3 日，朝鲜民主主义人民共和国共进行过六次被证实的核试验，均为地下核试验。2016 年 9 月 9 日，朝鲜发生 5.0 级地震，疑似核爆，震源深度 0 千米。我国环境保护部（国家核安全局）于震后 5 分钟启动应急预案，进入二级应急响应状态[②]。朝鲜开发核应用能力而引起的地区安全和外交等一系列问题，造成了朝鲜半岛的局势出现危机，并延续至今。出于对放射性物质扩散的担忧，一些有条件的东北居民选择南迁，迁徙的目的地是海南、广西、广东等省份的城市，这在人口数据变化上得到了验证。

统计数据表明，自 2012 年以来，东北三省的人口数量整体持续下降，因人口迁徙而导致的北方城市的系统性收缩态势明显（表 5.19）。在东北亚整体格局中，我国东北人口大量流失、城市收缩，其起因当然是一个不断累积的过程，但是也不排除个体事件最后的直接触发。地缘政治格局微妙、气候寒冷、产业衰退、制度落差、社会心理嬗变等多重复杂因素最终形成了人口南下迁徙的混合推动因素。

全国部分省份年末人口数（2007—2022 年）（单位：万人）　　表 5.19

年份	省／自治区／直辖市								
	广西	贵州	辽宁	黑龙江	吉林	上海	北京	海南	广东
2007	4768	3632	4298	3824	2730	2064	1676	845	9660
2008	4816	3596	4315	3825	2734	2141	1771	854	9893
2009	4856	3537	4341	3826	2740	2210	1860	864	10130
2010	4610	3479	4375	3833	2747	2303	1962	869	10441
2011	4645	3469	4383	3834	2749	2347	2019	877	10505

---

① 国家环保总局 . 环保总局通报"十五"环境质量状况和环保计划完成情况 [EB/OL]. https：//www.mee.gov.cn/gkml/sthjbgw/qt/200910/t20091023_179984.htm，2006–04–12.

② 数据库 . 0 千米 [J]. 方圆，2016 年 9 月下：5.

年份	省／自治区／直辖市								
	广西	贵州	辽宁	黑龙江	吉林	上海	北京	海南	广东
2012	4694	3587	4375	3724	2698	2399	2078	910	11041
2013	4731	3632	4365	3666	2668	2448	2125	920	11270
2014	4770	3677	4358	3608	2642	2467	2171	936	11489
2015	4811	3708	4338	3529	2613	2458	2188	945	11678
2016	4857	3758	4327	3463	2567	2467	2195	957	11908
2017	4907	3803	4312	3399	2526	2466	2194	972	12141
2018	4947	3822	4291	3327	2484	2475	2192	982	12348
2019	4982	3848	4277	3255	2448	2481	2190	995	12489
2020	5019	3858	4255	3171	2399	2488	2189	1012	12624
2021	5037	3852	4229	3125	2375	2489	2189	1020	12684

来源：2007—2011 年人口数按《中国统计年鉴 2019》人口 2-6 分地区年末人口数、2012—2021 年人口数按《中国统计年鉴 2022》人口 2-5 分地区年末人口数绘制。

5.4 城市收缩的影响

城市收缩具有多种影响和效应，除了税基减少以外，城市也产生了新的变化，例如市政基础设施等。当然对一些问题也可形成积极地理解。

5.4.1 城市收缩的多种效应

城市收缩的多方面原因导致各种影响，并在许多方面反过来影响城市收缩的状态。和欧洲城市收缩状态相关的三大主题是：住房空置、失业和经济衰退。表 5.20 区分了城市收缩效应的不同类型。1/4 的案例受到住房空置的影响。东德进行了大量关于住房空置率引发收缩的研究，东德房地产行业的危机以及和东德政治制度的统一和转型相关的高空置率，形成了欧洲政治和学术兴趣日益增长的起点。除了后社会主义和西欧背景之外，日本城市在这一方面也受到了决定性的影响。日本学者 2015 年通过分析日本城市中个别房屋的房产税清单和水表记录数据，估计房屋空置的时间和空间模式。

除了住房空置外，经济衰退和失业是欧洲城市收缩最具争议的影响。经济衰退似乎是西欧城市收缩的一个关键问题。城市衰败，被定义为一种破旧的建筑环境，被认为是对日本城市（61%）最显著的影响。除了社会混乱和犯罪之外，城市衰败对地中海城市也有影响。此外，城市收缩中可能出现隔离过程，即低收入群体在邻里之间的空间隔离。研究西欧城市收缩的学者也对人口

按区域划分的城市收缩效应
（按提到具体效应的案例比例降序排列）　　　　表 5.20

效应	后社会主义欧洲（%）	地中海欧洲（%）	西欧（%）	日本（%）	n	占总数（%）
住房空置	36	6	19	25	32	25
失业	25	31	22	0	25	19
城市衰败	2	19	2	61	22	17
经济衰退	11	0	33	7	21	16
隔离	7	13	5	0	7	6
社会失序／犯罪	5	18	3	4	7	5
社会基础设施	7	0	7	0	6	5
污名化	2	0	2	0	2	5
其他	5	13	3	3	8	2
总数	100	100	100	100	130	100

注：93 个案例（没有北美案例），出自 70 篇文章；multiple references possible（n=130）；数据因四舍五入，可能和不为 100%。

来源：S.Doringer，Y.Uchiyama，M.Penker，R.Kohsaka. 2020.

减少导致的社会基础设施需求变化给予了一些关注。到目前为止，极少数的观点关注了城市收缩中就传播维度而言的污名化的影响。[1]

5.4.2　萎缩的城市地下基础设施

人口趋势表明，整个欧洲特别是农村地区和小城镇的人口和就业长期下降，大城市的一些地区也受到影响。城市收缩对地下空间系统及基础设施建设承载能力产生了影响。最终人口减少导致城市区域形成穿孔现象。围绕中心和基础设施轴线进行加密的可能性很小。新的建筑活动将继续以比今天小的规模进行。

由于欧洲部分城市区域现状的人口稀疏和既有的建设扩张，对基础设施服务的需求将在时间和空间上发生变化。部分地下基础设施相对实际需求来说，将变得过大，其中一些甚至过时。然而，在分布网络的背景下，它们中的大多数仍然是需要的。根据可持续目标，需要更加经济和有效地使用水和能源，人均需求下降加剧了对基础设施服务需求的减少，而提供基础设施服务的具体费用却因此增加。基础设施服务成本增加的另一个驱动因素是需要恢复基础设施，另一方面，这为缩小系统规模并以可持续的方式使其适应新出现的需求模式提供了机会。

---

① S.Doringer，Y.Uchiyama，M.Penker，R.Kohsaka. A meta-analysis of shrinking cities in Europe and Japan. Towards an integrative research agenda[J]. European Planning Studies，2020，Vol.28，No.9：1693-1712.

5.5 城市收缩的应对及措施

对于城市收缩的反应是多样的，涵盖了社会、经济、环境和规划反应。住房更新和城市更新是最多被采用的响应方式，尤其是西欧城市和地中海城市的响应。据报道，日本城市的主要反应是拆除住房，东德城市也将其列为后社会主义欧洲的主要主题。不同类型的城市收缩以及不同的方法、政策和战略在不同城市再生中发挥不同的作用。

5.5.1 城市收缩现象的多维性

如何恢复当地经济，实现经济复苏和多样化，是全欧洲的收缩城市面临的挑战。创新创业的经济对策主要出现在德国东部城市，而在中东欧的后社会主义国家，例如在罗马尼亚的前矿业城市，外国直接投资的吸引力更大。文化和旅游业主导的再生政策的作用在地理上也有所不同：文化项目在西欧城市收缩中发挥了作用（例如西班牙工业城市毕尔堡通过文化项目振兴了衰退的城市），但在地中海和日本的讨论中却是缺失的。东德、地中海—欧洲和日本城市讨论的一个方面是自下而上的民间社会倡议[1]。欧洲案例中有一些积极老龄化的项目[2]。只有少数专注于收缩城市的环境改善，这些响应包括建筑环境的重新设计项目，在以前的空地上开发绿地等。教育政策也被考虑用以解决德国收缩城市中的技能差距或提高居民教育的总体水平。

（1）日本的收缩压力和应对重点

尽管人口变化（老龄化和低出生率）是日本危机过程中的主要压力，但在这方面的社会反响有限，在讨论其影响（城市衰退或住房空置）和应对措施（住房更新和规划）时，重点反而转向了建筑环境，物理环境管理和空间规划策略经常被讨论，例如土地使用控制，旨在让城市结构集中，并通过分区等手段将空置率高的区域分配给拆迁、恢复原有性质或农业用途。另一种规划方法是交通系统管理，涉及优化机动性的多式联运策略[3]。总之，区域话语似乎突出了复杂的城市收缩现象的某些方面，而忽略了其他方面。然而值得注意的是，更为不同的收缩情形则是综合考虑了不同的人口、经济、社会和文化层面以及城市收缩的时间动态。在日本单一制政府的背景下，收缩的经济后果可以从国家或县的角度在处理单一的城市地区的地方背景下解决。

① H. Schlappa. Co-producing the cities of tomorrow: Fostering collaborative action to tackle decline in Europe's shrinking cities[J]. European Urban and Regional Studies，2017，24（2）：162-174.
② C.Cortese，A.Haase，K.Grossmann，I.Ticha. Governing Social Cohesion in Shrinking Cities: The Cases of Ostrava，Genoa and Leipzig[J]. European Planning Studies，2014，22（10）：2050-2066.
③ A.Morimoto.The effect of shrinking city on local government finance and global environment[J]. Journal of the City Planning Institute of Japan，2011，46（3）：739-744.

（2）欧洲的收缩压力和应对差异

欧洲内部的西欧、后社会主义欧洲和地中海欧洲之间也存在差异，更不用说欧盟和日本之间的差异。一方面，西欧的实证表明收缩和旧工业城市及经济衰退密切相关，另一方面，也和住房部门的挑战密切相关。总之，从城市和住房更新到经济多样化和文化复兴或自下而上的举措，收缩的城市采取了广泛的应对措施。后社会主义地区的案例显示了类似的重点，但也强调了后社会主义转型进程的加速因素，并更加关注房屋拆迁（仅限于德国东部城市）以及经济复苏。

地中海的收缩城市还将环境灾害和气候变化作为人口减少的驱动因素。有趣的是，地中海研究强调了城市环境的社会经济影响和物理后果，而住房部门的发展起着次要作用。

（3）从单一转向全面的视角

不断收缩的城市必须应对各种人口、经济、社会、文化或环境挑战，这些挑战紧密交织在一起，可能加剧甚至相互平衡。相对的视角可能意味着从一个相当单一的视角（例如住房挑战）转变为一个更全面的视角，例如，在更广泛的社会凝聚力视角下，揭示城市收缩不同维度之间的相互关系。此外，应进一步探索收缩变化和衰退城市的经济、社会和建筑环境之间的关系。因此，关联法可以涉及处理结合相关方面的问题，例如人口老龄化和减量型的城市规划，或在人口变化和人口减少的背景下替代性的城市经济途径，或是处理和减少空置房产的工具，以及决策者要解决的可管理和可操作性问题。

5.5.2　城市收缩的治理

自 2005—2006 年菲利普·奥斯瓦特教授主持的第一个开创性的全球项目"收缩的城市"[①]以来，关于城市收缩的讨论在概念和经验上变得更加多样化，越来越多的跨城市和跨国家的比较研究，从一开始讨论收缩的原因和影响转向研究广泛的政策和治理对策。治理作为一种概念和分析工具，越来越受到关注。

治理的内容和行动可以包括以下一系列的举措：勾勒公共和私人行为者如何规划和管理不断收缩的城市的挑战；从经济和人口角度分析正在收缩的城市的发展路径和地方战略，以克服在大多数情况下加剧收缩负面后果的主导增长方向 [②]；分析新城镇数量增长缓慢、城市地区扩张有限、大城市收缩以及世界不同地区城乡人口迁移减少的情况；解释预测的减速度，并确定潜在因素；建立一个综合框架来调查城市收缩，该框架考虑到不同的维度和潜在的动态。

无论对于大城市还是非大城市来说，促进紧凑型城市皆是一个理想的概

① P.Oswalt. Shrinking cities. International research. Ostfildern：Hatje Cantz，2005，2006. P.Oswalt & T. Rieniets，Atlas of shrinking cities，Ostfildern：Hatje Cantz，2006.

② Thorsten Wiechmann，Karina M Pallagst. Urban shrinkage in Germany and the USA：a comparison of transformation patterns and local strategies[J]. Int J Urban Reg Res，2012，36（2）：261-80.

念。就大都市而言，城市空间的收缩是当前的趋势。因此，城市收缩治理的议程必须包括如何实现可持续收缩的问题以及如何更新城市中心和邻近的内城区，以容纳更多的居民并促进人口的多样性。需要振兴中心地区，并需要为老年人提供相关服务。与此同时，应限制城市边缘的无计划发展。

然而，由于城市收缩中的人口迁移、产业变迁、空间衰退等各种过程没有严格的时间平行性，这些潜在的动态难以把握，因此案例研究往往侧重于人口减少的轨迹，而忽略了城市收缩维度的时间复杂性。在城市收缩治理之前，也需要更准确地理解城市潜在的异步动态是如何相互关联的，以及它们如何影响各城市收缩的路径。

5.5.3 中国城市收缩的应对

中国主要是在人口流失、产业转型和科技进步背景下讨论收缩城市问题，政策既可能导致城市收缩，也可以主动应对、引导城市收缩，特别是通过地方战略，重点涉及去工业化转型城市以及人口大量持续流失的城市。

（1）资源枯竭型城市的去工业化转型

北方的阜新、鹤岗、伊春这样的资源枯竭型城市，正面临着一场艰难的去工业化的转型，由于没有新兴的产业顶上来，城市发展基本上是靠吃财政饭，市政配套、公共服务靠转移支付维系，有的城市中甚至出现了"废弃区"。

对于资源枯竭型城市，国家发展和改革委员会、自然资源部、财政部于2008年、2009年、2011年分三批在全国筛选确定了69个典型资源枯竭型城市（县、区）作为转型试点，给予专项支持。其中：煤炭城市37座、有色金属城市14座、黑色冶金城市6座、石油城市3座、其他城市9座，涉及总人口1.54亿。这69个资源枯竭城市，其人口只占全国的4%，但棚户区占全国的1/4，失业矿工占全国采矿从业人员的1/10，低保人口也占全国的1/10，需要治理的沉陷区占了全国的1/3。其中67个城市由于自然资源趋于枯竭，经济发展滞后，民生问题突出，生态环境压力大，被列为衰退型城市，成为加快转变经济发展方式的重点和难点地区。这67个衰退型城市涉及24个地级行政区，22个县级市，5个县（自治县），16个市辖区（开发区、管理区）。

为了避免、减少或应对城市收缩，资源型城市迫切需要实现成功的去工业化转型，建立长效发展机制。

（2）逆城市化操作

在我国，城市化整体趋势和逆城市化并行不悖。一方面，撤市设区、撤镇设街道、合村并居等行政区划调整方式总体上遵循了城市化的大浪潮。但近期在一些城市出现了逆向调整，反其道而行之，撤街设镇，即把街道改为镇。第七次人口普查数据显示，黑龙江省伊春市常住人口为878881人，与2010年"六普"的1148126人相比减少26.93万人，下降23.45%，年平均增长率

为 −2.64%。20 世纪 80 年代开始，伊春面临林业资源危机。至 2013 年，伊春全面停止天然林商业采伐，数万职工面临转型。由于此前来工作的多是外地人，他们选择离开伊春。从那时起，伊春的人口开始流失。2023 年初，伊春市和齐齐哈尔市 6 个街道被撤销，并设为镇。人口流失，以及资源型城市转变发展模式，应是伊春调整行政区划"撤街设镇"的两个原因。

对处于收缩中的城市来说，引导人口和公共资源向城区集中并形成紧凑的城市格局，是保持活力的有效途径，而不是强行靠债务和转移支付勉力维持、将资源投入到低效的地区。这是尊重（逆）城市化的规律。黑龙江省的"撤街设镇"式操作可以解读为城市生命周期中的"逆城市化"过程，设镇后更有利于对农村地区提供支持。

需要指出的是，我国的城镇化采取的是"人地钱挂钩"的策略，用地指标、财政指标等都是根据人口规模来进行配置。人多或人口持续流入，就能获得更多的资源。街道和镇、乡虽然在行政等级上相同，属乡级行政区，由市辖区、县级市、县或由地级市直接管辖，但在城镇化水平的内涵上是不等同的。街道办事处是市辖区、县级市、县或地级市政府的派出机关。相较于"乡"，"镇"的区域面积更大，人口更多，经济发展更好，人口构成方面以非农人口为主，有一定比例的工业或商业区域。只有规模较大、经济较强的乡，才能升格为镇。而"乡"直接面向的是农村，负责管辖辖区内各村落。

本章小结

文物考古表明了早期全球化的存在，殖民地的历史也是全球化历史的一个部分。20 世纪 70 年代以来的全球化以一种新的形式出现，半个世纪以来经过了不同的阶段，大约 30 年的扩张，而后进入了 10 年的相持，之后是 10 年的相抗。由于未来全球化主导者角色的可能的、潜在的异位，带来了对于全球化去向的追问。这一轮全球化的影响依然是深远的，在经济、文化、空间、社会上得以全面反映。第 2 节、第 3 节分别探讨了 20 世纪 70 年代以来西方发达世界和发展中世界的全球化，西方发达世界包括了美国、欧洲主要国家和日本，发展中世界包括亚洲（东盟、印度、中国）、拉丁美洲和非洲，分别从洲际、区域组织以及国别的层面系统深入地讨论了各自的全球化，但正因为全球化的特性，这些国家的状态、存在的问题以及城市的表现很大程度上是休戚相关、相互缠结、相互联系和相互依存的。全球化带来的问题具有一些共同性、某些相似性，尤其是在发展中世界。

第 5 节揭示了和当今世界全球化、城市化进程并存的趋势性的城市收缩现象。收缩的现象自 20 世纪 70 年代欧美发达国家开始，在发展中国家的较早的工业化地区和城市也已出现城市收缩。美国、英国、法国、德国、日本等西方发达国家显示了大不相同的城市收缩路径、特征，构成了城市收缩的经验维度。美国的城市收缩基本上和长期工业转型有关，日本的城市收缩和超低的生育率趋势相关，欧洲（西欧、地中海和后社会主义欧盟国家）的城市收缩原因则受到工业转型、人口下降和人口迁徙、社会政治以及环境质量等多重变量影响。城市收缩的理论解释着重对城市收缩的各种原因、社会空间影响和反应的区域差异模式进行分类分析，对于城市收缩的多维度特性的新的认知，有助于对城市衰落的正统观点重新定义，也有助于对城市收缩的特定环境动态提出综合观点。最后对我国城镇收缩的分布及成因进行了详细解析，针对所涉及的不同收缩城市类型，对当前我国应对城市收缩挑战的治理政策和地方战略作了概括。

本章注重从长期的、联系的角度来分析理解全球地区和城市的发展及收缩，并注意和世界其他地区进行比较。对于当今全球化的走向，是尾声，是变奏，还是序幕，本章无法直接描述，但是对于未来全球化的基础，尤其是中国的"一带一路"倡议实施，进行了较为深入的分析。

重要概念

早期的全球化

逆全球化

全球城市

民粹主义

再殖民论

新殖民主义论

全球化区域

"一带一路"倡议 / "一带一路"建设

城市收缩

城市生命周期模型

逆城市化

讨论问题

1. 比较分析20世纪70年代以来的全球化对发达世界和发展中世界的影响。

2. 举例分析说明全球化经济中所谓的指挥和控制中心。

3. 为什么不能把当今困扰世界的问题简单归咎于全球化，试作分析。

4. 举例说明产业转型和城市收缩之间的关系。

5. 以某一城市为例，分析造成城市收缩的社会动因。

6. 面对城市收缩的趋势，各个层面的规划应如何应对。

【导读】本章着重城市社会主体和城市空间之间关系的探讨，解析城市社会结构的基本要素和空间占有位序的关系，从社会分层和社会阶层、种族、性别、年龄、健康状况五个方面，结合生态学原理，对城市中一些需要着重关注的群体在空间、区位方面的状态及其遭遇的问题和挑战，进行深入的阐述。本章突出社会时空的整体性、迁延性和流动性，并力求作全面的观察和阐述，来探讨社会人口和空间地理公平性的问题。

第6章　城市社会结构和空间表现

第1节　社会阶层及其空间区位

城市是社会体系的大容器，是社会互动的大舞台，是观察社会群体的分布和迁移、居住空间的分异形成、性别和种族特征的形构、阶级的形成方式的最佳场所。社会活动的城市空间区位对社会发展和城市社会关系具有重要的作用。通过城市社会及社会心理学的安排设置，城市人的行业、身份、性别、阶层、年龄、健康状况、祖籍地的差异以及城市结构和社会权力的关系都有特定对应的空间呈现和历史性生成。

1.1　社会结构和社会分层

社会结构是指不同社会阶层的社会、经济、政治地位的相互构成关系。在社会结构的众多构成要素中，社会阶层具有超越性别、年龄、宗教等因素的特征和地位，给人类社会打上深刻的烙印。大多数社会学家将社会阶层定义为基于财富、收入、教育和职业等类似社会因素的群体。这些因素影响一个人的权力和声望以及他们作为群体在城市中的地理和空间分布。社会理论中通常使用的"阶级""阶层"属于非连续性概念范畴。

1.1.1　经典社会学的社会分层研究

社会分层（social stratification）是普遍意义上的社会运作模式，反映了资源的不平等分配。"阶级"的概念和阶层相近。马克思根据分配后人们是否占有生产资料将他们分为不同的阶级，由此形成的社会结构决定了资产阶级和无产阶级这两大阶级的不同生存状态。按照马克思社会时空观的理解，生活状况越好的阶级，寿命越长，生活空间也越大；反之，生活状况越差则寿命越短，生活空间也越有限。

马克斯·韦伯认为，社会分层的关键因素主要有三个维度：经济地位——财富和收入；社会地位——地位或社会声望；政治地位——政治权力。职业、教育、种族、性别和宗教等则是具体影响和体现社会分层的因素。

这三个维度不一定叠合，也就是，经济地位、社会地位和政治地位并不必然地完全一致，例如，富而不贵、贵而不富都是常态。例如习近平总书记曾在讲话中提到："当官就不要想发财、想发财就不要去做官"，表达的就是政治地位和经济地位分离对于廉政的必要性。国情社会不同，对社会分层关键因素的排序有较大影响。"官本位"社会以政治地位为首要衡量。资本主义社会的大多数情况下，经济地位更优先，拥有更多的财富意味着拥有更多的权力或机会。人们所处的劳动力市场（社会的就业结构、工作环境）对其社会经济地位有着重要影响。这也是韦伯有关阶层地位即市场地位的思想的自然延伸。

1.1.2 当代欧美的社会分层研究

20 世纪上半叶，欧洲社会学界在社会分层领域的研究中居于领先，以社会流动表（mobility table）作为统计分析工具。社会流动表的研究方法宜于揭示代际流动的结构特点，和社会分层理论强调社会结构的基本思路十分契合。

20 世纪下半叶美国社会分层领域形成了几次大的研究新潮，都是基于研究分析手段（主要是统计分析模式）的突破。美国社会学中的社会分层研究大致可以分成 3 个阶段：

（1）第一代社会分层研究，20 世纪 60 年代中期至 70 年代中期。彼特·布劳和奥蒂斯·邓肯的《美国职业结构》（The American Occupational Structure）1967 年出版以来，"地位获得"理论模式（status attainment model）成为主导研究取向，即"父亲职业→儿子教育→儿子职业"的理论模式，途径分析统计方法得到发展和普及，对社会地位的测定建立在连续渐变的社会经济等级制度指标之上。

（2）第二代社会分层研究，20 世纪 70 年代中期到 80 年代，由统计学家和社会学家发展出了新的代际流动的社会流动表研究方法，以代际流动的结构分析为特征。

（3）第三代社会分层研究，由于 20 世纪 80 年代中期"历史事件"分析模式（event history analysis）和时间序列统计模式的发展，其核心是以个人为分析单位研究纵向的社会地位的变迁过程。20 世纪 80 年代动态研究的分析手段出现。

1.1.3 社会阶层的衡量方法和分层结果

社会阶层的衡量可以通过客观或主观两类方法。客观方法是根据一个或多个标准对人们进行分类，例如他们的职业、教育程度和 / 或收入，作为进行阶层分析的直接现实依据，根据人们在这些变量方面的位置状态来决定他们属于哪个社会阶层的人。主观方法则会参考人们自我认同的层级。例如，一般社会调查给受访者的问题是："如果使用下层、工人阶层、中产阶层及上层这四个中的一个来代表你的社会阶层，你认为自己属于哪一个？"图 6.1 是 2008 年美国一般社会调查数据中关于"主观社会阶层身份"被调查者的回答构成。这种主观测量的问题在于，有些人自我认为的他们所处的社会阶层和客观标准可能表明的社会阶层并不一致。这个问题导致大多数社会学家在研究美国社会分层时倾向于客观衡量社会阶层。

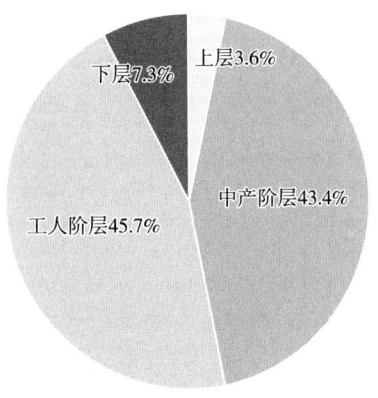

图 6.1　美国一般社会调查中主观认知的社会阶层身份构成
来源：2008 年一般社会调查数据（Data from General Social Survey，2008）

（1）美国的社会分层

美国社会阶层的划分有多种方法。社会学家所描述的社会阶层的数量和类型，甚至对如何衡量社会阶层的成员资格，存在着惊人的分歧。美国社会学家沃纳（W.L.Warner）在1949年的著作《美国社会阶层》①中构建了美国社会阶层的模型，他从社会人类学的角度，将美国社会分成3个鲜明的等级，每个等级又细分为上、下两部分，从而形成了下列6个社会阶层：（1）上层（upper class）：上上阶层、下上阶层；（2）中层（middle class）：上中阶层（中产阶层）、下中阶层（工人阶层）；（3）下层（lower class）：上下阶层、下下阶层。尽管沃纳的社会分层模型被普遍接受，但是过于学术化，国外采用较多的还有一种相对通俗和概括的划分方法，即：统治阶层和企业阶层（ruling class & corporate class）、中产阶层和工人阶层、下层或贫困阶层。

几十年来，社会学家还根据教育、职业和收入以及生活方式、孩子就读的学校、家庭在社区中的声誉、"老"或"新"人的财富是多少等因素，概述了多达六七个社会阶层（Coleman, Rainwater, 1978②；Warner, Lunt, 1941③）。为清楚起见，按照一种"主观的社会阶级身份"分法，包括四个社会阶级：上层阶级、中产阶级、工人阶级和下层阶级。尽管在这些大类别中存在子类别，但它们仍然抓住了美国阶级结构中最重要的差异。诚然，列出的每个类型的年收入类别有些随意，但以高于或低于特定收入水平的家庭百分比为基础，可以较直观地表示美国的阶级构成。美国上层阶级约占所有家庭的1%，拥有大量财富、权力和影响力；上层中产阶级（the upper-middle class）约占所有家庭的4.4%，收入从15万美元到19.9万美元不等；工人阶级约占所有家庭的25%，其成员从事蓝领工作和技能较低的文书工作；下层阶级或穷人约占所有家庭的25%。④许多穷人没有高中学历，失业或是兼职。

（2）我国的社会分层

早在1925年12月，毛泽东在《中国社会各阶级的分析》中运用马克思主义的阶级分析方法，对当时的中国社会各阶级的经济地位、阶级性、人数及其对于革命的态度作了一个大概的分析：

无论哪一个国内，天造地设，都有三等人：上等、中等、下等。详细点分析则有五等：大资产阶级、中产阶级、小资产阶级、半无产阶级、无产

① W. Lloyd Warner, M. Meeker, K. Eells. Social Class in America: A Manual of Procedure for the Measurement of Social Status[M]. Chicago: Science Reseach Associates, 1949.

② R. P. Coleman, L. Rainwater. Social standing in America[M]. New York, NY: Basic Books, 1978.

③ W. L. Warner, P. S. Lunt. The social life of a modern community[M]. New Haven, CT: Yale University Press, 1941.

④ Social Class in the United States[EB/OL]. https://pressbooks.howardcc.edu/soci101/chapter/8-3-social-class-in-the-united-states/, 2022-10-19.

阶级。拿农村说：大地主是大资产阶级，小地主是中产阶级，自耕农是小资产阶级，半自耕农佃农是半无产阶级，雇农是无产阶级。拿都市说，大银行家大商人大工业家是大资产阶级，钱庄主中等商人小工厂主是中产阶级，小商人手工业主是小资产阶级，店员小贩手工业工人是半无产阶级，产业工人苦力是无产阶级。五种人各有不同的经济地位，各有不同的阶级性。……

来源：《建党以来重要文献选编》第二册 [M]. 北京：中央文献出版社，2011.

分析社会各阶级的目的是分辨真正的敌友、制定团结的策略，而《中国社会各阶级的分析》也奠定了毛泽东阶级分析的理论基础，是中国新民主主义革命思想发端的重要标志。

针对我国改革开放以来的社会状况，产生了新社会阶层论，其中比较全面和有较大影响力的是陆学艺教授 2002 年的《当代中国社会分层研究报告》，书中概括了当代中国社会的 5 种社会地位等级和十大社会阶层，即：社会上层（1~4 层中的高层）、社会中上层（1~4 层中的中低层）、社会中中层（跨越 3~9 层）、社会中下层（6~9 层）、社会底层（7~10 层）。其中：1- 国家与社会管理者阶层；2- 经理人员阶层；3- 私营企业主阶层；4- 专业技术人员阶层；5- 办事人员阶层；6- 个体工商户阶层；7- 商业服务人员阶层；8- 产业工人阶层；9- 农业劳动者阶层；10- 城乡无业失业半失业者阶层。

而在现实生活中，被广泛使用的是职业群体序列论的社会阶层划分方法，常用的如"金领—白领—灰领—蓝领"分类法，此分类法通俗易懂。现在"灰领"的使用较少，而是被"新蓝领"替代。

此外，依据财富收入的经济地位分类法也较常见，即：富裕阶层，高收入阶层，中等收入阶层，低收入阶层，贫困阶层。相对而言，这种分类方法和自由市场下的住房、社区具有良好的对应关系。

随着社会和民主政治的发展，自 21 世纪以来，我国对于社会分层的内涵理解，已经从就经济社会地位（SES）而言的贫富分层，扩展到空间和环境正义范畴，例如低收入阶层和工业生产突发安全风险（如爆炸、泄漏事故）及长期的健康风险（如空气污染、水污染）地区的空间关联性。而伴随着产业结构深度调整，阶层结构也趋于复杂化。对于社会阶层的分析是理解当代社会经济条件下阶层问题的重要思想基础。

1.1.4　工薪阶层

工薪阶层是指由稳定的、中等及上下程度的工资收入的群体，但是不包括高收入群体（富裕阶层）和低收入群体（贫困阶层）。"工薪阶层"和下文讨论的"中产阶层"有相似之处，区别在于，工薪阶层强调工资收入来源，而中产阶层强调拥有资产的状态（并不必须是工资收入）。

1.1.5　都市新蓝领

这是目前在我国使用较多的一个社会阶层概念。我国的都市新蓝领是工人阶级的变化的形态组成之一。都市新蓝领，是指工作、生活在二线及以上城市（因此名称中采用了都市，而不是城市），为这些城市日常运转贡献力量的基层工作者，包括销售、房地产经纪人、保安、美容美发师、快递员等职业，也涵盖了部分基层白领工作者。原来的蓝领则指一切以体力劳动为主的工资收入者，包括传统的厂矿工人、农业工人、建筑工人等活跃在生产作业现场的群体。"新蓝领"已经不是原来的"蓝领"，并不包括传统的工厂工人、建筑工人等。新蓝领几乎全部都有着至少高中的受教育背景，许多从业者都有着大专及以上的学历层次。

O2O（online to offline，本义是从线上到线下，也就是从互联网到物联网，从虚拟到实体。）催生了"新蓝领"。2015年，大量资本注入O2O行业，O2O产业缔造的新商业模式也给"新蓝领"带来了新的发展机会。尤其是生活服务类行业，上门美甲、上门保洁、网上找月嫂、上门维修等等，不管哪一类，发展核心都离不开一线服务人员，由此催生了一大批新蓝领。我国一些维修工种长期存在行业标准不规范、从业技术含量不高、高质量人才匮乏等问题，在互联网模式下，这些都得到巨大改变。如一些家居家具售后服务平台，同时满足了商家和消费者的需求，商家无需自建售后团队，有效降低了系统服务成本，且服务流程标准化，配套服务工具专业，并有标准化的服务统一着装和统一车辆等。因此，新时代的蓝领更接近于O2O产业发展线下环节的最终实现者。并且，在曾经的互联网经济热潮之下，竞相涌入的资本使得新蓝领阶层的收入相对较高。这是发展O2O渠道、互联网接入物联网的红利，因为它的经营方式是从市场直接连接到生产作业现场，刨去了原先复杂的线下成本[①]。新蓝领代表了对职业技能的认可和肯定。近年来受国内外多种因素影响，大学生正规就业率持续走低，而选择成为"新蓝领"的人群比例正在增加。

都市新蓝领和"灵活就业"存在交叠之处。目前"灵活就业"的定义尚需进一步厘清。随着共享经济、平台经济等新业态的快速发展，家政、养老等生活服务需求快速增长，灵活就业覆盖的行业群体不断扩大，已成为城市就业的重要组成部分。灵活就业具有自由度高、使用范围广、形式多样等特点，平衡了劳动力市场的供需，缓解了短期就业矛盾，灵活就业制度能有效降低企业用工成本和交易成本，满足劳动者多样化就业需求，拓宽就业困难人员就业渠道，实现人力资源优化配置。例如疫情期间一些餐饮、酒店、安保、汽车租赁、生鲜配送等行业企业通过"共享员工"创新用工方式。从事灵活就业的既

---

① 蔺壮壮. O2O新商业模式催生"新蓝领"[N]. 中国青年报，2010-03-28（11）.

有城市户籍人员，也包括医院护工、农业劳动、家政、社区养老服务、保险营销等外来从业人员以及无雇工的外来个体工商户。[①]

1.1.6　中产阶层

自 20 世纪 70 年代的产业转型之后，西方发达国家的中产阶级数量下降了。根据皮尤研究中心（Pew Research Center）2022 年的分析，截至 2021 年，约 50% 的美国人属于中产阶级，这比 1971 年的 61% 大幅下降了[②]。消费金融网站 SmartAsset 的研究人员列出了美国 100 个大城市和每个州中产阶级的低端和高端工资。该分析采用了皮尤研究中心对中产阶级的定义：收入是全国家庭收入中位数的 2/3 到两倍的美国人。他们一项新的研究表明，要成为中产阶级家庭，旧金山的家庭年收入约为 8.2 万美元，西雅图为 7.4 万美元，华盛顿特区为 6 万美元，但克利夫兰只有 2.4 万美元。毫不奇怪，在一些富裕的西海岸城市和特大郊区，中等收入人群的比例更高。

而对于中国中产阶级数量的估计存在很大差异。2010 年亚洲开发银行以"每天消费 2 至 20 美元"为标尺，从而得出中国"中产"多达 8 亿。瑞士信贷集团的报告以美国为基准，认为拥有 5 万至 50 万美元可支配的财富，就可算"中产"。根据瑞士信贷研究所 2015 年发布的《全球财富报告》，中国的中产阶级人数已居全球之冠，达 1.09 亿人，超过美国的 9200 万人。波士顿咨询集团和阿里研究院发布的报告预测，2016-2020 年，约 5000 万的中国家庭将跻身中上阶层行列，其中一半可能生活在中国排名前 100 位的城市以外[③]。

而根据中国社会科学院社会学研究所 2013 年的 GSS 调查，在所有劳动力人口中，中产阶层（包括新中产阶层和老中产阶层）所占比重上升到了 31.6% 左右[④]。另采用中国社会科学院中国社会状况综合调查（CSS）数据估计中等收入者比重，以美元兑人民币汇率和购买力平价转换，按家庭人均收入水平计算，我国中等收入群体规模自 21 世纪以来持续扩大，中等收入者人数快速增长。2001 年我国中等收入者比重为 2.5%，2008 年上升到 8.2%；2013 年继续上升到 17.1%；2019 年达到 33.9%，即大约 1/3 的成年人口加入了中等收入者队伍。[⑤] 此外，根据国家统计局的测算，2017 年我国中等收入群体已经超过 4 亿人，测算标准是，以中国典型的三口之家年收入在 10 万元 ~50 万元之间的，

① 黄铮. 灵活就业已成为本市就业重要组成部分 [N]. 人民政协报，2020-06-02（2）.
② DANIEL DE VISÉ. Here's what it takes to be middle class[EB/OL]. https://thehill.com/business/personal-finance/3950959-heres-what-it-takes-to-be-middle-class/，April 16, 2023.
③ 新加坡."小城青年"正在塑造中国消费未来 [N]. 海峡时报，2018-04-25.
④ 张翼. 社会新常态：后工业化社会与中产化社会的来临 [J]. 江苏社会科学，2016（1）：1-14.
⑤ 李春玲. 迈向共同富裕阶段：我国中等收入群体成长和政策设计 [J]. 北京工业大学学报（社会科学版）2022，22（2）：38-48.

已经有 4 亿多人，约 1.4 亿个家庭，有购车、购房、闲暇旅游的能力①。虽然各类测算结果差别较大，但对于中产阶层不断增长的趋势是达成共识的。

由于学科取向不同，社会学取向（社会结构取向）习惯于把处于社会中间位置的人群称为"中产阶层"，而经济学取向（收入分配取向）则把社会中间群体定义为"中等收入群体"。

卡尔·马克思在描述资本主义的运作方式时，将中产阶级称为资产阶级（即"小资产阶级"或小企业主）的一部分，而不是工人阶级。中产阶级其实不仅是一种经济概念，还代表了一种生活方式、一种价值观念，比如，中产阶级家庭倾向于拥有自己的房子（尽管可能有抵押贷款）、拥有一辆汽车（尽管有贷款）、送孩子上大学、为退休储蓄，并有足够的可支配储蓄来支付外出就餐和度假等某些奢侈品。

中产阶级和性别还有一定的关联。随着我国全面二孩政策的实施，部分有些经济基础或丈夫事业有成、但家庭还够不上上层水平的女性，在对工作收入和雇用保姆费用进行比较后，主动选择辞职，全职带孩子。当然，选择当全职妈妈的新中产女性，很可能面临类似于 60 年前日本中产女性的生活状态，存在脱离社会的风险。②

1.1.7　创新阶层

这是一个以职业和工作性质为主要基础的新的分类。美国社会学者理查德·佛罗里达在其两部重要著作《创意阶层的崛起》（2002 年）③和《创意阶层的起飞》（2005 年）④中首先提出了创意阶层（creative class）的概念，这是在新经济条件下由经济发展对于创意的渴求从而衍生出来的一个新的阶层。创意阶层的工作涉及创造新理念、新科技、新内容，包括所有从事工程、科学、建筑、设计、教育、音乐、文学艺术以及娱乐等行业的工作者。这些人具有创新精神，注重工作独创性、个人意愿的表达以及对不断创新的渴求。创意阶层由两类核心群体组成：（1）"超级创意核心"群体，包括科学家与工程师、大学教授、诗人与小说家、艺术家、演员、设计师与建筑师等；（2）现代社会的思想先锋，例如非小说作家、编辑、文化人士、智囊机构成员、分析家以及其他"舆论制造者"。此外，创意阶层还包括创意专家，广泛分布在知识密集型行业，如高科技行业、金融服务业、法律和卫生保健业以及工商管理领域。

---

① 国家统计局 . 国家统计局局长就 2018 年国民经济运行情况答记者问 [EB/OL]. http://www.stats.gov.cn/xxgk/jd/sjjd2020/201901/t20190122_1764777.html，2019-01-21.
② 杨婷婷 . 焦虑和两难的新中产女性 [N]. 环球时报，2019-03-26（14）.
③ （美）理查德·佛罗里达 . 创意阶层的崛起 [M]. 司徒爱勤，译 . 北京：中信出版社，2010.
④ Richard Florida. The Flight of the Creative Class: The New Global Competition for Talent[M]. Harper Business，2005.

佛罗里达的创意阶层概念较为全面，包括了文化创造和技术创造两方面的人才，并不仅局限于我们现今狭义的创意（文化）产业，所以采用"创新阶层"似乎更恰当。

1.1.8 中国的新的社会阶层

"新的社会阶层"概念于 2001 年庆祝中国共产党成立 80 周年大会上首次提出。近年来，我国的新的社会阶层广受关注。新的社会阶层人数存在不同的统计来源，根据 2017 年中央统战部公布的数据，我国新的社会阶层人士的总体规模约为 7200 万人，其中党外人士占比为 95.5%，约 6900 万人。新的社会阶层人士主体是知识分子，主要包括四大群体：民营企业和外商投资企业管理技术人员、中介组织和社会组织从业人员、自由职业人员、新媒体从业人员等。新的社会阶层人士具有鲜明特征，一是"三高"，即知识水平高、收入水平高、经济地位高；二是"三强"，即自主意识强、创新意识强、职业流动性强；三是"三外"，即大多数都在体制外、党外，不少人是海外归国人员。此外，新的社会阶层还具有自主性、多元化、个性化的特点。[1] 新的社会阶层是和中国改革开放相伴生的，新的社会阶层的不断成长壮大，深刻改变了我国的社会结构、社会治理等各领域[2]。

新的社会阶层是创新创业的主力军，新产业模式的重要创造者，这一群体已成为地方经济和社会事业发展的重要力量。尤其在发展新技术、新业态、新模式、新产业方面，以现代信息技术广泛嵌入和深化应用为基础，以技术创新、运用创新、模式创新为内核并相互融合的新型经济形态中，新的社会阶层人士发挥了优势和作用。上海新的社会阶层产生早、发展快，目前已超过365 万人，且增长趋势明显[3]。

1.1.9 上层和富裕阶层

上层是指在社会阶层中占据最高地位的阶层，首先是政治地位。上层的成员在政治、经济和财政上拥有相当大的权力，对各类资源的使用拥有更多的控制权。富裕阶层的概念和上层相关，顾名思义是经济上富有的阶层。虽然上层和富裕阶层在总人口中占比很小，却控制着不成比例的大量财富。[4] 历史上这两个阶层也被称为上流社会。如今这两个阶层则包括了更广泛的人群，

① 胡卫. 激发新的社会阶层重要力量 [N]. 人民政协报，2017-09-14（3）.
② 戚尔达. 推进新的社会阶层研究走向深入 [N]"新时代新的社会阶层发展"学术研讨会在沪举行 [N]. 联合时报，2021-05-28（3），https://www.xepaper.com/lhsb/html/2021-05/28/content_89330_13437446.htm.
③ 汤妙兴. 金山区首家街镇新阶层联合会成立 [N]. 上海科技报，2017-12-15（2）.
④ WILL KENTON. Upper Class: Definition, Salary, Example, and Other Social Classes[EB/OL], https://www.investopedia.com/terms/u/upper-class.asp, July 30, 2021.

政治家、成功的企业家、名流和其他极其富有的个人都属于这一群体。

瑞士信贷研究所发布第十二份《全球财富报告》显示财富持续增长。2020年贫富差距扩大。全球百万富翁人数增加了 520 万，达到 5610 万。因此，一个成年人现在需要超过 100 万美元才能跻身全球前 1%。2020 年标志着全球成年人中首次超过 1% 的人是名义上的百万富翁。超高净值（UHNW）群体增长更快，成员增加了 24%，这是自 2003 年以来的最高增长率。自 2000 年以来，财富在 1 万 ~10 万美元之间的人数增长幅度最大，从 2000 年的 5.07 亿增加到 2020 年年中的 17 亿，增长了两倍多。这反映了新兴经济体，特别是中国的日益繁荣，以及发展中国家中产阶级的扩张。[1]

全球政治的右转造成了社会准则的变化，"暴富限制"的放松是上层收入突然激增的重要原因，政治的右转还造成了金融监管制度的放松和新形式银行的疏于监管，由此造成的上层、富裕阶层和其他社会阶层的财富差距扩大，也给危机提供了萌芽的温床。

经济上的富裕往往被视作成功的象征。根据《纽约时报》2013 年 12 月 21 日发表的一份调查，在用财产来衡量人的成功方面，中国受访者在 20 个国家中名列榜首，认同的人数达到了 71%，这个比例是世界平均水平的两倍多[2]。这一方面反映了我国社会的价值观，另外也反映出了富裕阶层的社会影响。

1.1.10　贫困阶层

贫困阶层的概念是一个随着社会历史进程内涵变化较大的形态概念，其内涵和界定受时代、地域和社会的影响而不尽相同，类似的表达如社会底层（underclass），但是社会底层含有较强烈的歧视色彩。贫困阶层包括城市无业者、失业者，以及无家可归者等。每个国家、每个社会里都有贫困阶层，但有的是经济上的绝对贫困（如发展中世界的贫困），可以通过国际贫困线衡量；有的是相对贫困（如发达世界的贫困）。本书第 8 章第 2 节专门论述了贫困问题，可对照理解。20 世纪 70 年代以来发达世界的贫困加剧主要是由于全球产业重构，制造业从发达国家向发展中国家和地区的转移造成的，在现代化、工业化程度高的国家或地区，尤其是传统的工业城市，贫困阶层增加了。例如有中国的"鲁尔工业区"之称的辽宁省沈阳市铁西区工业区，至1999 年末，国企 95% 亏损，35 万国企职工有 13 万工人下岗待业并降至贫困阶层。而一些城市的"低保对象"是实质上的城市贫困阶层。如 2004 年北京市发布的《关于对城市低保对象实行分类救助的通知》，按照对象的劳动能力

---

① Credit Suisse. Global Wealth Report 2021[EB/OL]. https://www.marketscreener.com/quote/stock/CREDIT-SUISSE-GROUP-AG-9364979/news/Credit-Suisse-Global-Wealth-Report-2021-35665816/，22.06.2021.

② 何璐繇. 留声 [N]，检察日报，2014-02-17（5）.

以及种类不同制定相应救助标准，所面向的"三无"人员、享受城市低保待遇的老归侨、因公致残的返城知青以及重残人本人等，都属于事实上的城市贫困阶层。

1.2 加剧的不平等和阶层固化

20 世纪 70 年代以来，全球经济的不平等加剧，制度、文化、教育、认知从各个方面促成了阶层固化，而网络时代还很容易出现舆论和民意分裂，加剧了阶层对立。

不同阶层的利益诉求中还存在着话语差别待遇。实践表明，掌握较多社会资源群体的利益诉求，容易引起较高关注。而掌握较少资源群体的利益诉求，引起关注度可能较低并难以受到重视。也就是说，有形的、无形的不平等到处存在（参见延伸阅读 6.1）。

1.2.1 加剧的不平等

2006 年，美联储主席本·伯南克在一场关于不断加剧的不平等现象演讲中说，主要原因是 20% 受过良好教育的上层人士和 80% 教育水平低的下层人士拉开了距离。2011 年 11 月美国国会预算办公室发布了一份报告，详细分析了 1979—2007 年不平等现象的加剧。上层最富的 1% 的人收入增长了 277.5%，那些属于 0.1% 和 0.01% 的人收益更多，处于底层的 20% 的人口收入只增长了 18%[①]。但是关于上层 1% 和 0.1% 人士的收入分配的研究课题是不受欢迎的。仅是提出这个问题，本身就代表着进入了政治斗争的领域；上层的收入分配问题属于讳莫如深的领域。

法国经济学家、巴黎经济学院教授托马斯·皮凯蒂对过去 300 年来欧美国家的财富收入进行了详尽探究，通过大量的历史数据分析证明，近几十年来，不平等现象已经扩大，很快会变得更加严重。他认为，我们正在倒退回"承袭制资本主义"的年代。在这样的制度下，经济的制高点不仅由财富决定，还由继承的财富决定。皮凯蒂指出，最富有的那批人不是因为劳动创造了财富，只是因为他们本来就富有。由于资本回报率倾向于高于经济增长率，贫富不均是资本主义固有的东西，所以要彻底铲除经济中的这种不平等现象，就需要在全球范围内对富人征收累进税来保护民主社会。[②]

---

① 中国新闻网. 美国人贫富差距拉大 富人收入增幅是穷人 15 倍 [N]. 经济参考报社，2021–10–27.
② （法）托马斯·皮凯蒂 . 21 世纪资本论 [M]. 巴曙松，陈剑，余江，等译 . 北京：中信出版社，2014.

延伸阅读 6.1 不平等的感知

益普索（Ipsos）和伦敦国王学院政策学院合作开展了一项关于不平等感知的研究，益普索（Ipsos）在其全球顾问在线平台上进行了 28 个市场的在线调查，调查时间是 2020 年 12 月 23 日至 2021 年 1 月 8 日期间，共采访了全球 28 个国家（地区）的 23004 人。受访者被问及一系列不平等的形式，总体调查结果如图 6.2 所示。

你认为下列哪3种或4种不平等（如果存在的话）在你们国家最严重？

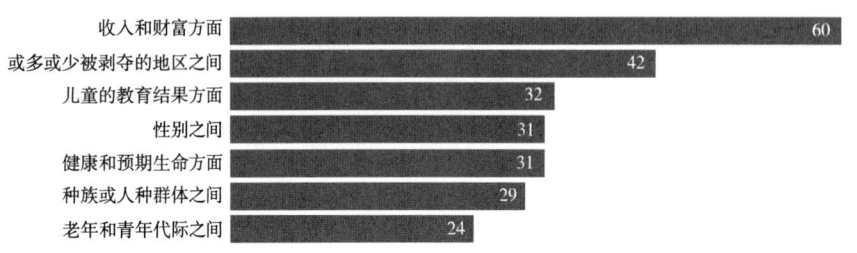

基于2020年12月23日至2021年1月8日期间对23004名成人的在线调查

图 6.2　全球各国对于不平等的一般认知

来源：Ipsos Global Advisors March 2021 · Get the Data · Created with Datawrapper

不同性别、不同年龄的受访者之间存在感知差异。例如，28 个国家（地区）中 36% 的女性受访者认为性别不平等是她们国家三、四种最严重的不平等类型之一，与此相比，只有 26% 的男性受访者持这种观点。又如，35 岁以下的年轻人更可能强调对于种族或人种群体之间不平等以及性别之间不平等的关切，年龄在 35~49 岁和 50~74 岁之间的人群则对收入和财富不平等的关注度更高（图 6.3）。

你认为下列哪3种或4种不平等（如果存在的话）在你们国家最严重？
图例：■ 50~74岁　■ 35~49岁　■ 35岁以下

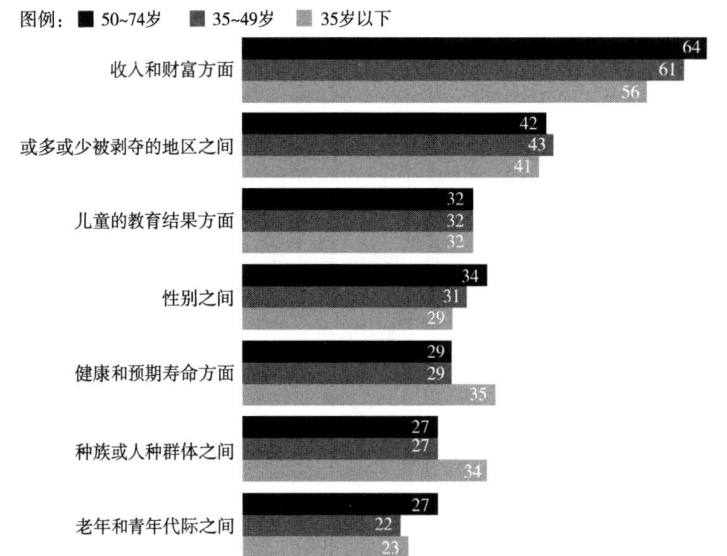

基于2020年12月23日至2021年1月8日期间对23004名成人的在线调查

图 6.3　全球各国不同年龄群体对于不平等的一般认知

来源：Ipsos Global Advisors March 2021 · Get the Data · Created with Datawrapper

典型的不平等类型的分类调查结果具体如下：

- **收入和财富不平等**

28 个国家中 60% 的受访者认为收入和财富不平等是他们国家中最严重的不平等形式之一。

俄罗斯对收入和财富不平等的关注最高，约有 4/5（83%）选择此项，韩国（80%），匈牙利（77%）。

在沙特阿拉伯、波兰以及瑞典，收入不平等被认为相对不严重。

在实际的收入不平等和这个问题相对于其他不平等被看得多么严重之间总体关系不大。例如，瑞典在衡量收入平等的客观标准方面排名靠前。与此一致，那里的人们对这个问题的关注程度相对很低。另一方面，比利时和荷兰，就收入平等来说排名更高，然而那些国家更加可能为收入悬殊焦虑，突出表明了这样一种情况，即人们对这种不平等的感知多么严重，似乎和该问题的实际表现无关。甚至可以这样设想，过于平等对于一部分人来说也是一种不平等。

- **地理不平等**（geographical inequality）

28 个国家中，或多或少被剥夺地区之间的不平等被认为是第二种最重要的不平等形式，42% 的受访者认为这是他们国家最严重的不平等形式。

俄罗斯对地理不平等的关注最高，那里有约 2/3（64%）认为是影响他们国家的最严重的不平等形式之一。

德国对地理不平等的关注最低，这里只有约 1/5（22%）认为是他们国家三、四种最严重的不平等类型之一。

那些来自高收入家庭的人 2/5 以上（45%）认为地理不平等是他们国家最严重的不平等类型之一，相较而言，低收入家庭的有 37% 这么认为。

- **性别不平等**

平均而言，约 3/10（31%）的受访者强调了他们国家的性别不平等问题。

墨西哥（45%）、土耳其（42%）和西班牙（42%）对性别不平等的关注最高，而马来西亚（12%）、俄罗斯（15%）和新加坡（19%）对该问题的关注低于平均水平。

尽管一些国家（例如西班牙、瑞典、法国和德国）高度重视性别平等的客观衡量标准，他们对此问题仍然有着比在这种不平等中情况更糟的其他国家（例如俄罗斯、马来西亚和沙特阿拉伯）更高程度的关注。

土耳其在男女平等方面名列第 130 位（按此衡量标准，这是世界上最糟糕的国家之一），那里的人们也最关心这个问题。

- **儿童教育结果不平等以及健康和预期寿命不平等**

平均而言，在 28 个国家中，约 3/10（32%）的人强调对教育的担忧，认为教育是该国最严重的不平等之一。

关注程度最高的是土耳其（56%），智利（49%）和秘鲁（48%），最低的是波兰（15%），意大利（16%）和沙特阿拉伯（18%）。

约 3/10（31%）的人也强调健康和预期寿命方面的不平等是该国最严重的不平等之一。智利（64%），秘鲁（56%）和巴西（50%）最高，韩国（10%），日本（14%）和马来西亚（19%）最低。

● 种族或民族之间的不平等

大约 3/10（29%）的人认为，种族或族裔之间的不平等是该国最严重的不平等形式之一。

这远远高于南非（65%）和美国的平均水平。相反，韩国（8%）、阿根廷（9%）和日本（10%）对此衡量标准的关注度要低得多。

28 个国家中，平均年龄在 35 岁以下的年轻人中有 1/3（34%）认为种族或族裔之间的不平等是该国最严重的不平等类型之一，而 50 岁至 74 岁年龄段持这种观点的人占比为 27%。

● 代际不平等

28 个国家中，老年人和年轻人之间的不平等被视为相对最不重要的不平等形式，只有 1/4（24%）的人认为这是该国最严重的不平等类型之一。

韩国（43%）、日本（39%）和新加坡（38%）的关注程度高于平均水平。但是，南非和土耳其（均为 13%），巴西和德国（均为 16%）认为这种形式的不平等现象不太严重，低于 28 个国家的平均认知水平。

来源：Ipsos .Income and wealth disparities perceived as the most serious form of inequality[EB/OL]. https：//www.ipsos.com/en/income-and-wealth-disparities-perceived-most-serious-form-inequality.

注：观察的相关技术细节说明

受访者包括来自新加坡、美国、加拿大、马来西亚、南非和土耳其的 18~74 岁的成年人，以及其他 22 个市场的 16~74 岁的成年人。

调查样本包括：澳大利亚、比利时、巴西、加拿大、中国、法国、德国、英国、意大利、日本、西班牙和美国等国每个国家大约 1000 人，阿根廷、智利、匈牙利、印度、马来西亚、墨西哥、荷兰、秘鲁、波兰、俄罗斯、沙特阿拉伯、新加坡、南非、韩国、瑞典和土耳其等国每个国家 500 人。

阿根廷、澳大利亚、比利时、加拿大、法国、德国、英国、匈牙利、意大利、日本、荷兰、波兰、韩国、西班牙、瑞典和美国的样本可以作为其年龄在 75 岁以下的一般成年人口的代表。

相较于总人口，巴西、智利、中国、印度、以色列、马来西亚、墨西哥、秘鲁、俄罗斯、沙特阿拉伯、新加坡、南非和土耳其的样本，在城市化程度、受教育程度、富裕程度方面更高。这些市场的调查结果应被视为反映了其更多

"关联"人群的观点。

根据最新的人口普查数据，对数据进行加权，以便每个国家的样本构成都能最好地反映成年人口的概况。

"全球国家一般值"（the global country average）反映了参与调查的所有国家的平均值。尚未针对每个国家的人口规模进行调整，也无意暗示总的结果。

如果结果不等于100，或者"差异"似乎与实际值相差 ±1，则可能是由于四舍五入、多种回答或排除了"不知道"或未陈述的回答。

益普索在线民意测验的精度是使用可信区间计算的，1000人的民意测验的精确度为 ±3.5 个百分点，500人的民意测验的精确度为 ±5.0 百分点。

1.2.2　阶层固化

社会阶层互动，可以加速社会个体短暂地穿越阶层的现象。从社会事实层面来看，阶层固化导致阶层之间流动性变弱，阶层之间的矛盾逐渐严峻。若阶层之间的流通渠道是通畅的，可以通过不同阶层之间的流动稀释矛盾，但任何一个既得利益集团都想维持自己的利益，因此他们限制利益集团的规模，提高准入门槛，控制分享利益的人数，而这些举措导致草根想要成为社会精英变得困难（参见延伸阅读6.2）。这种相对剥夺感刺激了处于中下层的人们的神经，郁郁不得志的人群很容易将自己的挫败归咎于强势阶层的垄断，一旦强势阶层犯错，长期积累的不满情绪马上会爆发，转化为网络声讨。[①]

法国全国失业者和贫困者协会认为：不论左派右派，政府都提出"同样的论调"。他们对失业者说："都是你们的错，你们不诚实，你们是舞弊者，要不就是懒人。"[②]

教育中的社会分层是各国阶层固化的一个普遍现象。据2016年《泰晤士报》报道，剑桥大学和牛津大学这两所英国顶尖大学里的学生，大多家世显赫，而来自工薪家庭的学生人数，只剩下10%。受教育程度不同，对个体的社会经济影响也不同。纽约市2015年调查显示，无高中文凭者年薪只有21121美元，有高中文凭者为31038美元，有学士文凭约为6万美元。[③]当前我国社会的利益主体发育不均，由于学历、职业、阶层、性别、收入等方面的限制，社会各阶层的话语权失衡，博弈能力差别巨大。

据我国的学历统计，2014年我国大学专科以上学历的人数占全国总人口的7%左右，2021年占全国总人口不超过15%。而且这些人员主要集中在我国城市地区，在广大农村地区和交通不便的偏远地区，大学专科以上文化程度的

---

① 刘雁鹏."阶层"视野下的舆论与司法 [N]. 人民法院报，2013-11-22（7）.
② 劳工部长要严查失业者 [N]. 欧洲时报，2014-09-04（5）.
③ 杨宁，吴虚怀.华人新移民如何克服求学难？[N]. 人民日报海外版，2018-08-15（6）.

公民人数较少。特别是西部少数民族地区，大学专科以上文化程度的公民人数更少，甚至难以达到许多职位规定的学历条件要求。

各社会阶层一方面反对这种固化，一方面在更日常的社会认知、社会行为中却参与确立和维护了阶层的固化。阶层标签就是显著的例子。近年来，我国的社会热点事件或多或少和被贴上标签的"X 二代"相关联，"官二代""富二代"便是强势阶层的社会标签。

延伸阅读 6.2 《人生七年》

英国独立电视台（Independent Television，简称 ITV）曾播出过一部哄动一时的系列纪录片《人生七年》，由格拉纳达电视台（Granada Television）为英国独立电视台制作《世界在行动》（*World in Action*）栏目的一个专题报道。除第 6 集在英国广播公司播出外，其余都在独立电视台播出。在 2005 年的第四频道节目中，该系列节目名列 50 部最伟大的纪录片之首。

这个纪录片从 1964 年就开始跟拍制作，对象是来自英格兰的 20 名 7 岁少年。这些孩子被选来代表当时英国社会经济背景的范围，他们之中有工薪家庭的孩子，也有精英家庭的孩子。明确假设每个孩子的社会阶层预先决定了他们的未来。从 7 岁开始，跟拍他们的生活状况。这部纪录片共有 9 集，历时 56 年，每 7 年一集，一直播出到他们 63 岁。那些工薪家庭的孩子们，半个世纪过去了，大多仍旧从事着父辈的行业，到了年纪就生儿育女，在平凡中渐渐老去。而那些出生于富人家庭的孩子，则也像预测的一样，在父辈的光环之下逐渐崭露头角，到中年时就已经成为某个行业的翘楚，掌握着国家的命脉和前进的方向。

该节目创办于 1963 年 1 月，由擅长调查报道题材的澳大利亚人蒂姆·哈维（Tim Hewat）担任总编。他想做一档反映英国阶级分化的新闻片，追踪他们未来的发展。迈克尔·艾普特（Michael Apted）当时只是一名实习记者。英国的阶级制度很不公正，许多同龄人和他资质不相上下，却没有机会接受高等教育。艾普特和另一位调查记者分别负责在三周内从英国南部和北部挑选 14 位来自不同阶层的孩童。第一期节目全片都充斥着对立与政治观点，对党派观点、男女地位、家庭关系和未来发展等都提出了尖锐的意见。纪录片明确假设每个孩子的社会阶层都预先决定了他们的未来。每隔七年，导演迈克尔·艾普特[1]都会从 14 个选择参与的人那里获得电影素材。该系列的目标在"7 岁以上"开始时被表述为："我们把这些孩子聚集在一起，因为我们想在 2000 年时获得对英国的一个初步认识。2000 年的工会代表和行政人员现在是 7 岁。"

---

[1] 迈克尔·艾普特（1941—2021 年），出生于英国，演员、导演、编剧。

→《56 Up》于 2012 年 5 月首映。《63 Up》于 2018 年末拍摄，2019 年春季上映。

来源：Laura Martin. 63 Up cast: where is the original line-up of 7 Up now? [EB/OL]. Global web iconinews.co.uk, Jun 06, 2019.

1.2.3 地理籍贯确立的身份阶层

如果说种族、宗教或国籍可以逐步界定族群身份，犹如非洲裔美国人和奇卡纳（墨西哥裔）、波兰人，意大利人的身份在美国一向被视为族群，中国的原籍同样可以界定族群身份，在社会认知中存在的阶层固化现象里，原籍族群具有独特的社会建构和社会含义，比较典型的是地理籍贯确立的身份阶层，中国的很多城市居民都面临着这一方面的核心问题。地域歧视则是更大范围的阶层和空间区位关联识别的结果，并且是和社会认知中潜在的城市等级体系密切相关的；只不过，城市等级体系是现代城市规划、经济、地理学科的概念和理论，早在这些概念和理论提出之前，地域歧视或者说地域态度作为一种社会认知早就存在，例如晏子的"橘生淮南"之说[1]，强调了环境、事物和人的不可分割的关系。

关于城市中移民群体的原籍如何逐渐成为汉族人口中界定族群身份的依据、籍贯怎样构筑社会等级和社会对立，韩起澜（Emily Honig）在他的《苏北人在上海》（1992 年）中予以了解释，他在第二章"寻觅苏北"中说：苏北的地理概念是极其混乱、众说不一的。苏北人，是指其家庭源自江苏省长江以北地区的人。上海的苏北人，是一个移民群体，具体的一个江北人会称自己是盐城人、淮安人，从没有自称苏北人的，更没有涵盖苏北人的组织，没有苏北同乡会。苏北不是某个客观的地域，而是被强加在某些人身上的底层人的标签。为什么要产生这个另类的标签？是居住在上海的江南人的需要。如果上海不成为通商口岸，就没有苏北人的概念。上海成了开放的口岸，洋人便成了这里的一等人。江南的精英集团沦为洋人之下的二等人，他们需要造就比他们低一等的族群身份，抬高自己的地位，维护自己的心理。江南移民要僭取本邦人的地位，声称自己才是真正的上海人。也就是说，歧视是一种需要，歧视是可以制造出来的。到了 21 世纪，苏北人几乎是个历史概念了，苏北人也已成为一种历史经验。但是全国范围的更大的歧视方兴未艾，这种歧视肆虐于今天中国的所有大城市。[2]

在我国，相对于以阶级差别和性别差异为基础的不平等和对抗，那些由

---

[1]《晏子春秋·杂下之六》："婴闻之：橘生淮南则为橘，生于淮北则为枳，叶徒相似，其实味不同。所以然者何？水土异也。"

[2]（美）韩起澜（Emily Honig）. 苏北人在上海 1850—1980[M]. 卢明华，译. 上海：上海古籍出版社，1992.

籍贯所界定的不平等和对抗同样显著。上海人曾坦率地直认不讳，开始是对长江以北江苏人的偏见，后来是对安徽人的偏见，这些偏见溢于言表。在上海这座移民城市里，籍贯构筑了社会等级结构，形成了傲慢和偏见的流行意识。这种偏见和历史的长时段有关，并延续下来。比如，19世纪20年代漕运由河运改海运，使得运河沿线的大城市的地位江河日下，经济迅速衰退，例如扬州。又比如，黄河1853年改道，淮河从此注入洪泽湖而且没有排出通道，导致苏北水患严重，特别是1911年、1921年和1931年的大洪水，使得苏北生灵涂炭，经济受到严重影响。另外，苏北也频受抗日战争、内战等战乱影响，导致大量难民逃往苏南和上海。在上海，这些难民绝大部分从事黄包车夫、码头搬运工、纱厂工、小皮匠、环卫工、理发师、搓澡工等非技术性的工作，这些工作社会等级低下，收入微薄，本地人和江南人不愿意从事，大部分被"苏北人"承担。安徽人的情形差不多，安徽的自然地理气候决定了这里人多地少，淮北地区干旱少雨，历史上逃荒的现象很多，包括明朝开国皇帝凤阳朱元璋的乞讨故事，而安徽人能吃苦、爱闯荡江湖的特点让其他地方的人忽略了徽商的成就和贡献，误以为安徽人只是因为贫穷才外出谋生。

因此，中国人总是把他们的出生地同他们的籍贯区分开，籍贯系指他们祖上的故土。原籍至少同他的出生地一样重要。顾德曼在她关于上海同乡会组织和意识的研究中指出[1]，"原籍概念是传统中国个人身份必不可少的组成成分。一般说来 [这] 是陌生人之间相互打听的第一件事，⋯⋯"原籍或籍贯，有助于揭示城市中的身份、偏见和社会矛盾的根由。然而，籍贯是一种有伸缩性的建构：个人可以决定哪一代人的故乡作为他或她的原籍；而且，原籍可以指特定的村、区、市或省份。正因为原籍对一个人的身份十分重要，因此，要说明一个人的原籍殊非易事。地域歧视本质上是环境决定论，或试图以环境决定论来建构一种社会劣势群体。

1.2.4 未来的阶层和物种之说

随着社会经济技术和人类发展水平整体提升，阶层的对抗性趋于"隐晦"，未来的阶层甚至走向另一种形态。以色列希伯来大学的尤瓦尔·赫拉利教授在其别具一格的《人类简史》[2]中声称，未来人类不分阶层，而是分物种。关于物种一说，在现有的一些社会群体研究中似乎可以获得部分支持，例如延伸阅读6.3中讨论的"Z世代"，他们是从未有过的如此沮丧、焦虑和脆弱的一代人。

---

① （美）顾德曼 . 家乡、城市和国家 [M]. 宋钻友，周育民，译 . 上海：上海古籍出版社，2004：5.
② （以）尤瓦尔·赫拉利 . 人类简史：从动物到上帝 [M]. 林俊宏，译 . 北京：中信出版社，2014.

延伸阅读6.3 "Z世代"

日本有个新语流行语大赏，每年都会挑选出现象级的流行语，2021年排行前十的结果里，就有一个词叫"Z世代"。这个词指的是1995年后2000年初出生的一代人，他们生来就和网络信息时代无缝对接，受到各种智能电子产品影响比较大。

原本日本最引以为豪的便是"一亿总中流"，战后经济腾飞，国民享受着经济发展带来的好处，人人认为自己是中产阶级。当年的日本公司欣欣向荣，产品销往全世界，企业提倡忠诚度号召员工努力，员工把企业当家拼命创造价值。终身雇佣制之下，很多人毕业就职可能待在一家公司到退休。

但随着泡沫经济的崩溃，一切都变了。1990年代末出现了一波长达10年的就职冰河期，除了短工之外的稳定工作，有效就职率在0.6倍左右徘徊。也就是说，那段时间进入社会的应届毕业生里，有一半的人是无论如何都找不到正式雇佣工作的，就职形势相当严峻。

当时日本社会主流观念依旧还是终身雇佣制，如果毕业后找不到像样的第一份正式工作，今后就很难有机会转正，只能当一辈子"人下人"。这批被抛弃的人基本是75后80后，放到现在差不多40岁左右，被称之为——冰河期世代，后来因为某份全民性报纸的一个提法，开始被称"Lost Generation"，即迷失一代。社会闲散人员一多，大量的恶性伤害事件（包括自杀）和家里蹲现象随之而来。这件事对于日本整个社会文化的影响极大。

之后的日本几次试图经济改革，拯救就业率。前有小泉打破劳使结构，对非正式雇佣大开方便之门，后有2012年底安倍上台后实施的"安倍经济学"——这段时间正好也是"Z世代"刚刚步入社会的时候。

然而非正式雇佣这东西却是潘多拉魔盒，就业率数据上确实好看了，要不是有疫情，日本年轻人的有效就职率可能会维持在1以上。企业也省了人力成本，效益更好了，股价蹭蹭涨。代价却是大公司习惯了这种方便的东西，为了降低劳动成本，让非正式雇员制度成为常态。

初出茅庐的日本应届生现在基本没有会相信"终身雇佣制"的了，而是盯着自身和外部的不利因素，在灵活就业中惶惶恐恐、极度不安。想想这种没盼头的日子，能有结婚的意愿才是有鬼了。

想到自己二十多岁刚出来工作的时候，经常看同龄人谈起自己的退休生活。那时候人们总是喜欢讨论，自己三十多岁、四十多岁实现财富自由之后就退休。这种乐观气氛没持续多久，很快就变成了朋友圈"躺平"的哀嚎。

现在的日本年轻人也处于躺平状态。幸而二次元是件能轻松包容肥仔身心的大床，提供舒适区。当然，如今宣称要躺平的人也明白，二次元之外，有更现实的东西。阿宅们嘴上叫着二次元赛高，不想要结婚，结果私底下多多少少也有过结婚的念想，谁都还想挣扎一番——虽然这种挣扎的念想如微弱的火苗，很容易就会被现实的一盆水扑灭。

在中国，"Z世代"所定义的是1998年及以后出生人群。中国的"Z世代"一出生便目睹本国的飞速进步，他们在成长过程中不需要与他人分享。一项调查显示，中国"Z世代"消费支出占他们所在家庭总支出的15%。而在美国和英国，这一比例仅为4%。尽管没有独立收入，但他们的消费水平却高得惊人。这项调查覆盖中国、巴西、法国、德国、意大利、波兰、土耳其、英国和美国9个国家的1.5万人。

美国Z世代更重视工作稳定性。据美国《纽约时报》报道，截至2022年12月，美国社交媒体平台脸谱网的母公司Meta裁员1.1万人；美国网络零售巨头亚马逊解雇了约1万名员工；美国社交网络推特解雇了3000多人。宣布裁员的公司日益增多，让Z世代感到不安。通胀率高，生活成本攀升，让Z世代们对于较高的薪酬、优渥的福利待遇以及职位的稳定性更为看重。

来源：BB姬Studio. 疫情下的秋叶原同人店倒闭了，只有"二次元婚介所"活了下来[EB/OL]. https://weibo.com/ttarticle/p/show?id=2309404793384740192675，2022-07-20；赵婷婷（综合编译）. 美国Z世代更重视"工作稳定性"[N]，青年参考，2023年3月10日第6版.

1.2.5 组织内的身份隔离和混同

在同一个组织内部也始终存在着不平等和柔性的对抗。一个社会组织中，占据着该组织核心地位或发挥着关键作用的"核心成员"倾向于有意识地将自己和本团体其他成员区分开。相反，那些并不占据着组织核心地位或并非发挥关键作用的"边缘成员"或"辅助人员"则会有意识地模糊内部组织成员之间的界线。这样，任何一个组织在比较长时期的运行之后，可能会出现两种情况：一种是核心成员和边缘成员之间界限不清的"身份混同"现象，另一种是身份隔离现象。从削弱不平等的角度来讲，第一种情况是可以接受的，第二种情况则是加剧了组织内部的不平等。

1.3 城市阶层及其空间分布和空间隔离

美国南加州大学地理系的迈克·迪尔和沃尔科（Wolch）从三个层面指出空间的能动作用：即社会关系通过空间而构成；社会关系受到空间的制约；社会关系由空间作为中介，空间成为社会实践的"会合点"，正是通过空间的中介和调停作用，领域性和亚文化等社会现象才得以生成[1]。而不平等的社会

---

[1] J. Wolch，M. Dear（ed.）. The Power of Geography（RLE Social & Culture Geography）[M]. London：Routledge，1989.

关系，同样由空间构成和标示，最终都会在城乡空间中得以映射和体现，并以空间为中介，对城市空间产生结构性的不平衡的影响。个体的身份、职业、收入决定其生活地点，城市阶层决定其空间区位，区位因素关系着房屋周边各项社会资源的可达性。

1.3.1 城市贫富空间隔离

联合国人居署《2020 年世界城市报告：可持续城市化的价值》指出：城市地区是异质的场所，富裕的精英阶层和贫民区居民的住所可能近在咫尺。欧洲几乎普遍将大城市划分为"好"的西区和"差"的东区，例如伦敦历史上的东区（即港口区，多工人住宅）、西区（即市中心西部的戏院、商店和旅馆聚集区）。异质性最激烈地区可能呈现"阴阳面"[①]"中央谷地""贫富线"为特征的城市空间"断裂"现象。这一现象普遍存在于国外不同地理区位和经济水平的城市中。巴西、印度、墨西哥等发展中国家存在极端的空间不平等，城市空间中形态和功能呈现鲜明对比落差的现象普遍存在。在印度孟买市，达拉维圣德尼沙瓦路两侧对比鲜明，东北侧的贫民窟和西南侧的高档公寓并列；在巴西的萨尔瓦多，低收入住宅区低矮拥挤，马路对面的新住区高大崭新；在南非约翰内斯堡，中产阶级住区和非正规住区一路之隔，郊区别墅的光鲜亮丽和棚屋的杂乱反差强烈；在菲律宾马尼拉，带形连绵的商业中心和其周边、西北的商务金融大厦和东南的老旧住区都形成鲜明对比；在美国西雅图，巴拉德的西北市场街南北一墙之隔，分别是无家可归的帐篷屋和富人的独栋别墅。

以洛杉矶为例，贫富悬殊、种族分化的现象导致了洛杉矶城市空间的隔离（参见第 7 章第 2 节复仇主义的城市空间）。这时地域往往成了身份认同的重要标签。在美国加州，来自橘县（Orange）的很可能从事高新技术产业，而来自康普顿（Compton）[②]的极有可能是黑人帮派分子。西米谷（Simi Valley）[③]和橙谷等是富有的白人别墅区，他们可能来自各个企业的管理层。而在中南区，受联邦削减社会福利开支影响，教育、医疗和社区服务都很不完善，黑人学生甚至很难读完高中。他们居住在 20 世纪 40—50 年代建造的老房屋里，整天和帮派斗争、毒品暴力为伴。新闻媒体的炒作往往将大多发生在中南部地区的街头暴力案件固化成阶级阵营和种族环境背景的刻板印象，表现成一种潜伏

---

① 朱喜钢，张晔，马彬强. 城市地理学空间研究的新视角——都市区阴阳结构 [J]. 人文地理，2006（6）：16–21.

② 康普顿市（Compton），美国加利福尼亚州洛杉矶县的一个较大的中型城市，人口 9 万多，西班牙裔或拉丁裔人口占该市居民的近七成，居民中以黑人或非裔美国人最多，其次是亚裔，外国出生的人约占该市人口的三成。康普顿市民的受高等教育率和平均收入都远低于全国平均水平。

③ 同名山谷中的一座城市，位于美国加利福尼亚州文图拉县东南角。该市设立于 1969 年，人口 12 万多。临近洛杉矶市，并有高速公路和其相连。该市连续被评选为"美国最安全城市"之一。前总统罗纳德·里根 2004 年安葬于此。

在洛杉矶各个角落的无形恐怖。当迈克·戴维斯（Mike Davis）描述"洛杉矶堡垒"（Fortress L. A.）时，他将洛杉矶视为一座"堡垒化"的城市。

城市贫困阶层的空间分布在本书第8章贫民窟和非正规居住中有集中论述，以下仅对富裕阶层的活动和居留空间分布作些论述。

1.3.2 富裕阶层的活动空间分布

卡斯泰尔在"流动空间"里曾讨论精英阶层的活动空间，富裕阶层和其他阶层有着各自不同的活动空间。例如高尔夫球场主要是富裕阶层的休闲空间。高尔夫球场一般选择在具有自然地形的区域，可能有丘陵、山地，湖泊、林地等自然景观，从而形成自身特色。俱乐部、会所也是富裕阶层的专享空间。杭州西湖畔的葛岭路上曾经云集了多家高级会所，曾经隐身于西湖景区公园内的高端会所包括江南会、西湖会、莲庄、听涛居、抱青会馆、柳莺玖号等。其中，江南会是由阿里巴巴创始人马云和冯根生、沈国军、宋卫平、鲁伟鼎、陈天桥、郭广昌、丁磊等八位浙商共同发起创办的，建造于2006年，位于西湖三台山路的浴鹄湾一带，十亩山园，隐没在青山绿水之间。整个会所建筑面积约2000平方米，共有七幢瓦房小楼，拥有餐饮、会议、客房等全套服务。此前这个地点是杭州旅游景点先贤堂所在地，供奉杭州历代先贤，以祭祀杭州从先秦至北宋1000余年出生或生活的39位名人贤士。江南会采取会员制，会员费门槛是20万元人民币，一年的会员考核期，考核期满后转为终身会员。这是一个由政界、商界、文化界和社会名流圈组成的精英聚合点。茶道、香道、书道、琴道、花道是江南会的五道文化，低调奢华是江南会的特质。2014年1月西湖景区公园内的高端会所被关闭整顿。

1.3.3 富裕阶层的居留空间分布

在世界各地，富裕阶层有其特定的城市及城市中的空间分布。城市和郊区的定居空间按照种族、人种、年龄和家庭地位而分化，每个群体在大都市区域已经创造的居住空间内，每种生活方式明白表示其自身的日常律则。建成环境展示着社会因素和局部生活领域之间互动的表现符号；但是定居空间也以某些方式指导行为。群体和个体之间的社会空间关系是受到阶层和人种区别限制的，包括从共享利益的邻里中的掺杂到少数民族聚居地隔离的极端状况。

在德国柏林，"舍恩贝格"（Schöneberg）是一个老牌居民区，20世纪30年代，这里生活着很多富足、高知的犹太人，教师、律师、医生、商人、作家、艺术家……例如英国摇滚歌手、演员大卫·鲍伊（David Bowie）曾在这里住过几年；犹太裔物理学家阿尔伯特·爱因斯坦在去美国之前也住在这里；库尔特·图霍尔斯基[1]是这里的居民；德裔美国演员玛琳·黛德丽（Marlene

---

[1] 库尔特·图霍夫斯基（Kurt Tucholsky，1890—1935年），德国政论家、文学评论家、诗人。

Dietrich，1901—1992 年）和德裔澳大利亚摄影师海默特·牛顿（Helmut Newton，1920—2004 年）都生于此。"二战"后，舍恩贝格市政厅（Rathaus Schöneberg）被用作西柏林的市政府，直到 1990 年德国统一。可以说，柏林的大部分历史都是在舍恩贝格书写的。

在美国，根据 2010 年 2 月 23 日商业新闻网站的一项排名，加州纽波特海滩（又译新港海滩）在美国各社区中最为富裕。纽波特海滩的家庭收入情况在加利福尼亚州甚至是整个美国都达到了很高的水平，该地收入达到 20 万美元的家庭超过了 25%，这里的平均房屋价值超过了 100 万美元。此外，美国波士顿的灯塔山地区、洛杉矶的比弗利山庄等都是上层、富裕阶层的社区。

富裕社区除了建筑的外观形态可能暴露在城市大众的视线之中，在视线上是可及的，而社区生活却带有神秘感。富裕社区都是门禁社区，限制了非居民的随意进入。一般的住宅区（包括中高档住宅区）会在小区的部分出入口设有保安，而一些富裕社区的公寓楼在每个单元楼的门厅都会有专职保安守护，安保服务的级别完全不一样。上海静安区的梅泰隆地区是城市核心区的富裕社区，梅陇镇商厦的地下超市只售卖有机菜品，价格是普通超市菜品的三倍左右。

富裕阶层的居住空间通常占据了城市突出的自然资源。海南三亚鹿回头半岛的半山半岛小区，背靠鹿回头岭，紧邻鹿回头公园，是三亚的顶级小区之一。凭借优质的沙滩和背山面海的绝顶自然资源，吸引了不少巨商和富翁来此买房。

富裕阶层的居住空间具有聚集的特征。例如历史上，位于北京内城西北部的什刹海地区，周边聚集着大量的王府和贵族宅邸，这和什刹海优美的环境有着直接的关系。自明代起，北京内城便存在东富西贵的布局特点，有记载称，明代的内城"勋戚邸第在东华门外，中官在西安门外，其余卿、寺、台省诸郎曹在宣武门"。而到了清代，这个特点虽然受到了内城仅限旗人居住的影响，但一定程度上仍存在。清朝普遍认为，"东富西贵"指外城情况。《宾退随笔》中记载："都中有'东富西贵'之谚，盖吏多居正阳门与崇文门，恒多华宅；京曹则多居宣武门外也。"此外，《旧京琐记》中记载："旧日，汉官非大臣有赐第或值枢廷者皆居外城，多在宣武门外，土著富室则多在崇文门外，故有'东富西贵'之说。"

现今北京，朝阳区已成为中央商务区（CBD）所在地，这个 7 平方公里的地区不仅是众多世界 500 强企业中国总部所在地，连续多年居于北京区域 GDP 首位，还是中国最集中的传媒产业中心，中国有名的传媒经纪公司、影视公司大多数集中在朝阳区，例如华谊兄弟、华策影视、拾捌文化等的总部和英皇娱乐的内地总部等。此外，距离首都机场近；环境好、生活便利；国际学校落户数量最多。辖区内有奥运、亚运的核心区域，有使馆区，有三里屯、工体顶级娱乐区，还有崛起的望京。这里也是众多明星名流的居住地。

中国文化管理协会网络文化工委 2021 年 10 月的一则报道颇能说明问题。据统计，从 2014 年开始，十多位演艺界明星均遭北京朝阳群众举报，后被警方查处。[①] 这则报道从一个侧面表明了北京朝阳区的社会阶层分布和阶层特征。事实上，1990 年以后，大部分影视娱乐圈明星在北京的居住地主要集中在朝阳区。在朝阳公园附近的豪宅聚集区，棕榈泉、泛海国际是明星经常出没的小区。棕榈泉 VIP 楼栋里住了很多当红明星，精装挑高大堂，首层都配置有一名管家和一名保安，用来服务整栋楼业主。上下电梯可乘坐直接俯瞰整个朝阳公园美景的观光电梯。另一个豪宅地产"公园大道"当时的售楼部在美国，小区大多数都是卖给外国客户，小区内超过一半的住户是外国人。

富裕社区按区位通常有两类。一类是城市中心的高档社区，以高层公寓为主，另一类是郊区的别墅（参见延伸阅读 6.4）。在上海，浦东新区的陆家嘴街道社区，其中有汤臣一品、中粮海景壹号、盛大金磐花园、仁恒滨江园等顶级豪宅区，沿着黄浦江排列的住宅建筑既构成了社区的意象，也形成了城市的意象。当然，由于上海的街道社区范围较大，以平方公里为单位，上述的顶级豪宅住宅区仅是陆家嘴街道社区的一小部分，因此，这里的"富裕社区"概念和上海城市语境中的"社区"定义需要加以区别。此外，上海市中心的富裕社区还包括新天地板块的高档住宅，例如原卢湾区（现黄浦区）马当路上的华府天地公寓，精装修房，2004 年 5 月的开盘价格是 7000 美元／平方米，物业费是 14.5 元／平方米／月，户型面积 260~700 平方米（图 6.4）。另一类是在远离市中心郊区的别墅，例如上海松江佘山的紫园、紫都警园、世茂佘山庄园等豪宅。

虽然富裕阶层、高收入者不一定都住在富裕社区、高收入住宅区，但是从住宅私有制度下住宅市场的普遍规律和现状来看，富裕阶层和富裕社区、高收入者和高收入住宅区之间存在着较高的关联度。

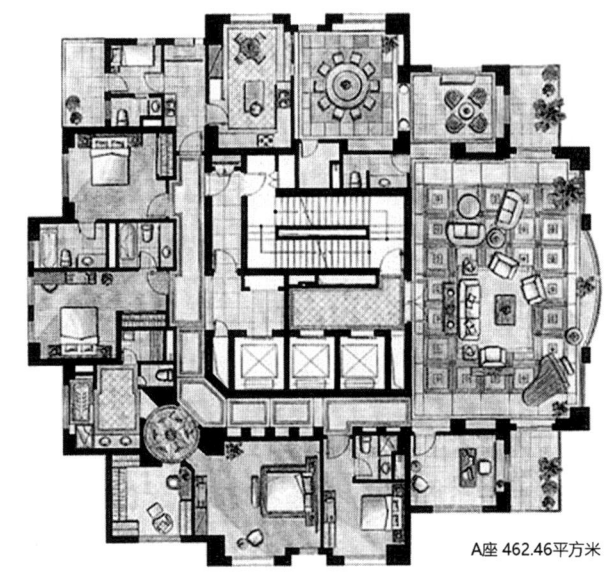

A座 462.46平方米

图 6.4 富裕社区（上海"华府天地公寓"）的豪宅平面
来源：大美术 [J]. No. 35, 2006-11.

---

① 中国文化管理协会网络文化工委微博公众号，2021 年 10 月 21 日客户端。

富裕社区总是相似的，户型舒适豪华，物业功能齐全，周边具有独特的城市环境，有容易到达的满足高档消费的服务设施，住宅价格高出甚至几倍于城市平均房价。例如上海新天地附近的高档高层住宅"华府天地公寓"：

"华府天地公寓'望湖轩'"七百多平方米，装潢一流，布置超级，每一盏灯、每一张椅、每一块毯都追求极致，集世界名牌之大成，四间卧室大小不一，放置英式皇宫家具，使建筑主角神采奕奕。点缀以花卉、油画、摆件，很好地注解了豪宅的整个含义。当今流行与世界接轨，'望湖轩'已经跨出一大步，不会输给老外。中国人应该骄傲了。假如要定位，'望湖轩'俨然以它的整体美，屹立于超五星级酒店之首。

来源：大美术 [J]. No.35，2006-11。

在北京，还有两个和地区相关的人群称谓，其中一个是"顺义妈妈"，这是一个网络流行语，指生活在北京的"上东高地"、以"后沙峪"为中心、半径"无穷大"的积极、上进、奋斗的女性群体，在全职照顾孩子之前，她们大都是事业优秀的职场精英，深谙全球名校录取规则，丝毫不输给做国外留学的机构讲师。这个人群的存在，间接表明了顺义的富裕家庭集聚程度。

延伸阅读 6.4 浦东这些房子，都是顶级豪宅！

浦东的顶级豪宅都有哪些？我们来盘一盘
陆家嘴一梯队：汤臣一品、中粮海景壹号、滨江凯旋门
陆家嘴二梯队：盛大金磐、财富海景花园
陆家嘴三梯队：仁恒滨江园、世茂滨江花园、汇豪天下、江临天下
北滨江：陆家嘴壹号院、恒大滨江华府、九庐、万科翡翠滨江
花木：九间堂别墅、御翠园
碧云：维诗凯亚、云间绿大地、世茂湖滨
东郊国宾馆附近的别墅区：这里最有名的别墅是华洲君庭，业主圈层直接拉满，最新楼王挂牌价9个亿。
总的来说：北滨江、源深、联洋、花木、洋泾、碧云、前滩这几个地方地段比陆家嘴差一点，但住的总体还是有钱人。
来源：魔都财观.浦东这些房子，都是顶级豪宅！[EB/OL]. https://mp.weixin.qq.com/s?__biz=MzIzNzQ2NzEzNA= =&mid=2247528361&idx=4&sn=c9f5e55980fabeee8425c97aa45c0eec&chksm=e8ca0b38dfbd822e5322d8b68d7288c8b55d1fda4638489e6ad3da8044999d20e3b01e6d38c4&scene=27，2022-07-25.

1.4　城市公共设施分布和社会空间隔离

城市社会阶层的分布差异也会反映在城市公共设施资源和社区服务设施资源的配置上，这种差异不但表现在区域之间，也表现在区域之内。教育设施在反映社会阶层差异方面具有特别的灵敏度。

1.4.1　教育设施和社会空间隔离

在我国，素质教育的核心内容已经不是关乎教育，而是变成了家庭的教育投资竞赛，筛选出了富裕家庭、中产家庭和贫困家庭。社会上对于当今的教育模式有这样一种说法：有钱有天赋，是精英教育；有钱没天赋，是素质教育；没钱有天赋，是应试教育；没钱没天赋，是职业教育。受我国教育准入制度的影响，城市的教育资源通过房屋价格由公共品"资本化"为消费品，教育资源的稀缺和政府垄断给房地产价格带来了"垄断溢价"，并在空间上具有持续的正向溢出效应。

而在英国，2016年特蕾莎·梅在就职首相后发表的第一次国内政策演讲中曾声称希望英国成为世界上最伟大的精英统治国家，在这里每个人都可以按照自己的才能和辛勤工作的程度获得公平的机会。为实现这一目标，她提出恢复文法学校①，使学校拥有自主选拔学生的权利。英国的文法学校曾经是中学的主要构成之一，20世纪60年代中期曾达到1300所，学生数量占到英国公立学校学生总数的25%。文法学校相当于公立的"重点中学"，其教育水平不亚于优秀的私立学校，但学生不用缴纳高昂的学费。学生申请入读时需要严苛的考试。所以，文法学校在英国人心目中的地位甚高，进入文法学校的学生普遍有一种优越感，他们不仅自视高人一等，其父母也觉得很是光彩。

20世纪五六十年代，英国工党及宣扬平等主义的教育家们反对设立文法学校，认为文法学校加剧了阶层分化和中产阶级的特权。1965年，英国政府宣布通过建立新的综合学校，逐步取代原有的文法学校。1998年，英国前工党领导人、时任首相布莱尔宣布禁止开办新的文法学校。目前，英国有3000多所普通中学，但文法学校只保留了163所。如今，进入公立文法学校就读的竞争十分激烈。英国的父母为使孩子进入优质的公立文法学校付出更多的代价搬至其附近的学区房，而且还要为孩子加强课外辅导埋单，这便导致了一种越来越严重的"社会隔离"。据2014年数据显示，英格兰地区最好的文法学校，每一个入学名额有12个学生竞争。这一计划在国内存在很大争议。如果

---

① 欧洲的文法学校历史悠久，早在古希腊、罗马时代已经存在。英国的文法学校初创于12、13世纪，以教授古典课程为主，随着时代的发展，文法学校也不断在增加教学内容，但仍然侧重人文学科。

英国只能确保前 15% 到 20% 的学生获得优质教育，那将是一种失败。^①

1.4.2 邻避设施选址和贫困阶层分布地区

如果说优质的教育设施是深受社区欢迎的利好设施，而邻避（NIMBY）设施则是不受欢迎的设施，通常和低收入阶层、贫困人口的分布联系在一起。例如，传染病的爆发和蔓延常常和城市中的邻避设施有关。1946 年的上海，霍乱从沪西、闸北蔓延至南市，并全面蔓延至虹口、沪东地区。感染者多为在平民区生活且没有条件饮用自来水的工人、贫民等生活环境较差的民众。垃圾也是滋生和传播病毒的一大恶源。通常情况下，上海市区的垃圾每天都被用驳船或汽车运至南市、闸北以及沪西的垃圾堆场，而这三处邻近地区也是霍乱疫情的重灾区。^② 关于邻避设施和贫困阶层的关联分布，本书第 9 章有详细论述。

1.5 社会分层、社会流动和社区分类

社会阶层和空间（区位）之间有着千丝万缕的联系，根据居民的职业、收入、教育背景、家庭结构等社会经济指标的不同，可以探寻其在空间分布的特征，将社会阶层结构和物质空间属性结合起来，从居民的经济地位来观察不同社会阶层结构下的居住空间特征，及其和物质环境的关系。而社区可以看作社会互动、社会分层和社会流动的不大也不小的舞台，可以在此观察社会群体的分布、居住空间分异的形成、性别和种族特征的形构、阶层的形成方式，以及日常需求的呈现，交往模式的形塑，地区人文的积淀。社区是生活方式再生产的场所和产物，而城乡结构和社会权力的关系在社区空间中也得以较完整地呈现。

社会流动是社会分层的动态面，也是创造、改变及稳定阶层结构的过程。在收入差距和财富差距日益扩大的整体趋势下，社会流动的趋势将相对减弱。但是，随着经济形态的变化，劳动力市场上的一部分流动会相应地引起社会阶层的流动。

在以财产权为基础，以住宅为私人财产的社会里，除了作为安居所必需的生活资料外，住宅还是居民最贵的不动产，更是某些群体彰显个人社会地位、财富名望的奢侈品。住宅因素大致包括住宅的类型、区位、建造年代、住宅价格及持有方式等，而这些因素集合在一起，以社区的形态出现，所谓"物以类聚、人以群分"，而住宅以社区相容相隔。

换句话说，社会阶层常常转化为住房阶层，最终定位于社区类型。精英

① 荆超. 教育精英化还是平等化 [J]. 方圆，2016（9）：7.
② 沈思睿. 方志上海微故事——时间与空间的回响 [M]. 上海：学林出版社，2021.

或是平民，行业、身份、阶层乃至祖籍地、人生阶段的差异，都会在社区类型中得以全面或至少部分地体现。例如，在我国，非正规社区常常是贫困阶层的栖身之地，大城市中属于贫困阶层的大多数是流动人口，低收入社区对应的是低收入阶层，包括了多数较早退休或下岗的制造业企业单位的老年职工人口。而高收入社区、中产阶级社区、青年社区等较多对应了新社会阶层人士。

社会分层对应的是空间隔离，具体到社区层面，可以是社区之间的隔离，例如城市中的高收入社区和低收入社区有时毗邻而立；有时由于社区的规模较大，加上复杂的城市建设和再开发过程，也可能在社区内部形成隔离，例如南京西路街道社区中凯城市之光居委的回迁房居民和商品房居民的隔离，以及伴生的关于物业费、日常空间使用和物业服务的矛盾和冲突。

第 2 节　移民、种族和空间

本节从社会结构的视角观察讨论下列议题：城市移民和国际移民的需求、压力和挑战；城市移民的融入、移民的城市生存策略；种族的社会经济生活状态及其在城市空间中的分布状况、宗教信仰和空间隔离等；强制移民的历史、对待移民态度的历史性变化，等等。当涉及国际移民时，移民和种族议题之间存在许多交叉。后面第 8 章还将采用问题视角深入剖析城市中的移民问题，包括移民自身在城市中面临的社会——空间（工作、居住栖身）问题和移民给城市带来的社会和空间影响问题。

2.1　移民研究和理论

关于移民议题国内外存在大量研究，并形成了下列相关的理论，这些理论从移民的迁移轨迹、对新环境的适应状况以及移民个体的生命历程等方面对移民主体及其移民行动进行了较系统全面的研究。

（1）移民调适、隔离和同化理论，包括移民和种族群体在目的地城市和社会的自我调整适应过程、所遭受的社会排斥和空间隔离结果或是被同化的结果，以及文化归依感等。

（2）国内外迁徙理论。迁居研究一直是城市地理学、社会学、经济学和城乡规划学等领域持续关注的重要内容，尤其关注弱势群体的迁居特征、模式、影响机制及迁居后的社会效应。迁移不等于移民，两者之间有交叉，例如美国城市中产阶级的郊区化和城市更新中的绅士化等和迁徙有关，但是当涉及例如华裔中产阶级移民的郊区化可纳入移民讨论的范畴。移民的迁徙同时也被置于社会结构的分析研究。

（3）移民的生命历程理论。芝加哥学派早期代表人物托马斯（和兹纳涅茨基合作完成）的《身处欧美的波兰农民》可以说是最早应用生命历程研究移民的成果，通过回溯和追踪法记录了移民的生活史。生命历程理论自成体系并被广泛应用后，许多学者从生命历程角度深入研究了移民的婚姻、生育和家庭变迁，以及心理和身体健康等。研究方法多采用纵贯回溯性或前瞻性数据分析生命事件发生和社会环境之间的内在关系，但某些社会环境、个体主观感受和心理变化很难量化。因此采用定量分析和质性研究相结合的方式，采用叙事分析法对典型个案的深入描绘，来弥补指标量化分析中的不足。

在我国以人为核心的新型城镇化背景下，将生命历程研究范式、时间地理学时空分析方法相结合，可以表达新生代农民工在不同生命历程中的城市迁居的时空轨迹特征、时空特征的影响因素、居住空间演化规律及其居住空间需求等。

2.2　国内移民的融入

由于经济发展的不平衡，各国都存在国内移民现象，发展中国家大量贫民窟和非正式居住的出现就是国内移民的结果。国内移民在到达目的地城市后，就面临着生存策略、身份认同、融入和同化等问题。

对于我国国内的移民现象，外部观察者可能会用历史大事件来标记，比如改革开放的开端、世界金融危机等。自 1978 年改革开放以来，我国经历了大规模的移民浪潮。中国农民工进城，造就了人类历史上最大规模的人口迁徙潮。其中，既有由于深圳这样的新兴城市发展带来的集中移民，也有由于发达的沿海城市地区以及大城市带来的多向、多目的地移民。移民的规模通过全国各省市人口持续多年的消长数量可以略窥一斑，例如东北部城市人口的持续南迁和西部城市人口的东迁，本书第 5 章已有讨论。

2.2.1　新移民的融入和同化

相对于"融合"的通俗用法，同化（assimilation）是更专业的社会学概念。同化可以从文化同化、经济同化和空间同化三个方面来判断[1]。判断文化同化的变量是语言能力和市民身份（有市民身份的百分比）。经济同化可以用拥有自宅的百分比、职业、教育和贫困地位（低于城市最低收入标准以下）判断。空间同化运用综合的机动性，包括不管距离和原因的所有移动作为判断。

对于国内人口来讲，经济地位往往是决定性的，是同化的物质基础。空间的同化是以经济的同化为前提的，因为经济地位决定了人口的居住空间、消

---

① 黄怡.社会分层与居住隔离 [M].上海：同济大学出版社，2006：99.

费空间和就业空间分布。相对来讲，文化同化的作用在这里被排在最末的位置。作为文化同化最直接的一种表现，就是掌握城市的方言，这不是必需的，却能够帮助人们更快地融入城市，从而容易获得城市居民的认同。

语言、口音、饮食、口味是移民的独特标记，也可以成为他们融入城市与否的判识标记。新移民的融入往往也和城市的政治权力、文化转型、文化归依感等问题具有深层的联系。总而言之，和移民问题相关的这些外在的表征符号、内在的结构逻辑形成了城市复杂的表象。对移民城市深圳来说，虽然地处广东，毗邻香港，但这座城市没有自己的"方言"，主导的语言不是粤语，而是普通话，甚至更多是带着北方口音的普通话。

在新移民的融入过程中，阶层发挥了重要影响。对富裕阶层、中产阶级来说，融入新城市的过程相对容易。因为富裕阶层本身和他们所掌握的资本一样具有高度的流动性，他们在物质上、心理上以及社会脉络上都有条件和新到达的城市建立起关联。中产阶级也能在就业、居住等方面确立自己在新加入的城市中的空间和社会位置。只要他们不说家乡方言，仅从行为外表很可能看不出他们是新来者。

而中低阶层和贫困阶层的扎根和融入则要艰难得多，为此，他们必须拥有自己的城市生存策略，或者必须通过维系共同的信仰体系来获得相互的支持和帮助。

2.2.2　农村移民的城市生存策略和身份认同

在各国移民中，可以观察到的现象是移民定居、就业空间的集聚性，在空间的集聚背后是移民社会结构的网络联结特征和地域特征，即移民之间通过家庭、家族、家乡的血缘、亲缘、地缘关系编织而成的社会网络，这些网络在城市的某些地区特别强大，在某些行业甚至处于垄断地位。这是因为，当人们离开了故土，离开了原来的根基，他们就迫切需要同舟共济的精神来适应新的生存环境。这种抱团式、网络化的存在方式也正是移民尤其是来自农村的移民的城市生存策略。

例如全国文印产业市场85%以上的份额被湖南娄底市的新化县占据，全国各地的文印行业80%都是新化人开的。新化人的文印企业在招人时往往也更偏向家乡的亲戚，通过以亲带亲、以邻带邻、以友带友，10多万新化人把复印店开到全国各地。最简单的一点是，新化人能通过老乡的关系淘到高性价比的二手打印设备，以及以更低廉的价格买到纸张、油墨这些耗材，这笔省下来的开销对于一家小店来说就是生死存亡的红线，而决定是否能拿到这个新手大礼包资格的就是你是否是一个"新化人"。老板、老板娘、员工以亲戚称呼相称，以大家庭的方式一起吃饭、分工干活、帮带孩子，正是靠着这种"亲戚联营"的生存策略，新化人不但在各地城市开打印店谋生，这个不大的县城还形成了从打字、复印、绘图、晒图、文印设备和再制造、耗材制造和经营的完整产业链。[①]

作为在大城市生存的策略，移民群体居住空间集聚是一种典型方式，全国各地城市中形成了很多特定的移民村，例如 20 世纪 80 年代北京丰台区大红门一带的"温州村"，大约在 1985 年，离北京天安门广场仅 5 公里的地方崛起了"浙江村"，"浙江村"里近 10 万的外来人口中几乎都是温州人，因此又被叫做"温州村"。移民们以同乡为纽带，编织起具有互助和支持作用的社会网络，这些移民定居空间对城市整体空间重构、居住空间演化以及保障房建设等都产生了不可忽视的影响。

在我国改革开放后的 40 多年中，大量农民工在整体推动城镇化和社会经济发展的同时，也由初期的"非农化"阶段，转向定居和融入城市的"市民化"阶段。农民工作为一个特定群体已经历了代际更替，20 世纪 70 年代以后出生的农民工往往举家迁移，他们长期居留并打算定居城市的意愿往往更加强烈。这种意愿的产生以农民工进城的流动障碍被扫除为前提，在时间上以 2003 年为分水岭，以收容遣送制的废止为标志。

国家统计局发布的 2013 年农民工监测调查报告显示，全国农民工总量为 2.69 亿人，其中 1980 年及以后出生的新生代农民工当时已经占到农民工总量的 46.6%。他们的主要特点包括：受教育程度普遍较高，主要集中在东部地区及大中城市务工。这些 80 后、90 后，外出打工不再希望通过加班多赚钱，生活上也更不容易满足。他们不认为自己是农村的人，也不认为是城市的孩子。然而，这一群体在大城市中常面临着就业不稳定、生活空间受挤压乃至缺失等现实制约。许多新生代农民工在大城市内迁居频繁，迁居前后居住状况也未显著改善，这些问题已经成为阻碍其空间融入的主要瓶颈。多数新生代农民工长期处于"边缘化""半城市化"甚至"被动城市化"状态，这阻碍了新型城镇化发展的速度和质量。也许小城市或县城是他们的理想归宿，拥有城市生活方式，但生活成本和生活压力也不至于像在大中城市里那样高。

2.3　国际移民的隔离和同化

国际移民面临更多的社会文化冲突，包括种族移民的外表装扮（比如伊斯兰女性的长袍面纱）、种族宗教设施（比如清真寺）的差异等。亚文化差异可能呈现为种族差异的维度，这些在本质上几乎是完全"符号论的"或象征性的。

---

① 周嬉皮 . 千亿产业，湖南打印店老板统治全国 [EB/OL]. https://baijiahao.baidu.com/s?id=1721795
301827993675&wfr=spider&for=pc，2022–01–13.

2.3.1 到达美国的移民

美国有强制移民的历史。非洲裔美国人（African Americans）的祖先被称为"不情愿的移民"（unwilling immigrants）。三角贸易（triangle trade）主要指17—18世纪欧美商人以廉价工业品运到非洲换取奴隶，把黑奴运到美洲卖掉，从美洲购回生产原料，制成商品再运到非洲以换取奴隶的迴圈贸易活动。1863年，亚伯拉罕·林肯总统发表了《解放宣言》（*Emancipation Proclamation*）废除了奴隶制。自20世纪60年代以来，来自亚洲和拉丁美洲的新的一股移民浪潮进入了美国。

在美国移民史中，传统爱尔兰移民有斗殴和酗酒的名声，也有重视教堂和学校的声誉。早期爱尔兰移民中，底层的贫困人士特别多，也因持家不俭而受诟病。传统美国舆论把爱尔兰人普遍看成野蛮、粗俗、贫困的。在这种种族歧视下，爱尔兰人产生了较强的抱团意识，看重非正式规则和组织，小团体意识和等级秩序是比较强的。爱尔兰人的气质里崇尚竞争甚至斗殴，表现出更多男性化的色彩，而冲动的控制力较弱。

华侨华人移民美国如今已有170多年历史。"华一代"的华裔移民大多让"华二代""华三代"学习中文，不仅是为了解决他们的语言交流问题，更是为了寄托中国文化情结，留住自己的根基。从20世纪90年代起，随着华裔人口的增加，美国各地中文学校如雨后春笋般成长起来。据统计，目前全美有上千所中文学校分布于各地，中文学校一般开设中文、数学、绘画、舞蹈、武术及其他才艺课程，服务于当地华人社区、华人家庭，起着推广中文和中华文化、促进中美两国间交流和合作的作用。海外华文教育也从过去面向教授中文转向提高文化影响力和华裔影响力。[①]

美国近年来仍保持了较高的移民趋势，2021年美国发放了28.5万个移民签证（表6.1），其中排名前十的国家占据了一半，主要来自北美洲的墨西哥、多米尼加和萨尔瓦多三国，以及亚洲的中国、菲律宾、越南、印度等七国。

2021年美国移民签证发放最多的前十国   表6.1

排名	国家	洲／地区	移民签证发放（2021内）	占比（%）
1	墨西哥	北美洲	40597	14.24
2	中国	亚洲	18501	6.49
3	多米尼加共和国	北美洲	17941	6.29
4	菲律宾	亚洲	15862	5.56
5	阿富汗	亚洲	10784	3.78
6	越南	亚洲	10458	3.67

---

① 倪小鹏. 关于海外中文教学创新的思考 [N]. 人民日报海外版，2018-08-17（9）.

排名	国家	洲／地区	移民签证发放（2021内）	占比（%）
7	印度	亚洲	9275	3.25
8	萨尔瓦多共和国	中美洲	7813	2.74
9	巴基斯坦	亚洲	7213	2.53
10	孟加拉国	亚洲	5503	1.93
小计			143947	50.48
全部			285069	100

来源：Avery Koop，Bhabna Banerjee. Ranked：The 25 Countries Receiving the Most U.S. Immigration Visas[EB/OL]. https：//www.visualcapitalist.com/countries-receiving-most-us-immigration-visas/?continueFlag=69722874560b322db02ce80e50779af6，December 13，2022

2.3.2 中国移民在国外

中国以向外移民为主，先后经历了四次移民浪潮，在海外形成了独特的华裔聚居空间，也形成了和母国的特定联系及对所移民国家的影响。

（1）中国向外移民的四次浪潮

中国自19世纪至今也经历了四次移民潮：第一次移民潮是在19世纪的淘金热时期，以沿海地区为主，主要是那些乘季风远航的福建人，这使得华侨华人移民美国已有170多年历史。第二次移民潮是在20世纪40年代末，中华人民共和国成立、新的政权建立之际，因为政治原因而移民，主要目的地是中国台湾和香港地区。第三次移民潮是改革开放以后，一股潮流是20世纪80年代至世纪末大陆地区向欧美的移民，另一股支流是1997年香港回归前后，香港人集中移民加拿大和英国。第四次移民潮是21世纪以来，大量通过留学和投资的移民，主要目的地是澳大利亚、加拿大、美国等国，在移民人口的特征上，这次浪潮和前面三次浪潮的差别很大，更多是资本移民。

中国向海外移民由19世纪早期移民出外挣钱谋生计，到20世纪上半叶、80年代改革开放，移民出外开拓交流学习先进，到2000年以后投资移民消费享受生活，移民的目的发生了根本的逆转。第四次移民潮中，可以说很多移民都是社会中高阶层或者富豪。根据亚非银行（AfrAsia Bank）和新世界财富（New World Wealth）2020年共同发布的全球财富移民报告显示[①]，2019年，全球富豪流失最多的10个国家和地区中，中国内地以1.6万名位居首位，中国香港4200名居第四位。印度7000名列第二，俄罗斯5500名列第三位。

关于第四次移民潮，可以采用留学人数作为一个参数。因为留学并不等于移民，但是留学后移民的可能基数增加了。据美国《世界日报》报道，美国联邦移民海关执法局国内安全调查处公布，2015年第二季度国际留学生统计

---

① AfrAsia Bank. 2020 Global Wealth Migration Review[R]. 2020.

报告，赴美留学生最多的国家仍是中国。在所有国际学生中，亚洲生占76%。该报告的数据来自"学生和交换学者计划系统"，包括有关国际学生、交换访问学者和他们的家属信息。截至2015年7月7日，有超过100万名国际学生，使用F学术或M职业签证进入美国，在近9000所学校就读。接纳最多国际学生的美国大学，前五名依次是南加州大学、纽约大学、哥伦比亚大学、伊利诺伊大学和普渡大学。[①]

据加拿大移民部公布的学习许可持有者的数据显示，从2008—2017年这10年间，在加拿大学习的中国学生总人数的增长率高达226%。仅2017年，就有约14.1万中国学生在加拿大在读留学，占加拿大全部国际留学生的28.4%，这也意味着，在加拿大的国际留学生中，每10个里面有近3个是中国留学生。[②]

在第四次移民潮中，也是有阶段起伏的。从2006—2010年的5年中国移民美国的人数呈下滑趋势，从2006年的8.7万多人减少至2010年的约7万人[③]。

（2）世界各地的唐人街

国际移民常常在城市中形成族裔聚居区（ethnic enclave），世界各地有很多著名的华人或华裔聚居地，在欧美的华裔移民聚居的社区往往被称作唐人街（Chinatown），在日本则被称为"中华街"。它们既反映了中华文化对外国人的吸引力，也投射出移民目的地国家对中国人的普遍刻板印象。

北美洲（美国和加拿大）、欧洲国家的大城市里都有传统的唐人街，在空间上往往就是一条街。唐人街是第一代华人移民"主动隔离"或"不同化"的独特方式，大都有着和当地社会相互冲突、相互合作的历史。第一代华人移民在种族冲突和文化冲突中通过职业竞争的妥协与白人取得经济上的共生关系，通过相对聚居的唐人街空间模式，建立起华人自己的社区、社会组织及宗族群体，从而构成适合华人居住交往的、带有本土文化色彩的生态系统，以抗拒移民国的种族歧视和西方文化冲击。因此，唐人街既代表种族文化的起源地，也促成了移民心理范畴的民族归属感和地域归属感的产生，由此也构建了社区身份认同。唐人街"不是西方世界中一小块怪异的东方领地，而是生活在一起的两个不同文化不同文明的种族群体相互交往而又不同化时，必然和不可避免会出现的事物……在这里，美国人成了外人。"[④] 在旧金山卡尼街的唐人街，早期缺乏医疗设施，华人就医很困难；后来在旧金山的华人努力下，建成了华人自己的第一座医院，叫做东华医院。[⑤]

---

① 丁曙.今年已有超百万留学生赴美[N].团结报，2015-09-12（2）.

② 余音.中国赴加拿大留学人数10年增长226%[N].人民日报海外版，2018-08-27（9）.

③ 张代蕾.美国唐人街近年来渐趋没落，面临转型新问题[N].羊城晚报，2012-11-14（A11）.

④ 吴景超.唐人街：共生与同化[M].游宝谅，等，译.上海：商务印书馆，2022.

⑤ 黄璧坤.黄家十兄妹没有辜负父亲的期望[N].人民政协报，2017-08-31（9）.

虽然唐人街是早期中国移民梦想的起点，但是一些早期移民的后代逐渐搬离唐人街，不再依赖这个圈子的资源谋求发展。这使得传统的唐人街近年来渐趋没落（图6.5、图6.6）。

图 6.5　美国波士顿的唐人街，2017 年
来源：作者摄

图 6.6　加拿大温哥华的唐人街，2018 年
来源：作者摄

　　非洲的中国移民尚未形成气候。而在东非的毛里求斯人口 130 万左右，华人占 3%。20 世纪 80—90 年代，华人带动了毛里求斯的第一次经济景气。那时候，国家奖学金中有 80% 以上都被华人获得，很多大公司的总经理和总监都是华人。华人在当地是非常优秀的族群，勤劳负责、认真工作，是其他族群学习的榜样。但是，首都路易港的唐人街渐渐没落，因为人少甚至被称作"鬼

城"。21世纪以来，新一代的华人重修了唐人街，完善了基础设施，开设了多家华人特色店铺，让唐人街焕然一新。

（3）大都市郊区的新的"中国城"

20世纪80年代以后的华裔移民分布有了新的动向，美国的多个地区形成了类似的移民郊区化现象，新来的移民完全绕开了大城市。美联社援引的数据显示，如今全美62%的亚裔人口居住在郊区，远高于1990年时的54%，达到历史最高水平。大多数华人在撤离唐人街后通常更愿意搬到市郊居住。郊区的房价更低、生活空间更宽敞，如纽约市外的法拉盛（Flushing）或皇后区、洛杉矶城外的蒙特雷帕克。而那些富裕的和受教育程度高的移民则倾向于直接搬往美国南部，如佛罗里达、佐治亚、北卡罗来纳和得克萨斯，因为那里发达的高科技和制造业能提供更多优质的就业机会。

一批新兴的华人社区在美国多地出现。洛杉矶华人主要集中在洛杉矶市东部的洛杉矶县的圣盖博山谷（San Gabriel Valley）。其中，蒙特雷帕克（Monterey Park）逐渐以第一座"郊区中国城"而闻名。在1960—1988年间，蒙特雷帕克的人口从85%的白人变为50%的华人，其他亚裔也居住在此。21世纪初期蒙特雷帕克成为洛杉矶大都市区最大的华人定居点。在阿罕布拉市（Alhambr）10万人口中，亚裔人口超过50%，华裔约占40%；在圣盖博市（San Gabriel）5万人口当中，亚裔也超过了半数，其中华裔约38%；罗斯蜜市（Rosemead）亚裔人口已经超过了57%，华裔接近40%。所有这些变化，都表明了华裔人口在这一地区的快速增长，以及白人人口比例的逐年下降。

《洛杉矶时报》发表了一篇专稿，称圣盖博华裔商业区的发展已经盖过了洛杉矶"唐人街"的风采，成为一个新的规模更大的"中国城"，其范围已远远超过山谷大道本身，它涵盖了圣盖博、蒙特雷帕克、阿罕布拉、罗斯蜜等几个城市，甚至已将触角伸向了天普市。圣盖博山谷地区新"中国城"的风貌一改老"唐人街"一条街的传统，其商号遍布前面所述几个城市的所有商业街道，以大华超市、香港超市、全统广场、夏威夷超市、顺发超市为霸主的商业中心周围点缀着众多的卫星商业中心，加上星罗棋布的其他华裔商号，将几个城市连成了一片，形成了圣盖博山谷地区新的"中国城"。①

加利福尼亚州的橘县中部的尔湾（Irvine）也是新兴的华人聚居城市，这座20世纪70年代建成的城市有着富于创业精神的商业环境和安全的宜居环境，主要居民是中上阶层家庭。根据2010年人口普查结果，尔湾市共有212375人，拉丁裔占一成，亚裔（其中多为华裔、韩裔）移民人口比例在过去十年内从30%跃升至39%。

---

① 美国趣闻.洛杉矶崛起新"中国城"[EB/OL]. https://www.joytrav.com/travelogue/25674571253.html，2023-01-23.

（4）作为华裔聚居区的日本中华街

日本对于人口融合设置的诸多障碍是众所周知的。日本有着基于血缘关系的国籍法，有着严格的入籍程序。1945年以来日本对于民族和文化单一性有着广泛认同。由于历史的原因，"二战"结束后，日本全国有60万韩国或朝鲜移民的存在，横滨中华街内约有4000名中国移民。而早在19世纪末横滨中华街建立，横滨中华街华人社区像民族"飞地"一般扎根在这个港口城市。华人在横滨的国际化进程中扮演的角色，以及他们作为少数族裔的社会地位，可以让我们解析历史情境中错综复杂的身份认同，洞察民族主义的构建和中日文化的底蕴。[1] 横滨华人街的非精英群体，也曾为流亡革命家提供庇护，成为民族主义话语的听众，并且随着时间的推移，逐渐产生了一种中国政治意识。

在日务工的华侨华人是日本外国劳动力中的重中之重。从20世纪70年代末期开始，在日华侨华人的数量就呈增长趋势，80年代后增长愈发迅速。至2007年，在日华侨华人总数首次超过在日韩国人和朝鲜人数量，成为日本最大的外来族群。据日本法务省2016年12月公布的在日外国人统计调查数据显示，在日外国人中，来自中国的人数最多，达74万余人，创历史新高，约占日本外国人总数的31.4%。老一代华侨华人在日本的发展主要是凭借"三把刀"——菜刀、剪刀、理发刀，换言之，当时在日华侨华人的主要职业是厨师、裁缝、理发师。如今，除小部分从事贸易加工、运输和餐饮等传统产业的华侨华人，新一代在日华侨华人大多接受过良好的高等教育，具有较高学历，他们主要在公司就职或从事教学科研领域的工作，还有相当一部分人就职于信息技术、金融、环保、医疗等高新技术产业以及和中国有经贸往来的日本企业。

随着国内人口结构的变化，日本对待移民态度发生了历史性的变化。一方面，2018年日本扩大外国劳动者引进领域的政策，客观上为在日华侨华人以及中国留学生提供了更多就业的机会，给融入日本社会各个领域的华侨华人的发展带来诸多机遇，提供了良好的政策环境。另一方面，新政策的出台，使得在日外国人在日本公司工作一段时间以后，能够进入到公司管理层，发展为中坚干部。这为华侨华人在日本的发展与晋升提供了更广阔的空间。对于外国留学生群体，日本在留学生毕业后发放1年期的求职签证，为留学生群体在日本求职提供更为充裕的时间和选择空间。日本社会渴望他们成为日本社会新的劳动力。[2]

（5）中国海外移民的意义和贡献

海外移民或者华侨，大多维持了和故乡之间经济、社会和情感的联系，促进了家乡的发展和中国的现代化进程，增强了建立在家庭和地域特殊联系之

---

① （美）韩清安（Eric C. Han）. 横滨中华街（1894—1972）：一个华人社区的兴起[M]. 尹敏志，译. 北京：社会科学文献出版社，2021.
② 孙少锋，王晴，高乔. 在日华人就业机会增多[N]. 人民日报海外版，2018年08月07日第10版.

上的侨乡观念（对早期在海外谋生存的华侨而言）和散居认同。第三次移民潮中的许多海外移民还在学术和科技领域保持了和国内学术界、科技界的密切联系，有力地促进了国内相关领域的发展。

2.3.3 进入中国的国际移民

除了向外流出的国际移民外，还有进入中国的国际移民，这些移民在不同时期的构成特征不同，包括了殖民者移民、难民移民和非法移民。

（1）近代史上作为殖民者的国际移民

近代史上进入中国的国际移民，首先是以殖民者的身份强行进入各地城市，上海、天津、青岛等城市都有被殖民的历史。19世纪至20世纪初叶上海曾是"冒险家的乐园"[①]。对青岛来说，1897—1914年的德租殖民地时期，也是青岛城市形成初期，青岛城市社会结构形态和建筑类型具有内在关联，华人社区和欧洲人社区在规划上也迥然不同。当时的青岛建筑不仅体现了中西建筑文化相互结合的特点，更突出地反映了青岛欧洲人和华人两大群体天壤之别的社会地位。欧洲人社区的建筑以单体别墅为主，居住群体主要为德国政府官员、军官、商人等；华人社区的建筑是以里院为代表的群居建筑，主要特征是能够容纳更多打工人群，由若干个无厨房无厕所的单间宿舍组成。这一时期，青岛城市的经济、人口及其年龄、性别的结构和社会文化等方面特征鲜明，当时青岛的华人85%是25岁以下的外来务工单身男青年，他们在青岛港口、码头等地方工作只是为了挣钱，并非要在青岛安家立业，因此，按照当时华人的社会地位、经济条件、居住需求等，他们只能在里院租住比较廉价的多人合住的功能单一的单间宿舍。[②]

（2）近代史上作为难民的犹太人、俄罗斯人

近代史上进入中国的国际移民，其次是以难民的身份进入一些大城市，如上海、哈尔滨等。"二战"期间，约2万名欧洲犹太难民为躲避纳粹逃亡上海，他们被安置在流离失所者营地，并在此重建他们的文化、宗教、生活秩序。这也对上海的城市社会空间不可避免地产生了影响。据相关统计，整个"二战"期间，流亡到上海且有名可考的犹太人多达2.5万。这个数字超过了当时加拿大、澳大利亚、新加坡、印度和南非五个国家收留的犹太难民总和。有些犹太人在虹口区做起了小生意，比如经营咖啡馆、冰激凌冷饮店，还有做香肠、蜡烛、肥皂等。这些东西一开始都只是难民用，后来中国人也用，因为犹太人开的店里的东西很便宜，比法租界路上的那些商店便宜很多。上海虹口区舟山路就是当年犹太人聚居的地方，也是虹口区当年最繁华的地方，犹太社

[①]（美）爱狄密勒．上海——冒险家的乐园[M]．包玉珂，编译．上海：上海文化出版社，1937.
[②] 徐飞鹏．1897—1914年期间青岛华人社区与建筑研究，学术讲座，2021.

区在这里定期举行音乐会、舞会等活动，浓郁的中欧生活情调，精致的建筑风格和独有的"中、犹混居"生活气息，让这一区域拥有了"小维也纳"的美誉。在鼎盛时期，走在这条街道上，几乎令人错以为身在欧洲。这些"上海犹太人"迅速习惯了新的寄居生活：他们学会了给人剃头、送报纸和打家具；学会了生煤球炉，倒马桶，去老虎灶泡开水；用怪腔怪调的上海话，同他的邻居们还价。[①] 虹口的摩西教堂、犹太公园、白马咖啡厅都是这一时期典型的移民活动场所。

俄国十月革命结束后，大批白俄人开始迁居中国，上海成为俄罗斯白人侨民最大聚居地之一，到1934年上海白俄社区已成为仅次于日本人的最大的侨民社区。白俄人在上海虹口提篮桥一带站稳脚跟后，都设法移居到法租界居住，集中在霞飞路中段，所谓的小俄罗斯区域，开设服装店、面包房、咖啡馆，使得霞飞路（今淮海中路）成为上海最浪漫最繁荣的一条商业街。到20世纪30年代中叶时，上海的白俄社区不仅维持了强大的凝聚力，而且确实开始在经济上和文化上走向繁荣，开商店、开餐厅、办学校、办报纸、建造东正教教堂。到了20世纪30年代末，上海的俄国侨民已达到2.7万人，成为上海最大的西方人社群。[②] 1947年上海的俄侨总数仍超过2万人。

在上海被称为"白俄"的，指的是20世纪上半叶集中居住于上海租界特别是法租界中的俄罗斯裔居民。早期"俄罗斯"又被译为"罗宋"，当时上海流亡的白俄，不论贵族平民，一概被贬为"罗宋瘪三"，但是，这些"罗宋人"还是对当时上海的经济和文化生活都产生了相当的影响，"罗宋汤"就是俄罗斯和东欧的菜品。

据统计，1917—1920年间离开俄国的白俄移民人数估计在90万到200万之间。阶层主要为士兵和军官、哥萨克、知识分子、商人和地主以及沙皇俄国政府的官员和俄罗斯内战期间各种反布尔什维克政府的官员。大多数白俄前往土耳其以及东欧的斯拉夫国家，例如南斯拉夫、保加利亚、捷克斯洛伐克、波兰等，另外一大批人则移居芬兰、波斯、德国和法国。在柏林和巴黎都有较大的白俄聚集区。

（3）非法移民和"洋黑工"

中国由于人口众多，自身国土空间资源并不充裕，并不适合大量引入移民。但是随着在全球经济中的活跃，吸引了一些外籍人口定居，其中包括大量的非法移民。进入21世纪后，一些来自非洲的非法移民大量增加。例如广州的黑人移民。2000年以前，广州还很少能够看到黑人的身影，但是自亚洲金

① 史海魅影. 在上海，有镌刻着1万多犹太人名单墙，这里曾经发生过什么？[EB/OL]. https://baijiahao.baidu.com/s?id=1752242437940305754&wfr=spider&for=pc，2022-12-15.
② 曹中华. 东方小俄罗斯 – 上海 – 二等洋人 – 罗宋人 [EB/OL]. https://zhuanlan.zhihu.com/p/512098232，2022-05-10.

融危机爆发后，原先在东南亚一带，如泰国曼谷以及菲律宾等地经商的黑人，逐渐向广州转移，由此形成了非洲人来广州经商的一次高峰。那时，广州的小北、三元里地区是大型的服装交易圈，这里有着白马、红棉等数十个服装批发市场，除此之外还有大量便宜的生活用品厂商。黑人聚集最多的是越秀区。根据 2017 年 4 月的统计，广州合法登记的非洲裔外籍人士达到 14960 人。但实际居留在广州的非洲人却高达数十万。他们在这里居留、入境、工作，都是非法的，也就是俗称的"非法移民"。其中很多是洋黑工，他们从广西壮族自治区东兴市偷越国境进入中国，这些"工人"大部分目的地均为我国广东省，也有小部分留在东兴市及周边地区，从事的基本都是初级加工业等体力活，劳动强度大，只需短期培训即可上岗。九成以上的偷越国境行为发生在春节过后的十天内，他们偷渡过境后，通过东兴市的中介机构介绍到广东省或者广西防城港市、东兴市等地的企业打工。由于监管不到位等问题，加上用工企业的违法成本低，"洋黑工"在这些地方很受欢迎。

"洋黑工"的存在一定程度上缓解了当地的用工压力，但由于"洋黑工"来源非法，不少通过偷渡进入中国的外籍工人在务工时，和用工方无合同关系，仅凭信任、熟人推荐等方式维系雇佣关系，其权利得不到法律的保障，拖欠工资等现象频频出现，因讨薪不成引起的故意伤害案件也时有发生。[①]

2.3.4 移民、种族和民族差异

很多时候，移民是种族迁徙和民族迁徙的结果。在亚洲许多国家，例如中国、菲律宾、泰国等，主要有民族差异；而在欧美，则主要是人种、种族差异，当然印第安民族内部也有很多分支差异。

（1）对移民的社会排斥

美国在向西扩大的土地上为了积累财富，利用亚洲移民作为廉价劳动力。尤其在 19 世纪，中国移民的命运就是在庄园、矿山和铁轨上终日劳作，淘金、修路，流血、流汗。但是没有人关心他们的基本权利，他们被视为下层阶级和有针对性的象征：害怕工作变动、微薄的工资、肮脏的生活环境，以及贪婪。早期的华裔移民还参与了美国的铁路修建，中国沿海一带地方，尤其是广州，许多人被"卖猪仔"到美国当廉价劳动力。所以说，每一颗太平洋铁路的钢钉下，都有一名华工的冤魂。

华人移民在世界各地安身立命的过程中大多遭遇了激烈的种族冲突，集中体现为反华运动。反华是一种集合行为，是一种社会运动。反华行为的动机经历了从民族歧视到嫉妒的变化过程。例如 1965—1967 年间印尼的排华运动，其中充斥了财产掠夺、侵害人身安全和生命安全等暴行。

---

① 费文彬，龙剑."洋黑工"结伙入境成隐患 [N]. 人民法院报，2014-08-31（1）.

换一种视角，当今法国社会对郊区移民的排斥同样是整体而深刻的，在法国作家或知识分子的视角下：

我们想象中的郊区是在公共汽车和通向北方的巴黎地区高速铁路网线路的尽头，由水泥建筑群和泥泞的土地、散发着尿味的楼梯间、打碎的玻璃窗和出故障的电梯、地下室里的针管组成的模糊形状。"郊区青年"构成了一个与其他青年不同的、不文明的阶层，有点可怕，尽管生在法国却一点不像法国人，可敬的教授、警察和消防员到他们的领地上勇敢地"面对"他们。"文化对话"归结为适应他们的说话和装出他们的语调，像他们说一个女人和一支大麻卷烟那样，把字母和音节都颠倒过来。他们接受了一个同时表示他们的出身、肤色和说话方式的集体名称：波尔（指侨居法国的阿拉伯移民所生的第二代人）。人们嘲弄地把一句"法国我说"（原文的意思是"我说法国"，但少了一个介词，表示句子不通的意思）归因于他们。他们人数很多，我们都不认识。

（法）安妮·埃尔诺. 悠悠岁月 [M]. 吴岳添，译. 北京：人民文学出版社，2010：129.

在种族社会中，对外来移民尤其是较低阶层的移民的社会排斥是一种长久的、系统性的社会存在。

（2）民族、宗教、职业因缘带来的社会空间互动

一些国际和国内移民因民族、宗教和职业背景相近，也带来了移民之间积极的社会空间互动。例如在东南亚国家和地区，印度尼西亚和马来西亚均以马来人为主体民族，都是信奉伊斯兰教的伊斯兰国家，民族相同、文化极其相近，因此这两国的移民在母国之外的其他国家和地区很容易产生交流。例如来自印尼和马来西亚等国家的家政服务者，在中国的香港、台北等城市家庭里打工，每月雇佣费用约合 5000 元人民币。台北车站、香港的铜锣湾、中环等处成为她们周日的聚会之地，她们往往在大厅里席地而坐，聊天、打牌、吃东西，这样的情景在不同城市里颇为相似。

（3）民族宗教信仰造成的空间隔离

特定的民族宗教信仰形成了独特的空间。信仰伊斯兰教的土耳其人在德国许多城市有聚居区，开设有土耳其人商店、理发室、餐厅和祈祷室，并建有清真寺。

在长期民族迁徙和民族交流融合的作用下，民族的多元性带来了文化的多元性。青藏高原北部的同仁市，是青海省多元文化交融的典型城市，连接着青藏和黄土高原，是藏、汉、回等民族生活的交界地带。城镇以佛教寺庙为基础逐渐开始发展，后续为满足生活需求逐步扩大并引入多种民族和宗教。历史

城区居民的居住选址有着明显趋向于自身宗教信仰空间的分布特征。藏传佛教信众居住区呈现为以隆务寺为核心的扇形分布；信仰伊斯兰教的居民分布在隆务中街两侧居住；汉族居民则主要围绕居住在二郎庙和圆通寺周围。除了居住空间的选择外，受宗教文化的影响，不同宗教信仰居民的活动范围也有着类似的特征。宗教文化空间的隔离性由此造成了居民居住和活动的隔离性，但是多元文化在自身分布圈层内活动，并不利于文化的交融碰撞。

此外，民族性也受到现代文明的冲击。原本相对封闭的地区受到了现代工业化生产和城市化生活方式的影响，传统生活习惯、生活方式逐渐被取代，民族自身特色传统文化传承受到冲击，多元的地域民族文化出现单一化的趋势。因此城镇化建设和城市更新需要强调对传统文化的发扬与承袭，作为民族文化表征载体的城市文化空间，在保护和利用中应遵循民族文化的地域性和民族性。

（4）民族差异

我国有民族差异。中华人民共和国成立后，完全基于中国经验而设置的民族自治区充分地展示了中国在处理民族问题时的自主性。以青海省为例，根据《青海省 2019 年统计年鉴》数据统计，至 2018 年年末，省内共有 54 个民族生活，少数民族约 287.80 万人，占全省总人口的 47.71%，是全国少数民族人口比例第三的省份，藏、回、土、撒拉与蒙古等民族占比较大。多民族在此相处和谐，多元文化由此交融碰撞，在青海特殊的自然条件和社会背景下，形成了绝无仅有的地域文化类型，多民族自身的特性也在此展现。我国对少数民族在人口、教育、经济、文化上都实行了有利于少数民族发展的政策倾斜。

当下少数民族的汉化趋势整体是不断加剧的，在这样的时代大潮下，江西省抚州市金竹畲族社区却实现了从汉族文化到畲族文化的转变。金竹畲族乡是抚州市唯一的少数民族乡，也是江西省成立最晚的民族乡（2002 年成立）。畲族是我国南方特有的游耕民族，现多散居于福建、浙江、江西、安徽等省。畲族有自己本民族的语言，但是没有独有的文字，多通用汉字，其民族文化主要依靠山歌等文化艺术形式口耳相传。畲族和汉族的节日习俗和生活习惯也比较相像，主要的差异体现在不同的文化艺术活动、宗教信仰和服饰装扮上，畲族的识别过程较为艰难，多数的畲族自治区是在 20 世纪 80—90 年代才形成的。金竹畲族乡社区的文化经历了三个阶段的嬗变：新中国成立前，汉文化完全主导社区、畲族文化被打压抛弃；新中国成立至民族乡建立前，汉文化占据主导地位下畲族文化开始复兴；民族乡成立至今，畲族文化与汉族文化共存，且向着以畲族文化为主导地位发展[①]。

---

① 陈国华.江西畲族百年实录[M].南昌：江西人民出版社，2011.

第3节　城市时空中的社会性别

社会性别是身份的一个方面，性别原则被编织进整个社会的经纬脉络当中，这所谓的经纬脉络，包括上至宇宙观以及统治理念，下至国家建制的物质基础以及家庭环境中的日常实践。本节结合不同的地域和历史时期背景来考察这些变化过程，确认其中和"女性"有关的性别含义[①]。

3.1　全球性别（女性）发展状况

从不同思维方式和文化背景的视角考察，当今世界性别（女性）发展具有多样性。在西方社会，性别问题并不仅仅局限于纯粹男女两性之间的话题，而是有着更为"模糊的"地带，LGBT 这个英文首字母缩略词恰是一个概括，包括了女同性恋者（lesbians）、男同性恋者（gays）、双性恋者（bisexuals）和跨性别者（transgenders）。相对于整体社会来说，LGBT 的数量和比例极其有限，但是性别的多样性却给传统社会文化下的认知和应对带来了巨大的挑战。对此，这里不做展开，以下仍就女性发展状况进行考察。

3.1.1　当下女性的政治社会地位

就全球范围来看，欧洲女性的政治社会地位普遍较高。政治领域的一些数据颇能说明问题。自从安格拉·默克尔 2005 年就任德国总理，此后的 20年中，如表 6.2 所示至少已有 14 位欧洲女性担任国际组织和国家领导人，这意味着，进入 21 世纪以来，欧洲女性担任国家领导人的比例在所有国家中已逾三成。相对于男性领导人，女性领导人在治国理政中更倾向于将气候变化、平等和社会福利作为其施政的优先事项。

就社会生活来说，北欧女性的社会地位一直较高。在 2000—2004 年联合国发表的年度《人类发展报告》中，冰岛和挪威在"全球最适宜女性生活的国家"排行榜上分列第一或第二位，这两个国家的女性就业率高，具有独立的经济基础，可以享受平等的社会地位，分享政府提供的有关政策，享受较好的社会健康保险待遇[②]。冰岛妇女参政领域较全面，女性高层官员较多，从政妇女和权力的结合也很紧密，能够参与实质性决策过程，在反映妇女的整体利益方面代表性较强。而非洲虽然经济不发达，在响应联合国发展理念方面却并不

---

① （英）艾华（Harriet Evans）. 中国的女性与性相：1949 年以来的性别话语 [M]. 施施，译. 南京：江苏人民出版社，2008.

② 例如 1986 年 10 月 24 日，冰岛妇女通过在首都举行"给丈夫们一点颜色看"的示威活动，罢工 48 小时，不做饭、不看管孩子。最后促使政府宣布，保证妇女享有和男人同样的权利，要求丈夫们在家也要做家务。

表 6.2

国际组织和国家领导人中的欧洲女性

职位	人名	任期
克罗地亚总统	科琳达·格拉巴尔—基塔罗维奇	2015 年 1 月—2020 年 2 月
爱沙尼亚总统	克尔斯季·卡柳莱德	2016 年 10 月—2021 年 10 月
联合国教科文组织总干事	奥德蕾·阿祖莱	2017 年 11 月—
格鲁吉亚总统	萨洛梅·祖拉比什维利	2018 年 12 月—2024 年 12 月
丹麦首相	梅特·弗雷泽里克森	2019 年 6 月—
斯洛伐克总统	苏珊纳·卡普托娃	2019 年 6 月—2024 年 6 月
欧盟委员会主席	冯德莱恩	2019 年 12 月—
芬兰总理	桑娜·马林	2019 年 12 月—2023 年 6 月
希腊总统	卡特里娜·萨克拉罗普卢	2020 年 1 月—
立陶宛总理	因格丽达·西莫尼特	2020 年 11 月—
摩尔多瓦总统	马娅·桑杜	2020 年 12 月—
爱沙尼亚总理	卡娅·卡拉斯	2021 年 1 月—2024 年 7 月
瑞典首相	玛格达莱娜·安德松	2021 年 11 月—2022 年 9 月
匈牙利总统	卡塔林·诺瓦克	2022 年 3 月—2024 年 2 月
英国首相	伊丽莎白·特拉斯	2022 年 9 月—10 月
意大利总理	焦尔吉娅·梅洛尼	2022 年 10 月—

来源：根据相关新闻信息整理

落后，非洲中东部的卢旺达是世界上女性议员比例最高的国家。

中国女性的地位自1949年中华人民共和国成立后大为提高。关于这一点，美国的中国现代史学者白露（Tani E. Barlow）作了一个有意思的概念辨析，她指出，"妇女"是社会主义中国用以替代"女人"和"女性"的一个概念。不同于后二者所强调的社会属性和性别属性，"妇女"一词更多强调其在社会主义中国的国民属性，是"毛主义国家话语中的女性主体"。中国的女性就业率是全世界就业率最高的国家之一。但是对女性、儿童的保护尚未完全建立在尊重平等的基础上，在城市中的家庭暴力、女性就业歧视、恋爱婚姻、女性在婚姻中的角色以及农村的遗产继承、承包地和宅基地分配、对女婴的态度等方面，法律还没有成为女性和儿童的坚定依靠。自1979年起至2016年止，我国实行了30多年的独生子女政策，计划生育政策对乡村社会的冲击是巨大的，在生育数量有限的规定下，乡村通过各种人为干预方式保证男丁出生，扼杀女婴的群体行为导致了我国局部边缘地区男女性别失衡，时空累积的结果是，至2020年"七普"，全国男性人口绝对数量多出女性3490万，造成了社会结构性的婚恋失衡。而当前城市里的丁克族、不婚族日益增多，后者可能是出于一种现实的无奈，但是也表明了个体自主选择度的增加，可视作社会现代性的一种体现。

与此同时，在世界的其他地方，例如南亚社会中，无论从阶级、种姓、年龄、社会性别、职务还是任何别的意义上说，还都存在女性处于从属、下等、次要地位的一般特性。而由于宗教和传统文化、传统的政治构建和法律制度、落后的经济等诸多因素的制约，在家庭和经济问题上，中东地区的妇女仍然未能摆脱依附地位，妇女的职责主要是养育后代和操持家务，只有在必要时才外出从事经济活动。此外还规定了妇女出门必须穿黑袍戴面纱等等。头巾装束从根本上说和阿拉伯人生存的环境息息相关，是沙漠和炎热环境的产物，当初是为了应对肆虐的风沙以及变幻无常的天气，但现在却成为一种束缚女性的社会符号。

在一些正处于经济转型的国家中，由有组织的犯罪网络操纵的国际人口贩卖的交易和秘密买卖，对国家政府和国际社会来说，已构成特别的忧虑。东欧解体后，来自乌克兰、白俄罗斯、拉脱维亚、俄罗斯和捷克之类的国家的年轻女性被送进全世界的色情业，如加拿大电影《人口贩卖》（Human Trafficking，2005）中所揭露的，她们沦为黑色交易的牺牲品，被彻底剥夺了自由和尊严。

3.1.2 社会转型期的现代女性角色变化

女性的社会性别身份认同感，即自我认同为女性，体现在许多方面，包括社会性别化的个体特征、社会性别展示、社会性别过程、社会性别化的婚姻关系、社会性别信念（他人和自我的性别信念）均为女性。历史上，社会危机和社会转型期往往是妇女的社会性别身份认同和社会地位发生变化的关键时期。

例如战争时期。"一战"对英国妇女来说是一个关键的转折期。由于上百万男性公民自愿或被征召入伍，大量女性公民在战争中失去了亲人，她们在进入农业领域、政府机构和车间厂房努力工作的同时，还要撑起家庭和生活。大战虽然造成了社会、经济和政治层面的严重破坏，使英国人民承受了极大的苦难，但是也在后方激起了革命性的转变，推动了英国女性的解放，带来了提升健康和教育的新理念，同时指引了一个更少顺从和更多平等的未来。[①]

"二战"对美国妇女来说则是一个关键的转折期。"二战"时期，许多妇女承担了赴海外服兵役的男人的全职工作，在之前不属于她们的各种岗位上工作，包括生产军需品支援前线。而航空业的女性员工人数增长最多。1943 年，超过 31 万名女性在美国飞机制造行业工作，占该行业总劳动力的 65%（相比之下，战前只有 1%）。军火制造行业也大量招募女性工人，美国政府的"铆钉女工罗西"宣传活动就是例证（图 6.7），这是一场旨在为国防工业招募女性工人的运动。"我们能行"（Rosie the Riveter）的形象代表了在战争时期经济中

---

① （英）西蒙·赫弗.凝视上帝：大战中的英国（上、下册）[M].伍秋玉，译.北京：社会科学文献出版社，2021.

妇女的关键角色，是"二战"时期最具标志性的职业女性形象。战争期间，美国女性以前所未有的数量进入劳动力市场，填补了广泛的男性入伍在工业劳动力中留下的巨大缺口。1940年至1945年间，美国劳动力中的女性比例从27%增加到近37%，到1945年，每四名已婚女性中就有一人在家庭之外工作。

图6.7 铆钉女工罗西——"二战"时期的美国职业妇女形象
来源：J. Howard Miller, 1943

战争时代中国女性也经历了广泛的群体觉醒，尤其是革命队伍中的女性。世界范围内而言，在变动的政治和社会历史过程中，女性作为一个整体确定了自己的位置。在全球化时期，在知识经济时代，女性获得了更多的就业机会。但是当前我国人口政策放宽的变化，让女性的发展生涯产生了巨大的张力：一方面通过教育和就业等手段已经提高了妇女地位，增强了城市、国家民族的实力；一方面鼓励生育"三孩"意味着妇女要更长时间地回归家庭，以保证家庭安定和社会稳定，可能意味着更多的牺牲和放弃自我，因为养育孩子的社会环境和成本和20世纪50年代的我国国情已殊为不同。此外，就女性在当今人工智能方面的参与度提升的路径和方法、女性在科技伦理方面的角色，仍需打破过去单一性别形成的思考惯性和文化惯性。

3.2　性别关系视角下的大都市空间文化嬗变

在社会性别关系视角下，研究女性发展和城市时空的演变关系，既是探讨城市空间学科内特定的专业主题和重要问题，又不可或缺地填补了女性主义研究的整体拼图，丰富了女性发展和城市时空、空间文化乃至城市广义文化之间关系的研究。

3.2.1　性别关系和空间文化

作为社会文化建构的产物，性别关系指的是男女两性之间的结构关系，是确立男女之间互动关系特征的信仰、预期和行为。性别关系是重要的社会关系，它并非二元对立的、刻板的和静态的模式，而是动态的、多元的。性别关系的实质是男女两性之间的差异和不平等，因而根本上由女性的地位决定，并常常反映于人口统计数据的变化。在大多数社会的传统性别关系中，女性常常在经济上依赖男性，因为男性从事有薪酬的劳动，而女性从事无报酬的工作，并承担抚育小孩的主要责任。对所有人种和种族来说，女性挣钱维生能力的改变，保障了女性在家庭内外更大的经济权力，从而极大地影响了性别关系。

对于性别关系对城市空间结果的影响，在以男性为主导的城市主流学科理论中鲜少涉及，而女性社会学者也较少深入城市研究的学术层面，少数女性城市规划学者长期以来早就认识到了性别议题和城市空间理论的分离，并坚信性别研究和城市学科研究的融合对于两方面来说都极具意义。

20 世纪的现代女性运动是促进性别关系改变的重要社会运动。著名社会学者曼努埃尔·卡斯泰尔将城市社会运动定义为"清醒地针对植根于一座特定历史的城市的形式和功能中社会利益和价值转型的集体行动"[①]，而现代女性运动挑战了女性的位置在家庭中这一陈见，触动了传统父权制的基本原则，深入到社会的根基以及我们是谁的核心。这样一场运动不可能改变了一个社会却没有改变它的城市，不可避免地会产生挑战空间结构的意义，并因这种努力取得新的功能和新的形式。20 世纪以来中美两国社会性别关系的改变恰恰揭示了社会性别关系和城市空间文化演变的互动关系。

3.2.2　美国的性别关系发展和大都市空间文化演变

美国在"二战"以后的重要的城市空间变化，例如郊区蔓延、边缘城市、门禁社区以及"单中心"向"多中心"的转型，和性别关系重构有着深层的关联。

在美国城市的发展中，第二次世界大战标志着一个转折点。在 20 世纪20 年代以前，郊区宅邸只有比较富裕的人才负担得起；"二战"之后，以中产阶级为对象的独立式住宅、购物中心等建设项目集中到郊区，郊区化成为一个大量现象，其加速发展影响深远。20 世纪 60 年代以后美国由单中心的工业城市向多中心的信息化大都市转型，中心城市典型地经历了战前的增长和此后的衰退，大都市日益增长的规模和地理版图的模式成为美国许多城市的特征。1969 年以后，美国经历了制造业减少的"去工业化"进程，人口和活动离开大城市的"分散"改变了美国，社会空间组织的一个新模式出现了。到 1970年，生活在郊区的人口数量超过了生活在中心城市的人口数，美国已大部分郊区化。在 1960—1990 年间，美国从一个由在"雪带"的大的中心城市占优势的社会，走向了一个其大量人口生活在多中心的大都市区域和"阳光地带"的国家[②]。

---

① Manuel Castells. The City and the Grassroots：A Cross-Cultural Theory of Urban Social Movements[M].
　Berkeley，CA：University of California Press，1983.
② （美）马克·戈特迪纳，雷·哈奇森. 新城市社会学 [M]. 黄怡，译. 上海：上海译文出版社，
　2011.

许多因素导致了美国城市空间从现代主义的单中心城市向后现代主义的多中心大都市的转型。加州大学伯克利分校环境设计学院教授迈克·迪尔认为，经济重构、全球化以及环境政治是最重要的原因。而弗吉尼亚大学城市规划教授达芙妮·斯潘（Daphne Spain）提出，应将变化的性别关系列入其中。纽约州立大学社会学教授马克·戈特迪纳则通过空间社会观点强调，大都市的发展和变化不是单单由于技术因素而出现，而且也依赖于政治的和文化的关系，经济、政治结构和文化之间的关系是互相关联的。美国社会中的性别关系的变化，在很大程度上改变了大都市的空间结构。

"二战"后的性别关系发生了重构。美国传统的性别关系使得女性经济上依赖男性。在繁荣的20世纪20年代期间，中产阶级妇女被期望成为家庭妇女，而她们的丈夫或父亲去办公室上班。直到1940年，所有女性中不到1/4是劳动力，其中许多贫困妇女和少数民族妇女受雇于工厂或做家佣。"二战"之后，尤其在20世纪50年代的郊区化期间，中产阶级妇女被期望继续她们作为家庭妇女的角色。到了20世纪70年代，随着美国的实际工资开始下降，以及加入中产阶级生活方式的成本变得日益昂贵，妇女以空前的数量回归有薪金的劳动岗位。不但在郊区购买住宅要求不止一份收入，并且夫妇两人从事全职工作是很寻常的。此时由于所有女性中60%在外工作，不管是单身的还是已婚的，不在外面工作的女性反而成了少数。

达芙妮·斯潘（2002年）指出[1]，生育权利的改革和机会平等法律相结合，提供了女性强大的改变途径。第一，是获得教育机会的上升。1960年只有6%的成年女性拥有大学学位；现在将近1/4的美国女性从大学毕业。随着更多女性从大学毕业，加入劳动力大军，女性逐渐和男性共处学校和工作场所，教育和就业上的空间性别隔离（spatial gender segregation）下降了，女性的地位上升了。第二，是女性进入劳动力大军。在1950年至20世纪末之间，劳动力中女性的比例将近翻了一倍。在1950年至1997年之间，在有学龄前儿童的已婚母亲中，劳动力中的比例从12%上升到64%。第三，是女性户主数量的增长。在"二战"前，女性抚养家庭数量不到所有家庭的15%。到20世纪末，这个数字达到将近30%。晚婚、较长的生命预期、高离婚率以及上升的非婚出生率，都导致女性养家者的数量增加（表6.3）。

而20世纪70年代以来的经济重构，伴随着制造业岗位的下降和服务业岗位的上升，已经为妇女创造了新的机会，女性通过进入高等学府然后转入专业的服务部门做出反应。这种改变的一个结果是，男人和女人两方在看待家庭任务方式上的变化，伴随着越来越多的中产阶级男性愿意分担家务劳动，特别

① Daphne Spain（2002）. "What happened to Gender Relations on the Way from Chicago to Los Angeles?" in Richard T. LeGates and Frederic Stout（Eds）, *The City Reader*[M]. 2011, Fifth edition, London and New York：Routledge：178.

时间	大约 1900 年	大约 2000 年
角色类型	妻子 / 母亲	就业的母亲
生育控制	无效的	有效的
拥有大学学位的比例	<5%	25%
劳动力的比例	20%	60%
女性抚养家庭的比例	13%	28%
独立的潜能	低	高

来源：Solomon 1985，64；美国人口统计局 1975，42 & 128；1998，61 & 167。转引自 Daphne Spain（2002）：178.

是"育儿"男性的增加。家庭内发生的权力重构无疑和全球经济一样强大，是城市变化的一个动因。当男人将家庭和工作分离之后，怀旧的"步行城市"仍然存在，而只有当女人也开始走出家庭之后（和小汽车的出现相关联），真正的空间革命才开始了。

3.2.3 我国的性别关系发展和大都市空间文化演变

我国对性别关系的理解长期存在一定的模糊性和偏差：一方面，男女平等是我国促进社会发展的一项基本国策，平等的性别关系是社会主义的政治意识形态一贯强调的，新中国成立后就强调男女平等，女性最大限度地进入了公共领域，毛主席曾提出"妇女能顶半边天"的口号，主张两性平权。作为广泛的现实，城市中的男女平等状况要优于农村。这一观点认为，中国女性已享有较高社会地位，而忽视了性别差异的存在；另一方面，男尊女卑的传统思想依然根深蒂固，在教育、就业机会方面时有反映。基于这样的状况，性别关系对于城市空间发展的影响，要么被简化为以男性标准为基础和特征的现代城市研究和空间规划（在前一情况中），要么被简单而彻底地忽略（在后一情况中）。两种情况导向的结果具有相似性。

（1）大都市性别关系的变化

中华人民共和国成立 70 年来，城市女性群体自身在较长的历史时期内产生了较大的分化。在计划经济体制下，"统分统配"就业机制、普遍就业的社会目标、解决大型工业基地的性别失调问题、老职工子女顶替政策等因素，都为女性创造了极大的就业机会[①]。在向市场经济转型的过程中，由于受教育程度的差异，女性在获取工作机会、适应新的生产方式变化方面差异悬殊。

以国内普遍认为的女性地位最高的上海为例。1999—2010 年、2010—2020 年间，上海在岗女职工占在岗全体职工的比例、第三产业在岗女职工占

---

① 黄春晓，顾朝林 . 基于性别制度的中国城市结构的历史演变 [J]. 人文地理，2009（2）：32.

在岗全体职工的比例均经历了先降后升的变化（表 6.4、表 6.5），但是 2010 年在第三产业领域的港澳台及外商投资单位中在岗女职工占在岗全体职工的比例为 49.13%，几乎和男性平分秋色（表 6.5）。上海女性在岗职工人口统计的变化可以解释为，20 世纪 90 年代初的城市产业结构升级造成了纺织、机械等行业的大量女性下岗和失业，她们被迫提前退出正规劳动力市场，由于缺

上海市各行业在岗职工／女职工人数（1999 年，2010 年，2020 年）（单位：万人）　表 6.4

年份（年）	职工构成	在岗人数	国有单位	集体单位	港澳台及外商投资单位	其他单位
1999	在岗全体职工	327.07	202.06	33.14	48.44	91.87
	在岗女职工	124.62	75.25	15.52	—	33.85
	在岗女职工占在岗全体职工的比例（%）	38.10	37.24	46.83		36.85
2010	在岗全体职工	617.7	122.44	6.83	118.05	370.38
	在岗女职工	191.58	49.47	2.853	54.08	85.18
	在岗女职工占在岗全体职工的比例（%）	31.02	40.4	41.77	45.81	23.00
2020	在岗全体职工	671.80	—	—	—	—
	在岗女职工	276.71	—	—	—	—
	在岗女职工占在岗全体职工的比例（%）	41.19%	—	—	—	—

来源：整理自上海统计年鉴 2000、2011、2021

第三产业在岗职工／女职工人数（1999 年，2010 年，2020 年）（单位：万人）　表 6.5

年份（年）	职工构成	职工人数	国有单位	集体单位	港澳台及外商投资单位	其他单位
1999	在岗全体职工	172.24	125.34	19.39	6.87	27.51
	在岗女职工	72.17	52.13	9.49	—	10.55
	在岗女职工占在岗全体职工的比例（%）	41.9	41.59	48.94		38.35
2010	在岗全体职工	335.99	104.14	5.52	27.01	199.32
	在岗女职工	105.14	45.51	2.49	13.27	43.87
	在岗女职工占在岗全体职工的比例（%）	31.29	43.7	45.11	49.13	22.01
2020	在岗全体职工	458.94	8.17	1.27	149.89	299.61
	在岗女职工	208.68	—	—	—	—
	在岗女职工占在岗全体职工的比例（%）	45.47	—	—	—	—

来源：整理自上海统计年鉴 2000、2011、2021

少职业技能，她们中的相当部分难以实现再就业。即使一部分人实现了再就业，也是在劳动条件差、劳动强度大、收入低的有限岗位上。另一方面，女性受教育程度的提高，尤其是受高等教育女性数量的增加，使得她们大量地进入了港澳台及外商投资单位，也就是女性白领人口的崛起。在长期来看女性就业上升的整体趋势下，城市女性在价值取向上自身也出现了分化，上中阶层的一部分女性由于家庭经济条件的许可，自愿选择回归家庭，成为所谓的"粉领"族。

（2）小区和新村的模式选择及单位居住空间文化的消失

女性整体就业状态深刻地影响了城市居住和空间组织的方式。早在1894年，俄国无政府主义者彼得·克鲁泡特金针对英国一个自由社会主义者合作社的聚居地建设时就提出：

"尽一切可能把家务劳动减到最少……在许多公社中，这一点都被糟糕地忽略了。妇女和女孩在新社会和在旧社会中处于一样的地位——公社中的奴隶：在我看来，为了尽可能多地减轻妇女花在抚育孩子和家务劳动上的工作量的安排，和农田、温室及农业机械的适当安排一样，对公社的成功来说是根本的。甚至更加重要。但是当每一个公社都梦想着拥有最完美的农业或工业机械时，很少注意到妇女们作为家庭奴隶的精力的浪费。"[1]

克鲁泡特金的思想和马克思主义对女性家务劳动的看法有一致之处[2]，并在1909年世界上第一座田园城市莱彻沃斯（Letchworth）的建设中得到了采用，建筑师恩温（Unwin）设计建造了32套无厨房的住宅，这些住户共享一个大的餐厅，由一户家庭每天提供正餐，每户家庭连续服务两周，每两周轮换。这一做法一直延续到1940年，第二座田园城市威尔温（Welwyn）也采用了类似的设计。而1927—1930年间在维也纳建造的卡尔·马克斯大院（Karl Marx-Hof），于1934年奥地利内战（亦称作"二月暴动"）中得名，是社会主义者的聚集地。卡尔·马克斯大院是维也纳规模最大的居住综合体，也堪称是全世界居住综合体的一个独特景观，街区面积15.6公顷，建筑沿街绵延1公里长，容纳了1382套公寓（每套面积30~60m²），建造有游戏场地和花园，设计供大约5000名工人阶级家庭的居民居住，包括自助洗衣房、浴室、幼儿园、图书馆、诊所和商业设施。这些公共设施的设置都体现在了将妇女的劳动逐渐社会化的趋势。

---

① （英）彼得·霍尔，科林·沃德.社会城市 [M].黄怡，译.北京：中国建筑工业出版社，2009.
② 恩格斯在《起源》中指出，"妇女的解放，只有在妇女可以大量地、社会规模地参加生产，而家务劳动只占她们极少的功夫的时候，才有可能"，《马克思恩格斯选集》第4卷，人民出版社，1977年版：158。

同一时期，苏联等国则提出了"城市街坊"模式，街坊模式在住宅布局上更注重城市街区的感觉。20 世纪 50 年代后期，苏联开始建设实验小区，相较于街坊，小区组团内不设公共服务设施，但是小区级的配套设施更加齐全，除学校、托儿所、幼儿园、餐饮和商店外，还建有电影院和大量的活动场地。这些都为女性创造了良好的环境和生活质量，并减轻了她们家务劳动的工作量。

上述的社会主义思想和实践不同程度地影响了建国初期我国大城市的空间组织和安排。1953 年，全国掀起了向苏联学习的热潮，随着苏联援华工业项目的引进，带来了以"街坊"为主体的工人生活区，居住小区的模式也从苏联引入我国。1957 年苏联专家指导规划了北京夕照寺小区，占地 15.3 公顷，居住 5000 人，设有一套完善的公共服务设施，是我国早期的居住小区范例。上海则以 20 世纪 50 年代建设的工人新村模式为代表，1951—1952 年形成了 9 个住宅建设基地，辟建了 18 个新村；1953 年起，新辟 25 个住宅建设基地，集中建造工人新村[①]。此外，大型国营企业、国家单位和机关等往往毗邻它们的生产和工作空间建造职工生活区，都一律冠以新村之名，构成了城市中独特的单位聚落空间。

社会主义意识形态下的城市居住模式和空间组织方式对新中国的城市影响之所以如此巨大，政治因素是一个方面，另一个不可忽视的方面是社会主义制度下的性别关系决定的。上海在解放初期首先发起了妇女识字班扫盲，然后是安排女性广泛就业，而做饭、照顾幼儿等家庭事务则由单位后勤或是居委会分担，不但新建的新村中设有食堂、学校、幼儿园、托儿所等这类功能设施，连旧时的里弄都设有食堂。如今在上海原先的一些单位社区中依然可以觅到这类建筑的旧迹，只是典型的如食堂之类的使用功能在 20 世纪 90 年代以后已发生了演变。因为生活方式的转变，上海新村中的许多食堂消失了。像同济大学的教职工生活区——同济新村里的食堂，在 20 世纪 90 年代先是改为餐厅，进入 21 世纪后现已变为老年活动中心。由于当时城市女性（包括男性）上班主要还是依靠步行或公交（自行车在早期也是奢侈品），因此用地紧凑、密度较高的新村是最为经济合理的居住模式选择。

随着从计划经济向市场经济体制的转变，单位的集体福利制逐渐淡出了历史舞台（参见第 12 章），因此有这样一种说法，即市场经济结束了社会主义福利及其向妇女恩赐的平等。的确社会经济文化领域发生了一系列的变化，其中的许多变化和性别关系密切关联，并错综复杂地改变了城市的空间及文化。一般而言，空间的消失或出现通常也是社会意义乃至文化消失或产生的过程。

随着当前我国老龄化程度的不断上升，一度消失的食堂又回归并获得"新生"，现在社区食堂主要是为社区老年人提供餐食服务。这也从另一个侧面

① 黄怡 . 城市居住隔离的模式 [J]. 城市规划学刊，2005（2）：31–37.

说明，本来主要由儿女（主要是女儿或媳妇）照顾老人饮食起居的传统已经由社区公共服务承担接管了。

（3）全球化、城市化中的女性角色和城市空间文化塑造

在我国的许多大城市中，全球化和城市化是同时进行的。在我们关注研究全球化、城市化带来的城市空间景观和文化的巨大变化时，不可忽略的是城市化、全球化进程中的性别关系尤其是女性角色。

首先是城市化中的女性。自20世纪80年代起，农村劳动力大量向城市特别是大城市转移，但是在第一阶段的流动中，女性人口的转移整体滞后于男性，并且大多集中于年轻女性的流动。女性虽然只占中国农民工总体的30%左右，但在珠江三角洲地区尤其是广州和深圳等地，年轻女性却占流动人口或农民工总数的80%以上[1]。她们主要聚集在低技能、低报酬、工时长、劳动强度大的服务型行业和劳动密集型行业中[2]。

当我们谈论全球经济一体化时，很多人可能并未清醒地意识到，女性多多少少处在全球资本主义经济的第一线。全球化中的女性包括三部分：第一部分是前文提及的在第三产业尤其在港澳台及外商投资单位中的城市女性。若要细分这个人群的话，她们有在大都市的先进服务业中极小数量的、进入门槛苛刻的、受过高等训练的高收入女性专业核心人员群体，和相当数量的收入不错的女性专业人员以及从事一般办公室工作的文秘。第二部分同样处于全球城市或国际化大都市的中心，正如萨斯基娅·萨森指出的，低收入职业比如写字楼清洁工、娱乐业服务人员等大多是女性，她们和白领女性共同构成了全球城市中心服务功能的高低两端。

第三部分也是城市化中的女性，她们当中相当一部分人叠合了城市化和全球化的双重影响特征。在全球经济中，来自农村的年轻女性构成了在电子和成衣行业中低端制造业劳动力的主体，也就是第二产业中的女性，她们是驯良的、低薪的劳动者。这在空间上反映为中国大都市郊区的连片工业园区，以及城郊外来人口的集中租住地和富士康式的职工集中生活区，这些城市空间景观的出现，和农村性别关系的改变也就是农村女性的独立性、流动性的增加，是密不可分的。

全球化景观和文化的基础除了全球化的经济模式，还在于全球化的消费模式和生活模式。消费文化的兴起得到了被统称为白领阶层的这些城市女性的极大响应，她们是服饰、餐饮、健身休闲、教育培训方面的新生主力消费群体。城市中心商务区（CBD）形象的塑造，一半程度上离不开这个阶层，写字楼是她们的工作空间，商业中心是她们的消费空间，可以说，她们的靓丽形象是城市CBD形象的最佳代言人。餐饮、服饰、电器直至国际连锁服

---

[1] 杰华. 都市里的农家女 [M]. 南京：江苏人民出版社，2006：286.

[2] 谭琳，卜文波. 中国在业人口职业、行业性别隔离状况及成因 [J]. 妇女研究论丛，1995年第1期。

务的品牌都是生活模式的体现，从麦当劳、赛百味（Subway）、星巴克，到Gucci、Dior、M&S、H&M，再到苹果的iphone、ipad、Mac系列等，独立、时尚的都市白领女性是这些品牌和生活方式的追随者，而这些品牌则是大都市国际化、全球性的标志与象征，它们的品牌标识（logo）以及建筑营造出全球化的空间气息与文化特征，反过来又进一步吸引着大都市女性的追求和城市资本的积聚。

除了城市中心的全球化意象，女性角色的变化同时带来了城市经济和空间的其他变化。一方面，由于职业女性的工作时间大大地挤压了她们的业余时间，职业女性往往以周末超市购物而后又以在线订购代替传统的每日菜场采购，同时迎合家庭需求的服务产业蜂拥而来，快餐店和外卖场所、干洗店、超市、大型卖场、24小时便利店在城市中大量兴起，城市街区的空间改变了，城市空间景观由这些不同类型的建筑以相似的空间片段缀合而成，形成一种流行的拼贴式城市空间文化。

另一方面，城市大量日常服务业迅速兴起，包括餐饮、家政、美发美容乃至地下色情服务，大量地由来自农村未能受过良好教育和技能培训的年轻和中年女性承担。城市中的各类餐饮店、干洗店、美发美容店乃至发廊、洗浴中心、按摩店，也构成了20世纪90年代以来流动人口众多的大城市街区的常见空间景观，往往也是来自农村的女性集中的就业场所空间。在大城市特定地区，夜总会、发廊、洗浴中心、娱乐中心等不同档次半色情场所在城市空间中的实体化、常态化，同20世纪80年代和90年代卷土重来的卖淫嫖娼问题形成空间—社会的对应，某种程度上折射出在向市场经济形态转变过程中性别关系的倒退。这种倒退的性别关系，通过在特定城市地区的空间化，又形成城市文化转型过程中的乱象，隐含着畸形城市化的深层文化意义，并催生了传统家庭价值瓦解的社会焦虑情绪。

到了21世纪，随着电商平台的发展，快递行业扩张迅速，其中女性从业者的占比正在逐年递增。根据2023年3月1日山西顺丰发布的《2022年度快递报告》，目前顺丰快递在山西共有9000余名从业人员，其中女性超过了1/9，她们分布在收派员、分拣员、营运、人资、财务等多个岗位上[①]。

（4）我国城市中的移民女性和新城市女性

作者曾用"新城市女性"的概念来定义这样一个人群，即20世纪80年代以来离开中国农村进入城市并实现城乡身份转换的女性，这是介于当时全国52.6％的常住人口城镇化率和35％的户籍人口城镇化率之间的女性（截至2012年底统计数据）。新城市女性主要区别于原先属于城市居民的女性身份，新城市女性作为一个群体，是新型城镇化中人口城镇化的主要构成部分。倘若

---

① 李涛，杨惠斌.快递行业女性占比逐年递增[N].太原晚报，2023-03-02（4）.

以女性主义的话语来阐释我国的城镇化目标，则可提出如下论断：我国农村女性实现了城镇化，中国也就完成了城镇化，中国未来城镇化的关键是女性的城镇化，亦即新城市女性群体不断壮大的过程。[①]

在我国第二阶段的人口流动中，越来越多的农村女性进入城市，并且她们的目的地从南方沿海城市向多城市尤其是大城市扩散，她们中的很多以家庭的形式迁徙。在这一时期的迁徙中，农村女性更多表现为参与了城镇化或城市化进程。

与这一过程相对应的是，20世纪90年代初的大城市产业结构升级造成了城市中日益增大的劳动力差异和职业的两极分化。制造业部门衰退，主要集中在煤炭、纺织、机械、军工等行业；而服务业部门兴起，顶端与底端的服务岗位需求同时增长，顶端是管理和经营等服务业岗位，造就了全球化中城市女性白领群体的成长；底端是消费导向的服务业岗位，则由从制造业部门"下岗"的女性工人承担，更多地是由从农村进入城市的女性群体承担。新城市女性的出现迎合了全球城市中心服务功能中日益增加的低端岗位需求。

在新城市女性中，还有一部分受雇于工厂，或在其他各类加工及批发交易市场、废旧物资交易市场等非正规劳动力市场务工。总体而言，城镇化进程中的新城市女性，大多数分布在对职业技能要求不高的有限就业岗位上，其中相当数量的岗位劳动条件差、劳动强度大、收入低。

新城市女性和城市女性同处在城市生活极其复杂的生态链上，她们在城市空间和社会中的近距离交接，对两个群体双方来说都是富有深意的。社会快速转型时期的大城市，注定是呈示出各式各样生存图景的浮世绘，社会多元价值、利益碰撞所引发的问题和矛盾在大城市里集中而尖锐。由于年龄、受教育程度、婚姻家庭状况、自我评价等生理、心理及社会多种因素，新城市女性群体在价值取向上也有较大分化。整体社会氛围加上自身所处窘境，不可避免地会造成新城市女性的情感困扰。

澳大利亚学者杰华（Tamara Jacka）用数年时间对北京海淀区民工聚居地的女性农民工的生活进行调查，完成了《都市里的农家女——性别、流动与社会变迁》一书，以"他者"的视角，描述了从农村到城市的女性流动者的经验，展现了外出谋生的都市底层"打工妹"这一群体的生存境况。城乡经验影响了农村女性的世界观、价值观和人际关系的方式，全球化和现代化在农村女性最个人的层面上得到复杂体验。[②]在全球化、城镇化的进程中，新城市女性承受了对自我身份认同、情感和价值困惑的巨大心理嬗变，他们也以自身的生存方式对城市的空间与社会产生了难以低估的影响。

---

① 黄怡. 全球化与城镇化交织进程中的新城市女性 [N]. 中国妇女报，2014-07-22（B1）.
② （澳）杰华. 都市里的农家女：性别、流动与社会变迁 [M]. 吴小英，译. 南京：江苏人民出版社，2006.

性别关系的本质对大都市空间及文化有一类直接的影响，性别关系的演变和城市时空、大都市空间文化嬗变之间存在一定的耦合关系。如果将其置于城市时空的框架中考察，则无论是在美国还是在中国，20世纪以来在各自社会中性别关系的变化都深刻影响了各自国家的城市发展形态和城市空间文化，其共同之处是：女性在教育、就业上的发展以及随之而来的经济地位上的独立，深刻地改变了城市或城市区域空间的组织结构模式、空间构成及其文化内涵。两者的差异性也表明，性别关系本身就是经济、政治与文化因素的一个结果，当性别关系发展和社会生产关系、和组织结构支撑啮合时，会产生有利于女性生存生活的城市空间和文化；反之，性别关系和城市空间文化则各自可能被扭曲。

3.3 性别和城市专用功能空间

在当代社会，性别角色可能受到建成环境的空间制约和受到父权的主宰一样多。除了上文讨论的性别关系和城市空间文化的关系，还有一些更为直接的基于性别考虑的城市功能空间，例如地铁女性车厢、无性别卫生间。这是通过公共决策中的"性别主流化"思想，来解决城市功能空间中对女性的系统性歧视问题，包括在城市规划方法中应用性别视角。

3.3.1 女性专用／优先车厢

在人口密度高或气候炎热的城市地区，交通工具是易于出现相关性别问题的空间，例如上下班时段拥挤的城市地铁容易产生"性骚扰"问题。"女性车厢"顾名思义是在地铁列车中设置的限于女性或女性优先乘坐的车厢，是基于女性在社会生活中比男性弱势的现实特点所给予的保护措施。目前，此类车厢在中东的一些伊斯兰国家和东南亚等地被陆续推广。

日本的女性专用车厢始于2000年12月导入、次年3月正式营运的东京京王线地铁深夜时段女性专用车厢，迅速得到社会好评和强烈关注。此后，多家铁道公司、多条线路开始提供相似的服务，且女性专用车的服务延长至早晚上下班的高峰时刻直至全天候营运。2017年6月，我国深圳地铁率先尝试启用运营女士优先车厢，在选出的4条线路的列车的首、尾两节车厢作为女士优先车厢，优先供女性乘客使用。女士优先车厢并不对男女乘客进行强制隔离。

目前，全球有日本、墨西哥、巴西、韩国、俄罗斯、印度、阿联酋、印度尼西亚、伊朗、埃及、马来西亚、中国等国家的通勤火车及地铁设有女性车厢（图6.8）。这些城市设立女性车厢有其必然性，如开罗、德黑兰属于伊斯兰城市，宗教风俗要求男女乘客必须隔离；东京、大阪、名古屋、首尔等城市的女性乘客在通勤客流中相对较少，且性骚扰等治安问题突出。但是纽约、伦敦、巴黎及我国的北京、上海、香港等世界主要大城市的地铁中现阶段尚未设

图 6.8 马来西亚首都吉隆坡的女性车厢，2018

来源：作者摄

立女性专用或女性优先车厢。"女性车厢"在推行中也引起一些异议，即是否会造成男性性别歧视。但目前各国女性车厢大多只是靠自觉维护原则上供女性乘用的车厢，并不是严格的男性禁地。

3.3.2　无性别卫生间和性别模糊空间

和交通设施中区分女性专用空间相反，城市中还设有一些"中性"空间，例如中性厕所（unisex toilet），又称为无性别厕所（gender neutral restroom）、男女通用/共用厕所、性别友善厕所等，不作性别区分，可供任何性别或性别认同的人使用。这样的厕所设施可以使跨性别人群和性别二元之外的人受益。一些设为独立单间的隐私设计，可以避免犯罪者假装跨性别者进入男/女性厕所犯罪。发达国家的城市里设置此类设施较早、较普遍。目前国内许多城市，如重庆、上海、杭州等，公共场所除了独立设置的男厕、女厕之外，都有无性别公厕的实践，在提高公厕利用率的同时，也保障使用者彼此的隐私和安全。

无性别公厕侧重于模糊性别差异，这和国外的性别取向议题有关。另一种中性空间，第三卫生间（家庭卫生间），内部一般设有儿童专用卫生设施、无障碍设施等[①]，人们在里面可以互不妨碍，不单单为残障人士所使用，也为解决一部分特殊人群（例如一方需要照顾的母子、父女等，间接和性别问题相

---

① 第三卫生间可以设置成人坐便器、儿童坐便器、小便池、高矮洗手池、婴儿护理台、安全座椅、安全抓杆、挂衣钩、呼叫器等。

关）如厕不便而设。我国自 2016 年年底已在修订的公共厕所设计标准中明确规定在城市各类主要公共设施中均应设置。

此外，我国住房和城乡建设部经过组织对 72.6 万人的如厕时间统计分析，在新发布标准中将女性厕位和男性厕位的比例提高到 3∶2，人流量较大地区为 2∶1，以有效缓解女性如厕难题，是对城市特定功能空间使用中的性别失衡问题的响应，也是对"女性和时间性"话题的一种具体现实展现。

第 4 节　代际不平等和全龄友好

在对人群分类时，英语文化中性别是比较常见的自然的分类方式，例如 man（男人）或 woman（女人），brother（兄弟）或 sister（姐妹），而在某些文化中年龄被排在性别之前用来区分人群，例如，印尼语中的人群分类仅按照年龄来分："kakak"表示的是"姐姐"或者"哥哥"，"adik"则表示"妹妹"或者"弟弟"[1]。中文则同时兼顾了性别和年龄：兄、弟、姊、妹。以年龄为基础的人群分类，通常涉及指向代际不平等和阶层不平等。全球市场研究机构 Ipsos 的一项调查表明，在 28 个国家中，老年人和年轻人之间的不平等被视为相对最不重要的不平等形式，但是约有 1/4（24%）的人认为这是该国最严重的不平等类型之一。韩国（43%）、日本（39%）和新加坡（38%）的关注程度高于平均水平，但是南非和土耳其（均为 13%）、巴西和德国（均为 16%）认为这种形式的不平等现象不太严重，低于 28 个国家的平均认知水平[2]。这从一个侧面反映出，在人口众多、资源紧张、论资排辈观念严重的亚洲国家，代际之间也存在激烈的竞争。

20 世纪下半叶，国际上先后提出了"老年友好""儿童友好""青年友好"的概念，概括起来，我们需要的是一个"全龄友好"的物质和社会环境。

4.1　老年友好的城市和社区

根据世界卫生组织（WHO）的数据，2019 年全球 60 岁及以上人口 10 亿，至 2030 年这一数字将增至 14 亿，到 2050 年将增加一倍，至 21 亿，占世界人口比例达到 22%，而 2015 年 60 岁及以上的世界人口比例是 12%。到 2050

---

① （美）侯世达，（法）桑德尔．表象与本质 [M]．刘健，胡海，陈祺，译．杭州：浙江人民出版社，2018：91.

② Ipsos. Income and wealth disparities perceived as the most serious form of inequality[EB/OL]. https：//www.ipsos.com/en/income-and-wealth-disparities-perceived-most-serious-form-inequality，2022-10-20.

年，60岁及以上人口的57%居住在城镇，80%生活在低收入和中等收入国家。[①]
这一增长速度前所未有，并将在未来几十年加速，特别是在发展中国家[②]。对于全球人口的这一历史性重大变化，需要全社会作出一种结构性的适应，尤其是卫生和社会保健、交通、住房和城市规划等部门，要建设老年友好的城市和社区（age-friendly cities and communities，AFCC），以努力使我们的世界更适合老年人。

4.1.1 老年年龄标准的认定及其影响

目前世界范围内对于老年人的年龄界定略有差异。按照WHO的定义，老年人为60岁及以上的人；按美国的定义，则是65岁及以上的人为老年人。表6.6是美国医学协会的年龄指定：

美国医学协会的年龄指定 表6.6

名称	年龄
新生儿或新生儿	出生至1个月
婴儿	1个月至1岁
儿童	1岁至12岁
青少年	13岁至17岁
成人	18岁或以上
老年人	65岁及以上

注：国家老龄研究所的指导意见认为65岁及以上的人是老年人，但对这一年龄范围的理解和定义因来源而异，可视具体情况使用。

来源：National Institute of Health（NIH）. Age [EB/OL]. www.nih.gov/nih-style-guide/age

按照WHO的标准，社会人群中60岁以上人口占总人口的比例达到10%，或65岁以上人口占比达到7%，即为老龄化社会；65岁以上人口比例达到14%，为深度老龄化社会，达到20%为超级老龄化社会。长寿是人类最显著的集体成就之一，反映了社会和经济发展以及健康方面的进步。预期寿命和健康预期寿命也是确保所有年龄段的人的健康生活和增进所有人的福祉的重要指标。然而，生活环境对人们的行为和面临的健康风险、获得服务的机会（例如健康和社会护理）以及老龄化带来的机会都有很大的影响。

4.1.2 年龄歧视

年龄歧视（ageism）指的是人们如何刻板地思考、带有偏见地感受年龄和基于年龄歧视他人或自己的行为。年龄歧视无处不在：全世界每两人中就有

---

① WHO. The Global Network for Age-friendly Cities and Communities[R]. 2018：1.
② WHO. Ageing[EB/OL]. https://www.who.int/health-topics/ageing#tab=tab_1，2022-10-20.

1 人对老年人怀有年龄歧视，在欧洲，和其他年龄组相比，更多的年轻人存在年龄歧视。年龄歧视影响我们一生，并存在于我们的制度关系中和我们自身。年龄歧视和包括性别、种族和残疾有关的其他形式的不利条件歧视相互交叉，并加剧了不利的影响。

4.1.3　创建有利于老年人的城市和社区

老年友好的环境，例如家庭和社区，可通过在个体的整个生命过程中建立和维持固有能力促进健康和积极老龄化，使具有给定能力水平的人具有更强的功能能力。老年友好的环境就是没有物理和社会障碍，并得到政策、系统、服务、产品和技术的支持。图 6.9 展示了老年友好城市指标组合的框架。

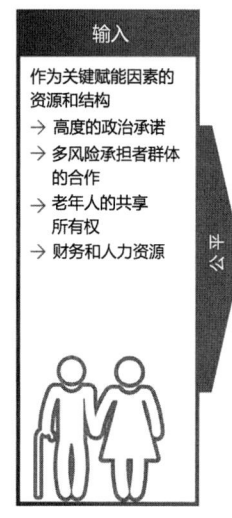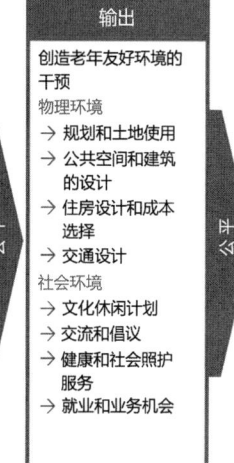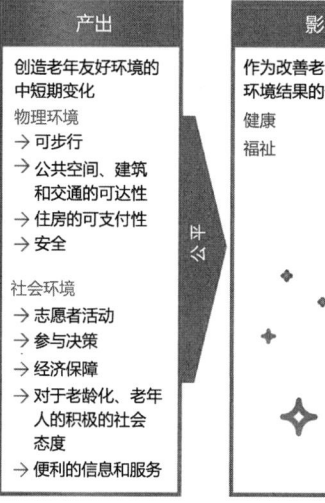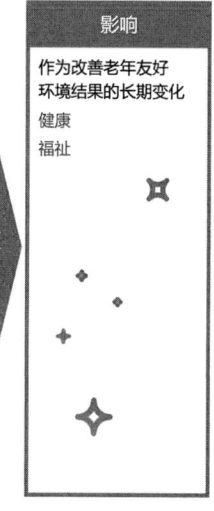

图 6.9　老年友好城市指标组合的框架
来源：WHO. Measuring the Age-friendliness of Cities: A Guide to Using Core Indicators[R]. 2015: 13.

积极老龄化是不断优化健康、参与和安全机会的过程，以便人们随着年龄的增长能提高生活质量。健康老龄化是发展和维持老年人健康功能的过程。生活质量是指个人在其所生活的文化和价值体系背景下对其生活地位的看法，以及和他们的目标、期望、标准和关注点的关系。生活质量是一个范围广泛的概念，以复杂的方式纳入了个人的身体状况、心理状态、独立程度、社会关系、个人信仰以及和环境显著特征的关系。随着人们年龄的增长，他们的生活质量在很大程度上取决于他们保持自主和独立的能力。

根据欧洲老年友好的环境（age-friendly environments in europe，AFEE）模型，老年友好行动可以分成 3 种类型 8 个领域，即物理环境、社会环境和城市服务这三类，其中社会环境包括社会参与、社会包容和反歧视、市民参与和就业 3 个领域（图 6.10）。

城市和社区在使人们更健康长寿，同时促进社会更公平、更可持续方面发挥着关键作用。一个有利于老年人的城市或社区是促进健康的，旨在实现多样性、包容性和凝聚力，包括所有年龄段和所有能力状态的人。例如，对老年人友好的城市或社区可能有：无障碍的、安全的道路和交通基础设施，无障碍地进入的建筑物和房屋以及公共座位和卫生设施等。对老年人友好的城市和社区也使人们能够保持活跃、保持连接，并为其社区的经济、社会和文化生活做出贡献。一个有利于老年人的城市可以促进各代人之间的团结，促进各年龄段居民之间的社会关系。对老年人友好的城市和社区也有机制，通过个性化和量身定制的努力，帮助面临社会孤立、跌倒风险或遭遇暴力风险的老年人。

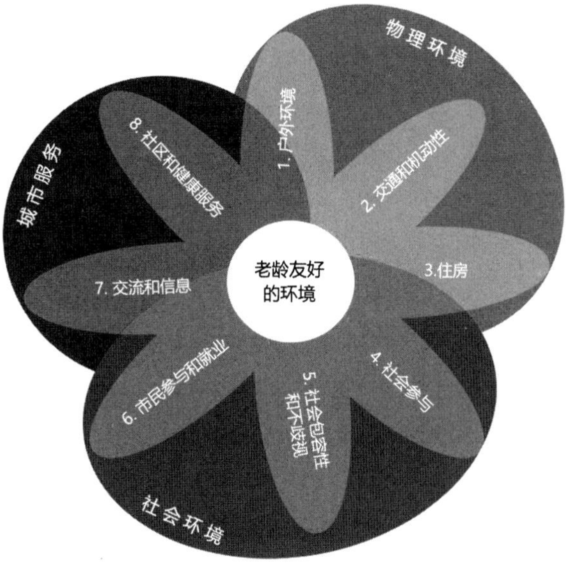

图 6.10 欧洲老年友好环境项目的框架
来源：WHO. Age-friendly environments in Europe：A handbook of domains for policy action[R]. 2017：Introduction.

2015 年，《世界老龄与健康报告》更新了世界卫生组织关于健康老龄化的概念和行动框架，2017 年世界卫生组织提出了行动重点，发展老年友好的城市和社区（AFCC），支持城市和社区找到适当的创新和循证解决方案（evidence-based solutions）。2020 年 8 月，世界卫生组织批准了《健康老龄行动十年计划（2021—2030 年）》（*The Decade of Healthy Aging 2021—2030*），旨在通过以下四个领域的集体行动，改善老年人及其家庭和社区的生活：①改变我们对年龄和年龄歧视的想法、感受和行动方式；②以培养老年人能力的方式发展社区；③为老年人提供以人为中心的综合护理和初级保健服务；④为有需要的老年人提供高质量的长期护理。

4.2　儿童友好的城市和社区

"儿童友好"概念于 20 世纪 60 年代提出，后来通过联合国 1989 年的《儿童权利公约》、1996 年的"人居二"（联合国第二次人类居住大会）逐渐影响到各领域，并形成了儿童友好型城市（CFC）的概念。

4.2.1　儿童发展面临的问题

由于过去数十年来发展中国家快速的城镇化进程，当前全球儿童发展面临着三类较为突出的相关问题：一是适合儿童的专用资源和发展环境的不平衡；二是儿童面临生活环境的过度竞争问题；三是儿童的安全健康问题。

首先，儿童发展面临着严重的城乡和区域不平衡、阶层不平等、贫富差异等社会问题。即使在美国这样的发达国家，到现在也还有 1 万多个简易的乡村教学点。儿童在生活和教育环境以及可获得的资源方面存在巨大的鸿沟，这些是由儿童的家庭和社会支持差异造成的，也是社会阶层不平等的代际延续。例如城市的教育资源从幼儿园到小学、中学差别很大，有私立、公立学校，普通学校和名校或国际学校之分，还有各类的课外教育资源，这些都加剧了教育分化。

其次，儿童作为整体和社会其他群体存在资源分配的代际冲突。高密度城市的儿童和其他年龄段的群体在社区的日常活动空间场所上存在竞争关系。而在儿童群体内部，他们在学业、生活环境方面也遭遇激烈的竞争，其中有来自学校、家庭的压力，还有社会氛围的包围、社会情绪的传递。

再者，和前两类问题相关的短期和长期的城市生活压力引发的儿童心理健康和整体安全问题率正在不断上升。当城镇化进程中的住房动迁、外来人口福利等问题涉及儿童时，部分儿童在被边缘化和阶层化影响的城市和社区环境中所经历的不稳定、不安全感，会造成他们的被忽视、身体危险和心理创伤风险，住房条件不足（如住房拥挤、质量差）的儿童处于更高的伤害风险。而儿童的身心和情绪健康影响可能会严重且持久，并可能带来长期的社会问题和社会影响。

4.2.2 儿童友好的城市

事实上，许多旨在改变大城市设计的激进、乐观的现代运动都是以儿童为中心作为出发点。从田园城市运动，到战后的郊区繁荣，生活环境的更新常常以为我们的孩子提供更健康的生活环境作为营销点。这也表明，儿童友好的视角可以帮助领导者、规划者和设计师为每个人设想一个更美好的、提供丰富社会福利的城市。根据英国伦敦大学学院的一项研究，在儿童的早期游戏教育上每花费 1 美元，社会就会获得 8 美元的福利。

依据联合国儿童基金会（UNICEF）的定义，儿童友好城市泛指一个城市、城镇、社区或任何地方治理体系，致力于通过保障和实现《联合国儿童权利公约》规定的儿童权利来改善其管辖范围内儿童的生活，为儿童的全面发展提供适宜的政策、空间、环境和服务。儿童友好城市建设应该反省、应对和缓解前述问题，通过和儿童福利相关的城市政策制定、法律制度建设和物质建设，优化儿童专用资源的社会分配和空间分布，引导全社会营造儿童友好氛围，有利于儿童的身心健康成长。

我国儿童的绝对数量巨大。根据"七普"结果，目前我国 0~14 岁人口为 2.53 亿，占总人口的 17.95%；0~17 岁人口约为 2.98 亿，约占总人口的 1/5。另据统计，2020 年我国 14 岁及以下儿童人口约占世界儿童总数的 12.57%，仅次于印度的 18.27%，而美国为 3.06%，日本为 0.79%，法、英、德均在 0.6% 左右。由于儿童数量的巨大差异及其空间分布，所对应的儿童社会政策需求、公共服务提供方式、权利保障机制、空间与环境建设容量也必然大相径庭。

4.2.3　儿童友好的社区

儿童友好城市建设是社会高质量发展阶段的一个必然追求。儿童友好城市建设的战略意义体现在两个层面：首先，儿童友好城市有利于儿童健康安全地成长，在人类的代际更替中，儿童代表着未来和希望，儿童友好的城市是有希望的城市。其次，儿童友好的城市通常也意味着对所有人友好的城市，因为儿童在年龄、体力、话语权等方面是各类弱势群体的集中代表。就人的生命周期来讲，儿童时期对于生活环境安全的许多需求和年迈、体弱者及女性有着很多的相似性、共通性，建设儿童友好的城市可同时推行通用无障碍设计，整体提升城市空间品质。换言之，"儿童友好"的方法有可能将城市的一系列进步议程结合起来，包括健康和福祉、可持续性、韧性和安全，并成为城市创新的催化剂。

儿童友好社区建设是儿童友好城市建设的一个良好的落脚点，一个有效的发力点。儿童友好社区正是儿童友好城市在社区层面的功能细化和空间落实。早在1929年，现代城市规划领域就提出了一个重要的邻里单位（neighbourhood unit）思想，该规划思想常被概括为6条原则，其中有4条原则直接和儿童相关，包括：①以小学的合理规模为基础，控制邻里单位的人口规模，使小学生上学不必穿越交通性的城市道路；②邻里单位的中心建筑是小学，小学和其他的邻里服务设施一起布置在中心广场或绿地上；③邻里单位占地约1/4平方英里（约65公顷），保证儿童上学距离不超过0.5英里（约0.8公里，即800米）；④邻里单位内，小学附近设有商店、教堂、图书馆和公共活动中心。可以说，邻里单位规划思想充分体现了儿童友好的原则，虽然当时还没有"儿童友好"这一概念。

儿童友好社区为儿童提供了稳定的成长环境。由于儿童的身心发育尚不成熟，他们需要充分的保护措施和照护。一些有特殊需求的儿童的保健康复服务、婴幼儿照护机构等公共或民营设施都需要提供，也易于在社区层面获得长久的支持，形成长期可持续性的干预措施。

4.2.4　中国特色的儿童友好的城市和社区

2021年9月，我国提出创建中国特色的儿童友好城市，亦即适合我国国情的儿童友好城市，这个国情包括我国的家庭、社区、城市、国家的多层级背景及特征。我国的儿童友好城市是人口高密度、用地高集约化、强家庭纽带文化的城市，在社会政策友好、公共服务友好、权利保障友好、成长空间友好、发展环境友好等五个方面具有明确的指向，儿童友好的目标和原则将作为我国新型城镇化、城市更新等战略规划的重要内涵部分。

与国际既有类型相比，中国特色儿童友好城市创建有这些特殊考量：一方面内在地体现了国际上"儿童友好城市"的要义，另一方面与国际上各类"儿童友好城市"在问题、条件和情境上殊为不同。

（1）在社会政策上，儿童的声音、需要、优先事项和权利是公共政策、方案和决策的组成部分，必须确保在政府法律、政策、预算和方案中考虑到儿童权利，并评估政策措施对儿童的影响。创建中国特色儿童友好城市，必须依据我国宪法和未成年人保护法等有关法律法规，制定有利于我国儿童的法律和政策。

（2）在公共服务上，不同国家和地区能为儿童提供的条件相差悬殊。例如非洲儿童大量生活在城市贫民窟或非正规居住点，比成年人更易受到普遍的公共服务不足和恶劣生活条件的影响和威胁。中国特色儿童友好城市着重在儿童已获得基本服务机会的基础上提高基本服务的质量，尤其是健全以社区为依托、面向流动儿童家庭的管理和服务网络。

（3）在权利保障上，不同国家和地区的儿童面临的权利挑战与风险不尽一致。例如美国城市儿童面临着种族隔离、性别平等、枪支管理等诸多社会问题带来的巨大挑战，美洲部分国家、州面临持有及使用大麻合法化给儿童健康及生命安全带来的受保护权风险。中国特色儿童友好城市的权利保障将侧重对儿童参与权、各类安全及残疾儿童权利等的保障。

（4）在成长空间上，不同国家和地区的儿童生活空间受城市性质和空间模式极大影响。国际移民儿童或少数族裔儿童通常生活在城市的少数民族聚居地区，最有可能成为暴力犯罪和毒品犯罪的受害者。20世纪50年代兴起的美国中产阶级郊区生活方式，初衷是让孩子远离内城的犯罪，但是年龄渐长的儿童却难以忍受郊区的孤立无助。中国特色儿童友好城市将聚焦于为儿童也为所有人提供经济舒适的住房、无障碍的交通环境以及营造安全、绿色、可步行、可游戏休憩的社区公共空间。

（5）在发展环境上，不同国家的儿童发展目标重点也有区别，并和国家、城市的整体发展水平相互关联。例如北欧发达国家芬兰的《国家平等法》强调减少儿童受歧视的经历，解决可能存在的歧视领域。中国特色儿童友好城市将按照我国经济社会发展的总体目标和要求，结合我国儿童发展的实际状况，创造一个更安全和更有利的儿童发展环境。

4.3 青年友好的城市和社区

世界卫生组织（WHO）和联合国将10~19岁的年龄群体定义为"青少年"（adolescents），15~24岁的年龄群体定义为"青年"（youth），而"年轻人"（young people）覆盖了10~24岁的群体。年龄上至18岁的儿童，大多数"adolescents"受到《儿童权利公约》的保护。青春期开始于一般的生理上的青春期，结束于成年人认同和行为被接受。这个发展时期大致相当于年龄在10~19岁之间的时期。

由于世界各地的年轻男女比以往任何时候都更多地涌向城市。预计到

2030 年，超过 50% 的城市人口将在 35 岁以下。尽管如此，青年赋权仍是主要问题。年轻人在决策中几乎没有发言权，在教育、就业和安全方面面临重大障碍。

城市今天面临的一些最大挑战是有关青年面临的挑战的数据不足，包括获得教育等基本服务的机会、卫生和住房、就业不足和失业，以及被排除在决策之外。没有这些数据，中央和地方政府就无法制定应对这种排斥的策略，例如，无法制定国家或城市青年战略，包括技能发展、创造就业、体育和娱乐；如果没有当地劳动力市场信息，就很难计划有效的就业培训干预措施，以减少失业，或帮助长期失业青年实现就业创业。

4.4 全龄友好的内涵和挑战

在城市空间和社会资源有限的情况下，全龄友好作为一个良好的社会发展理念，仍面临着代际冲突的具体问题。

4.4.1 全龄友好的城市内涵

"全龄友好"的内涵不仅指向年龄差异，还潜在地概括了性别、健康程度、社会经济程度等方面的差异，是对全体社会成员的友好。在发展中国家、经济欠发达地区的城市，更多是强调政策性建设，侧重于投资较少的制度与服务的软环境建设，在城市的社会政策、公共服务、权利保障、成长空间、发展环境等方面充分体现"儿童友好""老年友好""青年友好"的要求。而在发达国家、经济发达地区的城市，才能更加兼顾城市硬件环境建设，强调城市的建成环境、公共服务设施环境与人身安全等领域。[①]

全龄友好的城市生活体系建构，不仅是满足"幼有所育、学有所教、劳有所得、病有所医、老有所养、住有所居、弱有所扶"的基本公共服务均等化的目标，还要进一步实现"幼有善育、学有优教、劳有所得、病有良医、老有颐养、住有宜居、弱有所扶"的公共服务品质化的目标。这就对城市的教育、就业、医疗、养老、住房、福利等各项公共服务提出了较高的要求，硬件设施配置应等级完善、规模合理、服务半径均衡，软件服务管理应高水平、高质量。

全龄友好的城市生活体系建构，除了能够提供上述完整的公共服务设施系统及其服务之外，还要有成熟的社会公共生活体系，有丰富的"第三场所"，比如小餐厅、茶馆、咖啡店、社区中心、儿童之家、美容院、一般商店、酒馆酒吧、休闲场所等，让所有年龄段的人都能各得其所、各享其乐。尊重人性，保障人权，提供人道关怀，是构建一个更加多元共享的社会公共生活体系的出发点与归结点，也是全龄友好城市的应有之义。

---

① 黄怡. 整合发展目标 建设全龄友好的公园城市 [J]. 先锋，2022（2）：36-39.

4.4.2 代际冲突的挑战

虽然强调在各年龄段间建立良好的代际互动，但仍以老人和儿童为主体，其原因在于对年龄群体的刻板划分——将老人及儿童和年轻人视为相互对立的两大阵营，且老人及儿童处于绝对弱势地位。这一划分忽略了年龄差异背后多重的、动态的差异——老人和儿童间也存在差异；在某些情形下，年轻人也可能处于相对弱势地位——关键是代际间的竞合关系。

"代际"不仅包括年龄差异，还暗含年龄差异背后反映在空间、社会、文化上的多重差异。"冲突"不仅指代静态的差异，而且包括动态的竞争关系。年龄组之间存在竞争的关系，个体的生命周期演变将改变其活动和出行特征，因而不同年龄群体对空间设施的功能和获取距离存在阶段性的不同需求。在群体层面，公共资源配置存在代际冲突，在空间资源紧缺的情况下，个体空间需求的差异导致群体空间需求的冲突，而资源的代际共享是应对冲突的有效方法。在供给端，必须考虑社区建设中的代际竞争，从社区空间使用的实际情景出发，识别代际冲突所在，提出空间代际包容、共享的策略，合理分配社区资源和服务的代际使用。

现阶段我国的人口老龄化、家庭少子化特征日益突出。"七普"数据显示，2020 年，我国 60 岁及以上人口占比 18.70%，其中 65 岁及以上人口占比 13.50%，较 2010 年分别上升 5.2 和 4.6 个百分点。劳动年龄人口比重下降，15~64 岁人口数量为 9.7 亿，占比 68.6%，较 2010 年下降 6.0 个百分点。育龄妇女总和生育率为 1.3%，低于 2.1% 的代际更替水平，处于 1.5% 以下的低生育率区间。这表明，人口老龄化、家庭少子化是我国社会发展的重要趋势，也是今后较长时期的基本国情。

为了应对这种挑战，我国目前已全面开放三胎生育。然而除了育儿成本、照顾老人以及女性职业发展等因素影响生育意愿之外，托育、家政、养老、就业配套设施和服务目前仍处于起步阶段。此外，快速老龄化带来公共资源配置的代际冲突日益突出，引发了诸多社会矛盾，如"广场舞事件""代际反哺危机""跨代教育冲突""小区养老院抵制事件"等。"一老一少"问题具有长期的内在关联性，不能割裂开来孤立讨论，要从"全龄化"需求出发，应对"一老一少"问题，整体构建全龄友好的包容性社会。

4.4.3 全龄友好的社区

全龄友好的社区是一个合适的维度，以社区为载体，统筹"一老一小"及其他人群的服务需求，并予以空间的响应。社区承载了市民大部分的日常生活服务功能，是居民获得幸福感的主要社会空间载体，也是代际问题及矛盾最敏感、最集中的地方。社区又是城市系统运行的基本单元，是精细化管理的主要抓手。建设全龄友好社区，构建对全年龄段使用者来说安全、方便、舒适的社区生活环境，一方面有助于优化养老、托幼产品与服务的有效供给，做好老有所依、幼有所育的生活环境保障，另一方面也将增强对青年群体的支持力、吸引力和承载力，解除青年群体生育、工作的后顾之忧，提升青年群体的生活幸福感。

在社区层面，社区人口年龄结构变化将导致空间资源在各年龄群体之间的配置结构发生动态改变。此外，社区生命周期描述了社区形成、成长、成熟、衰落和更新的历程（表 6.7），社区物质空间也随之周期性演变。因此，结合社区人口和家庭结构的特征，可以对社区当前发展阶段和未来发展趋势做出判断，做好基层社会管理和服务体系建设，增强社区服务功能，促使社会服务和资源投放重心向基层下沉。

社区生命周期演变 表 6.7

社区生命周期	物质空间和人口特征
形成期	社区开发，新家庭迁入
成长期	社区人口快速扩张，社区设施完善
成熟期	社区人口趋于稳定，社区宜居繁荣
衰落期	社区人口下降，社区空间衰退
更新期	社区亟待更新

来源：作者绘制

第 5 节　城市的健康和空间

以健康状况为基础的分类，不针对阶层，但是和不平等相关。残疾代表了健康受损的状态，影响个体及其家庭乃至社会上的所有人。

5.1 "隐形的"残疾人和无障碍的城市及社区

所谓"隐形的"残疾人，指的是由于城市环境的不方便，残疾人常常无法出行和出现在公众视线之中，如同消隐在现实世界一样。无障碍的城市和社区则是让残疾人们现身的必要条件。

5.1.1 残疾人状况及其隐形的存在

残疾人是个庞大的群体。美国关于残疾人有以下一组系统的数据[①]。美国有 6100 万成年人患有残疾，亦即 26%（约 1/4）的美国成年人患有某种残疾。

[①] CDC. Disability Impacts All of Us[EB/OL]. https：//www.cdc.gov/ncbddd/disabilityandhealth/ infographic–disability–impacts–all.html，2020–09–16.

残疾人的比例在美国南方最高。具有功能性残疾类型的成人百分比如下：13.7%的残疾人有行动障碍，行走或爬楼梯有严重困难；10.8%的残疾人有认知障碍，难以集中注意力、记忆或做出决定；6.8%的残疾人有独立生活障碍，难以独自做家务；5.9%的残疾人是聋人或有严重听力障碍；4.6%的残疾人患有视力残疾，失明或即使戴眼镜也存在严重视力障碍；3.6%的残疾人有自我照顾方面的障碍，穿衣或洗澡困难。

残疾在一些群体中具有典型的表现特征，例如在老年人、妇女和少数民族等群体中尤为常见。在美国，65岁及以上的成年人中2/5有残疾，1/4的妇女有残疾，2/5的非西班牙裔美洲印第安人/阿拉斯加土著人有残疾。

残疾人和普通人相比，在健康方面更不乐观。残疾成年人更容易吸烟，患有肥胖、心脏病和糖尿病。美国有一组对照数据：38.2%的残疾成年人肥胖，26.2%的无残疾成年人肥胖；28.2%的残疾成年人吸烟，13.4%的无残疾成年人吸烟；11.5%的残疾成年人患有心脏病，而3.8%的无残疾成年人患心脏病；16.3%的残疾成年人患有糖尿病，7.2%的无残疾成年人患有糖尿病。

残疾人在获得医疗服务方面存在障碍。在美国，工作年龄的成年人获得医疗保健的障碍包括：18~44岁的成年人中，每3人中就有1人没有通常的医疗服务提供；在过去一年中，每3名18~44岁的残疾成年人中就有1人因费用问题而无法满足医疗保健需求；在过去的一年中，每4名45~64岁的残疾成年人中就有1人没有进行常规检查。

对残疾人和某些疾病类型病人的歧视或忽略广泛存在。尤其是在人口众多、生存和生活压力较大的发展中国家。由于城市建设系统的不足，残障人成为一种隐形的存在，他们很难独立出行和使用城市公共空间。以上海为例，上海中心城区共有108座人行过街天桥，其中36座安装了电梯，并且绝大多数属于后续加装，局部改善了无障碍需求。

5.1.2 无障碍的城市和社区

无障碍环境（barrier-free environment 或 accessible environment），狭义上指的是充分考虑具有不同程度生理伤残缺陷者和正常活动能力衰退者（如残疾人、老年人）的使用需求，通过对包括各类设施、设备以及活动线路在内的整体环境的无障碍规划和设计，配备能够应答、满足这些需求的服务功能、装置与通道，建立一个可以让人通行无阻而且易于接近及到达的理想环境。广义上指的是体现人文关怀、切实保障所有使用者安全、方便、舒适的整体生活环境。①

---

① 黄怡，张顺豪，Jinia Sharmeen，等. 遗产地的无障碍环境设计与建设——基于亚洲经验的比较 [J]. 建筑遗产，2018（4）：103-109.

目前，由于建设数量、成本投入、使用效率等制约，无障碍环境的建设多集中于城市公共空间、公共设施以及住宅室内，而在农村地区、遗产地或历史建筑中，仍然存在无障碍设施缺乏和无障碍建设不成系统的问题，并且还远未形成完善的无障碍人居环境。

无障碍环境的系统性，首先体现在适合绝大多数人，包括由于生理伤残缺陷和整体身体功能衰退与活动能力下降的弱势人群，可概括分类为：肢体残疾者，感官残疾者（视觉障碍及失明者、听觉障碍及耳聋者），弱智者，年老体衰和年幼体弱者；以及处于特殊条件下的健全的成年人（例如孕妇、病人等）。其中，不断加剧的人口老龄化，不仅造成弱势人群人数的增加，也改变了弱势人群的构成和他们的保障需求。

无障碍环境的系统性，还体现在无障碍的规划、设计和建设应覆盖所有的人居环境，而不仅局限于某些空间、场所和地点。在当前的城市更新中越来越多地采取了一些措施，老旧住宅加装电梯，住区内增设轮椅坡道，城市公共场所增设自动扶梯，过街人行天桥接入周边商场，和商场的无障碍设施相连通，以及在公共景观场所增设盲文指示牌，等等。所有这些行动，都为特殊人群提供了方便，正在逐步改善城市的无障碍环境。

在欠发达国家和地区，城市无障碍环境规划设计和建设问题尚未引起足够的普遍重视，现状更不令人乐观。长期以来，对无障碍环境改善等问题的关注则严重滞后。由于硬件配套设施与无障碍环境的不足，相当数量的残疾人和行动能力退化的老年人被"挡"在门外，无法正常出行。

无障碍环境问题的成因不外乎以下三方面：

（1）整体认知不足。大多数欠发达国家对于占人口少量比例的残障人士的权利和需求缺乏应有的重视，对这些人存在一定程度的排斥。以至于无论是其他人还是残疾人自身都认为：残疾人应该减少出行，尽量减少给他人添麻烦；老年人特别是健康状况不佳的老年人，也应该从自身安全考虑，尽量减少外出。其次是没有认识到无障碍的通用性和普适性。可以说，从建设管理主体到大众使用者都普遍缺乏正确的认知。

（2）财政保障不足。由于地方政府财政投入的不足，这在客观上导致了无障碍环境的建设无法得到保障，造成残障人士和老龄人士行动受限，不得不放弃使用或拒绝使用设施。此外，财政投入的不足往往也带来缺乏解决问题的机制。

（3）技术支撑不足。无障碍环境的营建依赖于国家法规标准、规划设计、建设管理等多个环节的技术支撑。目前很多无障碍环境的建设尚在相关法律法规之外，或者没有明确的法规要求。规划设计中考虑不足，或者在具体建设管理中监管不到位，造成无障碍设施实施走样。

5.2　社会疾病和健康城市及社区

长期以来，健康、疾病是基于个体来考察的，将疾病看作个人生活方式的结果。事实上，职业疾病是社会性的，和劳动条件、劳动环境有关。很多呼吸道疾病和地区空气质量、生活环境有关。此外还有缺乏清洁饮用水和安全食品带来的疾病。上述疾病大都和物理环境密切相关，还有一些疾病属于典型的当代社会疾病，其发病率是社会健康状况的表征，例如抑郁症、艾滋病等。

5.2.1　当代典型的社会疾病

严重的结构化社会不平等必然充斥着极大的伤害性，所以是一种来自社会结构的暴力。对其分析不能停留在社会层面，需要做文化分析，因为结构暴力可变为文化认同的深层内化暴力，最终带来影响广泛的社会疾病。

（1）抑郁症

抑郁症是由个体和社会的连接谬误产生的。抑郁症是一种和情绪低落或情绪高涨有关的障碍，导致个体的悲伤、疲劳和对活动失去兴趣等症状，给个体的生活带来严重问题。抑郁症的发生是一个多因子、多步骤的复杂过程，和具体因素密切相关，影响着所有年龄段和人口结构的人。这里用美国的数据和情况加以说明。抑郁症是排在焦虑症之后美国最常见的心理健康问题之一，严重抑郁症也是导致残疾的主要原因之一。据估计，大约 1600 万美国成年人在一年内至少有一次抑郁症发作[①]。然而，近年来，这一数字有所上升。不同年龄、种族和社会经济背景的人对抑郁症的体验或反应可能不同。

抑郁症和地域、城市具有一定的关联，虽然目前还缺少确切的数据。环境拥挤、竞争压力大、生活节奏紧张的城市的居民，患抑郁症的概率更大。一般来说，贫困地区的抑郁症的患病率有可能会增多一点，特别是贫富差距大的地区，[②]患抑郁症的比例相应会增大。此外，抑郁和地区天气情况也有关联，生活在常年阴雨地区的人们的心情状态普遍没有生活在阳光充足地区的好。

（2）艾滋病

若论及艾滋病广泛流行的根源，结构化的社会不平等首当其冲，表现在社会底层的极度贫困、教育有限、健康脆弱等及其相互影响，且深深镶嵌在社会结构中。《缄默之疾》[③]一书基于坦桑尼亚的医学人类学研究，分析其艾滋

---

① Depression Statistics 2021: Who Is Most Affected?[EB/OL]. https://vistapineshealth.com/services/depression/statistics/, 2022-10-21.

② Andrew J Stier, Kathryn E Schertz, Nak Won Rim, etc. Evidence and theory for lower rates of depression in larger US urban areas[J]. Proc Natl Acad Sci U S A.2021 Aug 3.118（31）: e2022472118.

③ 高良敏. 缄默之疾：坦桑尼亚艾滋病流行的人类学研究 [M]. 北京：中国社会科学出版社，2022.

病流行如何受制于结构暴力的深层内化及其社会文化过程，从而引发了社会文化反应。自1983年以来，坦桑尼亚艾滋病蔓延态势由城市到农村、由社会中上层到底层、由男性到女性、由成年人到婴幼儿。截至2020年，共约200万人死于艾滋病，存活约170万，成年人患病率4.7%，成年女性5.8%，青少年6%，因而坦桑尼亚一直是艾滋病广泛流行的国家之一。坦桑尼亚现有的社会结构先后受到外族统治、欧洲殖民统治、社会主义、新自由主义的影响，呈错综复杂的特质，其后果之一就是定型化了城乡健康格局。因而，艾滋病议题的分析须得从历史维度考虑社会制度对社会结构的巨大作用，才能认清社会底层为何脆弱。

5.2.2　健康的城市和社区

疾病是个体生活方式和社会生活方式的共同结果。生活方式是指于生活中形成的具有较稳定模式的日常活动，包括职业、娱乐及休闲等活动，而这些方式亦因受伤害人群的性别、年龄、家庭收入等个体特征不同而有不同的表现形式。

例如长期暴露在高犯罪率或危险的情境当中，或者常和有犯罪倾向的人接触，被害的可能性自然升高。个人生活方式的差异而导致接触交往的情境不同，而这种不同决定了个人被害可能性的高低。个人性格特征会影响其生活方式及交友方式，进而影响暴露在被害情境的机会，继而影响其被害与否的概率以及具体表现形式。

目前对于健康城市的探讨主要是基于城市物质环境通过城市规划和设计的提升，但这仅仅是一个方面。还有观点认为通过心理咨询解决社会疾病，但社会疾病的整体上升，是社会问题的系统结果，远不是心理咨询所能解决的。

本章小结

城市社会结构因素和空间议题，是在讨论当代社会群体间差异的阶层、人种、性别、年龄和健康等社会特征上加入了空间要素，突出了经济、社会、政治和文化地位的空间分化，亦即一种系统的、结构化的空间隔离及其融合的努力。

本章第 1 节是对于城市社会形态和结构及其空间投射的研究。着重讨论了古典社会学和当代欧美社会分层的研究，以及社会分层的衡量方法及结果，解析了当前的各个社会阶层，包括工薪阶层、都市新蓝领阶层、中产阶层、创新阶层、我国的新社会阶层、富裕阶层、贫困阶层等。社会的整体趋势是不平等加剧、阶层固化，地理籍贯也对城市中确立身份阶层产生影响。城市阶层对应于特定的空间分布，城市中存在贫富空间隔离，富裕阶层有其活动和居留空间分布，城市公共设施如教育设施和邻避设施分布和社会空间隔离也有关联。社会分层对应于空间隔离。

第 2 节分别探讨了国内和国际移民的适应过程。国内移民的融入包括农村移民的城市生存策略和身份认同；国际移民的隔离和同化，着重讨论了到达美国的移民、中国移民外迁的四次浪潮以及华裔移民分布的社会和空间特征等议题，并历史地分析了从近代到当今进入中国的国际移民的社会特征和城市分布空间特征。此外还讨论了移民、种族和民族之间的关联和差异问题。

第 3 节从社会性别结构的视角，考察城市时空中的社会性别，探讨了全球性别发展状况，社会转型期的现代女性角色，剖析了性别关系视角下的大都市空间文化嬗变，以及和"女性"性别含义相关的城市专用功能空间的设计，如女性专用或优先车厢等。

第 4 节从社会年龄结构的视角，分析资源分配的代际不平等和代际竞争，以及全龄友好的城市和社区的意义和必要性，包括老年友好的、儿童友好的、青年友好的城市和社区，不同类型的社区各有其内涵和要求。

第 5 节从社会健康结构的视角，分析了残疾人的隐形存在和无障碍的城市和社区，以及当今的抑郁症、艾滋病等社会性疾病和健康的城市和社区的关系。

重要概念

社会分层

移民

城市生存策略

社会网络

隔离和同化

空间性别隔离

年龄歧视

代际冲突

全龄友好

生活质量

无障碍的城市和社区

社会疾病

讨论问题

1. 选择某个城市地区或社区，解析其微观社会结构。

2. 通过观察调查，描述城市移民对城市空间的影响及其差异。

3. 尝试从社会阶层和性别关系视角分析当前社会中数量不断上升的城市单身现象，并进一步分析这一现象和国家放宽生育政策之间的断裂问题。

4. 在我国全龄友好的城市和社区建设中，青年友好的城市和社区建设具体涉及哪些方面？

5. 社会性疾病有哪些缓解方法？请举例说明。

【导读】本章采取整体城市空间—局部城市空间、城市公共的—半公共的—私
密的感知、城市空间的可见—城市空间的可感知、城市形象—城市公共环境—
城市和社区生活的分析位序，层层深入城市性、城市生活方式的主题，以城市
文化时空作为主要的分析背景框架，揭示城市社会、空间、文化的时空特质及
效应。运用城市符号学原理解读可见的城市形象和潜藏的城市意义；分析权力
对城市公共环境的渗透、阶层对城市生活和社区生活的烙印以及时间对于城市
文化和城市特质的融蚀／熔铸，整体解析城市特质和城市文化的关系；最后剖
析制度操控消费空间和消费城市的本质，包括对城市旅游、媒体和传播的社会
文化阐释。

第 7 章　城市公共环境和社会生活方式

第1节 城市符号学的解读：城市形象和城市意象

"世界上有那么多的城镇，城镇中有那么多的酒馆，她却走进了我的酒馆[①]。"这是 1942 年上映的美国电影《卡萨布兰卡》（Casablanca）中的一句台词。的确，这世界上有那么多的城镇，让我们印象深刻的，激起我们情感回应的，却只是其中的一部分。那么城市的形象是如何在人们的目光和意识中建构起来的？城市的品牌又或者污名是如何形成的？

进一步讲，城市的形象和品牌如何成为城市的文化资本？城市如何借助文化资本、通过自我营销获得经济上的增长？以及城市经济资本又如何反过来塑造和提升城市形象？城市符号学提供了一个有效的分析工具，可以帮助我们获得社会学的解释。

1.1 城市形象和品牌城市

城市是建成环境，也是社会环境；是物质的，也是文化的；是可触及的，也是可心向往的。这意味着，对于我们并未实地到达的城市，我们也可以保持着一种渴望一游的态度。这是因为城市有其自身的形象或意象，显然这种城市形象或意象是通过他者的图片、文字、影像等建构起来的，并且其中的一些——经过他者感知、解读和呈现的城市形象，由于"他者"数量的累积或"他者"身份的显赫，逐渐获得了普遍的认可。

1.1.1 国际城市形象

许多城市拥有高度的国际声誉，具有良好的国际形象，吸引着全世界的人们前往。除了吸引旅游，举办各类活动是一种有效的途径，向来访者展示城市形象，并通过活动的辐射和来访者的传播，更好地维持城市的发展。城市形象是保障活动成功举办的重要基础，一般而言，人们更愿意去那些知名的、有意思的城市参加各类活动。

（1）享有世界声誉的城市

通过各类展览建立世界声誉。例如意大利米兰家具展、米兰设计周、意大利威尼斯双年展[②]、法国圣艾蒂安设计双年展、英国伦敦设计节、芬兰赫尔辛基设计周、加拿大蒙特利尔设计节、德国柏林设计节、中国上海双年展、中

---

① 原英文台词是 "Of all the gin joints in all the cities in all the world, she walks into mine."
② 威尼斯双年展包括以下 6 个分展：威尼斯艺术双年展（1895 年设立）、威尼斯建筑双年展（1980 年设立）、威尼斯电影节（1932 年设立）、威尼斯双年展舞蹈节（1999 年设立）、威尼斯双年展音乐节（1930 年设立）和威尼斯双年展戏剧节（1934 年设立）。

国深圳双年展等；德国卡塞尔文献展、巴西圣保罗双年展和意大利威尼斯双年展并称为世界三大艺术展。德国法兰克福书展，是一年一度全球规模最大的出版行业展会。再如，法国戛纳、意大利威尼斯、德国柏林通过国际电影节建立或巩固了其世界声誉，举办国际电影节的城市还有很多，例如瑞士洛迦诺（Locarno）、捷克卡罗维发利（Karlovy Vary）、英国爱丁堡、澳大利亚墨尔本、西班牙圣塞瓦斯蒂安（Donostia-San Sebastián）、美国旧金山、英国伦敦、俄罗斯莫斯科、哥伦比亚卡塔赫纳、美国纽约、突尼斯迦太基、中国上海和北京等。全世界有 60 多个国家和地区举办过名目繁多的国际电影节 300 多个，但是全球瞩目的数量有限，许多城市仍然鲜为人知。这说明，城市品牌价值和活动价值是相互补充、相得益彰的，城市品牌可以提升活动价值，活动价值也可以凝铸城市价值。

（2）世界城市、全球城市

世界城市是国际城市的高端形态，是城市国际化水平的高端标志，是指具有世界影响力、聚集世界高端企业总部和人才的城市，是国际活动召集地、国际会议举办地、国际旅游目的地等。

全球城市是一类特殊的国际城市，在功能辐射和影响范围上，国际城市可能只是区域性的，而全球城市在社会、经济、文化或政治层面的影响力则是覆盖全球的，可以直接影响全球事务。萨森 1991 年将美国纽约、英国伦敦、日本东京定义为全球城市，而我国的上海、北京、香港等城市也已实际具备了全球城市的影响力（第 5 章），上海在《2035 城市总体规划》中就提出要打造"卓越的"全球城市。

（3）城市的形象标签

许多城市都被世人贴上了各式各样的标签，有点儿类似于别称、昵称。比如，法国首都巴黎是拥有各类标签最多的城市之一（表 7.1）。纽约常被昵称为"大苹果"（the big apple），是由于 20 世纪初的纽约对外来移民来说是个崭新天地，机会到处都是，取"好看、好吃，人人都想咬一口"之意。纽约的其他别称有哥谭镇/愚人村（gotham）、不夜城（the city that never sleeps）、世界之都（the capital of the world）、帝国之城（the empire city）等。

同一个别称，可以对应于不同的城市，表明这些城市都拥有相同或类似的形象要素，但是由于城市的知名度不同，或受众的知识疆域不同，同一个别称反映在不同人那里所对应的城市可能大不相同。例如提起"水城"，中国江南地区的人首先想到的可能是苏州，大部分欧洲人首先想到的可能是威尼斯，而比利时人首先想到的很可能是他们的布鲁日，印度人则首先想到的可能是拉贾斯坦邦的乌代布尔（udaipur）。

表 7.1 左侧展示了一些城市的品牌形象，右侧则显露了一些城市的污名形象。有些是中性的，例如"赌城"表明了城市的产业特色。品牌和污名都是

城市品牌和城市污名 表 7.1

国家／城市（地区）	品牌形象	国家／城市（地区）	污名形象
法国／巴黎	浪漫之都	哥伦比亚／波哥大；委内瑞拉／加拉加斯	毒品之都
	花都	美国／洛杉矶	谋杀之都
法国／巴黎；意大利／佛罗伦萨	艺术之都	意大利／那不勒斯；西班牙／巴塞罗那……	盗窃之城
奥地利／维也纳	音乐之都	日本／大阪	性犯罪之都
意大利／威尼斯；比利时／布鲁日；中国／苏州；印度／乌代布尔	水城	泰国／芭堤雅	色情之都
美国／拉斯维加斯	世界娱乐之都、结婚之都、赌城	菲律宾／天使城（安赫莱斯市）	色情超市
中国／澳门	赌城		

来源：根据相关信息整理

城市被社会化地塑造和建构的结果，这种建构是基于城市里长期的、频繁的、有影响或后果的社会活动而来的。

1.1.2 国内城市形象

我国城市数量众多，许多城市拥有别称（表 7.2）。这些别称来源基于历史传说、城市资源、气候特点、地理条件、早期产业、物种、物候等诸多因素。广州的"花城"之名历经 1700 多年，从未被其他城市取代，社会认同度最高，因其兼有气候、历史、产业、文化的综合因素。广州人种花、赏花、爱花、护花已成历史习俗，广州也是全国最大的花卉主产区，花卉贸易位居全国第一。而深圳被称为"鹏城"，则既有比拟特征，也有相关的城市历史基础。

我国城市别称 表 7.2

别称来源	城市及其别称
产业特色	钢城（马鞍山）、煤都（抚顺）
	设计之都（深圳、上海）
	航空运动之都（河南安阳）
资源特征	泉城（济南）、煤都（抚顺）
地理特征	山城（重庆）
气候特征	春城（昆明）

别称来源	城市及其别称
物种特征	榕城（福州）
物候特征	花城（广州）
历史传说	羊城（广州）、穗城（广州）、鹰城（平顶山）
人文特色	音乐之城（厦门）
	文学之都（南京）
	美食之都（长沙）
……	……

来源：根据相关信息整理

1.1.3　城市的美誉和污名

城市形象构成城市的软实力，是城市综合实力的重要部分。城市形象的社会建构通过知名度和美誉度得到反映，污名则起到反面的作用。一些城市具有较高的美誉度，例如我国的成都——城市自身的战略定位是"国家中心城市、美丽宜居公园城市、国际门户枢纽城市、世界文化名城"。2018年6月美国智库布鲁金斯学会发布《2018全球大都市监测报告》，推出了全球300个大都市经济运行表现指数榜单，中国和新兴亚太地区的大都市区域占据了2014—2016年增长最快的经济体，经济绩效指数表现最好的300个大都市经济体中，成都位列第三，仅次于爱尔兰都柏林、美国圣何塞[1]；同年，标准排名城市研究院发布了全国首个新文创领域城市排行《中国城市新文创活力排行》，成都在100个城市样本中脱颖而出，赢得综合排名第一[2]。这些排名对于成都来说，都具有增加城市美誉度的作用，有利于城市形象的整体塑造。

与此相对，一些城市由于历史原因而带有"偏见"。例如广东东莞，改革开放后曾一度以制造业工厂和休闲文化城市环境而知名，这种"偏见"只是城市某个发展阶段的一种特定反映，随着城市的成长变化也会逐渐被剥离。2014年开始，东莞通过城市形象宣传短片为自己"正名"，而成功的产业转型升级使得城市形象得到重新定位和提升，如今东莞已成为全国先进制造业基地、国际科技创新中心承载地。深圳曾经被国际舆论等同于"山寨工厂"，而

---

① Max Bouchet，Sifan Liu，Joseph Parilla，etc. GLOBAL METRO MONITOR 2018 – Brookings Institution[EB/OL]. https://www.readkong.com/page/global-metro-monitor-2018-max-bouchet-sifan-liu-and-8889618，June 2018.

② 王寒，廖雪芝.中国城市新文创活力排行揭晓 成都排名第一 [EB/OL]. https://baijiahao.baidu.com/s?id=1606386821496592638&wfr=spider&for=pc，2018-07-19.

今华为、腾讯、大疆等系列成为全球知名的深圳原创品牌。

美国加州的洛杉矶有"谋杀之都"的称号，洛杉矶曾经是黑帮在美国西海岸的根据地，在一部犯罪题材的美剧《洛城黑帮》（*Mob City*）中有所展示，20世纪40—50年代的洛杉矶，是一个集光彩照人的电影明星、强大的制片公司、战后归来的英雄、有权却腐败的警察以及危险的犯罪网络于一体的世界。

城市往往要借助于美誉度建立城市形象，并将其变成城市发展的资源，例如安徽省亳州被称为"中华药都、华佗故里、药材之乡、中国长寿之乡"。又如，江浙一带的城市形象大都以制造业和江南文化为特征，如浙江海宁既是历来已久的可观赏钱塘大潮的潮城，又是新兴的"皮革城"。

城市形象具有重要的社会政治意义。罗伯特·瑟维斯在《冷战的终结1985—1991》中曾提到，在戈尔巴乔夫时代中苏恢复交流后，苏联代表团来上海访问，"上海的'摩登文化'和'商业关系'给来自莫斯科的访问者们留下了深刻的印象。摩天大楼和商店橱窗宣示着中国经济特区所取得的经济发展"。[①]

1.1.4　城市营销

借助于城市美誉度和城市形象，城市政府可以有意识地进行城市营销，强化城市品牌。通过文化策略引导城市开发，也可以帮助城市塑造形象、建立声誉。著名建筑师弗兰克·盖里深谙此策略，他用富有想象力的设计和材料，独具个性的扭曲的建筑形体、充满创意的艺术手法，形成强烈的视觉冲击，重塑了许多城市的景观。西班牙毕尔堡的古根海姆美术馆（Guggenheim Museum Bilbao），匈牙利布拉格的跳舞的房子（Dancing House），洛杉矶市中心的迪士尼音乐厅（Walt Disney Concert Hall），都以独特的建筑语言符号，为城市增添了标志形象和崭新的地标，进而带动了都市旅游。

在城市层面，欧洲文化之都[②]策略则是成功的。欧盟每年指定若干欧洲城市为欧洲文化之都（European Capital of Culture），以推广这些城市的文化生活和文化发展。自1985年以来，每年都有一两座城市荣获这个称号，在这一年中，该市不仅有机会展示本市、本地区具有象征性的文化亮点、文化遗产和文化领域的发展和创新，而且可以吸引欧盟其他成员国的艺术家、表演家到该市表演和展出。这些城市也通过举办"文化之都"活动，彻底改造自己的文化基地和设施。欧洲文化之都计划扩大了城市的知名度，吸引了更多的游客，促进了文化旅游业的发展，进而吸引到新的投资，也提高了就业率。近40年

---

① T.G.Stepanov–Mamaladze diary, 4 February 1989；T.G.Stepanov–Mamaladze Papers（HIA），box 5. 转引自罗伯特·瑟维斯：427.
② 1985年始于雅典，被称作"欧洲文化之城"计划；1999年改名为欧洲文化之都。

的实践证明，这一活动无论对于提升获得称号的城市的影响力还是整个欧洲的凝聚力都是巨大的。

延伸阅读7.1　城市名头和城市概念的营销

城市营销是一个颇具市场化的理念，被城市用作市场营销的"概念"可以是自身主动提出或借用的，如"大学城"（第2章）、"公园城市"；也可能是需要参与和竞争资格的，例如"全球最宜居城市""遗产城市""赛会城市"是具有竞争意味的，中国"特色小镇"（第2章）的封号或名头是需要评选的；有些本身倒也并非以市场利益为出发点，而是以趣味吸引人，如我国的"魔都"（上海）和"帝都"（北京）之称。

全球最宜居城市（World's most livable cities）。这是经济学人智库（Economist Intelligence Unit）通过对全球140个城市进行的调查，根据治安、基础建设、医疗水平、文化与环境及教育等指标进行评估评选出来的结果，每年进行两次调查并发布年度报告《全球宜居城市指数》（*Global Liveability Index*）。与之类似的还有美世咨询公司（Mercer）的全球城市生活质量排名等。2018年全球最宜居城市是奥地利首都维也纳，全球前十名还包括墨尔本、大阪、卡尔加里、悉尼、温哥华、多伦多、东京、哥本哈根和阿德莱德。中国入围该排行榜前100名的10个宜居城市有香港（35）、台北（58）、苏州（74）、北京（75）、天津（77）、上海（81）、深圳（82）、大连（90）、广州（95）和青岛（97）。

遗产城市。在世界遗产地名目下有三种类型的遗产城市：文化遗产地（cultural heritage sites）、自然遗产地（natural heritage sites）和混合遗产地（mixed heritage sites）。自然遗产大都分布在远离城市的自然环境中，因此给城市带来直接影响的更多是文化遗产地。联合国教科文组织和世界遗产委员会还把"遗产地"的概念扩展到了遗产城市（Heritage Cities）。广义的遗产地整体包括了区域的和城市的遗产地点，以及城乡历史地区（例如历史文化名城、街区、村镇等）。很多城市积极争取世界遗产城市的称号，对于进一步提高城市的世界知名度并带来实质性的旅游收入（按国际规定，世界遗产地点应免费对公众开放，本身并不收费）是有益的。例如，四川省乐山市除"峨眉山、乐山大佛"两个世界"双遗产"5A级景区外，全域范围内世界级和国家级旅游资源密度达每万平方公里25个，是全省平均值的3.6倍。

公园城市。国外许多大城市拥有规模较大的公园，堪称公园城市。德国柏林有蒂尔加藤公园占地2.6平方公里，英国伦敦有海德公园占地1.42平方公里，美国纽约有中央公园占地3.41平方公里，这些公园都是城市的公共开放空间，提供了全体市民公共生活的场所，并孕育了城市的公共文化。当然不仅仅是这些大型公园，其他各级城市公园、城市绿带、绿色通道、绿色网络、生态改造地等相互连接，共同构成了公园城市的公共开放空间体系。① 国内最先提出"公园城市"概念的是四川成都，其内涵是"山水人城和谐相融的公园城市"。

森林城市。森林城市的提法最早源于美国和加拿大。1962 年，美国肯尼迪政府在户外娱乐资源调查中，首先使用"森林城市"这一概念。美国的城市森林内涵是广义的，泛指一般意义上的城市范围内的所有树木。而欧洲一些国家，像德国、芬兰等把城市森林主要定义为城市内的较大林区和市郊森林。这些国家森林资源丰富，城市绿化率几乎达 50% 以上，市中心或市郊都有城市森林，是名副其实的森林城市和生态城市。

我国从 2004 年起启动了"国家森林城市"评定程序，制定了"国家森林城市"评价指标，目前已授予的国家森林城市有 200 多个，而至 2020 年全国开展国家森林城市建设的城市达 441 个。2020 年建成京津冀、珠三角、长三角、长株潭、中原、关中—天水 6 个国家级森林城市群。珠三角国家级森林城市群涉及 9 个城市 ②。截至 2021 年底，我国有国家级森林公园 906 处。

云南拥有良好的自然生态基础，昆明是云南第一个国家森林城市，普洱（思茅）是第二个。普洱全市森林覆盖率近 70%，保存着全国近 1/3 的物种。普洱的每立方厘米空气负氧离子含量达 8000 个，是中国乃至世界气候舒适指数最高、空气洁净度最好、最适宜人类居住的地方之一。

赛会城市。一些城市通过固定举办体育赛事或重要的国际活动而闻名世界。例如澳大利亚网球公开赛在墨尔本举办；法国网球公开赛在巴黎举办；温布尔登网球锦标赛在英国温布尔登举办；美国网球公开赛在纽约举办。又如，F1 赛车在摩纳哥蒙特卡罗举办。我国的杭州是 2016 年 G20 峰会举办城市、厦门是 2017 年金砖五国峰会举办城市、青岛是 2018 年上合组织峰会举办城市。这些城市因为良好的基础成为赛会城市，反过来各类赛会活动又为推动城市高质量发展提供了新的机遇。

1.2 城市符号学和城市空间

城市是一个具有层级性、空间性和时间性的处于动态演变中的符号世界，城市建成环境具有符号学的意义，城市空间形式具有文化符号的内涵，而空间脉络隐藏在城市标识系统之后。本质上，城市符号学为城市社会学研究提供了一个独特的视角和有用的文化分析工具。

---

① 黄怡. 整合发展目标建设全龄友好的公园城市 [J]. 先锋，2022（2）：36–39.

② 顾仲阳. 我国将建 6 个国家级森林城市群 [EB/OL]. http://www.forestry.gov.cn/main/72/20180130/1071648.html，2018–01–30.

1.2.1 城市符号学和建成环境

城市生活按照属于建成环境一部分的文化符号和物质对象被组织，这些标志、符号和对象具有特定的社会内涵，它们所产生的城市形式具有意义和社会作用，对不同的个体或群体可能具有不同的含义，对这些符号和对象的研究称为城市符号学（urban semiotics）。对城市符号学来说，物质对象是意义的载体。城市建成环境由建筑、场地、路径、自然景物等人工和自然要素构成，这些物质对象、要素是城市空间的元素，同时又可视作是许许多多的符号叠加而成，这些符号不是孤立地、杂乱无章地堆积在一起，而是像建成环境作为一个整体一样，是一整套符号体系，是浓缩保存的城市信息和城市文本。也就是说，城市具有符号学的特征。城市作为一种文化历史现象，可以借助城市符号学来解读。

城市符号和人的语言不一样，它是无声的。城市建成环境是沉默的，但是运用城市符号学却可以解析城市建成环境的"话语"。这种解读基于符号以及社会赋予它们的价值，即文化的内涵代码；又或者说基于社会学话语模式，即社会主体的价值体系或社会构成的世界观以及话语模式。就这层意义而言，城市符号学是将符号提取、符号复制、符号移植和符号背后运行的文化特定内涵系统联系起来。例如美国国会大厦是美国的国家标志，这座政府建筑物采用了来自古希腊建筑的元素（穹顶、柱廊、三角楣等），模仿古希腊建筑风格（建在国会山上），想要传达一个权力和民主的形象。因为西方世界认为古希腊是民主的发源地。因此，符号可以被认定为是历史、社会产品，符号存在特定的城市模式和生产模式。符号包含了社会建构的价值观或意识形态，它们是经验性地观察到的，并且是文化特定的。符号系统背后运行着文化特定的价值体系。

也有城市研究起了符号终于符号。美国建筑师凯文·林奇的研究对象被称为"城市意象"，是一个（更确切地说可以是一个）符号学分析对象，但林奇的视角停留于环境感知的外延层面，侧重独立于其社会背景的固有的空间意义系统，而选择忽略了内涵层面——城市空间的"意识形态话语"①。

城市不单纯是一个产品，而是一个动态的过程，人类行为和建成环境能够产生互动的关系。城市符号学包括用符号学讨论城市中的生活行为及方式、社会互动的功能、文化、意识形态和城市标志等，是在功能和符号之间建立关联。符号互动论（symbolic interactionism）正是一种主张从互动的个体的日常自然环境去研究人类群体生活的社会学和社会心理学理论派别。纽约时代广场（Times Square NYC）是一个典型样本，它享有"世界十字路口（the

---

① M. Gottdiener and Alexandras Ph. Lagopoulos（Eds）. The City and the Sign：An Introduction to Urban Semiotics[M]. New York：Columbia University Press，1986.

crossroads of the world）”的美誉，不仅因其优越的城市区位——汇聚了世界上最好的娱乐设施、美食酒店和令人眼花缭乱的 LED 广告牌的曼哈顿中城百老汇大道中心，而且因其在纽约人心目中不可取代的地位——市民迎接新年和欢度庆典的重要场所。

麦当劳（McDonald's）是一家全球大型跨国连锁餐厅，麦当劳的黄色的 M标志在世界的许多地方都可以看到，是全球化的标志之一。在美国，每个高速公路出口附近就有一家麦当劳分店，可提供无线上网服务。麦当劳遍布全球六大洲 119 个国家，拥有约 3.2 万间分店，在很多国家它代表着一种美式生活方式。詹姆斯·华生在《金拱向东：麦当劳在东亚》一书中指出，麦当劳是一个全球性的符号，但在东亚也面临着国际品牌的在地化。在美国，因为麦当劳的主要消费者是社会底层群体，所以汉堡包的规格尺寸相当于中国麦当劳的3~4 倍之大。根据在不同国家消费者的不同，麦当劳也会进行在地化的转变。但在素以本国饮食文化为傲的法国，麦当劳被很多人视为美国生活方式入侵的代表。麦当劳作为一种生活方式的符号和载体，在一个社会的内部也改造、影响着人们思想和价值的标准。而对和 M 标志这一全球符号相关的共相的发掘和差异的对比可以成为阐释全球化影响的一个独特的维度。

此外，城市符号学、建筑符号学和空间符号学相互之间存在交叉关系。城市符号学是在符号学和城市之间建立联系，讨论城市建成环境、城市空间、城市社会、城市文化等；建筑符号学是在符号学和建筑之间建立联系，关注建筑空间、形式及意涵；而空间符号学是在符号学和空间之间建立联系，符号只有和所处空间相互作用才能发挥功能，所指的空间不仅仅局限于建筑空间、城市空间。但是空间符号学和城市符号学的结合有助于更好地剖析城市空间的现象和问题，例如，对于购物中心（shopping malls）、连锁品牌快餐店、传统定居点的符号学分析等，涉及一些物质对象以及关于它们的社会话语和非符号的社会过程。又比如奥特莱斯的空间或时尚意义系统，殡葬设施的物理性边界、心理性边界和社会性边界等边界的符号呈现和拓展，等。

1.2.2 城市空间形式和文化符号

空间形式往往包含了特定的文化符号，有些带有突出的人为因素。符号学分析可以扩展到包括规划书面文本、设计师的计划、城市使用者的城市话语以及房地产广告。而数字作为符号语言表达对秩序的遵循，是来自我国营造传统中常见的手法，也是民族文化的载体。

2016 年，拉萨市曲水县规划建设了西藏首批易地扶贫搬迁点，才纳乡"扎西堆喜"（意为四季吉祥）村扶贫搬迁安置点距拉萨市 24 公里，共有 200余户逾千人。四季吉祥村分为春、夏、秋、冬 4 个片区，体现一年四季；村内有 12 条主要道路，象征一年的 12 个月；365 套住房象征一年的 365 天。由

图 7.1　布鲁塞尔市政厅大广场的鲜花地毯

来源：https://www.thetra-velmagazine.net/wp-content/uploads/brussels-flower-carpet.jpg

于集中规划安置，四季吉祥安置区不同于原有自然形成的农牧民居住格局和村社管理模式，而是形成了集中居住、邻居不同村的"杂居"新农村社区，搬迁户的随迁牲畜饲养则提供了集中圈养场所。[①] 四季吉祥村的片区划分、道路和住房数量都被赋予了一定的说法，带有明显的符号意味。此外建筑采用了藏式风格的绿、红、白、蓝四色，分别代表水、火、云、天，这是色彩的符号。

　　文字、图案作为符号语言传递寓意，也是常见的手法。宁夏回族自治区银川市永宁县闽宁镇原隆生态移民村，是 20 世纪 90 年代来自西海固地区的移民将贺兰山下的戈壁滩改造成的绿洲，虽然是村，规划建设方式类似于小城镇，中心广场采用"福"字图案的绿化形式，以富有内涵的汉字作为符号，直观表达寓意和寄托祈愿。

　　变化的符号语言可以催生空间活力和文化生命力。布鲁塞尔大广场是比利时首都布鲁塞尔的历史中心之一，因每两年举办一次的布鲁塞尔鲜花地毯，被誉为"世界上最美丽的中心广场"。图 7.1 展示的是 2018 年 8 月布鲁塞尔大广场上亮相的鲜花地毯，图案灵感来自墨西哥瓜纳华托州的民俗文化。富有历史感的建筑空间形式，丰富、多元而变化的语言符号，展示了布鲁塞尔大广场的兼容并蓄，而这正是该历史场所能够持续吸引全世界目光的关键所在。特殊背景下的城市公共环境也可能有殊为不同的符号解读。传统的街巷空间复杂多变，在战争场景下则成为巷战的符号系统。例如伊拉克北部重镇摩苏尔市（Mosul）于 2014 年 6 月被"伊斯兰国"（IS）攻陷后，曾一度成为 IS 在伊拉克的巢穴。在摩苏尔守卫战中，IS 武装灵活利用老城窄巷密布的特点，设置路障、深挖地道及构筑街垒；在街上布满地雷，挂满帆布，以滞缓联军攻势，

---

① 吴亚明.万水千山总是情——海外华文媒体走进西藏 [N]. 人民日报海外版，2018-08-14（4）.

遮挡空中侦察；特别是其狙击手穿行于凿通的房屋之间，冷枪狙击，对联军造成不小杀伤。因此，城市空间系统有时也可能成为战争文化的符号系统。

1.2.3　空间脉络和标识系统

城市的人工物质环境通常是无声的，风声雨声、虫鸣鸟语是自然界赋予的，水音、钟声是经过设计的，热闹欢愉或喧嚣嘈杂是使用者带来的，而空间只是通过符号系统向使用者发出无声的提示，清晰的或模糊的，使用者则依据对空间线索的自我理解付诸行动。这个解译的过程涉及设计者、使用者之间的默契问题，也就是说设计者和使用者是否都熟知和遵循更大的社会符号系统的规制以及特定场域中的适用原则和适用范围。

（1）空间脉络

好的公共空间会提示清晰的空间线索，展示完整的空间脉络，这些线索和脉络是层级分明的、规范合理的，以适应不同年龄、性别、宗教、种族、职业的人群，以确保他们在公共空间中有恰当的行为举止和礼仪教养，以及严格地遵守秩序。

标识系统具有直接的指示意义，表明场所的功能、性质，激发社会行为的互动。一套适用广泛的或者说广为接受的标识系统，可以促进跨越空间的社会互动。这在一定程度上解释了品牌 logo 的意义，一位城市旅行者甚至是一个儿童，在一座陌生的城市里，可能不认识街道上的任何文字，也不会说当地语言，但是只要看到麦当劳的 M 标志（前提是本已有认知），就可以放心地走进去，就着图片点餐。

还有讨论较多的公共场所卫生间的标识。在区分男女两性时常常使用一些具有象征或指代意味的图形，例如"烟斗""上翘的八字须""西装""顶点朝下的正三角形"代表男性，"高跟鞋""红唇""连衣裙""顶点朝上的正三角形"代表女性，这些标识系统常常会引起争议，即是否存在性别歧视或性别刻板印象的问题，此外还涉及社会对性别包容和认同的问题。

（2）流动空间和地方空间

卡斯泰尔在其提出的"流动空间"理论里有一些主要观点，空间是社会的表现，"精英是寰宇主义的，而人民是地域性的"[①]。换言之，精英是全球化的，人民是地方的。精英们可以相互理解并且支配他人的规则和文化符码，以区分他们的文化"内""外"的边界。因此，一方面，精英形成了他们自己的社会，构成了象征隔绝的社区（比如高尔夫球场、会员制餐厅的商业午餐）；另一方面，统合全世界精英的象征环境形成，沿流动空间建构起一个相对隔绝的空间（如机场贵宾室）。作为一种新的社会排斥机制，流动的空间以旧有的

---

① 卡斯泰尔 . 流动空间：资讯化社会的空间理论 [J]. 王志弘，译 . 城市与设计学报，1997（1）：3–15.

社会不平等状况为基础，在全世界范围内创造新的不平等现象。

需要明确的是，流动空间并未渗透到网络社会里人类经验的全部领域，绝大多数人所感知到的仍是以地方为基础的空间，卡斯泰尔说："地方乃是一个形式、功能和意义都自我包容于物理临近性之界限内的地域（locale）"[①]，"流动空间和地方空间之间的关系，同时并存在全球化与地域化之间"[②]。"人民确实生活在地方里，但是，我们的社会功能和权力是在流动空间里组织，其逻辑的结构性支配根本地改变了地方的意义与动态。流动空间使地方之间的关联逐渐丧失，越来越无法分享文化符码。除非在这两种空间形式之间刻意建造文化、政治与实质的桥梁，否则我们将一头栽进平行宇宙里的生活，彼此的时间无法配合"。[③]

（3）制度时间和空间的流动

符号还可以突显城市内部象征性的生活的主题，展示和既定价值相关的文化对象的内涵或社会意义的过程，以及特定文化意义系统的属性。2022年9月，美国加州通过一项法案，将中国农历春节定为加州法定节假日。这意味着，将一个地域（华裔的家乡）时间纳入另一个地域（加州）时间，将一部分人（华裔）的共享时间（节日）扩大为公共（州层面）的共享时间，由此也会改变在这个时间点上的社会空间符号特征，节日装饰变得格外重要，尤其是带有中华传统意味的灯笼装饰，正是以这种鲜明的地域符号标识为形式载体，实现了跨区域的制度时间和空间的流动。

1.3　电影中的城市符号和城市意象

电影是视觉艺术，在浓缩的时间中充满了高密度的符号学内涵，因此全球知名的地标性的城市和建筑总是成为银幕的偏爱，深受导演们的青睐（表7.3）。有些影片希望通过城市来丰富故事内涵，激发观众观影的兴趣。有些在片名中就直接显示了城市，例如《柏林苍穹下》（*Der Himmel über Berlin*，1987年），影片中的波茨坦广场、勃兰登堡门、查理检查站等场所都被赋予了诠释冷战时期德国政治、社会和空间分隔的象征内涵。由此，城市空间成为意识形态的话语表达，社会建构起了城市标志和意识形态之间的对译系统，这些是可以经验性地观察到的，并且是文化特定的。

美国内华达州的拉斯维加斯是在银幕上经常出现的一座城市，在黑帮犯罪题材或其他题材的电影中，霓虹灯闪烁的火烈鸟拉斯维加斯酒店（Flamingo

① （美）曼纽尔·卡斯特.网络社会的崛起 [M]. 夏铸九，王志弘，等译. 北京：社会科学文献出版社，2000：518.
② （美）曼纽尔·卡斯特.网络社会的崛起 [M]. 夏铸九，王志弘，等译. 北京：社会科学文献出版社，2000：521.
③ （美）曼纽尔·卡斯特.网络社会的崛起 [M]. 夏铸九，王志弘，等译. 北京：社会科学文献出版社，2000：524.

Las Vegas）的入口是一个经典场景，提示观众——这里是拉斯维加斯！火烈鸟拉斯维加斯酒店是位于城市南部拉斯维加斯大道上的一家大型赌场酒店，之所以成为拉斯维加斯的符号，成为资本主义消费文化的特殊而又明确的意义标签，除了夜色中熠熠发光、状如火烈鸟红色羽毛的造型特征十分鲜明，还因为它在拉斯维加斯城市化过程中的重要地位。内华达州是美国最干燥的一个州，

<h3 style="text-align:center">电影中的城市及其标志景点／符号　　　　　　　表 7.3</h3>

城市	标志景点	电影
拉斯维加斯	火烈鸟拉斯维加斯酒店	一代情枭（Bugsy）（1991 年）
旧金山	泛美大厦①	窈窕奶爸（Mrs. Doubtfire）（1993 年）
芝加哥	黄金海岸、约翰汉考克中心、怡安中心、特朗普国际大酒店②	西北偏北（North by Northwest，1959 年）；黑暗骑士（The Dark Night，2008 年）
纽约	帝国大厦	西雅图夜未眠（Sleepless in Seattle，1993 年）
伦敦	伦敦塔桥、圣保罗大教堂、大本钟、威斯敏斯特大教堂等	伦敦陷落（London Has Fallen，2016 年）
巴黎	埃菲尔铁塔、巴黎圣母院、蒙马特高地、新桥	虎口脱险（1966 年）；爱在日落黄昏时（2004 年）；新桥恋人（1991 年）
罗马	西班牙大台阶、特雷维喷泉	罗马假日（1953 年）
佛罗伦萨	圣母百花大教堂、佛罗伦萨旧宫及阿诺尔福塔（Torre d'Arnolfo）、广场	泪洒佛罗伦萨（Tränen in Florenz，1985 年）；看得见风景的房间（A Room with a View，1985 年）；情迷佛罗伦萨（Up at the Villa，2000 年）；迷情佛罗伦萨（Lost in Florence，2017 年）；佛罗伦萨迷宫（フィレンツェ・ラビリンス～15 世纪の私を探して，2011 年）；托斯卡纳艳阳下（Under the Tuscan Sun，2003 年）……
威尼斯	水道、水巷、桥	魂断威尼斯（Morte a Venezia，1971 年）；威尼斯疑魂（Don't Look Now，1973 年）；致命伴旅（The Tourist，2010 年）
柏林	德国议会大厦、波茨坦广场、勃兰登堡门、查理检查站	柏林苍穹下（Der Himmel Über Berlin，1987 年）
东京	新宿、涩谷、秋叶原	绿芥刑警（Wasabe，2001 年）；迷失东京（Lost in Translation，2003 年）
上海	东方明珠、金茂大厦	碟中谍 3（2006 年）
巴塞罗那	巴塞罗那大教堂、巴塞罗那最老的城区奥维耶多	午夜巴塞罗那（2008 年）

来源：根据相关资料整理

---

① 1972 年竣工的泛美大厦（Transamerica Pyramid），48 层，在 1972—1974 年短暂地曾是美国密西西比河以西最高建筑，虽然已不再是公司总部，但金字塔仍是泛美公司的标志建筑。

② 1128 英尺的百层约翰汉考克中心（John Hancock Center），1136 英尺的怡安中心（Aon Center）以及 1388 英尺高的壮观的特朗普国际大酒店（Trump International Hotel And Tower）是芝加哥最著名的三座摩天大楼。

气候恶劣，人口稀少。1931年内华达州赌博合法化，以促进地方经济发展。这吸引了黑帮的注意，西海岸洛杉矶最声名狼藉的黑帮头目之一西格尔（绰号Bugsy Siegel）是开发拉斯维加斯的最重要的人之一，他在一片不毛之地上投资建造了第一座酒店，也就是火烈鸟拉斯维加斯酒店，拉开了拉斯维加斯开发的序幕。如今拉斯维加斯市已是该州最大的城市。

美国作家丹·布朗的"密码三部曲"都被改编成了电影，主人公是哈佛大学的宗教符号学教授，在三部曲中带领观众穿梭在一些著名的城市之间，其中《天使与魔鬼》（Angels & Demons，又名 Illumination）（2009年）可以说是对罗马和梵蒂冈城的城市公共空间关系的过度解读，圣彼得广场（Piazza San Pietro）及包括纳沃纳广场（Piazza Navona）在内的罗马一系列广场都一一展现，观众可以在地图上找到影片中主人公们"游览"过的广场、街道和教堂，并被灌输这些公共空间的背景知识和规划设计意图。包括《达·芬奇密码》（2006年）、《但丁密码》（2016年）等影片有一个共同点——在展示城市公共空间表象的同时，通过城市符号学的解读激发起观众更大的兴趣和共鸣。

事实上，借着摄影和摄像，我们得以更好地固定视觉图像，认识到无意识的视像，正如同心理分析让我们了解到无意识的行为。摄影中的细节可以真实记录和还原当时的场景，甚至连带着传递当时场景中所存在的情感。照片中所拥有的特殊的空间感，所记录下来的情绪和情感是特殊存在的。城市符号学解读恰恰需要摄影师般的敏锐发现和照相机镜头般的瞬时捕捉（涉及使用者行为时确是如此）以及心理分析师般的细致解读。当然，对于城市公共环境及其意涵的解读所要面对的是更为复杂的社会现实，寻求在空间脉络中解释公共空间中的行为。对规划师、建筑师和景观设计师来说，则要更进一步，以城市符号学为基础，通过创造公共空间的改变，进而潜在而缓慢地引导社会行为的变化。

城市和城镇是大多数电影作品沉默的配角。《天堂电影院》（Nuovo Cinema Paradiso，1988年）中不知名的意大利南部小镇，天堂电影院成为一个标志性的符号，是主人公人生历程中一个浓缩的符号，浓缩了童年、家乡、青春的记忆，也是昔日小镇恬淡平静却也贫乏狭窄的生活的象征。伍迪·艾伦的《曼哈顿》（1979年）镜头下的纽约，背景是夜雾中连接曼哈顿和皇后区的皇后大桥，大都市朦胧迷离的环境氛围和知识分子暧昧混沌的情绪状态相互映衬。

城市的建筑、空间、场所可以成为叙说者，成为城市的代言人，具有象征和符号意味的影视镜头，将构筑起一座城市独特的意象。佛罗伦萨是一座被艺术家深刻的感情所堆砌的城市，随意的一个街头场景都是一幅精心巧妙布设的画面。威尼斯迷宫一般的街道，非常相似让人难以辨别。在历史建筑修缮专家约翰（John Baxter）[1]的眼里，冬天的威尼斯让人分外伤感。同样是东京，日本人眼里的东京和外国人眼里的东京又是不一样的。

电影中的城市建成环境是物质上的文化表现形式，和环境中人物的口头上的、行为上的文化表现形式一道，共同构成电影的文化表达，并使得电影在特定社会过程展示中具有了一种价值承载或规范性的内在品质。而作为拍摄地并实名出现的城市或城镇，结合电影情节设定，就完整地建构了故事发生的社会时空背景，和故事有了水乳交融的整体性，可以解释为什么事件是在这里发生而不是在别处，是这个城市的生活环境、文化决定了这一切。

那些以知名城镇、城市为背景的电影，即使故事情节本身并不那么精彩，也仍旧会吸引大量观众，因为他们感受到作为背景的城市和城镇就已经很满足和向往了，历经沧桑仍保存完好的各种建筑、独特的风景、场景，历经变迁仍然保留的人情和风俗习惯，也会深深吸引观众。通过想象、代入和移情，他们让自己身临其境，怀想过往的到达或假想未来的抵达，完美地完成空间和时间的转换。从这层意义上来说，城市环境、城市文化已经融为一体，对一座城市或城镇的向往，其本质上是对超越现时现地情境的另一种文化、另一种生活方式的认同和向往。

第2节　权力的渗透：城市公共环境及其意涵

上一节讨论了城市的整体形象和意象，城市公共环境则是进一步对城市公共空间的系统探究，城市公共空间可以视作一个连续的网络，由不同层级、规模、类型和形态的空间组成，其性质是公共的，也就是由所有市民可以共享的、可达的。相对于城市整体公共空间系统而言，每一处公共空间是局部的、具体的，但是由于其所处区位不同，自身功能性质不同，不同的公共空间发挥的作用不同，公共环境所包含的意涵也大不相同。

需要指出的是，对于环境的解读可能存在看似完全相左的观点，例如现代主义建筑大师密斯·凡·德罗（Mies van der Rohe）主张"简约即丰富"（Less is more），而建筑评论家查尔斯·詹克斯（Charles Jencks）却认为"简约即乏味"（Less is bore），两个针锋相对的观点恰恰说明，对城市公共环境的理解，和作为空间使用者、分析者的个体、群体有很大的关联。

城市公共环境有很多类型，最常见也是最重要的一些类型包括礼制空间、宗教空间和神圣空间、复仇主义的城市空间等。在所有这些空间类型的背后或深层，权力的逻辑随处可见，权力不仅指政治上的强制力量，也包括职责范围

---

① 意大利和英国合拍电影《威尼斯疑魂》（Don't Look Now，1973年）中的男主人公。

内的支配和指挥权，也就是说，后一种权力通常来自更广泛的形式。

2.1 礼制空间、宗教空间和神圣空间

中外的城市空间布局普遍受到宗教、政治、商业和军事文化的影响，我国的城市空间布局还受到传统"风水"观念、礼制文化的影响。礼制在中国传统社会中有着十分重要的作用，"圣王明礼制以序尊卑，异车服以章有德"[①]，礼制最根本的目的在于建立秩序，包括社会秩序和空间秩序，空间秩序不但是社会秩序的物质呈现，反过来又会进一步维护、强化和巩固社会秩序。

2.1.1 礼制空间

"礼"的观念深深地根植于中国人的心中，这种意识形态的表象体现在生活的各个方面和人们的行为模式中。在我国传统城乡环境中，大到城市宫城布局，小到聚落村寨布局，都遵循营造礼制；在建筑规模、群体组合、屋顶形式、装饰符号、色彩运用上也都有严格的规制。在现代城市中，传统的营造规制已无复遵循，但是一些传统的城市空间环境还是得以较好地延续下来。

文化的首要就是礼制的传承，"礼"的外在表征最明显的体现就是信仰仪式和空间，信仰仪式和空间承载了礼的作用，大到国家之间，小到街坊四邻，礼是维持人际和谐相处之根本。

2.1.2 宗教空间和神圣空间

宗教是一种涉及形而上学的社会运动。宗教空间是礼制空间的一种类型，是宗教信仰者为了对其崇拜对象表示崇拜和恭敬所举行各种例行仪式、活动的场所。宗教礼仪有三种：第一种是物象礼仪，即向神佛贡献各类供物；第二种是示象礼仪，将一些宗教礼仪规范化、符号化、象征化，以增加宗教礼仪的崇高性和神圣性。第三种是意象礼仪，是一种心灵的礼仪。宗教空间属于第二种，既为宗教生活提供场所，其自身也是构成传统城市的重要组成部分，其建构过程则是城市宗教生活的重要组成部分。

宗教的作用在于通过典仪，假借宇宙的要求建立社会秩序，但生活在边缘地区的人们却可能不是这种体系的一部分。因为离城市越远，秩序的感染力越小，所以越边缘的地区，统治权力就越难以维持。早期的城市帝国以威慑体系为基础，而威慑能力会随着距体系中心的距离增长而减弱[②]。两种不同类型地区的城市宗教空间，一个处于典型的大城市，一个处于边疆地区，从中可以

---

① 《汉书·成帝纪》。
② （英）约翰·伦尼·肖特. 城市秩序：城市、文化与权力导论 [M]. 郑娟，梁捷，译. 上海：上海人民出版社，2015：20.

发现一些差异。

（1）上海的宗教空间

不同宗教有各自的宗教礼仪，对应于不同的宗教空间。宗教空间也是各种宗教之间相互区别的标志之一。在大都市上海，多元文化影响下的民间信仰仪式、行为和城市空间之间产生联系，形成了完整的宗教符号体系。上海的宗教空间丰富和上海作为移民城市的性质关联甚大。通常当人们迁入一个新的居住地时，大多数人会在陌生的环境和不可预知的未来面前请求神的帮助。移民们会将他们原先家乡的宗教信仰带入新的生活，或者原本并不信教的人也会寻求让自己的心灵有所皈依。

上海现存的佛教场所有龙华寺、玉佛寺、静安寺以及真如寺、太平教寺、下海庙、法善庵等寺庙，供香客或市民去烧香拜佛祈福。寺庙虽然属于城市公共空间，但是进入部分寺庙还是需买门票。龙华寺是上海香火最旺的寺庙，距今已有 1700 年历史，每逢初一、十五或佛教传统节日，寺院内香烟缭绕，福烛高照；处于都市景观中的名刹，隔绝尘俗，自成格调。南京西路的静安寺，地处大都市的核心地带，旁边是繁华的百货商店和地铁换乘站，宗教空间和世俗空间紧邻而立，毫不相悖，有着金刚宝座塔样式塔刹的静安宝塔为繁华的大都市展示了异样而独特的氛围。而在我国传统的商业文化中，商人在对待财富方面有着十分虔诚的信仰和仪式。

此外，上海的道教场所有上海城隍庙、朱家角城隍庙、钦赐仰殿、白云观（大境庙）、三元宫、枫泾施王庙等。上海的伊斯兰教场所有七坊和一处固定处所，例如黄浦区的福佑路清真寺、小桃园清真寺、普陀区的沪西清真寺、杨浦区的江湾清真寺，以及上海地区最古老的伊斯兰教建筑——始建于元代的松江清真寺。

作为中西文化交融之地，上海还有多座基督教教堂。基督教主要分支的天主教和东正教在上海都有遗存。黄浦区的沐恩堂（原名慕尔堂，始建于 1874 年）已成为人民广场的地标性建筑，还有圣三一堂、徐家汇天主教堂、外滩的天主教和平之后圣母堂、上海市基督教沪东堂以及佘山圣母大教堂（佘山天主教教堂）；上海外滩源的新天安堂是一座废弃多年的老教堂，曾是与圣三一堂齐名的社交生活中心。但是教堂作为宗教活动的功能场所在当代已经极大弱化，更多的成为游览的历史场所。

宗教空间在城市中的分布状况和曾经的活动人群相关。大约在 20 世纪 20 年代，法租界里俄国侨民越来越多（第 6 章），他们大多是旧官僚和资产阶级分子，信东正教，所以在上海建造东正教堂。1931 年日本侵略我国东北后，外籍东正教徒纷纷从全国集中到上海，并在上海建造了 7 座教堂。目前上海仅存 2 座东正教堂，其中一座是 1932 年建成的圣尼古拉斯教堂（现为思南书局），这是上海俄侨自建的第一座东正教堂，由东正教上海教区的教徒和白俄侨民集资兴建而成。因此，从某种程度上说，礼制空间、宗教空间作为一种文化凝聚力的实体符号和标志，随着移民人群的跨地域、跨国流动，将在新的城市、民族和文化环境中，产生新的文化传播内涵。

宗教空间跨境生产的现代例子在本书第 8 章的移民一节还会涉及，例如信仰伊斯兰教的土耳其移民如何在德国城市里争取建造他们的清真寺，并引发了德国关于宗教、文化和权力的空间及其内涵争议。

（2）西藏的神圣空间

从上海的宗教空间到西藏的神圣空间，同一类型的空间，但是在具象表达和物质载体上却有所变化，这是因为在大都市中，宗教空间虽依然存在，但是宗教在市民生活中的影响力和神圣性已逐渐式微，但是在西藏，民间的宗教信仰相对得到较好的延续，对应于人们虔诚的态度，在概念使用上，"神圣空间"比"宗教空间"更能说明这一空间类型的分量。在西藏，藏传佛教、伊斯兰教、天主教等各种宗教并存。西藏经修复开放的各类宗教活动场所有 1787 处，寺庙僧尼 4.6 万多人，大型宗教活动如转神山神湖活动、萨嘎达瓦节、展佛节、跳神节等 40 多种民俗类宗教节庆活动得到保护和继承①。

万物有灵的观念深刻地影响了当地居民，如一首藏族民歌所唱："东方雪山顶上，彩云纷纷扬扬，那是大神小神，正在天上行走！"神无所不在，无时不在，这种精神观念也渗透在社会生活的方方面面，形成了一种神秘而又独特的文化氛围。首府拉萨市有哲蚌寺、八廓街，日喀则有扎什伦布寺。在这些城市里到处可以看见磕长头、转经、虔诚礼佛的人们。

2.1.3　仪式和仪式空间

西方文化中，ritual（仪式）一词源于拉丁语 ritus，是指由一系列具有固定模式、固定次序、象征意义的重复性行为构成的意义表达活动。仪式起源于宗教领域，被视为一种神圣的、具有象征意义的、建立社会秩序和体现社会关系的活动。在我国，民间信仰和仪式始终保留着其发展的社会文化内涵，更深刻地反映了中国传统社会秩序的内在结构。仪式通常是一组象征性的行为模式，体现了人类群体思维和行为的本质。为了控制普通方法无法控制的东西，人类通常使用仪式活动。仪式也由宗教领域扩展至世俗的、社群的活动领域，"人类学者常把乡土社会的仪式看成'隐秘的文本'，……是活着的'社会文本'，它能提供我们了解、参与社会实践的'引论'。"②仪式也成为制造出来的"社会戏剧"以化解冲突，或是进行盛大的政治权力展演。

仪式空间即仪式活动发生的场所，有着其特定的定位、功能等，是塑造出神圣空间和世俗空间交通联系的空间场所。仪式活动的发生往往和特定需要

① 聂晓阳 . 西藏民族团结进步、宗教和睦和顺 [N]. 人民日报海外版，2018-08-14（2）.
② 王铭铭 . 象征的秩序 [J]. 读书，1998（2）：64.

的空间相对应。因此，这种空间类型是由仪式行为直接决定的，而又反过来限制了仪式活动的行为。不同的仪式需要不同的空间和地点来响应仪式的构建空间。礼仪是将"以中为贵""左昭右穆""左祖右社"等一套规则整合到单位的空间中，按照伦理原则建议作用于空间的分配仪式。

信仰仪式是关于信仰活动的总称，具有一定的时段性和特定场合性。和官方信仰体系相比，民间信仰具有多样性、实用性和神秘性，广泛存在于市民社会，深深扎根于人们的日常生活中，真实反映了人们的认知观念。信仰仪式因而具有个体、群体实践和表达所呈现的复杂性。承载这种信仰仪式的空间就是信仰仪式空间。信仰空间包括寺庙建筑、仪式空间及社区公共活动空间，为官方和民间信仰提供场所。因信仰需求而产生特定的仪式空间，信仰仪式对空间格局有着较为重要的影响，包括从整体布局到单体、节点仪式空间，从平面形制到外观特征，从结构装修到局部装饰和装饰构件。

2.1.4　符号要素和场域空间

信仰体系、信仰仪式、信仰空间三者之间的关系是相辅相成的。信仰体系是百姓经过长期地选择和积累而形成的一套关于礼制行为、祖先崇拜、神灵崇拜等的观念体系，其深刻根植于民众的内心中，是民众的精神寄托与维持传统社会和谐发展的社会交往理念。信仰仪式是指信仰体系的外在表征，是带有象征意味的行为仪式，通常具有一定的流程，对时间、仪式内容、仪式路线等都有特殊的规定。信仰空间则是承载仪式行为的场所，不同的祭祀仪式其所需要的祭祀空间会有所不同，信仰仪式决定信仰空间，信仰空间也会反作用于信仰仪式。信仰体系、信仰仪式、信仰空间三者共同决定了城镇的社会结构及空间布局，也规范着当地百姓的行为、语言、生活方式等。

具体来说，我国古代城市布局讲求"前朱雀，后玄武，左青龙，右白虎"的完整格局：左右两侧必须被山川环绕，朱雀方要开阔、要有水，玄武方要有靠山；青龙方的山要比白虎方的山高、大，正所谓"青龙要高大，白虎宜垂顺"。无论是种树，还是建标志性景观，都有相关寓意的代表物，如"竹抱（报）平安""门前当桂（贵）""文峰（塔）砚池（湖）"等，也就是说，作为建成环境组成部分的文化符号和物质对象整体组织起了日常生活世界。

城镇中的公共空间，如若由于居民的信仰寄托而形成特定的节点空间，则入口处的各种建筑、构筑乃至自然物种也大都成为信仰体系的实物化表现。如牌坊、石墩、石桥、古井、古树等的布置，都不仅仅体现了这些节点实物在空间上的重要作用，也是居民精神寄托的外在符号表征之一，并有可能成为祭祀祖先或者是神灵的空间场所，一个表达信仰的场域。这些空间往往是承载仪式活动的核心区域，构成点状的信仰空间。市民举行仪式、重要活动，交谈及洗衣、打水等日常活动都会在这个空间内产生。市民通过张贴祈福红纸、插香祈愿、系红绸带等方式来寄托希望，这些重要的节点/点状空间作为居民较为集中的生活活动场所而被赋予了特殊的力量。井中有龙王，树中有树神，这种信仰观念体现了万物有灵、神无处不在的场域观念。

安徽金寨县梅山镇的古柳巷，是一条短小的街巷，巷口有一棵大柳树，距今已经300余年。每逢初一、十五，镇上的、村里的民众有很多人前来此地烧香燃烛祈福，祈求平安健康和生活、事业、学业等各方面顺利。这棵古柳已然成了县城里的"神树"，香火旺盛。巷子一旁是老住宅，巷内有小吃摊、小排档，史河边还有一座凉亭。古柳巷形成了县城世俗社会中的一处神圣空间，是当地信仰体系的承载实体之一，而自然界的柳树俨然成为一种生命的符号、历史的符号和信仰的符号。类似的如上海金山区吕巷镇南文街上一棵600多年的古银杏树，树下自发形成了一个民间祭祀点。

民俗活动对城镇空间具有建构作用，体现在城镇中的世俗化的佛寺、地方神灵庙及行业神庙等。在浙江江山的廿八都古镇，有水星庙（祭祀太阳神）、关帝庙（祭祀关帝）、文昌阁（祭祀文昌帝与孔子）、观音阁（祭祀观音）、东岳庙（祭祀东岳大帝）、叠石寺（祭祀药王）、地母庙（祭祀地母）、黄坛社（祭祀社公、社母）、隆兴社（祭祀社公、社母）、新兴社黄坛社（祭祀社公、社母）等多个村庙，这些都是宗教的符号要素，也是信仰的场域空间，被赋予神秘的精神力量。

城镇中一些举行节日庆典、祭祀、祈福等活动的场所空间，会表现出某种特定的情感和记忆。而随着旅游业的兴起，一些地方信仰空间和仪式活动日益趋于舞台化、商品化、表面化，在活动组织以及安排上失却了固有的文化内涵。当信仰仪式逐渐转向于娱乐化，则承载仪式的空间也失去了其原本所具有的场所精神。

在乡村，传统信仰是一个聚落的凝聚力的根本，随着城镇化进程的加快，越来越多的年轻人选择外出务工，受到城市生活方式影响以及多元文化的冲击，外出村民信仰观念逐渐淡化，从而影响到村落整体对村落信仰的认同感。

至于"场域"，这原本是社会学关于人类行为的一种概念模式，场域的动力原理在于其结构形式，特别是场域上各种特殊力量之间的距离、差距和不对称关系。正是因为这种差异，才产生了丰富的内容。在礼制空间、宗教空间、仪式空间中，常以建筑、圣物、碑、石、树等为核心的承载物，在一定的空间范围内，会形成一种结构性的符号的力量，让人们的行为受到特殊力量的限制。这正是场域对人们行为的限制，包括了仪式、禁忌及社会秩序。

2.2 纪念性空间

纪念性空间大都和国家、城市的政治、历史密切相关，从纪念性空间的性质和形成过程，可以分为规划的公共纪念性空间和非正式的纪念性空间。

2.2.1 规划的公共纪念性空间

经过规划的公共纪念性空间，程序上是正式的，尺度上通常是宏大的，是经过国家和城市决策的行为。纪念性空间的形式包括广场、纪念大道、雕塑等，这些纪念性空间大多成为城市的重要地标，在象征城市乃至国家精神方面拥有独特的地位。

许多城市以其多样的纪念性空间而闻名。例如阿根廷首都布宜诺斯艾利斯的七月九日大道，由北向南横穿城市，宽约 140 米，为纪念 1816 年阿根廷宣布独立而得名。纪念大道上的方尖碑是为了庆祝布宜诺斯艾利斯建立 400 周年，于 1936 年修建（图 7.2）。此外，五月广场是阿根廷共和国独立的纪念地，是阿根廷的象征。广场中心矗立着五月金字塔纪念碑，是为纪念在 1810 年五月革命中献身的爱国志士而修建的。

再如我国首都北京的天安门广场，位于北京市中心，南北长 880m，东西宽 500m，面积达 44 万平方米，可容纳 100 万人举行盛大集会。广场内沿北京中轴线由北向南依次矗立着国旗杆、人民英雄纪念碑、毛主席纪念堂和正阳门城楼。天安门广场记载了中国人民不屈不挠的革命精神和大无畏的英雄气概，"五四"运动、"一二·九"运动、"五·二〇"运动都在这里为中国现代革命史留下了浓重的色彩，同时还是无数重大政治、历史事件的发生地，是中国从衰落到崛起的历史见证。

纪念性空间也会随着社会政治的变迁而变化，纪念性空间的历史本身就是一座城市或国家政治权力更替的浓缩历史（延伸阅读 7.2）。

图 7.2 布宜诺斯艾利斯七月九日大道上的方尖碑
来源：作者摄

延伸阅读 7.2　曾经的"欧战纪念碑"

80多年前,如今横贯市中心的延安东路,是一条分隔公共租界和法租界的界河——洋泾浜。1914年,此浜被填没造路,并以英王爱德华七世之名,命名为爱多亚路。

20世纪20年代,在这条路东端的黄浦江边,曾有一座规模宏大的纪念碑,即"欧战纪念碑"(又称"和平女神像")。

"一战"结束后,英、美、法等协约国成员以"战胜国"姿态,广建各种战争纪念碑。这股风从欧洲刮到亚洲。1917年,公共租界英国商会向工部局提议建一座纪念碑,以纪念上海各国侨民赴欧从戎阵亡者。

1920年,上海租界战事纪念委员会正式决定在爱多亚路建碑,并公开有偿征集纪念碑设计方案。最后入选的设计为:下竖高大石碑,上立黑色和平女神铜像;女神双翼高展,脚下两侧各立一童,象征呵护之意。碑身正面,镌刻纪念文字和在"一战"中死难的上海侨民姓名,两旁装饰盔胄盾甲等战争用具;背面雕刻"功炳欧西,名留华夏"8个汉字。

1924年年初,和平女神青铜像由国外运至上海,同年2月16日举行揭幕典礼,轰动一时。

1941年年底,日军占领公共租界,和平女神像被拆。1945年8月日本投降后,将女神像归还英国领事馆。但这时,上海外国租界已收回,象征西方人"胜利"的纪念碑,自然再无重建的必要。

来源:岳磊.曾经的"欧战纪念碑"[N].联合时报,2021-03-05(5).

2.2.2　非正式的纪念性空间

如果说经过规划的纪念性空间大都为民族、国家、城市的胜利、庆功而设,表达的是昂扬的官方政治姿态,非正式的纪念性空间大都是由民间自发设立的,表达的更多是个体或小集体的缅怀和寄托,是被动地卷入政治或地方性的"小政治"。德国西部城市科隆1995年、首都柏林1996年都铺装有"绊脚石"(Stumbling Blocks, the remembrance stones),旨在纪念1933—1945年"二战"期间,在纳粹政府的迫害下被驱逐、被谋杀以及逃离的幸存者(图7.3)。常见的绊脚石是棱长10厘米的立方体混凝土块,有时是长条形的"绊脚坎"。向上示人的一面贴嵌着黄铜板,像小小的纪念碑,以"××曾经居住/工作/学习在此"为起始

图 7.3　柏林街道上的"绊脚石"

来源:https://www.ynetnews.com/PicServer4/2014/04/27/5294195/AP0XMSC106-Main-2014-04-07T13-16-39.773Z547014_wa.jpg

句，逐行刻下受难者的姓名、出生年份、被驱逐时间、集中营的名称、结局等内容。每块绊脚石上的铭文长度大多在 10 行以内，除姓名外，4~6 个单词就已讲完一个人生故事。绊脚石略高于其他地砖，在柏林，绊脚石已成为这座城市肌理的一部分，黄铜板闪烁在灰色铺装的步行街上，当地人和游客会短暂驻留，"虽然人们的身体不会被绊倒，但在心里会。"①

直至 2000 年，"绊脚石"才正式获得德国政府的许可，得以合法铺装。截至 2018 年 8 月，约有 7 万余块绊脚石遍布德国 1265 个城市和 21 个欧洲国家。一块绊脚石的价格在 120 欧元（170 美元），制造和铺设绊脚石的资金主要来自私人捐助。绊脚石的纪念对象并不限于犹太人，同时也包括因政治观点、宗教信仰、性取向、肤色而受到迫害的人以及精神和身体残疾者、流浪汉、逃兵等被纳粹政权标识为"反社会"的人——被纳粹政权迫害或谋杀的所有受难者。② "绊脚石"目前已成为世界上规模最大的非集中式的纪念碑，散布在城市空间之中。

2.3 复仇主义的城市空间

苏格兰裔的美国地理学者尼尔·史密斯（Neil Smith）提出了"复仇主义城市"（revanchist city）的概念，用来描述一些采用相关政策旨在恢复公共秩序并将矛头对准被边缘化的人群的城市③。对复仇主义城市的讨论涉及对城市中心的再开发、对公共空间的控制和管理以及对待外来人口或流浪人口的政策。

复仇主义的城市在不同层面有多种表现形式，包括城市、社区、社会层面。

城市层面。尤其是城市里的公共空间。打着"市中心复兴计划"的口号，洛杉矶市政府展开了一场扫除盲流的行动：市中心的公园、黑人贫民区的外围地带到处都是无法躺下的桶状长椅，市中心的餐厅在垃圾桶里投放氰化物，警察四处扫荡流浪汉的小屋。贫民像蟑螂一样四处流窜，成了大都会里的流浪汉。集体利益的概念也散碎成了形形色色的个人忧惧。"如今，我们的城市流露出的与其说是希望，不如说是恐惧"④。资本主义意味着私有产权和财富的个人占有，与此相反，城市从本质上来说是人们为共同利益而聚到一起的公共空间。在洛杉矶全市范围的这场围剿行动中，公园、海滩、图书馆相继关闭。

---

① 萧久. 德国七万"绊脚石"纪念纳粹受难者 [N]. 环球时报，2019-01-18（9）.
② 这些信息的搜集和整理来自众多志愿者、公益团体、学生团体，过去的地址簿、地方志、耶路撒冷以色列犹太大屠杀纪念馆的数据库是其重要的信息来源。
③（美）马克·戈特迪纳，雷·哈奇森. 新城市社会学 [M]. 黄怡，译. 上海：上海译文出版社，2018：489-490.
④（英）约翰·伦尼·肖特. 城市秩序：城市、文化与权力导论 [M]. 郑娟，梁捷，译. 上海：上海人民出版社，2015：32-37.

公共娱乐设施不得不为商业机构让路，能面向全市人民的共有空间被逐步压缩。迈克·戴维斯认为，"这些城市设计、警力和安保系统的终极目的就是有目的地区分人群。设计师通过各种建筑形式和建筑符号来过滤平民，或者说是会产生威胁的任何可疑人物。"阶级阵营和种族环境背景的刻板印象，表现成一种潜伏在洛杉矶各个角落的无形恐怖。

出于军事化的目的，洛杉矶这座城市的每一寸土地都已被精心设计和武装。同为洛杉矶学派的爱德华·索亚以此提出了"监禁群岛"的概念，并指出"监禁群岛"是20世纪60年代都市危机造成的结果，也是美国走向两极社会的象征。在这场攻城略地的城市战争中，发起进攻的富人阶层拥有着从政治到文化的多方优势。他们的假想敌"黑人为代表的少数族裔"则被分割包围在了一个个城市孤岛中。在这些孤岛中，能提供文化娱乐服务的韩国城、小东京、唐人街这些亚裔社区形象比较正面。而中南区这个黑人群体的聚居区就像是洛杉矶的暗区，让外界唯恐避之不及[1]。

社区层面。门禁社区（gated community）是一种较普遍的形式。这些社区对城市中的其他人群心怀恐惧，构成一个个分割的隔离区。洛杉矶的富人们为了抵御中南部地区的"邪恶的野蛮人"，展开了私人安全的军备竞赛，富人社区的门卫、铁丝网和交通管制形成了地面的防御体系。洛杉矶市瓦茨街区[2]的一座购物城配备了监视塔和洛杉矶警察局的一个分局。洛杉矶警察局有实施空中监管的警用直升机，和它配套的是上千住户屋顶涂上的街道编号——这样就形成了一张可以在空中监视的警察网格。在迈克·戴维斯看来，富人们建起的防御工事实际上造成了负面作用，他们牺牲大量的自由空间换来的防御体系无法弥补自身心灵上的恐惧，却连累了许多无辜的"外部世界"居民。

从洛杉矶的案例来看，制造复仇主义空间的权力来自政府和富裕阶层，以"改善公共空间环境"之名，行保护自身安全之实，是否达成安全是另一个问题，但手段或计策是牺牲低收入阶层或弱势群体的城市权利——使用公共空间环境的权利。更糟糕的是，富人阶层拥有政治发言权可以随时打压反对者。

社会层面。米歇尔·福柯[3]将现代社会比作边沁（Jeremy Bentham）[4]于1791年提出的"全景监狱"（panopticon）[5]，一小批看守可以监视一大

① Gilean. 洛杉矶全境封锁（中）：围攻 [EB/OL]. https://www.gcores.com/articles/116311，2019-11-01.
② 瓦茨（Watts）在人口统计学上已经从20世纪60年代的黑人社区转变为拉丁裔社区。但它仍然是一个高失业率的贫穷社区。
③ 米歇尔·福柯（Michel Foucault，1926—1984年），法国哲学家、社会思想家和"思想系统的历史学家"，法兰西学院思想体系史教授。
④ 杰里米·边沁（Jeremy Bentham，1748—1832年），英国法理学家、哲学家、经济学家和社会改革者。
⑤ "全景监狱"的平面及相关图示实际由英国建筑师 Willey Reveley 绘制。

批囚犯，但他们自己却不被看到①。全景监狱是一套能够解析空间分配、间隔、差距、序列、组合的机制，这些机制使用的是能够揭示、记录、区分和比较的手段。这是一种复杂的关系权力。人们只能想象在瘟疫流行的城镇——这种有限而暂时的范围内，全面彻底地贯彻它们。而边沁则梦想把它们变成一种机制网络，无所不在，时刻警醒，毫无时空的中断而遍布整个社会。全景环视（panorama）结构提供了这种普遍化的模式，它编制了一个被规训机制彻底渗透的社会在一种易于转换的基础机制层次上的基本运作程序。

我国的许多城市或多或少也有着"复仇主义城市"的倾向，主要体现在对待外来人口的方式上。外来人口常常被确定为对已建立的城市秩序的主要威胁，这种认知存在于为数不少的城市管理者和城市居民当中②。2017 年 11 月北京大兴西红门镇火灾事故后三天内，当地管理部门驱赶了所有的店铺人员和租户，这些人是寄居在北京五环和六环之间的名副其实的"边缘人口"，是城市整顿清理的"低端人口"。表面上看，这些空间治理行动的"主观动机"是为了改善城市环境与秩序，采取的手段也是制度化的，依据城市规划对土地使用性质和功能、建筑使用功能的规定进行核查和整改，对不合理的功能与人口进行清退。但是难免导致"反治理"的效果，妨害城市公共空间的活力多样性、城市生活的丰富多样性、城市功能的复合多样性。

第 3 节　意义的赋予：城市生活和社区生活

米兰·昆德拉有部小说《生活在别处》，题目非常吸引人，但别处是某个城市？某个社区？还是某个乡村？城市生活和社区生活不完全一样，城市生活品质很大程度上取决于城市公共设施，尤其是文化、体育、医疗、教育、养老设施等。社区生活则更强调邻居是谁，你的邻居决定了你日常可以就近去什么样的超市和便利店，决定了你的步行环境，决定了疫情时期可以拼购或团购什么样的食物。

对个体来说，城市生活或社区生活总归是发生在局部空间层面，是半公共的或半私密的。生活总是要被赋予特定的意义；生活也总是带有阶层的烙印；城市生活也是有意象的，每个城市的生活意象并不相同。

① （法）米歇尔·福柯. 规训与惩罚：监狱的诞生 [M]. 刘北成，杨远婴，译. 北京：生活·读书·新知三联书店，1999：224-235.
② 黄怡. 超大城市空间治理的价值、挑战与策略 [J]. 学术交流，2019（10）：26-37.

3.1 城市性和城市生活方式

关于城市社会学发展的任何彻底的讨论，必须通过解释该领域中两个创立主题之间的重要差异开始：城市化和城市主义（urbanism）。"城市化"指的是城市的起源和城市的营造过程。它研究社会活动在空间上以及按照社会发展和社会变化的相互依赖的过程定位自身的方式。它的分析常常是历史性的和比较性的。当我们研究城市化进程时，我们感兴趣于图示大城市和城市文明的兴衰。城市化主题涉及对城市出现、世界上最大的城市以及大城市变迁的讨论。相较而言，"城市主义"研究城市社区里的生活方式，涉及文化议题、日常生活的涵义、符号、模式以及适应城市环境的过程，也涉及在街道、邻里和城市层面的社会冲突和政治组织。本书第1章介绍格奥尔格·西梅尔时，比较充分地讨论了城市社会学古典研究中学者们对于城市生活方式各有侧重的关注，西梅尔尤其着力于城市性，研究城市生活如何改变了个体意识，城市生活中的日常存在如何改变了人们思考和行动的方式。

3.2 城市生活意象

空间环境脉络或者环境背景决定了空间中的行为，也因此产生了独特的城市生活意象。城市生活意象和城市意象有所不同，后者侧重物质空间环境，前者针对城市人的生活行为。以亚洲的东京、上海、香港三座富有活力的超大或特大城市为例，通过一些数据或是通过刻画描摹，可以简要地勾勒出不同大都市的生活意象，可以见一斑而窥全豹。

东京生活意象。据法新社2019年1月21日报道称，每天约有720万人使用东京巨大的地铁系统，其中一些线路在通勤时间段的拥挤已到臭名昭著的程度。最糟糕的线路之一是东西线。每天上午从7点50到8点50，7.6万名以上的乘客使用东西线，是这条线路设计的舒适服务量两倍的载客量。[①]

上海生活意象。①上海的地铁运送人次。2021年11月，轨道交通工作日平均客流1159万人次，全月最高日客流1251万人次（11月19日）。[②] 2022年7月4日9时，上海地铁全网累计运送客流205.95万人次，这是2022年上半年疫情后，除11号线上海赛车场站仍暂停运营外，上海地铁全网其他所有车站均提供正常运营服务。[③] ②上海每天消耗的蔬菜生猪。据统计，上海

① 法新社. 免费早餐疏解拥堵 [N]. 参考消息，2019-01-23（8）.
② 上海发布. 11月份，上海这些轨交线和站点客流量较高！ [EB/OL]. 光明网，https://m.gmw.cn/baijia/2021-12/14/1302719536.html，2021-12-14.
③ 严曦梦，宋薇萍. 上海地铁今天早高峰客流超过200万人次 11号线昆山段恢复运营 [EB/OL]. https://www.163.com/dy/article/HBE6GGNM0552C2FY.html，2022-07-04.

每天消费 1.5 万吨蔬菜（2019 年数据），每天大约消耗 2.5 万头生猪（2007 年数据）。这意味着上海人均每天大概要消耗 1 斤多蔬菜，对应到整个城市 2428 万多常住人口，1.4 万 ~1.5 万吨。其中，本地产蔬菜仅占三至四成，超过 60% 是从外地运来的客菜。而在 1990 之前，上海大多数蔬菜还是靠市郊的农民种植，很分散、很低效地运到市区来交易。

香港生活意象。香港的都市生活尤其是夜生活非常有吸引力，延伸阅读 7.3 描述得颇为生动详细，立体展示了香港的城市众生相。

延伸阅读 7.3　24 小时店：见证夜的香港

……时针踏进零时，走在香港街头，你会看到怎样一番光景？是依然霓虹闪烁的商业圈？是通宵营业的便利店？是彻夜不眠的漫游人？还是无家可归的露宿者？

在通宵咖啡店享受慢生活

九龙深水埗，夜已深，一家通宵咖啡店招徕着往来客人。他们中，有刚加完班的下班族、有品尝美食的游客、有刚刚大学毕业的年轻人、有钟情于享受夜生活的"夜猫子"。他们或形单影只，或三五成群，在城市里大部分人安然入睡的时候，他们方才登场。

店主郑冠达只有 22 岁，……他之前的工作是制作手工糖果，对咖啡一无所知，后来在一家咖啡店认识了现在的拍档阿乔。"80 后"阿乔在咖啡行业已有 10 年经验，成熟老到。……

"在香港，晚上如果想喝咖啡，只能去麦当劳，而那里的环境又不太适合聊天，我们就想开一家通宵精品咖啡店。"……向往慢节奏的经营方式，为客人带来轻松愉快的感觉是他一直追求的。

这间面积 20 多平方米的咖啡店充满了人情味。"有些客人遇到不开心的事情便会找店员倾诉，我们就负责当一个聆听者。"……"还有一位老奶奶每天都会带着两个孙女来喝咖啡、吃甜品。老奶奶喜欢和我们聊点日常事，两个小妹妹会开心地告诉我们在班上遇到的趣事。"

每到夜晚，……门前支起几张矮桌，客人围桌而坐，气氛颇为热闹。平均每天光顾咖啡店的客人有 100 多位，到节假日时会增至近 300 人。这些人中有大学生、白领、外国人，还有一些住在附近的艺术家专门来店里寻找灵感，进行艺术创作。

"自己开店的日子比打工快乐得多，年轻人有梦想就要勇敢去尝试。尝试的结果很可能是失败，但如果不尝试一定不会成功。我会努力逐梦！"……

越夜越疯狂的酒吧街

相对于深水埗，铜锣湾的夜晚显得更加光亮和喧闹。"深夜前来吃饭的人，以香港年轻人居多。前段时间恰逢世界杯，来店里吃饭观赛的人更加多了。"铜锣湾一家餐厅的老板告诉记者，人们白天工作忙，只有晚上才有时间出来与朋友吃饭聊天、娱乐消遣。

位于九龙的尖沙咀、油麻地、旺角和港岛的中环也是体验香港夜生活的主要集中地，而其中最著名的是兰桂坊。每到晚上，时尚达人、雅痞一族和来自世界各地的游客便会聚集在这里。

"跟世界很多其他城市不一样，香港的晚上是醒着的，你不会感到无聊，总能找到吃饭和娱乐的地方。"来自美国的艾伦说，香港是一座越夜越疯狂的城市，这里的夜生活多姿多彩。

七月上旬的一晚，艾伦和一帮朋友来到位于中环德己立街的一家酒吧内，店内人头攒动，气氛十分热烈，几台壁挂电视机前围满了观看世界杯的球迷。他们有些人脸上画着所支持国家的国旗，有些人身着喜欢的球员的球服，人们时而大声欢呼，时而捶桌叹息，将这个夜晚过得无比喧腾和热闹。

充满温馨气息的便利店

除了餐厅和酒吧，在香港遍地开花的 7-Eleven 便利店，许多都是通宵营业，为人们提供各种各样的特色小吃：烧卖、肠粉、炒面、咖喱鱼蛋……

正值夏夜，九龙塘一家便利店时不时有人进进出出，有人手捧一只阿华田甜筒边走边吃，有人拿起一支冻维他奶一饮而尽。不论是夜里几点钟，总会有热心的店员招呼你。

……

曾有便利店工作人员透露，地理位置较好的通宵营业便利店在夜晚 11 点到早上 7 点的销售额一般能占全天销售额的三至四成，这个时段商品的销售毛利率也较高。此外，半夜非营业高峰期，交通相对顺畅，物流和收货效率也都较高。工作人员也会顺便进行店面整理和清洁维护，不会对顾客产生过多干扰。

在人们把酒言欢、谈笑风生、充分享受夜生活的同时，还有这样一群人，他们因为房租高昂、居住环境不佳、失业等种种原因，不得已借宿在一些 24 小时营业的快餐店内。这些人中有男有女，有老有少，被称为"麦难民"。

香港社区组织协会曾于去年做过一项调查，在香港 73 家 24 小时营业的快餐店内共有 384 名夜宿者。在受访者中，男性占近九成，平均年龄约为 52 岁，平均在麦当劳留宿超过 23 个月。不少快餐店都会体谅这些留宿者，直到天亮才要求他们离去。

入夜的香港，依旧车水马龙、灯光璀璨，这些 24 小时店就像夜色中点亮的篝火，在沉睡的水泥森林中，显得格外温馨。

来源：丁梓懿. 24 小时店：见证夜的香港 [N]. 人民日报海外版，2018-08-17（11）.

城市生活意象不仅可以从交通运输、物资流转、品类消耗上展示整体城市生活的循环生息，更可以从类型人群上充分展示局部城市生活的日常意象，例如从年龄、阶层等不同维度的类型人群来拼贴城市人的社区生活图景，可以构成当代城市社会的"浮世绘"。

3.3 老年人的社区生活

很多时候，大众对老龄社会的理解停留于一个抽象的概念，而忽视了其渗透在衣食住行及其余各项系统（设施、环境）中的特征，以为对老年人的关注只是某些行业、某些环节、某些场景的事情。对老年人的理解同样囿于一个铁板化的认知，只强调年龄特征，而忽略了更为根本的社会构成、生活方式等。社会阶层结构的成员会由年轻走向衰老，阶层结构仍在，差异仍在，甚至是扩大的待遇差异。因而老年人群并非一个均质的群体，正如他们年轻、中年时候一样异质（而当我们讨论阶层时，往往将讨论对象抽象为一个健康的、壮年的男性），本质上老年人群只不过是概念化了的各社会阶层在时间维度上的迁延和一个断面而已。老年人的社区生活依旧带着浓重的社会经济烙印，不同社会阶层、不同职业、不同性别的老年人有着普遍差异的社区生活，安逸的或贫苦的。老年人也都是各不相同的个体，知足的或好争夺的。老龄化社区也并非老旧小区的代名词，中高档社区也可能是老龄化社区。此外，随着城市老年人的文化、健康程度的整体提高，他们也不必然被视为弱势群体，可以平等参与社会活动和社会发展。

3.3.1 老年人社区生活的经济基础

由于职业和社会阶层具有延续性，行业、职业的差异会带来城乡居民养老金、职工养老金的差异。从 1991—2014 年底，我国的"双轨制"养老金（机关事业工作人员养老保险制度和企业员工养老保险制度）[①] 持续近 20 年。"双轨制"明显对机关事业单位工作人员有利，有着明显的不公平。例如，一个三线城市的老人，从工厂退休领取的退休金为两千多元，而从机关事业单位退休的退休金有七八千元。因此老年人的社区生活在很大程度上会受到影响。此外不同行业的在职福利待遇和退休工资水平也都不同。同一行业内，职级岗位不同，养老金也高低不等。总之，私营单位还是非私营单位、企业还是机关事业单位、体制外还是体制内，都是区分老年人社会经济状况、影响他们退休

---

① "双轨制"养老金的不同主要表现在三方面：一是缴纳方式不同：企业人员由企业和个人按一定标准缴纳，机关事业单位由财政统一筹资；二是支付渠道不同：企业人员由自筹账户支付，机关事业人员由财政统一支付；三是计算方式不同。这一点最是关键，因为计算方式不同，机关事业单位人员的养老金远远高于企业人员的养老金。

后社区生活、家庭生活的重要影响因素乃至决定因素。而越是家庭资源不富足的老年人，如老年低保人口、特困的城市老年居民，越依赖社区的支持系统，包括养老模式、养老服务、养老空间等。

3.3.2 老年人社区生活的地域差异

不同城市的老年人的社区生活也不一样。原因之一如前文提及，养老金高低还受地区差异影响，社会平均工资越高的地区，养老金也越高，这是经济方面的因素。原因之二，影响老年人社区生活的因素包括社会保护、健康、信息和通信、城市发展、运输、住房、劳动、教育、长期护理等。通常大城市的文化体育、医疗卫生、养老福利等各类资源较为丰富，公共服务设施等级齐全，市、区级的城市公共服务对社区级的基本公共服务具有带动效应，基本公共服务供给相对较好，老年人的社区生活选择相应也较多；小城市的公共服务设施类型丰富度相对不足，老年人享受到的社区服务也会受到一定的影响。当然这也不是绝对的。

老年人的日常生活方式总是具有独特的地域特征。上海、北京等城市，老年人跳广场舞很常见，而成都、扬州等城市的老年人日常爱打麻将。对老年人来说，无论跳广场舞，还是打麻将，与其说是娱乐，不如说是社交，以求得远离职业环境后的一种精神慰藉。社区棋牌室是普通的扬州老年人日常社区生活的场所之一。有小区物业提供的，也有居民自家开的；有沿街改建的，也有利用小区中闲置房屋开设的。棋牌室营业时间长，从早上可一直开到半夜12 点左右。棋牌室有家居氛围，有茶水、空调，就成了社区一群人的消费场所。疫情时期公共场所营业受到影响，管理松散的社区棋牌室就成了老人们的休闲去处。2021 年 7 月，扬州的疫情爆发就是由一家设立在一个地下车库中的棋牌室的病毒传播引发的，这间棋牌室面积 1000 平方米左右，有 100 多张棋牌桌，基本是老年人在打牌。

社区是一个适合老年人生存的环境，若社区场所充足、开展活动多样，这对于老年人的晚年生活品质影响重大。目前，我国大多数城市都在建设15 分钟社区生活圈，老年人日间照料中心、长者（社区）食堂、活动室、家门口的服务站等老年设施的标准化提供，可以使得各地老年人的养老服务达到基本保障，做到了居家不离家、分散不孤独、实惠不花费。

也有一些城市、城镇地区，随着城市化、现代化，很多符合老年人消费习惯的集市被取缔或者有些大集风俗消失，他们不能讲价，网购不会又不放心。有些来自农村或怀有乡土情结的老人们，在阳台或庭院种菜，有的甚至在小区内或去城市公共空间圈地占种。除了种菜，老人们还有对开放共融的多元空间里一起交流的心理需求。

3.3.3 老年人漂泊的社区生活

我国城市社区中还有一类漂泊生活的老年人，也被称为"老漂族"，他们为支持儿女事业、照料孙辈而背井离乡，来到子女工作的城市。国家卫生健康委员会发布的《中国流动人口发展报告2018》显示，我国有随迁老人近1800万，占全国2.47亿流动人口的7.2%，其中专程来照顾晚辈的比例高达43%。这个群体的迁徙是基于我国传统的家庭和情感因素，他/她们希望融入城市又止不住怀念故乡，希望帮助子女又怕成为累赘。语言沟通、生活方式、城乡习俗、社会交往等都会给"老漂族"在异地的城市生活带来不适。近年来，我国全面二孩、三孩政策实施后，随迁到子女所在城市照顾孙辈的老人数量大增。

但是受户籍影响，诸如公交出行、公共文化服务、医疗保健等方面的城市公共服务优惠政策壁垒坚固，他们享受不到。比如有的城市老年人口公交车免票政策、公园门票减免政策只限于本地户籍；助餐、助洁、助医等社区公共服务也很难惠及随迁老人。福利的缺失让一些家庭条件一般的"老漂族"在异乡的生活更像融不进去的"外乡人"，他们在城市的养老也可能面临家庭照料供给的不足，需要城市提供更加人性化的关怀。

3.4 "青年化""学生化"的城中村社区生活

随着大城市人口不断集聚，青年流动人口住房问题日益突出。城中村作为一种非正规但廉价的城市空间，是吸纳经济条件有限的外来人口的重要容器，往往是流动的青年人迁居到一个新的城市的最初落脚处。

3.4.1 广深"青年化"的城中村社区生活

自改革开放以来，广东省人口持续流入，目前已成为全国人口最大的省份。广州、深圳更是位居全国人口持续增长城市前列。广州市作为区域中心城市，外来人口众多。2022年末2023年初，广州常住人口1873.41万人，2023年末户籍人口1034.91万人，流动人口占总人口的45%。"五普"数据表明，2000年广州市居住半年以上的流动人口占到普查登记总人口的33%，半年以下的占6%，合计39%。自1978—2022年末，广州城市人口自482.9万增至1873.4万，年均净流入人口达31.6万。广州对年轻人有极强的吸引力，人才本市居留率达65%。其中，每年有近10万高校毕业生进入就业市场。而在广州高房价的背景下，这些青年面临着买房贵、租房难的实际生活困境。城中村就成为许多青年落脚广州的第一站。

广州市天河区棠下街道棠下村，是外来人口集聚的城中村。随着广州市城市中心向东移，棠下街道社区于20世纪末由城乡接合部转为中心城区，区位优势显著；周边工作地集中，生活配套设施齐全；交通便利，距离珠江新城、金融城等 CBD 车程 30 分钟左右，距离华南理工大学、华南师范大学和暨南大学等高校片区较近。这里低廉的租金、齐全的生活配套、靠近市中心的区位及较为安全的居住环境吸引着年轻人选择这里。21 世纪后，城中村出租屋市场需求猛增，棠下成为高密度的外来流动人口聚居区。棠下村是棠下街道的行政村，社区内人口密集，常住人口约 5.8 万人，人口密度达 10.2 万人/平方公里。棠下的出租屋有 2.9 万多套，数量居天河区第一位，约占天河区出租屋总量的 22%。

棠下城中村的暂住人口是当地广州户籍人口的一倍多，外来人口以 30 岁以下的外来务工人员和大学生为主，其中 18~24 岁青年占常住人口 49%，25~34 岁青年占常住人口 34%。整个棠下村的年轻人近 4.8 万，占总人口的 83%，使得棠下村出现明显的青年化现象。棠下城中村的外来人口当中来自河南周口地区的人最多，成为有名的"河南村"，村中的达善大街被称为"广州河南街"。

棠下城中村用地混杂，住宅、工业及商业用地交错，零售餐饮等商业沿街带状分布，业态混杂，大多是底层商店或作坊，楼上是居住。村中大多为原村民的自建房，违规违建严重，建筑拥挤无序，街巷通道狭窄，握手楼、一线天的空间随处可见，采光不足，消防隐患较大。物质空间环境问题突出，绿地稀少，绿化不足，社区管理困难。

由于青年租客占比高，推动了棠下村的租赁市场结构趋于多元，以满足青年租客的多样化需求。随着部分年轻人的财富积累和工作变迁，他们会迁出城中村，或搬进城中村经过改造整治的公寓。2015 年，以万科泊寓为首的连锁品牌公寓进驻棠下村，公共空间环境逐渐改善。棠下青年租客在街区内有着显著的人群特征，分为居住在品牌公寓和传统城中村两类，他们的行为特征和需求有着较大不同。居住在泊寓等品牌公寓的青年相较于居住在传统城中村的青年来说，受教育程度较高，女性占比较大，工资水平较高。

棠下村一带的租金水平整体略低于天河区租赁市场平均值，且租金随距离主干道的距离递减。靠近主要道路的棠下自营集中式公寓和内部自建房租金有差异，新入驻的品牌式公寓（万科泊寓）租金较高。

近年来，青年公寓开始成为城中村微改造的一种有效途径，即以城中村综合整治、有机更新的方式逐步实现村城融合。城中村改造和长租公寓，为来到广州的青年提供了低成本的居住生活空间。深圳情况颇为相似，福田区水围村居住人口以外来人口为主，原村民 800 余人，外来人口约 12 万，村民建筑容积率达 5.5，平均层数 8 层，已改为人才公寓，颇受青年人欢迎。

3.4.2 "学生化"的（城中村）社区生活

本书第 2 章中有关于大学城的讨论，事实上，近十几年来，全球范围内在城市大学周边以及大学城中逐渐出现了"学生化"的现象。学生化（stu-dentification）概念最早由英国拉夫堡大学的地理和环境教授 D.P. 史密斯（Darren P. Smith）于 2002 年提出[①]，他观察总结了英国学生化现象的三个阶段，即从学生合租房（housing in multiple occupation，HMO）到学生专享公寓（purposed built student apartment，PBSA），再到高质量的合租房（high quality HMO），以及局部地区出现去学生化现象（de-studentification）。"学生化"给地方带来的较显著的影响包括：学生住房需求对地方住房供应以及租金变化的影响，学生对城市（镇）中心娱乐休闲场所的占据，学生化导致的空间隔离和排斥。除了这些大多负面的影响之外，学生还面临校外居住的归属感和身份认同感问题[②]。

学生化的形成是宏观结构因素转型下的微观社会空间演变。在产业转型需求刺激、新自由主义盛行与去管制化的作用下，西方高等教育迅速扩张。高度企业化的高等教育机构和充分市场化的房地产公司以及住房租赁中介积极响应高涨的大学生住房和其他消费需求。学生化也被视作绅士化理论体系中的一个分支研究，早期研究从中产阶层的生命历程角度指出学生是"学徒士绅"（apprentice gentrifiers），因此将学生化认为是绅士化生命周期中的前期阶段。城市中高档、封闭式的学生专享公寓的出现标志着学生群体对特定地区的领域化（territorization）。由于学生本身经济能力和文化资本较低，其获得住房和商业服务业的空间选择是被中产阶层排斥的结果。

世界各国各地的学生化表征具有地域差异性，城镇关系、大学的分布、校地管理制度、文化背景及国际化程度等宏观社会地理因素和城市空间形态、住宅类型、学生群体特征等微观空间社会因素共同决定了学生化现象的呈现特征。例如澳大利亚墨尔本的留学生学生化现象格外突出[③]，而美国的大学城的学生化现象对整个城市（镇）的影响显著。

在我国，随着大学扩大招生，许多城市中的大学生人数激增，使得城市部分地区也出现了学生化趋势。例如浙江大学郊区紫金港校区、广州大学城周边、武昌高校密集区及其周边的学生化现象[④]。鉴于目前大学城普遍建于城市郊区，学生化现象对周边低收入社区的影响日益明显。由于地理空间上的紧邻，大学周边的村庄、城中村社区逐步由低收入社区演变为学生化社区。

① Darren P. Smith. Patterns and processes of "studentification" in Leeds[J]. Regional Review，2002，12（1）：14–16.

② Holton M，Riley M. Student geographies and homemaking: personal belonging（s）and identities [J]. Social & Cultural Geography，2016，17（5）：623–645.

③ Fincher R，Shaw K. The unintended segregation of transnational students in central Melbourne [J]. Environment and Planning A，2009，41（8）：1884–1902.

④ 陈煊. 拼贴城市——以武昌高校密集区及其周边"学生村"拼贴发展研究为例 [J]. 城市规划，2012，36（11）：20–28.

学生群体和大学周边社区原住民的互动，学生对城市设施和服务的需求诱因，低收入社区原住民对学生化"租差"的追逐动因，产生了城市低收入社区空间重塑的过程，使得社区人口结构重新调整，社区功能和居住模式显著变化，表现出学生化社区人口构成复杂化、商业发展非正规化以及社区去封闭化等特征。

学生化的空间效应具有正负两面性。学生化刺激了社区非正规的房地产再开发、商业和休闲娱乐业的繁荣，因而具有积极的社会经济带动效应。尤其是部分留学生成为刺激城市中心再开发的城市代理人或跨国消费者。与此同时，学生化造成特定地区人口密度提高，租金和房价上涨，以及生活设施、文化氛围变化。并且学生化趋势可能对地区环境造成直接破坏，迫使原住民离开。另外，学生群体和其他社会群体因生活方式和文化资本的差异而产生区隔，在学生群体内部（如本国学生和留学生）也可能逐渐加深分化。

3.5 低收入社区的生活

一般来说，富裕社区的生活较为隐秘，大众自嘲的"贫穷限制了我的想象"这句话不无道理。相对而言，低收入社区、贫困社区触目惊心的居住条件和生活状态是随时随处暴露的。在我国，城市中的低收入社区构成较为复杂，包括了不同时期形成的城中村和公共住房社区，具体包括：①中华人民共和国成立前已经形成、后来划入城市的村庄或自建房住区，其中的很多是危棚简屋。例如上海虹口区的虹镇老街[①]，这里曾长期是上海中心城区最大的棚户集聚区，居住环境简陋，人口密度高，人员混杂，环境脏乱差，被称为"穷街"[②]。这样的穷街在中国乃至发展中世界的城市里并不鲜见，延伸阅读 7.4 中描述了 20 世纪 80 年代上海东北角的"穷街"——杨浦区的定海路街道社区，这里曾是上海典型的"下只角"地区，黄浦江边的工业工厂工人区。②城市扩张过程中没有进行再开发而直接纳入市区的村庄，也就是前文刚讨论过的城中村社区。③中华人民共和国成立后建成的各类公房社区，例如厂矿住宅区和其他各类单位职工住区，尤其是工人新村。④郊区的非正规住区，通常是外来人口聚居点。

---

① "虹镇老街"主要指由新港路、东沙虹港路、临平路和虹镇老街四条路围起来的区域，占地面积 90 万平方米，曾居住逾 1.38 万户居民，居住条件简陋，周边环境脏乱差。虹镇老街的旧区改造始于 1996 年。20 世纪 90 年代末期，瑞安集团开始规划建设瑞虹新城。1996 年 6 月，安丘路（今瑞虹路）拓宽工程启动，虹镇老街旧改启动。同年 8 月，虹镇老街 5 号地块（瑞虹二期）启动。2012 年起，虹口区成立旧区改造总指挥部，街道成立分指挥部，开始推行旧改新政，由政府负责旧改征收，再进行土地出让。自此，虹镇老街的旧改得到了快速推进。2018 年，原虹镇老街的旧改基本完成。

② 黄怡. 社会分层与居住隔离 [M]. 上海：同济大学出版社，2006：157.

发展中国家的非正式住区大都是低收入社区，分布非常广泛，从南美洲巴西首都巴西利亚的郊外、中美洲墨西哥首都墨西哥城的郊外，到非洲肯尼亚首都内罗毕的郊外，以及西亚叙利亚西部的历史古城也是叙利亚第三大城市霍姆斯（Homs）的郊外，都有大量的非正式的低收入社区或贫困社区。

虽然低收入社区或贫困社区的居住环境低劣，但是居民的生活状态并不完全一致，既有第 8 章中描述的第三世界的失业、贫困、犯罪的社会问题，也有社会底层坚韧不屈、努力向上的生活状态，例如城中村外来人口奋力打拼的生活，或者是，"从'穷街'人从容自足的生活态度来看，那源自农业社会守望相助的情怀，应该也属于一种已流失的精英精神吧。"①

延伸阅读 7.4　20 世纪 80 年代上海的低收入社区

作家程乃珊②住在静安寺街道社区愚园路的小洋房里，20 世纪 60 年代后期起，她曾在杨浦区惠民中学担任英语教师 10 余年。20 世纪 80 年代，她根据自己的经历创作了小说《穷街》，1986 年该作品被拍摄成电视剧。小说故事的"发生地"，同时也是电视剧的拍摄地，就在杨浦定海桥、爱国二村、民主一村、公助一村等曲里拐弯的棚户区。小说中描写了 20 世纪 80 年代上海的低收入社区：

"学校离家足足一小时的公共汽车路程，哼，这一小时的路，犹如从第一世界步入第三世界，马路明显地窄了，两侧的建筑也矮了，各住户窗口伸出的晾衣竿也密了：袜子、被单乃至衬裤，毫无顾忌地迎风招展，宛如轮船上的万国旗。没来这儿报到以前，文习绣都不相信，号称远东大城市之一的上海，竟会有这样一个被繁华遗忘的角落！"

1984 年拍摄的时候，"穷街"依旧"穷"。张弘（编剧）为了创作剧本去实地参观时，留下了"太可怕"的印象。

"当时，人们各自造各自的家，房子乱七八糟地建在一起，电线像蜘蛛网一样密布，在弄堂口排着一溜的马桶。"

然而，"穷街虽穷，但邻里关系非常好。一个地方有一个地方生活的特色。"张弘说。

来源：摘编自"《穷街》剧组 35 年后再聚首：遗憾程乃珊看不到'富街'"[EB/OL]. https://new.qq.com/rain/a/20201231A09CRC00, 2020-12-31.

---

① "《穷街》剧组 35 年后再聚首：遗憾程乃珊看不到'富街'"[EB/OL]. https://new.qq.com/rain/a/20201231A09CRC00, 2020-12-31.
② 程乃珊（1946—2013 年），上海籍作家。

第 4 节　时间的融蚀：城市文化和城市特征

城市文化、城市特征是抽象的，却是可以感知的，城市文化随着时间的累积日渐丰厚，城市特征随着时间的雕琢日趋鲜明。但是在遭遇极端事件时，例如战争、动乱或自然灾害，却也可能被损毁、终止或破坏殆尽。

城市特征包括创新特质、活力特征、异质性、艺术性等方面，这些特质或特征在一些城市中得到典型而集中的反映，并且城市氛围可能幸运地孕育出一些杰出的个体，反过来这些天才通过他们的作品也为城市增添永久的色彩和传奇，并共同构成城市的文化资本。城市文化资本可以提升城市形象，城市形象本身也可以成为文化资本。

4.1　城市的创新氛围及其特征条件

历史观察表明，某些城市特别地富于创造力，或一个时代较之另一个时代更富于创造力。城市的创造力离不开具有高度创造力的个体乃至创新阶层的集聚。[①] 一方面这种集聚体现了城市的创新氛围，另一方面也推动了城市的创新氛围的形成，并促其成为创新城市的特征条件。

4.1.1　创造性城市、创新地区和创新氛围

英国规划大师皮特·霍尔（Peter Hall）在其"创造性城市与经济发展"的研究中提出过城市"创新氛围"的概念，在《文明中的城市》（*Cities in Civilization*，1998 年）一书中他追根溯源，试图通过对 6 个城市文化和艺术创造力的历史研究，来回答城市创造力或创造性城市的问题，这 6 个城市分别是公元前 5 世纪的雅典、14 世纪的佛罗伦萨、莎士比亚时期的伦敦、18 世纪晚期和 19 世纪的维也纳、1870—1910 年间的巴黎，以及 20 世纪 20 年代的柏林。

城市研究学者理查德·佛罗里达则更明确地聚焦于特定的创新地区和创新空间，他指出，创意阶层倾向于居住在某些地区，这些地方不仅具备某些硬件特质，而且更多具备某些软性因素，例如一定的生活质量、一种开放和自由的城市氛围等。这是在制度环境之外的更广泛的社会背景，可以称之为"创新氛围"（creative milieu）。创新氛围为创新主体提供了有利于创新活动的环境。

阿诺尔德·豪泽尔（Arnold Hauser）1951 年在《艺术社会史》[②] 一书中虽

---

① 黄怡 . 读皮特·霍尔的《创造性城市与经济发展》[J]. 国外城市规划，2001（4）：44–46.
② （匈）阿诺尔德·豪泽尔 . 艺术社会史 [M]. 黄燎宇，译 . 上海：商务印书馆，2015.

然将艺术家们置于历史和社会的宏观背景中分析，但是没有解释为什么某一时代或某一地方特别富于创造力。有关的现代主义和后现代主义的著作亦未提及。霍华德·加德纳（Howard Gardner 1993 年）对 20 世纪 7 个具有高度创造力的人物进行了研究，他们是弗洛伊德、爱因斯坦、毕加索、斯特拉文斯基、艾略特、格雷厄姆和甘地。这些富有创造力的人物都来自远离权力中心的地方，青年时期移居到一个较大的城市，很快就确定了自己的研究领域，并且结识了志同道合的伙伴。然而由于性、宗教、国籍或社会阶层的限制，这些人物大多处于社会边缘。唯其如此，他们从"边缘状态"中受到激励或拥有特殊的流动经历。加德纳认为，除了创造性人物所具有的特征之外，还有社会背景问题。[①]

19 世纪，法国历史学家、哲学家泰恩（Hippolyte Taine, 1865 年）在《艺术哲学》中阐述了艺术氛围（artistic milieu）的概念，"行为和精神的普遍状态"形成了"精神氛围"，允许某种特殊天才在某时某地得到发展。在集中的创造时期，累积的文化和生活风气赋予一群人共同的特征。他指出，精神文化的次要特征之一是，不同性质的智力和文化影响到不同的艺术成就，思想学识的过度卓越，反而削弱了自发的美学意象，客观上能贬低艺术创造力，正如在 19 世纪的德国。

1978 年，伦德（Lund）大学地理系的古纳·特奥韦斯特（Gunnar Törnqvist）发展了"创新氛围"的概念，类似于稍后法国地理学家菲利普·艾达洛特（Philippe Aydalot）的创新氛围（innovative milieu）的概念。创造性氛围有 4 个关键特征：人和人之间的信息传播；包含在真实或人工记忆信息储存中的知识；外部环境要求制约下（例如工具特定或地区特定）开展某些相关活动的能力；创造力可以看作是一种协同作用，即从上述 3 项活动中创造新事物。创新环境是混沌的、不稳定的，就像一条进入不稳定期的河流。瑞典学者阿克·安德生（Ake Andersson, 1985 年）提出了一个极其相似的创新氛围的概念，创新环境尺度广大、具有文化多样性，内外部都有着良好的文化交流。协同作用通常来自小规模活动中的可变性和多样性。

4.1.2 创新氛围的特征条件

以上述这些折中兼容的理论为基础，可以归纳出创新氛围的特征条件，也可以理解为创造性城市必要具备的一些共同特质：

（1）重要的区位。皮特·霍尔曾发现极少有创新研究提到社会背景、社会环境、社会脉络，但是更无一个研究谈到区位问题。而区位可能是首要的。

---

① H. Gardner.Creating minds: An anatomy of creativity seen through the lives of Freud, Einstein, Picasso, Stravinsky, Eliot, Graham, and Gandhi[M]. Basic Books, 1993.

历史上的创造性城市可能规模差异巨大，但是它们均位于其所在时代中的重要区位，城市具有高度的外向关联，可以借助地理区位发挥重要作用。例如港口、国家首都或地区首府的地理位置。就雅典、佛罗伦萨和伦敦来说，它们可以算是各自时代的全球化城市，是大的贸易城市。

（2）新的经济组织和生产方式。从贸易中产生了新的经济组织方式，从这些组织方式中产生了新的生产方式。历史上的创造性城市出现了一些艺术创新、技术创新的空间集聚专业化。用"马歇尔外部性"① 来解释就是，在一个特定的空间，某个行业的公司大量集中能促进该行业公司之间的技术和知识溢出，亦即专业化促进了创新和发明，地方垄断比地方竞争更有利于知识和技术的溢出，因为产品创新的垄断利润激发创新动力。

（3）富裕的城市经济基础。城市拥有集中的财富和特权。财富是重要的。除了雅典之外，其他几个城市在所处区域中都是最富庶的。财富的集中不但意味着个人特权，而且意味着社会特权。无论是佛罗伦萨洗礼堂或伦敦宫廷剧院，或是卢浮宫、维也纳市政厅或柏林大剧院的建造，社团在其中发挥了极其重要的作用。

（4）高度发达且由文化精英驱动的文化。历史上的创造性城市都拥有高度发达的文化，但其文化发展是由少数人来促进，并迎合少数人的口味，大多数创造性城市是资本主义城市，但是绝非所有的或大多数资本主义城市都具有创造性。雅典是个特例，大多数人可以分享同样的表演或诗歌，类似于 20 世纪的大众电视文化、21 世纪的大众网络文化。

（5）变革的时期或变革的社会系统。历史上的创造性城市当时都处于急剧的经济和社会变革中，处在社会关系、价值观和世界观转变的阵痛中，处于保守的和激进的力量相抗争的紧张状态之下。也就是说，创造性城市在很大程度是那些旧秩序正遭受挑战或刚被推翻的城市，是社会和意识形态激荡的中心，高度保守、极其稳定的社会，或所有秩序已消失殆尽的社会都不是产生创造力的地方。例如 1900 年的维也纳、1600 年的伦敦、1860 年的巴黎和 1920 年的柏林。天才的成长需要特殊的土壤，需要这种创造性的城市环境。1400—1600 年，自文艺复兴的兴起到 16 世纪伦敦的鼎盛时期，标志着从封建主义到资本主义演变的第一阶段；与此同时，现代世界观也开始取代中世纪的世界观，所以这是一个真正的根本转变。这种转变推动了伟大艺术的形成。

（6）开明的城市政策和人口的流动性。在所有这一切影响之下形成的城市政策，使得这些城市像磁石一般吸引着天才的移民和财富的创造者。天才也许比财富更重要。创造性城市几乎都是世界性的，吸引着来自偏僻角落的

---

① 马歇尔 – 阿罗 – 罗默外部性，亦称"MAR 外部性"，由英国经济学家马歇尔（1842—1924 年）和美国经济学家阿罗（Kenneth J. Arrow，1921—2017 年）、罗默（Paul Romer，1955—）提出。

天才：在古代雅典集聚着客籍居民（Metics，古希腊的外籍居民，包括解放后的奴隶，雅典是客籍居民最多的地方）；从乡村远道来到佛罗伦萨的艺术家；从外省来到维也纳的音乐家和来到巴黎的艺术家，以及19世纪末来到维也纳的犹太人。没有这种创造性血液的持续更新，城市很可能就不会富有创造性。

创造性城市是一个局外人能进入并感到某种模糊状态的地方。由于年轻、来自外省或外国、不属于特权阶层，这些富有创造力的群体往往有着被主流社会排挤的经历和压力，这一点似乎非常重要。于是，创造性城市成为他们的涉足之地，并且使他们处于一种含混的状态：既不被排除在机会之外，也不会因受到热情欢迎以至丧失创造的动力。他们会将自己对真实世界的感悟与外界交流，至少是和资助他们的阶层交流，在主流社会里形成社会和精神分化，至少出现少数恩主为新产品提供庇护。创造性城市几乎都是不受拘束、不那么舒适稳定的城市。

和上述6点结论有相似之处，阿克·安德生认为，创新环境产生的先决条件也有6个：充足的财政基础；基础知识和能力；经验需求和实际机会间的不平衡；多样化的环境；具备良好的内、外部个人交通和通信条件；结构的不稳定性——在综合科学技术环境中存在的不确定性。

创造氛围有一些共同的东西，包括需要长时间发展的特定能力。这些特定能力可以被吸引到某些像磁石一般的地方，它们需要个人间、不同地区间的交流，必须有一个交流的密集度，看起来需要一个富裕、老式、密集甚至拥挤的传统型城市。这和理查德·佛罗里达的创新地区、创新空间有共通之处。

4.1.3　具有创造性和拥有创意产业

一个城市拥有创意产业和具有创造性根本不是一回事，问题是，一个城市是否可以不具备创新能力却能长久拥有创新产业，这种真正的、流动的创造力又是怎样产生的？当前多数大城市都有创意产业，但真正有创造性的城市，对照前述特征条件，目前国内的杭州、深圳符合程度相对较高。这里没有提供论证。

但是将从另外的角度——女性职业空间中创新能力的角度，比较城市的创新氛围。美国历史学者季家珍（Joan Judge）在《历史宝筏》[①]中曾讨论"女性和时间性""女性和现代性"的话题，这里通过处于不同年代、半个世纪之隔的同一座城市上海的情形，将女性置于她们所处时代、所处地方的社会背景中分析创新氛围，可以更好地理解性别、职业空间、社会自觉的创新氛围在纵向时间性上的相关性。在国内社会舆论的普遍认同中，上海是一座女性地位较高的城市。但即便是同一座具有高度现代性的城市，在不同历史时期，女性的

---

① （美）季家珍. 历史宝筏——过去、西方与中国妇女问题 [M]. 杨可，译. 南京：江苏人民出版社，2011.

创新角色和创新能力也不可避免地受环境影响可能产生较大差别。

自近代以来，上海一直是中国最富裕的城市之一。20 世纪 50 年代是一个物质匮乏而崇尚劳动的时代，中华人民共和国刚成立，人们坚信"幸福的生活要靠劳动来创造"，各行各业都涌现出一批劳动模范、青年突击手、先进生产者、技术能手，他们被捧为全社会的精神偶像，甚至被赋予很高的政治地位。上海女性也最大限度地进入了公共领域。上海国棉二厂女工裔式娟带领小组钻研技术，自 1953 年起连续八年全面超额完成生产计划，产品的数量和质量均达到全国先进水平。1958 年，上海国棉十七厂的纺织女工黄宝妹创造了逐锭检修减少二级纱、增加一级纱的技术；1959 年，上海肉类联合加工厂冷藏制药工厂精制品小组童玉珍、李芝芳利用猪脑垂体后叶试制催产素……在这个劳动最光荣、男女平等的时代，上海女性的创造热情和创新潜力被最大程度地激发出来，成果迭出，主要集中在科研和制造业领域。她们完全符合佛罗里达定义的"创新阶层"主体条件，虽然当时并没有这个概念。

到了 21 世纪的头十年，中国已经历了极其深刻的社会变革，这是一个物质丰富、文化价值多元的时代。一方面女性活跃在大部分职业领域，在经济转型发展中，上海女性的总体表现是成功的。第三产业成为女性发展的重要领域，2011 年底，上海第三产业从业女性已经高出男性 6.3 个百分点，在教育、医疗、金融、文化创意领域女性占比都超过男性[①]。另一方面女性又前所未有地陷入了角色危机。面对"全能发展"的现实困境，其精力和注意力被大大分散，整体的创造热情和创新能力在主观和客观上都被抑制，难以充分施展。此外，由于信息技术的迅猛发展，社会传播呈现出碎片化的特征，主流价值观日渐式微，对女性发展环境的负面影响逐渐加剧。

从 20 世纪 50 年代到 21 世纪，上海的社会经济生活都发生了巨大的变迁，劳动创造也从当初市民内心自发的朴素热情，在日益复杂的都市现实生活中磨砺成城市经济转型增长的需要，社会自觉的创新氛围下降了。对女性来说更为严峻的是，城市社会文化传播中过度的娱乐性追求具有消极倾向，削弱了女性的创造性角色。而只有社会自觉的、积极传播的创新氛围，才是有利于女性创新能力发挥的基础。

当城市累积的文化和生活风气赋予一个社会群体共同的特征时，群体的行为和精神的普遍状态会产生一个"精神气候"，允许某种人才在某时某地得到发展。当城市形成整体的创新氛围，出现一个集中的创造时期，也才会出现城市创新群体创新能力的集中爆发。对力图富有创造力的城市来说，营造一种社会自觉的、整体公平的、积极传播的创新氛围是至关重要的[②]。

① 黄怡 . 性别视角下的城市创新氛围 [J]. 女性人才，2014（9）：40–42.
② 黄怡 . 从创新驱动战略看城市创新氛围与女性创新能力 [N]. 中国妇女报，2014–10–28（B1）.

4.2 城市活力和制度环境、社会氛围

早在 100 多年前，出生于纽约的作家亨利·詹姆斯和家乡在新英格兰佛蒙特州的哲学家约翰·杜威，不约而同地批评美国城市缺乏他们崇尚的教养、历史、魅力、高雅，他们称其粗俗、混乱、华丽而俗气，而像巴黎这样的欧洲城市则依然充满生机和活力——巴黎是一个仍然运转良好的城市。由此可见，城市的生机和活力，自始至终不仅是城市规划和建设所追求的目标，也是社会大众所珍视的品质。

城市活力指的是城市中的场所让人感到有生命力，本质上，它是一种空间品质，源于城市中各种独特的商业和娱乐机会、高度的社会异质性，以及稠密的人口流动。因此，城市活力往往和密集的城市环境联系在一起。正如美国记者兼作家简·雅各布斯在其开创性著作《美国大城市的死与生》中所言，城市活力是安全和成功的城市的先决条件。

城市活力是城市市民性的一种反映，需要从社会因素、空间因素和时间因素三方面着手。

4.2.1 城市活力是国家、城市社会政策制度的指示器

城市活力是城市发展状态的外在显现，更是内在的国家社会政策制度和城市规章条例的弹性、适应性的指示器。当一个城市社会存在垂直的社会流动性或水平的空间流动性时，这个城市必定显示为有活力的。流动性越大，活力越强。

我国自改革开放以来，在全球化和快速城镇化的背景下，人口流动加快，城镇迅速扩张，建设用地增加，城镇形态剧变，这些是宏观层面国家活力、中观层面区域和城市活力以及微观层面社区活力的表现。这种活力首先来自 20 世纪 70 年代末农村土地承包责任制的改革，对于农业生产内容、时间、人力的集体禁锢解除，孕育了 20 世纪后期农村的活力；对于城市企业所有制、岗位的制约放宽，催生了城市的活力。当城市对非正规经济实行严格管控、对外来人口实行"隐性驱逐"时，城市活力会不可避免地下降。总之，城市活力是制度环境的表征，当城市活力出现问题时，首要反思的是政策制度的设定导向。

如本书第 2 章、第 3 章、第 5 章中所讨论，我国的一些新城建设规模很大，但建成后长时间沦为空城，严重缺乏活力。全国 2000 多个特色小镇中，一些小镇产业特色不鲜明，产镇难以融合，活力不足。还有百余个地级市及以上的城市处于收缩中，或由于资源枯竭，或由于常住人口连续下降，导致活力衰退。而城市更新中，大规模拆旧建新加速了地域历史文化的灭失，城市同质化严重，活力也随之下降。这些都不是新问题，但是近年来我国出生人口

持续下降和新时代高质量发展目标的双重挑战下，如何提升城市活力成为一个突出问题。

就我国全国范围来讲，相比其他地区，浙江的城市、城镇总是更有活力，这种活力是内生的，来自地方制度的灵活、创新，而这种追求创新的态度植根于城市的地域特质和隐性知识之中。

4.2.2　城市活力是城市空间尺度的重要产物

国内针对城市活力开展了一些评估工作。2018 年起，百度地图慧眼团队联合多家规划院开始发布季度、年度中国城市活力研究报告，通过分析海量时空大数据并结合人工智能技术，寻求客观反映我国主要城市人口吸引力、文旅活力、夜间消费活力、市民出行情况、交通基础设施状况等，以折射出不同区域、城市的经济活力。例如，研究报告根据商圈客流规模推断商圈活力，得出了最具客流吸引力的商圈（像上海南京东路商圈、广州天河路商圈）主要集中在南方一线城市以及人口规模较大的中西部城市（像成都太古里及春熙路商圈、武汉江汉路商圈、重庆观音桥商圈等）的结论。研究报告还根据城市外地游客规模指数确定年度节假日期间迎接最多外地游客的城市，根据城市人口吸引力指数确定年度全国城市人口吸引力排名。但是，通过大数据只能观察到现象或结果，并且侧重于城市经济活力，至于城市活力的要素、机理和提升策略等问题，仍旧要基于城市设计和城市社会学理论来回答。

城市活力讨论的是人和城市环境的关系以及城市环境中人和人的关系。城市活力首先是空间活力，并以此为培养基，孕育出经济活力、人文活力、创新活力等。城市作为建成环境和社会行为背景，须纳入广泛的社会经济变量，不仅要考虑城区常住人口变化，还要考虑经济效率、教育水平、产业结构、老龄化程度等因素。从"伟大""壮丽"出发的城市设计往往和活力相悖，因为活力和人性尺度、人体尺度相关。

城市活力和尺度有关，是有规模而不空旷。多尺度是城市的基本特征，城市的尺度表现在用地、街区、建筑、街道家具等各类形态的量度上，也是城市功能性质和空间结构的反映。从经济效益的角度，城市被期待产生集聚效应；从开发利润的角度，城市被期待产生规模效应。宏大尺度和纪念性、权威性相关，而人性尺度体现的是平等、关怀。例如，通过小规模更新抵制大规模更新，通过小街区建设对抗大型社区的兴建。200 米见方的市中心街区比起 1000 米见方的郊区大型居住区更适合人的步行活动，也更易产生城市活力，即"小产生活力"。小街区意味着路网更密，某种程度上，城市路网密度是城市活力的重要参数。厦门和成都是国内富有活力的城市，其城市建成区平均路网密度都在 8 公里／平方公里以上。

城市活力和密度有关，是有密度而不拥挤。人口密度和建筑密度则更充分地表达了城市环境的密集程度。城市活力不仅与密集的城市环境相关联，还要求街道具有无障碍的可达性。密集的市中心社区可以提供市民各种便利设施和充分的休闲互动体验，因而这些地区往往充满活力。当然，"有密度"和"不拥挤"之间也需要达到平衡。长期以来，相对于西方城市来说，高密度聚居是发展中世界的城市的显著特征，这种高密度固然带来了活力，但很多时候已经趋于拥挤，从而带来交通拥堵、居住拥挤。经历近三年的疫情，人们也更深刻地理解到，密度不仅意味着居住质量和空间活力，还是决定疫情社区传播的关键变量，高密度往往导致病毒高传播率，会给城市公共卫生带来潜在风险。

城市活力和复杂度有关，是多功能混合而不混乱。城市生活的魅力在于其复杂性和多样性，住宅、商业和其他多种功能用地的高度混合产生了极其丰富的可能性，种类多样的服务，丰富的机遇，异质性的人口，可选择的生活方式，所有这些让城市在物流、客流、信息流的流动中获得活力。但是，过多的人口、功能聚集在城市，也会带来居住、交通压力及各项服务的超负荷运转；商业用途的大量存在可能吸引太多外部游客，给城市增加额外的负担；功能布置的不合理更可能造成混乱。

影响城市活力的要素除了尺度、密度、复杂度之外，还和城市的气候、生活的节奏、人口的成分及历史和文化相关。由于气候的舒适，南欧城市较北欧城市天然地更有活力，因为城市居民较多户外活动，而北欧居民在漫长的寒冷季节里都身处室内。

4.2.3 城市活力是城市社会互动和参与的重要产物

城市活力也是社会和经济的活力，涉及积极的社会活动和事件。社会互动和社会参与是保持城市活力的基础，正是一些看似微不足道的社会互动和参与，构成了充满活力的城市生活。通过保护公共空间和民主的城市政策可以促进文化和社会活力。

城市缺乏活力的反面教材如巴西的首都巴西利亚（Brasilia）。巴西为了加快内陆的开发，也是从政治、经济和战略安全考虑，1956—1960 年短短三年半时间里就在海拔 1200 米、一片荒凉的中部高原建成一座现代化的新首都。1960 年 4 月将当时首都由海滨大城市里约热内卢正式迁至内陆的巴西利亚。新都是职能单一的政治中心，落成时人口不足 20 万；随后大量外州移民涌入，人口急剧增加，成为全国最大城市之一，有近 240 万人口。巴西利亚是全世界最大的 20 世纪以后建成的城市。

城市规划教授卢西奥·科斯塔（Lucio Costa）主持了巴西利亚的城市整体设计，将城市平面布局成一架喷气式飞机的形状，象征巴西是个正在起飞的发展中国家，以体现蓬勃发展的时代精神。新区坐落在人工湖半岛上，"机头"

是由总统府、最高法院和国会组成的三权广场。"机身"是一条长约 8000 米、宽 250 米的大道，被命名为"库比契克总统大道"。大道的前半部由政府大楼对称排列，后半部由教堂、公园、会议中心、商业中心组成。"机身"两侧伸展出立体公路，沿路排列着居民区和商业网点，如同"机翼"。"机尾"是长途汽车站和仪器加工、汽车修配等工业区。

建筑师奥斯卡·尼迈尔（Oscar Niemeyer）虽然在早期本着"消除社会差异"的原则使用统一标准设计了位于"飞机"两翼的 11 个超级小区（superquadros，皆为 6 层高、带电梯的公寓，底层架空为公共空间）用于城市人口居住，但是这个多少有些乌托邦式的做法很快就因为政治和历史背景等原因在城市的发展过程中逐渐变化。社会富裕阶层依旧穿梭往来于首都和里约等城市之间，以至于巴西利亚的官员们和政治家们早期还试过一到周末便逃回里约热内卢或圣保罗度假，同时在巴西利亚郊外的风景区建造了小别墅；社会低收入人群还是要跑到离巴西利亚 30 公里以外的贫民区居住；而这 11 个超级小区大多聚集了收入中等偏上的社会精英阶层。

巴西利亚建成后，直至 20 世纪 80 年代末，一直存在争议。巴西利亚街上的行人很少，最热闹的地方是公共汽车站。因城市尺度主要以车行尺度为标准，没有考虑太多人行的道路。由于过分强调功能分区，使得节假日里城市中的行政、商业、体育等功能区域过于冷清，城市给人感觉缺乏活力和生机。为保护城市的"飞机"形状不被破坏，城内不准建新住宅区，居民尽量在城外的卫星城里居住。

巴西利亚城市活力的缺失是由于，在巴西利亚的规划建筑过程中，极端的中央集权直接任命和决策，使规划和设计师只需要直接对时任总统卢塞利诺·库比契克（Juscelino Kubitschek de Oliveira，1902—1976 年）负责。这种极端扁平化的管理直接带来了高效率、高质量、高产出的工作成果和极度纯粹、个性十足、落实完整的设计作品，但不是大多数人的诉求和意愿，没有建立起有效的社会互动和社会参与。

4.3　城市异质性和移民城市空间

城市活力也和异质性相关，异质性往往是大城市的重要特征，并且也是推动小城市成为大城市的一种宝贵的特质因素。换句话说，大城市之成为大城市，异质性既是结果，也是动因。异质性可以极大地促进城市文化的丰富和繁荣，并形诸城市空间。而移民城市恰恰决定了其城市文化的异质性和城市空间的异质特征，在时间的融蚀下，异质性将成为城市发展的独特资源和资本。以下通过移民城市伦敦、上海以及海外的中国城案例来阐释。

4.3.1 伦敦——一座多元文化的城市

英国伦敦是座人口和文化多元的城市，超过 1/3 的居民实际上出生在国外，城市里有着许多独特的文化景点，例如，毗邻国家美术馆、莱斯特广场（Leicester Square）和伦敦西区（West End）的唐人街；布里克斯顿（Brixton）南区的非洲裔加勒比社区，这里有布里克斯顿市场、黑人文化档案馆；坐落于富人区肯辛顿和切尔西区（Kensington & Chelsea）的荷兰公园，是一个以活孔雀和花园而闻名的城市公园，也是日式的京都花园的所在地。孟加拉社区位于曾经臭名昭著的伦敦东区（East End），中心是砖巷。来自孟加拉国和印度等南亚国家的庞大移民社区在英国催生出了一种严肃的咖喱文化。伦敦西南部偏远郊区的新莫尔登（New Malden）是众多朝鲜和韩国人的家园，是伦敦的韩国城。伦敦北部的戈尔德斯格林（Golders Green）是犹太人的聚集地，附近的卡姆登（Camden）坐落着伦敦犹太人博物馆，展示着充满活力的犹太文化及其在这座城市的悠久历史。伦敦南部南沃克区的佩卡姆（Peckham）地区被亲切地命名为"小拉各斯"（Little Lagos），以尼日利亚首都的名字命名，这里的街道两旁是充满了约鲁巴（Yoruba）文化气息的尼日利亚商店。

当我们仔细观察城市的移民，留意城市的不同阶级区域，城市的异质性、丰富性便不言而喻。浓郁的异域风情、他乡情调以及浓烈的人文气息，伦敦的这种异质性多少成为英国漫长的殖民历史的缩影，这种异质性及其代表的多元文化使得伦敦的文化产业在国际上首屈一指，国际旅游长盛不衰，更使得伦敦在全球城市排名榜上常居首位。

4.3.2　20 世纪上半叶上海的侨民社区

上海也是一座典型的移民城市，不但拥有大量的国内移民，20 世纪上半叶还曾经拥有大量的国际侨民，大批的侨民定居在租界地区（参见第 6 章和延伸阅读 7.5）。上海在"二战"期间也被称作"东方诺亚方舟"，因为接纳了大批犹太难民在上海避难。虹口区的舟山路曾经是犹太难民的聚居区。舟山路长 1 公里多，宽 10 米左右，在 20 世纪 30—40 年代的高峰时期聚集了数十家犹太商号。舟山路和周边的霍山路、华德路、茂海路等形成了"无国籍难民隔离区"的核心区域。据相关史料，隔离区内犹太难民总数在 2 万人左右。大量侨民给这座城市带来了独特的异质性。长阳路上的白马咖啡馆始建于 1939 年底，是一对犹太难民夫妇开设，这家咖啡馆兼具了餐厅、酒吧和夜间俱乐部的功能，因气氛温馨、服务周到，很快成为当时犹太难民们日常聚集场所之一。

《上海的外国人：1842—1949》[①] 一书提供了这样的数据：①解放前的

---

① 熊月之，马学强. 上海的外国人：1842—1949[M]. 上海：上海古籍出版社，2003.

上海，西方人最多时也不过六七万人。但分布国家很广泛，有 58 个国家之多；②上海最多的外国人不是英国人，而是白俄罗斯人（1.5 万人），英国人最多时只有 9000 人；③"二战"时日本人大量涌入，一度达到 9 万人，但多集中在苏州河以北的虹口区，昆山路一带号称"小东京"；④ 1933—1941 年，上海接纳了 2.5 万犹太人，主要集中在日本人控制的虹口区，"二战"后纷纷离去；⑤十月革命后大量白俄罗斯人来华，主要被法国人收留，集中在法租界；⑥外国人到了上海要找组织，上海有 3 大总会，英国总会（现址为上海科学会堂），法国总会（现址为上海花园饭店）；德国总会（现址为上海锦江饭店）。

上海 20 世纪上半叶的这种异质性造就了上海不同于国内其他城市的独特的文化和特征。"上海是一个世界城市，市民们在他们的艺术、文化和市政安排中都尽力实现道德和物质的双丰收，借助清洁和慈善来节制穷奢极欲"[①]。时至今日，目标为"卓越的全球城市"的上海，是外籍人口占比最高的中国城市之一，有着浦西古北、浦东碧云等东南亚和欧美人口聚居的社区。而上海的咖啡店数量全世界最多，上海的面包品牌、品种是全国最多的。

延伸阅读 7.5 淮海路上的俄侨商店

淮海路是上海著名商业街，始筑于 1900 年，曾数易其名。至 1915 年 6 月更名霞飞路，并在 1922 年 3 月法国将军霞飞来沪访问时举行揭牌仪式。之后，在汪伪时期又曾改为泰山路和庐山路。抗战胜利后又改为林森路，直至 1950 年 5 月 25 日，上海市政府将其改为淮海路，以纪念淮海战役。这条著名的街道在 20 世纪 30 年代即以幽美、繁华和富有异国情调而享誉中外。然而，仔细探究霞飞路早期的发展，却不得不提到那些因十月革命而流亡上海的俄国侨民。

20 世纪 20 年代起，大批俄侨定居上海法租界。这些白俄人绝大部分分散居住在原来法租界的中部，就是现在思南路、瑞金二路向西延伸到汾阳路、岳阳路那一大片狭长的地区之内。法租界霞飞路周边地区是上海俄侨最大的聚居中心。随着俄侨的到来，原本法式风情的霞飞路开始染上一股斯拉夫民族的情调，很快就被称作上海的"涅瓦大街"。逃过来的沙俄皇室贵族后裔身无长技，坐吃山空，多半靠卖家当度日。也有的后来放下架子，开店谋生。根据资料记载，仅 1926—1928 年间，就有 100 多家俄侨商店在霞飞路上开张，其中服装店 30 家、百货店近 20 家、食品店 10 家，还有多家大型糖果店，众多的咖啡馆以及美容厅、照相馆、花店、化妆品和乐器专营店等，诸如女帽头饰业、女服童装业、皮鞋业、西点业、西药业、以化妆品为主的百货业和咖啡酒吧业，

① （英）约翰·伦尼·肖特.城市秩序：城市、文化与权力导论 [M].郑娟，梁捷，译.上海：上海人民出版社，2015：24-25.

开始著称沪上。这大大加速了霞飞路商业街的形成。

图7.4 霞飞路上俄罗斯人开的音乐商店
来源：宋文杰. 淮海路上的俄侨商店 [N]. 联合时报，2020-02-25（5）.

霞飞路上的众多西餐馆，大多是这些白俄后裔开的。所以，到霞飞路去吃西餐，又叫去吃"罗宋大菜"。特别是以咖啡馆等为主的西餐业，数量之多、环境之雅、设施之舒适，堪称上海之最，如特卡琴科兄弟咖啡餐厅（1933年10月易主改名阿尔卡扎尔咖啡餐厅），不仅是上海开设极早的花园餐厅之一，其规模更居法租界之首，仅一个花园，即可置咖啡桌百余张。此外，餐馆墙上挂着原版油画，唱机里播放着柴可夫斯基、里姆斯基的作品，里面还常举行话剧演出、音乐会。文艺复兴咖啡馆是俄侨聚会的沙龙，DD'S咖啡馆则是中外雅士会聚处。此外，瑞成号瓷器店、普罗托夫百货公司、哥利郭里夫百货公司、科涅夫男士用品公司和最先引入美国干洗设备的正章洗染公司等，都是当时上海闻名遐迩的俄商大店名店。

总店设在静安寺路的西比利亚皮货行也在霞飞路开设了贵妇专卖店，经销最名贵的女式皮装。至20世纪30年代中期，整条路俄侨商店有五六百家，尤其自马斯南路（今思南路）到善钟路（今常熟路）一段，几乎全是俄侨商店。

浓重的斯拉夫气息，形成了霞飞路的独特氛围，浑厚粗犷的吉卜赛乐曲、掺混着高加索烟草味的伏特加酒香，不时从两侧溢来，透过法国梧桐的叶缝，散向天空（图7.4）。1931年1月7日的《上海柴拉报》上一篇由阿·费·彼得罗夫署名的文章骄傲地宣称："条条大路通霞飞路""若干年后，回到俄国，偶尔在街上相遇，狂风暴雨般地拥抱之后，向自己的熟人介绍：'几年前，我和他一起在上海吹喇叭''他从霞飞路来，我也从霞飞路来。'确确实实的，是老乡！"为此，霞飞路被称为"东方圣彼得堡""东方涅瓦大街"，中国人则称其为"罗宋大马路"。由于俄法贵族文化趋同的历史渊源，俄侨起奠基作用的霞飞路商业文化氛围迎合了法租界当局的需要，也符合霞飞路环周社区居民的生活需要，渐渐影响了上海市民的生活潮流。

在俄侨的带动下，各国商人纷沓而至，同时，华资商店也日渐增多。历经30多年的发展，一条充满异国风情的"高雅"商业街形成了，并以"霞飞路"之名称誉世界。

俄国侨民在上海的发展一直持续到"二战"结束。1947年8月6日，苏联政府宣布恢复留居中国的俄侨国籍，因此，大多数俄侨离开了上海。他们有的回到了家乡，有的去了其他国家。随着大部分俄侨撤离上海，上海俄侨社区也逐渐没落消亡。

来源：宋文杰. 淮海路上的俄侨商店 [N]. 联合时报，2020-02-25（5）.

4.3.3　21世纪的海外中国城

中国海外移民也给当地城市带去了异质性，传播了中华传统文化。海外的中国城（Chinatown，旧译"唐人街"）有些必不可少的中国特色的元素，包括牌坊、石狮、汉字、财神形象等，在美国波士顿、旧金山，在加拿大的温哥华，在荷兰的阿姆斯特丹等城市，历史颇长的唐人街也已成为受欢迎的欧美城市游览观光点，并构成了这些城市多元文化的一部分。

相对来讲，在非洲、拉丁美洲等发展中世界的中国城建成时间大多不长。在拉丁美洲的多米尼加共和国首都圣多明各，2008年落成的"中国城"位于老城区核心地带，由杜阿尔特大街和梅利亚大街的交叉点辐射开去。虽然建成时间不长，但规模不小，覆盖范围近4公顷，分布着数百家店铺、商场和中餐馆。在杜阿尔特大街南北两侧，分别竖立着两座牌坊，上面刻有"四海为家"和"天下为公"的字样。"中国城"的东西两侧，孔子塑像和十二生肖塑像栩栩如生，向过往民众展示着中国历史与文化。每到周日，在杜阿尔特大街上还设有专门的集市，会有海鲜、蔬菜以及中国特色的点心销售，前来品尝的当地民众络绎不绝。"中国城"内除了常见的中餐馆，华人超市和商店里，各种日用百货、小商品、中国的油盐酱醋、特色零食、皮包、瓷器等应有尽有。华人或华裔家庭开设的超市和在国内逛超市几乎没有区别，国内能买到的日用品和食品，在这里都能买到。其实中国的文化尤其是饮食文化，已经很好地融入了当地民众的生活。在这里，中餐的调味品、茶叶、茶饮料以及部分零食和方便面都是多米尼加人经常购买的。

华人商店主要销售来自中国的手机壳、电源线等手机配件以及日用百货。他们销售的产品都是当地民众比较喜爱、购买较多的产品。华人移民熟知当地市场对中国商品的需求，随着中多两国之间贸易的不断发展，善于紧跟时代发展的他们，在经营店铺的同时还干起了跨境物流运输的生意。

前一章关于中国移民在国外的议题中，对世界各地的唐人街、大都市郊区的华裔新移民的分析已涉及华人和华裔移民城市空间及其带来的城市异质性的主题，同样适用于此处的讨论。

4.4　城市魅力和风情

魅力和风情是一种比较难以言传的城市特质，魅力是一种能吸引人的力量，风情则是富有变化的意趣。城市的魅力是前述城市特质的总和，是创新、活力、异质的奇特混合；城市的风情来自城市物质环境和城市特质或城市性格的有机融合。而这一切都基于时间的调和，就是说，具有魅力和风情的城市更多是时间大师的杰作，只有时间的融蚀，才能造化饱含魅力和风情的城市。

4.4.1　魅力风情和城市时间

那些被列入魅力城市名单的城市具有一些共同的特征，其中之一是漫长的城市时间，或者说历史。相对于北美城市来说，欧洲城市更富有魅力和风情，主要在于欧洲城市的艺术人文历史、城市风貌和生活方式。在欧洲内部，由于自然气候因素影响，南欧因其人民性格奔放热烈更具人文风情，北欧因其人民性格内敛、自然独特更富自然风情。此外还有南美城市的热带风情、中亚城市的阿拉伯风情、东南亚城市的亚洲风情等。

城市生活的魅力在于遵循时间逻辑生成的复杂性和多样性。住宅和商业用地及其他多种功能用地的高度混合产生了极其丰富的可能性，数量众多、种类多样的城市设施为居民提供了舒适、便利的各种服务以及教育、社会和文化机遇，异质性的人口也可以自主选择生活模式。城市在物流、客流、信息流的流动中获得活力。按照简·雅各布斯的见解，城市活力来自相对密集的城市区域的协同作用，这些区域提供了一系列商机和"免费"机会，以及密集的街道生活和大量的异质人口。因此，一个地区内包括商店、咖啡馆和餐厅在内的各种便利设施，能够创造条件全天不断地吸引人们来进行更多非正式的社交，从而使该地区变得充满生机。

城市自身的节庆也会赋予城市独特的人文风情，包括城市举办的节日、庆典、地方特色产品展览会、交易会、博览会，以及各种文化、体育赛事等具有特色的活动，不仅能够丰富当地居民的业余生活，有些还可能成为城市的特色名片，并为城市带来丰厚的旅游收入。

其中很多的节庆、节日是以时间、时令为动因，目的就是庆祝特定的时日，或在特定的时日庆祝。西方的复活节和我国的清明节颇有关联之处，都是春和景明的四月初，都和生命的循环有关，只是在气氛上相反：复活节庆重生、寄希望，欢欣；清明节祭祖先、悼已逝，忍悲。但是倘如庄子"知生死之不二，达哀乐之为一"，则本质上是统一的。

4.4.2　文化旅游和城市体验

城市的魅力和风情本质上都以城市艺术性的风貌为潜在前提，这些特质属于那些东西方城市建筑和文化的明珠。一个质朴的村庄或小城也许让人安定和放松，但人们一般不会用魅力和风情去形容、描述它。城市的风情和魅力属于独特的城市资源。也因此，"文化旅游"这个词语的组合是有道理的。文化旅游是真正的"用脚投票"，虽然社会大众不一定都能专业地解读城市的魅力和风情，但这并不妨碍大众体验、感知城市的不一般的特质。这一点可以从旅游数据上得到反映。

一方面，20世纪70年代以后的国际旅游是和全球化相辅相成；另一方面，国际旅游和"传统"文化认同相互吸引。由于旅游所具有的文化体验特征，体验异地他乡的生活方式是当下旅游者的新需求。例如东京鱼市场的"金枪鱼拍卖会"，游客凌晨两三点钟就去现场排队等候；荷兰鹿特丹菜场开业一周吸引百万游客。这些城市的生活体验旅游产品都具有"原产地文化符号"和"烟火气"。万事达卡（Master Card）发布的《2019年全球目的地城市指数报告》显示，巴黎、伦敦、纽约、东京等城市均跻身前10名，上海未能进入前20名。

当然国际文化旅游总是免不了和意识形态传播交织在一起，尤其是在全球化的逆流期。这充分反映在冷战时期苏联对待国际旅游的纠结心态：

出境旅游业本可以成为苏联收入的一个骄人来源，但对苏联秩序的威胁似乎也是显而易见的：毫无疑问，西方情报机构会试着在这些出国度假者中间安插特工。因此，苏联采取了一项明显相互矛盾的政策。一方面，国际旅游组织（Inturist Organization）在全世界的首都或首府城市建立办事机构，并登广告宣传去苏联旅游的行程和价格。莫斯科和列宁格勒成了重点推广的游览目的地。根据宣传内容，邮轮旅行会到达波罗的海港口城市里加和塔林，团体旅游会前往基辅、维尔纽斯或南高加索地区的城市。但另一方面，政策要求对待游客要像对待羊一样，让他们只能在被谨慎控制的"羊群"里活动。导游们要传达出对苏联所取得的非凡成就的赞美。每一天的行程都被计划得满满当当，这样游客就没有时间去制造麻烦了。

来源：（英）罗伯特·瑟维斯. 冷战的终结 1985—1991[M]. 周方茹，译. 北京：社会科学文献出版社，82-83.

4.5 城市文化资本

对于文化的重要性，皮埃尔·布尔迪厄指出，在当代社会，文化已渗透进所有领域，并取代政治和经济等传统因素跃居社会生活的首位。也就是说，现代政治已无法仅凭政治手段解决问题，而现代经济也无法只依靠自身的力量而活跃。假如没有文化的大规模介入，那么无论是政治还是经济都是缺乏活力的[①]。文化和当下城市相关时通常以两类形态出现，一类是文化引导的城市再生（culture-led urban regeneration）理念，强调文化（产业）作为城市经济增长的一种驱动力，另一类是将文化资本引入城市更新过程，构建一种分析框架。

4.5.1 文化资本概念及其扩展

"文化资本"是布尔迪厄将马克思主义经济学中的资本概念进行扩展后提出的一个社会学概念，是一种表现行动者文化上有利或不利因素的资本形态。

---

① 宫留记. 布尔迪厄的社会实践理论 [M]. 开封：河南大学出版社，2009.

布尔迪厄将文化资本分为三种形态^①，其中第二大形态是客观形态，即物化状态。具体地说，就是书籍、绘画、古董、道具、工具及机械等物质性文化财富。文化资本的概念在布迪厄的资本理论中是最重要的，也是他予以最详尽分析的。

本书借用了布迪厄的文化资本概念，但是又对其物化形态进行了扩展，特定地指涉具有一定历史文化价值的城市空间和场所，可以是一座城市、一个地方或一个社区，可能是传统的，也可能是当代的。但至关重要的特征是，在这些城市空间和场所中，能够凝聚或浓缩某个特定地方的历史、文化、生产或生活方式，值得保留和传承，并可以同更广泛的人和地区共享。显然，相对于布迪厄的资本的可传递性，例如古董的收藏和传递，这种以物质形态客观存在的文化资本——城市空间和场所，是可以直接传承的。传统的城市空间和场所构成城市的建成遗产，并可作为一种重要的地方文化资本而存在。

此外，以绘画、古董形式存在的文化资本很多时候是私人财产，对城市大众来说缺乏共享性；只有存在于城市美术馆、城市博物馆中的藏品、展品才属于城市的公共文化资本，但是一周之中只有一天不收参观门票，并且每天有严格的参观时间限制，也就是说，市民和游览者只能有条件地享受这些资本；而具有一定历史文化价值的城市空间和场所，是城市市民的生活环境，可以随时地、充分地享有它。当然有些地方对外来游客收费，对当地来说，这恰恰是一个将地方文化资本兑现为经济资本的过程。

让我们先来举一个城市的例子。西班牙第二大城市巴塞罗那，是加泰罗尼亚自治区的首府和港口城市，是西班牙最重要的贸易、工业和金融基地，也是享誉世界的地中海风光旅游目的地和世界著名的历史文化名城。如果讨论巴塞罗那的城市文化，必然会提到一个重要人物安东尼·高迪（Antoni Gaudí，1852—1926 年）。高迪设计的建筑物于 1984 年被列为世界遗产：文森之家（CASA VICENS，1883—1888 年）、桂尔宫（PALAU GÜELL，1886—1889 年）、桂尔公园（PARK GÜELL，1900—1914 年）、巴特罗之家（CASA BATLLÒ，1904—1906 年）、米拉之家（CASA MILÀ PEDRERA，1906—1912 年）、圣家堂（TEMPLE EXPIATORI DE LA SAGRADA FAMILIA，1883—1926 年）。巴塞罗那之于高迪，或高迪之于巴塞罗那，是个值得探讨的话题，到底是巴塞罗那成就了高迪，还是高迪成就了巴塞罗那？

接下来更重要的过程是，从世界各地慕名而来巴塞罗那的游客，争相涌向安东尼·高迪留在城市中的各个作品。但是很多游客会遗憾地发现，由于参观者人满为患，如果没有提早在网上预约购票，在他们短暂的旅行逗留期间，根本没有机会去参观高迪的作品。某种程度上，散布在巴塞罗那城区的高迪的

---

① （法）布尔迪厄. 文化资本与社会炼金术——布尔迪厄访谈录 [M]. 包亚明，译. 上海：上海人民出版社，1997.

每一个建筑作品，都变成了城市的一台"高迪自动收款机"（GATM），源源不断地收取世界各地的财富。可以说，以城市建筑和建成环境存在的文化资本相对更具有稳定性、安全性和公共性，换言之，这种城市文化资本的保值性能很强，也可以说，这种城市文化资本的空间再生产能力很强。

4.5.2 对于城市更新的阐释

从文化资本的概念出发，我们可以对城市更新作这样的理解，即城市更新是一个不断激活、创造和积累城市文化资本的过程。而在城市更新中通过文化资本所能获得的利润是和城市行动者（参与城市更新的主体）所掌握的文化资本以及其自身的文化资本（布迪厄的文化资本概念中以第一形态存在的身体化文化资本）的多少呈正相关。通俗地说，城市更新的决策者、执行者、参与者们自身的文化素养（习性、嗜好、品位）和文化能力（鉴赏能力、价值选择、专业化知识技能）越高，在城市更新过程中所掌握的以物质形态存在的文化资本越多，通过这些文化资本能给更新后的城市带来的文化、经济、社会效益就越高。当然，如此说来，实现城市更新中文化资本的激活与创造，多少仍带有某种程度的微妙的历史偶然性。

前面提到了将地方文化资本兑现为经济资本的过程，在此之前则有一个将经济资本储存为文化资本的过程。经济繁荣带来的文化影响体现在社会的方方面面，比如基础设施、住房、艺术产出、社会生活、体育运动、旅行，而且从主观层面上看，还体现在人民的雄心和抱负上，特别是当他们见证了历史上前所未有的繁荣和机遇。在一个城市商业社会中，商业发展反过来也催生出公民社会。所谓商业城市正是共同利益的聚合体，它的集体意愿在于追求个人财富。这意味着，事务都有规范，处于控制之中，人们通过协商制定合理的定价机制，建立交易规则、结算买卖、签订合约等。商业必然要求合作。独立的商人们创造出公民文化，而对公民道德的追求和公共空间的建构构成城市文化资本的两个方面，具体涉及市民艺术、公共空间和集体规则的发展。

让我们来举另一个城市的例子。比利时的安特卫普16世纪时成为欧洲最富有的商业城市，现在则是欧洲著名的文化中心。在这个商业城市的建构过程中，商业文化也随之诞生。市政厅的兴建，不仅显示了城市的个人财富，也证明这个城市所看重的是公民道德，以及克制的中产阶级情感。当游客们穿行在现今仍然保存完好的安特卫普历史城区时，他们会由衷地感叹，街道、广场、市政厅、教堂、博物馆、歌剧院、城市雕塑等，无一不是由巨大的财富叠筑而成。这可谓藏"富"于城市本身。

而后代如果意识不到这浓缩的、具象的城市文化资本形态，通过疾风骤雨式的拆旧建新，化金石为混凝土，则是城市历史、城市资本的巨额损失。这所谓的"城市更新"也就和建造新城无异了。

第 5 节　制度的操控：消费城市、消费空间和消费文化

城市的本质是消费的城市，城市的"市"已经说明了其初始立足点，是以"城"形式存在的交易场所（市）。集市是定期聚集进行商品交易活动的形式，而城市是集市的高阶形式，是常设的、高度聚集的、功能形式完备的商品和服务交易活动的形式。所有的城市都是消费的城市，有着各类可供消费的空间，并可能形成关于消费的独特文化。消费文化既是自然形成的，也是被强行灌输和操控的。既有的讨论中对于市场诱导的消费文化讨论较多，但是对于生产方式、国家政府在消费文化中的系统性作用却缺少揭示。消费社会学的领域是广泛的，本章仅突出和城市、空间主题的关联。

5.1　消费主义的概念内涵及其生成逻辑

消费是当代社会生活的主题。20 世纪产生了消费主义（consumerism），消费主义是消费文化的一种典型类型，消费主义形成的根由是文化层面的、道德层面的，然而首先是制度层面的。

5.1.1　消费主义的概念内涵

美国经济学家凡勃伦（Veblen，1857—1929 年）在 1899 年的著作《有闲阶级论》[①] 中首先将社会学关注的焦点转移到"消费"上，他指出，消费主义表达了美国文化中的基本价值。消费主义有不同的定义和诠释，通常是指人们毫无节制、过量消费物质财富和自然资源的行为，以及把消费看作是价值体现的一种观念。消费主义的实质是通过对物的消费和占有以体现自身的生活方式、身份地位和优越感。

消费主义的表现包括：对物质产品毫无必要的更新换代，大量占有和消耗各种能源和资源，随意抛弃仍然具有使用价值的产品，追求和采用超出自己承受能力的生活方式等。对社会来讲，消费主义是一种过度消费、提前消费、不必要的消费，这种消费往往是由资本潜心诱导，经由时尚精心包装，甚至以制造社会精神焦虑和贩卖集体情绪加以恐吓实现的。

5.1.2　消费主义的生成机制

由于"二战"的推动，美国拥有了熟练的大量生产装配线技术，20 世纪 40 年代后各种各样的消费耐用品被大规模地生产，包括汽车、洗衣机、真空

---

① （美）索尔斯坦·凡勃伦. 有闲阶级论 [M]. 凌复华，彭婧珞，译. 上海：上海译文出版社，2019.

吸尘器、烤面包机、洗碗机、冰箱和空调等。郊区住房开发以新产品作为号召，于是 20 世纪 50 年代在大众生产的所有方面——住房、耐用品、汽车——结合在一起创造了作为消费社会缩影的特征性的郊区景象。这个政治、经济和文化的结合被称作福特主义（Fordism），它导向了一个国内生产和消费大量商品的社会，有大量人口从事装配线工厂工作，并成为活跃的工会成员，而且它是垄断资本主义的一个特征。而随着全球资本主义体系下制造业活动从美国流向其他国家，美国的福特主义的结构解体了。[①]

随着全球产业结构的重构和生产部门的重新布局，曾经在美国出现的消费耐用品大规模生产以及房地产的发展在世界的其他地方反复出现，亦即福特主义的结构在其他国家和地区再现，同样再现的还有国内生产和消费相互加速循环的关系。消费主义不但存在自一个社会的上层阶级向其他阶级（中产阶级乃至无产阶级）纵向渗透的特征，也存在不同社会之间自发达世界向发展中世界横向渗透的特征，直至浸润全球。

在全球资本主义体系下，"发展"模式被等同于"增长"模式，以大规模的生产和消费与之匹配。全社会消费总量的提升有三个途径：

（1）扩大消费人口（顾客）的数量，将潜在的消费者变成实际的消费者，让未来的消费者变成现在的消费者。最直接的办法包括激发消费欲望（以消费文化的名义）、确立消费理念（消费信贷奴役制），给予他们超前消费的能力（经折、信用卡、花呗等），为人们的超前消费提供最大的便利。"经折"（特指记账的小折子）是我国古已有之的赊账、记账方式；信用卡 1915 年在美国最早开始使用（最初不是银行发行的，而是一些百货商场、饭店、汽车公司和石油公司等机构场所提供的赊销赊购卡，后发展成通用的信用卡）；支付宝"花呗"消费贷款连实体卡都不需要了。虽然不同时代消费者（客户）信用筹码的表现形式不同，但思路是一致的，提前享受产品和服务的消费者们将不得不因为他们自身的超前消费行为成为各类机构的"奴隶"。

（2）增加消费频次。当消费者数量达到饱和且趋于稳定之后，就得设法增加各类顾客的消费频次。餐饮场所、超市等商家往往通过各式各样的新品和促销活动吸引顾客光顾，例如肯德基和麦当劳不断变换的儿童餐玩具套装，超市的每日特惠、积分换购等，利用新鲜感和小实惠这些小刺激来保持和用户的黏合度。服装、电器、电子产品等耐用品则不断推陈出新，利用新款的时尚效应激发用户的虚荣心和占有欲。苹果公司（Apple Inc.）从 2007 年 1 月 9 日至 2022 年 9 月，已发布十四代 37 款手机产品，以年均一代新品的速度推向市场。新品并非功能改进的迫切需要，而只是维持客户群、保持产品市场的需要。

---

① （美）马克·戈特迪纳，雷·哈奇森. 新城市社会学 [M]. 黄怡，译. 3 版，4 版. 上海：上海译文出版社，2011，2018：167.

至此，企业、时尚界、广告界、商家是一条利益之链上的"蚂蚱"，以诱惑消费欲望、促成消费行动为共同的目标和各自的利益保障。一次性产品的大量使用除了少数特定情况下方便了使用者，更多的则是强迫消费者就范。可循环使用的墨水笔整体被市场淘汰，书写水笔很少零售笔芯，本可重复使用的笔杆被用完即扔。所有的产品设计、销售规则都只为导向更多、更频繁的消费行为。

（3）缩短产品的使用周期，或延长服务的需求周期，这一点可谓"市场之恶"。手机、电脑、打印机等上网产品都有厂家预设的"唤醒淘汰"机制，到期就会自动报废；雨伞等日常消耗品可使用的次数变得更少、更易损坏，牙膏的口径变大以便使用者每次挤出更多牙膏。总之，厂家、商家、市场千方百计让用户尽可能消费更多、更快。健身、美容服务则以预付年卡、月卡的方式尽量让消费者成为长线用户。

（4）鼓励高档、奢侈消费，强化名牌效应，在服装、配饰、餐饮乃至旅游产品中，从轻奢到豪奢设置不同档次，以适应不同用户从而扩大用户总量。

（5）扩大节日效应。所有的节日，包括地方传统的节日和外国的节日，都被赋予各种积极的文化意义（家庭的、浪漫的）、生活方式追求和生活品质标准。商家们还竞相创造出自己的消费节日，制造消费传奇。

但是上述每个途径都存在一定的制约，并且最终都受制于消费人口数量及其消费能力这两个终极制约。消费活动本是维持城市运行和社会再生产的基本活动，生产和消费都是资本增值的手段。而从消费活动变为消费主义，则逾越了合理限度。当消费从个体行为变成集体行为、社会行为，直至上升到制度文化上的"主义"，这是增长的逻辑在起作用，即无限地追求生产的扩张、产量的增加、消费的增长和利润的积累。但增长是有极限的，也因此在极度的消费繁荣之后往往紧跟着大萧条或经济泡沫破裂，正如1929年的美国和1989年的日本。消费主义的效应是综合的，并且往往是灾难式大爆发的。

5.2　消费文化和消费意识形态

英国学者西莉亚·卢瑞（Celia Lury，2011年）认为"消费文化是20世纪后半叶出现在欧美社会的物质文化的一种特殊形式。"物质文化领域里的消费不限于商业系统。商品由文化环境确定用途，日用品也有文化含义。"商品都具有价值，其价值取决于消费者的价值观……每个人既是价值的评判者也是被评判的对象……人们之所以选择这些商品，是因为它们有相应的等级……"[①]

---

① 西莉亚·卢瑞.消费文化[M].张萍，译.南京：南京大学出版社，2003.

5.2.1 消费主义作为一种生活方式

人们对待消费主义的立场决定了他们的生活方式。消费主义已经潜移默化地影响了人们的消费观念，使一部分有经济能力的人群将消费主义价值观体现在现实的购买行动上，而那些由于经济条件的限制尚不具备高消费能力的人群则在消费观念上有了一定的消费主义倾向，已经在极力追求或模仿消费主义的生活方式，甚至常常超出经济能力或压抑基本需求的满足而去追求心理或观念上的消费。

消费主义对发展中国家有很大影响。消费不仅仅体现在物质需求上，更体现在文化含义上，即消费体现个人身份。消费主义对年轻人的渗透影响较大，城市青年群体是观念上的消费主义最主要的接收者，他们首先在观念上认同消费主义的价值取向和生活方式，崇尚个人享乐，向往高消费、品牌消费，把高端品牌和高品位等同起来，把高消费和个性生活结合起来。据统计，通用汽车在中国 32% 以上的凯迪拉克销量来自三四线城市，约 45% 的顾客介于 25 岁至 34 岁之间。在消费"数量"上，年轻人中很多是"月光族"，由于大城市的生活成本高或自身收入不高，大多吃光用光，或者提前透支生活。支付宝发布的《年轻人消费生活报告》显示，中国近 1.7 亿"90 后"中，有 6500 万人开通了淘宝"花呗"，也就是说每 10 个"90 后"就有近 4 个在用花呗提前消费。在消费"内容"上，互联网时代一种全新的、更加隐蔽的消费主义在崛起：用电子产品、内容产品填充生活，乃至于沉迷虚拟世界。其严重危害性在于，社会文化趋向"无深层意义"（depthlessness），文化趋于商品化。而中国的"小城青年"在网络游戏和直播网站上花钱更多。[①]

生活方式是由社会因素和空间组织之间的一种相互影响造成，大众消费作为生活方式的一部分缓慢变迁。消费主义作为一种生活方式，消费的目的不是为了满足实际需求，而是满足不断被制造出来、被刺激起来的欲望。城市中人和社会的关系，物是中介，消费行为是连接方式。在一种悲观主义的情境中，大众消费被象征文化所主宰，愚笨的大众消费者被明星、媒体、广告所迷惑，社会上商品拜物教盛行。消费主义造成严重的社会问题：用消费来纵情享乐，只重物质，不重精神，使人失去了发展的动力；追求商品所象征的生活方式或身份地位，用消费来炫耀自己的地位和财富，希望得到虚荣和声望。这两种消费观念都会造成严重的丧失精神和智力支持的后果。

在全球的城市社会生活的各个横截面，消费主义已经像随风散落的孢子一样生根，只待时机稍微成熟，即会迅速形成城市消费景观，从炫富的高档场所，到经济的后街地摊，只是形态呈现不同而已。消费文化已经渗透至社会的各个阶层，尤其是我国改革开放后出生的人群，相对于他们的前代人，他们更

---

① 新加坡."小城青年"正在塑造中国消费未来 [N]. 海峡时报，2018-04-25.

注重享受生活的品质，尽管自身的基础和支撑条件并不相同。

5.2.2 大众消费和消费意识形态

20世纪是美国大众消费兴起的社会。20世纪20年代的美国是一派时尚消费的社会历史情形，这是美国历史上社会、经济、政治发生剧变的一个时期，大约在"一战"结束后的1920年到美国经济大萧条之前的1929年，历史上称为"喧嚣的20年代"（the Roaring Twenties）。这是美国城市人口首次超出农村人口，国家整体财富在1920—1929年间翻了一倍以上，国民生产总值（GNP）从1922—1929年间扩张了40%[①]。巨大的经济成功将许多美国人带入了富裕的"消费文化"，全国人口观看同样的广告，购买同样的商品，听同样的音乐，跳同样的舞。"美国已由一个以生产型为主的社会转变成一个以挥霍型消费型为主的社会"[②]。如第4章已经揭示的，美国的制造业在1812—1920年的这段时期已发展成为世界领头人，在当时美国尚未建立全球市场的情况下，为了保持平衡的循环，必然需要国内消费市场来消化。这也就是为什么奢侈消费、炫耀式消费（conspicuous consumption）在之前的时代都曾出现，但是仅限于社会的富裕阶层或上层阶级，而只有到了20世纪，过度消费才成为大众的生活方式。到了21世纪，消费主义还获得了网络技术的支持，方便快捷的在线支付手段、在线购物（包括跨境"海淘"）都极大地提升了大众消费体验。

当前的大众消费正被一种"消费意识形态"控制。"消费意识形态"的一个重要特征就是生产者企图赋予商品以某种意义。把商品意义化和把意义商品化是生产者的两种不同努力，殊途同归的是利润最大化。"生产者企图把意义商品化，将形象和象征注入可以出售或者可以购买的物品当中，而消费者在另一方则企图赋予他们购买的商品和附带的服务以新的意义。"消费者根据个人的意愿选择商品时，或许商品的使用价值已退居次要地位，起主要作用的是商品的象征意义和消费者获得的某种实现的心理满足。消费行为消费的不仅是商品和服务的使用价值、实际功用，而且还有它们的符号象征意义，有时甚至是唯一的消费商品和服务的象征意义。人们拥有商品的多少就标志着他（她）社会地位的高低。在消费意识形态的引导下，消费者可以通过自己所购买的商品建构身份，表明地位和身份。如布迪厄所言："选择物品和消费可以为我们提供微妙的线索，确定社会等级的性质和一个文化内部的权力。"在这方面，广告也发挥了作用，"广告显示应该如何生活和行事、

---

① History.com.editors.the Roaring Twenties [EB/OL]. https：//www.history.com/topics/ roaring–twenties. html. Updated：March 28，2023.
② 朱艳阳.《了不起的盖茨比》与美国消费文化 [J]. 洛阳师范学院学报，2006（3）：80–83.

配置家具，它是社会的文化教辅员"①。在真实的历史环境中，人们很容易陷入选择上的迷失。

大众消费文化也被定义为一种"规范消费文化"，指的是"受某种价值规范支配的，传达某种集体意识的消费行为方式"，就是说消费行为方式受到价值和规范系统的支配和调节。在这种文化中，人和国家机构、社会组织的关系变成了消费关系，国家机器则在规范引导消费。

5.3 城市消费空间的分化

消费经济对于空间和地域化的影响同样深刻。消费主义文化是和城市体验密不可分的。换言之，城市是消费主义盛行的沃土，密集的生活需求，服务周全的各类基础设施，丰富的社会公共生活和相适应的公共设施场所，使得城市的角角落落都贯穿了消费之流。消费覆盖了城市社会生活的横截面。个体的消费行为、集体的消费运动和城市的消费空间，从整体上重构了城市消费环境和城市生活体验。除了社会影响，消费活动在城市空间场所上具有极其明确的反映。城市消费空间正日益分化为日常消费空间、精英消费空间和旅游消费空间，产生了日常空间、精英空间和游客空间的细分类型。

5.3.1 服务于本地消费者的日常消费空间

随着传统"公共空间"的逐渐消退，消费空间被认为逐渐成了"21世纪最后的，也是最普及的公共社会空间"（库哈斯）。日常消费空间各式各样，有些消费场所更具休闲性质，是满足柴米油盐之外的社会交流空间和品质提升空间。但是日常消费的性质决定了它和消费主义的分野，日常消费场所往往形成地域特征，是城市或城镇社会精神在空间上的映射。

在一个城市里市民们习以为常的活动和场所，在另一个地方很可能是不同的生活和空间，日常空间的差异性就显现出来了。例如茶楼曾经是一种在我国许多地方广泛存在的空间场所类型。在成都，截至2022年7月，全市已取得相关证照的棋牌室（麻将馆）、茶楼共有近3万家②，实际存在的可能更多。在广东的大城市或小城镇，人们有在茶楼吃早茶的习惯。而扬州人曾经的生活常态是"早上皮包水，晚上水包皮"，即早上去茶楼喝茶吃早点，晚上去澡堂泡澡。在老北京的日常消费场景中，酒肆茶楼、茶社、茶馆、大碗茶摊，遍布京城大街小巷；茶庄店铺、茶点小吃比比皆是。20世纪80年

---

① （法）安妮·埃尔诺. 悠悠岁月 [M]. 吴岳添，译. 北京：人民文学出版社，2010：100.
② 王静宇. 督促成都市近3万家已取证棋牌室（麻将馆）、茶楼 落实《通告》要求全面暂停营业 [EB/OL]. https://baijiahao.baidu.com/s?id=1738781983605295664&wfr=spider&for=pc，2022-07-19.

代茉莉花茶最鼎盛的时期，京城百姓能够喝到一杯福州的茉莉花茶，就是享受、快乐和放松。

在上海的日常消费场景中，咖啡厅、咖啡馆是必不可少的。鲁迅曾说："哪里有天才，我是把别人喝咖啡的时间都用在写作上了。"这里的喝咖啡，是要端坐在咖啡馆里，或是在客厅里，边和友人聊天边慢慢啜饮，或许还要吃些点心，不可一口气将咖啡喝完，因此是费时间、费心力的。一些历史上著名的咖啡馆上海人至今耳熟能详，例如虹口区长阳路上"二战"期间犹太人开的白马咖啡馆；四川北路上日本人开设经营、被称为中国左翼作家联盟诞生摇篮的公啡咖啡馆；静安区南京西路上的中华老字号凯司令西餐咖啡社……20 世纪 70—80 年代鼎盛时期，凯司令在上海人心目中曾是品位和浪漫的代名词，是一种身份的象征。

如今上海的咖啡馆数量全球最多。截至 2022 年 6 月 30 日，上海咖啡馆数量达到 7857 家，是全球拥有咖啡馆最多的城市，每万人咖啡馆拥有量为 3.16家。黄浦区是咖啡馆最燃的聚集地，每平方公里拥有咖啡馆 38.5 家。[①] 第二名的静安区每平方公里咖啡馆数量 20.1 家。而静安区的愚园路，有一个短短880 米的路段，散落着大大小小 13 家咖啡馆，这意味着平均每 70 米就有一家咖啡馆。咖啡经济、咖啡文化展现了海派消费文化的城市气韵，涵养了上海独特的品质生活、城市温度和城市精神品格。

日常消费范畴和消费水平，决定了日常消费空间的公共性和亲民性。日常消费空间将满足居民生活所需、甚或是就业所需结合在一起，直至 20 世纪 90 年代，里弄浴室、里弄旅馆、里弄工厂、里弄学校等在上海还是常见的兼具日常消费业态和机构性质的存在。城市居民通过日常消费行为产生稳固的社会关系，日常消费空间则成为地标式的日常生活的活动场所和信息交换地。

服务于本地消费者的日常消费空间，对应于社区商业。社区商业概念于20 世纪 50 年代随着美国的郊区化而出现，20 世纪 60 年代英国、日本、法国等发达国家也因郊区化而出现了社区（街区）商业，20 世纪 70 年代新加坡开始大规模发展社区商业。目前国内多数城市在推动的 15 分钟社区生活圈正是要构建、提升和完善方便可及的城市日常消费空间。

5.3.2　优先服务外地消费者的消费空间

优先服务外来消费者的倾向在小城市、小城镇较明显。在地方精英联盟（包括地方政府官员）追名逐利目标的驱使下，往往按照消费逻辑，优先满足外地消费者的需求，搁置甚至牺牲本地主体的需求，本地主体的日常生活、

---

① 徐晶卉. 上海咖啡馆数量 7857 家居全球第一 [N]. 文汇报，2022-07-30（5）.

生产空间被迫让位于外地消费者的体验、景观空间。"反客为主"的消费供应模式可能导致地方空间错位，使一些城镇资源在"他者"支配和消费主义价值观下被提取为可识别的空间符号和可消费的旅游商品，定向满足了外地消费者的针对性需求（很多时候并没有真正满足），却也进一步刺激了空间的异化，挤压了地方主体生活和生产的空间，使他们的日常生活、人文精神等都和空间形态发生剥离。例如云南丽江古城、湘西凤凰古城、江苏周庄古镇、皖南西递古镇、江西婺源篁岭等，超过 85% 的生活和生产空间被转化为服务外地消费者的商业空间，昂贵的地价和物价令本地居民主体无所适从。

5.3.3 优先服务精英消费者的消费空间

卡斯泰尔曾经以"流动空间"来刻画全球化中的精英空间。城市中精英和大众的消费空间也被区隔开来，例如银行、机场的贵宾室，优先服务精英客户，专设的服务空间有效节省了精英的等候时间，并提供了更有品质的休闲等候空间。高级酒店、高尔夫球场、会所等都是为精英消费者提供并且和大众分离的城市空间。

上海外滩南京路口的外滩十八号，原为英国渣打银行驻中国的总部，这幢历史建筑经过整修后成为集世界时尚品牌旗舰店、国际著名餐厅、酒吧以及艺术展馆为一体的顶级综合消费楼，一楼和二楼汇集了世界级奢侈品服饰、配饰及珠宝的专门店，四楼到七楼汇集了来自世界各地的饕餮美食及酒吧，五楼及六楼均为世界排名前 50 的餐厅，七楼的露台是享受上海夜生活的好去处。地处上海外滩极佳的城市公共位置，外滩十八号代表的是精英（确切地讲更多是商业精英或富裕人群）消费理念，一个对普通市民具有高度排斥性的名利场。大城市中优先服务精英消费者的消费空间和大众日常消费空间的二元对立是极其显著的。

5.4 绅士化和消费升级

绅士化（gentrification）一词起源于英国，目前已成为一个世界流行的概念。1980 年的《牛津美语词典》[①] 中有这样一个定义："中产阶级家庭迁入城市地区，导致房地产价值上升，并产生驱逐贫困家庭的次生影响。"而根据 1982 年的《美国传统英语词典》[②]，绅士化是"中产阶级和上层阶级对恶化的城市地产特别是在工人阶级社区的地产进行的修复。"两个概念的共同之处是都

① Eugene Ehrlich，Stuart Berg Flexner，Gorton Carruth，etc. Oxford American Dictionary[M]. publishers of bard，camelot，discus and flare books，1980.
② Robert W. Harris（editor）. The American Heritage Dictionary（2nd college ed.）[M]. Houghton Mifflin Company，1982.

明确了中产阶级的介入，相对来讲，第一个概念更突出绅士化的经济和社会影响，带有否定意味；第二个概念则是肯定其对物业环境的修复价值，而避开了其他影响。就当时而言，绅士化还是一个含混的概念。

以消费视角来看，绅士化是一种以城市空间作为消费对象，以中产阶级的空间消费需求替代原先居民较低的空间消费需求的过程，绅士化是城市内部空间优化的反映，和城市消费升级有关。中产阶级或上层阶级的精英较常人有更加敏锐的趋向区位资本（地段好的）、文化资本（历史地段）的本能、特征和能力。

此外，绅士化在引入我国时也被译作"中产阶层化"，从上述两个定义来看，两者之间还不是完全的对应关系，内涵还是有差别的。西方的绅士化现象最早开始于内城地区，研究的重点也在内城地区。在我国，由于城市的规模尺度较大，已有研究关注新城区的中产阶层化现象，在这种情形里，中产阶层的集聚现象明显，但替代现象并非主要特征。这是和绅士化的讨论相区别之处。

5.4.1 绅士化的迹象

20 世纪 50—60 年代，对西方尤其是美国来说，郊区是城市生活的最佳体现，有新鲜的空气和开放的空间、乡村景色和方便的交通。对许多人来说，郊区仍然是梦想，无论在哪个国家，几乎所有的大都市地区，向外扩张仍然是现实。与此同时，绅士化具有被认为是普遍过程的所有迹象，这一过程通常被视为涉及内城地区破旧住房的物理改造，以及向上的社会经济转型、从出租到拥有的持有权转型，还有人口结构和可能的种族转型。但是很明显，在世界范围内的各个地方，这个过程的规模和重要性各不相同。它们在不同时间在不同城市的不同地区彼此独立运作，就此意义而言，绅士化必须被视为是一系列更普遍的转型过程的历史和空间具体表现，这些转型过程并不总是协同作用的，并且确实可以采取其他形式 [①]。不过，在发达资本主义社会的许多城市中，也可以观察到社会和物质变化的部分相同迹象，时代的魅力让人们重新在市中心聚集。

无论是在英国、澳大利亚、美国还是中国，绅士化过程已经成为城市景观的一部分。穿过伦敦的伊斯灵顿（Islington），或墨尔本的维多利亚式近郊，穿过华盛顿特区的亚当斯·摩根（Adams Morgan）或费城的皇后村（Queen

---

① C.Hamnett，B. Randolph. Tenurial transformation and the flat break-up market in London：the British condo experience//N. Smith，P. Williams（Eds）. *Gentrification of the City*[M]. London：Routledge，1986：125–157.

Village），甚至辛辛那提的越莱茵河街区 ①，穿过上海黄浦区淮海路的新天地、静安区南京西路的大中里和张园地区，都可以看到，改造后的建筑、商店和餐厅，为富裕且衣着讲究的新居民设计。然而，绅士化具有历史特殊性，正是社会力量和矛盾的特殊汇合导致了绅士化的存在。再开发思想却模糊了其本质含义和根本原因 ②。

5.4.2 对于绅士化过程的矛盾心态

20 世纪 60—80 年代初，绅士化代表某种城市复兴（urban renaissance 或 urban revival）的概念非常普遍，特别是在美国。例如底特律市的文艺复兴中心（Detroit's Ford-inspired Renaissance Center），这是真正意义上的复兴，是明确的象征主义（symbolism），是城市衰落之后的精神复苏（spiritual renewal）"。复兴主题的流行在于其固有的乐观主义及信念，认为脏乱环境正在被清除、城市正在为受人尊敬的阶层重新收复。P. 威廉姆斯（P.Williams）和 N. 史密斯（N.Smith）认为，这是对当代城市变化的一种过分支持甚至是盲目拥护的观点，这种观点和认知否定了城市发展和变化的真实历史。没有如此简单的衰落，也没有如此简单的重生 ③。

就阶层维度来说，顾名思义，绅士化的过程和社会阶层密切相关，但从经济、社会和政治的角度来看，绅士化的阶层维度才刚刚开始受到审视。绅士化美学，即绅士化建筑以及社区建筑和内部装饰美学，不仅说明了这一过程的阶级维度，而且还表达了社会阶层的动态构成，绅士化是社会阶层的一个具体组成部分。事实上，这一过程的美学是其构成的最直接可见的方面；在绅士化装饰形式的景观中刻画了一幅社会阶层动态的图画。④

20 世纪 80 年代初，人们对广泛出现的北美内城复兴（inner-city revitalization）提出了许多解释。这些因素的范围很广，从单个家庭的决策行为，到国家或国际层面看似不可改变的力量的运作等因素。这些相互竞争的论点一方面强调意志行为的自主性（人的能动性），另一方面强调人口和经济结构的必要性。复兴的具体特征源自下列诸多因素：关键个人和利益集团不

---

① 越莱茵河区（Over-the-Rhine，OTR）是美国俄亥俄州辛辛那提的一个街区，被认为是美国最大、最完整的历史街区，1983 年被列入国家史迹名录，包括 943 座建筑物。此处有美国数量最多的意大利式建筑，是一个完整的 19 世纪城市街区。其建筑意义可与新奥尔良的法国区、萨凡纳与查尔斯顿（南卡罗来纳州）的历史街区以及纽约市的格林尼治村相比。此区也是辛辛那提市的艺术区。

② Robert A. Beauregard. The chaos and complexity of gentrification//N. Smith，P. Williams（Eds）. *Gentrification of the City*[M]. London：Routledge，1986：35–56.

③ P. Williams，N. Smith. From "renaissance" to restructuring：the dynamics of contemporary urban development//*Gentrification of the City*[M]. London：Routledge，1986：224–245.

④ M.Jager. Class definition and the esthetics of gentrification：Victoriana in Melbourne//*Gentrification of the City*[M]. London：Routledge，1986：80–94.

断变化的相互作用，不断变化的金融和房地产市场，没有完善安排的消费者需求，有些不可预测的选举反应，以及改变各级政府的优先事项和干预战略。简言之，强调人的能动性发起重大城市变革的能力，但要在一个明确定义的背景下，交替进行约束和扶持。[①]

就政策态度来说，这一议题的政策相关性应该是明确的。各国公共政策无法扭转绅士化的局面，充其量只能限定某些社区。并且，若纯粹从经济学的角度着眼，政府倒是应该鼓励绅士化。绅士化提高了住房质量，增加了税收基础，并使城市的重要部分恢复了活力。它引发的动迁（如果有的话）微不足道。因此，应该通过税收优惠、区划调整或任何其他可用的手段，推行鼓励绅士化的政策。事实上，绅士化是唯一现实的抛弃式疗法。特别是在财政有压力的时期，公共部门无法指望，只有充分利用私营部门的资源才能做到这一点。因此，废弃社区的绅士化尤为可取。[②]

由此可见，内城绅士化现象是城市土地投资和经济发展互动的结果，绅士化带来了城市地区利润和税收的增长，带来了城市地区消费的升级。基于消费端视角，绅士化表明，具有消费能力的中产阶层或富裕阶层被引导、吸引到城市地区，而非个体消费者的文化偏好选择的结果，至少在最初是如此。

5.5 消费主义的政治根基和文化反思

消费主义成为全球思潮、行为，不仅依靠市场的力量，还得到了国家层面的推动。在历史的情境下，消费主义带来了文化思想的颠覆，不可避免地造成了社会的困惑。

5.5.1 消费主义成为政策工具

消费意识形态、消费主义和其他意识形态一样，拥有强大的国家和市场力量，消费主义不仅是资本和市场的需要，也是政权和国家的需要。在国家层面，消费主义早已成为国家制定发展政策的重要理念工具。20世纪的经济大危机之后，凯恩斯的经济理论被许多国家采用。凯恩斯认为，经济危机产生的原因是有效需求不足，因此要刺激消费和投资，增加有效需求，促进经济发展。各国政府为了保证国民经济稳定运行并适度增长，对消费主义通常采取默认、纵容和鼓励的态度。一些发达国家通过直接或间接发动持久的战争，以鼓

---

① R.A. Cybriwsky, D. Ley, J. Western. The political and social construction of revitalized neighborhoods: Society Hill, Philadelphia, and False Creek, Vancouver//*Gentrification of the City*[M]. London: Routledge, 1986: 95-124.

② P.Marcuse. Abandonment, gentrification, and displacement: the linkages in New York City// *Gentrification of the City*[M]. London: Routledge, 1986: 158-183.

励军备消费；一些国家通过鼓励人口生育，鼓励对住房和其他产品的消费。客观上，消费主义支撑了全球的产业发展，制造了全球的各类繁荣。当然，消费主义最终也导向地球资源的耗竭，并可能推动人类向外太空的殖民。这也可被视作是另一种形式的消费。正是在这样的政治环境下，消费主义逐渐成为全社会的一种消费行为的观念。

国家引导消费，推动消费主义意识形态化，尽管这和可持续发展等理念是完全相悖的。可持续发展是相对于人类整体、相对于地球星球来说的，而扩大消费是相对于自己国家的利益而言的，这就形成了"我必须充分利用资源、扩大消费，发展经济！你们应尽可能节省地球资源、减少发展，哪怕停止发展"的国家之间的"发展邻避心理"。

美国的国家政策往往受大利益集团游说的左右。自 20 世纪 20 年代起，美国就已经在国家层面拉动消费。首先是摧毁了原先的铁路系统而建造州际公路，一方面是增加了道路基础设施建设，另一方面是为汽车产业和石油产业的消费铺路；其次是 20 世纪 50 年代拉动住房产业的消费，并鼓励形成郊区文化，由富裕阶层开路，中产阶级跟随，同时带动了住房、汽车、石油消费，可谓一箭三雕。国家还在退伍军人安置、住房贷款等一系列政策上予以积极配合，"二战"后美国超过 1600 万复员军人在 1944 年法律下合法享有各类住房利益，从而创造出来一个大众住房市场。某种程度上来说，20 世纪 60 年代以后开始的绅士化只不过是郊区化后的又一个招数，继续刺激上层阶级和中产阶级的消费。

在法国，住房消费让各方都如愿以偿，"按照我们的愿望，以及被银行和住房储蓄计划所代替的国家的愿望，我们'获得了住宅'。这个实现了的梦想，这种社会成就压缩着时间，使老年夫妇更加亲密：他们将在这里一起生活直到去世。职业，婚姻，孩子，他们到了生育过程的尽头，现在被封闭在一些需要偿还 20 年贷款的房子里了。他们用干零活和修理绘画、放置壁布来消愁解闷。"[①] 住房消费让社会大众变得老实安分。

中国引导消费是在改革开放之后，消费必须和生产相匹配，供给侧改革也是为了更好地适应需求侧的消费。住房制度改革的初衷是因为国家住房负担太过沉重，但是在卸下"包袱"以后，又转而将其变成了"钱袋子"，鼓励住房产业发展，带动了长长的纵向产业链和消费链，建材、家居、装潢、家电等纵向产业领域的生产—消费，以及房产中介、物业等横向产业领域的生产—消费。但是住房消费也有副作用，当住宅建设趋于饱和后，居民由于在住房上支出过高、债务过大等问题，带来了在其他消费领域（文化消费、终身教育消费、健康消费等）的消费意愿不高、消费能力受限的问题。

---

① （法）安妮·埃尔诺. 悠悠岁月 [M]. 吴岳添，译. 北京：人民文学出版社，2010：119.

毫无疑问，消费主义是资本的产物，是资本主义贪婪赚取利益的精神麻醉和理论指导固然不假。但消费主义也可能是权力、政治制度的需要。每当国家经济一蹶不振时，就要靠政府投资、拉动内需来实现过渡。所谓拉动内需，就是鼓励家庭消费、刺激家庭需求。例如，1997年东南亚金融危机时，中国确立了住房商品化战略，1998年停止住房实物分配制度的实行，通过消失了几十年之久的"住房产权"的吸引，激发国民对拥有商品住房的欲望，住房商品化策略非常成功，近30年来，房地产成为地方政府的支柱产业，对国民经济贡献巨大。而住房消费是最大的消费，房地产力量足以左右国家经济形势。在消费主义的思路下，鼓励人口生育政策往大里说关系到国家根基，某种程度上也是增加消费的一种政策；在地球资源整体有限的情况下，更确切的是和其他国家竞争对资源的消费，以自身的消费拉动发展，同时压榨别国的消费。

除了住房领域的空间生产和消费，城镇化战略本身也是一种促进土地和空间消费、升级日常消费的战略，只是消费经济和深度城镇化的相互影响侧重于城市等级体系内部，主要发生在大城市之外。

消费主义的政策工具还体现在通过软性的制度设定引导日常娱乐消费。例如节假日的安排，我国从1995年5月1日起实行双休日，到十一国庆节、五一劳动节的"黄金周"设置，瞄准的是居民的消费，所谓"黄金周"，首先是"消费的黄金周"。高速公路免费，是鼓励跨地区的旅游，推动对家用小汽车的向往和需求，带动汽油的消费，带动地方的住宿、餐饮及其余商业服务业的消费，增加显性的和隐性的就业机会。所谓供给侧改革，是要最大限度满足需求侧的消费愿望，做到所供是所求。可以说，从最初的被动应对难题到后期的层层策略谋划，国家通过消费导向的政策、制度、市场和社会心理的调度协同，进行了系统性的全社会消费引导。

5.5.2 消费主义带来文化意识形态反思

但是我国的消费形势并不乐观[①]。2017年1月，方星海在达沃斯论坛"全球复苏 中国角色"的圆桌讨论时如是说，如果说中国今后的经济增长靠消费拉动，或者说主要以消费来主导也没错，但是中国毕竟还是一个发展中的国家，人民财富的积累还很不够。随着中美经济脱钩，我国提出了构建国内统一大市场，促进国内消费。

我国正处在从耐用消费品高速增长期转向提升生活品质型的服务型消费高速增长期的转变阶段。由于部分耐用消费品长期高速增长，基数过大，导致目前出现了零增长甚至负增长的情况。此外，我国有较高的储蓄率，造成

---

① 杨成长. 长短期政策结合培育消费市场 [N]. 联合时报，2019-12-06（4）.

这种情况的客观因素很多，例如我国实现社会保障和公共服务均等化的进程缓慢，民众"消费者"担心未来养老、医疗、教育等问题，对未来的不确定性上升等。

对于消费主义的文化反思可以在两个方向展开，一个是面向过去（历史传统）的反思，一个是面向未来的反思。无论如何，文化层面的价值混乱带来的城市社会危机将是深刻的。

在历史传统向度，消费主义和全世界的传统道德观念及宗教信仰所推崇的"勤劳节俭"等思想相抵触。美国新教伦理主张节俭致富，抵制一切享乐性消费，其中包含了资本主义精神发展的因素，和劳动天职观念、职业成功意识一道，客观上推动了资本主义及整个西方文明的发展过程。对我国的社会大众认知而言，消费主义可以理解为和资本主义伴随的特征。我国的传统文化是主张节俭的。虽然封建统治者秉承"非壮丽无以重威"的理念，但是主流文化主张勤俭持家，"一粥一饭，当思来之不易；半丝半缕，恒念物力维艰"[①]。"勤俭节约、艰苦朴素"作为无论是革命战争年代还是中华人民共和国成立以后和平建设时期的一种优良作风和传统，在全社会形成了深厚的价值理念。20 世纪50 年代我国开始将理性的计划引入经济，把消费型城市变成生产型城市，倡导"先生产后生活"，避免城市以消费而不是以生产为中心，类似上海等口岸城市中存在的炫耀性消费和追求外国商品的趣味就在必须避免之列，资产阶级的"消费主义"和高标准生活方式在限制之列。

而 20 世纪 80 年代以来消费主义的逐渐出现，以及现今以消费主义为工具的政策制度的出现，和 70 多年来长期倡导的"厉行节约、反对浪费"的社会风尚是抵触的，因此，社会大众，尤其是被历史"计划"和"规训"过的人们，很可能陷入社会文化背后的困惑和道德忧虑，一方面质疑政策制度的实用主义，另一方面在消费和消费主义间徘徊，是提高生活质量的消费，还是响应国家引导的消费主义？

当然，关于节俭和消费主义的思考还需跳开个体和单个家庭的孤立考虑，而将其纳入个人—社会—国家的辩证关系。尽管一个家庭的节约"或许可以拯救这家人免于贫困"，但同样的俭省之道并不适用于更大的社区。原因在于，"如果某地习惯奢靡，那么该地之人就会易于谋生；而若某地之民惯于节俭，那么该地之人就会难于谋生"。一旦富人"食肉用米、用度奢侈，农民和厨师也能分享好处；而当他们在丝绸制品上挥霍铺张的时候，纺织业者和经销商也能从中获利"。"挥霍无度者也许会一日靡费万贯家财，但在愚蠢的奢侈消费中花掉的钱财却在世人之间流转，经手之人都能分享其好处"；然而，"一个保有

---

① 清·朱柏庐．朱子家训。

巨额金钱却不花掉的守财奴会让他身边的诸多家庭陷于贫困"。[1]

在未来向度，消费主义是和可持续发展相抵触、相悖离的一种意识形态，消费主义的建构是作为和资源保护、环境保护主义、绿色发展、可持续发展相对立、并可供批判的一个靶子。所谓的绿色消费主义虽然可以理解为一种积极的消费态度，然而和低油耗汽车一样，表面上看似乎这解决了能源问题，但是，一个组成部分（部件）的改进可能实质上使得整个系统的效应更糟。1973年，美国经历了燃油短缺的危机，在此后的五六年里，汽车得以改进，能源使用更加有效，大约提高了30%的效率。这意味着人们可以用更少的汽油行驶更远的路程，将家安置在更远的乡间。在此后的25年里，加利福尼亚的城市人口增加了50%，城市土地面积却扩大了100%。最终，提高汽车的效率使得城市的蔓延更加广大，也促进了更多的驾驶、更多的汽车、更多的污染、更多的能源消耗等。因此，汽车的改进是前进一步，退后十步，甚至于所有的步伐都是后退的。所谓的"绿色消费主义"所起到的作用应该大抵相仿。

5.5.3 国家消费主义和城市行动

在城市层面，消费主义也已成为城市制定发展政策的重要理念"工具"。目前，各地政府出台了大量鼓励消费的长短期政策。例如上海正在加快建设成为"国际消费中心"；浦东要成为"扩大国内需求的典范引领"；"一江一河"（黄浦江苏州河）要兴起水岸消费，集聚餐饮、赛事、文创、都市旅游等多元业态。总之，是要举全市之力，"加快打造世界一流水平的消费品质量标准体系，打造世界一流的消费环境，提升购物环境，增强境外旅客的消费便利性。集聚全球消费资源、提质扩容服务消费、引领全球消费潮流、建设全球影响力商圈、营造优质消费环境、完善政策制度体系和加强区域协同产业联动"。这些都是城市政府的"话语"。国内其他不少城市也有打造消费中心城市的想法，更多的消费场景正在被挖掘开发，生活圈消费/服务消费、信息消费、能源消费等领域都已被确立。

例如，增加生活圈消费、公共服务消费，通过增加教育、医疗、养老、托育等设施，提高城市生活的便捷性、多样性、丰富性。其中养老产业是以消费为主的产业，而我国老年人护理服务和生活照料的潜在市场规模巨大。这样既可补齐公共服务短板，为广大居民提供更优质的公共产品和服务，又可提升

---

[1] Yang. 'Economic Justification for Spending', 51, quoting an essay by Lu Chi of Shanghai, c.1540, quoting Mencius; Kishimoto-Nakayama. 'Kangxi depression', 241–2, quoting an essay by Wei Shixiao, c.1680. 笛福也提出了相同观点，他写道，"节制"将让"女仆、农民、工匠以及商人失业"：The compleat English tradesman, II, part 1, 99–102. 转引自杰弗里·帕克，全球危机 I：十七世纪的战争、气候变化与大灾难 [M]. 王兢，译. 北京：社会科学文献出版社，2021：1184.

公共消费支出，以保居民就业、保基本民生、保市场主体为重点，加大财政转移支付力度，提高中低收入群体的收入，提振居民消费信心。这改变了过去单纯从扩大商品和服务供给、优化消费市场环境角度出发的政策思路，更加注重培育和激发居民健康消费需求，引导居民形成现代消费理念和习惯，把挖掘消费需求、扩大消费和服务供给、优化消费市场环境和丰富居民文明健康生活紧密结合起来，引导政府、企业、社会和居民共同行动，形成推动消费市场发展的社会合力。

又如，推动信息消费纵深发展。到 2020 年，我国信息消费规模达到 6 万亿元，年均增长 11% 以上，98% 的行政村实现光纤通达和 4G 网络覆盖。我国将提升各类终端产品的中高端供给体系质量，推进智能可穿戴设备、虚拟 / 增强现实、超高清终端设备、消费类无人机等产品的研发及产业化。在医疗、养老、教育、文化等领域，推进"互联网 +"，针对家庭、社区、机构等不同应用环境，发展便携式健康监测设备、家庭服务机器人等智能健康养老服务产品，进一步扩大在线健康医疗、安防监控、智能家居等领域的应用范围。[1]

国家统计局数据显示，2018 年上半年最终消费支出对经济增长的贡献率达 78.5%，成为拉动经济增长的第一引擎。其中信息消费增长迅速，2018 年上半年信息消费规模达 2.3 万亿元，同比增长 15%，是同期 GDP 增速的 2.2 倍，对拉动内需、促进就业、引领产业升级发挥着重要作用。

在外向经济日趋收缩的国际大势下，扩大内需已成为当前国家战略。城市政府正把过去对社会投资的推动力，转化为对社会消费的推动力，探索政府干预和调控、引导和促进消费的手段和方式，把社会保障性支出和引导居民迈向高品质生活的财政性支出结合起来。这是个新课题。消费的增长一方面可能受制于收入，另一方面可能受制于供给。拉动消费靠精准供给和资本助力，因而强调城市发展中的供给方因素。完善促进消费的体制机制，顺应整个居民消费升级的趋势，增加相应的高品质商品（产品）和服务供给，既增加中高端供给，又满足消费升级需要，让整个经济形成一种良性循环[2]。

---

① 孔德晨 . 2020 年信息消费规模 6 万亿 [N]. 人民日报海外版，2018-08-15（3）.
② 杨成长 . 长短期政策结合培育消费市场 [N]. 联合时报，2019-12-06（4）.

本章小结

本章首先基于城市符号学分析城市形象和城市意象，包括城市形象和品牌城市的文化传播、文化符号和空间形式及城市空间脉络之间的关系，并进一步阐析电影中城市符号和城市意象的关联。

第2节从权力的维度探讨城市公共环境和城市意义。对城市各种类型的权力空间进行分类探讨，包括礼制空间、宗教空间和神圣空间，以及纪念性空间、复仇主义的城市空间。

第3节从意义的维度探讨城市生活和社区生活。城市生活的意象，既有上海、东京、香港的整体意义上的生活意象呈现，也有城市日常生活空间的意象展示。以人群类型为基础的日常城市生活形态和模式分类解析，着重针对老年人的社区生活、"学生化""青年化"的城中村社区生活以及低收入社区的生活，揭示在城市性或城市生活方式中隐含着阶层的烙印。

第4节从时间、历史的维度分析城市文化和城市特征。探究城市创新氛围及其特征条件、城市活力和制度环境及社会氛围、城市异质性和移民城市空间、城市魅力和风情的出路以及城市文化资本等议题，并将城市移民、城市更新等议题融贯其中，时间的融蚀造化了城市特质，城市文化资本应成为提升城市形象和发展的基础。

第5节从制度的维度分析消费城市、消费空间和消费文化，基于美国20世纪的历史过程讨论消费主义的概念内涵及其生成逻辑，分析消费文化和消费主义的思想渗透，在消费主义意识形态下城市消费空间发生分化。绅士化是城市空间消费的一种形态和升级。着重分析国家消费主义的制度操控，揭示消费主义的政治根基，并进行和现实困境相关的文化反思。

重要概念

城市符号学

城市形象 / 城市意象

品牌城市

城市营销

空间脉络

流动空间 / 地方空间

制度时空流动

礼制空间

宗教空间 / 神圣空间

仪式空间

场域空间

纪念性空间 / 非正式的纪念性空间

复仇主义的城市

城市生活意象

创新氛围

城市活力

城市异质性

城市魅力

城市文化资本

城市更新

消费主义

福特主义

消费意识形态

绅士化

国家消费主义

讨论问题

1. 对照创造性城市的条件，选择一座你熟悉的城市，论证该城市是否属于创造性城市。

2. 结合所在的城市和学校周边社区，分析是否存在青年化或学生化现象；如果有，进一步分析青年化或学生化的社区生活的特征、形成及存在问题。

3. 举例说明国家消费主义对城市居民日常生活的影响。

【导读】本章详细剖析了城市中存在的具有普遍性的社会问题的现象和症结，将社会问题分类论述，包括贫困、不平等和社会排斥、民族 / 种族主义、犯罪、恐怖主义 / 袭击、住房和无家可归、迁徙与动迁、老龄化等问题，结合不同的地域和历史时期背景来考察这些问题和风险变化的过程，以理解和把握其特定的内涵实质，并寻求可能的解决对策。

第 8 章　城市社会问题和风险

第1节 城市问题概述

1970 年，法国社会哲学家亨利·列斐伏尔完成《都市革命》（*La Révolution urbaine*）[①] 一书，他反思此前的城市理论，提出以"城市问题意识"（problematique urbaine）的方式来重构都市认知和实践，而城市现象前所未有的复杂性正对专业化研究带来挑战，他将城市问题这一难以捉摸的未知领域称为"盲域"（blind field）。

部分研究者和公共媒体经常用一个词"城市病"来描述城市问题，"城市病"（urban diseases）是关于城市中所出现问题的一种提法，但是并没有"乡村病"与之对应，这就让人产生一种感觉，似乎毛病是城市特有的。而我们知道，只要是有机体，总可能出现毛病，只是毛病有显性或隐性、多或少、大或小的区别，例如小毛小病、失调、紊乱，或病痛。简单地把城市和问题并列起来，谓之"城市病""大城市病"，或者不假思索地将各种社会痼疾归咎于城市的言辞实在是过于泛滥，以至于有可能干扰判断、误导分析。"城市病"的症状有很多，比如居住拥挤、交通拥堵、传染病流行等。的确，这些问题很多是由城市相对于农村的特征引起的，人口和建筑的高密度带来拥挤，大量快速交通工具的使用造成拥堵，高密度居住环境以及人员和货品的流动性增强，使得大城市日益成为新的流行病和传染病的孵化器以及传染病快速传播的社会容器。而这一切问题更确切地讲都是和城市伴生的问题，也是城市化、全球化带来的问题。

通常来说，"城市病"是不太容易根治或消灭的，这一点不难理解。城市问题真实存在，在城市发展的不同阶段、不同的外部条件下呈现出来，并且对于城市问题和风险的认识也不是一成不变的。

1.1 城市问题的涌现机制和产生原因

城市问题总是不断涌现。从深层次的理论层面来讲，系统科学中的涌现机制有助于解释城市问题的产生。

1.1.1 城市问题的涌现机制

涌现机制是复杂系统从低阶到高阶的进化机制，也是主体从量变到质变、系统从微观累积到宏观改变的过程。约翰·霍兰德（1999 年）[②] 对涌现

[①]（法）亨利·列斐伏尔. 都市革命 [M]. 刘怀玉，张笑夷，郑劲超，译. 北京：首都师范大学出版社，2018.

[②] 约翰·亨利·霍兰德（John Henry Holland）是美国科学家，密歇根大学安娜堡分校心理学教授、电气工程和计算机科学教授。他是后来被称为遗传算法（genetic algorithms）的先驱，著作还有 *Hidden Order*: *How Adaptation Builds Complexity*（1996 年）。

的特征进行了总结：涌现以貌似随机、简单规则的相互作用为中心，却比单独行为的简单累积复杂得多，即使规则简单到荒谬，也能够使涌现结果发生；系统中的主体通过相互学习、竞争、合作，随之发生对规则的彼此适应，由于该适应过程具有联动性，涌现机制整体特征的复杂性会大于部分特征的总和；涌现是很普遍的自然现象，在该现象生成过程中，即使规则本身不变化，规则所决定的事物却会发生变化，将会出现大量不断生成的新结构和新模式。[①]

如第 4 章图 4.1 所示，城市由小的定居点增长发展而来，这是一个由简入繁的过程，超大城市这样的复杂事物也是从最初的定居点这样的简单事物发展生成的，少数简单规则就能够生成令人惊讶、错综复杂的现象。这正体现了涌现的特征，而城市本身也是涌现过程的产物。涌现现象产生的根本原因在于，事物各组成部分之间相互作用产生的复杂性，远非个体行为的叠加可以相比，也就是我们常说的"整体大于部分之和"。城市复杂系统中的微观个体一般只能够依靠局部信息或一般原理行动，但是宏观整体的行为却能够从微观个体的相互作用中涌现出来。城市世界的状况更多体现出一种异构的自组织过程。整体性质依赖于个体状态，却也不完全依赖于个体状态，个体行为和运动相对随机，整体性质却相对稳定；局部成分甚至可以更替，整体状态却会保持相对一致。城市也是如此，它的组成部分无时无刻不在更替，整体面貌却在一定时间内相对稳定。

涌现机制促进我们思考个体的、局部的、微观层面的决策和行为如何生成城市社会的整体特征。由此，复杂系统理论为我们认识、理解、控制、管理城市提供了新思路，有助于我们分析城市运作、解决城市问题。

1.1.2 城市问题的产生原因

城市问题的产生有多种原因，可以概括为三类：第一类是国家和地方的政策、机制、体制原因。例如城乡二元结构，本地人和流动人口在享受社会保障待遇和社会福利方面的政策是不一样的，尤其是外来人员和家庭的住房、养老、医疗和子女教育问题。

第二类是城市社会自身。我国改革开放以来，整个社会处在转型期，矛盾多、问题多、压力大。城市贫富差异大，导致城市在空间上、地区间发展不平衡，在产业系统、社会部门之间利益分配不公。此外，人类世界的发展是不断地应对新环境、新问题、新挑战的过程，经济发展过程中可能带来环境污染，信息和智能技术发展可能带来人类的道德伦理风险。

[①]（美）约翰·霍兰德.涌现：从混沌到有序 [M].陈禹，等，译，方美琪，校.上海：上海科学技术出版社，2022：143-144.

第三类是不确定的干扰因素。城市问题的产生和大量个体独立行为紧密相关，但这个过程在无中心执行者控制情况下会发生巨大的变化，远超出独立个体行为产生的影响。宏观层面的重大"宏观冲击"，例如经济衰退、金融危机、政治危机、战争、公共卫生危机等，可能产生自局部的蝴蝶效应。因为在真实人类社会中，随着资讯力量的不断发达，宏观尺度的信息也已经开始对微观层面的决策和行为产生影响、污染，甚至"反噬"。

1.2 城市问题的特征

按照美国心理学家托尔曼（E.C.Tolman，1886—1959年）的整体论（Holism）思路，在研究城市问题的时空分布时，城市和乡村、自然环境和人工环境等应纳入统一的整体进行考虑。具体而言，城市问题具有下列特征：

（1）空间连续性。在社会—空间范围里，共性的社会问题在世界的不同地域中分布，社会要素和经济、环境、技术等其他要素、子系统紧密结合、相互作用，表现出地区、国家、城市和乡村问题的各自形态和特征。因此，城市社会问题是国际、城乡等连续系统复杂性的整体而立体的呈现，在割裂的空间、封闭的状态下极可能难以全面、准确地判读问题，也难以合理、有效地解决问题。

（2）时间延展性。在社会—时间范畴里，我们可以发现相同的命题、相似的问题在不同历史时期的连绵回响，在不同时期的反复显现。也可以说，人类社会本源的各种问题自始至终存在，只是在不断演变（兴亡盛衰）的人类聚居形态（城市或乡村）中，随着经验、思想、政策、行动的差异而不同，顺时而变的外部现象为理解探究社会问题永恒的本质提供了丰富的历史线索。

（3）社会多样性。城市社会是由数量更多的大大小小的社会组成，每一个社会都潜在地形成了一个集体认知的框架，因而由空间连续性和时间延展性共同决定的本源问题的"一致性"丝毫不能避免其在特定社会中以多样面目出现，这种"多样性"不但不应遭到排斥，反而更应值得高度重视和尊重。尤其在一些城市发展的重要转型期，政治、经济、社会结构及其生活状态会有突出的多样性表征，包括经济成分的多样化、资源分配方式的多样化、社会需求的多样化等社会现实和发展态势。

（4）内在交错性。在城市和乡村系统之间，在不同城市的系统之间，在同一城市的系统内部，在系统及其子系统、主要因素与多要素之间，大多存在复杂的交互关系，或相互促进，或相互制约，或此消彼长。城市社会问题具有内在联系的规律性，契合复杂系统的特征，往往在多尺度、多维度、多时点上缠结交错，并形成跨时空的迁移。

1.3 城市问题的类型

虽然就历史来讲，新的城市问题不断涌现，而就地域来讲，相似的城市问题在新的地方不断涌现，但本质上，城市问题的基本类型是相对稳定的，且城市问题大多以各种复合形态出现。

城市问题的类型可以概括为三大类，即城市社会问题（本章讨论）、城市空间环境问题（第9章），以及城市技术问题（第10章）。表8.1罗列了2022年联合国人居署（UN-Habitat）关注的26个议题，这些话题对前一版的28个议题进行了调整，更加聚焦城市对象，反映了国际社会对城市问题的广泛关注，例如将"移民"改为"城市移民"，将"经济和财政"和"城市财政"两个话题合并为"城市经济和财政"，将"立法"改为"城市立法"，"能源"改为"城市能源"等。所有26个话题主要涉及社会、环境及技术三个领域，其中，残障、性别、人权等都是对社会公平正义问题的具体探讨，有些话题例如安全、气候变化，则整体跨越覆盖了上述三个领域。

2022年版联合国人居署关注的城市议题（和前一版对照）　　表8.1

议题	Topics	问题	领域
残障	~~Disability (Inclusion Strategy)~~	—	社会（公平正义）
性别	Gender	性别平等	
人权	Human Rights	—	
城市移民	Urban Migration	移民	
青年和宜居性	Youth ~~and Livelihoods~~	—	
经济和财政	~~Economy and Finance~~	经济和财政危机	社会（经济）
城市财政 城市经济和财政	~~Municipal Finance~~ Urban Economy and Finance	—	
城乡联系	Urban-Rural Linkages	—	
城市立法	Urban Legislation	—	社会（政治）
全国的城市政策	National Urban Policy	—	
大都市管理 城市治理	~~Metropolitan Management~~ Urban Goverance	—	
治理和权力下放／地方分权	~~Governance and Decentralisation~~	—	
自愿的地方评审	Voluntary Local Reviews	—	
城市复兴	Urban Regeneration	—	环境（空间）
住房	Housing	住房	
贫民窟提升	Slum Upgrading	拆迁	
公共空间	Public Space	—	

议题	Topics	问题	领域
城市健康	Urban Health	—	环境（健康）
康复	Rehabilitation	—	
废弃物管理	Waste Management	—	
水和卫生	Water and Sanitation	—	
气候变化	Climate Change	—	环境（安全）
韧性和降低风险	Resilience and Risk Reduction	—	
城市安全	Urban Safety	—	
土地持有安全	Land Tenure Security	—	环境（规划）
城市规划和设计	Urban Planning and Design	—	
城市能源	Urban Energy	—	技术
机动性和交通	Mobility and Transport	—	
创新	Innovation	—	

注：表中带删除线的表示被整体或部分删减的前一版议题内容，带下划线的表示新增议题或补充内容。

来源：UN-Habitat.Topics[EB/OL]. https：//unhabitat.org/，2022-10-28.

接下来将对城市主要社会问题分类概述，结合国际地区及我国的情况，具体讨论贫困、不平等和社会排斥、移民和民族／种族主义、犯罪、恐怖主义、住房和无家可归、老龄化、迁徙和动迁／拆迁、城中村和贫民窟、安全和社会韧性（或危险和脆弱性）等城市社会问题。这些问题和历史进程、时间因素密切相关，且在世界的每个地区、国家、城市、城镇又有其特定的社会空间内涵。

第2节　贫困

贫困是一个世界性的社会问题，无论是在发达世界还是发展中世界，只是对于不同的地区而言，贫困的涵义和衡量标准是不一样的。《2030 年可持续发展议程》目标 1 认识到，消除世界各地一切形式的贫困是联合国可持续发展目标的首要目标，也是当今面临的全球最大挑战。联合国提出，贫穷是对人权的侵犯，需要团结起来确保这些权利得到尊重。

2.1　贫困的涵义和国际衡量标准

贫困不仅仅意味着缺乏收入和生产资源来确保可持续的生计，其表现形式还包括饥饿和营养不良、获得教育和其他基本服务的机会有限、社会歧视和排斥以及缺乏决策参与。

2015年，超过7.36亿人生活在国际贫困线（延伸阅读8.1）以下。2016年，全球55%的人口（约40亿人）没有从任何形式的社会保障中受益。即使在新冠（COVOID-19）疫情之前，大约10%的世界人口生活在极端贫困之中，正在努力满足保健、教育、用水和卫生设施等最基本的需求。据统计对照数据，女性的情况更糟糕，在25~34岁的年龄组中，相对于每100名男子，则有122名女子生活在贫困之中。预测表明，到2030年，有1/5（1.6亿多）的儿童继续生活在极端贫困中的风险，而早年贫困和被剥夺的负面影响可能会持续一生。全球仍有6%的人口生活在极端贫困中，不能实现联合国消除贫困的目标。新冠大流行的后果可能使7000多万人陷入极端贫困。

贫困线是指确保基本生存所需的最低收入水平；按照联合国的定义，国际贫困线是指每人日均消费的一个最低标准。国际贫困线被设定为世界上最贫穷国家的典型国家贫困线。国际贫困线的标准随着时间的推移而缓慢增加，主要是因为价格趋于上涨。世界银行已将国际贫困线从1985年购买力平价[①]（PPPs）的每天1美元修订为1993年购买力平价的1.08美元、2005年的1.25美元、2011年的1.90美元，以及2017年的2.15美元。

延伸阅读8.1　什么是国际贫困线？

国际贫困线（international poverty line）是一个货币门槛，处于这个标准线下，某一个体就被视为生活在贫困中。国际贫困线是根据每个国家的贫困门槛计算出来的，即维持一名成年人生活所需物品的价值，将此贫困阈值换算成美元。

世界银行（World Bank）试图用相同的标准衡量所有人。因此，它定期设定国际贫困线，通过考虑世界各地基本食物、衣服和住房在任何给定时间的现行价格计算生活成本。

然而，这一衡量标准并未考虑卫生设施、水和电的使用机会及其对生活质量的影响。此外，很难量化其他指标，如教育和健康，从而掩盖了对人口的总体经济影响。

由于世界各地基本食物、衣物和住所的生活成本会发生变化，世界银行定期设定国际贫困线。国际贫困线最初设定为每天大约1美元。在2008年的更新中，贫困线设定为每天1.25美元。2015年，这个门槛被更新为每天1.90美元。目前的国际贫困线是每天2.15美元。当购买力平价和消费的所有商品

[①] 购买力平价（Purchasing Power Parity，简称PPP），是根据各国不同的价格水平计算出来的货币之间的等值系数。

都被考虑在贫困线的计算中时，它允许各个组织确定哪些人口被认为处于绝对贫困（absolute poverty）状态。由于不同的国家有不同的贫困标准，很难设定一个共同的国际贫困标准。

最近的数字是根据2017年确定的价格设定的，该门槛应反映出和早期贫困线相同的购买力。根据世界银行的数据，2012年，估计有9亿多人生活在国际贫困线以下。2015年，有7亿多人生活在极端贫困（extreme poverty）之中。

与此同时，国际贫困线也遭到批评。使用国际贫困线来确定人口的富裕程度可能会产生误导，因为贫困线可能太低，以至于增加少量额外收入，不会对一个人的生活质量产生明显的影响。

此外，贫穷的门槛可能因富裕国家和面临经济困难的国家而大不相同。世界银行表示，它需要根据相同的标准衡量所有人。与世界银行合作的独立研究人员确定了初始国际贫困线（initial international poverty line）的数字，并在以后的时间间隔内重新评估，在计算中更多地考虑了最贫穷国家。

世界银行等组织已经将减少全球贫困作为一个目标，并可能使用国际贫困线和由此得出的数据来评估他们的努力。

来源：International Poverty Line，By WILL KENTON，Reviewed by ROBERT C. KELLY Updated Dec 23，2020，https：//www.investopedia.com/terms/i/international-poverty-line.asp，2021-07-30.

延伸阅读 8.2　联邦贫困水平（FPL）

在美国，联邦贫困水平（Federal Poverty Level，FPL）也被称为贫困门槛，是一个基于家庭成员数量的年收入水平。FPL通常由卫生与公众服务部（HHS）每年1月发布。对于一个单身家庭来说，2020年的贫困水平是每年12760美元——略低于每天35美元。每增加一名家庭成员，这一水平就增加4480美元。这些标准适用于美国所有的州和哥伦比亚特区，除了阿拉斯加和夏威夷，因为在这些州的生活更贵。在美国，贫困水平被用来确定是否符合加入某些联邦项目的资格或条件，如医疗补助计划[①]（Medicaid）和补充营养援助计划[②]（Supplemental Nutrition Assistance Program，SNAP）。

来源：Federal Poverty Level（FPL）Definition[EB/OL]. http://www.investopedia.com

---

① 亦即医疗补助制度，美国政府向贫困者提供的医疗保险。
② 依据"补充营养援助计划"（SNAP），全美大体7人中便有1人接受补助。

2.2 贫困差距和贫困差距指数

基尼系数（Gini index），是衡量一个国家或地区居民收入差距的常用指标之一，包括收入基尼系数（Income Gini）和财富基尼系数（Wealth Gini），前者以家庭收入统计，后者以家庭总资产统计。国际上通常把基尼系数 0.4 作为贫富分化的警戒线，超过这个警戒线，社会就容易处于不稳定状态。但是基尼系数并不直接表示贫困的程度。

贫困差距（poverty gap）是世界银行制定的一项指标[①]，表示贫困线以下总人口的平均收入缺口。贫困差距的扩大意味着贫困个体的发展受限和社会流动性降低，可能导致社会对立加剧及至犯罪率上升等严重的社会问题。

贫困差距指数（poverty gap index）也是由世界银行编制的，表示平均低于贫困线的总人口的比率，它取贫困线的平均缺口，然后除以贫困线的数值。该指数反映了一个国家的贫困广泛程度和严重程度。

如果将一个国家的贫困差距指数乘以该国的贫困线和人口总数，就得到了使贫困的个人或家庭摆脱极端贫困并达到贫困线所需的资金总额，前提是完全实现了转移支付目标。

贫困差距指数越高意味着贫困越严重。例如，假设一个国家有 1000 万公民，贫困线为每年 500 美元，贫困差距指数为 5%。在这种情况下，每人每年平均增加 25 美元将消除极端贫困。25 美元是贫困线的 5%，消除贫困所需的总增加额为 2.5 亿美元——25 美元乘以 1000 万人。

贫困差距指数具有可加性。换言之，该指数可以用作总体贫困衡量指标，也可以按人口的不同群体进行分解，如按地区、就业部门、受教育程度、性别、年龄或民族进行分解。

延伸阅读 8.3　美国的贫困差距

美国有自己的贫困线，根据各州和家庭人口数量的不同而有所不同。2020年，一个四口之家的平均门槛为 26200 美元，这意味着，一对有两个孩子、家庭年收入 2 万美元的已婚夫妇被判定为生活在贫困线以下，在这个例子中，贫困差距是 6200 美元。

贫困差距是使个人或家庭摆脱贫困所需的年收入。根据美国人口普查局（Census Bureau）贫困统计数据计算，2020 年美国所有贫困人口的贫困差距总计 1700 亿美元，如下所述。贫困差距等于贫困门槛与个人或家庭收入之间的差额。例如，一个四口之家的年家庭收入为 20000 美元，比 26496 美元的贫困

---

① 该指标适用于 100 多个国家，每年 4 月和 9 月各更新一次数据。

门槛低 6496 美元。因此，该家庭被视为"贫困"，6496 美元是贫困差距。

美国人口普查局报告称，2020 年，美国有 7294000 个家庭和 11016000 个人的收入低于贫困线。该局的报告称，这些家庭平均收入为 11318 美元，个人收入为 7802 美元，低于贫困门槛。[①] 因此，2020 年全国的贫困差距总计 1700 亿美元[②]。图 8.1 显示了美国 2011—2020 年中每年的贫困差距。而 2019 年，美国有 655 万个家庭和 1130 万人的收入低于贫困线。根据该机构的数据，这些家庭和个人的平均贫困差距分别为 10668 美元和 7375 美元，最终使全国的总计贫困差距达到 1540 亿美元。这意味着当年需要 1540 亿美元才能结束美国的贫困。

2020 年美国相互毗邻的 48 个州和哥伦比亚特区的贫困参考线（Poverty Guidelines）如表 8.2 所示，阿拉斯加和夏威夷的贫困门槛则有所不同，独居家庭的起始标准分别为 15950 美元和 14680 美元，要高于 48 个州和首都的水平。

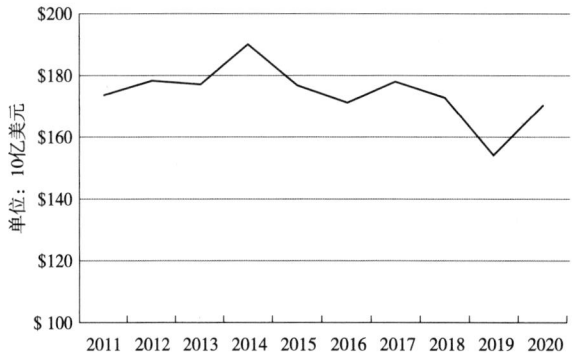

图 8.1　美国的贫困差距（2011—2020 年）
来　源：Poverty Gap，By Daniel Liberto，Reviewed by Eric Estevez，Updated Mar 24，2021，https：//www.investopedia.com/terms/p/poverty-gap.asp.

通常使用的贫困人数比率（poverty headcount ratio）提供了给定人口中贫困线以下所有人的简单计数，认为他们同样贫困。因此，一些人认为这是一个有缺陷的测量方法。

国际上描述贫困的术语包括收入或消费贫困、人类（欠）发展 [Human（under）development]、社会排斥、疾病、能力和功能缺乏、脆弱性、生计不可持续性、缺乏基本需要、相对剥夺等。表 8.3 列出了联合国开发计划署的贫困衡量标准。如前面第 4 章、第 5 章所揭示的，全球经济增长长期处于不平衡状态，而且往往没有惠及较贫困的国家。非洲、西亚、拉丁美洲和加勒比国家的若干地区处于多类型的贫困状态。

---

① U.S. Census Bureau. Current Population Survey Detailed Tables For Poverty. Table POV 28. [Internet]. Retrieved September 20，1956.

② Ibid. The total also includes $1.7 billion from a category called Unrelated Sub-families which included 143000 families which were $11731 below the poverty threshold.

2020 年哥伦比亚特区和毗邻 48 州的贫困参考线　　　　表 8.2

家庭或家户的人数	贫困参考线
1	$12760
2	$17240
3	$21720
4	$26200
5	$30680
6	$35160
7	$39640
8*	$44120

注：* 如家户人数超过 8 人，每增加一人，加算 $4480。

来源：卫生与公众服务部（The Department of Health and Human Services，HHS）；Poverty Gap，https：//federalsafetynet.com/poverty-gap/，2022–10–29.

联合国开发计划署的贫困衡量标准　　　　表 8.3

衡量标准	组成部分
人类发展指数	出生时预期寿命；成人识字率；教育入学率；人均 GDP（国内生产总值）
和性别有关的发展指数	同上，根据性别差异进行调整
性别赋权措施	妇女在议会中的席位；女性行政人员和管理人员；女性专业和技术工作者；妇女在所挣收入中所占份额
人类贫困指数（发展中国家）(HPI–1)	预期寿命不到 40 岁；文盲；获得安全饮用水；获得保健服务；体重不足儿童
人类贫困指数（发达国家）(HPI–2)	预期寿命不到 60 岁；功能性文盲；平均收入以下人口数量；长期失业人口数量

来源：UNDP Human Development Report 1998.

　　以食品短缺为例。2017 年 5 月发布的《共同推进"一带一路"建设农业合作的愿景与行动》中指出，世界上仍有 7.95 亿人忍受长期饥饿，20 亿人遭受营养不良。2021 年，联合国确定的 23 个"饥馑热点地区"（hunger hotspots）主要分布在非洲地区，少数在亚洲和中美洲地区。[①]《2022 年全球粮食危机报告》（ *The Global Report on Food Crises，GRFC 2022* ）强调了 53 个国家 / 地区处于危机或更严重（IPC/CH 第 3 阶段或以上）或同等程度的严重

---

① United Nations.Humanitarian Aid.Conflict，COVID，climate crisis，likely to fuel acute food insecurity in 23 "hunger hotspots" [EB/OL]. https：//news.un.org/en/story/2021/07/1096812，30 July 2021.

程度，导致这些国家或地区严重粮食不安全的主要因素是持续冲突、先前已存在的以及和疫情相关的经济冲击，还有极端气候。2022 年报告中确定的数字是该报告自发布六年来的最高数字。跨界威胁在某些区域也是一个加剧粮食不安全的因素。特别是非洲之角的沙漠蝗虫和南部非洲的非洲飞蝗灾害。

2.3 城市贫困的根源

贫困是不平衡发展的一个现象。20 世纪 70 年代以来世界范围内的城市贫困，在发达世界主要归因于过去数十年和全球化相关的去工业化、制造业衰退和泡沫经济等，在发展中世界既由于和城市化相关的大量农村人口迁徙，又由于和全球化相关的产业结构转型。

2.3.1 全球化相关的国际制造业转移和工人社区衰退

自 20 世纪 70 年代末以来，全球经济重构，产业升级转型，发达国家向发展中国家转移劳动密集型产业，并投入大量资金和技术，利用当地廉价而良好的劳动力优势，为跨国公司创造了巨额财富，但是却造成了发达世界制造业岗位的衰退以及蓝领穷人数量的激增。

1960 年美国西弗吉尼亚的"煤城"（coal town）韦尔奇市（Welch，WV）和整个麦克道尔县（McDowell County）就陷入了深度贫困。约翰·肯尼迪总统对当地贫困状况感到震惊，喊出了 20 世纪 60 年代美国最震撼人心的口号之一：向贫困开战。翌年，肯尼迪政府农业部在韦尔奇发放了联邦政府的第一份食品救济券，总计 95 美元。韦尔奇市和麦克道尔县成为闻名全美的贫困户和扶贫样板。约翰·肯尼迪和林登·约翰逊执政期间，美国联邦政府主导推行了大规模、多方位的扶贫、脱贫立法和举措，对美国社会发展产生了深远的影响。半个多世纪过去了，这里的扶贫结果并不乐观。2017 年上半年，一家美国媒体在报道中直截了当地把麦克道尔县称为"美国最穷、健康问题最严重、最没有希望的县"。统计数据显示，全县居民健康状况全美排名垫底，近半数儿童生活在贫困线以下，16~24 岁青少年中既不上学也没工作的"失联者"占比高达 43%。韦尔奇最穷的三口之家每月收入仅约 800 美元到 1000 美元，饭钱、房钱、药钱、交通费全在里面。而最富的三口之家，全年收入也不过七八万美元。①

国内大城市经历了类似的工人转贫和工人社区衰败历程，只是时间上较发达国家延迟了近 20 年。20 世纪 90 年代至 21 世纪初期，上海纺织加工、煤

---

① Michael Harding.Down But Not Out In McDowell Country[EB/OL]. https://miles2gobeforeisleep.com，December 13，2017.

图 8.2 衰败中的工人新村（上海杨浦区鞍山四村，2006 年）
来源：作者摄

炭产业、机械工业、军工业等产业"百万工人下岗"。上海杨浦区是上海制造业企业分布最为集中的区，随着工人的待岗下岗，大量的工人新村趋于衰败。2006 年，杨浦区鞍山四村（图 8.2）有居民家庭 2300 户，其中失业家庭 970 户，低保家庭 240 户，残疾家庭 95 户，1236 户家庭有 60 岁以上老人，社区整体处于贫困状态。辽宁省沈阳市铁西区——中华人民共和国成立后一直是国家级装备制造业集中布局的重要区域、沈阳市工业发展的核心区，有"共和国装备部"之称，2003 年国企 95% 亏损，13 万工人下岗待业。事实上，20 世纪的最后十年，我国的改革开放进入深水期，内部的国企改革和外部的亚洲金融风暴叠加，导致大量工厂倒闭、职工下岗，国企职工从改革前的"中流砥柱"滑落为利益受损群体。时代转型，集体主义和计划经济骤然失效，被国有工厂裹挟半生的人们在转型之下觉得危机重重，不知所措，很多成为城市贫民。

2.3.2 全球金融危机、疫情危机和经济衰退

经济问题具有传导效应、雪崩效应。自 1978 年以来，世界经济大致遭受了三次重大危机。这三次危机具有的共同点之一是，都是在全球化背景下由地区危机扩展到全球危机。1997 年的亚洲金融危机全面爆发后，紧接着是个人破产浪潮，是愈来愈严重的收入不平等和相关的中产阶级经济不安全感。2008 年由美国次贷危机引发了全球金融危机，加剧了社会普通大众和大资本尖锐的阶级矛盾，并使得许多中产阶级家庭滑入贫困行列。2019 年底疫情（COVID-19）在全球蔓延，并持续 3 年多，造成了全球许多城市的经济停滞，制造业、贸易需求萎缩和国际交通管制使得全球经济呈陷入颓势，接近 1921 年的大萧条时期。

据联合国的统计数据，疫情大流行前，全球贫困率自 2000 年以来下降了一半以上，东亚和东南亚许多国家在减轻贫穷方面取得了重大进展，撒哈拉以南的非洲高达 42% 的人口继续生活在贫困线以下。但疫情大流行可能使全球贫困人口增加多达 5 亿人，占总人口的 8%。由于这一大流行病，生活在国际

贫困线以下的人数分别增加了 3200 万人和 2600 万人，预计南亚和撒哈拉以南非洲极端贫困的增加幅度最大。[①]

2.3.3 乡村贫困向城市贫困的转移

城市贫困和乡村贫困问题有着紧密的关联，但是常常被割裂开来讨论，实际上许多城乡经济社会问题具有一体两面的关系。换句话说，乡村的问题解决不好就会在城市那端引发新的问题；反之亦然。以英国为例，19 世纪 80 年代后期，英国农业陷入深重的结构性危机，农业的衰退、贫瘠的收成促使农场工人用脚投票，他们移居到城镇或者聚居地中，"张伯伦提出了一个极其灵验的观点：在英格兰他们将拥挤在城市贫民窟中。"[②] 人口从英国农业的心脏地带东英格兰和临近伦敦的中部英格兰各郡流入飞速增长的首都，并且随着住宅向办公和铁路建筑的用途转变，许多人被困在城市中心的贫民窟里。这样的脚本在 20 世纪的发展中国家仍然反复上演。美国学者 Fuguitt、Brown、Beale（1989 年）[③] 针对贫困、就业、福利等问题，揭示了农民是社会结构重要维度之一，他们对国家整体政治、经济、社会具有重要影响。

农村地区的贫困还归因于迈克·利普顿（Michael Lipton）所说的城市偏见[④]，考虑到城市偏见导致国家资源分配不均，这导致农村地区农业和基础设施改革不力。农村人口向城市的迁移将导致农村地区继续贫穷，而农村地区的农产品在城市市场上几乎卖不到什么价钱。在许多发展中国家，城市偏见导致明显的反农村政策，使农村贫困永久化，然而，停留在城市偏见是贫困的主要原因这一观念上也是不公平的，因为许多政府积极支持农业生产者和农村公民，从而提高了生活水平。绿色革命等技术变革可能比城市地区更能带来农村地区的繁荣，而失业和收入差距也会加剧农村贫困。

1978 年前，我国处于极度贫困中，大量农村人口存在营养不良等健康问题。乡村由于长期处于消息相对闭塞状态以及农民整体思想观念落后，难以灵活适应变化剧烈的市场供需，农产品经常出现周期性滞销的问题，使农民切身利益受到损害。我国大规模的扶贫开发始于 1986 年，自 2012 年 11 月党的十八大以来，确定以精准扶贫为重点。2013 年底中国仍有 8249 万农村贫困人口。2002—2019 年，城乡居民收入比长期维持在 3 倍以上[⑤]，集体经济收入普遍微薄，乡村经济被迫从农业型向非农业型转化。农业的被边缘化制约了乡村

① United Nations.Ending Poverty[EB/OL]. https：//www.un.org/en/global-issues/ending-poverty.

② （英）彼得·霍尔，科林·沃德.社会城市 [M].黄怡，译.北京：中国建筑工业出版社，2009：8-9.

③ G. V. Fuguitt，D.L.Brown，C. L. Beale. Rural and Small Town America[M]. Russell Sage Foundation，1989.

④ Michael Lipton's Urban Bias：Analysis[EB/OL]. https：//schoolworkhelper.net/michael-liptons-urban-bias-analysis/.

⑤ 国家统计局 . 中国统计年鉴 2020[M].北京：中国统计出版社，2020.

经济发展，尤其在农业税被取消之后，农业不再是我国乡村支柱产业。大量农村青壮年人口流入城市，使得农村日益凋敝。这也是2017年党的十九大报告提出实施乡村振兴战略的基础缘由。当前以乡村旅游和休闲农业为典型代表的乡村第三产业的积极发展是促进乡村空间格局演进、吸引迁徙到城市的农村人口返乡的主要动因。许多乡村地区也因为城市消费者的到来，正在改变乡村既有的空间意象，乡村营建减少了乡村贫困，促进了城乡融合和社会综合价值的实现。

青海省西宁市湟中县拦隆口镇西南部的卡阳村，是一个汉藏混居的小村庄，藏语"卡阳"意为干净、神圣的地方。卡阳村是距离西宁市区最近的原始林区和高山牧场，但那里山大沟深，交通极为不便，经济发展落后，是省定贫困村。能外出打工的卡阳人都往外走，几乎没什么大山外的人来卡阳。"村里娶不着媳妇。年轻人外出打工。村里没有集体经济，基本是空壳村。人都穷惯了。2015年之前，卡阳村平均3年甚至更长的时间才娶到一个'新娘子'"。[1]可见从贫困地区走出去务工的大多数是贫困人口，相对于城市居民来说，他们同时构成了城市的贫困人口。

某种意义而言，这是一种贫困的迁移。因此，城市贫困和乡村贫困有着千丝万缕的联系，一方面，这种贫困迁移使得城市中的贫富悬殊加剧；另一方面，在城乡二元差距所导致的生存理性抉择下，乡村中青年劳动力严重流失，不断向城市迁移，全国进城农民工总量高达21938万人（2019年末）[2]，还引发了留守老人、妇女、儿童等弱势群体的社会问题，导致乡村社会结构失衡，整体衰弱，并进入恶性循环。

第3节　不平等和社会排斥

自人类进入私有制社会后，不平等就贯穿了社会发展的全过程和全部领域，换言之"人生而不平等"，这一点也应是我们理解城市问题的基本出发点。现代城市制度所有努力的初衷都是在减少不平等的影响，尽管很多制度本身也是不平等的结果和表现。

社会不平等是相对笼统而模糊的表达，城市不平等则较具体，包括不同城市间的不平等、同一城市内部的不平等。即便就城市不平等来说，也存在城市等级体系带来的不平等和全球化带来并加剧的不平等之分。就社会时空观而言，不平等有三类。第一类是和社会相关的不平等；第二类是和城市、空间

---

① 吴志红. 卡阳有个民营企业家"第一书记"[N]. 人民政协报，2017-09-15（6）.
② 国家统计局农村社会经济调查司. 中国农村统计年鉴2020[M]. 北京：中国统计出版社，2020.

相关的不平等；第三类不平等是和历史相关的不平等，是时间上的不平等，时间往往不可追，但是会产生影响。这三类不平等之间会有潜在的关联和影响，从而形成了复杂的多维度的不平等。例如发达世界历史上对其他地区资源的掠夺、对国内外环境造成的污染，以及现时对发展中世界使用化石能源的限制，在城市社会学的社会时空框架下，使得不平等呈现出多维度的涵义。而我国发展起来之后的烦恼就是要解决发展不平衡不充分催生的新问题，包括社会公平、城乡收入悬殊、社会结构衰退等问题。

3.1 社会维度的不平等的类型和形式

人类社会的几乎所有领域都存在各种形式的不平等，例如阶层不平等、代际不平等、性别不平等，以及就业不平等、收入不平等，等。延伸阅读 6.1 调查研究了人们对于这些不平等的感知。这些不平等形式的分类不是相互排斥的关系，而是存在交叉现象，这使得现实世界中的不平等现象极其错综复杂。以下对于不平等形式的分类讨论只是抓住某一现象或问题中不平等本质的主要方面，以便于深入解析。不平等包含两重意义，即不平等的机会和不平等的结果。不平等和贫困密切相关，贫困既是不平等的表现，也是不平等的结果。

3.1.1 阶层不平等

这是社会结构的核心的不平等（参见第 6 章第 1 节）。富人垄断着一切，一人一票的民主体制也陷入危机。例如在法国并没有真正的左派、绿色政治家，所谓政客一直都是背景相似，他们的目标都在维护自身所在群体的利益。当前法国的最低工资 1000 多欧元，低收入阶层付完房租水电费各种费用，所剩无几来养家糊口。而巴黎的一些中产阶级，尽管收入足以维持中产生活，但在巴黎的工作生活压力还是使得许多成员选择逃离巴黎。

3.1.2 收入和财富不平等

这是分配结果的不平等。2017 年 1 月，国际发展及救援非政府组织乐施会（oxfam）发布了"不平等"主题报告《99% 民众的经济》，报告认为，全球不平等危机加剧，2016 年全球最富有的 8 人所拥有的财富，相当于世界相对贫困的那一半人口（36 亿人）的财富总和。[①] 全球化确实让许多人受益，但有迹象显示，社会之间和社会内部的不平等日益加剧，少数人逐渐垄断了全球化的成果，而其他数十亿人则被弃之不顾。最富有的 1% 人群已经拥有全球一半

---

① 数据库 .36 亿人 [J]. 方圆，2017（2）: 5.

的财富。更令人警醒的是，最富有的 100 人所拥有的财富，已经超越了最贫穷的 40 亿人。①

3.1.3　代际不平等

这是和年龄相关的社会结构不平等。代际不平等的产生深受社会传统、文化、制度（例如官僚资本主义或裙带资本主义）和人口政策的影响。当今世界资本垄断和产业的单一以及因之导致的贫富分化已经极其严重，年轻人出路越来越窄。有一些社会格外注重个体的资历，经验、贡献、业绩等都是资历的表现形式，这使得青年人处于相对不利的地位，在参与权、话语权、决策权上受到较多制约，严重阻碍了青年人的向上之路。除了上述权力外，在获取机会、资源和物质性的利益方面也相应处于不利地位，代际差异悬殊。以我国城市住房为例，20 世纪 90 年代的住房制度改革是一个分水岭，在此之前，单位职工可以获得住房实物分配的机会，并可以低价购买单位住房。在此之后，青年人购房必须通过市场化的路径，随着住房价格的飙升，大量非本地的年轻人在大城市拥有住房所有权的机会日益渺茫，而只能通过租房实现栖居大城市的梦想。

代际不平等已是一个世界性的社会问题，网络热词"躺平"主要反映的正是代际不平等在年轻人中产生的负面影响，激烈乃至残酷的社会竞争、社会整体焦虑感的增加，使得躺平现象在世界各国都有体现。例如，英国的"尼特族"，日本的"低欲望社会"，美国的"归巢族"（boomerang kids）。尼特族（NEET）源自 20 世纪 90 年代末的英国，是英语短语"not currently engaged in education, employment or training"的首字母的缩略语，原意是指"不读书，不工作，也不接受培训"的"三无"人员。尼特族主要产生于发达国家和经济高速增长、生活品质较高的国家和地区的青年阶层，美国的"归巢族"、中国香港的"双失青年"（失学兼失业的青年），以及中国大陆的"啃老族"都有着类似的指向。

代际不平等对老年人来说同样存在。由于个体各方面生理机能下降（包括嗅觉、听力、视力、免疫力、代谢机能，以及认知机能障碍），老年人更可能产生消极的心理情感（失落感、孤独感、抑郁感、焦虑感、无价值感）。当前信息交流方式和手段的泛在化、智能产品使用的"数字鸿沟"，给大多数老年人的出行、办事、信息获取带来了极大的不便，使得老年人大有被时代抛弃之感。整体而言，社会福利供需错位、落后于数字经济时代、代际冲突、老年歧视、收入来源减少、经济诈骗等，都会造成老年人口感知的不平等。

---

① （以）尤瓦尔·赫拉利. 今日简史：人类命运大议题 [M]. 林俊宏，译. 北京：中信出版社，2018.

3.1.4 性别不平等

这是和性别相关的社会结构不平等。第 6 章第 3 节在讨论城市时空中的社会性别时已有较充分的阐析,整体而言,发达国家在高度重视性别平等的客观衡量标准方面表现较好,而在中东的土耳其、沙特阿拉伯以及南亚的马来西亚等国家不平等的情况较糟糕。

3.1.5 种族或民族之间的不平等

种族或民族之间的不平等和国家或地区的历史相关,在一些曾经的殖民地国家(如南非)或移民国家(如美国),存在系统的种族隔离制度和种族不平等痼疾。

2005 年当卡特里娜飓风袭击新奥尔良时,极度隔离的消极影响得到充分说明。几十万贫困的黑人正生活在这座城市,处于严格的隔离之中。他们的邻里也是低地和垃圾填埋场的地点,它们的高程位于海平面以下,并且仅仅由一系列堤坝和渠道保护避免处于水下。这一地区是贫瘠的土地,穷人的一个极度隔离的少数民族聚居地,以及一个非常危险的居住之地。当堤防决口时,卡特里娜飓风摧毁了这一地区,导致了在这个国家前所未有规模的死亡和疏散。在前总统乔治·W·布什执政下的联邦政府完全没能充分地应对这场危机,成为一个可怕的例子,反映出我们的社会对贫困的少数民族和他们在其中生活的邻里关心得是多么微乎其微。[①]

3.1.6 国家和地区不平等

这是空间/地理/区位的不平等,也是国家、城镇等级体系的不平等。区域不平等和地区差异、国家不平等在当今世界是异常显著的。虽然都是主权国家,但国际霸权仍然存在。经济实力、军事力量等因素共同催生了霸权,世界秩序受大国牵制;生态环保等议题在经济利益面前无足轻重。

即使在美国,贫困和社会不平等问题比通常人们想象的更为严重,而且还有进一步恶化的趋势。报告显示,2016 年,18% 的美国儿童(1330 万人)生活在贫困中,占全部贫困人口的 32.6%。同时,美国婴儿死亡率也比其他发达国家的平均水平高出一半。报告显示,美国"忽视穷人和放纵收入不平等的做法"将使本已存在的问题变得更加严重,且有可能导致 2000 万人加入没有医疗保险的人群行列。[②]

地区不平等包括了城乡的不平等。以我国城乡地区的选举权为例。从

① (美)马克·戈特迪纳,雷·哈奇森. 新城市社会学 [M]. 黄怡,译. 上海:上海译文出版社,2018:276-277.
② 新华社. 数字天下 18%[N]. 人民日报海外版,2018-06-07(6).

1953 年我国第一部选举法公布实施到 1995 年之前，我国农村和城镇每一名人大代表所代表的人口比例为 8∶1。1995 年全国人大常委会修改选举法，将这一比例调整为 4∶1。随着城市化进程不断加速，社会结构发生深刻变化，我国城镇化率在 2009 年已接近 50%。在此背景下，2010 年，选举法经修改，明确实行城乡按相同人口比例选举人大代表这一重要原则，即"同票同权"。

3.1.7 就业不平等

这是机会不平等。就业不平等体现在就业机会和薪资两方面。例如在我国的香港地区，金融、贸易、房地产等领域都已经高度成熟和垄断，年轻人很难进入其中获得一席不错的立足之地，而能容纳更多就业岗位的制造业由 1978 年占香港本地生产总值的 20% 下降至 2017 年时只占 1%[①]。此外，在产业转型升级过程中，由于制造业衰落，大量没有受过良好教育、没有专业技能、家庭也没有"兜底"能力的孩子，不可避免地成为产业转型彻底的牺牲品（参见延伸阅读 8.4）。

3.1.8 教育不平等

这是机会不平等的形式之一。教育的不平等在各国都是一个长期讨论的话题，应从总体性的角度阐释教育不平等的内在机制。教育不平等问题已使其成为社会分层和流动研究的一个热点[②]。2004 年出版的著作《双薪的陷阱》（*The Two-income Trap*）[③] 跟踪记录了美国金融危机全面爆发后的个人破产浪潮，书中指出，导致这些破产的一个重要因素是公共教育不平等，反过来会影响到收入的不平等；中产阶级的家庭罄其所有购买学区房，导致债务负担加重，如果失业或生病的话，这些家庭将不堪一击。法国虽然在教育中注重"平等""不论出身"，但是实质上早已出现了精英阶层固化的现象。各国的政客、精英分子依然保有社会达尔文式的态度，只想维护自身群体的利益。南非因长期实行种族隔离的教育制度，黑人受教育机会远远低于白人。

我国于 20 世纪 90 年代末开始的教育产业化实践有其正面价值，同时也带来了区域、城乡以及城市内部的教育不平等，包括进城务工人员随迁子女教育、城市教育、农村教育、职业教育、高等教育、民族教育等广泛的不平等议题。就此而言，马克思主义传统中的再生产理论仍然构成对话的基点。教育不平等涉及从教育机会获得、学校教育和家庭教育的广泛领域。[④] 就西方而言，

① 马春辉. 40 年经济完全服务化 香港还能再造制造业吗？[J]. 小康，2019 年 4 月上旬刊.

② 李春玲. 中国社会分层与流动研究 70 年 [J]. 社会学研究，2019，34（6）：27-40，243.

③ Elizabeth Warren，Amelia Warren Tyagi. The Two-Income Trap: Why Middle-Class Parents are Going Broke[M]. Basic Books，2004.

④ 张静. 案例分析的目标：从故事到知识 [J]. 中国社会科学，2018（8）126-142，207.

20 世纪 60 年代以来，民族志取向的教育不平等研究开始兴起，主要形成四条研究路径：常人方法学视角关注学校分类的社会建构，知识社会学传统强调课程知识的社会组织，基于文化资本视角分析不同阶级子弟在学校中的适应，以及从文化认同出发分析学生文化的意义建构。[①]

3.1.9　技术应用不平等

享受技术进步或技术成果的机会不平等，这在城乡之间、发达地区和不发达地区之间、不同人群之间存在显著的差异。例如，老年人深受"数字鸿沟"困扰，已成为我国普遍的社会问题。部分老人由于认知机能衰退，无法熟练使用智能手机，难以享受移动互联网时代的种种便利，如移动支付、线上挂号、网络约车、健康扫码、公交出行等。而适合老人使用的手机应用软件缺乏，老人使用智能手机的门槛较高，使得老人很多基本的、实际的需求难以满足。某种程度上来讲，城市越"智慧"，老年人被社会抛弃的感受就越强烈。

3.2　不平等的根源、影响和潜藏的危机

上述种种不平等是现代社会里常见的不平等，这些不平等的产生有其主要根源，也会产生重大的影响，乃至潜藏社会危机。

3.2.1　不平等的根源

现代不平等的根源在于制度体系。马克思主义认为，发展不平衡是资本主义的特定规律，资本主义所开创的"世界历史体系"必然是一个不平衡的体系。这一判断在几百年间经济全球化的历史进程中展露无遗。[②] 全球化加快了财富流动的速度和分布。全球化和新技术的影响加剧，通过制度体系发挥作用。虽然全球化和互联网缩短了国家之间的距离，却可能扩大阶级之间的差距，21 世纪可能会产生历史上最不平等的社会。

在我国，不平等曾长期和户籍制度相关，这种不平等在大城市内部也存在。由于城市发展的历史原因，城市的医疗、教育、文化、就业资源在区域之间分布是不平衡的，例如上海市中心的黄浦、静安等区市级机构集中，又如太原的迎泽区集中了山西的省级机关。城市中的学区房则是通过学区划片派位的方式确定孩子的入学，学校的硬件配置可以在短期内通过政府投入的方式予以解决，师资、就学环境问题却非一朝一夕可以解决。再比如，受到争议的我国机构事业单位人员和企业职工的养老金双轨制。

---

① 沈洪成. 如何打开黑箱？关于教育不平等的西方民族志研究及其启示 [J]. 社会学研究，2020，35（1）：218–241，246.
② 刘新成. 努力推进马克思世界历史思想在新时代的学习与实践 [J]. 民主，2018（9）：8–10.

3.2.2　不平等的影响和潜藏的危机

不论过去或是现在，不平等的加剧对经济衰退最大的影响都是政治性的。社会和经济的不平等造成民生问题严重，并反映在房价痛苦指数、资本垄断程度、贫富差距程度的惊人结果上。

民生问题也可能演变成社会政治危机。事实上，引起社会动荡的往往不是整体的贫穷，而是贫富差距过大。罗尔斯提出的正义原则表示社会经济方面的不平等必须以机会平等、最差境遇的人的状况在这一格局中比在其他可选择格局中得到更大程度的补偿作为前提。然而在社会制度改革和完善中，经济理性和人文关怀理念的融合仍然距离遥远。

3.3　社会排斥

社会排斥（social exclusion）是一个极其广泛的历史社会现象，和社会心理学相关，和各类歧视相关，排斥的对象可以是不同的人或观点，可以针对个体或群体的缺陷、缺点、能力、出身等。我国古代所谓"枪打出头鸟"（明代《增广贤文》）是群体对少数出头者的排斥；"木秀于林，风必摧之；堆出于岸，流必湍之；行高于人，众必非之"是群体对才能或品行出众的人的排斥；"头发长，见识短"是对女性的排斥。

美国社会对于第一次移民浪潮中来自爱尔兰的移民的社会排斥，主要是由于宗教因素：

"在美国革命时期，大约95%的到美国的移民来自欧洲北部，而且将近70%来自大不列颠。19世纪40年代，爱尔兰的土豆荒迫使许多人背井离乡。爱尔兰人是首个大规模移民群体，他们不是盎格鲁-撒克逊新教徒，因而他们面对着大量的歧视，因为他们是天主教徒。到他们到达时，较早的群体已经作为统治阶层盘踞。他们中的许多，例如约翰·洛克菲勒（John Rockefeller）（来自苏格兰）、科尔内留斯·范德比尔特（Cornelius Vanderbilt）（他的家族来自荷兰）以及勒兰德·斯坦福（Leland Stanford）（属于英国血统），已经在萌芽的美国产业经济中挣得财富。爱尔兰人被认为较南方的非洲裔奴隶较少价值，于是他们被用来执行危险的任务，像建造铁路，或作为北方城市里最早的无产阶级的工厂工人，在那里奴隶制是不准许的。"

来源：（美）马克戈·特迪纳/雷哈奇森. 新城市社会学 [M]. 黄怡，译. 上海：上海译文出版社，2018：230.

"社会排斥"作为一个现代的概念提出则是在20世纪70年代初，法国政治顾问勒内·勒诺瓦（René Lenoir）最初将社会排斥作为一个笼统的术语，指那些缺乏经济资源以及和社会保护相关的公民权利的人。社会排斥的概念及其反义词社会包容目前被联合国机构和欧盟使用作为监测和分析不平等及劣势的框架。系统性的社会排斥发生在某些群体遭遇失业、技能缺乏、贫困、丧失健康等诸多问题交织在一起时所发生的现象（参见延伸阅读8.4）。

自20世纪80年代起，社会排斥成为描述和分析在个人和群体以及更大的社会之间存在连接障碍的一种方法和视角，也是制定社会经济政策时的一项重要关注。社会排斥包括经济排斥（劳动力市场排斥）、政治排斥（公民权排斥）、文化排斥（身份表达排斥）、关系排斥以及制度排斥（福利制度排斥）等。当代社会常见的例如，氏族社会中对族裔人口在住房、就业、生活方式、举止打扮、宗教习俗等各方面的排斥，国家内部对某一地域居民在就业、关系领域的排斥，就业招聘市场对非户籍人口的排斥等等。又如近年来的数字歧视是社会排斥的一种形式，它剥夺了某些公民在上网机会、数字接入方面的必要资源，阻碍了所有公民公平进入数字世界（延伸阅读8.5）。同样，技术歧视也是社会排斥的一种形式，例如针对女性进入技术领域的排斥。

延伸阅读8.4　深圳三和人才市场和它身后的景乐新村

2018年日本NHK拍摄制作了一部纪录片——《三和人才市场 中国日结1500日元的年轻人们》。

从深圳市中心出发，向北10公里，在龙华新区景乐新村北区，有一家大型的职业介绍所——三和市场。深圳龙华三和则是指"三和"和"海信"两个人才市场为中心的一块区域。三和市场的周边，是景乐新村、锦绣新村、弓村、腾龙花园等城中村。凭借着周边超低廉的生活成本，这里成为深圳低收入人群的最后一块乐土。

三和居民主要是全国各地来深圳淘金的青年，绝大部分人一眼就能从外形上分辨出学历不高，来三和的原因主要是"听说这里好挣钱"。他们没有学历，也没有任何谋生技能，很多来自不幸的家庭，梦碎后，沦落到三和，靠日结——按日结算的零工，有一天是一天地苟活在社会最底层。这里还有黑中介、赌徒、酒鬼、站街男/女等。

三和大神做一天玩三天。他们住在15元/天的床铺，或是50元/天的日租房（表8.4）。

三和的贵族，住在8~15元一晚的日结床位。十几、二十个人挤在臭烘烘充满尿味汗味的阴暗霉湿的小房间。但他们已经是贵族。

三和的中产，住在6~8元包夜的网吧。6~8元包夜！在三和人才市场附近的网吧是非常便宜的，一个小时1~2元不等。网吧不仅能提供最廉价的娱乐活动，也给外来务工人员提供了住所。

6 元都交不起的三和下层，就住在废弃厂房。

三和的最底层，就只能以天为被——这里，流浪汉随处可见。这样大面积的流浪汉聚居，只能发生在四季无冬的深圳。2017 年 11 月的整改之前，还有许多连网吧都住不起的失业者，睡满了大街小巷。

与之形成对照，万科泊寓，三和店的单间价格不会超过 1500 元！已经签了 40 多栋，今年下半年会改 20 多栋。锦绣新村内改造的和谐公寓，一房一厅的租金是 2200 元 / 月，两房一厅 3200 元 / 月，最小的单间是 1200 元 / 月。有床铺、衣柜、洗衣机、冰箱、空调、热水器，但是墙不粉刷的单房要 1300元 / 月，一房一厅 1700 元 / 月，两房 2200 元 / 月。

深圳三和市场周边的租房简况　　　　　　　表8.4

城中村名称	楼栋	楼层	户型	价格（单位：元）	改造状况／房屋状况
弓村一区	3 栋	—	一室一厅	2200（含管理费）	改为和谐公寓。外墙及内部均有改造；家私家电齐全；无电梯
弓村一区	3 栋	—	两室一厅	3200（含管理费）	
景乐新村北区	5 号	7 楼	一室一厅	1000	没有改造；无电梯
景乐新村北区	未知	低层	一室一厅	1200	没有改造；无电梯
景乐新村北区	未知	9 楼	一室一厅	950	没有改造；无电梯
弓村一区	36 栋	—	单间	1300（不含管理费）	1918公寓。外墙翻新，内部改造，家私家电齐全
弓村一区	14 栋	—	单间	1200~1400	
腾龙花园	53 栋	7 楼	单间	1300	房东自改，外墙及内部均未翻新，有家私家电；有电梯
腾龙花园	53 栋	—	一室一厅	1700	
腾龙花园	53 栋	—	两室一厅	2200	

来源：根据网上相关资料整理

三和有着高密度而且便宜的网吧。任何一个犄角旮旯，都能找到一家网吧，里面是成群的、搏杀中的忘我青少年。在三和，有一种公然的却又不失尊严的要饭——求你发个 4 块钱的红包，请他去吃一碗三和"著名的"双丰面馆的清水面，又称"挂逼面"。三和的"挂逼三宝"或"挂逼三件套"指的是5 毛一根的散烟、1.5L 或 2L 装纯净水、4 元的挂面。

三和最重要的一个词语叫"挂逼"，也就是死亡。三和人，是离死亡最近的一个群体，他们拥有的全部财产，大多在百元甚至 10 元以内，吃了上顿没下顿。

三和的信仰，是"不穷到饿死，都不去工作"——曰：不挂逼，无日结。保守估计数目上万甚至十万的三和人，每天像僵尸一样在城中村游荡……

一般来说没有 200 块钱一天的活都不怎么想干，而且还是 8 小时工作制的，最后还是包吃午餐的，这样他们就是非常愿意去干了，直接就可以上车去干活了。如果工作太辛苦工资太低，他们直接就会转头就离开了。

反正早上找不到工作的话，他们吃个饭再去跟其他大神们聊聊天就过了一天了，实在没什么好聊了就直接跑网吧上网了。在这里最好的交际手段不是请吃饭，而是请上网，只要去上网了，什么烦恼都没有了。

所谓日结，就是当天的工资当天结算的零杂工——有时是扫厕所，有时是看大门，有时是发传单……工资都在每天100元左右。三和大神只做轻松的日结，比如，在保安或快递之间，一定选保安，因为快递累。当晚，钱一拿到，大神就会进入网吧。

富士康曾来三和招聘长期工，甚至打出入职就发600元奖金的广告，却总是铩羽而归。因为，一旦去了富士康，就没日结没网吧了，就成了生产线上的牲畜。事实上，在2010年龙华富士康公司连续发生了14起跳楼事件之后，三和开始了"黄金时期"，带来了越来越多只愿做日结的打工者。"日结一天可以玩三天"，成了一句暗号，在三和人之间流传。这也是三和大神的信条，永远别想让一个有一百块的三和大神第二天去工作。

日结的钱还是来得太辛苦了，快钱有很多。第一个，是卖掉自己的身份证。身份证统统可以在三和变卖：1980年以前的40元，1980—1990年的40~80元，1990年以后的80~100元。真正的三和大神，是没有身份证的。在三和，宾馆、网吧等设施一律不需要身份证，所以大神们的生活基本不受影响，但从此无法购买车票、无法去正规工厂打工。

很多人为省下网费，一天只吃一顿饭，能卖的东西也全卖了，在巷子里转来转去，希望碰见熟人，接济个五块十块。其实，这和毒瘾大作时的瘾君子，已经没什么区别了。但游戏的确是一个人在人格丧失时最便宜、最易获得、最好依附的毒品。"人生没有了盼头，游戏就成了最后的归宿，忘掉外面的世界，忘掉一切的自卑，因为停下来的时候，你就会想自己很悲哀。"

三和大神，是中国产业转型历史洪流的一个社会微观缩影——制造业衰落，大量没有教育、没有技能、家庭也没有"兜底"能力的孩子，成了产业转型彻底的牺牲品。他们大都曾是留守儿童，童年时期父母外出打工，留在农村的祖父母身边，无法得到好的教育，更是学习不到一技之长。他们一开始从大山、从乡镇千里迢迢来到"遍地黄金"的深圳，满怀希望地进厂，随着流水线上岁月的消磨，时间越长，越发明白：即使是去高大上的富士康，日复一日地重复工作，也永远不会让他们过上体面的日子。连活着都已经竭尽全力，更别说考虑——教育、梦想、阶层突破这些遥遥无期的东西。

无良工厂的压榨、黑中介的横行、无形且坚不可摧的阶级壁垒把这里团团包围，活不出名堂，只能选择死得舒服。于是，突然有一天，他们共同决定了，不如放弃一切，沉浸在网络世界里，沉浸在虚拟的快乐当中，是逃避现实最低成本的途径。毕竟所有努力都可能化为泡影，但游戏里，却是实实在在的开心。这些原本生活在最底层的凄惨的三和人，竟然在毫无希望的日常生活中找出了一种全新的文化精神。"三和大神"这个群体真正站上了历史舞台。真正的"三和大神"，必须已经完全放弃对社会认可、世俗成功、完整人生的追求，彻底抛弃包括"娶妻生子"在内的希望。

三和大神的世界里，没有压力、没有竞争、没有烦恼、没有焦虑，也没有未来。他们大都20岁出头，但早就看透了尘世的争名逐利，也看淡了自身生死，唯一热衷的，就是日复一日地浪费自己的青春和生命。这里形成了一种比"丧文化"更"丧"的"三和精神"。

NHK拍摄这部纪录片的初衷，其实是找寻两国年轻人共同的症结。NHK的《纪实72小时：年轻人的求职青春》和《日本的穷忙族》等纪录片揭示了日本年轻人职业道路上的严酷现实，拍完这部《三和人才市场》后发现，原来两国年轻人的处境都差不多，问题都在于阶级的不可撼动以及贫穷的代际传递。

来源：根据网上相关资料整理

延伸阅读8.5 数据霸权和社会不平等

事情还可能更为恶化。人工智能兴起可能会让大多数人类不再拥有经济价值和政治力量。同时，生物技术的进步则可能将经济上的不平等转化为生物上的不平等。那些超级富豪终于要看到值得砸下手中大把财富的目标了。迄今为止，能用钱买到的顶多就是地位的象征，但很快就有可能买到生命本身。等到出现了延长生命、让身体和认知能力再升级的全新疗法，而这一切的代价又极度昂贵，可能就是人类整体分裂出生物种姓的时刻。

在人类历史上，富人和贵族总是认为自己是在某些技能上高人一等，才让他们大权在握。但就我们所知，事实不然。平均来说，公爵并不比农民更具天赋，之所以有地位高下之别，只是不公平的法律和经济歧视所致。但到了2100年，富人就可能真的比贫民更有天赋、更具创意、更为聪明。等到贫富之间出现真正的能力差异，要再拉近几乎不再可能。如果富人运用优秀的能力进一步强化自己，而且拥有更多的钱就能买到更强的身体和大脑，那么随着时间的推移，差距只会越来越大。到了2100年，最富有的1%人群可能不仅拥有全世界大部分的财富，更拥有全世界大部分的美丽、创意与健康。

因此，在生物工程与人工智能兴起之后，人类可能会分裂成两个群体：一小群超人类，以及绝大多数位于下层而且毫无用途的智人。雪上加霜的是，等到民众不再具备经济与政治上的力量，国家对国民健康、教育和福利的投资意愿也可能降低。成了多余的人，是件非常危险的事。这时候，民众的未来只能依赖一小群精英能否心存善意。就算这种善意能维持几十年，但只要遭逢危难（例如气候突变），要把多余的人抛到脑后实在太诱人，也太简单。

像法国和新西兰这样的国家，长久以来抱持自由主义的信仰、福利国家的作风，虽然精英已经不再需要民众，但或许仍然愿意继续为民众提供照顾。然而如果是在比较资本主义的美国，只要一有机会，精英群体可能就会立刻打破福利国家的制度。至于在印度、南非和巴西等发展中大国，情况就更为严峻：一旦民众不再具有经济价值，不平等的状况就会迅猛发展。

长远看来，这甚至可能会造成全世界的"去全球化"：上层种姓聚集起来自称"文明"，再用城墙和护城河把自己与外界的"野蛮人"隔开。在20世纪，工业文明需要"野蛮人"的廉价劳动力、原材料和市场，所以文明征服了野蛮并加以吸收。但到了21世纪，后工业文明需要的是人工智能、生物工程和纳米科技，比起过去更能自给自足、自我维系。于是，不只是整个人类，就连整个国家、整片大陆都可能变得无足轻重。到时可能就会出现文明区与野蛮区的分别，两者之间由无人机和机器人形成边界。在文明区里，作战时是生化人彼此互掷逻辑炸弹；而在野蛮区里，用的则是砍刀和AK-47突击步枪。

如果我们希望避免所有财富和权力都集中在一小群精英手中，关键在于规范数据的所有权。在古代，土地是世界上最重要的资产，政治斗争是为了控制土地，而一旦太多的土地集中在少数人手中，社会就分裂成贵族和平民。到了现代，机器和工厂的重要性超过土地，政治斗争便转为争夺这些重要生产工具的控制权。等到太多机器集中在少数人手中，社会就分裂成资本家和无产阶级。但到21世纪，数据的重要性又会超越土地和机器，于是政治斗争就是要争夺数据流的控制权。等到太多数据集中在少数人手中，人类就会分裂成不同的物种。

一般人会发现很难抗拒这种过程。至少在目前，人们都还很乐于放弃自己最宝贵的资产（他们的个人信息），以换取免费的电子邮件服务和可爱的猫咪影片。这有点儿像非洲和美洲的原住民部落，不经意间就把整个国家卖给了欧洲某国，换来各种颜色的珠子和廉价饰品。如果大众未来想要阻止数据外流，可能会发现难度越来越大，特别是几乎所有决定都得依赖网络，甚至医疗保健和生命延续也不例外。

人类可能已经完全和机器融合，一旦与网络断开便无法生存。有可能还在子宫里的时候，人类就连接上了网络；而如果日后选择断开连接，保险机构就会拒绝投保，雇主就会拒绝雇用，医疗机构也会拒绝提供服务。在健康与隐私的这场大战之中，健康应该会轻松获胜。

争夺数据的比赛已经开始，目前是以谷歌、脸谱网、百度和腾讯等数据巨头为首。到目前为止，这些巨头多半采用"注意力商人"（attention merchant）的商业模式：靠提供免费信息、服务和娱乐来吸引我们的注意力，再把我们的注意力转卖给广告主。然而，这些数据巨头真正的目标其实远超以往的注意力商人，他们真正的业务不是销售广告，而是靠吸引我们的注意力，取得了关于我们的大量数据，这些数据远比任何广告收入更有价值。我们不是他们的用户，而是商品。

律师、政治家、哲学家甚至诗人，好好注意这项难题：如何规范数据的所有权。这可能是这个时代最重要的政治问题。如果不能赶快找出答案，我们的社会政治制度就可能面临崩溃。

来源：（以）尤瓦尔·赫拉利. 今日简史：人类命运大议题 [M]. 北京：中信出版社，2018.

第4节 移民、种族和地域歧视

迁移同出生、死亡共同构成人口过程的三大要素。迁移包括国际迁移和国内迁移。和国际迁移相关的议题有对国际移民的限制、国际移民的新动向、难民移民的增加、移民生意、非法劳工、女性移民以及种族歧视等。与国内迁移相关的议题有公共服务、留守儿童、地域歧视等。共同的议题有移民的生存空间、生存策略以及新移民的融入等。

4.1 移民、移民国家和移民城市

移民是人口在不同地区之间的迁移活动以及在不同地区之间迁移的人口的总称。英文里分别对应于 migration 和 migrants，统称各种移民活动或移民主体。国际移民（immigration）指的是迁往国外某一地区永久定居（的人数）；国内移民（resettlement）指的是迁往国内某一地区永久定居，也指较大数量、有组织的人口迁移。

移民国家大多是一些历史相对较短的国家，典型的移民国家如美国、澳大利亚、新西兰等，本身就是由移民建立的国家，大多有殖民历史。美国被称为多种族的"熔炉"（racial melting pot）。还有一些国家，由于移民数量和移民占总人口比例的上升，逐渐成为移民国家，例如德国，德国是以单一种族（土耳其人）移民人数占绝对多数的移民国家。

移民城市是移民占城市人口达到或超过一定比例的城市。典型的移民城市如加拿大的温哥华、多伦多，温哥华是华裔人口最集中的北美城市之一。而在法国，和里昂相比，马赛是一个更好的种族大熔炉。

目前至美国（以及其他发达国家）的移民在另一方面反映了全球资本主义体系中的变化。跟随着"二战"之后殖民地制度的完结，许多欧洲国家的来自以前殖民地的移民数量增长——在英国是加勒比黑人和穆斯林以及信奉印度教的印度人，在荷兰是印度尼西亚人和其他群体。移民群体中还包括难民。美国在第二次印度支那战争（1970—1975年）末期收容了30万东南亚难民，20世纪80年代因为在中美洲的政治冲突收容了另一批50万难民，尽管里根政府以及美国移民和归化局曾努力阻止他们进入这个国家。此外，每年大约5万人从美国1946年以前在南太平洋的殖民地前哨基地菲律宾移民至美国。

美国人口学家奥德丽·辛格（Audrey Singer）根据20世纪移民人口规模和增长趋势的分析表明，美国104个最大的都市区中，57个具有独特的历史移民定居模式，也是近期移民和历史上较早期种族群体的定居模式的结合。她划分出了六种类型的移民门户城市（immigrant gateway cities），其中后三类构成了她和其他两位合作者在《21世纪的门户：郊区美国的移民融合》一书中讨论的21世纪移民门户城市（参见延伸阅读8.6）。辛格的研究对于识别21世纪的移民门户城市、理解新移民对全美国大都市区域的影响颇为重要。

延伸阅读 8.6　六种移民门户城市类型

以前的移民门户城市：20世纪初吸引了大量移民，但现在已经不复如此。1900—1930年期间，城市的外国出生人口比例高于全国平均水平，随后在直至2000年的每十年中，外国出生人口的比例低于全国平均水平。例如纽约州的布法罗和宾夕法尼亚州的匹兹堡。

连续的移民门户城市，如纽约和芝加哥，长期以来是移民的目的地，并继续接收大量外国出生的人口。从1900—2000年的每个十年，城市的外国出生人口比例都高于全国平均水平。

"二战"后的移民门户城市，"二战"后，直到1950年之后，出生在国外的人口比例一直很低，仅在过去50年或更短的时间内才开始吸引大量移民。在至2000年的每十年中，外国出生的人口比例都高于全国平均水平。例如休斯敦、洛杉矶和迈阿密等。

已建立的移民门户城市，在此统称连续的移民门户城市和"二战"后的移民门户城市。

新兴移民门户城市，是仅在过去25年中移民人口迅速增长的地方。亚特兰大、达拉斯—福特沃斯（Dallas-Ft. Worth）和华盛顿就是最好的例子。直到1970年，外国出生人口的比例很低，随后从1980年起，这一比例较高。

重新出现的移民门户城市，在20世纪初对移民有着强烈的吸引力，1900—1930年期间，外国出生的人口比例超过了全国平均水平，在20世纪中叶逐渐成为目的地。随后一直低于平均水平，直到1980年之后出现了快速增长。现在又重新成为移民的门户。如明尼阿波利斯—圣保罗和西雅图。

尚未崛起的移民门户城市，从20世纪90年代开始，那里的移民人口增长非常迅速，而且很可能会继续增长，成为移民目的地。但是在 20 世纪的大部分时间里，外国出生人口比例非常低。如罗利—达勒姆（Raleigh-Durham）和奥斯汀等地方。

根据 1999 年都市区定义，本文分析中使用的"门户城市"定义为 2000 年人口超过 100 万的都市区。该类型包括上述定义的六种移民门户类型。

此外，"二战"后不断出现的新兴门户城市必须满足以下标准：外国出生人口超过 20 万人，外国出生人口比例高于 2000 年全国平均水平（11.1%），或外国出生人口增长率高于 1990—2000 年全国平均水平（57.4%），或两者兼而有之。

本文分析中的都市区总数达到 37 个，涉及移民人数占居住在美国的所有移民的 70%。

来源：Audrey Singer，Susan W. Hardwick，and Caroline B. Brettell（edit）. Twenty-First Century Gateways：Immigrant Incorporation in Suburban America[M]. Washington：Brookings Institution Press，2008.

4.2 国际移民和种族歧视、种族冲突问题

移民不是一个政治议题？国际移民议题向来是和人种、种族关系高度关联的。历史既潜藏了现今问题产生的根源，也暗示了解决问题的路径。国际移民的历史同样如此。各国的移民政策更是直接左右了移民的动向。移民带来了宗主国的社会矛盾和冲突。难民是一类特殊的移民。

4.2.1 国际移民的动因及重要移民潮

（1）国际移民的动因

移民的原因有多种，早期的集中移民基本上是国家意志的体现，移民和殖民密切相关。例如 18 世纪下半叶英国开始向新西兰大批移民并宣布占领此地。1840 年，新西兰毛利人口约为 10 万人，大约 2000 名欧洲白人定居者分布在沿海地区。英国迫使毛利人族长签订《威坦哲条约》，该条约使新西兰成为英国的自治殖民地。而澳大利亚的塔斯玛尼亚岛最早安置了大部分来自英国本土诺福克（Norfolk）岛的囚犯，是英国本土犯人的流放之地，对于英国当局来说，范迪门斯兰德（塔斯玛尼亚岛最初被命名为 Van Diemens Land）是一个容易控制的监狱。

更多的移民属于个体的自发行为或有组织的商业行为，甚至是非法移民行为，这种移民的流向大多是欠发达地区向发达地区的移民，目的是寻找更多的创业机会、更好的生活环境。

还有一种特殊的移民形式——难民，难民是种族和政治、经济相关的特殊移民。抛开个体的难民不算，大量的难民则是战争和社会动荡的产物，是一

种集体性质的移民，对宗主国来说有时可能形成一种道义上的压迫，例如国际社会对于儿童、妇女和无家可归者的同情，迫使宗主国接纳。有时一些偶然的社会新闻事件可能触动各国接纳难民的政策按钮。

（2）国际移民潮

自18世纪以来，世界范围内出现过几次重大的移民流动，当然这和一些主要涉及国家的移民潮是关联交叠的，这里只不过将这些移民潮置于一个更宽广的时空来加以考察。

1）19世纪美国的加州淘金热（The California Gold Rush），1848年初在萨克拉门托山谷发现金块，引发了加利福尼亚淘金热，1852年淘金热达到顶峰。1849年底加利福尼亚地区的非本地人口估计为10万人，相比之下，1848年底为2万人，1848年3月为800人左右[①]。这一时期的移民由美国国内移民和来自英、法、墨西哥和中国等国家的移民。

2）19世纪20年代来自欧洲的第一波移民潮，爱尔兰移民来到美国，并在席卷爱尔兰全国的"马铃薯瘟疫"后因严重的饥荒达到移民高峰。第一代爱尔兰移民多半集中在马萨诸塞州的波士顿、纽约州的纽约市以及宾夕法尼亚州和伊利诺伊州等地。19世纪共有400万爱尔兰人移民美国，且80%的爱尔兰移民选择在大城市生存。

3）"二战"以后，欧美在亚非拉的殖民地向宗主的移民。由于战争中大量青壮年人口的损失，德国、法国出于劳动力需求缺口开始大量接受移民。法国移民主要来自以前的非洲殖民地，1947—1951年，至少有50万非洲移民移居法国。德国出于近代以来的特殊盟友关系选择引进土耳其客籍劳动力。1966年，德国的外籍工人数已达到130万，这些客籍劳工很大程度上转化为了永久移民。

4）20世纪60年代起，亚洲向北美和欧洲大量移民，并且移民性质逐渐从初期的劳动力移民向智力移民、投资移民转变。自20世纪70年代后期的移民，年轻并受过高等教育，对移民流出国来说是"智力流失"，流出国如印度、韩国、菲律宾以及中国。20世纪90年代以后的移民，对移民流出国来说则是巨大的"资本流失"，长期的国家教育投入和其他相关的家庭及社会成本，显性成本是可以明确量化计算的，而隐性成本包括相当数量的家长近20年以培养子女为第一要职，而放弃了自身的职业表现，也就是降低了应有的社会产出，因此对流出国来说，是人才资本加上经济资本的双重流失，通过智力移民，实现了移民目的地国对流出国的隐性剥削。21世纪的移民，在智力移民以外，增加了投资移民，主要是来自新兴经济体的新贵。在

---

① History.com Editors.California Gold Rush[EB/OL]. https：//www.history.com/topics/westward-expansion/gold-rush-of-1849，AUG 10，2022.

这一时期，由于经济、政治等原因，也出现了移民反流现象，例如美国的移民返回其母国。

5）21世纪涌向欧洲的难民潮。由于西亚北非的政局动荡，大量难民涌入欧洲，从意大利、希腊、匈牙利等通道涌入欧洲，德国成为最大的移民目标地。2022年俄罗斯乌克兰冲突爆发后，大量乌克兰难民涌向欧洲。

在上述集中的移民潮中，目的地主要是北美的美国、加拿大，欧洲的德国、法国、英国。此外还有一些小规模的移民路线，例如日本向南美的移民，印度向东非的移民等。

4.2.2　移民的种族问题

关于移民和种族/少数族裔，各国存在不同的历史经验，并且一些欧美国家不同程度地存在种族问题和种族矛盾。肤色的不可改变，以及族裔聚居区的形成，恰恰以一种可视化的形式呈现了种族矛盾的存在。此外，移民的宗教信仰通过他们的装束以及宗教设施向当地居民宣示他们的存在，引发了移民接纳国对自我认同的担忧和国家属于谁的争议。例如穆斯林在天主教为主的国家和城市里的特定存在，已经触发了一些城市的自我认同冲突。种族歧视以一种结构化的种族观念、建构起来的种族观念顽强存在，肤色、口音都可能引起各种形式的暴力对待，美国、法国是因种族歧视产生暴力冲突乃至骚乱最频繁的国家，20世纪80年代英国、21世纪第2个10年里德国也曾发生类似的种族骚乱。

当然，宏观整体层面的种族矛盾、种族歧视、种族冲突，也并不排除微观层面的种族融合，包括个体的跨种族婚姻等。

4.2.3　美国的移民和种族问题

美国是全球最大的移民国家，不断增加的国际移民和日益全球化造成了美国日趋严重的社会分裂，美国的移民和种族问题具有相当的典型性和代表性，而美国的阶层和族群问题的交织、演进，不仅折射出美国社会普通大众和大资本尖锐的阶级矛盾，也对美国模式、美国国内政治以及美国对外关系产生了重大影响。

（1）美国的移民历史

美国历史上经历了三次移民潮，带来了不断上升的移民比例和变化的人种结构。19世纪末20世纪初的美国城市经历了来自欧洲的移民潮，这一时期关于人种和种族的政治活动超越了阶级身份的界限，也就是说，美国城市的族裔多样性阻碍了清晰的阶级意识形态的形成。随着时间的推移，作为典型的移民国家，美国的人种结构正日益多元化，拉丁裔和非洲裔的出生率持续上升，再加上越来越多的外来移民，作为美国人口主体的白人占总人口的比例持续下降。2021 年，白人（非西班牙裔）群体占 59.3%，较 2010 年的 63.8% 下降了 4.5 个百分点[①]。特朗普执政时期提出了"白人优先"的政策，除了辱骂有色人种议员，还在美墨边境修建隔离墙，将非法移民拒之门外。在这种激烈情绪的背后，折射出传统白人、犹太裔、非洲裔、墨西哥裔等错综复杂的社会族群矛盾。

在第一次、第二次移民浪潮中，移民目的地是较老的工业城市（参见延伸阅读 8.7）。自 20 世纪 70 年代以来发生的第三次移民浪潮极大地挑战了关于人种、种族关系和移民经验的较早期思想。早期移民典型的特征是：有限的教育、农村背景，以及有限的资源。而近几十年来，来自亚洲和拉丁美洲的新移民的显著特征是：经济状况多样。新移民受过教育，许多人拥有大学学位，他们以前是城市居民，并且常常带着足够的个人经济来源而来。移民高收入和低收入两个波峰的"双峰"分布，也是全球资本主义体系内部不平衡发展的一个结果。

延伸阅读 8.7　芝加哥的"小村庄"

随着一支人口迁出而另一支迁入，城市邻里会随之呈现新的特征。"小村庄"（Little Village），位于芝加哥的西南边，就不止一次地经历了名称和人口的改变。

1880 年左右，如果你在市中心登上一列火车，乘车向西南方向行驶 5 英里，你到达的不是一个被称作"小村庄"的地方，而是一个叫"朗代尔"（Lawndale）的地方。朗代尔的创始人，房地产开发商奥尔登·C·米勒德（Alden C. Millard）和埃德温·J·戴克（Edwin J. Decker），将城市郊区的农田变成住房、商店、教堂和聚会场所。这一切就发生在 1871 年芝加哥大火前不久。他们的预期是，朗代尔会成为秩序井然的新社区，距离市中心仅仅 20 分钟车程，将会吸引商人、专业人士和其他中产阶级。

事实上，富裕的家庭，其中包括肉类包装商 E·G·奥维斯（E. G. Orvis），确实来这里建起了一些富丽堂皇的房屋，其中一些还是建筑师设计的。然而，到了 19 世纪 90 年代，制造业和其他工业也蜂拥而至西南边，随之带来了数以万计的蓝领工人，其中许多是移民。盎格鲁—萨克逊的上层中产阶级离开，转向少数族裔比较少的牧场。

朗代尔和附近另一个被称为克劳福德（Crawford）的地区，成为数千名波希米亚人、移民或移民子女的家园，他们均来自现在的捷克共和国。这些人发

---

① Our Changing Population：United States[EB/OL]. https：//usafacts.org/data/topics/people–society/
population–and–demographics/Our-Changing-Population.html.

现朗代尔各个方面都很宜人，比起东部紧靠着的邻里比尔森（Pilsen），这里更加整洁，不那么拥挤。许多捷克人在比尔森那里，早已受够了公寓大楼生活的艰难。在朗代尔，他们建立了许多专为捷克人开设的机构，包括1904年的圣艾格尼丝波希米亚罗马天主教堂（Blessed Agnes of Bohemia Roman Catholic Church）[现为波希米亚圣艾格尼丝（St. Agnes of Bohemia）]。这里是周边最大的天主教教区。到第一次世界大战时，在朗代尔定居的波希米亚人如此之多，以至于人们开始称其为"捷克人的加利福尼亚"（Czech California）。

随着时间的推移，朗代尔的南面部分逐渐被称为南朗代尔，将其区别于毗邻的"双胞胎"，即北朗代尔。北朗代尔于20世纪20年代左右，由捷克人聚居点，转变为当时芝加哥人数最多的犹太人定居点。南朗代尔直到20世纪50年代仍然是一个稳定的工人阶级和中产阶级社区。在那里，捷克人拥有当地的大部分商店，少量波兰人、德国人、匈牙利人和其他欧洲人，与捷克人混居在一起。

然后是一个快速的种族变化期，20世纪40年代、50年代、60年代，数十万南方黑人向芝加哥迁徙。非洲裔美国人曾经长期被限制在这座城市的南边（South Side），一个被称为"黑人地带"（Black Belt）的地区，他们大量涌入那些以前曾使用契约限制和其他手段来驱逐他们的邻里。北朗代尔经历了整座城市中最急剧的种族更替。20世纪50年代伊始，白种人占地区人口总数的87%，而在那个十年结束时，黑人占人口总数的91%。许多非洲裔美国人无法正常购买房屋，要买的话，他们只能通过剥削性的合约而非标准的按揭贷款，购买价格就非常高。北朗代尔开始分崩离析。1964年，南朗代尔的商界领袖将南朗代尔命名为"小村庄"，意在将白人种族社区和那个正在崩溃的黑人邻里区别开来。

正如捷克裔美国人、房地产推销员理查德·多勒杰斯（Richard Dolejs）所想的那样，"小村庄"的名字应该使人联想到一个风景如画的欧洲村庄——这个意象的实现有一些计划，比如以一种古雅的中欧风格来装饰店面，并没有广泛实施——但20世纪60年代发生的变化，让人更加吃惊。一股巨大的移民浪潮正酝酿着从比尔森向西涌动，这一拨移民群体祖籍是墨西哥人，而非欧洲人。到1980年时，绝大多数"小村庄"村民都是墨西哥人或墨西哥人的后裔，有些人持有美国公民身份，更多的则没有。

在那个时点上，考虑到已经搬到那里的墨西哥人普遍收入较低，在校受教育不多，许多人英语不流利，这个地区很可能已经陷入凋敝。雪上加霜的是，20世纪60年代中期，拉丁裔黑社会团伙开始在"小村庄"中活动，他们至今仍保持活跃。尽管如此，这个邻里仍然坚持了下来。墨西哥移民勤勤恳恳地做着他们能够找到的不论什么档次的工作，将他们的家人塞进狭小的公寓，甚至刚开始时常常就是合住在亲戚家里。墨西哥移民人口数量显著增长，1960

年到 2000 年，"小村庄"的人口增长了 50%，从不到 61000 人增加到 91000 多人。对邻里地区的商店来说，这里有着比以往任何时候都多的顾客，更多人会在人行道上漫步，如果是为了改善这个邻里地区的品质，提升居民生活的前景，那么社区建设也有了更多参与者，至少理论上是这样。如果说，南朗代尔从 20 世纪 20 年代到 50 年代一直是"捷克人的加利福尼亚"，那么从 20 世纪 70 年代以来，"小村庄"就该自豪地以"中西部墨西哥人的首都"自居。这里成为人们从格兰德河（the Rio Grande）南面迁移到美国中北部的主要入境口岸。

来源：（美）菲利普·兰登. 步行可及——创造大众的宜居社区 [M]. 黄怡，译. 上海：文汇出版社，2022.

（2）美国移民政策的变化

美国的移民政策较早实施国籍限额制度，被设计用来将亚洲人和其他非欧洲群体保持在国门之外。1924 年，美国用《移民法案》限制亚裔（菲律宾裔除外）公民拥有美国土地的权利。1965 年对移民制度进行改革，颁布了修改的移民法，建立了以职业特征为基础的优先选择移民制度。美国的移民改革立法在全球产生了空前反应。这却是美国移民改革立法的支持者始料未及的。1968—1990 年间，大约 1000 万移民到达美国。布什政府通过的进一步改革将移民限制到每年大约 54 万人。但是在来自美国商会与其他商业团体的紧张的院外活动后，这个数量被提高到了每年 65 万合法移民。增加的移民入境增加了全国的劳动力储备，这一方式得到了商业的支持，因为企业借此避免了工资增长。第三次浪潮的许多到来者在相当短的时期内在美国获得了成功。1980—1990 年间，专业人员和技术人员占美国劳动力的 18%，但是相当于移民人口的 25%[①]。

21 世纪的第一个十年里，美国进入了一个持久的经济危机时期，后果之一便是对移民政策的重新审查。事实上，美国的一些地区，像在西南部和墨西哥边界毗邻的广阔区域，已有地方当局高度机动的行动以阻止非法移民，而联邦政府在管理非公民流动进入美国时同样增强了警惕性。2016 年特朗普执政以后，民粹主义上升，就业岗位下降以及其他多种因素，使得美国出现了移民返回母国的小潮流。

（3）美国移民群体的构成

在第一次和第二次浪潮期间，75% 的新来者来自欧洲。第三次浪潮中，移民的比例相当，但是来自拉丁美洲和亚洲。自 1970 年以来，每年有 5.5 万以

① A. Portes，R. Rumbaut. Immigrant America: A Portrait[M]. Berkeley: University of California Press, 1990.

上的墨西哥人和 5 万菲律宾人已经移民到美国。例如 20 世纪 70 年代，加利福尼亚 22% 的新移民来自亚洲，43% 来自墨西哥[①]。21 世纪的美国更加拥有文化多样性，而且有更多的亚洲人和说西班牙语的人，数量超过历史上的任何时期，说西班牙语的人在数量上超过非洲裔美国人，作为 21 世纪初美国最大的少数民族群体，美国的说西班牙语的人口在今后 20 年内仍将翻一番，从大约 1400 万人增加到 3000 万人以上[②]。在移民的性别构成上，大多数来到美国的新移民是女性，甚至来自像墨西哥和菲律宾这样的国家，在这些国家妇女常常被认为较少独立性。

（4）结构性种族主义和移民冲突

美国有着独特的种族主义历史。尽管 20 世纪 60 年代马丁·路德·金[③]的黑人平权运动实现了重要的诉求，但是从法律上来看，美国仍然存在系统性的种族主义和种族歧视。系统性种族主义（systemic racism），有时也被称为结构性种族主义（structural racism），涵盖了整个社会体系在历史、文化、政治和经济各个方面的种族偏见。制度性种族主义（institutional racism）是指在学校、法律体系和执法系统等组织和体制中形成的种族主义政策和做法。例如种族形象定性（racial profiling），是指警察等因肤色或种族而不是证据怀疑人犯罪。

"红线歧视"[④]是一个限制黑人拥有住房的制度，最早出现在美国 1934 年的国家住房法案（The National Housing Act of 1934）中。该法案允许房屋贷款和公共设施等社会服务机构将城市居住区按种族、收入等因素划成不同等级的区域，对于不予投资或提高投资要求的区域用红线标出，以示区别对待。房屋贷款金融机构也根据"红线"所标示的区域决定是否提供贷款服务。其他社会服务，如就学、就业，甚至商业服务也随之跟进，以红线划分作为参考依据提供服务。很明显，这是带有强烈歧视性的法规和商业运作。

许多 21 世纪的社会运动，如"黑命贵"（Black Lives Matter）[⑤]，寻求从法律体系到学校教育全面解决制度性种族主义问题。而"命都贵"（All Lives Matter）和"蓝命贵"（Blue Lives Matter）则是对该政治观点的反击和批判。

---

① Y. Espiritu, I. Light. "The Changing Ethnic Shape of Contemporary Urban America." In Urban Life in Transition, edited by M. Gottdiener and C. Pickvance, 35-54. Thousand Oaks, CA: SAGE Publications, 1991.

② （美）马克·戈特迪纳，雷·哈奇森. 新城市社会学 [M]. 黄怡，译. 上海：上海译文出版社，2011：233.

③ Martin Luther King, Jr, 1929—1968 年，非洲裔美国人，牧师、社会活动家、黑人民权运动领袖。

④ red-lining, 也作 redlining, 是美国社会服务方面的术语，用于社会歧视性的区域划分。

⑤ "黑命贵"是一项兴起于 2013 年因警察射杀黑人青年被宣判无罪释放，引发了黑人与"白左"大量的抗议与骚乱，起源于美国非洲裔黑人社群的运动及其政治口号，是一项旨在解决针对黑人的系统性种族主义和暴力的国际运动。

缩略词 BIPOC 是一个从白人视角出发的表达，是和单一的"白人"概念相对立的一个词，代表黑人、原住民和有色人种（POC，people of color），这个词可能隐含着来自这些特定社区的人面临着不同的、往往更严重的不公正和压迫形式。这些观念的冲突都充分反映了美国国内社会的分裂。而白人凌驾于其他种族群体之上所享有优势、权益和福利的特权在许多社会结构中都得到了加强。

图 8.3 美国的反亚裔种族主义
注："反亚裔种族主义"巨浪正在吞噬美国这个"（对一些人来说）意味着机会均等、尊重和文明的国家"。（原载《韩国时报》网站）
来源：http://upload.cankaoxiaoxi.com/2021/0409/1617973423991.jpg.

美国的反亚裔种族主义同样至今挥之不去。"二战"期间珍珠港事件发生后，美国从西海岸疏散日裔美国人，并迫使他们进入拘留营，因为担心这些移民仍然忠于日本帝国而从事间谍活动。进入 21 世纪后，美国各地时常发生反亚裔言论和暴力事件。2019 年新冠病毒（COVID-19）大流行期间，美国社会针对亚洲人和亚裔美国人的种族歧视行为的报道激增（图 8.3）。美国华盛顿州立大学温哥华分校的一项研究调查了居住在美国的亚洲人和亚裔美国人自我报告的种族歧视和四种身心健康结果（焦虑、抑郁、身体症状和睡眠困难）的关系，来自全美各地的 410 名参与者（Mage=26.5 岁，SD=7.8；47% 女性）通过在线调查做出了回应，近 30% 的受访者表示，自疫情爆发以来，歧视现象有所增加，超过 40% 的受访者表示，焦虑、抑郁症状和睡眠困难有所增加。传统的内容分析被用于识别三个大类中的多个主题，即个人受歧视的经历，带有污名化的反亚洲人的种族主义文化的经历，以及防止遭受歧视。结果显示，在新冠大流行期间，亚洲人经历了更高程度的种族歧视，包括仇恨犯罪、轻微侵犯和间接感受到的歧视，这些经历和自我报告的身心健康状况较差有关。[1]

事实上，20 世纪伊始，许多人担心外国工人将剥夺美国工人的工作岗位并削弱或破坏美国的制度；而那些外国人现已成为美国马赛克式混合人口的永久构成部分。20 世纪 90 年代，美国拥有近半个世纪里最低程度的失业，与此同时，移民则达到了接近历史纪录的高位，这表明移民工人并没有占领美国工人的工作岗位。

4.2.4 英国的移民和种族问题

"二战"后英国由于移民问题而引发了种族歧视和种族冲突，继而导致了 1980 年布里斯托种族骚乱、1981 年伦敦、利物浦和曼彻斯特的骚乱事件。以

---

① Suyeon Lee，Sara F. Wate. Asians and Asian Americans' Experiences of Racial Discrimination During the COVID-19 Pandemic：Impacts on Health Outcomes and the Buffering Role of Social Support[J]. Stigma and Health，2021，6（1）：70-78.

英国利物浦格兰比四街社区（Granby Four Street Community）为例，这里是英国最古老的黑人社区和移民社区之一，"二战"后这里成为移民热门地，也成了利物浦最早的多元文化社区和商业区之一。然而受到 20 世纪 70 年代英国经济衰退和 1981 年利物浦骚乱事件的影响，社区内居民的生活水平持续降低，大量商店倒闭，主要住房协会退出街区管理，空置房屋增多并遭到破坏，格兰比四街社区逐渐走向衰败。2024 年 8 月，英国多个城市爆发了大规模的反移民骚乱，被捕人数逾千，加剧了多地监狱人满为患的危机。

4.2.5　德国的移民和种族问题

德国自 20 世纪 50 年代中期开始逐步引进土耳其劳工（客籍工人），在 20 世纪 60—70 年代大量引进，而土耳其人保持了较高的生育率，导致土耳其裔人口比例持续上升，是德国人口数最大的族群，2019 年土耳其裔占德国总人口的 3.7%（德国人占 80.0%，波兰裔 1.9%，俄罗斯裔 1.5%）[1]。在德国许多城市，土耳其人有自己的社区，有土耳其商店、理发店、礼拜堂，甚至清真寺。土耳其移民在办公室里也会保持他们做礼拜的习惯。一方面，西方自身的宗教社会影响整体在减弱；另一方面，人们对于城市空间中出现牵涉其他宗教的因素时又极为敏感。2008 年 10 月，德国首都柏林数百人上街示威游行，他们高举标语牌："制止欧洲伊斯兰化！"起因是德国天主教文化古城科隆的市议会批准在科隆市中心建造高大的清真寺，当地右派势力抗议示威，他们警告说，不久的将来这里将被"伊斯兰唤礼声和穆斯林女子盖头所淹没。"德国本土公民认为穆斯林抗拒西方文化，思想落后且抵制现代化，而穆斯林责怪当地人坐井观天不知世界之大，日耳曼沙文主义旧病复发。[2]

4.2.6　法国的移民和种族问题

不断增加的国际移民和日益全球化在法国已经引发了对自我认同的担忧和国家属于谁的争议。自 19 世纪起，法国各阶层在少生孩子这个问题上已开始达成共识。但是长期低生育率带来了快速老龄化，既无法提供工业化需要的劳动力，又无法提供足够的消费市场。法国所有的重工业都离不开外籍工人，从前法国工业在农村人口中的劳动力补给储备干涸，法国开始转向了大量吸收外来移民的政策。从 1919—1939 年"二战"爆发前，法国出现了大规模的移民潮，这时期的移民以斯拉夫人为主。"二战"之后的法国人口急剧减少，经济百废待兴，更需要移民对其劳动力实现补充。这一时期的移

---

[1] Benjamin E.Sawe.Largest Ethnic Groups In Germany[EB/OL]. https://www.worldatlas.com/articles/largest-ethnic-groups-in-Germany.html，2019-7-18.

[2] 中国穆斯林网．德国正在全国重要文化城镇兴建 200 座清真寺 [EB/OL]. http://www.fjnet.com/gdb/200811/t20081126_93919.htm，2008-11-26.

民来源也更加多元化，来自西班牙、葡萄牙、土耳其和南斯拉夫；再后来随着世界民族解放运动的兴起，到达法国的移民的异质性更强，大多数来自非洲的原法属殖民地，这些移民多信仰伊斯兰教，保留了原有的宗教、语言、习俗和文化传统。根据2017年法国人口普查结果，法国人口为6700万，其中来自北非三国（阿尔及利亚、摩洛哥和突尼斯）的阿拉伯移民占29.7%，来自土耳其的阿拉伯移民占3.9%，加上一部分非法移民，在法国居住的阿拉伯人估计有2000万。[①]

20世纪70年代之后，法国政府推出一系列移民政策，比如受惠于1974年的长期家庭陪护签证（长期家庭团聚签证）政策的阿拉伯人有近600万人。从密特朗到希拉克、再到萨科齐政府，一直都奉行较为宽松的移民政策；奥朗德执政时期移民政策开始收窄，马克龙的移民政策是努力接纳但不能接纳所有人。这表明目前法国接收移民的空间已经非常狭小，不同族群之间的压力逐渐显现。

经济衰退、民粹纷起，宗教和族群矛盾日益激化（延伸阅读8.8）。面对法国人为之头疼且甚为担忧的全球恐怖主义及其背后新的种族主义回归的重大社会问题，法国政府束手无策，以法国为代表的欧洲大陆国家也越来越难以在各方势力当中寻求平衡。法国发生多起由聚居于郊区的移民发起的暴乱、动乱。2005年10月的巴黎骚乱、2018年11月爆发的巴黎"黄背心"示威运动以及更多的骚乱可以归因为两点：其一是法国大城市和周边郊区贫富、治安、就业上的强烈落差；其二是法国一直以来寻求的种族、民族、文化同化政策反而加深了对立。法国正在为其近半个世纪的社会、地域、种族隔离付出代价。

延伸阅读 8.8　巴黎华人志愿者组队守护家园

巴黎北郊及南郊的华人聚居社区，每当夜幕低垂，一群华人男子在某幢居民楼大门前集结，随后分成小组开始巡逻，直到子夜左右。这是为应对巴黎近郊的治安隐患由当地华人社区自发组织的一支志愿巡逻队。巴黎北郊华人社区的华人巡逻队于2016年初成立，旨在应对当时华人居民在该地地铁站附近屡遭抢劫甚至殴打等恶性事件的状况。这支巡逻队目前由50余名华人男性组成。白天，他们在当地工作，是中医推拿师、出租车司机、批发市场员工、搬运工人；晚上则会分组轮班，成为当地治安的维护者，在居民楼间、偏僻路段上加紧巡逻，并护送独身出行的女性同胞、老人平安到家。随着治安恶化现象

---

① 法国社会动荡的根源在哪？移民引发的社会动荡（连载一）[EB/OL]. https://www.163.com/dy/article/FQJICU800534QU98.html, 2020-11-04.

从巴黎北郊发展到克雷代伊市和维特里市所在的巴黎南郊，类似的志愿巡逻组织也在当地的华人社区成立。

来源：摘编自杨宁、贺文翰．面对治安沉疴不再沉默 巴黎华人志愿者组队守护家园 [N]，人民日报海外版，2018-07-30（6）．

4.2.7 日本的移民和难民问题

如本书第 5 章已经讨论的，日本如今的移民政策出现了重大转向。日本政府 2018 年 12 月修订的《出入境管理及难民认定法》实施新的移民政策，扩大了外国劳动力引进领域，这意味着日本的劳动力市场正向世界各国敞开大门，特别是劳动力资源丰富的越南、印度尼西亚、菲律宾等东南亚国家。

这也带来了不同来源国劳动力求职的竞争和挑战，例如从东南亚引进的外国劳动力，首先可能是从技术含量较低的宾馆保洁员、工厂流水线工人等工种做起，他们将处于和低收入阶层相同或更低的地位。此外，外籍移民工人将面临一个相当分裂的社会，那些拼命工作但收入微薄的日本工人和福利阶层之间的阶层矛盾，和外籍移民之间的种族矛盾，也存在像其他国家一样爆发的可能。

此外，难民的涌入已在一些城市引发了和本土居民的摩擦和矛盾。实际上，自 20 世纪 90 年代以来，来自西亚地区土耳其、伊朗和伊拉克等国家的难民开始陆续移居到日本，由于遭受战争、歧视、灾害等原因，他们选择定居在日本。严格地讲，这些难民属于非法移民。然而，随着库尔德人难民的数量增加，这些新移民和当地人的文化和社会习惯差异开始形成冲突，例如在埼玉县的川口市甚至引发了一些社会事件。日本政府则显得左右为难，既不想拒绝这些非法移民，又无力有效解决管理难题。

4.3 移民、难民和动乱

难民是种族和政治、经济相关的特殊移民。20 世纪 70 年代以来，难民危机频发。自 2010 年底由突尼斯开始的"阿拉伯之春"运动[①] 爆发，难民和经济移民数量激增，他们从中东、非洲和亚洲等地经地中海及巴尔干半岛进入欧盟国家寻求居留，从而形成了巨大的难民潮。移民多数来自叙利亚、阿富汗和厄立特里亚；源源不断的难民主要来自叙利亚、利比亚等中东、北非地区。2015 年叙利亚战争进入白热化，这一地区战乱不断、持续动荡，加上"伊斯

---

① 该运动席卷了叙利亚、伊拉克、利比亚和也门等国，是发生在阿拉伯世界的"颜色革命"，造成巨大损失，这些事件造成超过 140 万人死亡，1500 多万人沦为难民。一些国际评估结果显示，基础设施损失达到 9000 亿美元。

兰国"极端组织的猖獗活动，使得大量难民涌向欧洲，成为欧洲难民危机的导火索。2014年成为"二战"后年度难民数量增长最快的一年，难民总数堪列世界人口排名第24位的大国。[①]

4.3.1　21世纪欧洲的难民危机

欧洲的难民危机已引发了欧洲严重的社会经济危机。欧盟因长年奉行人口自由流动及开放边界的政策，严重影响了欧洲国家的安全，导致渗入了恐怖主义、伊斯兰教法推行者，从而引致右派民粹主义的崛起。

经济诱因应该是欧洲难民人数急剧增加的外部因素，事实上，中亚、北非各地在和平时期的经济状况并不算差。伊拉克很长一段时间都是处于发达国家的经济水平，利比亚和埃及也曾是引人注目的新兴经济体。但是教派斗争和大国博弈导致了这片地区的衰败，小国家的普通阿拉伯人只能以逃离来结束被操控的命运。西欧作为社会稳定的经济发达体，对大部分难民来说是避乱的最佳选择，甚至一些并没有发生战乱的地区和国家也同样出现了偷渡前往欧洲的情况。

包括德国在内的欧洲各国政府与民间组织并没有对难民危机做好充足的准备，住房、后勤供应及基础设施的短缺造成欧洲接受难民的巨大问题。难民所消耗的金钱和人力物力成本使得本来就经济萎靡的欧洲更加一蹶不振。因为难民的过多涌入，大量占用了原本欧洲国民的设施和福利，引起了很多国家的国民强烈的抗议，丹麦、瑞典更是爆发了反难民冲突。摊派难民只是权宜之计，寻求解决难民危机的方法成为欧洲最重要的事项之一。

德国是接受难民最多的欧洲国家，难民问题日益成为德国的焦虑。因为默克尔2015年的难民政策，当年德国接纳难民和移民逾120万人。另据德国《世界报》报道，自俄乌冲突以来，德国西南部巴登—符腾堡州的乌克兰难民数量已达到顶峰。2022年该地区已接受了超过16万名难民。该地区已接受了13.9万名乌克兰难民、来自其他国家的2.2万名寻求庇护者和3000名属于人道主义援助范围内的人们。[②] 这些人的安置成为大问题。近年来德国多个州、市政府难民数量攀升，地方政府感到难以招架，近半数德国民众也认为本国接受了太多难民[③]。

---

① 杨杰. 天堂里没有战乱，也不需要签证 [N]. 中国青年报，2015-09-09（9）.
② 俄罗斯卫星通讯社. 媒体：德国正面临严重难民压力 [EB/OL]. https://baijiahao.baidu.com/s?id=1750336224996413412&wfr=spider&for=pc，2022-11-24.
③ 央视新闻客户端. 民调显示半数德国人认为本国接收太多难民 [EB/OL]. https://baijiahao.baidu.com/s?id=1757063102946234697&wfr=spider&for=pc，2023-02-06.

4.3.2　移民、难民、种族、宗教等问题引起的社会动荡

难民大量涌入德国，不仅会变成社会经济的长期负担，也带来了城市治安问题和犯罪的高发。目前德国治安状况的趋向是进一步恶化，而不是改善。难民问题根本上是帝国主义、霸权主义、资本主义社会制度造成的后果。

由移民、难民、种族、宗教等问题引起的社会动荡风险在西方社会持续存在。骇人听闻的如"12·31"德国科隆性侵案，嫌疑矛头直指来自北非和阿拉伯的难民。据德国警方发布的数据，2022年，仅在德国火车站和列车上，就发生398848起犯罪案件，同比增长约12%。其中，持刀犯罪案件数量增加超过一倍，性侵案件数量增加约23%。这在十年前是难以想象的，德国治安良好程度曾长期排在欧洲第一位，全球前十位。

此外，长远来看，一旦难民一代、二代成为合法移民，还会造成未来欧洲国家人口结构的变化。

4.4　移民的空间集聚和空间隔离

城市和郊区的定居空间被阶层、人种和性别分层，它们也按照种族、人种、年龄和家庭地位而分化。建成环境展示社会因素和局部生活领域之间互动的表现符号，但是定居空间也以某些方式指导行为。群体和个体之间的社会空间关系是受到阶层和人种区别限制的，包括从共享利益的邻里中的掺杂到少数民族聚居地隔离的极端状况。移民城市中大多存在一些种族邻里或种族社区，可以称为种族化的空间。种族空间的形成和种族认同有关。

4.4.1　移民的种族邻里 / 社区和种族化的空间

一方面，整个种族邻里 / 社区的社会关系有"社会控制"的一种约定俗成的机制在里边，这些社会关系的方方面面是跟族裔性联结在一起的[①]。另一方面，随着时间的变化，种族化的空间影响也在发生变化。比如，生活在美国种族邻里的第一代移民虽然不懂英文，其子女从低收入家庭出来，却可能会取得成功。在短短几十年里，今天的新移民将成为一个更加巨大的美国马赛克构成的一部分，他们选择生活在种族邻里，或者和其他群体比肩生活在整个大都市区域。罗伯特·帕克曾大量使用"城市马赛克"这个词语用以捕捉城市中人和生活方式的多样性，这是恰当的。在美国，以门户城市为中心，大多数新移民生活在大都市区域内的郊区城镇，而不在中心城市，由于这个移民分布趋势，再也不能将大城市的种族邻里作为种族亚文化的首要地点。

---

① 张梅. 专访周敏：唐人街族裔经济的社会学考察与研究 [EB/OL]. https://new.qq.com/omn/202104 29/20210429A06XL900.html.

4.4.2　种族空间的隔离和冲突

种族隔离，指在日常生活中按照不同种族将人群分割开来，使得各种族不能同时使用公共空间或者服务。种族隔离可能是法律明文规定的，也可能只是事实存在的。不论是平等的还是不平等的隔离，种族隔离本质上均是种族歧视行为。在种族隔离制度下，公民所能拥有的权利是依照其种族背景来划分；拥有欧洲白人血统者天然享有权力地位，而非裔、亚裔与种族混合血统者参与政治及提升经济能力的机会则受到法律限制。

在一些有着种族对立历史的国家和城市，种族空间隔离是一种长期的存在。历史上最著名的种族隔离发生在南非和美国。南非在 1948—1990 年期间实行种族隔离，种族隔离制度废除后，虽然不再有种族分区居住的法律规定，但是城市中仍然保留了传统的族群结构。索维托（Soweto）坐落在南非最大城市约翰内斯堡的正南方，这是南非最大的"城镇"，有南非最大的贫民窟。早在 20 世纪 30 年代初，索维托已是一个黑人聚居的城镇，在种族隔离时代被设为黑人居住区。这里是南非诸多尖锐社会矛盾的缩影和种族大冲突历史最为典型的象征，它和南非历史有着密不可分的联系，1976 年发生的索维托暴动曾震惊全世界，也是南非黑人运动的起源地。索维托现已扩展为方圆约 120 平方公里的地区，包括了 33 个城镇，大多数南非城市的黑人部族和有色人种仍然生活在这里，多数南非白人至今不敢或不愿到索维托去。

法国巴黎周边地区主要聚居着非洲裔和阿拉伯裔移民，他们大多居住在20 世纪 60—70 年代建造的房子里。法国政府当年为缓解巴黎城区住房压力，在郊区及周边省份集中兴建了大批住宅楼。高人口密度，移民众多，高失业率，使得这些地区逐渐成为贫困、犯罪、吸毒、被遗忘者和被损害者的代名词。尤其在政府提供的公共住宅区，15~25 岁青年人的失业率甚至高达 40%。这里也是巴黎频繁发生骚乱的主要"病灶"。

4.5　国内移民

由于户籍制的限制，国内的移民在改革开放后才逐步出现。随着国家政策的不断演变，人口流动、人口迁徙出现了相应的特征，本书在关于城镇化的第 4 章中已有系统论述。以下仅就移民类型略作分析。

4.5.1　自主移民

在前面几章我们已提到了主要和城镇化以及全球化相关的移民（参见第 4章、第 5 章）以及和生活环境相关的移民（参见第 6 章）。虽然最终表现为一种跨区域的、大规模的集体行动，但正如涌现机制所揭示的，这些行动仍然是基于个体及其家庭的自主的移民行为汇聚而成。这种移民类型所产生的城乡社会问题在第 4 章关于城镇化的社会和空间影响里已具体论述。

4.5.2　有组织的移民

为了一些重大的工程项目（例如水库建设），政府往往会进行有组织的移民和重新安置（relocation，resettlement），这一类是重大工程移民。还有一类是扶贫移民。在这两类移民中，部分移民会从农业从业转为非农就业、农民身份会转为非农身份，移民面临的主要是调适问题，地方政府面临的主要问题是减少社会矛盾、防范社会风险。

我国的三峡大坝工程曾带来了三峡百万大移民的历史，迁出地重庆市成立了移民局，接收地之一上海市成立了移民办，上海接纳的新移民被分别安置在崇明县、青浦区、松江区、嘉定区。从 2000 年 8 月开始，到 2004 年 8 月最后一批落户上海，4 年间共有 7519 名三峡移民成了"新上海人"。[1] 例如三峡库区首批跨省市移民 639 人集体外迁上海崇明有关乡镇；又如云阳县双江镇曙光村迁到了上海市奉贤区南十家村。在地方政府及相关部门的大力支持下，移民们住进新房，分到了新土地，领到了土地承包证和房地产权证，从此成了上海人。[2] 新移民中部分被推荐到非农就业单位，占来沪安置移民人数的 30% 左右[3]。但是方言不通、习俗不同，移民们还得寻求创业途径。分散在多个省市的 130 万三峡移民有着相似的处境和问题。

还有一类是扶贫移民。自然灾害频繁是农村贫困人群致贫返贫的主要因素之一，在个别地区自然灾害发生率是其他地区的数倍。因此自 20 世纪 80 年代初开始，我国开始尝试通过移民扶贫。2001 年又启动了生态移民工程。易地扶贫搬迁对象是居住在深山区、石山区、生态环境脆弱、生存条件恶劣等"一方水土养不起一方人"地方的农村建档立卡贫困人口和少部分贫困发生率超过 50%、50 户以下的自然村寨非贫困人口。第 7 章提及的宁夏回族自治区银川市永宁县闽宁镇原隆生态移民村，便是 20 世纪 90 年代来自西海固地区的移民，其间遇到的生产、生活的严重问题和激烈矛盾在电视连续剧《山海情》中有切实反映。

---

① 微万州. 三峡移民故事：走出峡江筑新梦 [EB/OL]. https：//mp.weixin.qq.com/s?__biz=MzA5MzM0NTUxMA==&mid=2656056788&idx=1&sn=5d235dcb9b3450471f212322bb65286b&chksm=8bfbd65dbc8c5f4bda066ab4f4285c6a07658db393fdf2699e47de58edcd895659a27afd9923&scene=27，2021–06–28.

② 优秀！上海在全国第一个完成首批三峡外迁移民安置工作 [EB/OL]. https：//www.163.com/dy/article/GHKQM8H00534B9UK.html，2021–08–17.

③ 吴焰、周寅杰. 国务院下达的库区移民 3 年集中外迁任务已圆满结束 [EB/OL]. https：//www.cctv.com/lm/842/96/61912.html.

第 5 节　犯罪

犯罪是人类社会的一种现象，也是痼疾。犯罪不仅是城市社会问题，也是城市空间问题。城市因其密集的人口、拥挤的环境、匿名特征更易成为滋生犯罪的空间和场所。但犯罪并不是城市特有的问题，乡村同样存在犯罪，只是城市密集的环境决定了犯罪的发生频率更高和影响范围更大。

5.1　犯罪的类型

各国的犯罪分类不尽相同。我国刑法分则根据犯罪所侵犯的法益性质，将犯罪分为十类，其中和城市相关性较高的犯罪有：危害公共安全罪，侵犯公民人身权利罪，侵犯财产罪，妨害社会管理秩序罪等。

相当数量类型的犯罪和城市空间环境关联密切，是在特定的空间环境中发生的犯罪行为，例如：

（1）财产型犯罪。比较常见的抢劫罪、盗窃罪，其犯罪行为的发生受到环境的激发或者具有典型的环境特征。而财产犯罪中的敲诈勒索罪、诈骗罪、（职务）侵占罪、白领犯罪、法人犯罪等对城市硬件环境（物质环境）的依赖较少，更多取决于制度系统等软件环境的条件。

（2）暴力犯罪。暴力犯罪并非刑法上的概念，而是犯罪学上对犯罪进行分类使用的概念，泛指以暴力作为犯罪手段严重危害社会的犯罪行为。暴力恐怖犯罪的表现形式多样化，例如黑恶势力犯罪、涉爆涉枪、盗抢骗等严重刑事犯罪。暴力犯罪有时和宗教极端犯罪活动有直接关系，可能对国家安全、社会稳定、民族团结和人民群众生命财产安全造成严重危害。

（3）危害公共安全罪。这是一个宽泛而概括的罪行总称，指故意或者过失地实施危害不特定或者多数人的生命、健康的安全以及公众生活的平稳与安宁的行为。具体如贩卖毒品、拐卖妇女儿童、放火罪等。

（4）新型犯罪。由新技术带来的新的犯罪类型或形式，例如网络违法犯罪、网约车犯罪等。

5.2　城市公共空间中的暴力犯罪

暴力犯罪以暴力手段来实现犯罪目的，包括如抢劫、伤害、强奸等以暴力行为为特征的犯罪。由于暴力犯罪是通过对人身实施侵害的方法来达到犯罪目的，因此对社会的危害和犯罪后果往往比较严重。基于犯罪数据的综合分析，犯罪现象具有一定的空间分布规律和区域差异。就特定地区来说，各类犯罪活动在地区内的空间组合和分布形式上有规律可循，存在犯罪的高发区、高发线和高发点。暴力犯罪发生率较高的往往是一些城市公共设施和公共空间。

（1）城市重要公共交通设施中的暴力犯罪

火车站、长途汽车客运站，由于进入门槛低、客流量大、集散迅速、公共交通联系良好，容易成为拐卖妇女儿童、盗窃、抢劫等刑事犯罪高发的场所。

（2）城市公共交通工具中的暴力犯罪

在公共汽车等流动的城市公共交通工具中，犯罪实施者通常为泄私愤，人为实施交通肇事、放火行为、爆燃、涉枪犯罪等刑事犯罪。这类刑事案件不但造成公共财产重大经济损失，还危及不特定多数人的生命，公共危害性极大，有的甚至带来了极大的社会恐怖感，造成了极为恶劣的社会影响。表 8.5 列出了我国城市公共交通工具中发生的部分恶性事件，较多涉及放火罪，这是我国刑法中危害公共安全罪的具体罪名之一。

我国城市公共交通工具中的部分犯罪　　　　表 8.5

省／城市	犯罪事件	时间	地点	后果
上海	上海 842 路公交车爆燃	2008 年 5 月 5 日上午 9 时 15 分	黄兴路大润发超市附近	3 人死亡，12 人受伤
福建／厦门	厦门 BRT 车站纵火案	2013 年 6 月 7 日傍晚 6 时 20 分	厦门金山站附近	47 人死亡、34 人受伤（公交车荷载人数 95 人，实载约为 90 人）
浙江／杭州	杭州"7·5"公交车纵火案	2014 年 7 月 5 日下午 5 时	东坡路与庆春路交叉口	大火致 33 名乘客不同程度烧伤，20 人重伤、5 人轻伤、5 人轻微伤，并造成公私财产重大损失
宁夏／银川	银川"1·5"公交纵火案	2016 年 1 月 5 日上午 7 时许	公交 301 路由贺兰天骏花园开往银川火车站的公交车上，案发在 109 国道金盛国际家居广场门口	18 人死亡，32 人受伤

来源：根据相关新闻报道整理

此外，在有些远郊区域，如大学校区、市郊大型企业、大型活动场所等，由于公共交通服务薄弱，非法客运屡禁不止，则给了黑车、网约车犯罪可乘之机。

（3）广场、街道和公共建筑中的暴力犯罪

城市街道、广场、公园乃至校园等公共建筑、设施、场所也是暴力犯罪可能发生的地点。2021 年 11 月，美国威斯康辛州密尔沃基市以西约 20 英里的沃基肖镇（Waukesha）的圣诞游行中，一名司机开车冲入人群，造成 5 人死亡、40 多名成人和儿童受伤。[①] 类似的街道撞人恶性事件在美国多州多地不断发生，街道上的任何节庆活动都可能演变成一场悲剧。此外美国的校园枪击

---

① 5 死 40 伤！美国一汽车冲撞圣诞游行人群，不排除恐怖袭击可能 [EB/OL]. https://view.inews.
　qq.com/a/20211122A09VLO00，2021-11-22.

案也是此起彼伏。这种危害公共安全的无差别杀人罪行，既和犯罪个体的状态有关，更深层面也和世界范围内的政治分裂、种族主义歧视、社会两极分化和对立情绪加剧有着莫大的关系。

（4）无差别伤害/犯罪事件

公共场所的犯罪很多是无差别犯罪，其特征是随机选择作案目标，并且大多瞄准物理弱势的个体。近年来，幼儿园、中小学等弱势个体集中的场所，更容易成为失控人员转移仇恨的焦点，因而更多处于风险之中，虽然统一强化了安保措施，仍然防不胜防。无差别伤害案件的嫌疑人往往是社会底层个体，在诸如地域歧视、贫富歧视、城乡歧视等恶劣的社会环境下，他们承受着生活的重担和歧视的重压，在自我感觉遭遇社会不公平对待时，易于成为激发恶变的高危人群。

5.3 特定空间中的犯罪

如果说城市公共空间中的犯罪带有一定的偶然性、随机性和不确定性，而某些特定空间中的犯罪概率却高得多，例如在发达世界的种族社区、贫民窟，在发展中世界的贫民窟和城中村。由于贫困人口、底层人口集聚，这些地方的犯罪率显著高于城市的其他地区。

5.3.1 种族社区犯罪

关于种族社区的犯罪率是否更高以及种族和犯罪的关联，对此问题是有争议的。英国文化研究学者保罗·吉尔罗伊（Paul Gilroy）和斯图亚特·霍尔（Stuart Hall，1932—2014年）认为，犯罪统计数据是社会构建的，从而掩盖了犯罪率的真实差异。[①] 来自自我报告研究、受害者调查、逮捕率、判刑、起诉、审判和监狱数字的犯罪率统计数据表明，选择性证据往往会给人留下少数族裔犯罪更多的印象。而左翼现实主义者认为，和社会上的其他群体相比，少数民族群体处于劣势——他们经历了高度的贫困和边缘化，这使得他们更有可能犯罪。吉尔罗伊认为，大多数黑人群体的犯罪本质上是政治驱动的，是反抗白人权威的一部分。

5.3.2 贫民窟犯罪

贫民窟是城市贫民和移民、难民等的聚居地，包括郊区的非法定居点和内城的贫民窟等。贫民窟同时也已成为暴力、犯罪、青少年犯罪和非法收入活动的代名词。那些无辜的、贫困的、边缘化的和弱势的社区成员，生活在这里无法逃离，他们有着更深的被压迫感和被剥夺感，从而影响了他们的健康和福祉。

---

① Ethnicity and Crime[EB/OL]. https://www.studysmarter.us/explanations/social-studies/crime-and-deviance/ethnicity-and-crime. 2023-02-11.

调查表明，贫民窟的犯罪率最高。一是由于贫困。贫民窟里的大多数家庭生活在贫困线以下，许多家庭无法送孩子上学。16 岁以下的儿童往往从事盗窃等犯罪活动以应对贫困。二是由于缺少工作。缺乏工作是导致贫民窟犯罪率高的主要因素之一。为了生存，一些年轻人从事暴力、盗窃等犯罪活动，以谋取一些钱财，满足基本需求。三是由于一些不法机构和团体。一些年轻人因为和这些群体有瓜葛而从事犯罪活动。

以肯尼亚首都内罗毕为例，贫民窟的人口密度为每英亩 466 人，而城市其他地区的人口密度则为每英亩 18 人。自 20 世纪 90 年代以来，肯尼亚的城市空间一直没有增加，其中一半人口是贫困人口。而非正式定居点的人口在这段时间内可能增加了一倍，但这些贫民窟改善的速度和规模未能和持续的密集化相匹配。居住在人口密集的贫民窟地区的居民面临着挑战，在像马萨雷山谷（Mathare Valley，内罗毕最老的非法定居点之一）这样的社区，代际贫困和集中贫困水平很高。[①] 贫民窟内的暴力是针对贫困和边缘化人群的结构性暴力，政府缺少应对措施，从而进一步加剧了这一问题。

5.3.3 城中村犯罪

在我国，特定空间中的犯罪主要指向城中村犯罪。城中村指的是被城市建成区完全包围或半包围的地区，大多处于城市化发展期由村庄向城市社区转型的过渡地带，在空间和社会形态上具有不稳定性。

一些处于大型集市、市场、工厂附近的城中村，外来务工人员流动较大，包括进城打工者、小摊贩、无业人员等，其中相当数量的人缺少稳定的经济收入，选择居住在城中村的人群大都因为这里的租金低廉。艰难的生存境遇、恶劣的生活环境，使得他们沦为城市新的贫困和弱势群体。城中村外来务工人员往往不能和市民享有同样的待遇和发展空间，不少人由此产生了巨大的心理失衡。他们绝大多数受教育程度低，职业技能差，谋生能力弱，在经济压力下更容易犯罪。因此，在一些尚未完成改造的城中村中发生的刑事案件往往以盗窃、抢劫、抢夺（两抢一盗）等侵财型犯罪为主。

一些地区的城中村里还存在其他违法犯罪行为。深圳福田区的福田街道毗邻香港，有福田、皇岗两大通关口岸和福田高铁站，交运枢纽密集，城中村较多，外来人口密度和流动性极大，境外毒品过境和中转增多，加之有一定数量的历史吸毒人员，曾在很长一段时期中，境外人员聚居贩毒吸毒现象比较突出，社会吸毒人员管控难度大。[②]

---

① Joseph Kimani. Understanding violence in the slums: Resilience or normalization? [EB/OL]. https://www.ariseconsortium.org/violence-urban-youth-kenya/，2019-11-26.

② 熊红斌，程晓雄. 广东省深圳市福田区福田街道办事处：全民参与齐抓共管 社区禁毒康复工作深入开展 [N]. 检察日报，2017-12-15（8）.

也有部分和城中村相关的犯罪带有自救性质，由于正规救济途径的缺乏，"自力救济"过程往往会越过法律红线构成犯罪，例如为了讨要工钱或报复拖欠工资的老板及其亲属等的故意报复、非法拘禁、故意毁坏财物、故意伤害、聚众斗殴等犯罪。这些犯罪有些发生在城中村内，有些则发生在城中村外。此外，城中村儿童权益保护往往被忽视，拐卖儿童、性侵儿童的犯罪也绝非少数极端事件。

而在城中村改造或一些富裕城中村里，村级腐败问题突出，也会滋生腐败犯罪。伴随城市化热潮，一部分城中村通过旧城改造等方式先富起来；随之而来的是村级腐败问题，全国各地衍生出多位千万级贪腐的"村官"。深圳市田厦村曾因旧村改造并进军商业地产名噪一时，800 名田厦新村村民以土地入股并参与项目利润分配方式进行城中村改造，被称为"村民个个是开发商，户户是千万富翁"，而担任田厦实业股份公司董事长的"村官"却卷入了腐败漩涡。此外，村干部利用政策信息优势违建或骗取拆迁款的情况十分突出，甚至出现整村、整庄都在私搭乱建的现象，在村民违章乱建事件中，基层干部的职务犯罪起着直接的催化作用。[①]

5.3.4　社区中的生活质量犯罪

20 世纪 80 年代，美国犯罪学家提出"生活质量犯罪"（quality-of-life Crimes）的概念，他们认为看似轻微的不法行为有可能上升为严重暴力犯罪，加剧社区不稳定。因而，从 20 世纪 80 年代特别是 90 年代起，"生活质量犯罪"概念逐步进入公众视野，并被刑事司法界广泛使用。生活质量犯罪有时又被称为"居住型犯罪"（livability crime）或"滋扰型犯罪"（nuisance crime），通常包括街头卖淫（street prostitution）、无证摆摊、随地小便、随意涂画（graffiti）、故意损毁财物、未经许可进入私人土地（trespassing）、行为不检（disorderly conduct）、教唆吸毒以及强行乞讨等类型，属于相对轻微、非暴力但威胁到社区居民幸福感和安全感的不法行为。然而，这些类型的犯罪由于其危害具有隐蔽性而无法明显发现被害人，或"被害人"并不认为自己是被害人，甚至认为自己是交易的受益者，该类犯罪也被称为"无被害人犯罪"（victimless crime）。[②]

5.4　环境污染犯罪

污染环境罪，是指自然人或者单位违反国家规定而严重污染环境的行为，具体包括排放、倾倒或者处置有放射性的废物、含传染病病原体的废物、有毒

① 徐小康，黎黎，陈楚涛. 城中村法治之困 [N]. 检察日报，2014-10-29（5）.
② 张鸿巍. 美国检察制度研究 [M]. 北京：法律出版社，2019：273-274.

物质或者其他有害物质等。污染环境罪的动因大都是为了追求经济利益，将环境污染影响外部化，对公共环境造成严重污染后果，让社会承担巨额成本。后面第 9 章还将讨论环境污染犯罪的相关问题。

5.5 恐怖主义犯罪

恐怖主义犯罪问题真正触及了当下世界核心且敏感的难题，相较于一般的犯罪，恐怖主义犯罪通常具备两个重要特征：一是有组织，有理论思想指导，有明确的政治或宗教诉求，有的涉及领土争端、地区冲突、民族矛盾和宗教纠纷等重大问题。二是对非利益相关者、无任何联系者，无征兆地主动伤害甚至夺取生命。20 世纪 90 年代以来，恐怖袭击有在全球范围内迅速蔓延的严峻趋势，全球恐怖主义的问题既是地方性的又是世界性的。

为了寻求政治的、社会的世界影响，引起国际社会关注，恐怖袭击地点大多选择在世界主要城市的公共空间，包括重要的公共交通设施、街道、广场和标志性公共建筑等，袭击的目标相当广泛。

5.5.1 城市重要公共交通设施中的恐怖袭击

城市地铁及车站由于其大运量和封闭性，很容易成为遭受恐怖袭击的场所。恐怖袭击和暴力紧密挂钩，具体手段包括自制爆炸装置、生物和化学武器、自杀性炸弹等。表 8.6 列举了发生在日本、俄罗斯、英国等国首都地铁的重大恐怖主义犯罪事件。例如 1995 年，日本东京地铁沙林毒气案，2010 年，"3·29" 莫斯科地铁连环爆炸案，2017 年，"9·15" 伦敦地铁连环爆炸案等。

各国交通设施（地铁）恐怖主义犯罪事件　　　　　　　　　　表 8.6

国家/城市	犯罪事件	性质	时间	地点	犯罪	后果
日本/东京	东京地铁沙林毒气案	恐怖袭击	1995 年 3 月 20 日早晨	日本东京的营团地下铁（东京地下铁）三线共五列列车	奥姆真理教邪教组织人员，在列车上施放沙林毒气	13 人死亡，5510 人以上受伤
韩国/大邱	韩国大邱"2·18"地铁纵火案	个体泄愤	2003 年 2 月 18 日上午	韩国大邱市中央路地铁站	站内人为纵火，引燃两列列车	198 人死亡，146 人受伤
西班牙/马德里	马德里"3·11"连环爆炸案	恐怖袭击	2004 年 3 月 11 日上午通勤高峰时间	地铁通勤列车	有预谋的系列炸弹袭击，4 列通勤车车厢中发生 10 起爆炸	炸死 191 人，伤及 2050 人
英国/伦敦	伦敦七七爆炸案	恐怖袭击	2005 年 7 月 7 日早上交通高峰时间	利物浦大街和阿尔吉特之间的城市地铁线（三辆地铁列车）和一辆巴士	一系列有预谋的自杀式引爆炸弹	整个地铁交通网络中断，52 人死，700 余人受伤

国家／城市	犯罪事件	性质	时间	地点	犯罪	后果
俄罗斯／莫斯科	莫斯科"3·29"地铁连环爆炸案	恐怖袭击	2010年3月29日早晨7时50分左右	莫斯科市中心的"卢比扬卡"地铁站、文化公园地铁站、和平大街站	"卢比扬卡"地铁站、"文化公园"地铁站、"和平大街"地铁站先后发生精心策划的爆炸	41人死亡，74人受伤，上千人被困地铁站，附近交通瘫痪
俄罗斯／圣彼得堡	圣彼得堡"4·3"地铁恐怖袭击事件	恐怖袭击	2017年4月3日14时40分许	"干草广场"地铁站开往"技术学院"地铁站的地铁隧道中	采用小型自制装置在地铁列车上进行自杀式引爆	地铁全线网疏散并停运，16人死亡，50多人受伤
英国／伦敦	伦敦"9·15"地铁连环爆炸案	恐怖袭击	2017年9月15日早晨	伦敦帕森格林(Parsons Green)地铁站	一个简易爆炸装置在地铁车厢内爆炸	30人受伤，包括踩踏受伤和烧伤

来源：根据相关新闻报道整理

5.5.2　城市公共建筑、广场和街道中的恐怖袭击

城市地标建筑是具有象征意义的实体目标，极有可能成为恐怖袭击的目标。美国纽约世界贸易中心曾是美国纽约最高的建筑物及标志性建筑，在矗立28年后，于2001年的"9·11"恐怖袭击事件中被恐怖分子劫机撞毁，纽约的天际线轮廓从此改变。

还有一类是象征性意义略低、但人员更加密集的目标，如城市街道、公共广场、重要的特定功能设施（如军用设施，政府建筑、商业中心等民用设施，甚至宗教圣地、宗教设施等），也是恐怖袭击可能发生的地点。极端分子采用的具体犯罪手段包括屠杀、自制爆炸装置（如路边炸弹、汽车炸弹）等。法国当地时间2018年12月11日晚，东部城市斯特拉斯堡克莱贝尔广场圣诞集市附近发生枪击案，造成3人死亡、13人受伤，其中8人重伤。法国政府将安全警报等级调为"恐怖袭击紧急状态"。[1]

2014年3月1日晚9时许，云南昆明火车站发生一起暴力恐怖袭击事件，数名蒙面人持械冲进昆明火车站广场、售票厅，砍伤多人，导致29人遇难、143人受伤。这是一起由"疆独"分裂势力一手策划组织的严重暴力恐怖事件。[2]

2019年6月开始的半年多时间里，香港处于"黑暴"漩涡，暴徒在城市街道、广场、机场等各类公共场所肆意袭击警员、围殴民众、打砸纵火，甚至使用枪械、爆炸装置等高杀伤性武器，具有明显的本土恐怖主义性质。

此外，在中东地区的城市，恐怖组织和恐怖分子还经常制造自杀式恐怖袭击。恐怖袭击罪行和世界范围内的政治分裂、种族主义歧视、民族矛盾、发

---

① 陈曦.世界何以"越反越恐"[N].人民日报海外版，2018-12-15（6）.

② 昆明火车站10余暴徒袭击路人29人遇难143人受伤[EB/OL].https://news.qq.com/a/20140302/001023.htm，2014-03-02.

达国家和发展中国家之间的贫富差距加剧及矛盾日益激化有着千丝万缕的关系。恐怖主义犯罪的解决有待公正合理的国际经济新秩序的建立，需要全球社会采取政治、经济、外交和文化等多项措施。

5.6 危险的城市和地区

城市犯罪既是一种社会现象，又是一种空间现象。一些犯罪率较高的城市在其国家乃至世界上都臭名昭著，有些被贴上了犯罪之都的标签。

5.6.1 美国的危险城市

在美国，根据各项犯罪数据统计，形成了美国犯罪率最高的城市排名，在这些城市中还可以进一步确定犯罪热点地区（crime hot spots）。由于贫富差距、枪支泛滥等各种根深蒂固的原因，美国的暴力犯罪率一直是偏高的。

（1）解读城市犯罪地图

美国各城市都利用地理信息系统制作了犯罪地图（crime mapping），使得犯罪案件地图化、可视化，主要供一些组织内部使用，包括房地产、金融投资、研究机构或大学、卫生、安全及其他部门。邮政编码级数据（zip-code-level data）是平面文件中可用的最高级别的详细信息。平均 1 个邮政编码覆盖大约 1 万人，其中一些邮政编码包含 10 万人以上。犯罪等级（crime grade）网站有更详细的数据，计算范围从 50 人到 3600 人不等。邮政编码数据用于较简单的应用程序，并且不需要详细数据。犯罪等级是和邮政编码相关联的字母等级，等级范围从 F 到 A+；犯罪率指的是一个邮政编码区每年每 1000 名居民的犯罪数量，包括谋杀、抢劫和盗窃等犯罪。犯罪等级的暴力犯罪地图显示了人均暴力犯罪最高的地区，根据犯罪的类型和严重程度进行加权。

以芝加哥为例，芝加哥的总体犯罪等级是 C-，暴力犯罪等级 D+，财产犯罪等级 D+，其他犯罪等级 C。D+ 级意味着暴力犯罪率高于美国平均大都市区。事实是，芝加哥大都市区平均每 1 分钟发生 1 次犯罪。在没有家庭安保系统的情况下，住户被抢劫的可能性要高出 300%。芝加哥大都市人均暴力犯罪图显示了每 1000 名芝加哥大都市居民的暴力犯罪率。芝加哥大都市处于第 24 百分位，这意味着 76% 的大都市区域较安全，24% 的大都市区域较危险。地图上的犯罪率根据犯罪的类型和严重程度进行加权。由于许多犯罪发生在很少有人居住的街区的零售区，机场、公园和学校等地方出现了更多问题。芝加哥市区有两个主要机场，由于流动人口众多，附近居住人口较少，看起来总是犯罪率高的地方。芝加哥大都市区有 1527 个公园和指定的娱乐区，也有同样的问题。芝加哥市区有 9477828 名居民，但很少有人住在娱乐区附近。因为有很多人光顾，即使是安全的公园，犯罪率也可能会更高。根据犯罪率和总犯罪率地图，可以划定不安全地区。

芝加哥犯罪类型简况　　　　　　　　　　　　　　　表8.7

暴力犯罪率		财产犯罪率		其他犯罪率	
犯罪类型	犯罪率	犯罪类型	犯罪率	犯罪类型	犯罪率
侵犯人身	2.255	盗窃	14.58	绑架	0.1823
抢劫	1.412	机动车盗窃	2.401	毒品犯罪	3.895
强奸	0.4492	夜间入室盗窃	3.254	恣意毁坏公共财物／他人财产	4.743
谋杀	0.0722	纵火	0.1215	身份盗用	1.244
				虐待动物	0.0319
整体暴力犯罪	4.189 (D+)	整体财产犯罪	20.36 (D+)	整体其他犯罪	10.10 (C)

来源：CrimeGrade.org.The Safest and Most Dangerous Places in Chicago Metro，IL：Crime Maps and Statistics[EB/OL]. https：//crimegrade.org/safest-places-in-chicago-il-metro/?__cf_chl_rt_tk=B6k.MEhfkwkrD8juOKRqd8UUYw4SyuHQv.PT9EqieWc-1667361347-0-gaNycGzNCL0.

在对芝加哥大都市犯罪分析时，表8.7显示了用于计算上述犯罪等级的犯罪。如果仅考虑犯罪率，芝加哥市区和伊利诺伊州平均水平一样安全，也比全国平均水平安全。和其他同样规模的大都市区相比，芝加哥大都市区域也是更安全的。表8.8将大都市地区边界内总人口数量具有可比性的大都市地区的犯罪进行了比较。

具有相近人口数量的大都市区域的犯罪率　　　　　表8.8

人口数量相近的大都市地区	整体犯罪等级	暴力犯罪等级	财产犯罪等级
加州，旧金山大都市区	C−	D	C
德州，达拉斯大都市区	C	C−	C−
德州，休斯敦大都市区	D	D+	D
宾州，费城大都市区	C+	C−	C+
佛罗里达，迈阿密大都市区	D	D+	D−
加州，洛杉矶大都市区	D−	D	D−
哥伦比亚特区，华盛顿大都市区	C	D+	C−
佐治亚州，亚特兰大大都市区	D+	C−	D
马萨诸塞州，波士顿大都市区	B	C	B
亚利桑那州，菲尼克斯大都市区	D−	D+	D+

来源：CrimeGrade.org.The Safest and Most Dangerous Places in Chicago Metro，IL：Crime Maps and Statistics[EB/OL]. https：//crimegrade.org/safest-places-in-chicago-il-metro/?__cf_chl_rt_tk=B6k.MEhfkwkrD8juOKRqd8UUYw4SyuHQv.PT9EqieWc-1667361347-0-gaNycGzNCL0.

（2）城市犯罪率和城市状况

2007年，美国的两座谋杀之都是底特律和华盛顿，底特律的谋杀率是每10万人中有45.5起，哥伦比亚特区华盛顿有30.8起，达拉斯16.1起，芝加哥15.7起，洛杉矶10.2起，纽约6起。2007年，美国大都市地区的强奸率分布是，西雅图每 10 万人有 36.8 起，纽约 9.8 起。2007 年持枪袭击犯罪方面最暴力的城市是底特律，每 10 万人有 486.5 起，达拉斯 208.9 起，费城 200.8 起，亚特兰大 276.7 起，明尼阿波利斯 138.7 起。就各项暴力犯罪来说，与全国的大都市地区相比，纽约具有明显较低的比率。[①]

城市犯罪率和城市乃至国家的发展状况有着密不可分的关系。底特律是传统的汽车制造业中心，自 20 世纪 80 年代起，美国经济萎靡不振，严重削弱了底特律的重工业制造中心的地位。底特律城市由于种族矛盾的激化和对富裕人群征收高税收，导致精英人口外流，汽车企业遭受影响，"汽车之城"开始走下坡路，一些汽车以及汽车零部件制造企业相继外迁。2009 年，作为底特律支柱产业的汽车制造业随 2008 年金融危机爆发而崩塌，2013 年 7 月，"汽车城"底特律市政府申请破产。2007 年的高犯罪率，正是城市不断衰败、国家经济崩塌前夕的一个指征。

5.6.2　欧洲的危险城市

欧洲犯罪率高的地区以往主要集中在意大利南部城市（例如那不勒斯），以及西班牙城市（塞维利亚、巴塞罗那等），旅游区存在针对外来游客的较高犯罪率。这和意大利、西班牙城市的产业结构相关，和两国以农业为主、长期经济发展不景气有关。

此外，这种盗抢之风和当地的市民特性也有潜在的关联，某种程度上，许多市民将其视作一种灰色产业，他们认为，来光顾的游客大都是有钱之人，偷抢他们的钱财只要不伤及他们的人身，也并无不光彩之感。警察机构对此类案件也是"睁一只眼闭一只眼"。由此，在这些城市中产生了一种"默认犯罪"的机制。尽管意大利和西班牙及其部分城市是欧洲财产犯罪（抢劫罪、盗窃罪等）率最高的国度和城市，但由于历史文化遗产的瑰宝荟萃，来自世界各地的游客们还是络绎不绝。

5.7　犯罪的成因和成本

犯罪的成因和社会、民族、人口、政治、文化、宗教、历史以及犯罪心理、行为感应等方面及其空间地理有紧密联系，而犯罪成本则是社会性的。

5.7.1　犯罪的成因

犯罪是缺乏社会控制的产物，是社会结构失序的结果。在时代转轨、社会转型和人心溃散之间往往存在某种隐秘联系，犯罪更像是对时局变迁的

[①] Top 100 Most Dangerous Cities in America[EB/OL]. https://www.alarms.org/top-100-most-dangerous-cities-in-america.html，January 14，2020.

反馈、表态和应激反应。就社会时空角度来讲，犯罪活动的数量、类型、空间地理分布同下列因素有着潜在或密切的关系：

（1）社会、历史基础，例如地区政治形势、意识形态、经济发展水平、人口的构成和迁徙、宗教情况等。在一个全球化的世界，全球企业利益的扩张、阶级冲突、有效民主的崩溃、歧视和种族主义的延续，以及技术的双刃剑，都会催生各类犯罪。而有组织的犯罪团伙并不完全遵守社会规范和规则。

（2）地理位置和地理环境，例如交通地理位置、距大城市和沿海开放地区远近等。在地理学和犯罪学之间形成的边缘学科——犯罪空间情报分析或地理侧写（geographic profiling），运用犯罪现场和受害人之间的地理关系来推断犯罪人的特征。按研究对象、性质和任务，犯罪地理学分为部门犯罪地理学和区域犯罪地理学，前者如盗窃犯罪、人身伤害犯罪等，侧重研究各类型犯罪的地理环境、空间分布特点、犯罪区划和防治犯罪区域规划；后者包括世界、大洲、地区、国家及国内某一地区等区域，重点研究各区域犯罪的地理环境条件、空间分布特点和联系，以及犯罪综合区划及防治的区域规划。特定的空间地理可能为实施犯罪创造了必要的情境条件和环境场所。

（3）气候和生态环境、自然环境，例如气候、地貌、水文、生物等。犯罪的类型多样，但是考虑到实施操作的方便和隐蔽程度，一般来说夏季犯罪率要高于其他季节（和气候犯罪学派有关），某些偏僻地域的犯罪发生率要高于开敞地域（恐怖主义犯罪除外）。犯罪学中被引用最多的理论之一——常规活动理论①，是犯罪机会理论的一个分支领域，关注犯罪情境。常规活动理论将犯罪作为一个事件来研究，将犯罪与其环境紧密联系起来，并强调其生态过程，从而将学术注意力从单纯的犯罪者身上转移开。

（4）犯罪信息的传播和诱导。互联网时代的资讯爆炸式地传播扩散，各类媒体报道的覆盖面几乎已遍布全球，各种暴力犯罪活动以及犯罪的过程、细节和社会影响得以详细展示和传播，对于潜在的犯罪人产生了示范和诱导犯罪作用，从而引致了更多的犯罪行为。

整体而言，有些犯罪和社会及其结构相关，有些犯罪和直接的机会、环境相关。

5.7.2 犯罪的成本

犯罪的成本可以从犯罪动机者和社会两方面来理解。

（1）犯罪动机者的犯罪成本，指的是犯罪动机者在实施犯罪前会判断犯罪难度和犯罪回报，作出较理性的选择，这和犯罪标的物（犯罪目标）的环境

---

① 马库斯·费尔森（Marcus Felson）和劳伦斯·E·科恩（Lawrence E.Cohen）在解释1947—1974年间美国犯罪率变化时首次提出了这一概念。

有关，包括机会情境（可能的犯罪标的物防范、行为人日常活动的方式、人类的活动模式、自我保护意识和监护责任等）、外在的监控环境（例如宣传图画张贴、邻里守望互助、地点管理者、巡逻、监视器/监护者、视频监控、智慧设施或照明设施等）。空间环境和空间行为的预防、控制，可使犯罪活动实施更加困难或不易成功，从而有效增加犯罪成本，犯罪越不易发生，犯罪概率因而随之降低。美国犯罪学家辛德朗（Michael J. Hindelang）的基于生活方式/机会观点的"个体受害论"（Theory of Personal Victimization，1978年）和20世纪70年代费尔森（L. E. Cohen and M. Felson，1979年）的"日常活动理论"（Routine Activity Theory，RAT）结合而形成的"日常生活形态理论"有助于解释上述这一点。

（2）社会遭受的犯罪成本，包括城市公共空间的使用率降低，城市公共防卫的成本上升，例如城市增加警力、物业增加保安、加强视频监控建设等，以减少犯罪环境，预防和控制犯罪的主要方向、途径、具体发展指标及相应配套措施。对城市社区来说，设施陈旧、人员复杂、治安较差等常见的物质空间和社会治理难题，对犯罪是一种消极暗示。

城市防范犯罪的成本越高，也就相应增加了犯罪动机者实施犯罪的难度和风险，使众多犯罪人感到犯罪收益的降低从而可能放弃犯罪。开展城市犯罪区划和防治犯罪区域规划，根据客观存在的犯罪活动的地域特点和地域差异，按一定原则，将城市地区划分成不同类型、不同等级和犯罪结构上各具特点的犯罪区，加以具体和持久的管理、谋划或控制，可以有效地防范城市和区域内的犯罪。

第6节 住房、住区和无家可归

住宅问题是政治问题。早在1976年5月31日—6月11日在加拿大温哥华召开了联合国第一次人类住区大会（Habitat I Conference on Human Settlements），主题是"应对全球日益失序的城市"，大会首次正式关注可持续人类居住和快速城镇化的重大意义和影响，要求国际社会正视城镇化挑战、不平等、城市移民、城市用水、贫困、无家可归等城市问题，尤其是发展中世界的问题。作为这次会议的成果，《温哥华人类住区宣言》（Vancouver Declaration on Human Settlements）应运而生。而《温哥华宣言的原则宣言行动指南》（The Guidelines for Action of the Declaration of Principles of the Vancouver Declaration）具体指出，"适足的住房和服务（adequate shelter and service）是一项基本人权，政府有义务确保所有人都能实现这些目标，通过有指导的自助和社区行动方案直接援助最弱势群体。政府应努力消除阻碍实现这些目标的所有障碍，尤为重要的是，通过创建将不同的社会群体、职业、住房和便利设施融合在一起的更加平衡的社区（better balanced communities），消除社会和种族隔离。"归结起来，适足的住房和更加平衡的社区是政府应该达成的目标。第一次人类住区大会还将人居署（UN-Habitat）的正式成立时间确定为 1978 年（一个对中国来说别有深意的时间）。

6.1　住房供给的基本矛盾

从工业化、城镇化开始，住房问题就一直是世界各国城市面临的首要问题和核心问题。所谓住房问题，首先是住房短缺问题，也就是城市住房短缺、住房质量低下，当然这主要指城市大众（工人阶级）的居住状况。19 世纪末的伦敦是典型的例子。在住房自由市场里，住房供给结构不合理、住房价格过高、房地产市场严重分化，这些都是常见的弊端；并且住房价格的上涨和供给结构的失衡加剧了居住不平等和住房产权分化。因此，政府的要务是解决住房供给的基本矛盾，故各国都会制定国家住房政策、住房规划，确立住房供给机制和供给体系，地方政府会形成城市住房开发的促进或限制机制。

联合国人居署估计，到 2030 年，将有 30 亿人——约占世界人口的 40%，需要获得适足住房，这意味着每天需要 9.6 万套新的经济适用住房。此外，据估计，全世界有 1 亿人无家可归，1/4 的人生活在有害的环境中，这对他们的健康、安全和繁荣都不利。[①]

据相关统计和调查，2017 年初我国大概有 1.6 亿人在城镇租房居住，占城镇常住人口的 21%。其中以新就业的大学生和外来务工人员为主要群体[②]。

6.2　城市住房供应和保障

适足的住房和服务是城市生存的基本条件，缺少住房会对城市公平和包容、健康和安全以及谋生机会产生负面影响。随着城市人口数量的快速增长，公共住房总量不足、公共住房结构不合理、住房市场结构不合理、住房产业 /健康产业 "有需求、缺供给" 等结构性矛盾日益突出。

6.2.1　住房产品和家庭结构变化的适配性不足

家庭结构的变化很难直观显现，而住房产品缺乏足够的灵敏度，房型设计和家庭结构变化而带来的需求变化在匹配程度上常常是不足的，也会造成住房供应不足的感知结果。如果说国外的家庭结构是一种受社会影响然而是

[①] The Challenge [EB/OL]. https：//unhabitat.org/topic/housing，2022–11–6.
[②] 新华社.建机制 去库存 促立法——住房和城乡建设部部长回应 2017 年房地产市场热点问题[N].浦东时报，2017–02–24（12）.

· 532　城市社会学

"自然"变化的结果，而我国的家庭结构的变化在中华人民共和国成立以来的很长时期内是国家人口刚性政策实施的结果。以下分别以英国和中国为例分析。

（1）英国近30年家庭结构的变迁

发达世界的传统家庭结构总体是呈解体趋势发展，包括家庭小型化，单亲家庭、单身家庭比例持续上升。1991年英国共有1920万户家庭，按家庭类型划分，已婚夫妇家庭占所有家庭总数的55%，单身家庭占27%，其他多人家庭占7%，同居（夫妇）家庭占5%，单亲家庭占6%。而1991年英国的单身家庭共有510万户，其中孤寡家庭占单身家庭总数的44%，离异和分居家庭占33%，单身未婚家庭占22%。[①]

2021年英国有1930万个家庭。其中：同居家庭360万，占英国家庭总数的18.65%，这一比例是30年前的约3.7倍；300万个单亲家庭，占家庭总数的15.54%，这一比例是30年前的约2.6倍。该比例分布不等，在英格兰东南部，单亲家庭占当地家庭总数的13.1%，而在英格兰东北部，该比例为17.8%。也就是说，英格兰东北部的单亲家庭比例不但明显高于英格兰东南部，也高于全国平均水平。在过去10年里，英国独居人数增加了8.3%，2021年，英国单身户占总户数的比例从伦敦的25.8%到苏格兰的36.0%各自不等。

需要指出的是，人口统计中的"家庭"和"家户"概念是不一样的。2021年，英国估计有2810万个家户，在过去10年中增长了6.3%。英国关于"家户"的定义曾作过调整。1996—2010年，家户被定义为独居的人，或居住在同一地址的一群人，他们将该地址作为唯一或主要居住地，每天共享一顿主食或共享居住空间（或两者兼有）。从2011年起，家户被定义为一个人独居，或居住在同一地址的一群人，他们不一定有亲戚关系，他们共享烹饪设施，共享起居室、客厅或用餐区。通俗地讲，一个家户调整前"在一个锅里吃饭"，调整后"在一个锅里烧饭"。

此外，2021年，360万20~34岁的人和父母住在一起，占该年龄段人群的28%，比十年前的24%有所增加。[②]

（2）我国人口政策和家庭结构的变迁

20世纪70年代初以来我国政府开始推行计划生育；1978年以后计划生育成为一项基本国策；2001年12月公布的《中华人民共和国人口与计划生育法》以法律形式确立了计划生育基本国策的地位。40多年来，中国由于计划生育，

---

① 英国环境部. 英国至2016年家庭计划, 1995. 转引自彼得·霍尔，科林·沃德. 社会城市 [M]. 黄怡，译. 北京：中国建筑工业出版社，2009.

② Families and households in the UK：2021[EB/OL]. https：//www.ons.gov.uk/peoplepopulation-andcommunity/birthsdeathsandmarriages/families/bulletins/familiesandhouseholds/latest，9 March 2022.

控制了人口过快增长，大大减轻了对资源环境的压力。然而，随着"未富先老"、劳动力短缺、独生子女家庭养老问题日益严峻，中国计划生育政策不断调整。2011年，"双独二孩"政策全面铺开，即夫妻双方都为独生子女，可生第二个孩子。2013年，启动实施一方是独生子女的夫妇可生育两个孩子的政策。2021年，国家修改了人口与计划生育法，实施一对夫妻可以生育三个子女政策。

据《中国家庭风险保障体系白皮书（2023）》显示，我国家庭户的数量持续增加，平均家庭户规模不断下降，一人户数量大幅增加，一代户比例迅速上升，老年人家庭户数量大幅度增加，我国家庭结构正呈现出小型化、老年化、独居化的趋势。单人家庭从2000年的2827.34万户增至2020年的12549万户，一代户的比例从2000年的21.7%增至2020年的49.5%，二代户的比例则从59.32%下降至36.72%。拥有60岁及以上老年人的家庭数量，从2010年的1.23亿户增加到2020年的1.74亿户，独居老人户和空巢夫妇户超过四成。

家庭结构的变迁对于住房供应具有直接的指示意义，尤其是房型和住房设施标准上应具有充分的适应性。

6.2.2　住房所有权类型

首先，住房所有权是一个含义模糊的概念，甚至在不同的国家（政治经济背景下），相同的所有权类型有时代表完全不同的含义。其次，住房所有权类型被过分强调。比如，相同所有权类型的房屋，其区位、房屋质量、周围环境等差异显著，而这些并没有包含进房屋所有权类型的研究中。因此在国际住房研究中，识别不同国家中不同房屋所有权类型所代表的确切含义，并通过比较分析，找出相对准确的统一用语，来用于不同国家间所有权类型的比较研究。

住房所有权也是透视住房问题的一个有力视角。从"供应端"而言，政府的态度（政策）倾向会导致对某一种或多种所有权类型的促进，以及与之相应的对其他所有权类型的抑制。例如，英国在"二战"后积极推进社会住房（social housing）的发展；但是在20世纪70年代后对住房自有和私人租赁市场的推动，又抑制了社会住房领域的发展，使其成了一个"剩余"的部门。从"消费端"而言，不同的住房所有权类型具有不同的效应。居民选择不同所有权类型的住房，意味着拥有某一种所有权类型给居民带来的机会、所获得的社会和经济效益、对社区稳定或流动性的影响，甚至居民自身的身心健康状况，以及基于住房所有权类型的居住分异等。

住房所有权类型是链接住房供应和消费的一个重要概念，能够反映出住房的政治经济权利关系安排所带来的社会影响。例如新加坡自20世纪60年代以来，逐步形成了"以组屋为主，以行政公寓、私人住宅为辅"的住宅体系，强调住房的福利保障特性。近年来，无论发达国家还是发展中国家都纷纷推出针对低收入群体的住房所有权项目，促进低收入群体购买自有产权住房，典型的如共有产权住房（shared home ownership housing）、低收入家庭自有住房（low-income home ownership）等。住房所有权给低收入群体带来的影响，结果大多不如政策预期的乐观，例如：①低收入家庭产权住房大多由于补贴而有产权限制，不能像真正的自有住房一样进行自由交易。因此真正自有住房所具有的获取增值收益，对低收入群体住房来说就变得遥不可及。②低收入群体需要自行出资对住房进行维修、维护，而这对本来收入不高的人是一个沉重负担。③对低收入群体的自我认同的影响。

6.2.3　公共住房政策

在有着公共住房制度的国家，"公共住房"概念有着不同的表达，欧洲国家较多使用"社会住宅"，我国现阶段使用"保障性住房"的定义。

（1）美国的公共住房政策

"以人为本的公共住房政策"（people-based public housing policy）是美国的公共住房政策导向从供给端补贴转向需求端补贴的产物，其基本的操作为向低收入家庭发放住房补贴，允许其在私人市场上或公共住房项目里寻找住房。一些特殊的需求端补贴项目，如"搬家寻找新机会"（moving to opportunity，MTO）项目，通过将低收入家庭随机分为三组，并长期监测其各种效应，以观测住房券计划的实施效果。总体而言，该类政策的基本目标是促使低收入家庭住进高质量社区，以期通过更好的服务设施（如学校等）、居民之间的非正式社交网络等，为低收入群体改善自身的经济状况提供更多的机会。

特殊的住房券项目（如 MTO、Gautreaux、BMP 等）中确实观察到了居民的健康、孩子的教育水平、社区环境等方面的改善。传统住房项目和特殊住房券项目的这种明显差异性意味着，为低收入群体仅仅提供住房券是不够的，他们还需要更多的支持，如寻找房屋过程中的咨询和帮助、通过鼓励更多的房东加入这些项目以增加低收入群体可进入的区域等，通过政策支持，赋予这些住房券更多的"价值"，已达到有益效果。

（2）新加坡的公共住房政策

新加坡的公共住房模式在世界上堪称是独一无二的。自 20 世纪 60 年代以来，新加坡住房发展委员会（HDB）在解决住房负担不起问题方面采取了切实、基于证据的措施，对公共住房的理解从初期的为动迁家庭和穷人提供住房，后来转变为普遍供应（universal provision）住房。事实上，自 1961 年以来，HDB 完成了 100 多万套住房，因此居住在公共住房中的居民比例非常之高，超过 80% 的新加坡居民居住在住房发展委员会（HDB）提供的住房中。

此外，HDB 高度关注对公屋单位的住房所有权（home ownership）。

另外，新加坡的住房单元生产还辅以全面综合的规划，以创造有利于居民生活、工作、玩耍和学习的自给自足环境，使住房成为社会福利基础设施的中心。住房的普遍供应也使新加坡有机会通过公共住房解决社会和政治问题（如种族融合和社区建设）。新加坡近期对改善现有住房供应的关注是基于参与、规模和市场研究的原则，住房管理部门寻求改善其居住邻里以及住宅街区内公寓的物理环境。

（3）我国的保障性住房政策

自新中国成立以来，我国长期实行福利住房政策，累积产生了国家住房负担沉重而居住水平难以提升的弊端，直至 1978 年 6 月正式宣布将实行住宅商品化的政策。经过 1978—1985 年的住房市场化改革探索和试点、1986—1993 年的全面实施房改，1994—1998 年的综合配套改革，其间 1994 年国务院印发了《关于深化城镇住房制度改革的决定》，至 1998 年下半年开始全面停止住房实物分配，逐步实行住房分配货币化。

我国住房市场化改革的核心策略之一是促进住房自有，1998 年正式推进住房市场化而建立起的是以"经济适用房"（即住房自有）为主、廉租房为辅的保障性住房体系。经过近几十年的发展，我国社会的住房消费观念已从计划经济时期"全民租福利房"到后来的"全民持自有房"，住房所有权意识深入人心，却也使得我国的保障性住房供应在兼顾满足所有群体需求方面相对不足。其中的缘由既有我国更早的历史和制度基因，也有改革开放后住房制度改革对住房自有目标的强烈的引导和促进因素。

由于地方城市层面在保障性住房供应中存在过分追求效率而相对忽视公平的问题，2007 年开始，保障性租赁住房成为我国保障性住房供应工作的重点。2010 年公共租赁房在各地保障性住房建设规划中已占据中心地位。2011 年起，鉴于中央政府的强制要求，我国城市普遍开始了大规模的保障性住房建设。2021 年 6 月，国务院办公厅发布《关于加快发展保障性租赁住房的意见》，首次明确我国住房保障体系在国家层面的顶层设计，即以公租房、保障性租赁住房和共有产权住房为主体。

随着住房制度改革的深化，我国已逐步建立起了多主体供给、多渠道保障、租购并举的住房供应与保障体系。其中保障性住房体系是我国住房供应体系的重要组成部分，在宏观社会经济发展中有其不可替代的定位。

6.3　商品房开发投资和高房价

市场商品住房的开发投资推动了城市住房价格。国际上形成了以高房价为特征的"对冲城市"类型。在我国表现为各地城市的土地财政发展模式。

6.3.1　对冲城市

经济全球化时期，很多发达国家的城市，如温哥华、迈阿密、伦敦以至悉尼、墨尔本等，楼市兴衰和居民收入、物业供求等本地基本因素关系日渐疏离，取而代之的是相关城市对冲全球政治经济风险的吸引力。"对冲城市"是那些安全稳定、房价高的城市，投资者在这些城市购买房产来冲淡投资风险，这种城市被称为对冲城市（hedge city）。由于外国投资者购买地产造成这些城市的房地产价格极高，投资者选择在这种城市购买房产，以避免在自己国家投资不稳定造成的损失。繁荣发展但不稳定的社会的富人们大量涌入"对冲城市"的房地产市场，从而抬高了房价。对外来的国际投资者来说，典型的"对冲城市"是安全的，拥有稳定的社会和政治环境，人们的隐私会受到保护，投资者们能够在城市中安静地生活。对当地居民来说，房价和物价都被推高了。为了调控当地房价，加拿大自 2016 年 8 月起已开始对海外买家征收 15% 的房产交易税。

6.3.2　我国的土地财政和高房价

我国近 40 年的住房市场化改革，在根本性改善了城市居住水平的同时，也带来了大城市房价的持续飙升、住房不平等以及低收入群体的住房可支付性不足等社会关切的问题。

（1）地方土地财政和高房价

地方政府的利益和对土地市场的垄断经营是我国房价高企的核心因素。20 世纪 90 年代，我国开始实施分税制财政管理体制，这项改革弱化了中央向地方政府的纵向转移支付力度，地方政府在财政压力（事权和税权之间存在偏差）和政绩压力下，基于土地出让和开发的增长模式一定程度上推动了经济发展和城市化进程；但是地方政府通过制度转型期城乡二元土地结构缺陷、行政体制不健全、金融政策扶持等"编外资源"实施土地财政策略，容易造成房地产投资过度，引发财政、社会、腐败犯罪等巨大风险。更为严峻的是，城市土地资源稀缺，且供需严重不平衡，地方政府垄断下的城市土地市场为政府抬高地价提供了制度保障，在"土地财政"理念的引导下，地方政府可通过"饿地政策"增加土地收益，弥补预算内收入的不足[①]。地价上涨尤其是高价地块的交易会显著带动房价的上涨，而高房价又进一步对地价的增长具有显著拉动作用。

（2）高房价的弊端和影响

地方政府对土地财政的依赖推动了商住用地价格高涨，虽然国家在不同时期推出了一系列控制房价大幅上涨、控制大众炒房冲动等防范金融风险扩散

---

① 郑思齐，师展 ."土地财政"下的土地和住宅市场：对地方政府行为的分析 [J]. 广东社会科学，2011（2）：5-10.

和房地产硬着陆的政策措施，但还是形成了难以调控的房地产市场"坚硬泡沫"，造成产业空心化态势，降低了城市土地使用效率。房地产市场的利润带来了炒房客，推高了城市的经营和生活成本，吞噬了居民的收入，严重影响城市和国家的金融和经济安全。

2023 年 8 月，我国公安部提出将持续深化户籍制度改革，推动各地全面取消城区常住人口 300 万以下的城市落户限制，全面放宽城区常住人口 300 万至 500 万的 I 型大城市落户条件，完善城区常住人口 500 万以上的超大特大城市积分落户政策。因此，对于大部分受过高等教育的流动人口来说，现在户籍已不是阻碍人口流动的最主要因素，除了京沪两地，落户其他城市的难度并不太大，真正阻碍自由流动的因素是高房价。

6.4　非正规住区、贫民窟和城中村

非正规住区、贫民窟和贫困居民区的增长是伴随着城市人口增长的全球现象。在发展中世界的城市边缘或城乡接壤处，由于城市管理力量不足或管理力度不够，一些无固定职业和收入的外来人口，往往租住农民住宅或违章临时搭建简易房（图 8.4）。这些非正式集中居住地，基础设施欠缺，居住条件恶劣，常常成为城市中犯罪率较高之地，以及流动商贩们加工制造伪劣商品的据点。

6.4.1　非正规住区

非正规住区（informal settlements）问题是世界面临的最重大的城市挑战之一；这显然已经成为过去半个世纪里城市吸收大规模城市化人口的主要

图 8.4　广州番禺花市附近的非正式定居点（左）及由东北来此安身的花农（右），2005 年
来源：作者自摄

形态；这也是城市发展过程中的一种自发行动。迈克·戴维斯认为，某种意义上我们正在变成一个"贫民窟星球"（planet of slums）。据估计，2013年世界上25%的城市人口生活在非正式定居点（彼时全球总人口大约在70.6亿，25%约为17.65亿）。自1990年以来，全球人口中增加了2.13亿非正式定居点居民[①]。非正规住区是指这样的居住区[②]：擅自占住的定居点，居民们居住的土地或住所通常没有保有权的保障，例如他们可能会擅自占用（房子或地方）或非正式出租；社区通常缺乏基本服务和城市基础设施；住房可能不符合规划和建筑法规，且通常位于地理和环境敏感区域[③]。

　　一些相互关联的因素推动了非正规住区的出现，这些因素包括：人口增长；城乡迁移；缺乏负担得起的住房；治理薄弱（特别是在政策、规划和城市管理方面）；经济脆弱性和低薪工作；边缘化；冲突、自然灾害和气候变化造成的流离失所等。

　　许多政府拒绝承认非正式定居点的存在，因为这破坏了整个城市的可持续发展和繁荣，这也使得这些定居点在地理、经济、社会和政治上继续脱离更广泛的城市系统，被排除在城市机会和决策之外[④]。城市政府对非正式定居点的态度大多从反对和驱逐到勉强容忍及至支持合法化和升级。通过土地保有权的正规化和提供基础设施来升级非正规住区，被普遍认为比搬迁更可取[⑤]，这有助于维持被认为对生计至关重要的社会和经济网络。

　　生活在非正规住区对某些群体的影响殊为不同。非正规住区通常位于城市地区的外围，缺乏市场和资源，这可能会加剧非正规住区的妇女在获得生计机会方面面临的障碍，限制了她们通过有偿就业获得收入的能力和时间。此外，普遍存在的偏向男性的土地保有权政策和对妇女拥有财产权利的限制降低了替代住房选择的可能性。劣质住房或被驱逐以及无家可归，也会增加女性遭遇不安全和性暴力的风险[⑥]。

　　非正规住区的"非正规"定义体现在很多方面，包括土地的所有权、使用权和经营权，物业所有权，建造许可（城市规划、设计和建设），城市管理要求，以及居住标准等。通过所有这些方面的比较，非正规住区、贫民窟/棚

① UN-Habitat.Streets as public spaces and drivers of urban prosperity[R]. Nairobi：UN-Habitat，2013：126-128.

② UN-Habitat.Informal settlements. In Habitat III Issue Paper 22. Nairobi：UN-Habitat，2015.

③ K.Patel. Provision and improvement of housing for the poor（Topic Guide）. Evidence on Demand. 2013.

④ UN-Habitat.Global report 2015：Increasing synergy for greater national ownership[R]. Nairobi：UNHabitat. 2015.

⑤ N. Devas，P. Amis，J. Beall，U. Grant，et al. Urban governance，voice and poverty in the developing world[M]. London：Earthscan，2004.

⑥ William Robert Avis. Urban governance[EB/OL]. https：//gsdrc.org/topic-guides/urban-governance/key-policy-challenges/informal-settlements/，November 2016.

户镇、棚户区、贫困居民区以及国内的城中村可以更加细致地被区分开来。如表 8.9 所示，贫民窟、城中村和非正规居住存在不同程度的不合法、不合规因素，而贫困居民区和非正规住区在性质上是不一样的。非正规住区是城市化过程中到达城市的移民的一种别无选择的选择，使用"非正规"这个标签可以避免像"贫民窟"和"棚户区"这些表达方式的触目惊心，尽管表 8.9 展示了这些术语部分是同义的。

国内外居住形态的非正规性比较　　　　　　表 8.9

特征＼类型	非正规住区	贫民窟／棚户镇	棚户区	贫困居民区		城中村
	国外	国外	国内	国外	国内	国内
土地所有权	× 未经许可	× 私人或国家所有	× 国家所有	× 私人或国家所有	× 国家所有	× 集体所有
土地使用权	× 未经许可	✓	✓	✓	✓	✓
土地经营权	× 未经许可	×	×	✓	×	✓有限
物业所有权	✓ × 不稳定	✓	✓	✓	✓	✓村民拥有
建造许可	× 未经许可	×	× 历史遗留问题	✓	✓	✓ × 违章搭建
城市管理要求	× 不符合各类规范	×	× 不符合消防、卫生防疫规范	×	✓	× 不符合消防、卫生防疫规范
居住标准	× 不符合	×	×	×	✓	× 不符合
区位	城市边缘	城市边缘或市内	市内	市内	市内	市内

来源：作者绘制

虽然城市的非正规居住模式通常很边缘化，但它却被卷入了城市地方身份和全球地方品牌的政治当中，因此地方政府便有了大规模拆迁以消除它们的念头。然而从经济角度来看，这些住区对这些城市来说并不是完全边缘化的；因为贫民窟居民在此可以获得工作和公共交通，为正规城市提供服务，他们通常构成城市劳动力的重要部分。

虽然非正规住区的土地所有权通常是模糊的，但房屋大多是由居民建造和拥有的，他们也可能成为房东。就印度孟买的达拉维（参见延伸阅读 8.8）而言，许多居民的房屋多至四个房间，其中一些被出租用于住房或工业用途。全盘正规化的改造计划遭到了居民激烈的抵抗，因为这往往会导致工作机会的丧失，将房东转化为租户，并使以前的租户无家可归。总之这将加剧非正规住区居民的贫困，并剥夺了城市的劳动力。除了少数例外，非正规住区大都需要在原地进行改造。

泰国曼谷的运河（khlongs）边上有许多非正规定居点，这些非正规的定居点带来了真实的震撼和超密集的城市景象，构成了泰国旅游特色中城市生活原真性的重要组成部分。对外来者来说，非正规住区往往有着令人眼花缭乱的迷宫般的复杂、神秘，无论是空间上还是心理上都难以穿越。瓦尔特·本雅明（Walter Benjamin，1892—1940年）对20世纪初那不勒斯的平民建筑具有"多孔性"（porositt）的城市特征的描述似乎同样适用于现今的非正规居住，"不仅混合着南方手艺人的慵懒，尤其顺应了即兴创作的狂热"，除了"石头上长出来的"地形地貌差异之外，"建筑物被用作大众舞台（Volksbühne）。它们全被分裂为数不清的、同时活动着的剧场"[1]，在这一点上，非正规居住的精神是完全一致的。非正规住区的社会性和生产力高度依赖于公共空间吸收家庭和经济功能的能力。

高度的非正规性使信息、货物的微观流动成为可能，从而产生收入并使生活在贫困的条件下得以持续。这些实践和在非正规城市化条件下蓬勃发展的微观空间适应性相结合，特别是渐进建设过程。非正规性不能和贫困相混淆；而且它确实是管理贫困的一种资源。

非正规住区的密度相对较高，适合步行，交通便利，而且没有汽车。它们通常是用回收材料建造的，具有低能耗和被动加热/冷却的特点。高密度的发展和交通节点相邻，并且可以步行到达就业地点，这使得这些城市的结构可持续性达到了正规城市的居民只能幻想的水平。虽然任何有效的升级都会增加消费，但将这10亿贫民窟居民升级到日常的消费水平，或将他们从交通和就业中转移出去，必然将是灾难性的。建筑师们甚至在思考如何将现有非正式住区的渐进式的升级（重建）过程和低碳城市的设计相结合，使之成为一个空间上更公正的城市的正式的、社会的和功能的混合区。"为公共利益而设计的行动"展示了一系列精彩的渐进式和临时性的城市设计，其中大部分由建筑师发起。[2]

据估计，印度的正规住房每平方米的价格是非正规改造的三倍左右，如此一来，腐败在非正规建筑中的影响较小。建筑标准最初往往是低劣的，但在许多定居点，大多数建筑可以有效地在原地升级，而不是更换。总之，非正规住区的渐进式升级是和宏观政治变化联合进行的。

非正规性是居民管理贫困条件的一种过渡性做法。仅仅升级的住房不能阻止过度拥挤。而在没有替代住房的情况下，大规模拆迁和剥夺城市贫民的权利是一种"犯罪"。由于经济、社会、环境和美学等一系列原因，即时地拆除

---

[1] Walter Benjamin.Gesammelte Schriften，Band IV：Kleine Prosa[M]. Suhrkamp Verlag，1972：310.

[2] 悬浮映画（MemoryPics）Stanley. 硬核理论｜非正式化建筑学：非正式的住区挑战 [EB/OL]. 公众号 id: unidesignlab，https：//zhuanlan.zhihu.com/p/416842323，2021-10-04.

和替换的正规化战略是不可取的，也是不可行的。然而更长期的挑战是如何制定战略，完全避免大规模拆迁。这是一个承认普遍存在的非正规性并逐步推进的战略。

6.4.2　贫民窟

贫民窟是城乡贫困的症状。联合国人居署的研究数据表明：2005年，亚洲共有5.81亿贫民窟居民，占世界贫民窟人口的近60%；撒哈拉以南非洲有1.99亿贫民窟居民，约占世界总数的20%；拉丁美洲有1.34亿人，占总数的14%。2005年全球范围内30%的城市居民生活在贫民窟中，这一比例自1990年以来没有明显变化。然而，在21世纪的前十多年里，这个问题日益严重——全球城市人口中又有2.83亿贫民窟居民。[1] 2014年，发展中国家30%的城市人口生活在贫民窟里，世界各地无数城市出现了无计划的非正规结构增长，为低收入和贫困居民提供住房。这导致城市扩张超出了大多数城市的行政边界，使大多数贫民窟居民无法获得基本服务和体面的就业机会[2]。巴西里约热内卢16个贫民窟（favelas）大约有14万居民[3]。2019年，联合国估计，生活在贫民窟或非正规定居点的绝对人数增至10亿以上，其中80%来自三个地区：东亚和东南亚（3.7亿）、撒哈拉以南非洲（2.38亿）、中亚和南亚（2.27亿）[4]。越来越多的贫民窟居民是城市化和人口增长的结果，这两方面的速度都超过了新建负担得起的住房的速度。

（1）贫民窟的定义

联合国人居署2008年将贫民窟家庭定义为生活在同一屋檐下的一群人，他们至少缺乏以下一个条件：得到改善的水；得到改善的卫生设施；足够的生活面积（不超过三人共享一个房间）；住房的结构质量和耐久性；以及保有权的保障。由此也定义了贫民窟，即具有上述环境特征的地方。贫民窟在世界各地有不同叫法——贫民区（favelas）（巴西）、成排的贫民小屋（bustees）（印度）、从农村来的贫穷移居者聚居的城市贫民区（barriadas）（墨西哥）、自治中心（poblaciones）（智利）、苦难村庄（villas miserias）（阿根廷）、城市郊区建筑草率的住宅区（bidonvilles）（非洲）、土著村庄（Kampongs）（东

① Anna Tibaijuka. Supporting Towns and Cities to Achieve the MDGs-Improving the Lives of Slum Dwellers[EB/OL]. https：//www.un.org/en/chronicle/article/supporting-towns-and-cities-achieve-mdgs-improving-lives-slum-dwellers，2013-06-27.
② Maimunah Mohd Sharif. Promoting Sustainable Human Settlements：Its Relevance to the 2030 Agenda[EB/OL]. https：//www.un.org/en/chronicle/article/promoting-sustainable-human-settlements-its-relevance-2030-agenda，2018-08-06.
③ UNIC Rio.Brazil's favelas organize to fight Covid-19[EB/OL]. https：//www.un.org/en/coronavirus/brazil%E2%80%99s-favelas-organize-fight-covid-19，2020-05-13.
④ UNDESA.Statistics Division，2019[EB/OL]. https：//unstats.un.org/sdgs/report/2019/goal-11/，2022-11-06.

南亚），以及棚户区（shantytowns）（中国）。中国的棚户区比较特殊，和贫民窟还是有区别的。发展中世界的贫民窟展示了城市化的阴暗面，贫民窟是城市和乡村贫困以及不平等的经济和城市增长的产物。

（2）贫民窟的实质

贫民窟一般和正规定居点不同，因为土地占用不明确，通常是非法的，或者定居点及其建筑未经官方许可，或者因为场地布局和结构违反法规（例如，地块面积小于规划法规规定的最小值）。许多城市的非正规定居点非常普遍，而且居住着高比例的人口和劳动力。由此也带出了一个问题，如果一个国家现行的法律法规认定大量的城市居民的住房和生计是非法的，那么该法律自身的适当性应该先被审查。

2005年，大约6/10的非洲城市居民是贫民窟居民，和拉丁美洲、南亚等其他发展中区域的情况相比，这一比例非常高。苏丹、中非共和国、乍得、安哥拉、尼日尔、埃塞俄比亚等非洲国家的城市人口中居住在贫民窟的比例最高，每十个城市居民中至少有八个是贫民窟居民。这表明，许多非洲国家的城市化是在大量城市居民的经济机会没有改善的情况下发生的，人们实际上迁出了农村，然而没有在城市产业部门找到工作，而是在城市非正规领域就业或直接失业了。城市化和城市增长没有伴随经济增长和结构变化，从而导致了城市和贫民窟及非正规经济活动同步增长，贫民窟恰恰表明经济增长有限的城市增长并没有改善所有城市居民的生活水平。贫民窟居民的增加对这些地区的安全产生了一些严重影响，因为犯罪率、吸毒、卖淫和艾滋病毒感染率似乎在城市地区更为普遍，而且在贫民窟中尤其高，贫民窟里的人们生活过度拥挤且卫生设施不足。例如，艾滋病减缓了东部和南部非洲国家的城市化步伐，因为城市地区死于艾滋病的人数比农村地区多（参见延伸阅读8.9）。

2000年，亚洲开发银行估计马尼拉的贫民窟总人口约为340万，亦即马尼拉大都会有35%的人口生活在不稳定、建筑简陋的贫民窟中，而11%的贫民窟居民居住在铁路和垃圾场等不安全区域附近。根据世界银行的数据，贫民窟的生活条件比最贫穷的农村地区更差。超级城市项目的研究发现，贫民窟地区结核病的发病率是非贫民窟地区的9倍，腹泻病的发病率高出2倍。[①] 有关贫民窟人口的准确人口数据很难收集，即使调查人员接触到贫民窟居民，大多数人也不敢回答问题，因为他们担心调查人员会利用这些信息来拆除他们的住所或重新安置他们。

（3）贫民窟的处置

除了贫民窟自身的问题之外，在如何处置贫民窟和非正规住区上也形成

---

① Zach Brown. 10 FACTS ABOUT SLUMS IN MANILA[EB/OL]. https：//borgenproject.org/10-facts-about-slums-in-manila/，JULY 27，2019.

了渐进主义派和反渐进主义派两派对立的新问题，渐进提升派主张保留改造贫民窟和非正规居住地，通过社区范围内的赋权实践，改变贫民窟的负面形象（例如新的住房类型和基于社区的公共艺术作品的整合等），避免被驱逐（如前所述）。而反渐进派，或者说贫民窟清理派，例如迈克·戴维斯，他将反对渐进式行动的理由总结为：自助计划经常失败或使问题恶化；资金漏给了腐败的经营者；业主建造的住房是低劣的，增量建筑效率低下；非政府组织可能将贫民窟居民的利益纳入自己的利益；以及自助计划转移了贫民窟居民的政治斗争。他还指出，非正规性并不是一个仅限于提供最低标准而锁定城市阶级区别的愚昧建筑的借口。无论两派如何争议，不可否认的是，贫民窟和非正规住区现有的形态中存在着成为一个有吸引力的生活和工作场所、发展多样性和活力的种子，而这些恰是西方城市中最好的混合用途、社会和形式多样化的内城社区的特点。

延伸阅读 8.9　各国的贫民窟

1. 印度孟买，达拉维（Dharavi）贫民窟，生活着 100 万居民。这里曾是宝莱坞电影《贫民窟的百万富翁》的拍摄地。达拉维是一个由狭窄的车道、相互连接的棚屋和单间起居空间组成的庞大的农场，这些地方兼作工厂。居民们在贫民窟的排水沟里做陶工、制革工、织布工和肥皂制造商；据估计，这个拥挤的社区的年销售额高达 10 亿美元。

2. 南非开普敦，卡雅利沙（Khayelitsha）贫民窟。这里聚集了 40 万~120 万穷人，其中超过 12000 个家庭没有厕所设施。

3. 墨西哥首都墨西哥城，内扎城 [Ciudad Nezahualcoyotl（Neza）] 贫民窟。这里生活着约 110 万居民，有着较高的暴力犯罪率。该贫民窟以墨西哥历史文化中一位重要人物（Nezahualcoyotl）的名字来命名，这多多少少反映出贫民窟居民们的自我认同感。

4. 肯尼亚首都内罗毕，基贝拉（Kibera）贫民窟。这里距离市中心仅 5 公里，生活着近 150 万穷人，由于当地的高失业率，大多数人都生活在极低收入之中。这里有着严重的犯罪和暴力问题。其居民居住在用废弃木材、纸板或铁皮搭建的棚屋里，没有自来水和电。经常性的洪水威胁着居民的健康和住房。

5. 巴基斯坦卡拉奇，奥兰吉镇（Orangi Town）贫民窟。该贫民窟生活着 150 万~240 万人，形成时间不长，有 10 多年历史。这里存在严重卫生问题，犯罪率很高。

6. 巴西里约热内卢，罗辛哈贫民窟（Rocinha Favela）。约 25 万居民生活在该贫民窟，建筑物都在陡峭的山坡上，这里帮派贩毒、吸毒、偷盗等类型的犯罪率很高。该贫民窟也是电影《里约大冒险》中贫民窟的原型。

7. 泰国首都曼谷，孔堤区（Klong Toey）贫民窟。这里生活着约 10 万人，多数居民做着港口搬运、公交车司机、摩的司机、商场或写字楼清洁工及便利店员工等收入较低的工作。2020 年 3 月中旬，泰国疫情进入暴发期，较差的卫生条件和生活习惯让这里成为疫情传播高风险区。这里是由临时工住址而后发展成为穷人的聚集地。

8. 菲律宾首都马尼拉，通多区（Tondo）贫民窟。该贫民窟位于菲律宾马尼拉市的郊区，人口约 63.1 万，人口密度为每平方公里 8 万人[①]。这里是在垃圾场上建造的临时住房单元的集合，该国最糟糕的贫民窟之一。它由原本的工业港口而后成了贫困家庭的聚集地，附近河流中充满了垃圾和排泄物。

9. 尼日利亚首都拉各斯，马可可（Makoko）贫民窟。这里约有 40 多万人，是非洲最大的水上贫民窟。最初是一个渔村，自 2012 年遭政府拆迁驱逐，聚集于此。这里贫困户很多，以捕渔为生，是各种疾病的高发区。

10. 埃及首都开罗，曼什亚特纳赛尔（Manshiyat Nasser）贫民窟。该贫民窟位于开罗东南部的莫卡塔姆丘陵的底部，被称为"垃圾城"，生活着 26.2 万人，主要是科普特基督徒的家园，他们从事拾荒者（Zabbaleen）或垃圾收集者的工作。这是一个回收的繁忙之地，对埃及首都的运作至关重要，但大多数家庭缺乏下水道、电力或自来水。2009 年猪流感爆发后，屠杀埃及所有猪的行动对曼希亚特居民的打击尤其严重，因为他们用猪来消耗有机废物，并通过出售肉来赚取额外收入。

来源：Jason Overdorf. 8 Cities With the World's Largest Slums[EB/OL]. https：//www.usnews.com/news/cities/articles/2019-09-04/the-worlds-largest-slums，Sept.4，2019；Balyum Dagang.Interesting Facts About Makoko，Africa's Biggest Floating Slum[EB/OL]. https：//weafrique.com/makoko-africa-biggest-floating-slum/，November 18，2022. 等。

6.4.3　城中村

城中村是我国快速城镇化进程中特有的现象，指的是原本农村地区、而后被城市建成区包围或半包围的地区。城中村也是我国城乡二元管理体制及土地二元所有制结构的产物。城中村的特殊之处是既存在于城市之中却又游离于城市管理之外，也被称为"都市里的村庄"。城中村并不必然和贫困挂钩，而是快速城镇化的产物。特别是深圳的城中村，和其他城市的城中村、低收入社区有着很大的不同。成本低廉、地理位置优越的城中村，被称为是民间版的"保障房"。

---

① The Worst Slums in Manila：One Day in "Happyland" [EB/OL]. https：//notanotherbackpacker.com/en/slums-in-manila-happyland/.

（1）城中村的广泛存在

城中村在我国各省市大量存在。2018 年 3 月，深圳市城中村改造办公室发布的数据显示，深圳城中村用地总规模约 320 平方公里，约占深圳土地总面积的 1/6。另据深圳市住房和城乡建设局的摸底调查，2016 年深圳共有以行政村为单位的城中村 241 个，其中特区内的城中村 91 个；城中村农民房或私人自建房超过 35 万栋，总建筑面积高达 1.2 亿平方米，占全市住房总量的 49%。从深圳的长期监测来看，实际租住城中村的人员占全市总租客的比例可能达 60%~70%。[①] 据估计，有将近 1000 万的深圳人口居住其中。山西省有城中村 1200 余个，占全省行政村总数的 4.27%。其中，太原有 170 个城中村[②]。另据 2005 年 2 月的报道，2005 年初北京市域共有大大小小的"城市村庄" 343 个，总占地面积约 17 万平方公里，超过了原宣武区的总面积。"城中村"里违章建筑共占地 96 万平方米，占"城市村庄"内全部建筑总面积的 15%。根据当时统计，全北京 343 处"城市村庄"中共有住户 18.9 万户，其中常住人口 52.9 万人，外来人口 99 万，也就是说，北京"城市村庄"的"村民"达到了 151.9 万人。[③]

（2）城中村的空间环境问题

城中村具有一些相似的空间环境问题。中心城区的"城中村"大都建筑密集拥挤，居住条件恶劣；人口密度大，人均居住面积小。在北京市城中村的拆迁整治中，原崇文区内每户平均居住面积为 18 平方米，宣武区每户平均为 23 平方米。又如山东临沂市的东关村，居住着大量外来务工人员，这里随处可见"握手楼""一线天"。

城中村地区也成为城市公共安全隐患突出的高危区，往往存在消防隐患。村中狭窄的道路，拥挤不堪的违章建筑，使得消防车、救护车常常开不进去，一旦发生险情，急救措施难以奏效。还有，城中村在水、电、气、热、道路、环卫等市政基础设施方面缺乏统一的市政建设，一些城中村设施严重落后，一些基础设施不全，或负荷能力不够，垃圾和污水得不到有效处理，常常是垃圾露天堆积，污水横流，公厕肮脏不堪，成为城市公共卫生的盲区。

（3）城中村的社会问题

城中村一方面保持着传统村庄的生活方式，另一方面又面临外来务工人群的大量涌入。这使得城中村社会既不是传统意义上的熟人社会，也不是现代意义上的陌生人社会。人员的混杂给社会管理带来了困难，而且外来务工者的

---

① 每日经济新闻.深圳城中村：整治区内拟不拆除重建 或可纳入保障房 [EB/OL]. http: //baijiahao. baidu.com，2018-11-07.

② 武珍.山西省政协专题协商推进城中村改造 [EB/OL]. 人民政协网，2015-10-14.

③ 成怀喜.北京共有城市村庄 343 个 其中人口超过 150 万 [EB/OL]. https: //news.sina.com.cn/ c/2005-02-08/13405817410.shtml，2005-02-08.

低收入和城市的高消费之间的落差，容易引发外来人员的心理失衡，增加了社会冲突。

南方沿海地区城中村具有特殊性，它们和贫困并不必然相关，有些城中村出租户已经形成了一个特殊的村民"食利者阶层"，他们是富裕的房东、过渡期的未来中产群体。深圳城中村原住民拆迁户，常常流传出因为拆迁赔偿一夜暴富的神话，村民拥有千万身家。深圳的城中村出租户，约有10万户。城中村的村民家庭宅基地区位好、条件又允许的情况下，常将住房建成小高层，既满足自家居住，又能将剩余的楼层出租出去，坐在家里收租金。村民的后代中有些"不上学、不工作、不回家、不结婚"的"四不"青年，成了当地的一种特殊社会现象，潜伏着新的社会问题。

城中村的治安情况大多不乐观，犯罪率相对较高。北京25%以上的"城中村"位于行政区域的接合部、铁路沿线等地区，人员构成复杂，是城区违法犯罪活动的多发地。同时，城中村也为大量地下非法加工厂、非法诊所等提供了藏身之地。山西太原的城中村2014年1—9月刑事案件立案17844起，占全市刑事案件的73.8%。[①] 流动人口难以管理是城中村的犯罪查处困难的一大原因。外来务工人员基本处于无序流动的状态，他们的住址、工作单位变动、违法犯罪前科情况等动态信息往往得不到及时更新，人口信息采集机制不畅是治理城中村犯罪面临的一大挑战。村庄里外来租住户多，虽然按要求人人都要到派出所登记，但还是防不住层出不穷的盗窃、故意伤害和诈骗，甚至出现了专门以城中村为目标的犯罪团伙。

6.4.4　城中村的改造和去向

由于中国城镇化推进迅速，在这个过程中出现"都市里的村庄"的现象很正常。但是"都市里的村庄"背后却隐藏着规划滞后的危机。城中村改造整治难度大，涉及管理体制、土地、就业、社会保险、集体资产等一系列问题，以及工程拆建、治安管理、安置补偿、村民素质提升等诸多问题，问题盘根错节。因此要在短时期内彻底整治这类村庄非常困难。

较为实际的是，从强化社会治安、改善环境卫生入手进行综合治理，从管理层上抑制住这些地区状况日趋恶化的势头，随着城市化进程，使这类城中村渐变为城市地区。政府在改造城中村时要确保各方利益公平公正得以实现，充分考虑长期居住在这里的居民的承受能力。

（1）城中村的综合整治

要彻底改变城中村破旧、脏乱、落后的环境状况，主要有拆、调、建、管四个方面工作要做。北京市城八区231个"都市里的村庄"全部面临整治

---

① 城中村法治之困 [N]. 检察日报，2014–10–29（5）.

拆除。自 2015—2020 年，太原对 170 个城中村进行脱胎换骨地改造，建设总量达 1.5 亿平方米。通过推进政府与社会投资合作的 PPP 模式，多元筹建改造资金，并推行"统一规划、连片改造、集中安置"模式。①

深圳市则为了保留城市发展弹性，划定综合整治分区，在特定时间内保留一定比例的城中村，范围内土地不得纳入拆除重建类城市更新单元计划等。在深圳市规划和国土资源委员会发布的《深圳市城中村（旧村）总体规划（2018—2025）》征求意见稿中，划定了总规模为 99 平方公里的城中村为综合整治分区范围，范围内用地在 2018—2025 年内不得纳入拆除重建类城市更新单元计划、土地整备计划及棚户区改造计划。深圳城中村用地总规模约 320 平方公里，这意味着约 1/3 的城中村将被纳入综合整治范围之内。

（2）城中村综合整治后多渠道提供租赁房

城中村的出租房原本存在诸多安全隐患，通过整治和改造，农民房的居住环境得到明显提升，但由于装修成本等因素也会带动租金的短期上涨。城中村综合整治不仅为解决历史遗留下来的农民房问题提供了新思路，也为政府筹集保障性住房提供了新来源，有利于建设多渠道供应的住房体系。深圳对此进行了三方面的探索：

1）政府统租后实施综合整治类更新

深圳调整了城中村改造模式，加强城中村租赁市场监管。通过收购、租赁、改建等方式收储村民自建房或村集体自有物业，经质量检测、消防验收等程序后，统一租赁经营、规范管理。经政府统租后实施综合整治类更新的城中村居住用房全部纳入政策性住房保障体系，进行统筹管理。

2）企业、机构进行城中村改造，发展住房租赁

在此背景下，不少房企、银行、中介机构开始涉足深圳城中村改造，发展住房租赁。比如，深圳万科 2017 年出资 1000 万元成立专门的运营公司——深圳市万村发展有限公司，介入深圳城中村的改造运营，作为万科城中村改造项目"万村计划"中的一个部分，万科逐步与郭吓村的业主签约，将房屋统一改造升级再出租。深业集团也与政府合作改造了福田区水围村等项目。从租售比来看，房租存在长期上涨空间，可一旦区域性房租上涨过快，政策干预会对房产企业的项目收益率带来影响②。

（3）城中村历史违建的处理

关于城中村历史违建的处理一直是个难题。城中村历史违建包括农村城市化历史遗留产业类违法建筑（简称产业类历史违建）和公共配套类违法建筑（简称公配类历史违建）。许多城市手段强硬，对于违法建设采取依法没收或拆

---

① "都市里的村庄"要变现代文明社区 [N]. 人民政协报，2015-10-14（2）.

② 深圳调整城中村改造模式拆迁暴富梦碎？ 每日经济新闻 [EB/OL]. https://baijiahao.baidu.com/s?id=1616508213702706676&wfr=spider&for=pc，2018-11-08.

除的方式，激起了相当程度的社会矛盾，并引发了一些过激事件。自 2018 年 10 月 10 日起施行的《深圳市人民政府关于农村城市化历史遗留产业类和公共配套类违法建筑的处理办法》，对深圳产业类和公共配套类违建的处理有了明确方向，明确了可以转为商品性质的历史违建类型，相较之下，深圳的则更具人性、柔性的处理过程，注重安全隐患问题，能够有效降低社会安全风险。深圳目前 60% 合法权属才能立项做城市更新，个别重点单元达到 30% 就可以。

6.5　无家可归

无家可归（homelessness or houselessness）在国际学术界和城市政治层面是一个共同和重要的议题，在一些西方国家城市里尤其突出。

6.5.1　无家可归的定义和问题根源

无家可归被定义为被抛弃或不受保护的状态——缺乏稳定、安全和充分居所的状态。根据美国住房和城市发展部（HUD）的说法，如果某人"缺乏固定、定期和充足的夜间住所"，则被视为无家可归。美国政府对无家可归者的统计研究还包括那些睡在并非专门用作常规睡眠场所的公共或私人场所的人。无家可归者的权利因国家而异。

目前在统计无家可归者和确定他们的需求方面还没有达成方法上的共识，因此在大多数城市都只有估计的无家可归人口数量。经济危机、贫困以及医疗和住房政策的失败等因素是造成无家可归的主要原因。自 20 世纪 70 年代以来，全球经济重构造成了失业和社区衰退，失业对家庭造成了严重的伤害，在许多情形下，失去收入导致无能力支付住房。对一些家庭来说，由于有限的经济手段甚至租房也很难实现。美国的"租金控制"（rent controls）可能会让无家可归的人失去负担得起的住房，宽松的政策可能会增加无家可归的情况，而那些和教会或信仰团体（faith community）没有联系的人最终无家可归的可能性会高出 60%。

6.5.2　西方国家的无家可归

美国经济顾问委员会（Council of Economic Advisers）2019 年 9 月发布的《美国无家可归状况》（*The State of Homeless in America*）报告中详细介绍了无家可归者的情况 [①]。

（1）50 万美国人无家可归。2018 年 1 月，美国有 552830 人被列为无家可归者。其中 194467 人（35%）在临时住房中"或流落街头"，358363 人

[①] Rev. Ben Johnson. 10 facts about homelessness in America [Transatlantic Blog]，September 23，2019.

（65%）得到庇护。报告称："一晚无家可归的总人口占美国人口的0.2%，即每1万人中有17人。"

（2）近一半露宿街头的美国人生活在加利福尼亚州。"美国几乎一半（47%）的无遮蔽无家可归者生活在加利福尼亚州。无遮蔽流离失所率最高的五个城市中，四个城市（旧金山、洛杉矶、圣罗莎和圣何塞）位于加利福尼亚州，另一个位于华盛顿州的西雅图。"无家可归者数量和气候有关，阳光地带的无家可归者数量显著高于其他地区。而在加拿大，无家可归者会进行季节性迁徙，冬天去到气候温和的西海岸城市温哥华。

（3）东海岸城市的无家可归率最高，华盛顿特区排名最差。"与每万人中有17个无家可归者的全国比率相比，总体无家可归率最高的城市是华盛顿特区（每1万人有103人）、马萨诸塞州波士顿（每1万人有102人）和纽约州纽约市（每1万人有101人）。"超过20%的无家可归者生活在纽约市。"这些城市的无家可归率都是美国整体无家可归率的6倍以上"，受庇护的无家可归率是全国平均水平的8倍（每1万人中有11人）。

（4）无家可归者的精神疾病、药物滥用和以前的监禁率很高。根据美国住房和城市发展部（HUD）2018年度无家可归人数统计，111122名无家可归者（20%）患有严重精神疾病，86647名无家可归者存在慢性药物滥用情况。在2017年某个时候使用过庇护所的所有成年人中，44%患有残疾。HUD还发现，9%的美国无家可归者曾在监狱或教养所待过。然而，HUD可能低估了这一人群，因为其他调查发现，多达40%的无家可归者是酗酒者，同样数量的人有心理健康问题。

无家可归在法国、德国等欧洲国家也都不同程度地存在，街头、地铁站、天桥等城市空间常常是无家可归者的栖息场所。

6.5.3 中国的无家可归

在中国语境中，无家可归是一个非常边缘的话题，更多是和乞讨、乞丐、弃婴、儿童犯罪等相关联。自2011年6月至2014年3月，我国在10个省、自治区、市展开了25个"弃婴安全岛"试点。从接受弃婴的人数上来看，各试点之间差异很大。最早开展试点的石家庄市两年半里接受弃婴约180人。内蒙古乌兰察布市儿童福利院于2013年4月开展试点，至2014年2月仅接受4名弃婴。广州自2014年1月28日投入使用，截至3月16日，在一个半月试点时间里共接受弃婴262名，全部患有不同程度的疾病，接受弃婴数量远超过开展试点工作的其他城市同期的接受数量。广州市社会福利院的居室、床位、人手和隔离设施等均已无法满足弃婴数量快速增加的要求，暂停试点。人口流动频繁、贫困、婚外生育率高、交通条件便利、医疗资源集中是造成广州弃婴数量过多这一困境的主要原因。广州市社会福利院设有床位1000张，至

2014 年 3 月收留抚养的孤残儿童和青年已达到 2395 人，其中院内集中供养超过 1100 人。而开始"婴儿安全岛"试点以来，福利院每个班组养育儿童的人数已经从 50 余人猛增至 80 余人甚至近百人。[1]

总体上，由于我国各地的城市管理较严，无家可归基本上没有构成一种社会现象。

第 7 节　迁徙限制和强制动迁

迁徙和动迁都有迁移和搬家的意思。有些动物为了觅食或繁殖，会周期性地或不定期地从一个地区或气候区迁移到另一个地区或气候区；人类的迁徙有类似之处，但是受社会因素的影响恐怕更为复杂和更具有不确定性。迁徙往往最终表现为一个主动的决策行为，但是受到推动因素和拉动因素的影响。动迁则是因为原建筑物拆除或翻建而被动员迁移到别处。动迁是一个被动的行为，严格地讲，动迁仅仅是拆迁工作的一个部分，拆迁人取得拆迁许可证后，到被拆迁人那里动员搬迁。在我国，拆迁是通过安置补偿将范围内居民、集体、单位迁出的行为，拆迁补偿的方式包括货币补偿、房屋产权调换以及货币补偿和产权置换相结合。主动的迁徙行为大多受到迁出地和迁入地的限制；而被动的动迁行为往往遭到被动迁人的抵制，因而动迁人会采取强制动迁的方式。在两个不同的迁移过程中，都产生了大量的社会问题。

7.1　城市化和迁徙限制

城市化的表现和动力就是乡村人口向城市的迁徙，这也是各国城市化的共同历程。但是由于发展制约，我国就曾经历了长期的迁徙限制。

7.1.1　城市和城市化的吸引力

早在 1898 年，艾比尼泽·霍华德就在《通往明日的改革之路》一书中，通过一张经典的"三磁体图"（图 8.5），讨论了在城市和乡村两者之间人们将去往哪里的选择。

格奥尔格·西梅尔则通过假定一位德国农民"汉斯"被迫背井离乡来到柏林开启新生活的描述，展示了现代城市所提供的相对于传统的农村耕种生活方式的一个选择。卡尔·马克思在 19 世纪可能会着眼于汉斯向一名产业工人的转变，然后描述他和抽象资本（机器）、和生产关系（工厂建筑物、装配

---

① 广州暂停试点"婴儿安全岛"[N]. 淄博晚报，2014-03-17（A11）.

线以及日常工作时间表）以及和阶级关系的遭遇。西梅尔却选择从 20 世纪初期整个的工厂领域——资本主义的直接环境转而聚焦于更大的日常生活背景和扩大的环境——城市。

　　农村的人口可能出于各种原因选择搬到城市。这些动机可以概括为推动和拉动因素。一方面，推动因素是可以迫使或鼓励人们从农村地区转移到城市部门的因素，这一决定可能受到环境因素的影响，如农村地区的土地稀缺、饥荒、干旱和洪水。其他推动因素可能包括战争和冲突、农村地区缺乏就业机会、收入低、教育和医疗服务差、农村极端贫困，或希望摆脱不幸福的家庭环境和性别歧视。另一方面，拉动因素鼓励"吸引"人们迁往城市地区。其中包括在城市产业和服务部门就业的机会和前景，这些部门提供较高的城市工资，而城市中心提供更好的医疗和教育服务。

　　尽管城市对农村人口的经济吸引力对于农村人口向城市迁移很重要，但是社会和文化吸引力也在人们迁移的原因中发挥了重要作用，因为城市居民可以享受到完全不同的生活方式，而这种生活方式在农村环境中几乎是相当缺乏的。特别是对于年轻人来说，城市是更具活力和有趣的地方，因为它提供了令人兴奋的社会和文化活动。生活在一起的人口密度更高，也为男女提供了更多的社会互动和更大的婚姻市场。此外，许多从农村到城市的移民只是临时的城市公民，目的是分散家庭收入策略中的风险，家庭成员留守农村，年轻力壮的则到城市中"碰碰运气"。

　　世界上大多数国家的公民有国内迁徙的自由。但是城市中的流动人口或外来人员的权利并没有得到实现和保障，如列斐伏尔在著作 *The Right to The City* 中讨论过的权利。这也造成了发展中世界的过度城市化、首位城市模式，以及非正规居住、贫民窟和高犯罪率等现象和问题。

7.1.2　我国的户籍制约

　　1978 年改革开放之前，我国的人口迁徙受到严格的政策限制，除非有组织地迁徙，基本不存在自主迁徙。这种防御型政策的制定是基于户籍制度及附着在其上的福利差别，户籍不仅代表个体身份和家庭关系信息，还在很大程度上变成了城市"福利包"。城市级别越高，户籍制度福利相应越高，高等级的公共服务等隐性福利也越好，例如良好的卫生医疗、教育文化、商业等设施及服务，以及就业机会等。在国家整体发展有限、福利总量有限而农业人口数量

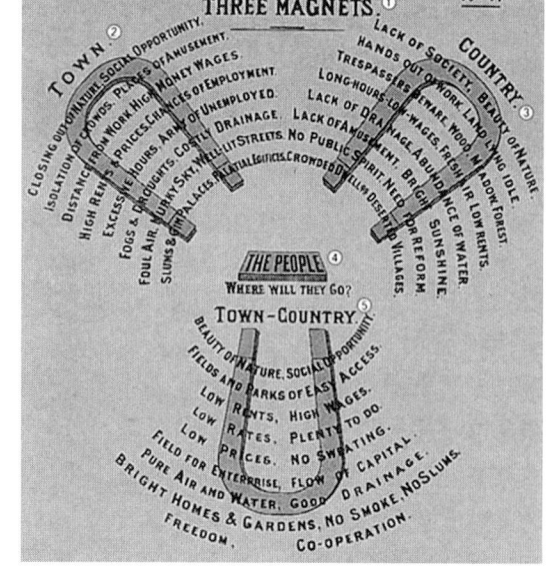

图 8.5　霍华德的三磁体图，1898 年

注：①三磁体。②城镇——与自然隔绝，社会机会，人群的隔离，娱乐场所。远离工作岗位，高工资。高租金和价格，就业机会。过度的工作时间，失业大军。烟雾和干燥，昂贵的排水系统。污浊的空气，阴暗的天空。良好照明的街道。贫民窟和小酒馆，宏伟的建筑物。③乡村——社会生活缺乏，自然美景，无业的人手，土地生活空闲。提防侵入者，树林、草地、森林。长工时，低工资，新鲜空气，低租金。缺少排水设施，水源丰富。缺少娱乐，明亮的阳光。没有公共精神，需要改革。荒弃的村庄。④人们，他们将去向哪里？⑤城镇——乡村体——自然美景，社会机会。容易到达的田野和公园。低租金，高工资。低税收，充足的活儿。低价格，没有剥削。用于兴办企业的田地，资本的流动。纯净的空气和水，好的排水设施。明亮的家和田园，没有烟尘，没有贫民窟。自由，合作。

来源：（英）彼得·霍尔，科林·沃德，社会城市——艾比尼泽·霍华德的遗产 [M]. 黄怡，译. 北京：中国建筑工业出版社，2009：17.

占绝对优势的情况下，严格控制大中城市的人口规模，可以有效地控制城市福利资源被快速稀释而拉低了城市物质生活水平。此外，这也是一个务实的决策，政策制定者未必不知道人口、资源集聚的经济效应，只是相比人口自由流动带来的巨大社会紊乱，维护稳定的社会秩序是更加优先的国家政治考虑，这也是我国国家层面自始至终的决策信条。

我国在相当长时期内通过户籍制度对迁徙进行了严格的限制，也就是户籍制约。1954年宪法第90条第2款明确规定："中华人民共和国公民有居住和迁徙的自由"，但1975年宪法取消了这一条款，并被1978年宪法、1982年宪法沿袭，由此形成了制度性的藩篱。2013年3月《政府工作报告》首次提出"自由迁徙"，由此开始推进户籍制度、社会管理体制和相关制度改革，全面推行流动人口居住证制度。

迁徙限制是和低城市化率相对应的，这是因为城市化的发展必然以人口的流动和迁徙为前提。改革开放40多年来，对劳动力流动的限制已基本取消，但户籍制度导致农村劳动力流动到城市后在享有基本公共服务方面受到限制，影响了自由迁徙的真正实现。尤其在一些超大、特大城市，"外来人口"及其子女在就学、购房、购车等方面都或多或少受限。农民工则面临各种不稳定因素，其中最大的问题是户籍引起的社保问题。国家统计局数据显示，2012年全国农民工超过2.6亿人，其中到本乡镇以外地方打工的农民工超过1.6亿人。2011年全国雇主或单位为农民工缴纳养老、医疗保险的比例仅为13.9%、16.7%。[①]

许多地方也进行了户籍制度改革试点，例如流动人口基本公共卫生和计划生育服务均等化试点。但是"户籍福利"这样深层次的问题尚未得到根本解决。城市户口的福利含金量曾经造成了户籍制度改革的悖论，越是在户口中附着较多福利内容的地区，户籍制度改革越难推进。一方面整体而言，城市户籍福利和农业户籍福利总体差异在不断减小，另一方面大城市和中小城市间的户籍福利差异却有增无减，即使在同一大城市内部，区与区之间的福利也有差别，促使更多人想把户口迁入充满户籍福利诱惑的超大、特大城市。

目前，我国的户籍制度改革已在深化，但是还需要同步解决一系列城市问题。其中，农民进入城镇的住房、就业问题，是推动农业转移人口"市民化"、农民工"职业化"的切入点。

7.2 城市更新和强制动（拆）迁

强制动（拆）迁是世界范围内的现象。强制动迁（enforced relocation）的历史最早可以追溯到西方白人殖民者强制原住民（indiginous）离开自己的

---

① 国家统计局.2012年全国农民工监测调查报告[EB/OL]. http://stats.gov.cn，2013-05-27.

土地，住到指定的隔离区里，这种强制动迁在美洲、拉丁美洲、澳洲都曾大量发生，西方殖民者将这过程称为文明开化（civilization）的过程。而20世纪以后的强制动迁则更多是发生在城市和大都市范围内，是出于城市再开发的目的。

7.2.1 强制动（拆）迁的世界难题

城市更新和由此引起的强制动（拆）迁是工业化、城市化以后世界各地的城市普遍经历的过程。恩格斯在19世纪（1872—1873年）就对英国大城市更新的实质进行了深刻的揭示，他将批判的矛头对准了资产阶级：

> "无论起因是为了公共卫生或美化，还是由于市中心需要大商场，或是由于敷设铁路、修建街道等交通的需要。不论起因如何不同，结果到处总是一个：最不成样子的小街小巷没有了，资产阶级就因为有这种巨大成功而大肆自我吹嘘，但是……这种小街小巷立刻又在别处，并且往往是在紧邻的地方出现。
>
> 来源：恩格斯. 论住宅问题 [M]. 北京：中央编译出版社，2014.

"二战"后，欧洲的城市重建和城市更新工作面广量大。进入20世纪下半叶，发达国家和地区以及发展中世界都面临城市更新的任务。20世纪60年代简·雅各布斯和纽约规划局官员罗伯特·摩西（Robert Moses）的斗争以胜利告终[1]，这段历史在美国电影《布鲁克林孤儿》（*Motherless Brooklyn*）里有所展示。作为电影母本的美国作家乔纳森·勒瑟姆（Jonathan Lethem）1999年的同名小说[2]其实反映了20世纪80年代纽约市的绅士化和制度化的种族主义交织的影响。罗伯特·卡罗（Robert Caro）1974年的巨著《权力掮客摩西传》[3]则展示了摩西对纽约公共资金的巨大权力和对纽约市的基础设施建设产生的巨大影响，其中包括了大量的强制动（拆）迁。

在英国，由于存量住房的质量下降，对这些住房的再开发可以产生强大的公共利益，因而对其使用强制购买权可能是合适的；而促进私人引导的开发的新制度也要求加入再开发。基于这些情况可能建立起合法的程序。由此，存量住房的所有者群体可以提出一个再开发方案，并获得对其实施来说所必需的

---

① 纽约曼哈顿的格林威治村险些因为建设罗伯特·摩西所规划的高速公路而作为贫民窟被拆除，简·雅各布斯为保护城市社区，和罗伯特·摩西斗争经年。格林威治村最终得以保留，简·雅各布斯功不可没。她领头成立"停止下曼哈顿高速公路工程联合委员会"，防止因为缓解交通拥挤、建设高速公路而导致格林威治村被碾平的命运。

② （美）乔纳森·勒瑟姆. 布鲁克林孤儿 [M]. 姚向辉，译. 桂林：广西师范大学出版社，2011.

③ Robert Caro.The Power Broker: Robert Moses and the Fall of New York[M]. Vintage，1974.

其他大多数所有者的认可。[①] 彼得·霍尔和科林·沃德描述了实现"其他大多数所有者的认可"的可怕的强迫行径：

> 某家特别贪婪的地产公司获得了部分住房（再开发权），而不择手段地经营它们，用通宵叫喊、毒品交易和一些罗特魏尔犬（注：一种具有一定攻击性和防卫本能的大型犬种）古怪漫游的手段，来恐吓或哄骗被吓坏了的其余的所有者同意出售。
>
> *来源：（英）彼得·霍尔，科林·沃德. 社会城市—— 艾比尼泽·霍华德的遗产 [M]. 黄怡，译. 北京：中国建筑工业出版社，2009：114.*

这种强迫动（拆）迁的行径在其他地方并不鲜见。并且这种矛盾即使在未来也不会有任何的改变。总有城市再开发的利益需求，也总有住户不愿意搬迁，于是开发商动用"国际惯例"来迫使租户就范，然而当这种方式并不奏效时，在资本的作用下，开发商就会做出很多匪夷所思的举动，不择手段地来达到自己的目的。电影《水瓶座》（*Aquarius*）（2016 年）探讨了巴西的开发商和中产阶级住户之间的矛盾，累西腓市（葡萄牙语：Recife）的一家大型地产商买下了整座公寓大楼的产权，这是 20 世纪 40 年代建造在海滨大道的一幢风格独特的大楼，曾是出色的乐评人的年近花甲的妇人却拒绝卖掉自己视作完美住所的住宅，并和不断纠缠的房地产公司展开了冷战。开发商千方百计骚扰这位原住户，包括深夜在楼上举办派对，在院内纵火焚烧垃圾，等等，甚至在楼上养起白蚁以驱逐原住户。这些作恶手段和霍尔及沃德对贪婪的英国房地产公司的刻画如出一辙。

强制动（拆）迁引发的是社区层面的矛盾，却也是社会的矛盾，是最基础、最深刻、最普遍的矛盾。这样的矛盾如果不能缓解，就会引发大问题，势必导致社会矛盾的严重激化和相关恶性案件的频频发生。这种矛盾在德国电影《急速逃脱》（*Steig. Nicht. Aus!*）（2018 年）中不可调和地爆发了，以恶性社会事件收场。这部影片同样展示了房地产资本操纵下的德国城市强行拆迁问题给普通市民带来的生活影响以及他们的顽强抗争，不过由于影片立足于地产开发商的视角，也因此多少削弱了其批判性。当所有这一切都指向资本操控下的城市更新的运行规律和深刻矛盾，而且这种结果不是任何国家都能平稳解决的，这才显示出城市社会问题的悲哀本质。

7.2.2　清除贫民窟的城市符号学内涵

清除贫民窟是许多国家、许多城市为了更"美丽"的城市所采取的行动

[①] Llewelyn-Davies Planning.Sustainable Resisential Quallity：New Approaches to Urban Living[R]. London：Llewelyn-Davies，1997.

或运动，是通过改善城市局部环境来改变该环境中原先居住者的行为，乃至改变原先的居住者群体，更直接地说，是驱赶原先的人群。通过清除贫民窟，城市用地可以改变用途性质，城市空间环境焕然一新，新的建筑形式和语言被引入。而原先居住在贫民窟的城市贫民则无家可归，被迫另择栖身之处，极有可能在更远的地方形成新的贫民窟。

20世纪80年代，印度发起了更"美丽"城市运动。金奈城有6.9万户被确认居住在政府土地上的家庭，他们被重新安置到远离城市的地区，空出来的地区被移交给旅馆度假地、商业和居住综合体以及现代商务设施。大部分"清除"工作以"美化"和旅游业的名义进行。加尔各答的"阳光行动"从城市的主要街道上驱逐了5万多名小商贩，并且沿着暴雨排水系统和地铁以及环状铁路线两侧，强行拆除了7000多幢临时营房。德里的不够标准的定居地容纳了多达70%的城市人口，不但摊贩、三轮人力车夫、乞丐以及棚户家庭已经被"驱逐"，而且居住在亚穆纳河（Yamuna River）两岸的7.5万户家庭也已经被"驱逐"。用于重新安置的聚居地和工业地区曾经被认为是处于城市边缘，现在则是邻接着城市蔓延区。数量不断增加的贫穷居民继续生活在没有城市服务的棚户镇。对他们来说，快速减少的就业机会和从事肃清运动的环境行动主义已使得状况明显更加糟糕。在德里城从遥远的加利福尼亚获得"清洁城市奖"的同时，德里的市民正沮丧地面临着工作、住房、城市设施和管治的危机性不足。[1]

7.2.3　我国强制动（拆）迁问题的根由

恩格斯提及的城市更新动因——公共卫生、美化、交通以及商业开发需要等，都可以归纳为强制动（拆）迁的两种类型：一类是为了交通、市容及其他市政基础设施品质提升的公共建设，还有一类是商业开发。而即使是城市公共建设也存在争议，例如城市高架道路，因为高架路对行驶车辆有限制，而公共汽车仍旧在地面行驶，对"有车族"是有利的，对城市低收入人群和贫困人群具有一定的排斥性，因而具有"不完全的公共性"。因此，即使出于城市公共利益的再开发，仍旧会遭到部分市民的质疑和抵制（图8.6）。

近年来，我国许多城市暴力拆迁的事件时有发生，虽然受影响的只是少部分人群，但是因为强制动（拆）迁背后所涉及的权利和权力的深刻矛盾，所造成的社会负面影响很大。

相较于大多数西方资本主义国家，我国城市更新、旧城改造中的强制动（拆）迁有其特殊之处。首先是城市土地国有制。我国城市居民的房地产权包

---

① Dunu Roy，Combat Law. Urban poor increasingly made homeless in India's drive for more 'beautiful' cities [EB/OL]. http：//www.citymayors.com/sections/development.html，16 January 2005.

含了房屋所有权和土地使用权，因此居民的房地产权从根本上讲是不完整的，土地使用权被没收了，附着其上的房屋所有权也无从保证，所谓皮之不存毛将焉附，这就为动迁问题埋下了隐患。和国外的案例比较来看，即使在土地私有制的情况下，公寓住户（巴西、德国的情形）也面临着同样的强制动（拆）迁风险。如果说影片《水瓶座》中的原公寓住户通过向媒体曝光开发商不法手段，取得了和开发商斗争的胜利，那么在目前我们很多地方政府推动某项规划实施的强制动（拆）迁中，则转化为原住户和地方政府的利益冲突。

图 8.6　上海地铁沿线居民抗议动迁，2006 年
来源：作者自摄

　　在英国，"强制购买权"是一个非常重要的概念，从法学理论角度上讲，英国的所有土地都属国家所有，而实际上英国 90% 左右的土地为私人所有，土地所有者对土地享有永久业权。在我国，是通过行政的"强制征收权"处理不动产征收、征用问题。"强制征收权"也是一种"强制购买权"，只是在强制购买过程中产生了地方政府的第二财政（预算外财政或制度外财政）。以上海虹桥综合交通枢纽建设为例，枢纽工程建设公司和闵行区政府签订土地拆迁大包干协议，由区政府负责土地征收和拆迁工作，这样做是避免了和具体动迁户打交道，并借助于地方政府的公权力来提高效率，否则就会像日本东京的六本木和虎之门地区的开发那样旷日持久。2019 年 "Modern Urban Village" 项目动工之前，森大厦株式会社用了 30 年时间来完成虎之门整个区域的规划、土地洽谈等各项准备工作。如此漫长的开发历程只能是日本这样的发达国家的模式。据央视《经济半小时》报道，虹桥交通枢纽建设公司委托给区政府的征地款是每亩地 130 万元，因此整个虹桥枢纽建设的拆迁总费用高达 148 亿元。但是政府补贴到居民手中的征地款是每亩地 38 万元。其中每亩地余下的 92 万元费用就归政府收益了①。这里就涉及土地溢价的问题。区政府认为，虹桥枢纽的规划功能定位以及千亿投资带动了区域地块和周边房价升值，由此获得的土地增值价值不应该由群众取得。这种资产阶级立场的观点，恩格斯在《论住宅问题》里是这样描述的：

　　"现代大城市的发展，使某些街区特别是市中心的地皮价值人为地提高起来，往往是大幅度地提高起来。原先建筑在这些地皮上的房屋，不但没有提高

---

① 鄢闻余. 居民暴力抗强拆背后：物权法与拆迁条例矛盾凸显 [EB/OL]. 央视网，http://tlnews.com.cn/，2009-11-22.

这种价值，反而降低了它，因为这种房屋已经不适合改变了的条件；于是它们就被拆毁而改建别的房屋。首先遭到这种厄运的就是市中心的工人住宅……"

在土地溢价的分配之外，还存在《物权法》和《城市房屋拆迁管理条例》的法律法规冲突。具体事件中的被强制拆迁户依据《物权法》并不能阻止拆迁方依据《城市房屋拆迁管理条例》强制执行（甚至动用暴力手段）拆迁。原因在于地方政府用"强制拆迁权"替代了"强制购买权"，存在着拆迁方的侵权行为，也就是说，如果地方政府和住户先谈妥买卖（当然，也可能谈不妥），就不会出现上来就强制拆迁的场面了。因此，在大多数土地私有制国家，资本力量推动了强制拆（动）迁，在我国则是地方政府的公权力推动了强制拆（动）迁。

7.2.4 强制动（拆）迁问题的解决之道

近 20 年来，一些地方在土地征收、房屋拆迁强制执行中引发的恶性事件屡屡发生，有的被执行人以自焚、跳楼等自杀、自残方式相对抗，有的以点燃煤气罐、泼洒汽油、投掷石块等暴力方式阻挠执行。2011 年，最高人民法院曾发布《关于坚决防止土地征收、房屋拆迁强制执行引发恶性事件的紧急通知》，但根子上的问题没解决，也就不能指望一份通知奏效。

日本的案例可能提供了一个启示。千叶县成田市三里冢将建一座"三里冢机场"（即后来的成田国际机场），这是 1966 年做出的决定，当时计划修 3 条跑道，1 号跑道 4000 米，2 号跑道 2500 米，3 号跑道 3200 米，需要向民众征收 670 公顷私有土地。政府和地主之间的冲突越来越激烈，进而演变成一大社会问题。从 1967 年至 1978 年间，三里冢共爆发了 56 次冲突，4 名警察和 1 名示威者死亡，3100 名警察和 5000 名抗议者受伤，1900 人被逮捕。[①]在冲突近 30 年后，1995 年废除了《土地征用法》，亦即哪怕日本的公共设施再无进展，政府也没有权力强制征收任何人的土地。

此外，就是城市更新的理念也需要"更新"。近几十年来，我国大多数城市的旧城更新理念是比较绝对的，除非是明明白白列入文物保护单位、不可移动文物或历史建筑名录的，否则一律拆光。甚至有历史保留价值的建筑、街区，在市场利益面前，在大规模的拆迁中也难以保全。土地被政府收储时必须清退干净，土地出让时必须是净地，否则根本无法上市。如此一来，动迁矛盾愈演愈烈，直至激化为更大的社会冲突，包括暴力事件（暴力手段拆迁和抗拒拆迁）及引发的其他伤害事件，弱者别无选择，唯有以命抗争，捍卫财产（权）。

① BEACON 株式会社. 日本有强拆吗？ [EB/OL]. https://weibo.com/ttarticle/p/show?id=2309404692 622697431233, 2021-10-15.

如果在城市建设中大规模的旧城更新和小规模的更新改造能够并存，强迁问题就有可能寻求更灵活的解决途径。2021 年 8 月，住房和城乡建设部发布《关于在实施城市更新行动中防止大拆大建问题的通知》应该是对强迁问题的积极纾解，要求"严格控制大规模搬迁，不大规模、强制性搬迁居民，不改变社会结构，不割断人、地和文化的关系"。

第 8 节　老龄化

老龄化本身不构成社会学问题，但是造成社会不可持续的、不公平的老龄化则是社会学问题。人口老龄化问题涉及所有人，关乎整个经济社会的全面、协调、可持续发展。我们在第 7 章描述了老年人的社区生活，其中已经潜藏了老龄化的问题。

8.1　世界人口老龄化趋势

老龄化程度高、老龄化问题严重是当今普遍趋势，其中日本是发达国家的典型，中国则是发展中国家的典型。日本的低生育率是国民的自主选择，而我国的低生育率是长期人口政策的结果，但是随着社会的发展和竞争的加剧也潜在地改变了人们的生育观念。

8.1.1　世界老龄人口统计数据

根据联合国相关报告，世界范围内老龄人口的统计数据表现出以下两个特征：

（1）65 岁及以上的人口比重持续上升

全球范围内，65 岁及以上的人口增长速度快于所有其他年龄组。据联合国《2022 年世界人口展望》（*World Population Prospects 2022*）报告预测，65 岁及以上的全球人口比例预计将从 2019 年的 9%、2022 年的 10%，上升到 2050 年的 16%，也就是说那时全球 1/6 的人口将超过 65 岁，而欧洲和北美洲 1/4 的居民可能年满 65 岁。届时全世界 65 岁或以上的人口数量将是 5 岁以下儿童数量的 2 倍多，和 12 岁以下的人口数量大致相同。2018 年全球 65 岁或以上的人口数量前所未有地超过了 5 岁以下儿童的数量。

（2）预期寿命整体提高

2019 年全球出生时预期寿命达到 72.8 岁，比 1990 年提高了近 9 岁。预计死亡率的进一步降低将导致 2050 年全球平均寿命约为 77.2 岁。预计到 2050 年 80 岁或以上的人口数将增至 3 倍，从 2019 年的 1.43 亿增加到 2050 年的 4.26 亿。^① 然而，2021 年最不发达国家的预期寿命比全球平均水平短 7 年。

8.1.2 我国老龄人口统计的整体概况

我国的人口老龄化正在加速，劳动力总量呈下行态势。人口统计数据表明了人口老龄化的这样一些现状和特点，即城市正趋于深度老龄化，失能、失智老年人数量多，空巢、"丁克"家庭数量巨大，老年人口的社会差异悬殊。

（1）城市趋于深度老龄化

我国老龄化进入加速发展阶段，老龄化的程度正在不断加深。据国家统计局的统计公报显示，我国人口在 2011 年"六普"结果中，全国 60 岁及以上人口占总人口的 13.26%（同期世界标准 10%），比 2000 年人口普查上升 2.93 个百分点，其中 65 岁及以上人口占 8.87%（同期世界标准 7%），中国已经进入老龄社会。2015 年底全国 60 岁及以上老年人口达 2.22 亿人，占总人口的 16.1%。其中空巢老人占老年人总数的近 50%，独居老人占老年人总数的近 10%。截至 2022 年底，全国 60 周岁及以上老年人口 28004 万人，占总人口的 19.8%，其中 65 周岁及以上老年人口 20978 万人，占总人口的 14.9%^②。

国家统计局发布的最新数据显示，"十四五"期间我国老年人口规模以每年超过 1000 万的速度快速增长，2024 年末，我国 60 岁及以上人口首次突破 3 亿人。据预测，到 2030 年我国老年人口占总人口的比例将达到 1/4 左右。到 2035 年老龄人口将增加到 4.18 亿，比重将提升到 28.7%。而到 2050 年中国将有 1/3 的人口——也就是 4.87 亿人——超过 60 岁。这一人数超过了美国的人口总数。未来十几年，我国将进入到老龄化的高峰期，将面临更严峻的挑战。

上海是我国最早进入老龄化社会的城市。根据"六普"数据，2010 年上海常住人口 2301.91 万人，0~14 岁的人口占总人口的 8.6%；15~59 岁人口占 76.3%；60~64 岁人口占 5.0%；65 岁及以上的人口占 10.1%。^③ 按照上海"七普"数据，2020 年上海常住人口 2487.09 万人，0~14 岁人口占总人口的 9.8%；15~59 岁人口占 66.8%；60~64 岁人口占 7.1%；65 岁及以上人口占 16.3%（图 8.7）。^④ 图 8.8 的上海自 1953—2020 年"七普"的常住人口年龄构成，清晰地展示了 60 岁及以上人口总数持续的增长。此外上海的户籍老龄人口占比相对更高。2018 年底上海 60 岁以上户籍老年人口达 503.28 万，占户籍总人口的 34.4%；2020 年上海 60 岁以上户籍老年人口达到 530 余万，占户籍总人

---

① Ageing[EB/OL]. https://www.un.org/en/global-issues/ageing，2022-11-06.
② 2022 年民政事业发展统计公报，https://www.mca.gov.cn/n156/index.html.
③ 上海市统计局 . 人口年龄构成 [EB/OL]. https://tjj.sh.gov.cn/rkjy/20180819/0014-216889.html，2018-08-19.
④ 上海市统计局 . 上海市第七次全国人口普查领导小组办公室 . 上海市第七次全国人口普查主要数据公报（第一号）[EB/OL]. https://tjj.sh.gov.cn/zdlyxxgk/20210701/64f46d9879094179993177a94dfc0f2f.html，2021-05-18.

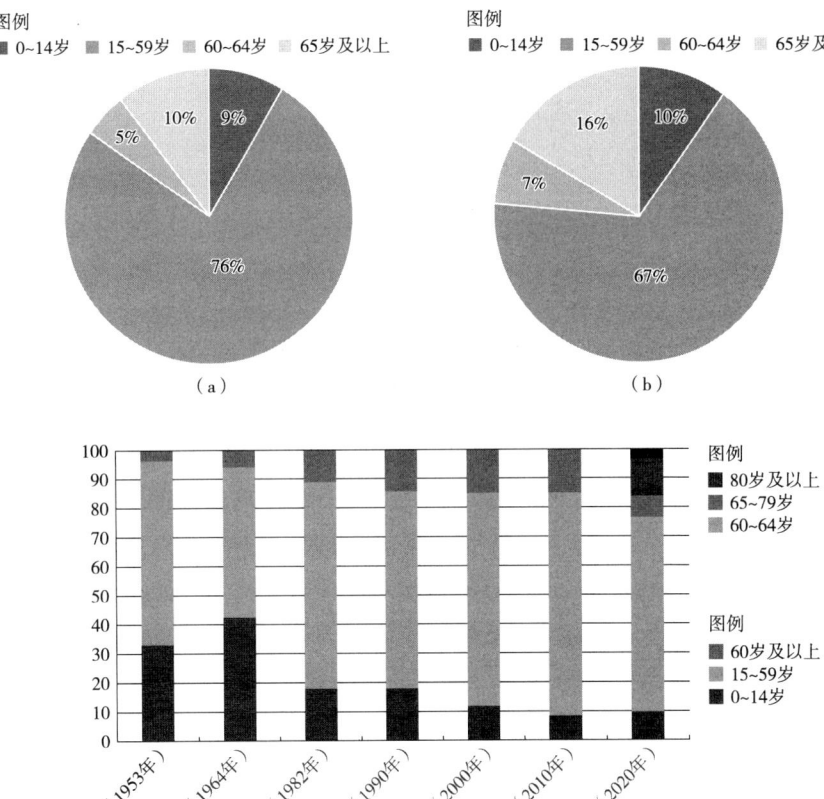

图例
■ 0~14岁 ■ 15~59岁 ■ 60~64岁 ■ 65岁及以上

图例
■ 0~14岁 ■ 15~59岁 ■ 60~64岁 ■ 65岁及以上

（a）

（b）

图 8.7 上海 2010 年"六普"和 2020 年"七普"常住人口年龄构成
（a）2010 年"六普"常住人口年龄构成；（b）2020 年"七普"常住人口年龄构成
来源：根据《上海统计年鉴 2011》"表 2.26 历次人口普查资料"、《上海统计年鉴 2021》"表 2.12 第七次人口普查常住人口分地区年龄构成"数据绘制

图例
■ 80岁及以上
■ 65~79岁
■ 60~64岁

图例
■ 60岁及以上
■ 15~59岁
■ 0~14岁

图 8.8 上海七次人口普查的常住人口年龄构成（1953—2020 年）
来源：根据《上海统计年鉴 2021》数据绘制

口的 36%。上海已经进入了深度老龄化阶段。

（2）失能、失智老年人数量多

老年人是慢性病的高发群体，包括心脑血管疾病、糖尿病、肿瘤等在内的多数慢性病都呈年龄相关性，年龄越大，发病率越高。此外，我国失能、半失能老年人的数量也在快速增加。截至 2015 年底，我国失能、半失能老年人已达 4063 万人，其特殊的生理、心理和行为特性产生了不同于其他人群的特殊物质和精神需求。例如，阿尔茨海默病是老年人痴呆症的最常见原因。美国的阿尔茨海默病是最高发的痴呆症，占到了所有痴呆症的 70%，是 65 岁及以上成年人的第五大死因，也是所有成年人的第七大死因。估计有 650 万美国人患有阿尔茨海默病。[①] 据日本厚生劳动省统计，日本约有 862 万老年痴呆症患者，占 65 岁以上人口的 1/4。因为痴呆一词有侮辱、贬低的意味，所以 2004 年日本厚生劳动省改"痴呆症"为"认知症"。2005 年日本厚生劳动省推出了认知症支援者制度，学习掌握了认知症医疗知识的支援者可以帮助认知症患者。

---

① CDC.Alzheimer's Disease[EB/OL]. https：//www.cdc.gov/dotw/alzheimers/index.html，September 27，2022.

2015 年厚生劳动省推出了支援认知症患者的又一项举措——认知症咖啡沙龙（认知症老人和家人、关心认知症问题的人、志愿者以及医疗专家等在咖啡沙龙聚会，给认知症的老人和家人提供帮助）。2016 年日本有认知症咖啡店 655 家，这几年急速增加，已有数千家，有的咖啡连锁店也开始运营认知症咖啡店，以定期举办活动的方式进行运营。①

（3）空巢、"丁克"家庭数量巨大

随着我国人口老龄化加剧，空巢老人数量快速增长。空巢家庭即是指无子女共处，只剩下老年人独自生活的家庭。据全国老龄办统计，目前我国有近 2/3 老人家庭出现空巢现象。2015 年第四次中国城乡老年人生活状况抽样调查显示，空巢老人人数突破 1 亿；我国老年家庭中，60 岁以上家庭占 31%，65 岁 22%，其他 47%②。农村地区，空巢现象同样严峻。"七普"数据显示，我国乡村 60 岁、65 岁及以上老人的比重分别为 23.81%、17.72%，比城镇分别高出 7.99%、6.61%。

"丁克"（DINK，double income，no kids），是个音译词，却也契合中文的字意，指的是有双份收入却没有孩子的家庭。数据显示，上海的"丁克"家庭已经占据上海家庭总数的 12.4%，其次是深圳，占比 11.8%，之后是北京，约为 10%③。根据前面对家庭结构和住房关系分析中的趋势，丁克家庭的数据未来还会增长。

丁克在我国作为一种社会现象，既受到国外社会风潮的影响，却也和我国的人口政策以及改革开放后的社会经济发展密切相关。有些研究者基于中国的现实实际，并考虑到数据的可得性，将其界定为三种类型：潜丁克、准丁克、类丁克。根据我国"七普"人口数据，2020 年城市丁克群体规模为 7512.68 万户，占城市家庭总户数的 37.05%，其中，潜丁克群体 1762.70 万户，占城市丁克群体总户数的 23.46%；类丁克群体 2535.55 万户，占 33.75%；准丁克群体 3214.43 万户，占 42.79%。而以独居老人为代表的类丁克群体规模大，达到 7819.32 万户，其中有 3753.47 万户、48% 分布在乡村，农村养老问题比城市更为严重。④ 60 岁及以上人口的丁克家庭无疑会对社会养老模式、养老服务、养老空间设施提出整体要求。

（4）老年人口的社会差异悬殊

2020 年"七普"人口数据显示，我国 60 岁及以上人口中，60~69 岁的低

① 黄文炜.日本有数千家"认知症"咖啡沙龙 [N].环球时报，2019-1-18（9）.
② 党俊武.老龄蓝皮书：中国城乡老年人生活状况调查报告（2018）[M].北京：社会科学文献出版社，2018.
③ 梁爽.中国 60 万丁克家庭，比"老无所依"更需要担心的真相 [EB/OL].中欧商业评论，https://view.inews.qq.com/k/20211026A04W8O00?web_channel=wap&openApp=false，2021-10-26.
④ 卢守亭.中国"丁克"群体发展报告 [EB/OL].https://new.qq.com/rain/a/20221029A07V3I00，2022-10-29.

龄老年人口占 55.83%。这些低龄老年人身体较康健，大多具有知识、经验、技能的优势，发挥余热潜力较大。这是年龄特征上的差异。

老龄人口并非铁板一块，不同群体的经济状况、居住状况、身心健康状况、医疗卫生状况、社会参与状况、社会支持状况等千差万别。老年人的贫富差异和他们个人及家庭的社会经济地位相关，阶层和贫富差异仍旧是人生老年阶段的重要的影响因素，换句话说，原先的社会经济结构差异、社会分层并不会随着老龄化而消失了，而是在很大程度上会延续下来，决定原先各阶层人口及其家庭对养老的观念、资源的需求和获得方式的差别。

8.2 发展中地区的城市老龄友好的整体环境缺乏

老年友好的城市整体环境缺乏，意味着老年人在城市中无法获得连续的、系统的、友好的生活环境，从而在使用各项服务设施、享受各项服务方面存在障碍。这个问题更多存在于发展中国家和地区。并且相对于城市老龄化的总人口结构，在较小的社区层面上存在更复杂和极端的问题。

8.2.1 适老的城市公共交通设施欠缺

老年人群获取社会资源、参与社会生活的基本渠道之一就是公共交通出行服务。城市公共交通出行的"适老化""无障碍化"建设目标，以及无障碍出行环境欠缺或不成系统的现状，都给城市交通设施系统带来了巨大的建设和改造压力。这些问题和压力涉及交通出行的各个空间环节：①公交站台环境恶劣，例如随意停车、摆摊等现象致使老龄人群步行空间被挤压。②人行道狭窄，难以满足轮椅、拐杖等助行器的通过，或无法设置老人休息座椅，降低了老人出行的舒适性；或人行道上人车混行，为老龄群体带来巨大安全隐患。③公交站台导视系统和公交车报站系统难以满足低视力老龄人群获取信息的便捷性和准确性。④上下公交车的便捷性和安全性不能保证，坐轮椅的老人因为站台和车门的距离不合适而上不了公交车；等。

以城市整体建设水平较高的上海为例。目前，上海市轨道交通的既有线新购车辆和新线开通运营车辆均为无障碍列车，每节车厢均为可固定轮椅的无障碍车厢，并在今后新建和改造中全面推广门式闸机。2018 年底通车的 13 号线部分工程试点开发了蓝牙无线导盲系统、盲道盲文优化设计、无障碍厕所优化等设施。上海市主城区更新或者新增纯电动公交车原则上仅购置无障碍车辆，全部实现低地板化，并对既有无障碍公交车作了标识，已发展无障碍新能源公交车 516 辆。[①] 但是国内其他城市达到这种标准和水平的还少之又少。

---

① 上海市交通委员会.市交通委对"关于提升上海公共交通无障碍设施建设水平的建议"的答复情况 [EB/OL]. http://jtw.sh.gov.cn/jyjabljg/20190705/0010-32033.html，2019-06-28.

8.2.2 适老的城市公共服务设施不足

城市层面的公共服务设施往往需要公共交通才能到达，其中包括狭义的养老设施，例如养老院，但是这类或者是数量不足、类型有限，或者是价格昂贵，总之是各种类型的养老设施和相对应的养老需求相比还有较大缺口。

由于老年人的活动范围有限，相对而言，社区层面的公共服务设施使用频次更高，这些设施包括安全可靠的社区食堂，方便的医疗卫生服务中心、综合为老服务中心、日间照料所、长者认知中心，多层次的文化活动场所等日常配套设施，这些设施在数量和质量上都有待提高。此外社区养老设施还存在空间分布失衡、配建标准相对滞后等问题。

8.2.3 适老的社区环境不足

社区养老所依赖的适应老龄化的环境条件不充分。在发展中世界的城市社区，养老建设受资源和认知所限，设施和服务短缺，无法为社区老人提供多元化的养老服务，包括安全的夜间照明环境、舒适的声环境，以及充足的各类活动空间场所等。

发到国家的老年社区可以为发展中地区提供一些参考，例如日本多摩的老年社区、美国的退休社区、持续照料居家养老社区（Continuing Care Home-based Community，CCHC），及其专门的标准《CCHC 居家养老模式服务管理标准 1.0》等。

8.3 我国的养老事业和产业尚不成熟

由于我国近几十年来实施的特定的人口控制政策，在世界范围内，我国面临的阶段性养老问题尤为突出，需要应对迫在眉睫的老龄化危机。

8.3.1 养老体系和方式的需求差异大而实际可选择范围小

由于历史、国情和观念等问题，我国城市目前采取"9073"养老模式，即 90% 的老年人由家庭自我照顾，采取以家庭为基础的居家养老；7% 的老年人享受社区居家养老服务，提供日间照料；3% 的老年人享受机构养老服务。尽管家庭养老一直是我国最普遍、最主要的养老方式，然而 20 世纪 80 年代和 90 年代出生的独生子女面临抚养四个甚至更多老人的困境，压力过大。我国 20 世纪 70 年代以来由于控制人口的计划生育政策形成的"421"家庭体系（1 指的是独生子女）使得家庭和社会的脆弱性增加，家庭养老面临难以为继的困境，养老的社会化需求不断增加，尤其是负担得起的养老设施，例如社区养老院，以及以照顾失智与失能老人为主的养老院。

养老体系和方式的需求差异大，体现为社区养老服务体系的一些基本要求，可概括如下：

①完整性：体系能覆盖所有老年人群，并能为他们提供全方位的服务，例如对医疗卫生、生活照料、情感沟通等方面的需求。

②多样性：老年人对养老服务的需求、供给方式和支付体系等是多元化、多层次的，同一种养老需求，老人应该可以根据自己的意愿、条件来选择精准化和个性化的养老服务方式。早在 2012 年开工建设的北京泰康燕园设置了面向高收入群体的高门槛，老年居民及其家庭可以购买泰康公司 200 万元的保险，或者预付数额巨大的押金，每月还要交至少 6000 元生活费（伙食费不包括在内）。

③持续性：照顾老人是一个长期的过程，需要长期护理系统，完善的体系将为不同年龄、不同健康状况、不同经济状况和不同意愿的老人提供持续照料服务。可以将传统的线下养老服务和线上服务相结合，提供长期跟踪、预测预警的个性化健康管理服务，提供长期护理看护、康复照料等全方位居家养老服务。

④实效性：减轻家庭、社会和政府的压力，为老人提供舒适的环境、高品质生活。近年来，政府也增加了一些相关补贴，例如对经济困难的高龄和失能老年人进行每月不低于 300 元的补贴，帮助他们提高购买居家养老服务的能力。

⑤经济性：遵循"政府主导、政策扶持、社会参与、市场运作"的原则，推进福利社会化，构建养老体系。

和上述需求特性产生偏差，现有居家、社区和机构养老机制和建设的不健全产生了各种各样的问题，归结起来就是不断增长的养老需求和不充分、不均衡的养老服务之间的矛盾。

8.3.2　养老事业和养老产业未能有效分工

目前，我国的社区和机构养老供需矛盾紧张，养老机构企业化运营程度低，养老服务的多样化、多层次有效供给不足。截至 2022 年底，全国共有各类养老机构和设施 38.7 万个，养老床位合计 829.4 万张，其中：注册登记的养老机构 4.1 万个，共有床位 518.3 万张；社区养老服务机构和设施 34.7 万个，共有床位 311.1 万张[①]。每千名老年人拥有养老床位接近 30 张，和发达国家的每千人拥有养老床位 50~70 张差距颇大。

更切实的问题是，真正愿意又有能力承担起照顾失能失智老人的养老机构非常少。80% 以上的民办养老机构只是为有完全自理能力的老人服务，而且大部分仅仅是提供最基本的生活服务，养老服务机构的"适老性"基本设施配备不足、专业护理人才缺乏、服务理念滞后、服务力量欠缺、服务类型较为单一，这些对机构自身运营也造成巨大压力。

---

① 2022 年民政事业发展统计公报.

目前的养老事业和养老产业区分不足，养老服务微观主体（供给方）缺乏活力。政府需要提供兜底养老服务的应该是那些经济困难和失能失智的老年人基本养老服务。通过已基本全覆盖的长护险服务和电子病历数据，科学化摸底排查，切实掌握各类微观数据。政府要从养老服务的"直接供应方"（包建设、包运营），变成服务的"购买方"和"监管方"。一方面要保障老年人基本养老服务，另一方面要使市场在资源配置中起决定性作用。政府通过规划引领、购买服务和行业监管，更好发挥作用，促进实现社区和机构养老服务可持续运营，发挥社区和机构在养老服务体系中的依托和支撑作用。

事实上我国养老市场的空间潜力巨大。美国养老金的准备资产约 21 万亿美元，超过其现有国民生产总值约 1.5 倍，而我们只占比 10%，发展空间非常大。据预测，要达到一般国家养老金的准备水平，中国还有 40 万亿元的市场空间。[①]

青岛市北区的"市北 e 家"，作为由政府重点扶持的以居家养老服务为主导的网络养老院，整合各类养老服务资源，为老年人提供生活照料、衣物清洗、做饭送餐、卫生清洁、陪聊陪伴等服务。而其最大特色在于它的信息化和网络化。它所服务的群体主要包括两部分，一部分是享受政府购买服务的低保、三无、困难老人，另一部分是社区服务站和自付费购买服务的老人。[②]

8.3.3　养老服务人才和人力资源不足

养老护理队伍职业化、专业化程度不足。2017 年，全国养老机构人员不到 100 万人，其中持证上岗人数不到 2 万人，按照国际公认的 3 位失能老人配备 1 名护理人员的标准计算，我国需要的养老护理人员在 1300 余万人，缺口达 1000 多万人[③]。

8.3.4　养老机制和立法不足

现代化养老服务的市场机制不完善，缺乏养老服务市场准入、退出和监管的机制[④]，缺乏相关的立法保障。社会保障和养老金系统的可持续性不足。要建立吸引社会资本投入养老的市场化机制，要鼓励从房地产开发商到保险公司的更多私营企业，比如建养老院，可享受星级住宿和专业医疗服务。[⑤]针对现有养老资源比较分散的特点，整合养老服务资源。持续完善以居家为基础、社区为依托、机构为补充、医养相结合的养老服务体系，鼓励探索"互联网＋护理服务"的智慧型养老服务模式。

---

① 胡晓义. 大力发展养老金专营机构 [N]. 浦东时报，2017-05-19（10）.
② 李坤伦，邢婷. 苏阳：居家养老 e 网解决 [N]. 中国青年报，2015-09-01（10）.
③ 吴晓波. 养老是中国最年轻的事业 [N]. 人民政协报，2017-03-23（9）.
④ 丁勇. 养老服务顶层设计要有新思路 [N]. 联合时报，2020-07-14（6）.
⑤ 参考消息，中国企业紧盯高端养老商机 [N]. 参考消息，2019-01-23（15）.

第9节　和城市相关的社会问题

当今世界和城市相关的社会问题日益复杂，不同地区、不同时期的城市面临着各自的矛盾、冲突和危机。

9.1　政治经济危机引发的城市动荡

安全问题首当其冲，暴力、恐怖主义、宗教、战争都可能引发局部或整体层面的城市社会经济安全。虽然战争只是由这个世界的少数人决定和挑起，却影响成千上万的城市居民。因为现代战争的战场越来越多地落在城市，而非空旷无人的荒野战场，从"二战"中被盟军轰炸的多国城市，被投下原子弹的日本工业城市广岛、长崎，到现今俄乌冲突中被轰炸的乌克兰城市切尔尼科夫、顿涅茨克和最大的港口城市敖德萨等，以及巴以冲突中的边境城镇，非洲持续冲突中的城镇。虽然由于地缘政治造成的战争影响的是部分城市，但是小概率、高级别、造成重大损失的非常规突发事件的这种影响是极具毁灭性的，破坏了城市和世界的安宁。

此外，世界的一些地区和城市长期处于动荡之中，危机重重。造成这些动荡的主要原因包括国家的专制统治、政治体制僵化、人权的侵犯、政府贪污腐败、国民经济衰退、失业率居高不下、人民生活贫困，以及领导人长期执政而不思改革、政治经济分配不透明，等。非洲地区的城镇很多处于这种动荡之中，而2010年底开始的阿拉伯世界的革命运动的爆发同样引发了城市动荡。另外，在阿拉伯之春行动中，城市人口结构中大量受过一定教育、熟谙网络且对现状不满的年轻人成为这次运动中的主要角色。在这次运动中，现代移动通信技术和互联网社交媒体起到了重要的作用，也助推了社会政治危机（参见第10章）。

移民、难民、种族、宗教问题和国家政策、国际政治相关，虽然区别于直接由他国政权操纵和干涉的动乱和战争，但是移民、难民、种族、宗教冲突等也引发了许多欧洲城市的局部骚乱和日益严峻的安全问题，在美国的一些城市则引发了激进的暴力犯罪行为。

9.2　我国和城市相关的社会问题

除了本章前几节置于国际比较视野中讨论的各类城市社会问题，在更整体的背景下，我国城市社会问题具有很多特殊性：城市和城镇规模大、数量多，空间地域广，人口数量多、密度高，城镇化时间跨度短、速度快。中国城市社会矛盾经历了整体变迁，社会矛盾处于演变之中，成因复杂。

当前在我国，一些新的日常生活方式、社会现象和问题已在跨省、跨城市的层面出现，需要在城市群的范围分析研究，并探讨解决办法。例如，在超大城市及其周边城市群中可以观察到日常跨城市、跨省的常规通勤流动，比如北京、上海、杭州的"高铁生活圈"。一些职业群体在上海上班，在江苏的昆山或浙江的嘉兴居住，在昆山的有数十万之多，在嘉兴的也有十万人；或是在杭州上班，在湖州居住；或是在北京上班，在天津居住，以及在河北省廊坊市三河市燕郊镇居住，燕郊镇在行政划分上归属河北省，但与北京市通州区只有一河（潮白河）之隔，距离北京天安门大约30公里，地理位置相当于北京的"东七环"。据不完全统计，至2022年，有超过30万的"北漂族"选择在燕郊安家，每天乘坐拥挤的公交巴士往返于北京和河北之间，花费将近两个小时才能来到位于北京不同区域的办公地进行"跨省上班"。又或者在南京上班，在安徽马鞍山、滁州居住等。这种短距离、高频次的日常人口流动，也是特定群体对超大城市、特大城市住房难、房价高问题的一种应对策略。钟摆式的日常双城生活，也是两座城市、两个地区高速发展融合的缩影。但是，在2020—2022年的疫情时期，地方防疫规定和这种通勤定居模式产生了极大的冲突，使得这一现象成为社会关注的问题。

当前我国依然处在全面深化改革的攻坚时期和全面依法治国的紧要时期，在这样极其重要的发展时期，经济、政治、社会结构及其生活状态的一个突出表征就是多样性：随着市场化改革的深入推进，经济成分愈益多样化，资源分配方式也愈益多样化；随着社会体制改革的逐步加大和社会组织的广泛发展，社会成员的民生期望值不断提升，对社会发展的需求度也呈愈益多样化趋势……如此多样性的社会现实和发展态势，既是推进中国特色社会主义新发展不可或缺的经济、政治和社会资源，又使得转型时期的城市发展时刻面临着社会矛盾不断变化、利益分化不断加剧的复杂局面，以及利益格局调整引发的社会风险。

本章小结

本章采用多尺度、多维度、多时点、历时性的研究视角考察城市社会问题。第1节首先引入涌现机制解释城市问题的产生，并概述城市问题的特征和类型。其后各节分别聚焦一个具体的城市问题，兼顾历史和国别进行具体阐析。

第2节阐释贫困的涵义和国际衡量标准，涉及贫困差距、贫困事实和数据，剖析城市贫困的根源，包括全球化中的产业和岗位转移、全球各类危机、城市贫困和乡村贫困的关联等方面。

第3节讨论不平等和社会排斥，阐析社会维度的不平等的类型和形式、根源、影响和潜藏的危机，以及国际范围内社会排斥的形式和内涵变迁。

第4节分析种族、民族和移民议题，基于移民历史、移民政策分析，揭示了西方主要移民国家和移民城市的国际移民种族歧视、种族冲突问题，以及移民、难民和动乱的内在关联；并深入探讨移民的空间集聚、种族化的空间及其隔离和冲突问题；并简要分析了我国国内移民类型及问题。

第5节就犯罪这一社会现象问题及犯罪类型，和城市空间建立关联分析，结合国内外案例探讨城市公共空间中的犯罪、特定空间中的犯罪、环境污染犯罪、恐怖主义犯罪以及危险的城市和地区等方面，并解析了犯罪的成因和成本。

第6节讨论了城市住房、住区和无家可归问题，着重分析了国家公共住房政策的局限性，以及发展中世界的非正规住区和贫民窟、城中村类型。

第7节讨论了和城市化相关的迁徙限制，以及世界范围内普遍存在的和城市更新相关的强制动（拆）迁的问题。

第8节讨论了老龄化和养老问题，着重于我国的问题和困境剖析。

城市社会问题可整体归结为社会的失格、失序、失范，本质上是社会时空的失衡、失配、错置的结果。对社会问题的正确判断是解决社会问题的前提。本章在社会时空框架下考察问题，提供思考的空间，而非给出问题的最后答案。

重要概念

涌现机制

国际贫困线

贫困差距

城市贫困 / 乡村贫困

社会不平等 / 空间不平等 / 时间不平等

社会排斥

系统性种族主义 / 结构性种族主义

制度性种族主义

种族化的空间

特定空间中的犯罪

犯罪地图

默认犯罪机制

对冲城市

非正规住区

强制动迁

讨论问题

1. 试论述我国当前城市居住空间结构变化的背景、主要问题及问题出现的原因。

2. 如何理解当今世界范围内青年一代普遍出现的"尼特族""归巢族""低欲望""躺平"的社会问题？

3. 你生活的城市或当今城市最严重的社会问题和风险有哪些？试采用社会时空观选择其中一项或整体地加以分析。

【导读】本章侧重于城市环境维度（环境—社会、环境—空间、环境—时间、环境—技术）呈现出的问题，专门讨论当代城市发展所带来的各类持久的生态环境问题、环境污染的系统风险和潜在危机、爆发的灾难，以及环境保护的政治选择、利益机制、规划支持等。社会时空作为一个贯穿始终的潜在的维度和框架，决定了城市环境问题探究的方向和结果。

第9章　城市环境问题和灾害风险

第1节 城市生态环境问题

自工业革命以来，由于人类对生存和环境的认知不足，也因为对增长的无尽迷恋和追逐，全球生态环境系统逐渐出现系统性、外部性、结构性和公平性的问题，并且这些问题随着人类社会进程日趋严重，直至影响了人类整体的生存状态。

1.1 全球生态环境系统的现状问题

全球生态环境系统的现状问题包括自然生态环境遭整体性破坏（系统性问题）、城市环境被动遭受影响（外部性问题）、城市环境问题的突出矛盾（结构性问题）、城市环境问题的社会结果（公平性问题）。

1.1.1 系统性问题——自然生态环境遭整体性破坏

人类文明源自人类改造自然的欲望，可能从任何有人类栖居的环境中诞生。文明的本质是我们作为一个物种和自然界的关系。考古学、地理学、生态学等领域的知识表明，人和自然互动有种种可能性，不同环境中的人们创造性地和自然博弈，适应环境、改造环境或遭环境反噬。

20世纪以来，全球加速的城市化极大地扩大了人类的生态足迹，对人类生存和生活环境产生了深远的影响。一方面，人类聚集地的城市和城镇的活动必然影响其外部的环境。城市地区对自然栖息地的侵蚀，日益增长的城市人口对自然资源的需求，以及世界各国、各地对自然生态环境的开发利用都普遍加强，这给生态系统造成了直接和间接的压力。人们曾一厢情愿地以为，不管城市地区实际扩张的程度如何，但人口集中在城市地区似乎可以缓解对自然栖息地的压力；然而，城市生活的影响可能是广泛而深远的，例如交通网络的延伸、跨流域长距离引调水以及对丛林肉食需求的增加。另一方面，对于特定地区过度的生态环境开发快速削弱了自然的自我修复能力，打破了物质系统循环，产生了气候、物种方面的系统变化。

就生态环境影响的时空范围而言，生态环境问题具有整体性，其局部和整体之间具有潜在而密不可分的关联，蝴蝶效应可以视作对环境整体效应特点的补充解释。我们的城市社会正在产生系统性的问题，例如环保、食品安全等，而食品安全和环保也具有密不可分的深层关系。

1.1.2 外部性问题——城市环境被动遭受影响

环境问题也是经济问题。现代经济学研究的外部性理论最早由阿尔弗雷德·马歇尔的"外部经济"概念开始，经由庇古[①]和科斯[②]等学者推进，为环境经济学的建立和发展奠定了理论基础。

（1）外部性和负外部性

在经济学中，外部性又称为溢出效应、外部影响或外部效应，是影响未选择承担某个成本或收益的第三方的成本或收益。通俗地讲，是指一个人或一群人的行动和决策使得其他人受损或受益的情况。外部性分为正外部性（positive externality）和负外部性（negative externality）。例如水果园园主和养蜂场场主之间是正外部性的关系，相互受益。上游化工厂对下游渔场的污染则是负外部性的关系，化工厂的成本和后果并不完全由化工厂承担。环境污染是典型的负外部性的结果，是市场失灵的表现。由于公共资源被使用时不具有排他性，但人们对公共资源的使用却存在竞争性，这使得公共资源成为负外部性的多发地带，直至造成"公地悲剧"。

（2）空间的负外部性

在空间经济学中，某些类型的生产、消费或经济活动在一定空间范围上对周围主体造成额外的损失或受益，但这些机会成本或利益的影响无法透过市场价格反映出来，形成了空间的外部性（spatial externalities）。空间外部性是空间经济学中一个重要的概念，它强调城市空间结构的形成取决于城市社会和功能空间分布中个体的互动关系。

空间的负外部性（negative spatial externalities）是指特定空间内的活动使得周边空间遭受不利影响却不予以补偿的现象。例如城市土地用途的安排，可能直接或间接地造成空间的外部性，其中的空间负外部性大都会影响到地方的自然和生态环境乃及区域气候，并伴随严重的社会不公。例如化工、制造、采掘乃至农业等各项产业活动的负外部性是产生城市环境污染问题的根本原因。除了生产部门之外，消费部门也会产生空间负外部性，例如私人小汽车的消费使用造成了城市交通拥堵、环境污染等问题。

1.1.3 结构性问题——城市环境问题的突出矛盾

随着经济发展及能源消耗量的大幅增加，气候变化、资源短缺、生物多样性丧失等环境问题日趋严重。城市以及更大范围的环境问题的结构性矛盾日益突出，其中主要涉及产业结构、能源结构等。工业结构调整缓慢，电力、钢铁、建材、交运、化工、石化、有色等都属于高排放行业，且我国的煤炭、钢铁、火电、建材、水泥、平板玻璃等领域存在产能过剩问题。随着传统化石能

---

① 马歇尔（Alfred Marshall，1842—1924 年）和庇古（Arthur Cecil Pigou，1877—1959 年）都是英国著名经济学家。马歇尔是剑桥学派的创始人，庇古是他的学生，也是剑桥学派的主要代表。

② 科斯（Ronald H. Coase，1910—2013 年），英国著名经济学家，后移民美国，芝加哥经济学派代表人物之一。

源的逐渐枯竭，多煤少气的传统能源消费引起环境污染及环境安全问题，人类发展和多煤少气的传统能源结构不可持续的矛盾日趋尖锐。目前，可再生能源的占比虽然在持续上升，但整体占比仍然有限。2022年，美国整个能源消费中可再生能源供应大约占13%，天然气占33%，汽油占36%，核能占8%，煤炭占10%，其中大约21%的电力[13.18万亿BTU（英国热量单位），约等于3.86万亿千瓦时]来自可再生能源[①]。2022年我国可再生能源发单量达2.7万亿千瓦时，占全部发单量的30.8%[②]。

1.1.4 公平性问题——城市环境问题的社会结果

环境问题也是政治问题。除了人类对于灾害本身认知的不足，在很大程度上，对社会公平和正义的忽视也是导致环境问题和灾害发生的不可推却的因素。环境外部性成本由谁来承担，决定了环境问题的经济和社会影响，也就决定了社会公平性和环境正义如何。世界各地的案例和数据表明，生态环境污染造成了不同程度的社会不平等、不公平问题。

（1）对儿童健康的影响和伤害

根据联合国卫生机构2017年3月的两份报告，不健康的环境导致1/4的幼儿死亡，受污染的环境每年夺走了170万5岁以下儿童的生命。有污染的环境是致命的，尤其对幼儿而言。他们处于发育中的器官和免疫系统，以及较小的身体和气道，使他们特别容易受到污浊空气和水的影响。空气污染会阻碍大脑发育，降低肺功能，引发哮喘，每年还导致5岁以下儿童死亡57万人。长期来看，暴露在空气污染中会增加孩子患心脏病、中风或癌症的风险。世界卫生组织在一份报告《继承可持续的世界：儿童健康和环境地图集》中宣布，一个月至五岁儿童的许多常见死因可以通过安全饮水和清洁烹饪燃料来预防，这些疾病包括腹泻、疟疾和肺炎。世界卫生组织从随后的报告还指出了在食物链中起作用的有害化学物质，如氟化物、铅和汞，以及气候变化和紫外线对儿童发育的影响。[③]

（2）对贫穷社区和少数民族社区的影响和损害

贫穷社区和种族社区往往是社会制造的有毒污染的受害者，由穷人和种族人口付出的环境代价大量被忽略了。在美国，"丰富的文献表明，黑人、低收入群体和工人阶层的人们易于集中遭受巨大数量的污染和其他环境压力，在

---

① U.S. Energy Information Administration，Monthly Energy Review，Table 1.3 and 10.1，April 2023，preliminary data.

② 国家能源局. 国家能源局关于2022年度全国可再生能源电力发展监测评价结果的通报[EB/OL]. http：//zfxxgk.nea.gov.cn/2023-09/07/c_1310741874.html.

③ Polluted environments kill 1.7 million children each year，UN health agency reports[EB/OL]. https：//www.un.org/en/academic-impact/polluted-environments-kill-17-million-children-each-year-un-health-agency-reports.

他们的工作场所，也在他们的邻里中"①。例如 20 世纪 80 年代亚拉巴马州的特里亚纳（Triana）镇被评为美国最不健康的城镇，该镇的居民是黑人，他们遭受了杀虫剂 DDT 和来自一条溪流的化学品 PCB 的毒害，而联邦政府对于该溪流的水质是负有责任的。再如危险废弃物堆放场或填埋场的选址问题。"在种族邮政编码区中的四个垃圾填埋场，相当于南方全部危险废弃物处理容量的 63%。此外，1987 年埃梅尔（Emelle）（亚拉巴马州）、阿尔森（Alsen）（路易斯安那州）以及派恩伍德（Pinewood）（南卡罗来纳州），坐落在基本上是黑人的邮政编码地区的垃圾填埋场，占这个区域危险废弃物填埋场容量的 58.6%。"②

2012 年初我国广西龙江镉污染事件，将屡受侵害的环境公共利益问题严峻地置于全社会关切之中，自 21 世纪以来，国内媒体关于环境灾害、化学污染事件以及各种重大公共安全事故的报道持续上升，其中引人关注的有"癌症村""地方病"等事件。从 2000 年起，媒体披露报道的除了西藏、青海、甘肃、宁夏 4 省（或自治区）未发现癌症村外，全国其余 27 个省（或自治区）均有分布，各省份的癌症村数量相差悬殊，河南省的癌症村数量超过 39 个，是最多的。除部分癌症村形成原因尚不明确，其余 90% 左右的癌症村的形成都和现代工业污染有关，有污染的工业主要包括化工厂、印染厂、造纸厂、制药厂、皮革厂、酒精厂、发电厂以及石灰窑等，其中化工厂造成环境污染导致癌症村的现象最为普遍，死亡伤病人数令人触目惊心，例如 2005 年被曝光的湖北襄樊市朱集镇翟湾村的癌症发病率超过全国平均水平 80 倍。从具体发生地点来看，这些"癌症村""怪病村"都处于农村及城市郊区。从分布地区来看，以我国东部及中部地区发展化工产业的地区为主。根据形成诱因、表现特征以及影响后果分析，这些地区实质上都属于慢发性技术灾害的发生地区，环境危害长久且无可估量。③

1.2 城市生态环境的破坏和修复

生态系统是一个整体，而城市生态系统受到的人为干扰更多，以至发生内在变化，并对整体生态环境产生破坏效应。城市生态环境破坏反映在形态和数量两方面，前者关乎空间格局和空间结构，后者关乎空间尺度和类型数量。

---

① （美）马克·戈特雷纳，雷·哈奇森. 新城市社会学 [M]. 黄怡，译. 上海：上海译文出版社，2011：439.
② （美）马克·戈特雷纳，雷·哈奇森. 新城市社会学 [M]. 黄怡，译. 上海：上海译文出版社，2011：440.
③ 黄怡，刘璟，夏胜. 城乡规划视角下的慢发性技术灾害 [J]. 上海城市规划，2013（4）：44-49.

1.2.1 城市生态景观格局的破坏

工业化和城镇化极大地改变了区域的生态环境格局，城乡生态景观系统割裂，城市公园、绿地等生态休憩空间相对需求来说严重不足，城市热岛效应日趋严峻。城市工农业用地扩张，直接或间接地对草原、森林、湿地过度开发，造成湿地大面积减少、湖泊河流污染、自然岸线锐减等典型生态系统受损退化问题。在全球生态网络的破坏中，城市是生态绿化破坏、资源利用低微、生态功能退化、生态系统受损的重点区域。

（1）水网格局破坏，河流水系减少

城市化的发展有力地促进了区域经济的增长，但同时对城市化地区原有的河流水系造成了较大冲击，原有的农田、绿地、水系（池塘、河道、湖泊）等透水、蓄水性强的"天然调蓄池"被占用、填平，被不透水的"硬底化"水泥地面所取代，从而对生态环境造成了很大影响。据统计，广州市 1990—2016 年的不透水面积从 421 平方千米增加到了 1812 平方千米，增加了 3 倍以上；郑州市 2000—2021 年的不透水面积从 373 平方千米增加到了 1147 平方千米，增加了 2 倍以上。这严重影响了地面的调蓄作用，导致了城市洪涝灾害频发。

太湖流域是我国城市化高度发达地区，苏州则是太湖流域城市化发展最为典型的城市之一，近几十年来快速的城市化导致区域河网萎缩，水系连通受阻。2012 年的一项研究表明[①]：自 20 世纪 60 年代以来，苏州市中心区河流总长减少了约 84km，河网密度下降了约 19.7%；研究区内发二、三级河流持续减少，一级河流不断增加，呈明显的主干化趋势；水系连通度由 20 世纪 60 年代的 421.5 下降到 80 年代的 401.7，到 2009 年下降为 336.1，呈明显减小的趋势。

（2）产业活动改变地貌

采掘业、农业、工业等产业活动改变地貌。矿山、煤田等资源开采以后，常常形成比采空区面积大得多的下沉盆地，这种矿区塌陷地边部的耕地、交通道路、通信线路、水利设施和地下水系均遭到严重破坏，给所在城市地区的土地面貌和生态环境带来较大危害，并直接造成经济损失，引发一系列社会问题。

1.2.2 城市生物多样性下降

土地及其生物多样性为人类带来了重要的无形利益，如认知和精神财富、归属感以及审美和娱乐价值，这些无形的服务塑造了社会、文化和生活质量以及生物多样性的内在价值。地区生物多样性和生态系统可以为城市人口提供娱乐、自然历史遗产和民族自豪感，也可以作为绿色基础设施的基础，以满足迅

---

① 邵玉龙，许有鹏，马爽爽 . 太湖流域城市化发展下水系结构与河网连通变化分析——以苏州市中心区为例 [J]. 长江流域资源与环境，2012，21（10）：1167–1172.

速增长的城市人口的需求，同时不破坏农村和城市生计最终依赖的生态系统。

生物多样性的概念通常包含三个层次，即遗传多样性、物种多样性、生态系统多样性，有时还包括生物景观的多样性。在日常公众语境中，生物多样性一般特指物种多样性。物种多样性是生物多样性的核心，包括物种丰富度（对一定空间范围内的物种数目的简单描述）和物种均匀度（对不同物种在数量上接近程度的衡量）两方面的含义。公众语境中的物种多样性大多仅包含物种丰富度层面的含义。

当前城市的生物多样性处于高负荷环境下的低质量供给状态，本地指示性物种的种类数量处于下降状态。例如，访花昆虫是控制生态系统能量流动和影响植物繁殖活动的重要因素。然而现阶段城市生态系统中，访花昆虫种群数量和种类锐减，目前大多数的城市生态群落"鲜花怒放"却"了无生趣"。大规模引进的外来观赏植物，严重降低了本地植物的多样性。再次，高度城市化造成了原始群落稀少，人工干预度高，导致本地访花昆虫种类数量下降。[①] 从城市生物多样性保育和本地生态系统的保持出发，应大量种植本地乡土植物，加大优质蜜源植物的应用频率。而城市的夜间光、建筑用地、耕地等活动，直接代表了工业用地和人类活动的强度，人进动物退，对物种数量产生极大的不利影响。

1.2.3 城市生态环境的修复

城市中的人和环境之间相互作用，城市人一方面制造了环境问题，另一方面也寻求解决环境问题。黎森戈特（F.M. Listengurt）和波克希舍夫斯基（V.V. Pokshishevskiy）1980 年在对苏联城镇化的研究中提出，生态状况的恶化在城市中尤其明显，特别是在大城市和大都市地区；与此同时，促进生态条件优化的因素也集中在城市[②]。城市具有修复遭其破坏的生态环境的社会要素和经济基础（参见本章 5.2）。环境生态学的研究提供了城市生态环境修复的生态科学理论和生态技术途径，而生态都市主义（Eco-urbanism）则以环境生态学为理论基础进行了城市规划设计、建设和管理的实践。

（1）被动的环境修复

被动的环境修复主要指减少城市人为活动对自然的干预。例如低冲击（low-impact development，LID）开发模式，是 20 世纪 90 年代末发展起来的暴雨管理和面源污染处理技术。其原先的基本内涵是通过有效的水文设计，综合采用入渗、过滤、蒸发和蓄流等方式减少径流排水量，使城市开发区域的水

---

① 王毅俊. 上海植物园调查本市访花昆虫多样性 为保护生态系统提供数据支撑 [N]. 上海科技报，2018-08-08（3）.

② F. M. Listengurt，V. V. Pokshishevskiy. Social Development，urbanization and the environment[J]. GeoJournal，1980，Supplementary Issue 1：59-61.

文功能尽量接近开发之前的状况，这对建设"绿色城市""生态城市"以及城市的可持续发展具有重大意义。

在此可以对"低冲击"的内涵有所扩展，使其泛指城市活动对自然生态系统的干扰。"低冲击"的正向影响在特殊条件下已有充分呈现。2020年疫情期间，世界各地城市不同程度地进行了一些限制（lockdown）管理。随之而来的是全球范围内直观的、肉眼可见的生态环境向好。从美国航天局（NASA）、欧洲航天局（ESA）和欧洲环境署（EEA）发布的疫情前后空气质量变化数据以及卫星图来看，由于全球受到新冠病毒疫情的影响，世界范围内空气中的二氧化碳和二氧化氮含量均明显下降，许多地方的环境问题也得到一定的改善。《华盛顿邮报》报道显示，2020年第一季度，意大利的二氧化氮浓度急剧下降，尤其是疫情最为严重的北部。人类缩小了活动空间，而自然界动植物及其他生物的活动空间增加了。某种程度上，城市经济下行了，而城市的自然生态环境品质却上升了。此外，在一些收缩的城镇或废弃的小镇村庄里，城镇的自然生态环境是整体改善的。例如昆明滇池边的乌龙村，因为被列入滇池保护区范围，2019年1320户村民从乌龙老村迁入距乌龙村不远的小区，乌龙村传统土坯房建筑保留下来，逐渐和自然环境融为一体，成为呈贡新城里的一处"桃花源"。

（2）主动的环境修复

鉴于生态的可逆性、可修复性，借助自然自身的力量，城市可以进行主动的环境修复，并且可以在城市、社区和项目三个层面着手。在城市层面，例如规划中的"城市双修"，即生态修复、城市修补，被视作治理城市问题、改善人居环境、转变城市发展方式的有效手段，用以有计划有步骤地修复被破坏的山体、河流、湿地、植被。在社区层面，例如社区生境花园的建设，为鸟类、昆虫、蛙类和小型哺乳动物提供社区栖息地。在项目层面，例如上海的多个郊野公园为游客创造了一个亲近自然的环境，充满活力的生态系统、多样的自然环境为多种野生动植物提供了栖息地。事实上，主动的生态环境修复涉及城市生态、经济、社会功能等各个方面。

良好生态环境是最公平的公共产品，是最普惠的民生福祉。因此，修复城市生态环境，本质上也就是在创造一种社会公平，避免最不利的人群遭受环境破坏的不利影响。延伸阅读9.1的印度新闻关注的正是中国国民预期寿命和整体污染程度的相关性。

延伸阅读9.1　中国人的预期寿命随着污染程度下降而增加

印度IANS新闻社（2019年）1月17日文章，原题：中国人的预期寿命随着污染程度下降而增加一项研究报告表示，中国公民的预期寿命因该国空气污染程度显著下降而延长半年。

中国（每年）有 100 多万人因空气污染而死亡，人均预期寿命是 76.4 岁。但芝加哥大学能源政策研究所新发布的研究报告说，由于 PM2.5 浓度显著下降，中国人的预期寿命已延长半年。空气质量指数显示，中国的 PM2.5 浓度在 2013—2016 年间下降 12%，污染降低程度相当于中国人均寿命增加 6 个月。

报告说，天津 2013 年曾是中国污染最严重的三个城市之一，PM2.5 浓度在 2016 年下降 14%。若这一改善状况持续下去，那么生活在这座城市中的 1300 万居民的平均寿命预计会增加 1.2 岁。在河南省，统计数据显示，如今人们暴露在当地 PM2.5 污染的时间与 2013 年相比下降 20%，这意味着他们平均能够多活 1.3 岁。

空气污染是该国 40 年来狂热工业化的衍生物。在公众对污染大声疾呼后，政府近年来已采取种种措施抑制污染。经常批评中国的环保活动人士也承认北京付出的努力。

中国是全球最大煤炭生产国。但近些年来，中国已关闭大量煤电厂并转向使用天然气取暖，这降低了雾霾。2009 年以前，世界上污染最严重的 20 个城市中有 16 个在中国。而今年，前 14 个污染最严重的城市在印度，只有其中排名最后的 4 个城市在中国。

来源：高拉夫·夏尔马. 印媒：污染减少，中国人均寿命延长 [EB/OL].
https://www.sohu.com/a/289773615_162522，2019-01-18.

第 2 节　城市环境污染的系统风险

环境污染和人类社会经济活动密切相关，城市环境污染的诱因主要来自工业化和城镇化，工业化造成的环境污染的规模和强度是史无前例的。20 世纪以来，大规模的工业生产、交通运输以及生活方式造成了全球城市环境系统性的污染。当前在我国以及其他一些发展中国家，环境污染往往呈现出复合型、区域性、压缩型态势，复合型是源于大气、水体、土壤、光、噪声等多种环境介质受到单独及交互作用的复杂污染，区域性是因为环境污染具有较大的空间影响范围，压缩型是由于快速的工业化和城市化过程造成的。环境污染程度和国家发展阶段的差异有关。发达国家在其发展历程中经历了和发展中国家大体相似的城市环境污染特征，只是由于更长的工业化和城市化进程以及后期全球化中的制造业对外转移，其污染的压缩性特征相对不如发展中国家的突出。

2.1 大气污染

城市工业生产和交通工具燃料燃烧产生的高浓度悬浮烟尘对人们呼吸的空气质量产生不利影响，进而影响人类健康。城市的地形、气候地理以及就业居住模式等，也会影响城市的大气污染。本质上，社会中的经济利益至上和消费型驱动都是造成城市"呼吸困难"的根本原因。

2.1.1 英、美等发达国家的大气污染

工业生产造成了大气污染，如1948年美国宾夕法尼亚州的多诺拉镇（Donora Town）被炼锌厂、钢铁厂、硫酸厂排放的废气严重污染，又如1952年英国伦敦发生的烟雾和二氧化硫事件。此外，郊区化蔓延和严重依赖小汽车的城市发展模式，也使美国西部城市深受大气污染之苦，如洛杉矶的光化学烟雾污染。1943年7月26日，由汽车尾气和工业废气经紫外线照射产生的"光化学烟雾"污染袭击了美国加利福尼亚州西南部的洛杉矶市中心。自20世纪40年代开始，由于高度依赖汽车的生活方式所形成的化学烟雾污染，对洛杉矶居民健康造成巨大危害。此后的数十年，虽然洛杉矶的居民通过不懈的努力和抗争，将洛杉矶市从烟雾蔽日恢复到蓝天白云，但相较而言，洛杉矶仍然是美国空气污染的重灾区。

21世纪初期，"生态城市建造者"组织的发起人理查德·雷吉斯特就人类对汽车"结构性的迷恋"（structural addiction）曾作过批判[①]。他指出，千百年来城市居民生活快乐，热爱并随时亲近自然，以汽车为基础的城镇和村庄在100年前尚未存在，但是在过去的80年中它被建造进城市、城镇甚至于村庄的结构。汽车造成了城市无节制地蔓延，不仅仅是汽车，而且伴随着沥青、混凝土和汽油——美国平均每年每位汽车驾驶者消耗大约500加仑汽油。人们对汽车的依赖和个体对化学药品的依赖没有多少不同，明知它带来的种种不是，却无法想象如何摆脱它。

加州记者奇普·雅各布斯（Chip Jacobs）和威廉·J·凯利（William J. Kelly）在他们2008年出版的 Smogtown: The Lung-Burning History of Pollution in Los Angeles（中译本题为《洛杉矶雾霾启示录》）一书中，从历史视角全新审视了加州的光化学烟雾污染问题和以加州人民的生命健康为代价的长达60年的空气污染治理史，揭示了南加州日益增长的汽车成瘾、郊区生活方式以及和烟雾进行的史诗般的斗争如何整体塑造了洛杉矶的现代文化，其中内容涉及公司污染的"科学"、可怕的健康成本、清理的尝试，以及

[①] R. Register. When Environmentalists Are Not Ecologists[EB/OL]. http://www.ecocitybuilders.org/warming.html，2002.

大量的违法行为和肮脏的交易，还有谋杀、自杀、精神绝望和对大规模灾难的妄想症等。

无论加利福尼亚人如何与他们自己制造的敌人作斗争，他们依然在开车。人们每天累积行驶 8.25 亿英里，释放 540 万吨的污染物和温室气体，而这些燃料足够来回月球 1600 趟。

远的不说，就看看洛杉矶和长滩的巨型港口，它们作为沃尔玛的全球货物转运系统中转站，也是美国南部最大的固定污染源。数年之前，其中的柴油燃烧颗粒排放已被认定为致癌原因。由于严厉的清洁大气法案，南加州亲历了大量本地制造业基地向远东转移的过程。然而，现在我们要和装着廉价产品回到西海岸的货船的排放物作斗争。同时，我们呼吸着从工业化远东跨洋过海弥漫来的烟尘。

2004 年，治疗空气污染引发的心脏病、哮喘、支气管炎和相关病症就花费了加州人 220 亿美元。哈佛大学对人群进行了 16 年的跟踪研究后得出结论：仅仅是吸入 PM2.5 微粒，即使浓度低于美国国家标准以下，人们仍旧会被夺走 2 年的预期寿命。这些微小的颗粒还会引发中风、加重糖尿病。

来源：(美) 奇普·雅各布斯，威廉·凯莉. 洛杉矶雾霾启示录 [M]. 曹军骥，等，译. 上海：上海科学技术出版社，2014：248，251.

当然，《烟雾之城》不免带有狭隘的美国中心主义或西方中心主义的语调。由于美国 1970 年颁布的严厉的《清洁空气法》修正案，南加州的大量本地制造业基地被迫向"远东"转移，对于此举，两位记者觉得正常；而装着廉价产品回到西海岸的货船带来排放物，使得他们呼吸着从"工业化远东"跨洋过海弥漫来的烟尘，对此他们感到大为不满。事实上，这种局限性的认知态度对于环境污染问题的解决是尤其无益的。

此外，不断变化的气候模式也加剧了美国的山野火灾和随之产生的危险烟雾，并导致空气污染颗粒和臭氧污染恶化。据美国媒体报道，截至当地时间 2021 年 7 月 14 日，美国西部 12 个州仍有超过 70 场山火持续蔓延，2021 年成为又一个爆发"迄今为止最严重山火"的年份，美国西部山火过火面积相当于约 5 个纽约市①，给周边城市造成了严重的大气污染。

根据 2020 年美国肺脏协会 (American Lung Association) 的一份报告，全美有近一半的人口仍然呼吸着被污染的空气，将自己的健康和生命置于巨大风险之中。空气质量的恶化威胁着全美 1.5 亿人，尤其是儿童、老年人和患

---

① Stella Chan CNN. Western wildfires have burned an area almost 5 times the size of NYC. Here are some notable fires[EB/OL]. https://edition.cnn.com/2021/07/12/weather/wildfires–california–oregon–arizona–new–mexico/index.html，Tue July 13，2021.

有肺部疾病的人。^① 而 2022 年美国肺脏协会的年度"空气状况"报告显示，美国严重和长期暴露于颗粒污染的最高排名都在加州。在加州的这些城市地区中，最糟糕的是圣华金谷（San Joaquin Valley）。圣华金山谷空气污染控制区包括 8 个县。美国国家环境保护局（EPA）认为，由于地形和污染源的综合影响，该山谷拥有"全国最糟糕的空气质量"。根据美国环保署的说法，山谷周围的山脉困住了来自重型卡车交通、柴油机车、拖拉机、灌溉泵和壁炉的空气污染物。^②

2.1.2 我国的雾霾问题和治理

自改革开放以来我国城市高速发展，却也付出了高昂的环境成本。2013年之前，工业化进程中的我国也正面临越来越严重的大气污染。大气污染向煤烟和机动车尾气复合型过渡，区域性大气环境问题突出，雾霾频发。京津冀及周边地区情况尤为严重。空气污染和肺癌的产生及死亡率有密切关系，数据表明，北京市肺癌发病率由 2002 年的 39.56/10 万上升至 2011 年的 63.09/10 万，远远高出全国平均水平。天津市肺癌发病率约为 60/10 万，呈现明显年轻化趋势；其中男性和女性的肺癌死亡率分别居于全国第二和第一位。2012 年，河北省的肺癌死亡率由 1973—1975 年的 9.31/10 万增至 35.22/10 万。^③

某种程度上，我国的雾霾问题及治理也经历了和前述发达国家类似的历程。在防治空气污染方面，治污属地管理难成合力，环境违法成本低，企业宁罚不改。在整治燃煤锅炉和重点排污企业、量化考核问责、建成空气质量监测网等组合拳挥下后，2016 年京津冀、长三角、珠三角区域细颗粒物（PM2.5）平均浓度和 2013 年相比均下降 30% 以上。生态环境部连续开展了《打赢蓝天保卫战三年行动计划》，于 2021 年 2 月 25 日宣布圆满收官。三大重点区域——京津冀及周边地区、长三角、汾渭平原的空气质量改善程度不等。治理空气污染之路虽还很艰巨，但城市里的"蓝天"已越来越常见。

雾霾是发展中的问题，涉及工业生产、城镇化和生活方式，不能单纯依靠科技发展来解决，需要抓大企业的排放。除了持久污染以外，还有一些偶发污染、局部污染，例如一些灾害事故导致的污染，像氯气泄漏事故、化工厂爆炸、木材加工厂火灾等，都会产生有害气体、影响居民健康。

---

① AMERICAN LUNG ASSOCIATION. Nearly half of US breathing unhealthy air; record-breaking air pollution in nine cities[EB/OL]. https://www.eurekalert.org/news-releases/873162, 21-APR-2020.

② 加州推进一项法案，以改善该国污染最严重地区的空气质量 [EB/OL]. http://www.cyjuw.com/news/show/26457/，2022-05-03

③ 孙利荣、龚岸菹 . 研究称河北肺癌死亡率 40 年上涨 306%，居肿瘤死亡率首位 [EB/OL]. https://www.thepaper.cn/newsDetail_forward_1433364，2016-02-19.

2.1.3 能源消费引起的环境污染

城市是人类社会经济活动的主要聚集地，也是能源消耗和人为温室气体（GHG）排放的主要源头。根据联合国人居署的数据，尽管城市只占据不到 2% 的地球表面，却消费了 78% 的世界能源，产生了 60% 的温室气体[①]。目前我国城市能源消费量已经超过全国总量的 60%。除了工业生产、飞机和机动车交通的能源消耗之外，舒适但高能耗的现代生活方式、生活能源消费也会造成燃煤污染问题。我国北方一些地区进入采暖期后，雾霾频发，冬季空气质量恶化，严重影响群众健康和生产生活。

改变传统的能源消费方式可以减轻环境污染。我国正从以资源消耗、污染环境来提升经济发展的模式转变到推广实行"以气代煤、以电代煤"为辅的改造思路上，尤其是加强控制京津冀、汾渭平原、长三角地区的煤炭消费量，尽可能提高清洁能源供暖比重。我国也全面实施了散煤综合治理，推进北方地区冬季清洁取暖，自 2017 年以来，北方地区已有约 400 万家庭转用天然气这种更清洁的能源。全部淘汰地级以上城市建成区燃煤小锅炉，西部地区也已于 2020 年完成燃煤电厂超低排放和节能改造力度。《美国科学院院报》2018 年 12 月公布的研究显示，此举正在奏效：转用更清洁能源已令中国人均暴露于 PM2.5 的程度下降 47%，每年帮助防止 40 万人过早死亡。[②]

2.2 水污染

多年来，全球江河湖泊等天然水资源质量不断下降，水环境持续恶化，严重威胁了社会的可持续发展，威胁了人类的生存。不合理地开发利用造成局部区域水环境质量降低、水生态系统受损、水土流失加剧、地质灾害加剧、重要湿地萎缩、水污染风险源增多等问题。我国由于污染所导致的缺水和事故不断发生，不仅使工厂停产、农业减产甚至绝收，而且造成了不良的社会影响和巨大的经济损失。

2.2.1 城市水污染的表征和治理格局

水污染包括了河流水系污染、地下水污染、海洋污染。世界上仅城市地区一年排出的工业和生活废水就多达 500 立方千米，而每一滴污水将污染数倍乃至数十倍的水体。我国的地表水资源污染严重，地下水资源污染也不容乐观。我国北方五省区和海河流域的地下水资源，无论是农村（包括牧区）还是城市，浅层水或深层水均遭到不同程度的污染，局部地区（主要是城市周围、

---

① Generating power[EB/OL]. https://www.un.org/en/climatechange/climate-solutions/cities-pollution.
② 卡特里娜·俞，美媒：治霾奏效，京北农村干净了[EB/OL]. 崔晓冬，译. 海外网，https://baijiahao.baidu.com/s?id=1620327696349049366&wfr=spider&for=pc，2018-12-20.

排污河两侧及污水灌区）和部分城市的地下水污染比较严重，污染呈上升趋势。长江水质虽然总体良好，但局部水质、水生态环境有恶化趋势；水污染和水土流失也严重威胁到流域生态安全。

针对典型水域开展水生态环境健康评价工作非常重要，水环境质量的评估工作应逐步从水质理化指标过渡到水生生物和水生态指标，并建立向社会公开发布"水环境健康评价指数"的机制。目前，我国河道大部分监测断面的理化指标改善已取得重大进展。在重要河流水系污染的治理方面，例如伴随着长江经济带发展，治理长江污染隐患、修复长江生态环境摆在了压倒性位置，不搞大开发，"化工围江"的局面正在逐步改善，长江经济带沿线11省市沿岸有污染的企业，例如宜昌辖区沿江1公里腹地内的化工企业，正陆续关停或搬离。

2.2.2 水污染成因

人类生产活动造成的水体污染中，工业引起的水体污染最严重。工业废水是工业污染引起水体污染的最重要的原因，它占工业排出的污染物的大部分。工业废水所含的污染物因工厂种类不同而千差万别，即使是同类工厂，生产过程不同，其所含污染物的质和量也不一样。工业废水成分复杂，不仅在水中不易净化，而且处理也比较困难。工业除了排出的废水直接注入水体引起污染外，固体废物和废气也会污染水体。

农业污染首先是由于耕作或开荒使土地表面疏松，在土壤和地形还未稳定时降雨，大量泥沙流入水中，增加水中的悬浮物。还有一个重要原因是出于农业增产的需要，农药、化肥的使用量日益增多，而使用的农药和化肥只有少量附着或被吸收，其余绝大部分残留在土壤和漂浮在大气中，通过降雨，经过地表径流的冲刷，进入地表水和渗入地表水形成污染。

城市污染源是因城市人口集中，城市生活污水、垃圾和废气引起水体污染造成的。城市污染源对水体的污染主要是生活污水。

上述城市生活、工业和农业造成的污染都是持续性污染，是长期连续稳定的污染。还有一类属于偶发性污染，其发生是偶然的，带有不确定性，往往是由意外事故导致的污染。例如2010年4月，墨西哥湾原油井喷事件对美国南部路易斯安那州沿海城市造成了严重环境污染，又如2006年11月，四川泸州某新建工程发生柴油泄漏导致长江流域部分地区出现严重水体污染。

2.3 土地污染

自20世纪以来，农业生产对土地的污染日益加剧。1962年，美国生物学家雷切尔·卡森发表了环境科普著作《寂静的春天》，引起很大轰动，她在书中描绘了一幅由农药污染所带来的可怕景象，在世界范围内引发了关于发展观念的争论。工业生产对土地也产生污染，包括生产过程中的重金属污染、工业废水污染等。欧美各国采用"棕地"概念来表示工业污染用地，但在内涵上并不完全一致。按照美国国家环境保护局（EPA）的定义，"棕地"是已被废弃的、闲置的或未被完全利用的工业或商业用地，其扩展或再开发受到现有或潜在的环境污染影响而变得复杂。也就是说，美国的棕地有的可能并未受过污染，即使受过污染，其程度也可轻可重，程度轻的经过治理修复后可进行包括居住在内的多用途再开发。英国的"棕地"则指"被以前的工业使用污染，可能会对一般环境造成危害，但有逐渐增强的清理和再开发需求"的用地。

还有一类"慢发性技术灾害"工业用地，是一类和特定工业产业相关的达到灾害程度的棕地，和美国的"超级基金用地"在内涵上更接近，具有慢发性、绵延性和严重性的影响特征。例如伦敦奥林匹克公园（奥运会后更名为女王伊丽莎白二世公园）占地约 2.5 平方公里，是伦敦第三次举办奥运会的场址，建造有奥运场馆、公共绿地和住宅。但是直至 2005 年之前曾是伦敦最大的垃圾填埋场之一，是危险的废弃地，垃圾填埋场和工厂废墟连成一片，报废的冷冻机堆积成山。据相关调查显示，基地上的污染物包括石油、汽油、焦油、氰化物、砷、铅和一些非常低含量的放射性物质，大量有毒工业溶剂已渗透到土壤和地下水中，某些重金属甚至渗入 40 米深的地下水和基岩中，基地内高达 80% 的土壤都受到了不同程度的污染，52 个高压线架横贯了整个基地。基地的生态环境受到了严重破坏，并存在一些外来入侵物种。附近居民的生活环境质量也是全伦敦最差的。因为土壤和地下水被严重污染，这片土地对开发商来说基本上是毫无价值的，所以才更新改造成了奥林匹克公园。

市政设施用地（如上述的垃圾填埋场）也可能对土壤环境产生影响，给城乡生态环境造成严重后果。非法处置的危险品垃圾含有有毒成分和重金属，此外，在填埋的生活垃圾和工业垃圾中有些本身就带有一定的污染性，如工业废料、油、重金属等污染物质，不仅污染与之直接接触的土壤，还会通过渗透作用进一步污染深层土壤以及周边的土地。而有些化工产品垃圾填埋后数十年甚至上百年都不会降解，这些土地也就失去了复垦价值。此外，垃圾在漫长的降解过程中还会释放其他的有毒物质，引发对土壤的二次污染。

2.4 微生物迁徙

近百年来，人们通过废弃物排放、旅游、全球运输等方式，将大量微生物及其基因带入新环境，从而逐渐改变了原来微生物的动态变化。随着城市化和高强度集约化农业的发展，人类正以前所未有的速度和规模改变着微生物的全球迁徙和分布。这种巨变以不可预估的方式改变着生活环境。

污水排放是造成微生物的全球大迁徙的推手之一。全球约有 35.9 万平方公里的耕地依赖城市污水的灌溉，80% 的污水只经过简单处理甚至未处理。污水和粪肥在农业上的使用导致微生物在全世界流通。废水含有高密度的微生物和可交换的基因，也含有大量化学污染物，包括金属、抗生素和消毒剂。微生物为了抵抗污染物的"威胁"，不得不发生基因突变或基因横向转移，逐渐产生"抵抗力"从而主动地响应逐渐变化的环境。

如果和微生物一起旅行的污染物中含有大量抗生素，那么到达目的地时，可能已诞生"超级细菌"，带来了细菌耐药性问题。人和动物在世界范围内的空前流动推动了微生物的迁徙和部分微生物的富集。以肠道微生物为例，随着 20 世纪全球化进程的日益加快，肠道微生物在环境中的丰度和分布在快速增加。目前全球国际旅游高达 12 亿人次，因此带来的肠道微生物扩散以及抗性基因洲际扩散也证明了这一现象。

微生物的大规模迁移，潜移默化地影响着人类的环境和健康。由于人类活动，污染物排放对微生物世界的改变已经到了大规模、大尺度的状态。微生物对生态功能所起的重要作用是肉眼无法察觉的，但和看得到的宏观生物的影响是一样的，而忽略微生物的作用将会给人类带来灾难。[①]

2.5 废弃物污染和处理

除了前述产业类型的废弃物污染之外，固体废弃物还涉及生活垃圾、家庭垃圾（废弃物），包括厨余垃圾、电子电器、大件垃圾、装修垃圾、绿化枝叶等。在这类废弃物污染和处置中存在着较鲜明的不平等性，并体现了不同的发展思路。

2.5.1 废弃物污染和处理的不平等

废弃物污染和处理在发达世界和不发达世界划出了鲜明的不平等的社会界限。发达世界采取的主要是转移策略，而不发达世界则沦为接受方和消化方。在发达世界，如美国，垃圾填埋场常常建立在种族邻里附近；在发展中世界，许多贫民窟建在垃圾场边，甚至一些城市的居民以捡垃圾为生，例如埃及开罗古城郊区的拾荒者社区"扎巴林"（Zabbaleen），几代人靠捡拾垃圾为生。

在我国，乡村承担了工业污染转移带来的问题，而这些地方的污染物处置能力恰恰不足。整体而言贫困地区的人口承受了废弃物污染的恶果，处于更恶劣的生活环境中。例如重庆市巫溪县徐家镇高洪村的垃圾场紧邻村民居住地

① 城市环境研究所.科学家阐述环境微生物大规模迁徙机制 [EB/OL]. https://www.cas.cn/syky/201709/t20170915_4614511.shtml，2017-09-15.

建设，占地面积约 600 平方米，全镇的生活垃圾都集中在此堆积处理，然而由于资金问题，运输来的垃圾没有经过无害化处理，露天堆放，污染环境，曾持续十余年之久。[①]

电子垃圾则对环境危害很大。一部智能手机制作过程中加入的挥发性溶剂含有铅、镉、水银等金属，如果随意抛弃，重金属会进入土壤和地下水，严重威胁生态环境和人体健康。手机的塑料外壳被焚化后，也会产生氯的有毒物质，甚至是某些一级致癌物。至 2017 年，我国旧手机回收率不足 2%，已经沉积了 10 亿部废旧手机。[②] 而对手机等电子产品消费迭代越快的群体，所制造的废弃物污染也越大，在此意义上，不同社会经济阶层、不同代际的"电子产品使用者—资源消费者—污染制造者"之间也形成了一种长久的不平等。

2.5.2 废弃物处理和循环经济

传统的线性经济对资源利用率太低，成本太高，遵循的是"原料—制造—使用—废弃"的过程。如果按照循环经济的路径，可以创造一个资源循环、永续利用的社会。可以采取的做法包括建立健全生活垃圾全程分类体系，加强区域内生活垃圾、工业垃圾、危险废物等固体废弃物的减量化、无害化和资源化，强化一般工业固废循环利用和危废安全处置。

以我国台湾地区为例，2000 年台湾产生 787.5 万吨垃圾，2015 年已减少为 323.6 万吨。而且垃圾的资源回收率比例逐年提高，2015 年全台湾的资源回收率达到 55%，台北市和新北市的资源回收率分别高达 67% 和 63.5%，远远高于美国的 35%。[③] 2020 年我国 35% 的城市家庭垃圾已实现回收利用。垃圾分类要做到无害化、资源化、减量化，最根本的出路是将固废处置纳入循环经济之路，并构建一个完整的产业链。

2.6 噪声污染

广泛的和噪声问题相关的声环境问题、社会环境问题长期以来遭到忽视，至少没有放到特定的社会文化背景之下进行研究。城市噪声污染来源复杂，包括社会生活噪声、工业噪声、建筑施工噪声和交通运输噪声等干扰周围生活环境的声音。其中交通噪声又包括飞机噪声、道路交通噪声、传统铁路噪声、高速铁路噪声以及其他噪声源。相对于乡村来说，城市是巨大的、喧嚣的噪声源集合体，噪声污染对于城市居民的影响是多维度的。

噪声对健康产生的影响是多方面的，对人的听觉系统、非听觉方面的影

---

① 李立峰，付泽，杜敏."又可以呼吸新鲜空气了" [N]. 检察日报，2017-09-19（2）.

② 赵贝佳.废旧手机往哪儿去？[N]. 人民日报，2017-03-17（1）.

③ 汪灵犀，王尧.在台湾 循环经济是门好生意 [N]. 人民日报海外版，2018-08-18（4）.

响都是不容忽视的。非听觉方面的影响包括：①对日常生活和工作学习的干扰，噪声会分散人的注意力，导致出错率增加、反应迟缓、易疲劳、认知表现和工作效率下降。②对生活质量、心理健康和精神状态产生负面影响，环境噪声被认为不会直接导致精神疾病的发生，但可能会加速潜伏性心理障碍的发展。一些针对成人的研究为噪声暴露与报告的焦虑症状和抑郁症的关系提供了证据。一项研究调查了日本两个军事空军基地周围的 6000 名居民，发现暴露于 70dB（Ldn）以上的人精神不稳定和抑郁的发生率更高。另外一项大型前瞻性研究当中发现夜间道路噪声与抗焦虑催眠药物的购买有关。此外，一项针对儿童的研究在伦敦希思罗机场附近开展，结果发现接触噪声的儿童有更高水平的心理压力，同时也有更高的多动症患病率。长期接触噪声会对心理健康产生一定程度的负面影响。③长期的噪声影响累积下也可能诱发多种疾病。环境噪声和健康终点之间的关系的研究通常是通过大规模的流行病学调查来开展。噪声对健康的影响可能直接通过对身体暴露的自主应激反应产生，也可能通过消极的情绪状态（如烦恼）间接产生，即当一个人感到活动受到干扰或造成沟通困难时会产生烦恼，这种烦恼可能会导致压力反应，并可能导致随后的心理健康不良和疾病。交通噪声对居民影响，通常将烦恼度作为最重要的评估噪声影响的主观评价量。

国际上将"对噪声的社会反应"（community response to noise）定义为社会群体对特定噪声源的长期反应。不同人群或同类人群在不同状态下对同一物理特性声音的反应是不一样的，相对来讲，噪声对儿童的影响更大，儿童可能出现记忆和阅读理解方面的缺陷。而城市中各社会阶层的不同空间分布也决定了他们的噪声暴露程度。针对城市交通噪声的研究表明，飞机噪声比道路交通噪声更令人烦恼，而道路交通噪声比铁路噪声更令人烦恼，其中高速铁路噪声的影响范围要大于传统铁路噪声，高速铁路噪声带来的烦恼度高于传统铁路噪声。因此，机场起降跑道范围内的住宅区，城市主干道、高架路、高速路沿线的住宅区，铁路沿线的住宅区，所承受的噪声污染和其他环境问题更严峻，在城市微观区位上处于不利地位，这在房价、租金以及居住人群上都会体现出来。基于声学、心理学、医学、生理学、法学、经济学等学科而构建的社会声学理论（social acoustics），在为制定噪声政策和噪声管理措施提供理论依据、有效控制城市噪声污染问题方面可以发挥更多作用。

2.7 有污染的选址布局和受影响人群分布

虽然在废弃物污染、噪声污染问题中已涉及不平等的社会影响，仍有必要从城市空间、城市规划的方面整体分析有污染的用地布局及设施和社会分布的关系。

2.7.1　工业选址的不平等模式

以美国和中国的情况对比分析。在美国，许多特定地影响种族和穷人的危险，正是工业选址模式的结果。因为在制造业地区周围建设的定居空间中的住房成本比较低，穷人更可能安身在这些地方。化学排放、有毒副产品的溢出、难闻的气味以及喧嚣的噪音，仅仅是影响这些相对无权无势的社区的一部分危险。而工场、工厂、化工厂以及诸如此类的选址，是和中产阶级居住空间严格隔离开来的。

在我国，大量工厂企业出于土地成本、生产成本以及城市环境治理标准等因素的制约，往往选址在城市郊区和农村，加上农村地区存在着大批生产规模小和生产水平低的村镇企业。其中的很多企业都位于公共水源附近、居民生活区等环境敏感区域。这些生产企业大都能耗高、污染大，生产过程中产生的有毒废弃物基本上不经处理就直接排放，并且大都是直接排入河流水体。例如，浙江省三门县的医化企业主要集中在三门海游港两岸，靠近人口密集区，企业排放的污染物对周边群众的生产和生活产生了严重的威胁。据2016年1月24日国务院新闻办的发布会数据，我国时有化工企业21000多家，其中沿长江、黄河分布的就占50%以上。[①] 这种不合理、不科学的工业选址与布局模式所产生的恶果已经以"癌症村"这样的形式日益触目惊心地呈现出来。

2.7.2　有污染的邻避设施的不平等设置

对大多数城市来说，除了可能产生污染的、不合理的工业选址以外，必然还有一些地区被选择为有缺点的土地用途，在英美等国家，这些土地用途被称为LULUs（Locally Unwanted Land Uses），亦即地方上讨厌的土地用途，诸如垃圾填埋场、有毒废弃物堆积处以及污水处理厂等，我们也将这些功能设施称为"邻避"（NIMBY）设施。因而，即使规章制度已经增强了对于环境质量的保护，它们也导致在环境威胁处置中的不公正，尤其是由于有毒堆放场和垃圾填埋场的不公平的地点选择。结果是势力强大的让弱小的为全社会的成本付出代价。

乌克兰北部基辅州的位于白俄罗斯边境的"切尔诺贝利"核电站于1986年爆炸，辐射量相当于400颗美国投在日本广岛的原子弹，由于高辐射对人体的伤害太大，会引发多种疾病，所以导致附近区域被废弃。30多年过去了，虽然空气中的辐射值已经正常，但是在水土中依旧残留着辐射物质，由于人烟稀少，越来越多的野生动物生存在这个地方。然而也由于贫穷和战火，一些人为了躲避战乱在这个地区生存，他们只能顾及眼前，没法顾及后代了。这

---

① 新华社电．一半化工企业紧邻长江黄河 [EB/OL]. https://news.sina.com.cn/c/2006-01-25/03028
071905s.shtml.

样的社会问题反映在游戏之中，游戏《明日之后》里的"西部小镇"原型即来自于此。

在我国，作为对 LULUs 和大量生产与排放不达标的工业企业的通常应对，城市规划往往将大量产生污染的工厂企业、大型市政设施（例如垃圾填埋场、焚烧厂、发电厂等）布置在城市边缘区，这对城市边缘特定地区的环境质量和城市居民健康存在着长期隐性的威胁。而在农村地区，地方政府往往出于对 GDP 的追求和依赖，对土地使用管理松散，或是发现环境问题也难以纠正改变。

2.7.3　土地使用的环境和社会空间关联影响

在城市规模扩大、用地逐渐向外扩张的条件下，城市建设蔓延、居住和工作空间逐步分离、城市居民通勤成本增加以及城市交通拥堵等城市问题逐渐显现出来。同时部分工业企业、大型市政设施存在环境污染等邻避问题，导致周边片区环境污染严重，生活舒适度降低，区域破败现象严重。因此，需要探索影响工业用地的演变特征及因工业用地变化导致城市环境、社会问题产生的原因，以期通过转变工业用地的布局模式及相关措施解决城市在工业发展中产生的问题。

就环境质量而言，城乡环境是一个密不可分的整体，根本不存在一个污染严重的城市边缘或农村却同时有一个环境良好的城市的情形。对城市边缘区和农村地区的污染来说，遭殃的是周边地区的居民。但是通过大气、水体的循环，以及通过在被污染的土地、水源和空气介质中生长的农产品（例如含有有毒物质或某些要素含量超标的蔬菜瓜果、牲畜家禽等）流通，最终仍然影响到大量城市居民的健康和安全。

任何土地使用活动都会带来环境影响，不同类型的活动对其附近地区的人群有不同的影响，会产生各自的环境成本，随之而来的问题是谁为这些活动支付环境成本。正如在工业选址模式中反映出来的，土地使用的环境成本同样存在着一定的社会空间模式，也就是说，土地使用的环境影响问题和社会空间发展之间存在着一定的关系。

第 3 节　气候危机和环境灾害

关于全球气候变化带来的挑战，历史学家杰弗里·帕克（Geoffrey Parker）于其 2013 年的力作《全球危机：十七世纪的战争、气候变化与灾难》中，运用气候科学和历史文献的双重证据，有力论证了 17 世纪气候变化和人类社会崩溃之间的关系。从北美大陆到江户时代的日本，从中国东北到非洲南部，17

世纪的人类世界经历了一场空前广泛而深重的浩劫。面对饥荒、瘟疫与革命，大明王朝、奥斯曼土耳其、莫卧儿帝国、神圣罗马帝国等传统强权纷纷陷入动荡。这一切不只是巧合，还是一场全球"总危机"的表征。温室气体的排放是导致气候发生变化的主要元凶。

今天，人类世界似乎又正面临着一场极端气候变化引发的全球危机。在全球化备受考验的今天，极端气候敲响了预防"全球危机"的警钟。气候问题是普遍的、全球性的、关乎生存的问题。在埃及海滨城市沙姆沙伊赫（Sharm el Sheikh）举行的《联合国气候变化框架公约》第二十七次缔约方大会（COP27）上，联合国秘书长古特雷斯发出警告，按照目前的轨迹，"我们的星球即将抵达导致气候混乱不可逆转的临界点""我们正走在通往气候地狱的高速公路上，而我们的脚仍在油门上"[①]。

石油和天然气的消耗正变得越来越具有破坏性。发达国家的政府都在努力实现最低程度的温室气体减排，但他们同时如此广泛和强烈地渴望化石燃料，并在发展中国家开发能源。

3.1　极端气候灾难的类型及数据

气候影响当然不能局限于城市讨论，气候危机付出的是人类的成本，尤其是小岛屿国家和发展中国家正在承受气候危机的影响，气候异常，极端天气事件多发频发，包括毁灭性的洪水、不断加剧的风暴和破纪录的热浪。而极端天气和气候危机、气候灾难事件之间的联系显而易见。

3.1.1　极端气候灾难的类型

全球极端气候灾难包括暴雨、高温热浪、罕见寒潮、热带气旋、林火、飓风等。

（1）热浪、干旱和山火

近年来，欧美各国遭遇热浪，老年人尤其深受其害。2003 年一场持续仅两周的夏季热浪造成欧洲 7 万人过早死亡。研究表明，2014 年以来欧洲经历了一系列严重干旱和热浪，最近 8 年是 2000 多年来欧洲最极端、最热的 8 年。

全球变暖加剧了森林的干旱，也是导致世界各地山火毁灭力超过以往的根本原因。2019 年 7 月全球热浪，澳大利亚发生了严重的森林火灾，高温天

---

① And our planet is fast approaching tipping points that will make climate chaos irreversible. We are on a highway to climate hell with our foot still on the accelerator. Secretary-General's remarks to High-Level opening of COP27 – as delivered[EB/OL]. https://www.un.org/sg/en/content/sg/statement/2022-11-07/secretary-generals-remarks-high-level-opening-of-cop27-delivered-scroll-down-for-all-english-version，07 November 2022.

气和干旱导致各地林火肆虐数月；2022 年 8 月，重庆持续 45 摄氏度的高温炙烤，60 年来难得一见，北碚缙云山遭百年不遇的山火。而美国加州近几年的山林大火呈现出"火龙卷风"的蔓延趋势。

图 9.1 洪水使得德国城市道路开裂并导致建筑物倒塌
来源：Getty Images，CNN

（2）暴雨和洪涝

2011 年全年世界上有超过 1.06 亿人遭受洪灾侵袭，6000 万人被旱灾折磨，近 4000 万人饱受风暴之苦[①]。雨情汛情灾情主要特点是，降水时空分布严重不均，世界多地雨量频创纪录。2021 年 7 月中旬，强降雨导致西欧洪水泛滥，荷兰、比利时和德国的部分地区遭遇了毁灭性的洪水。根据 NBC 援引的警方报告，德国洪水过后至少 300 人失踪，197 人死亡，749 人受伤，街道一片狼藉，社区房屋遭受破坏（图 9.1）。据美国有线电视新闻网（CNN）报道，德国许多地区经历了 24 小时的降雨，降雨量在 3.9~5.9 英寸之间，超过了 1 个月的降雨量。[②]

近年来，我国城市"雨岛效应"显著，许多城市全市范围大暴雨，并出现城市内涝、山体滑坡、洪水和泥石流等灾害。2018 年 8 月 29 日至 30 日，深圳连续遭遇了特大暴雨袭击，连续两日局地特大暴雨 50 年一遇。同年 9 月 16 日，超强台风"山竹"登陆深圳，造成部分区域供电供水中断、海水倒灌、市政设施受损等；内涝积水 80 余处，树木倒伏逾 8000 棵。而 2012 年北京"7·21"特大暴雨、2017 年广州"5·7"暴雨、2020 年广州"5·22"特大暴雨、2021 年郑州特大暴雨、2023 年涿州暴雨，均造成了重大人员伤亡及财产损失，受到全社会的广泛关注，由气象事件（灾难）转变为社会事件（灾难）。

（3）台风（飓风）

大西洋上生成的热带气旋为飓风，太平洋上生成的热带气旋为台风，两者性质相当。2005 年"卡特里娜"飓风导致 2000 人死亡，并在面积相当于英国的美国土地上造成了价值 810 亿美元的财产损失；2013 年台风"海燕"共造成菲律宾 6300 人死亡、1062 人失踪、28688 人受伤，经济损失 1813.25 亿菲律宾比索。

3.1.2　让人警醒的数字

气候已导致了许多诸如此类的大灾难，未来可能将制造更多灾难。世界

① （英）杰弗里·帕克. 全球危机：十七世纪的战争、气候变化与灾难 [M]. 王兢，译. 北京：社会科学文献出版社，2021：IX.
② Lauren Edmonds. Photos show catastrophic damage in Germany caused by extreme rain and flooding[EB/OL]. https://www.insider.com/flooding-rain-damage-in-germany-photos-2021-7，Jul 21，2021.

气象组织估计的一串数字足以让世界警醒[①]：

- 2022 年全球平均气温大约比工业化之前（1850—1900 年）的平均气温高了 1.15 摄氏度。
- 随着温室气体继续排放，大气中二氧化碳、甲烷和一氧化二氮的含量达到了创纪录水平。强效温室气体甲烷的年增长量创最高纪录。
- 现在，海平面的上升速度是 30 年前的 2 倍，海洋比以往更为炎热。

荷兰已经深刻感受到了海平面上升带来的影响，上海、威尼斯、东京、纽约等沿海城市也面临因气候变化造成海平面上升的灾害风险。

- 2022 年，阿尔卑斯山脉冰川融化的纪录被打破，平均高度损失 4 米。
- 格陵兰岛冰盖 3200 米高度的冰峰处首次记录到了降雨——不是降雪。
- 南极洲海冰面积降至最低纪录，几乎比长期以来的平均值低了 100 万平方公里。

《巴黎协议》是各国于 2015 年达成的一项气候协议，2016 年 11 月生效，已获得 197 个国家的批准，其目标是减少碳排放，将全球气温的上升幅度控制在"低于 2℃、最好不超过 1.5℃"的水平。全球气温上升超过 2 摄氏度将可能对地球大部分表面造成海平面上升等破坏性影响。世界气象组织（WMO）关于全球气候状况的声明说，冰和海平面的创纪录数据是由人类活动的温室气体驱动的。报告显示了上升的、不可逆的气候变化对冰川、海洋、自然、经济和人类生存条件的影响。又如，据国际灾害数据库的统计，"一带一路"沿线相对灾害损失是全球平均值的 2 倍以上，且以台风、暴雨、强对流、沙尘暴等气象灾害居多。

3.2 极端气候的生态、经济和社会影响

气候变化和城市可持续发展休戚相关，为城市提高宜居性和生产力带来了新的挑战和机遇。

首先是气候变化对土地的影响[②]。土地，包括其水体，通过初级生产力、粮食、淡水供应和其他多重生态系统服务为人类生计和福祉提供基础。目前土地使用的地理分布、多种生态系统服务的大量占用以及生物多样性的丧失是人类历史上前所未有的。到 2015 年，全球约 3/4 的无冰地表受到人类使用的影响。人类占有全球陆地潜在净初级生产力（net primary production）的 1/4 至 1/3。农田覆盖了全球无冰表面的 12%~14%。自 1961 年以来，全球人均食品卡路里供应量增加了约 1/3，植物油和肉类消费量增加了 1 倍多。与此同时，

---

① 潇湘晨报. 史上最热八年！联合国警告全球深陷气候危机 [EB/OL]. 潇湘晨报官方百家号 https：//baijiahao.baidu.com/s?id=1748926235335534106&wfr=spider&for=pc，2022-11-08.

② Farming and Context[EB/OL]. https：//www.ipcc.ch/srccl/chapter/chapter-1/，2019-12-04.

无机氮肥的使用量增加了近9倍，灌溉水的使用量大约增加了1倍。

土地变暖的速度快于全球平均水平，这对土地系统产生了明显的影响。2006—2015年期间陆地平均温度比1850—1900年期间高1.53摄氏度，比同期全球平均温度变化高出0.66摄氏度。温度变暖伴随着降水模式的变化，改变了生长季节的开始和结束，导致区域作物产量减少，淡水可用性降低，生物多样性受到进一步的压力，树木死亡率增加。大气中二氧化碳含量的增加导致了观察到的植物生长增加以及草原和大草原木本植物覆盖的增加。气候变化将对生态系统及其提供的服务产生直接的负面影响，从而加剧这些挑战。

诸如财富、工业化程度、体制和治理等社会经济条件的差异影响应对气候变化、粮食不安全、土地退化的能力。因此，气候变化将对区域和社区产生不同的影响。在不确定的未来预期下，土地资源的公平共享、土地管理决策的权衡和共同利益，依赖于时间的政策和管理决策方面。

第4节 城市环境、公共卫生和流行性传染病

公共卫生是关系到一个国家或一个地区大众健康的公共事业，涉及对重大疾病尤其是传染病（如结核、艾滋病、SARS、新冠等）的预防、监控和治疗，以及对公共环境卫生的监督管制。城市环境的特性决定了它和公共卫生、流行性传染病有着密不可分的关系。

流行性传染病的成因通常较为复杂，很可能由许多不同的过程引起和传播。地理条件、人口迁移、城市化、土地利用方式、住房条件、卫生服务提供和蚊虫控制措施等社会、生物和经济因素都可能成为疾病传播的重要驱动力。天气和气候变异对许多传染病的传播也起着重要作用，决定了传染病流行的地理空间、季节分布以及年际变化和长期趋势等。

4.1 城市环境特性和现代公共卫生

城市人口的自然增长发生在城市人口中的出生人数大于死亡人数时。过去城市地区往往有死亡率高于出生率的情况，而且并不罕见，导致城市人口自然减少。直至今天，恶劣的水质和卫生基础设施仍可能将城市地区变成细菌的滋生地。例如，由水污染引起霍乱的爆发，这在城市贫民区最为常见。此外，开放式污水系统的积水为疟疾的携带者按蚊提供了滋生地。在针对1831—1832年英国爆发的霍乱的卫生调查中，最著名的是查德威克于1842年发表的《大不列颠劳动人口卫生状况报告》。他认为正是腐殖物、排泄物和垃圾散发的气体导致了疾病，因此将公共健康问题"更多地归因于环境问

题而非医学问题"①。

18世纪中后期的英国经历了人类社会第一次的工业化和城市化狂飙突进，工业污染加上城市生活的密集拥挤，伦敦、曼彻斯特等大城市的公共卫生状况极大恶化，各种疫病频发，广大民众身心健康遭受极为严重的威胁。英国政府全面介入公共卫生管理，日益重视卫生管制及地方卫生机构创建，促进了国家发展和社会进步。1848年英国国会颁布了《公共卫生法》(*An Act for Promoting the Public Health*)，该法成为人类历史上第一部综合性的公共卫生法案。1871年地方政府委员会的成立是英国公共卫生管理制度完善的重大标志，1875年修订后的《公共卫生法》规定了设置地方政府环境卫生部门的义务。通过引导各类管理者，兼顾偏重个人卫生的医疗服务和强化社会环境整体清洁的公众卫生事业，促进了英国公共卫生管理制度的完善与发展。

由此19世纪中期的英国成为卫生改革的典范，开创了对抗传染病的城市改造和卫生改良运动的先河。基于《地方政府法》的建筑条例迅速普及，除有关建筑单体的规定外，这些条例还涉及新建道路、建筑物间距、房屋修缮、清洁水供应、给排水系统改良，以及消除空气污染等物质环境建设。② 1890年再次修订后，又增加了用于处理垃圾、排泄物的后院小路的相关规定。同年的《工人阶级住宅法》(*The Housing of the Working Class Act*)，提出了旧住宅改造的系统标准，如对给排水、道路、房屋日照、室内日照等提出了明确的要求。《公共卫生法》的立法奠定了近现代城市规划的基础，地方政府建筑条例对城市形态、市政设施系统的控制则成为城市规划最早的内容。1898年艾比尼泽·霍华德提出田园城市、社会城市理论，试图通过城市人口数量限制和城市体系组织，以解决由于人口急剧扩张、过度拥挤造成的公共健康等城市问题，在大都市和区域层面解决城市公共卫生和其他社会问题。

伦敦在对抗霍乱瘟疫的过程中催生了现代流行病学，纽约则在应对公共卫生需求变化的过程中确立了全国性的公共卫生服务体系。但是美国"公共卫生"的概念要到1920年的一篇题为《公共卫生的处女地》(*The Untilled Fields of Public Health*)的文章中才由耶鲁大学公共卫生系的创系主任查尔斯·温斯洛教授（1877—1957年）提出。

4.2　城市环境特性和流行性传染病

城市环境特性和流行性传染病的关联可以上溯到很久以前。恶劣的空间环境会带来公共卫生问题，尤其是疫病的流行。

---

① 杨瑞，欧阳伟，田莉. 城市规划与公共卫生的渊源、发展与演进 [J]. 上海城市规划，2018（3）：79–85.
② 王广坤. 守护健康：19世纪英国的卫生医务官 [J]. 历史教学问题，2021（5）：56–63，154.

在我国两宋时期[①]，人口首次突破了 1 亿，东京（开封）、临安（杭州）、成都、洛阳、明州（宁波）、西安、福州、广州、江陵（荆州）、江宁（南京）等城市当时已经相当繁华，《清明上河图》是当年汴京繁荣的见证和北宋城市经济情况的写照。宋朝发生疫病前后共有 51 次，南宋流行的次数超过北宋。在人口最为密集、流动人口较多的首都地区，疫病流行明显增多，南宋有 20 多次疫病发生在以临安府为中心的浙西地区。人口密度过高，既容易滋生疫病，也方便了疾病的流行，这是由城镇的高密度空间特征决定的。

城市环境中的公共健康问题，采用社会底层视角会更直接。这是因为城市社会底层的生存环境更为恶劣，无论就物质空间环境，还是就社会、经济、政治、文化环境，社会底层罹患疾病的风险更高。鼠疫这样的流行性传染病是物质空间恶化滋生的产物，而像艾滋病这样的流行性传染病很多时候则是社会暴力内化的过程和结果。

4.3 社会流动性和流行性传染病

社会流动促成了城市化和全球化的发生，城市化、全球化反过来又成为社会流动的助推器。流行性传染病和城市化、城市关联的研究主要来自医学、城市历史、城市规划等学科领域，较多采用社会科学视角和跨学科方法，考察公共卫生供给如何适应不同公共需求和公众认知。传染病对特定的城市影响较大，大城市更易于成为流行病之城。城市化和传染病相互作用，可能促进或阻止传染病的传播，这取决于城市化的速度、动态机制及环境的不同[②]。

人类全球化的过程，也是病毒全球化的过程。比如，历史上的丝绸之路加速了欧亚之间的病毒传播，而航海技术的发展更是导致了病毒的"大交流"。此外，军队、国家间的战争、国际运动会、大型宗教集会等都为流行性传染病的传播提供了潜在条件，并且几乎是病毒传播的最佳场所。许多新发和再发致死性传染病的流行和大规模集会有关，例如宗教集会、奥运会等[③]。沙特阿拉伯王国举办的一年一度的朝觐等大规模集会吸引了来自各大洲的大批人群，为传染病在全球的快速传播创造了高风险条件，致命性极高的中东呼吸综合征冠状病毒（MERS-CoV）仍在世界卫生组织最有可能导致重大疫情的新发疾病名单中。2015 年韩国爆发的 MERS-CoV 疫情，在 2 个月内发生了 184 例 MERS 病例，包括 33 例死亡，这是由一名韩国商人从中东输入的。又如 2016 年里约

---

① 宋朝分为北宋和南宋，一共 316 年。

② E.Alirol et al. Urbanisation and infectious diseases in a globalised world[J]. The Lancet Infectious Diseases，2011，11（2）：131–141.

③ A. Zumla et al. Infectious diseases epidemic threats and mass gatherings: refocusing global attention on the continuing spread of the Middle East Respiratory syndrome coronavirus（MERS-CoV）[J]. BMC Medicine（2016）14：132.

奥运会上寨卡病毒传播。全球化世界中，传染病的全球传播是人类社会进入大规模跨国流动时代不可避免的产物。2019 年新冠（COVOID-19）疫情作为疾病风险的全球扩散，可能只是全球性风险社会的一个缩影，根据世界卫生组织的数据，截至 2023 年 8 月 30 日，疫情已在全球造成 6956173 人失去生命[①]。

重大流行性传染病也和国际权力平衡的转移有关，因为疾病对不同地区的影响是不均衡的，最显著的是欧洲海外扩张的第一次浪潮。欧洲殖民者带去的天花、麻疹、白喉、伤寒等疫病在缺乏免疫机能的土著人中的传播在一定程度上帮助殖民者征服了美洲。1620 年，英国移民发现普利茅斯殖民点附近的土地几乎荒芜，一两年前的瘟疫使马萨诸塞沿海 9/10 的印第安人丧命。

1620 年，国王詹姆斯一世（King James I）批准了新英格兰议会（the Council for New England）的一项特许状，声明："在最近几年里，天降人祸，爆发了一场惊人的瘟疫，也发生了许多残忍的屠杀和谋杀，我们对野蛮人犯下了滔天罪行……使整个野蛮人地区被彻底破坏、毁灭，他们灭绝了。""惊人的瘟疫"的暴力是上帝计划的一部分，"利用他（he）的强大武器并满怀仁慈与爱意"，上帝为英国人提供支持。这片土地"被居住在此的自然居民遗弃了，接下来应该由我们的臣民占领这片土地并安居乐业"。西班牙人对新大陆的要求建立在上帝使者的权威之上，而英国人对占领土地的要求则去掉了中间人，可以说他们直接利用了上帝的权威。[②]

最后一句的意思是说，上帝在北美印第安人中传播天花，导致当地印第安人几近灭绝，从而结束了英国人和北美印第安人的冲突，而 16 世纪西班牙殖民者征服中美洲的阿兹特克文明则是在血与火的暴力冲突中建立起了墨西哥城。当然，将殖民的暴行归入社会流动有很大的局限性，殖民过程很多时候更类似于殖民者和被殖民者之间的战争。

4.4 社会动荡（战争）和流行性传染病

流行性传染病的出现很多时候和战争有着或明或暗的关联。我国的魏晋南北朝时期，政权更迭频繁，大小战争不断，社会动荡不定，形成了我国历史上的第一个疫病高发期。三国两晋，疫病流行的次数约为 35 次，每 5.8 年就有一次疫病。南朝共出现疫病 13 次，北朝出现 11 次。这时的疫病常和战争动乱相伴随，政府组织抗击疫病的次数不多，疫病的流行肆无忌惮，人民在无助痛苦

---

① WHO Coronavirus（COVID-19）Dashboard[EB/OL].http://covid19.who.int，2023-08-30.
② （澳）布雷特·鲍登.文明的帝国：帝国观念的演化[M].杜富祥，季澄，王程，译.北京：社会科学文献出版社，2020：175.

中生活。隋唐五代共有疫病 30 多次。唐太宗时期，共有 6 次流行，但由于社会安定，政府救灾防疫措施得当，疫病对社会的影响控制在最小范围之内，一般都是在一二州之中流行。唐朝后期至五代，藩镇割据，战争频起，无有效救治措施，疫病来势汹涌，常出现百姓"流亡迁徙，十室九空"的局面。[①]

1918—1919 年的大流感（the influenza epidemic）同样揭示了这种联系。美国历史学家阿尔弗雷德·克罗斯比（Alfred Crosby，1931—2018 年）的著作 Epidemic and Peace（瘟疫与和平）追溯了"一战"时期军队于欧洲的聚集情况，欧洲、北美、亚洲和非洲的士兵近距离接触以及随之而来的那些部队传播疫病的行动方式。例如，大流感在美国人中第一批爆发的疫情之一被指出是在法国港口城市布雷斯特（Brest）的美军士兵当中，他们正等待开拔前线。大流感在美国本土的第一场爆发是在新泽西的迪克斯兵营（Camp Dix），然后是马萨诸塞洲的德文斯兵营（Camp Devens），那里的 4.5 万名应征入伍者中有 1.5 万名感染了流感。大流感严重减少并临时中断了 1918 年 10 月美国军队征召应征入伍者的行动，因为人们意识到军营正是接触传染的中心。1918 年春天德国进攻行动的德国及其盟军一边以及美国在默兹—阿尔贡（Meuse-Argonne）区域的进攻行动中，流感没有造成太大问题。

自 20 世纪 60 年代非洲大陆独立以来，种族冲突和内战以及流行性传染病绵延不断，此起彼伏，然而对医学和公共卫生自身进步的普遍关注使得世人忽视此现象、此联系、此影响半个多世纪（参见）。据 1987 年 3 月 21 日的经济学人杂志估计，乌干达首都坎帕拉地区的 50 万人中有 1.6 万人感染了艾滋病，并经由派到东北乡村地区平息叛乱的军队传播到了乌干达的其他地区。艾滋病的直接和间接成本可能影响到爆发地城市和国家的政府稳定甚或其他国家安全目标需要的爆发地国家资源的可得性。

4.5　流行性传染病的类型及城市危害

人类历史上一场又一场重大的流行性传染病塑造并迭代了我们所依托的社会，它们极大地扰乱了区域和全球政治、种族关系和家庭结构，造成了永久性的变化，是改变世界发展轨迹的一股重要力量。表 9.1 列举了欧洲历史上的大瘟疫，这些瘟疫都是欧洲历史上的大灾难，对当时和后来的社会都产生了巨大影响。

4.5.1　和城市及城市化密切相关的传染病

影响人类历史最为深远的传染病包括：鼠疫、天花、疟疾、肺结核、斑疹伤寒、黄热病、霍乱、大流感、脊髓灰质炎和艾滋病。其中和城市及城市

---

① 张剑光. 中国抗疫简史 [M]. 北京：新华出版社，2020.

欧洲历史上的大瘟疫　　　　　　　　　　　　　　　　　　　表 9.1

城市／地区	时间	起因	疫情数据
雅典大瘟疫	公元前 430—前 427 年，伯罗奔尼撒战争期间	瘟疫由海上商路传入，在雅典城内爆发	7.5 万人至 10 万人丧生，相当于一半左右的希腊人
古罗马安东尼大瘟疫	公元 125—542 年	战争。在近东打仗的士兵回到罗马帝国，带来了天花和麻疹，传染给了安东尼的人们	四次瘟疫，估计罗马总死亡人数高达 500 万，其中包括两位罗马帝王。瘟疫波及整个欧洲大陆
查士丁尼大瘟疫	公元 541—599 年	广为接受的说法是鼠疫	瘟疫爆发了 5 次，估计全世界 2500 万人病死，541 年至 700 年间的欧洲人口因此减少约 50%。摧毁了拜占庭帝国，包括首都君士坦丁堡
中世纪黑死病	公元 1347—1353 年	沿着商队贸易路线传播	全世界大约 7500 万人死亡；欧洲大约 2500 万人到 5000 万人死去，占当时欧洲总人口的 1/3
美洲大瘟疫	公元 1500 年代	1499 年哥伦布抵达新大陆，带去了文明的瘟疫（腮腺炎、麻疹、天花、霍乱等）	美洲 500 万原住民中 90% 的人在数十年间因瘟疫死去，被历史学家称为"人类史上最大的种族屠杀"
米兰大瘟疫	1629—1631 年	战争。德法军队把瘟疫带到了曼托瓦，威尼斯部队也染上瘟疫，并传播到了意大利中部和北部地区	意大利共计 28 万人丧生，米兰 13 万人口中有 6 万人死亡
伦敦大瘟疫	1665—1666 年	淋巴腺鼠疫；伦敦的商人向外传播	超过 10 万人死于瘟疫中，足足相当于当时伦敦人口的 1/5。瘟疫主要集中在伦敦城，后蔓延到英国其他区域，德比郡的小镇亚姆全村 350 多人，瘟疫中死去 260 多人。1666 年 9 月 2 日的伦敦大火四天四夜摧毁了伦敦城中心的大部分地方（包括圣保罗大教堂），也彻底消灭了瘟疫
马赛大瘟疫	1720—1722 年	腺鼠疫；前往马赛的商船引起	马赛市内和周边地区约 9 万居民中有 5 万人丧生，北边普罗旺斯地区 5 万人丧生

来源：根据相关资料整理

化密切相关的传染病可以大致分为：①与水和卫生相关的疾病，例如霍乱；②媒介生物传播疾病，例如经由跳蚤传染的鼠疫、经由蚊子传染的疟疾、黄热病、登革热、经由蜱传染的莱姆关节炎、经由苍蝇传染的利什曼病等；③呼吸道感染疾病，例如肺结核、流感、甲型 H1N1 流感、SARS、COVID-19；④性传播感染疾病，例如乙肝、丙肝、艾滋病等；⑤生化武器，例如炭疽；⑥医院内耐药病菌。由于城市人口密度高，居住环境密集，城市化进程中人口流动频繁，这些都为传染病的潜在传播提供了必要的条件。

4.5.2　流行性传染病对城市造成的危害

流行性传染病对城市造成的危害涉及人口、家庭结构、生活环境、种族关系乃至社会稳定等方面。

（1）城市人口减少和家庭结构变化。每一场大的流行性传染病袭击过的城市，通常会出现显著的人口减少，这是由于传染病引起的人口死亡或人口逃亡。例如明朝崇祯年间"天行瘟疫"，山西兴县"百姓惊逃，城为之空"；人与人之间互相戒惧，"病者不敢问，死者不敢吊"；估计单是明万历七年至十六年的鼠疫就引起山西、河北500万人的死亡。在人类对流行性传染病尚束手无策、无法控制的时期，常常是以家庭为单位的人口死亡或成员数量减少，导致城市家庭结构发生变化。我国明清时期的鼠疫和霍乱是其中最为剧烈的两种。明朝开始爆发的鼠疫，"人死如圻堵"，最后"人见死鼠如见虎"[（清）师道南《死鼠行》]。鼠疫严重的地区"巷染户绝"。①

（2）城市贫民区疫病严重。城市贫民区由于环境卫生条件恶劣，更易受到疫病的攻击。上海南市老城厢地区时疫频繁，据上海《南市区志》记载，"明清两代，霍乱、伤寒、鼠疫、天花、猩红热等时疫，在旧城厢一带时有爆发，且来势凶猛，死亡人数众多，及至民国时期，城厢地区，棚户连片，简屋成群，卫生设施落后，天花、霍乱、伤寒、白喉、猩红热、麻疹、肺结核、流行性脑膜炎等传染病频频侵袭，周期流行"。

（3）城市种族关系恶化。在种族共存的城市里，疫病往往会加剧种族间的敌意和仇恨情绪。2019年底疫情爆发，虽然病毒溯源尚无定论，但是由于政治、种族因素等，西方城市对亚裔的歧视和仇恨程度上升，甚至发生暴力事件。

（4）城市社会疏离、活力下降。从科学性来讲，隔离病人和疫病接触者，通过物理上的隔离限制疫病传播，是最为简便、有效的防控疫情的方法。流行性传染病蔓延的时间越长，社会隔离的状态越长，对城市空间、经济、社会活力造成的打击越严重。

（5）城市社会动荡。疫病时期，如果政府管理不到位，或者城市治理缺乏，有可能引发社会恐慌，甚至出现暴乱事件。2020年10月29日，因疫情形势严峻，巴黎宣布封城前夕，大量人口连夜开车出城，造成全城交通拥堵。

第5节　环境保护的利益机制和政治选择

1972年6月，联合国在斯德哥尔摩召开了第一次"人类和环境会议"，通过了《人类环境宣言》。此后各国开始了环境保护方面的实践以及广泛的公民运动。然而环境污染和环境保护之间形成了复杂的利益错综机制，存在各种利

---

① 张剑光.中国抗疫简史[M].北京：新华出版社，2020.

益博弈，科学、环保法律体系都介入其中。国家政府的政治意愿、地方政府的贯彻应对决定了环境保护的进程，公众的民心所向和行动意愿是环境保护的根本。一些重要的环保事件已开始重构制度环境和社会生活。

5.1 环境污染和环境保护的利益错综机制

环境污染中常存在利益和成本错位或扭曲的情形，通常表现在时间、空间和社会维度的利益成本错位或扭曲上。空间维度的利益成本错位典型的如跨境污染，涉及跨地区或行政区以及跨国境的污染转移等。时间维度的利益成本错位典型的如先污染后治理或不治理。社会维度的利益成本错位体现在泛在的外部性。

5.1.1 跨境污染——利益—成本错位的空间呈示

相机而动、便宜行事的投机心理并非个体所独有，而是人类乃至国家的共性之恶。跨境污染的外部性成本通常被不公正地转移给了其他地区或国家来承担，这是利益—成本错位在空间上的呈示。

（1）跨地区、跨行政区的违法生产污染

城市边界的污染通常是个顽疾。2013年11月8日，香港打鼓岭废物回收场大火引发毒雾，危害深圳，有毒"垃圾山"靠近深圳，这让深圳市民意识到跨境污染问题的严重性。看似小概率事件，实际上是长期存在的隐患。又如山东日照岚山区——地处山东莒南、临沭和江苏赣榆两省三市交界地带，2017年之前，这里有不少高污染非法工厂未办理工商登记和环保手续，一些工厂将超标工业污水直接排入池塘，导致地下水严重污染。环保执法人员来到该地区检查时，这些工厂经营者或到相邻行政辖区避风头，或在这个城市生产，在相邻城市排放废弃物。① "三不管地带"往往是环境的负外部性效应集中显现的地方，加上容易存在政出多门、执法主体不明等问题，使环保执法工作收效甚微。

（2）跨国境的垃圾转移制造污染

一些西方发达国家出于国内环保压力，最常采取的做法是将污染转移至发展中国家和地区，包括产生污染的生产过程和污染成分高的生产生活废弃物。中国曾是世界最大的垃圾进口国，在数十年里一直是世界最大的废纸、废旧塑料和金属废碎料进口国，美国、英国、欧盟和日本都将大部分垃圾出口到中国。这些垃圾是可再生利用的、具备资源替代性和环境友好性等特性的固体废物。与原生材料相比，用废钢炼钢可节能60%，节水40%，减少排

---

① 程振楠，郭树合，王岗. 边界污染谁来管？合力推出"三板斧"[N]. 检察日报，2017-09-19（2）.

放 86% 的废气、76% 的废水和 97% 的废渣；用废纸造纸可减少大气污染 74%、水污染 35%[①]。

据统计，2012—2016 年，英国 65% 的塑料垃圾运到中国，平均每年 50 万吨[②]。除了国家批准的进口垃圾之外，还存在从走私到非法加工利用形成的一套完整的"洋垃圾"黑色产业链。"洋垃圾"是指以走私、夹带等方式进口的国家禁止进口的固体废物或未经许可擅自进口属于限制进口的固体废物。加工者多数采取的是非法加工方式，使得有害物质渗入地下，造成地下水严重污染；对某些洋垃圾的焚烧，则会释放大量有害气体，造成空气污染，严重威胁空气、水源、土壤等生态安全。某些废弃物在焚烧时会产生对环境有严重危害的二恶英；而一些废弃电子产品被分拣后随意丢弃，也会污染环境。甚至还会有强放射性的医疗废物和核料废物被走私入境，这些洋垃圾聚集地的环境质量非常差，附近居民患病率、致癌率远高于普通人。

从 2018 年开始，我国停止进口 24 种可回收废品，并收紧了废品的杂质含量标准。工业杂质含量标准一般在 1%~5% 之间；根据新政策，中国的标准是 0.5%。2020 年底基本实现固体废物零进口。中国的禁令不仅减少了本国的污染，还迫使其他垃圾出口国更好地管理自己的垃圾，从而彻底改变了整个世界市场。由于处理垃圾的主要渠道减少了，欧盟从 2021 年 7 月 3 日开始，彻底禁止生产、购买和进出口一切可选用纸板等其他替代材料生产的一次性塑料制品。英国则加速向东南亚输出垃圾，其中向马来西亚出口的废弃物数量是以往的 3 倍，对越南的出口量增长 50%，而泰国接收的垃圾量则飙升至以往的 50 倍！[③] 基于《巴塞尔公约》，在跨境垃圾管理、控制危险废料越境转移及其处置方面尚待建立一个新的全球秩序。

（3）全球灾难事故污染

在所有灾难事故造成的污染中，核污染无疑是终极的、致命的。核电站事故会造成严重的场外风险，国际核事故分级标准共认定有七级事故（表9.2）。目前被认定为七级（特大性质）的有两起：1986 年 4 月 26 日发生于乌克兰的苏联切尔诺贝利核电站事故，事故中有 31 人死亡，233 人受到严重的放射性损伤，附近 13 万居民紧急疏散，损失十分惨重。切尔诺贝利核电站灾难让时任苏联总统戈尔巴乔夫对民用核能的危险也提高了警觉。2011 年 3 月 11 日，日本福岛第一核电站因地震引发爆炸，事故发生后，数万居民被迫撤离，日本当局设立了一个隔离区，禁止居民在核电站 20 公里内的范围居住，并逐片清理受到污染的土地。另外还堆积了超过 130 万吨核污水，已于 2023 年

① 赵衡. 洋垃圾为何屡禁不绝 [N]. 检察日报，2017-09-16（3）.
② 海外网. 英国垃圾出口东南亚处理 因中国颁布"洋垃圾"禁令 [EB/OL]. http://mil.news.sina.com.cn/dgby/2018-06-25/doc-iheirxyf4971578.shtml，2018-06-25.
③ 同上.

国际核事故分类分级及典型事件、事故 表 9.2

分类	分级	影响	主要事件／事故
事故	7	特大	切尔诺贝利核电站事故（1986 年 4 月 26 日,苏联乌克兰）；福岛第一核电站事故（2011 年 3 月 11 日，日本福岛县）
	6	重大	克什特姆核废料爆炸事故（1957 年 9 月 29 日,苏联俄罗斯车里雅宾斯克州奥焦尔斯克）
	5	具有场外风险	温斯乔火灾（1957 年，英国）戈亚尼亚医疗辐射事故（1987 年，巴西戈亚斯）三哩岛核事故（1979 年 3 月 29 日，美国宾州）
	4	场外无显著风险	东海村 JCO 临界事故（1999 年 9 月 30 日，日本茨城县）
事件	3	严重	塞拉菲尔德核电站事件（1955—1979 年，英国）福岛第二核电站：第一二四号机组（2011 年 3 月 11 日，日本福岛县）
	2	注意	卡达哈希核电站事件（1993 年，法国）
	1	异常	葛雷夫兰核电站事件（2009 年，法国诺尔省）大亚湾核电站事件（2010 年 10 月 23 日，中国广东）
偏差现象	0	无安全顾虑	科斯克核电站事件（2008 年，斯洛文尼亚）

来源：Simon Rogers. Nuclear power plant accidents：listed and ranked since 1952[EB/OL]. https://www.dianuke.org/nuclear-power-plant-accidents-listed-and-ranked-since-1952/

8 月 24 日启动排入太平洋，靠海水来稀释和降解。根据德国海洋科技研究所的估计，核废水一旦流入海洋，将会在 57 天内扩散至整个太平洋的大部分地区，三年后，美国和加拿大都会受到核污染的影响，而那些被核污水不断污染的海洋生物，很有可能造成部分变异或是退化。

5.1.2 先污染后治理或不治理（污染肇事逃逸）——利益—成本错位的时间呈示

先污染后治理是处于发展阶段的企业、国家的一种通常认知，在缺乏有效监督的情况下，很多时候企业造成污染后搬迁，留下被污染的土地作其他用途，产生了一种类似肇事逃逸的结果。例如各地频繁出现的"毒地"事件。

5.1.3 泛在的外部性——利益—成本错位的社会呈示

对于公共资源过度利用，且不承担环境后果，使得"公地悲剧"以各种不同的版本出现。例如对于河流、洋流的污染排放。《中华人民共和国民法典》中规定了过错责任原则，即对于排污事件，行为人已存在污染环境的行为，应依法承担损害责任。但对符合排污标准因随着排污频次增多，水体中的有害物质逐渐累积造成损失的排污行为，还没有细化责任。对于水环境污染损害的赔偿细则，《中华人民共和国环境保护法》中提出了污染严重者和多次污染或故意、主观污染者应加倍赔偿甚至惩处，但并没有具体的赔偿细则。

5.1.4 环境污染犯罪

第8章讨论了环境污染犯罪的定义。由于环境污染的类型不同，空气污染、水体污染等产生的影响具有整体性，往往需要超越城市局部空间范围而从更广大的区域来判断犯罪结果。例如 2017 年 9 月曾引发全国关注的"长江口垃圾倾倒案"，以涉嫌污染环境罪被提起公诉。2016 年 8 月至 12 月间，犯罪人员为牟取非法利益，在长江口倾倒待外运处置的生活垃圾近 2 万吨，严重威胁长江口饮水安全。涉案的生活垃圾为含有有毒、有害物质的固体废物，其中挥发酚超标 80 倍至 32200 倍不等。随意倾倒、非法填埋的 35570.26 吨垃圾共造成生态环境损害合计近人民币 2022 万元。太仓市两个集中式饮用水水源被迫中断取水分别超过 48 小时和 55 小时，太仓市政府、上海崇明区政府相关部门为防止上述垃圾导致长江水域污染扩大，消除污染所产生费用共计人民币近 600 万元。该案件影响大，具有涉案人数多、犯罪事实复杂等特点。[①]

5.2 环境保护也是环境政治

美国著名经济学学者格罗斯曼（Grossman）和克鲁格（Krueger）利用计量经济学方法，通过对 42 个国家的城市地区的经验数据，分析扩大经济活动的规模、改变经济活动的组成以及改变生产技术对环境的影响，提出了著名的环境库兹涅茨曲线（Environmental Kuznets Curve,EKC）[②]，又称"倒 U 曲线"。在国民收入较低的情况下，环境污染随着人均 GDP 的增加而增加，在国民收入较高的情况下，则随着 GDP 的增加反而减少。换句话说，环境污染程度和社会经济发达程度密切相关，更进一步，和环境政治密切相关。

环境政治学的提出，正是把环境问题提高到政治高度。在西方社会，环境政治的发展，已将环境政党逐步推向执政的中心位置，发展中世界的环境政治则依然处于复杂的社会历史背景和发展之中。

5.2.1 环境政治

环境政治（environmental politics）主要关注人类社会和自然世界之间的关系，它有三个核心部分，即：与环境有关的政治理论和思想；主流政党和环境社会运动的环境立场；以及在多个地缘政治层面影响环境的公共政策制定和执行。这三个核心部分体现了从思想理论到态度立场、到政策落

① 明文建，卢志坚.在长江口倾倒垃圾近 2 万吨 [N]. 检察日报，2017-09-16（2）.
② Gene M. Grossman & Alan B. Krueger.Environmental Impacts of a North American Free Trade Agreement，working paper 3914，DOI 10.3386/w3914，issue date November 1991.

实的过程，这也是一个从形而上到形而下的过程，紧密关联着意识形态和政治行动。尼尔·卡特（Neil Carter）在其广受欢迎的教科书 The Politics of The Environment（环境政治）的 2018 年再版中延续了对绿色理念和其他政治理论、绿色政党的发展和公共政策制定以及国际、国家和地方各级环境问题之间关系的分析。环境政治存在现代和早期形式的区别，特别是适用主义和保护主义（conservationism and preservationism）的区分。当代环境政治是受威胁人类生存的全球生态危机的想法驱动的，现代环境主义（modern environmentalism）则是一场环境政治的运动、一场积极的群众运动，要求彻底改变社会的价值观和结构。

5.2.2　发达世界的环境政党和运动

在一些欧美国家，环境政党——绿党是政坛上不可忽视的力量。"二战"结束后，欧美是全球经济发展最快的地区，然而，随着工业化的不断推进，很多欧美国家都遇到了严重的环境污染问题。1972 年，欧洲第一个以环境保护为主要政治纲领的政党在英国成立，取名为"人民党"，后来改名为"环境党"，然后又改名为"绿党"，是最早以"绿"为名的政党。瑞典的环境党（Miljöpartiet）1981 年成立，强调环保，主张关闭核电站。欧洲第一个拥有较强实力的绿党是德国绿党。该党反对核能，认为核电站一旦出现重大事故，会形成灾难性的后果。同时，德国绿党要求保护环境，抵制过度工业化的行为。德国绿党在各种民调中的支持率越来越高，保持在所有政党的前三位。全球绿党（Global Greens）是国际性的绿党合作组织，成立于 2000 年，目前拥有 91 个国家和地区的政党成员，《全球绿色宪章》体现了该合作组织的政治理念。

这种政治理念包括：第一，保护环境。实现可持续发展，这是绿党最基本的理念，坚持绿色发展，减少工业化所带来的环境破坏。第二，遏制气候变化。地球正在面临着严重的全球变暖问题，各国需要采取措施，减少二氧化碳等温室气体的排放，降低气候变化的影响。第三，尊重多样性。反对种族歧视、虐杀动物，支持同性恋婚姻、女权主义、原住民权益和其他平权运动。第四，反对战争，主张非暴力。绿党自认为是和平的政党，鼓励通过对话解决矛盾，反对一切暴力，包括战争、警察暴力等。

绿党支持者具有鲜明的人口属性。研究显示，各国绿党的支持者有着高度的相似性。他们往往很年轻，女性所占比例较高，受过高等教育，拥有高学历，属于社会的中上阶层，有着不错的稳定工作，特别是在教育、医疗、文艺等领域。也就是说，绿党的支持者有着一定的物质基础，所以产生了较高的心理追求。因此，绿党较为活跃的国家，一般是经济发展水平较高、失业率较低但又存在一定环境问题的发达国家。例如德国，如今争议最大的环境问题就是，要不要废除核能、核电站。德国绿党高擎"为年轻一代发声"的大旗，把"环境保护"和"未来"等同起来，在节能环保、应对气候变化、动物保护等方面，喊出来很多感人的口号和倡议。以德国绿党的政治转型为代表，21世纪的欧洲绿党，正从抗议走向执政。

5.2.3 其他国家的环境政治

在欧洲之外，美国、俄罗斯以及发展中世界也都有着各不相同的环境政治。

（1）美国的环境政治

和欧洲积极的环境政治理念大为不同，环境理念恰是白宫政策理念中所缺失的重要一块拼版。美国政府曾两次并将第三次退出国际气候问题协议，小布什政府上台后不久在2001年就退出了《京都议定书》。特朗普总统第一任期内于2020年11月退出气候变化《巴黎协定》，还用行政令废除了奥巴马时期制定的一系列能源改革措施，甚至计划强制降低汽车尾气以及燃煤电厂碳排放标准。2025年1月，特朗普第二任期首日宣布美国将退出《巴黎协定》。美国政府在气候变化问题上的"不作为"行为，一直是美国气候变化争议中核心公共政策的一个特征。这也反映在加利福尼亚州的政治家、官僚、电力公司等将"气候变化"作为一个多功能的借口，而没有采取任何措施来防止加州屡次发生的致命山火等问题上。

（2）俄罗斯的环境政治

俄罗斯正面临着转型社会的环境政治。苏联社会学家、城市和环境问题专家扬诺斯基（Oleg N. Yanitsky）指出，在一个风险包罗万象的社会中，俄罗斯社会正在逐渐失去对制造和传播风险的因素的控制，因为旨在减少风险的环境政策通常被视为威胁俄罗斯经济和社会生活的现代化。俄罗斯风险社会对其绿色政治影响的直接证据的重点是环境运动、工业和体制权力结构之间的失衡关系。[①]

（3）发展中世界的环境政治

在发展中世界，非洲也有很多国家拥有绿党，但他们几乎没有什么支持者，因为非洲很多地方仍然处于落后的状态，在食不果腹的情况下，人们不太会去思考要如何保护环境。印度的环境运动则为环境整治的发展提供了一个积极案例，印度的环境运动提出了环境理论的后殖民主义话语，把生态破坏和殖民主义、帝国主义、资本主义全球化等联系起来，充分揭示了第三世界环境问题的复杂性以及全球环境政治中的南北矛盾和冲突。[②]

---

① Oleg N. Yanitsky. Russian Greens in a Risk Society: A Structural Analysis[M]. Kikimora Publications, Helsinki, 2000.
② 张淑兰. 印度的环境非政府组织：以 NBA 为例[J]. 唐都学刊，2007（5）：112–116.

5.2.4　中国的环境政治

我国在不同时期对待环境的政策理念和政治态度是不一样的，中华人民共和国成立后大致可以划分为以下几个阶段：第一阶段（1949—1977年），向环境要资源，以"愚公移山""与天地斗其乐无穷"的精神改造环境；第二阶段（1978—2011年），城镇化快速发展，环境污染不断增加，大气、水、土壤等环境介质品质整体恶化，以全国性（大部分城市地区）的雾霾天气为标志；第三阶段（2012年—今），确立"绿水青山就是金山银山"的绿色发展理念，强调不以牺牲环境为代价推动经济增长，"蓝天保卫战"取得实质性成效。分析评价新中国每一阶段的环境政策选择及其影响，都必须在全面、客观的基础上，离不开对历史背景和国情、科学技术和社会经济发展水平的整体考量和深层探讨。

此外，环境政治在国家政治中不可单独出来，而是和发展政治密切关联。事实上，那些有利于社会和城市发展的目标，从各自的角度分开来看都有其合理性，比如产业的、环保的，但是时空综合起来后却可能是矛盾冲突，部分甚至全部抵消，其中必然有些目标如同虚设，也就是一个目标产生的外部性瓦解了另外一个目标。例如将汽车制造业确定为支柱产业，鼓励汽车消费，那么大气污染防治必然是艰难的。纵使改善城市环境污染控制技术，收效也是有限的。因此政府决策时应避免孤立地设定目标、割裂地看待问题。

5.3　环境保护是生活方式的集体选择

国家层面的环境政治固然是推动绿色发展方式的重要一面；而国民绿色生活方式的集体选择则是同样重要的方面。草根或社区的环境积极行动主义，对于更多环境质量问题、环境代价的社会空间模式以及最终对于环境正义议题的关注，可以汇聚更大的社会力量。在这方面，环境非政府组织可以发挥积极作用，通过环境教育、生态社区、公众参与、法律行动以及政策倡导等方式和动员方法，有利于推动越来越多绿色公民的出现与成长。

不利于环境保护的社会倾向包括社会短视、对于环境资源问题选择性忽略、过度追求生活享受、过度消费等（对照第7章，注意一些结构性的冲突困境）。有利于环境保护的绿色发展方式和生活方式是在生存所需和生活享受之间取得平衡，具体实践包括：

（1）减少工作时间。发达国家可以通过减少工作时间，以社会可持续的方式实现较慢或零经济增长。研究表明，减少工作时间可以通过降低经济产出规模和消费模式的环境强度，来减轻环境压力，进而促进可持续。对经济合作与发展组织（OECD）29个高收入国家1970—2007年的数据分析表明[①]，如果将普通工作时间减少10％，则个人碳足迹将减少14.6％。如果将工作时间减少25％（或者说减少一个工作日），则二氧化碳等气体的排放量最多可减少36.6％，这对阻止全球变暖和气候变化产生了积极影响。

（2）减少粮食和能源的过度消费。消费者行为的改变，如减少粮食和能源的过度消费，将有利于减少来自土地的温室气体排放。

（3）保持就业工作平衡、减少长距离的通勤交通等。

第6节　城市韧性和规划支持

随着环境危机、社会风险的不断出现，"韧性"（resilience）概念提供了一个新的分析视角，有助于拓展人们对于城市发展和环境问题的认知理解，以及对于第8章中诸多城市社会问题的应对。而部分的城市环境问题可以寻求通过积极的空间规划、环境规划来帮助解决。

6.1　城市韧性

"韧性"不仅是一个概念，更是一个系统。城市韧性指的是城市系统在面对风险冲击（例如极端灾害天气和重大突发事件）的时候能够迅速复原或恢复、并将公共卫生安全、经济社会等方面的损失影响降到最低的能力。城市为了平稳发展，减少脆弱因素，提高抗扰动能力，增强城市整体系统的韧性是重要的，社会时空维度中的城市韧性包括经济的韧性、社会的韧性、制度的韧性、空间（交通、市政基础设施）的韧性、自然生态系统的韧性等。这些领域的韧性建设是相互交织、相互支持的，各系统之间具有相互关联性和依赖性。

吴志强院士则从韧性城市反推韧性的特征，他认为韧性城市应该是"智慧城市"，这类城市能够把对灾难的学习和反思转化为城市治理制度和治理能力，成为具有韧性和高度文明的城市。从城市遭遇外力扰动以及城市系统的吸纳能力来看，韧性包括防御风险能力、从扰动中的恢复能力和总结转换学习能力。换言之，"韧性"的城市应该是会自主感知、自我判断、自动反应的城市。[②]

① Kyle W. Knight, Eugene A. Rosa, Juliet B. Schor. Could working less reduce pressures on the environment? A cross-national panel analysis of OECD countries, 1970–2007[J]. Global Environmental Change, Vol.23, Issue 4, 2013: 691–700.

② 吴志强. 后疫情？论城市空间的韧性 [EB/OL]. www.archchina.com/index.php/portal/index/show/id/9003, 2022-10-21.

6.1.1　社会韧性

社会韧性是社会系统中的行动主体在遭遇压力、风险、灾难时做出反应和努力应对（适应和缓解）的能力，涉及对社会系统的调整、重新构建和适应的过程。社会韧性具体体现为四个方面的能力：①面临灾难时承受的能力，即能否承接住外部灾难的瞬时冲击；②中止灾害风险扩散的能力，即能否将压力、风险、灾难等不利影响在短时间内控制在最小社会空间范围内；③缓解灾难冲击的能力，即能否在遭受灾难冲击以后，迅速行动以尽快降低社会经济和民生受到的灾害影响程度；④走出灾难的恢复能力，即在一定时间内完成社会系统修复并恢复至一种正常状态的能力。社会韧性是一种整体性、系统性、结构性的能力机制，也是一种适应性、修复性、行动性的能力机制。根据灾难类型和直接打击范围，灾难发生以后的社会经济恢复和重建，离不开社会系统内部充分的社会动员和社会参与，以及可能的来自该社会系统以外的必要救助，还有对原有的目标和行动的不断修正和改善。

6.1.2　交通韧性

提升交通系统的韧性对促进城市韧性发展至关重要。交通是促进城市发展的基础功能，来自经济、社会、环境等外部不确定性因素对城市的影响最终也将映射到交通系统中，交通系统要有一定的稳健性，且整个架构要有一定的冗余性，组织运行方式要减少脆弱性。

为了提高城市交通系统的韧性，15分钟社区生活圈是一个有效的理念。15分钟社区生活圈，作为社区公共资源配置、社会治理的基本单元，力求在5~10分钟步行时间范围内，实现街巷、口袋公园、活动场地、公共服务设施（商业、医疗、行政服务）、交通枢纽等点状空间资源的联动，做到既可方便响应日常基本生活和公共活动的需求，又可快速应对突发事件。15分钟社区生活圈，作为混合用途的、分散的、单元式城市空间结构，旨在以较少的交通量实现更大的流通性，通过都市联运以及多渠道出行的方式，可以增强整体交通系统应对交通故障的韧性。面对刚性增长的城市交通需求，通过多中心交通系统、多方式交通服务以及慢行导向的交通减量化等措施，可以提升城市交通韧性。

6.1.3　市政基础设施韧性

市政基础设施韧性是指城市基础设施在遭遇气象、地质灾害乃至战争打击时，使得城市生命线等在遭受破坏后能尽快恢复通畅的能力。韧性城市建设过程中，关键变量往往不是灾害而是应对灾害的能力。公共基础设施和服务的可靠性体现在要有"冗余"，当部分基础设施发生故障时，要确保其有可靠的额外的资源。

6.2　规划支持

当前建设韧性城市，增强城市抵御灾害以及从灾害中快速恢复的能力，已经成为世界各地城市发展共同的战略选择。城市空间的韧性、系统的韧性可以通过不同类型的规划来加强。通过城市道路和交通规划、环境规划、城市综合防灾规划等城市专项规划可以寻求针对性地解决问题，用以应对城市生态危机、环境污染、气候灾难、防灾救灾、公共卫生、平急转换等问题，整体提升城市韧性。而我国曾经的"多规"类型覆盖了城乡规划、土地规划、生态环境类规划、林草资源规划、水利水资源规划、农业农村规划、矿产能源规划、设施和交通类规划、安全防灾类规划等众多类型，整体上可以提供包括城市及更大范围的国土空间开发活动的系统韧性。

6.2.1　规划工具

提升城市韧性的规划工具有不同类型。针对一般土地开发利用和保护的规划工具包括：开发控制工具；规划监测工具；生态空间和绿色基础设施的规划工具；水安全和水治理工具和规划的结合；防灾减灾和安全保障的手段等。针对特定土地利用和环境问题的规划工具包括：自然生态要素的修复工具；污染和废弃土地的修复再生工具等。涉及民生福祉为代表的福利化取向下的规划工具创新则包括健康视角下的规划评估工具等。

6.2.2　专项规划

专项规划是在（国土空间）总体规划、上位规划的指引下，就某一系统提出规划实施保障措施和机制。对大量城市来说，城市道路和交通规划、环境规划、综合防灾规划、医疗卫生设施专项规划等是常见的专项规划类型，分别注重"人、城、产、交通一体化发展""区域产业、生态和服务设施等一体化发展""各类基础设施一体化"以及卫生应急管理等系统目标。

（1）环境规划

环境规划实质上是一种克服人类经济社会活动和环境保护活动盲目性和主观随意性的科学决策活动，是国民经济和社会发展规划的有机组成部分，是环境决策在时间、空间上的具体安排，是对一定时期内环境保护目标和措施所作出的规定[①]。通过环境规划，可以对人类自身活动和环境做出合理的时空安排，促使"社会—经济—环境"的复合生态系统协调持续发展。环境规划具体包括流域规划、生态系统规划、生态修复规划等。环境规划基于城市环境特征、生态、污染源、环境质量、环保治理措施效果以及环境管理现状等基本

---

① 杨志峰，刘静玲. 环境科学概论（第二版）[M]. 北京：高等教育出版社，2010：322–322.

内容的环境调查。

（2）城市综合防灾规划

城市防灾规划可以提升城市韧性，包括安全防灾规划、防震减灾规划、地质灾害防治规划、地面沉降防治规划、气象灾害防御规划、防洪排涝规划、人防工程专项规划等。基于灾害风险评估，确定主要灾害类型的防灾减灾目标和设防标准，划示灾害风险区。明确防洪（潮）、抗震、消防、人防、防疫等各类重大防灾设施标准、布局要求与防灾减灾措施，适度提高生命线工程的冗余度。针对气候变化影响，结合城市自然地理特征，划定洪涝风险控制线，修复自然生态系统，增加城镇建设用地中的渗透性表面。城市综合防灾规划应强化灾害应对措施，重视规划实施。

（3）城市卫生防疫（设施）规划

目前，城市医疗卫生设施专项规划较常见，但是城市卫生防疫（设施）规划已迫切需要纳入日程，需要将卫生防疫的常规治理和应急治理结合起来，即"平战结合"，提高应急能级。例如在全国层面和城市层面合理规划和布局建设应急医学与战略储备中心。比如上海提出需要建立 1000 张床位的地下应急医学中心，并配备独特的过滤器、空调系统、水电和中央供氧系统，在"平"时作为地下全方位应急救治演练基地使用，弥补目前上海尚无规模化的战时应急民防一体化救治空间的缺陷；在"战"时紧急转化为 1000 张床位收治患者，利用地面完善的医疗设施，为患者提供及时、安全的医疗救治。紧急情况下，可在 24 小时内集结，72 小时内投入运作，满足重症治疗、手术、透析等需求。[①]

本章小结

当今及未来国际社会应对面临着严峻的生态环境和灾害风险挑战。本章第 1 节概论全球（城市）生态环境系统的现状问题，包括城市生态环境的破坏和修复；第 2 节分解城市环境污染的系统风险，包括大气、水、土地等环境介质的受污染状态，微生物迁徙，废弃物处理中的污染，噪声的污染，以及有污染的工业选址和城市邻避设施布局等；第 3 节讨论极端气候灾难的类型，及其生态、经济和社会影响；第 4 节揭示城市环境特性和现代公共卫生的关系，以及城市环境特性、社会流动性、社会动荡和流行性传染病各自的相关性，分析流行性传染病的类型及其城市危害；第 5 节探讨城市环境保护的利益机制和环境政治问题，环境保护是政治，环境保护是生活方式的集体选择；第 6 节从

---

① 上海民盟：应加快在沪筹建国家区域性应急医学中心 [EB/OL]. 政协头条，http://www.icppcc. cn/newsDetail_1026040，2020-02-11. 上海民盟. 应加快在沪筹建国家区域性应急医学中心 [N]. 联合时报，2020-02-11（7）.

城市韧性视角寻求环境问题和灾害风险的应对，在社会时空维度中理解城市韧性，着重剖析社会的韧性、空间（交通、市政基础设施）的韧性。并进一步讨论整体提升城市韧性的规划支持，简要分析规划工具，并以城市环境规划、综合防灾规划、卫生防疫规划为例解读城市专项规划的支持功能。

重要概念

空间的负外部性

跨境污染

利益—成本错位

环境政治

城市韧性

规划支持

讨论问题

1. 举例说明城市日常生活中切身感受到的光污染、噪声、热岛效应等城市问题并分析其社会影响。

2. 当今及未来国际社会应对生态环境挑战有哪些主要途径？

3. 试从时空维度讨论如何解决环境污染中的利益—成本错位问题。

【导读】技术已成为当代社会的一个结构性维度，技术议题已成为社会的结构
性议题，具有了相对于传统的社会学问题独立存在的学术问题的研究价值，故
专设一章详细剖析。本章侧重于技术维度（技术—社会、技术—空间／环境、
技术—时间）呈现出的问题，讨论了人类突飞猛进的现代技术发展所带来的各
类持久的问题、潜在的风险和爆发的灾难。社会时空始终作为一个潜在的维度
或框架，决定了技术的方向或结果。本章涉及的现代技术包括能源技术、交通
技术、信息网络技术、生物技术等。在所有分析中突出社会学的视角，重点关
注技术的社会功能，并在国际视野中考察技术和社会的互动。

第 10 章　城市技术问题、风险和危机

第1节 技术应用的社会系统风险

科学和技术常常被连在一起，不过两者有着很大的差别：科学是基础，技术是应用；科学研究可以没有边界，技术应用必须有边界。技术是用来应对和解决各类问题的，如果没有充分的规制，技术的产生和应用将不可避免地带来新的问题，造成潜在的社会系统风险。当今科技领域发生了结构性变化，不仅作为"工具"渗透进人类社会生活的所有方面，并可能作为"伙伴"，成为左右人类未来的潜在控制力量。

1.1　技术的社会系统风险

所谓社会系统风险，指的是技术发展和应用过程中内嵌的社会性、系统性、潜在性的风险。社会性风险是指风险的社会影响，不是社会个体的单个风险事件，而是社会整体的遭遇；系统性风险是指风险的结构，不是单一的、局部的影响，而是多重系统关联的、错综的影响；潜在性风险是指风险的形式概率，不是必然发生，但是存在高度的可能性，取决于不利条件的累积程度。

技术应用的社会系统风险包括两类：一类是技术本身的不确定性带来的潜在风险，通常和技术发展的成熟程度有关。在社会认知中，这样的技术仍然是中性的。另一类是技术的风险程度已被社会广泛认知，但是技术却被不正当地利用所带来的社会风险，这和技术伦理密切相关。对人类社会来说，技术应用的第一类风险是不断变化的，随各种技术的涌现而变化，需要的是技术本身的提升对策；而技术应用的第二类风险却是长久的、结构性的，在人类社会始终存在，需要的是对极端权力的制度约束和特殊管控。

城市是相对于自然而存在的人工产物，是各类技术首要的集成之地和服务中心，因而永远都难以杜绝和技术伴生的风险，只可能力求让风险出现的概率不断降低、让风险产生的危害程度尽量降低。

1.2　技术不可知的风险

在漫长的人类历史中，人类社会一直面临着新环境、新问题、新挑战。21世纪是科学技术全面发展的世纪，世界科技革命迈入一个新的阶段。信息技术成为率先渗透到经济社会生活各领域的先导技术，世界正在进入以信息产业为主导的新经济时代；基因技术、蛋白质工程、海洋开发、空间利用、深空探索以及新材料、新能源的发展将产生一系列重大成果，科技的进步将驱使人类进入一种前所未有的生活模式。但是，技术的发展面临着从产生到成熟及至大规模应用的必然过程，技术发展过程中始终存在着未知的风险，不但对社会大众，对于专业人员来说也一样，这是由于技术本身不成熟而带来的不确定、不可知的风险，而这可能远远超出了当初开发者和社会大众预知和想象的程度。

1946年2月14日，当世界上第一台通用计算机"ENIAC"在美国宾夕法尼亚大学诞生时，它是一个庞然大物，用了18000个电子管，占地170平方米，重达30吨，耗电功率约150千瓦，每秒钟可进行5000次运算。美国国防部用它来进行弹道计算，是"二战"中"精准"射击的现实需求催生了第一台、第一代电子管计算机。而计算机技术和工业一直处于高速发展的阶段，从电子管计算机—晶体管计算机—中小规模集成电路计算机—超大规模集成电路计算机，现今的计算机运算速度已经达到每秒以万亿次计。从学科来讲，计算机科学已成为一门发展快、渗透性强、影响深远的学科，从产业应用来讲，计算机产业已在世界范围内发展成为具有战略意义的产业。计算机科学和计算机产业的发达程度已成为衡量一个国家的综合国力强弱的重要指标。

随着计算机硬件和软件技术的成熟，计算机安全也就成了高度关注的问题。国际标准化委员会对计算机安全的定义是"为数据处理系统和采取的技术和管理的安全保护，保护计算机硬件、软件、数据不因偶然的或恶意的原因而遭到破坏、更改、显露。"中国公安部计算机管理监察司的定义是"计算机安全是指计算机资产安全，即计算机信息系统资源和信息资源不受自然和人为有害因素的威胁和危害。"计算机安全中最重要的是存储数据的安全，其面临的主要威胁包括计算机病毒、非法访问、计算机电磁辐射、硬件损坏等。这些风险是随着计算机技术应用的频繁而不断产生的，远非最初人们的预想所及。

其他的技术发展和应用也同样经历了和面临着不断生成的不可知的风险，这也符合人类的认知特征和规律。

1.3 技术被操控的风险

所谓技术被操控的风险，也就是说，对于技术的风险，虽然当今社会已形成整体的认知，但是无法避免技术被少数人操纵利用，从而给社会带来潜在危机和造成危害，即"技术作恶"。进入21世纪后，技术的风险某种程度上已成为对人类来说的最大的风险。人类正面临着某种"自我之死"（Ego Death），也许这将是具有后见之明的谶纬。在人类关于死亡和重生的神话中，自我死亡是一个自我投降和过渡的阶段，人类对于技术的态度正在经历着自我投降的心理历程，人类在享受技术便利的同时，也在不断让渡自由和原则，这是极其令人不安的。比如AI技术，而ChatGPT（Chat Generative Pre-trained Transformer的缩写）、DeepSeek标志着人工智能领域的一次又一次重大突破。不乐观地预言是——技术极有可能是人类地球文明的"终结物"。

本章讨论涉及的现代技术包括能源技术、交通技术、信息网络技术、生物技术等。能源是维持世界运行的基本要素，人类社会对于能源的争夺始终存在，许多地区持久的局部战争便是能源争夺的残酷版本。信息网络技术的风险，既有来自外部的停电、断网等硬件系统的风险，也有网络被黑客攻击造成的系统性瘫痪，更有来自网络世界公民个人隐私无法得到保障的普遍担忧。而人工智能（AI）技术，存在从"服务"人类及至"控制"人类并最终"取代"人类的风险，关于这类风险主题，一些科幻电影已有触及。

为了避免技术应用的社会系统风险，审慎的制度安排是必须的。在发展每项技术时，应对其进行风险评估和规制，以确保其对社会的不利影响降到最低。尤其是那些直接涉及人际、人类发展的技术，有必要从道德、伦理和法律的层面进行风险评估，以最大限度地规避道德风险、伦理风险和法律风险。技术有"软""硬"两个层面，"软"技术就是运用大数据、保险产品等，实现风险的预防和"多元共治"，"硬"技术则是利用科技"红利"，弱化风险治理的时空限制，提高应急管理和风险治理的可靠性和效率。

下面几节将对各类技术的特征及其社会性、系统性、潜在性的风险稍作详细的讨论。

第2节 能源及其技术应用的危机

对普通人来说，能源是当下城镇居民烧饭烧水用的煤气、天然气和为各类电子、电器产品赋能用的电。对乡村居民来说，能源还可能是沼气、煤球、煤饼、农作物、农作物废弃物、木材、木材废弃物和动物粪便等生物质能。因而，对普通人来说，能源危机便是生存危机。而对国家、政客来说，能源危机更多成为政治危机，世界能源问题很多时候会演变为世界政治问题，地球上相当一部分的局部战争其实质是争夺能源的战略之争，例如俄罗斯的天然气对于欧洲，中东的石油（曾经）对于美国，都是国家生存的重要命脉。

随着传统化石能源的逐渐枯竭和能源消费引起的环境问题，人类不断扩大的发展需求和传统能源结构不可持续的矛盾日趋尖锐。此外，围绕能源开采和输送技术的系统风险也自始至终存在。

2.1 传统能源和新能源的各自制约

传统能源在储量、使用方式、环境影响上受到不同程度的制约，因而存在不可持续的风险。而新能源存在发电不稳定或安全风险隐患的制约。

（1）传统能源的结构构成

目前我们应用最多的是火电、风能、太阳能、水能和核电。风能、太阳能和水能统称为新能源。火电是利用煤、石油、天然气等固体、液体燃料燃烧所产生的热能转换为动能以生产电能。相较于新能源发电，火电无疑是最稳定的发电方式，可以持续输出，技术最成熟，也是最容易受人为控制的发电方式。

就目前世界能源结构来看，化石能源依然是主体，石油、煤炭和天然气等占据主导地位。欧洲一直处于清洁能源转型的前沿，2020年该地区可再生能源发电量超过1400太瓦时（terawatt-hours），是全球第二大可再生能源发电地区，仅次于亚洲。然而，2021年，可再生能源在欧盟发电量中所占比例不到40%。尽管核电能是该地区最大的电力来源，发电量超过700太瓦时，但化石燃料的贡献仍然和可再生能源大致相同，仅天然气就占当年欧盟电力输出的1/5。整个欧洲大陆的发电组合差异很大。在欧洲最大的电力生产国德国，煤炭仍占该国总发电量的28%以上，其次是风力发电，是第二大电力来源。[①] 2022年美国的电力供应有40%来自天然气，20%来自煤炭。[②]

（2）火电的受限状况

由于火电方式产生的环境污染和化石能源存在的资源有限性，火电供应的电力紧缺正日益成为制约城市发展的大问题。欧洲的天然气和电力短缺首当其冲。过去10年，欧美的煤炭等传统能源发电占比持续下降，风电、水电占比大幅上升。然而，2021年年初以来，为填补新能源发电的缺口，欧美火电发电需求激增。但受制于天然气产能有限，火电需求激增导致欧美天然气价格飙涨，后者反过来持续推高火电成本及电价。

自2021年以来我国出现了全国大面积拉闸限电的现象。在科技如此发达的今天，很难想象如果大规模地停电会是什么后果。这正是我国目前电力资源利用的痛点，应用最多的是火电，对火电的依赖性强，发电量占比高达70%以上。煤价高，而城市终端能源消费价格相对稳定，故而出现"煤电倒挂"的现象，火电企业每发一度电意味着亏几毛钱，所以很多火电厂主动关停，最后导致"电力紧缺"甚至无电可用。火电一旦出现问题，就会对企业生产、居民生活造成严重的影响。

作为对2021年拉闸限电的解决方案，2022年在前期支持基础上，中央政府再向中央发电企业拨付500亿元可再生能源补贴，通过国有资本经营预算注资100亿元，支持煤电企业纾困和多发电[③]。确保能源供应，安全有序释放先

① Statista Research Department. Electricity in Europe-statistics & facts[EB/OL]. statista.com，Aug 31，2023.
② Net electricity generation in the United States from 1990 to 2022，by energy source[EB/OL]. statista.com，March，2023.
③ 第一财经. 国常会部署稳物价、保能源供应，再向中央发电企业拨付500亿[EB/OL]. https：//baijiahao.baidu.com/s?id=1732535672704579862&wfr=spider&for=pc，2022-05-11.

进煤炭产能，已成为当前我国亟须解决的政策难题。

（3）新能源的结构构成和受制状况

新能源在世界范围内应用较广。过去 10 年，欧美的煤炭等传统能源发电占比持续下降，风电、水电占比大幅上升。欧洲的奥地利、瑞典和丹麦的可再生能源在总发电量中所占份额最大。近年来，新能源在我国得到了大力推广，国家也投入了大量的补贴资金，在全国适合的地方建立了许多相关的新能源发电站。目前，我国的风电、光伏发电、水电、地热能和天然气等清洁能源在一次能源中的比重不断提高。在我国西北地区，那些风能和太阳能充足的地方，常常可以看到大型的风电场和光伏电站，而在南方水资源发达的地方，水电站就比较多。此外，目前中国是全球绿色能源的最大投资国，有数据显示，至 2018 年，全世界 2/3 的太阳能电池板和近半数风力发电机都产自中国。和全球其他国家相比，中国的可再生能源开发成本较低，增速快。[1]

但是新能源发电方式受到气候和自然条件的外部限制比较多，所以新能源发电场大多存在一个非常明显的劣势，就是发电不稳定，比如说风电，当没有风或者风力很小的时候，单一依靠风力发电的话，就会出现无电可供的尴尬局面。太阳能发电和水电站也存在相似的问题，当遇到连日的阴雨天气或者枯水期，那么这些电站的发电量就不能满足下游端的用电需求，就会出现"电力紧缺"的状况。2021 年年初以来，由于分别遭遇极端高压、干旱天气，欧洲风电、美国水电的发电量都遭遇骤降，造成了巨大的需求缺口。

相较于其他新能源发电方式，核电拥有火电的所有优势，也不受自然环境的影响，正常情况下还不会污染环境。在欧洲的电力生产国亚军法国，核能发电占 2021 年电力产量的近 70%。但是美国的核能发电占总发电量的比例几乎没有变化，1990 年核电占比为 19%，2022 年占比为 18%[2]。而有些地区（例如我国广西）由于水电资源已经基本开发完毕，又缺乏煤炭、天然气等一次能源，只能选择核电。然而核电发展也有其自身的问题。

首先是选址的问题。核电站大多建立在海边，这是因为核电在发电过程中需要大量的海水用来不断地冷却。对海岸线较长的国家来说，核电站选址相对容易。我国现役的核电站厂址基本分布在沿海地区，最北部的辽宁红沿河核电站在大连瓦房店市，田湾核电站在连云港市连云区，浙江秦山核电站在上海、杭州和宁波的三角中心，大亚湾核电站在深圳大鹏新区。但是由于核辐射、核污染的风险，社会大众对于核电心存畏惧，一些核电站的选址都曾遭到当地居民反对，例如广西防城港的市民对在江山半岛建造白龙核电站项目持强

---

① 徐华清（受访专家）、金旭（采访整理）. 中国低碳能源发展蹄疾步稳 [N]. 人民日报，2018–12–26（10）.

② Net electricity generation in the United States from 1990 to 2022, by energy source[EB/OL]. statista. com，March，2023.

烈的反对意见，在此之前，另一座红沙核电站（即广西防城港核电站）已经在企沙半岛建成，2010年开工建设并已陆续投入运行。

核电站最大的难题还是技术方面的问题。1986年4月发生的切尔诺贝利核电站灾难让世界对民用核能的危险提高了警觉。受全世界几次大规模的核泄漏事件的影响，特别是2011年日本福岛核电厂的核泄漏事件发生后，我国的核电站项目也进入了停滞状态，直到最近几年才逐渐开始审批建设。而建设一座核电站，从审批到投产运行的周期较长，最少需要5~6年的时间，所以短期内大规模建造不太可能。

再有核电站建造背后牵扯到社会和利益集团问题。如美国科幻电影《云图》（*Cloud Atlas*）中的第3个故事，1975年，在美国加州布衣纳斯·耶巴斯，石油集团为了维持石油的主导地位，蓄意操控核电站工程中的腐败，以谋求让核电站爆炸，制造社会恐慌。而滋生这类问题的社会土壤并非完全不存在。

（4）应对能源危机的对策

能源危机正日益困扰全球。虽然核电是符合当前"双碳"目标的一种选择，是未来发电的重要发展方向，但是核电发展还需要一个艰难而漫长的过程。就现阶段状况来看，需要大力发展风电、光伏、水电等新能源发电项目，比如海上风电、水电站建设等。在我国，随着"双碳"进程的深入推进，能源体系正在经历着一场系统性、根本性变革，突出体现在两个方面。首先是，能源供给结构深度调整，预计到2030年，我国风电、太阳能发电等新能源发电装机规模将超过煤电成为第一大电源，2060年前新能源发电量占比有望超过50%；其次是，能源利用方式深刻变化，电能利用范围得到前所未有的拓展，预计到2030年、2060年，我国电能占终端能源消费比重将分别增至39%和70%左右。[①]

2.2　能源互联网的风险

要解决电力供应不稳定的关键在于突破电力储存的难题，将发电高峰期发出来的电能够有效地存储起来，而能源互联网可以有效解决电力储存的问题。美国学者杰里米·里夫金（Jeremy Rifkin）在2011年的著作《第三次工业革命》[②]中曾预言了一种新的能源利用体系的出现，以新能源技术和信息技术的深入结合为特征的"能源互联网"。能源互联网的提出和发展，既是能源系统自身发展的趋势，也是适应外部对能源系统迫切需求的结果，是传统互联网演进的重要方向之一。

---

① 韩哲熙. 国家电网董事长：2030年新能源发电将成我国第一大电源 [EB/OL]. https：//baijiahao. baidu.com/s?id=1741275667070565031&wfr=spider&for=pc，2022–08–16.

② （美）杰里米·里夫金. 第三次工业革命 [M]. 张体伟，译. 北京：中信出版社，2012.

2.2.1　能源互联网的概念

能源互联网是以电力网络为主体骨架，协同气、热等网络，覆盖包含能源生产、传输、消费、存储、转换各环节的完整能源链。能源互联网依赖于以下方面：高度安全可靠的主体网架，包括电网、管网、路网等；具备柔性、可扩展的能力；支持分布式能源（生产端、存储端、消费端）的即插即用。能源互联网以高度融合可再生能源和互联网信息技术为特征，并将提高可再生能源比重，实现多元能源的有效互补和高效利用。

2.2.2　能源互联网的优势和风险

能源互联网的优势在于可以推动实现能源协同化、广泛化、虚拟化和信息化。①协同化，是指通过电、热、冷、气、油、煤、交通等多能源链协同，实现优势互补、协同调度，提升能源系统整体效率。多能协同的能源网络是支撑能源互联网的物理基础。②广泛化，体现在能源生产方式的"集中式""分布式""分散式"同时存在，能源单元即插即用、对等互联，能源设备和用能终端可以双向通信、智能调控能源链的所有参与方，实现资源共享和合作。③虚拟化，是通过软件方式将能源系统基础设施抽象成虚拟资源，盘活分散存在的各储能存量资源，突破地域分布限制，有效整合各种形态和特性的能源基础设施，提升能源资源利用率。④信息化，是指通过计算能力赋予能量信息属性，使其变成像计算资源、带宽资源和存储资源等信息通信领域的资源一样进行灵活的管理与调控，实现能源的个性化定制化。信息能源系统是能源互联网得以实现的技术手段。[①]

与此同时，能源互联网的优势恰恰也成为其风险所在，在上述四个方面中任何环节的局部问题都有可能引发网络的整体问题，任何单项风险都会触发能源互联网的整体风险。

2.3　能源相关的政治风险

和能源相关的不仅仅是技术风险，还有政治风险。俄罗斯的天然气供应和中东海湾地区的石油供应是非常典型的例证。

2.3.1　俄罗斯的天然气供应

欧洲是俄罗斯天然气的主要进口地区，对俄罗斯存在能源依赖，欧洲40%的天然气需求要俄罗斯供应。2022年由于俄乌冲突，引发了俄罗斯中断对欧洲的天然气供应，这种生存危机让欧洲焦虑不安。欧盟转而和美国签订了天然

---

① 张保淑.能源互联网：汇聚中国奋进的磅礴动力 [N].人民日报海外版，2018-8-15（10）.

气出口协议，花高价从美国进口液化天然气。不过受限于产能、运输、存储等客观条件，这份协议最终仅仅有 150 亿立方米的天然气交易额，相对于欧洲每年从俄罗斯进口的高达上千亿立方米的天然气来说，无疑是杯水车薪。

"北溪 2 号"是俄罗斯绕过乌克兰通往欧洲的天然气管道，如果能顺利通气，将意味着俄罗斯每年可以按正常价格向欧洲输出 550 亿立方米天然气。"北溪 2 号"也就成为俄罗斯和欧盟的能源大动脉，可以帮助俄罗斯重新构建和欧洲富裕国家以及欧洲经济贸易的联系。而从地缘政治角度来说，美国必须切断俄罗斯对欧洲的能源出口（天然气供应），排挤俄罗斯在欧洲的影响力，以维持自身在欧洲的霸权。也因此，"北溪 2 号"管道已超出了能源进出口的经贸问题，而上升到欧美俄的国际政治问题。美国坚持认为"北溪 2 号"不是能源项目，而是莫斯科的政治项目。2022 年 9 月"北溪 2 号"被炸，而欧盟市场的天然气价格恰在 2022 年 8 月达到历史高位。[①]

2.3.2 海湾地区的石油供应

海湾地区拥有极丰富的石油和天然气资源，海湾沿岸是世界最大产油中心和石油出口地区，生产的石油主要供出口，美国、西欧、日本进口的石油相当大的一部分来自海湾地区。据美国能源情报统计，1990 年第一季度美国日净进口石油量为 766.1 万桶，其中 206.4 万桶来自海湾地区，占 26.9%。美国虽然石油储量丰富[②]，长期以来，共和党也主张增加美国国内石油开采，而民主党政府则提倡绿色能源，控制石油开采量，甚至有时禁止美国汽柴油等炼油产品出口。

根据美国消费者新闻与商业频道（CNBC）网站的报道，美国目前平均每天消耗大约 2000 万桶石油[③]。以汽车为中心，所带来的问题甚至像涟漪一样一直扩散到中东和阿富汗，直至 1991 年的海湾石油战争和 2001 年下曼哈顿的恐怖战争[④]。也就是说，美国始终将海湾地区的石油资源视作自己的战略资源，一旦感受到美国的能源安全、国家利益受到"真正的"威胁，就会毫不犹豫地开动战争机器，主动对中东地区发起武装冲突。通过海湾战争，美国进一步加强了和波斯湾地区产油国的军事、政治合作，强化了美军在该地区的军事存在，对冷战后国际新秩序的建立也产生了深刻影响。

---

① Alex Kimani. Natural Gas Prices Continue Plunge As Europe Fills Up Ahead of Schedule [EB/OL]. https：//oilprice.com，Sep 26，2022.

② 据 Rystad Energy 2016 年的估测，随着页岩油的开采难度大大降低，美国的石油储量居全球第一，成为全球最主要的石油产出国。

③ 环球时报 . 美释放 1500 万桶战略石油储备，民众：不够用一天 [EB/OL]. https：//export. shobserver.com/baijiahao/html/542323.html，2022-10-24.

④ R. Register. When Environmentalists Are Not Ecologists[EB/OL]. http：//www.ecocitybuilders.org/ warming.html，2002.

2.4 我国的能源风险

推进绿色可持续发展，构建清洁低碳、安全高效的能源体系是我国推进能源生产和消费革命的重要举措。当前我国构建经济安全的能源系统、实现能源的高质量发展，机遇和风险并存，风险主要体现在以下三个方面：

（1）能源结构有待优化，需要大力发展可再生能源。需要通过技术创新提高能源效率，减少污染物源头的排放，能源低碳要重点控制电力、钢铁、建材、化工等行业的碳排放。我国必须从以资源消耗、污染环境来提升经济发展的模式转变到推广实行"以气代煤、以电代煤"为辅的改造思路上，尤其是加强控制京津冀、汾渭平原、长三角地区的煤炭消费量，尽可能提高清洁能源供暖比重，全力构建绿色、节约、高效、协调的发展环境。

（2）石油和天然气对外依赖程度还在不断上升，且存在战略风险。2022年，我国从40多个国家进口石油，其中进口额排名前三位的是沙特阿拉伯、俄罗斯及伊拉克。中国的天然气则依赖从俄罗斯进口。自2019年12月起，中俄之间就开通了"西伯利亚力量1号"天然气管道，将俄罗斯伊尔库茨克的科维克塔气田和雅库特的恰扬达气田的天然气直接输往中国，进入国内的发电厂。开通伊始，每年向中国输送的天然气大约为380亿立方米，2021年提升到了530亿立方米。而中俄经由蒙古国的"西伯利亚力量2号"天然气管道预计开通后，将每年向中国输送约500亿立方米。中俄东线天然气管道项目即将投产通气，还在北极圈联手建设液化天然气项目。中俄两国能源领域都是战略性大项目，但是高度依赖本身就潜藏着风险。

（3）电网运行清洁电力也存在着一定的风险。受到外力、操作、设备、管理等诸多因素的影响，各种不确定的风险也影响着电网的安全稳定运行。①电网结构庞大复杂，层级较多。②电网在运行中还会受到各种自然灾害如雷击、地震、冰雪、山火、泥石流等的影响。恶劣的外部环境会对电网安全运行造成巨大影响。③电网规划、调控管理和运行维护过程中人为的操作失误。④电网的建设时间、使用周期以及联网作业中的局部故障影响整体运行等。

第3节 交通及其技术应用的风险

交通及其技术应用的风险更经常地以一种偶发的意外事故的形式出现，比如空难、列车事故、车祸、海上沉船等。这种事故或灾难形式的风险除了技术失误以外，也可能被社会性地加以运用，即利用交通事故制造人为的社会灾难。例如发生在大都市交通设施中的恐怖主义犯罪（参见第8章第5节）。表面上看，这些灾难和交通设施类型或交通工具有关，而并非和交通技术有关，实际上此类恐怖主义犯罪恰是利用了特定的交通技术的特征，例如地铁和轨道交通的高容量、大运量特征，巴士相对于都市公共空间和标志性景观的邻近性、可达性特征，以及飞行器对标志性建筑物的可灵活选择特征，等。

3.1 城市中的交通风险

除了和交通设施相关的恐怖主义犯罪风险之外，交通技术的风险包括交通意外事故或事件，由其他灾难引发的交通设施中的次生灾难，以及城市变化引发的交通设施风险等。交通意外事故或事件的发生通常和交通工具的运量、速度及智能化程度等技术特征相关。次生灾难则往往是由交通环境特征决定的。此外，城市发展阶段的变化也会引发交通设施系统的变化。

（1）大都市交通饱和的风险

超大、特大城市的客运量大。在绿色出行模式下，2015年上半年，上海全市公共交通日均客运量达到1532万人次，其中轨道交通日均客流为810万人次，节假日高峰已经突破1000万人次。目前，上海地铁的日均客流就超过千万，而在高峰时段部分地铁线大都客流量饱和，甚至超负荷运行，庞大的体量加上系统的脆弱性，使得城市公共交通安全管理的任务非常艰巨[①]。

首都北京的地铁4号线纵贯南北，且和北京火车站南站相连，早高峰客流基本集中在4号线的南段和中段；1号线和八通线是横贯北京东西的大动脉，上下班高峰客流压力非常大。北京4号线最初的设计客流是2020年承载75万人，但2014年的实际客流最高达到150万人，已经翻番。

鉴于国际上和地铁相关的灾难事件，饱和甚至超负荷的大都市交通具有潜在风险。如若发生流行性传染病，则公共卫生风险之高超乎想象。

（2）大都市中的交通意外事件

这里的交通意外事件主要指公共交通工具在城市中发生的意外事件。以下所举例子虽然均未造成严重人员伤亡，但是发生在大都市中风险还是很高。例如，2009年1月15日，全美航空1549号航班因遭遇鸟击而双引擎失效，机长避开纽约的人烟稠密地区，以高超技术冒险让客机紧急降落在贯穿纽约市的哈德逊河上。

又如上海的地铁运营，截至2023年底，上海轨道交通全网络运营里程达到831公里，但是事故罕见。2011年9月27日，上海地铁10号线突发两车追尾事故，成百上千的乘客被困在了地下车厢里。又如，2022年11月11日，上海地铁11号线发生触网故障，引发一列出库无人列车瞬间短路拉弧，现场有瞬时响声、烟雾和火光，幸未引发火灾爆炸。

---

① 贾勇. 专项监督：为你一路平安[J]. 上海人大，2015（8）：21.

（3）交通次生灾难

地震、洪涝等自然气象灾难可能引发交通次生灾难，并造成严重的人员伤亡。例如 2021 年郑州"7·20"重大灾害，极端特大暴雨造成郑州地铁全网停运，列车在行驶区间内遭遇涝水大量灌入、失电迫停，953 人安全撤出，有 14 名乘客不幸遇难。当日郑州的京广路隧道遭遇暴雨后迅速没顶，短时间内吞噬了数百台车辆，有 6 位司机和乘客遇难。郑州京广隧道全长 1.8 公里，双向六车道，南北出口高，中间两百米低，最大落差 18 米。这些都是因为交通设施在遭遇极端灾害条件下引发的次生灾难。

又如疫情引发的公共交通运量下降乃至城市公共交通系统完全中断。在自 2020 年起的疫情期间，我国多个城市地区陷入"静默"状态，武汉、深圳、上海、重庆等超大城市，特大城市郑州、西安，大城市乌鲁木齐，以及小城市瑞丽等都经历了不同长短时期的全城公共交通停运，有些城市公共交通停止长达数月。公共交通的中断加剧了城市社会在疫情中的隔离状态。

3.2 持续的健康风险

第 9 章讨论的噪声污染已经涉及交通带来的健康风险。对交通设施或线路周边的特定地区来说，交通噪声可能带来持续的健康风险。交通噪声包括飞机噪声、道路交通噪声、传统铁路噪声、高速铁路噪声以及其他噪声源等。航班噪声、列车噪声的产生及影响和机场、航线以及铁路线的选址有关。机场附近的居住区长期受航班起降时的噪声影响。而在高铁沿线分布的城市和农村的居住区，其噪声污染问题要高于传统铁路。

此外，在交通设施或线路周边的特定地区，大气、水体和土壤污染的风险也较高，主要污染物包括碳、二氧化硫、油污、重金属污染等。加拿大麦吉尔大学的一项研究表明[1]，蒙特利尔特鲁多机场（Trudeau Airport）附近空气中的碳排放量比市中心要高出 400%，大部分是在飞机起飞和着陆期间排放的，空气中的黑炭颗粒可能对机场周边居民的健康产生重大影响。

第 4 节　信息网络、人工智能技术应用的社会系统风险

20 世纪 80 年代中期，信息技术开始逐渐从军用领域向民用领域、向普通人的生活渗透。1981 年，IBM 推出第一台个人电脑，互联网通信协议的第一

---

[1] Felicia Parrillo. Montreal's Trudeau airport emits high amounts of air quality pollutants: McGill researchers[EB/OL]. https://globalnews.ca/news/8868977/montreal-trudeau-airport-air-quality-pollutants-study/，May 28，2022

个主要版本 IPv4 也在这一年向公众推出。而目前对人类影响最大、覆盖面最广的技术创新仍然在信息技术领域。

4.1 数字社会和智慧城市

进入 21 世纪，经济社会数字化转型势不可挡。顺应此趋势，智慧城市成为城市建设的主要目标方向。数字生态系统将建构一个崭新的生存环境。

4.1.1 数字化社会来临

数字化社会以大规模的数字使用主体为标志，就此意义而言，中国以近十亿的网民构成了全球最大的数字社会。中国互联网络信息中心于 2021 年 2 月发布的第 47 次《中国互联网络发展状况统计报告》显示，"十三五"期间，中国网民规模从 6.88 亿增长至 9.89 亿，五年增长了 43.7%。截至 2020 年 12 月，中国网民规模达 9.89 亿，手机网民规模 9.86 亿。[①] 中国的网民总体规模已占全球网民的 1/5 左右。中国对于"网民"的定义指的是平均每周使用互联网至少 1 小时的中国公民。报告显示，中国网民的人均每周上网时长为 26.2 个小时。另据统计，截至 2020 年 12 月，中国农村网民规模为 3.09 亿，占国内网民整体的 31.3%。农村地区互联网普及率为 55.9%。

数字化社会的主体特征是在缓慢变化的，其中网民具有一定的代表性，网民包括了广泛的群体，有以在线为工作状态的职业群体，也有以在线作为休闲状态的社会群体。中国网民则具有以下一些特征：①网民增长的主体由青年群体向未成年和老年群体转化的趋势明显。网龄在一年以下的网民中，20 岁以下网民的占比，相较该群体在网民总体中的占比高 17.1 个百分点；60 岁以上网民的占比，相较该群体在网民总体中的占比高 11.0 个百分点。②在学历方面，截至 2020 年 12 月，初中、高中 / 中专 / 技校学历的网民群体占比分别为 40.3%、20.6%；小学及以下网民群体占比由 2020 年 3 月的 17.2% 提升至 19.3%。③在职业方面，截至 2020 年 12 月，网民群体中学生最多，占 21.0%；其次是个体户 / 自由职业者，占 16.9%；农林牧渔劳动人员占 8.0%。整体来看，近 60% 的网民受教育程度在高中以下，网民主体的如此构成也意味着我国数字社会面临着系统的治理风险。

美国、丹麦、英国、中国以及新加坡城、墨西哥城、首尔、上海等国家和城市"数字政府"的目标提出是数字化社会的一个重要指向标，表明了城市政府主动顺应经济社会数字化转型趋势的姿态，希望通过数字政府建设充分释

---

① 中新社 . 中国网民数达 9.89 亿 构成全球最大数字社会 [EB/OL]. http://www.mofcom.gov.cn/article/i/jyjl/e/202102/20210203036974.shtml，2021–02–04.

放数字化发展红利。

4.1.2　数字生态系统建构和智慧城市

有别于传统城市由自然生态系统和社会生态系统两个系统构成，智慧城市的整体系统由自然生态系统、社会生态系统和数字生态系统三个系统共同构成。

以数字化供应链为例，当前全球供应链已进入新的发展阶段，进一步向数字化转型。与传统线性结构的供应链不同，数字化供应链通过超级数据分析、供应链的整体设计、可视物流、智能采购、智能仓储、智能零配件管理、自动投递等环节形成了一个完整的、网络状的有机生态系统，[①] 并便于多方协同的、全流程的供应链管理。这样的供应链将带来更大的价值。新技术的加持使得供应链的数字化变革与演进成为必然，某种程度上，2019 年底开始的疫情的发生为此进程启动了加速钮。

4.1.3　我国的智慧城市建设及其现状困境

我国自 2009 年提出智慧城市建设至今，在市场规模、技术应用及重点领域已取得很大进展，在以政府或大型国企作为主导力量的推动下，一些智能应用已发挥明显成效。2016 年上海市智慧城市建设成果评选出了一些优秀实践应用，例如智能苏州河综合信息服务平台、社区事务受理信息系统、智能电表构建"全方位、信息化"公用事业新应用、上海道路交通事故快处易赔系统、上海市及长三角空气质量预测预报系统等项目，表明了智慧城市在基本公用服务、区域气候环境监测方面的技术应用已经启动。

2019 年广州作为住建部首批试点城市，以城市信息模型（CIM）基础平台建设试点为契机，一次性建设了满足全市 7434 平方公里和 11 个行政区、170 个街镇、2680 个村社和 19657 个网格管理要求的智慧广州数字底板和操作平台，有效防止了信息孤岛、数据割裂、信息不对称和重复建设等问题，有效探索了新型城市基础设施建设，以 CIM 平台建设助力城市治理数字化转型。

但是智慧城市建设仍然存在着一些重要的障碍因素：

（1）大量数据和精准数据获取的结构性障碍

城市数字化转型的基础是大数据应用，沿着目前的主流技术路径，仍需要"喂"给人工智能系统大量数据。而人工智能运营机构和企业要获取足够的"数据饲料"，当下还面临不少体制机制障碍和法律法规的模糊地带。

此外，精准数据的采集涉及伦理和法律法规的边界，目前尚未能系统地建章立制。智慧城市的核心是"智慧大脑"，就是运用互联网大数据等手段，把互联网等终端感知设备布满大街小巷，实现辖区内全天候、全时段的感知

---

① 汪胜洋. 企业当思"战疫"之道：增强三种能力 [N]. 联合时报，2020–03–06（2）.

覆盖。但是这样的智慧城市建设潜含着市民主体性丧失的风险和危机。

（2）智慧技术投入和技术稳定性的失配

智慧城市建设常常面临着经济可行性和技术稳定性的困境，换句话说，智慧城市建设耗资巨大，但技术缺乏稳定性，因而存在技术、经济、社会效益的冲突。智慧城市建设当前遇到的问题是，平常状态下智慧城市"场景"演练顺利，如延伸阅读 10.1 中的积极展示。而一旦突发险情，系统各种漏洞显现，智慧城市一片"沉寂"。2021 年 7 月 20 日郑州洪涝灾难中，京广路隧道遭遇暴雨后，智慧系统由于停电瞬时失灵，未能发出有效提醒，致使隧道内数百台车辆淹没于隧道中。城市智慧系统对于电力依赖这个基本问题的疏忽，使得"人工智能"瞬时沦为"人工智障"，给城市带来了灾难性的后果。随着未来的不确定事件越来越多，若智慧城市系统总是在关键时刻技术失灵，则其造成的损失和巨额的投入之间的匹配是严重扭曲的。

延伸阅读 10.1　智慧城市发展之郑州样本观察

郑州作为近年来发展迅速、成绩突出的二线城市，其智慧城市建设在过去一年多内突飞猛进，成为观察我国智慧城市发展的一个典型样本。郑州智慧城市建设项目名为"数字郑州"城市大脑，于 2019 年 8 月启动，仅一年多时间就建成涉及 14 个部门、18 个领域、118 个应用场景的城市大脑，初步搭建起了"一脑赋全城、一网治全城、一码通全城、一端惠全城"的架构体系。从搭建"数字底座"到速决"数字战疫"，从开启"数字理政"到推动"数字治城"，政务数据治理、数字城市建设、数字经济发展的"郑州模式"正逐步形成。

2020 年 12 月 20 日，在"数字郑州"城市大脑建设成果 2020 发布会上，郑州市正式宣布，城市大脑 118 个应用场景全面上线运行，这标志着郑州成为首个全场景数字化运营城市。城市大脑围绕交通管理、医疗卫生、环境保护等十多个领域建设，重点打造了全市一个停车场、重点车辆监管、脱卡就医、政务服务等 118 个具有郑州特色的亮点应用。

来源：【推动区域协调发展】智慧城市发展之郑州样本观察 [EB/OL]. http://www.ciotimes.com/smartcity/201455.html，2021-04-13.

4.2　城市公共数据开放和数据垄断的冲突

2010 年以后，新型数据的大规模生产、分享和价值挖掘及其所引发的数据革命深刻影响了各个领域、行业的生产方式。数字化社会、智慧化城市转型的核心驱动力就是数据，凭数据说话，靠数据决策，数据确权以及数据交易的规范就成了关键问题。城市是新型数据产生和集中的主要场所，城市中心在功能上具有不同的类型，故表征数据源较为丰富，从不同的角度出发可分为统计数据和大数据、静态数据和流动数据、截面数据和时空序列、社会数据和企业数据、公共数据和个人数据、境内数据和跨境数据等路径。其间存在着政府和部门、政府和市场、政府和个人、市场和个人之间关于数据权属的冲突。

4.2.1 城市公共数据开放和封闭

数据开放是以数字控制能力为前提的。所谓公共数据，指的是不涉及国家安全、商业秘密和个人隐私的数据。2018年12月美国国会通过了《开放数据法》[Open, Public, Electronic and Necessary（OPEN）Government Data Act）]，法案名称中表明了数据的性质，即"公开的、透明的、公共的、必需的、电子的"数据。按照2019年《上海市公共数据开放暂行办法》，公共数据是指本市各级行政机关以及履行公共管理和服务职能的事业单位（统称公共管理和服务机构）在依法履职过程中采集和产生的各类数据资源。根据复旦大学数字与移动治理实验室发布的"开放数林指数"报告，从2012年上海市推出全国第一个政府数据开放门户网站以来，我国已有近两百个省级和城市的地方政府上线了数据开放平台，平台总数呈现出显著的增长态势。

2015年，国务院印发的《促进大数据发展行动纲要》首次从我国中央政府层面明确要求推动公共数据开放，推动政府、机构、企事业单位数据向社会开放，加快建设统一的国家数据开放平台。我国已经有十余个省市的地方立法涉及公共数据开放的相关内容，为公共数据有序开放进行了法治探索。例如，上海和浙江的地方立法都提出了"公共数据授权运营"的概念，这有利于在安全有序的前提下充分利用公共数据。多个省市的地方立法都将除政府数据之外的公共数据（例如供水、供电、供气、公共交通企业数据）也纳入规范对象。交通运输部建立了"出行云"的行业公共数据开放平台。这些都为建设国家公共数据开放平台打下了基础。

从数字时代向智能时代迈进的过程中，城市公共数据开放将推动公共数据的共享、开放和应用，其价值包括：①促进数据供需衔接，激发创新活力，创造公共价值，提升各行业、各领域运用公共数据推动城市经济社会发展的能力，创造大规模协作的机遇；②激发更多企业、个人和社会组织在市场上公平竞争，满足各种大众和小众化的需求；③发挥各类主体的主观能动性，为市民参与城市治理实践提供资源和平台。

公共数据开放是一个生态系统，就像一片"数林"，各类主体，包括每一个利益相关者，无论其角色和立场，他们开放和利用公共数据的意识、意愿和能力，都将共同决定这个生态系统的未来①。

---

① 王翔. 推动公共数据开放任重而道远 [N]. 法治日报，2022-06-29（5）.

4.2.2 信息壁垒和数据垄断

如果公共数据封闭在政府和少数大企业内部进行开发利用，就会形成部门或企业的数据垄断；而跨境数据的封闭和垄断，则可能在国家之间形成信息壁垒。

（1）国家间的信息壁垒

在当今世界各国信息技术发展极不平衡、极不对称的背景之下，发达国家利用其占据信息资源的优势和信息技术的垄断地位，对发展中国家在国家安全、经济贸易、科技领域、社会文化等方面进行制约，最终达到保障国家安全、保持科技领先和促进经济发展等目的，由此形成"信息壁垒"。

信息壁垒具有两方面特征：①不均衡性。在信息资源的使用方面存在"马太效应"。目前的信息优势差异将进一步扩大西方发达国家和发展中国家的信息支配差距，这种不均衡性不是短期内能够加以改变的。国家必须制定长期的发展规划、信息政策和法律法规等，以求把握战略机遇期的主动权。②整体性。信息资源作为整体是对国家、地区或组织的政治、经济、文化、技术等方面的全面反映，国家在信息资源的开发和管理上应有系统和整体的观念，联合社会有形和无形资源，实现短期和长期目标的结合，发挥信息资源的功效性。

（2）部门或企业的数据垄断

数据垄断指的是经营者利用数据和算法、技术、资本优势以及平台规则等从事垄断行为。数据垄断表现在：①公共数据开放共享还不够充分，政府部门之间数据也并不能相互开放；②跨行业、跨企业数据互联互通存在障碍；③企业内部存在"数据筒仓"问题，导致企业数字化整体转型缓慢。[①] 总而言之，数据垄断的结果是"数据壁垒""数据孤岛""数据筒仓"和"数据墙"等现象和问题突出，各信息系统之间不能进行互操作或协调工作，难以实现更高层次的信息处理。以上海为例，虽然上海数据交易所已于 2021 年 11 月成立，但由于数据交易量有限，数据资产的价值目前仍然无法通过市场化的方式确认。

4.3 数据采集分析和个人数据隐私安全

数字安全是一项极其重要并关系到数字社会合法性的问题。对于数字社会和网络城市来说，最大的问题是信息网络技术应用的社会系统风险。随着互联网、大数据、云计算等现代科技的发展，个人隐私泄露已成为人类历史上前所未有的普遍的社会问题，信息安全已影响到公民的人身安全和自由。

---

① 上海市政协专题调研组. 找准数字化转型难点 推进市场化力量参与 [N]. 联合时报，2021-07-23（7）.

4.3.1　针对个人的数据采集和分析

"二战"结束后，原本是军用的数据采集和分析方法开始被大规模使用在平民百姓身上。20 世纪 50 年代初的麦卡锡时代，美国政府曾经利用政党登记、杂志订阅以及朋友、邻居、家人和同事的证词来收集一个人的资料。而现在的监控能力比以前更强，个人数据收集更精确完整，利用电脑进行复杂的数据分析，可以就一个人的信用度、收入、习惯、生活状况等直接给出准确度很高的结论。这些分析当然是极具商业价值的。

个人信息是以电子或者其他方式记录的能够单独或者和其他信息结合识别特定自然人的各种信息，包括自然人的姓名、出生日期、身份证件号码、生物识别信息（包括照片在内的人脸、指纹、虹膜）、住址、电话号码、电子邮箱、健康信息、行踪信息等。人脸信息属于我国民法典中规定的生物识别信息，作为重要而敏感的个人信息，深度体现自然人的生理和行为特征，具备较强的人格属性，一旦被泄露或者非法使用，可能导致个人受到歧视或者人身、财产安全受到不测危害。但人脸又具有弱隐私性，不可能总被遮挡隐蔽。与此同时，我们正在进入一个"刷脸时代"。在我国，大到智慧城市建设，小到手机 App 登录解锁，人脸识别正在全面嵌入生活的诸多场景，城市居民无时无刻不在被强制进行人脸识别。

以上海为例。上海青浦区摄像头 68 个 /km²，且高频次更新数据库[①]。上海浦东新区康城小区是上海数一数二的超大型社区，建筑面积达 208 万平方米，楼宇总数达 298 栋，规划居民户数达 1.25 万户。起初对于要动用维修资金在公共区域安装海量的监控探头，业委会以及部分居民的意见难以统一。监控改造项目最终顺利完成，2017 年春节后通过验收并全面交付应用，自此康城的 1960 个监控探头覆盖了小区道路、楼道大厅、电梯、地下车库等重要点位。这意味着，小区居民始终生活在"电子眼"的监控之下。而一些商家门店出于统计客户甚至其他销售需要，私自违法采集顾客人脸信息进行识别，有些甚至按人定价（参见延伸阅读 10.2）。

保护包括人脸在内的个人信息隐私已成为全球共识，人脸识别引发的数据隐私问题，随着近年来相关技术的大规模下沉，已从业界讨论付诸法律行动。目前，我国《民法典》《消费者权益保护法》《个人信息保护法》等都对保护公民人脸信息进行了相关规定，"脸不能随便刷"已是法律的明确规定。但是针对人脸信息"无感知收集""一揽子收集""强迫收集"的现实情况，仍需要对人脸识别进行详细严格的规范和界定。

---

① 黄铮. 智慧城市建设需合力——第十届华夏文化"智慧城市"论坛举行 [N]. 联合时报社，2019-11-01（4）.

4.3.2 "万能的"和"万恶的"大数据

当"在线"已成为一种生存方式时,人们在网上浏览、购物的内容都形成了一种具有个人属性的数据,这些数据记录反映了消费者的行为习惯、个人爱好以及种种涉及隐私的讯息,都被互联网公司巨细无遗地捕捉、收集进入他们的云端数据库,构成"大数据",并作为向"这个"潜在客户推荐商品、引导消费的参考依据。

"大数据"精准的预测和推荐意味着个人行为和隐私数据的泄露,大数据的"无所不能"恰恰是人们最应警觉的。国际网络安全专家布鲁斯·施奈尔(Bruce Schneier)在《隐形帝国》[①]一书里写道:"脸书(facebook)只是根据按赞的动作,就可以推测一个人的种族、个性、政治意识形态、感情状态和药物使用情形……行销人员不断地在寻找一些能代表某人即将花大钱的模式。"事实上,国外有不少数据公司已经开始用数据软件分析人们在"脸书"等社交网络媒体的行为习惯,来判断此人的信用评价和信用风险,个人行为成为网上征信的重要手段。国内也开始有公司在对用户在本土社交网站点赞等行为进行分类统计,用以预测用户偏好,并记录到个人的数据库里。此外,对用户行车的详细数据记录,可以分析用户在不同时段和路段的车速和车况,有利于交通部门更准确地预测车主在哪些地段容易超速,方便交通警察开罚单。有统计显示,以安卓手机 App 为例,"读取联系人"的占比高达 61.2%;"读取位置信息"的占比在 2018 上半年就已增至 95.9%;像"打开摄像头""使用话筒录音"这类的隐私权限增幅甚至都在 20% 左右[②]。可见,App 读取隐私数据的行为正毫无节制地向人们日常生活领域渗透。

大数据的观测、产生、统计、使用,事实上对于个人的自由和隐私都构成了一种侵害。我们正在进入一个"数据专制"的时代,大数据的完备和海量恰恰说明了我们这个社会对人的暗中监控和操纵程度何其之深。如何规范数据的所有权便成为一项关乎所有人安全的重要事项。此外,利用大数据"杀熟"都属于技术作恶。手机 App 越界获取个人信息已成为网络诈骗的主要源头。

4.3.3 被迫让渡的隐私

信息社会和数字经济叠加,不仅重塑了人们的生活方式,也将个人信息裹挟进了"裸奔"险境。公民隐私是个人尊严的重要内容,和个人利益切身相关。显然,很多涉及个人各方面隐私的数据并没有得到人们事实上的允许,因此是不合理且不合法的。

虽然"告知—同意"机制是个人信息处理规则的核心,但是人们在注册

---

① (美)布鲁斯·施奈尔. 隐形帝国 [M]. 韩沁林, 译. 如果出版社, 2016.
② 用户隐私无价,岂能索取无度? [N]. 人民日报海外版, 2018-08-17 (8).

使用各种社交网站、邮箱、门户、商业网站等应用服务时，往往被诱导或强制"同意"，甚至遭遇暗设的陷阱。与其说使用者/消费者们过于轻易地同意把自己个人行为的记录和数据提供给了商业机构，不如说是因为服务商通过霸王条款强制获取个人隐私权限，从使用者个体角度来讲，使用者在放弃使用和被迫让渡隐私之间别无选择，是被动的、被迫的。

这些商业机构在"程序合法"地获取了个人数据之后，又会将数据出卖给其他的商业网站或者第三方机构。随着大数据的迅速发展，类似的个人信息数据被越来越多的监控、统计、分析，并且被商业机构乃至政府买卖分享。

隐私权限可以分为核心隐私权限、重要隐私权限、普通隐私权限。最重要的核心权限包括访问联系人、获取手机号、读取短信记录、读取位置信息等。值得注意的是，越隐私的信息，对厂商来说商业价值越高，而获取这类信息的需求就越大。

随着人们与互联网的连接越发紧密，软件厂商似乎产生了一种错觉，认为过度获取用户隐私"理所当然"。甚至还有声音为其推责，认为用户"愿意用隐私换取便利"。

延伸阅读 10.2　售楼公司违法采集人脸被罚

2021 年 8 月，河北省衡水市市场监督管理综合执法局执法人员在检查中发现，该市某房地产营销公司在其负责的售楼部现场安装了多台摄像头，其中有 4 台摄像头的外观与平常的安防摄像头明显不同，这引起执法人员的高度警觉。

在该公司营销部电脑系统后台中，执法人员找到了被可疑"摄像头"（人脸抓拍机）记录下的人脸头像，其中还包括执法人员刚刚进入售楼部时的头像，总数达 17 万余张。执法人员立刻固定证据，并对相关人员展开询问调查。

经查，为促进销售，该公司于 2020 年 12 月通过安装摄像头人脸抓拍系统，识别区分销售现场访客的来源。每当有来访人员到达售楼处，4 台人脸抓拍机就会记录下来访者的人脸信息，并储存在服务器上。

在消费者签订购房买卖合同时，该公司会通过消费者身份证信息再次人脸识别，使用人证一体机匹配出其首次到访时间、到访次数等信息，用来区分购房者的来源渠道，并据此和分销商或推荐人结算佣金奖励。

执法人员调查发现，自 2020 年 12 月起，该售楼处开始在人脸抓拍摄像头下方悬挂"为保证您的权益不受侵害，本售楼处已安装视频采集设备，我们承诺保护您的人脸等信息安全"的提示告示牌。但是并没有明确告诉消费者收集、使用人脸信息的真实目的和范围。执法人员随机抽取部分购房者了解情况，他们均表示对个人信息被采集和使用毫不知情。

此前，国内多地爆出售楼处悄然安装人脸识别系统的消息，售楼处都是为了识别人脸以区分客户来源，并对不同客户给出不同的价格。由于人脸识别直接和房价挂钩，同时"看房刷脸"引发客户对个人信息泄露的担忧，不少地方出现客户"戴着头盔看房"的现象。这不仅表明消费者对于保护个人隐私的无奈，也是对相关商家违法收集人脸信息的反讽。

由于涉事公司在其售楼处未明示收集、使用信息的真实目的和范围，采集人脸信息的过程也未经消费者同意，违反了消费者权益保护法相关规定，属于侵害消费者权益的行为。近日，衡水市市场监督管理局对此案依法作出处理：责令涉事公司改正并罚款 8 万元。

来源：售楼处违法"偷拍"人脸！衡水市场监管综合执法局开出 8 万元罚单 [EB/OL]."网信衡水"公众号，2021-11-18.

4.4　人工智能安全

和上述数据安全不同，人工智能安全讨论的是机器（人）和人类的（冲突）关系，正如《黑客帝国》揭开的人和机器关系的新篇章。人工智能是指用计算机模仿和复制人脑智能即"认知"，人工智能不是人的智能，但能够像人一样进行价值判断。人工智能分为弱人工智能和强人工智能，强人工智能是指未来世界能像人一样进行思维的机器人；弱人工智能则主要指起辅助作用，比如作为杰出的工程技术成就，已广泛地应用于工程设计的各个领域。智能语音识别技术的发展，已可将文字问答变成人机互动，许多服务越来越智能化，例如从电子读报、语音唤醒，到自动寻路及规避障碍等行为，直至能写论文、能编程的 ChatGPT 问世。

设备智能化和行业智能化成为人工智能的两大发展方向，后者的发展尤其值得关注。人工智能产业正日益渗透到各行各业、各个领域，在教育、医疗卫生、体育、住房、交通、助残养老、家政服务等领域都可以进入深度应用，从而形成一个创新的智能的城市服务体系。人工智能替代的是一种标准化的、规则清晰的、大量重复性的劳动，定位是智能辅助。但在未来，有没有这个智能辅助带来的差异可能是巨大的，无论是专业度、工作效率、质量都可能是几何级的差异。当前技术发展的速度不是线性的，而是呈指数上升。这股浪潮会推动变革。[①]

人工智能技术高速发展，给人们带来高效和便捷的同时，也带来了越来越严峻的安全隐患。人工智能时代划分为普通机器人时代、弱人工智能时代、

[①] 徐艳红. 人工智能给法律人带来什么 [N]. 人民政协报，2017-11-21（12）.

强人工智能时代。[①] 从非智能到智能、从弱智能到强智能的"进化"史，其实是一部"机器人"的辨认能力和控制能力逐步增强、人之意识和意志对"行为"的作用逐渐减弱的历史。人和"机器人"在辨认能力与控制能力上此消彼长的变化，将从根本上影响着社会风险的样态和社会责任的分配。

发展人工智能技术可能为人类社会带来不利影响，需要对人工智能的发展做伦理评估，做好风险防控措施是极其必要的。霍金曾提出"彻底的人工智能或许会彻底摒弃人类"的担心，并预言："彻底开发人工智能将导致人类灭亡"。

4.5 元宇宙安全

关于国际国内元宇宙（Metaverse）的情况，下面的时间线能说明一些问题。2021 年 3 月，美国游戏公司 Roblox 在纽约上市，成为全球第一只元宇宙概念股票。2022 年 1 月，中国社会团体中国科技新闻学会组织编写和发布了《中国元宇宙白皮书》。2022 年 8 月，美国国会研究服务局（Congressional Research Service，CRS）发布题为 The Metaverse：Concepts and Issues for Congress（元宇宙：概念以及国会的考虑议题）的报告（CRS report，R47224）。无论是白皮书，还是 CRS 报告，都对元宇宙相关概念、关键技术、重点企业布局作了介绍，CRS 报告还分析了当下存在的风险和机遇。

元宇宙的诞生始于 2020 年人类社会到达虚拟化的临界点，疫情加速了新技术的发展，加速了非接触式文化的形成。当前，技术、产业、资本正推动元宇宙从科幻走进现实。元宇宙是下一代互联网的形态，是新技术下的概念具化。《中国元宇宙白皮书》提出：元宇宙是人工智能、虚拟现实（VR）、增强现实（AR）、扩展现实（XR）、区块链、大数据、5G、云计算、物联网、数字孪生、数字货币、人机交互、3D 等技术支持的达到一定奇点后的产物，是各种现有技术的集大成者[②]。但是元宇宙的概念界定、行业内定义尚未统一，目前"元宇宙"这个词更多是一个商业符号。

元宇宙可以描述为人类运用多种现代信息技术、数字技术构建起来的一个数字化空间，由现实世界映射或超越现实世界，并通过智能人机交互与现实世界进行交流互动，形成和现实世界深度联结的数字化虚拟化的世界。元宇宙是具备新型社会体系的数字生活空间，用户可以在平行于现实世界运行的元宇宙人造虚拟空间中体验到第二人生，在这里面进行工作、娱乐甚至生活。

元宇宙的构思和概念可以从时空性、真实性、独立性、连接性四个方面

---

① 王川 . 华东政法大学教授刘宪权：要为人工智能发展"画圈"[N]. 上海法治报，2020-01-01（A04-A05）.

② 龚才春 . 中国元宇宙白皮书 [R]. 2022.

去交叉定义。从时空性来看，元宇宙是一个空间维度上虚拟而时间维度上真实或虚拟的数字世界；从真实性来看，元宇宙中既有现实世界的数字化复制物，也有虚拟世界的创造物；从独立性来看，元宇宙是一个和外部真实世界既紧密相连、又高度独立的平行空间；从连接性来看，元宇宙是一个把网络、硬件终端和用户囊括进来的一个永续的、广覆盖的虚拟现实系统。

从元宇宙的技术基础、技术路径来看，元宇宙本质上是对现实世界的虚拟化、数字化过程，需要对内容生产、经济系统、用户体验以及实体世界内容等进行大量改造。元宇宙是在共享的基础设施、标准及协议的支撑下，由众多工具、平台不断融合、进化而最终成形。它基于扩展现实技术提供沉浸式体验[具备以假乱真的能力，依靠扩展现实（XR）、体感技术甚至脑机接口等方式来实现]，基于数字孪生技术生成现实世界的镜像，基于区块链技术搭建经济体系，将虚拟世界和现实世界在经济系统、社交系统、身份系统上密切融合，并且允许每个用户进行内容生产和编辑。

元宇宙某种程度上是数字虚拟城市的发展规划，也为城市带来包括元宇宙科技研发、智能算力、场景应用、数字资产等在内的发展。但是《中国电子报》的一篇文章指出，元宇宙对国家间竞争产生战略影响，对国内政治、社会领域产生潜在风险。[①] 这意味着，元宇宙自身的安全防护、监管和规则存在极大的挑战。元宇宙带来的诸多安全风险包括数字安全、网络安全、内容安全、知识产权等，带来的挑战除了相关基础设施（数字基础设施和传统基础设施，软硬件支持）、数据安全之外，需要引起关注的是对现实社会的影响，对正常经济社会发展产生严重冲击，因为元宇宙被认为将和现实世界平行、反作用于现实世界。此外，一些预测认为，元宇宙的"技术帝国"实质使得它和现实政体存在冲突，其去中心化的特征使得它和现实的安全监管和控制存在天然的冲突。[②]

4.6　数字分裂和新的不平等

当"数字分裂"（digital divide）这个词在 20 世纪后期首次被使用时，它描述的是有手机和没有手机的人之间的差距。而随着万物互联、万物数字的时代已经逐渐成为现实，世界的不平等（地区、阶层、年龄、性别）在数字生态中以数字分裂的形态显突地、深刻地存在，一个沟壑纵横的数字社会已然成为现实。

---

① 卢梦琪. 元宇宙：与其坐而论道，不如起而行之 [N]. 中国电子报，2021-11-25.
② 黄山明. 元宇宙带来哪些严峻挑战，如何做好安全防护 [EB/OL]. https://www.elecfans.com/d/1814825.html，2022-04-08.

4.6.1 理解数字分裂

"数字分裂"指的是能够获得现代信息和通信技术的人口和地区与那些无法获得现代信息和通信技术的人口和地区之间的差距。也就是，一类是那些能够获得负担得起的、可靠的互联网以及利用这种互联网所需的技能和工具的人，另一类是那些缺乏互联网的人。随着技术的发展，数字分裂所指的差距、缺口也不断变化。

数字分裂的存在形式多样，它存在于各国之间和各大陆之间、发达国家和发展中国家之间、城市人口和农村人口之间、年轻人和受过教育的人与老年人和受教育程度较低的人之间，以及男性和女性之间。2019年爆发的新冠病毒大流行就充分暴露出了各国数字覆盖率的差异。数字分裂既是上述差异的结果，它也加剧了许多现有形式的歧视。

（1）缺乏沟通和隔离。数字分裂的后果之一是社会孤立，这会影响被孤立者的心理健康。COVID-19大流行让没有互联网接入方式或技能的人经历的隔绝可能会产生严重的连锁反应，在美国这包括较不富裕社区的人口从无法确保获得冠状病毒疫苗接种预约，到限制个人的就业前景。

（2）性别歧视的加剧。2019年全球使用互联网的人口中，男性占55%，女性为48%[①]。缺乏平等上网机会的女性无法获得教育或信息，而这些教育或信息可以帮助她们有更好的机会提升自己的地位。

（3）教育障碍。随着教育越来越多地在线提供，那些没有资源接入互联网的人，包括在疫情期间仅限于远程学习的学童，可能被剥夺发展技能的机会，可能会有教育差距、教育障碍。

（4）城乡割裂是数字分裂中最大的一个因素。这在许多国家都是一个问题，农村人口比城市居民更有可能与数字技术隔绝。2020年，全球居住在城市地区的大约72%的人可以从家里上网，而生活在农村地区的人中这一比例不到40%[②]。

除了发达国家和发展中国家、农村和城市人口以及男女之间的差距外，还存在两种一般意义上的数字分裂：一种是获取的分裂——这是最明显的数字分裂，指的是由于人们之间的社会经济差异使得人们在负担上网所需设备、技术和财务能力上的差别。这种分裂在发展中国家和地区尤其严重。另一种是使用的分裂——这是指个人所拥有的使用互联网技能水平上的差异。在使用互联网的必要技能方面存在着代际差距。很多人（不仅是老人）在智能出行、移动支付、网上就医、智能可穿戴设备等互联网深度交互领域并不在行，一些弱势群体尚处于"数字文盲"的阶段。

---

① Kiara Taylor. Digital Divide [EB/OL]. https：//www.investopedia.com/the-digital-divide-5116352，Jul 21，2021.
② 同上。

美国皮尤研究中心（Pew Research Center）的报告发现，互联网用户之间的种族差异正在缩小，但差距仍然存在。2016年，美国大约85%的白人和97%的讲英语的亚裔美国人使用互联网，而与之相对照的是，78%的黑人和81%的西班牙裔使用互联网[1]。上述这些获取渠道和知识技能方面的差距反映了在财富和受教育机会以及性别、种族歧视方面的现有差异。

4.6.2　全球数字鸿沟及其消除和治理

全球层面的国家之间、政府部门之间、社会层面的群体之间都存在着数字分裂、数字鸿沟、数字壁垒，深度的分裂也就形成了近乎难以逾越的鸿沟。多年来，全球数字鸿沟被视为经济发展的结果。虽然在过去20年中世界各地的收入都有所增加，然而在大部分发展中世界，获得数字服务的机会仍然很低，这是由于缺乏对互联网基础设施的投资，公民可能拥有支持互联网的设备，但仍然无法连接到全球网络。各大洲的互联网普及率仍存在很大差异，2020年，94.6%的北美洲人可以上网，而非洲只有39.3%。即使在高度发达国家，互联网接入也存在重大差异。许多美国农村人仍然没有足够的互联网接入，而且更多的人仍然缺乏充分利用他们所拥有的互联网接入的技能。事实上，对数字鸿沟的根本差异是教育水平和城乡之间的鸿沟。

从世界经济的平衡来看，有一点最为明显，特别是需要数字接入和技能的工作岗位数量的快速增长。例如，在美国，几乎一半的STEM（科学、技术、工程和数学）工作都是在计算机领域。2020年，有超过100万个计算机科学职位空缺。而缺乏学习这些技能的途径是获取这些工作和随之而来的收入的障碍。然而，即使你不渴望在科技行业发展，也会受到数字鸿沟的影响。

随着世界越来越依赖数字技术，这些负面后果可能会变得更加严重和普遍。社会有责任以一种整体的方式解决、消除和治理数字鸿沟。历史上不乏这样的例子，例如20世纪的大萧条之后，美国政府曾在1936年颁布《农村电气化法案》（Rural Electrification Act），以帮助在私营公司认为利润不足因而服务不足的地区提供技术。近年来各国已经推出了一些旨在对抗数字鸿沟的特定项目，包括联合国的可持续发展目标（SDG）9，该目标允许各国协调其活动以结束数字歧视。这些具体项目主要解决数字鸿沟的下列方面：①可负担得起的互联网联盟（A4AI）——旨在降低世界上特定地区的宽带互联网的成本。②每个儿童使用一台笔记本电脑（OLPC）——为全球各地的儿童提供非常低成本的笔记本电脑，并提供在线教育项目，帮助他们发展数字技能。③星链（Starlink）——通过发射进入太空的中低轨卫星通信，以合理的价格提供高速互联网和全球覆盖。④许多国家还开展了数字扫盲项目，旨在教育成人和儿

---

① Courtney Norris. 13 percent of American adults do not use [EB/OL]. https：//www.pbs.org/newshour/nation/americans-do-not-use-internet-pew，Sep 29，2016.

童打破数字鸿沟所需的技能。例如 2020 年上海的"一网通办"实践已由联合国向全球推广，经验之一是多途径帮助老年人掌握智能手机的使用方法，在提高生活质量的同时，也能享受科技带来的便捷和幸福。

在数字时代，还要警惕另一种倾向，即工具理性替代价值理性，数字判断挤压经验判断，基于证据的公共决策变为数据主导的公共决策，则最终可能衍生数字异化的现象，把人类从数据的驾驭者变成数据的仆役。"有温度"的数字政府要求在追求效率和理性化的同时，让技术始终处在人们可以理解和控制的范围。

4.7 未来社区和社会生活退化的风险

对于"未来社区"的概念有不同语境中的理解，这里泛指"未来"人们生活的社区，既强调其时间特征，也涉及其空间和社会特征。

4.7.1 不确定的未来社区

未来社区是"乌托邦"还是"敌托邦"，或是如希腊规划学者道萨迪亚斯（C.A.Doxiadis,1913—1975 年）所言在"在敌托邦和乌托邦之间"[①]，尚是个悬念。实际上，未来已来，未来已在当下。2022 年，郑州郑东新区的生活场景是如下描述的：

郑东新区智慧城市管理中心，将这些交通要素都接入了云控平台，结合整个大交通，进行实时数据分析，适当延长绿灯时间、缩短红灯、优先保证公共交通。原来一条线路的通行时间 65 分钟，通过智慧交通缩短到了 40 分钟。

1137 个 5G 基站数据、26 万城市公共部件信息、18000 多路视频监控，同时接入 2276 部智能电梯、292 个停车场、57 个社区、105 个微型环境监测站等各项数据……目前，郑东新区市政、园林等多部门的工作人员密切关注着"云"平台上推送的各项任务单或者异常情况，随时处置。

在郑州智慧岛龙子湖公园内，5G+ 无人售卖车正在缓慢行走；天空中，无人机巡检正在飞翔，将拍摄到的监控画面实时传输至后台；湖面上，5G+ 无人巡检船正在游弋着，不时发出提醒的语音，确保游客安全……

"所有城市问题在这里都能够显示，通过我们前后方的通力合作，工作效率提高了，市民的生活也更加舒适便捷了。"[②]

---

① Constantinos A. Doxiadis. Between Dystopia and Utopia[M]. Hartford，Conn.，The Trinity College Press，1966.

② 大河网.奋进新征程 建功新时代丨郑州："智慧大脑"让城市管理开启"云"模式 [EB/OL]. https://baijiahao.baidu.com/s?id=1725530147766657087&wfr=spider&for=pc，2022-02-23.

以质量和效率之名，将城市生活设定成一个具有唯一确定性、标准化和通用性的程序，人只不过是其中按部就班的一个棋子或信号码元，这样完全被监控的生活，不是"敌托邦"吗？谁赋予了监控者权力？谁又来监控这些监控者的权力？这是一个没能很好回答的问题，而其带来的后续问题却尚未充分展现出来。

如果未来城市社区像一台精密的电子仪器，这也意味着高度的电力依赖、系统依赖。市民的生活、人类的生活将被简化成"一键操控"，像按一个遥控板，倘若这个遥控板在某个时间突然失灵、失控了，则居民个体自身无法修复，要么代价昂贵，要么整体报废。在极端的权力操控下，个体甚至有可能和"智慧城市""智慧世界"脱离连接。

4.7.2 数据信息控制和社会控制

数据信息控制造成了新的不平等，成为社会控制的新形式。

（1）社会控制和被剥夺的公民隐私

美国的密码学学者、资讯安全专家布鲁斯·施奈尔（Bruce Schneier）向我们描绘了一个颇为可怕的未来场景："对我们有些了解的人，能对我们有某种程度的控制。知道我们所有事情的人，能对我们进行完全的控制。监控有助于控制。"[①] 显然，商业机构和权力部门要想实现这种"数据控制"，前提就是要通过各类机构来监测、收集人们海量的日常数据。大数据的背后，意味着未来人类自由和隐私权新的威胁，我们当引起足够的警觉并以切实的行动防患于未然。[②] 这绝不是危言耸听。

互联网确实为人们提供了超乎想象的便利，与此同时，实际上，通过大数据、互联网，人们所有信息也暴露在互联网的大池子，用户个人信息的"裸奔"也成了常态。手机和身体密不可分，已内化为社会成员的一个便携式人工器官，参与各种城市活动（信息交流、阅读欣赏、商业买卖、日常服务），且可以通过电子手段被定位、跟踪、记录。这时候的城市空间已经是无数个体的时空轨迹叠加填充而成的虚实之体。

消费者信息首先是被商业平台控制了。现实生活中，用户每安装一个手机应用程序（App），都必须面临以下步骤："我同意隐私政策"，这是 App 在安装前提出权限要求，只有点击确认，方能使用软件；若点击"不同意"，软件提供方简单粗暴索性不准你使用。这是对个人数据尤其是隐私数据的疯狂掠夺。这背后的安全隐患细思极恐，你不知道 App 拿走你的隐私数据后，将会在何时何地以何种方式使用，也有可能经过交易成为公共数据。当强制地、

---

① （美）布鲁斯·施奈尔. 隐形帝国 [M]. 韩沁林，译. 如果出版社，2016.
② 孙骁骥. 大数据与隐私安全 [N]. 人民政协报，2016-12-14（4）.

常规地、系统地收集居民 / 使用者信息资料成为维持控制权的手段的内在组成部分以后，我们生活的这些城市也就成了城市"帝国"。

（2）社会控制和被剥夺的公民行动自由

在权力的干预和操控下，不只是公民个人隐私无法得到保障，甚至公民的人身安全和自由都无法得到保障。2022 年 6 月，河南"乱赋红码"事件引发社会广泛关注。该事件的性质极其严重，是借防疫手段，擅自对并不符合赋码条件的公民赋红码，针对性地强行限制另一起重大社会事件中的权益受害人的人身自由。这不但严重损害了"健康码"管理使用规定的严肃性，更严重之处在于，河南"乱赋红码"事件揭开了数字社会人身自由、安全和权利被擅自剥夺的可能性和现实性，让整个社会意识到，技术便利和制度权力结合时会制造出怎样混乱的、无法无天的社会恶行。

延伸阅读 10.3 "到郑州后健康码变红"

根据公开报道，（2022 年）6 月 13 日，多名在河南村镇银行存款的储户在网络上反映，他们来自低风险地区，但到郑州后健康码被赋红码，随即被工作人员带往相关隔离点。

中新网曾就此刊文称，2022 年 4 月，河南多家村镇银行被曝无法取款，该事件已发酵近两个月。有当事人称，他们通过度小满、天星金融等第三方机构，存入禹州新民生村镇银行、商丘柘城黄淮村镇银行等几家村镇银行的本金和利息至今仍无法提取。

为了解决取不出钱的问题，近日有多名储户前往郑州，却发现健康码被赋红码，正常出行受到影响。6 月 14 日，数位来自河南省外的储户向媒体出示了车票及其红、绿码对比截图，称其乘坐火车到达郑州后扫码出站时因红码被限制出行。

《齐鲁晚报》新媒体称，6 月 15 日，有媒体记者致电河南省行政审批和政务信息管理局，该局工作人员表示，赋码工作并非省里操作，而是属地管理，由各地市赋码。

此外，河南省卫生健康委员会方面称，从外省抵达河南，赋码工作由河南省大数据管理局（现已更名为"河南省行政审批和政务信息管理局"）负责；在省内流动时，赋码工作则由市一级大数据管理局负责，卫健委没有赋码权限。

郑州大数据管理局工作人员的说法则是，"郑州疫情防控指挥部下面有一个社会防控部，是健康码管理的直接机构，制定赋码的规则，赋码、解码由该部门负责。"

此前，河南省及郑州市防疫指挥部工作人员也曾向媒体表示，不清楚赋码权责部门。

郑州市纪委监委发布了《关于部分村镇银行储户被赋红码问题调查问责情况的通报》，对多名擅自决定赋红码的干部进行了处分。被处分的5人分别来自郑州市委政法委、共青团郑州市委、郑州市大数据局、郑州大数据发展有限公司，其中3人在郑州市疫情防控指挥部社会管控指导部担任相关职务，有一位是郑州市委政法委常务副书记、市新冠肺炎疫情防控指挥部社会管控指导部部长。多名官员被问责，涉及主要领导责任、重要领导责任、直接责任。

事件的原委是，郑州市团市委、"市新冠肺炎疫情防控指挥部社会管控指导部"干部，安排"市委政法委维稳指导处""市大数据局科员""市疫情防控指挥部社会管控指导部健康码管理组""郑州大数据发展有限公司"部分负责人，擅自对另一起严重社会事件中的利益受害者（部分村镇银行储户）在郑州扫码时被赋"红码"，限制这些储户的行动自由。

据"清风郑州"通报统计，共有1317名村镇银行储户被赋红码，其中446人是在进入郑州扫场所码时被赋红码，871人是未在郑州但通过扫他人发送的郑州场所码，也被赋红码。"健康码"本是用于应对疫情，2021年郑州市解码的权限曾经下放到社区，社区工作人员可以根据解码规则进行解码。

来源：余晖，李岩.郑州问责！被处理的冯献彬同志、张琳琳同志，为啥能擅自"赋红码"？[EB/OL]. https://news.sina.com.cn/c/2022-06-22-doc-imizirav0007228.shtml，2022-06-22.

4.7.3 被抛弃的人群需求

快速的数字发展不断建构新的社会生活秩序，目前在我国，新闻媒体、交通出行、医疗、金融服务、生活购物、文娱、政务办事等和日常生活密切相关的公共服务功能，都可以在智能手机上操作，在政务App和政务微信公众号、微信小程序、支付宝小程序类及各类企业手机互联网应用上进行。这意味着部分不能及时适应的人群将被抛弃在应用之外。尤其对大多数老年人、残疾人来说，城市越"智慧"，他们的被抛弃感就越强烈。因此，适老化和无障碍的智能应用开发改造就非常迫切，例如大屏幕、大字版、语音版、简洁版、一键达等。针对老年人、残障人的智能技术体验场景、服务点和运用培训点也就变得必要。

此外，技术发展的日新月异可能已经走向了歧途，国家间无止境的竞争、企业对市场和利润的无止境的追求，"智慧城市"是在通过技术帮助还是逼迫人类进入一个更便捷、更"包容"的社会？技术越发展，未来被抛弃的人群会越来越多，因为人们不再能够从同类——人——那里获得相关的关注和帮助，获得面对面、手把手的交流和学习机会，而是被困在一个个孤立的荧光屏幕前，被迫和坚硬的机器、抽象的"智能"互动。

这样的社会、这样的生活，应该是处于人类文明的退化进程之中。

第5节　生物技术及其战争应用的危机

基于对世界地理、战争历史、军备技术以及战争后果的综合权衡，当下及未来战争的形态相较历史会发生极大的变化，例如基于生物技术的生物战争和生化战争，更可能隐秘地开展。现代生物战争、生化战争是病毒学、流行病学、社会学、心理学和经济学的综合运用，正在深刻影响着 21 世纪的世界历史。

5.1　从瘟疫到生化战争

第 9 章讨论了历史上的瘟疫，那些瘟疫的蔓延和物理环境有很大关系，但很多是由战争引发的，瘟疫随着士兵从一个国家地区带到了另一个国家地区的战场上，并且对于当时的大城市的破坏尤甚，因为大城市的人口密集和人员流动频繁的关系。例如古罗马安东尼大瘟疫，在近东打仗的士兵回到罗马帝国，带来了天花和麻疹，传染给了安东尼的人们。又如米兰瘟疫，是德法军队把瘟疫带到了意大利城市曼托瓦，威尼斯部队也染上了疾病，他们又把瘟疫传播到了意大利中部和北部地区。早在几百年前，蒙古人西征时就学会了将感染瘟疫的尸体抛入敌方的城池。这些可以视作早期的生化战争，有些是主动发起的，有些则是被动卷入的。就某种意义而言，生化战是一种传统的战争手段。

20 世纪的战争中，日本"731"部队在亚洲地区的生化袭击，美国于朝鲜战争中使用"细菌弹"、在越南战争中喷洒"橙剂"，都已进入生化战争的范畴。

21 世纪以来，全球爆发了多起严重的流行性传染病，导致了全球性的人类灾难。其中有些是影响人类历史最为深远的传染病，例如涉及鼠疫、天花、疟疾、肺结核、斑疹伤寒、黄热病、霍乱、大流感、脊髓灰质炎等，有些已经灭绝的病毒又重新出现，而有些则是新生的病毒，这些若明若暗地指向了生化战争。对于 2003 年在中国爆发的非典（SARS）、2009 年开始在全球范围内大规模流行的甲型 H1N1 流感、西非的埃博拉病毒以及疫情等，其中一些被世界卫生组织（WHO）列为国际关注的突发公共卫生事件，国内也大多作为突发公共卫生事件予以响应。至于是否有可能是生物战争，无法定论。由于处于假想战争状态中的一方基于对双方战争历史、军备技术以及战争后果的综合权衡，很可能不是采取常规战争手段，而更可能采取结合或基于生物技术的生化战争方式。

国际研究中有较多涉及生化危机（chemical crisis）的探讨，例如生化核辐射响应中的现场伦理决策、潜在毒性生化恐怖主义的公共健康应急等。这些讨论绝不是多余的，也绝非杞人忧天。军事政策影响或受到传染病的影响是显而易见的。哈佛大学教授史蒂芬·罗森（Stephen Peter Rosen）曾在 1987 年专门研究艾滋病（AIDS）大流行的战略运用①。在现代环境下，流行性传染病有可能涉及生化危机，并且被作为生物战争的一部分隐秘地传播，从而造成剧烈的社会不稳定，并具有强烈的反社会效应。因此有必要建立起潜在的毒性生化恐怖主义的公共健康应急机制和系统。

5.2　生化战争和生物战争危机

生化战争是指使用病原体、化学毒剂等生化武器进行作战的一种战争样式，通俗地讲，是采用隐蔽手段投放各种细菌和病毒，人为制造瘟疫和传染病，造成对方人员伤亡。生化战争具有成本低廉、高隐蔽性、极速传播性、大规模杀伤、治疗难度大、无差别性、变异性等特点，对人类构成重大威胁。疫疾就是战争，病菌、病毒就是武器。从生化战争的发展来看，投放地点已从具体的战场逐步转移到辐射力更大的大城市、超大城市，并且充分利用超大城市的高密度环境、高密集人口和高流动性特征，进一步造成全国性的、区域性的乃至全球性的扩散。由于生化战争是国际上禁止的，因此即使发生了生化战争，并有明确指向的嫌疑人，也很难有明确的宣战方和公开的证据加以证实。

生物战主要是通过基因武器，针对一个民族的基因结构来设置毒蛋白，人为造成不孕不育症，人体器官衰竭，身患各种绝症和莫名其妙的怪病，包括大规模瘟疫和传染病，以此造成一个民族逐渐衰亡。生物战的基因武器攻击，远比生化战的细菌、病毒攻击更加具有灭绝性。

2019年8月，位于美国德特里克堡（Fort Detrick）的生化研究所突然关闭。该基地是"二战"期间建立起来的美国陆军传染病医学研究所（USAMRIID），也就是美国陆军生化武器研究基地或生物战争实验室。2019年底大爆发的疫情（COVID-19）病毒的来源非常可疑，虽然病毒溯源很难开展下去，但普遍的国际共识和忧虑是可能和美国生化武器研究基地和生物战争实验室有着千丝万缕的联系。

2019年底疫情爆发时，从2020年1月24日（农历除夕夜）开始全国紧急征召，4.2万名医务人员奔赴湖北，形成了中华人民共和国成立以来规模最大的一次医疗力量调遣；以创纪录的速度完成病毒分离、基因测序，连续发布多版诊疗方案，多个新冠病毒疫苗火速进入临床试验。这堪称一场艰苦卓绝的战争，在极为不利的条件下，举全国之力，用1个多月的时间初步遏制了疫情蔓延势头，用2个月左右的时间将本土每日新增病例控制在个位数以内，用3个月左右的时间取得了武汉保卫战、湖北保卫战的决定性成果和全国疫情防

---

① Stephen Peter Rosen. Strategic Implications of AIDS[J]. The National Interest，No.9（FALL 1987）：64–73.

控的战略成果，使得中国很快成为当时世界上最安全的地方之一。

抗击新冠病毒的历程极其接近于一场生化战争，以中国、美国、西班牙、意大利等国为主战场，波及全球各地。当一种高致病性、强传染性的未知病毒突然袭击人类，面对传播速度极快、感染范围极广、防控难度极大的疫情[①]，这是一场以医疗人员为主要作战力量、全民参与战斗的没有传统硝烟的全面生化战争。

疫情作为疾病风险的全球扩散，可能只是全球生化战争、生物战争风险的一个缩影和一项预演。此外还有针对粮食安全的生物战，生物武器尤其是基因武器被投入运用。美国在俄边境附近部署生物医学实验室，例如格鲁吉亚卢加尔医学中心\卢加尔实验室，从事特别危险传染病研究。卢加尔实验室正在研究利用昆虫进行生物攻击，例如使用无人机将昆虫运送到攻击地点，通过生物攻击传播疾病。这些都是令人不安、令世界不安的技术应用。

如果说人类历史上的一场场重大的传染病疫情塑造并迭代了我们所依托的社会，那么生物技术战争则包含了国际竞争、种族竞争和科技创新的复杂而深刻的关系，甚至是带有种族灭绝性质的战争。但是由于全球化的深度联系以及生物技术自身的成熟度和稳定性影响，生物战争、生化战争的后果具有极其不确定的一面。如果说新冠病毒（COVID-19）具备了生物、生化战争的某些特征，但是不同国家的医疗水平、资源条件以及社会组织动员和国家治理能力最终决定了战争的走向。

第6节　赛博朋克和整体危机

本节从技术文化的角度探讨技术带来的整体危机，一个现成的概念"赛博朋克"对于这种危机的描述颇有代表意义。赛博朋克（cyberpunk）一词于1983年出现，最初只是科幻新浪潮后最重要的现代流行的科幻文学流派，一种反主流的文艺作品，表达了对于以美国为代表的社会体制的怀疑和批判。在此后的40年里，借由影视、音乐、游戏、当代艺术等多种媒介形式，赛博朋克已经从科幻艺术下的亚文化类型逐渐成为席卷全球的一种流行文化风潮。

赛博朋克代表了高科技领域和现代流行地下文化领域这两个之前分离的世界的重叠融合。赛博朋克的一些优秀作品是在自然科学、社会科学及人文艺术的累积发展下达到一个质变期后出现的产物，往往是集哲学、电子科学、人工智能、心理学、视觉艺术等多样门类于一体的作品。

---

① 人民日报评论员.中国力量中国精神中国效率的集中展现[N].人民日报，2020-05-19（2）.

6.1 赛博朋克的概念

"赛博朋克"一词本身的两个组成词也在发生变化,"赛博"代表了控制论(cybernetics),由政府、资本寡头或者是超级存在所把控的社会秩序,同时由社会阶级/阶层、社会心理、族裔或物种差异造就的高度固化、畸形的社会身份。"朋克"一词最初来自"二战"之后的英国,当时英国的失业率上升,经济萧条,社会死气沉沉,一些年轻人通过音乐的形式,用最真实的姿态宣泄心中的怒火。到了 20 世纪 60—70 年代,这种具有反叛精神的"朋克"文化跨越大西洋,和美国科幻"新浪潮"(New Wave)结合在一起,形成了赛博朋克的雏形。"赛博朋克"中的"朋克"大致是指反主流、反体制和虚无主义,也因而朋克总是会和反乌托邦同时出现。

对技术和体制的反思贯穿了"赛博朋克"的作品,特别是对资本主义意识形态和阶级问题的悲观性预测,也让赛博朋克相较其他科幻流派产生了和社会现实更紧密的结合。赛博朋克往往以近未来为背景,其思辨性和预言性不止关于技术和未来,更是对当下人和社会问题的投射。美国作家威廉·吉布森(William Ford Gibson,1948—)认为"科幻小说的最佳用途是探索当代现实,而非预测我们将走向何方"。

6.2 赛博朋克的虚拟和真实世界

赛博朋克作为科幻的意义远超出对未来的简单幻想,而成为对人类自身和社会的审视和警示、对未来社会的灾难预言。未来虚幻世界正不断加速地成为现实,成为普通人的生活。当下的"元宇宙"似乎正接近于《黑客帝国》中一个由矩阵创造出来的周而复始的日常世界,而真实的人类世界反而隐藏在其后。

6.2.1 赛博朋克的虚拟现实和当下现实——当未来成为现在

尽管有些还正在被科学研究"重新发现",虚幻和真实的界限日渐消解,反乌托邦式的未来越来越成为现实。吉布森早期作品中探讨了技术、控制论和计算机网络对人类的影响——"低生活和高科技的结合",正是当下现实的反映。

(1)技术现实

现今的许多技术在科幻作品中都有雏形。菲利普·迪克[①] 于 1968 年发表的小说《仿生人会梦见电子羊吗》中的"移情机"预言了虚拟现实技术;

---

① 菲利普·迪克(Philip Kindred Dick,1928—1982 年),美国科幻作家,直接改编自其小说的影视作品有《银翼杀手》《记忆裂痕》《高堡奇人》《命运规划局》《少数派报告》《全面回忆》《菲利普·迪克的电子梦》等,灵感来自其作品的电影有《盗梦空间》《黑客帝国》等。

1963 年《高堡奇人》中"平行世界"的概念后成为物理学"弦理论"的一部分；1980 年《神圣秘密》中的"瓦利斯"对应今天的人工智能。而 20 世纪 60 年代掀起的机器人讨论热潮中，两位科学家曼弗雷德·克林斯（Manfred E. Clynes）和内森·克兰（Nathan S. Kline）提出，通过机械、药物等技术手段对人体进行拓展，以增强宇航员身体性能，形成一个"自我调节的人机系统"①。由此人也成为被改造的对象，那么原有的机器人原则是否还适用，又如何定义人与机器的区别，已成为近未来之问。

马歇尔·麦克卢汉（Marshall McLuhan，1911—1980 年）曾在 1964 年出版的《理解媒介》②一书中提出这样的观点，在人已经被固化为社会功能性零件的系统中，通信技术将打破信息差，重新建立"地球村"。在数年之后的 1968 年，惠普推出了世界上第一台台式计算机。此后，人们也一直试图在飞速发展的信息技术中找到社会改良的新路径，包括计算机在内的小型技术被用来改变个体意识和社会运作模式，并成为个体获得自由的手段。在很大程度上，这早已成为技术现实。

（2）社会现实

科幻作品中的世界日渐成为社会现实。威廉·吉布森第一次构建和描绘了一个完整的赛博朋克世界。菲利普·迪克则预言未来的美国政府会获得更为智能和隐秘的监控手段，他笔下的人工智能（《神圣秘密》，1980 年）和大数据（《头环制造者》，1953 年）的监控手段也的确在今日美国的"棱镜计划"中实现。大资本和军工利益集团绑架全人类命运的黑暗故事是菲利普·迪克笔下"美国梦"的另一种现实。大公司建立了自动工厂，抛弃了产业工人，还要垄断从种子、化肥到芯片、信息的所有生产资料。军火集团为了商业利益，在全球煽风点火，在国内鼓吹"持枪自由"。而最为荒诞的是，如果有人对这样的秩序提出异议，那么你立马就成了这只"利维坦"（Leviathan）③的敌人。而这些都是当今的社会现实：跨国农业公司孟山都（Monsanto Company）垄断了世界转基因种子市场，在玉米、大豆、棉花等多种重要作物的转基因种子市场上占据 70%~100% 的份额；"二战"以来美国在全球范围内未曾停止过战争机器。

（3）时间现实

赛博朋克通过仿真还创造了一种时间现实。仿真消弭了时间界限，借助时光机，我们可以回到过去、去到未来。过去曾是未来，未来即过去。科技高

---

① Manfred E. Clynes，Nathan S. Kline. Cyborgs and Space[J]. Astronautics，September 1960：26–27，74–76.

② （加）马歇尔·麦克卢汉（著）.特伦斯·戈登（注释点评）.理解媒介——论人的延伸（增订评注本）[M].何道宽，译.南京：译林出版社，2011.

③ 出自托马斯·霍布斯的同名著作。"利维坦"原指一种威力无比的海兽，用来比喻君主专制政体的国家。

度发达的近未来世界，经济发展带来严重污染，物种毁灭，人类聚居于特大、超大城市之中，国家边界消失，垄断企业取代政府掌控世界；城市中显示屏无处不在，循环播放着广告；巨大的贫富差距下，社会底层沦为系统中的零件，生活在充满犯罪的城市角落，仿生人被制造以充当更廉价的劳动力；信息网络下，系统无处不在，虚拟也成为现实的一部分。这些都是赛博朋克对于近未来的描绘，但这些都是现实的真真切切的危机。

6.2.2 赛博朋克的空间场景和现实世界

赛博朋克对于未来空间场景的描绘全部来自现实。一直以来，赛博朋克艺术都以东京和香港九龙寨城作为两大发源地。赛博朋克的表层具体设定，未来将被像东京、香港的都市填满，被像机器人的无情的公民来填满。倘若换一种角度来理解赛博朋克的空间选择，剥离种族主义和帝国主义的情绪态度，多少表达了西方科幻作者们以及其所处的西方社会对亚洲高密度生活环境的无法理解、无从想象，以及西方对亚洲日益增强的文化影响力和经济主导地位的焦虑。

计算机技术的虚拟和仿真成为"21世纪和20世纪的分野标志。依赖大量和旧传统的类比，这些类比之间的联系异常紧密，甚至完全可以杜撰出一个仿真场景，让人无法区分所指的是哪一个世纪的技术"。和时间的延续感、流动感相比，物质空间是相对稳定的，即场景可能改变，位置却相对固定。"在现实世界可以完成的活动，在虚拟世界都有对应的活动。桌面、文件、文件夹、垃圾，这些东西同时存在于两个世界"。[①] 而法国哲学家让·鲍德里亚（Jean Baudrillard）在著作《拟像与仿真》[②] 中痛斥了仿真的弊病，拟像是消极的，麻醉式的，扼杀了真实。

在威廉·吉布森笔下，东京代表着"神秘与科技感"，由其定义了"Cyber-"。以东京涩谷为原型，《银翼杀手》（Blade Runner，1982年）构建起高楼林立又混乱无序的未来都市。多元且混乱的元素组成了人们对赛博朋克的基本视觉认知，特别是用了既有的旧形态表现新技术。

而另一个地点香港九龙寨城（Kowloon Walled City），则以其独特的存在方式和社会形态，定义了什么是"Punk"。九龙寨的前身是清朝政府的驻军基地。由于《南京条约》的签订，香港岛被租借给英国，九龙寨城因而成了清政府孤悬于租界中的一座飞地。在动荡的20世纪，这个地区逐渐在中英的政治博弈中成了棘手的"三不管地带"，黑帮、毒品乃至无证医生们盘踞在非法搭建的建筑物中。鼎盛时期，这里是全世界人口最密集的地方，1993年被拆除之前，寨城面积2.6公顷，有5万多名居民（图10.1）。

---

① （美）侯世达，（法）桑德尔. 表象与本质[M]. 刘健，胡海，陈祺，译. 杭州：浙江人民出版社，2018：458.

② Jean Baudrillard. Simulacra and Simulation[M]. University of Michigan Press，1994.

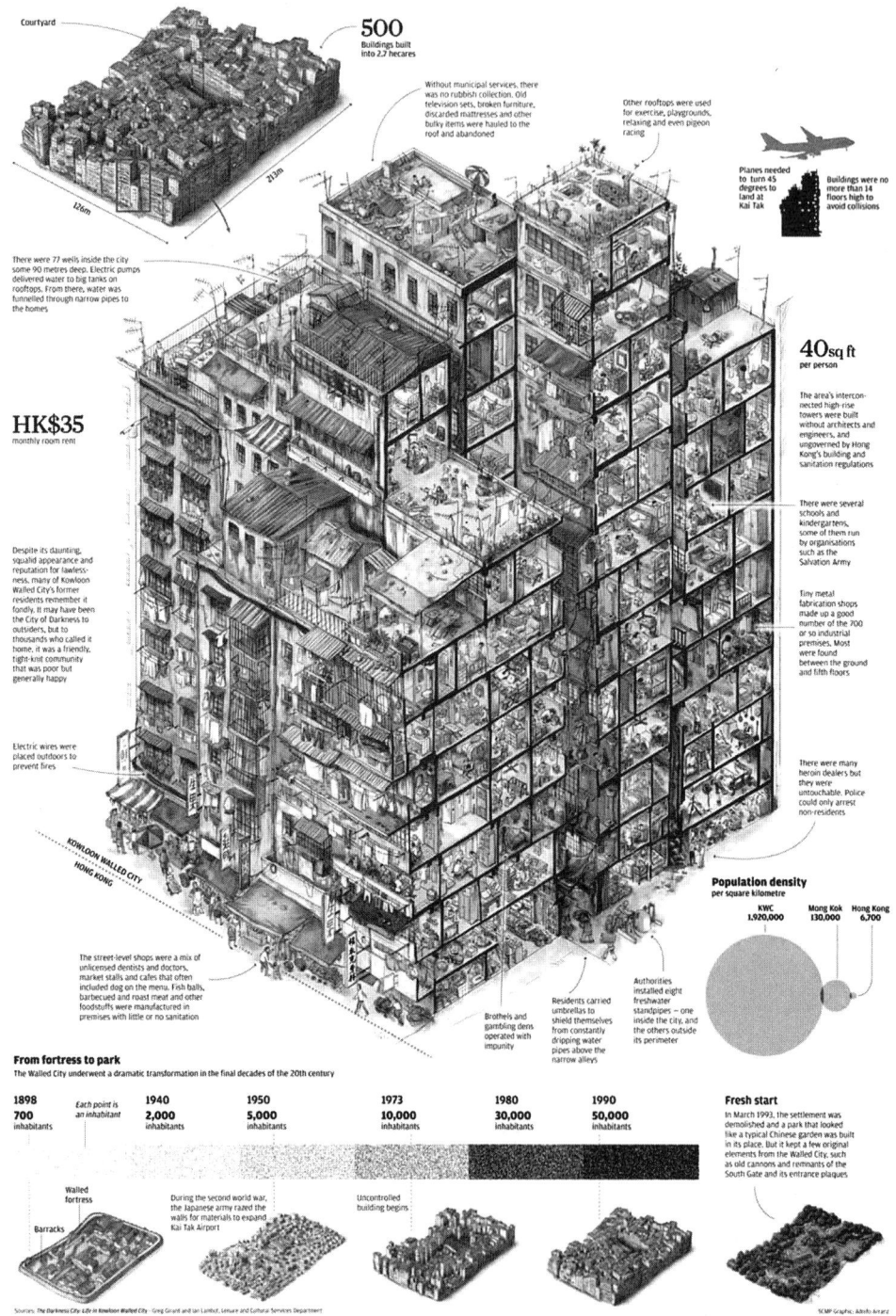

图 10.1　香港《南华早报》的九龙寨城示意图
来源：Jane Pong. City-of-Anarchy[J]. South China Morning Post，A18，Mar 16，2013.

"一大堆的违章建筑，大白天进去里面，都是开路灯的，密密层层的违章建筑遮得严严实实的，到处滴水，但又自成生态，有工厂，有医生，有性工作者，厂家企业还出产产品，自助互助。满街巷的电线和水管搭来搭去，而楼里面又有一堆管道，而管道是用来通到另一座楼里，相当于是座天桥，而天桥通过去，可能你本来的起点是七楼，而过去之后是十二楼，还有这种高度的差异，简直是后现代建筑之楷模。"

来源：丁叶. 赛博朋克的东方起源 [EB/OL]. https://zhuanlan.zhihu.com/p/339369158?utm_id=0，2022-03-10.

英国科幻小说家巴拉德（J.G. Ballard，1930—2009 年）在小说《摩天楼》里设计了一种"九龙城寨"式的奇观，40 层的高楼浓缩了一个完整的社会体系，由低到高住着不同的阶层，隐喻了真实世界社会空间的压缩感和压迫感。

随着西方世界对中国城市的日渐了解，中国的另一座城市重庆也被列入赛博朋克的典型城市。重庆充满立体感的街道和摩天大楼，穿楼而过的李子坝轻轨，巨型而外表斑驳的城堡，潮湿多雨的天气，弥漫起的浓雾笼罩整座山城，便会感到"赛博朋克之城"是"实至名归"。破旧棚户区背后的摩天楼，统统被视为"具有赛博朋克感的"。

6.2.3　赛博朋克的核心议题

赛博朋克的虚拟世界和真实世界介乎似是而非之间，赛博朋克可以视作在文学和影视等艺术领域进行了一系列社会学的核心议题的思辨：

（1）个体和系统 / 个体和社会的关系。赛博朋克对未来城市的描述来自对一个更极端的资本主义世界的想象。高科技低生活的表象之下，是大系统下个人意志的消失，对这一体系的警惕和反思无疑延续了西方反主流文化思潮，这种底层对权贵的反抗和叛逆性是其"朋克"属性的来源。赛博朋克从社会中个人的存在出发，因而带有强烈的社会批判色彩。

（2）虚拟—现实：信息技术创造了有别于现实世界的数据空间，一个打破时间、地理和系统控制的更自由的空间，比如元宇宙，是技术权力和企业利益的共同追求。比如《黑客帝国》（1999 年），受到了日本动画《攻壳机动队》（1995 年）的启发，影片中黑客发现看似正常的现实世界不过是一个名为"矩阵"的人工智能系统。

这两个议题紧密相连，彼此照应。对系统的反抗是赛博朋克的底色，虚拟空间被视作完成这一目的的核心手段，而人在虚拟空间的行动则引发了对人本身是什么的进一步思考。

6.3 高技术和低生活

赛博朋克所代表的技术文化的真实功用是向我们展示了未来的人类社会——一个"高技术—低生活"的社会，这正是"赛博朋克"所展示的世界。1986 年，斯特林在他参与编辑出版的《镜像：赛博朋克选集》① 一书中提出的"high tech，low life"，可以说既是对赛博朋克的内核也是对现代社会的精准总结。

赛博朋克风格的描述包括一个全球化的世界、阶级冲突、有效的民主的崩溃（被归入全球企业利益）和技术的双刃剑。许多政府职能的私有化，新兴技术的担忧加剧经济不平等，民主控制的损失才是根本。赛博朋克作品中的社会形态是阶层、种族、性别问题的具象呈现，消费主义、信息监控、种族主义等重重压迫之下，人类社会被彻底撕碎，陷入了一场所有人对所有人的战争。如法兰克福学派哲学家赫伯特·马尔库塞② 所说的"单向度社会"。资本的无序扩张异化了人，最终毁灭了人类文明。

6.3.1 对新技术和技术迭代的理解

技术是塑造历史和社会的显性力量。科学技术的进步是如此激进、如此令人不安、惹人苦恼和具有颠覆性，以至于它们无法再被遏制。它们正在涌入整个文化，它们是侵入性的，是无处不在的。而理解一切新技术的门道，不是理解新技术本身，而是理解新技术的相互关系，及其和旧技术的关系，尤其理解新技术和我们的关系——和我们的身体、感官和心理平衡的关系（麦克卢汉，1964 年）③。发达的工业和科技并不一定带来富裕的生活，反而可能带来新的枷锁。

新技术的出现靠不断的技术迭代实现。技术迭代的动力来自三方面，第一个方面是技术领域自身的技术追求和技术竞争产生的内驱力，第二个方面是商业利益和市场争夺产生的诱导力，第三个方面是政治利益和意识形态较量产生的策动力。在技术迭代三方面动力的充分展示程度上，可将美国视为整个现代工业社会、技术社会的一个样本。20 世纪美国网罗世界各地的大量科学家，投入巨额经费用于各类尖端技术研制开发，核技术被用于制造核武器，"二战"中被投放于日本的广岛和长崎，终结了"二战"，同时也开启了人类世界毁灭的倒计时，人类自此永久生活在恐惧的阴霾之下。

---

① Greg Bear / Pat Cadigan / William Gibson / Rudy Rucker / Lewis Shiner / Tom Maddox / Marc Laidlaw / Paul Di Filipo / Bruce Sterling. Mirrorshades：The Cyberpunk Anthology[M]. Ace Books/Berkley，1988.

② 赫伯特·马尔库塞（Herbert Marcuse，1898—1979 年），德裔美籍哲学家和社会理论家，法兰克福学派左翼主要代表。

③ （加）马歇尔·麦克卢汉 . 理解媒介——论人的延伸（增订评注本）[M]. 何道宽，译 . 南京：译林出版社，2011.

社会乐于拥抱新的技术，却常常忽视技术如何"扭曲"现存的社会秩序，并最终将大多数人类置于窘困的生活境地。就如目前，数据算法下个体和系统的关系是否还有新的解释，伦理困境是否还应作为机械和人关系中的核心议题，这些也都包含在对新技术和技术迭代的深层理解之中。

6.3.2　社会控制和社会分裂

赛博朋克可以被视为技术元素和社会要素交互杂糅后的产物。传统的权力结构和机构已经失去了对变革步伐的有效控制，在一个阶级森严、贫富差距巨大的未来社会里，人类社会的财富集聚在极少数人手中，大多数人处于赤贫状态，丧失了私人空间，无处可逃，不再有独立思想，也彻底丧失了反抗能力。政治权力和商业权力正在对大多数人类进行剥削和控制，是对现实生活和精神世界的双重剥削。

（1）**国家机器**。美国历史学家理查德·霍夫斯塔特（Richard Hofstadter）于 1962 年出版的《美国生活中的反智主义》[1] 描述了反智主义（anti-intellectualism）是如何贯穿于美国整个的历史和"实用性的"文化，深入剖析了美国反智主义的历史渊源，说明教育、政治和商业等不同领域中知识分子和大众的矛盾。反智主义这一极具美国特性的现象，其背后的根本因素是国家机器作祟，国家层面发动的反智主义，在现代、在当前，是借助于网络、社交媒体，让大众沉迷于网络产品，所谓的网红、网红城市本质上大都是反智主义的。愚昧而狂欢的大众，迷恋技术却"温驯听话"的少量科学家，可掠夺的暴利市场，这是国家机器对于"社会控制"所能想象的最理想的模式。

实名制是国家机器的另一个操控工具，确保了对现实世界和虚拟世界的双重控制。实名制重新定义了虚拟和现实的关系，加上无所不在的实体监控设施、万物互联的网上数据监控，实名制构建了仿真和真实世界的身份连接，真实和虚构互为表里，连贯完整。实名制是一种系统强制规定，是权力和技术的强强结合，让绝大多数人在社会中无处遁形，它却宛如无脑、无骨骼、无心脏却也凶猛的"水母"般的透明存在。

（2）**企业／单位控制**。把个人束缚于社会的机制已经改变，而社会控制就在它所生产的新的需要中得以稳定。马尔库塞认为，单向度社会"阻碍着质的变化"，使思想成为一种单向度的思想，不再有不符合大规模工业生产也就是其所属的大公司利益的创造性劳动，一切都将停滞不前。在 2018 年史蒂文·斯皮尔伯格执导的赛博朋克作品《头号玩家》里，科技公司控制着全世界最大的虚拟世界"绿洲"，居住在破败贫民窟里的普通人沉溺其中，甚至沦为

---

① （美）理查德·霍夫施塔特 . 美国生活中的反智主义 [M]. 何博超，译 . 南京：译林出版社，2021.

图 10.2　电影《头号玩家》中 2045 年美国俄亥俄州哥伦布市的贫民窟景象

来源：Steven A. Spielberg. Ready Player One. 2018.

垄断企业的工作机器（图 10.2）。但是最终接过了公司所有权的主角们又成了系统新的"统治者"。日本的赛博朋克文化里就体现了对大公司垄断下的社会的思考和担忧，来自《攻壳机动队》里的一句台词"Stand Alone Complex"，可以理解为"孤立个体的集合体"，让集体主义和无缘社会这两个看似矛盾的形式毫不违和地在日本独特的社会形态下并存。

（3）**无政府主义**。对无政府主义的探索，从列夫·托尔斯泰到彼得·克鲁泡特金，到艾比尼泽·霍华德，都没有成功。20 世纪 60 年代的美国，有 75 万人主动逃离那个由"政府、军队和大公司控制的官僚机器"，他们逃往农村，建立"新公社"，过起集体生活，开展"群居"运动，希望建立人人平等、没有层级的社区。他们自愿成为社会的"边缘人"，向往崇拜切·格瓦拉正在第三世界开展的游击式革命。然而缺乏规则和统一纲领的新公社运动终究无法在体制上作出突破。至于本书第 5 章提及的当今法国的逃离城市行动应该不会有大的浪花。当今时代真正的无政府主义是互联网精英巨头以网络为平台构建的权力帝国，和以往的知识分子精英社会改革派的无政府主义不一样，互联网精英们以其渗透性和控制手段而更有力量。

6.3.3　青年一代的"无望"的生活

就个体来讲，每一代的年轻人或多或少都会也都曾感到迷茫；就历史来讲，有些时代的年轻人比其他时代的年轻人不幸陷入了更多迷茫。"二战"后，西方主要国家经济萧条，冷战阴影笼罩，社会对核战争的恐惧如影随形，严重的环境污染问题则对所谓先进现代化又施以一记重击。外部社会的动荡和压抑氛围，让当时的年轻人对未来感到迷茫，对现实充满恐惧和愤怒。

"迷茫—斗争"，这是一个正向的反应和循环。因此，西方发达国家在 20 世纪 60 年代掀起了反主流文化运动，从美国的反越战运动、黑人民权运动、女权运动，到 1968 年巴黎的"五月风暴"。同样是在 20 世纪 60 年代，风起云涌的革命浪潮席卷世界，法国的殖民地印度支那、北非等相继独立，而在东方的日本等,同样爆发了激进的学生运动。无论是"垮掉派"文学的出现、朋克音乐的流行,还是嬉皮士运动的兴起,年轻人们表现出对以理性主导的资本主义主流文化意识形态和价值观的强烈叛逆,他们有着强烈的反抗愿望,他们对反抗方式的理解使得他们试图用纵欲、犯罪、吸毒等行为表达自己和主流文化的背道而驰,对现存制度的疏离感以及对任何形式的专制主义的深切厌恶使得反主流文化运动有着浓重的悲观主义倾向。

当20世纪下半叶爆发的全球性的青年运动在20世纪90年代走向尾声,互联网则带来了一个更碎片化、更自说自话的时代。面对更加高度垄断的资本、更加僵化的机制、更加冷酷的技术和更加频繁的巨大风险灾难,个体的消极和无奈,社会的焦虑和失序,最终成为整体的悲观主义和虚无主义——青年一代成为躺平的一代,不再有热情和独立思想,不再作无谓的挣扎,从而彻底丧失了反抗能力。不断上升的单身家庭数量,持续下降的出生率,是具体的社会指标的反映。日本在这方面的情形尤其典型,20世纪90年代在二次元动漫中出现的"社畜"一词,是平成年代的青年生存压力境遇的最贴切的写照,在日本以外的社会也引起了青年人的极大共鸣。

和虚无主义相比,消费主义似乎表达了对现实主义的肯定。消费主义是对现实物质的追求,但是正如马尔库塞所言,人们似乎是为商品而生活。小轿车、高清晰度的传真装置、错层式家庭住宅以及厨房设备成了人们生活的灵魂①。消费主义带给精神世界的只是诱惑和腐蚀,是控制和打压年轻一代的一种手段形式。电子产品是21世纪的"毒品",麻痹躺平的一代;元宇宙是物质世界的仿真/虚拟的替代性选择,但是元宇宙的秩序遵循了和现实世界相同或相似的逻辑,在虚拟世界里继续奴役年轻人,让他们成为虚拟世界和现实世界里被双重奴役的社会边缘人。相对于在旧世界中形成世界观的前几代人,技术的桎梏对于20世纪90年代以后的年轻人影响更甚,在电子产品消费中成长起来的新人类具有了技术时代打下的烙印,共同的属性和心理状态使得他们已失去了集体反抗的能力。

6.4 混合风险和整体危机

无论是科幻小说还是后来的电影、游戏,赛博朋克在文化表达层面具有深刻的时代性,虽然它无法进一步产生真正的现实影响力,但是毫无疑问,它所预言的未来世界的风险和危机已经成为我们触手可及或置身其中的"现实"乃至"日常"。以下对于混合风险和整体危机的讨论也是对本书前面第8章、第9章和本章关于城市社会、环境和技术问题的整体小结。

---

① (美)赫伯特·马尔库塞. 单向度的人 [M]. 刘继,译. 上海:上海译文出版社,2006.

6.4.1 混合风险

我们这个时代面临的是混合的风险和危机，是社会风险、环境风险和技术风险构成的"风险矩阵"。第8章、第9章和本章中讨论涉及的所有的社会、环境和技术问题相互作用、相互加强、相互缠结，在各个层面表现出来。在基本的社会层面，是底层和权贵、个体和系统的对立。在全球层面就民族国家来说，问题、风险和危机包括：意识形态之争（社会之争）；技术之争、机遇之争（时间之争）；资源之争、疆域之争（空间之争）。贯穿这个星球上人类发展史的竞争、斗争在这个时代达到了顶峰，尽管可能披着"文明"的形式外衣。20世纪80年代之后，西方社会对日益崛起（这是大部分西方人的认知，只有少数睿智的西方历史学者意识到这是重新崛起）的东方文明的焦虑和恐惧时时显露，赛博朋克中不时出现的东亚文化常常被设定为不同于主流文化的"他者"，作为社会的威胁和反派出现。

或许文学的描写更能深入人心地揭示这种具有渗透性的、无所不在的混合风险：

最受鼓励的感觉是一种隐约的危险感，它的模糊形象是郊区的"罗马尼亚人"，"野孩子"，抢劫背包的小偷，强奸犯和恋童癖，棕黑皮肤的恐怖主义者；场所则是地铁走廊，北站和塞纳圣坦尼省。电视一台和M6台的节目，高音喇叭的通告："小心扒手可能在这个车站作案""举报一切无主的包裹"，在传播着这种感觉的现实性：不安全。

来源：（法）安妮·埃尔诺. 悠悠岁月 [M]. 吴岳添，译. 北京：人民文学出版社，2010：170.

此外，还有人类和非人类（仿生人、AI）之争，或人类智能和人工智能之争，这也许才是人类的终极之争。当科技能够代替人做一切，人存活的价值是什么？住在底层贫民窟的穷人，和住在高耸的摩天楼里的富人，还是同一个物种吗？这类对科学主义的反思，对僵化社会的反叛精神，对人的异化和人类伦理矛盾的质询，构成了赛博朋克的精神内核，也成为我们的时代之问。一直以来，技术乐观语境和"反乌托邦"表现形式并存。对科技的怀疑，或者更确切地说，对科技到底会被如何使用、使谁获利的怀疑，从未停止。也正是这些怀疑促使关于技术的规则、制度和法律的不断生成，从而勉强维持了社会的平稳，最大限度地降低技术可能带给这个世界的风险和毁灭。

6.4.2 整体危机

风险和危机的区别是风险是客观存在的，而危机则是众多风险共同体现的结果。在城市的日常运行过程中面临着各种各样的风险，如自然灾害、人为灾害、政策变化、财务问题、罢工等。如果城市对各种风险熟视无睹，或者对已经认识到的风险不采取有效措施，风险一旦失去控制就会转变为危机，所以，风险是危机的先兆，危机是风险的延续。有效的风险预控和危机管理已经成为城市发展的必需技能。遗憾的是，无论是风险预控意识，还是风险预控能力，城市或者国家的表现似乎都不能令人满意。

尤瓦尔·赫拉利在《今日简史》[①]中提出，当前人类社会面临着科技颠覆、生态崩溃和核战争三大挑战。更加可以直观感知的是，极端气候带给城市的异常扰动愈加频繁，城市却只能疲于应对，并且以"百年一遇"聊以自慰。自然灾害有很大一部分是人工介入和干预的非意愿结果，而"技术灾害"却纯粹是人为的。我们的世界如果不是被核大战彻底毁灭的话，最终也可能被核污水污染。终究，这是一个环境污染无法逆转、贫富分化极其严重、普通人疲于生计、少数人类（或非人类）集权掌控，但科技和工业水平高度发达的社会。人工智能和生物技术已使人类掌握了重塑和重新设计生命的能力，人类是否能正确运用又如何运用这种能力？能否建立起一个维护人类自由和平等的全球社群？也许只能是交织着乐观主义的想象，进行着悲观主义的预测。

如果将视线转向城市日常世界，就会发现技术带来的是各个领域的各种碎片化和"系统性"的消解。首先是"人"的碎片化。整体的"人"正在被可分析的大数据替代，比如他／她的手机号、住址、移动定位、浏览痕迹、消费记录、微信号、头像、各种账号。作为一个健康、完整、个体的"社会人"不再被需要也不再重要，被分析出来的有着虚假需求的"商品人"抑或"消费者"对于平台系统来讲更具有商业价值和盘剥潜力。

其次是专业的消解和伪知识的流行。由于传播渠道的方便和学术竞争的机制，学术传播趋于日常化、通俗化、广告化，学术疆域的无限扩大恰恰意味着本该高度专注的领域日渐失守，工作领域和生活领域边界消失，无所不在的专业渗透给专业人员带来疲沓感、乏味感直至无感。与之相对应的是"伪专业"的兴起。因为专业门槛的消解、领域感的消失，普通的外行也能一本正经地"夹带"传播"专业"知识，蛊惑大众。各种知识的、信息的"碎片"弥散在所有的时间、空间和社会场景中，仿佛"技术火山"爆发后的火山灰笼罩了整个世界。

6.4.3 从技术到整体危机的作用手段

整体危机是如何产生的，制度性的因素当然是根本，阶级、权力都是结构性的要素。但是高技术所提供的媒介因素，在当代是如此独特以至于不能被

---

① （以）尤瓦尔·赫拉利. 今日简史：人类命运大议题 [M]. 林俊宏，译. 北京：中信出版社，2018.

忽略。无论是国家机器和企业对社会的控制，都是通过媒介。媒介曾被麦克卢汉视作"塑造历史和社会的隐蔽力量，媒介的'讯息''扭曲'了现存的社会秩序"，半个多世纪过去了，我们以为已经了解媒介的影响作用，却仍然大大地低估了这种作用，或者说对此习以为常进而熟视无睹。现在媒介的"形式"正前所未有地粉碎了现有的人类社会结构，电子媒介如白蚁般啃噬了我们传统的社会交往、生活方式和精神文化，总之传统的社会文化形构已经坍塌。有人将目前的情况描述为"书面文化失败了"，因而必须抛弃旧的思维习惯，采纳感知和知识的新标准。事实上，高技术导致的是社会整体感知能力的失败，高技术创造的是让大多数人弱智并且多余的社会，如果不能清醒地意识到电子媒介的这个具有毁灭性的特征和消极能量，人类在自我终结气候环境、生态环境的同时，也在自我终结他们的文化环境。

总之，许多技术型的问题，必须上升到经济学、社会学和哲学方法论的基本问题。评估和了解技术的变化、影响和（未来）风险以及科学、技术和社会的关系已经刻不容缓。围绕着技术研发，还有大量的社会、伦理、道德和商业问题亟需得到解决。技术竞赛的历史告诉我们，解决科学问题本身固然重要，但有时解决科学背后的社会问题更为重要。基于人类文明的深层逻辑，是时候抉择人类文明是在技术中发展、融合还是消亡。

本章小结

本章系统分析了技术对城市乃至对人类社会的深刻影响和整体危机。第1节概述了技术应用的社会系统风险、技术不可知和技术被操控的风险。第2节分析了能源及其技术应用的危机，由于传统能源和新能源存在各自的制约，能源互联网是一种解决手段，但也有自身的风险。除了技术风险，能源还存在政治相关的风险。我国能源在结构构成、对外依赖上也存在相应的风险。第3节侧重从城市中具有较高风险的重要的交通设施类型、交通空间分析交通及其技术应用的风险，除了突发性的事故类风险，还有持续影响市民健康的交通设施和交通运行风险。第4节探讨了信息网络技术及其经济、社会效益的风险冲突，详细分析了数字社会和智慧城市的现状，包括智慧技术投入和技术稳定性的失配、公共数据开放和数据垄断的冲突、数据安全和数据隐私、人工智能安全、人和机器的冲突等重要议题，以及崭新的元宇宙议题，从国际、国内视角考察元宇宙的系统特征、现实世界和虚拟世界的安全。第5节揭示了复杂的地缘国际政治形势下生物技术及其战争应用的危机，分析了生化战争、生物战争的可能性。第6节从技术文化的角度探讨了赛博朋克现象及其对社会混合风险和整体危机的启示，突出警示技术自始至终存在的双刃剑效应。

重要概念

信息壁垒

数据垄断

被迫的隐私让渡

数字分裂

赛博朋克

高技术—低生活

社会控制

反智主义

实名制

混合风险

整体危机

技术火山灰

电子媒介

讨论问题

1. 从能源、交通、信息和人工智能、生物技术的应用风险中选择一种，结合具体案例，深入讨论。

2. 城市数字化转型包括哪些方面？试就其中一个方面展开论述。

3. 互联网技术的广泛使用对城市工作方式、生活方式和社会情感产生了巨大影响，请举例说明。

【导读】本章关涉全球公共事务、国家战略和城市发展的重大治理问题，概述治理的类型、层级以及治理的主体，系统阐析当今全球治理、国家治理、区域治理和大都市区治理、城市治理各自的目标、内容和方式。探讨对治理产生影响的法律、制度、习俗、规划和技术等相关因素。本章力求以广阔独到的视角剖析全球和国家层次上有效的管治方式，对应前面章节分析的社会、环境、技术问题，提出切实可行的治理政策建议。所有这些治理最终都体现为对城市的影响，尤其是落脚于重要的城市发挥作用。

第 11 章　全球治理、国家治理和城市治理

第1节 分类治理

前面第 8~10 章所揭示的当今世界面临的社会、环境和技术问题的复杂性和严重性，进一步凸显了全面治理、全方位治理的迫切需要。国际社会体系内部和基于国际社会体系行事的主要力量该如何构想未来国际社会形态的治理愿景？为实现愿景又该采取怎样的治理措施？

1.1 治理的概念脉络和定义

无论中外，治理都并非一个新概念，只是在 20 世纪中期以后，"治理"概念经历了一个被再发现的过程，当然也被赋予了新的现代治理的内涵。

1.1.1 早期的治理理念和概念

我国有许多关于治理的传统智慧，例如公元前 500 年左右的"修身齐家治国平天下"（《礼记·大学》）和"无为而治"（《道德经》），以及 12 世纪南宋大儒吕祖谦指出"天下之势不盛则衰，天下之治不进则退"[1]。而"小智治事，大智治制"则区分出了"治事"和"治制"的等级差别。关于中国古代的治理实践，西班牙传教士和作家何塞·德·阿科斯塔（José de Acosta，1539—1600 年）指出："中国历朝历代的伟大和强大是其他所有国家都无法比拟的，帝王制由于其卓越的治理形式而延续了两千多年之久。"[2] 中国传统的治理理念主要采用执政者视角，无论是"民之所望，施政所向"，还是《资治通鉴》里讲的"鉴前世之兴衰，考当今之得失，嘉善矜恶，取是舍非"，都是从执政者的单一视角来分析的，讲的是管治，是考虑了社会反馈（民之所望，即民众诉求）的管制或控制。

16 世纪西方的著作里已出现治理的论述。阿科斯塔于 1571 年开始了前往新大陆的航程，次年抵达，他在当地度过了将近 10 年之久，在加勒比群岛停留了 1 年，随后游历了现今的秘鲁、玻利维亚、厄瓜多尔、墨西哥、危地马拉和尼加拉瓜多地。阿科斯塔的《西印度自然与道德史》第 6 卷中谈及印第安人的"风俗、政治和治理"，他在书中写道："野蛮民族的野蛮性在其治理和统治方式上表现得最为明显，这是一个得到证明的事实。因为人们越是接近理性，他们的治理就越显得人道而不那么傲慢无礼。"阿科斯塔考察了美洲印第安人各群体不同发展水平的社会组织和治理体系，他写道："必须指出，在

---

[1] 吕祖谦（1137—1181 年）有一系列研究《左传》的遗著，其中有一部讲义《东莱博议》，全本称《东莱左氏博议》。

[2] José de Acosta. Natural and Moral History of the Indies，ed. Jane E. Mangan，trans. Frances M. López-Morillas，1590；Durham，NC：Duke University Press，2002：346.

印第安人中发现了三种治理和生活方式""最主要、最好的便是王国或君主制，就像印加人和蒙特祖马那样的情况"。阿科斯塔描述的第二种组织体系是"自由协会或社群""根据众人的意见来治理，就像理事会一样。……和平时期，各城镇或民间团体则在享有多数人尊重的杰出人物的领导下实行自治。"阿科斯塔宣称："第三种治理完全是野蛮的，这些印第安人既无法律亦无国王，甚至没有固定住所，而是像野兽和野人一样成群结队。"[1]从第三种情况的描述中也可以看出，这里的"治理"概念及其内涵和管理接近，甚至还达不到管理的程度。

1.1.2 现代的治理概念和定义

至于现代的"治理"（governance）概念，亨廷顿 1968 年在《变化中社会的政治秩序》中提出，"国家之间政治上最重要的区别不在于政府的形式，而在于国家得到治理的程度"。[2] 如果将这一论断嵌入 20 世纪 60 年代波澜壮阔的全球社会运动和革命浪潮的背景（参见第 10 章 6.3.3）之中，我们不妨大胆推断一下，某种程度上，亨廷顿的论断不正是对那个时代强烈呼唤治理理念的敏锐的响应吗？事实上，1965 年美国规划师保罗·大卫杜夫（Paul Davidoff）提出"规划中的倡导性和多元化"（advocacy and pluralism in planning），倡导性规划对于规划过程中不同利益的包容已经体现了治理的思维，体现了治理的多元化、平等性、分担性、协同化等核心理念和内涵本质。也就是说，作为一种全方位的政治、经济、社会思潮和行动孕育的产物，治理的概念已经在多个领域呼之欲出，只不过要到 20 世纪 80 年代，由当代公共政策和新政治经济研究领域"重新发现""治理"问题。

由于这一时期在社会资源配置中市场和国家等级制的调节机制双重失效，国家和社会出现普遍的统治和管理危机，而社会组织团体迅速成长，因而政治学家和管理学家们主张用一种"新"的方式——"治理"来替代"统治"（government）。美国政治经济学家埃莉诺·奥斯特罗姆（Elinor Ostrom，1933—2012 年）在其 1990 年出版的《公共事务的治理之道》[3]中系统地表述了"治理"的思想理念，她提出了通过自治组织来管理公共物品这一新途径，但也并不认为这是唯一的途径，因为各种不同的事物都可以不止一种管理机制，关键取决于管理的效果、效益和公平。

---

[1] José de Acosta. Natural and Moral History of the Indies，ed. Jane E. Mangan，trans. Frances M. López-Morillas，1590；Durham，NC：Duke University Press，2002：8.

[2] Samuel P. Huntington.Political Order in Changing Societies [M]. New Haven，CT：Yale University Press，1968：I. 该书目前有 3 个中文版本，译成"变革社会中的政治秩序"或"变化社会中的政治秩序".

[3] 埃莉诺·奥斯特罗姆.公共事务的治理之道 [M].余逊达，陈旭东，译.上海：上海译文出版社，2012.

而世界银行 1992 年发布年度报告 Governance And Development（治理与发展）后，治理和善治（good governance）才成为国际社会科学中十分时髦的术语，并成为诸多学科的最新研究领域。这些研究主要关注如何通过政府和民间的合作来改善国家以及地方、地区、公司、机关、学术机构等的治理结构，从而提高效率、增强民主。

作为概念，"治理"和"全球化"一样宽泛而富有弹性。1995 年，全球治理委员会发表了研究报告 Our Global Neighborhood: The Report of the Commission on Global Governance（我们的全球伙伴关系），将"治理"定义为"各种公共的或私营的个人和机构管理其共同事务的诸多方式的总和。它是使相互冲突的或不同的利益得以调和并且采取联合行动的持续过程。这既包括有权迫使人们服从的正式制度和规则，也包括各种人们同意或以为符合其利益的非正式的制度安排"。这也是目前引用较多的一个定义。

在法国，政治学教授让－皮埃尔·戈丹（Jean-Pierre Gaudin）2002 年在《何谓治理》[①]一书中对治理概念进行了简要的知识社会学回顾，提出了"多层次政治治理""可治理性""治理和善治"等概念，并讨论了国家和城市的作用以及治理的前景。

如果说 19 世纪至 20 世纪之交的改革家们倡导建立最大限度的中央控制和高效率的组织机构的话，那么 21 世纪的改革家们则将今天的创新视为是一个以公民为中心的社会治理的复兴实验过程。"治理"正从以控制和分配为核心的"管制"逻辑向参与、协商的"治理"逻辑转变。

"治理"也是当下我国学术界及全社会频繁使用的一个热词。在我国，以"治理"代替"管理"是治国执政理念的重大突破，这一突破产生于 2013 年 11 月在北京召开的中共十八届三中全会。治理模式是将政府的"他治"、市场主体的"自治"、社会组织的"互治"结合起来，形成政府、市场和社会协同共治的"善治模式"。治理和管理一字之差，体现的是系统治理、依法治理、源头治理、综合施策。

另一个概念"管治"也是结合我国国情的一个概念，从字面上看，"管治"介于管理和治理之间，也可以视作是管理和治理的结合，从一些事务涉及的范围以及最终的效果来看，管治有其适用范围。特别是在我国，幅员广大，人口众多，自上而下、一统到底或是自下而上、各行其是，都有其不足之处，在特定时期、特定领域，管、治结合，可能是更有效的方式，既兼顾治理，又能做到合规、保障安全和加以控制。

---

① （法）让－皮埃尔·戈丹. 何谓治理 [M]. 钟震宇，译. 北京：社会科学文献出版社，2010.

1.2　治理的多层级特征

治理的多层级特征更多体现的是治理的广泛的社会和空间外延。治理的实践内涵决定了"治理"概念中包含的最为核心的两点，首先是主体之间的互动关系，其次是主体间的互动过程，亦即事情是以怎样的方式做的，而不是做了哪些事情，归结起来就是治理的机制如何。治理的机制通过治理所具有的多层级的特征得以体现。

多层级治理，即不同层级、系统和领域的公私部门共同参与的混合服务提供，形成对纵向政府间关系和横向跨部门合作的整合。在不同政治和地理尺度上，由高到低、由大至小，形成了全球治理、国家治理、区域治理、城市治理及至社区治理等多个层级。城市治理是国家治理的重要基础，而社区治理又是城市治理的重要基础；社区治理是城市治理在社区层面和所辖范围中的具体细化，同时也有赖于城市治理全局性和系统性的支持。而在每个层级中，又包含着空间治理和社会治理的交叉。

20 世纪 90 年代以来，欧洲正转向形成"多层治理体制"（multi-level governance system）的目标，欧盟体制改革的关键是，强调要不断提高区域直接参与欧盟的决策程序，通过一系列的政策和行动计划来推动区域的"欧洲化"。这也是基于全球范围内"旧区域主义"向"新区域主义"（new regionalism）的一种理念转变。20 世纪 50 年代左右开始的旧区域主义"主要依靠传统力量均衡维持区域秩序"，而大约在 20 世纪 80 年代中期开始的新区域主义提倡将不同的区域组织视为一个多层（不同层次权力组织）治理机构网络，强调各层级机构（欧盟、成员国、区域及市镇政府）间的平等与协商关系，强调各种非政府利益群体（工会、学校和各类经济组织等）广泛参与决策的治理结构。

新区域主义更多着眼于国家之间的互动，涉及世界秩序转型过程中的各种国家和非国家行为者。在很大程度上，全球化影响了新的区域主义，而区域主义又参与了全球化的形成。全球化的力量对区域的社会、政治和经济方面的结构调整产生了影响，而国家和社会则通过区域主义进程促进、改变或扭转全球化的影响并以此来适应这些影响。①

1.3　治理的类型和分类治理

上述治理的层级同时也区分了不同的治理类型，覆盖了全球治理、国家治理、区域治理、城市治理、乡村治理和社区治理等。治理的类型还取决于其

---

① Stephen Buzdugan.new regionalism[EB/OL]. https://www.britannica.com/topic/new-regionalism，2022-11-17.

他分类的角度。从治理对象来看，可以分为社会治理、空间治理；从治理性质来看，可以分为结构治理、事务治理；从治理内容来看，可以分为环境治理、数据治理、灾害治理、知识产权治理、安全治理等。不同类型的治理相互交叠，将产生更具体的细分治理类型。

1.3.1　社会治理和空间治理

空间治理和社会治理都衍生于"治理"概念，两者往往共存于实践当中，空间作为治理展开的舞台，同时也作为治理的客体，空间治理和社会治理交织、互补，共同构成国家、区域、城市治理的实践。如果说空间治理是"看得见的"治理，社会治理则是"看不见的"治理，但两者也不是简单的"标"与"本"的关系。两者都和参与密切相关。

（1）社会治理的概念

社会治理是政府、社会组织、企业、事业单位、社区以及个人等多种主体通过平等的合作、对话、协商、沟通等方式，依法依规对社会事务、社会组织和社会生活进行引导和规范，最终实现公共利益优化和最大化的过程。西方国家的治理理论本质上是以理性"经济人"为基础的社会自我治理理论，我国的社会治理则是在执政党领导下、由政府组织主导、吸纳社会组织等多方面治理主体参与、对社会公共事务进行的治理活动。

从过程来讲，社会治理是关于分析和优化每个社会接触点，包括交互、响应、创建交互方式等应该如何开展公共事务和处理社会问题的实践体验过程。社会治理不仅是屈从于现实或缓解危机，而是提前计划、采取积极主动的措施、防患于未然的一种做法。一个健全的社会治理计划包括很多方面，其中规划和建立治理框架可有助于以更安全有效的方式参与社会事务。治理框架必须真正触及社会伦理、技术、安全、危机管理这四个重点领域。随着社会政策改变和新的政府法规出现，社会治理的许多方面是不断发展的。[①] 全面的社会治理是一种多边合作过程，涉及理念、方法、手段、制度等多个层面的深刻变革，成功的社会治理容许也需要有保障的创新。而从社会良性运行角度来看，道德控制是社会的隐性治理手段，自为性合作才会在社会上成为普遍的行为选择，因此道德重建和再生是社会治理最根本的长远之策[②]。当前的社会治理具有朝着系统化、科学化、精细化、智能化、法治化发展的趋向。

（2）空间治理的概念

空间治理可以理解为政府、社会组织、企业、事业单位、社区以及个人

---

① Andrew Banas，Krisleigh Hoermann. SOCIAL GOVERNANCE 101：A PRACTICAL GUIDE TO PROTECTING YOUR BRAND[EB/OL]. https://contently.com/wp-content/uploads/2014/08/social-governance-1.pdf

② 王道勇. 现代社会治理成败的关键在哪里？[N]. 学习时报，2014-03-06（4）.

等多种主体根据行政、经济和社会动机在地方、区域、国家和国际层级各类空间框架内使用互动技术进行参与操作、对空间的基本要素和具体因素进行规划、决策、实施的行动过程。空间治理属于一种显性治理，通常具有明确的物质性结果。

空间治理和特定的地方环境、空间规划政策及制度框架相关，是在空间和发展规划中公众广泛参与的一种整合过程。空间治理需要深入分析地区"社会地图"，有效管理人力资源，充分发挥多学科作用，整合完善操作方法。高效的空间治理往往需要借助互联网、数据等技术工具，还依赖社会层级的扁平化。

1.3.2　结构治理和事务治理

结构治理指的是通过机构、法律规章等解决系统的、权力平衡的全局问题。结构治理强调系统的、整体的治理，常和体制、体系、组织相关。

事务治理指的是在具体的事件、决策、项目中的治理，包括大到国际事件、小到社区事务。事务治理侧重具体的、特定的治理，较多和事件过程、行动、方法相关。往往在重大事件或事务的治理过程中，完成治理的权力和角色更替。

1.3.3　分类治理和治理范式

如表 11.1 所示，可以将治理层级类型和其他治理类型匹配，从而形成一种治理类型矩阵。表 11.1 体现了各层级的基本要素和具体类型因素。例如，空间治理和社会治理在微观层级可凸显于社区，在中观层级可落实于城市，在

治理类型矩阵示意　　　　　　　　　　　　　　表 11.1

层级	类型							
	社会治理	空间治理	结构治理	事务治理	环境治理	数据治理	应急治理	……
全球治理	全球社会治理	全球空间治理	全球结构治理	全球事务治理	全球环境治理	全球数据治理	全球应急治理	……
国家治理	国家社会治理	国家空间治理	国家结构治理	国家事务治理	国家环境治理	国家数据治理	国家应急治理	……
区域治理	区域社会治理	区域空间治理	区域结构治理	区域事务治理	区域环境治理	区域数据治理	区域应急治理	……
城市治理	城市社会治理	城市空间治理	城市结构治理	城市事务治理	城市环境治理	城市数据治理	城市应急治理	……
社区治理	社区社会治理	社区空间治理	社区结构治理	社区事务治理	社区环境治理	社区数据治理	社区应急治理	……

来源：作者绘制

宏观层面还从属于国家空间治理和社会治理的更大框架，以及更高层级的区域和全球的空间治理和社会治理。

治理在本质上是构建了一个价值话语体系。联合国人居署的报告《上海手册——21 世纪城市可持续发展指南》自 2017 年起，持续关注治理领域，通过来自全球的治理案例的年度发布，从知识性、专业性、学术性等方面，持续表达对于全球范围内治理问题的关注，并引导了一种治理的价值理念和不同的治理范式。治理范式是治理体制和治理目标的结合，上海手册通过遴选和展示来自全球的实践案例，提供了不同的治理范式；而这些范式对应的案例并不论大小，一些关键而基本的要素决定了治理的不同范式，例如人口密度决定了发达世界和发展中世界不同的治理范式。

由于治理层级和治理类型的多样性，以及治理实践内涵的复杂性，分类治理是面对实际状况时一种行之有效的方法，即抓住特定情境中的主要矛盾或矛盾的主要方面，划分成不同功能区域的治理，是针对性地解决问题。

1.4　治理的技术手段

广义的治理技术包括了福柯所谓的"通过国家施加于个体之上的策略、技巧、程序和制度来实现"[1]，以及通过内部运作的"行政科层化"来达到[2]的国家对社会的盘算和操作（即行政技术）。狭义的治理技术指的是为提高治理效能而采用的新的科学或专业技术，或者治理手段的技术化，即让新技术成功嵌入现有治理体制[3]。考虑到治理日益复杂，参与决策的行为者的领域日益扩大，因此，治理的技术手段要求具有多样性、针对性。例如运用现代网络信息技术手段介入环境治理、安全治理等公共治理，在监管中引入大数据、人工智能等技术手段，以优化公共产品提供，用科技提高公共治理的质量。

治理技术的定义不同，研究取向、路径和结论也会出现分歧，这种分歧体现在对信息、行政、权力这三种治理技术[4]以及规划技术的研究上。信息的治理技术包括：①现代数字信息技术手段。上海"一网通办"代表了数字化时代的中国城市治理和服务型政府建设品牌水准，在全球城市的数字政府建设中也已成为观察中国数字政府建设的关注焦点。②电子社交媒体（ESM）。各种自媒体，例如中国的微博、微信、抖音 /Tiktok，美国的推特（Twitter）、脸

---

① Foucault. Security，Territory，Population：Lectures at the Collège de France，1977–78[M]. Trans by Graham Burchell. New York：Palgrave Macmillan，2009：108.

② 渠敬东，周飞舟，应星. 从总体支配到技术治理——基于中国 30 年改革经验的社会学分析 [J]. 中国社会科学，2009（6）：104–127，207.

③ 黄晓春. 技术治理的运行机制研究——关于中国城市治理信息化的制度分析 [M]. 上海：上海大学出版社，2018：29.

④ 彭亚平. 照看社会：技术治理的思想素描 [J]. 社会学研究，2020，35（6）：212–236，246.

书（Facebook）等，在促进公众参与方面同时具有正面的、负面的影响，公众虽然不直接参与决策，但是可以通过社会舆论影响决策，特别是在一些具体事件或事务治理中。

第2节　全球治理

全球治理（global governance）或世界治理（world governance）是跨国行为者之间进行政治合作的运动，旨在就影响一个以上国家或地区的问题的对策进行谈判，通过为全球范围制定法律、法规或规章的过程，以达到全球或国际复杂系统的协同性。

面对当代国际关系中复杂的矛盾冲突，全球治理更具必要性和迫切性。全球治理涉及一些主要事务和范围，要求相应的工具和手段、机构和依据，并且形成了全球治理的特定代言城市及其分布格局。但是由于全球行为者之间力量的不平衡，全球秩序成为全球治理的重要背景因素。在较长的时间跨度里，全球秩序的主导历经变化。

2.1　全球秩序主导的变化和向全球治理的艰难转型

整体来看，世界历史和全球秩序自工业革命以来可以分为三大阶段。每一个阶段均以影响全球的重大事件为标志，这些标志性事件产生了分化的结果，对前一阶段的主导者来说是不利的，却为下一阶段的主导者创造了契机。1929年爆发的世界经济危机、1997年东南亚金融危机、2008年爆发的美国债务危机及其引发的全球金融危机，以及2019年下半年开始扩散的疫情危机，无不具有这样的特征和结果。

2.1.1　全球秩序的主导的变化

国际关系背后有其哲学和逻辑学问题，当前全球世界正在经历从以往的"寡头管控""极权管控"向全球治理的转变。自"二战"以来，作为全球第一大经济体的美国，在很大程度上抗拒全球治理的模式，而期望继续以强硬控制的方式来维护既往的秩序。近年来中美从贸易摩擦到贸易战直至全面对抗，既是全球治理需要面对的问题，这一过程本身也是包括中美两国以及其他不同国家走向全球治理的角力过程，正处于向着全球治理的艰难转型进程。

（1）西欧引领的工业时代的全球秩序（18世纪—1944年）

自18世纪60年代以后，凭借工业革命创造的巨大生产力和海上贸易，欧洲国家率先得到了发展。大英帝国是世界历史上最大的殖民帝国，其领土、自治领、殖民地、托管地及其他受英国管理统治的地区，在 20 世纪初大英帝国鼎盛时期组成了约 3400 万平方公里的统治面积，覆盖了世界陆地的 1/4，遍布包括南极洲在内的七大洲、四大洋。英国曾经是 19 世纪和 20 世纪初叶世界的主导者。但在"二战"中，欧洲内部英法和德意之间、亚洲中日之间都经历了殊死的较量，英国颓势日显，整个欧洲遭受重创。

（2）"二战"后以美国为主导的全球秩序（1945—2007 年）

"二战"改变了世界的权力格局，美国在很大程度上坐收渔利。随着两个超级大国美国和苏联的迅速崛起以及全球民族主义运动的兴起，欧洲实力和世界影响力大大削弱，跨大西洋关系已不再平衡，此后欧洲始终处于"跟随者"的地位。美国在"二战"时期收容了大量逃亡的人才，为战后的科技发展积蓄了充足的人力资源和社会资本。20 世纪 90 年代，全球冷战终结，苏联解体，美国主导世界秩序，全球政治图景改变多极化世界格局于无声处形成。全球化、网络化进程加速，政府重塑和管治思潮涌动。2001 年"9·11"事件以来，世界秩序陷入反恐战争的动荡不安之中。

（3）中国崛起和全球秩序的重建（2008 年至今）

由于美联储极其宽松的货币政策、金融放松监管和次级贷款都达到前所未有的水平，使得经济泡沫恶性膨胀，2008 年美国次贷危机引爆全球金融危机，国际经济秩序急剧变动，世界实力对比发生变化，全球发展的重心逐渐向亚太地区转移，中国在经济领域的表现在全球突出。但是中国希望的和平崛起没有获得西方足够的认可。2008 年，美国奥巴马政府时期加入并开始全方位主导跨太平洋伙伴关系协定（Trans-Pacific Partnership Agreement，TPP），到 2017 年特朗普政府又退出 TPP。特朗普政府发动中美冲突的同时，也在摧毁美国主导的战后秩序。继任的拜登政府和盟友密切合作，对中国发起攻击。2022 年爆发的俄乌冲突，进一步加剧了世界秩序的崩溃。当今国际形势动荡多变，世界处于礼崩乐坏的"乱纪元"时期。全球将在碎片化的国际治理中镝钉修复，直至新的国际秩序最终确立。

2.1.2　当代国际关系的主要矛盾

国际上的单边主义、保护主义、贸易霸凌主义愈演愈烈，治理赤字、发展赤字、信任赤字有增无减，世界政治经济社会中的不稳定不确定因素明显上升。

（1）民粹主义、民族主义和经济问题政治意识形态化的挑战

自 2016 年美国总统选举和英国"脱欧"全民公投以来，民粹主义和极端民族主义合流，种族主义、种族主义者、白人民族主义、白人民族主义者（white nationalist）的言论甚嚣尘上，民族主义者重点倡导的是现在流行于全球的右翼世界观——身份运动，展露出强烈的偏见、排他性特点和以民族主义面目出现的鲜明特征。美国"另类右翼运动"（alt-right movement）反对

多元文化，维护"西部价值"，通常被和白人至上主义联系在一起。在一些欧洲主要国家，类似的势力通过获得越来越多的选票进入政府，例如法国极右翼政党国民阵线借欧洲难民问题发表反穆斯林移民的言论等。当今的世界正日益走向一个民族主义的时代，世界经济大局不好的压力下，一些国家独善其身，单边主义、保护主义抬头。历史上每次全球经济、金融危机爆发后，决策者总是面临民粹主义、民族主义和经济问题政治意识形态化的挑战。

（2）全球价值观的式微

长久以来，国际公共政策的一个重要目的就是构建一种以西方自由民主市场及其固有的价值观和机制为模板的国家所组成的国际社会。[①] 遗憾的是，随着主要民主国家政治质量的下降，公共决策缺乏透明度、几乎不考虑环保和安全的投资、向外输出的对人权的鄙视——这些因素都正在破坏国际社会一直倾向的标准。这种局面正在加剧，政客的政治主宰了一切。

民主被削弱主要由于两个因素。一是进入 21 世纪以来，英美的中产阶级明显萎缩，特别是金融危机以来，收入差距扩大，贫富差距、阶级分化加剧。强大的中产阶级是理性政治行为得以存在的基础。随着极左和极右政党获得越来越多的选票，政治体系变得支离破碎。另一个因素是越来越不确定的身份。不断增加的移民和日益全球化引发了国家民众对自我认同的担忧，即对于民族—国家和人民的身份认同，也就是国家属于谁的问题。这两个因素可能是相关联的。

（3）地域价值理念和常识认知的碰撞

欧美在文化和制度上都是同根同源，而中国相对于西方无论是制度还是意识形态都是一种截然不同的存在，这种势力的交替必然会产生巨大的摩擦，直至战争的爆发。2019 年开始的疫情曾让西方民众长期以来的惯性思维和基于发达国家的经验遭遇了极大挑战，疫情全球蔓延初期，西方民众对于"戴口罩"的抗拒，以及被误导的对于病毒来源地的错误认知，而出现对华裔、亚裔的普遍排斥，成为一种典型的反智、反科学、反常识的做法。

（4）地缘冲突和危机持续不断

国际热点问题不断，地区冲突升级，地区安全局势持续紧张。自 21 世纪以来，欧洲面临恐怖主义和难民危机的严重威胁。美国在一系列国际问题上的政策反复无常，加剧了地区局势的不确定性，更为地区问题的解决增加难度，例如伊核问题、朝鲜半岛无核化问题、西亚以色列伊朗、印巴、阿富汗—塔利班问题，以及南海问题、俄乌冲突问题等。战争走向具有高度的不确定性，俄乌冲突是 21 世纪欧洲最大规模的地面战、欧洲最惨烈的巷战。核战争、生物

---

① （澳）布雷特·鲍登. 文明的帝国：帝国观念的演化 [M]. 杜富祥，季澄，王程，译. 北京：社会科学文献出版社，2020：242.

战争带来的传统和非传统安全威胁相互交织，有效的全球和局部地区的风险和危机管控成为一项紧迫的挑战。此外，由俄乌冲突引发或加剧的粮食安全、能源安全和金融危机可能会使较贫穷国家发生动荡。一些国家已处于崩溃的边缘，2022年7月斯里兰卡宣告破产，国家将陷入深度衰退，食品、燃料和药品的严重短缺将继续存在。

2.1.3　国际关系中的"主导者、操弄者、跟随者"角色

全球治理的理想状态是协同营建，这在世界历史上基本上没有存在过。我们面临着一个因治理水平差异而被显著割裂的世界，世界被一分为二，一部分是治理赤字区域，另一部分是治理良好的区域。[1] 很长时期内，治理良好的区域一般公认以社会政治组织水平和自治能力良好的欧洲为标准。世界政治实践是一个多主体、多代理人的格局，但是总存在有影响力的政策圈，有占据重要地位的主体，并且"胜利者很可能将其意志、价值观、制度和体制强加给被征服者"[2]。这就形成了世界政治实践中的主导者、操弄者和跟随者的角色和行为差异。

（1）操弄者

操弄者依赖政治操弄行径，误导国际社会认知和世界舆论，其手段包括幕后策划、发布虚假信息、散布谣言、制造诽谤等。进一步，一个国家对另一个国家不断加大制裁力度，要求其他各方配合推动极限施压，对建立和平机制持消极态度。[3] 国际事务操弄者可以说是世界的"政治病毒"，给健康的世界关系带来危机。操弄者往往态度傲慢而粗暴。例如在新冠病毒（COVID-19）疫情中，时任美国总统特朗普、国务卿蓬佩奥在公开场合总是刻意地将病毒起源和中国武汉关联起来，试图操纵全球公共舆论。又如美国一方面在背后操弄国际组织和重债穷国逼中国减债，另一方面继续对中国污名化说搞债务陷阱。

再如伊拉克战争[4]，美国以伊拉克藏有大规模杀伤性武器并暗中支持恐怖分子为由，绕开联合国安理会，单方面对伊拉克实施军事打击。其实质是美国借反恐时机，以伊拉克拒绝交出生化武器为借口，趁机清除反美政权的一场战争。美国扮演了操弄者的角色，而英国澳大利亚、丹麦、波兰，伊拉克等则是跟随者。

还有一类国内"民意操弄者"。例如在多种族人口国家，操弄者贩售"系

---

[1]（澳）布雷特·鲍登. 文明的帝国：帝国观念的演化 [M]. 杜富祥，季澄，王程，译. 北京：社会科学文献出版社，2020：203.

[2]（澳）布雷特·鲍登. 文明的帝国：帝国观念的演化 [M]. 杜富祥，季澄，王程，译. 北京：社会科学文献出版社，2020：5.

[3] 华益声. 诚过于人非大国所为 [N]. 人民日报海外版，2018-08-27（1）.

[4] 以英美军队为主的联合部队在2003年3月20日对伊拉克发动的军事行动，到2010年8月美国战斗部队撤出伊拉克为止，历时7年多，美方最终没有找到大规模杀伤性武器，反而以萨达姆政权早已销毁的文件和人证为由，结束了战争。2011年12月18日，美军全部撤出。

统性的种族歧视和压迫"说法，煽动种族仇恨和暴乱，诱导并利用人民的政治热情，将之转化为自己的政治利益。例如一些人喊着为黑人谋取权利的口号，但他们管治的区域常常成为黑人民生处境最差的地方。

（2）主导者

"主导者"则是世界发展的主要稳定器和动力源。当今世界不断面临着利益关系的调整和重构，利益的竞争固然会加剧，但利益的协调和交换也至关重要。负责任、建设性参与国际和地区热点问题的解决进程的大国，在关涉全球和国家战略的重大治理和发展问题、稳定局势发展的关键节点上能发挥至关重要的作用，防止局势失控，则往往承担了主导者的角色和作用。在现实世界中，往往总有一个国家会比其他国家发挥更多的主导作用。政策理念和义利观是区别主导者和操弄者的根本标准。"义"是植根"天下大同"的国际道义、国际正义，在涉及国家主权、领土完整和安全等核心利益问题上给予别国坚定支持，反对单边主义、强权政治，维护世界和平发展。"利"是人类命运与共、互利共赢的信念追求。

（3）跟随者

"跟随者"是在不平衡的关系中处于弱势、劣势的一方。例如在"二战"后形成的跨大西洋关系天平上，实力决定了欧洲自始至终处于美国的"跟随者"的地位①，其独立性是不够的。这是在漫长的国际时局中角色发生了异位。而在欧洲内部，作为美国的"跟随者"，英国的倾向较其他欧洲国家更为突出。作为"操弄者"的"跟随者"很多情形下也就扮演了帮凶的角色。

2.2 全球治理的背景特征

当今全球治理面临着不同于 20 世纪的背景特征，由于世界政治经济格局的巨大变化和科学技术的突破性发展，也使得人类社会发展进入了前所未有的关键时期，这些都使得全球治理具有高度的必要性和迫切性。

2.2.1 全球治理的背景特征

全球治理的现代问题存在于全球化以及政治、经济和文化权力体制全球化的背景下，其时代特征包括：

（1）日益缩小的全球时空

由于交通技术、信息网络技术的快速发展，我们生活的星球一直处于"相对缩小"的态势，亦即连接地球上两个目的地之间的空间距离或时间距离

---

① 新华社 . 欧盟与美国唱对台戏 跨大西洋联盟松散了？ [EB/OL]. 新华网 . http：//www.xinhuanet.com/world/2018-08/24/c_1123325662.htm，2018-08-24.

相对缩短了，这得益于航空、高铁等快速交通方式。互联网的出现让地球成为"村落"，在线交互实现了全球活动的同步共时性。当前的全球金融市场已经形成了一个24小时全天候持续交易的运行网络，不同时区、不同地域的股票、债券、外汇、大宗商品这些市场之间高度联动，在为全球经济贸易提供有力支撑的同时，金融风险跨市场、跨行业、跨领域交叉传染的特征也日益凸显。

（2）危机策源地的转移

21世纪以来，一些重大危机事件在主要西方国家发生。2001年"9·11"事件是发生在美国本土的最为严重的恐怖袭击行动，世界贸易中心建筑全部坍塌损毁，遇难者总数近3000人，美国民众对经济及政治上的安全感均被严重削弱。2008年美国发生次贷危机并引发全球金融危机，2010年欧洲主权债务危机爆发，这让以往新兴经济体总是成为经济危机薄弱环节及策源地的局面发生了改变，动摇了欧美治理观念的合法性。作为全球化的最初推动者和既得利益者，一些西方发达国家一方面对于自身出现的问题感到力不从心，另一方面对新兴市场国家和发展中国家深怀戒惧，极力希望通过各种手段进行打压遏制。

（3）变化的国际关系

国际秩序是由经济、科技、军事、文化等多种实力决定的，这些力量因素之间具有高度密切的相关性。各个洲的国家之间并非铁板一块，而是有着错综复杂的利益关系。既有丛林法则的存在，也有动态制衡法则的存在。世界格局中的中美关系经历了深刻的变化趋向。"二战"以后的美苏、美俄长期冷战，转变为21世纪的美中贸易热战。美中较量成为"我们时代的关键问题"，这是有关全球未来的最重要问题，能够既是战略竞争对手同时又是战略合作者吗？几乎不可能。美国不断在中国周边广范围、高频度、低烈度地有限激化事态，裹挟相关国家和中国产生摩擦，希望给中国的和平发展制造种种麻烦，挤压中国的战略机遇期，缩小中国的战略自由度。[①]

（4）碎片化的国际治理

面对世界资源和权力的前所未有的激烈争夺，人类社会正把自己撕裂成越来越小的碎片。在此背景下，亚洲广域经济圈、金砖合作机制等区域及跨区域的新兴治理模式开始出现，全球治理呈现"碎片化"趋势。作为标准或主要参照系的模式及理念处于缺失状态，没有一种治理理念能够成为广泛的信仰，不同治理模式的竞争将进入白热化阶段。但是，在金砖国家新工业革命伙伴关系中，既存在巴西、中国、俄罗斯、印度、南非等金砖国家合作机制和共同关心的问题，以实现共同发展繁荣，也仍旧存在印度对中国怀有的一种既合作又破坏的复杂心态。

---

① 评论.日本背不动为美国分摊的打压成本 [J].瞭望东方周刊，2012（36）：9.

2.2.2　全球治理的必要性和迫切性

当前正值国际和地区形势急剧变化的时期，反恐战争、"颜色"革命、金融危机此起彼伏。此外国际社会面临着一系列共同的问题，包括气候变化、环境退化等环境问题，贫困、疾病、恐怖主义、跨国犯罪（如毒品、国际人口拐卖）、移民等社会问题，以及网络安全等技术问题。当前世界所面临的许多问题，如乌尔里希·贝克（Ulrich Beck）所言，是诸多"并不适于国家政治"的紧迫性问题，属于跨越国际边界的全球性问题。对于上述诸多问题和挑战，"国家"这一身份已不足以应对今天的挑战，任何一个国家都无法独立解决全球性的问题。全球治理的必要性是为了响应人类社会之间以及人类和生物圈之间在世界范围内相互依存关系的加速发展。这些关切"已经成为地方和地区、政府以及国家和国际公域中政治议程的一部分"，但"只有在跨国框架内才能适当地得到显现、讨论和解决"。[①]　实践证明，全球性危机需要全球共同解决方案，面对危机和风险挑战唯有加强合作，守望相助，才是唯一的出路。

2.3　全球治理事务和范围

全球治理事务和范围主要包括全球经济治理、全球环境治理、全球技术治理、全球文化治理、全球知识产权治理等。

2.3.1　全球环境治理

全球环境治理是在国际社会对全球环境状况和世界可持续发展前景愈加深切关注的背景下，由联合国环境规划署（UNEP）牵头，世界各国通过一系列的框架性议程、环境公约、环保公约、法律文件等，在环境领域开展国际合作，协作解决全球环境问题，促进全球资源的合理利用，并推动全球的可持续发展。

1992年里约热内卢环境与发展大会通过了《21世纪议程》，框架下有三大环境公约，其中包括《联合国气候变化框架公约》。《京都议定书》是落实《联合国气候变化框架公约》的重要法律文件，于1997年12月在日本东京都通过，2005年2月16日正式生效。《京都议定书》的签署是人类历史上首次以法规的形式限制温室气体排放，旨在让人类免受气候变暖的威胁。截至2022年12月，公约共有198个缔约方，议定书共有192个缔约方。[②]作为《京都议定书》到期的后续，2016年正式签署并实施的《巴黎协定》是"一个前所未有的全球行

---

①　Ulrich Beck. The Cosmopolitan Manifesto[J]. New Statesman，March 20，1998：29.

②　外交部.《联合国气候变化框架公约》及其《京都议定书》[EB/OL]. http://newyork.fmprc.gov.cn/gjhdq_676201/gjhdqzz_681964/lhg_681966/zywj_681978/200803/t20080306_7949607.shtml，2023-03-01.

动框架"，该协定有助于避免灾难性的地球变暖，并在全球范围增强应对气候变化影响的能力。《巴黎协定》的长期目标是将全球平均气温较前工业化时期上升幅度控制在 2 摄氏度以内，并努力将温度上升幅度限制在 1.5 摄氏度以内。迄今为止有 197 个签署国，各国将采取行动，减少各自的温室气体排放，从而达到《巴黎协定》的目标。2017 年，中国签署加入《巴黎协定》，并承诺 2030 年碳排放达峰。

国际环保公约则由一系列国际公约组成，包括《与保护臭氧层有关的国际环保公约》《控制危险废物越境公约》《濒危野生动植物物种国际贸易公约》《保护生物多样性公约》等。

近年来，中国积极参与全球环境治理，在绿化、节能减排、环保创新、新能源等领域都做了巨大投资，并且已经是这些领域的领导者。据美国航天局从太空中的观测数据分析得知，2000—2017 年间，仅中国一国就贡献了全球新增绿化面积的 1/4。[①] 由于几十年持续不断的绿化努力，中国已经扼制了北方地区沙漠侵袭的历史现象，并且将一些沙漠转化为了绿洲。此外，通过不断丰富完善能源领域法律法规体系，提供重要的法律制度供给和保障，通过出台大量强有力的财政补助、扶持举措和政策指导，有力推动了可再生能源的发展，中国在促进清洁能源产业化方面也效果显著。

2.3.2　全球技术治理

这里的技术治理指科学技术治理。全球科学技术治理的对象包括了当今世界的数字技术、人工智能、核技术、太空技术（或空间技术）和生物技术等。数字（控制）技术、人工智能都是和电子计算机相伴相生的科学技术，两项应用的最大长处是能够大幅提高整体经济效益，带动社会迅速发展。核技术因其不可取代性及重大的经济效益和社会效益，在国家安全中占有重要位置。太空技术则是一个国家工业基础、国防力量、科学技术发展水平和综合国力的一个重要标志。人工智能和生物技术正在颠覆原有的社会结构和分配方式，数据成为最重要的资源。

全球技术治理的核心是如何善用技术，通过新技术来提高人类社会的整体机能、效能，服务于人类可持续发展的根本目标。完善的科学技术治理体系，既意味着技术伦理的构建，也意味着让部分新技术成功嵌入现有治理体制（例如国际公有云、数据资源池），实现治理手段的技术化。具体来说，全球科学技术治理既是目标，其中的信息技术也可以成为手段，使得信息、行政和权力这三种治理技术紧密结合。

---

① C.Chen，T.Park，X.Wang，et，al. China and India lead in Greening of the world through land-use management[J]. Nature Sustainability，2019（2）：122-129.

2.3.3 全球文化治理

当今世界文化面临的主要问题是：①以美国生活方式为代表的消费文化盛行，资源挥霍无度。②娱乐文化盛行，迪士尼文化、好莱坞电影向全世界输出。③文化产业化，使得文化背离了其自身的本质，而成为资本牟利的商品。④当代广泛的地域地方文化的式微，地区多元文化特色和优势日渐衰退，这是由于受到西方国家历史上殖民行为、科学技术进步和现代性的多重影响，本土的、特色的、原初的文化、艺术正在被那种"跟上世界""和世界接轨"的狂热粗暴所剥夺。⑤文化趋同、文化同质化是西方中心主义和经济霸权主义结合的一个不可避免的结果，对地域文化带来了冲击，也形成了冲突。但是常常以先进文化和落后文化之争的伪装出现，这和先进和落后文明的划分有着潜在相关性。⑥全球社会运动中越来越多地体现出来的文化多元主义需要新的理解。

布雷特·鲍登指出，西方社会构建了"文明标准"，将世界划分为"文明"与"不文明"，并自诩承担着"文明开化使命"，在世界范围内进行殖民扩张，给当地人带来延续至今的深远痛苦[1]。所谓的"多元文明"只不过是一个漂亮的幌子，并没有得到真正理性地看待。对于正走向历史性十字路口的古老民族而言，全球文化治理具有重大意义。而文化遗产保护也是全球文化治理的组成部分。

结合上述各项治理，在全球经济、社会和环境功能之间竞争加剧的背景下，在不同功能的多元利益冲突不断升级的趋势下，摆在世界各国面前的首要任务是，在联合国系统主导下，采取政治、经济、外交和社会文化等多项措施进行综合治理。唯其如此，方能奏效。

2.4 全球治理的机构和依据

全球治理以国际机构为执行主体、以国际规章为依据，进行全球参与的合作治理，以推动国际秩序朝着更加公正合理的方向发展。

2.4.1 全球治理的国际机构

全球治理主体涉及各个国家以及国际组织，其中最重要的主体是以联合国（UN）为核心的国际机构体系，包括联合国安全理事会、联合国教科文组织、联合国环境署、联合国人居署、世界银行等。全球治理机构还包括区域组织机构、国际行业组织机构等。全球治理机构大多具有有限的或划界的执行合规性的权力。

---

[1] （澳）布雷特·鲍登. 文明的帝国：帝国观念的演化 [M]. 杜富祥，季澄，王程，译. 北京：社会科学文献出版社，2020：20.

联合国所管辖的领域涉及全世界所有范围，自成立以来的确为世界解决了许多冲突。但是，国际机构并不总是公正的全球治理角色，亨廷顿指出："联合国安理会或国际货币基金组织所做的体现西方利益的决定，以反映国际社会需求的形式呈现在世人面前。"[①] 即便是联合国的部分决策，还是影响了某些国家的利益从而引发不满。

2.4.2　全球治理的国际规章

全球治理的目标是维护世界和平、促进共同发展，宗旨是维护公平正义、推动互利共赢，而国际法和公认的国际关系基本准则为全球治理提供了基础依据。除了《联合国宪章》之外，还有各类国际协约、规章、国际法律与司法等，这些都成为全球治理的依据。但是这些国际法的制定很多是大国政治的结果，并且在新的条件下也可能被回避或违背。例如，美国于 2001 年退出《京都议定书》、2020 年退出《巴黎协定》，在 2021 年重新加入《巴黎协定》后，于 2025 年 1 月宣布将再度退出。

其中，城市的重要性同样体现在全球发展政策中。自 2015 年以来，国际社会通过了若干重要协议以指导发展，《2030 年可持续发展议程》《巴黎协定》《新城市议程》《仙台减少灾害风险框架》和《亚的斯亚贝巴行动议程》共同构成了成员国国际发展政策、建议、目标、目的和指标的支柱，在这些文件中，地方政府被认为是实现可持续发展的重要合作伙伴，城市的作用贯穿于各种协议之中，其中，在 2015 年联合国提出的 17 项可持续发展目标（sustainable development goals, SDGs）中，第 11 项是可持续城市和社区，突显了可持续发展目标的城市维度。

2.5　全球治理"代言城市"的分布格局

国际关系以国家间和城市间的关系和交流、连接为基点。正如银河系一样，一个星球的引力实际上决定了它周围时空的结构。而一些城市以其优势条件成为全球治理协商对话的基础的、固定的地点。

"二战"结束后，1945 年 10 月，联合国正式成立，无论就历史因素还是经济实力，美国成为联合国不二的选择地。联合国总部最初设在纽约长岛成功湖，后迁至纽约的现址，这块 7.3 公顷的矩形土地由美国财阀约翰·洛克菲勒捐赠，总部由美国政府贷款建设。这样的建设基础不可避免地影响和决定了它日后的立场倾向。

[①] Huntington. The Clash of Civilizations：41；以及 The West Unique，Not Universal，39. 转引自布雷特·鲍登：123.

联合国的各大机构总部和很多专门组织分散设在全球各地（表11.2）。联合国系统的 18 个专门组织有近 1/3 设在瑞士，瑞士的日内瓦也是拥有联合国系统的机构以及其他国际机构最多的城市，联合国日内瓦办事处是除纽约之外联合国最大的办事处。重要的世界国际组织覆盖了政治、经济、教育、科学、文化、卫生等各个领域。一些区域国际组织的总部设在所属洲市，其余大多数国际组织的总部设立在欧美发达国家的城市。

部分国际机构及组织总部所在城市　　　　　表11.2

	国际机构／组织	总部所在国家、城市
全球	联合国总部	美国，纽约
	联合国教科文组织（UNESCO）	法国，巴黎
	联合国内罗毕办事处（人居署、环境署）	肯尼亚，内罗毕
	联合国日内瓦办事处	瑞士，日内瓦
	联合国维也纳办事处	奥地利，维亚纳
	世界卫生组织（WHO）总部	瑞士，日内瓦
	世界银行总部	美国，华盛顿
区域	欧盟总部	比利时，布鲁塞尔
	非盟总部	埃塞俄比亚，亚的斯亚贝巴
	东盟（东南亚联盟）	印度尼西亚，雅加达
	美洲国家组织	美国，华盛顿
	阿拉伯国家联盟	埃及，开罗
	北大西洋公约组织	比利时，布鲁塞尔
行业／领域	国际货币基金组织（IMF）	美国，华盛顿
	国际奥委会总部	瑞士，洛桑
	世界贸易组织总部	瑞士，日内瓦
	石油输出国组织	奥地利，维亚纳
	国际刑事法院	荷兰，海牙
会议	达沃斯世界经济论坛	瑞士，达沃斯
	夏季达沃斯论坛（2015 年）	中国，大连
	符拉迪沃斯托克东方经济论坛	俄罗斯，符拉迪沃斯托克（海参崴）

来源：根据相关资料整理

2.6　中国参与全球治理

2013 年之后，"治理"逐渐成为我国执政层高度认可和关注的核心概念。而全球化时代世界面临的重大问题，全球发展的新情况、新问题和新挑战，都日益考验着中国的全球领导能力、全球治理能力和应对全球风险的能力。

（1）创新和完善全球治理体系

由项目，到平台，到设计，由区域到全球，由局部到整体，由跟随者到引领者，中国逐步全面介入全球治理，不断提升全球治理能力。在经济领域，中国为世界贡献了促进全球经贸发展和区域经济一体化的"一带一路"理念和行动，为世界经济合作的深化带来更加全面的积极推力。在政治领域，努力推动构建亚太命运共同体和人类命运共同体，推动世界局势朝着和平方向发展。在环境领域，中国对低碳经济的贡献和引领不仅让中国直接参与了全球气候治理，提升了自身的话语权和规则制定权，而且为世界应对全球气候变暖提供了多元的解决方案。在城镇化、扶贫、基建等领域中国都贡献了关涉全球治理和发展问题的思想智慧，以城市规划、环境保护、社会建设等具有全球性的城市治理问题为核心，提供城市经济社会发展中重大现实问题的战略策略应对。

（2）承办高端国际会议

举办国际会议也是提供全球治理平台、进一步发挥国际影响力的重要方式。表 11.3 列举了中国担任主要国际会议轮值主席国的时间及举办地情况，这些重要国际会议的举办地大多是我国沿海发达地区的城市。通过主动设置会议主题、议题，引导全球治理体系的完善和创新，致力于推动全球创新增长方式，完善经济金融治理，促进国际贸易和投资，实现包容和联动式发展，为世界经济增长注入动力。例如杭州峰会完成了 G20 结构性改革顶层设计，促成其从危机应对向长效治理机制转型。金砖合作正日益成为当今世界最具影响力的南南合作平台。

在我国举办的国际会议及会议城市　　　　　　　　　　表 11.3

国际会议举办时间	国际会议名称	国际会议举办城市
2002 年—今	博鳌亚洲论坛（年会）	琼海市博鳌镇
2015 年	中国—拉共体论坛	北京
2016 年	20 国集团（G20）峰会	杭州
2017 年	"一带一路"国际合作高峰论坛	北京
2017 年	金砖国家峰会	厦门
2018 年	上海合作组织[①]峰会	青岛
2018 年	中非合作论坛北京峰会	北京

来源：根据相关资料整理

---

① 上合组织包含 8 个正式成员国、4 个观察员国和 6 个对话伙伴，是世界上幅员最广、人口最多的综合性区域合作组织。

（3）推动"一带一路"共建

除了上述在中国举办的国际会议等一系列主场外交，中国还用实际行动推动全球治理的完善。2013年秋，中国先后提出建设"丝绸之路经济带"和"21世纪海上丝绸之路"重大倡议。2015年3月发布纲领性文件《推动共建丝绸之路经济带和21世纪海上丝绸之路的愿景与行动》，被视为第一个"一带一路"政府白皮书，提出了共建'一带一路'的顶层设计框架。"一带一路"建设开启了中国对外开放的升级版，开创了区域融合和全球治理的新模式，标志着中国由国际规则的参与者转变为国际规则的制定者和主要推动者。

配合"一带一路"建设，中国倡导成立了亚投行、金砖国家新开发银行、上海合作组织银行，设立了丝路基金，举办中国国际进口博览会，推动人民币国际化，为完善全球治理尤其是经济治理提供机制保障。中国的"一带一路"倡议已成为参与全球治理的实质性倡议，进入了国际话语体系，写入联合国大会、安理会等全球机构的重要国际决议。以"一带一路"建设为契机，中国初步搭建了以双边合作筑底、多边机制呼应、高峰论坛引领的"三位一体"国际合作架构。

第3节　国家治理

对一个国家来说，外部面对的是国际舞台，要参与全球治理；内部面向的是全国疆域，要进行国家治理。全球治理的共同而重大的议题要在国家治理中落实，而国家治理的重要目标要在其下面层级的区域治理和城市治理中具体实现。区域治理不仅直接涉及州/省域，很多时候也包括更大的经济地理区域；城市治理指涉各类城市，在我国包括直辖市、国家中心城市等处于城市等级体系中的高等级或较高等级的城市，也指向处于较低等级的普通城市，具体讨论对象取决于语境。下文将概要讨论当今国家治理的主要的共同议题，以及我国国家治理的独特议题。

3.1　国家治理的关联层级和范围

对于一些国家来说，在全球治理和国家治理之间，有的还涉及一个以"洲"为社会空间单位的地区治理的问题，典型的如欧盟地区的治理。另外关于全球化时代的国家和城市作用存在争论，有的观点认为，全球化时代的主要节点城市或城市群（区域）替代了国家参与全球竞争，就经济以及发展的不平衡而言，存在这样的现象和特征，例如第4章、第5章中处于发展中世界的高首位度城市。

国家治理是一种"治邦术"，传统理念中这是专属于治邦者（statesman）[①]的技艺，在现代政体下则表现为一种集体智慧。由于地域辽阔、人口众多，好的国家治理应该像一张网络，笼盖四野。只是昔日城邦的规模和今日大多数国家之规模不可同日而语，斯巴达是当时最大的城邦，人口约 40 万，面积 8400平方公里；第二大城邦雅典，人口约 30 万，面积 2500 平方公里；据估计，当时希腊共有 300 多个城邦，其中 90% 左右的小邦都是弹丸之地，人口不超过几千，面积不过几十平方公里或更小。今日的"治邦者"已几乎没有可能独自编织这张巨型的"治邦之网"——经线是经济治理、社会治理、空间治理、数据治理、知识产权治理等社会议题，纬线则是州/省、直辖市/自治区、市、县、镇等空间单位，所有的社会、时间、空间事务都被收纳其中，经由众人之手共同编织而成的一张致密、结实、坚韧的网络。

国家治理有一般规律，也有属于不同国家的特殊性。例如，源于对专制的恐惧和对自由的捍卫，美国人本能地排斥过于强大的中央权力机构。如果说，改善民生和顺应民意是传统国家治理的根本目标，换一种表达也许更加现代，即提升公共利益和顺应公意是现代国家治理的根本目标。卢梭在《社会契约论》[②]中指出，民主必须顺应公意，但是公意不等于众意。他认为公意应具有四个特征：普遍性、公正性、不可破坏性、强制性。艾萨克·阿西莫夫则指出，反智主义是一条长期以来盘踞在我们（美国）的政治和文化生活中的线索，它背后是这样一个错误的观念：民主意味着"我的无知和你的智识一样好"。这使得美国的国家治理在文化基础上具有了某种先天缺陷。

国家的规模有大有小，除了国土面积极小的如摩纳哥（1.98 平方公里）、圣马力诺（61.2 平方公里）、列支敦士登（160.5 平方公里）这样的国家，其余国家在进行治理时具体事务要落到州/省、市层面或区域层面，因此国家治理的重点在于为社会治理建规立制，为空间治理制定国家层面的整体框架。

3.2 国家社会治理的法律、司法和规约

治理依赖正规的和非正规的制度，换言之，治理的依据是正规和非正规的制度，正规的制度包括法律制度或具有法定意义的技术规定或规划等；非正规的制度可以是习俗规约等，即群体、社区内部的规章、宗族内部的礼法等。所谓"依法治理""依规治理"也就是既区分又覆盖了正规的和非正规的制度。

---

① （美）罗森（Stanley Rosen）.柏拉图的《治邦者》——政治之网 [M]. 陈志伟，译 . 上海：华东师范大学出版社，2011.
② （法）卢梭 . 社会契约论 [M]. 李平沤，译 . 北京：商务印书馆，2017.

3.2.1 治理相关的法律和司法

按照管制、管治、治理的顺序，三个概念中的人文色彩和协调成分逐渐突出，治理强调通过政府和社会各阶层的互动，调动各方面的积极性，强调政府和企业、市民间的平等关系，但其基本的含义还是通过法律、政令等手段实施对客体或区域行为的规范和限制。

法律是一种规则和制度体系，提供了纠纷解决、权利冲突调整的方式；更是一种思想体系，提供了探究价值的可能。法律和司法制度有其自身的体制性、机制性、独立性、民主性、公开性、终局性、主体性等问题。法律和司法制度在很大程度上决定了治理的成效。

在不同的治理层级中，法律和司法制度是不一样的。全球治理依赖国际法，国家治理依赖国际和国家法规，城市治理同时遵循国家和地方的法规，社区治理则在国家和地方法规的基础上，纳入更多地方规约。法律制度的完整只是一方面，司法过程的公正是同样重要的另一方面。如果有法不依，则会令社会民众产生心理落差，甚至产生对整个体系的不信任。在各级治理中，司法的精准并不完全来自规则，而是来自经验。

良好的国家治理，所谓善治，建立在下列基础之上：一是拥有坚定的法律信念。二是熟悉宏观政策，熟悉国际、国家法律法规和司法解释。三是具有丰富的司法经验和对社会背景的理解。四是依据日常生活经验来判断。

例如法国，针对失业率严重的状况，自 2008 年以来，法律对求职者规定了各种"义务"：求职者必须"积极和重复地寻找工作"，必须"接受就业中心提供的合理的就业机会"。求职者如果无正当理由拒绝就业中心提供的"合理的"就业机会两次以上，将被停发两个月的失业补助金。[①] 这是通过法律为社会治理提供依据，鼓励社会积极就业，以减少政府的失业补助负担。

和法律司法不同，还有一种政治标准。布雷特·鲍登在《文明的帝国》一书中指出，在 20 世纪末和 21 世纪初，政治标准多于法律标准。这种划分在很大程度上隐藏在国际事务的表象之下。[②] 换言之，稳定的国家治理以法律标准为据，而各种不稳定的政权、政府则是依赖政治标准而非法律标准。

3.2.2 治理相关的规则和习俗

"求真以致公平"和"解纷以致和谐"都是治理的目标，但这两个目标出发点和手段是不一样的：为了达成公平的目标，必须依赖正规的法律制度；为了达到和谐的目标，较多通过非正规的礼俗制度。

有别于正式的律法，非正式的规则和习俗可谓之"理"，我国自清末变

---

① 劳工部长要严查失业者 [N]. 欧洲时报，2014-09-04（5）.
② （澳）布雷特·鲍登 . 文明的帝国 [M]. 杜富祥，季澄，王程，译 . 北京：社会科学文献出版社，2020：21.

法修律时期就产生的"理法之争"，某种程度上也可理解为对于法律制度和礼教在维持社会秩序中的作用之争。张东荪先生[①]在《思想与社会》一书中指出，礼与法同为人之行动轨道，不同的是，礼不必著之册籍、见之命令而自然通行于社会，法则不然，乃由人以强力推行之。在国家之"法"无法通过司法机构触及的角落，民众选择以自身力量实现社会之"礼"，就成为现实的无奈选择。既合乎理想又顺应现实，中庸合度，平衡兼顾，维护社会和谐，体现价值导向。

在某些社会的基层治理中，规则和习俗甚至更为重要。正当行为规则蕴含了长时期固定下来形成的、无数人的智慧；囿于法律条文的思考未必符合现实情况，而只是基于规范性思考，因而需要引入某些价值判断或伦理考量。新加坡的社会治理是相当成功的，既依靠严格的法律规定，也依赖传统的儒家文化，实现了低犯罪率和良好的民众表现。

3.3 国家空间治理的实质法律制度

国家空间治理往往是一个整合了其他治理的过程，空间治理依据空间开发和空间规划的法律法规以及土地制度，国家层面的空间治理通过国土空间规划、国土空间保护和开发等活动的开展，实现国土空间格局的优化和空间管控要求的差异化，通过制定相关法律，将国土空间规划相关工作法制化。

3.3.1 整合的空间治理

由于社会时空的统一性，国家的经济治理、社会治理和空间治理本质上是国家治理同一过程的不同界面。空间治理解决的不仅是空间问题，而是要同时整合解决其他经济社会问题。例如建设全国统一大市场是经济治理，这既是一个重大经济问题，也是一个重大空间问题，其中离不开高质量国土空间的支撑。当前我国经济发展的空间结构正在发生深刻变化，中心城市和城市群正在成为承载发展要素的主要空间形式。而近年来持续推动的京津冀协同发展、长三角区域一体化发展、粤港澳大湾区发展以及成渝地区双城经济圈、长江中游城市群等重大的区域一体化空间战略，已为建设全国统一大市场探索和奠定了良好的制度与实践基础[②]，也就是说，空间治理为经济治理奠定基础。"一带一路"作为我国参与全球治理的重大顶层设计，和西部开发、东北振兴、中部崛起、东部率先发展等区域发展战略联动协调，实现国内经济整体转型提升，促进贸易投资便利化、产业对接融合，从而为中国和世界经济注入新动力。这是

---

① 张东荪（1886—1973 年），国内最早传播社会主义思想的宣传者之一，哲学家。
② 黄怡. 统一大市场离不开高品质国土空间支撑 [N]. 中国自然资源报，2022–05–10（3）.

将全球治理和国家治理、经济治理和空间治理、社会治理整合为一体。

3.3.2　空间治理的法律制度

国家空间治理以一系列法律制度为基础依据，包括自然资源资产产权制度、资源有偿使用和生态补偿制度等自然资源资产所有者相关制度，以及国土空间规划、用途管制、生态保护修复等国土空间开发与保护相关制度。我国的"多规合一"改革涉及《土地管理法》《环境保护法》《水法》《草原法》《森林法》《海域使用管理法》等法律，这些法律构建起了一套国土空间保护与修复的法律法规体系，体现出对国土空间规划的科学化和法定化支持。

3.4　国家应急治理

应对小概率、高级别、造成重大损失的非常规突发事件、灾害及灾难的应急治理最能考验一个国家的综合治理能力。由于灾害、灾难大都有一个确切的空间地点或空间范围，因此应急治理最终检验的是国家、州/省（或大都市区域）和城市的相互关系，换句话说是政治体制，是社会空间政治。

在全球大流行的新型冠状病毒（COVID-19）疫情中，全球各国的治理能力得到了全面的检验和比较。就医疗卫生整体水平和突发公共卫生事件响应而言，澳大利亚、德国、英国、美国、加拿大等发达国家均处于前列。澳大利亚和新西兰于1995年开始联合发布风险管理标准，是适用于广泛风险类型的通用指南（The Joint Standards Australia/Standards New Zealand Committee OB-007）。[①] 美国的突发公共卫生事件预警与应急管理能力在全球首屈一指，突发公共卫生事件响应系统主要在公共卫生领域的危机准备和预警能力、流行病监测、科学研究和实验、公众健康警报网络、公共卫生领域的危机沟通和信息传递、教育和培训六个方面不断建设和完善。目前以纵向三级应对体系为基本特点，自上而下包括CDC（The Centers of Diseases Control and Prevention）（联邦）疾病控制与预防系统、HRSA（Health Resources and Services Administration）（地区、州）医疗资源和服务应急准备系统、MMRS（Metropolitan Medical Response System）（地方）城市医疗应急系统三个子系统。处于基层的城市医疗应急系统较强调第一现场应对人员之间的协作互动，而前端严格防控的态势使得在美国形成的突发公共卫生事件较少，例如2001年在遭遇炭疽病毒生化袭击时，公共卫生部门迅速反应，有效避免了炭疽病毒的扩散[②]。但是由于包括政治在内的各种显性和隐性因素的影响，美国

---

① 黄怡.高效响应突发公共卫生事件的关键规划议题[J].上海城市规划，2020（2）：18-25.
② 清华大学危机管理研究中心SARS危机应急课题组.突发公共卫生事件的应急管理：美国与中国的案例[J].世界知识，2003（10）：8-15.

在新冠大流行中的防疫抗疫表现并不令人满意。

在此之前，2005 年美国遭受卡特里娜飓风袭击后反映出的布什政府应对国内紧急情况的能力同样令美国民众非常不满意。

延伸阅读 11.1　美国新奥尔良卡特里娜飓风之后

卡特里娜飓风形成于 2005 年 8 月 23 日，并在 8 月 29 日星期一袭击了新奥尔良市，它是美国历史上最大的自然灾害，估计损失超过 1000 亿美元，并属于五场死亡人数最多的灾难之一。新奥尔良的联邦防洪系统在五十多个地方失败。在新奥尔良大都市，当卡特里娜飓风仅仅通过城市东部的边界时，几乎每一处防洪堤都被破坏。最终，城市的 80% 被洪水淹没，还有大片周边的教区以下的地方行政区也被淹，并且洪水持续了数周。至少 1836 人在实际的飓风和随后的洪水中失去了生命。

新奥尔良在卡特里娜飓风过后呈现的混乱让世界震惊。2005 年 8 月 31 日，第一批撤离人员抵达了位于休斯敦太空圆顶的红十字会避难所，该避难所距离新奥尔良约 350 英里（560 公里），但仍有数万人滞留在该市。同年 9 月 1 日，估计有 3 万人在新奥尔良的路易斯安那超级穹顶体育馆受损的屋顶下寻求庇护，另有 2.5 万人聚集在新奥尔良会议中心。食物和饮用水的短缺很快成为一个问题，每天的温度达到 90°F（32℃）。缺乏基本卫生设施，加上无处不在的富含细菌的洪水，造成了公共卫生紧急情况。直到 9 月 2 日，新奥尔良市才获得了有效的军事力量救援，国民警卫队才动员起来分发食物和水。飓风受害者的疏散工作仍在继续，工作人员开始重建决堤。9 月 6 日，当地警方估计新奥尔良市仅剩不到 1 万名居民。随着经济复苏的开始，数十个国家提供了资金和物资，加拿大和墨西哥向墨西哥湾沿岸部署了军队，协助清理和重建。2005 年 10 月 11 日，卡特里娜飓风登陆 43 天后，美国陆军工程兵团（U.S.Army Corps of Engineers）将最后一股洪水抽离该市。最终，风暴造成了超过 1600 亿美元的损失，新奥尔良市的人口在 2005 年秋季至 2011 年期间下降了 29%。尽管许多居民返回，到 2020 年该市人口增至约 40 万，但仍比 2000 年的人口低约 20%。次生灾害。

风暴发生十年后，美国陆军工程兵团承认该市堤防和防洪系统建设存在缺陷。在城市的一些地区，防洪堤和海堤不够高，无法阻挡水流；在其他州，水闸没有适当关闭，一些建筑物完全倒塌。更为复杂的是，新奥尔良地区许多易受洪水影响的地区没有被联邦紧急事务管理局（FEMA）正式列为洪水区，因此房主没有被告知他们的困境，他们也没有洪水保险；这两个因素都导致了更高的整体损失总额。从那时起，新奥尔良的防洪系统得到了 150 亿美元的联邦资金的支持，这些资金用于提高土堤的高度，升级防洪墙和水闸。2021 年

8月，4级飓风艾达（Ida）在该市附近登陆后，这些防御工事得以维持。

来源：John P. Rafferty.Hurricane Katrina storm[2005][EB/OL]. https：//www.britannica.com/event/Hurricane-Katrina，Sep 08，2021.

由于国家制度特征，对于重大灾害、灾难事件，中国采取了举国救援的应急治理体制，能够集中人力、物力、财力救助，这是一种不计成本、"一方有难、八方援助"的机制，使得在应对重大灾害、灾难方面，能够迅速反应，将灾害、灾难救援工作做到最及时、有效。这种应急治理无论是在2008年"5·12"汶川地震救灾以及灾后恢复重建，还是在2020年疫情救援中都充分体现出来。根据各地经济发展水平和区域发展战略，依据支援方经济或能力和受援方灾情程度，中央统筹协调，合理配置力量，建立对口支援机制，承担对口支援任务的有关省市积极为灾区市县提供人力、物力、财力、智力等各种形式的支援。在地震灾后援助中，对口支援期限按3年安排。在国家的支持下，集各方之力，基本实现灾后恢复重建规划的目标。

需要指出的是，国家应急治理往往是城市或空间治理，或环境治理，或社会治理中至少一项治理失灵的结果，也就是说，地方治理的失败最终需要在更大的层面上进行弥补。在不同的国家制度体制下，国家治理的"出场"和"不出场"结果就大不相同了。我国的不计成本的举国救灾机制从道义出发是值得高度肯定的；但是就治理的过程和成本而言，很多时候某一地区的防灾治理（灾害前）、灾害治理（灾害中）的不到位，迫使国家应急治理（灾害后）的出场，地方治理的失败及其成本转移给了国家以及其他省市承担，而受灾地因其自身遭受的损失惨重使得社会出于同情而不予深究灾害灾难的缘由，或至多是上级政府象征性地"免除"个别官员的职务，并无更实质性的惩戒机制。因此，很有必要进行国家应急治理的评估，区分出是"天灾"还是"人祸"（城市治理失败）的损失，事实上，很多城市的治理失败恰恰在于没有治理，只有管理或管制。

延伸阅读11.2 "5·12"汶川地震后

2008年5月12日发生的汶川地震是中华人民共和国成立以来破坏性最强、波及范围最广、灾害损失最重、救灾难度最大的一次地震。震后不到3小时，四川全省包括省、市、县、乡的抗震救灾组织指挥体系基本形成。四川省指挥部迅速组织协调各方救援力量赶赴灾区，紧急组织地方部队、公安民警、公安消防近4万人就地就近投入救灾；迅速组织四川全省多支地震救援队、矿山救援队、医疗救援队急驰灾区。

当天下午，时任国务院总理、党组书记温家宝从北京南苑机场乘专机赶赴四川灾区。在中共中央、国务院、中央军委统一调度下，各路救援大军迅速赶赴四川灾区抢险救灾。在各种救援力量中，解放军、武警、消防队员担当重任，通过各种交通工具千里驰骋支援灾区救援。航空、铁道、公路等各级交通运输部门紧急调集飞机、机车、车辆，快速编组专列，实施空中和地面立体输送，将各方救援力量和重要救灾物资、救灾装备输送到灾区。各路救援大军通过空中投送、铁路输送、公路摩托化开进并举的方式疾进灾区。12.3万名解放军官兵，2.3万名武警部队官兵，昼夜兼程赶赴灾区。参加抢险救援的省外救援力量在震后两天到达全部受灾县（市、区），3天到达全部重灾乡（镇），7天到达所有受灾村，通过开展"进村入户搜救行动"，从废墟中抢救出生还者83988人，紧急转移受灾群众1500多万人，救援转移受困游客5.5万人，有效地降低了死亡率、伤亡率。

中国15个省（自治区、直辖市）的7.5万名民兵预备役部队人员，2.5万名消防队员、特警、公安民警等抢险救援队伍，千里驰援，奋力救灾，维护灾区治安秩序。灾后恢复建设采取了结对援助制。

来源：根据相关新闻报道整理

3.5 国家贫困治理

1995年在哥本哈根举行的社会发展世界峰会（World Summit for Social Development）发布的《社会发展哥本哈根宣言》确定了三个核心问题：消除贫穷、创造就业和社会融合，以促进建立一个安全、公正、自由和和谐的社会，一个为所有人提供机会和更高生活水平的国际社会。[1] 消除一切形式的贫困也是联合国《2030年可持续发展议程》17项可持续发展目标中的第一项。目标1.A中主要提到了和贫困作斗争的内容："确保从各种来源大量调动资源，包括通过加强发展合作，以便为发展中国家特别是最不发达国家提供充分和可预测的手段，执行各种方案和政策，从各个方面消除贫穷。"

3.5.1 消除贫困的全球行动

在过去几十年里，全世界在减少贫困方面取得了显著进展。过去十年中，世界上生活在极端贫困中的劳动人口比例下降了一半：从2010年的14.3%降至2015年的8.3%，及至2019年的7.1%。根据估计，2015年，全球10%的人口（7.34亿人）每天的生活费等于或不足1.9美元。这一比例低于2010年的16%和1990年的36%。[2] 这意味着终结极端贫困是我们力所

---

① Ending Poverty [EB/OL]. https://www.un.org/en/global-issues/ending-poverty，2021-07-30.

② Economic and Social Council. Progress towards the Sustainable Development Goals Report of the Secretary-General[R]. 2020 session 25 July 2019—22 July 2020 Agenda items 5（a）and 6.

能及的。然而，极端贫困下降的速度已经放缓。2013 年 4 月，世界银行制定了在一代人时间内消除极端贫困的新目标，即到 2030 年，全球每日生活费仅为 1.9 美元的人口将不超过 3%。测量贫困有助于发展中国家衡量减贫方案的有效性，并在快速变化的经济环境中指导其发展战略。联合国千年发展目标提前完成主要依靠中国减贫的巨大成功。今后消除全球 10 多亿人的绝对贫困则主要取决于印度的努力，因为印度绝对贫困人口比其他国家的总和还多。

尽管在消除极端贫困方面取得了广泛而渐进的进展，但在非洲、最不发达国家、小岛屿发展中国家、一些中等收入国家以及处于冲突局势的国家和冲突后国家，包括极端贫困在内的持续贫穷仍然是一个重大关切。鉴于这些关切，联合国大会第 72 届会议决定宣布联合国第三个消除贫穷十年（2018—2027 年）计划。第三个十年目标是保持执行联合国第二个消除贫穷十年（2008—2017 年）计划的势头。

3.5.2 我国的贫困治理

贫困治理是古今中外治国理政的一件大事，但是对我国的国家治理来说，贫困治理因其难度之大仍然是一项具有特殊性的挑战。我国把脱贫攻坚摆到了治国理政的突出位置，致力于消除贫困和不平等、推进可持续发展目标。改革开放以来，我国 7 亿多人口脱贫，是世界上减贫人口最多的国家，也是世界上率先完成联合国千年发展目标的国家。至 2017 年末，全国农村贫困人口从 2012 年末的 9899 万人减少至 3046 万人，累计减少 6853 万人（这一数字超过法国人口总量），减贫幅度达到 70%。年均脱贫人数 1370 万人。农村贫困人口的下降，一部分是由于当地的扶贫工作，另一部分是因为青壮年农民进城打工从而改善了家庭经济状况。

我国脱贫攻坚的主战场在乡村，但是乡村贫困和城市贫困存在潜在的关联，乡村脱贫离不开城市的助力，电商扶贫、东西部协作扶贫、易地搬迁扶贫、旅游扶贫、生态扶贫、国际合作扶贫等多角度、多形式的扶贫，大多数的发力端、连接端还是在城市，通过城乡之间的要素流动，带动乡村脱贫，或直接推动乡村走上城镇化的道路。

第 4 节　区域治理和大都市区治理

大都市区治理介于区域治理（区域一体化治理）和超大城市治理以及城市治理之间。由于气候、环境、经济之类的问题很难在一个局部解决，区域是考虑和解决这些问题的更适当的尺度。

4.1 区域治理的范围和类型内容

由于对区域的定义不同，和区域范围相关的治理的类型内容也不尽相同。

4.1.1 区域的定义和治理的范围

区域通常指的是一个以上的行政区（省 / 自治区 / 州或市等）的构成，对于区域的理解须结合各国行政体制的实际情况，可以通过大都市区、都市圈或流域等不同空间范围来定义。比如，美国加州南海岸空气质量管理区（South Coast AQMD）成立于 1976 年，治理范围包括奥兰治县、洛杉矶县等 4 个县区，面积达 27850 平方公里，共涉及 162 个城市。德国的行政区划分为联邦、州、市镇三级，全国有 16 个联邦州（Länder），13175 个市镇。其中柏林、汉堡和不来梅属于 3 个城市州；8 个较大的州细分为行政区（Regierungsbezirke）；所有的行政区和余下的 8 个州下面分设县（Kreise），县又分为乡村县（Landkreise）和城市县（kreisfreie Städte），或者干脆就译为县和市；县以下是乡镇（Gemeinden）。德国在统一前有东西之分，主要基于政权性质；统一后则是南北之分，主要基于经济发展状态。我国的区域划分既有华东、华南、华中、华北之分，也有长三角、珠三角、京津冀的区域类型，一般每个区域至少都有一个超大或特大城市为中心城市，例如长三角拥有超大城市上海、特大城市南京和苏州，这些城市在推动长三角区域一体化发展方面发挥着重大作用。

除了一个国家内部的区域之外，区域也可能是由国家及其地区组成的。例如对欧洲来说，在当前国际语境里，其区域治理以及经济、环境、公共卫生治理都面临着突出的挑战。流域也可能涉及不同国家。

4.1.2 区域经济治理

区域经济治理是基于经济的外向性，在地理位置便利、种族 / 文化相同以及拥有共同利益的经济圈中，实现经济一体化的过程。历史上形成的经济同盟就是一种区域经济治理的形式，这类经济同盟常采取重商主义和保护主义的手段。例如历史上的汉萨同盟是德意志北部城市之间形成的商业、政治联盟。汉萨（Hanse）一词，德文意为"公所"或者"会馆"。汉萨同盟 13 世纪逐渐形成，14 世纪最为兴盛，加盟城市最多时达到 160 个①。15 世纪转衰，直至 1669 年解体。在汉萨同盟出现之前，公元 13—15 世纪德意志地区曾经存在过两个自由市同盟——莱茵同盟和施瓦本同盟，西部莱茵河（Rhein）流域的城市和西南部施瓦本（Schwaben）地区的城市通过结盟的方式来防卫地方

---

① Arthur Boyd Hibbert.Hanseatic League [EB/OL]. https：//www.britannica.com/money/topic/Hanseatic-League，Jul 11，2023.

贵族对商队的掠夺和强盗的抢劫，很快这种城市联盟发展为一种互利手段，成员城市间相互放弃征收水路和陆路的通行税，并通过协调的方式解决彼此争端。这种城市同盟是德意志地区市民阶级在政治和经济上觉醒并发挥影响的表现之一。然而莱茵同盟和施瓦本同盟到 14 世纪时都先后解散了。目前的申根区、欧元区和欧盟都是区域治理的形式，申根国家和欧盟国家不完全一致，申根国家中除挪威、瑞士、冰岛和列支敦士登之外均为欧盟国家，欧盟国家中的爱尔兰则不是申根协定的成员国。

我国的长江经济带是国家进行区域经济治理的一种规划引导，长江经济带具有横跨东中西三大板块的区位优势，以生态优先、绿色发展为引领，依托长江黄金水道，可以推动长江上中下游地区协调发展和沿江地区高质量发展。以长江黄金水道为依托，推动经济由沿海溯江而上梯度发展；以沪瑞（上海—瑞丽）和沪蓉（上海—成都）两条高速公路形成的南北两大运输通道为发展基础；充分发挥长江经济带中心城市的辐射作用和三大城市群的增长极作用；并发挥长江经济带上所有地级城市的支撑作用。

4.1.3 区域环境治理

区域环境治理包括了区域内城市中的环境治理和城市之外的环境治理，生态环境治理问题并不局限在某个地区、局部领域、单一部门，而是呈现出流域性、区域性、综合性的特点。区域环境治理首先是聚焦生态环境联防联治的顶层设计。

（1）流域环境治理

流域治理往往涉及不同省 / 州，乃至不同国家。例如 20 世纪中期开始的莱茵河治理。莱茵河流经欧洲九国，流域面积大约 18.5 万平方公里。随着欧洲工业的发展，德国、法国等国的工业污染一度让莱茵河变成"欧洲的下水道"，造成多次流域生态环境事件。直到 20 世纪 80 年代以后，莱茵河流域的跨国合作治理才取得了实质性成效。

又如我国长江流域的环境治理。长三角是"长江大保护"的关键地区，因此通过实现统一规划、统一实施和统一管理，以优化长三角城镇空间、农业空间、生态空间，统筹城镇增长边界、永久性农田边界和生态保护红线，协调布局环境基础设施。并且以建设长三角生态绿色一体化发展示范区[①]为突破口，形成"共保共建共赢共享"的生态环境保护共同体，推进"流域性"水资源水环境协同联动管理，建立上下游生态补偿机制，促进生态保护地区和受益地区的良性互动。

---

① 根据 2019 年 11 月 20 日发布的《长三角生态绿色一体化发展示范区总体方案》，一体化示范区范围包括上海市青浦区、江苏省苏州市吴江区、浙江省嘉兴市嘉善县（简称"两区一县"），面积约 2300 平方公里（含水域面积约 350 平方公里）。

（2）生态环境分区治理

人口和面积大国往往需要分区治理环境。例如我国生态环境部分别成立了华北、华东、华南、西北、西南、东北6个监察局和6个核与辐射安全监督局。生态环境部东北监察局的主要职责是，在所辖辽宁、吉林、黑龙江等区域内承担以下职责：监督地方对国家生态环境法规、政策、规划、标准的执行情况；承担中央生态环境保护督察相关工作；协调指导省级生态环境部门开展市、县生态环境保护综合督察；参与重大活动、重点时期空气质量保障督察；参与重特大突发生态环境事件应急响应与调查处理的督察；承办跨省区域重大生态环境纠纷协调处置；承担重大环境污染与生态破坏案件查办；等。

（3）城乡环境治理

区域环境治理包括了城乡环境治理。我国农村地区存在环境治理基础设施的短板，农村地区的环境建设和环境治理比较缺乏全局性和系统性。从总体上看，农村环境污染源小而多、广而散，在农业生产、工业生产、日常生活及其他一些领域未能落实环保要求，以致造成空气、水体、土壤的污染和植被的破坏。农村地区环境治理包括下述内容：明确农村地区使用光伏、煤气和沼气等清洁能源的量化目标；结合农村地区生态环境承载力的不同确定不同等级的排放标准，切实提高农村地区污染物的处理率、自然净化能力和资源利用的效率；等。浙江安吉的环境治理（参见延伸阅读11.3）便是一个典型的例子。

延伸阅读11.3 浙江安吉的环境治理

浙江安吉县，坐落于连绵青山中，翠竹漫山，碧水长流，是一座天然大氧吧，森林覆盖率达到70%多，因优美的风景和良好的生态环境，"空气质量最好，人均能源消耗量最少"，2012年荣获联合国人居奖。西苕溪是安吉人的母亲河，这里曾经水清岸绿，白鹭翻飞、鳜鱼肥美。20世纪80年代，两岸布满造纸、化工、印染、建材等高耗能、高污染企业，工业废水将清澈的西苕溪水质变成了V类、劣V类；余村是安吉的一个小村，当年凭借资源优势发展采矿业和水泥业，人们的腰包虽然鼓了，但村子里碎石乱飞、污水横流，环境恶劣。2005年8月，时任浙江省委书记习近平在安吉余村考察时，首次提出"绿水青山就是金山银山"的科学论断。21世纪初，安吉定下生态立县发展战略后，下大力气关停西苕溪沿线的污染企业，造成第二年财政收入锐减，但县委县政府没有犹豫，最终还母亲河以清流。2022年夏天，对水质要求极高的太湖白鱼时隔40年大规模重现西苕溪。西苕溪的变化，折射出安吉生态环境的日益提升。目前，安吉全县森林覆盖率、植被覆盖率持续保持在70%以上，地表水、饮用水、出境水达标率均为100%，实现了"气净、水净、土净"。

来源：陆乐.让生态富民走得更远[N].浙江日报，2022-10-20（7）.

4.1.4　区域公共卫生治理

由于当今世界高度的流动性，区域还面临突发性公共安全事件、新发输入性疾病等潜在风险。我国《"健康中国 2030"规划纲要》要求完成传染病专业类别的国家医学中心、国家区域应急医学中心设置，提升区域、城市在处置突发事件、开展应急医疗救护方面的能力，满足应对区域大规模新发突发疾病患者的收治需要。2019 年，珠三角粤港澳大湾区率先成立了新发重大传染病应急防治医学研究中心。

4.2　城市治理

"城市治理"（urban governmance）概念以"治理"理念为基础，也兴起于 20 世纪 80 年代的西方社会，并逐渐成为城市公共事务管理领域的理论分析工具和实践探索主题，反映了西方城市发展的阶段特征与发展取向。城市治理的关键方面包括治理的理念、制度和技术等。

4.2.1　城市治理的概念

20 世纪 90 年代，"城市治理"概念在联合国、世界银行等国际组织中得到使用并逐渐传播。根据联合国人居署的相关文件定义，城市治理是使得城市硬件能够发挥作用的软件，它需要充分的法律框架以及高效的政治、管理和行政程序，以及能够响应公民需求的强大而有能力的地方机构。

国内学者也以"治理"概念为基础，形成了关于初期的"城市管治"和后来的"城市治理"的讨论，其间基本沿用西方的概念陈述。城市是兼具物质空间属性和政治经济与社会内涵的行政单元，城市治理是在特定的地域空间边界内，多元主体在平等的基础上，按照参与、沟通、协商、合作的治理原则，处理特定阶段或时期的社会与空间公共事务的过程、方式和机制。城市治理是一个各尽其力、相互协作、公平正义（合理）、谋求与提升公共利益的整合过程。"城市治理"概念的确立有利于界定治理的具体实践领域——城市，并能更明确地抓住主要问题，更有效地制定治理战略。城市治理需要联系三个部分：市民社会、私人部门和政府。城市治理包括城市的经济治理、社会治理、空间治理、数据治理等。城市治理和城市居民的生活息息相关，好的城市治理可以让一座城市充分展现蓬勃的生命力、强大的凝聚力，以及丰富的创造力。

4.2.2　城市治理的制度模式

当前的城市发展正呈现出加速变化、高度复杂、相当脆弱的特点。城市治理是在复杂的环境中由政府和其他组织以及市民社会共同参与管理城市的方式。大卫·哈维认为，在经济全球化背景下，城市间对资金、人才和其他资源的竞争日益激烈，为获得竞争优势，在西方国家，原来以政府为主的城市管理模式（urban managerialism）正让位于所谓的城市企业化（urban entrepreneurialism）模式①，即像经营企业一样来管理城市，把依赖市场机制、促进经济增长、提高竞争力和吸引外来投资放在首要的位置。在这一转变中，城市中各种利益集团，如政府、商业机构和民间团体等，为了城市经济增长的共同目标，趋向于结成各种各样的合作伙伴关系来进行城市治理。

城市治理的方式是联合行动，目的是使不同利益得以调和，使各项事务可持续运行，具体有五重含义：①政府和非政府的共同合作，共同经营，获得各自的目的；②治理对象为城市，包括政治、经济、社会、文化、人等的总和；③治理手段有多元化的趋势，包括经济、法律法规、物质和非物质手段；④治理目的，为了在竞争中获胜，在经济全球化的竞争中生存和发展；⑤治理有属于市场行为的部分特征，追求利润的最大化、成本最小化。

治理作为公共和私有部门（或机构）管理其共同事务的各种方式的总和，包括强制性和引导性两类治理。在城市治理研究领域，乔恩·皮埃尔（J.Pierre，1999年）关于城市治理模式的总结极具代表性：管理模式（managerial）、社团模式（corporatist）、支持增长模式（progrowth）、福利模式（welfare）②。这一总结成了城市治理的理论基础，对城市治理研究产生了深远的影响。就城市治理而言，主要有四种模式：

（1）管理模式。"让管理者管理"，即强调管理的专业参与而非政治精英的渗入，以提高公共服务的生产和分配效率，真正让消费者挑选产品和生产者。例如，将某些公共服务承包给营利组织，增加公共部门管理职位的自主权；建立内部市场和其他相似的竞争等。

（2）社团模式。该模式的特点是"包容"，是使所有主要的行为人及其利益进入城市的决策中。有两个层面的参与：直接参与的是各利益集团的高层领导；间接参与的则是利益集团的基层。

（3）支持增长模式。该模式的主要参与者是商界精英和地方官员，以制度化的公共部门与私营机构的伙伴关系为基础，实现地方经济问题上的利益共享。该模式主要是运用各种政府手段来实现目标，例如城市规划、运用政府资源发展基础设施，甚至建设良好的城市形象以吸引投资等。③

（4）福利模式。该模式的参与者主要是地方政府官员和国家的官僚机构，

① David Harvey. From Managerialism to Entrepreneurialism: The Transformation in Urban Governance in Late Capitalism, Geografiska Annaler: Series B, Human Geography, 1989, 71（1）: 3-17.
② J. Pierre. Models of urban governance: the institutional deimension of urban politics[J]. Urban Affairs Review, 1999, 34（3）: 372-396.
③ 陈振光，胡燕.西方城市管治：概念与模式[J].城市规划，2000（9）: 11-12+26.

其实现方式主要依赖地方和较高层级政府的网络关系，其目标是确保国家基金的流动以维持地方的活动。

4.2.3 城市治理的技术

本章第 1 节整体讨论了治理的技术手段，这里通过两个案例稍作具体地展示城市治理中的信息和数字技术的应用。

信息技术在我国城市治理中已有广泛应用。上海浦东新区依托浦东城市网格化综合管理平台和管理模式，率先探索和尝试以"互联网＋"创新社会治理。早在 2016 年 5 月，"浦东 E 家园" App 上线。截至当年 11 月底，累计注册用户数已达 53304 人，上报问题 48224 件，已经结案并反馈 30732 件，市民参与评价率 88.4%，满意率为 92.7%。如今，"浦东 E 家园" App 已经成为浦东加强基层社会治理创新，推动政府职能转变，实现"补短板"目标的重要手段和途径，浦东居民人人都成为城市治理的参与者和城市管理的监督者。[①]

而信息技术在城市安全治理领域同样发挥了重要作用。2021 年，我国"两抢"案件和 2012 年相比下降 96.1%，全国盗窃案件和 2012 年相比下降 62.6%，21.8 万个小区实现"零发案"，建成 25.6 万个智能安防社区，有力提升了社会治安防控体系的立体化、信息化水平。[②] 这是强大的专业化防控、广泛的社会化防控和智能化防控的整体结果。这是全国层面社会治安的数据和情况，但根本上是基于全国的城市治理的总体统计。

4.2.4 城市应急治理

前面在国家治理中已经强调了城市治理的重要性。城市治理过程中如何更好地应对各类突发事件，是守牢城市安全底线的重中之重。不同类型的城市，应急治理的主要类型不同。风险感知是第一步。特别是对于流行性传染病的卫生应急治理，发现和应对措施及时有效，疫病的危害就可以降到最低的限度。预防和隔离措施有力到位，疫病传染源较早切断，疫病流传就能得到有效控制，反复流传的可能性就小。1894 年鼠疫在中国香港、日本出现时，上海随即对所有进口船只上的旅客进行体格检查，凭"免疫通行证"入境，并建立了一些临时性的医院和熏蒸消毒站。[③] 故这次鼠疫未对上海造成影响。而 2022 年初香港第 5 波疫情蔓延时，上海受到波及，导致社会经济损失惨重且影响深远。城市应急治理需要进行全周期管理，需要从事前、事中、

---

① 2016 浦东力量——东方财经　浦东频度年度特别报道 [N]. 浦东时报，2016–12–29（12）.
② 姜天骄 . 经济日报：公安机关深入推进更高水平平安中国建设 [EB/OL]. https://www.mps.gov.cn/n2253534/n2253535/c8638519/content.html，2022–7–26.
③ 张剑光 . 三千年疫病，磨砺不屈的民族精神 [N]. 联合时报，2020–02–11（6）.

事后进行全方位介入，并借助技术手段的运用，对突发事件要主动发现，乃至自动发现。

4.3 超大／特大城市地区的规划和治理

在当今全球的城市竞争时代，城市治理是社会治理、空间治理的集成彰显，是国家治理的重要基础和内容，并且已经成为国家治理体系最重要的组成部分。根据城市规模等级，城市治理被延伸至大都市治理（metropolitan governance），而超大城市治理（megacity governance）则是对大都市治理的进一步扩展。超大城市治理是针对千万人口规模的城市，应用各种正式的制度和规则以及非正式的制度安排，充分发挥多元主体能动性，在公共事务领域积极协调生存矛盾和利益冲突、促进城市有序高效运行、共同提高城市生活环境品质和社会福祉的过程、方式和机制。

4.3.1 超大／特大城市治理的重要性和必要性

超大城市治理既具有城市治理、大都市治理的普遍性，又有其规模特征所决定的特殊性。在某种程度上可以说，超大城市治理包含了大都市治理、城市治理的所有特征。超大城市虽然数量有限，但是在国家社会经济体系中具有重要地位，立足于超大城市的实际特征，探索符合其特点和规律的系统化治理路径具有高度的重要性。

超大／特大城市规模引起的不安全和脆弱性使得其治理具有高度的必要性。超大／特大城市的规模为风险的产生提供了潜在条件，一些重大安全事件大都发生在高密度人口的大城市。2022年10月29日晚，韩国首尔梨泰院发生极为悲惨的踩踏事故，造成了156人死亡、149人受伤。当天出现在梨泰院参加万圣节狂欢活动的年轻人，有10万人之多，人流量是平常的10倍。梨泰院地铁2号口是个仅有18平方米的地方，瞬间挤进了300多人，这是导致事故的最根本原因。2022年10月1日，印尼东爪哇省玛琅市坎朱鲁汉体育场举行的一场印尼足球联赛比赛发生严重骚乱事件，造成了132人死亡、580人受伤的踩踏惨案，当天涌入坎朱鲁汉体育场的球迷人数超4万人，远远高于球场的容纳极限3万人。2014年12月31日，上海外滩的跨年夜活动因拥挤发生踩踏事故，造成36个年轻人丧生。总体来讲，这些灾难事件更有可能在大城市发生，因为具备了下述这些条件：①丰富的文化、体育、娱乐等公共活动机会；②大量的可以即时响应的人口；③短时间内可以输送大量人口的大运量公共交通工具（例如地铁）。

我国以长三角、珠三角、京津冀为代表的世界级城市群正逐步崛起，而城市发展过程中积累的社会矛盾、安全生产矛盾正在集中显现，新兴产业和商业模式快速增长带来的新风险不断增加，城市风险正在迭代、衍生和爆发，面临许多新情况、新挑战，大型、特大型城市风险管控压力和事故防范难度不断加大，面临着比以往更多、更复杂、影响更大的威胁。然而，当前我国城市公共安全治理的重点还停留在事故应急管理层面，对风险防控的重要性认识不足，仅将其作为应急管理的一种手段。城市风险治理是新时代超大/特大城市面临的新课题、新挑战。

4.3.2　我国超大城市空间管治的实践

近年来，我国各超大城市结合社会治理和城市更新的目标和过程，进行了一定的空间管治实践，这些实践大多呈现出鲜明的两面性特征。"管理""管治"和"治理"之间字面的差异也意味着概念内涵以及具体操作的差异。北京、上海、广州、深圳的实践各有特点。

北京的空间管治以城市更新中的疏解整治专项行动和腾退空间再利用为特征，成为新时期北京城市建设发展的重要特征。北京 2015 年起开展了"治乱疏解建高端"行动，以及整治无证无照违规经营、打击违法建设专项行动。2017 年起在全市范围内开展了"疏解整治促提升"专项行动和人口调控工作，以及违法用地违法建设专项行动。整治行动依据市、区发布的相关文件。专项行动开展的成效显著，有效控制了常住人口规模。自 2008 年以来，北京外来常住人口增量呈波动下降趋势，常住人口总量已接近人口控制目标。在上述专项行动中，"管理"处于绝对主导地位。与此同时，北京在推进旧城保护更新方面也取得了一定成就。早在 2003 年就正式启动大栅栏历史文化街区的改造升级、有机更新，历经 15 年，改造建设取得了阶段性进展。以南锣鼓巷历史街区为代表的旧城保护区改造，完整保护了胡同、四合院和小平房。在这些更新行动中，显示了政府推进"精治、共治、法治"的实施成效。

上海的空间管治主要在 2015 年 7 月至 2016 年底，连续开展三轮"五违四必"区域环境综合整治行动，涉及全市各区域和街镇，共 240 个区县级地块。"五违"是指违法用地、违法建筑、违法经营、违法排污、违法居住，"四必"是指安全隐患必须消除、违法无证建筑必须拆除、脏乱现象必须整治、违法经营必须取缔。整治结果是显著的，全市拆除违法建筑，清理大量群租人员、外来人员，常住外来人口的年度增量由 2010 年的 78.2 万人下降至 2016 年的 −1.5 万人，以至于出现了部分服务业人口空缺、城市整体消费基数下降的趋势。在上述专项行动中，有管有治，管多于治。另一方面，在城镇规划建设工作中加强精细化规划、精细化设计、精细化建设和精细化管理，特别是针对无建设行为或少建设行为情况下的城市精细化管理，并探索适应这种精细化管理的法规和制度。

广州在 2010—2014 年期间常住人口总共仅增长了 30 余万人，其部分原因便在于广州的群租房和"多合一"场所专项整治行动，特别是严查违规"时租日租房""胶囊公寓"等"5类群租房"的大规模专项行动。涉及范围包括城中村、城乡接合部、群租房、物流工业园区和"三合一"建筑集中区域。而在旧城更新方面，广州也有一些较为成功的案例，例如越秀区珠光街仰忠社区"微更新"项目，以及荔湾区永庆片区和西村街社区"城市微更新项目"等。

深圳市则制定了城中村（旧村）综合整治总体规划（2019—2025年），提出对待城中村由"拆"变"治""不急功近利""不大拆大建""高度重视城中村保留"，并且形成了大芬村、水围村等特色城中村。

广州和深圳由于产业结构转变、工厂外迁等因素影响，在2011年前后出现了外来人口的急剧下降，2014年后有所回升，2016年后外来人口增速又有减缓。虽然由于外部条件相差较大而无法进行完全的对应类比，但仍可以说，广州的城市空间实践更近似于北京，一手强硬管理，一手折中管治；而深圳则类似于上海，一手管治，一手趋于治理。

4.3.3 我国超大城市空间治理的价值理念

在上述四座超大城市的综合整治和城市更新行动中，不难发现存在于超大城市之间、更存在于超大城市内部的对待边缘与中心地区的殊为不同的态度、手段和方式，这种不同使得超大城市在城市空间治理的价值理念上出现分裂。

（1）分裂的价值理念与抗衡的二元关系

价值理念是行动思路和应对策略的基础，正如思想逻辑是行为逻辑和方法逻辑的基础。"治理"代表着一种新的管理模式，其核心理念和内涵本质是多元化、平等性、分担性、协同化、网络化，这五者具体为：治理主体多元化，权力中心多元化；治理主体的关系和过程平等，上下层级之间的互动替代自上而下的单向施政；治理主体在不同的事务和领域中任务和职责共同分担、各有侧重；方式协调化，强调共识，代替独断；治理结构网络化，形成合作组织网络，权力运行多向度。

而就当前我国超大城市的空间实践来说，既有近年来逐渐步入正轨的有机更新模式，更经常是大规模、集中性和运动式的行动，因此可以说，我国的超大城市尚未整体进入城市治理阶段，而是更多处于城市管、治兼具的状态，顶多是一种不完善的治理。从其行动思路反推之，其价值理念可以说有"治理"的成分，但并不全是"治理"的内涵。究其根源，在于我国的超大城市空间治理和社会治理的价值理念基础在"户籍人口"和"外来人口""正规"和"非正规"这两对二元关系上的抗衡。在人们考量和城市空间资源分配相关的所有活动时，这种二元抗衡时刻左右着人们的思维，这里的"人们"包括传统意义上的城市管理者和被管理者。

"外来人口"和"非正规"有着紧密的联系，"外来人口"是容易被边缘化的人口，"非正规"容易被视作对已建立的秩序的主要威胁，"外来人口"早已习惯默认自己在城市中的"非正规"地位。城市综合整治、腾退空间资源，腾退的对象主要是外地人，大部分城市居民认为外地人是城市环境脏乱差的根源，尽管也有小部分城市居民意识到本地人和外地人之间已经形成了一种有机联系，本地人便捷的生活离不开外来人口无处不在的"非正规"服务。由此，更深层次的追问需要回到关于城市权利的讨论。

（2）北京、上海与深圳空间治理价值理念的比较

超大城市空间治理的价值理念并不孤立存在，也非一朝形成，都与城市自身的战略定位与发展目标相关，并有迹可循。例如北京空间治理的价值理念在 2006 年 10 月发布现已失效的《北京市"十一五"时期重点新城发展实施规划》中可以寻到端倪，该规划提出："通过产业结构调整、减少低端产业、强化外来人口管理、加强出租房屋管理、拆除违法建设和改造'城中村'，以及加强本地人口尤其是农业人口的就业培训、强化城市管理等综合调控与管理手段，防止低端外来人口在新城大规模聚集"。因此，北京才会公然驱逐"低端外来人口"。也许有人要说，超大城市不是确实应该疏解人口嘛？问题在于，疏解人口和驱逐"低端外来人口"不是一回事。且不说是否应该疏解、应该怎么疏解、疏解哪些人口都是需要深入探讨的，首先所谓"低端外来人口"并不自然等同于需要疏解的人口。

上海在《上海市城市总体规划（2017—2035 年）》中提出了"卓越的全球城市"这个目标定位，要求通过产业政策、落户政策、综合治理，积极推动以"总量控制、结构优化"为目标的人口调控工作，实现"以证管人、以房管人、以业控人"，为城市转型发展营造良好的人口环境。从多年以前就秉持的中心城区"人口结构优化"，到当下整个城市范围的人口调控行动，上海对外来人口的清理在近年来的城市空间治理中达到了前所未有的广度和深度。

相较于北京的"冷漠"、上海的"隐晦"，深圳则体现了一定程度的宽容。深圳高度重视城中村保留，保留城中村就是保留了外来人口的生存和生活空间，这和深圳"在治理转型方面，将从经济导向转向全面发展，打造儿童友好、人才友好、老年友好、国际友好的全民友好型城市"的价值理念也是契合的。

由此可见，京沪深同为我国的超大城市，其空间治理的价值理念也存在相当的差异和差距。这种差异和差距源自对于"市民"或城市人口的认知中的"二元关系"和"双重标准"。在对待本地市民或者户籍居民的权利时，超大城市的空间治理大多是尽职尽力的，这些空间治理通常与城市更新过程密切关联。但是在对待外来人口时，在对待"非正规"经济、"非正规"居住以及"非正规"开发时，各个超大城市就冷热不均了，这时候的空间治理往往更接近于空间管治乃至空间管制。

超大城市是大多数外地人口选择的目的地,他们背井离乡来寻求一种更好的生活。这些移民的流动,给超大城市带来了住房、教育、医疗等方面许多具体的问题。这些问题对某些外来人口聚居地区的影响更是大于对其他地区的影响。超大城市空间治理的价值理念决定了对这些地区的空间控制和管理,也对超大城市空间治理在形式、内涵与成效上的一致性构成了挑战。

4.3.4 超大/特大城市空间治理的特殊挑战

理解超大/特大城市空间治理面临的特殊挑战,是超大/特大城市空间治理的基本前提。超大/特大城市空间治理的特殊挑战包括与其自身特征相关的以及在功能结果和形式层面的挑战。

(1)与超大城市自身特征相关的挑战

超大城市上千万的人口规模,决定了城市资源环境的制约性和集约性、系统结构的复杂性和适应性以及"超大"的负效应与正效应的并存。处理得不好,显现的是劣势和不利条件;处理得好,则可转化为优势和有利条件。

资源环境的制约性和集约性。城市的发展需要具有一定的资源环境基础。一方面,随着人口的不断增多,生活消费和生产经营活动日益频繁,超大城市对土地、水等自然资源的消耗也相应增加。同时,受污染与不合理利用等人为因素破坏,可供开发利用的自然资源比重逐渐降低,生活环境、生产环境也遭到进一步破坏,特别是本地资源对生活、生产的约束日益显著,导致产生很多城市问题。另一方面,超大城市先进的科技生产力、强大的经济力量有助于弥补自然资源供给不足、解决环境降级问题。人口与空间的高度集聚节省了土地资源,提高了基础设施的使用效率,保证了空间治理的高效。

城市结构的复杂性和适应性。随着城市不断扩张成为超大城市,其空间结构与组织方式越来越复杂,并相互依赖。一方面,超大城市拥有庞大的空间体量、复杂的系统运作,这使得空间治理涉及面广、难度巨大;另一方面,超大城市的形成恰恰表明了它本身所具有的自生自发的隐藏秩序、网络关联性和自组织性,超大城市的空间治理可以与社会治理交织,充分利用超大城市自发调节的适应性。

"超大"效应的正负性。由于其超级规模和复杂系统,超大城市空间治理的方式、行动可能形成多种效应:初始条件下微小的变化都能带动整个系统的长期而巨大的连锁反应,产生蝴蝶效应;起点上的微小优势经过关键过程的级数放大产生更大级别的优势积累,形成优势富集效应;相较于其他规模的城市,超大城市同时存在集聚产生的正效应和拥挤产生的负效应。超大城市的空间治理是一个动态的过程,事半功倍与事倍功半的效果、超大效应的正负性都有存在的可能,可能带来巨大的经济效益与积极的社会影响,也可能造成巨大的经济损失和消极的社会影响。

（2）功能结果上的正治理和反治理

在分析超大城市空间管治、空间治理实践的功能性时，必须注意对其具体规范具有多种功能的可能性。城市空间治理不可能是完全整合的，也不可能是完全非整合的，因此，有必要按照治理结果的净平衡来估价其功能性。超大城市的空间治理可能产生"正治理"和"反治理"的不同效果。

超大城市空间管治、空间治理在衡量其工作成效时，常常将其清退外来人口数量作为一个重要指标，换言之，空间治理的目标除了提升空间环境品质之外，人口综合调控是另一个目标。在过去几年的综合整治后，我国超大城市的综合人口调控是有成效的。北京、上海的外来常住人口呈波动下降趋势，常住人口总量均已接近人口调控目标。北京将常住人口控制稳定在 2300 万人以内。上海的目标是到 2035 年常住人口规模控制在 2500 万人左右。广州、深圳 2015 年后外来常住人口增速放缓，不过深圳常住人口总量已超出其人口调控目标。超大城市的人口阈值固然很难确定一个绝对科学精准的数值，但是，既然增量主要来自机械增长人口，通俗地讲来自外来人口，那么人口综合调控就是一个很自然的选择。

地方城市人口政策和中央人口政策的不一致由来已久。中央政府提出，加快推进户籍制度、社会管理体制和相关制度改革，有序推进农业转移人口市民化，逐步实现城镇基本公共服务覆盖常住人口，为人们自由迁徙、安居乐业创造公平的制度环境。但是，包括首都在内的超大城市却在驱赶外来人口。至于各地推出多种激励政策上演"抢人大战"，所谓的"抢人大战"其实只是"抢人才大战"，因为处在城市的立场，对"人才"的需求胜过对"人口"的需求。

清退外来人口的真实的"主观动机"是否如首都北京公然宣称的"清理低端人口"，抑或如上海含糊其辞的"优化人口结构"，其实并不那么重要；城市空间治理注重的不是"主观动机"，而是"客观后果"，二者之间并不具有必然的联系。必须承认一项城市治理行动的正功能、正效应和反功能、反效应的双重后果，功能替代的可能性必须在功能分析中加以考虑。功能的发挥是不依城市行动者个人的主观动机为转移的，虽然有些功能后果是与行动者主观动机相一致的，是他们一开始就追求的，但也有一些功能后果是没有被参与活动的人们意识到的，是潜在的、隐性的，这种潜在的、隐性的功能对社会的协调可能有利，也可能不利。在此意义上，超大城市的空间治理就其功能结果而言面临着究竟是"正治理"还是"反治理"的挑战。

（3）从管理到治理的"语言层面"治理

在超大城市的空间治理实践中，"反治理"的效果将使得治理行动背离了治理的内涵。在超大城市的空间治理中，伴随着放权和赋权的权力调整，各个主体都面临着自我定位的重新认知。在具体的公共事务处理上，可以是政府主导发起、其他主体响应，也可能是基层自发行动、政府跟进支持。当然，由于传统的城市统治和城市管理都具有自上而下的特点，特别是基于我国的"强政府"模式，在我国的超大城市空间治理中，来自政府及其下属部门的权力仍然在治理过程中占有相当重要的位置和比重。然而，居民、社会团体以及外来人口的参与是不可或缺的，否则仍旧是管理的模式。

如果各部门只是在文件和讲话中将"管理"改为"治理"这般轻而易举，那么这仅是一种行政"语言层面"的治理。此外，城市的社会治理、空间治理不能只在"语言层面"上来实现。"治理"本身是社会矛盾演化的产物，先后出现的统治、管理、治理这三种不同模式对应着不同的生产方式和社会关系背景。太过轻易地在书面和口头表述中将"管理"改为"治理"，如同追求一种时尚的思潮，反而抹杀了治理的复杂性，掩盖了实际行动中的谬误性，并且对于城市的公平正义具有潜在的危险性。

4.3.5 超大城市空间治理的行动策略

超大城市空间治理是一项复杂的系统工程，但是无论如何，安全、健康、公正以及效率是所有治理行动策略的出发点与落脚点。同样重要的是，超大城市空间治理的行动策略还必须纳入国家空间战略系统中来整体评判与抉择。

（1）在国家战略和国土空间系统中决策超大城市的空间治理

超大城市空间治理不是孤立的，必须立足于国家战略的大背景中、国土空间的系统中来决策城市空间治理问题。在整体思路上，一方面是向下的内向关联性，解决超大城市内部的问题，另一方面是向上的外向关联性，协同超大城市外部的区域战略问题。也正因此，对于超大城市的空间治理可以有更为复杂的内涵解读，有国家、地区等不同的分析视角，其行动价值判断也更加复杂。

例如，在我国超大城市的空间治理中，前文批判的"人口综合调控"作为推动因素可能促使乡村人口回流参加乡村或特色小镇建设，乡村振兴战略作为拉动因素可以吸引乡村人口回流，而外来人口则在家庭生存策略权衡后，各自选择是苦留城市还是回流乡村。从这层意义上讲，超大城市空间治理中的人口综合调控可能构成对乡村振兴战略的某种助推；但是，在实践过程中，仍然需要灵活而人性化的具体应对措施。

（2）超大城市的空间治理和公共安全（安全的城市）

这里的公共安全主要是指和城市建成环境相关的安全。从近30年来世界超大城市的事故和灾害来看，常见的公共安全问题集中在高层建筑物的消防、大型交通设施（地铁、高架）和基础设施（水、电、燃气、通信）的正常运行，以及洪涝、地震、雾霾等地质和气象灾害等方面。这也意味着，超大城市空间治理的重点在于高层建筑、城市广场、大型公共设施（体育场/馆）、化工产业区、地铁与高架以及其他重大的城市基础设施和生命线工程等，这些物质设施维系着超大城市的空间安全。当然，城市公共空间安全和社会安全（暴力、恐怖袭击等）和生态安全（生态承载力、人口承载力）密切相关，并可能相互触发城市公共安全危机。

在超大城市的交通治理上，疏解日常道路拥堵、维持交通顺畅固然重要，但更加关键的是保障地铁、高架、车站、机场等重大交通设施安全，避免重大事故的发生。城市交通治理要抓大放小，抓重点，带一般。超大城市一些特殊产业区（例如化工园区）的安全工作应当防患于未然；一旦发生意外，由于灾害的规模效应，后果之严重不堪设想。超大城市公共安全的风险管控和应急管理是超大城市空间治理的重中之重。

（3）超大城市的空间治理和公共健康（健康的城市）

城市的公共健康首先和城市的基本物理环境条件即空气、水、土的品质相关，其次和空间品质、环境品质密切相关。而超大城市人口密度高、空间拥挤，给其公共健康带来了潜在的不安全因素，越来越频繁的极端天气事件所诱发的疾病和自然因素、污染因素引发的危害人群健康的流行病，都会使得超大城市的经济和公共健康结构受到破坏，甚至会使得超大城市的发展陷入停滞和混乱之中。例如2003年首先在香港高层住宅区爆发的非典（SARS）随后影响到境内大部分省份和境外许多地区。当前世界范围内超大城市的公共卫生问题凸显，除了艾滋病等继续蔓延外，禽流感、埃博拉疫情、中东呼吸综合征（MERS）等传染病接踵而至，既引起了世界性的恐慌，也影响到社会稳定与经济增长。

健康应成为城市规划和治理的新指导原则。超大城市的空间治理能够为"蓝天、碧水、净土"作出贡献，对于违法违章建设的污染型企业、作坊的治理，对于卫生条件恶劣的生活空间的治理，对于服务水平低下的设施的改善，对于废弃空间的"绿色微更新"，都是在由点及面、积少成多地提升和改善超大城市全域的卫生健康的生活环境。当然，在没有广泛的公众参与的情况下，这种治理已变得几乎不可能，超大城市的许多地方政府早已经在尝试创新经验。

（4）超大城市的空间治理和公平正义（公正的城市）

超大城市内部的社会经济和空间环境差异是广泛存在的，而公平正义意味着消除大规模的歧视和社会排斥，保证经济机会、基本服务和安全的平等，确保所有人都能获得更好的生活条件，并规范和维护公共利益。不同层级的治理主体需要共同参与到空间的治理中来，传统治理方式的专业知识导向须转向居民作为专家群体为空间升级提供有效的信息。要根据具体的实际情况的反馈及时优化机制，从以控制和分配为核心的"管制"逻辑向参与、协商的"治理"逻辑转变。在社区层面，民众沟通体系和认知均需全面升级，要提供所有的利益相关方、社会组织等微观介入的渠道。

在超大城市的空间治理中，公平正义突出表现为对"非正规"空间和"底层"空间的恰当治理，例如在城市更新与综合整治中适当考虑保留低收入人口的生活空间，而非简单粗暴地强制动迁。为此，亟须从多方面推进治理能力和机制建设，例如：须对"非正规"空间中不动产是否具有进入市场的权利这一问题进行探索；空间治理的侧重点应从单纯的空间审美考量转向兼顾基础设施配备；超大城市中许多"非正规"空间的治理在法律法规、规章当中尚处于空白状态，无据可依是治理主体的主要掣肘因素，应该将规则治理与模糊治理相结合，将制度化的手段与社会倡导的目标统一起来，人性化地灵活处理问题，并采取渐进主义的改革手法，这也正是"非正规"空间治理的一个可行途径。

（5）超大城市的空间治理和公共效率（效率的城市）

超大城市的空间治理更强调公共效率特征，突出对能源、资源、人口、信息流动的有序组织与高效管理。这极大地依赖超大城市的交通、信息、互联网、数据等技术发展。而基于网络与大数据应用的智慧技术可以为超大城市的空间治理赋能，使得城市内所有的子系统（如交通、市政设施、环境、医疗等）可以全部连接起来。通过政府引导、企业参与、公众（个人、社会组织、科研机构）驱动的创新模式，可以创造协同创新的、智慧的、以市民和企业为中心的服务。只有重要的利益相关者都共同参与到治理中来，才能满足不同城市主体对公共服务的需求，才能够更好地对社区需求做出反应。通过参与式治理来提高超大城市空间治理的效率和效力至关重要。

实现政府决策科学化、社会治理精准化、公共服务高效化，提升超大城市治理体系和治理能力现代化水平的积极探索。实现系统整合、功能融合，赋能智慧城市的智慧成长。一网统管存在部门壁垒、数据孤岛等现实问题，加强市级层面统筹、集中力量打破部门壁垒、畅通末端行政服务。技术只有与制度创新相结合才是最有效的，技术不是改善治理、规划、运营和管理的替代品。

超大城市空间治理的本质是对超大城市社会空间秩序、城市生活环境质量的控制。良好的空间治理应当建立在正确的价值理念基础之上，采取灵活的、创新的、前瞻的、有效的行动策略，充分应对普遍的挑战和特殊的挑战。超大城市的治理要符合超大城市的特点和规律，这是关乎超大城市发展的大问题。"一流城市要有一流治理，要注重在科学化、精细化、智能化上下功夫"，越是超大城市，治理越要精细，越要在精治、共治、法治上面下功夫。

本章小结

本章第 1 节阐述治理的概念定义、内涵外延、层级特征、治理类型及分类治理的必要性，以及治理的技术手段。后续各节按照自上而下的治理层级分别展开。第 2 节主要讨论了全球秩序主导的变化和全球治理的艰难转型，全球治理的背景特征及其必要性和迫切性，全球治理事务和范围（包括全球环境治理、文化治理等），全球治理的机构和依据，以及中国参与全球治理的状况，并着重解析了全球治理"代言城市"的分布格局。第 3 节分析国家治理的关联层级和范围，突出国家层面社会治理的法律、司法和规约，国家空间治理、空间开发和空间规划的法律及实践。并针对国家应急治理、国家贫困治理两个类型比较中外国家治理的差异。第 4 节涵盖了从区域治理到大都市区治理、超大／特大城市治理以及城市治理的不同层级和范围。以城市治理的概念内涵、模式为基础，进一步扩展至对规模、性质更为复杂的超大／特大城市治理特殊性的深入解析。

重要概念

分类治理

全球治理

新区域主义

主导者—操弄者—跟随者

全球治理代言城市

国家治理

治邦之网

国家应急治理／国家贫困治理

区域治理

城市治理

超大城市治理

显性治理／隐性治理

正治理／反治理

空间治理／社会治理

讨论问题

1. 列举分析一些文化治理、环境治理的国内外不同层级的实践案例。

2. 全球治理"代言城市"有哪些特征？它们的分布又有哪些特点？

3. 试举例阐述城市如何在空间治理实践中实现社会治理目标以及如何将社会治理目标转变为空间治理行动。

【导读】本章首先在全球—地方关系中肯定地方主义的重要角色，并聚焦社区主义，阐析社区治理的历史和理论基础，专门讨论城市基层的社区治理。揭示福利和管治的正向关系，提出创造社区福利的途径。社区层面作为城市非正规活动管治的有效层级，可以策略性地应对非正规空间的现象和问题。社区治理包括内生型社区治理和外生型社区治理，居民自治是内生型社区治理，社区共治则是两种类型的结合。

第 12 章　城市社区治理

第 1 节　地方主义和社区主义

如本书第 1 章所述，社区研究在城市社会学研究中占有极其重要的地位，芝加哥社会学派从社区研究起步，吴文藻则将社区研究作为社会学中国化的首要路径，以"有形的单元"的社会调查为基础来认识国情，提出改进中国社会结构的参考意见。社区治理在应用城市社会学理论解决城市问题方面具有同样重要的意义。

而在全球化的背景下，对于地方主义和地区主义的探讨和溯源有助于确立社区治理的历史和理论基础。在全球经济的稳定、全球文化的形塑和全球民主政治制度的建设中，社区及其所在的地方、地区都扮演了至关重要的独特角色。

1.1　地方主义、地区主义的复兴

如本书第 5 章表明的，全球化在世界各地造成了地方认同的边缘化，而地方主义（localism）的兴起，很大程度上是对全球化政治、经济、文化影响的一种反应，并可以形成一种积极的抗衡。地方主义描述了一系列优先考虑地方的政治哲学。一般来说，地方主义支持当地的商品生产和消费，支持地方政府的控制，以及促进对地方历史、文化和特征的认同。换言之，人们应该控制当地发生的事情，当地企业应该得到支持，地方之间的差异应该得到尊重。地方主义可以和地区主义、中央集权政府之间形成对比。

地区主义或区域主义（regionalism）概念的内涵之一，指对一个地理区域的特征、具有同质人口的独特地区本身、基于一个或多个这样的地区的政治或社会制度发展等多类型对象的清晰的意识和忠诚的态度。

由于国际政治日益复杂，这为地区主义这一古老概念提供了新的视角。在建立多边自由网络和促进全球化进程的更广泛背景下，地区主义更多从一体化和合作的角度被加以研究。但如今，地区主义的概念大不相同，地区和地区主义在制定全球政策以及解决以前在全球多边机构框架内解决的几个问题和领域方面发挥着准自治的作用。地区主义作为一套政策和经济措施，可以被视为国际行动者在不断变化的全球世界秩序背景下采取的战略突破行为的结果。为了正确理解和塑造这种地区动态，有必要建立一个更具交叉性、多元化的方法工具箱，能够解释"地区世界"的动态。[①]

基层地区主义（grass-roots regionalism）可以通过地区法规和经验为制定适合地区多样性的有效的地区方法提供机会，地区主义将导向复杂和潜在有

---

① Giovanni Barbieri（2019）Regionalism, globalism and complexity: a stimulus towards global IR?[J]. Third World Thematics: A TWQ Journal, 2019, VOL.4, NO.6: 424–441.

效的跨州／省策略，即州／省政府如何通过提供激励措施来加快向有效的基层地区主义的演变，从而促进有效的地区进程。①

1.2 社区主义

当地方主义、地区主义的特定范围对应于社区范围时，地方主义和地区主义也就演变成了社区主义。社区主义或社群主义（communitarian）一词1841年由英国宪章运动领袖约翰·G·巴姆比（John Goodwyn Barmby）提出，用来指代乌托邦社会主义者和其他尝试不同寻常的社区生活方式的人及其理念。但是这个术语此后很少被使用，直到20世纪80年代，才通过少数政治哲学家的工作而流行起来。

社区主义作为一种强调个人和社区之间联系的哲学，它基于这样一种信念，即一个人的社会身份和个性在很大程度上是由社区关系塑造的，而个人主义的发展程度较小。尽管社区有时可能就是一个家庭或家族，但从更广泛的哲学意义上讲，社区主义通常被理解为在特定的地方（地理位置）的一个社区中或者在一个有着共同利益或共同历史的社区中的互动的集体主义。社区主义通常反对极端的个人主义，并拒绝极端的自由放任政策，因为这些政策剥夺了整个社区的稳定。虽然社区主义主张共同利益的重要性，但是又可以分成三个学派：

第一个学派是反对当代自由主义（contemporary liberals）的哲学流派，当代自由主义寻求部分通过政府活动来保护和加强个人自主权和个人权利。

第二个学派是反对自由意志主义（libertarians）的哲学流派，自由意志主义是自由主义的一种形式（有时被称为"古典自由主义"），旨在通过严格限制政府权力来保护个人权利，尤其是自由权和财产权。加拿大哲学家查尔斯·泰勒（Charles Taylor）和美国政治理论家迈克·桑德尔（Michael Sandel）是该学派的代表学者，强调反对政府活动保护个人权利，主张共同利益的重要性。由于社区主义和集体主义的相似性，社区主义也被用来描述中国、新加坡和马来西亚等威权社会（authoritarian societies）的社会思维，这些社会思维颂扬社会义务和共同利益的重要性，而对自治和权利的重视程度要低得多。事实上，这些社会将个人视为或多或少可以互换的细胞，他们在对社会整体的贡献中找到了意义，而不是自由主体。这一类社区主义的学者以美国政治理论家拉塞尔·A·福克斯（Russell A. Fox）和新加坡外交官比拉

---

① John R. Nolon，Grassroots Regionalism Through Intermunicipal Land Use Compacts，73 St. John's L. Rev. 1011（1999），http://digitalcommons.pace.edu/lawfaculty/177/.

哈里·考西坎（Bilahari Kausikan）为代表。

第三个学派被称为"响应式"社区主义（responsive communitarianism）。1990 年，埃齐奥尼（Amitai Etzioni，1929—2023）和高尔斯顿（William A. Galston，1946—）创立了该学派，其主要论点是，基于共同的政治原则，人们面临着两个主要的规范性来源，即共同利益（common good）和自治与权利（autonomy and rights），原则上这两个来源都不应优先于另一个。响应式社区主义为制定政策确立了标准，使社会能够应对共同利益和个人权利之间的潜在冲突，包括在公共卫生和个人隐私、国家安全和个人自由等领域。

1.3　社区治理的历史和理论基础

在一个确定的社区中，人并不是孤立生存、没有联系的个人，而总是要和其他人一起共享某些环境资源和物质设施，产生一些基本的社会互动，及至从事共同的社会活动。人的社会化、社会角色、社会组织、社会互动、社会流动等社会学概念都可以首先在社区层面进行考察。

社区治理由社区和治理两个概念组合而成。治理的概念在本书第 11 章已作论述。以下首先对社区概念漫长的内涵演变稍作梳理，然后定义社区治理。

1.3.1　社区的相关内涵演变

我国早有"社"的概念和实体。周代以二十五家为社，故而社也引申为一种基层行政单位。在我国各地城乡都曾广泛分布着一种祭祀建筑——土地庙，地方上通常将其称作"社"，如"里社""社庙"等，大凡有民众居住的地方就有供奉土地神的地方，土地庙某种程度上是地方精神的一种呈示。很多城镇的土地庙在更新过程中被拆毁，但是仍有少量遗存。例如苏州东山镇的杨湾古村，仍然有着规模极小的土地庙，这种庙一般没有可供人活动的内部空间，只有一个神龛。迄今不绝的香火，在很大程度上表明了这个地方的社区意识、地方精神的一种延续。"社"的精神内涵和地方主义、社区主义有共通之处，但毕竟是不同历史背景和语境下的概念。

西方的社区（community）概念较早出现在 H.S. 梅因[1] 于 1871 年出版的著作《东西方的村落社区》以及西波姆（Frederic Arthur Seebohm，1833—1912 年）[2] 于 1883 年出版的著作《英国的村落社区》，从书名可以看出，两位学者均将村落视为社区。1881 年德国社会学家滕尼斯[3] 将德语"gemeinshcaft"

---

① Sir Henry James Sumner Maine（1822—1888 年），英国比较法学家和历史学家。
② Frederic Arthur Seebohm（1833—1912 年），英国经济史学家。
③ Ferdinand Tönnies（1855—1936 年），德国社会学家、经济学家和哲学家。

一词引入社会学，1887 年他的著作 *Gemeinnshaft Und Gesellschaft* 问世，这本经典之作在英语学界常被译成 Community and Society（社区和社会），滕尼斯从社会学理论研究的角度使用社区概念。苏格兰裔美国社会学家 R.M. 麦考斐[①] 在其 1917 年出版的著作《社区》中也曾考察社会和社区形态，提出社区是以地区和邻里关系为基础的社会。

20 世纪 30 年代"社区"的现代概念引入中国是鉴于美国芝加哥人类生态学派的社区研究成果，但是无论就概念翻译本身还是适用情境，都需要作社会文化背景的矫正。梁漱溟曾指出，西方社会的结构注重个人—团体关系，个体本身已经通过职业、教区、阶级等形成了生活共同体的基础；而中国社会的结构通过介于个人和团体之间的家庭、家族构建而成，家族在历史上代替了西方的团体的管理职能，[②] 家族制度和"共同体"制度有着较大的差异，因而并不能简单地等同于"共同体"。

传统的社区类型（乡村社区）是以家族的伦理秩序、家族制度来维持家庭及整个社区的稳定和平衡，对此，社区主义（communitarianism）可以做出解释，社区的亲族邻里关系、传统、价值观等社区要素可以给社区成员带来归属感、凝聚力、帮助扶持，从而给整个社会带来稳定、和谐、秩序，避免混乱暴力等社会问题的发生。这些秩序既是自然延续下来的，又是社区成员习得和自知的。[③]"所以官序贵贱各得其宜也，所以示后世有尊卑长幼之序也"[④]，在家族制度上进一步衍生出宗法制度。

"社区"这一社会学概念，在引入我国社会学研究的过程中，受到历史文化语境的影响；而自 20 世纪 80 年代开始进入我国行政语境中的"社区"概念，则由国情社会背景以及实践操作需要共同决定，包含了地域空间、行政管理和生活共同体等范畴的融合内涵。"社区"也成为研究和建设更大区域内的社会稳定、经济发展、文化特征等工作的基础空间单元，但是在社区自身发展、社区内部个体发展上关注较少。

1.3.2　社区治理的定义和内涵

现代社区是人群、机构、资源聚集的地方，也是各种问题、矛盾、风险积聚的地方，是社会的缩影，也是社会治理的基本单元，更是社会治理的难点。某种程度上来说，社会治理落到特定的社区范围则成为社区治理。社区治理的概念由"治理"概念衍生而来，并构成城市治理、国家治理的基础。社区治理（community governance）指的是应用各种正式的制度和规则以及非正式

---

① Robert Morrison MacIver（1882—1970 年），苏格兰裔美国社会学家、政治学家和教育家。
② 梁漱溟 . 中国文化要义 [M]. 北京：商务印书馆，2021.
③ 陶元浩 . 第三条道路：社区主义理论与实践 [J]. 陕西行政学院学报，2018（3）：77-82.
④《礼记·乐记》。

的制度安排，充分发挥多元主体能动性，在社区公共事务领域积极协调生存矛盾和利益冲突，促进社区有序高效运行，共同提高社区生活环境品质和社会福祉的过程、方式和机制。社区治理的本质是对社区的社会空间秩序、生活环境质量的控制。[①] 黄怡（2021 年）对这个概念的定义阐释了社区治理的内涵、主体、内容和本质。至于社区治理的基础性作用，则是构成第 11 章国家治理的今日"治邦者"的"致密、结实、坚韧的网络"的最细密部分。类似但不完全一致的观点如，社区治理就是在接近居民生活的多层次复合的社区内，依托政府组织、民营组织、社会组织和居民自治组织，以及个人等各种网络体系，应对社区内的公共问题，共同完成和实现公共服务和社会事务管理的改革与发展过程[②]，夏建中（2012年）的这个观点更强调"居住社区"的主体的关系之网。由此可以进一步推导，国家治理之网并非一张单层的网，而是层叠的，多主体的社区关系网络构成国家治理网络的底衬。

2019 年党的十九届四中全会确立了"将全面实现国家治理体系和治理能力现代化"的明确目标和时间节点，其中包括建立健全城市现代治理体系、全面提升治理能力。基层治理是国家治理现代化的基础，这个基层指的是县级及以下的单位、组织，城乡社区治理恰是基层治理的重要组成部分。推动社会治理重心向基层下移，重点在于不断提高城乡社区治理水平。社区治理水平高低，关乎民生发展与社会和谐，集中体现政府的执政能力。尽管政府在新的治理模式中依旧处于主导地位，但这个新的模式已体现了国家—社会关系的转变。我国的社会治理结构正从政府单极管理转向网状水平发展。

第 2 节　福利和管治

地方主义、地区主义均以特定地域的共同利益为前提，这种共同利益包含了社区公共产品，是为社区绝大多数人共同消费或享用的产品或服务，包括了以自然资源形式存在的公共产品，以及以福利形式存在的公共产品（义务教育、公共福利事业等）。在现代社会，福利一般由政府或社会团体提供。

在政治社会关系领域，民生福利改革和基层治理改革遵循着特定的控制权逻辑，对福利和管治的讨论有助于提供对长期城市化政策变迁和实践的理解视角，有助于对社会治理逻辑、多元政策过程模式的深入理解。

---

① 黄怡. 社区规划 [M]. 北京：中国建筑工业出版社，2021：369.
② 夏建中. 中国城市社区治理结构研究 [M]. 北京：中国人民大学出版社，2012：3.

2.1　福利的内涵

社会福利是一种服务政策和服务措施，目的在于提高广大社会成员的物质和精神生活水平。社会福利分为广义的社会福利和狭义的社会福利，后者特指针对社会弱势群体（老年人、儿童、残疾人等）的社会照顾和社会服务。通常而言，发达国家、发达地区、发达社会的整体福利程度要显著高于欠发达国家、欠发达地区和欠发达社会。例如北欧诸国、亚洲的新加坡等都属于高福利社会，在住房、医疗、教育和养老方面为国民、市民提供了相当完善的服务支撑。

目前，我国城市社会福利政策主要包括了城市老年人福利服务政策、城市残疾人福利服务政策、城市儿童福利服务政策等。这种对于社会弱势群体的福利关怀引导了城市社会的道德伦理价值观，有助于缓解城市困难家庭的多方面压力，有利于营造稳定的社会生产生活环境，是城市社会治理的积极手段；而这种福利政策的落实通常是在社区层面进行的，因而最终促进了城市社区治理。

社会福利和社会治理有着潜在关联。所谓"仓廪实而知礼节，衣食足而知荣辱"[①]，良好的社会福利可为良好的社会治理提供必要条件。设想在一个福利匮乏、生存艰难、社会资源稀缺且需通过高度竞争获取的社会环境里，维持社会的长治久安绝非一件易事，本质上这只能产生一种不可持续的管理，而不是治理。在理想状态下，可能存在城市管治 / 治理的福利模式。

2.2　福利国家模式

福利模式较常见于福利国家或福利社会中，地方政府极度依赖中央政府的开支，国家最大限度地成为供应者[②]。典型的福利模式如北欧模式，北欧模式也被称为"福利国家模式"，其突出特征是国家通过各种法定的福利保障计划形成一种体制，建立一张社会保障网，实行从"摇篮到坟墓"的高度社会福利，涵盖社会保障、社会福利、社会服务和社会补助等方面，使个人不因生、老、病、残等原因而影响正常的生活。

除了高社会福利之外，北欧国家所实行政策的突出特点还包括平等分享、公众参与公共服务等，这样的政策的产生有其独特的社会历史基础。北欧国家基本未经过政（府）教（会）合一的历史时期，没有政教合一的传统，旧教的特权思想和等级观念对北欧国家的影响相对较小。这种社会氛围使得北欧国家的等级观

---

① 《史记·管晏列传》。
② 陈振光，胡燕 . 西方城市管治：概念与模式 [J]. 城市规划，2000（9）：11-12，26.

念不强，而社会的平等意识、平民意识则较为浓厚。北欧公民有权享受平等的公共服务，参与国家公共政策的制定，发表自己对公共政策的见解，也有权反对某些公共政策，这样的理念建立在北欧公民社会的基础之上。政府能够听到不同的声音，这也是社会稳定的保证。该模式的实现方式主要依赖地方和较高层级政府的网络关系，其短期目标是确保国家基金的流动以维持地方的活动。

北欧模式积极的一面是：政府服务社会的职能作用突出。在北欧国家，政府的重要职能之一在于提供公共产品，通过相应的制度安排，为公众提供有意义的福利保障。北欧国家的做法表明，在市场经济条件下，政府除了在宏观调控和市场监管方面发挥作用以外，更应该在社会管理、公共服务中发挥作用，为社会成员提供有效的公共服务和公共产品。这不仅是维护社会稳定、实现社会公平的重要保证，也是促进经济社会发展的重要条件。另一个表现是由政府主导二次分配。正确处理公平和效率的关系，在任何一个国家和社会里都是一个难题，北欧国家也不例外。一般来说，一次分配要注重效率，二次分配要注重公平。

但是，北欧模式经过几十年的发展，也面临许多矛盾和问题，这些矛盾和问题不解决，将使得国家竞争力下降，难以确保这种模式的持续发展。事实上，在日益一体化的全球经济中，无论是北欧、澳大利亚、美国等发达福利制度，还是拉美、中欧、日本等新兴福利制度，很多国家的福利政策都针对影响各国发展的关键因素进行了调整或转型[①]，各国所作出的各种回应和选择，也都是基于它们的演进历程、现状得失和发展趋势。

2.3　福利促进管治

在北欧模式中，作为福利模式管治/治理的结果，北欧国家社会较为稳定，社会治安较好，犯罪率低。当然这也和北欧的文化传统不无关系，不主张搞激进式的社会变革，社会纷争较小。但是，毫无疑问，适当的福利能有效地促进社会管治/治理，有助于改善管治/治理。政府想要展示善意，福利是可以让市民或居民直接感知的方式。概言之，社会福利是克服社会矛盾运行的润滑剂，政府每一项社会福利计划的出台总是不同程度地带有功利目的，总是以缓和某些社会矛盾为短期目标，并通过将其制度化而逐渐成为中长期的公共福利。

福利对于社会的效应取决于福利面向的社会群体。按照庇古于1920年提出的福利经济学理论[②]，在讨论国民收入分配和经济福利的关系时，庇古假设

---

① （丹）艾斯平 - 安德森. 转型中的福利国家——全球经济中的国家调整 [M]. 杨刚，译. 北京：商务印书馆，2010.

② （英）A.C. 庇古. 福利经济学 [M]. 朱泱，张胜纪，吴良建，译. 北京：商务印书馆，2006.

货币的边际效用是递减的，即一个人的货币收入越多，其边际效用越小；而货币收入越少，边际效用越大。因此，穷人的货币收入的边际效用大于富人，把货币收入由富人转移给穷人就可以增进社会的总效用，即增进经济福利。具体来说，假设从富人手中拿走 1 块钱，福利损失是 1 块，而这 1 块钱到了穷人手中，福利增加是 100 块，两者相抵，社会总福利增加了 99 块，可见资助穷人对这个世界是有利的。因此，社会福利政策总是首先面向弱势群体，这是各国城市社会福利政策改革的总体发展方向，也是我国城市社会福利服务的改革与发展方向。

2.4 从"单位感"到"社区感"构建的演变

所谓"单位感"是个体对于单位的一种集体感，"社区感"是个体对于社区的一种归属感，现代意义上的单位和社区的形态首先都是来自西方城市、城镇。现代福利制度首先是在工业革命时期西方城市（镇）的单位和社区中产生的。而我国城市社会福利政策的历史沿革表明，从新中国成立初期的社会福利政策，到计划经济体制下的社会福利政策，再至市场经济转轨中的城市社会福利服务改革，福利政策和政社关系中的控制权结构密不可分。在城市居民这一方面，最直接的体验是，伴随着集体主义和计划经济骤然失效，从"单位感"到"社区感"的演变。以下细化分析城市居民集体感的不同维度。

2.4.1 "单位感"和单位管治

自中华人民共和国成立以来 70 多年的历史里，单位是一个给社会大众以安全感的"组织存在""实体存在"。事实上，单位或曰工作组织对人们的社会地位和社会分层结构有着重要影响。政府、单位是资源配置的主体，福利和单位直接挂钩。中华人民共和国成立后，在北京、上海、沈阳、太原、合肥、马鞍山等各类城市，尤其是工业城市，企事业单位都建立起了功能齐全的生活区，配设各类公共服务设施，从幼托、食堂、小学、中学、职工学校，到医院。有些部属企业的生活配套设施标准远高于城市一般地区，比如重庆钢铁厂，曾经拥有电影院、小学、中学、大礼堂、医院，俨然是一座"城中城"。这些福利安排，一方面固然改善了工人阶级的生活条件和生活水平，另一方面也契合马克思讲的"确保劳动力的再生产"目标，是为可持续的城市社会经济生产提供必要的物质条件。

在中华人民共和国成立之前，这种单位福利也已实际存在。20 世纪 30 年代，青岛的金融业很发达，中国银行是当时青岛金融业的龙头，吸引了全国各地的金融管理人才。青岛的市南区大学路上，有 1934 年建成的青岛中国银行广厦堂宿舍旧址，这里曾是银行高级职员的集中居所，位于信号山南麓的这个地段区位良好，功能齐全，设计建造精良（参见延伸阅读12.1）。上海的西爱咸斯路（Route Herve de Sieyes）集益里8号（今徐汇区永嘉路321弄8号），是四川和成银行职工宿舍。这样的住房福利是因为银行工作的特殊性，为了避免员工在工作之余参与不好的社会活动进而对银行的工作和利益带来损害，提供居住条件良好的职工宿舍，可以促成职员稳定的家庭生活，保障职员安心工作。此外职工宿舍具有某种监管性，属于一种成本较高的管治手段。

延伸阅读12.1 广厦十一栋 职员俱欢颜——银行大院往事

银行大院位于大学路14号，始建于1932年，建成于1934年，据悉，大院系由青岛最早的华人建筑商马铭梁先生主持的"新慎记营造厂"承建的，工程师为赵诗麟。马铭梁祖籍浙江宁波，是近代青岛最早的华人建筑商，于1919年创立了新慎记营造厂。赵诗麟（1907—1979年），上海人，中国建筑师。1932年，他只有25岁，所处的年代正是中国建筑师的"自立"时期，所以他吸纳了西方建筑特色，也继承了当时流行的新建筑风思潮。他在青岛的设计作品，还包含八大关内的义聚合钱庄别墅以及嘉峪关路8号别墅（与郭鸿文合作）。

20世纪30年代初的这座银行大院是赵诗麟进入八大关的"前奏"，也是他颇为得意的作品，因为他曾预言："我设计的这处大院，100年不会过时。"事实证明，他并非吹嘘。

"大院的选址是经过几次考量的"，大院居民蒋若麟说，在中国银行做职员的父亲蒋英秋曾告诉他，大院选址最初是在安徽路老舍公园，当时那里是著名的大华沟，地段和"风水"都不错，但是靠着中山路62号中国银行太近了，"抬脚就能回家，不太合理"。经过多方权衡，最终定在了现在的地址，根据来自父辈的说法，"这里背靠信号山，挨着四条龙（龙山路、龙江路、龙口路、龙华路），面朝青岛河，是风水学上的一块宝地"。居民包宗岱则从地理位置上进行了分析，信号山在东北方向，冬天阻挡了东北风的侵袭；夏日炎炎，则有青岛河通向海口，引导海风徐徐而来；由于离海较近，如果刮起台风，则有小鱼山的遮挡。所以无论从哪个角度来说，这块土地都是上乘之选。

两年后，在14亩槐杨林的坡地上，一处疏密相宜、空间丰富、精彩大气的阶梯式套院公寓落成。"银行大院的平面布局和建筑样式，在国内绝无仅有，独一无二，是硕果仅存的建筑孤木"，江祖龙说。

大院为长方形，南北向（并非正南正北），大门朝南。大院分为前院、内院、独院和后花园，院内楼房中西合璧，除却独院外，中轴对称，南低北高，院里套院，园中有园，配上各种花草树木，美不胜收。

大学路 14 号为大院南门，门口右侧为警卫室，右侧为副理楼，北面为襄理楼，是银行二把手和三把手居住的地方。左侧是大礼堂，往前几步便可以看到大礼堂上的几个大字"广厦堂"，应是取杜甫"安得广厦千万间，大庇天下寒士俱欢颜"（《茅屋为秋风所破歌》）之意。如果绕过副理楼和襄理楼之间的喷水池继续往东走，便遇到一堵围墙，打开小门，是一座独栋小院，此为经理楼。

内院里，左右两侧分别有三栋样式统一的四层小楼纵向排列，最北端的"科长楼"横跨中间。在院中，原来都是用矮墙石台围绕的小花园，形成三个依次上行的"回"字院，中间都是绿地和花草树木，春夏秋都有花朵开放，冬天，大院也不寂寞，经理楼后，襄理楼东侧有一座大型玻璃花房，负责供应银行和宿舍的花朵绿植摆设，天寒地冻之时，花房内依旧灿烂如春。

红瓦黄墙红砖小阁楼，11 栋楼除经理楼外被均匀地分布在大院两侧，现在以 1 到 10 号楼命名，而当初，每栋楼都有一个汉字名，分别是 [补注：出自]"青岛中国银行广厦堂宿舍"，"青"字楼是经理楼，其他 10 栋楼从襄理楼开始以顺时针分别命名，颇具特色。

如果仅仅因为 [补注：形态之] 美来印证设计师的预言似乎并不具有说服力，更主要的是大院的设施之全面，之周到：广厦堂有供销合作社、理发室、医务室、幼儿园、热水房等。[补注：广厦堂内中间是上下贯通的小礼堂，有舞台和几十个座位，供职工业余活动和演出娱乐。据说每逢礼拜六晚上，这里就会有一些演出，以娱乐大院里的住户以及银行的其他职员。] 大院的西北角建有一个太平间，太平间南端有工友楼，是大院后勤人员居住地，比如电工等，在大院的东北角，还有传染病隔离室，院里还有洗衣房。生老病死完全可以足不出院。而安全设施，从门口到襄理楼，有两个门廊构成前院，门廊为平台式天桥设计，用意何在？居民包宗岱告诉记者，不要小瞧这两处平台，这可是重要的消防设施，"这里的楼房都是砖木结构，一旦失火，副经理、襄理和家属都可以从平台逃到广厦堂避难；而若是广厦堂失火，则也可以通过平台逃生"。此外，院内的水泥池不仅为了美观，也为失火备用。院里还有两个防空洞，一口水井，都是战争、缺水时的重要应急设施。

大院居民戚文馨接父亲的班，后来也在银行工作，她说，银行基建的同志接触过当年的图纸设计，"据说大院在国际上得过奖"，她说的不仅仅是院内的设施，还有屋内，"80 年前的全明户型"，在现在看来颇具前瞻意识。"大院的建筑工种全国少有，曾有一位哈尔滨理工大学的研究生来考察，他说这里是青岛市唯一一座应该受到重点保护但被遗漏的大院"，居民张铸说。

来源：半岛全媒体记者 张文艳. 广厦十一栋 职员俱欢颜——银行大院往事 [EB/OL]. 大众报业·半岛新闻，http://news.bandao.cn/a/465813.html，2021-02-17. 补注为本书作者所加.

单位的福利虽然会随时代有变化，但是一直在延续。直至近年，许多单位仍提供餐食福利或餐饮补贴。上海的国有独资的设计院有限公司的上班时间是上午九点，食堂的免费早餐早上七点半开始供应，八点四十五分结束。很多员工会赶早从家里出发，既避免路上交通拥堵，又可安心吃早餐。而一些年轻员工则会在八点半到达赶上早餐。食堂早餐福利既增加了员工的单位感，更主要的是保障了大多数职工能准点上班，并使他们能提早调整至工作状态。毕竟，单位福利的原始出发点是对工作效率的管治。

国外的情况也是如此，19世纪欧美就开始建设"公司城镇"。公司城镇由公司雇主投资建造，厂区和生活区毗邻，生活区规划建设有一系列便利设施，如商店、礼拜堂、学校、市场和娱乐设施。例如德国柏林西北部郊外的西门子城（Siemenstadt）。1897年发明家兼企业家西门子和哈尔斯克收购了柏林西北部的一片荒地，作为新的生产基地，将其大部分业务集中于此。随着工厂和基础设施的建设，该社区已逐步发展成熟，1914年正式更名为西门子城。"一战"后住房严重短缺，西门子公司收购了20公顷的土地，为在此地就业的员工建造住宅和其他配套生活服务设施，包括幼儿园、学校、俱乐部等。该项目分四个阶段进行，第一阶段建成了500多套两室、三室和四室公寓，这就是"西门子地产"（Siemensstadt Estate）（图12.1）。大约1914年，所有公寓都有室内厕所，这在当时相当奢侈，2/3的公寓甚至有自己的浴室。20世纪30年代建成了"家园地产"（Heimat Estate），有1000多套出租公寓。到20世纪30年代末，该居民点的人口为1.3万人。[①] 西门子城在厂区之外还建立了研究设施、住宅区和社会文化设施，从而创建了一个新的城区。在交通方面，西

图12.1　德国西门子城的员工公寓，1914年

来源：https://www.siemens.com/global/en/company/about/history/specials/siemensstadt.html

---

① The Beginnings of Siemensstadt: Building for the Future[EB/OL]. https://www.siemens.com/global/en/company/about/history/specials/siemensstadt.html.

门子公司通过修建一条 4.5 公里长的铁路，将此地连通柏林其他地区。"二战"前，该地域内曾一度聚集了 9 万名员工在此工作、居住。公司城镇通过充分的福利，建构"单位感""企业感"，从而强化企业的凝聚力，达到易于管治、服务生产的目的。

"单位感"是就单位员工而言的归属感，在很大程度上，员工对一个单位或企业的"单位感"是通过包括住房、配套服务设施以及各类服务的整体福利所体现和实现的。这类福利首先属于单位福利，也是单位制社会的社会福利的重要组成部分。当然，单位归属感和单位控制是一种关系的双面解读，职工愿意被管、乐意有人管，凡事由单位安排、生活有着落；单位企业则可以有效地监管、引导和控制职工行为，有利于单位社会的生产和生活秩序稳定。

2.4.2 "社区感"和社区治理

社区感是居民对于所居住、生活之地产生的归属感。在许多并不严格的非学术研究语境中，邻里和社区的差别常常被忽略，甚至并列使用。菲利普·兰登在他的《步行可及——创造大众的宜居社区》一书中，对邻里和社区并未加以明确区别，几乎是交替着使用，并且"邻里"一词的使用频率更高。也许环境心理学者克鲁帕特（Edward Krupat）在《城市人：环境及其影响》（1985 年）中对社区和邻里的鉴别可以解释这种使用方式。他指出，当社区用以指一个地方或一群人或一个大社区里的小社区时，其意义隐含着当地社区，这种情形下"社区"和"邻里"术语往往是互换的（如"我认识大部分住在我社区 / 邻里的人"）。[①] 可以说，"社区"的概念一种是源自学术界及相关理念，另一种则直接出自日常生活的现实世界。

在中华人民共和国成立后数十年的城市单位制社会中，由于我们过分地讲公平和福利，结果造成了"吃大锅饭"现象，社会生产和服务效率低下。单位制的解体，恰恰是单位所承担的福利义务太重以至于严重影响社会生产力的结果。自改革开放以来，政府、单位不再是资源配置的唯一主体，资源配置结构趋于复杂、多元、动态化。随后而来的这个快速转型、高度裂变的社会，存在大量的社会关系断裂，下岗、失业、退休造成的单位关系断裂，动迁引起的邻里关系（较早存在于非商品房社区中的邻里关系）断裂，打工和移民产生的亲属关系断裂等，这些断裂的社会关系需要修复和接续，需要柔性的、正式的和非正式的社会支持网络，而这正是社区的优势和任务——通过社区组织、社区工作者、志愿者的专业的介入和支持，接续社会关系，发挥社区的作用。这有赖于社区感的建立。

---

① 黄怡. 社区规划 [M]. 北京：中国建筑工业出版社，2021.

和单位社区时期不同的是，社会福利不再主要以单位福利的形式出现。就业机构、组织通常仅是工作场所，不再是什么都管的"单位"，个人享受的公共服务和社会福利需求越来越依赖社会化、市场化机制解决。因而原先由于单位不同而产生的福利悬殊也在大范围内消失了，这个大范围包含了多重含义，既指大范围的社会不同部门，也指大范围的城市地区，还可以指大范围福利的类型和内容。

自 21 世纪以来，从管理向治理的转变的迫切性和艰难性在社区层面表现突出。一是城市快速建设，造成社区公共服务压力剧增。城市居民和流动人口在教育、医疗、文化、交通等方面的公共服务需求快速增长，且呈多样化趋势，而老龄化压力日益加剧，政府垄断公共服务资源和包揽公共服务供给已明显力不从心。二是社会阶层分化加剧，原先均质、单一的社区模式面临挑战，社区稳定性下降。三是社会生活组织方式从"单位人"到"社会人"的转变尚未彻底完成，单位对个人的社会管理功能已逐渐消解，而个人对单位的公共服务和社会福利的依赖性尚在，还未完全适应社会化、市场化机制。

社会系统演进有其自身的规则和逻辑，若从一个极端走向另一个极端，颠覆性地片面地追求公平福利或追求效率，都会让社会心态难以适应。我国目前的社区感薄弱，很大程度上也和福利的水平及提供方式有关。社会福利服务大都是城市统一提供的，和具体所在的社区无关，居民也就不觉得对社区负有任何的义务。社会心理的这些变化对社区管理向社区治理体制的转型提出挑战。

2.4.3 创造"社区感"和社区治理

创造"社区感"的方式之一是创造和提供社区福利，这是一种共创共建的过程，这一过程本身可纳入社区治理的范畴。在我国，受到行政管理习惯的影响，社区建设中往往将社区等同于行政区，"政社合一"[①]使得实际操作大多以"法定社区"为操作单位，地域基础是预先划定、规定的，而社会心理的基础是后天培育的，实际社区中"区而不社"[②]现象普遍。换句话说，大多是缺乏社区感的行政社区。而社区治理的目标之一就是为自身创造福利、创造社区感，这既是社区治理的手段，也是社区治理的目标。

一些具体的案例更能说明如何创造社区感。以我国台湾地区的新北市为例，一家名为"联经"的出版机构和台北图书馆合作，通过经特殊改装的面包车，推出"行动书车"，也就是流动图书馆和阅读辅导站，每逢节假日，开到

---

① 张玉枝. 转型中的社区发展——政府与社会分析视角 [M]. 上海：社会科学院出版社，2003.
② 顾东辉. 从"区而不社"到共同体：社区治理的多维审视 [J]. 西北师大学报（社会科学版），2021（6）：89-97.

人流密集的观光游乐点，提供以孩子们为主的读者服务。那个小小的车厢，常常会挤着二十来位小朋友，席地而坐翻阅图书，或听老师讲解。[①] 这辆流动的文化资源车，既为孩子们增加了阅读资源，也创造了可以期盼的具体福利，无形中增加了地方的社区感。

延伸阅读 12.2　费城的"北方自由"邻里

美国费城中心城区东北侧的"北方自由"邻里（Northern Liberties）地区，20世纪90年代在制革厂、香烟厂、啤酒厂、黑胶唱片制造厂以及其他产业迁走后，成为一片占地2/3平方英里的废弃地。城市当局将原先的建筑物认定为危楼，并悉数拆除，留给邻里一片瓦砾地。因拆除成本和工厂业主未缴税金而产生了超过100万美元的留置权。"北方自由"邻里是费城唯一没有市民公园的邮政分区。居民们很想要步行可达的绿色空间和休憩的地方。1994年成立了"北方自由邻里协会"，接手处理工业地产衰败和公园缺乏的问题。得益于费城城市资源项目（Philadelphia Urban Resources Project）的一笔资助，还有居民们捐赠资金、提供服务和劳动力，1997年公园初具雏形。志愿者将其命名为"自由之地"，他们在公园建成的头一年种下了60棵树，使这里成为一个社区花园。后来的数年里，他们种下了更多树木，设置了野餐台。居住在附近的居民们奉献了20年的志愿劳动后，"自由之地"有了一个蝴蝶园、一处美洲原住民花园、一座社区花园、180棵不同品种的树木、野餐长凳，一幅描绘鸟类和蜜蜂的壁画，以及开阔的大草坪。它已成为一个邻里的核心，在此举办了大大小小的社区活动。这个邻里的人口增长速度比费城的任何其他地区都快。公园附近一幢建筑物的墙壁上绘有一幅壁画，描绘了此地从荒野到工厂、再到工业废弃地、最终到社区公园的整个演变过程。在一个没有公园的城市地区，社区志愿者们自力更生建造了一座公园。现在这个公园真正是生机勃勃，志愿者仍旧继续每周的志愿劳动，以便让公园保持吸引力。

来源：（美）菲利普·兰登. 步行可及——创造大众的宜居社区 [M]. 黄怡，译. 上海：文汇出版社，2022.

延伸阅读12.2中美国费城"北方自由"邻里的建设是一个漫长而持续的过程，这个过程也是一个社区治理、社区自治的过程，居民们形成了社区感，同时也为自己创造了福利。

---

① 王伟. 台北的碎屑 [N]. 联合时报，2019-10-25（8）.

2.5 社区资源即福利

为了实现和改善社区治理，提升社区福利是一个有效途径，也可以说，提升社区福利既是目标，也是路径。在政府资源有限的情况下，社区福利哪里来？区别于外向式索取福利或被动式接受福利的"等、靠、要"心态和视角，我们可以获得一个新的认知——社区资源即福利。资源是想法的函数，就想法、技术而言，资源是变化的。[①]那么，问题的关键就转化为如何尽力发掘可以创造社区福利的社区资源，以及如何将隐性的社区资源显性化、福利化。

2.5.1 社区产业资源可以创造福利

社区类型不同，资源数量也就不同。那些拥有产业资源的社区在获得资金以提升福利方面有当然优势。比如，上海市浦东新区、北京市朝阳区、深圳市福田区、广州市天河区等楼宇经济典型城区和北京中央商务区、陆家嘴金融城、重庆江北嘴中央商务区等所包含、所在的社区，因为拥有楼宇经济、总部经济和商务区，社区的物质设施、公共环境建设水平较高。企业和社区在楼宇经济平台化、要素配置专业化、治理机制多元化方面完全可以相互促进，共建共享，从单纯的"空间并存"，到"空间配套服务"，到走向"空间共同生产"，从而创新产业社区模式，培育出企业社区共治的新理念、新机制。

例如，上海浦东新区的潍坊新村街道社区，地处浦东新区陆家嘴金融贸易区，辖区面积3.89平方公里，居民约4.46万户，总人口数约12.2万人，其中户籍人口数约9.3万人，流动人口近2.9万人。除了拥有各类社区服务设施，还有各类商务楼宇63幢，学校17所。在社区内注册经营的企业达5000多家，宝钢、上海期货交易所、华润（上海）有限公司、阿尔卡特等一大批著名企业及紫金山大酒店、上海红塔豪华精选酒店等星级酒店均在此落户。2016年区域户管企业税收达102.4亿元，共有纳税亿元企业7家。[②]潍坊社区公益基金会属于非公募基金会，通过社区动员、理事单位和辖区内企业与个人募捐、设立专项基金等方式，实现联合筹资、企业资助、个人捐赠、基金保值增值等方式充实资金来源。社区基金会是社区公益资源的蓄水池，也是社区公益的助推器，能够有效推进社区治理。

又如，青岛李沧区湘潭路街道大枣园居委会社区，属于"村改居"性质，在大枣园村的基础上建立，社区制造业产业发达，并和国有大企业进行大协作、大配套，进行规模化、集约化经营，已形成汽车改装、物流运输、燃油（气）锅炉、焊接机械、家用电器、标准机件、工商贸易并举的产业结构。全

---

① 周其仁. 创新应对经济发展的不确定性[J]. 浦东时报，2017–12–12（11）.
② 潍坊新村街道简况[EB/OL]. https://www.pudong.gov.cn/016002001/，2021–10–13.

社区占地面积 2.8 平方公里，西隔重庆中路和一汽集团青岛汽车厂相望，现有人口 4000 余人，在职职工 1700 人。走"科技兴村、星火兴企"之路，社区经济快速发展，打下了比较雄厚的工业基础，也丰厚了社区福利积累。

2.5.2　社区历史文化资源可以创造福利

社区中的人地关系是相对稳定的。在乡村，社区的人地关系主要基于土地的经济价值，即土地的生产能力；在城市，社区的人地关系则主要基于土地的区位和历史文化价值，即土地的再开发价值。相当数量的城市社区，不同程度地拥有一些历史、人文资源遗存，但是长期处于被忽略或缺少有效维护的状态，无论是对历史人文资源，还是对社区而言，都是一种浪费。退一步讲，也许远达不到列入保护名录的级别，但是哪个城市社区的土地上没有历史呢？关键是其上的社区中要有人认识到价值，并且梳理出来，展示出来，使之成为社区的骄傲和依托，成为社区发展的动力。建立居民和城市土地历史的联系，是精神上的福利，是取之不竭用之不尽的。

许多城市拥有红色资源点，其中很多只是革命者的临时落脚点，因为暂住者的执着的精神、使命和事业为其注入了历史价值。在传统乡村，村民通过捐资修桥筑路"积德"，为乡村社区造福（提供福利）；而现代的城市社区同样需要树立一种为社区赋值、自创福利的理念，一种服务社区的奉献精神，这也是延续社区人文价值、提升社区治理的重要路径。

2.6　解决问题即谋福利

相比于社区资源创造的增量福利，解决涉及社区居民切身利益的现存各类问题则是另一种谋求补偿式福利的方式。城市中由于工业化、城镇化带来的空气污染、交通拥挤、住房紧张、公共服务供给不足等问题，是国计民生等热点、难点、焦点问题，也是市民最期盼、最迫切的问题。其中很大部分是城市层面的系统问题，单靠社区往往并不能解决。例如化工区旁边的社区易于或可能遭受大气污染，主要交通干道旁边的社区可能遭受大气、噪声和重金属污染，这些都是由于城市土地使用功能布局决定的，社区所能做的，比如种植具有抗污染和治污能力的植物，安装隔离屏障等，可以部分缓解问题，属于间接地弥补社区居民失去的基本福祉。但是这种福利很多需要在城市层面统筹实现，例如产业调整、工厂搬迁，升级汽车排放标准或燃油车改为电动车等，所影响的社区数量众多。

一些特定类型的城市社区面临着相似而普遍的问题。例如市政动迁用房和经济适用房基地（一些大型社区）普遍存在以下问题：建立业主委员会难，物业公司收取物业管理费难，动拆迁居民物业管理费意识薄弱；新建好的安居小区管理脱节，经费困难，物业管理人员不稳定，造成恶性循环，环境脏乱差等。居民往往埋怨政府不作为，住进新小区无人管。上述这类问题的解决，则意味着为这类社区居民补足他们应有的福利。具体操作如成立保障房社区物业管理中心，尽可能留一些经营性物业用房给物业公司，让其收入费用补贴物业管理费，以及给予过渡性的政策税费优惠等。

2.7 社会资本转化为社区资本

社会资本的本质是有价值的社会关系，主要是针对个体而言。从社会资本转化为社区资本，需要满足两个条件：首先，社区的个体主观上愿意并且付诸行动地将个人所积累拥有的能够明确产生价值的社会关系资源提供给社区或社区的其他个体共享。其次，这一社会资本的共享行为能够产生积极的结果，即为所在社区创造新的公共产品或者增加新的公共利益。这样，原本个体所有的社会资本有可能转化为社区资本。这个转换过程并不必然是排斥性的，亦即原先提供社会资本的个体并不一定会因为这种共享而损失或减少自己的社会资本，从社会资本到社区资本的转化可以是个绝对的社会增值的过程。

第3节 非正规空间的管治

第8章讨论了非正规住区的问题，非正规空间的管治是城市管治的难点，这也是许多发展中国家面临的普遍问题，最能考验城市管理者和基层管理者的智慧。对待非正规居住和就业空间，需要将其置于社区层面，从不同人群进行多视点看待，从不同位置进行多视角考察，从不同阶段进行多价值的提升优化，而不是简单地消灭非正规空间。对于非正规空间的治理，不仅要有运动式的城市雷霆行动，更应有较为持久的社区常规规章。

3.1 非正规空间和非正规活动

如能将城市非正规空间置于社会时空框架里展开辩证的、历史的考察，则会获得更加完整、鲜活而非刻板、僵化的认知，而这是实现非正规空间有效管治的基础。管治的精准不是来自自上而下的规则，而是来自经验，在管治经验中潜藏着社区理念和社会背景。

3.1.1 非正规的定义及内涵差异

"非正规"这一概念和说法更多来自西方语境中的"informal"，并且主要针对发展中世界的大量现象。非正规经济（informal economy）描绘出了一幅多维度的棚户镇或城中村生活的图景，非正规经济议题是关于发展中世界城镇化的一个重要焦点，包括非正规就业或灵活就业、自由就业，例如擦鞋、快递员、家政服务等；很多时候还包括以非正规住区为据点的非法活动。由于世界经济形势的动荡，所有国家的非正规部门的人员和活动的数量都在增加。

在不同的学科语境和话语体系里，"非正规"也有着不同的潜台词，政治学、管理学中意味着混乱、贫困等管理问题，社会学里则认可其中可能蕴含的多样性、生机和活力。在具体的日常实践中，非正规活动增加了城市管理的复杂性，非正规空间构成了城市多样性的空间形态。

3.1.2 非正规空间的现象和问题

非正规空间尽管形态多样，但整体上可以概括为两大类，即非正规经营空间和非正规居住空间。在发展中世界的大城市里，往往是人口急剧增加，而城市的就业岗位和住房承载力有限，因而非正规经营空间和非正规居住空间总是相伴而生。

非正规经营空间是低成本、低价格的非正规经营业态占用的城市空间，流动摊贩侵占城市道路和场地，在人行道、广场及其他客流密集的城市公共空间中，私自设摊、开设夜排档、开黑车等无序经营活动。

泰国首都曼谷的一些地区，公共设施陈旧落后，大量生活垃圾尤其是食品小贩抛弃的油脏污水直接倒入明渠小河内，污浊不堪。出租车和摩托车管理无序。在曼谷金融街最热闹的沙通路口，高峰时沿着马路两侧，包括公交车站旁，出租车、改装的三轮摩托客车、两轮载客摩托车簇集，道路拥堵，公交车只能停在马路中间上下客，再加上行人乱穿马路，险象环生、一片混乱，但是整个曼谷市马路上不见一名交警。泰国到处可见私人摊贩做生意，灯光夜市、地摊市场、马路两侧占道经商随处可见，而经营者又以老年人为多，人们得挣钱养活自己。好在泰国做小生意无须申请批准，也没有类似"城管"的部门来执法没收。[①]

非正规经营活动通常由于广义的流动而产生，不仅仅指向流动人口，也可能是城市中的低收入或贫困人口。例如下岗或失业职工摆点心摊、修理摊等谋生。在广西南宁，小摊贩、疏导点经常"坐人行道朝马路"，路过的电单车、小汽车按需靠边，就能获得一份早餐、水果或手套、袜子等小商品，颇似"drive-thru"的服务模式，可以给消费者提供"无需下车、轻松购餐（物）"的便捷感。整体而言，乱设摊和人口急剧膨胀、公共配套不完善、政府交叉管理有空白点等直接相关。城乡接合部、区和区交界处往往是乱设摊问题的"重

---

① 王建运. 泰国百姓生活体验记 [N]. 联合时报，2017-12-15（8）.

灾区"。此外，大城市郊区的一些轨道交通站点处，由于最后一公里连接薄弱，"黑车"行为也很猖獗。

非正规经营的类型不仅仅是街头摊贩，还涉及非法行医等。作为经济发达地区，江苏省张家港市吸引了众多外来务工人员，尤以河南、安徽、四川及江苏县市人员居多。在务工人员集聚的地区自然而然形成了商业、餐饮、娱乐等配套行业，由于社会管理存在薄弱之处，一些违法现象随之出现。非法行医就是其中之一，这些地区出现了不少所谓治疗疑难杂症的江湖郎中和黑诊所，并发生了病情延误、药物过敏致残致死恶性事件。张家港市的镇、村、企卫生室十分普及，而且费用也较为便宜，但非法行医现象依然存在，主要原因是非法行医不受稳定的场所、必要的医疗条件等的限制，时间和方式上灵活机动，既可以在家中接受病人挂水治疗，也可以上门就诊。"江湖郎中"和"黑诊所"的就诊对象多为外来务工人员，[①] 非法行医的社会土壤存在，也表明了城市在为外来务工人员提供便利、低价、安全的医疗保障方面仍有较大改善余地。

非正规医疗也是香港的非正规经营类型之一，《九龙城寨史话》[②] 中对于20世纪80年代之前香港的无证医馆有如下描述：

> 其实牙科和诊所在城寨由来已久，在20世纪80年代之前，香港医疗及牙科服务短缺，特别是在六十年代初期，一些社团及医疗车在平民区诊病，当时已有一些没有注册的国内医生驻诊，城寨的牙科及诊所就在这个时候发展起来。
>
> 城寨的牙科和诊所，一直以来，香港虽然法律不予承认，但是长期以来，在社会上牙科及医疗服务不足的情况下，他们的存在和廉价服务，对补给社会上牙科和医疗不足是能起辅助作用的。
>
> 七十年代以来，曾到城寨诊所就诊的有数十万人次，其中一间诊所近年来平均每天到诊的都有百几人次。这些数字说明了城寨诊所及牙科的作用，也说明人们对城寨牙科及诊所的信任。

当然，前面第10章中已提及，九龙城寨是香港非正规居住和非正规经营的突出典型，是香港最大的贫民窟，地处香港老城区。1987年，中英双方协议清拆城寨，一直到1994年拆迁完毕并改建为公园。

关于世界其他地区的非正规居住在第8章里已有述及，这里不再展开。在我国，特别是住房资源紧张或房价房租较高的城市，也容易出现非正规居住问题。上海在2015年"五违四必"整治行动之前，曾一度存在较严重的"群

---

① 社会土壤不除，"黑诊所"难治 [N]. 人民法院报，2014-09-01（8）.
② 鲁金. 九龙城寨史话 [M]. 三联书店（香港）有限公司，2002.

租"现象，即将成套的住房违规分割成多间出租，居住条件恶劣，严重不符合城市居住标准的规定。据上海市统计局公布数据，2013年末，上海常住人口达到2415.15万，其中外来常住人口990.01万人，占到41%。近千万的外来人员中，有相当部分从事服务行业，容纳如此多的外来人员势必带来"群租"的非正规居住问题。一些私营企业或个体业主为了吸引招工，将"包吃包住"作为招聘条件之一，同时为降低用工成本，企业主倾向选择"群租"方式安置员工，这在餐饮、美容美发等服务行业尤为突出①。超负荷的"群租"带来了卫生、安全问题，还可能侵害其他住户的生活环境权益。上海浦东新区康城地处闵行和松江的交界处，属于人口导入区。康城小区是上海数一数二的超大型社区，规划居民户数达1.25万户。2015年整治房屋群租1698户，群租率达到13.6%。非正规居住空间在中心城区大多以"群租屋""群租楼"的形式存在，在城市郊区或城乡接合部则以城中村违章建设和乱搭形式存在。

3.1.3　正规空间里的非正规活动

除了各类自发形成的非正规空间及其中的非正规活动，在"正规"的城市空间里也可能存在非正规的活动。在许多发展中国家，居民居住在自行建设的房屋当中，这实际上也是一种非正规的建造活动。越南的胡志明市和印尼的雅加达市都是高密度的城市，由于将土地平均划分给居民来自建住房，已经产生了居住条件恶化、基础设施不足的严重的现状问题；也就是说，在正规的城市空间里，追求公平的治理方式，然而通过法定许可的非正规的建设方式，结果却带来了不公平的城市发展。从另一种意义上讲，这也是公众参与的理论在高密度的发展中国家城市建设中应用的困境。正规和非正规的形式本质上体现了治理主体权利合理分配的重要性。

在一些"正规"的城市空间里，还可能存在小尺度的非正规活动，在介于集体空间和公共空间的居住空间里发生，大都是居民作为行动主体。例如，上海浦东新区惠南镇的乐源城是拆迁小区，里面的居民以前大多是农民，原先的农民房和自营地都被清除了，虽然住进了公寓，但是农民的有些习惯还是没改掉。楼道里堆满杂物，绿化区也遭殃，有把草坪刨了种上了绿叶菜和土豆的，也有把月季花拔了坐在一起聊天的，还有在树上挂拖把晾晒衣服的，好好的小区变得乱哄哄的，物业和居委会每两年都要开展一次"归还楼道和绿化"的整修活动，但效果一般。这是大城市郊区"村改居"类型的社区中常见的现象和问题，村民在逐步转变为城市居民的过程中，还面临着对于农村集体生活方式下的空间认知向城市生活方式下的公共空间认知的转变。

在人口老龄化严重的中心城区，同样存在着正规空间里的"非正规"活

---

① 郑维琴：城市顽症要治标更要治本 [J]. 上海人大，2014（10）：30.

动。城市社区商业布局虽然符合规范要求，但是对于城市中心地区的老年人来说，仍然不能充分满足老年人方便的日常生活需求，小区内、弄堂内设摊应运而生，并受到老年居民的普遍欢迎，却给小区物业管理和城管工作带来了不小的困扰。

3.1.4　复仇主义城市和非正规的管治

如第 7 章讨论的，复仇主义城市的做法就是要消灭城市非正规的活动和空间。然而在具体实践中，非正规空间和非正规活动的管治工作比想象的更复杂，牵涉的范围也更广。除了前述典型的非正规空间管治外，社区日常管治的难点之一是城市"底层"。在社区层面，"底层"是一个缩影，既代表了底层物质空间，也和社会底层有着密切的关联。社区底层的商店和服务设施很多是外来人口承租门面开设的，且大多数门面是"破墙开店"。近年来上海、北京等城市重拳出击，以"砌墙关店"来整治中心城区街道"破墙开店"现象。2015 年 7 月至 2016 年底，上海开展的"五违四必"综合整治行动以老式"新村"小区和私房棚户集中的"旧里"作为整治重点，按计划分批对社区沿街违法建筑、破墙开店等问题进行综合整治。对房产证上标注为居住性质的沿街房屋，在综合整治中予以恢复居住原貌。执行的结果是，许多沿街底层"门店"被迫变身"窗店"勉力维持，也有关门走人的（参见延伸阅读 12.3）。

延伸阅读 12.3　上海的"破墙开店"整治

"破墙开店"作为我国许多城市中较为普遍的一种现象，随着城市化进程的加速以及市场经济和第三产业的发展而不断蔓延，却也给城市管理带来了巨大挑战。"破墙开店"是指住宅区沿街底层住户将外墙打开，有时甚至将户内承重墙打通，改为商店自行经商或出租的现象。按照城市管理的行话来讲，就叫"居改非"。

一、"破墙开店"整治的现状

2018 年初的一二月份，漫步上海中心城区，特别是在 20 世纪建造的一些老旧居住街区，会看到沿街底层的一些奇特场景，新砌的住宅墙体，窗户上大大的各式广告字样，非常醒目。从外面探视进去，不难发现，原来是一些曾经破墙而开的非正规商店，虽然在城市环境整治中被强制封墙关闭，却"以窗牖为交易窗口"，仍在经营之中。

事实上，自 2016 年起，北京、上海等特大城市均采用"封墙关店"的方法对其进行"一刀切"式的管理。然而许多底层门面的改变仅是将"卷帘大门"改成了"入户小门"，内部仍用作商铺，这也表明，仅是堵塞并不能解决实际问题。

二、"破墙开店"的成因

"破墙开店"的出现有其历史成因。成因之一是非正规就业的需要。改革开放 40 年来，我国快速的城镇化进程使得大量农村人口进入城市，城市中由于产业结构升级也造成了一定数量的下岗或失业人口。当城市提供的就业机会不足，低收入群体为寻求谋生或创业机会，"破墙开店"就成了一种非正式的商业和服务业就业选择（图 12.2）。

"破墙开店"的出现有其市场成因。成因之二是居民日常生活服务的需求。城市人口的社会经济地位和消费水平差异悬殊，破墙开店的商业服务业模式提供了城市居民方便而价廉的日常生活服务，当城市服务设施无法满足城市人口的需求时，各类非正规商业服务业就会应运而生，为各类城市居民提供多样选择，丰富了城市商业服务业的层次，因此有着较为普遍的大众需求基础。

"破墙开店"的出现有其空间成因。成因之三是城市街道氛围的需要，沿街有活动才会有活力，才会有生机。底层住宅对保证住户的私密性不利，对行人来说也没有吸引力，因此底层有店面的街道，远比那些仅有连续的围墙或住宅窗户外安装着金属防盗栅栏的街道有意思得多。

在上海杨浦区四平路街道和控江路街道辖区的城市生活型道路两旁，大多是 20 世纪 50 年代集中建成的工人新村居住区。街道两侧主要为住宅和商业设施建筑，街道两侧底层住户通过"破墙开店"形成了一定数量的店铺。沿街住宅底层破墙开店基本分为两种形式——横墙开店和纵墙开店。打破住宅底层横墙开店，即住户将临街一面的山墙打开，将底层居住空间转换为商业空间。由于行列式住宅山墙面短，一栋住宅建筑底层最多只能形成两个商铺，因此这类"破墙开店"的街道商业规模小。部分底层住户在破山墙开店的同时在住宅前后直接加建商铺，使住宅底层形成一小段连续的商业（图 12.3 左）。打破住宅底层纵墙开店，即住户将临街的行列式住宅底层全部打开，可形成一定长度的连续的街道商业界面（图 12.3 右）。

图 12.2 沿街住宅底层破墙开店被封堵后的现状（杨浦区四平街道社区）

来源：吴与伦，2018 年

图 12.3　沿街住宅底层破墙开店的横墙开店（图左）和纵墙开店（图右）形式（杨浦区控江街道社区）

来源：吴与伦，2018 年

三、"破墙开店"的积极和消极影响

"破墙开店"的存在有其积极的方面。一方面住宅底层商业构建整体街道形象，有效利用城市界面，同时丰富了城市空间，使其更加多样化；另一方面快速的城市建设与更新改造使得城市空间尺度巨型化，而人性化的空间逐步消失，沿街底层的"破墙开店"所形成的商业和服务业态类型及其分布以居民日常需求为导向，能够弥补正规商业在某些业态和空间布局上的缺失，为周边社区市民提供便利，也为街道带来活力，丰富街道生活。

"破墙开店"的存在有其消极的方面。当缺乏有效的社区管理时，"破墙开店"则会存在下列隐患：①破坏了房屋的结构，严重危害居住的安全；②破坏了居民的生活环境，可能产生噪声、光污染、空气污染；③破坏城市市容；④占用街道两侧的自行车道及人行道，对交通造成干扰影响（图 12.4）；⑤破坏市场秩序，破墙开店属于非正规商业，容易存在餐饮安全、产品服务质量或价格等问题；⑥底层破墙开店从事某些类型的经营或出租，可能影响周围邻居的环境与利益，进而破坏邻里关系，易于引发邻里纠纷。

四、"破墙开店"的整治理念及整治措施建议

目前的"破墙开店"整治还不能算是成功，如何将居民的需求疏导至这些店铺以外的场所还有待解决，从侧面也反映出这部分底层住宅作为居住用地

图 12.4　沿街住宅底层破墙开店，侵占街道空间（左）、妨碍街道交通（右）（杨浦区控江街道社区）

来源：吴与伦，2018 年

尚存在着或多或少的问题。许多"破墙开店"的底层住宅，受历史因素的制约，在规划之初没有作为商业用途，因而出现了后来的改变房屋结构、改变空间使用性质的问题。就城市管理部门来说，沿街底层住宅"破墙开店"的泛滥，本身就是有关部门管理监督职能长期缺位的结果。面对现状，理性而充分地分析破墙开店的真实需求，积极采取应对引导措施，也许是最好的态度。简单地一刀切，粗暴地封堵，而不管城市街道界面和城市形象，看似坚决，实则有偷懒之嫌。

沿街底层住宅"破墙开店"在我国许多城市是个普遍现象，存在的数量也相当巨大，因此在更多的城市整治行动中，将"破墙开店"整治与城市老旧住区更新结合起来，也许是更合理的办法。应力求做到：①合乎建筑结构安全，改变空间用途；②扩大就业岗位，改善低收入人口的谋生问题，使无证经营向有序有证经营转化；③改善沿街步行环境，改善交通；④在街道空间上进行美化，提升空间品质和街道吸引力。

来源：摘选自吴与伦.社会调查报告《上海的"破墙开店"整治》，2018.

表面上看，这些空间治理行动的"主观动机"是为了改善城市环境和秩序，采取的手段也是制度化的，依据城市规划对土地使用性质和功能、建筑使用功能的规定进行核查和整改，对不合理的功能和人口进行清退。但是，大多数老旧住区的规划是在计划经济时代制定的，对底层沿街商业功能的设置考虑不足、考虑不周有其历史成因，如果规划管理不能考虑当下实际情况进行精细化的调整，城市管理部门反而以过时的规划作为城市空间治理的依据，就难免导致"反治理"的效果，[①] 妨害城市公共空间的活力多样性、城市生活的丰富多样性、城市功能的复合多样性。

在正式制度和非正式制度、正规经济和非正规经济、正规空间和非正规空间、正规活动和非正规活动之间，究竟该如何管治、如何平衡？这就要求我们对于生活世界需要一个基本的认知，世界的平衡之道犹如昼夜、好坏、善恶之分际，人类很难拥有一个理想的、纯粹的世界，对于城市治理尤其是社区治理中的许多现象和问题也得秉持这样的理念。城市管理中的一些"痼疾"，有其产生和生存的土壤，有社会群体的需求，要完全消灭非常困难，换言之，代价成本非常高，那么换一种思路，在共存状态下，将这种成本转为改善其存在的形态，也许是一种更经济有效也更具社会性的方式。这些现象和问题包括城市中的路边临时摊点、夜市等，也就是各国各地的"美丽城市"建设中"欲除之而后快"的空间和场所，对发展中国家的城市来说尤其如此。

[①] 黄怡.超大城市空间治理的价值、挑战与策略[J].学术交流，2019（10）：26-37.

城市治理中一些共存的理念也有一定的实践。上海区域面积广阔，中心城区和郊区经济、社会发展还不够均衡，城管执法力量也很有限。因此，市城管执法局针对上海地域发展差异性大的特点，采取差别化方式，实施市容环境卫生秩序分级执法保障（表12.1），寻求既有效维护保障市容环境卫生秩序，又能够体现城市管理多样性、复杂性和典型性特征，这也是对非正规空间治理的有限探索。所有这些空间管治，最终都是落实到街道社区层面来执行的，因此属于社区管治的范畴。

上海市无序设摊分类治理执法等级、对象及内容　　　表12.1

执法等级	执法对象（城市空间类型）	执法内容
设摊严禁区域	全市90条主要道路和26个景观区域	坚决取缔无序设摊
设摊严控区域	中心城区22个街道（镇）	禁止设置摊贩临时销售点，对居民日常生活确需的小型修理摊进行有序规范疏导
设摊控制区域	其他区域	根据市民诉求和商业服务网点配套情况，可"拾遗补缺、因地制宜"设置符合规范要求的摊贩临时集中疏导点

来源：根据《关于本市进一步加强城市无序设摊综合治理工作的实施意见》（沪府办发〔2014〕34号）整理

3.2　从日常管治的难点到特殊时期的亮点

城市日常管治中的难点地区，通过改变思路、合理引导，有时反而会促成城市地区亮点和活动吸引点的形成。此外，由于一些公共卫生方面的原因，在特殊时期，非正规空间的不利之处反而成为其优势之处。

3.2.1　从"黑暗料理"转向"户外餐饮"

在一些大城市的新开发地区，由于商业服务设施配套不到位，而人口的消费需求多样化，以及外来人口数量众多等诸多原因，使得城区内有大量无序设摊的违法违规行为。这些无序设摊不仅占用道路，影响交通，而且污染环境，影响城市面貌。例如，上海原闸北区（现属静安区）对于彭浦新村街道社区的彭浦夜市的整治和最终取缔（延伸阅读12.4）。

延伸阅读12.4　上海闸北区的"彭浦夜市"

位于闸北彭浦新村的"彭浦夜市"曾有个响当当的名号——"黑暗料理界"，从最初的临时疏导点，到后来整治取缔，彭浦夜市的整治过程或可窥见治理无序设摊理念和方式的变化。

彭浦夜市从零散小商品摊头向规模化发展始于 2004 年左右，2010 年随着"闻喜路烧烤"的扬名，临汾路逐渐发展成为地摊聚集区，号称"彭浦新村的南京路"。出于便民、就业、稳定等诸多方面的考虑，最初政府并未下决心取缔。2011 年 8 月，为规范管理，设立了彭浦夜市临时疏导点，摊贩总量由近千家缩至 400 余家。

然而，随着彭浦夜市的名气越来越响，商贩、食客慕名而来，趋之若鹜。彭浦新村街道辖区内的夜市规模在短期内呈爆炸式扩张，从原来以小百货居多发展成以烧烤、油炸、水果榨汁等各色小吃为主，流动设摊数量重新恢复至疏导点建立之前的规模，多达上千家，其中经营各类餐饮的约占 100 余家，由此带来街面垃圾产出量激增，浓烟噪声扰民严重，对此居民每月各类投诉多达 400 余件。同时，由于彭浦新村"黑暗料理"名气传遍浦江南北，车流、人流在每晚 6 点至凌晨两三点集聚于闻喜路、临汾路、平顺路，道路拥堵不堪，短短几百米路车辆半小时难以通过，有八条公交线路在每晚 20 点至次日凌晨 2 点一度被迫改线。

这些都大大超出了属地道路容积能力、职能部门管控能力和周边居民的承受能力，让居民百姓怨声载道、苦不堪言。为抑制局势蔓延，加强城市管理，建设宜居环境，闸北下定决心坚决取缔夜市疏导点。

来源：艾立. 彭浦夜市：该堵的坚决"堵"住 [J]. 上海人大，2014（9）：19.

疫情时期，沿街餐厅外摆、路边食摊是不错的选择。成都市城管委规定，外摆不能影响居民日常生活和正常交通，同时要严格做好疫情防控。允许有场地条件的临街商铺在门前划定区域或者隔离范围内开展出店外摆经营活动；允许商贸综合体、商业街、特色街区内商家在广场、街区红线范围或者隔离区开展促销、展销、外摆等经营活动。[①] 毕竟服务业经济需要维系，人们的消费需求也要得到满足。

3.2.2 占道设摊的马路菜场的彼时和此时

一些城市地区的外来人口远多于户籍人口，大量外来人口为了生存，有的摆地摊做起了小生意，因其价格低廉深受居民欢迎。另有一些地方商业配套、商业规划不合理，让无证摊贩"有机可乘"。如菜市场设置位置不便利、菜价高、关门时间早、入场费摊位费过高等，催生了马路菜场，加上成本较低，所以反复性强。部分疏导点由于位置偏远，没有人气和市场，对摊贩难以形成分流。一些核心路段、地铁站周边设摊利润高，摊贩盘踞，甚至形成势力

---

① 杜文婷. 外摆但不乱摆 既有"烟火气"又得有"高颜值" [N]. 成都日报，2022–04–23（4）.

范围，"长期和执法人员'打游击'"①。

但是对于马路菜场这种形态的好坏判断标准并非一成不变和绝对的。疫情蔓延时期，马路菜市场因户外空气流通更加有利于防疫。由于一些正规菜场因疫情防控需要暂停营业，致使一些城市社区中经长期整治已消失多年的马路菜场卷土重来。清晨菜贩挤在马路两侧，摆出摊位，叫卖蔬菜、瓜果、鲜肉与河鲜。早起买菜的市民，大多是不擅长使用手机在线消费的老年人，但马路菜场有时间限制，在正常交通恢复前必须撤摊。

因此，占道设摊是否侵占路权，可以置于特定时空中具体分析，可能得出不一样的结论。对于非正规空间的处置，应根据理性选择论，多从行动者立场而非从外部立场来判断行为是否为理性选择。对行动者而言是合理或理性的行动，如何能结合起来产生行动者预期的、对社会而言最优的社会后果，是社区治理中更值得关注的问题。

第4节　社区共治和居民自治

法国哲学家沃尔尼伯爵（Comte de Volney）在18世纪90年代后期游历美国后，于1803年发表了探讨文明问题的著作，反映了社会契约理论的一般原则和自治所需能力的标准。他写道："我们应以文明的视野来理解城镇（即有保护自身免遭外界掠夺和内部混乱的常用防御体系且四周筑有城墙的居住地）中的一群人。这种集结必然包含成员的自愿同意，维持其安全、个人自由和财产等概念……因此文明无非是维持和保护人身、财产等事物的社会状态。"② 文明是和治理（自治）相关的，和城镇、社区的自治相关。

4.1　多元主体参与治理

理论上讲，社区治理主体应该包括社区的所有主体以及社区利益相关者，但是不同治理主体在社区治理过程中的作用存在强弱关系③。社区主体和社区利益相关者的范围有交叠，社区利益相关者有时可能来自社区外部，而社区主体也不一定是所有社区事务的直接利益相关者。从社区治理的现实情况来看，参与主体正从通常以成年人、老年人为主，逐步扩展至儿童和年轻人。不同的

---

① 朱琦：破解城市"顽症"治理之难 [J]. 上海人大，2014（9）：17-18.

② （澳）布雷特·鲍登. 文明的帝国：帝国观念的演化 [M]. 杜富祥，季澄，王程，译. 北京：社会科学文献出版社，2020：36.

③ M. Clarke，J. Stewart. The local authority and the new community governance[J]. Local Government Studies，1994，20（2）：163-176.

地方制度、关系网络对社区主体参与社区事务产生影响。从参与的条件、设施、技术和方法等方面，可以改善在社区治理乃至治理体系中不同主体的参与，以便更好地代表他们的需求和利益。

不同年龄、性别、背景和文化的人几乎总是有着不同的观点，社区治理中应覆盖社区的所有类型主体，例如年轻人、少数民族人口（或种族人口）、小型企业、"沉默的大多数"和"难以到达者"，确保整个社区都参与其中，尤其是那些"接触不到的"和有时不在规划师和政策制定者思想中的群体的参与，这通常比大数量的参与者重要得多。值得注意的是，要避免通过创建单独的流程进一步弱化弱势群体，而在融合特定的社区群体时，应尽可能减少对其他群体产生更多排斥。社区治理的每一个阶段都需要不同层次的利益相关者和行动者的参与，互助、自律以及公权的让渡，都有助于形成良好的社区共治和居民自治系统。

4.2 内生型社区治理

内生型社区治理，即主要依赖社区内部各构成主体开展的治理。内生型社区治理的基础是社区主体享有参与权、话语权和评价权等一系列权力。社区居民自治、业委会自治属于内生型社区治理。

4.2.1 参与权、话语权和评价权

社区主体对社区事务的知情权、参与权、话语权和评价权既是社区主体参与社区治理的保障，更是社区主体参与社区治理的具体体现。参与权、话语权和评价权的关键在于确保各类社区主体的意愿和诉求都能得到表达，都能被发现。充分的社区参与的核心在于社区成员对社区治理的参与。现实状况中，由于自治法律条款规定缺乏、居民参与意识薄弱，有时会变成少数人的掌权，失去了社区治理的实质意义。如果社区成员及相关组织不参与这个治理过程，他们很可能会在政府的规则制定中被排除在外、不被考虑。社区治理中更强调一些特殊成员或弱势群体的参与，包括老年人、儿童、残障人士和外来人口的参与。

老龄人口既是社区服务的享受者，同时也可以成为相当一部分服务的提供者，是社区里优质的人才、人力资本。老年人口以社区生活为主，是社区中最可能的参与主体。儿童作为社区公共空间的使用者，他们的参与对于促进儿童自身的社会化和社会角色认知具有重要的现实意义。流动人口数量巨大，他们中相当数量的人在城市居住时间较长，甚至比较稳定，理应参与到城市社区的治理中去。

为了保证社区治理的质量，让社区主体能够对社区治理进行参与式评估

是必要的。参与式评估法（participatory appraisal）突出关注社区内的社会性别、贫困人群、少数民族、非自愿移民的问题风险等，倡导尊重地方社区的文化和观点，调动地方社区居民的积极性，进行合作式发展。参与式评估通过人类学的参与技术将地方社区的参与热情调动起来，有效地消除或者减少引发社会矛盾的风险和负面影响，还可以推动内生式社区治理的全生命周期的延续。我国一些城市社区的居民大会、居民代表大会以及居民评议、协调、听证的相关机制制度也可视作参与式评估的形式。

内生型社区治理的一个极其特殊的案例是法国的 TERA（Tous Ensemble vers un Revenu d'Autonomie）生态社区实践。2008 年全球经济危机后，地方货币作为一种保护地方经济的形式在法国兴起。一些对世界形势和社会走向毫不关注的人，远离"外面世界"，只想安心建立安然自在的生活，不想以外界的信息来烦扰自己。TERA 的另一个理念是人人平等，没有阶级划分或是社会结构上的差别，每个人在社群里都有自己的角色，并努力实践可持续的生活方式，过上让自己快乐又能关怀他人的生活；同时也和地方政府合作，共同建设生态村庄、改善乡村贫困问题。与其说 TERA 是一个生态社区，不如说是个告别城市和资本主义方式的社会实验。TERA 成员的理念超越了绿色生态，还试图摆脱目前法国社会僵化的结构和形态。

4.2.2　社区内生型治理的技术保障

参与权、话语权和评价权等内生型社区治理的权力通过信息技术手段的支持正日益得到保障，社区参与主体的规模也日益扩大。进入 21 世纪，新的电子社交媒体（ESM）、自媒体手段在全球得到迅速发展，如美国的推特、脸书和我国的微博、微信、抖音、小红书等。电子社交媒体具有一定的开放性，有助于人们了解"远方"的社会和社区，感知身处其中的"近处""在地"的社会和社区。人们可以在一定范围内公开地表达他们对于社区、城市以及更大范围环境的满意、肯定、意见和建议。此外，"互联网 +"也被引入社区治理和社区参与领域，包括数据收集也嵌入了社区监测和评估的过程。

4.2.3　社区内生型治理的能动性和场景设计

实际的社区治理存在一些难点，包括相关利益主体参与的时间、参与能力和技能以及和这些因素相关的参与意愿不足，也包括社区组织不足产生的社区参与渠道不足，以及最终的社区参与的成功率不高。因此，要发挥社区治理的能动性，恰当的社区参与的形式、方法和技巧显得格外重要。社区参与治理的场景也需要预先的规划设计，丰富的场景设计有利于社区治理的开展，比如社区治理中的协商（议事）场景。

社区中的意见征询会是通常的协商场景，例如社区居民、小业主等聚在一起，就某些社区事项谋求达成一定共识。在日本乡村社区，小小的村落作为共同生活的空间过于狭窄，每日每夜的农耕劳动又导致生活沉闷窒息。寄合，是日本乡村的聚众集会，这种集会是从宗教性聚会的基础上发展演变而来的，现在已多和讨论村务有关。但这种集会的形式却极其随意，村民在寄合上的发言都互相予以细致的关照，与其说进行表决，不如说像是知识的交换。在寄合的过程中，如果肚子饿了，村民往往不回家吃饭，而是由家里人送盒饭来，吃完继续讨论。如果晚上还议而未决，有的人就席地而眠，醒来后继续讨论。有时候彻夜长谈，直到达成一致意见。但不论什么困难的事情，有 3 天时间一般都能解决。虽然耗时，但不能马虎行事，一定要做到所有人都同意。所以一旦决定下来，大家都必须不折不扣地遵照执行。寄合中也不是空讲大道理，而是围绕某件具体的事，各人讲述自己所知的和此相关的事例。正因如此，大家发言踊跃，寄合才开得热火朝天。[①] 寄合反映了日本乡村参与的场景，其中的意蕴对于我国的城乡社区参与治理也可以有所启发。

4.2.4　居委会的被动和主动行政化

内生型社区治理中重要的一方主体是居委会。按照 2018 年 12 月 29 日公布施行的《中华人民共和国城市居民委员会组织法》第二条规定，居民委员会是居民自我管理、自我教育、自我服务的基层群众性自治组织。居委会是属地化管理，除了居委会书记是公务员外，居委会主任和聘用的其他社工都是户籍在本居委会辖区或本街道辖区内。

在政府行政体制下，很多时候居委会成为城市政府及其基层政权组织的"附属物"，很多居委会的工作方式、工作成效哪怕遭到居民的质疑，尤其是信息的不透明、不对称，居委会也只对上、对街道负责。这使得社区居委会在法律上的自治定位和其实践中的行为出现错位。居委会本身可能存在极强的"主动行政化"动机和行为与逻辑[②]，居委会自身常常以政府组织的身份自居，自认为是政府职能的执行者，其工作重心是完成街道办事处布置的各种任务。在现实当中，在具体居委社区的公共事务方面，大多仍是居委会以行政管理的方式布置给下一层级的楼长，社区管理手段仍主要采取强制性的行政方式。

在 2020—2022 年的疫情防控时期，各地居委会承担了疫情管理中基层的大量具体工作，落实街道各项行动要求，"上面千条线，下面一根针"是社区居委会工作的写照，但是不同居委会的表现差异悬殊。由于一些城市政府角色

---

① （日）宫本常一 . 田野调查：被遗忘的村落 [M]. 北京：北京十月文艺出版社，2017.
② 侯利文，文军 . 科层为体、自治为用：居委会主动行政化的内生逻辑 [J]. 社会学研究，2022
　（1）：136–155.

的缺位和行政管理低效，居委会的被动和主动行政化的倾向在疫情中同时达到了高峰。部分居委会的"类科层权力带来的权威"被推到了"风高浪尖"的位置，引发了居民的强烈不满，最主要的是一些非正式的制度安排，假借公权迫使居民服从，例如无休止的集体核酸检测，导致居民无处讲理。与此同时，居委会也成了上级部门某种非合法性使用的权力的工具、某种推卸责任的挡箭牌。

疫情防控时期，居民把对政府抗疫政策的所有满意、不满和指责都指向居委会，这是居委会的"被动行政化"。作为行为主体的居委会在疫情时期的社区场域，传达和执行政府的派出机构街道（社区）的指令，招募和管理社区志愿者，在实际运作和功能作用中构建和凸显了一种"类行政关系"，城市政府抗疫政策的具体执行完全取决于居委会的理解和发挥，背后固然是得到了街道社区的默许授权。这可以视作居委会的"主动行政化"。从某种角度来说，疫情时期社区居民与居委会的抗争和合作，是对社区治理能力提升的倒逼和激励[①]。而居委会工作的专业性、智识性，社区治理的科学性与有效性，将是今后内生型社区治理能力提升的关键。

4.3　外生型社区治理

外生型社区治理即主要借助外部社会力量（社会组织、专业人士等）就一些社区事务开展的社区治理。例如美国的草根环境积极行动主义者组织贫穷社区和种族社区为他们的权力斗争，在社区规划中结合了环境议题等，都属于外生型社区治理。当然外生型社区治理只是强调了有外部力量的较多介入，其发挥作用的过程更接近于社区共治。可以说，外生型社区治理极少可能独立存在，而更多是社区共治。如我国城市社区在党的领导下不同的单位（包括驻区单位）、人民团体、社会组织、专业机构协同参与的社区共治。

4.3.1　社区驻地机构/企业参与社区治理

社区中的大中型驻地机构/企业是社区治理不可忽视的重要主体，在提供资源、参与社区建设、社区治理方面可以发挥重要作用（参见延伸阅读12.5）。例如"楼宇经济"是北京、上海、深圳等超大城市典型的经济形态，一座楼的税收往往超过内地一个县的经济总量。各类商务楼宇内聚集了大量"高智商、高学历、高技能、高收入"的"四高青年"群体，他们之中在新经济组织、新社会组织就业的越来越多。这些人可以为工作单位及单位所在的属

---

① 黄怡、李天缘、朱伟坤，等.虚拟社区 实体社区——超大城市疫情时期社区治理的微观结构分析[C]，2022年中国社会学会年会城市社会学论坛论文，2022年7月.

地社区带来积极的可衡量的变化。社区地理范围内有条件的机构、单位、组织等，也可以提供资助性质的参与，为社区事务、活动等无偿或优惠提供设施、场所或器具等。

延伸阅读 12.5　巴斯夫成立上海浦东新区高桥社区咨询委员会

镇企联动探索社会治理创新，在高桥又有全新案例。近日，位于高桥镇的全球 500 强企业巴斯夫宣布成立社区咨询委员会，听取社区代表对企业各方面的建议，同时了解周边社区公益的各方面需求，达到互相沟通的效果，创新社会治理并强化企业社会责任。

巴斯夫 1994 年落户高桥地区。20 余年来，巴斯夫在当地政府支持下，不断探索与周围社区互动交流和双向沟通的有效机制，携手共建可持续发展的未来。

在高桥镇社会组织服务中心的指导和支持下，巴斯夫从 200 多名申请者中挑选了 19 人组成高桥社区咨询委员会。这些委员会成员中有退休老师、公益组织负责人、乡村医生、志愿者、社区骨干、企业代表等。

在成立仪式上，巴斯夫亚太区总裁、大中华区总裁兼董事长柯迪文为委员会成员颁发了聘书。

高桥镇党委书记张伟国说，巴斯夫到高桥以来，主动融入高桥地区，做了许多善事，一方面普及科学技术，提升高桥社区居民素养；另一方面关心社区困难群众，捐资善款，改善凌桥养护院老人床位设施。社区咨询委员会的成立，将对完善政府服务体系，促进企业发展起到有力支撑，希望委员会在创新社会治理方面做出有意义的尝试。

来源：章磊，张怡. 探索社区与企业互动新机制 巴斯夫成立高桥社区咨询委员会 [N]. 浦东时报，2017-12-22（6）.

4.3.2　社会组织参与社区治理

组织或制度是社区的社会要素之一。社区治理离不开对活动、行动的组织，同样离不开作为协调主体的社会组织或社区组织。社会组织或社区组织的作用在于整合、协调社区内人和人（社区相关主体）之间的关系，并且社区组织常常产生于生存斗争的需要。在传统的社区（乡村社区）中，有些并不存在明显的组织机构，而是以家族的伦理秩序、家族制度在维持家庭及整个社区的稳定和平衡。

随着社区规模的扩大以及现代化的过程，组织、法律制度逐步引入社区，以提高社区秩序和效率，维护社区日常运转。对于一个特定的社区，往往由不止一个组织承担其日常维护及其共同利益守护的责任，这些组织包括内生的社区组织和来自外部服务于该社区的行业组织或社会组织。例如乡村社区就可能由生产组织、经营组织和社会组织等不同功能类型的组织维持。

社区中的常规活动可以由社区居民自发组织，或由社会组织定期组织举办；社区中的重要／例行活动，例如社区居委会选举，则需要特定地安排和组织居民参加。

社区有不同类型的社会组织，包括社区服务型、社区自治型、社会研究型社会组织等。截至 2019 年 8 月末，上海共有社会组织 16760 家。[①] 各区和街镇（社区）设立的邻里中心、市民驿站、综合为老服务中心等社区公共服务设施，都以项目化运作的方式请第三方社会组织承接运营，保障这些社会组织市场化运作的相关政策是重要的。服务于社区的社会组织包括营利型的社会组织和非营利型的社会组织两类，非营利型的社会组织有亲子阅读（扶幼）、慈善救助（救急）、助老志愿者（养老）等志愿公益服务组织。例如武汉青山区的"社区好味道"老年食堂，是由社会公益组织参与主导的食堂，相较于民营资本运营的食堂，他们的服务更过硬、更人性化，也更灵活，这是由社会公益组织更具有服务社会的属性决定的。

我国的城市社区除了普遍意义上的社区居民以外，一般还有五大主体，即党政组织、驻区单位、社会组织、群众团队骨干，以及居委会和业委会等自治组织，在社区治理中都可以发挥多元参与治理的作用。和西方发达国家的"大市场、小社会"模式不同，我国一直是注重政府管理的模式，在一定时期、一定地域内，社区治理主体主要体现为政府组织及其派出机构主导了社区绝大部分资源的现象曾经并可能仍然存在。近年来，党建引领下的社区共建共治共享得到推动，社会组织也越来越多地参与社会治理。社区内的党员志愿服务的带头作用在社区治理中得到发挥，并形成了制度机制。例如，上海的街道社区充分发挥党建引领的核心作用，推动社区居民广泛参与，促进物业服务和社区综合治理水平提升，通过区域化党建组织体系，把不同所有制、主体、身份的人串联起来、集聚起来，有效提升了整个社区的治理。目前，上海的每个街道社区都配置有社区党群服务中心，并以其为主体设置党群服务点，鼓励和培育了一大批社区共治自治项目。

4.3.3 专业技术力量参与社区治理

当前，我国城市社区已由 20 世纪 80 年代初期相对单一的行政手段管理向多种手段并用的协同治理转变，并正从协同治理向智慧治理转变。在此转变过程中，参与外生型社区治理的外部力量还包括高校和企业专业技术人员，他们各自具有不同的擅长领域。例如上海的"三师三顾问"制度，"三师三顾问"

---

① 上海徐汇区政协. 发挥社会组织在创新社会治理中重要作用 [N]. 联合时报，2019-10-25（4）.

指的是社区规划师、政工师、健康师和社区党建顾问、治理顾问、法律顾问；又如重庆的"三师进社区"活动，指的是规划师、建筑师、工程师。具体技术则如规划技术、信息技术及其他专业技术等。

以规划技术参与社区治理为例。国土空间规划体系是国家进行空间和社会控制的重要手段之一，其中的详细规划层级的社区规划，则是社区建设和社区治理的重要手段，社区规划的过程可以嵌入并构成社区治理的过程。相对于一般社会组织参与社区治理，包括社区规划在内的空间规划显然是一种专业技术含量较高的治理方式。社区规划的主要工作是通过对社区资源、土地和空间的使用功能合理布局、优化配置，来保证社区社会、经济全面健康发展的可能。通过社区空间规划和设计，提供全龄友好的社区公共服务设施，改善住房和住区环境，保证社区服务的公平分享。通过社区空间环境设计和营造，保证社区公共场所精神和活力的延续，尤其是为弱势群体的生活提供充分的空间保障和空间便利。

4.4　信息和数字技术促进社区共治

在社区基层治理中，信息技术和数字技术的应用可以有效促进社区共治。信息和数字技术可以提供更好的公共服务决策，提供过程中的民众参与，提升了城市社区层面的空间治理效率。

目前，国内像上海、太原等城市已经建成多个城市运行综合管理中心和街道网格化综合管理中心（街道基层治理的"智慧中枢"），街道综合信息指挥室接入辖区内所有关键部位监控，通过实时采集在社区密集分布的智能传感器终端信号，全天候、全方位查看视频监控，实现应用场景分析数据更新，数字大屏结合 3D 全景地形图，可以直观监控居民小区车流量、人流量、停车状况、人员出入状况、消防状态、环境监测状态，并可进行预测分析、算法治理。社区智慧系统还和城市其他部门的系统数据库对接，在判断社区内部安全事件、社区监测和评估等方面可以快速发挥作用。

此外，运用移动互联网、大数据分析等现代技术，深入采集、挖掘、分析、共享社区数据，可以及时掌握社区共性问题，让群众需求和社区资源精准对接，破解基层治理难题。街道层级的社区事务受理服务中心，可以对政府各类行政数据信息进行综合采集，对基层政府提供公共服务的规模、反应速度、服务态度等进行实时评估，提高数据使用的效能。

本章小结

　　本章承接上一章，在全球—地方关系中分析地方主义、地区主义的复兴，并聚焦社区主义，辨析其类型，阐释社区治理的历史和理论基础。第2节正面解读了福利和管治的关系，指出从"单位感"到"社区感"的转变中，福利作为促进管治的重要中介角色的缺失，从而提出社区资源即福利，社区的产业资源、历史文化资源可以创造社区福利，解决社区问题则是间接创造社区福利。第3节着重讨论非正规空间的管治，非正规空间和非正规活动是城市治理中的重点和难点，建立合理的和人性化的非正规空间活动/行为的考察框架，有助于打破现实的僵局，日常管治中一些难点的非正规空间活动/行为的管治，反而可能成为特殊时期的亮点。第4节社区共治和居民自治，讨论了多元主体参与治理，并着重于内生型社区治理和外生型社区治理两个类型的讨论。在内生型社区治理中，进一步分析了社区主体享有的参与权、话语权和评价权等权力，内生型社区治理的技术保障以及社区参与的能动性和参与场景。在外生型社区治理中，主要分析了社区驻地机构/企业、社会组织包括党建引领以及专业技术力量参与社区治理的过程和作用。最后突出了信息和数字技术在社区共治方面的促进作用。

重要概念

　　地方主义/地区主义

　　社区主义/社群主义

　　增量福利

　　补偿式福利

　　非正规空间管治

　　社区共治

　　内生型社区治理

　　主动行政化/被动行政化

　　外生型社区治理

讨论问题

　　1. 如何理解城市社区治理中社区内外的文化、政治、经济和社会力量的相互作用。

　　2. 分析我国社区治理主体权利分配的现状以及合理分配的重要性。

　　3. 精细化治理是社区治理的重要切入点，试从精细化治理的角度对历史复杂的中心城老社区、大型社区、郊区城镇社区等不同类型的城市社区的管治或治理进行分析。

【导读】本章基于城市社会学百年的发展历程和社会的发展走向，对城市社会学在未来的研究趋向做些探究预测。本章首先总结阐释作为前提基础的社会时空观的分析框架，厘清城市社会学发展的社会时空逻辑。继而从学科体系探讨未来的研究范畴，从学术体系探讨未来的研究方法和研究动向，以及从话语体系探讨研究成果的呈现和传播。最后简要展望中国城市社会学研究的内容及其重点和应用。

第 13 章　城市社会学研究的未来

自 20 世纪至今,城市社会学的发展已有百余年的历史,未来的城市社会学研究又将面临着怎样的图景?无论是就学科体系而言的研究范畴,就学术体系而言的研究方法和研究动向,以及就话语体系而言的研究成果的呈现和传播,都面临一些新的特点。本章梳理总结城市社会学研究的社会时空逻辑,尝试回答关于城市社会学的未来之思、未来之问,并就中国城市社会学研究的内容及其重点和应用进行展望。

第 1 节　城市社会学发展的社会时空逻辑

现在的社会和过去的社会,现在的时代和过去的时代正在发生快速的断裂。这种断裂现象曾在历史上多次出现过,但程度和速度都无法和现今的情形相提并论。过去的断裂首先是局部现象,其次逐渐扩展到全世界。而今的全球化时代,同步性、同频性加剧了这种断裂。这对于城市社会学学科、城市社会学研究和城市社会学话语的未来而言,都将产生深刻影响。为了清楚阐释这种影响,我们将对应第 1 章的社会时空观前提,再度将城市社会学发展置于社会时空逻辑框架中加以审视、耙理。

1.1　作为前提的社会时空观

社会时空模型为城市社会学提供了一个潜在的基础的解释框架,并经历了从古典时期强调时间到 20 世纪中期以后转向空间,到 21 世纪再重申时间及至完整社会时空观的过程。这是认知和理解城市社会学学科发展及城市社会学学术研究的一个重要出发点。

1.1.1　马克思的社会时空观

社会时空是马克思研究人类历史发展的重要维度,马克思社会时空观的提出距今已 150 多年。马克思在批判地吸收哲学史上各派哲学家关于时空问题论述成果的基础上,利用近代自然科学的理论材料,扬弃了过去本体论的思维方式,把时空问题和人类的实践活动相联系,立足于人类社会实践把握社会时空,不仅实现了对自然时空的历史性超越,而且彻底改变了人们对社会时空的传统认识,为人类提供了和自然时空人的生存完全不同的一种全新的社会时空的生存形式。由此建立了辩证唯物主义的社会时空观,一种立足于实践的崭新的社会时空观。

马克思社会时空观有其产生的社会经济根源、阶级基础和理论前提。马克思主要将资本主义社会体制作为研究对象,进行具体的经济学哲学研究,且始终是把时空问题放在资本主义社会这一特定的社会历史条件下来进行考察，并由此形成了社会形态时空观，强调在三大社会形态（经济形态、政治形态和意识形态）中时空概念有着质的差异。这也使得马克思社会时空观具有意识形态的批判功能，为分析当代资本主义社会和社会主义社会时空结构提供了理论支持。马克思社会时空观可以分解为社会经济时空观、社会政治时空观、社会文化时空观三个方面。他"以《政治经济学批判大纲》（1859年）和《资本论》（1867年）为代表，主要从经济学角度，尤其是从资本主义的生产劳动出发阐述时空问题"[①]，当然，马克思从经济学角度表述时空观并不是为了纯粹的理论建构，而是基于现实社会批判的需要。

需要指出的是，马克思本人并未明确提出社会时空观这个概念，他在这方面的思想分散在他的著作中，一些论点更多是后来研究者对其观点的注释性研究。马克思的时空观始终把考察的重点放在时间概念上，他把时间作为生产劳动的源泉，赋予时间和空间以实践的特性。马克思虽然看到了社会时间和社会空间二者的密不可分和内在统一，但他并没有对二者平均用力展开分析，而是以社会时间为考察的切入点，围绕着人的自由全面发展的价值目标来展开论述，在此基础上提出了"时间是人类发展的空间"的思想，可见，相对于人类的生存实践活动而言，时间的意义要比空间大。事实上，人类社会的空间都不过是在人类的社会时间中展开的。"社会的自由时间是以通过强制劳动吸收工人的时间为基础的，这样，工人就丧失了精神发展所必需的空间，因为时间就是这种空间。"[②] 在此意义上可以说，资本主义财富的积累正是以窃取他人的劳动时间为前提的。马克思还认为，资本就其不断增殖的本性而言，它力求超越一切空间界限，因此，它会努力创造各种物质条件（如发展运输工具），"用时间去更多地消灭空间"[③]。马克思社会时空观具有当代价值，迄今为止，人类的空间也都是时间化的成果。

此外，马克思所关注的"空间"虽然可以分为社会空间和物理空间，但是其物理空间主要聚焦于工厂内部，对于城市并未特别涉及。恩格斯的研究则对城市空间予以了特别关注，他记录和揭示了当时的英国大城市（曼彻斯特）工人阶级的居住条件和生活环境，将资本主义体制中阶级矛盾的社会内涵由生产条件扩展到生活条件、由生产过程延伸到生活过程，空间外延由工厂拓展到了更广阔的城市，因而对于理解《资本论》中资本家和工人之间的关系构成了不可或缺的补充和平衡。

---

① 俞吾金. 马克思时空观新论 [J]. 哲学研究，1996（3）：14-15.
② （德）马克思，恩格斯. 马克思恩格斯全集（第47卷）[M]. 北京：人民出版社，2004：344.
③ （德）马克思，恩格斯. 马克思恩格斯全集第46卷〔下〕[M]. 北京：人民出版社，2003：33.

1.1.2 马克思社会时空观的当代阐释

当代很多理论家，尤其是在英语世界极具影响力的那些，都对马克思社会时空观进行了创造性的新阐述，促进了社会关系和时间、空间的相互关联重新凸显。其中最具代表性的主要有马尔库塞、列斐伏尔、吉登斯等人的观点。

20世纪50年代以后，马尔库塞主要从弗洛伊德的精神分析学说出发解释马克思主义，在对现代资本主义社会进行批判性的考察时，十分注重时间问题，他以马克思的时间理论为依据，把人的日常生活时间分为劳动时间和自由时间，他（1964年）提出"自由的前提就是缩短劳动时间，使得纯粹的劳动时间量不再阻止人类的发展。"[①] 这表明马尔库塞发现了马克思在阐述其经济学理论同时提出时间学说的哲学意义，并且他对马克思自由学说和时间学说之间内在联系的理解是明确的。

20世纪60年代，列斐伏尔提出"空间是社会生产出来的"这一命题，他指出，时间和空间不仅是社会生产的构成要素，它们本身也是社会生产出来的。他认为，生产不应简单地理解为空间中事物的生产，而应当理解为空间自身的生产。空间是"物理的、精神的、社会的"，是在社会（交往）关系、经济（权利）关系、生产（权力）关系中生产出来的。

20世纪70年代起，吉登斯在研究了马克思时空观和全球化理论的基础上，提出了和全球化相关联的时空观。他把时空问题和现代性联系起来，把全球化概念理解为表达时空距离的基本样态。吉登斯1991年在《现代性与自我认同》一书中，把全球化概念和"时间延伸""空间拓展""时空压缩"等概念联系在一起，把社会时空引入对现代性的分析，认为现代性和前现代性的显著区别在于，现代性意味着社会发展速度的加快，其范围之广和进度之深都是空前的，形成现代性的最主要原因是它的动力品质——时空分离。所谓的时空分离，意味着现代社会活动和社会关系超越具体"地点"和"场所"的局限而更广泛地联合。"时空分离为时空重组提供了可能，使现代社会的组织能够跨越时空距离而对社会关系进行程序化控制。"[②] 在吉登斯的结构化理论中，他强调，"社会系统的时空构成恰恰是社会理论的核心"。只有建立时空在社会场域的内在联系，围绕社会系统的时空构成才能把握社会学致力于研究的社会"秩序"[③]。

---

① （美）赫伯特·马尔库塞.单向度的人——发达工业社会意识形态研究[M].刘继，译.上海：上海译文出版社，2008：220.
② （英）安东尼·吉登斯.现代性与自我认同——现代晚期的自我与社会[M].赵旭东，方文，王铭铭，译.北京：生活·读书·新知三联书店，1998：17-21.
③ （英）德雷克·格利高里，约翰·厄里.社会关系与空间结构[M].谢礼圣，吕增奎，译.北京：北京师范大学出版社，2011：总序.

1.1.3　新城市社会学的社会空间观点

20世纪90年代伊始，戈特迪纳和哈奇森在批判吸收列斐伏尔、卡斯泰尔、哈维观点的基础上，在1994年初版、后多次再版的《新城市社会学》教科书中日益明确了他们的社会空间观点（SSP），他们也将其称为社会空间方法（socio-spatial approach），社会空间观点（SSP）是围绕当代城市社会中日常生活的研究而发展起来的。他们采用了区域的观点视角，定义了21世纪的"多核心的大都市区域"，即由较老的中心城市、郊区社区以及新的增长极所组成的建成环境和社会空间新形态。

社会空间观点（SSP）最基本的概念是定居空间，它指的是人们生活的建成环境。定居空间既是建设而成，也是组织而成。人们遵循一些有意义的计划，出于包容经济、政治和文化活动的目的建造定居空间，按照建成空间的有意义的方面组织他们的日常行动。社会空间观点（SSP）强调社会和空间之间的相互作用，将人和空间的二元关系与作为个体行为基础的社会因素联系起来。

总体而言，社会空间观点（SSP）以其社会空间辩证视角，弥补了传统马克思主义和结构功能主义对空间的忽视和偏向，批判传统城市社会学过分重视技术作为城市变迁主体的推动力，并试图将更多因素纳入城市空间的分析框架，尤其是政治、经济和社会过程。此外，戈特迪纳和哈奇森的"空间"有着更为明确的物质所指——由传统的单一的中心城市概念，转向多核心的大都市地区。相较于其他（城市）社会学研究者来说，他们在《新城市社会学》中建立起来的"空间"内涵，和城市规划学科的"空间"内涵更趋于一致。

1.1.4　我国社会学者的时空视角

我国学者对于马克思主义的社会时空观也进行了很多阐释，并在此基础上提出了一些理念和想法。中国社会科学院社会学研究员景天魁（2011年）指出，时空结构是社会的基础性结构，是一个重要的认知和分析维度，对于社会发展具有构成性意义。景天魁等学者还致力于建构时空视角的发展社会学[①]和时空社会学的理论和方法[②③]，这和英国地理学教授德雷克·格利高里（Derek Gregory）、社会学教授约翰·厄里（John Urry）在1985年他们合编的《社会关系与空间结构》中将"时空社会学"看作当代社会学的一个重要学科分支、一种重要的理论研究方法形成了另一种有意味的时空呼应。时空社会学的一个重要特点是，时空在社会理论中被置于核心的地位，社会时间和社会空间成为

---

① 景天魁，邓万春，何健.发展社会学概论[M].北京：中国社会科学出版社，2011.
② 景天魁，何健，邓万春，等.时空社会学：理论和方法[M].北京：北京师范大学出版社，2012.
③ 景天魁，冯波.时空社会学：记忆和认同[M].北京：中国传媒大学出版社，2017.

分析的中心，成为意义的焦点，成为赋予其他概念以意义的决定性来源。时空社会学的必要性在于，它主要是面对现当代关于全球化和本土化、中心和边缘、传统和现代性以及不公平、不平衡等发展问题的新挑战所做出的理论回应。

1.1.5 完整的社会时空观

深入分析历史上的各类社会时空观点和理论形成的背景条件、主要内容和特点，可以发现这些社会时空观点各自具有的相对性，或侧重社会—时间，或侧重社会—空间，或侧重时间—空间。所有这些观点和理论都表明了社会时空认知具有一种伴随社会情境的动态的相对性。

自20世纪70年代新一轮的全球化开始，当今世界呈现出时空的一种非均衡分布——相对时空——发展中国家和发达国家开始出现一种随时间加速的地区变化差异，具体地说，发展中世界的社会时间密度更高，时间的流速更快，犹如人们常说的"天上一日，地上一年"。西方发达世界在20世纪中期已相继进入高度城镇化时期，其物质空间建设和物质生活水平已达到并稳定在一个较高水平，而发展中世界通过参与全球化的过程来快速弥补这种巨大的差距，发展中世界在竭力缩短的是介乎于农业社会和工业社会、工业社会和后工业社会之间的差距。物质空间的差距是技术差距、资源差距的空间投射。

在自15世纪开始的漫长时期内，西方发达世界通过开拓和掠夺全世界的资源和财富，获得了时间上的超前，因为换一个角度来看，财富和资源都是时间的凝集形态。也有许多发展中地区，虽然拥有丰富的资源，但是殖民制度或各种剥削制度以社会文化的形式遏制了时间的流动速度和空间的变化速度。这就使得我们常常发觉，在空间面貌衰败的地方，时光仿佛也是停滞的，这不是文学的描写和感喟，而是真实的社会时空显现。

本书作者曾于2014年提出将"社会时空观"作为城市社会学研究的根本视角和基本理念，运用社会时空的视野和方法去透视解析复杂的社会现象和社会运行。完整的社会时空观，认同既有相关理论的当代价值，并扩展了既有相关理论的内涵，契合全球化动态背景下、科技高度发展背景下世界时空呈现出的新的特点，也是对社会时空所涉研究的丰富和完善。

社会时空观是贯穿本书的结构线索。而社会时空观自身要发展成为一个理论，成为城市社会学理论的一个组成部分，则在城市实践、城市研究领域联系实际推演出概念、论断或原理是必要的，且这些概念、论断或原理要具备充分的解释力。

（1）社会时空观的概念及概念体系

"社会""时间""空间"作为人的实践活动的广延和持续，为发展社会时空观提供了概念基础。社会时空观的概念体系（表13.1）包括了社会、时间、空间每一维度的一组概念，每个维度都有基础概念、基本概念和核心概念三部分构成。这些概念都是现成的，已经普遍地应用于几乎所有的社会科学领域，或者成为它们的核心概念，或者作为不可须臾离开的分析和表达工具。

社会时空观的概念体系　　　　表13.1

	基础概念	基本概念	核心概念	相关概念
社会	个体、群体	国家、民族	市民社会、社区	自然时空、社会时空、社会互动、时空差异、时空结构、时空转换……
时间	自然时间、地理时间	自我时间/个人时间、线性时间、循环时间……	发展、变迁	
	社会时间	互动时间、制度时间、虚拟时间……	压缩时间、实时、同步	
空间	自然空间、地理空间	位置、区位、稠密、邻近性、密度、容积率……	公共空间、社区、邻里、家园；中心、边缘	
	社会空间	权力空间、利益空间、战略空间、文化心理空间、虚拟空间……	公共空间、公共领域	

来源：作者绘制

在表13.1的基础概念中，时间、空间都是不可忽略的、决定性的因素。与自然时间和自然空间不同，社会时间和社会空间完全属于社会实践的范畴。以下将对这几个基础概念进行规范表述，并涉及概念之间的关系展开，其中以社会时空互动作为潜在的主线，社会互动既是社会关系和状态，回答社会是什么的问题；也是行动和实践，回答怎么办的问题；更是理论和实践的统一、社会静力学和社会动力学的统一。

【社会】社会是一种利益联盟，是由长期合作的个体通过发展、组织形成团体，一般指人类发展中形成的小到机构、大到国家等形态的组织形式。国家在实质上是以一方领土为界限的大社会。

社会也是一个群体集合，群体的范畴小到民间组织、大到国家政党。共同生活的个体通过各种各样关系联合起来，这种关系叫作"社会关系"。人类最主要的社会关系包括家庭关系、共同文化以及传统习俗。社会关系包括个体之间、个体和集体、个体和国家的关系，还包括群体和群体、群体和国家之间的关系。个人和国家之间的关系就是个体和大社会之间的关系，而个人和世界的关系就是个人和人类整体社会之间的关系。

【时间】时间有着不同的内涵，包含了：微观个体层次的"自我时间"（self time），中观非正式群体层次的"互动时间"（interaction time），宏观正式群体层次的"制度时间"（institutional time），宏观社会文化层次的

"循环时间"（日、周、季节）（cyclic time）。时间还是社会的发展过程、空间的演变进程。

人类的时间感是一种和大多数"客观"计时器不同的生物节奏，理解时间有不同的思维方式。例如线性时间和循环时间。在"线性时间"概念中，过去—现在—未来是顺次到来的；而在"循环时间"概念中，过去、现在和未来都同时存在，这也是物理学家爱因斯坦、费曼和霍金都得出的结论，"……对我们物理学家来说，过去、现在和未来之间的分离只是一种幻觉，尽管这是一种令人信服的幻觉。"[①] 而就人类的生命感知来说，局部的循环时间整体上仍为线性时间。

又如地理时间和个人时间。法国历史学家费尔南多·布罗代尔[②]在《地中海与菲利普二世时代的地中海世界》中，通过一些事物（山脉和平原、海洋和河流、道路和城镇）构成了"地理时间"，地理时间有着缓慢的、几乎固定不变的节奏，而"个人时间"则在其中快速流淌，一代代人更替过去，兴起了各种运动和思想浪潮，不同阶层的人在思想和风尚方面有着节奏和速度不一的变化。我们所说的传统、现代和后现代，是一种"时间性"，但和自然时间的含义相去甚远。

【空间】康德（Immanuel Kant）将空间定义为"聚在一起的可能性"。在社会学中，这意味着，唯有通过人和人之间的互动，才能把空间充满，让空间具有社会学意义。社会互动和空间实质上是相互建构、不可分割的。空间不仅是外在的因素，也是内在的基础性因素。

空间具有地理、物理上的特性，包括位置、邻近性、密度等，空间特性的变化可以改变空间在经济和社会发展中的地位。空间也是物质形态和社会形态的聚合体，例如邻里、社区、家园，以及单位、组织、阶级、阶层、民族国家、超民族国家等概念，则是附丽在地理空间上的权利空间、利益空间、战略空间和文化心理空间等存在形态。

【社会时间】社会关系通过时间而生成，以时间作为中介，并受到时间的影响。时间成为社会实践的"聚合点"，正是通过时间的中介和协调作用，时代感和文化风潮等社会活动和现象才得以生成。社会现象尽管在经验上可以用日历时间去观察和描述，但日历时间在本质上是自然时间，不是社会时间。社会时间是社会现象的内在因素，它对于形成社会行动、社会生活和社会过程具有构成性意义。社会时间在人的活动过程中具有持续性、顺序性的特点。数字时代背景下要素高频、高速和高效流动的变化趋势，都具有压缩社会时间使之更快、更短的趋向。今天几乎所有的技术都致力于把获取和使用信息、学习、

---

① 出自爱因斯坦 1955 年 3 月致友人 Michele Besso 家人的信。
② 费尔南多·布罗代尔（Fernand Braudel，1902—1985 年），法国年鉴派历史学家。

作决策、行动、配置资源等社会活动所需要的时间量压缩到最小，甚至取消时间（将时间压缩至零），这些技术被称之为"实时技术"。

【社会空间】社会空间由行动者及其位置以及二者之间的联结关系构成。社会空间这一概念和其他常见概念的区别在于：社会结构关注社会生活的结构和形态，而非行为主体的自主性；社会系统关注行为主体的功能和角色，而非空间位置；社会网络关注行为主体之间的纽带，而非行为主体和位置之间的联结。

社会关系通过空间而显现，由空间作为中介，并受到空间的制约。空间成为社会实践的"会合点"，正是通过空间的中介和调停作用，领域性和亚文化等社会现象才得以生成。这是空间具有的能动作用[①]。社会空间具有内聚性、伸张性、广延性的特点，存在有意识的边界，但又是难以测度的。我们可以按地图空间去观察和描述社会现象，但是社会空间和地图所展示的地理空间并不是一回事。

以空间生产为视角，社会空间中的关系包括社会交往关系、经济产权关系、社会生产关系、空间权利关系以及权力关系等。又如现代社会的空间政治化，对于统治者来说，就是对空间进行控制和使用，包括对空间的分割、归类、等级化、阶级化、精细化。

（2）社会时空观的思想和理论脉络

社会时空观提供了认识世界、分析世界的框架。在许多著名学者尤其是城市研究者的理论观点中，可以发现他们对于社会—时间—空间维度的理解和表达，虽然"社会时空观"不是他们的着眼点和关注点，因而只是一种"缺席的在场"，但却是他们潜在的思索路径。以下略作梳理概括：

格迪斯的有机进化论。格迪斯受到达尔文的进化论观点及其社会应用的巨大影响，提出了有机进化论（organic evolution）。他在印度、巴勒斯坦、墨西哥和苏格兰的研究奠定了他的信念，即人类社区的发展本质上是生物的，包括人、环境和活动之间的相互作用。他在 *City Development*（《城市发展》）（1904 年）和《进化中的城市》（*Cities in Evolution*，1915 年）中总结了城市规划的创新哲学。格迪斯说"城市不仅仅是空间的场所，它是时间的戏剧"（A city is more than a place in space, it is a drama in time）。格迪斯从生物学、植物学、历史学、地理学、生态学、人类学、社会学、建筑学、艺术学和园艺学等广泛学科中汲取经验，从不同的角度提出了一个设想，即如果应用城市规划原则，城市将如何改善。他相信，他对城市重建的生态社会方法将创造一个自然和人都能繁荣的城市环境。他将自己的信念体现在为英国殖民时代的印度

---

① Jennifer Wolch，Michael Dear（Eds）. The Power of Geography：How Territory Shapes Social Life[M]. Unwin Hyman，1989.

城市制定的近 50 份规划中，即城市规划不仅仅是"地方"规划，而是本质上"人"的规划（town planning was not mere 'place' planning but essentially 'people' planning）。格迪斯认为，规划师负责将城市的性格和愿望转化为人们能够认同的形式。他主张，城市是复杂的有机体，而不是机器。[1]

刘易斯·芒福德[2] 的世界城市史[3] 研究。对于世界城市历史的研究本身必然包含了对于社会、时间、空间的分析，而合理地建立社会时空关联是这类研究的关键。芒福德将世界城市历史划分为前希腊及希腊时期、罗马时期、中世纪时期、巴洛克时期、焦炭城时期、特大城市时期六个时期，分别从社会机制、社会风气、城市空间、社会生活状态及它们的内在关系等方面进行了历时性的分析，解读了技术和城市化对直至 20 世纪 60 年代的各个历史时期人类社会的影响。大致可以概述为：

1）前希腊及希腊时期，是社会机制形成时期，社会风气自由活跃，建筑和区域有着明确的功用，整个城市中人们能够充分地交流，阶级之间的差别被相对消弭。

2）罗马时期，强权炫耀，整个社会缺乏生机，城市向乡村及四境无限制地攫取资源，同时又对这些地区投去蔑视的眼光。罗马贵族的无休止的享乐和傲慢，最终导致了罗马帝国的衰亡。

3）中世纪时期，人们生存艰辛，生活状态不理想，私有空间和城市卫生状况恶劣。因为空间狭小，城市居民联系紧密，高度依存，社区保持了活力。这一时期同业公会兴起，带动了社会风气自由，王公贵族和平民之间并未隔绝，教会、商人、市民、君主和领主之间的斗争和妥协发生在紧凑的空间内，社区得以强化。

4）巴洛克时期，人们的交流和合作被压制，贵族在生活空间和环境上和平民得以分开。整个城市在连续重复的布景中，符合马车行进而非步行审美的需要，为了整齐的城市空间的塑造，有机地持续几百年的街区被迫拆除。整个城市成为王公贵族显耀军事实力和奢华生活的舞台。这一时期城市卫生条件显著提高，博物馆、剧院、公园等公共设施由于贵族的展示需要而诞生，从而开始了市民审美生活的开端；同时，这一时期上流阶层住宅群的小型后花园，也成为城市公共空间设计的最初范型。

5）焦炭城时期，也就是工业革命时代，或称之为维多利亚时代，机器及资本对市民生活、人类生存环境和生存意志带来挤压，城市各方面状况极度恶

---

① Indra Munshi. Patrick Geddes：Urban planning for social and cultural renewal[EB/OL]. https：//questionofcities.org/patrick-geddes-urban-planning-for-social-and-cultural-renewal/，August 26，2022.

② 刘易斯·芒福德（Lewis Mumford，1895—1990 年），美国建筑评论家、城市规划师和历史学家。

③ Lewis Mumford. The City in History：Its Origins，Its Transformations，and Its Prospects [M]. Harcourt，1968.

化，市民的生存空间、生活质量和健康水平急剧下滑，城市生活黑暗。中产阶级或产业工人对城市生活的质量要求和审美水平急剧下滑。在这一时期末期，即 19 世纪末 20 世纪初，开始了大规模的市政管理，提供水、电、卫生公共服务，及营造公共空间，城市管理集中于物质环境改善，还无暇顾及市民的精神和思想。

6）特大城市时期，即"二战"后的头二十年，资本和强权集合，无所不在地将城市生活机械化，压榨着人们的精力和思想，让人们在物欲的横流中无暇顾及自己的精神世界。

芒福德认为，每一个时代的精神，都以人间戏剧的形式，在这个时代的每一座城市里粉墨上演。他对于城市的期待是，城市的管理机构能够更多的关心每一个市民的精神思想，让辖区内的市民能够恢复古老、自由、温情的邻里关系。社会时空渗透在芒福德对时代、城市和社会的文化思考里。

"依附理论"的"中心和边缘"。 依附理论（The Dependency Theory）产生于"二战"之后，是新马克思主义的重要理论学派之一。依附理论包括古典的"不发达和依附理论"和更具开放性的"依附发展理论"，后者是当代西方发展经济学理论流派中的一种激进的学说。

依附理论具有鲜明的社会时空意味。"不发达和依附理论"由阿根廷学者劳尔·普雷维什（Raul Prebisch）在 20 世纪 60—70 年代最先提出，是对于世界经济格局当时状况的经济学理上的解释。他认为广大发展中国家和发达国家之间是一种经济依附、被剥削和剥削的关系。在世界经济领域中，存在着中心—外围层次，发达资本主义国家构成世界经济的中心，发展中国家处于世界经济的外围，受着发达国家的剥削与控制。依附理论所说的中心—边缘空间关系是一种抽象的空间关系，揭示了国家间的地位差异，是支配和被支配、控制和被控制、剥削和被剥削的国际关系，和这些国家的实际自然地理位置没有直接关系。依附理论所包含的时间观则是通过"发展中"和"发达"的发展程度区分。

"依附发展理论"促进了这一领域的更具开放性的经验研究。根据沃勒斯坦现代世界体系论的看法，"核心国家—半外围国家—外围国家"的结构不会改变，但一个国家或社会在世界体系中的地位是可以改变的，外围国家可以晋升为半外围国家甚至核心国家，同样，核心国家也可能下降为半外围甚至外围国家。处于半外围地位的少数国家能够成功地实现依附性发展，但是依附的事实仍然被看作基本上是受到外部抑制的发展战略。依附发展只有从较大的帝国主义体系中获得支持才能存活。依附发展是否总体上成功，必须根据跨国公司的投资意愿和国际银行家们扩大信贷的意愿。国家的地位（社会空间）的相对位置随着发展（时间）具有动态变化的可能性。依附发展理论本质上是在国际、国家层面的社会时空关系研究。

凯文·林奇[①]的"内在的时间"、空间环境形象和时间环境形象。在建成环境领域，凯文·林奇是极具社会时空意识的。林奇在 1972 的著作 *What time is this place?*（此地何时？）一书中，开创性地将"内在的时间"（the time inside）——时间的生物学和心理学及其社会方面引入城市研究领域。在一个城市的形象中，地点感和时间感是交织在一起的。例如，工作日热闹的金融区在周日则变成了一片死气沉沉的沙漠，由于社会功能的规划设置，同一城市空间在不同时间的呈现迥然不同。

林奇着重关注具有专业特色的"时间—场所"，时间—场所是心灵和思想的连续体，和可能是物质世界终极现实的"时空"一样重要。人类的时间感这种天生的感觉影响着我们看待和改变——保护或者破坏——我们的物质环境、特别是城市物质环境的方式。空间的环境形象和时间的环境形象在我们的生活中有着直接的现实作用，也有着更深层次的心理作用。两者都是既和景观美学有着密切的联系，又对社会结构和社会变革有着普遍的影响。空间的环境形象是作为过去、现在和未来的时间的象征和体现。

福柯的社会历史空间分析。福柯擅长将现代社会中的宏大叙事置于特定的历史和社会中去研究其被构成的过程、意义及其相互关系的路径[②]。他在 1975 年的《规训与惩罚》[③]一书中将社会、历史、空间关联讨论，特别强调了对待罪犯的改革如何成为更有效控制的工具，其中通过对监狱空间类型和性质的剖析来表明，作为现代社会微观权力的规训"技术"经常是通过对空间的隔离、分割、分类、分等而实现的。"规训"往往需要借助封闭的空间，"纪律有时需要封闭的空间，规定出一个与众不同的、自我封闭的场所。"他进一步认为，新的惩罚模式成为控制整个社会的模式，工厂、医院和学校等纪律权力系统都模仿了现代监狱（第 7 章）。福柯从历史的空间场景类型中提取出现代纪律社会的图景，在很大程度上，对人的控制只能通过观察他们在特定空间中的表现来实现。控制更多的是通过对被控制者进行内部监控的可能性实现的，而不是通过实际监督或严格的物理约束实现的。[④]

上述各类社会时空性质的分析以及更多此类研究，整体上可以归入社会经济时空观、社会政治时空观、社会文化时空观等类型或兼而有之的研究中，这些都构成了社会时空观的研究脉络。

---

① 凯文·林奇（Kevin A.Lynch，1918—1984 年），美国城市规划师、规划学者。
② 许承忠.《规训与惩罚》（福柯）[EB/OL]. https://wenku.baidu.com/view/12e138b452e79b89680203d8ce2f0066f5336495.html?_wkts_=1673165508084&bdQuery=%E8%A7%84%E8%AE%AD%E4%B8%8E%E6%83%A9%E7%BD%9A，2023-01-08.
③（法）米歇尔·福柯. 规训与惩罚 [M]. 刘北成，杨远婴，译. 北京：生活·读书·知新三联书店，1999.
④ Michel Foucault[EB/OL]，Stanford Encyclopedia of Philosophy，https://plato.stanford.edu/entries/foucault/，Aug 5，2022.

（3）社会时空观的几个关键论断

在当代科技和社会的发展背景下，社会时空的内涵和外延有了巨大的拓展，也为人的实践活动的广延和连续提供了更多可能。以下是社会时空观的几个关键的论断或设想，当然这些论断是开放的，具有新的生发可能。

1）全球化时代最深刻、最基础的变化是时间性、空间性、时间空间关系的变化，以及时空特性在经济和社会发展中影响地位的变化。由于中介因素（交通技术、媒介技术）的提升改进，伴随着空间连接的距离延长，使时间连接的跨度缩短。此外，现今的资本已经把全世界的民族、国家、地区愈益连成一体，形成了全球一体化的壮观。地球上任何一个角落所发生的事件，即刻可以引起全球其他地方、其他事件的发生，造成了全球"即时性"的景观，时间的节奏由此也越来越快。

2）社会的一切结构性和过程性的变迁，不仅都是在时空维度上进行的，而且，时空变化构成了一切社会变化的最基础的层面。没有发展的空间也就意味着失去存在的时间，例如大到历史上帝国的灭亡，小到个体生命的存续。反之，时间的终结同样意味着空间的虚无，如同由于维苏威火山的爆发而凝固在时间胶囊里的庞贝古城。

3）社会时间和社会空间内在于人的活动，社会时空作为社会存在的基本形式，是对社会事件、社会主体生存状况的反映，并通过人的社会实践活动而获得现实性[①]。在社会实践活动中，时间是人类争取空间的过程，而空间则是人类时间过程的目的；时间反映了人类生存能力和生活自由度，而空间则反映了人类生活的环境和水平；时间和空间直接统一于人类的社会实践活动之中。

4）对于"生产时间""劳动时间"的价值的深刻认知，是走向现代城市的一个显著标志——通过提高生产力、生产效率迈向现代社会的转型标志。而休闲城市强调"生活时间""自由时间""个人时间"的重要性，强调人的自由和休闲价值，而不仅仅是工作时间创造的生产价值。例如"慢城"理念、"慢城"运动[②]，不但是对于现代生活方式、节奏的否定，也是对于现代性的反思。

5）不同的社会形态存在着时空差异，拥有不同的时间—空间形象。由于所处的时期不一样，不同城市的社会时间也是不一样的。无论是国内城市深圳、上海、北京、成都，还是全球城市纽约、伦敦、巴黎、东京，都有着各自的运行速度、时间节律。即使在同一座城市内部，中心商务区和普通居住区的时间呈现也是不一样的，时间差异是以信息流、客流的周转频率呈现出来的。

6）城市的时间、空间和社会存在某种适配关系，大城市的空间形态相当之大，因此要采用地铁、BRT这样的大运量、快速交通工具，来维持时间和空

---

① 汪天文. 时间理解论 [M]. 北京：人民出版社，2008：156.
② 1999年在意大利发起的"慢城"运动（Cittaslow Movement），主张延伸当地小城镇的慢食哲学，以更加接近好生活的理念，并在日常生活中践行。

间的匹配。在小城市，人们步行或骑车上下班或上学、放学。无论是大城市或小城市，居民可以比较舒适接受的出行时间或距离是半小时之内，超过这个时间就会产生心理负荷，就会产生社会抱怨。这是社会时间—空间的一般结构和当代社会生存结构中的时间特点的充分体现。

7）城市社会时空的适配关系以人的耐受力为基础。大城市（超大、特大城市）的居民对时间和空间的感知尺度有着更强的忍耐能力，可以忍受更漫长的通勤时间、更频繁的出差时间、更长距离、更拥挤的通勤空间，但这也是在个体所能承受的范围之内。出于对大城市中的个体在日常时空过程中能量消耗的平衡，他们在社会过程中是相当节省的，这就解释了为何大城市中的个体社会关系更淡漠，减少不必要的社会互动是个体"节能"自存的需要。社会时空的内涵和人类的心理及活动具有密不可分的关系，可以深入解释城市中的社会时空行为。

（4）社会时空观的意义

社会时空观是对马克思主义时空观以及其他相关理论的整合发展，是对已有概念理论的丰富、修订和完善。社会时空视角作为研究社会历史发展的基本视角，社会时空分析可以被广泛运用于包括社会学在内的许多社会科学领域，时空结构和时空转换是把握现代社会特征及其发展变迁的重要支点。社会时空观作为城市社会学理论的新的组成部分，有着重要的现实意义。在当代经济全球化、科技信息化的背景下，可以把它和当代社会、经济、政治、文化发展的实际联系起来，揭示新的社会矛盾，解决新的现实问题。具体表现在以下两方面：

首先，社会时空观的解释力。 运用社会时空观的视野和方法，无论是透视人类历史上一些纷繁复杂的社会现象，包括对现代社会、后工业社会的总体观察，还是分析当前的现实条件，都可以获得较完备的有效解释。社会时空作为人的实践活动的广延和持续，社会发展问题和社会时空问题紧密相关，从某种意义上说，社会发展就是人类在争取时间来拓展生存空间，并寻求突破时间（一寸光阴一寸金，寸金难买寸光阴）和空间（寸土寸金）制约，力求以最少的时间、最经济的方式、最大限度地拓展人类生存和生活空间。在当今的人类命运共同体内部，城市、国家之间的竞争日趋激烈，尽最大可能地促进本国的社会发展成为各国的首要目标，而社会发展的竞争突出体现在对发展时间、发展空间的争夺，具体来说，各国对于最新技术的掌握和控制是发展机会的时间之争，对于领土边界的争端、纠纷是发展空间之争。

当下世界局势动荡，归根结底是社会时空之争。全世界人口数量持续增长，2022 年 11 月 15 日已达到 80 亿；虽然人口增速正在放缓，但全球的平均预期寿命不断延长，根据联合国的统计数据，全球平均预期寿命为 72.6 岁。然而，今天的全球平均预期寿命高于 1950 年任何一个国家的平均预期寿命。

挪威拥有最好的医疗保健系统，1950 年的预期寿命为 72.3 岁。在过去的 70 年中，全球平均寿命增加了约 25 岁。也就是说，社会维度是在膨胀的，人类生存的时间和空间的需求在持续扩大。尽管人类一直致力于种植技术的改善，地球的土地、粮食和其他自然资源以及地球的生态环境承载力是有限的，在星球供给总量有限的情况下，现在和未来都必然存在着社会维度的激烈竞争或争夺，战争、瘟疫或是两者的结合（如生物战争、生化战争）将是平衡这种社会（意识形态、宗教、种族等）矛盾的必然形式。

运用社会时空观也可以很好地解释当前的热点议题——元宇宙。元宇宙是在新的社会时空模式下的另一种世界存在形态。元宇宙的兴起源于多种因素，技术的成熟是前提条件。而社会维度的动机包括：①技术精英、技术权力对于政治精英和政治权力的一种挑战，通过建立网络帝国来抗衡现实帝国；②提供虚拟资源，例如土地、空间等，"弥补"现实世界的资源紧缺问题；③提供虚拟时间，消融历史、现在和未来的时间尺度，提供现实不自由状态下的群体相对的"自由感"，改变"附庸居民"的精神生活。

元宇宙模式下，人类社会将经历快速分裂：①既有的资源和利益获得者（通常已经或正在老龄化的人口）不会进入；②网络时代成长起来、现实资源匮乏且无望获得的年轻人成为主要的"附庸居民"，但大多数人在其中仍然是在接受另一种形式的剥削；③准备获取巨大商业利益的资本和资本家；④期望同时拥有"虚拟帝国"权力的政府机构和政客。

元宇宙的社会时空本质是，现实社会的权力关系移植到了虚拟社会，试图从现实时空关系中逃离进虚拟时空的人类最终会发现，那里（元宇宙）只不过是现实人类时空的一种投射状态而已。

事实上，对未来时间的开拓已经在我们的现代社会中被制度化了。中国在自改革开放以来的高速发展正是以对未来时间的全方位开拓实现的。深圳在 20 世纪 80 年代初率先提出"时间就是金钱，效率就是生命"的口号，这个口号是在深圳、蛇口的改革开放建设中提炼出来的。此外，无论是中国地方政府的"5+2、白加黑"的口号，还是中国互联网企业为代表的城市企业"996"工作制，通过加班、通过对"未来时间的预支"实现竞争和超越的目标。而空间开拓能力体现在人类的生态足迹上，体现在城市建成区面积的扩张上，当然还体现在对地球之外的星球的探索上。

其次，社会时空观的应用程度。针对当前的现实条件，运用社会时空观的视野和方法，分析新的现象问题，才能符合当代社会发展的需要。随着科学技术的加速发展，特别是网络信息和数字技术的整合、突破，社会时空的内涵和外延有了巨大的拓展，以互联网为依托的"虚拟时间"和"虚拟空间"的出现，对传统的社会学理论带来了极大挑战。虚拟世界是人类借助信息、数字、理念和丰富的创造力构造的非现实的世界，在虚拟世界里，各种模拟实体、虚拟现实、虚拟历史，包括虚拟战场、虚拟市场、虚拟赛场、虚拟赌场等，给人类带来了有关时间和空间的无穷构想。虚拟世界是借助电子运动和能量得以显现的特殊物质形式——信息的各种有序性运动及其构建的新形式。信息技术发展给我们传统的社会学带来如此之大的挑战，更要求我们更新观念和理论，而完整的社会时空观对于世界未来发展具有重要的指导意义。

各个学科由于研究领域和对象的不同，对时空的理解和应用也就不相同。但是，社会时空观可以成为一种"大历史观""大空间观"。建立社会时空观的理论逻辑，我们不仅要归纳社会时空观理论，也要做到使社会时空观理论适应不同的对象，扩大社会时空观理论的应用范围。研究范围和研究议题的选择确定也是在社会时空观的框架里来取舍的。

1.2 城市社会学发展的社会逻辑：学科的跨越和关联

城市社会学是一门开放的学科，是一个开放的体系。在过往的 100 年中，这种开放特征呈现无疑。城市社会学科的发展离不开多学科背景、多领域专长的研究者和研究团队的贡献，城市社会学科的包容性使其得以综合学科优势，包括城乡规划学、地理学、政治学、环境学、公共管理、经济管理、法学等相关学科。事实上，跨学科研究一直是各学科发展的重要动力，中规中矩的研究总是来自学科内部，而具有想象力的研究往往来自学科边缘地带、不同学科的交叉地带。

城市社会学理论的贡献群体，包括了社会学家、哲学家、经济学家、地理学家和规划建筑家在内的知识分子的多样化构成，并且大多数的新理论起源于古典社会学家（例如滕尼斯、涂尔干、马克斯·韦伯、卡尔·马克思和弗里德里希·恩格斯等人）的思想和他们对资本主义的分析。至于新城市社会学的理论体系，列斐伏尔、卡斯泰尔、哈维和皮克万斯等人的努力，虽然被统归在新城市社会学名下，但各人自成理论，例如，列斐伏尔对城市政治经济学的复兴，戈登、施托普尔和沃克以及卡斯泰尔的阶级冲突理论，戴维·哈维的资本积累理论，哈维·莫洛奇、约翰·洛根的增长机器等。

社会科学理论"常常含蓄地建立在有关人们如何思考和感受的基础上"，因而许多现实和研究议题本质上都和社会学相关。正是由于社会学的基础性，这么多学术先贤、学者学人涉足（城市）社会学领域也就毫不奇怪了。此外，由于（城市）社会学对社会问题的关切，使得大量的（城市）社会学研究是一种真诚的学术研究。许多跨越学科的学者们，不随波逐流，不人云亦云，虽然身处复杂的学术环境，却敢于据实立言、据理力争，坚持独立思考的学术精神。

德国经济学家奥古斯特·勒施，即便在纳粹德国严酷的政治压迫时期，对重要的政治、社会和空间问题保持了其独立和严谨的学术思考，但是这种思考令其陷入痛苦困境。他对人口经济学和国际贸易的早期研究，带来了他在区位理论和区域发展方面的重大贡献，他的学术抱负是从空间角度改写经济理论，虽然学术生涯过于短暂，但仍在现代区域科学中留下了其深刻的足迹。

1924 年，罗德里克·麦肯齐是时任总统赫伯特·胡佛的近期社会趋势委员会城市发展趋势专题的主要调研者，是《近期社会趋势》（1933 年）中"大都市区域的崛起"一章的作者。麦肯齐利用了这个机会，将城市生态学的原理应用于区域的大都市的探讨。麦肯齐的思想在当时被认为是对该领域的一个重要贡献，但是数十年里并未有其他人对他的区域观点进行严肃的思考，否则在他的引导下，城市社会学早已"走出"城市中心而扩展至更大的郊区区域。

麦肯齐的工作和 20 世纪中期发展起来的区域科学在理念上有某些相通之处。艾萨德[①]在1948年发起会议，创立了区域和城市研究的跨学科运动，来自北美、欧亚的经济学、地理学、社会学、人口统计学等领域的学者们，跨越学科边界，将分析方法运用于城市、区域和环境政策议题的研究。故而，经济学家克鲁格曼认为，区域科学不是一个统一的学科。准确地说，它是一个工具收藏箱，其中一些工具非常原始，而另一些则相当先进，它可以帮助人们解决实际中出现的涉及空间的问题，而无需等到我们有了一个出色的理论才来解决。区域科学已尽力而为完成了理论化的工作，但是仍然松散，是一种折中做法，"艾萨德所做的伟大工作未形成一个完整的理论。"[②] 某种程度上，麦肯齐的工作对区域科学来说是有先驱意义的；而城市社会学以及其他一些学科也处于和区域科学类似的状态。

跨越学科的努力几乎随处可见。曼纽尔·卡斯泰尔是以信息时代三部曲（《网络社会的崛起》《认同的力量》和《千年终结》）闻名的社会学家，曾在加州大学伯克利分校任城市和区域规划教授 24 年。"全球城市"概念的提出者社会学家萨斯基娅·萨森早先也是规划出身。这两位堪称规划专业人士转型社会学家的成功案例。

在一些相对城市社会学常规认知而言的"边缘"学科中，这种跨越是富有创造性的。比如犯罪学运用地理学和社会学的理论和方法研究犯罪现象，将犯罪和物质与社会环境紧密联系起来，并强调其社会生态过程，从而将学术注意力不再局限于单纯的犯罪者，并通过识别和改变环境来制止犯罪。反过来，这也丰富了城市社会学的理论。

此外，学科的兴起和发展之间具有一些潜在的呼应关联。布罗代尔曾说过，年鉴派最好的作品在 1929—1939 年间都已出现，那十年也树立了这个学派独有的风骨："阅读《年鉴》杂志，我们就回到了人世间。进入《年鉴》杂

---

① 沃尔特·艾萨德（Walter Isard，1919—2010 年），美国经济学家，西方区域科学、空间经济学的创始人。
② （美）贝鲁格曼 . 发展、地理学与经济理论 [M]. 蔡荣，译 . 北京：北京大学出版社，2000：60.

志字里行间的是现时的人和过往的人，他们带着他们具体的问题……'鲜活'的问题。"想一想在差不多时期，芝加哥社会学派 1925 年开始的黄金十年……如果打破单一学科史的纵向叙述，而进行横向比较，就会发现不同学科之间的某种同步趋势，差不多在同一时期到达各自一个历史的阶段顶峰，可以称之为"时代共振"或"同频效应"，或是思潮交融渗透。由此，我们可以更清晰、更完整地看到其他专业向（城市）社会学的延伸，以及（城市）社会学向其他学科的拓展，而这正是城市社会学发展遵循的社会逻辑。

1.3 城市社会学发展的时间逻辑：技术和范式的演进

本书在第 1 章描述了城市社会学发展的具体的时间阶段划分，而本章侧重于学科发展的时间逻辑，即特征性的规律。城市社会学的发展是非线性的，是技术的突破、范式的转变和词典转换的结果。

1.3.1 空间分析方法

在芝加哥社会学派的研究中，空间分析具有高度的重要性，研究者们采取了对于城市现象研究的空间方法。芝加哥学派的一个早期项目是芝加哥市地图的绘制，将这座城市划分为 70 个不同的社区地域，学派的大多数研究使用了这幅共同的芝加哥工作地图（图 1.3）。哈维·佐尔博在《黄金海岸和贫民窟》中广泛使用了地图来表明富裕的家庭沿着芝加哥湖滨的分布，以及有着高犯罪率和犯罪活动的犯罪地区（贫民窟）的分布。保罗·克雷西在《有专业舞女伴舞的舞厅：在商业化的娱乐和城市生活中的一个社会学研究》中用这张地图显示了 1927—1930 年期间芝加哥的有专业舞女伴舞的舞厅的位置。至于社会地区分析法是以人口社会特征为基础的空间分析的方法。现在的空间分析法则结合了地理信息系统（GIS）的制图（mapping）技术。

1.3.2 理论范式变迁

托马斯·库恩在 20 世纪 60 年代提出了范式变迁的理论（参见第 1 章第 2 节），但是库恩自身的科学哲学思想也经历了变化。20 世纪 70 年代库恩特别强调"专业矩阵"（disciplinary matrix）的概念，认为这个概念更能准确地表述范式的含义。"专业"是指一个专门学科的实际工作者共同掌握的那些学问，"矩阵"由各种各样条理化的因素所组成，而每一个因素又需要加以进一步的说明。专业矩阵是一定专业的科学工作者共同掌握的一个有待进一步发展的基础。这种专业矩阵的组成，包括大部分或全部的团体规定，也就是《科学革命的结构》一书中所说的范式、范式成分或者合乎范式的东西。从更为现代的意义上来理解，它表示某种派生的思想和概念的发端和基础。库恩借用这个概念来表示科学史上某些重大的科学成就所形成的科学内在机制和社会条件，以及由这种机制和条件构成的思想和信念的基本框架，一种先于具体科学研究的思想和组织的背景。

20 世纪 80 年代后期，库恩倾向于用"词典"（lexicon）取代"范式"，同时用"言语共同体"取代"科学共同体"。一个科学共同体抛弃了原来持有的词典，就意味着这个科学共同体的解体。一个专业领域的成员共同接受另一部词典，就意味着一个新的专业共同体业已形成。专业领域成员之间的一套共同的信念，决定了研究数据、材料的意义或解释。库恩认为科学革命实际上是科学词典结构的改革。世界是通过词典来描述的，词典是一种历史的产物，不同时代的社会背景、不同的文化和不同的历史时期，各有不同的词典。词典由一套具有结构和内容的词汇组成，各种词汇构成一个相互联系的网络。前后出现的词典之间有部分交叉，即有些词汇是共有的，有些词汇则为某些词典所专有。理论和词典紧密相连，不同的理论需要使用不同的词典才能得到理解，理论一旦改变，词典也需要而且一定要随之改变。因此，通过考察词典的变化就能理解科学发展中理论的变革。

城市社会学的"词典"的确已发生了重大变化。从社会时空维度看，描述当代生存时空的词汇已经发生了从"自然时空"向"技术时空"的转向，"技术在拓展人的时空方面发挥着越来越重要的作用"[①]。虚拟社会时空的出现，使人类告别了单一的现实社会时空结构，转而出现了现实和虚拟的双向度的社会时空形式，存在许多"缺席的在场"抑或"在场的缺席"。因为虚拟空间、流动空间的存在，传统的地方空间逻辑不再占支配性地位，流动的空间取代了传统的地方空间。"无时间的时间"则将传统线性的、不可逆转而可预测的时间转变为各种时态的混合，进而将社会定格为各种永恒的瞬间。通过将时间空间化，将物理时间挤压在由数字构成的"赛博空间"里，造成了现实空间中的物理距离感在网络空间里的消解，将历史感的时间转换成"在场"的空间，将有深度的价值时间转换成了浅表化展示的空间，把心灵记忆的时间转化为及时的游戏。伴随着这种时空变化，描述当代社会主体的词汇也在发生变化（第 6 章）。

当一门学科的词典中变化的词汇在数量上累积到一定比例，或一定数量的关键词发生了改变，则学科的实质性的变化就发生了，沿用原先的表达就是范式变迁开始了。从这层意义上说，城市社会学的词典已经处于重要的演变之中，这也是城市社会学发展的时间逻辑决定的。相对于范式的抽象、模糊，词典则易于判定，当（城市）社会学词典里的概念术语不都是来自西方，而是相当部分出自本土时，我们或许可以说，（城市）社会学已经中国化了。

---

① 贾英健. 马克思社会时空观的实践维度与虚拟转向 [J]. 理论学刊，2013，（4）：69–76，128.

1.4　城市社会学发展的空间逻辑：从学习西方到立足本土

我们正面对着一个急遽变革的时代，从社会到学术研究都正面临着巨大的挑战。而（城市）社会学的复杂和根本之处在于，社会事实或社会现象总是根据本土的具体语境而被赋予意义。因此，就社会学和城市社会学而言，虽然学科发展和学术研究的理论基础来自西方，但是终究需要实现从学习西方到立足本土的转变。

对于长期以来沉浸在西方中心语境里的研究者来说，必须意识到世界范围内的城市发展序贯，西方城市在 20 世纪 70 年代已经趋于稳定（根据城市化率的变化趋势可以判定），并通过经济全球化带动了欧美以外城市的发展，尤其是全球南方城市的发展。城市社会学学科、学术的发展既由城市经济社会的变革发展而来，也和经济文化的全球化一道而来。就西方学术思想引进到中国而言，在 20 世纪 20—30 年代形成第一次风潮，在 20 世纪 80—90 年代形成了第二次风潮，此后处于稳定的吸收状态。而西方世界的城市社会学研究也随着全球经济一体化将视线转向了西方世界以外的城市，在"中心和边缘"的语境下展开，或者在"第一世界和第三世界""发达世界和欠发达世界"不可分割的情境下展开。至此，城市社会学发展的空间视野已扩展至全球，并常常聚焦于快速发展的全球南方城市。而在一个更广阔的范围中，这种聚焦并不仅仅限于城市社会学领域，而是出现在整个城市研究领域，因为部分全球南方城市，尤其是亚洲城市，在过去的几十年中已成长为新的世界增长极。

国外学者专家将城市研究目光投向东方城市的背景斑驳复杂，纯粹的学术兴趣和社会政治的驱动并存，经验的调查了解和先验的成见误解杂糅。但是无论如何，将东方的城市空间纳入西方世界城市社会学研究的整体版图，本身也是城市社会学科、学术发展的空间逻辑的一种动态趋向。

就我国而言，本土学者在吸收、转介、引用、借鉴西方城市社会学的思想、概念和理论的同时，对于社会学中国化的使命意识也日渐强烈。对于年资稍长的一代学者来说，这是早前 20 世纪上半叶使命意识的复苏和延续；对于年轻一代学者来说，这是一种朴素理性的学术自觉和日渐增强的学术自信。中国的城市社会学者将目光从剖析西方空间背景、到聚焦本土空间到再放眼世界，则不仅关乎学者个人的学术视野和学术抱负，对于国家战略的学术支持、对于建设人类命运共同体，也是一种迫切的需求。

我们今日讨论"社会学中国化"，已不是过去的简单重复，而是有着时代的内涵和中国的特质，更确切地说是"中国化的社会学"，是中国社会学与时俱进，顺应时代精神、适应国家发展基础、关切社会状况问题，而实现自身发展。目前的中国城市社会学还并非一个完全自立和自我界定的学科，中国城市社会学的发展是否存在和形成中国学派、中国话语，有待学人们遵循城市社会学发展的空间逻辑，努力实现从学习西方到立足本土的目标。

第2节　城市社会学未来的研究范畴

城市社会学的研究范畴广博，这由其研究对象——城市的复杂性决定，而社会学的复杂之处在于，社会事实或社会现象总是根据历史的具体时点、根据地方的具体语境而被赋予丰富的意义。本节从学科体系的角度，对城市社会学未来的研究范畴进行提纲挈领式的概括和展望。

2.1　城市社会学研究的未来空间范围

2007年世界城市化率达到50%，这意味着人类整体步入了城市世界，也意味着，以"城市"为研究对象的城市社会学研究的绝对空间范围扩大了，而潜在的可研究范围则更广大。

2.1.1　城市社会学和其他学科的空间范围比较

对于未来城市社会学研究的空间范围的讨论，究其实质是聚焦于城市的形态、规模、结构和组织方式，探讨城市社会学中和城市的空间属性本质联系的特征。城市发展和社会发展本来就是共生关系，社会荣衰和城市伸缩密切相关。城市的成长和社会的进步更是融为一体；城市成长所采用的形式影响了并将一直影响着社会变化和发展的性质。城市的空间范围及至形式也表达着社会的组织形式和运行机制，正是在城市中，社会和空间之间的绝妙关系体现得最为集中、明显和彻底。城市可以视作某种范围的空间社会过程或空间社会演化。

在城市研究的另一个学科——城乡规划学科，在我国经历了从城市规划到城乡规划、再到国土空间规划的变化，规划的对象和空间范围不断拓展，从城市到大都市区域，直到国土空间区域。在不断扩大的空间范围之后，是对于环境的潜在影响、资源的全面利用的考虑。实体城市是显性的空间范围，在实体城市的周边还存在着隐性的空间范围，或可以称作"影子空间范围"，这是一个腹地更为广大的时空区域。

在快速城镇化之前的较长时期，城乡空间形态和社会形态各自较为稳定。因此从前的乡村研究和城市研究是分离的，或者说是割裂的，对应于城市社会学，有相对独立的乡村社会学。而快速城镇化之后，城乡人口流动加速；随着信息和物流加快，城乡之间的联系通过人口流动、物流、信息流，以前所未有的规模和深度被紧密联系起来，城市社会学和乡村社会学的部分内容已有交叠且内在关联。因此，某种程度而言，城市社会学的研究范畴将潜在地扩展到规划学科的空间规划的范畴，一个广袤的大时空区域。

2.1.2 从"城市空间"到"国土空间"再到"世界空间"

由于尺度变化而导致了新的特性——演生（emergence），这类现象在生命体系中层出不穷，正所谓多而异、大而异。"演生"这一概念应用到城市社会学研究中，非常恰当也非常必要。在"城市空间"视野中，城市的发展经历了从小城镇到小城市、大城市乃至特大城市、超大城市和大都市区域的演变，其中的空间尺度变化是巨大而惊人的。这种对尺度的关注在当代城市社会学中早已体现出来，从早期芝加哥人类生态学派的中心城市社区，到麦肯齐的大都市社区，再到戈特迪纳和哈奇森在新城市社会学中强调的多核心的大都市区域。

城市社会学的很多理论是建立在原先的"城市"认知基础上的，但对于当今的城市发展趋势常常缺乏足够充分的解释力，既包括"多核心的大都市区域"，也包括本书第 5 章讨论的收缩中的城市。

在"国土空间"（疆域）视野中，城市社会学在学术上可以就一个城市、一个区域的案例进行系统研究，形成单一城市的社会学研究。例如北京、上海，或者杭州、南京，或者西安、太原，以及重庆、成都等，以这些城市为对象的城市社会学研究结论应该是不一样的，因为社会民众、生活风格、城市性格、城市节奏不一样，都带着明确的区域特征。例如，上海是近代才发展起来的国际化大都市，而成都、西安、太原是中部的内陆省会城市，这些城市代表着中国的不同侧面。

又如，在区域层面，东北和西南、京津冀和粤港澳的城市社会学研究结论也必定是不一样的。当然，所有这些城市共处在中国的地理、历史、制度版图中，城市社会学研究仍然具有高度的相似性。此外，虽然民族众多，但在城镇化了的个人生活、社会关系方面显示出很大程度的一致性、延续性。因此，当下及未来的城市社会学的对象范围也可以进一步扩大到城市簇群、城镇簇群，城市社会学既可以就单个城市各自研究，也可以如本书第 2 章、第 3 章就国家城镇体系中的群体城市进行系统研究，也就是推进城市社会学的区域研究。实际上，历史学和人类学的研究就有着"江南""华南""西南"这样的研究传统，吴文藻曾提出过类似观点。城市社会学若能"接续"[1] 这样的传统，将有助于我们从一个更为广阔的视野去考察城市、城镇、城乡关系及其动态演变在不同区域的"异"与"同"。也只有这样，才能真正、全面、完整地理解和构建中国的城市社会学。

---

① 周晓虹.社会学的中国化：发轫，延续与重启 [J].江苏社会科学，2019（6）：73–82，258.

在"世界空间"视野中，城市的差异性显著存在，和城市现象、问题密切相关的城市社会学相应地也殊为不同。例如纽约、伦敦、巴黎、东京以及上海，尽管这些城市都是屈指可数的全球城市，有着全球城市所共有的一些社会时空要素特征，但以这些城市为对象的城市社会学研究应是不一样的。就像同为发展中世界，撒哈拉以南的非洲城市和东南亚的城市差别甚大，其城市社会学研究也是迥然不同的。本书在第5章关于全球化和第8章关于城市社会问题的讨论中已有较多揭示。

在"世界空间"视野中，处于不同发展阶段、发展程度和发展环境中的国家地区的城市社会学关注的问题也是有差异的。对于发达国家的城市来说，由于世界经济体系中逆全球化经济重构的作用，特别是产业结构的全球性再调整和国际产业链变化的影响，以及疫情、经济动荡的影响，造成了城市社区的一系列重构性变迁，包括制造业工厂回流、国外移民涌入、城市中心的绅士化、城市地区收缩，以及由此引起的一系列问题。对于不发达国家的城市来说，是过度城市化、非正规经济、区域内城市体系不均衡分布以及由此引起的一系列问题。

"世界空间"视野中的城市社会学研究和近年来的全球社会学既有交叠也仍然有区别。空间范围上可能交叠，如上所述，城市社会学并不必要总是涉及全球的城市，而全球社会学是以全球空间范围为直接背景的；对象范畴有区别，研究议题的重点不一样，全球社会学更加侧重和全球性质相关的问题。

2.1.3　从"空间完整"到"知识完整"

在空间范围不断拓展的城市社会学研究中，平衡的深度知识将组合出一个比较完整的世界城市社会版图。对城市社会结构和个体日常生活的分析，也必然涉及对城市地理状况、经济发展和历史人文的综合考察。这种平衡感和综合感有利于产生一种彻底排除种族或民族主义思维，并且汰净意识形态烙印的社会学观，比如"欧洲中心论""西方优越论""美国例外论"之类，这在当前及未来一个深陷分裂危机、局势紧张的年代尤为重要。

"完整性"指的是体现城市社会学突出的普遍价值的所有必要因素；研究的空间范围（城市形体）足够大，是确保能完整地体现城市社会学价值的特色和过程的途径之一。随之而来的问题是，在面对尺度和复杂性的孪生难题时，原来的知识不够用了。正如物理学中无法根据少数粒子的性质的简单外推，来理解大量且复杂的基本粒子集合体的行为。在任何不同的复杂性层级下，物质会出现全新的性质[1]。并且，对城市和空间范围新性质的理解需

---

① 陈征，魏红祥，张玉峰."还原"与"演生"——相辅相成的两种物理学范式 [J]. 物理，2021，50（3）：204-206.

要本质上一样的基础研究和知识结构。关于这一点，在随后的研究方法中将继续讨论。

2.2 城市社会学研究的未来对象范围

城市社会学始终是这样一个领域——这个学科的庞杂远超我们的想象和预期，这是因为，城市社会学的研究对象是城市社会，包括社会现象和社会发展，而这个研究对象是一直处于动态变化中的。城市社会学在其自身发展过程中，经历了从传统城市社会学向当代城市社会学的转变，20世纪80年代以降，又出现了新城市社会学的理论建构，这也证明了城市社会学的学科内涵和研究的对象范围一直处于拓展之中，研究广度在拓宽，研究深度在加强。

2.2.1 庞大的研究对象集合

城市社会学是关于城市人口、生活方式、政治、经济、文化和环境的综合研究，其研究内容也将伴随着学科内涵的不断拓展经历不断充实的过程。整体上，城市社会学研究的未来对象范围大致可以概括为以下四类主题：

（1）关注（城市）社会学的一些基本问题或传统研究主题，涉及阶级/阶层、人种和种族、移民/难民、性别、年龄、生活方式、宗教等重要的社会变量，以及城市中的个人和社会的关系、社会群体、社会组织、社会分层、社会阶级、社会流动、社会结构、社会政策、社会文化、社会制度、社会问题、社会发展、社会变迁、社会法律、越轨行为等研究议题。

（2）关注大问题、重大主题，例如国家兴衰、城市收缩、移民调适、贸易、财富创造与毁灭、民主和政治、战后/灾后恢复、社区兴衰、技术突破（例如人工智能、数字治理）、全球性气候变化等。此类城市社会学研究围绕"大写主体"和重大的兴衰时期，例如我国改革开放40余年，社会成就和社会矛盾冲突并存，包含了上述诸多重大议题。

（3）关注小问题、小主题，主要围绕城市日常生活，城市人的日常而长期的物质生活节奏，城市环境中的互动，塑造了他们的文化和精神。即便是在当今高度同质化的文化世界中，城市居民们仍可能保有最深层最鲜活的生活经验。这类研究切入点小，可以涉猎广泛而又细致入微、扎实详尽，将可构成城市微观世界的社会"声音"研究。

（4）局部而特定的研究。对于特定的历史时期、社会事件、社会群体、文化现象、技术影响的研究，是在和那些更显见的、更宏大的力量的关联中去辨识特定时期、特定群体、特定事件、特定现象中尤其微小的声音、弱势的人群和行为。

上述四类主题，构成了城市社会学研究对象的集合。这些多样化的主题在问题意识和理论关切上有相通之处，一些议题既是地方性的同时又是世界性的。关于研究议题的大和小、长期和短期，史学家布罗代尔曾在其1963年的通史著作《文明史纲》①一书中陈述了事件的"短期"和社会底层结构的"长期"之间的对比，两者之中，他更看重后者的分量。对于城市社会学来说，大小议题、不同对象，各有其研究价值。一些现实的热点话题可能在不断变换，但对于城市社会学来说，上述的研究主题却具有相对的稳定性。

2.2.2 由研究对象决定的学科"群落"关系

城市社会学研究对象范围的界定，是廓清学科边界、确保学科未来发展的重要前提。识别城市社会学研究的对象，首先有助于厘清城市社会学和其他社会学分支（例如全球社会学、移民社会学、历史社会学等）的关系；其次还涉及城市社会学和其他城市学科（例如城市经济学、城市地理学、城乡规划学等）在研究范围和议题交叠部分的关系处理。

以群落生态学的角度思考社会学的构成，则带来崭新的意象。1877年德国动物学家莫比乌斯（K. A. Möbius）提出"生物群落"（biocenosis，常用ecological community）的概念，借鉴"生物群落"概念的好处是，能够有效地解释城市社会学和其他社会学分支、和其他城市科学以及社会学和其他社会科学等由不同研究对象决定的学科体系的关系。具体来说，在社会学学科体系内，城市社会学和其他社会学科共同以社会现象和社会发展为研究对象，只是研究对象的各自侧重点不同，研究方法有所不同，但是具有一致的种类组成（社会现象和问题）且外貌一致（社会形态），因此，各种"学科群落"能在一定的规律下共处，具有一定的（学科知识）结构及特征，在这些群落内部及群落之间存在相互作用、相互影响、发展演化的关系。不但社会学形成一个群落，社会学和其他社会科学、自然科学又形成更大的学科知识群落。城市社会学研究对象的探讨，还意味着不断吸收其他学科领域的最新理念和成果，和这些学科领域的知识形成衔接或相互补充，从而构成社会学科乃至整体科学的知识图谱。

2.2.3 长期变迁的研究对象

因为城市社会学研究对象范围设定的足够开放性、包容性和弹性，未来城市社会学研究的对象范围可能并没有剧烈的、大幅度的变化，而是渐进地吸收新的研究对象和内容，像近年来发展迅速的智慧城市技术、数字治理等新的研究范畴。但是，由于研究对象本身的变化，这使得城市社会学的研究对象和

---

① （法）费尔南·布罗代尔. 文明史纲 [M]. 桂林：广西师范大学出版社，2003.

内容始终处于一种相对平缓的动态演变之中。也就是说，同样性质的一个研究对象，例如城市社区，芝加哥学派对当时的美国城市社区的研究问题、研究内容和当今的研究重点是有区别的。

2.3 城市社会学研究的未来时间范围

恩格斯说过："历史从哪里开始，思想进程也应当从哪里开始，而思想进程的进一步发展不过是历史过程在抽象的理论上前后一贯的形式上的反映"。[①] 这句话用在城市社会学研究领域同样恰当。未来的城市社会学的学科研究和学术研究，都需得有一种清晰的历史意识、时间意识，也就是要提出和回答这样一个问题，我们研究的是哪一时段的城市社会学。

2.3.1 短暂的线性历史和漫长的长时段

城市社会学从 19 世纪 90 年代诞生至今，我们尚可以通过缀连历史的断片，描摹丰富而错综复杂的细节，斗榫合缝地铺陈出一部浑然一体的学科"线性历史"，如本书第 1 章对城市社会学发展作了四阶段的划分。但是，目前的城市社会学研究大都不超出三部分内容，对学科史的回溯，对城市发展史的追溯，以及当代和当前的城市社会学分析。而对于以更长、更早时期城市社会为研究对象的城市社会学分析是空白的，因为看上去这将进入城市（历）史学的研究领域，而城市（历）史学被列为社会历史学的分支。就城市及城市社会发展自身的历史来看，既有连贯性的方面，也有工业革命后带来的突变的方面。因此，目前的城市社会学研究框架某种程度而言是不完整的，仅仅研究了自 20 世纪转交之后的城市社会学，而在此之前的部分则以简要的城市发展史代替了。事实上，并不一定每本城市社会学的著作或教材都要平铺直叙地从最初的城市历史开始，并且平分笔墨、平均着力，但是至少必须清楚地意识到，所研究的是哪一段城市社会学，即短暂的线性历史上的哪一段。城市社会学的断代研究，即聚焦于特定的、具体的某个历史阶段的城市社会学，将可以使得城市社会学的学术探究和学科研究进入更深邃、更精细化的境界，这和在空间范围上聚焦于某个区域、某个城市的城市社会学研究道理是一致的。此外，如果着眼于漫长的人类城市社会的研究，则将可能进入一片新的天地，漫长的"长时段"的城市社会学。

布罗代尔在《法兰西的特性》[②] 一书中运用了"长时段"这个比喻，将历史比作"一片漫无边际的、几乎静止不动的水面"，"长时段"的思维是抵抗时

---

① 中共中央编译局. 马克思恩格斯选集（第 2 卷）[M]. 北京：人民出版社，1997：122.
② （法）费尔南·布罗代尔. 法兰西的特性 [M]. 顾良，张泽乾，译. 北京：商务印书馆，2020.

间激流、事件之流的必要方式，避免那"永恒而亘古的静止"的历史施力于社会群体或个体、显现于瞬时或短期的临时现象。在布罗代尔的新史学中，历史极具纵深感，他所构建的理论体系将历史分为三个阶段：长时段——地理环境演变史。人和其周围环境关系的历史，一部近乎静止不动的历史，流逝和变化滞缓的历史，一部几乎超越时间的、与无生命事物接触的历史；中时段——社会史、经济史。在这部静止不变的历史之上显示出另一部慢节奏的历史，一部社会史，即群体和团体的历史，并试图说明这一切深层的力量如何对社会这个复杂领域发生作用；短时段——事件史、人物史。这是传统历史部分，或可称之为个体、事件史，是一种表层上的激荡，即潮汐在其强烈运动中掀起的波浪，一部起伏短暂、迅速、激动的历史。这一划分具有决定性的意义。传统的历史叙事沉醉于历史长河上奔腾的浪花，而布罗代尔的整体史观则注重观察河床的地形地势。

社会时间的速度并非单一的、匀速的，而是变化的、多样的。在人类历史上，如今的时间更多表现为技术时间，社会发展以技术时间计时，"实时""即时"成为一种普遍的追求。历史提速了，社会进程的节奏变得急促了，社会流动更加频繁和强烈，地理环境和城市、房屋、道路、人物之间的互动，及至社会心理，都不再如历史以往那般不紧不慢。如今我们习惯于以"10年"（decade）或"5年"为计时单位的做法，以及对上一代和下一代之间的"断裂"的印象，大约始于100年前，也就是第一次世界大战前后开始出现的。恰如布罗代尔所言，在那上面（历史的"水面"）航行，人类渐渐地就不由自主了。但是，城市社会学研究是否能在看向未来的同时，看向历史、看向长时段，或许能探究出一些有价值的发现。

2.3.2 关注当下和瞻前顾后

延续"长时段、中时段、短时段"的历史思维，未来城市社会学研究也可以依据对于时间范围的取向，分成三种研究类型——关注当代的（中时段）和当下的（短时段）城市社会学研究，前瞻的城市社会学研究（中时段或短时段）和顾后的城市社会学研究（长时段）。

虽然过去不可更改，未来不可预测，但是未来城市社会学的瞻前顾后类型的研究仍是具有相当意义的，也是迄今为止的城市社会学研究所缺失的。既有的城市社会学研究在服务社会发展需求、积极寻求城市社会问题和城市管治的社会学对策方面，具有明确的目标导向，这种社会责任意识深深扎根于芝加哥人类生态学派形成伊始。

从完善城市社会学研究来讲，"顾后研究"可以提供城市社会问题的特定历史研究，探寻并具体描述城市社会现象的根源，考析城市转型的自身资源和内在动力，以阶段历史为横切面，书写城市社会历史的备忘录，提出对城市历史变化的社会学新阐释，有助于和其他社会科学的历史（例如国家社会史、城市史、日常生活史）研究形成对照。城市社会学的"顾后研究"可能和历史学研究形成社会时空的交叉，毕竟历史学是一个静态时间中的动态空间概念，和空间地理密不可分。

"瞻前研究"则可以开展未来城市社会问题的预判研究，应当始终以解决实践问题为导向，以历史观和整体观为视角，以知行合一及实践自觉为要求，争取发挥交叉、边缘学科的优势和基础作用，为城市社会发展提供理性、规范、具体的实践指引，以及推进学科的可持续性。

第 3 节　城市社会学未来的研究方法创新

在城市社会学研究中，从社会时空观出发，未来的研究方法创新有多个路径，包括跨学科的交融、历史的借鉴、实践研究的创新、新的技术方法的引进、批判的创新、融汇的创新等。

3.1　跨学科交融

城市社会学的发展亟须不同研究范式、路径、视角之间的对话和交流，涵盖社会科学和人文学科的诸多领域，例如包括人类学和民族学、社会理论和社会思想史、国际政治以及世界历史等，这些领域的研究和城市社会学研究之间大多存在细微的关联。结合具体研究主题、研究内容，可以综合不同的社会科学方法为一体，比如采用地理学、经济学、历史学等相关学科的方法。

跨学科的交融有些是有意为之，而有些则带有一定的偶然性，虽然过后回看发觉具有方法上的某种应然性。例如芝加哥学派的生命历程或个人生活史研究方法。托马斯的《身处欧美的波兰农民》被美国社会学家刘易斯·科瑟（Lewis Coser）称为"美国社会学研究最早的重大里程碑"。起初，托马斯采用了民族志学家最初为研究非文字社会而开发的实地观察方法——根据托马斯本人讲述的一则轶事，一次完全的意外发现激发了他将个人书面材料作为民族志的来源，并开创了传记方法。托马斯在芝加哥家附近的街道上行走时，差点被一个从沿街窗户扔出来的垃圾袋砸中。袋子爆开了，托马斯发现里面有一封信，信是一位波兰女移民写的。接下来的几年里，他在芝加哥波兰社区及其原籍国收集了口头报告和书面材料。他利用了各种各样的文件，从报纸报道、组织档案，到个人信件和日记，他通过在芝加哥波兰语报纸上刊登广告获得了这些文件，每封来自波兰的信件提供 10~20 美分的价格。还有一个重要的意外就是，1913 年，在前往波兰的一次旅行中，托马斯遇到了波兰社会学家弗洛里安·兹纳涅茨基，后者成为《身处欧美的波兰农民》的合著者。托马斯和兹纳涅茨基在书中提出了一种理解整体文化的传记方法，使用书面传记资料、个人信件、自传、日记和其他个人文件，作为社会学研究的数据来源，同时也提出了一个理解种族的方法。这项工作在许多方面是超前的，直到今天仍然具有影响力。

列斐伏尔在《空间的生产》的写作过程中，涉猎了艺术、文学、建筑和经济学，并进一步提供了一种强有力的矫正方法，以对抗当时欧洲大陆哲学中的枯燥刻板、模糊的方法和理论特征。布迪厄的研究方法则来自从哲学、文学理论到社会学和人类学的广泛学科，对教育社会学、社会学理论和美学社会学都有贡献，在几个相关的学术领域产生了广泛的影响。布迪厄的理论最突出的方面涉及对方法论的发展，他将理论和经验数据结合起来，试图解决理论和研究中一些最棘手的问题，并试图协调诸如如何在客观结构内来理解主题以及在此过程中协调结构主义和能动性等困难。

也有其他学科领域的学者，借鉴社会学分析的方法进行了开创性的工作。法国历史学家、政治家托克维尔的理论开启了政治思想史上一个非常重要的转向，实现了从应然到实然的转向，也被称作政治思想上的社会学转向，就是从哲学转向社会学。他在 1835—1840 年出版的《论美国的民主》综合运用了深度访谈、文献、口述史的调查方法，细致入微地观察、提炼、总结、分析，这本著作被誉为政治学的第一部作品，社会学分析的奠基之作以及政治哲学史上的一个里程碑。

跨学科的交融创新取决于研究者的学科背景、知识结构、兴趣偏好以及意向明确的跨学科合作，是在学科间的边缘交叉地带寻找新知和研究方法的新的组合，从而可能开辟出一个新的领域。

3.2　历史借鉴

创新还来自向历史的学习。历史研究固然是直接面向历史的，文献文本研究也是以既有的历史成果为研究对象的，此外还涉及学科历史上的研究方法。有些研究方法得以一直沿用下来，有些则受诸多条件影响，并未被广泛使用或连续使用。后来的研究者若能勤于耕耘学科历史，或能捡拾发现一些仍有价值的研究方法。上文提到的托马斯的个人生活史研究方法，形成于美国的第二次移民浪潮时期，大多数第二次浪潮的移民来自中东部欧洲，许多是农村背景，他们在城市里安家，因而不得不适应城市的生活方式。而直到 20 世纪 70 年代以来发生的第三次移民浪潮时期，在跨国移民研究的背景下，托马斯的生活史方法或者说芝加哥学派的生命历程研究方法才被重新发现。当类似的历史情境重现时，历史上曾经的研究方法也重新获得了生命力，被借鉴、采用。我国学者也引入了生命历程研究方法，主要用于针对农民工的人口迁移研究。

3.3 实践研究创新

城市社会学的发展和创新从根本上来源于城市社会实践，只有社会实践中的问题被提炼上升到社会学层面，才能促进社会学理论和方法的发展和完善。对于特定的城市社会问题的研究产出（理论或方法）具有决定意义的是"实践研究而非调查研究"①。社会调查、田野调查是一种实践，但调查研究仅仅是第一步，仅是许以了初步的"发言权"。深厚的实践基础远超出深入的调查，对于问题的理解和把握可能更具洞见。这并不是否定调查或否定专业的社会学者，而只是表明，调查是一个和实践相伴的持久工作，职业的（城市）社会学者并不一定比来自其他专业的城市科学（城市经济学、城市地理学、城市建成学科）研究者、实务者更能敏锐深刻地发现问题、提炼问题和获得研究成果，最富创造性的见解和理论并不必然来自社会学者的圈子内部，直觉是更宝贵的能力。例如城乡规划学，在研究方法和资料处理、田野考察等方面对城市社会学有很大帮助，城乡规划调查对于物质空间的调查是相当全面的。

虽然城市社会学有哲学层面和一般性规律的问题，但大量有意义的研究问题存在于城市社会、城市运行、社区等具体领域之中。真正的创新还是来自经验研究。创新的研究问题、研究方法必然以丰富的实践为基础，或充分地结合实践，提炼出有意义、有深度的科学问题，或是发现独特的、针对性的研究方法。好的城市社会学研究必然潜藏着丰富的城市实践经验。解决问题的新方法鲜少来自既有的文献、自上而下的规则和条条框框，而多是来自经验，来自自下而上的具体实境的应对。

例如空间分析方法，目前在社会科学研究里面较流行。但是空间分析的前提是对于分析范围的恰当选择和尺度的准确把握。就某一个特定区域对象或某一个城市问题，在不同空间尺度上分析，往往得出来的结论相差甚远，这时研究方法的精准性更多来自经验。此外，在空间化（mapping）、可视化（visuality）等新的研究方法应用中，制图工作中的专业素养和严谨态度也是训练有素的结果。

3.4 新的技术方法

新的技术涌现，例如大数据技术、人工智能技术，社会学界包括整个学术研究界目前整体面临着新技术的挑战以及研究方法和手段与之整合的议题。开阔的视野，扎实的科学素养，及时的新技术应用，对于城市社会学研究将

---

① 周雪光. 社会科学视角下的田野研究：田野与理论的互动 [EB/OL]. https://www.bilibili.com/video/BV1N8411879m/.

是极其有利的。大数据技术的引入以及结合地理信息系统（GIS）技术的运用，为城市社会学研究提供了前所未有的工具潜力。大数据具有更强的客观性，是全面数据而不是样本数据，和小数据、统计数据、实验数据的结合，将可能形成具有时代特征的思维方式和研究方法。

例如多源地理大数据支持下的社会感知（场所感知、交互感知、过程感知）研究，在基本原理、系列方法和相关应用上都可能取得突破。社会感知是指基于大数据研究人的时空行为模式，进而揭示其背后的社会经济特征的基本研究方法，它提供了一条"由人及地"的研究路径。通过对大数据的分析和挖掘，将为城市社会学研究、城市生活和行为方式带来根本性的变革，将带来定量研究的重要突破。

人群活动的时空行为规律对城市空间结构的动态影响及其作用机制是大数据时代城市空间结构研究关注的热点之一。时空行为研究是基于个体、基于行为来解读和优化城市空间结构的重要途径，从时空行为视角探讨城市空间和人群时空行为的互动机理，通常基于手机信令等大数据提取人群的时空行为轨迹，并通过和城市建成环境的关联对城市空间结构的动态化、网络化特征进行分析。

又如，大数据在解释大范围跨区域的实时人口流动方面具有很大优势，针对我国大规模的城镇化进程，通过和信息技术应用的结合，可以为大规模移民的管理和服务提供社会学的解决方案，为城市流动人口住房需求和居住信息服务体系建设提供城市社会学的研究支撑。

3.5 批判创新

正如库恩指出，科学思想的进步常常是通过一个范式突破并取代另外一个范式而实现的，而并不总是在同一方向上的积累、提高、深化。许多过去或现行的理论观点可能为未来新的研究思路、分析工具、实证资料取代。在这一过程中，过去积累的观点知识可能不仅不是新的学术思想的基础，反而是束缚其发展的桎梏。这要求我们对学术研究和学术成果或各种学术思潮持有一种批判的学术态度，对任何研究成果有批判质疑的权利。而学者也有对自己研究成果的潜在前提假设、解释逻辑、实证依据详细说明的责任。

3.6 融汇创新

研究方法的改进可以推动研究发展，但是研究方法本身并不是目的。因此在城市社会学研究中，能够不为繁琐的社会研究方法所累，将全部问题意识直指城市社会生活现实问题本身，真正发现问题的本质，解决实际问题，也是相当重要的。

具体来说，超越学术学科的传统界限，保持学科的充分开放，不囿于城市社会学学科这一门，把其他人文学科——人类学、地理学、经济学、政治学、法学、宗教学以及建成环境学科——城市规划、建筑、环境景观等全部纳入，作为城市社会学的辅助学科，获取这些学科的研究方法、研究成果；甚至是这些学科看问题的方式。拒绝画地为牢的研究，打破日益专门化的学科间的樊篱壁垒，所有关注城市社会、城市现象、城市问题的学问都是城市社会学的组成部分。跨学科的渗透常常对学科内部的发展起到了不可预计的作用，其他学科的研究可能导致该学科的研究工具和实证资料上的巨大突破。

第4节　城市社会学未来的研究动向

（城市）社会学不仅是一种思想体系，更是一种学术规则体系，它不仅提供了探究价值和解释的方式，也提供了探究路径和实践的可能。本书的前面部分展示了社会时空观贯穿下的城市社会学的研究关切，至于城市社会学的未来动向，仍要延续将社会时空模型作为分析框架，并一以贯之，穿透我们所研究的社会现象，穿越我们所研究的时空视野。基于城市社会学过去和现在以及未来的相关性，在短期内和未来可以具有目标明确的"方向性"——至少在政治、经济、法律、社会、文化组织方面有所体现。未来的动向可能会在这些方向或者说在下列有些方向值得努力。

4.1　研究外延继续扩大

20世纪的科学发展整体存在两种趋势，"内涵性研究"继续深入，"外延性研究"继续扩大。这里的内涵研究侧重于城市社会学的基本定律、规律，外延研究则基于已知的基本定律/规律进行城市社会学的现象解释。城市社会阶层、社区精神的绝大部分内容属于内涵研究；城市问题则属于外延研究。随着技术的突飞猛进、城市的变迁，城市结构、城市问题等会不断出现新的形态，而城市的人—空间/环境的关系则相对稳定，因此外延性研究扩展的可能相比内涵性研究要更大。

随着全球城市社会的发展，还会不断有新的社会议题进入城市社会学的视野，包括现下讨论的中美关系、贸易战、金融战、生物战、舆论战、法律战、海外华裔的发展、疫情之下中外国家治理体系和治理能力的比较等方向的话题。为了保持对城市社会现象和问题的解释力，因此城市社会学作为一门学科的外延还会扩大，城市社会学研究将致力于解释当代的某些趋势和正在发生的事件背后的逻辑。

与此同时，社会学的其他分支也在不断增加，例如智能社会学的出现。城市社会学和其他的社会学分支将会有新的交叠、错杂嫁接。总之，城市社会学研究的与时俱进、研究外延的扩大，无论对于其自身还是社会学科知识群落的丰富是有积极意义的。社会时空观理论的可行性在于，理论并不是基于"观念"架空构想出来的，而是已经具备了相当的实践基础。

面对一个变革、冲突、不确定的未来社会，在世界范围的社会大转型过程中，城市社会学承担起自身的使命，对一系列重大问题的探究则体现研究者的学术担当和社会情怀。

4.2　全球化和本土化的研究双向延展

和全球经济一体化的时代特征相关联，城市社会学应是全球视野的城市社会学。时代精神的转变，要求全球化思维，强调全球视野，特别关注资本全球化对大城市发展的影响，如外资企业进驻、外来移民的融入等为城市带来的机遇和问题。这使得传统的城市社会学研究跨越了本地视野，也和城市经济研究中的全球城市理论结合起来。城市社会学中的全球化思维还体现在对现世运转之道的理解，包括将一些独立的概念或事件作为一个更宏大过程的局部或片段来考虑或研究，在宏阔的视野中体会细部的意义；在足够的素材和见解的积累中提取思想的结晶，最终形成一个连贯而全面的理论，以解释世界社会、政治的历史进程。

英国历史学家贝利（Christopher Alan Bayly，1945—2015年）在《现代世界的诞生（1780—1914）》[①]中指出，今天的史学家是世界史家，即便许多史学家还没有意识到这一点。换言之，当今的史学家说到底应该是世界史家，而许多人还没有做到这一点。无论如何，贝利承接了法国历史年鉴学派尤其是布罗代尔倡导的整体史观（唯有总体的历史才是真历史）。德国历史学教授于尔根·奥斯特哈梅尔（Jürgen Osterhammel，中文名：贺远刚）的《世界的演变：19世纪史》[②]的第一句话便是"所有历史都有世界史倾向"。在他看来，在长时段的历史发展中，超越地方性总是一种趋势。两位历史学家用清醒的目光审视19世纪的发展和转型，为我们勾勒出这个世纪的深刻肖像，并试图呈现不可逆转的全球化趋势的谱系。同样，今天的城市社会学者应该是全球城市社会学者，唯有总体的社会学才是真正的社会学。

另一方面，是城市社会学研究的本地化、地方化，也就是强调社会学研

---

① （英）C.A.贝利.现代世界的诞生（1780—1914）[M].于展，何美兰，译.北京：商务印书馆，2013.

② （德）于尔根·奥斯特哈默.世界的演变：19世纪史（德文版，2009）[M].强朝晖，刘风，译.北京：社会科学文献出版社，2016.

究更加特色的方面，城市社会的个性和差异性更多是和文化多元化的时代特征相关联的。另外还包括基于城市的地方化。这方面，莎朗·祖金以纽约为观察基地的城市社会学研究具有一定的代表性。地方性和全球性更像是一枚钱币的两个面。

对我国的城市社会学而言，这首先体现了（城市）社会学的中国化，多年来的发展实践显示，在学科发展进程中，结合国情并不断创新，已经将西方社会学的学习所得内在化、本地化、中国化，构建了中国特色的（城市）社会学。"中国社会学的时代性、本土性体现得更加明显。未来我们需要更加理解国情、拓宽视野，形成面向全球知识共同体、面向纵贯历史、面向新时代的中国社会学建设新格局。"①

西方城市社会学研究的社会前提假设是"个体主义"（individualism），西方文化中基于"个体主义"产生了理性选择理论；这个理论在异质的东方文化传统社会中的解释力是令人怀疑的。东方文化传统素以"集体主义"为主导，整体的社会行为、社会现象是中国（城市）社会学需要解释的，属于城市社会学研究的本地化方面。

在我们的"一带一路"倡议进程中，对"一带一路"沿线国家和地区的（城市）社会学、人类学研究也是必不可少的，这也为我国社会学、城市社会学研究的全球化提供了契机，并提出了要求，即如何开展充分的反思研究，如何凸显中国城市社会学研究的主体性，如何提供更精准的政策支持和坚实的学理支撑。

4.3 城市社会学本土化、地方化中的历史价值观修复

亨廷顿在《文明的冲突》②中重申了西方及其价值观和体制是"独特而非普遍的"。这一论点可以从两方面切入：世界其他地方同样独特，由诸多文化和生活方式以及重要的社会组织方式构成，涵盖政治、经济、法律体系、社区和家庭等领域。统一而非普遍（Uniform，Not Universal）的观点需要被强调。民族性格是动因，而文化基因（宇宙观、伦理观、社会观）是因变量，是被推动的因素。强调社会科学研究的"历史感"，是实现城市社会学本土化、地方化的重要方式之一，是从时间向度上获得本土化、地方化。这和从空间维度上强调地理、地域以获得本土化、地方化是并行不悖的两条路径。历史地理本来就是互生的，历史由地理承载，地理由历史演绎。因此，在城市社会学本土化、地方化的目标下，需要自觉地转向以往的世纪从历史中汲取思想资源。

---

① 杨典.中国经验与中国特色社会学 [N].中国社会科学报，2021-05-18（2）.
② （美）塞缪尔·亨廷顿.文明的冲突 [M].北京：新华出版社，2013.

更深层地，在城市社会学的地方化中还要达成某种文化自觉。近代以来，各大古老文明都曾遭遇西方现代工业文明的冲击。在西方，现代工业文明的"进步力量"一定程度上背离了古希腊古罗马文明的不少核心价值，对于自由主义有强调一点、不及其余之虞。事实上，在个人之上还有城邦，在欲望之上还有美德，在利益之上还有正义，在权利之上还有责任，在民主之上还有善治。在非西方世界，西方现代工业文明一方面给非古老文明国家带来了变革，另一方面也无情中断了古老文明的持续发展。印度 1905 年爆发反英抗争，土耳其 1908 年爆发青年土耳其党人革命，埃及 1919 年爆发反英大起义，以及中国 1911 年爆发辛亥革命，都是古老文明对西方冲击的反应。这也导向了强调外因论的"冲击—反应"模式。

新的历史时期，各大古老文明正在重新自我激活。随着西方现代工业文明的弊端越来越显露，强调多样性的古典文明日益彰显积极意义。既要现代化，也要民族化，已经成为各大古老文明的集体共识。[①] 在学科学术领域，（城市）社会学的中国化事实上还包含了更高的要求，即对以西方价值为基础的（城市）社会学理论观念进行系统的修复内化，才能根本地实现城市社会学的中国化。坚持社会学中国化的"中国"这两个字，内在地包含了自古以来的中国和我们的中华人民共和国，这里面的内涵非常丰富。当然，城市社会学本土化中的历史价值观修复对其他非西方国家的城市社会学也是如此。

对（城市）社会学研究中的历史维度的关注并非新的理念或发现，早在韦伯的研究中已充分体现，这也使得英国学者 D.G. 麦克雷（Donald G. Macrae，1974 年）不无挪揄地认为："从某个观点来说，韦伯是个历史主义者，韦伯开始的着眼点是把社会科学视为历史科学，在他看来，所有人类的现实都可以在时间的向度里及历史主义的方法论中被理解"。[②] 近年来，虽然围绕"历史社会学"形成了一些研究热点，但总体而言，我国社会学界对中国历史（城市社会学界对中国城市历史）进行系统研究的工作还有较大空间。为此，中国（城市）社会学研究要积极向历史领域扩展，借鉴相关学科的已有成果，并结合本学科的独特视角，对中国社会进行细致贯通的研究。虽然景天魁等学者提出"群学"就是我国古代的社会学，但是尚未有确凿的我国古代的城市社会学研究，或进行城市社会学的本土的、历史的研究，现有的历史研究或历史地理研究中有涉及城市或城市现象的，但还不是城市社会学的视角。事实上，潜藏于宋人画作《清明上河图》和文学作品《东京梦华录》之类典籍中的传统城市社会为我们现代的城市社会提供了文化基因，需要我们对其中的时代心态、

---

① 潘岳. 形成多元文明平等对话共同体 [N]. 联合时报，2019–11–15（4）.
② （英）D.G. 麦克雷. 韦伯 [M]. 孙乃修，译. 北京：中国社会科学出版社，1989：95.

历史背景进行城市社会学的解码，以历史映照现实、远观未来，不失为探究城市社会学研究未来动向的一种合理路径，也是寻求城市社会学本土化、地方化的有效路径。

城市社会学本土化、地方化中的历史价值观修复，意味着一个深刻的文化转型、学术转型，将可考析中国城市社会转型的自身资源和内在动力，而不仅仅强调外因论的"冲击—反应"模式，由此寻求体现中国城市社会和中国城市社会学的基因和特色。

城市社会学是一门解释性的学问，因而作为解释基础的价值、逻辑就极其重要，这是整个学科框架稳定性、合理性的保障。城市社会学基本成形于20世纪初的西方工业时代，迄今为止也都是对于现当代城市社会的同步解释，无论是从城市社会学自身发展的解释范式变迁或学科词典演变来说，还是从人类城市发展的来路去路追索而言，城市社会学的历史价值、历史逻辑的探讨都是具有积极意义的，也是对持续面临的城市社会学解释性危机的一种响应。

第5节　未来的研究成果呈现和传播

当代学术研究大多仍在象牙塔般的大学中或专业化的学术圈子里进行，由于获得政府科研经费的支持，形成了独立于外部社会的科研生产和成果认定的内循环机制，这种学术化的趋势有利于学术研究群体的产生和学术研究的连续性，但是和社会大众及实际生活颇有距离。只是城市社会学从其诞生之初，从来就不是一个闭门治学的学科，还担负着向社会传播的意义。想要成为社会所关注的学术，就得关注社会所关注的热点，在重大问题上摆脱失语的状态，这也是中国学术经世致用的特质和传统。这就取决于未来的城市社会学的话语体系构建，取决于研究成果的呈现和传播，既是向社会的传播，也涉及跨国界、跨学科专业的交流。

5.1　城市社会学研究成果的呈现和大众传播

就我国而言，随着城镇化率不断上升，我国也已由传统的乡村社会正式进入了城市社会，城市社会学的重要性在不断增加，无论是解释的意义还是应用的功效，这一点是不可否认的。城市社会学由于其研究对象正是世界半数以上总人口置身其中的城市社会，因而潜在拥有了天然的大众亲和力，然而城市社会学研究成果向社会的传播仍然受到社会背景、学术研究成果的社会定位、社会传播的前提导向、学术研究成果的呈现方式等因素的多重影响。

5.1.1 城市社会学学术传播的整体背景

城市社会学传播的整体背景可以包括社会时代背景、媒介背景、技术背景。

每个时代的社会有每个时代所欲应对的问题。当下的世界并不安宁，经济全球化的顺逆消长、信息网络化的利弊并存、人工智能的未来趋向、文化多元化的喧嚣迷茫、地区矛盾冲突和暴力纷争时有发生，以及极端气候变化引发的灾害频发，在社会问题集中、危机和不确定性弥漫的时期，人们更需要（城市）社会学纾困解惑，哪怕不是重构社会秩序。人们需要心灵的皈依，不一定是转向宗教，而是向学术智识寻求解释之道、解决之道。因此，城市社会学研究的传播和社会需求之间存在一定的供求关系。

当然，这种传播可以是直接传播或间接传播，和媒介背景有关。媒介是塑造历史和社会的隐蔽力量，其"讯息"可以"扭曲"现存的社会秩序，因此更需要理性逻辑的城市社会学的传播。在当今新的电子技术环境里，媒介的形式丰富，传播、渗透、影响作用巨大。电子媒介克服了地域空间限制，在时间上可以实时同步，对于各类传播都是极其有利的，"讯息"传播的正反面影响是相当的。城市社会学传播也就并不局限于传统的"书面文化"、纸质媒介，革故鼎新同样重要，将内容方面的优势和传播形式多样结合起来。

5.1.2 学术研究成果传播的社会导向

城市社会学的学术研究成果存在社会定位的问题，是满足于在学术界、知识界内部分享，还是形成决策依据，及至面向大众普及传播？佛教的传播可以作为一个示例。佛教刚开始传到中国的时候，并不是像今天这样大众化的佛教，而是上层的佛教，后来发现这样的佛教在中国很难生存下去，所以佛教就和中国本土儒教、道教融合，使得佛教在中国得以深耕，到了隋唐时期就开花结果，形成了中国的八大宗派。

（城市）社会学关乎社会大众，虽不至于成为宗教，但是深入渗透社会日常生活之中，修复社会价值，维系社会整合，是学科学术发展的最高意义。（城市）社会学不仅可为人们深入理解社会提供理论洞见和研究方法，也有助于个体理解自己的生活境遇和发展机会。在充斥悖论及不确定性的世界转型时期，（城市）社会学有关人心和人性的探索解释可导向有助于实现良治的社会政治秩序。城市社会学的研究成果带给读者或学习者的理想感受，应该是使得读者更直观地接近而不是抵达，更真切地思考而不是回答，亦即提供思考的空间而非给出最后的答案。

关于我国社会科学的功用和职责，早在100年前，学者兼无产阶级革命者瞿秋白就有清晰的、富有前瞻性的论述。瞿秋白曾在1923年6月《新青年》复刊伊始，作为主编发表了《〈新青年〉之新宣言》，他指出：本刊"当为社会科学的杂志""当研究中国现实的政治经济状况""当表现社会思想之渊源，兴起革命情绪的观感""当开广中国社会之世界观，综合分析世界的社会现象""当为改造社会的真理而与社会思想的流派辩论"；并明确表示："《新青年》的职志，要与中国社会思想以正确的指导，要与中国劳动平民以知识的武器。《新青年》乃不得不成为中国无产阶级革命的罗针。"而根据共产党第三次全国代表大会作出的决议，重新出版的《新青年》定位为中共中央理论性机关刊物。由此可见，社会科学的功用是社会的、政治的。

5.1.3　城市社会学传播的前提要求

城市社会学传播的重要前提是学术成果对社会现象和社会问题具有完备的解释力和理论适应性。今天，在中国城乡社会转型全球高度对抗、技术激烈竞争的多重交织影响下，上述可靠性和有效性的问题更为凸显。出现在公众视野中的讨论对话、观点争鸣，不能光有来自经济学、政治学的声音，还得有（城市）社会学的深入浅出的解读，学科内部要求学术成果规范严谨，对于学科发展固然是必须的内功，但是洞察公共舆论的性质和功能，以深厚的学识、开阔的视野、清晰的见解、新颖透彻的言说，深入剖析透视关乎人类社会命运的种种现实议题，携公众纵横于社会科学的各个维度，同样成就（城市）社会学学科学术的另一种力量。

5.1.4　学术研究成果的呈现方式

城市社会学的学术研究成果可以大致分成四类：一是学术体系内的专业交流，以专业学术期刊发表为主，突出研究问题的专业性和分析技术；二是作课堂教学之用，以教科书为主，兼具人文反思性及实践应用性；三是面向决策层，以建言资政为主，强调精炼实用；四是面向广泛的大众读者，以针砭时弊的主题或普及读本为主，简明通俗。

除了上述四种传统的呈现方式之外，媒介技术也为学术传播提供了新的空间。例如，由高校、科研院所以及学者个体维系的城市社会学研究平台，提供城市阅读、田野调查及成果展示案例，可以多种形式记录在交互平台上，保证较高的开放性和连续度。

这几种成果呈现的要求不尽相同，因为学术普及和学术研究有很大不同，尽管可读性强对于所有研究成果来说都是一个好的品质。一般来说，社会传播有其偏好的叙事方式、符号系统和语义建构，对于大众读者来说，适合其口味有时更加重要。如若能将学术研究成果用通俗的方式介绍给普通读者，使之变得更有趣、更耐人寻味、更富有挑战性，则最终也会让这个学科变得更受社会欢迎，更能获得公众的认同。

5.2 城市社会学研究成果的跨国交流和传播

城市社会学研究成果的跨国交流和传播，同样分为学术圈内和圈外两个途径。由于城市社会学作为学术研究的根源在欧洲，作为学科的起源则在美国，因此在早期，城市社会学研究成果首先是跨国传播，然后才是交流。而在城市社会学研究成果的传播过程中，传播者和接受者的姿态是和文化大势密不可分的，甚至是随着文化大势而变化的。常常会出现这样的情形，即传播者的姿态由适应转为替代，接受者的姿态从吸纳转为依从，学术传播活动的性质由术业转为政治控制和文化侵略——有时甚至可以隐约见到"文化殖民"的影子。因此批判地吸收外来理论，平等地建立话语体系是当今城市社会学研究成果跨国交流和传播的必要态度。

中国城市社会学应是立足于中国城市发展基础上建立起来的学科，是能够体现中国话语和经验的一门学科。和20世纪30年代引进社会学的时期不同，也和20世纪80年代复建社会学的时期不同，现今的中国城市社会学是基于规模巨大、史无前例的"社会实验室"基础上的学科、学术，如果说中国城市社会学有什么独特的优势，那就是中国数量众多的城市、丰富的城市实践提供了宽阔深厚的研究沃土。倘能从中国具体现实的社会生活中去认识和表达社会事实，充分反映中国社会的实际，凸显中国思想传统和社会文化的个性，并能建构出体现中国城市基因和特色的概念体系、话语体系，则中国城市社会学的研究成果就能够在中国经验和话语上有所突破，它本身便具备了向世界传播的需求和优势。

更进一步，中国学者及其代表的社会思想传统倘能持续地寻求和西方及世界的理论对话，广泛地参与不同论域、不同论题的城市社会学讨论，为全球城市社会学讨论的当代话语提供来自中国的思想资源和反思视角，则是对本土理论建构的另一种促进。至于圈内、圈外的传播和传播的语言、话语方式相关，无需赘言。

第6节 中国城市社会学研究的内容及其重点和应用

2022年中国社会学会学术年会的主题是"中国社会发展新阶段与社会学新使命"，的确，中国城市社会学该是怎样的发展方向和道路？如何建设中国特色城市社会学的学科体系、学术体系和话语体系？中国城市社会学需要作出什么贡献？对这些问题的探问和思考是中国城市社会学的新使命，也包括在中国社会学的新使命当中。

中国城市发展的动态变化，既为城市社会学研究提供了现实基础，又迫切要求城市社会学研究成果为此发展过程提供指导，这是理论和实践相互的需求、相互的推进。因此明确中国城市社会学研究的重点议题、突破方向和主要领域是担当学科新使命的保障；同时，城市社会学研究还可以在相关领域中得到更充分的应用，发挥更大的作用。

6.1 中国城市社会学研究的板块构成和重点议题

对于当下中国的城市社会学来说，无论基本议题、大主题和小问题，还是作为发展中国家就特定发展阶段的关注而言，都必须结合目前中国发展的具体情境，归结起来为五大核心板块，即城市形态结构、城镇化、城市性或城市生活方式、城市问题、城市治理。这也是中国城市社会学未来研究的重点。

板块之一：城市形态结构。城市形态结构是城市规模、发展理念和基础条件的综合体现，和城市社会经济运行效率、发展模式、环境质量等密切相关，这是以往的城市社会学较忽略的部分，关于城市扩张和收缩的特定环境动力学有待在今后的研究中得到关注。

板块之二：城镇化。中国正在进行着人类最大规模的城镇化进程，就其实质来说，城镇化是农村现代性发展及其社会转型问题。中国的城镇化既属于发展中世界的城市化问题，又有其特殊性，是和全球化过程同时进行的城镇化，其中所涉及的新型城镇化、特色城镇化、半城镇化、伪城镇化、畸形城镇化、逆城镇化等多种概念、模式与形态，以及所涉城乡关系的变化，都是围绕城镇化这一核心板块需要深入探讨的问题。

板块之三：城市性或城市生活方式。和城镇化相对应、相关联，其重点是实现城镇化了的人口在城市中的生存和生活状态研究。所谓"人的城镇化"，亦即市民化，确切地讲，关乎的不是城镇化问题，而是城市生活方式问题，农民、村民如何变成市民。路易斯·沃斯在其经典之作《作为一种生活方式的城市主义》（1938年）中指出，城市社会学的中心问题——是揭示那些典型的、相对长久的、聚合了大量异质性个体的居住地的社会行为和社会组织形式。沃斯的"城市生活方式"是由城市环境以及更广泛的经济和社会结构的反映。当然，城市中的社会分层和空间区位、城市形象和城市文化、公共环境和城市生活、社区和邻里、社会网络和空间脉络、公共空间中的行为、性别空间和规划、新移民等都包括在城市主义的研究中。

板块之四：城市问题。既包括了城镇化进程中的问题，例如城中村、"鬼城"、强迁等，也包括城市里的痼疾，例如城市贫困、种族主义、犯罪、住房和财政危机等，还有环境、灾害和技术的风险危机，以及城市发展中一些新出现的重大问题、热点问题。中国大城市的发展为中国城市社会学研究和理论开发提供了坚实的经验基础和现实依据。北京、上海、广州、深圳等每一座城市都堪称是城市社会学研究的绝好案例样本，是城市社会学思想和实证的实验室。在更多大、中城市里集中反映出的我国城市化进程和社会转型中的议题，具有高度的理论和实践探究价值，独特的中国经验研究有助于我们打破对于西方城市社会学、西方哲学社会科学中心论的迷思。

板块之五：城市治理。要在全球化时代的城市竞争中谋生存和求发展，要提高城市生活品质，实现可持续的城市发展，城市管治 / 治理是必不可少的手段。由于管治对象为整个城市，覆盖了政治、经济、社会、人文等各重要素，因而管治手段必然是多样的，涉及经济的和市场的、法律的和法规的、物质的和非物质的手段。城市社会学研究要探究城市治理的结构和有效模式、不同类型城市的治理体系和治理能力建设，特别强调和政治学、法律等的结合，对城市依法管治的理念、方法和实证案例进行重点探讨。还要研究新技术对城市治理模式的推动和变革以及新技术应用中的技术伦理。更强调落实在社区层面的社区规划和社区治理。我国改革开放 40 余年的社会成就是城市管治的结果，依然存在的社会矛盾冲突，包括城市经济差异、污染、公共利益和就业等，这些影响城市社会、经济和政治稳定性的问题治理，构成了城市社会学学术研究的可能领域。

上述五个板块的议题整体覆盖了我国城市当前和近年来发展中的热点、难点、堵点和盲点问题，既是现实课题，也是理论研究的重点议题、重要领域，具有较强的理论生发潜力。

6.2　城市社会学在我国规划工作中的作用和应用

中国学术素来有经世致用的特质和传统，加上处在社会主义初级阶段和作为世界最大发展中国家的国情，我国大学里的学科绝大多数拥有应用研究的明确指向，重视将学术知识应用到实践中。社会学在改造人的思维、推动社会变革方面影响重大。某种程度上，社会学研究状态是社会秩序、政治理念、国家精神的镜鉴。这也意味着，推动社会学在中国的应用研究，把社会学从纯粹的学术领域应用到丰富的实践中去，是社会学学科体系、学术体系、话语体系能够良性发展的重要基石。

在我国的社会学学科体系中，城市社会学本身就属于应用社会学范畴，应尽可能介入到国家政策的制定中，而城市规划、空间规划就是很重要的一个领域。城乡规划在过去数十年中整体塑造了我国城乡物质环境，推动了快速的城镇化，其作用是无可替代的。但是城乡规划及其实施一向比较注重经济纬度，而相对忽略社会纬度。对社会学认知不足、社会学思维缺位，除了历史原因之外，和国家发展阶段也有很大关系。伴随着推进国家治理体系和治理能力现代化作为全面深化改革的总目标，是时候必须为我国的国土空间规划、城乡规划工作内置社会学思维软件。西方的社会学思维和理念在 20 世纪 70 年代左右已经开始纳入城市规划理论，例如公众参与、倡导式规划、协作规划等。作为国土空间规划、城乡规划及建成环境学科的专业教材，本书的城市社会学研究力求覆盖城市规划的社会学、城市建设的社会学及城市管理／治理的社会学，而城市社会时空方法则为城市规划、建设、管理／治理工作提供了核心的城市社会学思维。

　　未来我国城市社会学研究的任务是，既促进完善城市社会学科自身的建设，形成更为有效的经验研究和理论建构，同时服务于社会发展需求，积极寻求城市社会问题和城市管治的社会学对策，使得其政策目标导向和实践指引更规范化、具体化。

本章小结

　　作为全书的收篇，本章着重探讨城市社会学研究的未来动向。第 1 节首先重申作为前提的社会时空观，陈述一些基本概念和具有生发性的论断。并勾连全书线索，从三方面归纳梳理城市社会学发展的社会时空逻辑，亦即从学科的跨越和关联，阐述城市社会学发展的社会逻辑，从技术和理论的演进，阐释城市社会发展的时间逻辑，以及从学习西方到立足本土，阐析城市社会学发展的空间逻辑。

　　接下来的 4 节进一步系统阐述城市社会学学科未来的演进。第 2 节从学科体系角度勾勒城市社会学未来的研究范畴，包括研究的空间范围、对象范围、时间范围。第 3 节从社会时空观出发专门探讨城市社会学未来的研究方法创新的多个路径，包括跨学科的交融、历史的借鉴、实践研究的创新、新的技术方法的引进、批判的创新、融汇的创新等。第 4 节从学术体系角度探测城市社会学未来的研究动向，包括研究外延将继续扩大，全球化和本地化的研究双向延展，以及城市社会学地方化中的历史价值观修复。第 5 节从话语体系角度探讨城市社会学研究成果未来的呈现、传播，着重于向社会的传播和跨国学术圈的交流和传播两种情形。第 6 节是对中国城市社会学研究的板块构成和重点议题以及城市社会学在我国规划工作中应用的简要描述。

重要概念

　　完整的社会时空观
　　社会时空逻辑
　　范式／专业矩阵／词典
　　学科群落

瞻前研究 / 顾后研究

社会感知

内涵性研究 / 外延性研究

本土化 / 地方化

历史价值观修复

讨论问题

1. 谈谈"社会学中国化"和"中国化的社会学"有无区别，并对你的判断加以陈述。

2. 你认为构成当前城市社会学"词典"的词汇应包括哪些重要方面，就其中一个重要方面尝试撰写一些词汇。

3. 运用社会时空观解释你深有感触的当前某种社会现象或问题。

4. 简述城市社会学研究在你所学或所从事的专业学科中的具体应用。

图表一览

表

人名索引

Marshall McLuhan 马歇尔·麦克卢汉，第 10 章 6.2.1，6.3.1

Max Weber 马克斯·韦伯，第 1 章 1.3.1，第 3 章 5.1.2，第 4 章 1.1.1，第 6 章 1.1.1，第 13 章 4.3

Michael Batty 迈克尔·巴蒂，第 2 章 2.7.1

Michael Dear 迈克尔·迪尔，第 1 章 1.2.3，第 6 章 1.3、3.2.2，第 13 章 1.1.5

Michael Hindelang 迈克尔·辛德朗，第 8 章 5.8.2

Michael Lipton 迈克·利普顿，第 8 章 5.3.1

Michael Sandel 迈克尔·桑德尔，第 11 章 1.2

Michael Storper 迈克尔·施托普尔，第 13 章 1.2

Michel Foucault 米歇尔·福柯，第 1 章 3.1.4，第 7 章 2.3，第 13 章 1.1.5，第 14 章 1.1.5

Mies van der Rohe 密斯·凡·德罗，第 7 章第 2 节

Mike Davis 迈克·戴维斯，第 1 章 1.2.3，第 6 章 1.3.1，第 7 章 2.3，第 8 章 6.7.1，6.7.2

Milan Kundera 米兰·昆德拉，第 7 章 3.0（22）

M. R. G. Conzen 康泽恩，第 2 章 2.1

Neil Carter 尼尔·卡特，第 9 章 5.2.1

Neil Smith 尼尔·史密斯，第 7 章 2.3

Norbert Elies 诺贝特·埃利亚斯，第 5 章 6.3

Oleg N. Yanitsky 奥列格·扬诺斯基，第 9 章 5.2.3

Oliver Wendell Holmes, Jr. 小奥利弗·霍尔姆斯，第 1 章 3.2.2

Oscar Niemeyer 奥斯卡·尼迈尔，第 7 章 4.2.3

Otis Dudley Duncan 奥蒂斯·邓肯，第 1 章 2.3.1

Otto Schlüter 奥托·施吕特，第 2 章 2.1

Patrick Geddes 帕特里克·格迪斯，第 1 章 1.3.2，第 13 章 1.1.5

Paul Cloke 保罗·克洛克，第 4 章 4.4.4

Paul Davidoff 保罗·大卫杜夫，第 11 章 1.1.2

Paul Gilroy 保罗·吉尔罗伊，第 8 章 5.3.1

Paul Johnson 保罗·约翰逊，第 5 章 5.1.3，6.3

Paul Kennedy 保罗·肯尼迪，第 1 章 4.3.2

Paul R. Krugman 保罗·克鲁格曼，第 1 章 2.3.2，第 13 章 1.2

Peter Hall 彼得·霍尔，第 7 章 4.1.1

Peter Michael Blau 彼特·布劳，第 1 章 2.3.1

Philip Kindred Dick 菲利普·迪克，第 10 章 6.2.1

Philip Langdon 菲利普·兰登，第 12 章 2.4.2

Philipp Oswalt 菲利普·奥斯瓦特，第 5 章 1.1

Philippe Aydalot 菲利普·艾达洛特，第 7 章 4.1.1

Pierre Bourdieu 皮埃尔·布迪厄，第 1 章 2.1.3，3.1.7，第 7 章 4.6，4.6.1，第 13 章 3.1

Pyotr Alexeyevich Kropotkin 彼得·克鲁泡特金，第 10 章 6.3.2

瞿秋白，第 1 章 5.1

Rachel Carson 蕾切尔·卡森，第 1 章 1.4，第 9 章 2.3

Raul Prebisch 劳尔·普雷维什，第 14 章 1.1.5

Ray Hutchison 雷·哈奇森，第 3 章 1.2.1

Raymond M. Northam 诺瑟姆，第 4 章 1.3.2

Richard C. Wade 理查德·韦德，第 3 章 3.3.1

Richard Florida 理查德·佛罗里达，第 5 章 2.3.5，第 6 章 1.1.7，第 7 章 4.1.1

Richard Hofstadter 理查德·霍夫斯塔特，第 10 章 6.3.2

Richard P. Feynman 理查德·费曼，第 13 章 1.1.5

Richard Register 理查德·雷吉斯特，第 2 章 2.2.3，第 9 章 2.1.1

Robert E. Park 罗伯特·帕克，第 1 章 3.2.1，3.3，第 3 章 1.1.2

Robert K. Merton 罗伯特·默顿，第 3 章本章小结

Robert Morrison MacIver 罗伯特·麦考斐，第 12 章 1.3.1

审图号：GS京（2025）1147号

图书在版编目（CIP）数据

城市社会学 / 黄怡著 . -- 北京：中国建筑工业出

版社，2024.12. --（住房和城乡建设部"十四五"规划

教材）（高等学校城乡规划学科专业指导委员会规划推荐

教材）. -- ISBN 978-7-112-30716-6

Ⅰ. C912.81

中国国家版本馆 CIP 数据核字第 2024F2R036 号

本教材系统梳理城市社会学的发展脉络和基本观点，解析城镇空间形态和结构的特征和演变规律，讨论城市化、全球化以及正在收缩的城市世界，侧重城市主义及其在世界社会的演进和城市社会生活分析，兼顾传统议题和新的议题，聚焦城市问题分解，依托城市治理，锚链全球治理、国家治理、区域治理、大都市治理直到社区治理，总结和预想城市社会学在学科、学术和话语体系上的发展趋向，全书共13章：城市社会学的发展脉络和基本观点；剧变的城市空间形态；演变的城市空间结构；世界的城市化；20世纪70年代以来的全球化；城市社会结构和空间表现；城市公共环境和社会生活方式；城市社会问题和风险；城市环境问题和灾害风险；城市技术问题、风险和危机；全球治理、国家治理和城市治理；城市社区治理；城市社会学研究的未来。本教材学科专业特色强，课程思政特色鲜明。

本教材为住房和城乡建设部"十四五"规划教材、高等学校城乡规划学科专业指导委员会规划推荐教材，同时可供城市规划、城市管理、城市研究、社会学、政治学、经济学、地理学等专业的人员以及对城市社会学感兴趣的各界人士阅读。

为更好地支持本课程的教学，我们向采用本书作为教材的教师提供教学课件，有需要者请与出版社联系：jgcabpbeijing@163.com。

责任编辑：杨　虹　尤凯曦
文字编辑：袁晨曦
责任校对：张　颖

住房和城乡建设部"十四五"规划教材
高等学校城乡规划学科专业指导委员会规划推荐教材

城市社会学
黄怡　著

*

中国建筑工业出版社出版、发行（北京海淀三里河路9号）
各地新华书店、建筑书店经销
北京雅盈中佳图文设计公司制版
北京中科印刷有限公司印刷

*

开本：787毫米×1092毫米　1/16　印张：$50\frac{1}{2}$　字数：1041千字
2025年6月第一版　2025年6月第一次印刷
定价：98.00元（赠教师课件）
ISBN 978-7-112-30716-6
　　（44468）